Franz Lettner

**Objektgestützte Psychodynamische
Psychotherapie**

Franz Lettner

Objektgestützte Psychodynamische Psychotherapie

in der stationären Behandlung
von frühgestörten Patienten

Mit einem Geleitwort
von Peter Buchheim und
Otto F. Kernberg

Mit 4 Abbildungen und 21 Tabellen

Dr. med. Franz Lettner
Klinik Dr. Schlemmer GmbH
Centrum für Psychosomatische Medizin
Ringbergstraße 53
83707 Bad Wiessee

Bibliografische Information der Deutschen Nationalbibliothek:
Die Deutsche Nationalbibliothek verzeichnet diese Publikation in der Deutschen Nationalbibliografie; detaillierte bibliografische Daten sind im Internet über http://dnb.d-nb.de abrufbar.

Besonderer Hinweis:
Die Medizin unterliegt einem fortwährenden Entwicklungsprozess, sodass alle Angaben, insbesondere zu diagnostischen und therapeutischen Verfahren, immer nur dem Wissensstand zum Zeitpunkt der Drucklegung des Buches entsprechen können. Hinsichtlich der angegebenen Empfehlungen zur Therapie und der Auswahl sowie Dosierung von Medikamenten wurde die größtmögliche Sorgfalt beachtet. Gleichwohl werden die Benutzer aufgefordert, die Beipackzettel und Fachinformationen der Hersteller zur Kontrolle heranzuziehen und im Zweifelsfall einen Spezialisten zu konsultieren. Fragliche Unstimmigkeiten sollten bitte im allgemeinen Interesse dem Verlag mitgeteilt werden. Der Benutzer selbst bleibt verantwortlich für jede diagnostische oder therapeutische Applikation, Medikation und Dosierung.

In diesem Buch sind eingetragene Warenzeichen (geschützte Warennamen) nicht besonders kenntlich gemacht. Es kann also aus dem Fehlen eines entsprechenden Hinweises nicht geschlossen werden, dass es sich um einen freien Warennamen handelt.
Das Werk mit allen seinen Teilen ist urheberrechtlich geschützt. Jede Verwertung außerhalb der Bestimmungen des Urheberrechtsgesetzes ist ohne schriftliche Zustimmung des Verlages unzulässig und strafbar. Kein Teil des Werkes darf in irgendeiner Form ohne schriftliche Genehmigung des Verlages reproduziert werden.

© 2007 by Schattauer GmbH, Hölderlinstraße 3, 70174 Stuttgart, Germany
E-Mail: info@schattauer.de
Internet: http://www.schattauer.de
Printed in Germany

Satz: Satzpunkt Ursula Ewert GmbH, Oswald-Merz-Straße 3, 95444 Bayreuth
Druck und Einband: fgb – freiburger graphische betriebe GmbH & Co. KG, 79108 Freiburg

ISBN 978-3-7945-2520-1

Geleitwort

Franz Lettner beschreibt in diesem Therapiebuch seine strukturgebende psychodynamische Psychotherapie, die er als »Objektgestützte Psychodynamische Psychotherapie« (OPP) konzipiert hat. Es ist das Ergebnis einer langjährigen klinischen Erfahrung in der Diagnostik und stationären Behandlung von Patienten mit psychosomatischen, reaktiven und strukturellen Störungen. Mit dem Erfahrungshintergrund einer multimodalen und multiprofessionellen stationären Psychotherapie unterscheidet sich diese Darstellung der Objektgestützten Psychodynamischen Psychotherapie von anderen Therapiemanualen und ist daher auch besonders für Psychotherapeuten interessant und hilfreich, die in der stationären Psychotherapie und Psychosomatik tätig sind.

Ziel des Autors war es, klinische Erfahrung und theoretische Modelle zu verbinden, um eine wirksame Therapieform zu entwickeln und anzuwenden und er hat sich daher in seinen theoretischen Überlegungen immer wieder von praktischen klinischen Erfahrungen leiten lassen. Somit findet der Leser im Anschluss an eine ausführliche Beschreibung der theoretischen Basis der OPP in einem Behandlungsmanual wertvolle Anweisungen in Form eines praxisrelevanten Behandlungsmanagements für unterschiedliche Behandlungsphasen und Behandlungsziele. Das vorliegende Therapiebuch wendet sich an ärztliche und psychologische Psychotherapeuten und an Therapeuten anderer Berufsgruppen, die in therapeutischen Teams bei der Behandlung schwer beeinträchtigter und gestörter Patienten zusammenarbeiten und über ein Grundwissen in psychodynamischer Theorie und Therapie verfügen.

Im **Teil A** führt der Autor den Leser in die **Entwicklungsgeschichte der Objektgestützten Psychodynamischen Psychotherapie** (Kap. 1) ein mit der Beschreibung seines persönlichen Erfahrungshintergrundes als Psychotherapeut und Leiter einer psychoanalytisch orientierten Psychosomatischen Klinik. Wir erfahren wie sein beruflicher Werdegang zunächst durch die psychosomatische Konzeption von Stephanos an der Psychosomatischen Abteilung der Universität Ulm beeinflusst wurde und wie seine theoretische Orientierung durch die Ich-Psychologie von Heinz Hartmann, die Selbstpsychologie von Heinz Kohut, die französische Psychosomatik und Objektpsychologie, eine körperorientierte Psychotherapie und durch die neueren Konzepte neuronal-mentaler Regulationsmechanismen geprägt wurde.

Im **Teil B** wird dem Leser die **Theorie der Objektgestützten Psychodynamischen Psychotherapie** (Kap. 2) vermittelt mit der Basis in der psychoanalytischen Krankheitslehre und den Schwerpunkten in der Selbst-, Objekt- und Ich-Psychologie und einem Konzept der Organisation der mentalen Persönlichkeit. **Objektstützung** wird von Lettner definiert als ein ubiquitär stattfindender, lebensnotwendiger, interaktiver, regulativer Eingriff in die menschliche Persönlichkeit. Objektstützung wird im dialogischen Beziehungsmodus realisiert und durch die Organisation selbstregulativer Prozesse aufrechterhalten. In den objektstützenden therapeutischen Beziehungen sind tragende, haltende, entlastende, stützende, kreative und narrative Funktionen wirksam. Neuronal-mentale Regulationsmechanismen (Kap. 3) haben eine besondere Funktion bei der Trauerarbeit, bei den Überlebensstrategien und beim Einsetzen von primitiven und narzisstischen Bewältigungsmechanismen sowie bei der Selbstregulation.

Im **Teil C** werden als **Essentials der Objektgestützten Psychodynamischen Psychotherapie** (Kap. 4) die Entwicklung des Selbstbewusstseins über identifikatorische Prozesse und die Fokussierung auf die Kommunikation in Gestalt der typischen Bindungsmuster hervorgehoben.

Im **klinischen Kontext der Fallbeschreibung** (Kap. 5) einer stationären multimodalen Therapie im Centrum für Psychosomatische Medizin in Bad Wiessee werden dem Leser die gesprächs-, körper- und gestaltungspsychotherapeutischen Behandlungsformen der OPP als konzertierte psychotherapeutische Aktion verständlich gemacht. Da die OPP von Franz Lettner im Verlauf seiner langjährigen Tätigkeit in der Akutbehandlung von Patienten mit psychosomatischen Erkrankungen und einem hohen Anteil von Persönlichkeitsstörungen entwickelt und angewendet wurde, wird sie Kolleginnen und Kollegen besonders hilfreich sein, die mit einem ähnlichen Patientengut im stationären Bereich psychotherapeutisch auf psychoanalytisch-psychodynamischer Basis arbeiten.

Da Lettner davon ausgeht, dass primäre elterliche Funktionen eine sehr effektive Tiefenwirkung haben und über basale interaktive Beziehungsrituale nicht nur vom Kleinkind sondern auch von Patienten mit so genannten »frühen Störungen« angenommen werden, beschreibt er sehr anschaulich die **entwicklungspsychologisch relevanten Leitlinien** (Kap. 6) der tragenden, haltenden, entlastenden, stützenden, kreativen und narrativen **Objektstützung**. Für Lettner ist die Unbeholfenheit von frühgestörten Patienten im Bereich der Sprache, des Handelns, der Bewegung und eine Unsicherheit im Rollenverhalten – wir könnten dies auch als Alexithymie verstehen – Anlass, sich einen besseren Zugang zu diesen Patienten zu erschließen. Über ein Verständnis der psychomotorischen, psychointentionalen, psychodialogischen und psychosozialen **Entwicklungsleitlinien** (Kap. 7) können sich Psychotherapeuten auch ein genaueres, anschaulicheres Bild über die Entwicklungsstörungen ihrer Patienten machen.

Ein **dialogischer Beziehungsmodus** (Kap. 8) entwickelt sich in den ersten Lebensjahren durch die vertrauensvollen Beziehungserfahrungen mit den Eltern und die Vermittlung von Kommunikationselementen wie Empathie, Identifikation und Regulation; Elemente, die von Lettner auch in der Gesprächspsychotherapie der OPP als wesentliche Orientierungshilfen angesehen und beschrieben werden.

Im **Teil D** erfahren wir, wie **Psychotherapeuten eines Behandlungsteams** sich an den **Kommunikationselementen** (Dyade, Setting, Empathie, Identifikation und Regulation), den dazugehörigen objektstützenden Beziehungserfahrungen und am dialogischen Beziehungsmodus (Kap. 9) orientieren. In der Psychotherapie mit schwer gestörten Patienten sollen Therapeuten stets ihre Angst vor Entwertung und Ablehnung reflektieren und sich dabei fragen, ob und wie sie die dysfunktionalen Orientierungen, Motivationen und Verhaltensweisen ihrer Patienten aushalten und auf deren destruktive existentiell bedrohlichen Beziehungserfahrungen reagieren und eingehen können. Daher gehört es zu den Aufgaben der Mitglieder des therapeutischen Teams, über zentrale Aspekte der dyadischen Kommunikation (gegenseitiges Vertrauen und Gefühl von Geborgenheit, Zuneigung, Abneigung oder Gleichgültigkeit) in den Teambesprechungen und Supervisionssitzungen zu reflektieren.

Bei der Gestaltung der **Rahmenbedingungen** wird in der OPP besonderen Wert darauf gelegt, dass der Patient zu Beginn der stationären Behandlung möglichst nicht unter Vernichtungsängsten leiden muss, sondern sich durch die Beziehungsgestaltung vom Therapeuten angenommen und respektiert fühlen kann und dass in der Gestaltung des Kommunikationselements »**Setting**« flexibel vorgegangen wird und die haltenden Objektstützungen im Vordergrund stehen.

Die **Körperpsychotherapie** und die **Gestaltungspsychotherapie** haben in der OPP einen zentralen Stellenwert (Kap. 10 u. 11). Der Körperpsychotherapeut setzt seine Objektstützung in der OPP in Anlehnung an das Konzept einer psychomotorischen Entwicklungslinie ein. Er verfolgt das Ziel der Strukturgebung durch Wiederherstellung von identifikationsfähigen Körpererfahrungen bzw. Körperbildern und stärkt den Selbstaufbau durch Förderung körperlicher Fähigkeiten und Kompetenzen. Holding, Bonding, Supporting, Playing und Dancing haben je nach individueller Indikationsstellung als interaktive Beziehungsrituale einen festen Platz in der OPP. Die klinische Erfahrung zeigte, dass durch das Einsetzen der tragenden Objektstützungen auf den verschiedenen therapeutischen Ebenen die Wirkung der einzelnen Psychotherapieelemente durch Synergieeffekte verstärkt werden kann. Ebenso sollen intuitive, intentionale, kommunikative, handwerkliche, dialogische und freie Formen des Gestaltens (Kap. 11) in mehreren Behandlungsschritten mit ihren kommunikativen Orientierungshilfen alte Beziehungserfahrungen korrigieren und neue erschließen.

Der **Teil E** widmet sich dem **Behandlungsmanual** der OPP (Kap. 12, 13 und 14), das durch seine übersichtliche Strukturierung und Beschreibung der **Therapieinstrumente** (Kap. 13) und der **strukturgebenden Behandlung** in Form eines Behandlungsmanagements imponiert. Als Therapieinstrumente werden in der OPP Strukturplanarbeit, Aktualitätstraining, Selbstsicherheitstraining, psychomotorische Basisverfahren, Kreativitätstraining, objektgestützte Interventionen, Psychoedukation und sozialpädagogisches Training eingesetzt.

Die **Objektstützungen** in ihrer tragenden, haltenden, entlastenden, stützenden, kreativen und narrativen Funktion sind jeweils für die Gesprächs-, Körper-, Gestaltungs- und sozialpädagogische Psychotherapie klar, anschaulich und sehr ausführlich mit vielen Beispielen aus der Praxis der stationären Psychotherapie dargestellt.

Ein **Strukturplan** klärt die Rahmenbedingungen, gestaltet den Untersuchungsablauf mit den erforderlichen testpsychologischen Untersuchungen während der stationären Behandlung und bezieht die Milieutherapie mit ihren strukturfördernden und ordnenden Prinzipien ein. Zur Strukturplanarbeit gehört die Anwendung von spezifischen Therapieinstrumenten der OPP wie Aktualitätstraining mit verschiedenen Autosuggestionstechniken, objektgestützte Bewegungstherapie, Krisenintervention und familientherapeutische Gespräche.

Das **Behandlungsmanagement** (Kap. 13 u. 14) der OPP ist übersichtlich zum Teil mit graphischen und tabellarischen Übersichten für drei **Behandlungsphasen** (2–4 Wochen; 4–6 Wochen; 4 Wochen) dargestellt und enthält die Arbeitsschritte und Behandlungsziele für Psychotherapeut und Patient. Abschließend findet sich ein ebenfalls systematisch aufgebautes Behandlungsmanagement für die psychosomatische Akut- und Grundbehandlung (Kap. 14) zur Therapie von reaktiven Störungen für eine Dauer von 4 bis 6 Wochen.

Das vorliegende Therapiebuch von Franz Lettner ist für alle klinisch arbeitenden Psychotherapeuten sehr lesenswert und besonders für ärztliche und psychologische Therapeuten und auch für Therapeuten anderer klinischer Berufgruppen hilfreich, die in psychotherapeutischen Teams mitwirken. Gerade bei Patienten mit schweren psychosomatischen, tiefergreifenden emotionalen und strukturellen Störungen können die Therapiekonzepte der OPP dazu beitragen, eine tragende und stützende therapeutische Beziehung aufzubauen und zu festigen und Therapieabbrüche zu vermindern. Das klar strukturierte Behandlungsmanagement der OPP und die eindeutig definierten Behandlungsziele für den Patienten und Arbeitschritte für den Therapeuten bieten gute Voraussetzungen für eine erfolgreiche Gestaltung und Durchführung von Behandlungsphasen unterschiedlicher Dauer im Rahmen einer stationären psychodynamischen Psychotherapie.

Dem Schattauer-Verlag und dem Lektorat ist eine besonders sorgfältige Bearbeitung, übersichtliche Gestaltung und für den Leser sehr hilfreiche graphische Hervorhebung der wesentlichen Therapieelemente und Arbeitsschritte gelungen.

Peter Buchheim und Otto F. Kernberg

Vorwort

Während meiner analytischen Ausbildung, als ich mich mit der psychoanalytischen Krankheitslehre von Freud vertraut machte, interessierte mich besonders die psychoanalytische Entwicklungspsychologie. Sie basiert auf der unmittelbaren Beobachtung der Evolution des kindlichen Verhaltens und Bewusstseins auf einer sehr breiten Grundlage psychoanalytischer Konzeptualisierungen. Die Beobachtungen der kindlichen Entwicklung beginnen mit dem Kind in utero bzw. bei seiner Geburt und verfolgen seine kognitive, verhaltensrelevante und affektive Entwicklung von der undifferenzierten Matrix der frühen Kindheit bis zum hochentwickelten Bewusstsein des funktionsfähigen jungen Erwachsenen.

Dabei unterscheiden sich für mich drei Arten von analytischer Entwicklungspsychologie. Sie legen zwar unterschiedliches Gewicht auf verschiedene Aspekte dieses entstehenden Bewusstseins, haben jedoch das theoretische Grundmodell miteinander gemein:

- Die **Selbstpsychologie** (z. B. J. Gedo, A. Goldberg, E. Jacobson, H. Kohut, L.M. Terman, P. Tolpin, E. Wolf) betont die Entwicklung der Phänomenologie des Selbst.
- Die **Objektpsychologie** (z. B. A. Adler, A. Bergman u. D. Pollens, T. Horner, O. Kernberg, M. Mahler, J.P. Masterson, F. Pine, D. Winnicott) konzentriert sich stärker auf die Veränderungen in den Beziehungen der sich entwickelnden Person zu den Objekten der Welt, insbesondere zu anderen Menschen.
- Die **Ich-Psychologie** (z.B. J. Beres, G. Blanck u. R. Blanck, A. Freud, H. Hartmann) beschäftigt sich mehr mit dem Studium der kognitiven Mechanismen, die alle diese Veränderungen ermöglichen. Die gesammelten Beobachtungen der Entwicklungsstadien des Kindes und die Dokumentation der Auswirkung der frühen Umwelt auf die späteren Lebensfunktionen verhelfen uns zu einem stetig wachsenden Verständnis der essenziellen menschlichen Befindlichkeit.

Nunmehr rückblickend kann ich feststellen, dass ich im Laufe meiner klinischen psychosomatischen Arbeit, ohne mir dessen anfänglich bewusst gewesen zu sein, meine theoretischen Grundlagen, je nach Krankheitsbild des Patienten, in der Praxis variiert habe. Dabei ergab sich, zunächst ebenfalls mehr unbewusst, eine Synthese aus bestimmten Kernbereichen der psychoanalytischen Schulen und später auch der Verhaltenstherapie. Heute erkenne ich deutlicher, dass ich eigentlich seit meiner Ulmer Zeit, als ich als Assistenzarzt in der Psychosomatischen Abteilung der Universität begann und dort mit der französischen psychosomatischen Schule in Kontakt kam, nach einem eigenen, neuen Behandlungsweg für psychisch schwerer kranke Menschen gesucht habe. Mein Ziel war es, immer in Anlehnung an meine praktischen Erfahrungen im Klinikbereich und dem Krankheitsbild des Patienten entsprechend, eine Synthese aus den unterschiedlichen Therapiekonzepten zu entwickeln.

Dabei konnte ich auf verschiedene psychoanalytische Konzepte zurückgreifen, die mir dabei halfen, schließlich mein eigenes Konzept der Objektgestützten Psychodynamischen Psychotherapie (OPP) zu entwickeln. Wichtig für mich waren auch die Ergebnisse aus der Hirnforschung, die mich vor allem in letzter Zeit sehr beeinflusst hat, oder aus der Säuglingsforschung (z. B. J.D. Lichtenberg, J. Piaget, R.A. Spitz, D.N. Stern). Auch den charakteranalytischen Ansatz (Körper- und Gestaltpsychotherapie) darf ich nicht vergessen. Die Charakteranalyse geht auf das ursprüngliche Werk von W. Reich (1970) zurück und wurde von A. Lowen (1981, 1983), D. Boadella (1981), R. Hilton (1980), S. Keleman (1980, 1985) und R. Müller (1981) weiterentwickelt. Die Charakteranalytiker gehen von der Konzeption einer psychischen und physischen Einheit aus und diagnostizieren Persönlichkeitsstörungen anhand des Körperausdrucks und der Motilität des Körpers. Sie wenden die von Reich eingeführte Körpertherapie an.

Ob der Versuch gelungen ist, in dem jetzt von mir vorgelegten stationären Behandlungskonzept der Objektgestützten Psychodynamischen Psychotherapie für psychisch schwerer gestörte Patienten eine brauchbare Synthese aus den vielfältigen Theorien, Konzepten und Ansätzen zu entwickeln, darüber wird letztlich der Patient entscheiden.

Bad Wiessee, im Frühjahr 2007

Franz Lettner

Danksagung

Es ist schwierig, all den Menschen zu danken, die mich während meines beruflichen Werdegangs unterstützt und mir geholfen haben. Nicht ganz auszuschließen ist, dass auf diesem Weg für mich der Begriff »Objektstützung« entstand, weil diese Menschen immer für mich da waren, wenn ich ihre Unterstützung brauchte.

Wenn ich die Namen aufführe, fallen mir die vielen Geschichten ein, in denen ich euch lachen höre, ihr mir wieder Mut gemacht und auch manche hitzige Diskussion ertragen habt. All das, was ich in den letzten 20 Jahren an Liebenswürdigkeit, Geduld, Zuwendung, Aufmerksamkeit und Kritik von euch erfahren habe, hier auszubreiten, würde den Rahmen sprengen. Deshalb beschränke ich mich auf die Auflistung der Namen.

Zu Beginn waren es *Aloys Goergen, Johannes Venhofen, Karl-Herbert Mandel, Siegfried Gröninger, Samir Stephanos* und *Falk Berger*, die mich auf meinem Weg begleiteten, dann *Eckart Wiesenhütter, Peter Schneider, Philipp Martius, Flora von Spreti* und *Markus Reicherzer*. Sehr unterstützt hat mich *Peter Buchheim*, vor allem dann, wenn ich wieder einmal den Mut verlor, und *Wilfried Reim*, ein Kollege, dem ich sehr viel zu verdanken habe, weil ich mich immer mit ihm austauschen konnte.

Bei der Bearbeitung haben mir geholfen: *Markos Maragkos* und *Renate Jäckle*, die mir mit wichtigen redaktionellen Ratschlägen zur Seite standen. Ein ganz besonderer Dank gebührt meiner Sekretärin *Antonella Cerchione*, die sich mit großem Interesse und unermüdlichem Engagement in die Metapsychologie meines Buches eingearbeitet hat, sich damit auseinandersetzte und dadurch zu meiner wichtigsten Kritikerin wurde. Hinzu kommt, dass sie mit Frau *Maria Vogelgsang* alle meine Manuskripte getippt hat.

Außerdem sind es die auszubildenden Ärzte und Psychologen, die Erfahrenen in der Sozialarbeit, hier vor allem *Christine Negele*, die Körper- und Gestaltungspsychotherapeuten, hier *Annette Rudolph, Reinhard Winkler, Alois Michels* und *Ulla Petzel*, und das gesamte Pflegepersonal, hier *Andrea Paschmann*, die mich in meiner Arbeit sehr unterstützten und mir wertvolle Anregungen gaben.

Mein Dank gebührt auch allen Patienten, durch deren Behandlung ich die Objektgestützte Psychodynamische Psychotherapie überhaupt erst entwickeln konnte.

Ein großes Anliegen ist es mir, mich bei meiner Familie zu bedanken, ohne deren verständnisvollen Rückhalt ich dieses Buch nie hätte schreiben können. Es ist meine Frau *Susanne*, deren Liebe und Glaube an mich mir die notwendige Kraft gegeben hat, so lange durchzuhalten. Bedanken möchte ich mich von ganzem Herzen auch bei meinen Kindern *Christian* und *Maria Louisa*, ebenso *Marcus* und *Ruth*, sie mussten leider allzu oft auf ihren Vater verzichten.

Auch dem Centrum für Psychosomatische Medizin in Bad Wiessee, und hier dem Geschäftsführer *Peter Urban*, möchte ich für die vergangenen 20 Jahre danken.

Franz Lettner

Inhalt

A Einführung — 1

1 Wurzeln und Entwicklungsgeschichte der Objektgestützten Psychodynamischen Psychotherapie — 3

1.1 Psychosomatische Abteilung der Universität Ulm — 3

1.2 Französische Psychosomatik und Objektpsychologie — 5

1.3 Der Körper in der Psychotherapie (Sigmund Freud, Paul Schilder) — 7

1.4 Konzept der neuronal-mentalen Regulationsmechanismen — 8

1.5 Leitung der Hochdruckambulanz, Neurobiologie und Säuglingsforschung — 10

1.6 Eigene psychosomatische Klinik und OPP-Konzeptentwicklung — 12

1.7 Ich-Psychologie (Heinz Hartmann) — 14

1.8 Selbstpsychologie (Heinz Kohut) — 15

1.9 Wegbegleiter und Erweiterung des OPP-Konzeptes — 17

1.10 Eine Fahrt nach Lindau mit Otto F. Kernberg — 18

B Die Theorie der Objektgestützten Psychodynamischen Psychotherapie — 23

2 Theoretische Basis der OPP — 25

2.1 Die Notwendigkeit virtueller Persönlichkeitsmodelle in der psychotherapeutischen Medizin — 25

2.2 Objektstützung allgemein — 26

2.3 Wahrnehmung von Wirklichkeitserfahrungen — 26

2.4 Archaiksystem und Archaikkonzept — 28
2.4.1 Beispiel 1: Psychomotorik — 28
2.4.2 Beispiel 2: Defäkation — 29

2.5 Anpassungssystem und Anpassungskonzept — 29

2.6 Funktionale und dysfunktionale Orientierungen, Motive und Motivationen — 30

2.7 Selbstsystem und Selbstkonzept — 32

2.8 Selbstreflektive Resonanz — 39

2.9 Ich-Konzept – »Bewusstseinshintergrund« — 41

2.10 Organisation der mentalen Persönlichkeit — 42

3 Neuronale und mentale Regulationsmechanismen — 45

- 3.1 Allgemeine Betrachtungen — 45
  - 3.1.1 Depression — 48
  - 3.1.2 Defekt, Defizienz, Funktionsstörung — 52
  - 3.1.3 Aktive und passive Traumatisierungen — 59
  - 3.1.4 Neuronal-mentales Entwicklungsniveau — 60
  - 3.1.5 Stellenwert der Kommunikation im Leben des Menschen — 62
  - 3.1.6 Trauerarbeit — 64
  - 3.1.7 Beeinflussung dysfunktionaler Veränderungen im limbischen System durch Psychotherapie — 69
- 3.2 Vorwiegend neuronale Regulationsmechanismen — 73
  - 3.2.1 Überlebensstrategien — 73
  - 3.2.2 Somatisierung — 74
  - 3.2.3 Psychotisierung — 75
- 3.3 Neuronal-mentale Regulationsmechanismen — 76
  - 3.3.1 Primitive Bewältigungsmechanismen — 76
  - 3.3.2 Narzisstische Bewältigungsmechanismen — 77
- 3.4 Vorwiegend mentale Regulationsmechanismen (Selbstregulationstechniken) — 81
  - 3.4.1 Allgemeine Betrachtungen — 81
  - 3.4.2 Idealisierende Objektstützung — 82
  - 3.4.3 Dialogische Objektstützung — 86
  - 3.4.4 Religiöse Objektstützung — 87

C Behandlungsorientierung — 89

4 Essentials der Objektgestützten Psychodynamischen Psychotherapie — 91

- 4.1 Entwicklung des Selbstbewusstseins — 91
  - 4.1.1 Analyse des Fallbeispiels — 95
- 4.2 Kommunikationsqualitäten — 100
  - 4.2.1 Sichere Bindung — 100
  - 4.2.2 Unsicher-vermeidende Bindung — 101
  - 4.2.3 Unsicher-ängstliche Bindung — 101
  - 4.2.4 Desorganisierte Bindung — 102
- 4.3 Allgemeine Betrachtung der OPP — 102

5 Eine Krankengeschichte — 105

- 5.1 Die Patientin — 105
- 5.2 Stationäre Behandlung im Centrum für psychsomatische Medizin/Bad Wiessee — 106
  - 5.2.1 Erste stationäre Behandlung — 106
  - 5.2.2 Zweite stationäre Behandlung — 106

6 Objektstützungen – Primäre (elterliche) Funktionen und damit einhergehende basale interaktive Beziehungsrituale — 115

- 6.1 Allgemeine Betrachtung — 115
- 6.2 Tragende Objektstützung — 119
- 6.3 Haltende Objektstützung — 120

6.4	Entlastende Objektstützung — 122		7.4.4	Bildhafte Ammensprache — 147	
			7.4.5	Kleinkindsprache — 149	
6.5	Stützende Objektstützung — 123		7.4.6	Muttersprache — 151	
			7.4.7	Erwachsenensprache — 152	
6.6	Kreative Objektstützung — 125		7.5	Psychosoziale Entwicklungsleitlinie — 152	
6.7	Narrative Objektstützung — 126		7.5.1	Allgemeine Betrachtung — 152	
			7.5.2	Säuglings-Rolle — 154	
			7.5.3	Baby-Rolle — 155	
7	**Entwicklungsleitlinien** — 127		7.5.4	Kleinkind-Rolle — 157	
			7.5.5	Mamakind-Rolle — 158	
7.1	Allgemeine Betrachtung — 127		7.5.6	Papakind-Rolle — 159	
			7.5.7	Kindergartenkind-Rolle — 160	
7.2	Psychomotorische Entwicklungsleitlinie — 130				
7.2.1	Allgemeine Betrachtung — 130		**8**	**Dialogischer Beziehungsmodus** — 162	
7.2.2	Krabbeln — 132				
7.2.3	Sitzen — 133				
7.2.4	Laufen — 133		8.1	Entwicklung des dialogischen Beziehungsmodus in den ersten vier Lebensjahren — 162	
7.2.5	Zusammenfassung der psychomotorischen Entwicklung bis zum Ende des ersten Lebensjahres — 134		8.1.1	Allgemeine Betrachtung — 162	
7.2.6	Weitere Entwicklungsschritte und entsprechende Beziehungsrituale — 134		8.1.2	Existenzielle Beziehungserfahrung im Kommunikationselement Dyade — 165	
7.2.7	Bedeutung für die Krankheitsentwicklung — 135		8.1.3	Körperliche Beziehungserfahrung im Kommunikationselement Setting — 166	
7.3	Psychointentionale Entwicklungsleitlinie — 136		8.1.4	Persönliche Beziehungserfahrung im Kommunikationselement Empathie — 166	
7.3.1	Allgemeine Betrachtung — 136				
7.3.2	Optimale Stimulation (empfindsam machen) — 137		8.1.5	Verständnisvolle Beziehungserfahrung im Kommunikationselement Identifikation — 167	
7.3.3	Attraktion (bemerkbar machen) — 139				
7.3.4	Reaktion (mitmachen) — 141		8.1.6	Vertrauensvolle Beziehungserfahrung im Kommunikationselement De-Identifikation — 168	
7.3.5	Aktion (vormachen) — 141				
7.3.6	Animation (Spaß machen) — 142		8.1.7	Regulative (liebevolle) Beziehungserfahrung im Kommunikationselement Regulation — 169	
7.3.7	Kooperation (gemeinsam machen) — 142				
			8.1.8	Zusammenfassung — 169	
7.4	Psychodialogische Entwicklungsleitlinie — 143		8.2	Dialogischer Beziehungsmodus im Alltag — 169	
7.4.1	Allgemeine Betrachtung — 143				
7.4.2	Instinktive Kommunikation — 144		8.2.1	Allgemeine Betrachtung — 169	
7.4.3	Einfache Ammensprache (Signalsprache) — 146				

8.2.2	Dialogischer Beziehungsmodus im Alltag von Schulkindern, Jugendlichen und jungen Erwachsenen _____ 171	9.5.3	Angst vor der Ablehnung als Partner, Angst vor Entwertung, Minderwertigkeitserleben _____ 196	
8.3	Monologer Beziehungsmodus _____ 174	9.5.4	Angst vor dem Versagen _____ 196	
8.4	Beispiel für das Ineinandergreifen der einzelnen Kommunikationselemente _____ 179	9.5.5	Angst vor Rivalität, Konkurrenz und Konflikten _____ 197	
		9.5.6	Angst vor sozialer Desintegration, sozialer Kommunikation und Solidarität _____ 198	
		9.5.7	Zusammenfassung _____ 198	
		9.6	Die Arbeit mit den Kommunikationselementen _____ 198	
		9.6.1	Dyade _____ 198	
D	**Einsatz der unterschiedlichen Kommunikationselemente in der OPP** _____ 183	9.6.2	Setting _____ 203	
		9.6.3	Empathie _____ 206	
		9.6.4	Identifikation _____ 214	
		9.6.5	De-Identifikation _____ 218	
		9.6.6	Regulation _____ 220	
		9.7	Orientierungshilfen _____ 221	
9	**Kommunikationselemente als Orientierungshilfen in der Gesprächspsychotherapie** _____ 185	10	**Kommunikationselemente als Orientierungshilfen in der Körperpsychotherapie** _____ 224	
9.1	Allgemeine Betrachtung _____ 185	10.1	Allgemeine Betrachtung _____ 224	
9.2	Einstellung des Psychotherapeuten auf den »subjektiven Patienten« (»Morsen auf hoher See«) _____ 186	10.2	Bonding _____ 225	
		10.3	Holding _____ 226	
9.3	Mehr objektive Wahrnehmung – mehr subjektive Wahrnehmung _____ 186	10.4	Hugging _____ 227	
9.4	Konzertierte psychotherapeutische Aktion _____ 188	10.5	Supporting _____ 229	
		10.6	Playing _____ 232	
9.5	Darstellung einer Angsthierarchie _____ 195	10.7	Dancing _____ 234	
9.5.1	Angst vor Vernichtung der Existenz _____ 195			
9.5.2	Angst vor Verachtung der eigenen Person _____ 195			

Inhalt

11	**Kommunikationselemente als Orientierungshilfen in der Gestaltungspsychotherapie**	235		**12.2**	**Aktualitätstraining**	270

12.2.1 Durchführung des Aktualitätstrainings — 270
12.2.2 Überblick über die einzelnen Autosuggestionen — 276

11.1 Allgemeine Betrachtung — 235

12.3 Objektgestützte Bewegungstherapie — 277

11.2 Intuitives Gestalten — 238

12.3.1 Rahmenbedingungen — 277
12.3.2 Durchführung — 277

11.3 Intentionales Gestalten — 240

12.4 Familientherapeutisches Gespräch — 278

11.4 Kommunikatives Gestalten — 242

11.5 Handwerkliches Gestalten — 244

12.5 Bewährte testpsychologische Untersuchungen während der stationären Behandlung — 280

11.6 Freies Gestalten — 246

11.7 Dialogisches Gestalten — 249

11.8 Zusammenfassung — 250

13 Behandlungsmanagement: Strukturgebende Behandlung — 281

13.1 Tragende Objektstützung — 293
13.1.1 Gesprächspsychotherapie — 293
13.1.2 Körperpsychotherapie — 307
13.1.3 Gestaltungspsychotherapie — 309
13.1.4 Sozialpädagogische Psychotherapie — 313

E Behandlungsmanual — 253

12 Therapieinstrumente — 255

12.1 Strukturplan — 255
12.1.1 Allgemeine Ausführungen zur Strukturplanarbeit — 255
12.1.2 Beispiel für eine Therapeuten-Patienten-Interaktion bei der Strukturplanarbeit — 257
12.1.3 Einsatz der Milieutherapie im Rahmen der Strukturplanarbeit — 258
12.1.4 Technik der Strukturplanarbeit — 260
12.1.5 Verbatim-Protokoll einer Sitzung aus der Strukturplanarbeit — 265

13.2 Haltende Objektstützung — 315
13.2.1 Gesprächspsychotherapie — 318
13.2.2 Körperpsychotherapie — 323
13.2.3 Gestaltungspsychotherapie — 325
13.2.4 Sozialpädagogische Psychotherapie — 327

13.3 Entlastende Objektstützung — 330
13.3.1 Gesprächspsychotherapie — 330
13.3.2 Körperpsychotherapie — 339
13.3.3 Gestaltungspsychotherapie — 342
13.3.4 Sozialpädagogische Psychotherapie — 345

13.4	Stützende Objektstützung	347	13.6.2 Körperpsychotherapie	385
13.4.1	Gesprächspsychotherapie	347	13.6.3 Gestaltungspsychotherapie	388
13.4.2	Körperpsychotherapie	355	13.6.4 Sozialpädagogische Psychotherapie	391
13.4.3	Gestaltungspsychotherapie	357		
13.4.4	Sozialpädagogische Psychotherapie	359		

13.5 Kreative Objektstützung — 361

13.5.1 Gesprächspsychotherapie — 361
13.5.2 Körperpsychotherapie — 369
13.5.3 Gestaltungspsychotherapie — 371
13.5.4 Sozialpädagogische Psychotherapie — 374

13.6 Narrative Objektstützung — 376

13.6.1 Gesprächspsychotherapie — 380

14 Behandlungsmanagement: Psychosomatische Grundbehandlung — 394

Literatur — 402

Sachverzeichnis — 407

A Einführung

1 Wurzeln und Entwicklungsgeschichte der Objektgestützten Psychodynamischen Psychotherapie

Im Laufe des Medizinstudiums lernen die Studenten exogene und endogene Ursachen kennen, die alleine oder im Zusammenwirken einem Krankheitsgeschehen zugrunde liegen. Während meiner klinischen Weiterbildung – ich hatte zunächst fünf Jahre in der Chirurgie gearbeitet und machte dann den Facharzt in der Inneren Medizin – stellte ich allerdings immer öfter fest, dass gleiche exogene Ursachen, beispielsweise ein Sturz von einem Baum, eine Infektion durch Krankheitserreger oder eine Vergewaltigung, von Mensch zu Mensch ganz unterschiedlich verkraftet wurden. Manchmal reagierten Betroffene auf gleiche Ursachen sehr ähnlich und für uns Mediziner vorhersehbar, manchmal aber individuell sehr unterschiedlich und für den Arzt zunächst unverständlich.

Für mich als naturwissenschaftlich geschulten Arzt war diese Tatsache eine echte Herausforderung. Ich hatte aber bereits verstanden, vieles was letztlich zu einem Behandlungserfolg oder Behandlungsmisserfolg führt, ist in der Endogenität eines Menschen begründet. Hier sind es einmal seine Erbanlagen (**genetischer Faktor**), z. B. seine angeborene körperliche Konstitution und seine angeborene Persönlichkeitsverfassung, die eine wesentliche Rolle dabei spielen, wie ein Mensch auf all die Umwelteinflüsse, denen er ausgesetzt ist, antworten kann. Zum anderen aber ist es auch die im Laufe seines Lebens gewachsene Persönlichkeit eines Menschen, sein Anpassungs- und Überlebensverhalten, vor allem aber die Stabilität seiner Lebensfähigkeit, die den Ausschlag geben in Richtung Selbstregulation (Autonomie) oder anderer Verarbeitungsmechanismen bis hin zur körperlichen Erkrankung (**psychosomatischer Faktor**).

1.1 Psychosomatische Abteilung der Universität Ulm

Um das Studium dieses psychosomatischen Faktors zu vertiefen, bat ich nach mehrjähriger klinischer Tätigkeit Mitte der 70er-Jahre, noch in der internistischen Facharztweiterbildung, Samir Stephanos, den damaligen Lehrstuhlinhaber für Psychosomatische Medizin an der Universität Ulm, mich in seine Abteilung aufzunehmen. In einer Zeit, in der die Psychosomatik in der Bundesrepublik Deutschland noch ein Nischendasein führte, eröffnete sich nun für mich ein völlig neues medizinisches Gebiet. Bis dahin hatte ich mich in der somatischen Medizin hauptsächlich auf das objektive Krankheitsbild des Patienten einstellen und die Zuwendung gegenüber dem Subjekt des Patienten auf spontan freundliche Gesten und vertrauensbildende Maßnahmen beschränken können. Jetzt dagegen, in der psychosomatischen Medizin, wurden sowohl eine professionelle Einstellung zum jeweiligen objektiven Krankheitsbild des Patienten als auch eine professionelle Einstellung gegenüber seiner subjektiven Verfassung gefordert. Dabei wurden in der Abteilung vor allem internistische Patienten, u. a. mit kardiologischen, gastroenterologischen oder onkologischen Erkrankungen behandelt.

Mit solch »ganzheitlicher« Betrachtungsweise und Erfassung eines Patienten hatte ich anfangs größte Schwierigkeiten. Ich konnte beispielsweise sehr gut bei einem an einer Colitis ulcerosa erkrankten Menschen dessen Krankheitsbild diagnostizieren und ihn auch, durchaus mit großem Einfühlungsvermögen, zu den medizinisch notwendigen Maßnahmen bis hin zur Operation motivieren. Ich tat mich aber anfänglich sehr schwer, zu der Person des Erkrankten eine von der Colitis ulcerosa unabhängige Beziehung aufzubauen. Ich brauchte lange Zeit, bis es mir gelang, mich in diese Kranken einzufühlen, ohne Hinblick auf deren Erkrankung und ohne Gefahr zu laufen, dabei meine, für den Patienten notwendige, medizinische Autorität aufs Spiel zu setzen. Er sollte sich nicht als »Colitis-Patient« abgestempelt, sondern als Person angenommen erleben. Gleichzeitig sollte er aber voll auf die medizinische Kompetenz seines Arztes vertrauen können.

In meiner psychosomatisch-psychoanalytischen Weiterbildung stellte ich dann immer öfter fest, dass sich bestimmte Patienten in ihrem Verhalten, vor allem aber im Umgang mit ihrer Erkrankung, auffällig ähnlich verhielten. Einmal lagen sie tief bedrückt, in sich versunken und unnahbar im Bett und teilten einem wortlos sehr deutlich mit, dass sie nicht angesprochen werden wollten. Ein anderes Mal waren die gleichen Patienten eher leutselig und redeten über alles Mögliche, aber wenn man auf ihre Krankheit zu sprechen kam, bagatellisierten sie ihre Beschwerden, handelten auffällig neutral ohne große emotionale Beteiligung oder sprachen mit spöttischem, bissigem Unterton über ihre Krankheit.

Ich wurde auf der psychosomatischen Abteilung immer wieder angehalten, darauf zu achten, wie betroffen ich im Kontakt mit Patienten reagierte und welche Gefühle, Gedanken und Phantasien dabei in mir aufkamen. Dabei musste ich feststellen, dass ich auf Patienten subjektiv äußerst zwiespältig reagierte und manchen von ihnen lieber aus dem Weg gegangen wäre, was aber, objektiv gesehen, mein Selbstverständnis als Arzt nicht zugelassen hat. Je mehr ich nun meine Aufmerksamkeit auf solch subjektive Reaktionen lenkte, um so öfter stellte ich beim Blutabnehmen, bei der körperlichen Untersuchung oder bei der Anamneseerhebung usw. fest, dass sich schwallartig Gefühle von tiefer Sympathie und dann wieder extremer Antipathie einstellten. Oft empfand ich mich den Patienten gegenüber hilflos und geriet in einen blinden Aktionismus, dann wieder waren sie mir plötzlich gleichgültig, was sich aber im nächsten Moment erneut ändern konnte. Dabei kamen mir z. B. bei einem an Prostatakrebs leidenden Mann Gedanken, diesem verloren gegangenen Menschen müsse man so etwas wie ein Zuhause geben. Bei der Anamneseerhebung stellte sich dann aber heraus, dass dieser Patient ein Familienvater war und, objektiv gesehen, ein sehr ordentliches Zuhause hatte. Ich konnte mit solchen »Eingebungen« zu Beginn meiner psychosomatischen Tätigkeit wenig anfangen, sie störten mich eher, weil ich noch nicht nachvollziehen konnte, wie ich mit derartigem »Mitfühlen« oder »Mitleiden« den Patienten helfen sollte.

Erleichtert erkannte ich, dass es meinen Kollegen auf der psychosomatischen Station ganz ähnlich erging. Dabei wurde in der Abteilung großen Wert darauf gelegt, nicht nur auf solche **Gegenübertragungen** bei sich selbst zu achten, sondern sich auch über seine subjektiven Eindrücke, Empfindungen, Gedanken und Phantasien miteinander auszusprechen. Daher stellte sich für mich sehr bald heraus, dass ich mit meinen Erfahrungen nicht alleine dastand. Die unterschiedlichen Eindrücke der anderen Kollegen fügten sich oft mit meinen Erfahrungen wie einzelne Facetten zu einem Gesamteindruck zusammen, der dann erstaunlicherweise eine Art Persönlichkeitsprofil des Patienten ergab. Es kam aber auch vor, dass zwei Therapeuten, aufgrund sehr unterschiedlicher Erfahrungen mit ein und demselben Patienten, miteinander in Konflikt gerieten. In solchen Momenten konnte das Behandlungsteam mitunter sehr schnell erkennen, dass sich vor ihren Augen gerade ein Zentralkonflikt aus dem kranken Familiensystem des Patienten abspielte.

Mir wurde damals klar, dass es sich hier um eine **integrative Vorgehensweise** handelte, eine tiefenpsychologische Technik also, durch die, ähnlich einem Röntgenbild, Wesentliches im Innenleben eines Patienten beleuchtet werden kann. Dadurch kommen für den Arzt die Hintergründe einer Erkrankung zum Vorschein und werden für ihn besser erkennbar; Krankheitsursachen, die der Psychotherapeut alleine, ohne diese Technik, schwerlich gefunden hätte. Die integrative Vorgehensweise überzeugte mich, weil sie nicht nur eine gute psychosomatische Diagnosetechnik war, sondern auch ein guter Wirkfaktor für die Behandlung.

Immer wieder stellte ich fest, dass sich in den Behandlungsteams bei dieser integrativen Arbeit, oft mehr oder weniger zwangsläufig, positive Gegenentwürfe zum gestörten Familiensystem des Patienten in Szene setzten, wenn sich die Therapeuten im Behandlungsteam untereinander gut verstanden und in der Lage waren, effektiv miteinander zu kommunizieren. Konnte dann ein Behandlungsteam, wenn auch nur für kurze Zeit, die Rolle einer »therapeutischen Familie« übernehmen, wurde dies von den behandelten Patienten sehr schnell registriert. Plötzlich gelang es dann dem einen oder anderen dieser Patienten, von seinem responsiven Behandlungsteam zu profitieren und notwendige korrigierende Beziehungserfahrungen zu verinnerlichen, was ihm zuvor trotz Anstrengungen kaum gelungen war. Diese integrative Vorgehensweise übernahm ich dann später in mein stationäres Behandlungskonzept der Objektgestützten Psychodynamischen Psychotherapie und arbeitete sie zur **konzertierten psychotherapeutischen Aktion** aus.

Bei meinen ersten Schritten in das Gebiet der psychosomatischen Medizin war ich immer wieder erstaunt, mit welcher Sachlichkeit mir Patienten bei der Anamneseerhebung z. B. über Misshandlungen oder emotionale und sonstige Vernachlässigungen in ihrer Vorgeschichte berichteten. Oft hatte ich dabei den Eindruck, als würden sie nicht über sich selbst, sondern über einen Außenstehenden sprechen. Sie schilderten sich selbst mehr als Zeugen denn als Betroffene. Vor allem in den Interviews hatte ich oft den Eindruck, solche Patienten hätten zwar einen Lebenslauf, kämen darin jedoch selbst als Person nicht vor.

Es war für mich immer wieder erleichternd, dass es meinen Kollegen auf der Station bei ganz bestimmten Patienten ähnlich erging wie mir. Eine noch größere Erleichterung verschaffte es mir, dass ich mit meinen Kollegen nicht nur über diese Patienten reden, sondern dass ich auch ohne Angst, missverstanden zu werden, alles aussprechen konnte, was sich in mir im Kontakt mit diesen Erkrankten angestaut hatte. Erstmals in meinem Leben begriff ich wirklich, wie wichtig Kommunikation ist und dass es sich dabei nicht nur um einen gedanklichen Austausch handelt, sondern dass es vor allem um den für uns Menschen existenziell notwendigen emotionalen Austausch geht. Zu meinem Erstaunen musste ich aber immer wieder feststellen, dass unsere zumeist schwerer körperlich kranken Patienten trotz großen Bemühens meinerseits zu solch einem emotionalen Austausch, einem offenen und ehrlichen Miteinanderumgehen, häufig kaum in der Lage waren. Sie redeten zwar sehr viel über alles und jeden, aber nach einer Weile hatte ich den Eindruck, das Gesagte käme sozusagen nicht von Herzen.

1.2 Französische Psychosomatik und Objektpsychologie

Stephanos, der mit Pierre Marty zu den wichtigsten Vertretern der französischen psychosomatischen Schule gehörte, bezeichnete diese Unfähigkeit, Gefühle ausreichend differenzieren und mit Worten adäquat ausdrücken zu können, als **Alexithymie**. Verbunden ist sie mit einem **operationalen Denken** *(Penseé operatoire)*, ein Begriff, den Pierre Marty, Michel de M'Uzan und Christian David bereits 1963 geprägt hatten. Dieser Begriff bezeichnet ein Denken, welches ohne Bezug auf Vergangenheit oder Zukünftiges ganz dem funktionalen Aspekt der Gegenwart verpflichtet ist. Solch ein Denken kann abstrakt und intellektuell sein, bleibt aber pragmatisch und instrumentell und ist in jedem Fall vom eigenen Erleben abgekoppelt.

Stephanos hatte für seine internistisch-psychosomatischen Patienten ein **analytisch-psychosomatisches Stationsmodell** entwickelt. Dabei ging die französische psychosomatische Schule (neben den bereits genannten Vertretern Marty, de M'Uzan und Christian David z. B. auch Michel Fain oder Mohammed Masud R. Kahn) davon aus, dass es bei Patienten mit körperlichen Krankheiten auch so genannte »psychosomatische Patienten« gibt. Diese würden charakteristische Störungen in ihrer primären psychobiologischen Ökonomie aufweisen. Die Untersuchungsergebnisse mit solchen Patienten bildeten die Basis der analytisch-psychosomatischen Therapie von Stephanos. Aber auch die Arbeiten von Sandor Ferenczi und seinem Schüler Michael Balint, also die Pioniere, die schon Mitte der 30er-Jahre der Psychoanalyse eine neue

Wendung gegeben hatten, spielten bei dem Behandlungskonzept eine Rolle.

Ferenczi und Balint waren ja bekanntlich die ersten Vertreter der Objektpsychologie, welche die Problematik von Objektbeziehungen gegenüber der Trieb- und Ich-Psychologie mehr und mehr in den Mittelpunkt der psychoanalytischen Überlegung gerückt hatten. Beide gaben von Anfang an dem Objekt eine grundlegende Rolle für die Ich-Entwicklung des Subjekts. Vor allem die **Gegenübertragung** wurde dabei als wichtiges diagnostisches und therapeutisches Instrument erkannt. Der psychosomatisch arbeitende Arzt musste sich demnach seinem psychosomatischen Patienten als Objekt anbieten und bekam erst durch einen reflektierten Umgang mit der Gegenübertragung einen wirklichen Zugang zu der primären Bedürftigkeit seines Patienten. Erst wenn der Patient spürte, dass sein Arzt ihn dort abholte, wo in seiner frühesten Kindheit seine Pflege – also die für unsere menschliche Entwicklung lebensnotwendige emotionale und körperliche Versorgung – aufgrund neurobiologischer und/oder milieuspezifischer Ursachen nicht ausgereicht hatte oder zu kurz gekommen war, begann er sich für die ihm angebotene Arzt-Patienten-Beziehung zu interessieren. Ein solcher Patient hatte die für unsere menschliche Entwicklung notwendigen Erfahrungen in Akzeptanz, Geborgenheit, Anerkennung, Affirmation und Responsivität nicht erhalten und in sich aufnehmen können. Dies war einer der Gründe, warum bei ihm keine ausreichende Selbstentwicklung stattfinden konnte.

Diese Einsicht hatte die psychoanalytische Forschung in den 70er-Jahren. Die damals bereits klassisch gewordenen Arbeiten über die Grundstörung (Balint 1937, 1949, 1968), die Trennungs- und Individuationsphase (Mahler 1968; Searis 1961) und den Narzissmus (Grunberger 1959, 1967; Kohut 1971) hatten mehrere Autoren dazu angeregt, bei den Therapien von Patienten, die an einer Grundstörung leiden, die klassische Freudsche Behandlungsmethode durch Einführung von Parametern, also adäquaten Variationen in der Technik, zu modifizieren und darüber hinaus mit neuen analytisch orientierten Verfahren zu experimentieren, wie z. B. mit dem **analytischen Psychodrama** (Lebovici, Diatkine, Kestenberg 1958).

In diesem Zusammenhang zeigten vor allem Donald W. Winnicott, Masud-Kahn und W. Roch überzeugend, dass dem **Setting**, das in der Behandlung von psychosomatischen Patienten mit Ich-Defekten angewandt wird, dem *facilitating environment*, eine entscheidende Bedeutung zukommt. Winnicott hatte diesen Begriff für die Umwelt des Säuglings geprägt, um damit das therapeutische Milieu zu definieren, durch das ein Patient seine Abhängigkeit von seinen primären Bezugspersonen überwinden und zur Individuation finden sollte. Ein *facilitating environment* ergab sich, wenn der Therapeut für den Patienten zum **tragenden Objekt** wurde und die *holding function* ausübte, wie es Winnicott nannte. Damit brachte der Therapeut dem Patienten die Sicherheit entgegen, die dieser für seinen psychischen Reifungsprozess brauchte.

Stephanos hatte in diesem Zusammenhang formuliert:

»Der Patient, der ›Holding‹ erfahren hat, kann einen ersten Kontakt mit seinem Therapeuten aufnehmen und nach und nach in der Auseinandersetzung mit ihm, sich seinen ›potentiellen Raum‹ (Winnicott 1967, 1972) bilden. Ist ihm dieser Schritt gelungen, hat er ein neues Identitätsgefühl und damit eine Bewegungsfreiheit, einen Spielraum gegenüber seinem Objekt, erworben. Der potentielle Raum ist jener Bereich, den sich das Kind im Laufe seiner Entwicklung aufbauen muss, um sich die kulturellen Erfahrungen (Winnicott 1967), die Lebenserfahrungen der Mutter, anzueignen. Diese ›Besitzergreifung‹ ermöglicht dem Kind, seine inneren Bereiche nach und nach zu erweitern, mit anderen Worten in der Terminologie von Winnicott, sein ›kulturelles Leben‹ zu gestalten. Die Therapie schafft ein Spannungsfeld, in welchem sich Patient und einsichtsvoller Therapeut begegnen. Der Patient beansprucht dieses als seinen potentiellen Raum. Sein Aufbau, im Patienten ein langwieriges Geschehen, fällt mit dem Einsetzen des psychischen Prozesses zusammen; dieses erfolgt zu dem Zeitpunkt, da der Patient von seinen pathologischen somatischen Reaktionsweisen abgelassen, das Stadium des passiven Getragenwerdens überwunden und zu ersten Identifikationsprozessen gefunden hat. Der potentielle Raum, wie er hier

verstanden werden soll, ist also Voraussetzung zur Überwindung der Symbiose, in der der prägenital gestörte Patient festgehalten ist.« (Stephanos 1981, S. 238)

1.3 Der Körper in der Psychotherapie (Sigmund Freud, Paul Schilder)

Bei meinen Beobachtungen und Untersuchungen von stationären Patienten mit tiefergreifenden emotionalen Störungen, vor allem bei solchen mit Persönlichkeitsstörungen, stellte ich allerdings immer wieder fest, dass sich die primären (elterlichen) Funktionen, die Winnicott mit dem Überbegriff »Holding« beschrieben hatte, nicht in dem Maße verinnerlichten, wie das bei Gesunden der Fall war. Was war der Grund dafür? Gab es Kinder, die bereits sehr viel ängstlicher zur Welt kamen als andere und deshalb noch gar nicht in der Lage waren, sich auf äußere Einwirkungen einzustellen, selbst wenn es für sie »gute Entwicklungsbedingungen« waren? Oder lag es nur an den Bedingungen, die Kinder nach ihrer Geburt vorfanden? Etwa an einer unreifen, überlasteten, unglücklichen, unsensiblen, haltlosen – also seelisch kranken Mutter? Damals konnte ich auf meine Fragen weder testpsychologisch noch mit bestimmten Interviewtechniken eine befriedigende Antwort finden. Heute weisen die meisten Ergebnisse aus der Hirnforschung auf eine unglückliche Koinzidenz endogener (z. B. Entwicklungsverzögerung) und exogener (z. B. ungünstige Sozialisationsbedingungen) Ursachen hin, die schwereren psychischen Störungen zugrunde liegen.

Damals konnten mir Begriffe wie »tragendes Objekt« oder »holding function« zwar sehr gut eine »allgemeine Vorstellung« von dem geben, was Patienten, insbesondere mit Persönlichkeitsstörungen, brauchten. Aber diese Begriffe halfen mir nicht in meinen Psychotherapien weiter, wenn es darum ging, endogene oder exogene Verursachungen einer Erkrankung auseinander zu halten oder einen psychisch schwerer gestörten Patienten in die Lage zu bringen, sich in der Auseinandersetzung mit seinen Therapeuten seinen »potenziellen Raum« zu bilden, wie Stephanos es formuliert hatte.

Im Gegenteil: Diese Patienten konnten, vor allem wenn sie gleichzeitig unter einer schwereren körperlichen Erkrankung litten, mit mir als Psychosomatiker zunächst wenig anfangen und waren nur sehr schwer dazu zu bewegen, sich auch auf eine psychische Ursache ihrer Erkrankung einzulassen. Ich glaubte zwar zu wissen, was ihnen fehlte, insbesondere die für unsere menschliche Existenz lebensnotwendigen Pflegeerfahrungen wie Geborgenheit, Sicherheit, Anerkennung usw. Aber wenn ich meine Psychotherapien dann reflektierte und evaluierte, stellte ich immer wieder fest, dass die meisten dieser »frühgestörten« Patienten sich mir gegenüber bestenfalls hilflos, meist eher ablehnend und entwertend verhielten, wenn ich mich ihnen gegenüber im Sitzen (klassisches Einzeltherapie-Setting) als »tragendes Objekt« anbot und Winnicotts »holding function« einsetzte. Obwohl ich versuchte, den Patienten nicht nur ein Gefühl von Geborgenheit, Sicherheit und Anerkennung zu geben, sondern mich auch anbot, ihnen bei der Klärung und Lösung anstehender alltäglicher Probleme zu helfen, hatte ich nie das Gefühl, mit ihnen auf der gleichen »Wellenlänge« zu kommunizieren. Es fehlte ihnen meines Erachtens das Verständnis für einen »potenziellen Raum«, in dem sie sich mit meiner Hilfe weiterentwickeln konnten – wenn sie nur wollten. Aber warum wollten sie nicht?

Bei dem Versuch, eine Antwort auf diese Frage zu erhalten, stieß ich zunächst auf eine Formulierung von Sigmund Freud: »*Anatomie ist Schicksal.*« Ich stellte sehr schnell fest, dass körperbezogene Phänomene bei Freud eine zentrale Rolle spielten, was mir in dieser Deutlichkeit vorher noch nicht klar gewesen war. Tatsächlich war die Entwicklung von der Autoerotik hin zur Objektliebe das zentrale Thema der psychoanalytischen Persönlichkeitslehre. Freud hatte ja in seiner Strukturtheorie der Persönlichkeit geschrieben: *»Das Ich ist vor allem ein körperliches ...«*.

Ich begann nun, mich deutlich mehr als zuvor für die körperlichen Phänomene bei meinen Patienten zu interessieren. In der Folgezeit stellte ich fest, dass ich Patienten bisher zwar als körperlich anwesend erlebt hatte, aber in erster Linie mit dem »psychischen Patienten« und meinen Gegenübertragungen beschäftigt gewesen war und nicht auf dessen körperliche Gesten, Gebärden oder sonstige Reaktionen geachtet hatte. Auch meinem eigenen Körper und meinen körperlichen Äußerungen, die ja möglicherweise auch in einem Resonanzverhältnis standen, hatte ich bisher in den Psychotherapien kaum eine Beachtung geschenkt.

Schließlich waren es die Arbeiten des Neurologen und Psychiaters Paul F. Schilder (1886–1940), dem früheren Direktor der Wiener Neurologischen und Psychiatrischen Universität und Supervisor von Wilhelm Reich, die mir eine neue Betrachtungsweise im psychoanalytischen/psychotherapeutischen Arbeiten eröffneten. Schilder hatte unter anderem geschrieben:

»Wir sollten aber nicht vergessen, dass die so genannten reinen psychischen Prozesse gleichzeitig auch organische Prozesse von spezifischem Charakter und Komplexitätsgrad sind. Es gibt keine psychischen Prozesse, in die nicht Gehirnmechanismen involviert sind.« (in: Maaser 1993, S. 28–29) Schilder machte sich Gedanken über das Körpererleben seiner psychiatrischen Patienten und fragte sich, wie der frühe Austausch mit ihren Eltern spätere Körperhaltungsgewohnheiten und motorische Neigungen geprägt haben mochten.

Schilder, der als jüdischer Arzt 1938 aus Österreich emigrieren musste und 1940 in New York starb, hatte fast im Alleingang ein gesamtes, bis dahin untergeordnetes Forschungsgebiet über das Körperschema erschlossen. Dabei vermied er eine kategoriale Trennung zwischen physiologischen und psychischen Phänomenen, wie sie in der klassischen psychoanalytischen Unterscheidung zwischen Trieb und Triebquelle auf der Seite der körperlichen Phänomene und Triebrepräsentanzen auf der psychischen Seite bestand. Schilder entwickelte dagegen ein – aus heutiger Sicht sehr modernes – psychophysiologisches Modell der menschlichen Entwicklung mit vier Organisationsebenen. In diesem Modell folgt einem untersten, rein physiologischen Niveau, auf dem sich bereits psychische Prozesse anbahnen, aber als solche noch nicht zum Ausdruck kommen, eine nächst höhere Ebene, auf der sich fokale Aktivitäten des Gehirns im Bewusstsein widerspiegeln. Hier sind es vor allem »körperliche« Gesten und Gebärden als Ausdruck stattgefundener Bewusstseinsentwicklung. Im Laufe der weiteren Entwicklung werden auf einer dritten Ebene subkortikale Funktionen vom Kortex übernommen. Jetzt können z. B. angeborene Bewegungsmuster sowohl – wie bisher – passiv (unbewusst) als auch bereits aktiv (bewusst) realisiert werden. Diese Mechanismen sind im Kern organisch, aber den psychischen Vorgängen sehr nahe verwandt. Die vierte Ebene ist die Ebene der reinen psychischen Prozesse. Von dieser Entwicklungsebene aus kann auf das Somatische Einfluss genommen werden.

Nach der intensiven Beschäftigung mit Schilder arbeitete ich in meinen Psychotherapien bei stationären Patienten mit Persönlichkeitsstörungen nicht mehr nur in psychischen Kategorien, sondern diesem Mentalen waren von da an in meinem psychologischen Denken immer auch das Neuronale und der Körper zugeordnet.

1.4 Konzept der neuronal-mentalen Regulationsmechanismen

Damals begann ich, in Anlehnung an die neurotischen Abwehrmechanismen, die Freud formuliert hatte und aufbauend auf Schilder, eine Theorie der **neuronal-mentalen Regulationsmechanismen** zu entwickeln. Dabei war es mir wichtig, darauf hinzuweisen, dass psychische Prozesse erst allmählich aus physiologischen Prototypen hervorgehen. Ich wollte betonen, dass der Mensch – je nach seiner weiteren bio-psycho-sozialen Entwicklung – gegenüber sich selbst und seiner Umwelt entweder abhängig, teilweise unabhängig oder aufgrund spezifischer Qualitäten (Kompetenzen) weitgehend autonom werden kann. Im Laufe der Persönlichkeitsentwicklung »funktionieren« diese neuronal-mentalen Regulationsmechanismen zunächst vorwiegend »neuronal gesteuert«, dann aber, ab einer bestimmten Persönlichkeitsentwicklung, kann die Person des Menschen immer öfter

1.4 Konzept der neuronal-mentalen Regulationsmechanismen

durch eigene Entscheidungen in diese Regulationsmechanismen eingreifen.

In meinen Psychotherapien fiel mir jetzt deutlicher ein Phänomen auf, das ich früher zwar auch schon bemerkt hatte, aber ohne ihm bis dahin wirklich Bedeutung beizumessen. Es war das Phänomen, dass manche psychisch schwer gestörten Patienten gesundheitlich so lange unauffällig waren, so lange sie sich, oft auf extreme Weise, körperlich abreagieren konnten. Wurden diese Patienten nun durch außerordentliche Belastungen (z. B. unvorhergesehene Kündigung, vorzeitige Berentung, schwere Partnerschaftskonflikte, Trennungen, Ablösungsversuche der adoleszenten Kinder) existenziell erschüttert, reagierten sie zutiefst hilflos und konnten auf keine Stressbewältigungsstrategien mehr zurückgreifen, auch nicht auf die bis dahin so extrem betriebenen körperlichen »Abreaktionen«. Die Folge waren meist schwere Depressionen und, damit einhergehend, krankhafte Störungen in den Körperfunktionen, sodass teils schwere Organerkrankungen auftraten. Die körperlichen »Abreaktionen« hatten also offenbar lange im Dienste der neuronal-mentalen Regulationsmechanismen gestanden und den Betroffenen längere Zeit psychisch in einem »labilen« Gleichgewicht gehalten. Bei der Erhebung der Lebensgeschichte stellte sich dann oft heraus, dass diese Patienten schon ihr Leben lang unter Selbstentwertungsmechanismen litten. Bisher aber waren sie immer wieder in der Lage gewesen, quasi aus der Not eine Tugend zu machen, das heißt, in hohen Belastungssituationen Überlebensstrategien zu generieren, mit denen sie sehr effektiv kritische Situationen gemeistert hatten. Da sie aber ihre Handlungsimpulse ohne Rückbezug auf ihre physischen und psychischen Leistungsgrenzen, also ohne präreflexive Korrektur in die Tat umgesetzt hatten, waren sie mehr und mehr in ein Überforderungssyndrom hineingeraten, in dessen Folge dann immer öfter unterschiedlichste Gesundheitsstörungen auftraten.

Bei meiner Ursachenforschung, warum diese offenbar schon sehr früh in ihrer Entwicklung emotional unterversorgten und/oder anderen frühkindlichen Belastungen und Traumatisierungen ausgesetzten Kranken sich so schwer taten mit der Fürsorge, die wir ihnen auf unserer psychosomatischen Station anboten, kam mir wieder der Körper zu Hilfe, und zwar in Form des Settings. Mir fiel Folgendes auf: Ich hatte es mit erwachsenen Menschen zu tun, die trotz ihres mächtigen Hungers nach primärer Versorgung sehr irritiert auf meine »Mütterlichkeit« reagierten, weil der Behandlungsrahmen des »Face-to-face-Settings« im Sitzen sie mehr in ihrer Pseudosouveränität herausforderte, als zur Regression einlud. Saß ich dann aber am Krankenbett, war es plötzlich wesentlich einfacher, die Winnicottsche *holding function* einzusetzen. Hier brauchte mir der Patient nichts mehr vormachen und konnte es viel eher zulassen, wenn ich z. B. seine Hand hielt oder ihn zuversichtlich berührte.

Ich hatte also bislang im Face-to-face-Setting eine hochdifferenzierte Kommunikationsfähigkeit im Umgang mit dem Patienten vorausgesetzt, zu der dieser überhaupt noch nicht in der Lage gewesen war. Hätte ich rechtzeitig auf seine Körpersprache geachtet, als der Patient mit vor der Brust verschränkten Armen, überkreuzten Beinen und starrer, fast ausdrucksloser Miene vor mir saß, hätte ich ihn besser verstehen können. Der nach außen hin um Souveränität bemühte Patient wollte es in dieser Form des Settings keinesfalls mit jemandem zu tun haben, der ihn durchschaute, sondern eher mit jemandem, der seine bis vor kurzem ja noch funktionierenden Überlebenstechniken gratifizieren würde.

Auf der Suche nach einem Behandlungsrahmen in dem ich, auf der Basis der psychoanalytischen Krankheitslehre, mit körper-, symbol-, und muttersprachlichen Kommunikationsebenen im Umgang mit dem Patienten arbeiten konnte, schaute ich mich weiter in der damals modernen Fachliteratur um und holte mir theoretische Hilfe bei bekannten Psychoanalytikern wie z. B. Georg Groddeck (1909), Wilhelm Reich (1970), Alfred Adler (1908) oder Fritz Perls (1980, 2000), die ebenfalls versucht hatten, den »Fels der Neurose« zu bearbeiten – wie Freud die tiefergreifenden emotionalen Störungen nannte.

Bei den Untersuchungen meiner Patienten mit funktionellen Körperstörungen, hauptsächlich bei Patienten mit Organerkrankungen, wurde ich immer wieder darin bestätigt, dass manche dieser Kranken in auffälliger Weise nicht über sich selbst reden konnten, auch wenn sie dies noch so eloquent verbargen. Sie waren für mich jenen Menschen vergleichbar, die von Kindheit zwar an schwerer Legasthenie litten, ihre Schwäche aber bis ins hohe Alter ihrer Umwelt verheimlichen konnten. Auch Menschen mit einer narzisstischen Persönlichkeitsorganisation überspielen ja ihre krankhafte Selbstunsicherheit oft sehr lange gekonnt. Erst wenn ihre sehr überwertigen Phantasien von grenzenlosem Erfolg und exhibitionistischem Bedürfnis nach dauernder Aufmerksamkeit und Bewunderung abrupt enttäuscht werden, reagieren diese Menschen »gestört«. Sie leiden unter massiven Selbstentwertungsmechanismen und können ihrer Umwelt gegenüber sehr impulsiv, entwertend und vernichtend reagieren. Manchmal treten bei ihnen auch passagere psychotische Symptome auf. Die Mitmenschen reagieren dann meist sehr verwundert, weil sie mit so einer Reaktion bei diesen Menschen nicht gerechnet hätten.

1.5 Leitung der Hochdruckambulanz, Neurobiologie und Säuglingsforschung

Noch in der psychoanalytischen Weiterbildung übernahm ich 1980 als Funktionsoberarzt die Leitung der Hochdruckambulanz der Universität Ulm. Parallel dazu arbeitete ich weiter in der psychosomatischen Abteilung. In der Hochdruckambulanz wurden die Patienten sorgfältig internistisch diagnostiziert, medikamentös eingestellt und mindestens ein Jahr lang niederfrequent (in der Regel alle vier Wochen) zur nächsten Blutdruckkontrolle einbestellt. Die meisten Patienten wurden außerdem psychotherapeutisch behandelt.

Durch meine eigene psychoanalytische Selbsterfahrung und Weiterbildung wusste ich inzwischen sowohl über mich selbst als auch über die Persönlichkeitsverfassung meiner Patienten besser Bescheid. Nach wie vor unklar blieb mir aber, warum sich viele Hochdruckpatienten bei explorativen Gesprächen so schwer taten, über ungünstige Sozialisationsbedingungen oder früh-

kindliche Traumatisierungen zu sprechen. In der Regel gaben sie immer wieder völlig sachlich klingende Berichte, sodass es mir bei objektiver Betrachtung zunächst sehr schwer fiel, aufgrund solch sachlicher Mitteilungen auf frühere Traumatisierungen zurückzuschließen. Dabei erlebte ich selbst aber die Spannung, die sich in mir im Kontakt mit diesen Patienten einstellte, oft als nahezu unerträglich. Als noch intensiver erlebte ich diese Spannung in mir im Umgang mit Patienten, die keinerlei Gespräche mit mir führen wollten, sondern nur ihre Blutdruckwerte kontrollieren und ihre Medikamente neu einstellen ließen. Im Prinzip war dieser Konflikt, den ich damals in der Kommunikation mit den Patienten erlebte, die Geburtsstunde des später von mir entwickelten **dialogischen Beziehungsmodus**.

In der Hochdruckambulanz machte ich also weitere Erfahrungen mit körperlich kranken Menschen und erlangte neue Einsichten, was die Genese und die Behandlung körperlicher Krankheiten betraf. Gerade bei Patienten mit Bluthochdruck ließ sich gut herausarbeiten, dass ihre Gesundheitsstörung ein multifaktorielles Krankheitsgeschehen war. Eine Tatsache, die heute auf wesentlich mehr Krankheitsbilder zutrifft, als man damals annahm. Erste Ergebnisse in der neurobiologischen Forschung zeigten aber bereits auf, dass neben genetischen Faktoren und Risikofaktoren der psychosomatische Faktor eine wesentliche Rolle in der Krankheitsentstehung und/oder im Krankheitsverlauf spielt. Mittlerweile, Anfang des 21. Jahrhunderts, hat die Neurobiologie nachgewiesen, *»dass die sekundenschnelle und weitestgehend unbewusste Bewertung aktueller Ereignisse in den neuronalen Netzwerken von Hirnrinde und limbischen System erfolgt. Dabei werden die individuellen Vorerfahrungen, die im limbischen System gespeichert sind, mit den aktuellen Ereignissen verglichen und diese jetzt ›subjektiv‹ für eine Botschaft weitergeleitet. Ergibt jetzt die Bewertung durch Hirnrinde und limbisches System, dass eine neue Situation aufgrund früher Erfahrungen als alarmierend und für den betroffenen Menschen nicht beherrschbar eingeschätzt werden muss, dann übermittelt das limbische System über Nervenbahnen intensive Alarmsignale an* *zwei tieferliegende Zentren des Kerns: zum einen kommt es zur Alarmierung des Hypothalamus, in dessen Nervenzellen das Stressgen CRH aktiviert wird. Zugleich wird aber auch der Hirnstamm ›angefunkt‹, wo Nervenzellen Alarmbotenstoffe (u. a. Noradrenalin) ausschütten und Gene aktivieren (u. a. Tyrosin-Hydroxylase-Gen), die für die Produktion dieser Alarmbotenstoffe sorgen«.* (Bauer 2002, S. 107)

Findet jetzt eine Überaktivierung der Stressachse und dadurch eine Erhöhung des körpereigenen Cortisols oder anderer Stresshormone wie z. B. Adrenalin statt, kann das dazu führen, dass Organsysteme mit krankhaften Störungen reagieren. Genau dies hatte ich immer wieder bei Patienten in der Hochdruckambulanz beobachtet, ohne dass mir bereits die theoretischen Grundlagen zur Verfügung standen.

Bei meiner Suche stieß ich auch auf eine Arbeit zum Thema *cerebral minimal diseases*, die für mich sehr wichtig wurde. In der Arbeit konnte sinngemäß nachgewiesen werden, dass bei Kindern, die mit Hirnreifestörungen und damit einhergehenden Hirnleistungsstörungen auf die Welt kommen, diese meist minimalen neuronalen Störungen durch Geborgenheit stiftende, einfühlsame und reizabschirmende Pflege und Fürsorge weitestgehend kompensiert werden können. Daraufhin begann ich, unter Einbeziehung der damals vorliegenden Ergebnisse aus der internationalen Säuglingsforschung (z. B. Melanie Klein, Margret Mahler, Jean Piaget, René A. Spitz), auf sehr direkte Art und Weise, allerdings erwachsenengerecht modifiziert und mehr als selbstverständliche ärztliche Hilfestellung, solch primäre Fürsorge und Pflege in den Umgang mit meinen Hochdruckpatienten einfließen zu lassen. Das Ergebnis war durchweg positiv. Vor allem wurde die Compliance der Patienten erkennbar besser, das heißt z. B., sie nahmen ihre verordneten Medikamente wesentlich regelmäßiger ein, führten die mit ihnen eingeübten Entspannungs- und Bewegungstherapien regelmäßiger durch oder kamen zuverlässiger zu den Kontrollterminen. Diese praktischen Erfahrungen machten mir Mut, den körpertherapeutischen Ansatz stärker als bisher in der Behandlung meiner Hochdruckpatienten einzusetzen. Ich war überzeugt, dass sich dies positiv auf deren Persönlichkeits-, Selbst- und Ich-Entwicklung auswirken würde.

Langsam konnte ich deutlicher erkennen, dass es möglicherweise für viele meiner Patienten auch deshalb so schwer war, über ihre Krankheit zu sprechen, weil massive Affekte, denen sie in ihrer frühkindlichen Entwicklung ausgesetzt gewesen waren, ihre emotionale Kapazität bei Weitem überfordert hatten. Ich ging daher nun davon aus, dass traumaspezifische Episoden aus dem noch labilen kindlichen Bewusstsein ausgeblendet würden. Trotz bereits vorhandener Fähigkeiten zur Subjekt/Objektdifferenzierung verarbeitet das Kind diese schmerzlichen Erfahrungen weitestgehend subjektiv. Die Erfahrungen werden in seinem Gedächtnis vorwiegend als rein »körperliche Ereignisse« abgespeichert. H.G. Wolff (1953) spricht in diesem Zusammenhang von **protektiven Reaktionsmuster**. Dabei wird die objektive »Leidenverursachung« also solche dem Kind kaum bewusst. , geht aber als aversiver Stimulus mit in das schmerzliche Körpererleben des Kindes ein. Da hier die Objekterfahrung weitestgehend auf das »Körperliche« beschränkt bleibt, könnte man auch von einem »Körpergedächtnis« sprechen, das in dieser frühkindlichen Zeit entsteht. Durch aktuelle aversive Triggerereignisse können diese schmerzlichen, dysfunktionalen, »körperlichen Erinnerungen« später wieder wachgerufen werden. Dabei können diese subjektiven dysfunktionalen Körpererfahrungen weniger »im Kopf«, sondern hauptsächlich »auf Körperebene« z. B. als schwere somatoforme Störung in Erscheinung treten. Da sich der Mensch später hauptsächlich auf sein »Kopfgedächtnis« verlässt und weniger mit seinem »Körpergedächtnis« anfangen kann, können sich viele meiner Patienten nicht vorstellen, dass ihre Erkrankungen etwas mit körperlich in Erscheinung tretenden, frühkindlichen Traumatisierungen zu tun haben könnte.

Bei meinen Hochdruckpatienten hatte ich also inzwischen, was den »psychosomatischen Faktor« betraf, ein wesentlich anschaulicheres Erklärungsmodell. Allerdings fehlte mir nach wie vor ein mich zufrieden stellendes, psychosomatisches Behandlungskonzept.

Zu diesem Zeitpunkt halfen mir weitere Ergebnisse aus der Neurobiologie dabei, effektive psychosomatische Behandlungstechniken zu entwickeln. In der Stressforschung hatte man nämlich mittlerweile festgestellt, dass Menschen mit »reifen Verarbeitungsmechanismen« über so genannte »körpereigene Stressbewältigungsmechanismen« verfügen. Diese Menschen zeigten im Vergleich zu frühtraumatisierten Patienten eine deutlich stabilere Affektivität, konnten über aufkommende, angstvolle, schmerzliche Gefühle reden und waren trotz hoher Erregung über einen längeren Zeitraum emotional schwingungsfähig. Das hieß, dass ihre psychischen Abwehrfunktionen besser in ihr Anpassungsverhalten integriert waren als bei frühtraumatisierten Patienten.

Hier taten sich nun für mich sehr entscheidende Fragen auf: Waren diese körpereigenen »Stressbewältigungsmechanismen« das Ergebnis einer weitestgehend optimal verlaufenden Pflege und Fürsorge, die ein Mensch als Kind erhalten hatte? Wenn dem so war, und davon war ich überzeugt, dann war diese optimal verlaufende elterliche Pflege und Fürsorge des Kindes ein wesentlicher Wirkfaktor. Wenn jetzt durch diesen Wirkfaktor die gesunde Persönlichkeitsorganisation eines Kindes vorangetrieben wird, wäre es dann nicht möglich, diesen Wirkfaktor bei jenen Patienten erfolgreich einzusetzen, deren Persönlichkeit deshalb gestört ist, weil diese elterliche Fürsorge und Pflege nicht ausreichend zum Tragen gekommen ist.

1.6 Eigene psychosomatische Klinik und OPP-Konzeptentwicklung

Noch in der Hochdruckambulanz stellte ich fest, und testpsychologische Untersuchungen bestätigten dies, dass viele meiner Patienten sich zwar vordergründig oft sehr lebensbejahend zeigten, letztlich aber den Sinn ihres Lebens, ihre Existenz, ihre Person, ihren Wert in ihrer Familie oder in der Gesellschaft, teilweise massiv in Frage stellten. Ich sah darin eine Bestätigung des psychosomatischen Faktors und begann nun systematisch, den für die psychische Entwicklung des Menschen notwendigen Wirkfaktor der elterlichen Fürsorge und Pflege in unterschiedliche Einzelfaktoren aufzuteilen. Dabei orientierte ich mich sowohl an den mittlerweile aus der Säuglingsforschung bekannten interaktiven Beziehungsritualen, die in der Frühentwicklung zwischen Mutter und Säugling zum Tragen kommen, als auch an der Bindungsforschung (z. B. Ainsworth, Wittig) und an meinen eigenen, mittlerweile langjährigen praktischen Erfahrungen und Behandlungsansätzen. Darauf aufbauend erstellte ich eine **Systematik der tragenden, haltenden, entlastenden, stützenden, kreativen und narrativen Objektstützung**.

Zu diesem Zeitpunkt bot sich mir die Möglichkeit, die Klinik Dr. Schlemmer in Bad Wiessee zu übernehmen. 1985 war diese Klinik noch weitgehend auf psychosomatische Reha-Patienten ausgerichtet; in den folgenden Jahren wandelte ich sie zunehmend in ein psychosomatisches Akutkrankenhaus mit ca. 100 Betten um. Ich legte den Behandlungsschwerpunkt weiter auf psychosomatische Patienten, darunter essgestörte Patienten, Patienten mit Schmerzstörungen oder Patienten, bei deren körperlicher Erkrankung nachweislich psychische Faktoren eine Rolle spielten. Hinzu kamen Patienten mit posttraumatischen Belastungsstörungen, schweren Angststörungen, depressiven Störungen und zunehmend Patienten mit Persönlichkeitsstörungen und Borderline-Symptomatik. Bei all diesen Patienten, die trotz unterschiedlicher Krankheitsbilder, oft unter einer tiefergreifenden emotionalen Störung litten, stellte ich fest, dass der entwicklungsgeschichtliche Hintergrund, insbesondere frühkindliche Traumatisierungen betreffend, sehr große Ähnlichkeiten aufzeigte.

In eigener Klinik entwickelte ich daher meine noch in Ulm begonnene Systematik der primären elterlichen Funktionen und der damit einhergehenden basalen interaktiven Beziehungsrituale, also die tragenden, haltenden, entlastenden, stützenden, kreativen und narrativen Objektstützungen weiter. Gleichzeitig begann ich, meine interdisziplinär zusammengesetzten medizinischen Mitarbeiter kollegial darin zu schulen, wie sie diese Objektstützungen auf den vier Therapieebenen (Gesprächs-, Körper-, Gestaltungs- und sozialpädagogische Psychotherapie)

1.6 Eigene psychosomatische Klinik und OPP-Konzeptentwicklung

am wirksamsten zum Einsatz bringen konnten. Deshalb wurden z. B. die jeweiligen Erfahrungen, die Mitarbeiter mit ihren Patienten machten, einmal wöchentlich im Stationsteam supervidiert und in ebenfalls einmal wöchentlich stattfindenden Intervisionsgruppen evaluiert. Der Fokus richtete sich darauf, wie weit es für die jeweiligen Behandler möglich war, trotz oft schwer auszuhaltender Erfahrungen mit den Patienten, die jeweiligen objektgestützten responsiven, affirmativen Haltungen und Einstellungen, an denen es ja gerade diesen Patienten zutiefst mangelte, über spezifische und interaktive Beziehungsrituale effektiv bei ihnen wirksam werden zu lassen. Dabei sollte es allen interdisziplinär tätigen Mitarbeitern immer wieder möglich werden, sich auf jene kindliche Entwicklungsphase einzustellen, bei der man davon ausgehen konnte, dass sie vom Patienten sehr defizitär durchlaufen worden war. Mit Hilfe von Supervision und Intervision konnten sich die Mitarbeiter über das Ausmaß der bei ihnen stattgefundenen Affektaffizierung durch den Patienten bewusst werden. Dann konnten sie Schritt für Schritt die immer wieder neu zu erarbeitende, notwendige »professionelle« Nähe-Distanz-Regulation gegenüber den Patienten einsetzen und, so authentisch wie möglich, die jeweils notwendige Akzeptanzerfahrung dem Patienten gegenüber wirk-sam werden lassen. Dabei setzte der jeweilige Gesprächs-, Körper-, Gestaltungs- oder sozialpädagogische Psychotherapeut, selbstverständlich nach mehreren vorausgegangenen Absprachen mit dem Patienten, das basale interaktive Beziehungsritual ein, welches der Patient in seiner Frühentwicklung am meisten entbehrt hatte – allerdings erwachsenengerecht modifiziert.

Immer wieder stellte ich jetzt fest, dass Patienten häufig, vor allem in der Körper- und Gestaltungstherapie, mit unterschiedlichen Körperbefindlichkeiten oder passager mit Körpersensationen wie Blutdruckanstieg, Blutdruckabfall, Atemnot, Herzklopfen usw. reagierten. Wenn man ein »Körpergedächtnis« annahm, dann konnte der Patient also am »eigenen Leib« feststellen, dass es sich bei ihm um alte »seelische Wunden« handelte, die keineswegs verheilt waren, sondern schon seit langer Zeit, ohne dass er darüber Bescheid gewusst hatte, bestanden.

Durch die Behandlung konnten ihm demnach, wenn auch nicht bildhaft, zumindest ahnungsvoll, frühkindliche traumatische Erfahrungen schmerzlich bewusst werden. Neben der primären elterlichen Funktion, die die Psychotherapeuten als **therapeutische Haltung** einsetzten, waren es vor allem die **basalen interaktiven Beziehungsrituale**, die letztlich beim Patienten die gewünschte Tiefenwirkung auslösten und, wie ich annahm, die erwünschte »Tiefenkorrektur« bewirkten. Ich ging weiter davon aus, dass bei dieser in seine Persönlichkeit eingreifenden Behandlung der Patient durch die Psychotherapeuten eine für ihn zunächst fremde, ihn auch irritierende, dann aber außerordentlich befriedigende zwischenmenschliche Erfahrung machen konnte und er sich nachweislich mehr und mehr bei seinen Psychotherapeuten geborgen, sicherer aufgenommen und angenommen fühlen würde. Aus meiner Sicht war dies der Grund, warum die Patienten im Laufe der Behandlung, ganz im Gegensatz zu ihrer anfänglichen Zurückhaltung, immer mehr und häufiger über sich zu reden begannen. Ein weiterer Behandlungseffekt war, dass diese Patienten durch diese **objektgestützte Behandlung** überhaupt erst in die Lage kamen, affektive Krisen als solche bei sich zu erkennen und dann rechtzeitig auf ihre Behandler zugingen – also noch bevor sie wieder ins Agieren gerieten oder symptomatisch reagierten.

Leider musste ich durch katamnestische Überprüfung feststellen, dass die oft sehr positiven Behandlungseffekte, die nicht selten auch mit einer deutlichen Symptomreduktion während der stationären Behandlung einhergingen, nach Entlassung nicht länger als ein halbes bis maximal ein dreiviertel Jahr anhielten. Bei der kritischen Überprüfung fiel mir dann auf, dass die emotional tiefergreifend gestörten Patienten trotz aller aufgetretenen Schwierigkeiten durch die **Objektgestützte Psychodynamische Psychotherapie** durchaus in die Lage versetzt werden konnten, die von den Behandlern vermittelten Akzeptanzerfahrungen anzunehmen und sie so in ihr Anpassungskonzept aufzunehmen. Letztlich resultierten daraus deutlich erkennbare korrigierende Umorientierungen, damit einhergehende reifere Verarbeitungsmechanismen und eine erkennbare Symptomreduzierung. Das war der positive

Effekt. Die Patienten wurden aber zu spät und möglicherweise zu wenig intensiv aufgefordert, diesem »inneren« Veränderungsprozess sofort auch eine »äußere« Verhaltensänderung folgen zu lassen. Dadurch wurden die identifikatorischen Prozesse zu wenig in Gang gesetzt, und das zunächst deutlich sozialresonantere Anpassungsverhalten schwächte sich mangels ausreichender Kompetenzentwicklung nach der Entlassung im Laufe der Zeit wieder mehr und mehr ab. Die Patienten waren sich also letztlich ihres »neugewonnenen Verhaltens« nicht so sicher, dass sie es jederzeit reproduzieren konnten. Mit anderen Worten: Das personale, also autonome Ich, egal wie stabil es bei den Patienten auch war, musste stärker gefordert werden. In der Folgezeit beschäftigte ich mich nun sehr intensiv mit den Schriften von Heinz Hartmann, dem Begründer der Ich-Psychologie.

1.7 Ich-Psychologie (Heinz Hartmann)

Hartmann sah die Objektbeziehungen als essenziellen Ich-Organisator an, der lange vor der Differenzierung von Selbst und Objekt aktiv ist. Darauf stützte sich z. B. auch Otto F. Kernberg. In seinem Buch »Objektbeziehungen und Praxis der Psychoanalyse« (Kernberg 1981) heißt es diesbezüglich:

»*Die Etablierung der Ich-Identität tritt während des Stadiums der Integration von Selbstvorstellungen und Objektvorstellungen und der Entwicklung reifer intrapsychischer, aus Objektbeziehungen abgeleiteter Strukturen auf und umfasst die Integration von Selbstvorstellungen in ein integriertes Selbst (oder ein integriertes Selbstkonzept), eine vollständige Integration der inneren Welt von Objekten, die aus der Integration von ›Teil‹-Objektvorstellungen in ›ganze‹ Objektvorstellungen abgeleitet wird, sowie die fortdauernden Prozesse der ›Bestätigung‹. Diese Auffassungen basieren weitgehend auf dem Werk von Erikson (1950, 1956), Hartmann (Hartmann u. a. 1946, Hartmann 1950) sowie Sandler und Rosenblatt (1962). Die Ich-Identität umfasst also ein konsolidiertes Selbstkonzept und eine konsolidierte Welt von Objektvorstellungen*«. (S. 74)

Hartmann untersuchte den Mechanismus der »Triebmischung« und der mit ihr zusammenhängenden Prozesse der »Neutralisierung« ausführlich. Dabei schrieb er dem Ich eine Stärke zu, durch die es in der Lage war, selbst mit Erregung umzugehen und sie zu organisieren. Hartmann formulierte in diesem Zusammenhang:

»*Wir werden also, wenn wir den Erfolg einer Triebabwehr zu beurteilen haben, nicht nur fragen, was mit der Trieberregung geschehen ist und auf welche Weise sich das Ich geschützt hat, es werden uns vielmehr auch die Folgen für jene Ich-Funktionen, die nicht unmittelbar am Konflikt beteiligt sind, mehr als bisher interessieren. Sie verstehen sofort, dass auch Begriffe wie Ich-Stärke, Ich-Schwäche, Ich-Einschränkungen usw. in diesen Problemkreis hineingehören; sie bleiben aber immer etwas schattenhaft, so lange die konkreten Funktionen, die hier auf der Ich-Seite beteiligt sind, nicht näher ins Auge gefasst werden.*«

An anderer Stelle heißt es:

»*... wir erfahren in unserer klinischen Arbeit täglich, wie Unterschiede in der intellektuellen Entwicklung, der motorischen Entwicklung usw. sich in der Bewältigung der Konflikte des Kindes bemerkbar machen und wie die Art der Konfliktbewältigung auf diese Tätigkeiten zurückwirken.*« (Hartmann 1975, S. 19)

In diesem Zusammenhang vertrat Hartmann die Auffassung, dass beim Menschen Sexualität und Aggression nicht der unmittelbaren Selbsterhaltung oder der Erhaltung der Art dienen, sondern dass sie schon sehr früh in Strukturen integriert werden, die dem Ich dienen.

Hartmann stellte auch fest, dass die lang anhaltende Hilflosigkeit des jungen menschlichen Wesens dazu führt, dass das Ich viele der Funktionen übernimmt, die bei anderen Arten von den Instinkten getragen werden. Hier hatte er schon sehr früh etwas erkannt, was mittlerweile durch die Hirnforschung bestätigt wurde. Wir wissen heute, dass sich das menschliche Hirn von einem Primatenhirn morphologisch nur um ca. 1,4 % unterscheidet. Man nimmt deshalb an, dass es die lange Kindheit des Menschen ist, die uns letztlich vom Affen unterscheidet. Aufgrund unseres neurophysiologisch sehr unfertigen Gehirns zum Zeitpunkt der Geburt hat der Mensch sehr umfangreiche Möglichkeiten, eigene Erfah-

rungen und individuelle Nutzungsbedingungen in seiner Gehirn-Matrix zu verankern. Gerald Hüther schreibt dazu in seinem 2001 erschienenen Buch »Bedienungsanleitung für ein menschliches Gehirn«:
»Wenn man mit einem Gehirn zur Welt kommt, dessen endgültige, das spätere Verhalten bestimmende Verschaltungen erst im Verlauf der weiteren Entwicklung durch die Art ihrer Nutzung geknüpft, gefestigt und gebahnt werden, so ist das ein großer Vorteil. Um sein inneres Gleichgewicht und damit die für sein Überleben erforderliche innere Ordnung aufrechtzuerhalten, muss man sich nicht mehr ausschließlich auf die in Jahrmillionen entstandenen, genetisch verankerten Programme verlassen. All das, worauf es für das Überleben in der konkreten Welt, in die man hineingeboren worden ist, ganz besonders ankommt, was also speziell dort, wo man lebt, und zu der Zeit, in der man lebt, von Bedeutung ist, kann man auch noch nach der Geburt in Form zusätzlicher, durch die Art ihrer konkreten Nutzung bestimmter Verschaltungen in seinem Gehirn verankern.« (S. 53)
In »The Psychoanalytic Study of the Child« beschrieben Heinz Hartmann und Rudolph M. Loewenstein 1962 unter dem Titel »Notes on the Super-Ego« eine Vorstellung über die Internalisierung, Identifizierung, Introjektion und Inkorporation. Die beiden Autoren legten dar, dass sie die Identifizierung zugleich als den Prozess und als das Ergebnis der Formung des eigenen Selbst nach dem Vorbild anderer Menschen annahmen. Auch hier fand ich ein wesentliches theoretisches Element, das meiner metapsychologischen Vorstellung eines zutiefst biologisch angelegten Ichs entsprach. Eines Ichs, das aber seine ganze Kraft aus einem Selbst schöpft, das zwar ebenfalls biologischer Natur ist, dessen weiterer Aufbau aber nur durch viele objektgestützte Erfahrungen zustande kommt. Da ich in meiner Metapsychologie mittlerweile davon ausging, dass sich aus dem Selbst, besser aus dem neuronalen Selbst, eine fortwährende **selbstreflektive Resonanz** generiert, die über das mentale Selbstkonzept als **innere Gestimmtheit** oder auch **innere Stimme** für den Menschen erfahrbar ist, setzte ich mich jetzt mit der Selbstpsychologie von Kohut auseinander.

1.8 Selbstpsychologie (Heinz Kohut)

In seinem Buch »The Restoration of the Self« schrieb Kohut 1976:
»Gewiss, wir müssen – im Einklang mit den Befunden der Neurophysiologie – annehmen, dass das neugeborene Kind keinerlei reflektives Bewusstsein seiner selbst haben kann, dass es nicht fähig ist, sich selbst, und sei es noch so schemenhaft, als eine im Raum kohärente und in der Zeit dauernde Einheit zu erfahren, die Ausgangspunkt von Antrieben und Empfänger von Eindrücken ist. Und doch ist es von Anfang an mittels gegenseitiger Empathie mit einer Umgebung verschmolzen, die es so erlebt, als hätte es bereits sein Selbst – einer Umgebung, die nicht nur die spätere Selbst-Bewusstheit des Kindes vorwegnimmt, sondern auch, allein schon durch Form und Inhalt ihrer Erwartungen es in spezifische Richtungen zu lenken beginnt. In dem Augenblick, in dem eine Mutter ihr Baby zum ersten Mal sieht und auch mit ihm in Kontakt ist (durch taktile, olfaktorische und propriozeptive Kanäle, wenn sie es füttert, trägt und badet) findet der eigentliche Beginn eines Prozesses statt, der das Selbst einer Person bildet – er setzt sich während der ganzen Kindheit und in einem geringen Ausmaß auch im späteren Leben fort.« (S. 95)
1979 erschien »The Restoration of the Self« unter dem Titel »Die Heilung des Selbst« in deutscher Sprache. Inzwischen teilen uns Hirnforscher mit, dass es wahrscheinlich ist, dass bereits das neugeborene Kind eine Art reflektives Bewusstsein »seiner selbst« mit auf die Welt bringt, das sich zwar noch ganz am Anfang seiner Entwicklung befindet, aber eben wie eine Matrix oder in statu nascendi bereits da ist. Der Neurobiologe Gerald Hüther drückt es so aus:
»Je früher sich prägende Erfahrungen im Umgang mit der Angst in das Gehirn eingraben können, je verformbarer die Verschaltungen des Gehirns, also zu dem Zeitpunkt sind, zu dem diese Erfahrungen gemacht werden, desto besser sitzen sie für den Rest des Lebens. Sie sehen dann aus wie angeborene Instinkte, lassen sich auslösen wie angeborene Instinkte, sind aber keine angeborenen Instinkte, sondern in das Gehirn eingegrabene, während der frühen Kindheit gemachte Erfahrungen bei der

Bewältigung von Angst und Stress. Je unfertiger das Gehirn zum Zeitpunkt der Geburt ist, je langsamer es sich anschließend entwickelt und je länger es dauert, bis all seine Verschaltungen endgültig geknüpft und festgelegt sind, desto umfangreicher sind die Möglichkeiten, eigene Erfahrungen und individuell vorgefundene Nutzungsbedingungen in seiner Matrix zu verankern.« (Hüther 2001, S. 51)

In den Schriften von Kohut tauchte immer wieder seine Überzeugung auf, dass ein Selbst vom Anbeginn des menschlichen Lebens existiert, z. B. wenn er schrieb:

»Ist es nicht höchstwahrscheinlich, dass wir bei der Untersuchung früherer Kindheitszustände mit immer weiter verfeinerten psychologischen Mitteln entdecken werden, dass ein rudimentäres Selbst schon sehr früh im Leben entsteht?« (Kohut 1979, S. 94)

Kohuts Einführung eines Selbst in die menschliche Persönlichkeit (ähnlich den Instanzen, wie Freud sie im Rahmen seiner zweiten Theorie des psychischen Apparates beschrieben hatte) als effizientes, unabhängiges Zentrum von Antrieben und als Brennpunkt von Wahrnehmungen und Erfahrungen, war ein unentbehrliches Instrument meiner Erforschung der selbstreflektiven Resonanz, von der ich annahm, dass sie von einem Selbstkonzept hervorgebracht wird und, wie ich es nannte, das **lebendige Ich** am Leben hält. Dieses »lebendige Ich« ist der sehr labile von bio-psychosozialen Faktoren abhängige und jeweils sich einpendelnde Seinszustand im Wechsel von personalem Ich und funktionalem Ich.

So wie Hartmann ging auch Kohut davon aus, dass in dem Selbst **Selbstvorstellungen** organisiert werden, die zu einer grundlegenden Strukturbildung innerhalb des Ichs führen. Ich nannte diese Selbstvorstellungen **Kompetenzen** und ging in meinem Persönlichkeitsmodell davon aus, dass es die vom Anpassungssystem in das Selbstsystem übernommenen positiven Episodenkontexte und positiven Selbst-Objekt-Kontexte sind, die der Strukturbildung des Selbst zugrunde liegen.

Wichtig für meine Arbeit war auch Kohuts Einführung der **Selbstobjekte** in die psychoanalytische Theorie. Selbstobjekte, so Kohut, sind Bezugspersonen, die wir als Teil unserer selbst erleben und dadurch unser Selbstwerterleben stabilisieren. Er unterschied zwei Arten von Selbstobjekten: einmal Bezugspersonen, die auf das dem Kind angeborene Gefühl von Lebenskraft, Größe und Vollkommenheit reagieren und es darin bestätigen und dann Bezugspersonen, zu denen das Kind aufblicken und mit deren vorgestellten Ruhe, Unfehlbarkeit und Allmacht es verschmelzen kann. Die erste Art wird als **spiegelndes Selbstobjekt** bezeichnet, die zweite als **idealisierte Elternimago** (s. auch Mentzos 1987, Neurotische Konfliktverarbeitung, S. 143).

Nicht übereinstimmen konnte ich mit Kohut, wenn das Patienten-Therapeuten-System nur im Fokus einer **Überschneidung zweier Subjektivitäten – der des Patienten und der des Psychotherapeuten** verstanden und die Psychotherapie auf den Wirkfaktor **Empathie** reduziert wurde. Auch sind für mich nach wie vor die Triebe nicht unabhängig von den Selbst- oder Objektrepräsentanzen zu betrachten. Hier stimme ich mit Kernberg überein, dass es so etwas wie die Natur und die Qualität von Triebbesetzungen ohne Zusammenhang mit der jeweiligen Entwicklung der Affekte und den damit internalisierten Objektbeziehungen nicht gibt. Dazu Kernberg in seinem bereits zitierten Buch »Objektbeziehungen und Praxis der Psychoanalyse«:

»Die normale oder pathologische Natur des Narzissmus ist von der normalen oder pathologischen Natur des Selbst und seiner Bauelemente abhängig, die ihrerseits eng an die normale oder pathologische Natur der internalisierten Objekte und ihrer Objektvorstellungs-Komponenten gebunden ist.« (Kernberg 1981, S. 115)

Es war vor allem Kohut zu verdanken, dass sich seit Mitte der 60er-Jahre eine Psychologie des Selbst in der Psychoanalytischen Lehre etablieren konnte. Kohuts Perspektive war für das phänomenologische Verständnis der Entwicklung des Selbst besonders nützlich – was wiederum entscheidend für das Verständnis des Narzissmus war. Sein eher intrapsychischer, phänomenologischer Ansatz half mir persönlich sehr, die Erlebnisweise meiner Patienten, die unter tiefergreifenden psychischen Störungen litten, besser zu verstehen und einen menschlicheren Zugang zu ihnen zu finden.

1.9 Wegbegleiter und Erweiterung des OPP-Konzeptes

In meiner eigenen Klinik konnte ich im Laufe von rund 15 Jahren mithilfe von mehreren Freunden, meinen zahlreichen Mitarbeitern und vor allem durch ständig neue Erfahrungen mit psychisch kranken Menschen, mein an der Entwicklungspsychologie orientiertes, psychodynamisches und zwar hauptsächlich objektgestütztes Behandlungskonzept zu einem vorläufigen Abschluss bringen. Dabei unterstützte mich in diesen Jahren ganz besonders Eckart Wiesenhütter, der noch von Viktor E. von Gebsattel (dieser gehörte zum engeren Kreis um Freud) analysiert worden war. Wiesenhütter hatte die psychiatrische Anstalt in Bethel geleitet, arbeitete als Lehranalytiker und veröffentlichte mehrere, teils kritische Bücher über die Psychoanalyse. Hinzu kam, dass er einer der Vorreiter der Körperpsychotherapie war, die in meinem Behandlungskonzept inzwischen einen wichtigen Stellenwert einnahm. In vielen intensiven Gesprächen, die ich mit Wiesenhütter führte, kamen wir immer wieder auf den Begriff der »Person« zu sprechen. Für Wiesenhütter war die Person eines Menschen, nicht nur das denkende, seiner selbst bewusste, handelnde Ich, sondern auch die Instanz im Menschen, die die Grenzen seiner Erfahrungen überschreiten kann. In seinem Buch »Freud und seine Kritiker« schrieb er:

»*Zwei Voraussetzungen gehören zur praktischen Durchführung einer hier nur angedeuteten ständigen Analyse der ›Psychoanalyse‹: Einmal ist der Mensch – als Person – begriffen, ein Geheimnis schlechthin. Nur, wenn man diese Tatsache ständig im Auge behält, wird man vor Verabsolutierungen in theoretischer und praktischer Hinsicht bewahrt, gleich ob diese die Psychoanalyse oder andere Verfahren betreffen. Zum anderen gehört eine erhebliche Tragfähigkeit und innere Festigkeit des Psychotherapeuten dazu, alle Maßnahmen zu relativieren und auf die Transzendenz der menschlichen Person im Patienten und in sich selbst also auf das absolute Geheimnis, ausgerichtet zu bleiben. An irgendetwas ›absolut Festes‹ im hiesigen Dasein zu glauben und damit auch die Psychoanalyse theoretisch und praktisch zum festen Halt für sich selbst zu machen, ist ›wesentlich leichter‹.*« (Wiesenhütter 1974, S. 88)

Ein weiterer Wegbegleiter meiner klinischen Arbeit war Peter Buchheim, langjähriger Leiter der Lindauer Psychotherapiewochen und Lehranalytiker, der mich vor allem in der objektgestützten Behandlung von Patienten mit Organerkrankungen immer wieder ermutigte. Hinzu kamen Peter Schneider und Wilfried Reim, beides Lehranalytiker, mit denen ich in der Klinik zusammenarbeitete und die mich, trotz Rückschlägen, immer wieder in der Weiterentwicklung der Objektgestützten Psychodynamischen Psychotherapie auch praktisch unterstützten.

Ich hatte also inzwischen einige Jahre mein klinisches Behandlungskonzept eingesetzt, vor allem bei Patienten mit tiefergreifenden emotionalen Störungen; also Patienten, die in Folge frühkindlicher Traumatisierungen zu selten auf sozialresonante, also funktionale Anpassungsmechanismen in ihrem Anpassungskonzept zurückgreifen konnten und deshalb auch aufgrund ihres vulnerablen Selbstkonzeptes unter einer sehr hohen Selbstunsicherheit litten. Menschen mit dieser psychischen Gesundheitsstörung resignieren oft sehr schnell wegen ihrer hohen affektiven Labilität und außergewöhnlichen Gefühlsunsicherheit oder sie neigen zur hypotrophen Selbstdarstellung. Im Vergleich zur Durchschnittsbevölkerung kommt es bei diesen Patienten häufiger zu:

- suizidalem und selbstverletzendem Verhalten
- Sucht- und Zwangsverhalten
- delinquentem Verhalten
- passageren psychotischen Episoden
- krankhaften Störungen in den Körperfunktionen
- Schul- bzw. Beziehungs- und Berufsabbrüchen

Die anfängliche Annahme, dass bei diesen Patienten der Einsatz der Objektstützungen alleine eine Neutralisierung der dysfunktionalen Episodenkontexte im Anpassungssystem in Gang setzen würde, und dann identifikatorische Prozesse zum Aufbau des Selbstkonzeptes stattfinden würden, hatte ich inzwischen weitestgehend korrigiert. So wie das Kind, durch die richtige und liebevolle Pflege seiner Eltern unterstützt, von sich aus zu neuen Taten schreiten will, so konnte der Einsatz der jeweiligen Objektstützungen und die damit einhergehende affektive Stabilisierung medizinisch nur unter der folgenden Bedingung sinnvoll sein: Gleichzeitig musste die Intentionalität des Patienten, also im weitesten Sinn sein Verhalten, aktiviert und gezielt in Gang gesetzt werden. Ich erweiterte deshalb meine zunächst vorwiegend objektgestützte Behandlung sukzessive durch behaviorale Verfahren. Damit konnten wir in der Klinik deutlich bessere Behandlungsergebnisse erreichen, vor allem sehr zufrieden stellende Langzeitergebnisse.

Alle Stationsteams operierten nun mit dem **dialogischen Beziehungsmodus**. Dadurch konnten die Behandler sehr schnell die affektiven und intentionalen Störungen des Patienten diagnostizieren, entsprechend der angenommen frühkindlichen Traumatisierung und Deprivierung des Patienten die entsprechende **Angstdiagnose** erstellen und sich über die **konzertierte psychotherapeutische Aktion** für den Einsatz der jeweils notwendigen Objektstützungen vorbereiten. Erneut über den **dialogischen Beziehungsmodus** wurde dann auf vier Therapieebenen objektgestützt mit dem Patienten gearbeitet. Beim ersten Anzeichen einer bei ihm erkennbaren Selbstwertstabilisierung wurden jetzt folgende Therapieinstrumente eingesetzt:

- Strukturplanarbeit
- Aktualitätstraining
- Selbstsicherheitstraining
- psychomotorische Basisverfahren
- Kreativitätstraining
- Krisenintervention
- objektgestützte Intervention
- Psychoedukation
- gegebenenfalls sozialpädagogische Trainingsverfahren

Wir waren also nun in der Lage, uns relativ schnell auf das kranke Befinden des Patienten einzustellen und bei ihm die für uns Menschen lebensnotwendigen Akzeptanzerfahrungen wirksam werden zu lassen. Dabei verankerten wir Therapeuten uns im Anpassungskonzept des Patienten in einer Art **prothetischer elterlicher Funktion**. Durch diese psychotherapeutische Einwirkung versuchten wir über die Physiologisierung seines selbstprotektiven Verhaltens (Förderung vorhandener Bewältigungsmechanismen) und seines zum Teil dysfunktionalen Anpassungsverhaltens seine krankhaften Störungen so weit wie möglich zu reduzieren (psychosomatische Grundbehandlung). Oder wir konnten beim Patienten im Laufe einer längeren Gesamtbehandlung identifikatorische Prozesse in Gang setzen und erreichten auf diesem Weg eine erkennbare Symptomreduktion (psychosomatische Grundbehandlung mit anschließender fokaler objektgestützter Traumapsychotherapie).

1.10 Eine Fahrt nach Lindau mit Otto F. Kernberg

Im April 2000 rief mich Peter Buchheim an und bat mich, Otto F. Kernberg, von New York kommend, am Münchner Flughafen abzuholen und nach Lindau zu den Psychotherapiewochen zu fahren. An dem Tag, als ich Kernberg mit meinem Wagen in München abholte und wir gemeinsam nach Lindau fuhren, herrschte sprichwörtliches April(sau)wetter. Da wir beide aber leidenschaftlich unserem Metier, der Psychoanalyse, zugetan waren und uns vor allem mit der Behandlung von psychisch schwer gestörten Patienten auseinander setzten, diskutierten wir die ganze Fahrt über angeregt miteinander, ohne viel auf das Wetter zu achten. Zunächst sollte ich Kernberg etwas über mein stationäres Behandlungskonzept erzählte. Er wollte sich ein Bild machen, welche Therapiemaßnahmen wir wie und wann bei einer stationären Behandlung von Borderline-Patienten einsetzten und welche Therapieeffekte wir bisher dabei erzielt hatten. Kernberg arbeitete in seinem New Yorker Hospital *Westchester Division* in White Plains weitestgehend psychoanalytisch mit Borderline-Patienten, d. h. er führte mit ihnen im stationären Rahmen psychoanalytische Gespräche durch. Des Weiteren kamen flankierende Maßnahmen, wie z. B. eine besondere Form der Milieutherapie, zum Einsatz. Mit dem multimodalen Behandlungsansatz, der in den meisten deutschen psychosomatischen Kliniken bei psychisch Kranken eingesetzt wurde, war Kernberg dagegen we-

1.10 Eine Fahrt nach Lindau mit Otto F. Kernberg

nig vertraut. Er meinte auch, er habe keine rechte Vorstellung von Körperpsychotherapie und wollte mehr von mir darüber erfahren; das Gleiche galt für die Gestaltungspsychotherapie. Dabei war Kernberg vor allem an den Therapieeffekten interessiert, die unserer Einschätzung nach durch den Einsatz der erlebnisorientierten Verfahren bei Borderline-Patienten erreicht werden könnten. Da ich ja wusste, dass Kernberg aufgrund seiner psychoanalytischen Zugehensweise zum Patienten gegenüber der multimodalen Psychotherapie eine eher zurückhaltende Position einnahm, hatte ich sein großes Interesse nicht erwartet und war darüber sehr erfreut.

Wir diskutierten hin und her. Was war mit den Übertragungsreaktionen, wenn ein Patient von mehreren Psychotherapeuten behandelt wurde? Konnte er diese unterschiedlichen Übertragungsreaktionen auseinanderhalten? Und bestand dabei nicht die große Gefahr, dass der Patient die einzelnen Therapeuten gegeneinander ausspielte? Wie gingen in einem Behandlungsteam, bei dem die einzelnen Behandler unterschiedliche Therapieinstrumente einsetzten, die Therapeuten mit den unterschiedlichen Übertragungsreaktionen des Patienten um? Wurde vor allem der frühgestörte Patient durch die vielen Beziehungsangebote nicht verwirrt? Fragen über Fragen tauchten auf. Dabei kristallisierte sich immer deutlicher heraus, dass wir beide zwar in unserem Herzen zutiefst Psychoanalytiker waren, dass wir aber sehr unterschiedliche Vorstellungen und Auffassungen hatten, was die Behandlung von Borderline-Patienten betraf.

Dabei hatte ich Kernberg außerordentlich viel zu verdanken. Bei der Ausarbeitung meines metapsychologischen Konzeptes, das der Objektgestützten Psychodynamischen Psychotherapie zugrunde liegt, fand ich sehr große Unterstützung in seinen Beiträgen zur Psychopathologie, Differenzialdiagnose und Behandlung des pathologischen Narzissmus (Kernberg 1975, 1976, 1980, 1984). In dem von Udo Rauchfleisch herausgegebenen Buch »Allmacht und Ohnmacht« schrieb Kernberg 1987 unter dem Titel »Pathologischer Narzissmus: eine Übersicht«:

»*Die traditionelle psychoanalytische Metapsychologie definiert den Narzissmus als die libidinöse Besetzung des Selbst. ›Narzisstische Libido‹ ist die auf das Selbst gerichtete Libido. Obwohl die traditionelle Sicht, die ›Libido‹ stelle einen der beiden grundlegenden Triebe dar (Aggression ist der andere) in der Gegenwart kritisch hinterfragt wird, versteht die Psychoanalyse das Selbst als eine Substruktur des Ich-Systems. Gemeint ist damit eine Struktur, die sich aus Selbstrepräsentanzen gebildet hat, die sich ihrerseits aus Beziehungserfahrungen mit anderen Menschen – Objekten- herleiten. Ich verstehe in meiner Neuformulierung hingegen narzisstische Libido als den Gesamtbetrag der auf das Selbst, als einer Substruktur des Ich-System gerichteten positiven affektiven Besetzung. Die Objektlibido, die Gesamtheit der positiven affektiven Bestzungen von Objekten und ihrer psychischen Re-präsentanzen, steht in einer dynamischen Beziehung zur narzisstischen Libido.*« (Rauchfleisch 1987, S. 12)

Hier wurde für mich der Begriff des »Selbst« so verstanden, wie ich ihn in meiner Theorie der Objektgestützten Psychodynamischen Psychotherapie verwendete. Von der Hirnforschung sehr beeinflusst, postulierte ich ein Selbstsystem als das entwicklungsgeschichtlich jüngste Gedächtnis. Meine Annahme war, dass in diesem Gedächtnis alle positiven affirmativen und responsiven Erfahrungen als **Episodenkontexte** gespeichert und kodiert sind, die im Kontakt mit den entsprechenden Mitmenschen (Autoritäten) unsere **Kompetenzen** bilden und erweitern. Dabei sind die lebenswichtigsten Kompetenzen, dass man als Mensch auf dieser Welt sein kann, als Person so sein kann wie man ist und als Partner einen Wert haben kann. Diese Erfahrungen werden zunächst, wie alle anderen äußeren und inneren Gegenwartserfahrungen auch, in einem **Anpassungssystem** gespeichert und dann, wenn geeignet, auf dieses Selbstsystem übertragen.

Heute sehe ich mich in dieser Annahme durch die Neurobiologie bestätigt. So schreibt Joachim Bauer:

»*Auch das Selbstgefühl hat im Laufe seiner Entstehung, also während unserer biographischen Entwicklung, zur Bildung von Nervenzell-Netzwerken geführt. Diese Netzwerke, in denen das Selbstgefühl gleichsam ›aufbewahrt‹ ist, befindet sich im Gyrus Cinguli, einer zum limbischen System (also zum ›Zentrum für emotionale Intelligenz‹) gehörenden Hirnstruktur. Daher kann es nicht verwundern, dass schwere Veränderungen des Selbstgefühls, wie sie in der Depression auftreten, diese Nervenzellnetze verändern.«* (Bauer 2003, S. 114)

Zurück zu unserer Fahrt nach Lindau im April 2000. Nachdem ich Kernberg im Ansatz meine Vorstellung einer Metapsychologie dargelegt hatte, beschäftigten wir uns damit, wie diese »Verinnerlichungen«, diese Internalisierungsprozesse vor sich gehen. Wie werden unsere Erfahrungen, negative wie positive, in uns aufgenommen, gespeichert und weiter verarbeitet? Ich erläuterte meine Annahme, dass bei jeder Wahrnehmung, die ich mache, ich selbst »irgendwie« mit in diese Wahrnehmung eingehe, da ich ja immer »dabei« bin, egal ob ich mich als Säugling nur spüre, mich später empfinde oder als Erwachsener mich wahrnehme. Ich war sehr erstaunt, als mir Kernberg Recht gab. Er betonte nun seinerseits, dass er der Meinung sei, dass nicht isolierte Selbst- oder Objektrepräsentanzen internalisiert würden, sondern in erster Linie Beziehungen, Beziehungen zu sich selbst und zur Umwelt. Dabei wies er auf seine eigenen neueren Untersuchungen hin, die aufzeigten, dass das Selbstgefühl und die Objektwahrnehmung von Anfang an wesentlich einheitlicher, integrierter und kohärenter seien, als bisher angenommen. Hier verwies Kernberg auch auf Arbeiten von Martin Dornes (1993), der aufzeigen konnte, dass sich schon im Alter von drei bis vier Monaten viele Hinweise für entsprechende Fähigkeiten finden lassen.

Wir kamen auch darin überein, dass diese metapsychologischen Modelle nur Annäherungsversuche sind, um das zu beschreiben, was wirklich in unserem menschlichen Kopf vor sich geht. Aber wir brauchen diese Modelle, damit wir die schmerzlichen und schrecklichen Zustände, unter denen Menschen leiden können, besser verstehen lernen.

Kernberg kam auf seine anfänglich gestellten Fragen zurück. Er wollte mehr über die Körper- und die Gestaltungstherapie wissen, die wir in unserem stationären Behandlungskonzept einsetzten. Zuvor sprachen wir kurz die inzwischen umfangreichen Beobachtungsergebnisse aus der Säuglingsforschung an, die alle weitestgehend darin übereinstimmen, dass gute wie Angst machende Eindrücke sich für das ganze Leben einprägen und das spätere seelisch-geistige Verhalten mitbestimmen. Wie wir wissen, können diese Eindrücke noch nicht »ordentlich« in die wachsende Psyche integriert werden. In diesem Zusammenhang machte ich Kernberg auf das von H. G. Wolff verfasste Buch »Stress und Disease« (1953) aufmerksam, in dem dieser, vereinfacht ausgedrückt, zu dem Schluss kommt, dass ein Kind auf frühe Traumatisierungen entweder mit **protektiven Reaktionsmustern** reagiert, die sich im späteren Leben als disponierende Faktoren für die Entstehung von Krankheiten auswirken können, oder »generalisierend somatisiert«, d.h. der ganze Körper ist von den überstarken Eindrücken »betroffen«. Dadurch kann es zu diskreten Veränderungen in allen körperlichen Systemen kommen. Diese Veränderungen haben noch keinen Krankheitswert, erhöhen aber das Risiko für eine spätere Krankheitsentstehung. Kernberg kannte dieses Buch und er fügte hinzu, dass bei dieser »Somatisierung« die Affekte und körperlichen Reaktionen nicht kausal verknüpft, sondern getrennte Manifestationen von Antworten auf Stimuli seien, die durch sehr frühe Erfahrungen geprägt wurden. Wir stimmten beide darin überein, dass diese »Prägungen« den Boden für spätere Erkrankungen bereiten können.

Um nun doch noch die Körperpsychotherapie mehr ins Zentrum unseres Gespräches zu rücken, kam ich erneut auf die frühen Ängste, also die Objektverlustängste und die Ängste vor Verlust der Liebe des Objekts, eventuell auch Kastrationsängste zu sprechen. In der psychoanalytischen Behandlung ging man ja davon aus, dass es möglich wäre im psychoanalytischen Setting über Erinnern, Wiederholen und Durcharbeiten, die diesen Ängsten zugrunde liegenden Traumatisierungen »zur Sprache« zu bringen. Aber wie verarbeitete und speicherte letztlich ein Kind tiefgreifende Erschütterungen? Und war es in dieser Zeit nicht das »Körpergedächtnis«, das hauptsächlich zum Tragen kam und weniger das spätere »Objekt-Gedächtnis«? Für mich hatte sich ja inzwischen, vor allem durch die Erfahrungen mit der Körperpsychotherapie, die Annahme eines »Körpergedächtnisses« weitgehend bestätigt. Kernberg meinte dazu, der wichtigste Aspekt in der psychoanalytischen Behandlung bei Patienten, die von solch ausgeprägten Vernich-

1.10 Eine Fahrt nach Lindau mit Otto F. Kernberg

tungs- und Verachtungsängsten betroffen wären, liege in der systematischen Analyse des pathologischen grandiosen Selbst, wie es sich in der Übertragung konstelliere. Dabei wies er sehr deutlich darauf hin, dass es notwendig sei, diese Übertragungsmuster und die zu ihrer Aufrechterhaltung eingesetzten primitiven Abwehrmechanismen zu deuten. Der Analytiker müsse den Ausdruck der omnipotenten Kontrolle in der Übertragung, die Abwehrfunktion der Wutausbrüche, seine Entwertung durch den Patienten und seine Interventionen sowie die negative therapeutische Reaktion deuten, die immer dann auftauche, wenn der Patient den Analytiker als hilfreich erlebe.

Ich konnte die analytische Haltung von Kernberg zwar sehr gut verstehen, hatte aber mit der Körpertherapie die Erfahrung gemacht, dass es bei der Behandlung von früh traumatisierten Patienten effektiver ist, wenn die notwendigen korrigierenden Erfahrungen, die der Patient braucht, auf körpersprachlicher Ebene stattfinden. Daher ging ich davon aus, dass es durch die Körperpsychotherapie im »Körpergedächtnis« des Patienten genauso zu einer Neutralisierung dysfunktionaler »frühkindlicher Körpererfahrungen« kommen kann, wie im Laufe jeder verbalen Psychotherapie zu einer Neutralisierung dysfunktionaler Orientierungen, Motive und Motivationen. Wichtig dabei ist, dass die Psychotherapeuten die Körpersprache des Patienten verstehen lernen, wenn dieser beim Einsatz von Objektstützungen oft auf kathartische Art und Weise mit Körpersensationen reagiert, da er eben noch nicht in der Lage ist, das für ihn »Unsägliche« »zur Sprache« zu bringen.

Um unser sehr theoretisch gewordenes Gespräch wieder mehr ins Praktische zur rücken, verwies ich auf eine Mutter, die versucht, ihr verzweifeltes Kind zu beruhigen. Dabei nimmt sie es auf ganz selbstverständliche Art und Weise auf den Arm, formt mit ihren Armen und Händen ein Körbchen und legt ihren Säugling an ihren Körper. So fühlt sich das Kind geborgen, und die zuvor schmerzlichen Erfahrungen konnten durch die Mutter ausgeglichen werden. Ich schilderte Kernberg jetzt, dass wir dieses Beziehungsritual des »Bondings«, erwachsenengerecht modifiziert, auch im Rahmen unserer Körperpsychotherapie einsetzten. Entsprechend den unterschiedlichen Entwicklungsleitlinien habe ich insgesamt ca. 24 solche Objektstützungen entwickelt.

Kernberg hörte mir wieder sehr aufmerksam zu und meinte dann, meine Vorgehensweise wäre für ihn neu, er werde sich aber darüber noch seine Gedanken machen. Schließlich kamen wir auch noch ausführlicher auf die Gestaltungspsychotherapie zu sprechen. Anknüpfend an meine Ausführungen über die Körperpsychotherapie zeigte ich Kernberg auf, dass gerade die Gestaltungspsychotherapie in Zusammenarbeit mit der Körperpsychotherapie ein psychotherapeutisches Verfahren wäre, bei dem der Patient zunächst »ohne Worte« das, was ihm z. B. in der Körperpsychotherapie »wie ein Stein auf der Brust« gelegen habe, Gestalt werden lassen könne. Für das, was der Patient dann male, töpfere oder sonst irgendwie mache, aber auch für die Art und Weise des Gestaltungsprozesses, werde er von seinem ihm gegenüber sehr responsiv und affirmativ eingestellten Gestaltungspsychotherapeuten aufgefordert, Worte zu finden. Das heiße, der Patient verinnerliche auch in der Gestaltungspsychotherapie korrigierende, »rückhaltgebende« Erfahrungen, wobei gleichzeitig, kraft der jetzt in seinem Bewusstsein wirksamen Objektstützungen, die Intentionalität des Patienten und hier die Leistungsorientierung sehr intensiv in Gang gesetzt werde.

Um die Erfahrungen, die der Patient auf den vier Therapieebenen mache, ständig aufeinander abzustimmen und immer wieder auf einen gemeinsamen Behandlungsnenner zu bringen, sei eine sehr intensive **konzertierte psychotherapeutische Aktion** des Behandlungsteams notwendig. Dadurch erlebe der Patient sein Behandlungsteam, trotz aller unterschiedlichen Erfahrungen mit den einzelnen Psychotherapeuten, letztlich doch mehr als »eine Person« und deshalb seien auch seine Übertragungsreaktionen, wenn sie ihm überhaupt bewusst würden, weniger von der Intensität, aber von der Qualität her letztlich doch sehr ähnlich. Kernberg hörte mir zwar weiterhin sehr interessiert zu, aber dennoch hatte ich das Gefühl, dass er meine Ansichten, die konzertierte psychotherapeutische Aktion betreffend, nicht ganz teilen konnte.

Mittlerweile hatten wir die Ortsgrenze von Lindau erreicht und waren nun beide doch ganz froh, dass die Fahrt zu Ende ging. Otto F. Kernberg blickte mich zum Abschied nochmals freundlich an und meinte, dass es sehr wichtig sei, sich immer wieder über diese Dinge auszutauschen, damit man für sich selbst eine einigermaßen brauchbare Arbeitsgrundlage schaffen könne. Er versprach mir dann noch, dass er mir aus seiner Videosammlung den Film »Persona« von Ingmar Bergmann zuschicken würde, wenn er wieder zurück in New York wäre. Die Fahrt nach Lindau ist mir noch lange Zeit im Gedächtnis geblieben und hat mein weiteres psychoanalytisches Arbeiten sehr bereichert. Vier Wochen nach unserer Unterhaltung erhielt ich aus New York das versprochene Video.

B

Die Theorie der Objektgestützten Psychodynamischen Psychotherapie

2 Theoretische Basis der OPP

Dieses Behandlungskonzept hat seine theoretische Basis in der psychoanalytischen Krankheitslehre mit Schwerpunkten in der modernen Selbst-, Objekt- und Ich-Psychologie. Genauso wichtig für den theoretischen Hintergrund dieses stationären Behandlungskonzeptes sind die jeweils neuesten Ergebnisse aus der Hirn- und Säuglingsforschung sowie aus der Neuro- und Psychobiologie.

2.1 Die Notwendigkeit virtueller Persönlichkeitsmodelle in der psychotherapeutischen Medizin

Geht man davon aus, dass alles, was wir erleben, sich in unserem Hirn ständig neu zu einem Modell unserer subjektiven Welt organisiert (s. Deneke in seinem Buch »Psychische Struktur und Gehirn« 1999) und in jedem Moment eine Einheit aus Vorstellungsbildern, Wünschen, Gefühlen, Phantasien, Körperempfindungen, Handlungsentwürfen und tatsächlichen Handlungen bildet, dann stellen wir fest, dass dieses subjektive Weltmodell kein Abbild des Erlebten ist. Vielmehr ist es eine Konstruktion aus den Elementen der erlebten persönlichen Geschichte eines Menschen. Diese Konstruktion bietet also ein inneres Bezugssystem, um neue Erfahrungen verstehen, einordnen und verarbeiten zu können.

Um uns jetzt dieses Erleben, unsere **mentale Wirklichkeitserfahrung**, also alles, was wir innerlich als mentalen Vorgang empfinden, identisch mit einer bestimmten Aktivität unseres Gehirns (Bunge 1984) vorstellbar zu machen, braucht es anschauliche Modelle, mit denen man auch in der Klinik arbeiten kann. Diese Modelle setzen sich zusammen aus teils bewiesenen, teils unbewiesenen, aber aufgrund empirischer Daten doch wahrscheinlichen, systematischen Zusammenhängen unterschiedlicher mentaler und neuronaler Erscheinungen, wissenschaftlicher Ergebnisse, signifikanter und repräsentativ oft auftretender Zustände usw. Es sind also unterschiedliche Parameter, die sich letztlich doch zu einem Ganzen, einem Bild, einem Persönlichkeitsmodell fügen lassen, das selbstverständlich nur eine Annäherung an die wirkliche menschliche Persönlichkeit sein kann und deshalb auch einem ständigen Veränderungsprozess unterworfen sein muss. In der psychotherapeutischen Medizin brauchen wir diese virtuellen Modelle, um die Menge von Informationen, die wir vom psychisch Kranken erhalten, nosologisch bewältigen zu können und auch effiziente Behandlungsmaßnahmen zu entwickeln.

Die OPP will hierzu einen maßgeblichen Beitrag leisten. Auch sie ist ein gedankliches »Hilfskonstrukt«, ist ein weiterer Versuch, die umfangreichen klinischen Daten von tiefergreifend emotional gestörten Menschen aus der stationären psychotherapeutisch-medizinischen Behandlung in einen praxisnahen Sinnzusammenhang zu bringen, auch wenn es sich dabei um unterschiedliches Material handelt. Einmal sind es inzwischen wissenschaftlich überprüfbare Ergebnisse, so ist es dank moderner nichtinvasiver bildgebender Verfahren, z. B. der Positronen-Emissions-Tomographie (PET) inzwischen möglich, in vivo zu überprüfen, welche Hirnregionen bei welcher geistigen Tätigkeit eine erhöhte neuronale Aktivität aufweisen. Zum anderen handelt es sich um Ergebnisse, die nicht konkret beobachtbar, sondern nur aus Beobachtbarem erschließbar sind; hinzu kommen Plausibilitätsargumente.

2.2 Objektstützung allgemein

Objektstützende Erfahrungen, die zeitlebens für den Menschen notwendig sind

Objektstützung wird hier verstanden als ein ubiquitär stattfindender, lebensnotwendiger, interaktiver, regulativer Eingriff in die menschliche Persönlichkeit. Dieser wird im **dialogischen Beziehungsmodus** (interpersoneller – gedanklicher und emotionaler – Austausch bei wechselseitiger Responsivität) realisiert und durch die Organisation der selbstregulativen Prozesse – und hier vor allem die Selbstentwicklung in uns Menschen – in Gang gebracht und zeitlebens aufrechterhalten. In diesen objektstützenden Beziehungen treten **tragende, haltende, entlastende, stützende, kreative** und **narrative Funktionen** in Kraft.

Dies sind »aktive« wachstums- und individuationsanstoßende Wirklichkeitserfahrungen, die zunächst, wie alles andere auch, was sich in unserem Bewusstsein abspielt, in unserem Hirn neuronal kodiert und in dem angenommenen Gedächtnissystem **Anpassungssystem** gespeichert werden. Diese wachstums- und individuationsanstoßenden positiven Wirklichkeitserfahrungen werden jetzt zum großen Teil über einen weitgehend unbewusst stattfindenden **primären intrapsychischen Identifikationsprozess** von diesem Anpassungssystem in ein **Selbstsystem** (ebenfalls ein angenommenes Gedächtnissystem) übernommen und können dann mental assoziativ zu den jeweiligen Wirklichkeitserfahrungen im **Selbstkonzept** bewusst werden und über zirkuläre Resonanzprozesse rückhaltgebend in Kraft treten. Neben diesem unbewusst verlaufenden neuronalen Transfer werden andere Wirklichkeitserfahrungen nach dem Motto »Was du ererbt von deinen Vätern, erwirb es, um es zu besitzen.« über einen oft langwierigen, sich im Bewusstsein des Menschen abspielenden **sekundären intrapsychischen Identifikationsprozess** – wenn überhaupt – zu etwas von einem selbst. Es wird also zu etwas, was uns selbstsicher macht, auf das wir dann jederzeit, und wenn es gut geht, unser ganzes Leben lang, selbstverständlich zurückgreifen können. Wir können über diese Verhaltensfähigkeiten, Ideen, Gedanken, Phantasien usw. frei reflektieren und verfügen.

Die Objektstützung ist also für das gesunde seelisch-geistige Wachstum des Menschen unentbehrlich und nimmt im Laufe seiner Individuation erheblichen Einfluss auf die Entwicklung eines zunächst funktionalen Ichs ohne persönliche Freiheit hin zu einem personalen Ich, das auf ein eigenes Motivationszentrum zurückgreifen, eine gesunde Nähe-Distanz-Regulation herstellen und mit reifen Verarbeitungsmechanismen (Selbstregulationstechniken) reagieren kann.

Ausgehend von dem zuvor erwähnten identitätstheoretischen Ansatz »*Alles, was innerlich als mentaler Vorgang empfunden wird, ist identisch mit einer bestimmten Aktivität des Gehirns.*« (Bunge 1984), wird so eine Identität zwischen Anpassungssystem und Anpassungskonzept, Archaiksystem und Archaikkonzept sowie Selbstsystem und Selbstkonzept angenommen. Ich gehe also davon aus, dass bei Aktivierung der in unserer Persönlichkeit angenommenen neuronal verankerten Systeme, gleichzeitig in unserem Bewusstsein, also mental, diese virtuellen Konzepte synchron und assoziativ in Kraft treten können. Diese Konzepte treten entsprechend den jeweiligen Wirklichkeitserfahrungen, nicht nur z. B. als Orientierungen passiv in Erscheinung, sondern auch aktiv motivational, also unser menschliches Verhalten mitbestimmend. Diese jetzt neuen Wirklichkeitserfahrungen, die wir im Moment machen und die sich mental abspielen, werden ebenso komplex neuronal wieder kodiert und in den bestimmten Hirnregionen (Gedächtnissen) gespeichert.

2.3 Wahrnehmung von Wirklichkeitserfahrungen

In der zwischenmenschlichen Kommunikation, aber auch bei jeder Außen- oder Innenwahrnehmung, die wir machen, spielt einmal eine Rolle, *was* wir erleben, also das, was uns auf welche Art und Weise auch immer gegenübersteht, auf das wir uns konzentrieren, was uns interessiert und auf das wir unsere Aufmerksamkeit richten. Bei der Informationsverarbeitung und Gedächtnis-

2.3 Wahrnehmung von Wirklichkeitserfahrungen

bildung spielt aber, wie wir heute wissen, eine größere Rolle, *wie* wir etwas erleben. Ob das, was uns gegenübersteht, also die Gegenstände (Objekte), belebt oder unbelebt sind, ob es etwas Reales ist, das sich gerade vor unseren fünf Sinnen abspielt, oder ob es etwas vom Dinglichen Gelöstes, rein Begriffliches, Abstraktes, nur bildhaft in unserer Vorstellung, Einbildung, Phantasie Vorhandenes ist.

Also egal, ob es etwas Reales oder Irreales ist, ob diese Wirklichkeitserfahrungen uns gut tun, wenn wir sie wieder erinnern oder für uns unbegreiflich, unaushaltbar sind, diese wie auch immer geartete »Sache« und das dazugehörige »Gefühl« für diese Sache, also diese Objekte und die dazugehörigen Subjekte werden in unserem Hirn »zusammengeworfen«, symbolisiert.

Jetzt erst findet in unserem Kopf »Wirklichkeitswahrnehmung« statt. Wie schon öfter beschrieben, assoziiert sich entsprechend dieser ununterbrochenen, sich vor unserem geistigen Auge abspielenden aktuellen Wahrnehmung ein, zu diesem Gegenwartserleben resonantes, Hintergrundbewusstsein mit ständig auftauchenden, dann wieder verschwindenden und sich immer wieder neu zu einem Netzwerk konstellierenden Erinnerungen aus dem Anpassungskonzept, dem Selbstkonzept und dem Archaikkonzept. Inwieweit jetzt eine weitere »Symbolisierung« zwischen Aktualbewusstsein und Hintergrundbewusstsein stattfindet, bei der unsere Wahrnehmung der aktuellen Geschichte, die sich gerade abspielt und unsere dadurch in Erinnerung gerufenen Lebensgeschichten »zusammengeworfen« werden, hängt höchstwahrscheinlich von unserer momentanen Persönlichkeitsverfassung ab. Wir spielen, je nach unserer *geistig-seelischen* Verfassung (Selbstsicherheit, Ich-Stärke, dysfunktionale oder funktionale Orientierungen, Motive und Motivationen usw.) entweder eine eigene Rolle und können unsere ganz persönliche aktuelle Lebensgeschichte von Fall zu Fall generieren oder wir kommen als Personen nur unwesentlich zum Zug, da sich aus dysfunktionalen Orientierungen, Motiven und Motivationen, durch die Aktivität neuronal-mentaler Regulationsmechanismen und vorhandener selbstprotektiver Mechanismen ein wie auch immer geartetes Verhalten evoziert.

In einem Fall werden wir aufgrund eines stabilen Motivationszentrums in der Lage sein, unseren »freien Willen« durchzusetzen, damit sich dann das einstellt, was für uns »passt«, was uns »gut tut« oder was für uns »stimmt«. In einem anderen Fall kann es sein, dass wir, ohne es gleich zu merken, über ein evoziertes Verhalten zum »Erfüllungsgehilfen« dysfunktionaler Motivationen aus unserem Anpassungskonzept oder Archaikkonzept werden. In einem weiteren Fall stehen wir in einem »inneren Konflikt« und setzen uns diesem inneren Zwiespalt auch bewusst aus, weil wir guten Mutes sind, diese Krise bewältigen zu können. Dabei stellt sich heraus, dass so wie wir den Konflikt angehen zunächst keine Lösung in Sicht ist. Die momentanen motivationalen Kräfte reichen nicht aus. Kraft unserer kreativen, praktischen Intelligenz lässt sich aber eine Lösung finden.

Über den Intellekt schreibt Hartmann:

»... der Intellekt bedeutet eine ungeheure Erweiterung und Differenzierung der Reaktionsmöglichkeit; er entwirft die Reaktionen seiner auswählenden Kontrolle; durch das kausale Denken in Zusammenhang mit der Raum- und Zeitanschauung, insbesondere aber durch die Wendung des Denkens gegen das eigene Selbst löst sich das Individuum aus dem Befangensein in den Reiz-/Reaktionszwang des unmittelbaren Jetzt und Hier; er schafft und verwertet die Mittel-Zweck-Beziehung. Der Intellekt versteht und erfindet; oder ist vielleicht in noch höherem Maße die Kunst, Probleme zu stellen, als für gestellte Probleme eine Lösung zu finden (Delacroix); er entscheidet, ob sich das Individuum nur der Tatsächlichkeit eines Geschehens beugt oder es durch eigenes Eingreifen verändert (Aloplastik); er versucht, den Wiederholungscharakter der Instinkte und Triebe zu beherrschen und zu lenken. Durch den Intellekt werden abgeleitete Bedürfnisse geschaffen und aus Mitteln Zwecke gemacht, aus Zwecken Mittel usw. Die verschiedenen Seiten seiner Tätigkeit (Verstand, Urteilskraft, Vernunft u. a.) können wir hier nicht immer auseinanderhalten; einiges aber wird darüber noch später zu sagen sein. Auch die Entwicklung dieser Funktionen, ihren Zusammenhang mit der Wahrnehmung (so in der Einrichtung der Realitätsprüfung), der Sprache usw. kann ich hier nicht weiter behandeln.« (Hartmann 1975, S. 52)

2.4 Archaiksystem und Archaikkonzept

Reagiert der Mensch archaisch, realisiert er ein Verhalten, das den angeborenen Verhaltensmustern seines Archaiksystems entspricht und das zunächst nicht durch kulturelle und zivilisatorische Einflüsse verändert werden kann. Erst im Laufe seiner Entwicklung werden Teilbereiche wie z. B. Atmung, Schlucken, Lidbewegungen, Blasen-, Anal- und Sexualfunktionen vom **Archaiksystem** auf das **Anpassungssystem** übertragen und können später vom **Selbstsystem** übernommen werden. Bei anderen psychovegetativen Funktionen wie Herz-Kreislauf-Regulation, Regelung des Stoffwechsel-Metabolismus, Autoimmunreaktionen usw. wirken sich die oben genannten kulturellen oder zivilisatorischen Einflüsse wenig oder gar nicht aus.

Da der Mensch einige dieser vegetativen Funktionen, die über sein Archaiksystem stattfinden, spürt oder empfindet, stellen sich zu diesen vegetativen Funktionen in seinem **mentalen Archaikkonzept** auch entsprechende Vorstellungen ein. Vor allem dann, wenn die Automatik gestört ist und Atem- oder Kreislaufstörungen auftreten.

Dem Menschen werden also diese archaischen Reaktionen (Verhaltensweisen) mehr oder weniger bewusst. So ist es ganz normal, dass man tagsüber seine über das Atemzentrum bestens gesteuerte Atmung kaum mitbekommt, außer man macht gezielte Atemübungen, weil dies der Arzt empfohlen hat. Man atmet dann nicht automatisch, sondern betätigt jetzt, vorausgesetzt man ist dazu in der Lage, bewusst seine Atemmuskulatur. Die automatische (reflektorische) Atmung, die ohne Zutun funktioniert, ist im »Atemgedächtnis« (Atemzentrum oder Atemsystem) gespeichert. Dieses neuronal kodierte Atemgedächtnis ist ein Teil unseres neuronal kodierten Gedächtnissystems. Das gleiche gilt für unseren Kreislauf, der automatisch funktioniert, für unsere Selbsterhaltung (Aggressivität) und unsere Arterhaltung (Sexualität) usw.

Diese archaischen Gedächtnissysteme funktionieren beim Menschen nicht mehr so sicher wie beim Tier. Die Störanfälligkeit kommt daher, dass der Mensch neben dem **neuronalen Archaiksystem** noch zwei weitere Gedächtnissysteme hat:
- ein **neuronales Anpassungssystem**, das wesentlich differenzierter ist als bei allen nichtmenschlichen Lebewesen, und
- ein nur beim Menschen vorhandenes **neuronales Selbstsystem**.

Da diese Gedächtnissysteme beim Menschen zusammenarbeiten und archaische Vorstellungen im Laufe der Zeit sowohl vom Anpassungssystem als auch von da aus ins Selbstsystem übernommen werden können, gibt es im menschlichen Gedächtnis viele und auch unterschiedliche neuronal kodierte Vorstellungen, beispielsweise vom Atmen, Essen, Trinken, Urinieren, Defäkieren, Aggressions- und Sexualverhalten usw., die auf ganz unterschiedliche Weise bewusst, also vom Menschen erinnert werden können. Da jetzt diese unterschiedlichen Vorstellungen interferieren, können unserer archaischen Vorstellungen labilisiert werden.

Um besser zu veranschaulichen, wie diese **neuronalen Gedächtnissysteme**, die dazu identischen **mentalen Konzepte** (Vorstellungen, Erinnerungen) und unser bewusstes Erleben zusammenhängen, möchte ich zwei Beispiele schildern.

2.4.1 Beispiel 1: Psychomotorik

Geht man wie Ganong (1974, S. 160) davon aus, dass durch die Enzephalisation subkortikale Funktionen vom Kortex übernommen werden, so werden im Laufe der psychomotorischen Entwicklung beim Menschen zunächst die subkortikalen Verhaltensschemata der hochdifferenzierten extrapyramidalen Reflexbogenmotorik vom Kortex übernommen und etwas später vom Säugling über ein zunächst passives Krabbeln, Greifen, Sitzen, Gehen usw., das dem Säugling schon durchaus bewusst ist, in die Tat umgesetzt.

In einem zweiten Schritt bewegt sich der Säugling weiter in den genetisch vorgegebenen Bahnen, kann dieses angeborene Verhalten aber durch den Anpassungsdruck bereits modifizieren. Sowohl für den ersten Schritt der psychomotorischen Entwicklung als auch für diesen zweiten Schritt ist eine positive Resonanz von Seiten der Umwelt für die gesunde psychomotorische Entwicklung des Säuglings notwendig. Vor allem aber, wenn in einem dritten Schritt das Kleinkind seine nach wie vor stereotypen Bewegungen über die intrapsychische Identifikation immer mehr in die eigene Hand nehmen kann und immer öfter willentlich aktiv nach eigenem Ermessen steuernd seine Bewegungen sowohl quantifizieren als auch qualifizieren kann, ist für jedes dieser einzelnen psychomotorischen Reifungsschritte eine »bejahende Antwort« (Responsivität) von Seiten der Bezugspersonen erforderlich. Hier spielt die Objektstützung der Eltern ihrem Kind gegenüber eine sehr wichtige Rolle. Die Eltern setzen bei dieser Objektstützung ihre primären (elterlichen) Beziehungsrituale und die damit einhergehenden basalen interaktiven Beziehungsrituale ein.

2.4.2 Beispiel 2: Defäkation

Jeder Mensch setzt in der Regel einmal am Tag Stuhlgang ab. Dies ist ein im **neuronalen Archaiksystem** endogen festgelegter und geregelter Automatismus, den jeder Mensch mehr oder weniger bewusst über gleiche Vorstellungen seines **mentalen Archaikkonzeptes** mitbekommt. Es sind primitive, archaische Vorstellungen, die sich kaum von Kultur zu Kultur unterscheiden.

Schon sehr früh muss das Kind durch die Sauberkeitserziehung seiner Eltern lernen, wie es je nach Kultur seine Notdurft zu verrichten hat. Also nicht mehr einfach so, wie es kommt, in die Windeln, ins Bett oder in die Hose, sondern es muss dem kulturellen Anpassungsdruck entsprechen und z. B. in ein Töpfchen machen. Diese Erfahrungen speichert es in seinem neuronalen Anpassungssystem, und sie werden ihm über sein mentales Anpassungskonzept immer wieder bewusst, wenn es um Defäkation geht. Wie wir wissen, gibt es für das Verrichten seiner Notdurft unterschiedliche kulturelle Gepflogenheiten. Erinnert werden dabei aber auch die unterschiedlichsten Erfahrungen, die man bei dieser Sauberkeitsentwicklung mit seinen Eltern machte.

Lernt jetzt das Kind, nicht nur seinen Schließmuskel zwangsläufig zu kontrollieren und, auf welche Weise auch immer angepasst, wie automatisiert zu defäkieren, sondern kann es plötzlich durch die positive Resonanz seiner Mutter (Eltern) selbst auf die Toilette gehen, hat das Kind einen wichtigen Schritt in seiner Selbstentwicklung getan, der im **neuronalen Selbstsystem** kodiert wurde. Hier geht der archaische Automatismus nicht nur in einen Anpassungsautomatismus über. Vielmehr wird sich das Kind durch die immer wiederkehrende Sicherheit gebende Resonanz seiner responsiven, positiven Eltern über sein **mentales Selbstkonzept** seiner selbst als steuernde Person bewusst, die sein Defäkieren autonom regulieren kann. Nach Überprüfung auf deren Nützlichkeit kann der Mensch die beigebrachten Automatismen entweder in eigener Regie fortsetzen oder nicht.

2.5 Anpassungssystem und Anpassungskonzept

> Das **Anpassungskonzept** ist immer das »momentane innere Sichtbarwerden«, also das Erinnern von Zuständen und Vorgängen aus der eigenen Lebensgeschichte.
> Das **Anpassungssystem** entspricht dem Begriff des Über-Ichs von Freud, einer Instanz in unserer Persönlichkeit, wie Freud sie im Rahmen seiner zweiten Theorie des psychischen Apparats beschrieben hat.

Die Rolle dieser Über-Ich-Instanz war für Freud vergleichbar mit der Rolle eines Richters oder Zensors gegenüber dem Ich. Das Über-Ich ist für Freud unser menschliches Gewissen, die Verinnerlichung der elterlichen Forderungen und Verbote, das aber erst nach einer gelungenen Individuation, also nach Überwinden des Narzissmus als Erbe des Ödipuskomplexes, richtig funktioniert.

In Ergänzung zu dieser Über-Ich-Theorie bildet sich das Anpassungssystem bereits nach der Geburt des Menschen, vielleicht sogar schon pränatal. Es ist ein Gedächtnis, in dem alles, was wir von Anbeginn unseres Lebens an spüren, ahnen, empfinden, aufnehmen, wahrnehmen, erleben, erkennen, verstehen, begreifen, fühlen, denken, phantasieren usw. gespeichert wird. Es ist aber nicht nur ein großartiger Gedächtnisspeicher, sondern das Anpassungssystem, vor allem seine vielen Subsysteme, enthalten auch Orientierungen, Handlungsentwürfe (Motive) und Handlungsimpulse (Motivationen), die erheblich das menschliche Handeln mitbestimmen können. Das Anpassungssystem enthält auch das Verhaltensrepertoire, in dem die vom Archaiksystem inzwischen übernommenen angeborenen Verhaltensfertigkeiten genauso gespeichert sind wie die Verhaltensfertigkeiten, die sich der Mensch inzwischen über Lernen und Üben angeeignet hat.

Werden diese neuronal kodierten Verhaltensfertigkeiten aus dem Anpassungssystem dem Menschen mental über sein dazu identisches Anpassungskonzept bewusst, treten hier nicht nur Orientierungen und Motivationen in Erscheinung. Dieses »Anpassungsverhalten«, diese eingefleischten Gewohnheiten, diese Imperative können so massiv in Kraft treten, dass das personale Ich seine Mühe hat, dieses Zwangsverhalten unter seine Kontrolle zu bringen. Die jeweiligen Anpassungsleistungen können durchaus überlebensstrategische Vorteile haben.

Reagiert der Mensch angepasst, realisiert er ein Verhalten, das neuronal seinem verinnerlichten Anpassungssystem und mental einem dazu identischen Anpassungskonzept entspricht und selbstverständlich je nach Kultur und Zivilisation variiert. Das Anpassungskonzept ist, wie alle Ich-Konzepte, ein Resultat von assoziativ ins Leben gerufenen Erinnerungen und Vorstellungen aus dem Anpassungssystem.

2.6 Funktionale und dysfunktionale Orientierungen, Motive und Motivationen

Bei der Strukturbildung im Anpassungssystem spielen, wie bereits erwähnt, die Qualität, Intensität und Kontinuität der jeweiligen Wirklichkeitserfahrungen eine wichtige Rolle. Führen wir uns die hohe Variabilität dieser unterschiedlichsten Erfahrungen, Eindrücke, Wahrnehmungen, Erlebnisse usw. vor Augen, so lassen sich zunächst ganz grob

- positive (responsive, affirmative, konstruktive usw.) also **funktionale Wirklichkeitserfahrungen** von
- negativen (destruktiven usw.) also **dysfunktionalen Wirklichkeitserfahrungen** abgrenzen.

> Eine **Episode** wird hier verstanden als ein Ereignis, ein Geschehen, ein Erlebnis von kurzer Dauer, das sich aber in einem größeren Geschehenskontext, der ja aus vielen Episoden besteht, mit einem Anfang und einem Ende »willkürlich« abgrenzen lässt.

Wird der Mensch bereits in seiner frühkindlichen Entwicklung, also in seiner Prägungsphase (beim Menschen spricht man besser von einer Bindungsphase), Traumatisierungen (z. B. körperliche oder sexuelle Misshandlungen) und/oder sozialen Deprivationen (schwere Vernachlässigung, Mangel an Empathie und emotionaler Verfügbarkeit der Eltern) ausgesetzt, »landen« auch diese Erfahrungsqualitäten im neuronalen Anpassungssystem, fügen sich aber aufgrund ihrer Dysfunktionalität hier zunächst zu keinem kohärenten Episodenkontext.

Es sind Rezeptions- oder Perzeptionsfragmente (Selbst-Objekt-Komplexe), die zerstörend auf vorhandene Episodenkontexte einwirken können oder plötzlich unvermittelt und vor allem obsessiv und kompulsiv im Bewusstsein in Erscheinung treten. Diese »nicht systematisierten«, also ungebundenen Fragmente, die in der Regel aus sehr angstvollen, schmerzlichen und Verzweiflung stiftenden Erfahrungen stammen, können jetzt in unserem Persönlichkeitsmodell so lange frei im Anpassungssystem flottieren, bis sie assimiliert, neutralisiert, also »unschädlich« gemacht werden können.

Das durch die eigene Lebensgeschichte zunächst in diesem Anpassungssystem entstandene **subjektive Weltmodell** ist also kein Abbild des Erlebten, sondern eine Konstruktion aus den Elementen der persönlich erlebten Geschichte eines Menschen. Hüther schreibt in seinem Buch »Bedienungsanleitung für ein menschliches Gehirn«:

2.6 Funktionale und dysfunktionale Orientierungen, Motive und Motivationen

»… wie alle lernfähigen Gehirne ist auch das Gehirn des Menschen am tiefgreifendsten und am nachhaltigsten während der Phase der Hirnentwicklung programmierbar. Wichtige, während der frühen Kindheit und im Jugendalter gemachte Erfahrungen haben zur Stabilisierung bestimmter neuronaler Verschaltungen geführt. Diese einmal gebahnten Verschaltungsmuster sind auch im späteren Leben besonders leicht durch gewisse Wahrnehmungen und Erlebnisse aktivierbar und werden dann bestimmend für das, was ›in uns vorgeht‹, wie wir in bestimmten Situationen fühlen, denken und handeln. Das geschieht meist unbewusst und wie von einem inneren Programm gesteuert. Der Mensch ist also das einzigste Wesen, das sich durch seine im Laufe seiner Lebensgeschichte gemachten Erfahrungen selbst programmieren kann.« (Hüther 2001, S. 23)

Wenn die dysfunktionalen und hier vor allem die durch Angst, Schmerz und Verzweiflung (Panik) entstandenen Wahrnehmungsfragmente und/oder die oft sehr kohäsiven dysfunktionalen Selbst-Objekt-Erfahrungs-Komplexe vom Anpassungssystem gespeichert, also neuronal kodiert werden, können diese »Programme« jederzeit durch entsprechende »Triggererfahrungen« (auslösende Ereignisse) wieder erinnert werden. Man nannte diese dysfunktionalen Programme auch »seelische Wunden« oder »biologische Narben«, die durch bestimmte aktuelle Erfahrungen wieder aufgerissen werden können. Werden diese schmerzlichen Erinnerungen zunächst neuronal aktiviert, können die Inhalte mental über das Anpassungskonzept ins Bewusstsein treten und nicht nur die momentane Befindlichkeit und Stimmung des Menschen negativ beeinflussen, sondern auch das momentane Denken, Orientieren und die in diesem Moment stattfindenden kognitiven Vorgänge negativ im Sinne von z. B. destruktiven und aversiven Gedanken beeinflussen. Diese dysfunktionalen Programme können aber auch so massiv motivational in Kraft treten, dass der betroffene Mensch ein Verhalten in die Tat umsetzt, das wenig mit ihm selbst zu tun hat. Dieses so genannte **evozierte Verhalten** kann das Motivationszentrum des personalen Ichs besetzen und in dieser Zeit die Steuerungsfähigkeit des betroffenen Menschen auf unterschiedlichste Weise außer Kraft setzen.

Äußere Geschehnisse können nicht nur dysfunktionale Orientierungen wieder ins Leben rufen, die uns dann verunsichern, sondern mit ihnen kann auch der ganze Erfahrungskontext einer Person (z. B. der damals erlebte Missbrauch) mit allen Beteiligten (Opfer und Täter) sehr eindringlich im Bewusstsein auftauchen, wie dies z. B. bei der posttraumatischen Belastungsstörung der Fall ist. Treten dann die psychischen Regulationsmechanismen nicht in Kraft und kann der Betroffene auch auf keine greifbaren Ressourcen (z. B. selbstprotektive Mechanismen) zurückgreifen, kann die affektive Kapazität des Ichs (z. B. durch ein aktiviertes »Missbrauchsprogramm«) sehr schnell überfordert werden. Dieses Traumaprogramm übernimmt dann das personale Motivationszentrum. Somit macht es den Betroffenen zu seinem »Erfüllungsgehilfen« und setzt ihn auf unterschiedlichste Weise und in abgewandelter Form mit seiner Umwelt in Szene, ohne dass dieser zunächst etwas dagegen tun kann. Folgende Rollen sind nun denkbar:

- Der Mensch wird in die Rolle des **Täters** »gesteckt« und verfügt dann autoritär (destruktiv), wie z. B. sein autoritärer Vater, über seine »Opfer-Umwelt«, so wie er es ja auch als Kind erlebt hat, als man ihn misshandelt oder vernachlässigt hat.
- Ein anderes Mal schlüpft er in die **Opferrolle**. Er jammert und schreit jetzt wie damals, als er als Kind misshandelt wurde, und setzt seine Umwelt als Täter in Szene. Diese »Täter-Umwelt« verfügt jetzt genauso über ihn, wie damals seine autoritären Eltern.
- Es ist aber genauso gut möglich, dass er sich gegen diese Rollenzuschreibungen mehr oder weniger erfolgreich als »**leidtragende Person**« durchsetzt; leidtragend deshalb, weil diese Auseinandersetzungen erfahrungsgemäß nicht ohne mehr oder weniger großes Leid stattfinden können.

Im Anpassungskonzept unseres »Hintergrundbewusstseins« assoziieren sich also ständig und ohne Unterlass, synchron und resonant zu unserem aktuellen Erleben, eine Fülle unterschiedlichster Erinnerungen und Vorstellungen von rigider, funktionaler bis destruktiv-dysfunktionaler Qualität, die sich gleichzeitig mit der Fülle unterschiedlichster Erinnerungen aus dem Selbstkonzept und auch Vorstellungen aus dem Archaikkonzept assimilieren. In diesem konzeptionellen Chaos kristallisieren sich immer wieder aufs Neue meist sehr eindeutige Stimmungen, Innenbilder, körperliche Befindlichkeiten, Gemütszustände, Einfälle usw. heraus, in deren Zentrum sich für den Menschen ein spürbares, erkennbares Selbstkonzept durchsetzt.

Durch funktionale Orientierungen, Motive und Motivationen wird der Mensch also in die Lage versetzt, sich zurechtzufinden und sich in dieser Welt auszukennen, sich zu orientieren und sein Verhalten so zu regulieren, dass es sowohl für sich selbst als auch für seine Umwelt in Ordnung ist. Die dysfunktionalen Orientierungen, Motive und Motivationen irritieren und verwirren. Sie können den Menschen in die Irre führen und ihn wie oben bereits dargelegt, so durcheinanderbringen, dass er gewalttätig wird gegen sich selbst oder gegenüber anderen, dass er körperlich erkrankt oder ihm der Wahnsinn immer mehr den Verstand raubt.

2.7 Selbstsystem und Selbstkonzept

Geht man davon aus, dass zunächst das Verhalten der Lebewesen nur durch ein primitives Anpassungssystem geregelt wurde, so waren es die Lebewesen mit **geschlossenen Systemen**, die nicht oder nur in geringem Maße lernfähig waren, die also nicht imstande waren, auf einen erhöhten Anpassungsdruck (z. B. Kälteeinbruch) mit neuen Überlebensstrategien zu reagieren und deshalb bald wieder von der weltgeschichtlichen Bildfläche verschwanden, z. B. die Dinosaurier.

Die Lebewesen, bei denen die Evolutionsfaktoren wie Mutabilität, Auslese, Population, Isolation für ihre Weiterentwicklung eine wesentliche Rolle spielten, entwickelten **offene Anpassungssysteme**. Sie wurden also immer lernfähiger und deshalb auch flexibler gegenüber dem Anpassungsdruck aus der jeweiligen Umwelt. Zu erwähnen sind hier z. B. die angeborenen Auslösemechanismen, die Tiere und Menschen in die Lage versetzen, ohne vorausgegangene Erfahrung sinnvoll auf bestimmte Umweltsituationen zu reagieren. Über diese angeborenen Auslösemechanismen werden aus der Vielzahl der Umweltreize die lebenswichtigen erkannt und situationsgerechte Verhaltensweisen ausgelöst, z. B. Futter als Reiz und Nahrungsaufnahme als Verhalten.

Diese Lebewesen reagierten nicht mehr nur reflexbogenmäßig aus ihrem neuronal kodierten Archaiksystem mit mehr oder weniger differenzierten und komplexen, angeborenen Aktionsschemata (Verhaltensmuster). Es hat sich bei diesen Lebewesen ein neuronal-mentales Leben in statu nascendi entwickelt. Dadurch waren sie imstande, über mehr oder weniger schnell ablaufende Rückkoppelungsmechanismen von gerade Erfahrenem und bisher Gewohntem immer schneller zu registrieren, da das bisher Gewohnte im Moment den Anforderungen zum Überleben nicht entsprach. Zusätzlich bildeten sich bei ihnen durch den Anpassungsdruck auch Intelligenzen, durch die diese Lebewesen in ihrer Überlebensnot immer öfter in die Lage kamen, effiziente Überlebensstrategien zu generieren.

Die jeweils »neuen Verhaltensfertigkeiten« waren also aus der Not geborene Anpassungsautomatismen, deren Verhaltenskontext zwar archaische Regulationsmechanismen zugrunde lagen, die aber entsprechend der Notsituation intelligent (kreativ) modifiziert wurden – nach dem Prinzip »aus der Not (lebensbedrohliche Affekte) eine Tugend (neuen Verhaltenskontext entwerfen) machen«.

Man könnte also annehmen, dass im Laufe der Evolution, also vom »Subkortikalen« zum »Kortikalen« hin, eine Entbindung der Antriebsenergien (später Affekte, Grundformen der Angst) aus dem Reflexbogensystem stattfand. Diese »entbundenen Antriebsenergien« setzten die sich neu bildenden und der Reflexbogenmechanik nicht mehr unterworfenen kortikalen Strukturen so unter Druck, dass sowohl das kortikale Wachstum selbst als auch die Entstehung von Intelligenzen (Freud sprach in diesem Zusammenhang von einem »psychischen Apparat«) im Kortex vorangetrieben wurde.

So könnte man sich z. B. die Matrix des späteren »**funktionalen Ichs**« vorstellen. Man könnte sich auch vorstellen, dass im Laufe der Evolution

2.7 Selbstsystem und Selbstkonzept

dieses angenommene funktionale Ich in statu nascendi einmal nur im Sinne des Archaiksystems »funktionierte« und dann angeborenes Verhalten realisierte und dass es ein anderes Mal im Sinne eines bereits vorhandenen Anpassungssystems »funktionierte« und dann durch vorausgegangene Prägung neuronal kodiertes Anpassungsverhalten in die Tat umsetzte.

Wahrscheinlich ist allerdings, dass dieses hypothetische funktionale Ich sehr bald eine höhere Intelligenz entwickelte, mit der es sowohl die angeborenen als auch die durch Anpassung erworbenen Verhaltensfertigkeiten auf unterschiedlichste Weise zu integrieren vermochte. Die mit so einer Intelligenz ausgestatteten Lebewesen konnten sich immer besser an die jeweiligen Anforderungen ihrer Umwelt anpassen und dadurch auch ihre Existenz flexibler sichern. Grundsätzlich geht man aber bei diesem Evolutionsmodell davon aus, dass sich zu diesem, im Laufe der Evolution stattfindenden immer »intelligenteren neuronalen Funktionieren« auch eine dazu identische Mentalität in diesen Lebewesen entwickelte.

Da auch der Mensch, der ja in der Evolution viel später in Erscheinung tritt, noch in Notsituationen auf diese »funktionale Intelligenz« im Sinne von Überlebensstrategien zurückgreifen kann, ist es wichtig darauf hinzuweisen, dass diese Überlebensstrategien also keinem typischen Lernprozess entspringen. Es ist kein Lernprozess gemeint, bei dem über innere Resonanzprozesse neue Wirklichkeitserfahrungen erfasst, überprüft, verglichen und dann in einen erweiterten Erfahrungs- und Sinnzusammenhang gestellt und darin bestätigt werden. Vielmehr geht es um spontan »sich ergebendes«, »einfallendes« Überlebensverhalten, das dann auch dem Menschen später nach überstandener Lebensgefahr eher fremd ist und er gegenüber diesen Überlebensstrategien, diesem oft »grandiosen Verhalten« auch wenig Selbstsicherheit schöpfen kann. Der Mensch ist sich keinesfalls sicher, ob diese Überlebensstrategien bei ihm in einer ähnlichen Notsituation wieder genauso gut funktionieren. Diese Überlebensstrategien haben aber auch eine objektstützende Funktion, da sie eine Art »vage Sicherheit« geben, dass man »es« schon »irgendwie« schaffen wird.

Die Lebewesen mit offeneren Anpassungssystemen und flexiblerem Anpassungskonzept hatten zwar größere Überlebenschancen und zeigten in gewissem Umfang eine sich entwickelnde Intelligenz, waren aber noch nicht in der Lage, ihr Leben in die eigene Hand zu nehmen und willentlich oder willkürlich etwas zu tun oder nicht zu tun. Man kann jetzt davon ausgehen, dass im Laufe der Evolution durch den zunehmenden Anpassungsdruck und möglicherweise durch günstige Voraussetzungen für ein neuronal-mentales Wachstum, sich in einem Primatenhirn dann ein Selbstsystem und – identisch dazu – mental das entsprechende Selbstkonzept entwickelte. Das geschah als sich vor ca. 6 bis 2 Millionen Jahren der Mensch langsam entwickelte und vor ca. 400 000 bis 100 000 Jahren der Homo sapiens wirklich in die Weltgeschichte eintrat.

Dieser Mensch löste sich aus der sehr starken Bezogenheit zu seinen Artgenossen. Er ging nicht mehr auf in seiner ihm vertrauten Gruppe, sondern emanzipierte (individuierte) sich zu einem Einzelwesen, wurde sich seiner selbst immer bewusster und konnte letztlich als Individuum (als Person) nach seinem Ermessen die Nähe und Distanz zu seiner Umwelt regulieren. Diese Individuation wurde aber nur möglich, da seine Artgenossen bei diesem bio-psycho-sozialen Wachstum mitspielten und mit ihm so umgingen, dass er immer weniger reflektorisch auf deren Signale und immer öfter bewusster auf Erfahrungen, die er mit ihnen machte, reagieren konnte. Der Mensch begann mit seiner Umwelt, vor allem aber mit seinen Artgenossen, zu kommunizieren. Er begann sich mit seinen Artgenossen zunächst emotional und dann aber auch immer öfter gedanklich auszutauschen und baute so kontinuierlich Innenrepräsentanzen auf.

Durch dieses neuartige Gedächtnis stellten sich im Hintergrundbewusstsein dieses Menschen mit der Zeit nicht nur eine Fülle von Erinnerungsbildern ein, sondern durch diese »innere Resonanz« wurde er sich auch immer mehr seiner selbst, also z. B. seines Körpers, seiner Atmung, seiner Gesten und Gebärden, seiner Laute usw., bewusst. Er baute also ein immer umfangreicheres Selbstbild auf und wurde sich dadurch seiner selbst als einmaliges Einzelwesen gegenüber seinen Artgenossen immer sicherer. Da dieses »innere Wissen« ständig aktiv war und sich mit der Zeit sowohl nach Art und Umfang erweiterte, wurde der Mensch zunehmend unabhängiger von der zuvor bestandenen reflektorischen Verhaltenssicherheit. Er konnte sich jetzt »eigene Gedanken machen«, wie er sich am besten vor Gefahren schützt und z. B. einer Hungersnot vorbeugt. Er konnte sich jetzt auch auf unterschiedlichste Weise gegenüber seiner Umwelt behaupten und sich mit seinen Artgenossen auseinander, aber sich auch wieder mit ihnen zusammensetzen.

Dieses Lebewesen Mensch war jetzt nicht mehr nur mit sehr differenzierten Fertigkeiten ausgestattet, die ihn unwillkürlich am Leben hielten. Er verfügte jetzt auch über willkürliche Fähigkeiten, die sich z. B. in der Erfassung und Herstellung anschaulicher und abstrakter Beziehungen äußerten, aber auch in problemlösendem Verhalten, durch das er neuartige Situationen bewältigen konnte. Dadurch wurden für ihn das Vorgehen nach Versuch und Irrtum und das Lernen an Erfolgen immer entbehrlicher.

Kraft dieser neuen Intelligenz, wie uns die verschiedenen Kulturen lehren, versuchte sich der Mensch auf verschiedenste Weise aus dem Determinismus seines neuronal kodierten Archaik- und Anpassungssystems zu befreien. Das heißt, mental, im Erleben seiner selbst, als Person (**personales Ich**) funktionierte der Mensch jetzt nicht mehr nur im Sinne des Archaik- und Anpassungskonzeptes (**funktionales Ich**), sondern er entwickelte einen **eigenen Willen** mit dem er jetzt *frei* denken, fühlen und handeln konnte. Dieser Spezies Mensch war es jetzt möglich, persönliche Freiheit in die Tat umzusetzen und sich dabei sowohl angeborenem und/oder angepasstem Verhalten spontan hinzugeben als sich auch wieder rechtzeitig davon zurückzuziehen, um letztlich durch all diese Erfahrungen aus sich selbst heraus lebenstüchtige Entscheidungen zu treffen.

Aufgrund der immer reichhaltigeren Ergebnisse aus der Hirnforschung kann man heute davon ausgehen, dass die neuronale Aktivität des Gehirns nicht nur im Wachzustand, sondern auch im Schlafzustand stattfindet. Klinische Erfahrungen zeigen, dass im Anpassungssystem und vor allem in den Subsystemen des Anpassungssystems, also im menschlichen Gedächtnis, ständig Umstrukturierungen stattfinden, die dem Menschen völlig unbewusst sind. So ist es möglich, dass z. B. im Schlafzustand kompatible, positive Episodenkontexte über die **primäre intrapsychische Identifikation** in das Selbstsystem übernommen werden können und der Mensch eine Selbstsicherheit erlebt, die ihm sprichwörtlich im Schlaf »zugewachsen« ist.

Selbstverständlich spielen auch die bewussten identifikatorischen Prozesse (**sekundäre intrapsychische Identifikation**) eine Rolle, wobei hier vor allem das Lernen und Einüben, ebenso das Auf-Konflikte-Eingehen und Konflikte-Lösen, eine wesentliche Rolle spielt. Hierbei können alte, verfestigte, rigide Positionen aus dem Anpassungssystem, die sich im Alltag über das Anpassungskonzept in unserem Bewusstsein »erinnern«, in Frage gestellt und so lange in unserem Bewusstsein unter Einbeziehung neuer Erkenntnisse, Ratschläge, Meinungen, Ideen usw. überlegt und durchgearbeitet werden, bis die dieser Anpassungsposition innewohnende Zwanghaftigkeit erkannt, verändert, aufgegeben oder jetzt auch ganz bewusst fortgesetzt werden kann.

Diese erarbeitete innere Wirklichkeitserfahrung »leuchtet ein«. Das heißt, der Mensch kann seine Aufmerksamkeit, sein Interesse sehr konzentriert auf ein zwangsläufiges, zwangsbetontes, rigides Verhalten lenken, das schon immer mehr oder weniger bewusst sein absichtliches, gesteuertes Verhalten mitbestimmte. Durch die Konzentration auf diese vom bewussten Erleben her zunächst eher nebensächlichen Beweggründe, bei genauerer Betrachtung aber doch sehr auf das Gesamtverhalten »durchschlagende« Motivationen, wird dem Menschen sein zwangsläufiges Verhalten immer bewusster und tritt ihm immer deutlicher vor sein geistiges Auge.

Ist der Mensch in diesem Moment sehr bei sich selbst (»**positive Innenerfahrungen**«) oder überzeugen ihn die Argumente eines sehr guten Freundes (»**positive Außenerfahrungen**«), so kann es ihm durch diese positiven Selbst-Objekt-Kontexte gelingen, seine gerade erkannte innerliche Verstrickung gegenüber diesem zwangsbetonten, rigiden Verhalten so sehr in Frage zu stel-

2.7 Selbstsystem und Selbstkonzept

len (Zunahme der Ich-Dystonität gegenüber dem Anpassungskonzept), dass er die bestehende Rigidität, Zwanghaftigkeit seines Verhaltens weitestgehend außer Kraft setzt.

Dabei vermag man sich vorzustellen, wie Worte, Gedanken, Suggestionen und Autosuggestionen synaptische Strukturen verändern und dadurch diejenigen teils dysfunktionalen Episodenkontexte im Anpassungssystem beeinflussen, die durch Stress und seelische Verletzungen erworben und gewissermaßen erlernt wurden. Es ist heute denkbar, dass diese neuen positiven Selbst-Objekt-Erfahrungen sowohl vorhandene »freie« Episodenkontexte zu positiven identifikationsfähigen Subsystemen zusammenfügen als auch dysfunktionale Selbst-Objekt-Komplexe neutralisieren, also »unschädlich« machen können. Geht man davon aus, dass dann diese positiven Episodenkontexte vom Anpassungssystem ins Selbstsystem transferiert und dort zu unterschiedlichsten selbstreflektiven Erinnerungen transformiert werden können, ist es dem Menschen möglich, von sich aus eine Kompetenzerweiterung in Gang zu setzen.

Das heißt auch, dass der Mensch durch seine Aufmerksamkeit, Konzentration und sein Interesse eine Verhaltensänderung gegenüber seinem eher »gedankenlosen Verhalten« herstellen kann, wenn er die dafür notwendige Willenskraft aufbringt. Seine dysfunktionalen Orientierungen, Motive und Motivationen dürfen hierbei nicht zu destruktiv, obsessiv, also **pathogen** oder **maligne** sein. Ich möchte an dieser Stelle Johann Caspar Rüegg zu Wort kommen lassen, der in seinem Buch »Psychosomatik, Psychotherapien und Gehirn« schreibt:

»... *wenn chronischer bzw. psychosomatischer Schmerz tatsächlich zu einer reversiblen Umstrukturierung neuronaler Netzwerke in den ›Schmerzzentren‹ des Zentralnervensystems führen sollte und zudem Lernen und Verlernen synaptische Verbindungen sowohl verstärken als auch lösen können, dann sollten kognitive Verhaltenstherapien und andere erfolgreiche psychologische Schmerztherapien die pathologisch veränderten neuronalen Netzwerke, der ›Schmerzpfad‹ im Gehirn und Rückenmark auch wiederum zu ›normalisieren!‹ im Stande sein. In einer solchen neuronalen Umstrukturierung wäre dann vermutlich auch der neurobiologische Mechanismus einer psychotherapeutischen Bekämpfung des chronischen Schmerzes zu suchen.*« (Rüegg 2001, S. 29–30)

Wesentlich bei diesen Betrachtungen ist, dass in jedem Fall zu unterscheiden ist, ob es sich bei den »störenden Einflüssen« um mehr nebensächliche, zwangsläufige Beeinträchtigungen handelt, mit denen man schon irgendwie zurechtkommt, so wie ein alter Bekannter, mit dem man sich so recht und schlecht arrangiert, der aber niemals bösartig wird. Oder ob es sich um dysfunktionale Orientierungen, Motive und Motivationen handelt, die wie z. B. Zwangsideen, Zwangsvorstellungen und Zwangshandlungen die freie Willensentscheidung massivst beeinträchtigen und teilweise sogar außer Kraft setzen können. Hier ist in jedem Fall professionelle Hilfe durch einen Psychosomatiker notwendig.

Sind im neuronalen Anpassungssystem die Erlebnis- und Erfahrungsqualitäten strukturbildend, so sind es im neuronalen Selbstsystem die Quantitäten der funktionalen, positiven Selbst-Objekt-Erfahrungs-Kontexte und der dazu gehörigen Episodenkontexte. Sie werden im Selbstsystem immer wieder neu transformiert, damit im mentalen Selbstkonzept die jeweils für die äußeren Umstände notwendige selbstreflektive Resonanz »rückhaltgebend« in Kraft treten kann und motivational über zirkuläre Resonanzprozesse der Handlungsspielraum (Kompetenzen) des personalen Ichs gestärkt wird.

Ob diese Kompetenzzunahme, also die Entwicklung von immer reiferen Verarbeitungsmechanismen durch die primäre oder sekundäre intrapsychische Identifikation gelingt, hängt weitestgehend von der Struktur des Anpassungssystems und dem dazu identischen Anpassungskonzept ab. In diesem Gedächtnis landet also zunächst alles, was wir aufgenommen, also rezipiert oder perzipiert haben. Dabei ist ausschlaggebend, wie diese aus Selbst-Objekt-Elementen bestehenden neuen Episodenkontexte in das Anpassungsgedächtnis aufgenommen und eingepasst werden. Dabei können z. B. zugunsten intelligenterer, kreativer Bewältigungsfertigkeiten, die neuen Episodenkontexte mit vorhandenen Episodenkontexten so zusammengefügt werden, dass dabei die ursprüngliche Bedeutung beider

Episodenkontexte mehr oder weniger verloren geht. Genauso kann diesen neuen Episodenkontexten ihre Originalität erhalten bleiben. Ebenso kann man vermuten, dass positive Episodenkontexte bei Aufnahme in das Anpassungssystem durch frei flottierende, negative Episodenkontexte und/oder negative Selbst-Objekt-Komplexe sofort fragmentiert werden. Da nach schrecklichen Erfahrungen später oft nur kurze Passagen bewusst werden, die aber sehr realistisch und bis ins Detail genau erinnert werden können, ist anzunehmen, das im Anpassungssystem die Kodierung von Traumatisierungen und sonstigen negativen Stresssituationen entweder nur fragmentarisch stattfinden kann oder dass sich diese negativen Episodenkontexte selbst fragmentieren. Hier stellt sich jetzt die Frage, inwieweit diese negativen dysfunktionalen Episodenkontexte vom Menschen verkraftet werden.

Völlig verständlich und nachvollziehbar wäre es z. B., wenn ein Kind tödlich verunglückt und den verzweifelten, verstörten Eltern dieses schreckliche Ereignis mit allem, was damit einhergeht, immer wieder aufs Schmerzlichste bewusst wird, sie an nichts anderes denken können und den Eltern diese schreckliche Geschichte zunächst überhaupt nicht aus dem Kopf geht. Verständlich wäre auch, wenn diese Eltern durch diesen psychischen Schock wie versteinert dasitzen würden und zunächst mit niemandem reden möchten. Wenn sich aber diese Eltern nach 2 bis 3 Jahren immer noch so verhalten würden, müsste man annehmen, dass der Tod ihrer Tochter diese Eltern krank gemacht hat. Diese immer wieder im Bewusstsein der Eltern auftauchenden dysfunktionalen Episodenfragmente wirken auf das weitere Erleben störend ein, wie z. B.: »Ich muss ständig daran denken, ob ich will oder nicht und kann mich auf nichts Anderes mehr konzentrieren«. Der störende Einfluss nimmt im Bewusstsein dieser Eltern so überhand, dass neu aufgenommenes Erleben nur bruchstückartig und oft ohne Sinnzusammenhang aufgenommen wird.

Man könnte also hier davon ausgehen, dass im neuronalen Anpassungssystem die neu aufgenommenen Episodenkontexte durch den Einfluss dieser dysfunktionalen Episodenfragmente (tödliches Unfallgeschehen) immer wieder fragmentiert werden, und deshalb die Sinnzusammenhänge verloren gehen und diese Erinnerungen im mentalen Anpassungskonzept später eher Verwirrung stiften, als Sinn machen. Hinzu kommt, dass dieser aktuelle kritische Episodenkontext auch auf ältere, nicht so kohärente Episodenkontexte fragmentierend einwirken kann und hierbei dysfunktionale Selbst-Objekt-Komplexe frei werden, die wiederum Episodenkontexte fragmentieren können. Andererseits ist es vorstellbar, dass bestimmte Wirklichkeitserfahrungen (vor allem positive funktionale Selbst-Objekt-Komplexe) also responsive Erfahrungen mit primären Bezugspersonen oder anderen objektstützenden Personen besonders dafür geeignet sind, Episodenfragmente wieder so kohärent zusammenzufügen, dass man bei den neuen Subsystemen von einer einigermaßen gelungenen Reparatur sprechen kann.

Aus der Psychoanalyse weiß man, dass das Wiederholen, also das beharrliche Immer-wieder-Erinnern, von negativen Episodenfragmenten dazu beiträgt, dass sich durch diese Prozedur weitere, dazu gehörige Episodenfragmente erinnern und sich letztlich durch die gleichzeitig stattfindende Patienten-Arzt-Beziehung erträgliche Episodenkontexte zusammenfügen können. Der Analytiker versucht, dem Patienten durch Deutungen auf die Sprünge zu helfen. Dabei wird dem Patienten zunehmend bewusster, dass er deshalb seine momentane Konfliktsituation oder seine gerade durchgemachte Erschütterung so angstvoll, schmerzlich und bedrohlich erlebt, weil durch diese aktuelle Krise lange Zeit zurückliegende, aber damals nicht bewältigte Traumatisierungen mit in das aktuelle Geschehen hineinwirken.

Durch diese analytische Technik soll dem Patienten das zugrunde liegende Trauma bewusst werden. Indem die Bruchstücke in immer neue Zusammenhänge gebracht werden und sich der Patient dabei langsam an seine schmerzlichen Erinnerungen herantasten kann, tritt ihm letztlich der gesamte negative Episodenkontext klar vor Augen. Hier werden also zu vorhandenen positiven und negativen Episodenkontexten weitere Episodenkontexte erinnert und neu strukturiert. Ebenfalls durch die analytische Technik

2.7 Selbstsystem und Selbstkonzept

kann eine größtmögliche Quantität an positiven Selbst-Objekt-Komplexen sowohl das Zentrum eines solchen neuen Episodenkontextes bilden als auch dessen Existenz gewährleisten. Identisch zu diesen neuronalen Vorgängen verändern sich jetzt auch die Orientierungen, Motive und Motivationen, die sich resonant zu der jeweiligen Gegenwartswahrnehmung im Bewusstsein des Menschen erinnern. Der Patient soll auf diese Weise sein Trauma verkraften und diesen neuen Einsichten Taten folgen lassen.

Die eben beschriebenen, zur Neutralisation notwendigen Um- und Neubildungen von negativen und positiven Episodenkontexten im Anpassungssystem, sind Voraussetzung für die beim Menschen so wichtigen primäre und sekundäre intrapsychische Identifikation. Diese Identifikationsprozesse finden zeitlebens statt, sind aber vor allem beim Menschen in seiner Frühentwicklung von besonderer Bedeutung. Hier entsteht letztlich eine stabile konstante **innere Präsenz seiner primären Bezugspersonen**, die später nicht mehr von seinem eigenen Selbstgefühl abgrenzbar ist. Nach Mahler konsolidiert sich etwa zwischen dem 3. und 4. Lebensjahr die Individualität des heranwachsenden Kindes und zu dieser Zeit beginnt ihrer Meinung nach der stabile Aufbau einer **emotionalen Objektkonstanz**:

»Die Errichtung der affektiven (emotionalen) Objektkonstanz hängt von der allmählichen Verinnerlichung einer beständigen, positiv besetzen innerlichen Mutter-Imago und später auch Vater-Imago ab. Dies erlaubt es dem Kind (in vertrauter Umgebung) getrennt zu funktionieren, obwohl es eine gewisse Spannung und Unbehagen empfindet.«

Und an anderer Stelle:

»Doch diese Objektkonstanz beinhaltet mehr als die Bewahrung der Repräsentanz des abwesenden Liebesobjekts; sie beinhaltet zugleich die Vereinigung von ›gutem‹ und ›bösem‹ Objekt zu einer Gesamtrepräsentanz.« (Mahler 1980, S. 142)

Was Mahler mit »guten« und »bösen« Objekten bezeichnet, kommt dem sehr nahe, was in der OPP mit funktionalen, »positiven« oder dysfunktionalen »negativen« Episodenkontexten gemeint ist, wobei die eher statische Vorstellung von »guten« und »bösen« Objekten weitgehend verlassen wurde.

Befindet sich für Mahler der Säugling in einem Zustand der Undifferenziertheit und Fusion mit der Mutter, indem er zwischen Ich und Nicht-Ich ebenso wenig unterscheiden kann, wie zwischen innen und außen, hat Daniel Stern bei seinen Säuglingsforschungen festgestellt, dass bereits der Säugling, also das Neugeborene ein erstes Gefühl von Regelmäßigkeit und Geordnetheit erlebt, also ein auftauchendes Selbstempfinden hat. Das heißt, beim menschlichen Säugling besteht möglicherweise schon vor der Geburt eine Art Matrix, aus der heraus sich später das Selbstsystem entwickeln kann. Wenn dem so wäre, könnten bereits schon vor der Geburt vor allem primäre intrapsychische Identifikationsprozesse stattfinden, durch die das neuronale Selbstsystem aufgebaut werden würde. Es würden dann bereits hier die frühesten selbstreflektiven Prozesse, die aus dem Selbstkonzept heraus stattfinden und die Entwicklung eines personalen Ichs in Gang bringen, einsetzen. Bereits ab dem 2. oder 3. Lebensmonat erfahren Säuglinge nach Stern, dass sie und der Andere psychisch getrennte Wesenheiten sind, zwei Körper, die miteinander in Beziehung treten können, ohne miteinander zu verschmelzen.

Stern geht also davon aus, dass bereits bei dem 2 bis 3 Monate alten Säugling eine Trennung von Selbst und Objekt besteht, die als solche auch empfunden wird. Trotz vieler Gemeinsamkeitserlebnisse in dieser Zeit gehen dem Säugling im Normalfall die gefühlten Grenzen zwischen Selbst und Objekt nicht verloren, sondern bleiben intakt. Stern spricht von **Kernselbstempfinden**, dem sich ab dem 11./12. bis 18. Lebensmonat die Phase des **subjektiven Selbstempfindens** anschließt. In dieser Zeit merken die Kinder, dass es andere »minds« (geistige Fähigkeiten) gibt als ihre eigenen. Im Säugling entsteht die Vermutung, dass er ein Wesen mit einer Psyche ist und weiter, dass psychische Zustände des Subjekts und solche des Objekts teilbar sind, das heißt mitgeteilt und ausgetauscht werden können.

Kann jetzt im Kind die intrapsychische Identifikation ausreichend stattfinden, entwickelt sich in seinem neuronalen Netzwerk ein Selbstsystem, das mental über ein wachsendes Selbstkonzept in Erscheinung und über die jetzt schon oft genannten zirkulären **selbstreflektiven Reso-**

nanzprozesse in Kraft tritt. Stern geht davon aus, dass etwa ab dem 12./18. Lebensmonat das Kind in die Phase des **verbalen Selbstempfindens** eintritt. Hier entdecken Kinder, dass sie persönliches Wissen und Erfahrungen haben, die sie mithilfe von Symbolen kommunizieren können. Es gibt jetzt nicht mehr nur Gefühle und gemeinsame subjektive Zustände, sondern gemeinsames kommunizierendes Wissen um dieselben. Entwicklungspsychologisch tritt nach Stern das Kind ab dem 23. bis 26. Lebensmonat in die Phase des **narrativen Selbstempfindens** ein. Hier kann das Kind persönliche Erlebnisse und Motive in einer erzählenden, kohärenten Geschichte organisieren, was über eine bloße sprachliche Beschreibung von Gegenständen oder die Mitteilung von Zuständen weit hinausgeht.

Zusammenfassend weisen viele empirische Daten aus der Säuglingsforschung und theoretische Überlegungen aus der Neurobiologie und Neuropsychologie darauf hin, dass die intrapsychische Identifikation sich schon sehr früh in unserem menschlichen Leben in Gang setzt, dadurch die Selbstentwicklung viel früher als bisher angenommen stattfindet und der Säugling bereits über ein neuronales Selbstsystem im status nascendi verfügt. Das zu diesem neuronalen Selbstsystem identische mentale Selbstkonzept tritt assoziativ und synchron zu den entsprechenden Wirklichkeitserfahrungen orientierungsgebend in Erscheinung und motivational (also unser menschliches Verhalten beeinflussend) in Kraft.

Das Selbstkonzept spielt also neben dem Archaikkonzept und Anpassungskonzept im Ver-

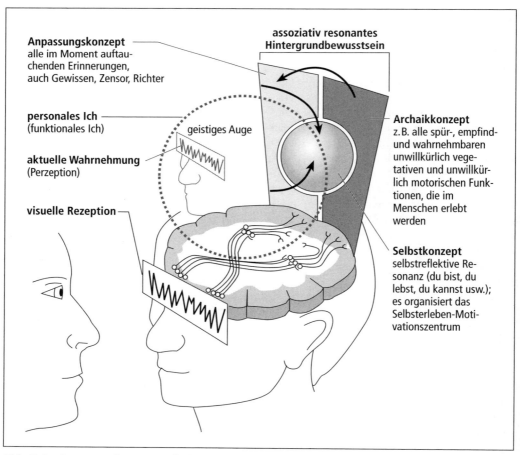

Abb. 2-1 Anpassungskonzept, Archaikkonzept und Selbstkonzept

2.8 Selbstreflektive Resonanz

halten des Menschen die wesentliche Rolle. Aufgrund klinischer Erfahrungen spricht sehr viel dafür, dass hauptsächlich das Selbstkonzept neben dem Anpassungs- und Archaikkonzept rückhaltgebend in uns Menschen wirksam wird, wir daraus unseren Selbstwert, Selbstachtung, Selbstsicherheit und unser Selbstbewusstsein schöpfen. In unserem virtuellen Persönlichkeitsmodell kann man sich das Selbstkonzept als Kern in unserem Ich-Konzept vorstellen, der sowohl vom Anpassungskonzept als auch vom Archaikkonzept umgeben ist und der ständig nach Weiterentwicklung und Expansion drängt, damit der Mensch weniger als funktionales Ich im Sinne des Anpassungs- und Archaikkonzept funktioniert, sondern zu einem möglichst stabilen personalen Ich findet (Abb. 2-1).

2.8 Selbstreflektive Resonanz

Aus der Säuglingsforschung wissen wir, dass viele Kinder tatsächlich von sich aus versuchen, sich auf ihre Mutter immer wieder einzustellen, bis sie das erhalten, was sie momentan brauchen, z. B. Nahrung oder ihre Nähe, Wärme und Beruhigung. Wir wissen heute auch, dass dieses gegenseitige Beziehungsnehmen ein Wechselspiel zwischen Mutter und Kind ist, wobei das Kind dieses Wechselspiel häufiger in Gang setzt. Daniel Stern bezeichnet dies als Übergang von der **Interaktion** zur **Intersubjektivität**. Wurden zuvor »affekthaltige Handlungen« ausgetauscht, werden jetzt in der intersubjektiven Beziehung »Affekte« ausgetauscht, wobei das Kind, etwas überspitzt ausgedrückt, eine Art »Regieführung« übernimmt. Ganz anders, als zuvor noch bei der Interaktion, agiert das Kind in der intersubjektiven Beziehung auffällig gezielter und versucht die Mutter weniger auf sein unwillkürliches Verhalten, sondern über sein jetzt **willkürliches** Verhalten auf sich selbst aufmerksam zu machen. In unserem Fallbeispiel auf S. 91 ist das der Fall, wenn die Mutter plötzlich verstanden hat, was ihr Kind ihr mitteilen wollte: »*Spürst du, wie gut es mir tut, dass ich meine Hand jetzt selbst bewegen kann.*« Die Mutter konnte durch ihr Einfühlungsvermögen ihrem Kind rückmelden, dass sie sowohl sein Bewegenkönnen mitbekommen hat, als auch das, was dabei in ihm vorgeht. Vor allem zeigte sie ihrem Kind, dass sie voll und ganz mit seiner Situation einverstanden war.

Diese positive Reaktion der Mutter auf ihr sich emanzipierendes Kind, kann jetzt sehr schnell über das kindliche Anpassungssystem vom kindlichen Selbstsystem aufgenommen und in seinem mentalen Selbstkonzept in Kraft treten: »*Es ist in Ordnung, wenn du greifst.*« Da diese positive »innere Stimme« dem Kind immer wieder bewusst wird, entwickelt sich mit der Zeit ein **Kompetenzerleben**. Je nachdem, wo sich das Kind gerade befindet oder was es gerade tut, kann diese Kompetenz bewusst werden: Das Kind, das jetzt Entscheidungsprozesse fällt und wie auch immer, passiv oder aktiv in Aktion tritt, wird begleitet von dieser »inneren Stimme« oder »Stimmung«, die je nachdem, was das Kind tut, immer wieder sagt: »*Es ist in Ordnung (gut), wenn ich greife.*« oder »*Es ist in Ordnung (gut), wenn ich es sein lasse.*« Die so genannte »innere Stimme« wird nur selten wirklich als »innere Stimme« erlebt, meist ist es die Stimmung, die gut ist, die einen trägt, die einem Mut macht, eine Stimmung, durch die man sich in seinem Körper als Person spürt, empfindet, wahrnimmt.

Durch diese »äußeren« zwischenmenschlichen zirkulären Resonanzprozesse, die sich in jeder Kommunikation einstellen und die neuronal als Gedächtnisbausteine kodiert werden, werden gleichzeitig mental »innere Resonanzprozesse« zwischen den jeweiligen Wirklichkeitserfahrungen und den dadurch im Selbstkonzept assoziierten Erinnerungen in Gang gesetzt. Durch diese »inneren« und »äußeren« zirkulären Resonanzprozesse wird sich das personale Ich seiner selbst bewusst, und durch dieses Selbstbewusstsein ist der Mensch in der Lage, frei zu atmen, sich *frei* zu bewegen, *frei* zu fühlen, *frei* zu denken, *frei* zu handeln, *frei* zu entscheiden usw.

Die Anerkennung und Zustimmung von Seiten der Mutter scheint für Menschen tatsächlich lebenswichtiger zu sein, als wir bisher angenommen haben. Diese Anerkennung hat eine Tiefenwirkung in unserer Persönlichkeit. Kohut sprach in diesem Zusammenhang von »responsiven Erfahrungen« und nannte sie ein grundlegendes menschliches Bedürfnis, das in der frühen Entwicklung und darüber hinaus während des ganzen Lebens besteht. Kohut nahm weiterhin an, dass der Mensch diese Responsivität von Geburt bis zum Tod braucht und dass sie, der »emotionale Sauerstoff« ist, der es ihm ermöglicht, in seinem psychischen Leben mehr oder weniger intakt zu bleiben (Kohut 1979, S. 163).

Lässt man die Evolution vom Einzeller über Mehrzeller, Fisch, Reptil, Säugetier, Primat als höchst entwickeltes Säugetier bis hin zum Menschen Revue passieren, hat der Mensch als letztes Glied in der Evolution die reflektorische Verhaltenssicherheit des Stammhirns am weitesten verlassen. Dadurch hat er auch einen großen Teil seiner unwillkürlichen, reflektorischen, instinktiven Verhaltenssicherheit verloren. Sein instinktives (angeborenes) Sich-Zurechtfinden, Sich-Auskennen in dieser Welt und seine instinktiven Orientierungen funktionieren bei ihm längst nicht mehr so sicher, wie dies bei nichtmenschlichen Lebewesen der Fall ist. Man braucht ja nur einer Kuh zuzuschauen, wenn sie in der Wiese weidet. Sie weiß genau, welches Gras, welches Kraut, welche Blume, welche Pflanzen besonders gut schmecken, ihr gut tun oder giftig sind. Wir Menschen würden uns in dieser Wiese überhaupt nicht instinktiv zurechtfinden, erst wenn uns jemand genau über die Beschaffenheit dieser Wiese aufklärt und uns beibringt, welches dieser Gräser wie und auf welche Weise nützlich oder giftig ist. Das bedeutet, dass wir mehr als alle anderen Lebewesen darauf angewiesen sind, dass unsere Mitmenschen uns all das beibringen, was wir zum Überleben und zum Leben brauchen.

Ich nehme Bezug auf das Beispiel mit dem Säugling im Laufstall (s. S. 91). Was braucht dieser menschliche Säugling, um überleben zu können? Setzen wir einen gesunden Selbsterhaltungstrieb und eine gute Anpassungsfähigkeit einmal voraus, so braucht der Säugling Menschen, Bezugspersonen, Eltern, die mit ihm so umgehen, dass er leben kann, dass er lebensfähig wird. Das hat zunächst einmal sehr viel mit der mütterlichen Pflege zu tun, dann aber braucht dieser Säugling Menschen, die mit ihm so umgehen, dass sich aus diesen Erfahrungen der »lebensnotwendige innere Rückhalt« in ihm aufbaut, also Grundorientierungen oder motivationale Systeme, die das psychische und psychosoziale Wachstum des Menschen überhaupt erst möglich machen.

Um diesen »inneren Rückhalt«, diesen Resonanzkörper in unserem Hinterkopf, der ununterbrochen und andauernd aktiv ist, noch klarer zu fassen, noch vorstellbarer zu machen, möchte ich den Neurobiologen Antonio Damasio zitieren. Er ist Fachmann auf dem Gebiet der computersimulierten Neurobiologie und Leiter der Neurologischen Abteilung der *University Iowa, College of Medicine* und unterhält hier die weltgrößte Sammlung von Fällen spezifischer Hirnläsionen. Er stellte in seinem Buch »Ich fühle, also bin ich« fest:

»Es gibt Patienten, z. B. Epileptiker, die während des Anfalls völlig wach waren, aber ihr Bewusstsein und ihre Gefühle verloren haben. Diesen Patienten bleibt aber eine Art Geist, aber diesem Geist fehlt das Selbst. Wir können mit ihnen sprechen, aber während der ganzen Zeit zeigen sie überhaupt keine Emotionen. Diese Leute haben Bilder im Gehirn, ein Kino im Kopf – doch sie wissen nicht, dass es sich um ihre Erlebnisse handelt. Es fehlt ihnen der Sinn für das Selbst. Sie ordnen ihre Erlebnisse nicht mehr dem eigenen Organismus zu. Fragt man jetzt, was ist der Sinn für das Selbst, so ist die Antwort: es ist ein Mechanismus, der uns bei allem, was wir tun oder erleben, wie eine Litanei ständig erklärt: ›Das bist Du, das bist Du, das bist Du.‹ Nimmt man uns das weg, hätten wir einen Geist ohne Besitzer.« (Damasio 2000, S. 124)

Wenn dieser Resonanzkörper in unserem Kopf, bei allem was wir bewusst tun, mit reagiert, wir also gar nicht bewusst atmen, sehen, hören können usw., geschweige etwas tun können, ohne diese innere Zustimmung zu erhalten, kann dieser von Damasio so genannte Mechanismus auch »Störungen« enthalten. Man könnte sich ein Saiteninstrument vorstellen, bei dem einige Saiten schlecht gestimmt sind oder gar nicht klingen. Sind unter diesen Saiten nur einige Misstöne, kann die Stimmung etwas getrübt sein. Aber sonst kann man ganz gut leben. Sind es aber mehrere Saiten und entsteht eine Melodie, die unangenehm aufdringlich ist, die man im Kopf nicht mehr aushalten kann und die man auch nicht mehr aus dem Kopf heraus bekommt, kann dies eine furchtbare Musik werden. Diese Musik kann man nicht mehr loswerden, sie quält einen und treibt einen zum Wahnsinn. Diese auf so verschiedene Weise in der persönlichen Freiheit störende, einschränkende, beeinträchtigende, angststiftende, schmerzliche und in Verzweiflung stürzende »Resonanz« hat nichts mit der »selbstreflektiven Resonanz« zu tun. Diese dysfunktionalen Assoziationen, die im »Hintergrundbewusstsein« auftauchen, in Kraft treten und einen in Beschlag nehmen können, stammen in jedem Fall aus der ganz individuellen Seins-, Familien- und Lebensgeschichte. Die immer wieder geäußerte Frage, ob es genetisch gespeicherte individuelle Erfahrungen gibt, die von Generation zu Generation weitergegeben werden können, muss hier noch offen gelassen werden.

2.9 Ich-Konzept – »Bewusstseinshintergrund«

Keines der genannten Konzepte (Archaik-, Anpassungs-, Selbstkonzept) tritt mental alleine, also isoliert gegenüber den anderen Konzepten auf. Aus eigener Erfahrung weiß man ja selbst, dass sich »viele Seelen in unserer Brust befinden« und wie diese Impulse, Gefühle, Gedanken, Phantasien, körperliche Befindlichkeiten usw. einen immer wieder im Erleben »durcheinanderbringen« können. Man muss sich also diese Konzepte so vorstellen, als würden sie ständig ineinander fallen, so, wie wenn mehrere Filme gleichzeitig auf eine Leinwand projiziert werden, wobei aber die einzelnen Filme sich nicht ständig übereinander projizieren, sondern mit einer großen Dynamik sich einmal alle drei voneinander klar abgrenzen, dann wieder jeder um seinen Platz konkurriert. Möglicherweise ist dann für den Betrachter auf einmal gar nichts mehr erkennbar, es treten nur noch unterschiedliche Farben und Formen auf, und zwischendurch sind wieder kurze Filmepisoden zu erkennen, die auf dieser Leinwand in keinem erkennbaren Zusammenhang stehen, die allerdings mehr oder weniger eindringlich auf unterschiedlichste Weise die aktuelle Wahrnehmung kommentieren.

Da sich diese »Kommentare« auch durch Stimmungsschwankungen, durch innere Erregungs- und Spannungszustände usw. mitteilen können und sich kontinuierlich einstellen, ist man diese ständigen Befindlichkeitsveränderungen gewohnt und achtet nicht besonders darauf. Man ist sich dieser »inneren Resonanz« ganz einfach gewiss, stellt aber sehr bald fest, wenn sich diese »gewohnte Resonanz« verändert, wenn sie z. B. schwindet oder die aktuelle Wahrnehmung penetrant beeinflusst. Für uns Menschen, vor allem für unser Selbstverständnis, ist sie eine wesentliche Lebensgrundlage.

Beobachtet man jedoch eine gewisse Zeit diese Leinwand, und hört auf, irgendetwas auf dieser Leinwand erkennen zu wollen, lässt also die Bilder einfach laufen, so stellt sich plötzlich eine zwar chaotische, aber doch eine Art Ordnung ein. Diese Ordnung kann man weniger mit seinen fünf Sinnen erfassen, so wie man das sonst gewohnt ist, sondern es ist eher ein Geflecht aus allen Sinnesmodalitäten – Spüren und Empfinden. Plötzlich kristallisiert sich etwas heraus: eine innere Sicherheit oder Unsicherheit, Behaglichkeit oder Unbehaglichkeit, eine unaufdringliche oder aufdringliche innere Stimme, also letztlich etwas, was man am besten mit »innerer Resonanz« beschreiben kann. Es ist etwas, was einem, auch wenn man nicht mit Bestimmtheit sagen kann, was dieser Bewusstseinshintergrund wirklich darstellt oder ist, eine Bestätigung gibt (oder nicht) für das, was man tatsächlich tut. Beispielsweise kann man sich sicher sein, dass man schreiben, rechnen und kochen kann, dass man in seinem Beruf alles tun kann, was einem abverlangt wird usw. Man könnte sagen, dieses sich ständig verändernde Zentrum im Ich-Konzept, das man **Selbstkonzept** nennt, macht einen frei und gibt einem zunächst – auf einer mehr oberflächlichen Ebene des Erlebens – die Sicherheit z. B. *frei* atmen zu können, *frei* gehen zu können, sich *frei* bewegen zu können usw. Das heißt, man ist nicht mehr seinen inneren Zwangsläufigkeiten vollends ausgeliefert, steht nicht mehr nur im Dienst des funktionalen Ichs, sondern man kann, wenn man will, z. B. bewusst atmen und dabei spüren, wie die Luft in seine Atemwege eindringt, seine Lungen erfüllt, und kann genauso absichtlich ausatmen. Man muss das aber nicht bewusst tun, wenn man nicht will, sondern man kann sich auch sofort wieder seiner Spontanatmung (funktionales Ich) überlassen. Auf einer tieferen Schicht des Erlebens kommen all diese Fähigkeiten (Kompetenzen) zum Tragen, die man braucht, wenn man sich mit seiner Umwelt – und hier vor allem mit seinen Mitmenschen – immer wieder auseinandersetzt und dabei versucht, einen möglichst für beide Seiten tauglichen gemeinsamen Nenner zu finden. Aus dieser tieferen Schicht unseres Selbstkonzeptes kommt eine Resonanz, die einen mit seinen basalen Grundorientierungen und Grundmotivationen in Kontakt kommen lässt. Stern beschreibt diese im Selbstsystem sich neuronal kodierenden Grundorientierungen zunächst mit **auftauchendem Selbstempfinden**, in der weiteren Entwicklung mit **Kernselbst** und später mit **subjektivem Selbstempfinden**.

> Diese verinnerlichten, im Selbstsystem neuronal verankerten und einem mental über sein Selbstkonzept bewussten basalen Wirklichkeitserfahrungen sind eine Art Grundmelodie, eine Grundresonanz, die einen sein Leben lang begleiten.

Zu klären bleibt noch, wie auf neuronaler Ebene der Signalaustausch und die Integration der Teilprozesse in unserem Hirn stattfinden können. Trotz einer (holistischen) äquipotenzialtheoretischen Position ist man aber derzeit noch nicht in der Lage, festzustellen, wo sich in unserem Hirn die komplexen Funktionsleistungen integrieren. Eine Erfahrungstatsache, die wir Menschen mental im Wachzustand ständig erleben, uns dieser mentalen Integrationsleistung aber gar nicht bewusst sind.

2.10 Organisation der mentalen Persönlichkeit

Entsprechend einer bio-psycho-sozialen Betrachtungsweise geht man in der Objekbezogenen Psychodynamischen Psychotherapie davon aus, dass genetisch ein Wachstumsprogramm vorgegeben ist, das sowohl der biologischen als auch der psychischen und psychosozialen Entwicklung des Menschen zugrunde liegt. Dabei spielen für die psychische Entwicklung des Menschen ebenso neurobiologische und psychosoziale Determinanten eine wesentliche Rolle, wobei derzeit noch nicht sicher geklärt ist, welche dieser Einflussgrößen letztlich ausschlaggebend ist.

Geht man jetzt von einem mentalen Entwicklungsgeschehen beim Menschen aus, sind zunächst das umfangreiche Selbstsystem, das Anpassungs- und Archaiksystem (Gedächtnisspeicher) neuronale Größen, die nur beim Menschen in dieser Ausprägung vorliegen. Die mentalen Pendants dazu sind das Selbstkonzept, das Anpassungs- und Archaikkonzept.

Geht man jetzt weiter hypothetisch von einem **funktionalen Ich** aus, das mit zunehmender Intelligenz in der Lage war, sehr schnell sowohl die Motivationen des Anpassungskonzeptes als auch die Motivationen des Archaikkonzeptes so zu integrieren, dass bei den jeweiligen Lebewesen immer flexiblere Anpassungsleistungen resultierten, könnte man sich beim Menschen – als letzte Spezies in dieser Entwicklung – vorstellen, dass ein außerordentlich intelligentes, personales Ich entstanden ist, das nicht mehr der Zwangsläufigkeit des Anpassungs- und Archaikkonzeptes unterworfen ist. Es verfügt durch ein Selbstkonzept über ein eigenes Motivationszentrum, und kraft der selbstreflektiven Resonanz, die ebenfalls durch dieses Selbstkonzept ununterbrochen aufrecht erhalten wird, kann es weitestgehend nach seinem Ermessen fühlen, denken und auch handeln.

Dieses **intelligente Ich** wird in der OPP als **personales Ich** bezeichnet. Das personale Ich bildet sich beim Menschen im Laufe seiner Individuation (früher sprach man hier von »seelischer Geburt«) in den ersten 4 bis 5 Lebensjahren. Es ist aber nur existent, wenn es durch ständige **zirkuläre Resonanzprozesse** mit seinem Selbstkonzept in Verbindung steht. Dieses Selbstkonzept liefert die Orientierungen, Motive und Motivationen, die das personale Ich jederzeit für sich abrufen, einsetzen und in die Tat umsetzen kann. Gleichzeitig bestätigt das Selbstkonzept über Feedbackmechanismen das personale Ich in all seinen bio-psycho-sozialen Bewegungen. Dadurch kann sich das personale Ich seiner Intelligenz, seiner Handlungen, Phantasien usw. und sich selbst immer wieder aufs Neue bewusst werden. Das vollzieht sich in einer so schnellen Abfolge, dass die Bewusstheit an sich, dem Menschen gar nicht so

2.10 Organisation der mentalen Persönlichkeit

sehr bewusst wird, sondern sie ihm wie selbstverständlich vorkommt. Erst wenn z. B. durch den Einfluss von Drogen die **neuronale** Grundlage des **mentalen** Selbstbewusstseins gestört wird, wird einem das Bewusstsein bewusst. Dann wird man plötzlich mit der Labilität seines Bewusstseins konfrontiert, so wie es Menschen ergeht, die plötzlich bei einem Erdbeben feststellen, dass der Boden, den sie für absolut stabil hielten, gar nicht so stabil ist. Ähnlich ist es auch mit der Atmung. Erst wenn die Luft so dünn wird, dass das Atmen merklich schwerer wird, stellt man plötzlich fest, dass man von Luft umgeben ist, die man zum Atmen braucht; eine Selbstverständlichkeit, der man sich nur ganz selten bewusst wird.

Aber auch, wenn das umfangreiche Selbstkonzept einen plötzlich im Stich lässt, zusammenschrumpft und man immer weniger bei sich selbst ist, also das Feedback aus seinem Selbstkonzept immer weniger wird, und das Archaikkonzept und das Anpassungskonzept einen immer stärker dominieren, kann man sich im Nachhinein, rückblickend wieder an diese vorausgegangene Bewusstseinsveränderung (evtl. auch Bewusstseinseintrübung) erinnern.

Da die Existenz des personalen Ichs auch von den Erregungen abhängig ist, die es spürt, empfindet und wahrnimmt und vor allem braucht, ist davon auszugehen, dass es unter einem ständigen »inneren Druck« stehen muss. Diesen »inneren Druck« kann man empirisch entsprechend dem eigenen Empfinden, vereinfacht in Erregungsqualitäten einteilen:
- Ruhetönung
- stabile Gefühlslage, die auch noch die Aufregung mit einbezieht, bei der der Mensch trotz hoher Emotionalität immer noch in der Lage ist, sein Verhalten zu kontrollieren
- Übererregung, wie z. B. Angst, Schmerz, Verzweiflung, Panik

Bei allen Formen der Übererregung könnte man auch von **Affekten** sprechen, da in diesen Erregungszuständen der Mensch seine Selbstkontrolle zunehmend verlieren kann und dann **neuronal-mentale Regulationsmechanismen** affektregulierend einspringen.

Das, was der Mensch als Erregung erlebt, hat höchstwahrscheinlich seinen Ursprung in exogenen und endogenen Reizen, die er zunächst sowohl über sein Sensorium, über ein hypothetisch angenommenes Sensitivum, aber auch über sein autonomes Nervensystem aufnimmt. Diese Reize werden dann sofort an die unterschiedlichsten Körperstellen weitergeleitet und verursachen dort zunächst Stellveränderungen, wie z. B.:
- Dilatation und Kontraktion von Hohlorganen
- Veränderungen am Reizleitungssystem des Herzens
- Veränderungen hormoneller Rückkoppelungsmechanismen usw.

Die Summation all dieser Stellveränderungen wird dann über afferente Bahnen an das Gehirn zurückgeleitet. Diese aus sensorischen, sensitiven und vegetativen Quellen stammende integrierte Erregungssumme aktiviert jetzt im Gehirn, also **neuronal**, bestimmte Netzwerke, und identisch dazu werden dem Menschen **mental** Erregungen **bewusst**.

Heute geht man davon aus, dass bei der Verarbeitung dieser afferenten Aktionspotenziale vor allem folgende Regionen eine wichtige Rolle spielen:
- die Formatio reticularis
- das limbische System, vor allem das ventrale tegmentale Areal (VTA)
- das zentrale Höhlengrau (PGA)
- der Hypothalamus
- der orbitofrontale, inferior temporale, linguläre, entorhinale und insuläre Kortex
- die Amygdala

Am besten stellt man sich vor, dass diese Informationsverarbeitung von einem **kybernetischen System** übernommen wird. Dieses funktioniert so, dass es in der Lage ist, die einzelnen biologischen, psychischen sowie psychosozialen Regelmechanismen immer wieder auf einen Nenner zu bringen. Freud (1969, S. 530) sprach in diesem Zusammenhang von »Triebquelle Körper«.

Um vor Augen zu führen, wie wichtig es ist, dass wir Menschen ausreichend (Sinnes-)Reizen ausgesetzt sind, schreibt Jean Ayres in ihrem Buch »Bausteine der kindlichen Entwicklung« (1984):

»Mangel an Sinnesreizen kann das Gehirn selbst bei normalem und gesundem Erwachsenen noch durch-

einander bringen. Wissenschaftler beobachteten vorübergehende Verhaltens- und Persönlichkeitsstörungen bei Piloten von Düsenflugzeugen nach langen Flügen, während der sie sich nicht von ihren Sitzen bewegen konnten und auch bei Mitmenschen, welche in Schutzhütten während eines arktischen Winters Zuflucht fanden.« (S. 77) Und weiter: »Einige Forscher entwarfen Kammern, in denen sämtliche Umweltreize ausgeschaltet sind, um zu sehen, was sich bei normalen Erwachsenen ereignet, wenn deren Sinne nicht beansprucht werden. Es ist praktisch unmöglich, ein lebendes Nervensystem seiner eigenen Empfindungen zu berauben, jedoch kann man Personen vor Empfindungen, die sich in ihrer Qualität ändern, bewahren. Man tut dies, indem man alle Gefühleinwirkungen mit Ausnahme monotoner Empfindungen, die das Gehirn nur wenig beanspruchen, fernhält. Nach einer kurzen Weile verarbeitet das Gehirn diese monotonen Eindrücke – beispielsweise das Ticken einer Uhr – nicht mehr, und auf diese Weise stellen diese Empfindungsqualitäten keine ›Hirnnahrung‹ mehr dar.

In einigen dieser Kammern befand sich lauwarmes Wasser, welches nach einer relativ kurzen Zeit vor allen Reizempfindungen bewahrte. Zum anderen befanden sich die Testpersonen in einem Anzug, der von Kopf bis Fuß reichte und jegliche Berührungsstimulation und Körperbewegung verhinderte. Den Versuchspersonen wurden die Augen zugebunden oder aber sie befanden sich in einem konstanten Bereich weißen Lichts. Die Ohren waren verstopft oder einem ›monotonen weißen Geräusch‹ ausgesetzt.

Nach einigen Stunden fingen bei diesen Versuchspersonen die Hirnfunktionen an, sich zu desorganisieren. Sie entwickelten abnorme Ängste sowie optische und akustische Halluzinationen. Wenn das Gehirn einem Mangel an sinnlicher Wahrnehmung ausgesetzt wird, zerfallen die Verarbeitungsprozesse für normale Reizwahrnehmung. Selbst wenn die betreffende Versuchsperson die reizfreie Kammer verlassen hatte, wiederholten sich diese halluzinatorischen Erscheinungen noch eine Zeit lang.« (S. 78)

Das personale Ich braucht also für seine Existenz eine, möglicherweise sogar von Mensch zu Mensch unterschiedliche, **emotionale Sättigung**, ein **Mindesterregungsniveau**. Erst dann ist dem Menschen so etwas wie Antriebskraft, Vitalität, Lebendigkeit und Willenskraft eigen.

Hierbei spielen sicher auch Einflüsse aus dem Archaikkonzept eine große Rolle. Das personale Ich braucht aber auch für seine Existenz ein sehr umfangreiches und vom Anpassungs- und Archaikkonzept weitgehend unabhängiges Selbstkonzept, das dem Menschen durch seine kontinuierliche und sich entsprechend den jeweiligen Wirklichkeitserfahrungen assoziativ ständig ändernde synchrone Resonanz (Feedbackschleifen) seine Fähigkeit zur Selbstreflexion und dadurch auch zum Bewusstsein überhaupt garantiert. Hinzu kommt, dass dieses Selbstkonzept im Menschen nicht nur ein »innerer Rückhalt« darstellt, aus dem der Mensch seinen Selbstwert, seine Selbstsicherheit, sein Selbstbewusstsein und seine Selbstachtung schöpft, sondern es ist auch ein Reservoir von funktionalen Orientierungen, Motiven und Motivationen, über die der Mensch nach seinem Willen frei verfügen kann.

Mit diesem Persönlichkeitsmodell sollte der Therapeut jetzt so arbeiten, dass er sich zunächst – der Verständlichkeit halber – ein statisches Bild macht, um die bio-psycho-sozialen Zusammenhänge, denen der Mensch ständig ausgesetzt ist, besser zu verstehen. Es wird also ein Bild »pro Zeiteinheit« generiert, bei dem er sich aber bewusst ist, dass es in Wirklichkeit so ein Bild »pro Zeiteinheit« als statische Größe nicht geben kann, weil das Leben als Kontinuum zeitlich nie stehen bleibt.

So beschreiben auch die Begriffe »funktionales Ich« und »personales Ich« nur momentane Zustände, die sich jederzeit wieder verändern können. Das »lebendige Ich« ist ständig unterschiedlichsten De- oder Reorganisationsvorgängen unterworfen. Genauso muss man bei diesem Persönlichkeitsmodell davon ausgehen, dass dieses **lebendige Ich** aufgrund einer ganz bestimmten Wirklichkeitskonstellation, in der es sich momentan befindet, einmal weniger von seinem Selbstkonzept unterstützt wird und sich deshalb mehr in Richtung Desorganisation bewegt, aber kurze Zeit später einer ganz anderen Wirklichkeitskonstellation ausgesetzt sein kann, die sein Selbstkonzept wieder in Kraft treten lässt, dadurch wieder eine Reorganisation eintritt und der Mensch wieder zu wesentlich reiferer Wirklichkeitsbewältigung fähig ist, als noch zuvor.

3 Neuronale und mentale Regulationsmechanismen

3.1 Allgemeine Betrachtungen

Fühlt sich der Mensch Kraft seines stabilen Selbstkonzepts im Moment »gelassen« und seinem Gewissen, seinen Zwängen, Sorgen, Ängsten usw. gegenüber deutlich distanziert, überträgt sich diese **innere Wirklichkeitserfahrung** auf seine Umwelt. Entsprechend den Resonanzerfahrungen, die der Mensch mit seiner »äußeren Welt« macht, kann sich zwischen ihm und seinen Mitmenschen entweder eine übereinstimmende Kommunikation einstellen, was die Position seines stabilen personalen Ichs weiter festigt, oder die Kommunikation kann sich so konflikthaft bzw. destruktiv zuspitzen, dass die zuvor gerade noch stabile Position seines personalen Ichs immer mehr an Boden verliert.

Da der Mensch oft selbst nicht in der Lage ist, der sich anbahnenden psychischen Desorganisation Einhalt zu gebieten, ist er aufgrund zunehmender kritischer Affekte wie Ängste, Schmerzen, Verzweiflungen, Panik auf **neuronal-mentale Regulationsmechanismen** angewiesen.

Diese neuronal-mentalen Regulationsmechanismen sind vergleichbar dem Immunsystem, das in der Regel, ohne dass es dem Menschen bewusst wird, sehr effektiv arbeitet und schädliche Erreger weitestgehend unschädlich machen kann, nur dass es sich im »Gefühlsbereich« nicht um »kritische Erreger«, sondern um »kritische Erregungen« (Ängste, Schmerzen, Verzweiflungen, Panik) handelt.

Vieles spricht heute dafür, dass eine neuronale Übererregung, egal ob sie jetzt durch zu hohe Reizzufuhr »von außen« und/oder durch reaktivierte kritische Gedächtnisinhalte »von innen« zustande kommt, die kybernetische Ordnung des neuronalen Netzwerkes durcheinanderbringen kann und der Mensch diesen neuronalen Ausnahmezustand in seinem Bewusstsein als lebensbedrohlichen Zustand erlebt.

Esther Fujiwara und Hans-J. Markowitsch schreiben in einer Abhandlung über hirnphysiologische Korrelate von Angst und Stress im Buch von Schiepek (2003, S. 193):

»... dass bei unkontrollierbaren chronischen Belastungssituationen erheblichen Ausmaßes, Störungen der interneuronalen Kommunikation, sowie morphologische Schädigungen auftreten und die Zerstörung von Neuronen zur Folge haben. Hierbei kann davon ausgegangen werden, dass der Zeitpunkt des Stresserlebens bzw. einer Traumatisierung innerhalb der Entwicklungsgeschichte eines Individuums (z. B. in der Kindheit) einen kritischen Faktor für die potenziell nachfolgende Entwicklung einer PTSD darstellt, da verschiedene neuronale Areale und Funktionssysteme zu unterschiedlichen Zeitpunkten reifen.«

In dem Persönlichkeitsmodell, das der OPP zugrunde liegt, geht man davon aus, dass das *funktionale Ich* unter dem Druck der überlebensnotwendigen Anpassung im Laufe der Evolution immer flexiblere Intelligenzleistungen generierte und dabei letztlich der Mensch als bisher anpassungsfähigstes Lebewesen zustande kam (s. oben). Gleichzeitig geht man in der OPP aber auch davon aus, dass Überlebensfähigkeit nicht nur das Ergebnis sehr flexibler Hirnleistungen ist, sondern dass sich bei der Spezies Mensch eine **Person** entwickelt hat, die vor allem aufgrund ihrer mentalen Leistungen besser überleben kann. Diese mentalen Leistungen, für die die Evolution mehrere Millionen Jahre brauchte, entwickelt der Mensch nun nach seiner Geburt in seinen ersten 4 bis 5 Lebensjahren. Um eine immer bessere Konsolidierung, also eine Stabilisierung seines personalen Ichs zu erreichen, wiederholt der Mensch diese Entwicklung in seinem weiteren Leben immer wieder.

Viele empirische Daten weisen darauf hin, dass der Mensch in seiner personalen Entwicklung durch bio-psycho-soziale Organisatoren (z. B. Wachstumshormone, wachstumsstimulierende Umweltreize, basale interaktionelle Beziehungsrituale usw.) unterstützt wird. Hierbei spielen auch die neuronal-mentalen Regulationsmechanismen eine wesentliche Rolle. Da man ja davon ausgeht, dass das personale Ich beim Menschen durchaus keine stabile Größe ist, sondern ständig unterschiedlichsten Einflüssen von Organisations-, Desorganisations- und Reorganisationsbewegungen ausgesetzt ist, gewährleisten diese neuronal-mentalen Regulationsmechanismen eine einigermaßen stabile Überlebens- aber vor allem Lebensfähigkeit.

Das Konzept der **Abwehrmechanismen**, das Sigmund Freud und später seine Tochter Anna Freud (1951) entwickelten, geht bereits im Kern davon aus, dass es sich hierbei um psychische Regulationsmechanismen handelt, die der Mensch *nicht* bewusst einsetzt, sondern die dem Bewusstsein des Menschen entzogen sind, also unbewusst in Aktion treten. Dieses geniale Konstrukt, mit dem man in der psychoanalytischen Behandlung sehr gut arbeitet, kann jetzt durch die Ergebnisse der Hirnforschung und der Neurobiologie schon bald auf erkenntnistheoretischen Boden gestellt werden.

Was sich immer deutlicher herausstellt ist, dass alles, was wir erleben, zuvor in unserem neuronalen Netzwerk aufbereitet wird. Das heißt, Erfahrungen, Erlebnisse, plötzlich auftretende Situationen, vor die der Mensch gestellt wird, auf die er völlig unvorbereitet trifft, die ihn erschüttern, ihn lebensgefährlich bedrohen, ihn schmerzlich berühren, ihn in Verzweiflung stürzen usw., diese Wirklichkeitserfahrungen treffen also zunächst auf sein neuronales Netzwerk. Das Netzwerk empfängt diese »Sendungen« und verarbeitet und verkraftet diese Botschaften so gut es kann, wobei hier konstitutionelle Qualitäten dieses Netzwerks eine wesentliche Rolle spielen.

Bei der Verarbeitung des aufgenommenen, empfangenen »Erregungsmaterials« kann jetzt das Gehirn mit diesem Erregungsmaterial »fertig werden« und es ordentlich abspeichern, oder, was in diesen kritischen Fällen eher wahrscheinlich ist, bestimmte Bereiche dieser neuronalen Gedächtnisspeicher beginnen zu desorganisieren, was dann im Bewusstsein des Menschen gar nicht oder als Angst, Schmerz, Verzweiflung und Panik erlebbar wird.

Wesentlich bei dieser Betrachtung ist, dass die Erregungseskalation ein sich gegenseitiges Bedingen von »kritischen äußeren Zuständen« und »kritischen inneren Zuständen« ist. Die »kritischen äußeren Zustände« wurden eben genannt. Die »kritischen inneren Zustände« werden durch die dysfunktionalen Orientierungen, Motive und Motivationen aus dem Anpassungssystem, aber auch durch sehr impulsive Motivationen aus dem Archaiksystem verursacht. Viele empirischen Daten weisen darauf hin, dass eine Erregungseskalation auf neuronaler Ebene tatsächlich eine Desorganisation in den betroffenen Gedächtnisspeichern auslösen kann und **neuronale Regulationsmechanismen** auf den Plan treten, um die sich anbahnenden Desorganisationen so schnell wie möglich zu stoppen.

Unter der Annahme, diese postulierten neuronalen Regulationsmechanismen funktionieren so, dass sie die in Desorganisation befindlichen, also »gestörten« neuronalen Netzwerke und die damit einhergehenden biochemischen Veränderungen so schnell wie möglich »abschalten« und/oder »außer Kraft« setzen, um dadurch noch zu retten, was zu retten ist, könnte der von einer neuronalen Desorganisation heimgesuchte Mensch dieses »Abschalten« oder »Außer-Kraft-Setzen« mental, also in seinem Bewusstsein als mehr oder weniger ausgeprägte **depressive Störung** erleben. Je mehr im neuronalen System »abgeschaltet« wird, umso ausgeprägter wäre dann für den betroffenen Menschen sein depressiver Zustand, sein depressives Krankheitsbild.

Dies wäre z. B. ein Erklärungsmodell dafür, warum der an einer Depression leidende Mensch in seinem Denken, in seinem Antrieb, in seinen Orientierungs- und Gedächtnisleistungen usw. im Vergleich zu dem nicht depressiven Menschen erheblich **reduziert** ist. Bestimmte neuronale Leistungen treten bei ihm momentan nicht in Kraft. In diesem Denkmodell werden zwar zunächst überlastete neuronale Funktionsbereiche »ausgeschaltet«, möglicherweise kommt man aber dem, was im menschlichen Hirn wirklich stattfindet näher, wenn man nicht nur vom »Ab-

3.1 Allgemeine Betrachtungen

schalten«, sondern auch vom »Umschalten« spricht. So könnten z. B. kortikale neuronale Netzwerke *aus-* und stattdessen subkortikale neuronale Funktionen *eingeschaltet* werden. Ich denke hier an instinkthafte Funktionen aus dem Archaiksystem, die hier anstelle höherer kortikaler Funktionen wieder verstärkt in Kraft treten könnten.

Da diese neuronalen Regulationsmechanismen, vergleichbar mit anderen biologischen Regulationsmechanismen, auf Reparation angelegt sind, kann man davon ausgehen, dass in einem sozusagen zweiten Schritt versucht wird, die im neuronalen Netzwerk eingetretene Desorganisation, soweit wie möglich, rückgängig zu machen. Das heißt, diese neuronalen Regulationsmechanismen schalten nicht nur aus, sondern auch immer wieder ein, um so Zug um Zug eine möglichst große Reorganisation der eingetretenen »neuronalen Desorganisationen« zu erreichen. Dieses Ein- und Ausschalten, oder besser dieses Ein-, Aus-, Um- und Zurückschalten könnte der betroffene Mensch z. B. als Wechselspiel von Angstzuständen und depressiven Zuständen erleben.

Es ist also davon auszugehen, dass in diesem gestörten neuronalen Netzwerk ständig Regulationen und Reparaturen stattfinden, die dann beim Menschen mit unterschiedlichen psychischen und physischen Reaktionen einhergehen können.

> Das heißt auch, dass **Symptome** als Ergebnis einer sich im Moment eingestellten Homöostase von desorganisativen und reorganisativen Mechanismen verstanden werden können.

Seit Anbeginn einer außerordentlichen chronischen Belastungssituation sind Selbstheilungskräfte, also neuronale Regulations- und Reparationsmechanismen am Werk, die sofort damit beginnen, die eingetretenen Störungen zu beheben und/oder den entstandenen Schaden so schnell wie möglich zu reparieren oder einzugrenzen. Vergleichbar ist, wenn nach einem Unfall, bei dem sich ein Mensch Knochenbrüche und Hautverletzungen zugezogen hat, sofort nach Abklingen der üblichen Schockreaktion ebenfalls Selbstheilungskräfte wirksam werden, durch die das Immunsystem aktiviert, die Durchblutung gefördert, die Kallusbildung im Bereich der Bruchstellen angeregt und die Wundheilung, die letztlich mit einer Narbenbildung einhergeht, in Gang gesetzt wird.

Um diese zuvor beschriebene Sicht der Depression zu vertiefen, möchte ich mich dem »normalen Gemütszustand« eines Menschen annähern.

> **Gemüt** ist ein Begriff, der im Unterschied zu den intellektuellen Funktionen die emotionalen Seiten des Menschen bezeichnet. Der Gemütszustand beschreibt das Seelenleben der Person, unseres personalen Ichs und wird oft synonym gebraucht für Begriffe wie Gefühl, Leidenschaft, Stimmung und Affekt.

Stellen wir uns also vor, es gäbe eine **stabile Gefühlslage**, Gemütslage oder besser eine stabile emotionale Schwingungsfähigkeit. Ich möchte diese stabile Gefühlslage als jene intrapsychische Stimmungslage beschreiben, bei der der Mensch immer noch in der Lage ist, eindeutig seine momentanen Gefühle zu quantifizieren und zu qualifizieren, auch wenn er dabei an die Grenzen seiner emotionalen Belastbarkeit stößt. Befindet sich also ein Mensch in dieser angenommenen stabilen Gefühlslage und kann dieser Mensch auch aus dieser stabilen emotionalen Schwingungsfähigkeit heraus seine Interessen so oft wie möglich in die Tat umsetzen, dann ist dieser Mensch in der Lage, trotz seiner hohen Aufregung oder Leidenschaftlichkeit sich gegenüber seiner Umwelt verständlich mitzuteilen und sein Verhalten, auch wenn es ihm oft nicht leicht fällt, zu steuern. Zum gleichen Urteil, was die »affektive Qualität« ebenso wie die »innere Haltung« dieses in Aufregung befindlichen Menschen anbetrifft, würde in diesem Fall auch ein Beobachter kommen, der diesen sehr aufgeregten, aber immer noch gefassten Menschen erlebt. Erst wenn dieser z. B. wütende, zornige, himmelhoch jauchzende oder zu Tode betrübte Mensch seine Aufregung nicht mehr in Grenzen halten kann, wenn es dieser Mensch nicht mehr fassen kann, wenn er es »im Kopf nicht mehr aushalten kann«, bekommt er Angst, die sich ins Schmerzhafte steigern und ihn letztlich in Verzweiflung stürzen kann.

Es ist ein Zustand höchster Panik, bei dem die Wahrnehmung des Menschen, wie es das Wort »Verzweiflung« ja deutlich zum Ausdruck bringt, sprichwörtlich »entzwei« geht. Der Mensch leidet in diesem Zustand sowohl unter einem Übermaß an Gedanken als auch unter einem Übermaß an Gefühlen, ohne dass es ihm gelingt, die jeweilige Sache und das dazugehörige Gefühl wieder zusammen, also in Einklang, zu bringen und so letztlich wieder *wahrnehmen* zu können. In diesem lebensbedrohlichen, **panischen Zustand** können folgende Störungen auftreten:
- Orientierungsstörungen
- Gedächtnisstörungen
- Depersonalisationsphänomene
- Derealisationsphänomene

Aus so einem lebensbedrohlich, panischen Zustand kann der Mensch entweder nach einer gewissen Zeit *selbst* herausfinden und seine Stimmung pendelt sich wieder auf einer einigermaßen stabilen Gefühlslage ein, oder dieser lebensbedrohliche, panische Zustand wird durch eine depressive Symptomatik beendet. Ein gutes Beispiel dafür, wie eine Person im Zusammenwirken mit den neuronalen, aber auch kraft seiner mentalen Regulationsmechanismen aus einer schier unerträglichen, schmerzlichen, verzweiflungsvollen Situation herausfinden kann, ist die **Trauerarbeit**. Auf sie möchte ich jetzt näher eingehen, weil sich hier gut veranschaulichen lässt wie neuronale und mentale Regulationsmechanismen wirksam werden und synergetisch in Aktion treten. Zuvor möchte ich aber noch auf folgende Begriffe eingehen: Depression, Defekt, Defizienz, Funktionsstörung, aktive und passive Traumatisierung, neuronal-mentales Entwicklungsniveau und Stellenwert der Kommunikation im Leben des Menschen.

3.1.1 Depression

Als zentraler Auslöser für das Inkrafttreten der neuronal-mentalen Regulationsmechanismen
Um das Verständnis der Depression, die im Persönlichkeitskonzept der OPP einen besonderen Stellenwert einnimmt, noch nachvollziehbarer zu machen, möchte ich drei Autoren, darunter auch zwei Autoren, die selbst unter schweren Depressionen litten (Solomon, Styron), zu Wort kommen lassen.

So schreibt Andrew Solomon in seinem Buch »Saturns Schatten – die dunklen Welten der Depression« (2002):
»Liebesfähig zu sein heißt, im Fall des Verlusts verzweifeln zu können. Und die Verzweiflung schlägt sich in Depressionen nieder. Wenn diese uns überkommen, fühlen wir uns völlig erniedrigt und verlieren letzten Endes das Vermögen, lieben oder geliebt werden zu können. Als radikalste Vereinsamung zerstören sie sowohl die Bindungen an andere als auch die Fähigkeit, in Frieden mit uns selbst zu leben.« (S. 15) Und weiter: »*Im depressiven Zustand liegt klar auf der Hand, dass jedes Unterfangen und jede Regung, ja das ganze Leben sinnlos ist. In dieser Lieblosigkeit empfindet man nur noch eines, nämlich dass absolut nichts von Bedeutung ist ... Kummer ist wie ein demütiger Engel, der dich mit kraftvollen, klaren Gedanken und tiefen Gefühlen zurücklässt. Depression dagegen stürzt dich wie ein Dämon ins Entsetzen.«* (S. 16) An anderer Stelle unterscheidet Andrew Solomon ohne auf die gebräuchlichen Diagnose-Inventare (z. B. ICD-10, DSM-IV) einzugehen zwischen **leichten** und **schweren Depressionen**. Zur ersteren schreibt er:
»*... sie setzen allmählich ein und können Menschen auf Dauer so aushöhlen, wie Eisen rostet. Sie erwachsen aus zu viel Kummer über den geringsten Anlass, greifen schmerzhaft auf alle anderen Emotionen über und verdrängen sie. Depressionen dieser Art lähmen die Augenlider und Rückenmuskeln, peinigen Herz und Lungen, verhärten alle Reflexe ...«* (S. 16). Dann schreibt er: »*Schwere Depressionen gipfeln oft in Zusammenbrüchen. Wenn man sich eine eiserne Seele vorstellt, die bei Kummer anläuft und bei leichter Depressivität rostet, so stehen schwere Depressionen für den erschreckenden Zusammenbruch einer gesamten Struktur ...«* (S. 17). Und an anderer Stelle: »*... schwere Depressionen sind Geburt und Tod zugleich: sie erzwingen nicht nur Neues, sondern lassen auch etwas Altes endgültig verschwinden ... Das Innere wird derart ausgelaugt, dass man sich selbst nicht mehr erträgt. Du kannst dich selbst nicht riechen, verlierst jegliches Vertrauen, lässt dich weder be-*

3.1 Allgemeine Betrachtungen

rühren noch rühren. Schließlich kommst du Dir einfach selbst abhanden.« (S. 19)

William Styron beschreibt in seinem Buch »Darkness visible« (1992) ebenfalls Erinnerungen aus seiner eigenen depressiven Erkrankung:

»... am ehesten zu vergleichen mit Ertrinken oder Ersticken – aber selbst diese Bilder treffen die Sache nicht. Während dieser Phasen fand in der Regel kein rationales Denken statt, daher die Trance. Mir fällt einfach kein besseres Wort für diesen Zustand ein, den hilflosen Stupor, in dem jegliche kognitive Aktivität durch diese ›positive und aktive Qual‹ ersetzt wurde... « (S. 62)

In seinem Buch »Nervenkitzel« (1995, S. 245) schreibt Jacques Michel Robert:

»Die Neuronen schreien ihren Schmerz heraus, und die Ärzte verordnen lindernde Medikamente von schmerzstillender Acetylsalicylsäure bis hin zu betäubendem Morphium. Die Neuronen machen auf ihre Krise aufmerksam, indem sie ihre Umgebung z. B. durch epileptische Anfälle alarmieren. Mit Antiepileptika lassen sich diese Anfälle verhindern. Generalisierte Angst- und Panikstörungen repräsentieren eine andere Form des neuronalen Chaos, das auf Beruhigungsmittel anspricht.« Und an anderer Stelle: *»Major Depression, sie hieß früher auch Melancholie, ›Schwarzgalligkeit‹ nach einem Begriff aus der antiken Säftelehre. Eine bis dahin ausgeglichene Frau reagiert auf einmal überempfindlich und reizbar. Sie leidet unter Angstzuständen. Ihre Gestik wird langsamer, ihr Mienenspiel ausdruckslos, der Blick starr. Sie spricht nur noch selten, und wenn, dann mit monotoner Stimme. Die Frau weigert sich zu essen, vernachlässigt ihre Körperpflege. Schuldgefühle quälen sie. Wenn es ganz schlimm kommt, leugnet sie, dass sie selbst überhaupt existiert, denkt an Selbstmord oder gibt einem plötzlichen Todeswunsch nach. Wenn Menschen derart antriebsarm und willensgehemmt sind und Angst- und Schuldgefühle sie quälen, bedürfen sie dringender ärztlicher Behandlung.«* (S. 246)

Man versucht mit bestimmten Medikamenten (z. B. Monoamin-Oxidase-Inhibitoren, trizyklischen Antidepressiva, selektiven Serotonin-Wiederaufnahme-Hemmern und mit Stimulanzien) diesem neuronalen Chaos, dieser neuronalen Desorganisation Einhalt zu gebieten. So können durch die Gabe der heute eingesetzten Antidepressiva auch neuroendokrine Fehlfunktionen, die oft einer Depression zugrunde liegen, behandelt werden. Bei diesen neuroendokrinen Fehlfunktionen kommt es zu einer durch Noradrenalin stimulierten Zunahme der Ausschüttung von Corticotropin-Releasing-Hormon (CRH) im Hypothalamus. Dies löst über die hormonelle Regulation der Nebennierenrinde durch den Hypothalamus und die Hypophyse eine gesteigerte Produktion von Glukokortikoiden aus, die ihrerseits verschiedene Stress-Symptome hervorrufen.

Für die hormonale Bewertung von Informationen, die sich auf die stressauslösende Situation beziehen, ist die Verbindung von CRH-Neuronen zum Corpus Amygdaloideum, dem Mandelkern, wichtig. Er gehört zum limbischen System und liegt direkt dem Hippocampus an. Die Amygdala steht mit dem olfaktorischen System in Verbindung. Für die Angstfunktionen ist der Nucleus centralis der Amygdala relevant.

Geht man von der schlimmsten Form der Depression, der **schweren depressiven (affektiven) Psychose** aus, so zeigt sich hier ein Krankheitsbild, bei dem der Patient in seiner Körperstarre, Bewegungslosigkeit, Unansprechbarkeit usw. wie in einem lebendigen Körper »begraben« erscheint.

Jede Form von Lebenszeichen kann man im Persönlichkeitskonzept der OPP als Progression aus dieser »Todesstarre« verstehen, wenn es auch für den depressiv Kranken schmerzlichste Zustände sind. So wären z. B. folgende Merkmale immerhin Lebenszeichen, die sich auch mental im Bewusstsein des Betroffenen abspielen:

- Schuldgefühle, die den Patienten quälen
- Selbstmordimpulse
- das unerschöpfliche Bedürfnis nach Aktivität
- völlige Schlaflosigkeit
- Unruhe bis zur Hyperaktivität
- Kaufsucht
- Wahnvorstellungen in Form von Schuldgefühlen
- Selbstbestrafung und Wutanfälle
- Wahnsinn und Verwirrtheit

Kortikaler Störfall

Einsatz der neuronal-mentalen Regulationsmechanismen

Inwieweit es dem Menschen möglich ist, aus sich selbst heraus, mit seiner mentalen Kraft und seinem Willen die sofort einsetzende neuronale Reorganisation wirksam zu unterstützen, hängt einmal davon ab, wie gerade zuvor dargelegt, ob sich überhaupt in der Persönlichkeit eines Menschen ein selbstbewusstes und ausreichend selbstreflektives personales Ich ausgebildet hat. Zum anderen hängt es auch von der Massivität des außerordentlichen Ereignisses, also vom Ausmaß der aktuellen Traumatisierung ab, ob der Mensch im Moment in der Lage ist, bewusst regulierend in die einsetzenden Regulationsmechanismen einzugreifen.

Durch so einen »**kortikalen Störfall**« werden aber zunächst immer mehr oder weniger größere Bereiche komplexer neuronaler Schaltkreise und assoziativer Netzwerke außer Kraft gesetzt und funktionieren nicht mehr. Dies kann sich jetzt mental im Erlebnis des Menschen als massive Einschränkung seines Selbstbewusstseins, seines Fühlens und seines Einfühlens in andere Menschen, seines Wollens, seines Handelns bis hin zur Selbstaufgabe, aber auch im Auftreten von dysfunktionalen Orientierungen, Motiven und Motivationen niederschlagen. Es gibt verschiedene Formen eines kortikalen Störfalls:

- **Kortikaler Störfall aufgrund einer neuronalen Traumatisierung:** Hierher gehört z. B. der Schlaganfall, aber selbstverständlich auch alle neurologischen Erkrankungen, die mit mehr oder weniger großen Hirnleistungsstörungen einhergehen. Bei diesen somatischen Erkrankungen weiß man, dass die davon betroffenen Menschen neben ihren Hirnleistungsstörungen auch unter unterschiedlichsten psychischen Störungen leiden können. Sehr eindrucksvoll ist hier der Erfolg durch rechtzeitig einsetzende mentale Trainingsmaßnahmen, wenn der für diese Hirnleistungsstörung geschulte Therapeut in der Lage ist, gegenüber dem Patienten die notwendige Disziplin, aber auch Empathie einzusetzen.
- **Kortikaler Störfall aufgrund von symptomatischen und genuinen Hirnfunktionsstörungen:** Dies ist z. B. bei epileptischen Anfällen der Fall. Die Tatsache, dass diese Einteilung in symptomatische und genuine Hirnfunktionsstörungen nur bedingt möglich ist, da auch bei Hirnschädigungen oft eine anlagebedingte Krampfneigung dazukommen muss, damit Anfälle auftreten, zeigt auf, dass selbst bei Ausschöpfung aller diagnostischen Möglichkeiten die Ursachen von Krampfanfällen bei vielen Patienten ungeklärt bleiben. Oft handelt es sich dabei um eine vererbte Krampfbereitschaft, deren Vererbungsmodus unbekannt ist.

Heute weiß man, dass bei Menschen, die sich in einer emotionalen Stresssituation befinden, plötzliche episodische Änderungen der Hirnfunktion eintreten können, die sich auch in den motorischen, sensiblen, sensorischen, autonomen und/oder psychischen Symptomen äußern, aber gleichzeitig nicht mit pathologischen EEG-Veränderungen einhergehen. Viele neurobiologischen Untersuchungen weisen heute darauf hin, dass in den neuronalen Verschaltungen dieser, in sehr hoher Erregung, z. B. in einem Paniksyndrom befindlichen, Menschen eine außerordentlich hohe neurobiochemische und bioelektrische Aktivität stattfindet. Durch diese Aktivität kann der übrige Körper sehr schnell durch hormonelle, neuroendokrinologische und neurobiologische Reaktionen in Mitleidenschaft gezogen werden.

Was findet bei dieser neuronalen Hochspannung in den kortikalen Gedächtnissystemen statt? Möglicherweise war es ein unspektakuläres **Triggerereignis**, das eine Fülle an Erinnerungen und hier hauptsächlich dysfunktionale Orientierungen, Motive und Motivationen aus dem Anpassungssystem wachgerufen hat. Der Mensch reagiert deshalb bei dieser frei flottierenden Angst, die er in diesem Fall erlebt, äußerst verwirrt und auch verzweifelt, weil es für ihn ja gegenwärtig keinen Grund für diese Panik gibt, die ihn gerade befallen hat.

In so einem Fall ist das personale Ich des Menschen herausgefordert, dieses Affektmaterial zu verkraften. Angenommen das personale Ich des Menschen wäre dazu imstande, in so einem Fall aus sich selbst heraus in dieses Neuronennetz-

3.1 Allgemeine Betrachtungen

werk reorganisativ einzugreifen, so könnte sich dieser Mensch, trotz seiner hohen inneren Unruhe auf das Hier und Jetzt, in dem er sich befindet, konzentrieren. Durch eine immer noch positive Übereinstimmung mit seiner Umwelt bleibt er einigermaßen handlungsfähig. Diese Selbstwirksamkeit kann der nach wie vor angstvolle Mensch am besten dadurch stabilisieren, dass er sich so schnell und so oft wie möglich mit seinen Mitmenschen emotional austauscht.

Ist der Mensch in so einem Fall hingegen überhaupt nicht in der Lage, darauf regulierend zu reagieren, kann dieser hohe Affektbetrag von den neuronalen Regulationsmechanismen genauso schnell wieder aus dem Bewusstsein herausgenommen werden, wie er zuvor hineingekommen ist. Dies kann in Bruchteilen von Sekunden stattfinden, sodass der Betroffene mental lediglich das Ergebnis, also seinen depressiven Zustand mitbekommt.

Man kann davon ausgehen, dass die dysfunktionalen Veränderungen im limbischen System bei einer depressiven Symptomatik stärker ausgeprägt sind, als bei der zuvor beschriebenen Panikstörung. Da die kortikalen Gedächtnissysteme mit dem limbischen System in Verbindung stehen, äußern sich diese dysfunktionalen subkortikalen neuronalen Veränderungen auch mental, z. B.:

- ein deutlicher Mangel an Selbstbewusstsein, Selbstwerterleben, Selbstachtung, Selbstsicherheit
- das Selbstbild wird in Frage gestellt
- das personale Ich leidet unter einer spürbaren Entkräftung

Man könnte also davon ausgehen, dass es sich hier zunächst hauptsächlich um Störungen im Selbstsystem handelt, also dem entwicklungsgeschichtlich jüngsten Gedächtnissystem. Bei diesem Krankheitsbild der »leichten« Depression oder besser **neurotischen Depression** ist aber davon auszugehen, dass bei einer entsprechenden neuronalen Reorganisation auch wieder das Selbstsystem weitgehend wie früher in Kraft treten kann.

In der Regel sehr aktiv sind beim Krankheitsbild der »leichten« Depression die immer wieder ins Bewusstsein tretenden dysfunktionalen Orientierungen, Motive und Motivationen aus dem Anpassungssystem. Hier sind es z. B. die **Selbstentwertungsmechanismen**, die dem depressiven Menschen immer wieder zusetzen und gegen die er sich in der Regel nur schwer oder wenig erfolgreich mit seinem schwachen personalen Ich durchzusetzen vermag. Dieser depressive Mensch, der immer noch über ein durchaus erlebbares Selbstwertgefühl verfügt, steht in Konflikt mit einem sehr rigiden Anpassungskonzept, ein innerlicher Konflikt, der sich erfahrungsgemäß aktuell in unterschiedlichen zwischenmenschlichen Bereichen gerade wiederholt. Dieser depressive Mensch, auch wenn er ihnen im Moment überhaupt keinen Sinn abzuringen vermag, verfügt noch über kräftige Lebenszeichen, die beim schwer depressiven Menschen nicht mehr gegeben sind.

Bei der **schweren Depression** sind dann die dysfunktionalen Veränderungen im limbischen System am weitesten fortgeschritten. Möglicherweise spielt hier der **Dauerstress** eine wesentliche Rolle. Können wir in extremen Situationen, also durch Stress plötzlich ungeahnte Kräfte mobilisieren, kann ein Dauerstress z. B. zu Hypertonie, Arteriosklerose, Psychosen und Depressionen führen.

Durch Stressoren wie z. B. Hunger, Durst, Kälte, Fieber, aber auch Konkurrenz, Unterlegenheit und Populationsdichte wird im Hypothalamus, wie bereits erwähnt CRH (Corticotropin-Releasing-Hormon) ausgeschüttet, durch das in der Hypophyse ACTH (Adrenocorticotropes Hormon) in die Blutbahn abgegeben wird, das dann in der Nebenniere zur Cortisolbildung führt. Cortisol reduziert (lähmt) den Hunger, führt zu einer Einschränkung der Testosteronproduktion und aktiviert im Hippocampus eine hemmende Einflussnahme auf die CRH-Produktion im Hypothalamus. Diese Rückkopplung ist wichtig, da auf diesem Weg die Cortisol-Ausschüttung kontrolliert wird und so die bio-psycho-sozialen Stressreaktionen in Grenzen gehalten werden. Bei einem Dauerstress ist diese hemmende Rückkopplung ineffektiv. In diesem Fall richtet sich das Cortisol gegen den eigenen Körper, weil das Cortisol selbst auf Dauer die Cortisolrezeptoren des Hippocampus schädigt und dadurch Hippocampusneurone degenerieren können. Je länger dieser Dauerstress anhält, und je mehr dadurch der Hippocampus an neuronaler Substanz verliert, umso weniger wird es möglich, dass durch funktionale inhibitorische Rückkoppelungsprozesse dysfunktionale Stressreaktionen rechtzeitig beendet werden.

So weit wir heute wissen, wird das Krankheitsbild einer Depression neben anderen dysfunktionalen biochemischen Prozessen im Gehirn auch durch diese beschriebene pathogene Stressentwicklung verursacht. So reduziert sich z. B. auch das Aktivitätsniveau im Stammhirn bei zunehmender Depressivität eines Menschen.

Wie wirken sich diese tiefgreifenden Veränderungen im Gehirn auf unsere Gedächtnissysteme aus? Hier ist hauptsächlich das Selbstsystem, aber auch das Anpassungs- und Archaiksystem in vielen Bereichen ausgefallen. Die selbstreflektive Resonanz, also unser »psychisches Herz«, durch das sich der Mensch immer wieder seiner selbst bewusst werden kann, schwächt sich bei der schweren Depression für den betroffenen Menschen erschreckend ab. Jetzt, in der Nähe des psychischen Todes, wird dem von einer schweren Depression Heimgesuchten die Schrecklichkeit seines drohenden Ich-Zerfalls bewusst. Es ist für diesen Menschen grauenvoll, wenn er zwangsläufig mitbekommt, wie lebensnotwendig dieses Selbstbewusstsein ist, das ihm mehr und mehr abhanden kommt. Ebenso grausam ist es mitzubekommen, wie sehr seine vielen Persönlichkeitsanteile durch das menschliche Selbst bisher immer wieder zu einer Gesamtpersönlichkeit zusammengefügt und integriert wurden.

3.1.2 Defekt, Defizienz, Funktionsstörung

Einsatz der neuronalen und neuronal-mentalen Regulationsmechanismen

Um den Einsatz der neuronalen und neuronal-mentalen Regulationsmechanismen noch klarer zu fassen, möchte ich hier auch auf folgende Begriffe näher eingehen:
- struktureller Schaden, also Defekt
- struktureller Mangel, also Defizienz
- Funktionsstörungen

> Ist durch ein Schädel-Hirntrauma oder durch eine Hirnerkrankung in bestimmten Hirnbereichen die Hirnleistung völlig aufgehoben, liegt hier ein **struktureller Hirnschaden** vor.
> Können sich aufgrund chronischer Überlastungen (Stress) bestimmte Hirnbereiche in ihren perzeptiven, kognitiven, affektiv-emotionalen und motorischen Funktionen nur unzureichend entfalten, liegt hier ein **struktureller Mangel** vor.
> Wird die Hirnleistung aufgrund kurzzeitiger hoher Belastungen überfordert und tritt lediglich eine vorübergehende neuronale Störung ein, so ist dies eine **Funktionsstörung**.
> Von einem **neuronal-mentalen Schaden** spricht man dann, wenn tatsächlich durch Unfall oder Krankheit (z. B. durch einen Tumor oder einen Schlaganfall) das Hirn so geschädigt wurde, dass es zu erkennbaren Hirnleistungsausfällen gekommen ist.

Dazu führt Gerhard Roth (1994) aus:
»Beeinträchtigungen und Verletzungen des assoziativen Kortex im Bereich des Scheitel-, Schläfen- und Frontallappens führen zu tiefgreifenden Ich-Störungen. Störungen im rechten Parietallappen führen zur Beeinträchtigung des Körper-Ich, der Verortung des Selbst im Raum, zu Egozentrismus und Verlust der Fähigkeit, die Perspektive zu wechseln. Störungen im rechten unteren und medialen Temporallappen führen zu Pedanterie in Sprache und Handeln, zu Egozentrik und verstärkter Aggressivität. Man spricht in diesem Zusammenhang von einer ›Temporallappen-Persönlichkeit‹. Beeinträchtigungen im medialen Temporallappenbereich (Amygdala) führen zu intensivierten Angstzuständen, Verletzungen des Bereichs der Hippokampusformation und der entorhinalen Rinde zu anterograder und retrograder Amnesie, Verletzungen des anterioren Pols des Temporallappens zum Verlust des autobiographischen Gedächtnisses. Beeinträchtigungen im Bereich des dorsalen präfrontalen Kortex führen zum Verlust divergierenden Denkens, zur Unfähigkeit zur Entwicklung alternativer Strategien und spontanen Handelns, zu unflexiblem Handeln und zu Fehleinschätzungen der Relevanz externer Ereignisse. Beeinträchtigungen im Bereich des ventralen (orbitofrontalen) Kortex führen zu erhöhter Risikobereitschaft, allgemein zu ›asozialem‹ Verhalten, das heißt zur Ver-

3.1 Allgemeine Betrachtungen

letzung von gesellschaftlichen, ethischen und moralischen Regeln.«

Diese Schäden wirken sich selbstverständlich auch auf die Gedächtnissysteme aus. Nach einem entsprechendem **Schädel-Hirn-Trauma** kann der Patient längere Zeit im Koma liegen und anschließend mit einer schweren retrograden, aber auch anteriograden Amnesie reagieren. Interessant ist, dass durch die heutigen Erkenntnisse aus der Neurobiologie und durch unterschiedlichste Ergebnisse in der Behandlung von hirntraumatisierten Patienten sich mehr und mehr herausstellt, dass die Neuroplastizität unseres Gehirns größer ist, als wir früher annahmen. So ist der oft bei Hirnverletzten eingetretene Gedächtnisverlust sehr häufig nicht nur durch die zerstörten Hirnareale zu erklären, sondern durch einen massiven neuronalen Stress, dem der Patient durch den vorausgegangenen Unfall ausgesetzt war. Dieser Stress führte z. B. dazu, dass sich in allen Gedächtnissystemen der Glukosestoffwechsel deutlich reduzierte. Die Veränderungen im Glukosestoffwechsel führten dann zu einem Gedächtnisausfall. Erreicht man eine Verbesserung dieses Glukosestoffwechsels, lassen sich die zuvor »ausgefallenen« Gedächtnissysteme wieder aktivieren, und eine zuvor bestandene Amnesie bildet sich langsam wieder zurück.

Das Unfallgeschehen hat sich aber im Anpassungssystem mit oft schrecklichen Bildern verewigt. Je nach Lokalisation zeigt sich dann auch, inwieweit das Archaiksystem aber vor allem das Selbstsystem durch diesen Unfall Schaden genommen hat. So kann der Patient z. B. kaum mehr sprechen und auch seine motorischen Fähigkeiten sind trotz zahlreicher Übungen eingeschränkt. Aber wenn man mit dem Patienten in Kontakt tritt, merkt man sofort, dass man es immer noch mit einer Person zu tun hat, die einem gegenüber steht. Man hat das Gefühl, man wird von diesem Menschen aufgenommen, angenommen, anerkannt und ernst genommen. Man kann sich mit ihm nicht nur gedanklich, sondern auch emotional austauschen. Genauso kann es aber sein, dass sich zu einem hirnverletzten Patienten keinerlei interpersonale Kontakte herstellen lassen, obwohl dieser Patient kaum unter erkennbaren motorischen, sprachlichen oder sensorischen Ausfällen leidet.

Wenn es aufgrund sehr ungünstiger Sozialisationsbedingungen, also durch frühe Traumatisierungen, z. B. Misshandlungen und/oder Vernachlässigungen, also erheblichen Kindheits-Belastungsfaktoren, aber auch durch Hirnreifestörungen zu einer chronischen Überlastung des Gehirns gekommen ist, schlägt sich dies auch in den kortikalen Gedächtnissystemen nieder. Hier können sich vor allem das Selbstsystem und das Anpassungssystem nicht ausreichend entwickeln, was auch im Selbstkonzept und im Anpassungskonzept zum Ausdruck kommt. Es ist vor allem die für den Menschen so notwendige **selbstreflektive Resonanz**, die hier sehr labil ist und worunter das personale Ich leidet. Diese Person kann größeren psychischen oder physischen Belastungen nur schwer standhalten. Sehr schnell kann dieses **instabile personale Ich** zum »Erfüllungsgehilfen« von archaischen Beweggründen werden, es kann aber genauso schnell von den Orientierungen, Motiven und Motivationen des Anpassungssystems so beeinträchtigt werden, dass das Ich teilweise seine steuernden Funktionen verliert. Dieser Mensch kann vorübergehend seine **Identität verlieren**, das heißt, er weiß zwar, dass jetzt etwas abläuft, was er nicht will, ist aber außerstande, sein »Gesicht«, seinen »Willen« zu zeigen und kann sich als Person nicht durchzusetzen. Dieser Mensch kann innerhalb seines sozialen Gefüges sehr gut angepasst sein, hat aber aufgrund seiner erheblichen ichstrukturellen Defizite (zu viele dysfunktionale Orientierungen, Motive und Motivationen in seinem Anpassungskonzept), kein klares Wertesystem z. B. auch kein Gewissen für »gut« und »böse« verinnerlicht. Er reagiert einmal nach den motivationalen Systemen seines Archaiksystems und »geht über Leichen« oder stellt sich selbstlos in den Dienst lebenserhaltender Kräfte. Ein anderes Mal sind es die motivationalen Systeme des Anpassungssystems, die er ohne zu überlegen und ohne sie in Frage zu stellen in die Tat umsetzt. Wieder ein anderes Mal ist es ein Sammelsurium von Beweggründen aus dem Archaiksystem und dem Anpassungssystem. Oft weiß dieser Mensch in dem Moment auch gar nicht, was er will. Obwohl ein Mensch, der unter diesen neuronalen Mängeln leidet ständig zwischen Person (personales Ich) und Nicht-Person (funktionales

Ich) hin- und herpendelt, kann das Verhalten, das dieser Mensch an den Tag legt, vor allem in Notsituationen, wenn er von seinem Archaiksystem gesteuert und auf eine gute Intelligenz zurückgreifen kann, durchaus »souverän«, »echt«, »normal« und sogar »großartig« erscheinen.

Tritt dieser neuronal-mentale Mangel nicht nur sporadisch auf, sondern über Monate oder Jahre durchgängig, so lassen sich folgende weitere Verhaltenscharakteristika feststellen: Der unter einem neuronal-mentalen Mangel Leidende
- kann sich kaum auf sich selbst verlassen,
- ist abhängig von seiner jeweiligen Umwelt und
- resigniert aufgrund der hohen Selbstunsicherheit sehr schnell in auftretenden Belastungen,
- überschätzt sich durch hypertrophe Selbstdarstellungen oder
- fällt von einem Extrem ins andere.

Da dieser neuronal-mentale Mangel auch im Berufs- und Privatleben zum Tragen kommt, zeigen sich bei diesen Menschen im Vergleich zur Durchschnittsbevölkerung vermehrt:
- Beziehungsabbrüche
- Schul- und Berufsabbrüche
- Konflikte mit dem Gesetz
- Suizidimpulse
- Selbstbeschädigungen
- Suchtmittelmissbrauch
- körperliche Erkrankungen

Menschen, die unter einem gravierenden neuronal-mentalem Mangel leiden, haben eine sehr leicht störbare Persönlichkeitsorganisation.

Bei allen anderen psychischen Störungen sind die neuronal-mentalen Systeme einigermaßen ausreichend entwickelt und zeigen keine gravierenden Mängel. Beeinträchtigen dysfunktionale Orientierungen, Motive und Motivationen aus dem Anpassungskonzept immer wieder überfallsartig die personale Autonomie des Menschen, handelt es sich meist um massive intrapsychische Konflikte, die zeitweise oder auch länger die neuronal-mentale Kapazität überfordern, wodurch **neuronal-mentale Funktionsausfälle** eintreten können. Da kraft vorhandener und nicht defizitärer neuronal-mentaler Strukturen die neuronal-mentalen Regulationsmechanismen dahin tendieren, diesen Funktionsausfall immer wieder so schnell wie möglich zu beheben, kann jetzt eine Regulation resultieren, bei der auf neuronaler Ebene besonders dysfunktionale Teilbereiche des Neuronennetzwerkes »umgangen« werden, um zunächst eine provisorische neurophysiologische und neurochemische Funktionstüchtigkeit aufrechtzuerhalten. Auf der mentalen Ebene wird der hochkritische »Konflikt« ebenfalls umgangen oder zumindest entschärft durch ein Kompromissverhalten. Dies garantiert zwar eine gewisse Lebenstüchtigkeit, darunter leidet aber die personale Autonomie, weil sich in diesem Fall die sehr schnell arbeitenden neuronal-mentalen Regulationsmechanismen vorrangig vor dem personalen Ich durchgesetzt haben. Je mehr also in Krisensituationen durch Einsatz dieser neuronal-mentalen Regulationsmechanismen die neuronale Seite vorrangig in Kraft tritt, umso bewusstseinsferner wird es dem Menschen, dass sein aus einer Krise geborenes Verhalten weniger seinem eigenen Willen entspricht, sondern Ergebnis vor allem neuronaler Regulationsmechanismen ist.

Als Beispiel für eine **neuronal-mentale Funktionseinschränkung** hier nun eine Geschichte über Schäden, Mängel und Funktionsstörungen:

> **Fallbeispiel: Max (I)**
>
> Max muss so schnell als möglich zu seinem Freund in die ca. 20 km entfernte Stadt. Da es schon sehr spät ist und er deshalb nicht mehr mit den öffentlichen Verkehrsmitteln dorthin kommen kann, auch kein Geld für ein Taxi hat, steht er vor einem schwierigen Problem. Ein Auto oder Motorrad hat er nicht, aber da ist doch noch das Fahrrad im Abstellraum. Erst vor kurzem hat er versucht, das Fahrradfahren wieder zu erlernen und mithilfe seines Freundes ist es ihm auch Gott sei Dank gelungen. Er erinnert sich nur mit Schrecken daran, als ihm sein Vater, er war noch keine 5 Jahre damals, ihm das Fahrradfahren beibringen wollte. Immer wieder fiel er mit seinem Fahrrad hin, und Stützräder kamen für seinen Vater nicht in Frage. Dieser meinte auch, entweder man kann Fahrradfahren oder nicht. Wenn nicht, so sollte man es lieber bleiben lassen. Daher beendete Max sehr bald seine »Fahrradfahrerei«. Max kann sich noch gut an die Stimme seines Vaters erinnern: »Du bist zu dumm

3.1 Allgemeine Betrachtungen

zum Fahrradfahren!«, »Du wirst es nie lernen!«, »Du bist eine Gefahr im Straßenverkehr!«, »Am besten ist, du lässt das Fahrradfahren für immer bleiben!« Später hat es dann Max öfter alleine versucht, aber vergebens. »Ich kann Fahrradfahren, auch wenn es mir niemand zutraut!«, sagte er immer wieder zu sich selbst. Aber es klappte einfach nicht. Das »Nein« seines Vaters war zu mächtig. Letztlich wollte er auch gar nicht mehr Fahrradfahren, und dann hat er diese peinliche Geschichte vergessen. Das alles ging Max jetzt wieder durch den Kopf, als er zu dem Fahrrad in den Abstellraum ging. Da fiel ihm ein, wie er vor kurzem wieder mit dem Fahrradfahren begonnen hatte, sein Freund ihn dabei am Gepäckträger festhielt, hinter ihm herlief und er kaum von den Leuten Notiz nahm, Leute, die ihn vom Gehsteig aus belächelten. Er hörte nur auf die Worte seines Freundes, die ihn immer wieder ermutigten: »Ja, das machst du sehr gut, achte auf dein Gleichgewicht, ja, prima, du machst das wirklich gut, fahr' nur weiter, ja.« Und auf einmal fuhr er los, hielt alleine das Gleichgewicht und konnte jetzt endlich Fahrrad fahren. Sein Freund meinte dann: »Du, ich bin mächtig stolz darauf, dass du mit mir das Fahrradfahren gelernt hast. Es freut mich, dass ich dich so tatkräftig unterstützen konnte.« Sollte er jetzt wirklich, noch dazu, wo es jetzt dunkel wird, als Anfänger mit dem Fahrrad zu diesem Freund, der 20 km weiter entfernt wohnt, fahren? Da hörte er seinen Freund, der wie eine innere Stimme zu ihm sagte: »Selbstverständlich kannst du das! Du kennst doch diese Strecke wie deine Hosentasche, täglich bist du diese Strecke mit dem Bus zur Schule gefahren, also nur Mut!« Da stieg Max auf sein Rad, trat in die Pedale, und seine Angst wurde, je länger er fuhr, immer weniger. Nach einer Stunde war Max dann bei seinem Freund. Beide freuten sich, und Max war mächtig stolz auf seine erste große Fahrt.

In diesem Fall hatte Max ein funktionierendes Rad in seiner Abstellkammer stehen; ein Rad, das intakt war, sogar die Beleuchtung funktionierte. Er brauchte also nur aufzusteigen. Dies war ihm allerdings erst dann möglich, nachdem ihm sein Freund tatkräftig beistand, als er nach langer Zeit wieder Fahrradfahren lernen wollte. Jetzt erst war es ihm möglich, sich gegen seinen übermächtigen »inneren Vater« erfolgreich durchzusetzen. Dank der Hilfe seines »äußeren Freundes« und seines inzwischen weiter entwickelten Selbstbewusstseins war es ihm möglich geworden, diesen alten Konflikt endlich zu bewältigen.

Zum besseren Verständnis der Symbolik in dieser Geschichte:

- das **Fahrrad** steht für die Persönlichkeit des Menschen
- der **Fahrradfahrer** soll das personale Ich des Menschen symbolisieren
- mit dem **Abstellraum** ist das Elternhaus gemeint, aber auch die weiteren Lebensräume, die der Mensch in seinem Leben durchschreitet; Lebensgeschichten, die sich im Gedächtnis des Menschen abgespeichert haben
- der **Freund** in dieser Geschichte kann wirklich ein guter Freund sein, der da ist, wenn man ihn braucht und der einem hilft, wenn man alleine am Ende ist. Dieser Freund kann aber auch der Psychotherapeut sein, wenn Freunde nicht mehr in der Lage sind, einem zu helfen

Eine wichtige Rolle spielt in dieser Geschichte die **Angst**. Und hier geht es hauptsächlich um jene Angst, die es tagtäglich auszuhalten und zu bewältigen gilt. Angst, die wir jeden Tag haben, wenn wir beruflich oder privat unseren Mann/unsere Frau stehen müssen und dies nur möglich ist, wenn wir in der Lage sind, so gut es geht unser psychisches Gleichgewicht immer wieder aufs Neue herzustellen. Es sind Ängste, die einen symbolisch im »Abstellraum« überfallen können, also Ängste, die einen immer wieder aus der eigenen Lebensgeschichte einholen können; aber es geht auch um die Angst vor dem »Fahrradfahren«, also um das, was wir aus unserem Selbstbewusstsein heraus »können« oder eben »nicht können«.

Diese Geschichte soll auch veranschaulichen, dass Menschen mit einer einigermaßen gut entwickelten Persönlichkeitsverfassung, also Menschen, die mit einem rückhaltgebenden Ich-Konzept ausgestattet sind und bei denen eine ausreichende selbstreflektive Resonanz wirksam wird, durch außerordentliche Belastungen genauso in ihren Grundfesten erschüttert werden können, wie jeder andere Mensch auch. Sie stürzen, symbolisch, mit ihrem Rad, liegen am Boden, können aber – vorausgesetzt sie haben keinen allzu großen körperlichen Schaden genommen – sehr schnell wieder aufstehen und weiterfahren. Der Beeinträchtigungsgrad, also die dysfunktionalen Orientierungen, Motive und Motivationen, die Max aus seinem Anpassungssystem heimsuchen, sind geringer als die steuernden Funktionen, über die sein personales Ich in dem Moment verfügt. Entscheidend ist, welche seelischen Wunden bei Max durch dieses Unfallgeschehen aufgerissen wurden und wie **bewusstseinsnah** oder **bewusstseinsfern** er reagiert. Sind die auftretenden Ängste bewusstseinsnah, mag es für Max in dem Moment möglich sein, trotz seiner hohen Erregung, selbst regulativ in die aktivierten **neuronal-mentalen Regulationsmechanismen** einzugreifen und von sich aus sein Unglücksgeschehen effektiv zu bewältigen.

Sind die mobilisierten Ängste für Max bewusstseinsfern, regelt er das Unglücksgeschehen mehr oder weniger automatisch, ist aber selbst kaum bei der Sache. Max weiß später nur noch in etwa, was sich da mit ihm abgespielt hat, oder Max gerät durch das Unglücksgeschehen in einen psychischen Schock, ist völlig außer sich und benötigt schnellstens ärztliche Hilfe.

In der Geschichte zeigt sich, mit welcher Härte der Vater auftrat, als Max das Fahrradfahren mit ihm lernen wollte. Gegen dieses »väterliche Wollen« konnte sich Max damals mit »seinem Wollen« nicht durchsetzen. Max blieb mit seinem Unternehmungsgeist, Fahrradfahren zu lernen, auf der Strecke, und die bei diesem gescheiterten Unternehmen aufgetretenen Ängste, Schmerzen und Verzweiflungen wurden über die neuronalmentalen Regulationsmechanismen so verarbeitet, dass er das Fahrradfahren nicht mehr für wichtig erachtete und das Fahrradfahren überhaupt vergaß. Hier wurden, wie weiter vorne schon beschrieben, auf neuronaler Ebene besonders dysfunktionale Teilbereiche des Neuronennetzwerkes »umgangen«, um zunächst eine provisorische neurophysiologische und neurochemische Funktionstüchtigkeit aufrechtzuerhalten. Auf der mentalen Ebene wurde der hochkritische »Konflikt« mit dem Vater ebenfalls umgangen oder zumindest entschärft durch ein Kompromissverhalten: »Fahrradfahren ist für mich nicht wichtig, Fahrradfahren brauche ich nicht.«

Trotzdem war für Max diese hier sehr massive Strenge seines Vaters nicht ganz vergessen und immer wieder, ohne dass er es wollte, drängte sich diese Episode oft nur für wenige Sekunden in seinem Bewusstsein auf.

Er konnte sich innerlich durchaus von diesem Wollen und dieser Härte seines Vaters distanzieren, nur durchsetzen konnte er sich nicht. Man muss jetzt davon ausgehen, dass Max sowohl über eine gute neuronale Konstitution verfügte, als auch einen Vater hatte, der nur bei diesem Fahrradfahren-Lernen so herrisch und respektlos gegenüber der Person seines Sohnes reagierte. In vielen anderen Lebensbereichen aber war er Max ein sehr guter Vater. Vielleicht nützte es Max, wenn er sich wieder seines guten Vaters erinnerte, der ihm *nur* beim Fahrradfahren so viel Angst machte. Jetzt erlebt Max, wie sehr er von seinem Freund geschätzt und respektiert wird. Diese Haltung seines Freundes, der sich jetzt seiner angenommen hatte, machte es Max möglich, sich ein Herz zu nehmen und die Angst, die ihn jedes Mal beim Besteigen seines Fahrrads befiel, endlich zu überwinden. Max kann sich also in dieser Geschichte auf sein **intaktes Fahrrad**, also auf seine intakte Persönlichkeitsverfassung und auf seinen **Freund** verlassen. Kraft einer einigermaßen gut entwickelten Persönlichkeitsstruktur und eines emanzipativen Ich-Konzeptes konnte er sich trotz der »Einbläuungen« seines Vaters nahezu schadlos halten. Deshalb kann Max jetzt endlich die notwendige mentale Kraft aufbringen, um das seit längerer Zeit bestehende »neuronale Provisorium« aufzugeben. Durch bewussten Eingriff in seine neuronal-mentalen Regulationsmechanismen, also durch das Wirksamwerden-Lassen der positiven Wirklichkeitserfahrungen mit seinem Freund, schaltete Max die in seiner Kindheit »ausgeschalteten Neuronennetzwerke« wieder ein. Diese positiven Wirklichkeitserfahrungen schlugen sich als positive Selbst-Objekt-Kontexte in seinem Anpassungssystem nieder, und durch sie wurde es möglich, die negativen Episodenkontexte mit dem Fahrrad und vor allem die negativen Selbst-Objekt-Komplexe mit dem Vater so weit zu neutralisieren, dass Max jetzt die Regie über sein Fahrradfahren-Wollen übernehmen konnte.

3.1 Allgemeine Betrachtungen

Hier ging es also um die **neuronal-mentalen Funktionseinschränkungen**, die durch diese Geschichte verständlicher werden sollten.

In der nächsten Geschichte geht es um die **neuronalen Defizite**. Um diese verständlicher zu machen, muss die Fahrradgeschichte abgewandelt werden:

Fallbeispiel: Max (II)

Max geht in die Abstellkammer und findet hier ein Fahrrad vor, wenn man das überhaupt so nennen kann, mit dem man so nicht fahren kann. Es ist ein Fahrrad, das in viele Einzelteile zerlegt ist, bei dem vielleicht auch einige wichtige Teile fehlen. Auf keinen Fall hätte Max dieses, sein Fahrrad, auf die Schnelle in Stand setzen können. Erst nachdem er sich vergewissert hätte, welche notwendigen Einzelteile fehlen, hätte man daran gehen können, das Fahrrad wieder zusammenzubauen. Dabei ist allerdings ein Freund von Nöten, der sich wirklich mit der Zweiradmechanik sehr gut auskennt. Er alleine kann das nicht. Erst dann, wenn das Fahrrad wieder ordentlich in Stand gesetzt worden ist, kann man überhaupt daran denken, Fahrradfahren zu lernen.

Max verlässt die Abstellkammer, und ihm wird zwar schmerzlich bewusst, dass ihm dieses Fahrrad gehört, mit dem man nichts anfangen kann, aber er will es nicht wahrhaben. Was er jetzt möchte, ist, zu seinem Freund zu kommen und zwar so schnell als möglich. Dieser wohnt aber 20 km weit weg. Die öffentlichen Verkehrsmittel fahren nicht mehr, dafür ist es zu spät und Geld für ein Taxi hat Max auch nicht. Da er weder ein Auto noch ein Motorrad besitzt, zieht es ihn nochmals in die Abstellkammer. Vielleicht steht da doch irgendwo zwischen all den Einzelteilen irgendwo ein Superfahrrad und er hat es bisher nur nicht gesehen. Er geht hinein, aber da steht eben kein Superfahrrad, sondern sein altes Fahrrad, das immer noch nicht zusammengebaut ist und deshalb auch nicht ordentlich funktioniert. Wie er so enttäuscht und verzweifelt in dieser Abstellkammer steht, wo sich um alles in der Welt kein Superfahrrad finden lässt, tauchen plötzlich in seinem Kopf »Superideen« auf. Vielleicht sollte er sich auf die Straße stellen und versuchen, per Anhalter zu seinem Freund zu kommen. Oder er rennt jetzt einfach los und legt einen kleinen Marathonlauf hin (»20 km schaffe ich locker!«). Andere Geistesblitze tauchen noch im Kopf von Max auf. Er könnte zur Polizei gehen und vorgeben, dass er um seinen Freund Angst habe, da dieser ihn gerade angerufen habe, unverständliches Zeug redete und er sich deshalb um seinen Freund ängstige. Vielleicht würde die Polizei auf dieses Täuschungsmanöver eingehen und sie würden mit ihm zu seinem Freund fahren, um nachzuschauen, was dort los sei. Er müsste sich dann halt Ausreden einfallen lassen, um nicht bestraft zu werden. Max überlegt weiter und versucht, wie er das schon öfter getan hat, aus der Not eine Tugend zu machen, um letztlich an sein Ziel zu kommen. Auch wenn dies, im Nachhinein betrachtet, eine Aktion ist mit riesengroßem Aufwand, er vielleicht dabei auch mehr Glück als Verstand braucht und solche Eskapaden in der Regel auch nicht ohne Gefahr für Leib und Leben über die Bühne gehen.

In dieser Geschichte geht es jetzt um Menschen, deren mangelhaftes Ich-Konzept wenig emanzipative Kraft aufkommen lässt, also Menschen mit einer unterentwickelten Persönlichkeit, Menschen, mit einem **schwachen Ich-System** und dazu identischem wenig rückhaltgebenden Ich-Konzept. Es geht um Menschen, die mit einer geringen selbstreflektiven Resonanz ausgestattet sind und deshalb über eine geringe Freiwilligkeit verfügen. Diese Menschen besitzen eine mehr oder weniger **mangelhafte Persönlichkeitsstruktur**, die in dem vorausgegangenen Beispiel durch das **fragmentierte Fahrrad** symbolisiert wurde. Da sich diese Menschen nicht auf sich selbst verlassen, resignieren diese Menschen in ihrem Leben sehr schnell oder sie neigen zu hypertropher Selbstdarstellung, wachsen vermeintlich über sich selbst hinaus, überfordern sich dabei aber maßlos durch ihre **grandiosen Überlebensstrategien** und setzen nicht selten dabei ihr Leben aufs Spiel.

Diese Geschichte soll symbolisch zum Ausdruck bringen, dass Menschen, denen es, aus welchen Gründen auch immer, nicht möglich war, ihre Persönlichkeit ausreichend zu entwickeln, die in unserer Geschichte »kein intaktes Fahrrad haben«, gar nicht so recht wissen, wie es wäre, wenn ihre Persönlichkeit wirklich funktionieren würde. In unserer Geschichte musste sich

Max in seinem Leben schon immer behelfen, sich was einfallen lassen, wenn es darum ging, schnell irgendwo hinzukommen, da er ja ein »intaktes Fahrrad«, das sonst fast alle hatten, nicht besaß. Das heißt, Menschen mit Persönlichkeitsstörungen mussten sich schon immer etwas einfallen lassen, wenn sie zielgerichtet etwas tun sollten oder zu ordentlichem Handeln aufgefordert wurden, was sie eigentlich nicht konnten. Entweder es fiel ihnen dann etwas ein und sie kamen irgendwie über die Runden, oder sie scheiterten oder zerbrachen an sich selbst.

So eine eindeutige Angst vor seinem Vater oder eine gerichtete Angst vor dem Fahrradfahren, wie sie Max in der ersten Geschichte hat, ist Max in dieser zweiten Geschichte kaum in Erinnerung. Max litt, solange er denken konnte, immer wieder unter einer schier unaushaltbaren Angst, an die er sich mittlerweile gewöhnt hatte. Oder besser, er entwickelte gegenüber dieser »inneren Unruhe« eine Art Unempfindlichkeit, er wurde mit der Zeit gegenüber dieser »inneren Unruhe« refraktär.

Diese »innere Unruhe« kann aber auch ganz plötzlich in eine »quälende innere Leere« umschlagen. Dies ist meist dann der Fall, wenn Max mit der Vorstellung in seinen Abstellraum geht, dass sich hier doch noch das »Superfahrrad« finden lässt, das er immer in seinem Kopf hat, dann aber enttäuscht vor den Einzelteilen seines Fahrrads steht, mit denen er nichts anzufangen weiß. Vielleicht hat Max in dieser Geschichte schon einmal versucht, die einzelnen Fahrradteile seines Fahrrades »irgendwie« zusammenzusetzen und vielleicht konnte er sogar auf diesem Torso »irgendwie ein paar Runden drehen«. Aber richtig Fahrradfahren über längere Zeit war auf seinem Fahrrad noch nie möglich, weil dann immer etwas nicht mehr funktionierte.

Manchmal wird Max in diesem Abstellraum vor den Einzelteilen seines Fahrrades von grauenvollen Bildern heimgesucht. Es sind Bilder, die irgendwie mit dieser **Abstellkammer** und mit dem **unvollständigen Fahrrad** zu tun haben. Symbolisch sind dies Erinnerungen, die den Menschen an seine **Familien- und Lebensgeschichte** erinnern und mit seiner **Entwicklungsgeschichte** zu tun haben.

In der ersten Geschichte wusste Max um sein »intaktes Fahrrad«, und er konnte sich ja auch immer wieder in seinem Abstellraum versichern, dass es da und in Ordnung war. Grundsätzlich fühlte er sich in diesem Abstellraum auch wohl, da sich hier viele angenehme Erinnerungen aus seiner Kindheit einstellten. Max wusste, dass bei seinem intakten Fahrrad vieles von seinen Eltern war und deshalb pflegte er es auch immer wieder. Dabei erinnerte sich Max an seinen wenig hilfreichen Vater, der ihm letztlich das Fahrradfahren vermasselte.

Diese erste Geschichte soll aufzeigen, dass sich der Mensch mit einer einigermaßen intakten Persönlichkeitsverfassung auf sich selbst, auf seine Persönlichkeit verlassen kann, sich also bei ihm ausreichend viele rückhaltgebende Erfahrungen immer wieder einstellen und er sich deshalb seiner Lebenstüchtigkeit im Großen und Ganzen gewiss ist, auch wenn nach wie vor unbewältigte Entwicklungskonflikte bestehen. Diese ungelösten Entwicklungskonflikte beeinträchtigen zwar das Leben des Menschen und er leidet auch durch die sich daraus ergebenden Einschränkungen, dieser Mensch kann sich aber doch überwiegend auf sich selbst verlassen und ist ausreichend lebenstüchtig und kommunikationsfähig. Vor allem weiß er, was er leisten kann und was über die Grenzen seines Leistungsvermögens hinausgeht. In den meisten Auseinandersetzungen findet er in der Regel eine annehmbare Lösung.

In der zweiten Geschichte ist es um die Lebenstüchtigkeit von Max nicht gut bestellt, auch wenn er es noch so gut versteht, seine Überlebenstechniken wirkungsvoll einzusetzen. Er bräuchte jetzt mehr als einen Freund. In unserer Geschichte bräuchte er einen Freund, der »Fahrradmechaniker« ist, der sich mit der »Zweiradmechanik« auskennt. Dies wäre z. B. ein Psychotherapeut, der sich mit Persönlichkeitsstörungen auskennt und Menschen mit Persönlichkeitsstörungen auch gerne behandelt.

In unserer Geschichte müsste bei Max bevor es an das »Fahrradreparieren« geht, **Überzeugungsarbeit** geleistet werden; Überzeugungsarbeit, dass es einen Sinn macht, die vorhandenen Fahrradteile nach einem bestimmten Prinzip, das der Fahrradmechaniker kennt, zusammenzusetzen. Eventuell ist auch die Einbeziehung von neuen Ersatzteilen nötig, auf die sich Max allerdings einlassen muss. Sollte Max damit einverstanden sein, würde eine große Chance bestehen, dass bei dieser Instandsetzung letztlich ein funktionsfähiges Fahrrad herauskommt. Bei dieser Fahrradreparatur muss Max aber auch von vornherein klargemacht werden, dass hierbei nicht das von ihm phantasierte »Superfahrrad« herauskommen wird.

In unserer Geschichte tritt durch den Zweiradmechaniker ein Mensch in das Leben von Max, den er nicht mehr vergessen wird. Dieser Zweiradmechaniker hilft Max nicht nur, sein Fahrrad wieder instand zu setzen, sondern er wird Max auch beibringen, dass es gut ist, dass er dieses Fahrrad jetzt hat, dass er damit zufrieden sein und zutiefst Freude darüber empfinden kann. Er wird Max das Fahrradfahren beibringen und ihm aufzeigen, dass es ihm mit seiner Hilfe möglich werden kann, ein guter Verkehrsteilnehmer zu werden. Ob diese Instandsetzung des Fahrrads, das Erlernen des Fahrradfahrens und das Sich-Eingliedern in eine Verkehrsordnung gelingt, hängt hauptsächlich davon ab, inwieweit sich Max während dieser Zeit frei machen kann von der Sehnsucht nach seinen Eltern, mit denen er ja eigentlich dies alles vollbringen wollte, und inwieweit sich Max auch auf die Zusammenarbeit mit dem Zweiradmechaniker einlassen kann.

3.1.3 Aktive und passive Traumatisierungen

Wenn es einer Mutter aufgrund eigener schwerwiegender Lebensumstände nicht möglich ist, ihr werdendes Kind wirklich zu bejahen, ist trotzdem davon auszugehen, dass die Mutter ihr Kind am Leben halten und gesund zur Welt bringen will. Möglicherweise ist sie hin- und hergerissen in ihrer Absicht, einmal ihrem Kind zutiefst eine gute Mutter sein zu wollen und der massiven Verunsicherung durch quälende Selbstentwertungsmechanismen. Diese außerordentlich labile Mutter wird später oft als »kalt«, »abweisend« und »lieblos« beschrieben, was das betroffene Kind auch so erlebte. Die Mutter selbst war aber nicht in der Lage, sich anders zu verhalten.

> **!** Der psychotherapeutische Mediziner sollte sich in seiner Beurteilung nicht alleine von diesen Beschreibungen des Patienten leiten lassen, sondern er sollte in solchen Fällen unbedingt auch mögliche Hintergründe dieses mütterlichen (oder väterlichen) Verhaltens bedenken. Hier könnte sich dann sehr schnell eine psychische Gesundheitsstörung herausstellen.

Vielleicht zeigt sich, dass diese Mutter (und/oder der Vater), trotz aller für sie möglichen Anstrengungen, sich selbst nicht aus eigener Kraft erfolgreich gegen ihre eigenen, immer wieder andrängenden seelisch-geistigen Störungen durchsetzen konnte. Trotzdem, wie gesagt, wird das Kind Leidtragender dieser psychisch kranken Mutter (Eltern) sein, und die Erfahrungen, die es mit seiner psychisch kranken Mutter (Eltern) macht, können sich bei ihm als sehr destruktive, gegen sein Leben gerichtete Programme verinnerlichen.

Kann ein Mensch nachvollziehen, dass die Peinigungen, also die seelischen oder körperlichen Gewalttaten, denen er ausgesetzt war, nicht absichtlich, also nicht mit freiem, klarem Menschenverstand durchgeführt wurden, sondern eben aus einem kranken geistig-seelischen Zustand des Peinigers heraus, werden deshalb selbstverständlich die seelischen Wunden nicht weniger schmerzhaft. Es kann aber eine Erleichterung für den Leidtragenden eintreten. Es stellt sich ja heraus, dass er nicht *persönlich* gemeint war. Es war weitestgehend »blinde Gewalt«, der er ausgesetzt war.

Um einige entwicklungspsychologische Hintergründe besser verstehen zu können, durch die sich letztlich Gewalt vollzieht, möchte ich zwischen **aktiven** und **passiven Traumatisierungsmodi** unterscheiden.

Ein Kind kann z. B. körperlich misshandelt oder vernachlässigt werden, das ist eine **aktive Traumatisierung**, ebenso seelische Grausamkeiten. Dies ist der Fall, wenn das Kind z. B. immer wieder maßlosen Beschimpfungen ausgesetzt wird oder mit Liebesentzug bestraft wird.

Ein Kind kann aber auch in einem außerordentlich kontakt- und kommunikationsarmen

Elternhaus mit einseitigen (monologen) Beziehungserfahrungen aufwachsen. In so einem Familiensystem versucht entweder jeder für sich alleine z. B. durch Sport oder Arbeit innerlich zur Ruhe zu kommen, oder man reagiert sich emotional bei seinen Familienangehörigen ab, soweit diese sich darauf einlassen. Das heißt, das familiäre Spannungsfeld wird nicht über einen ständigen gedanklichen, aber vor allem emotionalen Austausch, der unter allen Familienangehörigen stattfindet, *dialogisch* reguliert, sondern jeder reagiert sich *monolog* über den anderen auf seine Weise ab. Effektive Kommunikation im eigentlichen Sinn findet kaum statt. Da ein Kind, das in so ein kommunikationsarmes Elternhaus hineingeboren wird, kein angeborenes Wissen bezüglich eines dialogischen Beziehungsmodus hat, nimmt es zwangsläufig das hin, was die Familienangehörigen ihm beibringen bzw. ihm abverlangen. In einem Elternhaus, in dem kein Wert auf emotionale Kommunikation gelegt wird, ist das Neugeborene, der Säugling, das Kleinkind das schwächste Glied der Familie. Ohne dass dies von einem Außenstehenden zu erkennen wäre, können sich familiäre Spannungen auf das Neugeborene, den Säugling, das Kleinkind übertragen. Das Kind kommt dabei in massive affektive Krisen, weil keine emotionale Kommunikation stattfindet. Dies bezeichne ich als **passive Traumatisierung**.

Da in einem kommunikationsgestörten Familiensystem die emotionale/affektive Überforderung des Kindes schon sehr früh einsetzt und sich die neuronalen Regulationsmechanismen gerade erst entwickeln, kann bei dieser **kumulativen Traumatisierung** eine depressive Entwicklung eingeleitet werden.

Diese destruktiven Erfahrungen, die später als endogene Stressoren wirksam werden können, codieren sich, wie alle anderen Erfahrungen auch, im Gedächtnis des Kindes (in diesem Fall im neuronalen Anpassungssystem). Die destruktiven Stressoren können jederzeit auch später wieder aktiviert werden und sich resonant zum Gegenwartserleben erinnern. Je nach Reife und Leistungsvermögen der neuronal-mentalen Regulationsmechanismen kann es später wieder durch diese aktivierten destruktiven neuronalen Stressoren zu einer schweren depressiven Symptomatik kommen. Sie können aber auch ein destruktives Verhalten evozieren, dem gegenüber der Mensch entweder als »körperlich Kranker« oder »schwer Verhaltensgestörter« hilflos ausgeliefert ist. Er wird zum »Erfüllungsgehilfen« dieser »destruktiven Programme«, ohne wirklich zu wissen wie ihm geschieht.

Inwieweit der Mensch später nach Ausreifen der neuronal-mentalen Regulationsmechanismen mit seinen mentalen Kräften diese destruktiven Motivationen effektiv außer Kraft setzen kann, kann nur in einer psychosomatischen, psychotherapeutischen Behandlung festgestellt werden.

Werden z. B. durch eine aktuelle Katastrophe die genannten destruktiven Beweggründe bei einem Menschen aktiviert, der gerade in keiner guten psychischen Verfassung ist, besteht bei ihm jetzt größte Gefahr, dass durch diese aktuelle Krise seine labile psychische Belastbarkeit in einem sich selbst verstärkenden Prozess zunehmender Destabilisierung schneller zusammenbricht als die **neuronalen**, später eventuell auch die **mentalen Regulationsmechanismen** in der Lage sind, gegen diese andrängende Desorganisation reorganisativ tätig zu werden. Diese neuronal-mentalen Regulationsmechanismen haben sehr viel mit den **angeborenen Selbsterhaltungskräften** gemeinsam. Erfahrungsgemäß gehen bei dieser Reorganisation Elemente aus dem Archaiksystem in diese neuronal-mentalen Regulationsmechanismen ein und stärken sie.

3.1.4 Neuronal-mentales Entwicklungsniveau

Bei dem von einer außergewöhnlichen Belastung betroffenen Menschen, der möglicherweise im Moment einer stattfindenden Katastrophe nicht gerade in seiner besten Persönlichkeitsverfassung ist, wäre es medizinisch in jedem Fall wünschenswert, dass diese neuronalen Regulationsmechanismen eine so weitgehende Restitution der eingetretenen neuronalen Desorganisation herstellen, dass es ihm zumindest wieder möglich wird, auch von sich selbst aus, also mental, in diese Regulationsmechanismen einzugreifen. Dadurch wird es möglich, ein noch besseres, möglicher-

3.1 Allgemeine Betrachtungen

weise weniger symptomatisches, Ergebnis zu erreichen.

Hier stellt sich jetzt die Frage nach der Qualität des Erreichten. Deneke schreibt in seinem Buch »Psychische Struktur und Gehirn« (1999):
»*Die seelisch-geistige Struktur ist die höchst entwickelte Struktur, die das menschliche Gehirn ausbildet. Diese Struktur – und ich drücke dies sehr bewusst metaphorisch aus – ›trägt‹ uns durch unser Leben und wir fühlen uns ›getragen‹, wenn in dieser Struktur die Mittel verfügbar und aktivierbar sind, um den Anforderungen eines jeden Augenblicks begegnen zu können. Dieses Getragenwerden ist im Normalfall ein selbstverständliches Empfinden, das einfach ›da‹ ist. Ein solches Empfinden ist üblicherweise weder Gegenstand noch Ergebnis von Reflexionsprozessen. Es wird uns als solches auch zumeist nicht bewusst. Es begleitet uns als stille, präreflexiv existierende Gewissheit. Eine Bewusstheit des Getragenwerdens taucht vielmehr erst auf, wenn es nicht mehr wie selbstverständlich ›da‹ ist. So tritt das Getragenwerden gewissermaßen erst als Negativ deutlich hervor, wenn es brüchig zu werden droht oder geworden ist. Und dies wiederum wird uns erst im Erleben unabweisbar bewusst: wir bekommen nämlich Angst. So ist denn die Angst der wichtigste Indikator für die Verflüchtigung der Gewissheit, durch unsere Struktur – und das heißt: die in ihr gewonnene persönliche Erfahrungsgeschichte – gehalten und getragen zu werden.*« (S. 184)
Man kann also davon ausgehen, dass die Regulationsmechanismen auf eine weitestgehende Wiederherstellung des strukturellen und emotionalen Entwicklungsniveaus, das vor Eintreten der außergewöhnlichen Belastungssituation bestanden hat, hinarbeiten. Das heißt auch, dass durch sie eine gewisse Tragfähigkeit und Beständigkeit der Persönlichkeit eines Menschen aufrechterhalten wird, in der wir uns – so Deneke – »getragen« fühlen können. Es ist eine Stimmung die man am besten mit Wohlbefinden beschreibt.

Intrapsychische Homöostase

Das **neuronal-mentale Entwicklungsniveau** ist aber keine beständige Größe, sondern entspricht eher einem Fließgleichgewicht mit hohen Ausschlägen in Richtung Angst, Schmerz und Verzweiflung oder Antriebsminderung, Kraftlosigkeit, Müdigkeit (Schlaf) und innerer Leere. Zudem sind folgende Ich-Funktionen keine konstanten Größen:
- die **Stimmung**, in der wir uns befinden
- die Aufmerksamkeit und Fähigkeit, sich im Moment etwas scharf vor seinem geistigen Auge abzubilden (**Konzentrationsfähigkeit**)
- der **Impetus** (innerer Antrieb, Schwung, Kraft)
- die **Interessenslage**, sich auf eine Sache, Angelegenheit einzulassen (Neugierde, Unternehmungsgeist, Abenteuerlust, Erlebnishunger)
- die Fähigkeit, gegenwärtig Enttäuschungen, Niederlagen, Verluste zu verkraften (**Frustrationstoleranz**)
- die Sicherheit, sich weitestgehend frei, also willkürlich bewegen zu können (**Psychomotorik**) usw.

Vielmehr sind diese genannten Ich-Funktionen Ausdruck eines ständig sich in uns einregulierenden Fließgleichgewichtes (Homöostase).

Es sind die neuronal-mentalen Regulationsmechanismen, durch die dieses Fließgleichgewicht immer wieder aufs Neue hergestellt wird und die die ständigen Veränderungen unserer Persönlichkeitsverfassung, die durch »äußere« (psychosoziale) und »innere« (biopsychische) Einflüsse verursacht werden, ständig ausgleichen. Wie schon erwähnt, hängt das Fließgleichgewicht auch von der jeweiligen **neuronalen Verfassung** der mnestischen Systeme (Archaik-, Anpassungs- und Selbstsystem) ab, ebenso von der im Moment vorhandenen **mentalen Verfassung** (Ich-Stärke, Intelligenz usw.) und dem Gegenwartserleben, dem der Mensch momentan ausgesetzt ist.

Da hierbei unterschiedliche, also genetisch verankerte, über die Anpassung an die Umwelt erworbene und der Identität des Menschen entsprechende motivationale Systeme zum Einsatz kommen, lassen sich keine für alle Zeiten gültigen, also absoluten Werte, Normen, Ziele und Zwecke finden, auf die die Menschen ihr individuelles Fließgleichgewicht einzustellen haben und ihr Handeln danach ausrichten. Es sind zu viele Kräfte, die in diesem »Chaos der Beweggründe« mitbestimmen, z. B.:

- Arterhaltung
- Selbsterhaltung
- Selbstachtung
- Menschenwürde
- Respekt
- Toleranz

Wenn sich also ganz unterschiedliche Menschen miteinander auf eine »Normalität« einigen, diesbezüglich auch Gesetze und Regeln (z. B. Sitten und Gebräuche) aufstellen, nach denen sich eine menschliche Gesellschaft richten soll, ist dies *eine* Leitlinie von vielen möglichen Leitlinien, die Menschen aus ihrem jeweiligen genetischen Vermögen, Anpassungsvermögen und ihrer Selbstwirksamkeit heraus geschaffen haben. Indem Menschen jetzt ihr Denken, Fühlen, Wollen und Handeln nach diesen willkürlichen Leitlinien ausrichten, haben diese Normen einen regulierenden Einfluss auf das »innere Fließgleichgewicht« und können diese Menschen wirksam auf ihre jeweilige Umwelt einstimmen.

Die Gesamtheit von so genannten »Lebensnormen«, die das zwischenmenschliche Leben in einer Gesellschaft regulieren, z. B. die Moral, der sich eine Gesellschaft unterwirft, kann jetzt die genetisch vorprogrammierte Selbstentwicklung und die Entfaltung eines personalen Ichs, also seine persönliche Freiheit fördern oder wie dies z. B. in totalitären Staaten der Fall ist, gewaltsam einschränken.

Grundsätzlich geht man in der **Objektgestützten Psychodynamischen Psychotherapie** davon aus, dass man seine
- im Moment bestehende Stimmungslage,
- Wirklichkeitswahrnehmung,
- Erlebnisverarbeitung,
- gegenwärtig gelebten sozialen Beziehungen,
- momentanes Verhalten,
- jetzige körperliche Befindlichkeit,
- also seine »Gemütsverfassung«

ganzheitlich erlebt, wobei dieses einheitliche Erleben durch die ständige Wirksamkeit dieses »inneren Fließgleichgewichts« möglich wird. Es handelt sich also um ein **relatives** veränderbares Fließgleichgewicht, das jederzeit theoretisch auf eine andere Norm eingestellt werden könnte.

Der Mensch ist als Person jeden Tag herausgefordert, mental, also kraft seiner selbst, sowohl aktiv als auch passiv dazu beizutragen, sein »inneres Gleichgewicht« immer wieder aufs Neue so einzustellen, dass seine »Gemütsverfassung« in Abstimmung mit seiner Umwelt (informelle und emotionale Kommunikation) für ihn »passt«, »stimmt« ihm »gut tut«, er aber vor allem dabei die größtmögliche Steuerungsfähigkeit und Lebenstüchtigkeit an den Tag legen kann.

Treten also durch ein traumatisches Gegenwartserleben noch zusätzlich dysfunktionale Orientierungen, Motive und Motivationen ins Bewusstsein (Retraumatisierung oder Reaktualisierung eines unbewältigten Traumas), kann die Handlungsfreiheit eines Menschen weitestgehend aufgehoben werden. In so einem Fall treten um dieses »innere Fließgleichgewicht« annähernd stabil zu halten, sofort die neuronal-mentalen Regulationsmechanismen in Kraft mit dem Ziel, die größtmögliche neuronale und damit auch mentale Reorganisation zu erreichen. Hierbei spielt eine wichtige Rolle:
- das Ausmaß der dysfunktionalen Motivationen des Anpassungssystems und das daraus evozierte obsessive Verhalten
- die motivationalen Systeme des Archaiksystems und des Selbstsystems
- das Ausmaß der Gewalt im Gegenwartserleben

3.1.5 Stellenwert der Kommunikation im Leben des Menschen

Die Kommunikation ist ein *mentaler* Regulationsmechanismus

> Durch die äußere, responsive Resonanz im zwischenmenschlichen Dialog resultiert durch viele neuronal-mentale Verarbeitungen, also über »innere Prozesse«, letztlich in uns die Entwicklung des Selbstkonzeptes, aus dem heraus die für uns Menschen so existenziell wichtige selbstreflektive Resonanz stattfindet und zeitlebens aufrechterhalten wird. Durch dieses »psychische Herz« sind wir dann auch in der Lage, als Personen im dialogischen Beziehungsmodus wieder responsiv auf unser Gegenüber einzugehen.

3.1 Allgemeine Betrachtungen

Wir wissen heute zunehmend mehr über die neuronalen Hintergründe von psychischen Krankheiten. Es fehlen aber immer noch Forschungsergebnisse, die repräsentativ darüber Auskunft geben, inwieweit es den Menschen möglich ist, aus sich selbst heraus, als Person, bei diesen intrapsychischen Reparationen erfolgreich tätig zu sein und inwieweit dieses »mentale Tätigsein« um der eigenen Existenz willen von **außen**, z. B. durch Psychotherapie in Gang gesetzt, unterstützt und gefördert werden kann. Vor allem besteht die Frage inwieweit von außen über einen spezifischen interpersonalen, psychotherapeutischen Kontakt intrapsychische Störfaktoren, z. B. dysfunktionale Orientierungen, Motive und Motivationen aus dem Anpassungskonzept neutralisiert werden können oder nicht. Ich möchte hier nochmals aus Andrew Solomons Buch »Saturns Schatten – die dunklen Welten der Depression« (2002) zitieren:

»*Das Umfeld von Depressiven erwartet, dass diese sich zusammenreißen: für Trübsalblaser hat unsere Gesellschaft wenig Raum. Ehepartner, Eltern, Kinder und Freunde sind selbst von Schwermut bedroht und wollen sich schützen. Im Tief einer schweren Depression kann niemand mehr tun, als um Hilfe zu bitten (manchmal nicht einmal das), man muss sie dann aber auch annehmen. Sogar PROZAC, von dem viele Wunderdinge erwarteten, hilft meiner Erfahrung nach nicht ohne unser Zutun. Hier einige Grundregeln: Höre auf Menschen, die dich lieben. Glaube an sie und wenn es noch so schwerfällt. Suche nach den Erinnerungen, die im Schwarz versanken, und male Dir danach eine Zukunft aus. Sei tapfer, sei stark. Nimm deine Pillen. Trainier, auch wenn Du dich bleiern fühlst, denn es tut Dir gut. Überwinde deinen Ekel und iss. Komm wieder zu Verstand, nachdem Du ihn verloren hast. Diese Ratschläge mögen platt klingen, doch um die Depressionen überwinden zu können, muss man sie zurückweisen, darf sich nicht an sie gewöhnen: sperre die auf dein Inneres einstürmenden Schreckgespenster aus.*« (S. 30)

Gelingt es also dem an einer Depression erkrankten Menschen die ausgestreckte Hand eines Menschen zu ergreifen und kann sich dieser Depressive trotz aller »Schreckgespenster« (schreckliche Erinnerungen, alte seelische Narben, die durch äußere Erlebnisse wieder aufgerissen werden) wieder auf Menschen einlassen, so kann man grundsätzlich davon ausgehen, dass durch diese wieder in Gang gesetzte Kommunikation nicht nur ein gedanklicher, sondern vor allem **emotionaler Austausch** stattfindet, der dem depressiven Menschen gut tut, da sich durch diese **erlebte** Beruhigung »ausgeschaltete« neuronale Netze wieder Zug um Zug »einschalten« können.

Hier taucht aber ein Problem auf. Durch das »Einschalten« werden erfahrungsgemäß jene dysfunktionalen Orientierungen, Motive und Motivationen wieder ins Leben gerufen, die vor kurzem die neuronale Kapazität überlastet haben und letztlich zu dem neuronalen Zusammenbruch, den der Mensch als Depression erlebte, führten. Da der depressive Mensch diese wiedereinsetzenden Lebenszeichen nicht gleich als Durchgangsstadium hin zur Besserung verstehen und erleben kann, besteht große Gefahr, dass er bald wieder »abschaltet« und in seine alte »Starre« zurückfällt. Gelingt es ihm aber, diese oft schrecklichen Lebenszeichen als Durchgangsstadium zu begreifen und **mental**, also bewusst, weiter im Kontakt mit Menschen zu bleiben, die ihn aushalten und ihn auch entlasten können, hat er eine große Chance, dass auf diese erste Stufe der **neuronalen Regulation** eine zweite und eine dritte usw. folgt. Es sind Stufen, die erfahrungsgemäß meist einhergehen mit Beschwerden, die aber rückläufig werden, je mehr der Depressive für den **dialogischen Beziehungsmodus** zugänglich bleibt. Aber auch die Umwelt muss ihm gegenüber immer wieder bereit sein, den dialogischen Beziehungsmodus einzusetzen. Hier wird deutlich, dass eine Psychotherapie in so einem Fall keine Angelegenheit von Wochen und Monaten, sondern eine Angelegenheit von Jahren ist, wobei die einzelnen psychotherapeutischen Kontakte zu Beginn im stationären Rahmen kurz und hochfrequent sein sollen und mit der Zeit, vor allem ambulant, zunehmend niederfrequenter stattfinden können.

Folgende Frage bleibt nach wie vor unbeantwortet: Wann ist der Mensch mit einer tiefergreifenden emotionalen Störung in der Lage, von sich aus, also kraft seiner Person, seine zentralnervösen Regulationsmechanismen so zu beeinflussen, dass auch er selbst wirksam zu seiner Besserung beitragen kann?

Bekannt ist, dass es den Menschen, die in einer tiefen seelischen Not getröstet werden können, anschließend wieder besser geht. Ebenso weiß man, dass es beim Stillen erst in zweiter Linie um die Milch geht, die das Kind zum Leben braucht. In erster Linie geht es darum, dass die Mutter ihr Kind erst einmal so weit bringt, dass es selbstständig Milch zu sich nehmen kann. Da der menschliche Säugling alleine nicht dazu imstande ist, sich selbst zu beruhigen und regulierend auf seine überforderten neuronalen Netzwerke einzuwirken, braucht der menschliche Säugling seine Mutter, die Spannungen reduzieren hilft. Ohne das Eingreifen einer Mutterfigur, so Mahler,
»... neigt das Kind in den ersten Lebenswochen dazu sich von Reizen überwältigen zu lassen, was sich in vermehrtem Schreien und anderen motorischen Manifestationen eines undifferenzierten negativen Affekts ausdrückt.« (Mahler 1980, S. 59)
Der menschliche Säugling ist also zunächst auf Gedeih und Verderb seiner Umwelt ausgeliefert und auf Beruhigung, Trost, Regulation von außen angewiesen. Das heißt, eine Mutter macht ihr Kind, ohne dass ihr das besonders bewusst wird, zunächst **still** – das ist also zunächst die tiefere Bedeutung von »Stillen«. Die Mutter nimmt vieles von dieser kindlichen Unruhe auf sich, damit der Säugling aus seiner Übererregung herausfindet und sich bei ihm die notwendige Kraft zum Saugen einstellt. Hierbei handelt es sich um eingespielte, überlieferte und biologisch unterstützte Beziehungsrituale. Der Mensch macht bereits in diesen ersten Lebenswochen Selbst-Objekt-Erfahrungen, durch die er den lebensnotwendigen Stellenwert der Kommunikation kennen lernt.

Er macht die Erfahrung, dass Bindungen an seine Mutter, später an seinen Vater und andere Bezugspersonen, so schnell sie sich auch im Zuge seiner Entwicklung (Individuation) quantitativ und qualitativ ändern mögen, für ihn lebensnotwendig sind. Durch diese gesunden Bindungserfahrungen, denen ja im eigentlichen Sinne fließende Trennungs- und Bindungserfahrungen zugrunde liegen, die ununterbrochen auf immer reifere Bindungsformen mit möglichst hoher Selbstsicherheit, personaler Freiheit und Lebensfähigkeit zustreben, lernt der Mensch fast »automatisch«, dass die **Kommunikation** ebenso wichtig ist wie Essen, Trinken, Schlafen usw.

3.1.6 Trauerarbeit

Als Beispiel für die Tätigkeit *neuronal-mentaler* Regulationsmechanismen

Ein durch einen sehr schweren Verlust getroffener Mensch wird nach einer Zeit des Rückzugs (**psychischer Schock**) – so weit er dazu in der Lage ist – versuchen, Menschen zu finden, die sich seiner annehmen und ihn zu trösten vermögen. »Geteiltes Leid ist halbes Leid« sagt ein Sprichwort, und es weist darauf hin, dass der Not leidende Mensch *alleine* kaum aus seiner Verzweiflung, in die er durch einen großen Verlust gestürzt wird, wieder herausfindet. Es ist für Menschen kaum möglich, die seelischen Schmerzen und die panischen Ängste, die sich z. B. nach einem schweren Verlust einstellen, alleine auszuhalten: »Das tut so schrecklich weh, ich weiß gar nicht, wie ich diesen Verlust verschmerzen kann.« Und später, wenn es diesem Menschen wieder besser geht: »Ich danke dir, dass du für mich da warst, durch deinen Beistand wurde der Schmerz für mich erträglicher.« Diesen schmerzlichen Zustand wird dieser Mensch in der Regel noch eine längere Zeit ertragen müssen, weil ein Verlust, der einem so nahe geht, auch immer mit einer tiefen Kränkung einhergeht. Es ist eine Kränkung, die den ganzen Menschen herausfordert mit den nach wie vor auftretenden Panik- und Angstzuständen immer wieder aufs Neue fertig zu werden. Dies möchte ich jetzt noch genauer ausführen:

Oft münden solche Krisen in einen Rückzug in die Einsamkeit »weil einem ja sowieso keiner helfen kann und man letztlich mit allem alleine fertig werden muss«. Andere Menschen reagieren auf schwere Krisen **depressiv**, verleugnen das schmerzliche Ereignis und tun so, als wäre nichts geschehen. Dem Menschen ist es aber grundsätzlich möglich, als Leidtragender wieder aus der Verzweiflung herauszufinden, sich durch Lebenskrisen nicht verrückt machen zu lassen und die depressive Verarbeitungsweise so lange zu nutzen, bis man wieder in der Lage ist, sich der notwendigen **Trauerarbeit** zu stellen. Diese Trauerarbeit wäre also das Letzte, aber auch das Menschlichste, was man für den Menschen, der einem so ans Herz gewachsen war, noch tun kann.

3.1 Allgemeine Betrachtungen

Bei der Trauerarbeit geht es dann nicht »aus den Augen, aus dem Sinn«, sondern durch diese Trauerarbeit wird es dem Leidtragenden möglich, ein »lebendiges inneres Bild« im wahrsten Sinne des Wortes, ein Andenken entstehen zu lassen. In jeder Kultur haben die Trauerzeremonien und Trauerrituale einen festen Platz. In früheren Zeiten musste der Mensch nach einem Verlust bei einer Lebenserwartung von unter 50 Jahren wieder mit seiner vollen Kraft in seine jeweilige Lebensgemeinschaft zurückfinden, er wurde ja dort als vollwertiges Mitglied gebraucht. Und da die depressive Verarbeitung dem Menschen einen großen Teil seiner Lebenskraft raubt, wurden in diesen Lebensgemeinschaften die leidtragenden Menschen zur Trauerarbeit aufgefordert, hingeführt, damit sie so schnell wie möglich ihren Verlust bewältigen und wieder als vollwertige Mitglieder in ihrer Gemeinschaft wirksam werden konnten.

Durch diese meist ritualisierte Trauerarbeit, die am besten gemeinsam stattfindet und letztlich von dem »Hinterbliebenen« alleine zu Ende geführt werden muss, wird also nicht nur »getröstet« und dadurch vorübergehend »beruhigt« und »entlastet«, sondern die gesamte, durch den eingetretenen Verlust zunächst lebensbedrohlich erscheinenden Wirklichkeitserfahrungen werden jetzt in vielen positiven zwischenmenschlichen Einzel- und Gruppenerfahrungen immer wieder erinnert und durchgearbeitet. Letztlich geht so nach vielen durchlebten und dabei überwundenen Verzweiflungen, Schmerzen und Ängsten das unwiederbringlich Verlorengegangene in die vielen positiven Einzel- und Gruppenerfahrungen mit ein. Der Verlust wird dadurch jetzt erträglicher, und das zuvor Vernichtende bleibt aus.

Die Trauerarbeit lebt also von den positiven zwischenmenschlichen Erfahrungen. Durch sie wird einem zwar der Verlust erst richtig bewusst, gleichzeitig wird er aber auch durch die Anteilnahme zunehmend erträglicher. Da es nach wie vor nicht möglich ist, diese **Anteilnahme**, deren beruhigende Wirkung jeder schon einmal erlebt hat, erkenntnistheoretisch zu fassen, versuche ich das Wesentliche in einem Bild zu veranschaulichen: Durch die Verbindlichkeit, mit der die Anteilnahme stattfindet, tut sich meines Erachtens eine Art »Beziehungskanal« zwischen den Beteiligten auf und wie auch immer dies erfolgen mag, übernimmt der Anteilnehmende einen Teil des Unerträglichen, mit dem der Leidtragende alleine nicht klar kommt. Ist dieser Trost zunächst, als wichtiger Anstoß für die Trauerarbeit, ein einseitiger Vorgang, kann er im Weiteren durchaus in einen emotionalen Austausch übergehen, vorausgesetzt der Leidtragende ist dazu in der Lage. Diese positive Wirklichkeitserfahrung (**positiver Episodenkontext**) hat jetzt einen objektstützenden Effekt, da der Anteilnehmende rückhaltgebend beim Leidtragenden tätig wird. In einem weiteren Schritt kann jetzt dieser positive Episodenkontext mit all seinen Erfahrungen im Anpassungssystem ins Selbstsystem übernommen und dann im Selbstkonzept **rückhaltgebend** wirksam werden. Dies könnte folgendermaßen stattfinden: Kommt es beim Leidtragenden durch die Hilfe der Anteilnehmer zu einem effektiven emotionalen Austausch, so trägt dabei der Leidtragende mit zur Bildung positiver Episodenkontexte (**mentale Regulation**) bei. Es sind jetzt vor allem positive Erinnerungen an das Verlorengegangen, aber auch positive Gegenwartserfahrungen (z. B. die durch den Trost erfahrene Beruhigung) also positive Bilder, an das Unwiederbringliche, die zunächst im Anpassungssystem des Leidtragenden gespeichert werden. Durch diese Trosterfahrung kann also durchaus ein zunehmend positiv getöntes Verlustbild entstehen, das dann über die intrapsychische Identifikation ins Selbstsystem aufgenommen wird und dann auch im Selbstkonzept wirksam werden kann. So gesehen wäre die Trauerarbeit ein sich selbst verstärkender Prozess, der letztlich eine Zunahme des Selbstkonzeptes zur Folge hätte. Mit der Zeit wird hier also das Verlorengegangene weniger schmerzlich, und es wird auch mehr und mehr zu einer guten Erinnerung. Dabei wird das Verlorengegangene ein Stück von einem selbst und trägt dadurch zur Stärkung der Selbstsicherheit, der Selbstwirksamkeit und des Selbstbildes bei. Schließlich könnte gute Trauerarbeit in dem Hinterbliebenen sogar eine Art Lebensfreude erzeugen, weil er durch diese gelungene Trauerarbeit wieder »gestärkt« in sein eigenes Leben zurückfindet.

Ein **Bindungsverlust** von objektstützenden Beziehungen, also die Trennung von geliebten Menschen, geht immer einher mit hohen Affekten, egal ob sie vom betroffenen Menschen bewusst erlebt werden können oder nicht. Hierbei überwiegen erfahrungsgemäß die **aggressiven Affekte**, die durch einen »Bindungsverlust« sofort aus dem Archaiksystem ins Leben gerufen werden. Es sind genetisch verankerte Lebenserhaltungsmechanismen, die z. B. im Archaikkonzept als Neid/Gier usw. bewusst und auch motivational über ein entsprechend evoziertes Verhalten in Kraft treten können. Etwas, was der Mensch als ihm zugehörig erlebt hat, ist unwiderruflich verloren gegangen. Dadurch kann er sich zunächst in seiner menschlichen Integrität beschädigt fühlen.

Die weitere Entwicklung hängt jetzt von der Qualität des Anpassungssystems und Selbstsystems sowie von dem dazu identischen Anpassungskonzept und Selbstkonzept ab:
- Je weniger im Bewusstsein des Menschen das rückhaltgebende Selbstkonzept funktioniert und
- je mehr dysfunktionale Orientierungen, Motive und Motivationen aus dem Anpassungskonzept zur Wirkung kommen und sich mit den archaischen Motivationen vermischen,
- desto eher treten die **neuronalen** und weniger die mentalen Regulationsmechanismen auf den Plan.

Kann sich das personale Ich im Moment durchsetzen und behaupten, ist der Mensch im Moment in der Lage, die überbordenden archaischen Beweggründe und dysfunktionalen Motive aus dem Anpassungskonzept zu dominieren, wird er sofort nach Hilfe suchen, weil er trotz aller existenzieller Erschütterung immer noch sehr gut registrieren kann, dass diese »entfesselten inneren Zustände« seine ihm zur Verfügung stehenden Kräfte überfordern. Er wird sofort die angebotene Hilfe annehmen oder er wird mit all seinen zur Verfügung stehenden Kräften jemanden um den notwendigen Beistand bitten. Obwohl es ihm noch sehr schwer fällt, sich mit seinen Mitmenschen gedanklich, aber vor allem emotional auszutauschen, *will* dieser Mensch aus seiner Verzweiflung herausfinden. Dies ist der **Beginn der Trauerarbeit**.

In so einem psychischen Zustand bekommt der Mensch das Entsetzen und die existenzielle Erschütterung, die der Verlust in ihm ausgelöst hat, gar nicht bewusst mit. Der Mensch »überspringt« hier sozusagen die mit der existenziellen Krise einhergehenden panischen Affekte und **reagiert** sofort **desorganisativ**. Er ist dieser sofort einsetzenden psychischen Desorganisation ausgeliefert, bei der hauptsächlich die **neuronalen Regulationsmechanismen**, die weitestgehend unbewusster Natur sind, in Kraft treten. Dieser Mensch wird mit den jeweiligen Ergebnissen der neuronalen Regulationsmechanismen konfrontiert, und ohne dass er weiß wie ihm geschieht, reagiert er **depressiv**, oder die Ergebnisse dieser neuronalen Regulationsmechanismen »verkörpern« sich bei ihm z. B. als **funktionale** oder **läsionale Gesundheitsstörungen**. Den regulativen Abläufen, die zu diesen Symptomen geführt haben, steht der Mensch weitestgehend bewusstseinsfern gegenüber. Hier bleibt die Trauerarbeit zunächst aus.

Es ist davon auszugehen, dass ein krisengeschüttelter Mensch gar nicht anders kann, als zunächst den erlebten schrecklichen Verlust depressiv zu verarbeiten. Über den Einsatz neuronaler Regulationsmechanismen tritt jetzt im Bewusstsein dieses Menschen an Stelle des zuvor lebensbedrohlichen Erregungsmaterials eine Art Leere, die zwar quälend sein kann, aber dadurch wird es diesem Menschen wieder möglich, einigermaßen »klar zu kommen«, »klar zu denken«, sich wieder dem Alltag hinzuwenden, um das Notwendigste, was der Alltag ihm abfordert, tun zu können, auch wenn ihm jetzt ein Großteil seiner Antriebskraft nicht mehr zur Verfügung steht. Es ist auch ein Zustand des »In-sich-Verschlossen-Seins« um ja nicht mit noch mehr Unverträglichem überfordert zu werden. Setzen in diesem Durchgangsstadium zwischenmenschliche Erfahrungen ein, beginnt dieser Mensch in seinem Anpassungskonzept positive Episodenkontexte aufzunehmen, die auch mit dem vorausgegangenen Verlusterlebnis in Verbindung gebracht werden können.

Im Weiteren kommt dieser trauernde Mensch durch die hilfreiche Unterstützung von Seiten

3.1 Allgemeine Betrachtungen

seiner Umwelt nicht nur auf »andere Gedanken«, sondern die Menschen, die für ihn da sind und ihm so tatkräftig beistehen, verinnerlichen sich in seinem Anpassungskonzept. So entstehen die notwendigen **positiven Selbst-Objekt-Kontexte**. Durch sie werden die aktuellen, durch den gerade erlebten Verlust entstandenen negativen Episodenkontexte wieder aushaltbarer und annehmbarer. Aber es besteht auch die Chance, dass die für lange Zeit verdrängten und nach wie vor unbewältigten »alten« dysfunktionalen Orientierungen, Motive und Motivationen aus früheren Zeiten, die durch diese aktuellen Objekt-Verlust-Erlebnisse wieder erinnert werden, ebenfalls neutralisiert und dadurch erträglicher werden.

Im Laufe der Trauerarbeit können also auch alte, jetzt wieder neu aufgerissene seelische Wunden erfolgreich versorgt werden. Gelingt diese »neuronal-mentale Trauerarbeit«, in der die Kommunikation die wesentlichste Rolle spielt, finden immer wieder Identifikationen mit dem »verlorenen Objekt« statt, wodurch sich das **neuronale Selbstsystem** und das dazu identische **mentale Selbstkonzept** ständig weiterentwickeln kann.

Zur besseren Übersicht, inwieweit einmal die neuronalen Regulationsmechanismen, ein anderes Mal die mentalen Regulationsmechanismen und wieder ein anderes Mal diese beiden Regulationsmechanismen synergistisch funktionieren, versuche ich, den Ablauf der Trauerarbeit zu systematisieren:

1. Phase: In der ersten Phase der Trauerarbeit kann der betroffene Mensch das verloren gegangene Objekt »**vergessen**«, oder der zu dem Verlust gehörige Affekt, also die Verzweiflung, der Schmerz, die Angst wird dem Menschen gar nicht bewusst, wird abgespalten. Er reagiert gegenüber dem Verlustereignis zunächst nach außen hin völlig gleichgültig, unbeteiligt, unberührt und sachlich.

Erst wenn es für diesen, nach außen hin »gefühlskalten« Menschen möglich wird, wieder Zugang zu seinem Leben, zu seinem Alltag zu finden und er dabei auch wieder bereit wird, sich auf die außerordentliche Belastung, der er ausgesetzt war und den damit verbundenen kritischen Affekten einzulassen, tritt dieser Mensch in die zweite Phase der Trauerarbeit ein.

2. Phase: Die zweite Phase beginnt nach einer gewissen Zeit (bis 6 Monate nach dem Verlustereignis). Die »innere« Bereitschaft mit mentaler Kraft aus der Depression herauszufinden, braucht auch die Bereitschaft von Menschen, die diesem Leidtragenden von »außen« tatkräftig helfen, damit dieser mit seinem Leid fertig werden kann. Es ist der **dialogische Beziehungsmodus**, die Kontakt- und Kommunikationsfähigkeit, die hier von beiden Seiten gefragt ist, wenn dem Menschen sein zuvor verdrängtes Leid in seinem ganzen Ausmaß zunehmend bewusster wird und er immer wieder in tiefe Verzweiflung stürzen kann.

Durch die einsetzende Kommunikation, also durch den jetzt immer öfter stattfindenden gedanklichen, aber vor allem effektiven emotionalen zwischenmenschlichen Austausch kann der verzweifelte Mensch zunehmend besser diese kritischen Affekte aushalten, findet letztlich aus seiner Verzweiflung heraus, beginnt wieder klarer zu denken, eindeutiger zu fühlen, nimmt jetzt auch wieder mehr Kontakt mit seiner Umwelt auf und kommt jetzt in die dritte Phase der Trauerarbeit.

3. Phase: In dieser Phase schmerzt ihn der vorausgegangene Verlust jetzt spürbar. Diese **seelischen Schmerzen** werden den Leidtragenden in der nächsten Zeit begleiten und ihn immer wieder mehr oder weniger heimsuchen: »Es tut so schrecklich weh, wenn ich an unser Kind denke, das nicht mehr da ist ...« Da aber der Hinterbliebene auf den dialogischen Beziehungsmodus zurückgreifen kann, beginnt sich dieser seelische Schmerz in den vielen zwischenmenschlichen Kontakten zu verändern.

4. Phase: In der vierten Phase der Trauerarbeit beginnt sich der seelische Schmerz immer mehr in ein **Angstgefühl** zu wandeln: »Wie soll es jetzt ohne meinen Mann mit mir weitergehen?« Hier ist etwa die Hälfte der Trauerarbeit geleistet. Aufgrund des nach wie vor bestehenden gedanklichen, aber vor allem emotionalen zwischenmenschlichen Austausches beginnt sich der leidtragende Mensch in diesem Angststadium immer öfter Gedanken zu machen, wie er jetzt in seinem Leben ohne diesen so wichtigen, liebgewordenen Menschen oder ohne die für ihn so wichtige Sache zurechtkommen mag. Nicht mehr die durch das Verlustereignis bei ihm entstandene existenzielle Erschütterung steht für den Leidtragenden jetzt im Vordergrund, sondern das verloren gegangene Objekt selbst tritt immer mehr in den Mittelpunkt seiner Trauerarbeit. In dieser vierten Phase wird dem Leidtragenden immer mehr die Tragweite des Verlustes bewusst, und er wird langsam mit den notwendigen »Aufräumarbeiten« beginnen. Er wird sich immer öfter Gedanken machen, wie er den durchgemachten Verlust für sich ausgleichen kann. Sicher braucht er noch Zeit für die praktische Umsetzung dieser Gedanken, aber er wird erste Schritte in dieser **Neuorientierung** unternehmen.

5. Phase: In der fünften Phase der Trauerarbeit beginnt der Trauernde mit einer **Nähe-Distanz-Regulation** gegenüber dem Verlustereignis. Dem Menschen tritt der wirkliche Abbruch der Gemeinsamkeitserfahrungen immer deutlicher vor Augen, er beginnt den Verlust des Vertrauten zu realisieren und findet Zugang für die Bewältigung seines Alleinseins. Waren es anfangs spontane Reaktionen aus einer tiefen Hilflosigkeit heraus, die ihn zu Menschen führten und er dann durch deren Hilfe die vielen Verzweiflungen, Schmerzen und Ängste einigermaßen aushalten konnte, nahm er im weiteren Verlauf immer öfter gezielt zwischenmenschliche Hilfe in Anspruch und hauptsächlich dann, wenn er alleine nicht mehr klar kam. In der fünften Phase bedankt er sich öfter bei seinen Mitmenschen, die ihm geholfen haben und bittet sie immer seltener, ihm wieder einmal unter die Arme zu greifen. Es waren diese vielen zwischenmenschlichen Beziehungen, dieser seelische Beistand, wodurch ihm zunächst vereinzelt, dann immer öfter, angenehme, freundliche und positive Wirklichkeitserfahrungen zuteil wurden und er dadurch überhaupt erst wieder in die Lage kam, den Verlust seines verloren gegangenen Objekts *alleine* »auszuhalten«. Oft stellte sich im Laufe dieser Trauerarbeit bei dem Leidtragenden ein Gefühl ein, als sollten diese positiven Wirklichkeitserfahrungen den äußeren Verlust ersetzen; eine Erfahrung, die dem Trauernden bei der Bewältigung seiner affektiven Krisen sehr zu Hilfe kommt.

6. Phase: Das Leid, das sich im Laufe der Trauerarbeit immer wieder aus unterschiedlichsten Gefühlen zusammensetzte, bekommt erst zum Schluss die Qualität eines wirklichen **Trauergefühls**. Dieses Trauergefühl hat zwei Seiten: Einmal ist es diese tiefe Wehmut, die in einem aufkommt, wenn man sich wieder des Verlustes bewusst wird. Zum anderen ist es aber auch Freude darüber, dass es einem geglückt ist, ein »lebendiges inneres Bild«, ein »Andenken« an die geliebte Person oder an das so Wichtige und Wertvolle in dieser Deutlichkeit in seinem Kopf aufgebaut zu haben; ein »lebendiges inneres Bild«, das einem Zuversicht, Mut und Kraft gibt. Letztlich ist also die **Trauer** auch ein sehr lebendiges und kraftvolles Gefühl. Ist der Mensch nicht in der Lage, seine Zustände der Verzweiflung wie eben beschrieben mithilfe seiner Mitmenschen zu verkraften, besteht Gefahr, dass er alleine aus dem depressiven Zustand nicht herausfindet.

Bei der beschriebenen Trauerarbeit treten sowohl neuronale als auch mentale Regulationsmechanismen in Kraft; einmal die spontan einsetzende neuronale Regulation, die immer »automatisch« im Sinne der angeborenen Selbstheilungskräfte versucht, der einsetzenden neuronalen Desorganisation entgegenzuwirken. Zum anderen ist es die Person, die nach kurzer Zeit einer existenziellen Erschütterung wieder in der Lage ist, kommunikativ tätig zu werden und von sich aus auf Menschen zuzugehen, um deren Hilfe in Anspruch zu nehmen. Bei dieser erbetenen Hilfe geht es keineswegs um die Forderung, den eingetretenen Verlust wieder zu ersetzen, sondern um die Hilfe zur Selbsthilfe: »Ich brauche Hilfe, um wieder alleine mit meinem Leben fertig zu werden.« Diese mentale Regulation beschränkt sich aber nicht nur auf die zwischenmenschliche Hilfe, sondern es sind genauso die immer wieder unternommenen Anstrengungen der helfenden Person, ein »inneres lebendiges Bild« vom verloren gegangenen Objekt aufzubauen, das dann auch dem Trauernden Mut und Kraft zum Weiterleben gibt.

3.1.7 Beeinflussung dysfunktionaler Veränderungen im limbischen System durch Psychotherapie

Eine der wesentlichsten Fragen in der psychotherapeutischen Medizin lautet: Kann der Psychotherapeut durch eine **spezifische Wirklichkeitserfahrung**, die er in seinem Patienten herstellt, auf dessen momentan stattfindende neuronale Desorganisationen einwirken? Oder besser: Ab welchem Stadium der psychischen Desorganisation wird im interpersonellen, intersubjektiven Kontakt überhaupt eine spezifische Wirklichkeitserfahrung wirksam? Und inwieweit kann der Psychotherapeut seinen Patienten in die Lage versetzen, dass dieser selbst reorganisierenden Einfluss auf sein neuronales Netzwerk nehmen kann?

Bei diesen Fragen geht es zunächst um die **Funktionalität der Neuronennetzwerke**. Gerhard Roth meint dazu in »Neurobiologie der Psychotherapie« (Schiepek 2003, S. 38):
»*Das Dogma der heutigen Neurowissenschaften lautet, dass alle Leistungen des Gehirns seien sie perceptiver, kognitiver, affektiv-emotionaler, exekutiver oder motorischer Art – Funktionen von Neuronennetzwerken sind. Die hierbei entscheidenden Faktoren sind zum einen die morphologisch-physiologischen Eigenschaften der Neuronen als Knotenpunkte der Erregungsverarbeitung, zum anderen die neurophysiologischen und neurochemischen Eigenschaften der Synapsen von denen es im menschlichen Gehirn ca. eine Trillion (10^{15}) gibt. Psychische Erkrankungen beruhen aus dieser Sicht auf dysfunktionalen Veränderungen im limbischen System, wobei diese Veränderungen auf genetische Defekte, Erkrankungen oder auf vorgeburtliche, frühkindlich oder in späterem Lebensalter erlittenen Schädigungen zurückgehen können.*«

Die Frage ist jetzt, wie entstehen diese Schädigungen? Entstehen sie durch genetische Defekte oder körperliche Erkrankungen, durch die das Hirn mehr oder weniger in Mitleidenschaft gezogen wird, oder entstehen diese dysfunktionalen Veränderungen auch durch emotionalen Stress, wie dies ja bereits bei schweren posttraumatischen Belastungsstörungen beschrieben wurde?

Es geht also bei der psychotherapeutischen Einflussnahme auch immer um die **Quantität** und **Qualität** der dysfunktionalen Orientierungen, Motive und Motivationen, die im Anpassungssystem des Patienten bereits engrammiert oder besser **kodiert** sind, also negative Reiz- oder Erlebniseindrücke (Erinnerungsbilder, bleibende geistige Spuren), die jederzeit reproduziert werden können und mit denen sich der Patient meist schon sein Leben lang auseinander setzt.

Trotz dieses Wissens, dass bei seinem Patienten immer dessen »Hintergrundbewusstsein« eine wesentliche Rolle spielt, geht der OPP-Therapeut grundsätzlich davon aus, dass er zunächst durch sein responsives und gewährendes, aber genauso durch sein direktives und zielgerichtetes Vorgehen, dem Patienten Wirklichkeitserfahrungen »verabreicht«, die im momentan gestörten Anpassungssystem seines Patienten reparativ wirksam werden können. Derzeit bleibt allerdings die Frage ungeklärt, ab welcher Relation von dysfunktionalen und funktionalen Orientierungen, Motiven und Motivationen im Ich-Konzept des Patienten überhaupt ein wirksames psychotherapeutisches Eingreifen möglich ist oder nicht.

Eric Kandel sagt:
»*Wenn zwei Menschen miteinander kommunizieren und sich das Gespräch merken, verändern sich synaptische Verknüpfungen in den neuronalen Netzwerken ihres jeweiligen Gehirns.*« (Rüegg 2001, S. 135)
Dabei geht Kandel von zwei Menschen aus, deren neuronale Netzwerke sich nicht in einer erkennbaren Desorganisation befinden. Balint sprach bereits von der »Droge Arzt« und meint hier, dass der geschulte Psychotherapeut seinem Patienten spezifische oder vielleicht besser »medizinisch wirksame« Wirklichkeitserfahrungen geben kann.

Im Persönlichkeitsmodell der OPP geht man davon aus, dass die positiven Selbst-Objekt-Kontexte (Patienten-Therapeuten-Kontexte), die durch die sehr affirmativen, aber genauso intensiven und kraftvollen Interventionen des Psychotherapeuten im Anpassungssystem des Patienten neu entstehen, die dort frei flottierenden negativen Episodenfragmente zu neuen identifikationsfähigen Episoden kontextieren können. Voraussetzung ist, dass die Interventionen des Psychotherapeuten – die Arzt-Patienten-Kontexte (positiver Episodenkontext) – gezielt auf einen vom Psychotherapeuten ausgemachten negativen Selbst-Objekt-Komplex des Patienten treffen. Dadurch kommt es zu einer Auflösung und Neutralisierung dieses negativen Selbst-Objekt-Komplexes oder Episodenkontextes, also dieser schmerzlichen Erinnerungen, die den Patienten nicht nur orientierungsgebend, sondern auch motivational stark beeinträchtigten.

Zur besseren Veranschaulichung möchte ich diese anhand der folgenden Beispiele erläutern:

Fallbeispiel: Bergsteiger (I)

Schmerzliche Erfahrungen, die ein Mensch alleine beim Bergsteigen gemacht hat, an die er sich auch nicht gerne erinnern will, die aber trotzdem gegen seinen Willen immer wieder bruchstückhaft in seinem Bewusstsein auftauchen, würden diesen genannten frei flottierenden negativen Episodenfragmenten entsprechen. Sie könnten jetzt ausgeglichen werden, indem dieser Mensch mit seinen schmerzlichen Bergsteigererfahrungen mit einem erfahrenen Bergführer, auf den er sich verlassen kann und der tatkräftig auf seine Verunsicherungen eingeht, eine responsive, interpersonelle Beziehung herstellt und erneut die gleiche Strecke, auf der er scheiterte, erfolgreich durchklettert. Dadurch verinnerlichen sich im Anpassungssystem dieses Menschen unterschiedlichste erfolgreiche Erfahrungen im Sinne von: »Du kannst Bergsteigen.« Diese positiven Erfahrungen mit dem Bergführer entsprächen jetzt positiven Selbst-Objekt-(Bergsteiger)-Kontexten, die zunächst im Anpassungssystem wirksam werden können. Sie können hier die zuvor alleine gemachten negativen Bergsteigererfahrungen mehr und mehr ausgleichen, sodass die dann positiv veränderten Episodenkontexte vom Selbstsystem aufgenommen werden können. Da dieser Mensch durch die selbstreflektive Resonanz, die aus seinem Selbstsystem heraus wirksam wird, auch immer wieder daran erinnert wird, dass er jetzt Bergsteigen kann, ist der durch seinen Bergabsturz verunsicherte Mensch durch die korrigierende Erfahrung mit dem erfahrenen Bergführer wieder selbstsicher geworden.

Fallbeispiel: Bergsteiger (II)

Schwieriger ist es für einen Bergführer, wenn er einen Mensch begleitet, der nicht alleine, sondern bereits mit einem anderen Bergführer, auf den sich der Bergsteiger verlassen hatte und auf den er sehr vertraute, abstürzte und daraus negative Selbst-Objekt-Komplexe resultierten. Bei dieser lebensbedrohlichen Erfahrung ist es jetzt notwendig, das eigene Scheitern und das damit im Zusammenhang stehende Scheitern des Bergführers zu neutralisieren. Da sich jetzt aber im Bergsteiger durch den vom Bergführer verschuldeten Absturz ein hohes Misstrauens gegenüber Bergführern allgemein aufgebaut hat, ist in so einem Fall die Neutralisierung der negativen Erfahrung ungemein schwieriger.

Hat der Bergsteiger ein gut ausgebildetes Realitätsbewusstsein: »Jeder noch so erfahrene Bergsteiger kann abstürzen, ein Berg bleibt, auch bei bester Vorbereitung und Ausrüstung, unberechenbar.« und verfügt er über ein gutes Maß an Frustrationstoleranz: »Nur Übung macht den Meister.«, so kann er sich wieder kraft seiner funktionalen Orientierungen, Motive und Motivationen seiner körpereigenen Stressbewältigungsprogramme sicher sein. Er wird sich ohne größere Schwierigkeiten auf einen neuen Bergführer einlassen können, allerdings nicht ohne sich vorher zu vergewissern, ob es sich wirklich um einen erfahrenen Bergführer handelt.

Je größer also die Angst eines Menschen grundsätzlich vor dem Bergsteigen ist, umso massiver ist dieser Mensch durch den vorausgegangenen Bergabsturz misstrauisch geworden gegenüber allen Bergführern. Schließlich hat er ja seinem Bergführer vertraut. Hier ist jetzt aber sehr wichtig zu unterscheiden, ob sich diese Selbstunsicherheit nur auf das Bergsteigen beschränkt, oder ob dieser Mensch unter einer grundsätzlichen Selbstunsicherheit leidet und auch sein Mangel an Realitätsbewusstsein, Kommunikationsfähigkeit, Frustrations- und Erregungstoleranz zum Ausdruck kommt.

Im ersten Fallbeispiel steht der Mensch (Patient) bewusst oder unbewusst im Konflikt mit bestimmten dysfunktionalen Orientierungen, Motiven und Motivationen, die sich im Laufe seiner Entwicklungs- und Lebensgeschichte in seinem Anpassungssystem verinnerlichten. Hier muss sich der Bergführer (Psychotherapeut) auf viele Auseinandersetzungen einstellen, die er mit seinem »Schützling« (Patienten) haben wird. Die Chance ist aber groß, dass der Bergsteiger (Patient) mithilfe seines Bergführers (Psychotherapeuten) seine Ängste überwindet und letztlich einigermaßen bergsteigen kann.

Im zweiten Fallbeispiel steht der Mensch (Patient) nicht nur im Konflikt mit einigen dysfunktionalen Orientierungen, Motiven und Motivationen, sondern diese können ihn bis zur Selbstaufgabe beeinträchtigen. Hier lässt sich der Bergführer (Psychotherapeut) nicht auf häufige Auseinandersetzungen mit seinem »Schützling« ein, auch wenn dieser »großartig« und zunächst durchaus »überzeugend« von seinem Unvermögen ablenkt. Für einen erfahrenen Bergführer (Psychotherapeuten) stellt sich sehr bald heraus, dass dieser Bergsteiger (Patient) genau genommen keine Ahnung vom ordentlichen Bergsteigen (Lebenstüchtigkeit) hat. Es fehlt ihm sowohl die entsprechende Ausrüstung (Aufbau des Selbstsicherheits- und Selbstwerterlebens durch die elterlichen Objektstützungen) als auch die bergsteigerische Erfahrung (Erlernen von Bewältigungstechniken am Modell der Eltern). So gesehen ist es nicht verwunderlich, dass er mit seinem ersten Bergführer (vorausgegangener Psychotherapeut) abgestürzt ist. Möglicherweise war dieser Bergführer sogar begeistert von der Spontaneität, Natürlichkeit, Risikobereitschaft und Unbekümmertheit seines »Schützlings« (Patienten). Vielleicht merkte dieser Bergführer erst als es schon zu spät war, dass sich bei seinem »Schützling« (Patienten) hinter der nach außen zur Schau getragenen Selbstsicherheit eine sehr hohe innere Not verbarg. Diese Not war so groß, dass er nur überleben konnte, wenn er ständig aus dieser »inneren Not eine Tugend« machte. Bei diesen spontanen, oft »großartigen« Überlebensstrategien, die einmal funktionieren, dann wieder nicht, bei denen sich der Mensch sehr oft körperlich und psychisch überfordert, besteht latente Lebensgefahr. Anderseits lotet der Mensch dadurch seine Belastungsgrenzen aus.

Diese notgedrungene Spontaneität muss der Bergführer (Psychotherapeut) bei seinem »Schützling« (Patienten) durchschauen und zur Kenntnis nehmen, dass er jetzt die Aufgabe hat, seinem »Schützling«, ohne ihn bloßzustellen, all das beizubringen, was für das Bergsteigen (Lebensbewältigung) notwendig ist. Erst wenn er diese notwendigen lebenspraktischen Fertigkeiten (steuernde Funktionen, sozialresonantes Anpassungsverhalten usw.) erlernt und eingeübt hat, kann er sich mit seinem Bergführer (Psychotherapeuten) wirklich auseinandersetzen und mit ihm auf einen gemeinsamen Nenner, z. B. welchen Berg man besteigen will, hinarbeiten. Dabei braucht es viele positive Selbst-Objekt- (Bergführer)-Kontexte. Durch diese **positiven Episodenkontexte** sollte sich das Anpassungskonzept so weit umstrukturieren lassen, dass bei dem Bergsteiger (Patient) eine Selbstentwicklung in Gang gesetzt wird.

Die Begriffe wie positiv, responsiv, affirmativ haben in der OPP grundsätzlich zwei Bedeutungen: Einmal kann die **Bejahung** sehr wohlwollend und **unterstützend** im Sinne einer Bestätigung eingesetzt werden. Ein anderes Mal kann die Bejahung aber auch sehr **direktiv** im Sinne einer Aufforderung eingesetzt werden: »Ja, halten Sie sich jetzt an das, was ich gesagt habe!«

Effektive intrapsychische Objektstützung

Durch mentales Eingreifen in die neuronal-mentalen Regulationsmechanismen können dysfunktionale Veränderungen im limbischen System korrigiert, evtl. sogar außer Kraft gesetzt werden.

Wird der Mensch einer außerordentlichen Belastung ausgesetzt, reagiert er zunächst hilflos, weil es für die Bearbeitung eines solchen Traumas in der Regel kein inneres Vorbild, keine bewährte Selbstregulationstechnik, sondern hauptsächlich den Einsatz körpereigener **Stressbewältigungsprogramme**, so weit vorhanden, gibt. Deshalb kann es als unmittelbare Traumafolge zur Orientierungslosigkeit, Hilflosigkeit und zum Zusammenbruch der personalen Ich-Autonomie kommen. Je nachdem wie gefestigt der

Mensch in sich selbst ist, kann die sofort auf diese existenzielle Erschütterung folgende neuronale Desorganisation von den in Kraft tretenden neuronal-mentalen Regulationsmechanismen wieder weitestgehend kompensiert werden. Resultiert durch die außerordentliche Belastung ein kurzfristiger funktionaler Zusammenbruch des neuronalen Selbstsystems und des damit einhergehenden mentalen Selbstkonzeptes, findet der Mensch bald wieder zu seinem alten Selbstbewusstsein, seinem integeren Selbstbild und seinem gewohnten Selbstsicherheits- und Selbstwerterleben zurück. Die selbstreflektive Resonanz beginnt in Kraft zu treten und dadurch kann auch das personale Ich wieder Schritt für Schritt »autonom« funktionieren. In so einem Fall verliert der Mensch seinen »inneren Halt« auch in außerordentlichen Belastungen nicht ganz und es gelingt ihm mittels seiner Intelligenz brauchbare Selbstregulationstechniken für so eine Krise zu generieren. Damit dies gelingt, sind ausreichend responsive, primäre (elterliche) Bindungserfahrungen erforderlich, die sich responsiv resonant zu der aktuellen kritischen Wirklichkeitserfahrung im Hintergrundbewusstsein des Menschen assoziieren und in einem sich selbst verstärkenden Prozess rückhaltgebend in Kraft treten. Beispiele sind: »*Es ist gut, dass du da bist als Mensch.*«, »*Es ist gut, dass du so bist wie du bist als Person.*«, »*Es ist gut, dass du bei mir (bei uns) bist als Partner.*« usw.

Diese responsiven Erinnerungen können jetzt von dem in einer Notlage befindlichen Menschen mental so verstärkt werden, dass sie in die neuronal-mentalen Regulationsmechanismen eingehen und dort weiter reorganisativ wirksam werden können. Das **mentale Eingreifen** dient also in diesem Fall einer effektiven und erfolgreichen Krisenbewältigung. Beispiele hierfür sind:

- Willensanstrengung
- kreative Initiativen
- Selbstregulationstechniken
- Handlungsentwürfe usw.

Außer Kraft gesetzte intrapsychische Objektstützung

Weniger günstig ist es, wenn der Mensch gerade dann einer Krise ausgesetzt wird, wenn er wenig Rückkoppelung zu sich selbst hat. Er weiß sich in diesem Moment also nicht selbst zu helfen, und kann auch kraft seiner Intelligenz keine wirksamen Selbstregulationstechniken generieren, weshalb er immer mehr in eine neuronal-mentale Desorganisation hineingerät. Diese an sich schon alarmierende Situation kann eine lebensbedrohliche Persönlichkeitskrise auslösen, wenn durch dieses Gegenwartserleben noch zusätzlich dysfunktionale Orientierungen, Motive und Motivationen aus dem Anpassungssystem wiederbelebt werden und den Menschen noch zusätzlich belasten.

Tab. 3-1 Beispiele für positive und negative Erinnerungen (nach Deneke 2001, S. 233)

Positive Erinnerungen	Negative Erinnerungen
erfreuliche Erlebnisse	traumatisierende Erlebnisse
positive Selbstbilder	negative Selbstbilder
Bilder von bejahenden und aufbauenden Beziehungsobjekten	Bilder entwertender und vernichtender Beziehungsobjekte
konstruktive Phantasien	destruktive Phantasien
Identifikationen mit kraftvollen und starken Objekten	Identifikationen mit ihrerseits hilflosen und schwachen Objekten
konstruktive Impulse	Disposition zu depressiven Gefühlen oder zerstörerischen Impulsen
in Erfüllung gegangene Wünsche	unrealisierbare Wünsche

Dieser Mensch kann in dem Moment keinen »inneren Halt« finden. Mangels mentaler Kraft des personalen Ichs gehen jetzt anstelle von positiven, negative Erinnerungen in die neuronal-mentalen Regulationsmechanismen ein (Tab. 3-1).

Im Stadium dieses psychischen Zusammenbruchs, dessen Tragweite der betroffene Mensch aufgrund der eingetretenen neuronalen Desorganisation oft gar nicht mitbekommt, treten jetzt hauptsächlich **neuronale Regulationsmechanismen** in Kraft. Das sind beispielsweise vegetative Mechanismen, die grundsätzlich der Lebenserhaltung dienen wie die Atmung, Essen, Trinken Hunger und Durst, unwillkürlichen Bewegungsabläufe usw. Hinzu kommen morphinähnliche Stoffe wie z. B. Endorphine, die bei einer massiven Stressreaktion im Körper wirksam werden können.

Im Folgenden wird der Versuch gemacht, eine Systematik der neuronal-mentalen Regulationsmechanismen zu entwickeln. Dabei soll eines nicht vergessen werden:

! Auf alle dysfunktionalen **intrapsychischen** Objektstützungen, die im Zuge dieser neuronal-mentalen Regulationsmechanismen in Kraft treten – egal ob bewusstseinsnah oder bewusstseinsfern – sollen die Mitmenschen und hier im Besonderen der psychotherapeutische Mediziner so selbstverständlich wie möglich reagieren. Der Psychotherapeut darf diese dysfunktionalen Objektstützungen, die in der Regel symptomatischer, also krankhafter Natur sind, in keinem Fall einer Bewertung in »gut« und »schlecht« unterziehen.

3.2 Vorwiegend neuronale Regulationsmechanismen

3.2.1 Überlebensstrategien

Ist der Einfluss der archaischen motivationalen Systeme sehr groß und die Intelligenz des momentan eher funktionalen Ichs sehr gut entwickelt, können jetzt auch Überlebensstrategien generiert werden, die dem in Not befindlichen Menschen aus seiner akuten Krise heraushelfen, ohne dass er dabei größeren Schaden nimmt. Diese Überlebensstrategien, die möglicherweise schon sehr früh in der Entwicklung generiert werden, dann aber im weiteren Lebensverlauf immer mehr zugunsten von Selbstregulationsmechanismen und reifen Verarbeitungsmechanismen in den Hintergrund treten, werden in der Regel aus einer existenziellen Not »geboren«.

Vor allem in der frühkindlichen Entwicklung spielt dieser **Anpassungsautomatismus** eine große Rolle und hält die in dieser Zeit noch sehr störungsanfällige kindliche Persönlichkeit, so gut es geht, stabil. Wächst das Kind aus diesen zunächst sicherheitsstiftenden Überlebensstrategien heraus, können diese Überlebensstrategien auch später noch, wie oben beschrieben, vor allem in unvorhergesehenen Krisensituationen, also in Momenten der Lebensgefahr, hilfreich sein. Die Überlebensstrategien entspringen also keinem Lernprozess und sind auch willentlich kaum beeinflussbar. Sie sind deshalb auch nicht reproduzierbar. So entwickelt der Mensch ihnen gegenüber auch wenig Selbstverständnis, sie bleiben ihm eher fremd und er kann letztlich wenig Selbstsicherheit aus ihnen schöpfen. Wie bereits erwähnt, springen diese Überlebensstrategien in der Regel nur in wirklichen Krisensituationen eher mechanisch ein und hier auch nur in spezifischen Notsituationen. Aufgrund der oft unzureichenden Passung an die psychischen und physischen Konstitutionen des Menschen besteht die Gefahr einer körperlichen und psychischen Überforderung. Durch ihren automatischen Charakter dienen die Überlebensstrategien mehr dem Grandiositätserleben des Menschen als seinem gesunden Selbstwertgefühl. Die Überlebensstrategien kann man zu den Ressourcen zählen, die einem Menschen zur Verfügung stehen.

Auf diese Überlebensstrategien wird an dieser Stelle eingegangen, weil sie ähnlich wie die später beschriebene Somatisierung oft eher **bewusstseinsfern** stattfinden und ersatzweise anstelle einer wirklichen Selbstsicherheit einspringen. Der wirklich sich in Not befindliche Mensch kann diese Überlebensstrategien als »echte« Selbstsicherheit erleben, obwohl sie keine ist. Kein Mensch kommt ohne diese Überlebensstrategien aus, die manchmal stellvertretend in Kraft treten, z. B. wenn das Selbstsystem aus welchen Gründen auch immer, schwach ist und der Mensch seine momentane Krise nicht selbstbewusst meistern kann.

Schöpft der Mensch aus seinen Überlebensstrategien über längere Strecken seines Lebens eine Art Selbstwertgefühl, wird er sich immer wieder in Extremsituationen bringen, also in Situationen, in denen Lebensgefahr entsteht, die dann wie ein Triggermechanismus diese Überlebensstrategien in Gang setzen. Wenn sich der Mensch mehr oder weniger bewusst immer wieder in Lebensgefahr begibt, gerät er zwangsläufig in ein immer ausgeprägteres Überforderungssyndrom, da die Überlebensstrategien nicht immer »lebensrettend« funktionieren. Oft wundert sich der Mensch selbst, der mehr oder weniger passiv dem Aktionismus dieser Überlebensstrategien ausgeliefert ist, im Nachhinein darüber, welch elegante und großartige Lösung er da vollbracht hat. Letztlich folgen die Überlebensstrategien dem Prinzip der **Selbsterhaltung**, des **Selbstschutzes** und des **Überlebens**, koste es, was es wolle.

Da diese Überlebensstrategien bis hin zum Eskapismus dem Menschen eine gewisse »innere Sicherheit« geben, ist es wichtig, dass der Arzt, wenn er sie bei seinem Patienten erkennt, nicht entwertet, sondern sie zunächst als mögliche Kompensation anerkennt, auch wenn sich zunächst eindeutig ein Überforderungssyndrom ableiten lässt.

3.2.2 Somatisierung

Eine wichtige Form der **pathologischen Objektstützung** ist die **Somatisierung**. Wenn ein Mensch im Moment nicht in der Lage ist, auf eine außerordentliche Belastung eine Lösung zu finden, also keine effektiven Selbstregulationsmechanismen einsetzen kann und er in diesem Moment auch außerstande ist, Überlebensstrategien zu generieren, kann es möglich sein, dass hier die neuronalen Regulationsmechanismen seinen Körper mit in die Krisenverarbeitung einbeziehen. Bei dieser so genannten Somatisierung »verkörpern« sich die negativen, destruktiven, malignen, bisher »unverdauten« Wirklichkeitserfahrungen aus der Lebensgeschichte eines Menschen. In so einem Fall kann der Mensch aufgrund seiner momentanen Persönlichkeitsverfassung nur noch **reagieren**.

Hinzu kommt bei der Somatisierung, dass bei körperlichen Erkrankungen sehr oft genetische Dispositionen und Risikofaktoren (z. B. Alkohol, Nikotin, Bakterien, weitere Schadstoffe usw.), denen der Mensch ausgesetzt ist, eine wichtige Rolle spielen. Auffällig ist auch, dass sich Somatisierungen an den **körperlichen Orten** abspielen, die gerade im Moment am wenigsten widerstandsfähig sind (*loci minoris resistentiae*).

> Die **Somatisierung** ist also immer ein Zusammenspiel von **genetischen Faktoren** (z. B. ein »empfindlicher« Magen), **Risikofaktoren** (z. B. vermehrtes Auftreten von Bakterien wie Helicobacter pylori im Magen) und dem **psychosomatischen Faktor** (massiver emotionaler Stress, der sich auf den Magen »schlägt«).

Infolge exzessiver Entladungen von Neuronen, die im Moment von den neuronalen Regulationsmechanismen nicht effektiver verarbeitet werden können, kommt es, wie dies z. B. bei der Epilepsie der Fall ist, vor allem bei vorgeschädigten Organen zu funktionalen oder läsionalen Erkrankungen.

In der Neurobiologie nimmt man heute filterähnliche neuronale Mechanismen an, durch die dem Menschen hochkritische neuronale Vorgänge nicht oder nur sehr abgeschwächt bewusst werden. Sie dringen also in den Mentalbereich, aus dem heraus wir erleben, gar nicht ein. Wenn dies der Fall ist, würde dem Menschen das ganze Ausmaß der momentan in seinem Kopf stattfindenden neuronalen Desorganisation, aber vor allem auch die neuronale Regulationsarbeit in dem Augenblick gar nicht bewusst werden. Die Somatisierung, kann als **funktionelle Störung** (**somatoforme Störung**) oder als **Organerkrankung** (**Psychosomatose**) zum Ausdruck kommen. In beiden Fällen hat sie den Charakter einer **pathologischen Objektstützung**, weil hier der »Körper« anstelle des Anpassungssystems mit dem Selbstsystem »einspringt.« (Freud sprach hier von »primärem Krankheitsgewinn«.) Die Wirklichkeitserfahrung die der Mensch mit seinem kranken Körper macht, werden dann als negative

3.2 Vorwiegend neuronale Regulationsmechanismen

Episodenkontexte in seinem Anpassungssystem gespeichert und können jetzt immer wieder – die Person kann ja nicht ihren Körper verlassen – in seinem mentalem Anpassungskonzept als negative, schmerzliche Körpererfahrungen quälend bewusst werden. Je nach Qualität der momentan arbeitenden neuronal-mentalen Regulationsmechanismen, aber auch kraft seiner Steuerungsfähigkeit kann dieser Mensch auf sein subjektives Schmerzerleben durchaus Einfluss nehmen.

Da eine Krankheit im Allgemeinen doch etwas Außergewöhnliches ist, machen manche Patienten ihren kranken Körper zum Aufmerksamkeitsfokus für andere. (Freud sprach hier von »sekundärem Krankheitsgewinn«). Es ist anzunehmen, dass Menschen mit einem sehr schwach entwickelten Selbstkonzept, diese **Aufmerksamkeitserfahrungen gegenüber ihrem Kranksein** bewusst nutzen um dadurch den Mangel an Erfahrungen von gesunden primären (elterlichen) Funktionen auszugleichen. Diese sozialen Resonanzerfahrungen sind vor allem für kranke Menschen oft lebenswichtig. Inwieweit dann die professionellen Zuwendungen, die durch die Ärzte und das Pflegepersonal stattfinden, die Qualität von physiologischen Objektstützungen haben, bleibt fraglich. So kann zum Beispiel, wie dies bei einem Patienten mit einer massiven Adipositas per magna der Fall ist, seine kranke Körperlichkeit als etwas »Großartiges« von ihm erlebt werden, wodurch er zumindest eine soziale Resonanz bekommt, ganz abgesehen um welche Qualität es sich dabei handelt. Hierbei geht es selbstverständlich nicht um einen echten Selbstwert, aus dem heraus der Mensch seine Lebenstüchtigkeit schöpfen kann, sondern um eine pathologische Objektstützung mit einem pathologischen Selbstwerterleben. Dieses Großartigkeitserleben, das der Mensch in diesem Fall aus seiner Krankheit schöpft, schützt sein instabiles Selbst vor weiterem Zerfall. James F. Masterson spricht in seinem Buch: »Die Sehnsucht nach dem wahren Selbst« (1993) in diesem Zusammenhang von einem »falschen Selbst« und einem »inneren Saboteur«.

Manchmal geht dieses pathologische Selbstwerterleben sogar so weit, dass der kranke Mensch lieber Verspottungen hinnimmt, sogar Lebensgefahr in Kauf nimmt, als dem Gefühl gänzlicher Nichtbeachtung ausgesetzt zu sein, nach dem Motto: »Jeder Schmerz, durch den ich noch spüre, dass ich am Leben bin, ist besser als gar nichts.« Bei so einem Patienten sollte es dem behandelnden Arzt möglich sein, sowohl was dessen Krankheit als auch was dessen Umgang mit seiner Krankheit anbetrifft, keine Entwertung aufkommen zu lassen. Zunächst gilt es den objektstützenden Stellenwert, den diese Krankheit für den Patienten hat, zu verstehen und dieses Verständnis ihm gegenüber auch deutlich zum Ausdruck zu bringen. Wie schon gesagt, Freud sprach in diesem Zusammenhang von primärem und sekundärem Krankheitsgewinn:

- **Primärer Krankheitsgewinn**: Der Mensch muss den kritischen Affekt und die damit einhergehenden Ängste, Schmerzen und Verzweiflungen nicht aushalten – um den Preis der sofort einsetzenden neuronalen Desorganisation. Dadurch wird ihm sein kritischer Zustand gar nicht bewusst.
- **Sekundärer Krankheitsgewinn**: Der kranke Mensch bekommt über den Umweg »Krankheit« sowohl vom Arzt als auch durch seine Mitmenschen etwas von der Zuwendung, die er zeitlebens zu wenig oder nie erhalten hat.

3.2.3 Psychotisierung

Zu den pathologischen, surrogativen Objektstützungen gehört neben der **Somatisierung** auch die **Psychotisierung**.

Wurde bei der Somatisierung eine schwere neuronale Desorganisation über Einschaltung von Körperfunktionen und Organsystemen kompensiert, so sprechen die empirischen Daten dafür, dass bei der Psychotisierung die angenommenen neuronal-mentalen Filtermechanismen entweder zu stark oder zu wenig in Kraft treten. Bei diesem Patienten findet eine tiefgreifende neuronal-mentale Entkoppelung statt, die der Patient z. B. als Depression erlebt. In so einem Fall wären die Ich-Funktionen, die bei der Somatisierung zwar eingeschränkt sind, aber durchaus noch funktionieren, weitestgehend außer Kraft gesetzt worden. Genauso könnte man annehmen, dass die physiologischen Eigenschaften der Neuronen als Knotenpunkte der Erregungsverarbeitung und die neurophysiologischen und neurochemischen Eigenschaften der Synapsen durch außergewöhnliche Belastungssituationen bei bestimmten Menschen überfordert werden können und sich dieser neuronale Ausnahmezustand dann ungefiltert im Bewusstsein des Menschen niederschlägt und dadurch psychotische Symptome auftreten können.

Möglicherweise ist in so einem Fall die momentane Qualität der neuronal-mentalen Regulationsmechanismen, aus welchen Gründen auch immer, erheblich eingeschränkt. Viele Untersuchungen weisen darauf hin, dass hier auch die genetische Veranlagung eine Rolle spielen kann beispielsweise durch eine angeborene Beeinträchtigung der Hirnleistungsfunktionen. Betrachtet man z. B. **schizophrene Krankheitsbilder**, kann man sich des Eindrucks nicht erwehren, dass diese Menschen ihr personales Ich völlig verloren haben und das funktionale Ich weitestgehend von dysfunktionalen Orientierungen, Motiven und Motivationen beherrscht wird.

> Die stereotypen Bewegungsabläufe, die Zwangs- und Wahninhalte, die Halluzinationen und Visionen, die bei psychotisch Kranken in Erscheinung und auch in Kraft treten, kann man als evoziertes Verhalten oder evoziertes Erleben aus diesen dysfunktionalen Orientierungen, Motiven und Motivationen verstehen.

Bei anderen psychotischen Krankheitsbildern zeigt sich eine deutliche Spaltung in ein funktionales und ein personales Ich. Das funktionale Ich und das personale Ich führen überspitzt ausgedrückt jeder für sich ein eigenes Leben, wobei einmal das funktionale Ich und dann wieder das personale Ich fast gleichberechtigt nebeneinander leben. Voraussetzung ist, dass es sich wirklich um ein personales Ich handelt, das wieder die Regie über Denken, Fühlen, Handeln und Wollen übernimmt. Genauso könnte es sein, dass ganz unterschiedliche dysfunktionale Persönlichkeitsanteile nebeneinander leben und sich ein personales Ich nicht durchgängig durchsetzen kann. Viele **dissoziative Störungen,** »*die mit einem teilweisen oder völligen Verlust der normalen Integration der Erinnerung an die Vergangenheit, des Identitätsbewusstseins, der Wahrnehmung, unmit-*

telbarer Empfindungen sowie der Kontrolle von Körperbewegungen einhergehen« (ICD-10-SGB V 2000, S. 250), können in diesen Kontext eingeordnet werden.

Trotz dieser neuronalen Einschränkungen sollte man medizinisch doch davon ausgehen, dass es auch dem psychotischen Patienten eines Tages durch ärztliche Hilfe (hier ist es die Kombination von Psychopharmaka und Psychotherapie) möglich werden sollte, seine Persönlichkeit wieder weitestgehend zu regenerieren. Reorganisative und strukturbildende Veränderungen im Anpassungs- und Selbstsystem mit den dazu identischen Veränderungen im Anpassungs- und Selbstkonzept könnten dann wieder so weit in Gang gesetzt werden, dass durch eine stabilere **selbstreflektive Resonanz** das **personale Ich** wieder zu autonomen Leistungen befähigt wird.

3.3 Neuronal-mentale Regulationsmechanismen

3.3.1 Primitive Bewältigungsmechanismen

Bei den **primitiven Bewältigungsmechanismen** treten die Erfahrungen mit jenen »primären Objekten« in Kraft, mit denen es der Mensch von Anbeginn seines Lebens zu tun hat und die ihn, so gut sie konnten, pflegten und versorgten. Es spielen vor allem jene frühen Erfahrungen eine wichtige Rolle, die dem Patienten nicht ausreichend vermittelt wurden, er also diesbezüglich depriviert wurde, wie z. B. gute emotionale und körperliche Pflege und Fürsorge durch Vermittlung eines stabilen Gefühls von existenzieller, körperlicher und persönlicher Bejahung, Sicherheit, Schutz und Anerkennung, Geborgenheit und Unversehrtheit. Frühe Traumatisierungserfahrungen können sehr stark in die neuronal-mentalen Regulationsmechanismen eingehen und als primitive Bewältigungsmechanismen in Kraft treten.

Bei diesen Bewältigungsmechanismen wird der betroffene Mensch von seinen dysfunktionalen Motiven mehr oder weniger »fremdgesteu-

ert« und zwischenmenschliche Wertesysteme wie Gewissen und Moral spielen eine weitestgehend untergeordnete Rolle. Ganz allgemein können die primitiven Bewältigungsmechanismen über zwei verschiedene Verhaltensweisen zum Ausdruck kommen:
- die imperative autoritäre Position
- die pejorative infantile Position

Imperative, autoritäre Position: Dieser Mensch wird zum »Abziehbild« seiner destruktiven Selbst-Objekt-Komplexe; er denkt, fühlt und verhält sich so. In der Regel sind es die Eltern oder auch andere primäre Bezugspersonen, die sich in ihm schon sehr früh über Traumatisierungen (z. B. körperliche Misshandlungen oder schwere Vernachlässigung, Rollenumkehr usw.) einprägten (introjizierten). Dieser Mensch übernimmt jetzt gezwungenermaßen die Rolle der destruktiven Objektrepräsentanz (z. B. seines autoritären Vaters), dem er selbst in seiner Kindheit ausgeliefert war und setzt dabei seine Umwelt in jene infantile Position, die er selbst in seiner Kindheit einnehmen musste.

Pejorative, infantile Position: Dieser Mensch wird ebenfalls zu einem »Abziehbild« von destruktiven Selbst-Objekt-Komplexen. Er übernimmt nicht die Rolle der destruktiven Objektrepräsentanzen, sondern die Rolle des deprivierten Kindes, das er früher war. Er verhält sich so, wie er sich damals als Kind verhalten hat. Dieser Mensch übernimmt jetzt wieder die Rolle der destruktiven Selbstrepräsentanzen und setzt dabei seine Umwelt in jene autoritäre Position, die damals in seiner Kindheit z. B. sein Vater ihm gegenüber eingenommen hat.

Da sowohl das »destruktiv-verfügende« als auch das »destruktiv-leidende« Verhalten letztlich »gewalttätige« Verhaltensformen sind, bei denen kaum Kontakt oder Kommunikation zustande kommt, vor allem dann, wenn diese Positionen beim Patienten wechseln, ist es äußerst schwierig für den psychotherapeutischen Mediziner diese **primitive Objektstützung** als etwas »Sinnvolles« zu verstehen und dieses Verständnis auch gegenüber dem Patienten zum Ausdruck zu bringen. Durch den wieder ins Leben gerufenen, ihn misshandelnden Vater oder durch das ins Leben gerufene leidende, jammernde Kind, das er war, wird das noch vorhandene Selbstkonzept vor dem Verfall bewahrt und dadurch zumindest eine gewisse Aktivität des funktionalen/personalen Ichs des Patienten aufrechterhalten.

! Erst wenn sich der Patient mit seinen primitiven Bewältigungsmechanismen von seinem Psychotherapeuten verstanden fühlt, wird der Aufbau einer psychotherapeutischen Beziehung möglich. Grundsätzlich muss man davon ausgehen, dass der Patient immer wieder mitbekommt, inwieweit er unter der Verfügungsgewalt seiner dysfunktionalen Motivationen und dem daraus evozierten Verhalten steht und er sich diesbezüglich auch schämt. Patienten mit primitiven Bewältigungsmechanismen neigen zu
- Suizidalität,
- Delinquenz und
- dissozialem Verhalten.

3.3.2 Narzisstische Bewältigungsmechanismen

Setzen bei einem Menschen **narzisstische Bewältigungsmechanismen** ein, ist sein personales Ich stabiler, als bei einem Menschen, bei dem hauptsächlich primitive Bewältigungsmechanismen in Kraft treten. Trotzdem ist es dem Menschen mit einer narzisstischen Persönlichkeitsstruktur kaum möglich, einen zwischenmenschlichen Kontakt herzustellen, in dem Kommunikation, also nicht nur gedanklicher, sondern auch emotionaler Austausch stattfindet. Das Selbst, das für Stolorow (1992) *»eine seelische Struktur ist, durch die das Selbsterleben organisiert und dadurch das Gefühl von Kohärenz und Kontinuität möglich wird, und eben kein Initiator von Handlungen im Sinne einer handelnden Person ist«*, ist bei einem Menschen mit einer narzisstischen Persönlichkeitsstruktur unterentwickelt. Das heißt, auch die im Konzept der OPP so wichtige selbstreflektive Resonanz, die von dieser seelischen Struktur des Selbst oder Selbstkonzeptes ausgeht und das personale Ich zum Initiator von Handlungen werden lässt, ist bei dem Menschen, der sich gerade in einer narzisstischen Persönlichkeitsverfassung befindet, schwach ausgebildet. Nach Stern (1992, S. 146–247) hat der Säugling bereits nach seiner Geburt eine »Empfindung von seinem auftauchenden Selbst«. In seinem weiteren Werdegang beginnt der Säugling dann ein Kernselbst zu empfinden, das sich dann später zu einem subjektiven, verbalen und narrativen Selbst weiterentwickelt.

Die Selbstentwicklung ist ein lebenslanger Prozess. Jeder Selbstentwicklungsschritt verstärkt die selbstreflektive Resonanz und die damit einhergehende Autonomie des personalen Ichs. Jede Verselbstständigung schafft aber zunächst auch Unsicherheit, lässt Vertrautes in einem neuen Licht erscheinen und macht Angst, die man verkraften, mit der man fertig werden muss.

Nach Stern entsteht das Gefühl eines intersubjektiven Selbst etwa ab dem 7./9. bis 15./18. Lebensmonat.

»*In dieser Entwicklungsphase, so Stern, entdeckt das Kind, dass es innere Erfahrungen mit anderen teilen und darüber kommunizieren kann. Im Bereich des zwischenmenschlichen Austausches findet eine Verschiebung von der Interaktion zur Beziehung statt. Während bei der Interaktion affekthaltige Handlungen ausgetauscht werden, ist in der Beziehung der Affekt selbst das Ziel und der Gegenstand des Austausches. Mutter und Kind kommunizieren nicht nur Affekte, sondern über Affekte.*« (Dornes 1993, S. 152)

In der Mutter-Kind-Beziehung steht nicht nur die Regulierung von inneren Zuständen im Vordergrund, sondern die **Mitteilung** von inneren Zuständen. Stern selbst spricht davon, dass es sich hier um eine »neue gewaltige Errungenschaft« handelt, die nur der Spezies Mensch eigen zu sein scheint. Betrachtet man z. B. zwei Affen, die sich lausen, mag es sein, dass die beiden sich emotional regulieren, also beruhigen können, das heißt aber nicht, dass einer der beiden Affen wirklich weiß, wie dem anderen innerlich zumute ist. Diese besondere **Nähe-Distanz-Regulation**, die es uns Menschen möglich macht, sich in Kenntnis der eigenen Persönlichkeitsverfassung in einen anderen einzufühlen und gleichzeitig diese durchaus unterschiedlichen Befindlichkeiten auseinanderzuhalten, ist etwas typisch Menschliches.

Dornes schreibt in seinem Artikel zur Genese der Intersubjektivität beim Säugling im Buch »Psychoanalyse und Körper« (Wiesse 1998, S. 142):

»*Auch Primaten spielen, aber ich vermute, dass sich ihr Spiel auf den Austausch und die Produktion interessanter Stimulation beschränkt. Dabei wird ein Spielbedürfnis befriedigt, aber keines nach Anerkennung von Gefühlszuständen. Der Säugling ist damit nicht zufrieden. Er will nicht einfach nur spielen oder mit der Mutter kommunizieren, sondern er will, dass sie sein Spiel- und Kommunikationsbedürfnis sieht und sagt: ›Ja, ich sehe, dass Du spielen und dich mit mir unterhalten willst, und ich akzeptiere die Art und Weise, in der Du das Bedürfnis zum Ausdruck bringst.‹*«

Für den Menschen, der in einer narzisstischen Persönlichkeitsverfassung ist, gelingt diese Anerkennung nur schwer. Auch die intersubjektive Kommunikation, die Nähe-Distanz-Regulation und die Empathie sind für ihn ein schwieriges Unterfangen. Er kann zwar seine Umwelt und seine Mitmenschen in gewisser Weise getrennt von sich selbst betrachten und erleben, er erlebt aber diese Umwelt und diese Mitmenschen vorwiegend als *seine* Umwelt und als *seine* Mitmenschen. Und weil dem so ist, geht er selbstverständlich davon aus, dass diese Mitmenschen auch so fühlen, denken und handeln wie er fühlt, denkt und handelt.

Noch ein weiterer Aspekt spielt bei einem Menschen mit einer narzisstischen Persönlichkeitsverfassung eine Rolle. Um diesen zu beschreiben, beziehe ich mich wieder auf die beiden Affen. Es könnte doch sein, dass bei diesen beiden eben beschriebenen Primaten, die sich ihre Läuse entfernen, eine **emotionale Übereinstimmung** besonderer Art besteht.

Diese besondere Art der Übereinstimmung könnte sich bei diesen beiden Affen einstellen, wenn sie plötzlich erschreckt feststellen, dass ein Raubtier sie angreift. Beide haben Angst, beide springen davon und bringen sich in Sicherheit. Wenn sie kurz darauf, nach überstandener Gefahr, wieder zusammenkommen, können sie sich vielleicht durch Interaktionen beruhigen, wenn so ein Verhalten überhaupt zustande kommt. Sie werden aber nicht anerkennend aufeinander eingehen können in dem Sinne: »Also wie du weg gesprungen bist, das hast du aber gut gemacht.« Oder: »Du, ich hab' so richtig den Schrecken in

3.3 Neuronal-mentale Regulationsmechanismen

deinen Augen gesehen und mitbekommen, wie du, viel stärker als ich, plötzlich in Panik geraten bist.« Das heißt, diese Tiere sind sich zwar gefühlsmäßig nah, vielleicht sogar sehr nah, können aber diese Gefühlszustände nicht in eigene und fremde trennen. Möglicherweise stellt sich zwischen ihnen sehr schnell eine Art qualitative und quantitative Erregungs-Homöostase ein, sodass es gar nicht zu einem wirklich »eigenen Erleben« kommt. Dadurch wird das »Einfühlen« und auch das »Anerkennen« für diese Primaten überflüssig. Sie wissen ja bestens Bescheid, wie es dem anderen geht. Sprichwörtlich heißt dies: »Ein Herz und eine Seele«. Die Frage bleibt, ob sich diese Erregungs-Homöostase bei Primaten oder anderen Tieren »von selbst« einstellt, denkbar wären hier z. B. angeborene kybernetische Prozesse, die induktiv in jedem Tier wirksam und kollektiv gesteuert werden, oder ob z. B. ein Alpha-Tier, das eine Gruppe beherrscht, »den Ton angibt« und bestimmt was und wie die Tiere in dieser Gruppen erleben.

Auch Spitz wandte sich bei seinen Versuchen, einen Einblick in die Kommunikation zwischen Mutter und Säugling zu bekommen, der Kommunikation bei Tieren zu. Er postulierte ein **coenästhetisches System**, das auf nicht verbale, nicht gerichtete Ausdruckssignale reagiert und auf der Stufe der »egozentrischen« Kommunikation der Tiere steht. Es stellt eine **diakritische Organisation** dar:

»... der Durchschnittsmensch des Westens hat sich dafür entschieden, in seiner Kultur die diakritische Wahrnehmung sowohl in Bezug auf die Kommunikation mit anderen als auch auf die Kommunikation mit sich selbst in den Vordergrund zu stellen. Introspektion wird missbilligt und als ungesund abgewertet, so dass wir uns kaum dessen bewusst sind, was in uns vorgeht, außer wenn wir krank sind. Unsere Tiefenempfindungen erreichen unsere Wahrnehmung nicht, sie werden nicht bedeutsam für uns, wir lassen ihre Botschaft außer Acht und verdrängen sie. Ja, wir fürchten sie sogar und geben diese Furcht auf mancherlei Art zu erkennen. Sie kann direkt zum Ausdruck kommen: Wir finden Vorahnungen widerwärtig; wenn sie sich gar bewahrheiten, finden wir sie unheimlich. Wir versuchen, sie zu leugnen oder wenigstens, sie zu rationalisieren.« (Spitz 1965, S. 154)

Der Mensch mit einer narzisstischen Persönlichkeitsverfassung lebt zunächst hauptsächlich aus diesen Tiefenempfindungen heraus, weil er nicht anders kann. Werden ihm diese Tiefenempfindungen in seiner Erziehung nicht als etwas Wertvolles beigebracht und bekommt er auch keine Unterweisung, wie man diese intuitiven Erfahrungen nutzbringend in sein alltägliches Gegenwartserleben einbringen kann, reagiert dieser Mensch sehr schnell irritiert und bekommt Angst. Seine Tiefenempfindungen werden immer öfter von den neuronal-mentalen Regulationsmechanismen »verarbeitet«. Dabei gibt er sich oft übersteigert rational, sachlich und verhält sich äußerst ablehnend gegenüber »Emotionalem und Übersinnlichem«.

Ein narzisstischer Mensch will einem anderen Menschen aus seiner Sicht wirklich Gutes tun, hat aber kein Einfühlungsvermögen dafür, was dem anderen gut oder möglicherweise überhaupt nicht gut tut. Da dieser Mensch mangels Einfühlungsvermögen kaum in der Lage ist, ein echtes Mitgefühl aufzubringen, sondern ganz einfach davon ausgeht, dass seine Mitmenschen ebenso fühlen, denken und handeln wollen wie er, wird er von seinen Mitmenschen oft als herzlos empfunden; als jemand, der die Gefühle anderer verletzt und Menschen zu einer Sache degradiert, mit der man nach Belieben umgehen kann.

Das Nicht-erfüllt-Werden seiner Erwartungen erlebt dieser Mensch als gegen ihn gerichteten Angriff bis hin zur Existenzbedrohung, die aller Wahrscheinlichkeit nach auch schon sehr früh in seinem Leben mangels ausreichend erlebter primärer Erfahrungen stattgefunden und sich in seinem Anpassungssystem gespeichert hat. Bei aktuellen Frustrationserfahrungen treten diese »alten« existenziellen Ängste in seinem Anpassungskonzept wieder in Erscheinung und vermitteln ihm erneut ein starkes Gefühl von Ungeborgenheit bis hin zur Todesangst oder Ablehnung bis hin zur Verachtung – und Entwertungsängsten.

Dieses tiefgreifende Minderwertigkeitserleben, das sehr oft mit Verachtungsängsten einhergeht, wird durch die narzisstischen Bewältigungsmechanismen ausgeglichen, indem sich der in einer existenziellen Not befindliche Mensch in einer

Übereinstimmung mit seiner Umwelt erlebt, die zwar seinem subjektiven Empfinden, aber nicht den objektiven Gegebenheiten entspricht. Er erlebt sich als Machtzentrum, als jemand, der alle Fäden in der Hand hat. Seine **Kommunikation** entspricht in vieler Hinsicht, vor allem was die Semantik angeht, dem, was Spitz als **coenästhetische Funktionsweisen** bezeichnet hat. Von Bedeutung können hier wertvolle Gegenstände wie Autos, Schmuck Kleider usw. sein, aber auch Menschen, die dann allerdings nach mehr objektiven Kategorien wie Schönheitsideal, Reichtum, Intelligenz usw. bewertet werden. Menschen, die hauptsächlich auf narzisstische Bewältigungsmechanismen zurückgreifen, fällt es schwer, sich von ihrer Umwelt wirklich unabhängig zu erleben, sie fühlen sich mit dieser »sachlichen Umwelt« auf besondere Weise verbunden. Dadurch erleben sie sich dieser Umwelt gegenüber entweder **übergeordnet** und üben Macht aus, oder sie **unterordnen sich** einer meist von ihnen idealisierten Macht. Es ist das Omnipotenzerleben (entweder im Einbezogensein in eine größere Macht oder als Machthaber, der über andere verfügt), durch das der Mensch seine oft qualvollen Verachtungsängste auszugleichen versucht, oft unter Mitwirkung von selbstprotektiven Mechanismen. Wertvolle Sachen, Statussymbole, Ansehen, Orden, Ehrungen usw. haben hier eine sehr große objektstützende Wirkung.

! Für den Psychotherapeuten ist es nicht leicht, diese Überheblichkeit als Lebensarrangement anzuerkennen. Noch schwieriger wird es, wenn diese »narzisstischen Menschen« ihre Mitmenschen wie eine Sache behandeln und das menschliche Mitempfinden bei diesen narzisstischen Bewältigungsmechanismen kaum mehr eine Rolle spielt.

Diese oft großartigen Bewältigungsmechanismen können nach Belieben ausgetauscht werden. Wichtig dabei ist, dass sich der Mensch im Moment durch diesen überwertigen Gegenstand oder sein überwertiges Machterleben in seinem Selbstwert stabilisieren kann.

Beispiele für narzisstische Bewältigungsmechanismen sind die magische und die egoistische Position.

Magische Position: Wenn sich der Mensch aufgrund eines noch unzureichend entwickelten personalen Ichs und eines dazu entsprechenden unreifen Körperschemas (z. B. überdimensioniertes Raumerleben seines eigenen Körpers) mit seiner Umwelt seelisch noch sehr verbunden fühlt, bezieht er mangels Nähe-Distanz-Regulation entweder viele Signale aus seiner Umwelt auf sich oder ist der Meinung, dass seine Signale, die er aussendet, von »aller Welt« empfangen werden müssten.

Diese Ausdehnung der eigenen Subjektivität auf andere und auf die Umwelt hat noch nichts mit dem psychotischen Erleben zu tun. Der Mensch erfährt dieses magische Erleben weitgehend *bewusst* als eine besondere Macht, die ihm gegeben ist. Über diese kann er verfügen oder sich bewusst der Verfügungsgewalt einer höheren Macht ausliefern.

! Auch hier ist es für den Psychotherapeuten schwierig, diesen **isolierten Größenwahn**, der in der Regel schwer auslenkbar ist, weil der Patient von seinen magischen Kräften überzeugt ist, als effektiven Bewältigungsmechanismus anzuerkennen, den der Patient zunächst für seine »Selbsterhaltung« braucht. Man muss wissen, dass dieser Patient seine magischen Kräfte wirklich erlebt.

Egoistische Position: Hier kann sich der Mensch gegenüber seiner Umwelt abgrenzen und hat auch ein durchaus entwickeltes personales Ich. Ihm fällt es aber sehr schwer, andere Menschen in gleicher Weise wie sich selbst anzuerkennen oder sich mit ihnen gedanklich und/oder emotional auszutauschen. Er ist sich selbst Mittelpunkt der Welt, kann anderen Menschen aber eine Existenzberechtigung geben, ihnen also Menschenwürde vermitteln. Er ist auch in der Lage, die Person eines Menschen, also seine Individualität zu respektieren, ihm fällt es aber sehr schwer, einen Menschen als ebenbürtigen Partner anzuerkennen. Wie oben schon ausgeführt, ist für ihn die intersubjektive Kommunikation, wenn überhaupt, nur sehr schwer herstellbar. Für ihn ist die Kommunikation in erster Linie Informationsaustausch und Mitteilung unterschiedlichster Aktivitäten, wobei seine Intelligenz überdurchschnittlich ausgebildet sein kann.

3.4 Vorwiegend mentale Regulationsmechanismen (Selbstregulationstechniken)

3.4.1 Allgemeine Betrachtungen

Die Welt existiert ca. 4,6 Milliarden Jahre. Etwa vor 3,8 Milliarden Jahren gab es die ersten Anzeichen von Leben und etwa vor 700 Millionen Jahren entwickelten sich nicht nur Einzeller, sondern auch Zellverbände, die sich zu unterschiedlichsten Kleintierlebewesen organisierten. Vor etwa 500 Millionen Jahren tauchten bereits Lebewesen auf, die eine Art primitives Nervensystem aufwiesen und dann entwickelten sich über unterschiedliche Epochen eine hohe Artenvielfalt an Meerestieren, dann Landtieren, Säugetieren bis hin zum Baumaffen, der vor ungefähr 20 Millionen Jahren auftauchte.

Auch diese Gattung der Affen zeigte eine große Artenvielfalt; sie brachten die höchst entwickelten Säugetiere, die Primaten hervor, aus denen sich dann vor ca. 6 Millionen Jahren die ersten Hominiden und aus ihnen vor ca. 2 Millionen Jahren der spätere Homo sapiens entwickelte. Etwa vor 400 000 Jahren hatte dann dieser Vorzeitmensch die gleiche Anatomie und Physiologie wie der Mensch heute, war aber erst seit etwa 40 000 Jahren (das sind etwa 1 600 Generationen vor uns) in der Lage, Ackerbau und Viehzucht zu betreiben.

Sicher der tiefgreifendste Quantensprung in der Weltgeschichte fand also vor ca. 40 000 Jahren statt, als auf dem Planet Erde eine Spezies auftauchte, die erstmals in der Lage war, aus eigenem Wollen heraus etwas zu tun oder nicht zu tun, also absichtlich sein Verhalten steuern konnte, was bisher keinem Lebewesen zuvor möglich war. Dieser Mensch war sich auch seiner selbst (als Subjekt) bewusst, konnte seine Mitmenschen als von ihm unabhängig und fremd (als Objekt) erleben, sich mit ihnen wieder vertraut machen (intersubjektive Kommunikation) und über diese dabei gemachten Erfahrungen seinen Mitmenschen, in Bezug auf seine übrige Umwelt, einen deutlich höheren Stellenwert einräumen (Menschenwürde, Respekt, Toleranz, Daseinsberechtigung usw.). Bei dieser Betrachtungsweise wird deutlich, dass in dem ganzen Entwicklungsbogen hin zum Menschen seine personale Entwicklung im Mittelpunkt stand. In diesen Entwicklungsbogen beginnt der Mensch möglicherweise schon vor, aber in jedem Fall sofort nach seiner Geburt einzutreten.

Nach Stern beginnt der Mensch bereits ab seinem 15. bis 18. Lebensmonat seine Umwelt daraufhin auszuloten, welche seiner Wirklichkeitserfahrungen sein in ihm wachsendes Selbstgefühl stärken und welche nicht. Dieses Selbstgefühl ist also ein für die menschliche Existenz notwendiges Empfinden und aller Wahrscheinlichkeit ein zutiefst lustvolles Erleben, das sich bereits im Säugling und später immer öfter im Kleinkind einstellt, wenn es sich mental zunehmend mehr seiner selbst als Subjekt bewusst wird. Den Ursprung der **Lebensfreude**, wie man dieses lustvolle Erleben auch nennen kann, liegt meines Erachtens in einer Existenzangst, die diesem »satten Selbstgefühl« vorausgeht. Denn **Selbstsein** geht sehr oft einher mit der Auflösung eines zuvor noch bestandenen existenziellen **Verbundenheitsgefühls**. So hat bei der Objektverlustangst das Kind etwas noch zuvor als ihm zugehörig erlebt und plötzlich, im Zuge seines psychischen Wachstums (Individuation) wird ihm diese »äußere Sache«, diese »äußere Person« fremd, das Kind erlebt sie nicht mehr ihm zugehörig, und diese zuvor bestehende Verbundenheit weicht einem Getrenntsein. Dabei kann das zuvor noch erlebte Gefühl von Geborgenheit, Geschütztsein und Sicherheit spendender Abhängigkeit verloren gehen. Eine abgrundtiefe Existenzangst setzt ein, die aber das Kleinkind mit seinen inzwischen entstandenen mentalen Regulationsmechanismen bewältigen kann. Voraussetzung ist, dass sich im Selbstsystem des Kindes durch ausreichend objektstützende Erfahrungen diese »äußeren Objekte« so stabil in seinem Selbstsystem verankern konnten, dass diese jetzt rückhaltgebend im Selbstsystem des Kindes bewusst werden und es dadurch diese neue Unabhängigkeit nicht nur verkraften, sondern auch als Lebensfreude lustvoll erleben kann. Die bei diesem Verlust sofort ausbrechende Existenzangst wird sofort von einem neuartigen, »inneren (subjektiven) Verbundenheitserleben« gegenüber der äußeren Sache oder äußeren Person so sehr durchdrungen, dass sich die zuvor noch bestehende Existenzangst in ein lustvolles Selbsterleben wandelt. Es kann sich jetzt unabhängig von diesen »äußeren Objekten« auf deren »innere Repräsentanzen« verlassen. Das Kind beginnt, sich aus eigener Kraft das zu geben, wozu es noch zuvor die äußeren Objekte benötigte.

Die Entstehung von Lebensfreude im Kind könnte sich folgendermaßen abspielen:

Zunächst löst ein Verlusterlebnis auf neuronaler Ebene eine neuronale Desorganisation aus, die auch auf mentaler Ebene vom Kind als heftige Existenzangst *bewusst* erlebt wird.

Bei jeder einsetzenden neuronalen Desorganisation treten, wie beschrieben, sofort die neuronal-mentalen Regulationsmechanismen auf den Plan und werden – je nach ihrem momentanen Wirkungsgrad – reorganisativ wirksam.

Durch diese neuronale Reorganisation wird zunächst für das Kind *unbewusst* seine affektive Krise, die durch die Verlustangst ausgelöst wurde, erträglicher. Das Kind kann sich jetzt wieder einigermaßen orientieren, sich erinnern, was gewesen ist, eventuell kann es sich auch durch ein Notschreiverhalten sowohl weiter abreagieren als auch dadurch auf sich aufmerksam machen, um Hilfe zu bekommen.

Durch das In-Kraft-Treten der neuronal-mentalen Regulationsmechanismen kann das Kind seine vorhandenen mentalen Regulationsmechanismen einsetzen und bereits früher erfahrene responsive positive Gemeinsamkeitserfahrungen mit »äußeren Objekten« in Erinnerung rufen. Diese funktionalen Orientierungen, Motive und Motivationen treten jetzt im Bewusstsein des Kindes nicht nur rückhaltgebend in Erscheinung, sondern auch verhaltensunterstützend in Kraft.

Damit aber dieses in statu nascendi befindliche Selbstkonzept beim Kind auch rückhaltgebend wirksam werden kann, sind bereits viele vorausgegangene positive Gemeinsamkeitserfahrungen mit Eltern oder anderen primären Bezugspersonen notwendig.

> Sowohl die Erinnerung an die vorausgegangene Abhängigkeit von diesem »äußeren Objekt« als auch die Erinnerung an die lebensbedrohliche Existenzangst durch den drohenden Objektverlust, vor allem aber die, durch das »verinnerlichte Objekt« jetzt intensiver gewordene selbstreflektive Resonanz und das dadurch neu gewonnene **Autonomieerleben** ergeben zusammen das Gefühl der **Lebensfreude**. Eine wesentliche Rolle dabei spielt der Zuwachs an Initiative und personaler Freiheit.

Im Laufe dieser bio-psycho-sozialen Entwicklung gelingt es dem Kind, kraft zunehmender Autonomie und Initiative immer öfter auch eigene Selbstregulationsmechanismen zu generieren und mit ihnen auf unterschiedlichste Weise sein inneres Milieu zu regulieren. Auch diese Selbstregulation trägt zur Lebensfreude bei.

3.4.2 Idealisierende Objektstützung

Das Kind lotet seine Umwelt auch auf jene Erfahrungen aus, an denen es wachsen kann. Dieses Wachsen geht einher mit Frustrationen. Das Kind will z. B. etwas können, was sein Vater oder seine Mutter kann, was für es aber noch nicht möglich ist. Vielleicht, weil es körperlich oder geistig noch nicht dazu in der Lage ist. Das Kind wird zunächst vergebens versuchen und sich bemühen, es den Erwachsenen gleichzutun. Dabei kann man unterschiedlichste Reaktionsweisen des Kindes beobachten:

- das Kind kann aufgrund vorausgegangener Kindheitsbelastungsfaktoren und deshalb wirksamer dysfunktionaler Orientierungen, Motive und Motivationen mit Zerstörungswut auf all das reagieren, mit dem es noch nicht so umgehen kann wie seine Eltern
- das Kind erlebt die Situationen, die Umstände, die Sachen, mit denen es nicht zurecht kommt, gegen sich gerichtet und beginnt mit ihnen oft frustrane Auseinandersetzungsmanöver
- das Kind kann sich plötzlich, ebenfalls aufgrund wirksamer dysfunktionaler Orientierungen, Motive und Motivationen unsicher und unfähig fühlen, selbst etwas leisten zu können, und resigniert
- das Kind kann auch zum »Erfüllungsgehilfen« elterlicher Ich-Ideale werden und setzt dann

3.4 Vorwiegend mentale Regulationsmechanismen (Selbstregulationstechniken)

das zwanghaft in die Tat um, was diese ihm abverlangen; da leistet das Kind zwar etwas, aber es hat wenig mit ihm selbst zu tun; auch hier bleibt die Selbstsicherheit aus
- Das Kind kann auf eine Frustration auch mit Panik reagieren, bekommt einen Schreianfall und reagiert bei dem Versuch, mit einer Enttäuschung fertig zu werden, mit heftiger Angst; lässt sich dieses Kind beruhigen, stellt sich sehr bald heraus, dass es durchaus in der Lage ist, effektive Bewältigungsstrategien einzusetzen

Aber anstatt **paranoid, depressiv, zwanghaft** oder **hysterisch** zu reagieren, setzt ein anderes Kind seine Intelligenz ein und strengt sich jetzt solange an, die vorgegebene Situation zu bewältigen, bis sich erste Erfolge, zumindest in Richtung des angestrebten Ziels, einstellen. Dabei müssen zunächst bei den einsetzenden Frustrationen die neuronalen Regulationsmechanismen des Kindes so funktionieren, dass seine immer wieder auftretenden Ängste aushaltbar werden.

Fallbeispiel: Türklinke
Will ein Kind nach einer Türklinke greifen, kann sie aber aufgrund seiner geringen Körpergröße noch nicht fassen und rutscht mit seinen Händchen immer wieder am Türgriff ab, so will das Kind etwas, was es noch nicht kann, aber bei seinen Eltern immer wieder erfolgreich gesehen hat. Sein Nicht-Können, also die immer wieder erlebten Frustrationen, kann jetzt auf neuronaler Ebene eine Desorganisation anbahnen, die sich mental in einem immer ängstlicher aber auch ärgerlicher werdenden Kind äußert. Durch Einsatz der neuronal-mentalen Regulationsmechanismen kann sich jetzt *mental* das zunächst eher diffuse Angstempfinden zu einem eindeutigen Wutgefühl verdichten und über ein ebenso eindeutiges Wutverhalten zum Ausdruck kommen.

Hier steht das Kind an einem Scheideweg. Entweder es erlebt sich durch sein Wutverhalten von seiner Umwelt abgelehnt und seine Angst vor dieser Umwelt steigt ins Uferlose oder es fällt in Resignation und erlebt sich als Versager, der nicht einmal eine Türe öffnen kann, was doch alle anderen können. Dieses **paranoide** oder **depressive Minderwertigkeitserleben** kann bei dem Kind bestehen bleiben, oder es treten magische narzisstische Bewältigungsmechanismen auf den Plan. Dabei fühlt sich das Kind auf einmal großartig und dünkt sich im Besitz übermenschlicher Kräfte, durch die es über die Türe verfügen kann, wie es will. Und siehe da sie öffnet und schließt sich, ohne dass sie das Kind berührt. Durch so einen Größenwahnsinn wurde zwar das Minderwertigkeitserleben des Kindes ausgeglichen, gleichzeitig ist es aber wieder einen Entwicklungsschritt zurückgeworfen worden und kann jetzt z. B. gar nicht mehr richtig zuhören, wenn man mit ihm reden würde.

Es ist aber genauso möglich, dass sich inzwischen im Selbstkonzept des Kindes genügend responsive positive Erfahrungen mit den Eltern etabliert haben (Objektkonstanz nach Mahler, Objektpermanenz nach Piaget). Kraft der bereits starken selbstreflektiven Resonanz ist es dem Kind nun möglich, aus seiner Wut herauszufinden. Dabei stellt sich das Kind vor, dass es bald so sein wird wie sein Vater, den es im Moment »rückhaltgebend« erlebt. Dabei kommt ihm die Idee einen Stuhl vor die Türe zu stellen, auf den hinaufzusteigen und da jetzt das Kind fast so groß ist wie sein »großer Vater«, wird es selbstverständlich auch die Türe öffnen können. Kraft seiner neuronalen und zunehmend mentalen Regulationsmechanismen fiel das Kind in diesem Fall nicht in eine magische Welt zurück, sondern fand durch die Idealisierung Zugang zur Erwachsenenwelt. Wichtig hierbei ist, dass von Seiten der Eltern diesen Bemühungen ihres Kindes ein positives Feedback folgt und diese die mentalen Anstrengungen ihres Kindes unterstützen. Das Kind will nun immer öfter auch über seine innere Befindlichkeit reden und interessiert sich auch für die innere Befindlichkeit seiner Bezugspersonen.

Die »vordergründige« Idealisierung des Vaters ist eine mentale Leistung des Kindes. Durch diese Idealisierung werden im neuronalen Gedächtnissystem des Kindes hauptsächlich – wie zuvor beschrieben – die responsiven Erfahrungen mit dem Vater aktiviert, die dann auch mental über das Selbstkonzept des Kindes, resonant zu seinem Gegenwartserleben, in Kraft treten können. Wenn die Eltern ihre Responsivität weiter aufrechterhalten können, werden durch die Erfolgserlebnisse, die das Kind über diese Idealisierung macht, sich selbst verstärkende zirkuläre Resonanzprozesse zwischen dem »inneren« und »äußeren Vater« in Gang gesetzt. Dabei bleibt der Vater zunächst ein Ideal, dem es nachzustreben gilt, um all das zu können, was er offensichtlich kann. Durch diese **Idealisierung** greift das Kind aus seiner mentalen Position in die neuronal-mentalen Regulationsmechanismen ein und verstärkt so immer wieder seine neuronal gespeicherten Autonomieerfahrungen.

Obwohl die Begegnung mit der Umwelt, also mit der äußeren Realität bei der Persönlichkeitsentwicklung eines Menschen eine große Rolle spielt, darf man nicht außer Acht lassen, dass die »inneren Gegebenheiten«, mit denen ein Mensch auf die Welt kommt, einen ebenso großen Einfluss haben. Wie kraftvoll und differenziert sind die motivationalen Systeme, die im Archaiksystem eines Menschen verankert sind? Wie aufnahmefähig ist sein Anpassungssystem und wie flexibel reagiert es? Hier spielt z. B. das Aufnahmevermögen und die Lernfähigkeit eine große Rolle. Wie ausgeprägt ist die Intelligenz und wie kraftvoll und stabil sind die Ich-Funktionen? Vermag die Person mit diesen vielen »Persönlichkeitsinstrumenten« so umzugehen wie ein guter Dirigent mit seinem Orchester?

Das Kind kann jetzt dem elterlichen Vorbild nacheifern und trotz aller immer wieder auftauchenden Ängste und Verzweiflungen stellt es seine Ideal-Eltern erst dann in Frage, wenn sich bei ihm ein zunehmend stabileres Selbstsicherheitserleben einstellt. Auf diesem Weg kann es ohne die »Hilfs-Ich-Funktion« seiner Eltern immer besser sein Leben selbst regeln.

> Das heißt auch, dass ein Kind noch kein kontinuierliches Erleben von Selbstsicherheit haben kann, sondern dass ein stabiles Selbstsicherheitserleben Ergebnis vieler Erfolgserlebnisse ist.

Im Laufe der Zeit, vor allem durch neue positive Erfahrungen in anderen Lebensbereichen neben der Familie (Kindergarten, Schule, Freunde usw.), wird die Selbstentwicklung des Kindes weiter unterstützt. In diesem Entwicklungsprozess macht das Kind immer häufiger die Erfahrung, dass seine **idealen Eltern** lebendige Menschen sind, die genauso andere Menschen brauchen, um mit dem Leben zurechtzukommen. Es stellt dann auch fest, dass seine Eltern weder alles können, noch alles wissen, sondern sich mit ihrem personalen Ich genauso schwer tun wie es selbst. Es beginnt, seine Eltern immer öfter »zu verstehen«, wenn sie nicht dem bisherigen Idealbild entsprechen. Vor allem aufgrund zunehmender Selbstsicherheit, Unabhängigkeit und Fähigkeit zur eigenen Lebensbewältigung tritt die Vorbildfunktion und die damit verbundene Hilfs-Ich-Funktion der Eltern mehr und mehr in den Hintergrund.

Diese **De-Idealisierung** braucht aber einen Entwicklungsspielraum. Dabei soll es den Eltern gelingen, ihren Kindern ein Gefühl der Verantwortung für sich selbst als autonome und eigenständige Personen zu übermitteln. In der Phase der De-Idealisierung sollten die Erwachsenen mit der Entwicklung ihrer Kinder zur Selbstständigkeit sehr flexibel umgehen und ihnen eine »sichere Basis« bieten, zu der sie in schwierigen Augenblicken zurückkehren und von der sie dann zu neuen Erkundungen wieder aufbrechen können. Die Eltern nehmen jetzt gegenüber ihrem Kind immer öfter eine dialogische Funktion ein, während die Idealisierung der Eltern, also ihre Vorbildfunktion, mehr und mehr in den Hintergrund tritt.

Schwierig kann es für einen Menschen werden, wenn er feststellt, dass er zu wirklich großartigen Leistungen, die ihm andere vormachen, nicht in der Lage ist. Dabei muss er gleichzeitig einsehen, dass in diesem Bereich sein Selbstkonzept »unterentwickelt« ist und alle seine Bemühungen, dieses großartige Ziel zu erreichen, von vornherein scheitern werden. In diesen Fällen ist es notwendig, dass der Mensch auf andere Bereiche seines Selbstkonzeptes schauen kann, um festzustellen, dass er durchaus in der Lage ist, diese eine Schwachstelle durch andere Fähigkeiten auszugleichen.

Für ein Kind ist dies aber erst später möglich, wenn es aufgrund seines zunehmenden Selbstvertrauens, seines eindeutigeren Selbstbildes und seiner Selbstachtung besser in der Lage ist, solche großartigen Ideen und Idole, die sich in seinem Kopf über Idealisierungen festgesetzt haben, aufzugeben. Durch die einsetzende **Introspektionsfähigkeit** stellt das Kind immer öfter fest, welche

3.4 Vorwiegend mentale Regulationsmechanismen (Selbstregulationstechniken)

Größenideen und Idole wenig mit ihm selbst zu tun haben und welche Vorbilder ihm selbst mehr entsprechen; Vorbilder, durch die er wirklich etwas Großes werden kann. Diese De-Idealisierung findet weder durch Entwertung noch durch eine ernüchternde Beziehungsaufnahme mit den Leistungsträgern statt. Das Kind kann hier aufgrund seines gewachsenen Selbstverständnisses vom Idealbild Abstand nehmen und das **Realbild** verkraften.

Menschen, die nur schwer in der Lage sind, Frustrationen auszuhalten und sie auch nicht kompensieren können, deren neuronal-mentale Regulationsmechanismen kein befriedigendes reorganisatives Ergebnis zustande bringen, sind ständig in hoher Unruhe. Sie neigen dazu, in einer psychotherapeutischen Behandlung den Psychotherapeuten entweder zu entwerten (Einsatz der primitiven oder narzisstischen neuronal-mentalen Regulationsmechanismen) oder ihn zu idealisieren. Es ist wichtig, dass sich der Psychotherapeut im Klaren ist, dass hinter dieser Idealisierung, wie beim Kind, eine große Sehnsucht nach Selbstwertstabilisierung steht. Diese Selbstwertstabilisierung wird erreicht, wenn der Psychotherapeut auf die Idealisierung eingehen kann. Dies ist in der Regel eine hohe Leistung, denn der Psychotherapeut wird bei der Idealisierung im Sinne des Patienten funktionalisiert und spielt für den Patienten als wirkliche Person eine eher unwichtige Rolle. Wird die Frustrationstoleranz des Patienten in der psychotherapeutischen Behandlung überfordert, z. B. wenn der Psychotherapeut diesem Patienten zu früh Lebenstüchtigkeit abverlangt und sich der Patient aber noch nicht dazu imstande fühlt, kann es sein, dass sich plötzlich dysfunktionale Orientierungen, Motive und Motivationen im Verhalten des Patienten durchsetzen und sich massiv gegen den Psychotherapeuten richten. Diese dysfunktionalen Orientierungen sind durch viele Traumatisierungen entstanden und durch die vorausgegangene Idealisierung kompensiert worden. Der Patient fällt somit zurück auf seine narzisstischen oder primitiven Bewältigungsmechanismen.

Immer wieder werden wir in unserem Leben feststellen, dass wir uns plötzlich an ganz bestimmte Menschen erinnern, in der Regel sind es Autoritäten wie Eltern, Kindergärtner, Lehrer, Meister, Professoren usw., auch wenn diese nur für kurze Zeit für uns eine Rolle spielten. Diese für uns damals »idealen Menschen« waren für uns wichtig, da wir durch sie Wirklichkeitserfahrungen erlebten, die sich positiv, manchmal sogar auch reparativ in unserem Anpassungssystem verinnerlichten. Dadurch ist bei vielen instabilen, destruktiven Episodenkontexten eine so wirksame Veränderung eingetreten, dass sie über die intrapsychische Identifikation letztlich doch noch im Selbstkonzept aufgenommen werden konnten. Wir konnten uns also Kompetenzen aneignen, die vor der Begegnung mit diesen Autoritäten nicht möglich gewesen wäre.

> **!** Der Psychotherapeutische Mediziner muss sich im Klaren sein, dass er von manchen Patienten zu so einer Autorität, zu so einem »idealen Menschen« gemacht wird und dass es jetzt an ihm liegt, damit professionell umzugehen. Hierbei soll es ihm möglich sein, diese Idealisierung zunächst voll und ganz anzunehmen mit dem Ziel, dass er im Laufe der Behandlung gegenüber seinem Patienten als Idealfigur mehr und mehr in den Hintergrund tritt. Dadurch soll der in seiner Entwicklung hoch deprivierte, also seelisch und körperlich sehr vernachlässigte und/oder misshandelte und deshalb misstrauische Patient über die Idealisierung wieder einen Zugang zu einem Menschen finden.
> Der Psychotherapeut hat hier die Funktion eines Selbstobjekts für den Patienten, d.h. der Psychotherapeut stabilisiert den labilen Selbstwert seines Patienten. Setzen durch diese Objektstützungen beim Patienten identifikatorische Prozesse ein, kann die für eine effektive Behandlung so notwendige Selbstwerthomöostase zwischen Psychotherapeut und Patient in Kraft treten. Diese versetzt den Patienten in die Lage die Hilfs-Ich-Funktion seines Behandlers effektiv anzunehmen. Das gelingt, wenn der Patient lernt, die zwangsläufigen Frustrationen zu bewältigen. Der Patient merkt, dass der Psychotherapeut nicht alles kann (De-Idealisierung) und beginnt die Hilfs-Ich-Funktionen als Hilfe zur Selbsthilfe zu verstehen.

Menschen, die vorwiegend Idealisierungen zur Lebensbewältigung einsetzen, versuchen immer wieder auf unterschiedlichste Weise den Sprung vom funktionalen Ich zum personalen Ich zu schaffen.

3.4.3 Dialogische Objektstützung

Hat der Mensch ein stabiles personales Ich entwickeln können, darf man trotzdem nicht außer Acht lassen, dass auch hier der Mensch ständig sowohl organisativen, desorganisativen als auch reorganisativen Bewegungen ausgesetzt ist. Man weiß, dass auch dieser Mensch, der ein wirklich stabiles personales Ich entwickelt hat, durchaus nicht allen Lebenssituationen gewachsen ist. So können einem Menschen durch ganz bestimmte Wirklichkeitskonstellationen, in die er ganz zufällig hineingerät, seine dysfunktionalen Orientierungen, Motive und Motivationen, die lange Zeit in seinem Leben überhaupt keine Rolle mehr spielten, plötzlich wieder bewusst werden. Da dies für den betroffenen Menschen sehr oft völlig unbewusst abläuft, wird er auf die in ihm aufkommende Unruhe eventuell auch Ängste und unvermittelt einsetzenden Selbstentwertungsmechanismen mit völligem Unverständnis reagieren und sogar an sich selbst zweifeln. Konnte er kurz zuvor noch aus seinem Hintergrundbewusstsein Selbstsicherheit schöpfen und war seine Stimmung gut, fühlt er sich jetzt plötzlich selbstunsicher und seine Stimmung ist deutlich getrübt. In sehr schweren Fällen kann diese **neuronal-mentale Desorganisation** so weit fortschreiten, dass er ohne fremde oder professionelle Hilfe aus diesem **neuronal-mentalen Dilemma** nicht mehr herausfindet. Es ist ihm im Moment nicht möglich, aus eigener Kraft durch eine brauchbare Lösung diese plötzlich eingetretene Situation zu bewältigen.

Je nachdem wie massiv diese außerordentliche Belastung in diesem Moment ist (z. B. eine Enttäuschung, ein selbst verschuldeter schwerer Verkehrsunfall, ein unvorhergesehener Todesfall usw.) und in welcher Persönlichkeitsverfassung sich ein Mensch gerade befindet, ob er sich z. B. innerlich aufraffen kann und sich dann doch noch in der Lage fühlt, dem eingetretenen Ereignis standzuhalten, ausschlaggebend ist, ob dieser Mensch durch seine ihm noch zur Verfügung stehende mentale Leistungsfähigkeit (Ich-Stärke) die eingetretene neuronal-mentale Desorganisation, die er z. B. als Depression erlebt, auffangen kann oder nicht. Da ja meist schon vorher die neuronalen Regulationsmechanismen ihre reorganisative Tätigkeit in den überlasteten neuronalen Netzwerken aufgenommen haben, setzen jetzt neuronal-mentale Synergieeffekte ein, die zur weitestgehenden Wiederherstellung der zuvor bestandenen Persönlichkeitsverfassung führen können.

In einer Situation, in der einem plötzlich »der Himmel auf den Kopf« fällt, man eigentlich nicht weiß, wie einem geschieht oder was mit einem los ist, aber genauso in Situationen, in denen Schreckliches, Entsetzliches geschehen ist, und man damit plötzlich konfrontiert wird, kann es einem nützen, wenn man sich z. B. an seinen Vater erinnert, der in solchen Situationen immer eine Lösung gefunden hat. Möglicherweise kann man dadurch die Kraft finden, es ihm gleich zu tun. Hat man sich über diese Idealisierungen mit seinem Vater wirklich identifizieren können, so bestärkt einen dieser »innere Vater« nicht, es ihm gleich zu tun, sondern er gibt einem die Kraft, diese Situation, vor der man steht, so zu meistern, wie es einem selbst entspricht.

Diese rückhaltgebenden Eltern geben einem Menschen auch das Wissen und die Sicherheit, dass er in der Lage ist, mit seinen Mitmenschen einen Dialog aufnehmen zu können, ohne dabei auf- oder zudringlich zu werden. Dieser Mensch hat im Laufe seiner Entwicklung mit seinen Eltern einen **dialogischen Beziehungsmodus** erlernt und kann diesen jetzt in allen Lebenslagen einsetzen. Dabei wird sich dieser Mensch zu Beginn einer Begegnung von den Sympathie- oder Antipathiegefühlen, den Nöten, Ängsten und Schwierigkeiten seiner Mitmenschen nicht so weit in Beschlag nehmen lassen, dass er Gefahr läuft, seine Identität, Steuerungsfähigkeit und Eigenverantwortlichkeit zu verlieren. Er wird, z. B. wenn er in Not ist, auf Menschen zugehen, deren Zuneigung er sich sicher ist und zu denen er eine positive gefühlsmäßige Einstellung hat.

- Aber aufgrund seiner guten Nähe-Distanz-Regulation wird er sich dann in einem **ersten Schritt** auch wieder aus diesen erfreulichen Vereinnahmungen lösen können.
- In einem **zweiten Schritt** wird ihm durch die Körperlichkeit seiner Mitmenschen seine einzigartige Körperlichkeit bewusst.

- In einem **dritten Schritt** wird ihm durch die Persönlichkeit seiner Mitmenschen seine einzigartige Person bewusst.

Durch den Wandel von **existenzieller** zur **körperlichen** und von **körperlicher** zur **persönlichen Beziehung** kann sich dieser zunächst in Not befindliche Mensch wieder unabhängig von seinen Mitmenschen erleben, weil er jetzt sowohl zu seinen körperlichen als auch zu seinen seelisch-geistigen (psychischen) Kräften zurückgefunden hat. Diesem Menschen ist es jetzt möglich, sich – freiwillig – nicht nur informell, sondern vor allem emotional auszutauschen, also sich sowohl anderen emotional zur Verfügung zu stellen, als sich auch auf deren emotionale Zur-Verfügung-Stellung einzulassen. Über sein Einfühlungsvermögen bekommt dieser Mensch, vor allem, wenn er in Not ist, die »innere Befindlichkeit« des anderen mit.

- In einem **vierten Schritt** muss er sich jetzt entscheiden, ob dieser hilfsbereite Mensch ihn jetzt wirklich unterstützen kann oder nicht. Nimmt er die Hilfe in Anspruch, geht er davon aus, dass der hilfsbereite Mensch ihn in seinem Anliegen auch wirklich verstanden hat. Durch diese **verständnisvolle Beziehung** können in ihm jetzt Kräfte mobilisiert werden, die ihm vorher gar nicht bewusst waren.
- Dabei wächst sein Selbstvertrauen und in einem **fünften Schritt** vertraut er jetzt sowohl sich selbst als auch dem, der ihn unterstützt. Er vertraut darauf, dass sie beide für sein Anliegen eine Lösung finden werden, zu der er selbst derzeit alleine nicht in der Lage ist. Sie haben nun eine **vertrauensvolle Beziehung.**
- In einem **sechsten Schritt** setzen beide auf dem Boden ihrer vertrauensvollen Beziehung die gemeinsam gefundene Lösung in die Tat um und finden so zu einer **solidarischen Beziehung.**

Der dialogische Beziehungsmodus verläuft also in sechs Schritten bzw. auf sechs verschiedenen Beziehungsebenen (Tab. 3-2). Hat ein Mensch den dialogischen Beziehungsmodus erlernt, verfügt er über reife Verarbeitungs- und Bewältigungsmechanismen. Mit diesen Selbstregulationstechniken kann er jederzeit in seine neuronal-mentalen Regulationsmechanismen eingreifen, damit es ihm möglich wird, sich so zu verhalten, wie es seiner Initiative und seinem autonomen Wollen entspricht.

3.4.4 Religiöse Objektstützung

Die religiöse Objektstützung ist eine weitere reife Form der Objektstützung. Dabei gelingt es dem Menschen, seine Geschöpflichkeit in Zusammenhang mit einer Schöpfungsgeschichte zu verstehen und einem Schöpfer gegenüber ein inneres Bild zu entwickeln. Dieses Gottesbild ist eines der reifsten Leistungen, zu denen der Mensch imstande ist, vorausgesetzt diese religiöse Objektstützung hat sich aus der dialogischen Objektstützung weiterentwickelt.

Hierbei ist wichtig zu unterscheiden, ob es sich um eine wirkliche religiöse Objektstützung handelt oder ob es sich um magische narzisstische Bewältigungsmechanismen handelt. Im ersten Fall ist sich der Mensch eines inneren Gottesbildes bewusst, das im Selbstkonzept keinerlei Übermächtigkeit ausübt, sondern dem Menschen über eine starke selbstreflektive Resonanz zur größtmöglichen personalen Autonomie verhilft. Im zweiten Fall ist der Mensch einem so genannten »guten« oder einem so genannten »bösen Gott« ausgeliefert, er erlebt sich als »Gottes Werkzeug«, ohne sich der dabei stattfindenden massiven Obsessivität bewusst zu werden. Bei diesen magischen narzisstischen Bewältigungsmechanismen religiöser Couleur handelt es sich um Hörigkeit. Dabei wird das personale Ich des Menschen weitestgehend außer Kraft gesetzt.

Tab. 3-2 Die verschiedenen Beziehungsebenen im dialogischen Beziehungsmodus

Schritt	Beziehungsebene
1. Schritt	existenziell
2. Schritt	körperlich
3. Schritt	persönlich
4. Schritt	verständnisvoll
5. Schritt	vertrauensvoll
6. Schritt	solidarisch

Behandlungsorientierungen

4 Essentials der Objektgestützten Psychodynamischen Psychotherapie

4.1 Entwicklung des Selbstbewusstseins

Objektstützung ganz allgemein ist sowohl
- die Vermittlung von Existenzberechtigung als Mensch,
- die Vermittlung von Lebensberechtigung als Person,
- die Vermittlung von Daseinsberechtigung als Partner durch unsere **Mitmenschen** als auch
- die ständig in uns wirksame »**innere Resonanz**«, dass man als Mensch, Person und Partner eine Existenz-, Lebens- und Daseinsberechtigung hat.

Objektstützung ganz speziell ist sowohl
- die Vermittlung von Verständnis, Hilfe und Dankbarkeit,
- die Vermittlung von Vertrauen, Konflikt(bereitschaft) und Konsens(findung),
- die Vermittlung von Solidarität, Gemeinwohl und Kooperation durch unsere **Mitmenschen** als auch
- die ständig in uns wirksame »**innere Resonanz**«, dass man Verständnis, Hilfe, Dankbarkeit, Vertrauen, Konflikt(bereitschaft), Konsens(findung), Solidarität, Gemeinwohl und Kooperation praktizieren und realisieren kann.

Fallbeispiel: Timm (I)

Eine »Entwicklungsgeschichte« – Der Weg vom Unbewusstsein über das Bewusstsein zum Selbstbewusstsein

Erzählt wird die Geschichte eines 8 bis 10 Monate alten Säuglings, nennen wir ihn Timm, der sich an den Gitterstäben in seinem Laufstall hochzieht, dabei mit seinen Händchen die Gitterstäbe fest umgreift, sich mit beiden Beinen vom Boden abstößt, die Knie durchdrückt und sich aufrichtet.

Timm steht in seinem Laufstall, hält sich mit beiden Händen am Laufstallrand fest und sieht plötzlich am Boden seine kleine Quietschente. Timm bückt sich, richtet sich wieder auf, hält sich mit der einen Hand weiter an seinem Laufstall fest und drückt mit der anderen Hand diese Quietschente, die jetzt einen entsprechenden Laut von sich gibt.

Er ist von diesem Quietschen entzückt und möchte, dass das Entchen nochmals so quietscht. Er erlebt jetzt aber in sich etwas aufkommen, was vorher so nicht da war: Er drückt jetzt nicht mehr automatisch wie zuvor diesen Gegenstand, sondern seine Hand und seine Finger werden ihm bewusst, er spürt in seiner Hand eine besondere Kraft, eine Kraft, die aus ihm selbst herauskommt, eine Kraft mit der er sein Entchen so drücken kann, wie er es will.

Timm merkt immer deutlicher, wie er auf seine Bewegungen Einfluss nehmen kann, was vorher nicht der Fall war. Dieser Einfluss geht so weit, dass er diese Bewegungen sowohl nach eigenem Ermessen steuern, als auch das Gefühl, das durch dieses Quietschen in ihm entsteht, verändern kann. Schnell macht er um das Entchen eine Faust, drückt ganz fest zu und das Entchen quietscht jetzt lauter als zuvor. Gehen wir jetzt davon aus, dass das Kind einmal durch das ihm bewusst gewordene Bewegungsvermögen »Faustmachen-Können«, aber auch durch das dadurch erzeugte laute Quietschen seiner Ente in freudige Erregung geraten ist. In diesem Moment der Selbstwirksamkeitserfahrung schaut er sich angestrengt und aufgeregt nach seiner Mutter um; einmal, weil er ihr diese Neuigkeit vermitteln will, aber auch um sich ihrer Zustimmung sicher zu sein. Denn neben all der Bewegungs- und Lebensfreude taucht bei ihm auch ein Gefühl der Unsicherheit auf, ob all das Fremde, Neue, was sich da in ihm vollzieht, auch wirklich in Ordnung ist; vor allem, was das auf einmal in ihm auftauchende »Bewegen-Können« und »Befindlichkeit-verändern-Können« anbetrifft. Timm ist erstaunt, dass er jetzt nicht nur nach eigenem Ermessen eine Faust machen und die Finger wieder strecken kann, sondern dass er dabei auch gleichzeitig sein Gefühlsleben ändern kann. Zuvor unabänderliche Befindlichkeiten lassen sich jetzt auf einmal verändern.

Die Mutter, die gerade damit beschäftigt ist, das Abendessen herzurichten und mit dem Rücken zum Kind steht, achtet nicht auf die freudigen und Aufmerksamkeit heischenden Laute und so bleibt für das Kind das ersehnte positive Feedback aus. Trotzdem überwiegt aber bei Timm diese neu entdeckte Bewegungsfreude und er will sie auch so schnell nicht aufgeben. Er richtet jetzt seine Aufmerksamkeit auf seine Faust, die das Quietschentchen umschließt und beginnt damit einen Finger nach dem anderen bewusst, also nach seinem Ermessen, zu strecken. Wieder spürt Timm in seiner Hand diese besondere Kraft und das Vermögen, etwas selbst zu machen, dieses Mal beim »Fingerstrecken-Können«. Da die Faust des Kindes offen ist, fällt das Entchen zu Boden.

Dieses Aufplumpsen bemerkt die Mutter. Sie dreht sich um und sieht vor sich ein freudig lachendes, aufgeregtes und mit seinen Beinen strampelndes Kind, das ihr anscheinend etwas ganz Wichtiges mitteilen möchte. Die Mutter, die ja von dem Entwicklungsschub, den das Kind gerade durchmacht, nichts weiß, merkt zwar, dass irgend etwas anders ist als sonst, geht jetzt aber davon aus, dass ihr Kind sie auffordern will, ihm das zu Boden gefallene Quietschentchen aufzuheben, was sie auch bereitwillig tut. Sofort macht Timm wieder eine Faust, das Entchen quietscht und er juchzt wieder vor Freude, weil er wieder diese besondere Kraft in seiner Hand spürt, über die er verfügen kann. Noch einmal will er auch die Aufmerksamkeit seiner Mutter auf seine neu gewonnenen Fähigkeiten ziehen. Timm ist fest überzeugt, dass seine Mutter endlich begriffen hat, was sich in ihm gerade abspielt und vertraut auf deren Verständnis.

Aller Erfahrung nach wird die Mutter, trotz allem was ihr momentan an dem Verhalten ihres Kindes merkwürdig erscheint, nicht gleich darauf kommen, dass Timm sie gerade jetzt ganz dringend für seine psychomotorische Entwicklung bräuchte. Wenn jetzt Timm wieder aus Bewegungslust seine Faust öffnet, dabei das Quietschentchen zu Boden fällt, ist es zunächst verständlich, wenn seine Mutter irritiert auf das zu Boden gefallene Quietschentchen reagiert, weil sie ja noch nicht mitbekommen hat, was sich in ihrem Kinde gerade abspielt. Übersetzt in die Erwachsenensprache möchte Timm seiner Mutter sagen: »Merkst du, dass ich meine Hand jetzt selbst bewegen kann?«, »Hörst du, ich kann meine Ente quietschen lassen, wie ich will!«, »Ist das in Ordnung, was ich da jetzt mache?«

Die Mutter bückt sich wieder nach der Quietschente, drückt sie ihrem Kind in die Hand und ist nach wie vor der Meinung, es wolle nur jemand haben, der ihm immer seine Quietschente aufhebt. Timm nimmt die Ente bereitwillig an, streckt jetzt aber seinen Arm in Richtung Mutter aus und zeigt ihr, wie er selbst eine Faust machen kann und die Ente so quietschen lassen kann, wie er es will – je nachdem, wie fest er sie drückt. Dann will er der Mutter gleich noch zeigen, dass er nicht nur eine Faust machen, sondern dass er diese Faust auch wieder selbst öffnen und seine Finger dabei selbst strecken kann. Dabei fällt die Ente erneut zu Boden.

Wenn sich jetzt die Mutter in Timm einfühlen kann, wird sie sehr schnell bemerken, dass sich mit dem Greifen ihres Kindes irgendetwas Wesentliches verändert hat. Sie weiß noch nicht was, aber da sie jetzt auf das Greifen ihres Kindes aufmerksam geworden ist, tritt möglicherweise der in ihr aufkommende Ärger über das schon wieder zu Boden gefallene Entchen in den Hintergrund. Sie wird feststellen, dass es nicht mehr wie bisher nur unwillkürlich, reflexartig greift, sondern dass es jetzt seine Finger willkürlich, also von selbst bewegen kann. Das Erstaunen über die Entwicklung ihres Kindes tritt an Stelle ihrer anfänglichen Irritation, und sehr schnell wird sich bei ihr eine emotionale Übereinstimmung mit der Lebensfreude ihres Kindes einstellen. Sie hat diesen wichtigen Entwicklungsschritt von Timm verstanden und kann auf Timm zugehen, sein Händchen in ihre Hand nehmen und z. B. sagen: »Ja, du kannst jetzt ja schon selbst greifen! Das ist schön! Da freue ich mich sehr!«

Es könnte aber auch sein, dass die Mutter, aus welchen Gründen auch immer, nicht in der Lage ist, diese emotionale Übereinstimmung mit dem Kind herzustellen. Dann nimmt sie seine Einladung, an seiner psychomotorischen Entwicklung teilzunehmen, nicht an. Sie missversteht sein Verhalten völ-

4.1 Entwicklung des Selbstbewusstseins

lig, wird wütend und will diesem Spiel ein Ende machen. Sie schlägt auf die Händchen von Timm ein, weil sie zur Überzeugung gekommen ist, er lässt sein Entchen nur deshalb immer wieder fallen, um sie zu ärgern.

Die eben beschriebenen Bewegungsabläufe setzt das Kind in dieser Zeit noch weitestgehend ohne selbstreflektive Resonanz in die Tat um. Das heißt, das Kind verfügt bereits in diesem Stadium seiner Entwicklung über ihm bewusste automatisierte Bewegungen, die es eher passiv ausführt. Für sein aktives, willkürliches Verhalten braucht es aber noch eine stabilere konstante **innere Präsenz seiner primären Bezugspersonen**. Diese ist später nicht mehr von seinem eigenen Selbstgefühl abgrenzbar und tritt zeitlebens responsiv, affirmativ und positiv in seinem »Hintergrundbewusstsein« (Selbstkonzept) nicht nur in Erscheinung, sondern auch in Kraft.

Es ist die allgegenwärtige in einem stattfindende »innere Bejahung unseres Seins und Tuns«, die so sehr in Fleisch und Blut übergegangen ist, dass man sie so selbstverständlich spüren, empfinden und wahrnehmen kann, wie die Luft zum Atmen. Erst wenn diese »bejahende Stimmung« nicht mehr da ist und durch plötzlich einfallende Verneinungen das zuvor noch Selbstverständliche in Frage gestellt wird, wird einem die existenzielle Notwendigkeit dieses responsiven, affirmativen und positiven »Hintergrundbewusstseins« wieder schmerzlich bewusst. Auf einmal fällt einem das freie Denken, Fühlen, Wollen, Atmen, Bewegen, das Freisein überhaupt schwer.

> Durch die **selbstreflektive Resonanz** wird sich der Mensch seiner selbst bewusst und kraft dieser »inneren Erfahrung« wird es dem Menschen möglich, sich zu einer freien, von »inneren und äußeren Zwängen« unabhängigen, autonomen Person zu entwickeln. Die selbstreflektive Resonanz ist »das Herz« in der menschlichen Persönlichkeit, die »treibende Kraft« seiner lebenslangen Individuation (Selbstwerdung). Die Effektivität dieser selbstreflektiven Resonanz ergibt sich aus dem Zusammenwirken der neurobiologischen Konstitution eines Menschen (z. B. Hirnreifung und Hirnleistung), seinem Temperament und der Entwicklung seines Selbst (neuronales Selbstsystem mit dazugehörigem mentalen Selbstkonzept). Die selbstreflektive Resonanz wird im **neuronalen Selbstsystem** generiert und tritt im **mentalen Selbstkonzept** in Kraft.
>
> »Fragt man jetzt, was ist der Sinn für das Selbst, so ist die Antwort: Es ist ein Mechanismus, der uns bei allem was wir tun oder erleben, wie eine Litanei ständig erklärt: ›Das bist Du, das bist Du…‹. Nimmt man uns das weg, hätten wir einen Geist ohne Besitzer.« (Damasio 2000, S. 124)

Wie bereits erwähnt, ist die Aufmerksamkeit der Mutter gegenüber dem gerade erlernten Greifen ihres Kindes von ausschlaggebender Bedeutung. Das Kind braucht ihre Bestätigung, ihre Anerkennung, die positive Resonanz, damit es die Sicherheit in sich aufnehmen kann, dass dieses willentliche Greifen nach eigenem Ermessen »in Ordnung« ist, dass es sich seines Greifens sicher sein kann und diese Verhaltensfähigkeiten weiter einüben, erweitern und auch später spezifizieren (z. B. Halten, Werfen, Malen, Schreiben usw.) kann. Es ist noch nicht lange her, dass sich der Säugling überhaupt seines angeborenen »automatischen Verhaltens« bewusst wurde und er immer deutlicher mitbekam, wie er ohne sein Zutun sehr gut bewegt wurde. Für den Säugling völlig unbewusst wurde dabei ein großer Teil seines angeborenen hoch differenzierten Verhaltensrepertoires vom **Archaiksystem** in sein **Anpassungssystem** übernommen. W. F. Ganong (1974, S. 160) bezeichnete Vorgänge, während derer subkortikale Funktionen vom Kortex übernommen werden, als »**Enzephalisation**«.

Theodor Hellbrügge (1973, S. 69 u. S. 170) spricht von **physiologischer Astasie**, wenn beim Säugling etwa ab dem 2./3. Lebensmonat bis zum 6./7. Lebensmonat die bis dahin gut auslösbaren tonischen Reflexe völlig erlöschen und das Kind in dieser Zeit mit dem Aufbau seiner Willkürmotorik beginnt.

> Das **neuronale Archaiksystem** ist ein Gedächtnisspeicher, in dem die Erfahrungen, die der Mensch mit seinen subkortikalen Funktionen macht, neuronal kodiert sind, so z. B. die angeborenen vegetativen Reaktionen, alle motorischen Reflexe und das triebhafte Verhalten. Es ist ein Gedächtnisspeicher, der sich im Laufe von Jahrmillionen über immer in-

telligentere Lebewesen am wenigsten erweiterte und differenzierte.

Das **mentale Archaikkonzept** wird über das neuronale Archaiksystem in unserem Hintergrundbewusstsein aktiviert. Es enthält alle bewusst erlebten Erfahrungen, die unwillkürlicher, reflektorischer Natur sind, wie z. B. Darm-, Herztätigkeit, Wach-Schlaf-Rhythmus, Hunger und Sättigung, Schweißsekretion, Sexualfunktionen usw.

Im nun folgenden Stadium werden für das Kind die Umweltreaktionen auf seine »eigenwillige« motorische Aktivität existenziell notwendig. So wie sich der Mensch seines Schreiens erst dann sicher ist, wenn durch das Medium Luft dieses Schreien in Schallwellen umgesetzt wird und er sich selbst hört, so braucht auch der Säugling ein Feedback aus seiner Umwelt, wenn er in das motorisch »aktive Leben« eintritt.

Timm in unserer Geschichte braucht jetzt ebenfalls ein Medium, in diesem Fall seine Eltern und andere Menschen, die auf seine Willkürhandlungen so responsiv reagieren können, dass er sich seines Verhaltens nicht nur bewusst wird, sondern sich seiner Willkürhandlungen auch sicher sein kann. Da die Eltern nur auf ganz bestimmte bewusste, willkürliche Aktionen (keine Signale wie beim Tier) mit solchen »responsiven« Reaktionen antworten, muss Timm jetzt von sich aus auch immer wieder ein Verhalten generieren, mit dem er die Aufmerksamkeit seiner Eltern auf sich ziehen kann.

Hier kommt eine mentale Kraft ins Spiel, eine Ich-Stärke (Intelligenz), durch die es Kindern möglich wird, sehr hohe kritische Affekte in »intelligentes Verhalten« umzuwandeln. Beispielsweise kann ein Säugling sein Hungergeschrei gegenüber seiner momentan emotional kaum verfügbaren Mutter so vielfältig modifizieren, dass er letztlich doch noch erfolgreich zu seiner »stillenden« Mutter kommt.

So gelingt es vielen Säuglingen, wenn ihr Blutzuckerspiegel sinkt und dadurch im Hypothalamus das Hungerzentrum aktiviert wird, das dadurch in Gang gesetzte, zunächst ungerichtetes Hungergeschrei immer eindeutiger auf ihre Mutter auszurichten und sich auf sie einzustellen, damit sie ihre Milch bekommen. Gleichzeitig möchten sie aber auch von der Mutter in diesem »Saugen-Können« anerkannt und bestätigt werden.

Das **neuronale Anpassungssystem** ist ein Gedächtnisspeicher, der alles aufnimmt, was der Mensch tagein, tagaus an Wirklichkeitswahrnehmungen erlebt. Dieser Gedächtnisspeicher ist vergleichbar einer großen Filmrolle, auf der alles, was wir im Wachzustand an »äußeren« objektiven oder »inneren« subjektiven Gegenwartserfahrungen machen oder im Schlaf erleben, aufgezeichnet wird. Darin enthaltene bedrohliche, gegen das Leben des Menschen gerichtete Erfahrungen (negative Episodenkontexte und negative Selbst-Objekt-Komplexe) werden als **dysfunktionale**, das menschliche Leben unterstützende Erfahrungen (positive Episodenkontexte und positive Selbst-Objekt-Repräsentanzen) als **funktionale Orientierungen, Motive und Motivationen** bezeichnet.

Timm ist also zunächst auf diese auf ihn bezogenen Umweltreaktionen (z. B. Spiegelungen) seiner Eltern angewiesen. Nennen wir sie affirmative, responsive, positive Erfahrungsqualitäten. Diese positiven Erfahrungsqualitäten werden jetzt – in einem ersten Schritt – im Gedächtnis von Timm gespeichert, also von dem bereits beschriebenen so genannten neuronalen Anpassungssystem aufgenommen. In einem zweiten Schritt können diese positiven Erfahrungen aufgrund ihrer »positiven Qualität« (z. B. positive Mutter-Kind-Erfahrungen) auf ein so genanntes neuronales Selbstsystem transferiert und dort weiter zu »neuronalen Kompetenzen« transformiert werden.

Das **neuronale Selbstsystem** ist ein Gedächtnisspeicher, der aus responsiven, affirmativen, positiven Episodenkontexten und Selbst-Objekt-Kontexten aus dem Anpassungssystem gespeist wird und sich zeitlebens erweitern kann. Dieses zunächst weitestgehend unbewusst stattfindende Transferieren von geeignetem »Anpassungsmaterial« in das Selbstsystem bezeichne ich als **primäre (neuronale) Identifikation**.

Später, wenn der Menschen kraft seiner personalen Autonomie auf sein **mentales Selbstkonzept** einwirken kann, spricht man von **sekundärer intrapsychischer Identifikation**.

Das **neuronale Selbstsystem** entstand im Laufe der Evolution, als bei zunehmendem Anpassungsdruck an die Umwelt, die Lebewesen am besten mit offenen flexiblen und intelligenten neuronalen Systemen überleben konnten.

Man geht hier also davon aus, dass alles, was wir erleben, zunächst von dem neuronalen Anpassungssystem aufgenommen und episodisch abgespeichert wird. Bestimmte Verhaltensfertigkeiten, (z. B. der Saugreflex oder der in unserer Geschichte im Mittelpunkt stehende Greifreflex[1]) können dann in einem zweiten Schritt, wenn sie sich in diesem Anpassungssystem mit positiven Mutter-(Objekt)-Erfahrungen kontextieren, in ein nur beim Menschen vorhandenes neuronales Selbstsystem transferiert und dort zu Verhaltensfähigkeiten (Kompetenzen), z. B. willkürliches Saugen-Können, transformiert werden.

Diese neuronal gespeicherten positiven Erfahrungen und Fähigkeiten (**Engramme**) können jetzt assoziativ zu dem, was das Kind gerade Neues spürt, empfindet oder wahrnimmt, in seinem mentalen Selbstkonzept – oft ein Leben lang – bewusst werden. Diese Engramme treten als **funktionale Orientierungen** und **Motive** in unserem »Hintergrundbewusstsein« nicht nur in Erscheinung, sondern auch als **Motivationen** in Kraft. Das wachsende personale Ich des Kindes kann jetzt kraft zunehmender selbstreflektiver Resonanz auf diese funktionalen Orientierungen, Motive und Motivationen zurückgreifen und sie immer öfter nach Belieben in die Tat umsetzen.

Das **mentale Selbstkonzept** wird über das **neuronale Selbstsystem** (Gedächtnisspeicher) in unserem »Hintergrundbewusstsein« (Ich-Bewusstsein) aktiviert. Synchron und resonant zu den jeweiligen aktuellen Wirklichkeitserfahrungen (vordergründiges Bewusstsein) assoziiert sich im mentalen Selbstkonzept ein Netzwerk aus responsiven, affirmativen und positiven Erinnerungen, die orientierungsgebend in Erscheinung und motivational (also unser menschliches Verhalten beeinflussend) in Kraft treten können.

Das mentale Selbstkonzept ist **Motivationszentrum** und hat eine Art Generatorfunktion, da aus dem mentalen Selbstkonzept heraus ununterbrochen die für den Menschen lebensnotwendige **selbstreflektive Resonanz** in Kraft tritt.

4.1.1 Analyse des Fallbeispiels

1. Diese besondere, auf die sich entwickelnde Person des Kindes eingehende, in unserem Falle **mütterliche Bejahung** (Responsivität, Affirmation) ist eine positive Wirklichkeitserfahrung für das Kind, ein Reizgeschehen, das zunächst eine Veränderung in den synaptischen Verknüpfungen unseres neuronalen Netzwerkes bewirkt. Das Erleben dieser positiven Wirklichkeitserfahrung erfolgt aber, wie wir heute aus der Neurobiologie wissen, erst ca. ½ Sekunde nach der kortikalen Registrierung dieses Reizgeschehens.
2. Die mütterliche Bejahung ist zwar eine positive Wirklichkeitserfahrung, die Timm »vordergründig« bewusst erlebt, sie steht aber nicht für sich alleine. Diese positive Wirklichkeitserfahrung wird in Timms Gedächtnis, also in seinem **neuronalen Anpassungssystem**, gespeichert. Bei dieser Speicherung werden alle bisher nur im entferntesten mit dieser »neuen Wirklichkeitserfahrung« irgendwie zusammenhängenden und in diesem neuronalen Anpassungssystem vorhandenen Gedächtnisinhalte aktiviert und in Timms »Hintergrundbewusstsein«, also im **mentalen Anpassungskonzept**, erinnert.

Das **mentale Anpassungskonzept** wird über das **neuronale Anpassungssystem** (Gedächtnisspei-

---

[1] Die subkortikale (extrapyramidale) Reflexmotorik nenne ich »reflektorisches Verhalten«. Die kortikale (pyramidale) Reflexmotorik nenne ich »automatisiertes (passiv-motorisches) Verhalten«, solange die Bewegungsabläufe überwiegend aus dem Anpassungssystem heraus gesteuert werden. »Willkürliches (aktiv-motorisches) Verhalten« nenne ich die motorischen Abläufe, die überwiegend aus dem Selbstsystem heraus gesteuert werden.

cher) in unserem Hintergrundbewusstsein aktiviert. Synchron und resonant zu den jeweiligen aktuellen Wirklichkeitserfahrungen (vordergründiges Bewusstsein, Aktualbewusstsein) assoziiert sich im **mentalen Anpassungskonzept** ein Netzwerk aus rigiden, determinierenden, imperativen **funktionalen** und destruktiven, obsessiven und kompulsiven **dysfunktionalen Erinnerungen** (Orientierungen, Motiven und Motivationen), die bewusst in Erscheinung und motivational (also unser menschliches Verhalten beeinflussend, bestimmend, beeinträchtigend) in Kraft treten können (z. B. durch evoziertes Verhalten).

Das **Anpassungskonzept** tritt weniger als Resonanz in Kraft, sondern funktioniert mehr im Sinne eines Steuerungsmechanismus, der auf bestimmte – z. B. kulturelle, religiöse, politische Werte – Hierarchien eingestellt ist. Dabei wird das personale Ich z. B. mehr durch introjezierte Steuerungsmechanismen funktionalisiert und weniger in seiner personalen Entwicklung unterstützt.

Wie gesagt, die Zeit, die zwischen der Speicherung des positiven Episodenkontextes im Anpassungssystem von Timm (kortikale Registrierung) und dem Moment, in dem dieser positive Episodenkontext in Timms Anpassungskonzept auftaucht (Timm also diese Episode gerade erlebt), vergeht, beträgt ca. ½ Sekunde. Das ist aber für neuronale Verhältnisse eine vergleichsweise »lange Zeit« der Informationsverarbeitung. Wir wissen heute, dass bei der Speicherung dieser aktuellen Wirklichkeitserfahrung Milliarden von Erinnerungen aktiviert werden können, die sich in dieser ½ Sekunde resonant zu dem aktuellen Episodenkontext in unserem »Hintergrundbewusstsein« assoziieren.

3. Durch dieses Assoziationsnetzwerk, das im Hintergrundbewusstsein von Timm durch die erlebte mütterliche Bejahung aktiviert wurde, kann er sich plötzlich, einmal vage, dann wieder sehr genau an alle die vorausgegangenen positiven mütterlichen Erfahrungen und die irgendwie damit in Zusammenhang gebrachten Erfahrungen erinnern (Abb. 4-1).

Es ist ein kaleidoskopartiger Gesamteindruck, der zunächst im Kopf von Timm immer wieder Revue passiert, sich aber sehr schnell zu einer mehr oder weniger bildhaften Gestimmtheit, einem spürbaren »Innenleben«, verdichtet. Dabei erlebt sich Timm sicher, geborgen, aber auch kräftig, wenn er sich an seine Mutter erinnert, die ihn in seinem Greifen-Können verstanden und bejaht hat. Er ist mit sich und der Welt zufrieden und ruht in sich selbst. Timm kann jetzt auch die im mentalen Selbstkonzept enthaltenen **Orientierungen** (Einstellungen) und **Motive** (Handlungsentwürfe) übernehmen und die ebenfalls im mentalen Selbstkonzept angebotenen **Motivationen** (Handlungsimpulse) verwirklichen. Es ist ihm ebenso möglich, kraft seines **persona-**

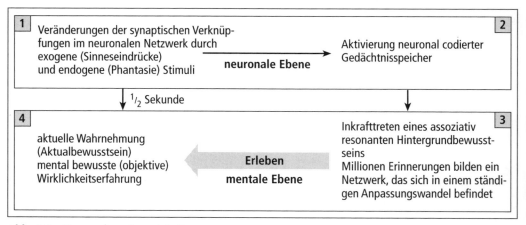

Abb. 4-1 Neuronale und mentale Ebene

4.1 Entwicklung des Selbstbewusstseins

len Ichs**, intelligentere Orientierungen, Motive und Motivationen zu generieren.
4. In unserer Geschichte ist es die **selbstreflektive Resonanz**: »… Du kannst greifen, du kannst greifen, du kannst …«, durch die Timm jetzt so zu greifen vermag, wie er will. Dies ist ein Schritt hin zur persönlichen Freiheit, der durch die Erfahrungen mit seinen Eltern zustande gekommen ist. Wann und in welcher abgewandelten Form später auch immer dieses »Greifen-Können« eine Rolle spielen wird, diese verinnerlichte Bejahung seiner Mutter gegenüber seinem Greifen wird ihm bei allen aktuellen Greifaktionen immer wieder über sein mentales Selbstkonzept bewusst werden und ihm die notwendige Sicherheit für diese Handlungen geben.
5. Den **mentalen Konzepten** (Archaik-, Anpassungs-, Selbstkonzept) liegen entsprechende **neuronale Systeme** (Archaik-, Anpassungs-, Selbstsystem) zugrunde (s. Abb. 2-1, S. 38). Sie entwickeln sich möglicherweise schon pränatal, auf jeden Fall postnatal. Die mentalen Konzepte spielen im **Hintergrundbewusstsein**, in dem sich ununterbrochen, resonant zu den jeweiligen Gegenwartserfahrungen, immer wieder aufs Neue eine Fülle von Erinnerungen assoziieren, eine wichtige Rolle. Durch sie kann man sich in seiner Umwelt orientieren, sich zurechtfinden und bekommt aus diesem Hintergrundbewusstsein heraus auch Handlungsentwürfe und Handlungsimpulse.
6. Im Zentrum dieses **Hintergrundbewusstseins** steht das Selbstkonzept, aus dem die selbstreflektive Resonanz hervorgeht und das die Existenz des personalen Ichs gewährleistet. Selbstverständlich treten diese Konzepte beim Menschen nicht getrennt in Erscheinung, sondern fügen sich zu einem ganzheitlichen mentalen Ich-Konzept, dem aller Wahrscheinlichkeit nach auch ein integrativ arbeitendes neuronales Ich-System (unser menschliches Gedächtnis) zugrunde liegt.

Das **personale Ich** (s. Abb. 2-1, S. 38) ist ein labiler, von bio-psycho-sozialen Faktoren abhängiger, subjektiver Seinszustand. Das personale Ich hat seine Matrix im **funktionalen Ich**, das sich in der Entwicklung zum Menschen hin bildete, als Lebewesen nur über flexiblere (intelligentere) Anpassungsleistungen überleben konnten. Das personale Ich »lebt kraft der selbstreflektiven Resonanz« aus dem Selbstkonzept.
Dadurch ist das personale Ich weitestgehend autonom und weniger den Zwängen seines Archaik- und Anpassungssystems unterworfen. Es ist also in der Lage, frei zu fühlen, frei zu wollen, frei zu handeln usw.
Die Begriffe **personales** und **funktionales Ich** sind theoretischer Natur. Die Wirklichkeit ist ein **lebendiges Ich**, das am besten durch sich ständig verändernde progressiv-personale oder regressiv-funktionale Seinszustände zu beschreiben ist.

7. Eine andere Wendung nimmt unsere Geschichte, wenn die Mutter nicht auf das plötzlich willkürliche Greifen ihres Kindes aufmerksam wird und es ihr zu diesem Zeitpunkt nicht möglich ist, darauf einzugehen. In diesem Fall missversteht sie das Verhalten ihres Kindes völlig, wird wütend und schlägt auf die Händchen ihres Kindes, weil sie zu der Überzeugung gekommen ist, es lässt sein Entchen immer wieder fallen, um sie zu ärgern. Solche Missverständnisse haben wir alle in unserer Entwicklungsgeschichte erlebt und so ein Schlag auf die Hand wird in der Regel auch von Kindern verkraftet, wenn sich solche Missverständnisse nicht zu oft ereignen und wir uns der Liebe unserer Eltern sicher sein können.
Verhält sich also die Mutter nicht responsiv und affirmativ, sondern reagiert mit einer **Bestrafung**, kann dieses Erleben für das Kind das Ausmaß einer Traumatisierung annehmen. Dabei geht es weniger um den tatsächlichen Schmerz, den ein Kind, wenn es nicht gerade körperlich misshandelt wird, verkraften kann. Es fehlt ihm jetzt nicht nur die Sicherheit gebende Erfahrung, dass es in Ordnung ist, wenn es sich willkürlich und nach eigenem Ermessen bewegt, sondern diese Selbstständigkeit wird auch schlagkräftig verneint. Es ging bei dem Kind nicht nur um dieses willkürliche Bewegen, sondern auch um einen Schub in seiner Selbstständigkeitsentwicklung.
Wenn in unserer Geschichte Timm nach so einer körperlichen Züchtigung schreit, ist es si-

cher auch auf die Schmerz-(Nozi)-Rezeptoren, die in der Haut des Kindes durch den Schlag auf die Hand aktiviert wurden, zurückzuführen. Es ist aber nicht auszuschließen, dass Timm weit mehr unter diesen Schlägen leidet, weil er schmerzlich feststellt, dass ihm diese besondere Kraft, durch die er sich gerade zuvor noch selbst bewegen konnte, wieder abhanden gekommen ist. Er merkt, dass er wieder ohne sein Zutun automatisch greift. Dieses kurze Selbsterleben, diese Lebensfreude, diese Lebenslust ist ihm wieder verloren gegangen.

Timm ist also nicht sonderlich erfreut, wenn er wieder in seinen »paradiesischen Zustand« des passiven Wohl-versorgt-Werdens und spontanen Bewegtwerdens zurückgeworfen wird. Das Erleben, sich um seiner selbst willen unbändig freuen zu können, überwog und war für Timm stärker.

In unserer Geschichte kann er sich jetzt nicht mehr absichtlich nach eigenem Ermessen bewegen. Damit ist auch die Bewegungsfreude verschwunden und es bleibt die schmerzliche Erinnerung, dass dieses absichtliche Bewegen seiner Hand, seiner Finger, sehr wehgetan hat und einhergeht mit Frust. Diese Objekterfahrung einer schmerzverursachenden und verneinenden Mutter und die dazugehörige Selbsterfahrung (absichtliches Greifen) werden jetzt vom neuronalen Anpassungssystem aufgenommen, d. h. episodisch kontextiert und neuronal kodiert. Diese negativen Erfahrungen (**negativer Episodenkontext**) werden im Gedächtnis gespeichert, wie der zuvor beschriebene positive Episodenkontext.

8. Ich möchte an diese Stelle näher auf die Verarbeitung von Episodenkontexten und den sie beinhaltenden Selbst-Objekt-Repräsentanzen eingehen. Wie jetzt schon öfter beschrieben, gehe ich davon aus, dass unsere Wirklichkeitserfahrungen über episodische Kontextierungen, die neuronal kodiert werden, in einem neuronalen Anpassungssystem gespeichert werden. Entscheidend für die weitere Verarbeitung dieser Wirklichkeitserfahrungen ist ihre **Qualität**. Haben uns diese Wirklichkeitserfahrungen gut getan, werden sie als positive Episodenkontexte im neuronalen Anpassungssystem gespeichert und können in einem weiteren Schritt vom neuronalen Selbstsystem übernommen werden. Dies ist entscheidend, weil im neuronalen Selbstsystem durch unterschiedlichste Transformationen die Kompetenzen (Fähigkeiten) aufgebaut werden, die wir Menschen zum Leben brauchen. Haben uns die Wirklichkeitserfahrungen aber geschadet, bilden sich aus Selbst-Objekt-Komplexen **negative Episodenkontexte**, die im neuronalen Anpassungssystem gespeichert, aber vorerst *nicht* vom neuronalen Selbstsystem übernommen werden, da sich aus diesen negativen Episodenkontexten *keine* Kompetenzen (Fähigkeiten) bilden lassen. Die Folge ist, dass dieser negative Episodenkontext weiter im neuronalen Anpassungssystem verbleibt, hier in Selbst-Objekt-Komplexe zerbrechen kann, die dann positive Episodenkontexte fragmentieren können. In so einem Fall bleibt der Aufbau von lebenserhaltenden, steuernden Funktionen aus.

> Der **positive Episodenkontext** ist eine in sich abgeschlossene, positive Geschichte (positives Erlebnis), die aus mehreren zusammenhängenden, vorwiegend positiven Selbst-Objekt-Repräsentanzen besteht.
>
> Die **positive Selbst-Objekt-Repräsentanz** ist ein nicht näher bestimmtes hypothetisch kleines, positives Element eines Episodenkontextes, eine Art positive Wahrnehmungseinheit.
>
> Der **negative Episodenkontext** ist eine in sich abschlossene, negative Geschichte (negatives Erlebnis) und besteht vorwiegend aus negativen Selbst-Objekt-Repräsentanzen(-Komplexen). Der negative Episodenkontext kann sehr schnell in kleinere, oft sehr kohäsive Selbst-Objekt-Komplexe zerbrechen, die dann positive Episodenkontexte im Anpassungssystem fragmentieren können.
>
> Die **negative Selbst-Objekt-Repräsentanz** (besser: Selbst-Objekt-Komplex) ist ein noch nicht näher bestimmtes, hypothetisch kleines, negatives Element eines Episodenkontextes, eine Art negative Wahrnehmungseinheit.

9. Im Erwachsenenalter können diese positiven und/oder negativen Episodenkontexte, vor allem aber die negativen Selbst-Objekt-Komplexe, plötzlich durch aktuelle Geschehnisse

4.1 Entwicklung des Selbstbewusstseins

wieder aus den Gedächtnissystemen wachgerufen werden und treten nun im Bewusstsein des erwachsenen Timm nicht nur in Erscheinung, sondern können über sein Anpassungskonzept und/oder sein Selbstkonzept auch motivational in Kraft treten.

Fallbeispiel: Timm (II)

Timm als Erwachsener – positiver Episodenkontext

»Ich erinnere mich, wie ich als Kind immer wieder meine Quietschente zusammendrückte und meine Mutter mich dabei ermunternd anschaute – das war schön und ich fühlte mich verstanden. So als wäre die Zeit stehen geblieben, bestärkt mich auch heute noch diese Erinnerung und macht mir Mut, wenn ich was anpacken soll.«

Timm als Erwachsener – negativer Episodenkontext

»Auch heute noch fühle ich mich immer wieder verunsichert, wenn ich mich zu etwas entschließen, eigenständig handeln soll. Mir fehlt ganz einfach die Kraft dazu.«

Die schmerzliche Erfahrung, die Timm in der zweiten Version unserer Geschichte macht, trägt nicht zu seiner Stärkung bei, da die Bestrafung zunächst in den gesamten Episodenkontext mit der Mutter als Negativerfahrung eingeht. Durch diesen negativen Selbst-Objekt-Komplex kann der zuvor positive Episodenkontext so negativ eingefärbt werden, dass ein Transfer zum Selbst-system ausbleibt. Die gesamte ungute Mutter-Kind-Geschichte bleibt weiterhin im Anpassungsgedächtnis gespeichert. Ungut deshalb, weil die Mutter bei der Bestrafung, die ja durchaus Sinn machen kann und in der Erziehung auch manchmal notwendig ist, ins Agieren geraten ist. Dadurch ist sie als Person, die ihr Kind ja liebt, für das Kind nicht mehr greifbar. Das Kind ängstigt sich vor allem vor dem Gewalttätigen, das die Mutter bei der Bestrafung selbst nicht in den Griff bekommen hat.

Es ist jetzt durchaus möglich, dass der negative dysfunktionale Selbst-Objekt-Komplex im Anpassungssystem weiter arbeitet und sowohl die Kohärenz der bisher zusammenhängend gespeicherten Mutter-Kind-Geschichte Stück für Stück fragmentiert als auch auf andere positive Episodenkontexte fragmentierend einwirkt. Dabei können sich zwar viele Fragmente wieder zu neuen Einheiten (**Erinnerungsbruchstücken**) kontextieren oder stehen für eine weitere Kontextierung im Anpassungssystem zur Verfügung. Die Einmaligkeit und Ganzheit dieser Mutter-Kind-Geschichte wurde durch diese Fragmentierung aber völlig zerstört. Übrig bleibt der negative dysfunktionale Selbst-Objekt-Komplex (Kind/Mutter), der im Anpassungssystem weiter und weiter Episodenkontexte fragmentieren kann, bis er durch positive Episodenkontexte »unschädlich« gemacht wird.

So leiden z. B. Menschen, die ein Trauma durchlitten haben, noch jahrelang danach unter quälenden Nachhallerinnerungen und Gedächtnisstörungen, die ihre momentane Aufmerksamkeit und Konzentration erheblich stören können.

Je nach Gegenwartserfahrung können diese Negativerfahrungen noch jahrelang (manchmal sogar ein Leben lang) im mentalen Anpassungskonzept als **assoziative Resonanz** auf unangenehme und das Leben störende, oft auch zerstörende Weise bewusst werden und das Handeln beeinflussen. Zum Beispiel: »Ich erinnere mich, wie mich meine Mutter als Kind auf die Hand geschlagen hat – das war schrecklich!« oder »Vorsicht, nicht so fest meine Hand drücken.« oder »Ich haue mit der Faust auf den Tisch – und wenn es mir noch so weh tut.« oder »Ich schlag dir gleich eine rein.« Damit man nicht ins Agieren kommt und man sich einigermaßen willkürlich verhalten kann, braucht man eine bestimmte Quantität an funktionalen (responsiven, positiven) also nutzbringenden (effektiven) Wirklichkeitserfahrungen und hier vor allem viele **funktionale Selbst-Objekt-Erfahrungen** in den Episodenkontexten. Anders ausgedrückt sind es viele positive, tragende, haltende, entlastende, stützende, kreative und narrative Wirklichkeitserfahrungen mit unseren Eltern oder mit anderen primären Bezugspersonen und Autoritäten. Die dysfunktionalen Beziehungserfahrungen können die menschliche Selbstentwicklung, wenn sie nicht ausreichend korrigiert werden, zeitlebens erheblich behindern. Da die negativen Selbst-Objekt-Komplexe sowohl alte als auch neue positive Episodenkontexte immer weiter fragmentieren können, werden letztlich unsere Erinnerungen verfälscht. Zum einen kann man sich nicht mehr richtig erinnern, wie das damals war, weil durch das bruchstückhafte Auftauchen der Zusammenhang des schönen Erlebnisses verloren geht und vor allem das emotionale Nacherleben darunter leidet. Zum anderen können diese Bruchstücke aus sehr guten Erinnerungen mit negativen Selbst-Objekt-Komplexen eine unselige Verbindung eingehen, und ein sehr schönes Erlebnis wird im Nachhinein bis zur Unkenntlichkeit negativ verändert.

4.2 Kommunikationsqualitäten

Aus der heutigen Säuglingsforschung wissen wir noch mehr: Untersuchungen haben gezeigt, dass bei der Kommunikation, die zwischen der Mutter und dem Säugling stattfindet, ganz allgemein vier unterschiedliche **Kommunikationsqualitäten** feststellbar sind (s. Abb. 4-2). So hat man z. B. Mütter beobachtet, die auf die unterschiedlichen Schreiqualitäten ihres Säuglings sehr flexibel eingehen können, also das Schreien dekodieren, dechiffrieren und in eine für sie verstehbare Sprache übersetzen können. Diese Mütter wissen dann sehr schnell, was das Kind ihnen durch das jeweilige Schreien mitteilen will (ob es jetzt Hunger hat, ob es ihm irgendwo weh tut, ob es auf den Arm genommen werden will, ob es Kontakt haben möchte usw.). Diese Mütter sind flexible Mütter, da sie sich sehr schnell effektiv auf ihren Säugling einstellen und mit ihm auf seiner Entwicklungsebene kommunizieren können.

4.2.1 Sichere Bindung

Trifft eine **flexible Mutter** auf ein **flexibles Kind**, also auf einen Säugling, der sich auch einer unflexiblen Mutter anpassen könnte, um das zu bekommen, was er braucht, ist die Kommunikation zwischen Mutter und Kind sehr schnell übereinstimmend und die Wirklichkeitserfahrung, die das Kind mit seiner Mutter macht, positiv. Das Kind erlebt sich bei seiner Mutter gut aufgehoben und geborgen.

Nach Mary Ainsworth (1969) besteht hier zwischen Mutter und Kind eine **sichere Bindung**. Kinder dieses Bindungstyps zeigen eine ausgewogene Balance zwischen Bindungsverhalten und Neugier (Explorationsverhalten). Es findet sich eine offene Kommunikation der Gefühle gegenüber der Bindungsperson, besonders der negativen Gefühle. Das Kind ist sich sicher, dass diese Person Leid beenden kann. Sie wird bei Leid aufgesucht. Das Kind gewinnt Sicherheit aus der Nähe zur Bindungsperson. Bei ausreichender Sicherheit überwiegt die Neugierde.

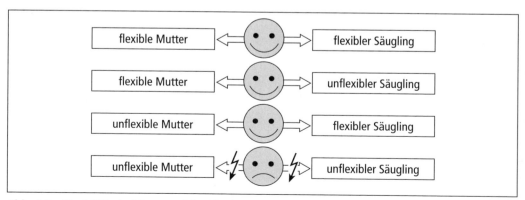

Abb. 4-2 Flexibilität der Mutter und des Säuglings

Hier wird ein positiver Episodenkontext mit vorwiegend sehr funktionalen (kohärenten und varianten) Selbst-Objekt-Kontexten im neuronalen Anpassungssystem, also im Gedächtnis des Kindes, gespeichert. Der Identifizierung dieses positiven Episodenkontextes steht nichts im Wege und die stattgefundene Wirklichkeitserfahrung erweitert das neuronale Selbstsystem sowie das dazu identische mentale Selbstkonzept des Kindes.

Diese neuronal gespeicherten, positiven Erfahrungen und Fähigkeiten können jetzt ein Leben lang zu dem, was das Kind oder später der Erwachsene erlebt, assoziativ in seinem mentalen Selbstkonzept nicht nur in Erscheinung, sondern auch als funktionale Orientierungen, Motive und Motivationen in Kraft treten. Das heißt, durch die sich immer wieder in Erinnerung bringende Erfahrung des Aufgehobenseins und Geborgenseins, also durch die »gute innere Mutter« (Resonanz), kann sich das Kind auch später als Erwachsener nicht nur der Bejahung als Mensch, Person und Partner sicher sein, sondern dieser »innere Rückhalt« trägt mit dazu bei, dass er für sich selbst sorgen und ebenso mit anderen umgehen kann.

4.2.2 Unsicher-vermeidende Bindung

Trifft jetzt eine **flexible Mutter** auf ein **unflexibles Kind**, das nicht so eindeutig seinen Hunger stimmlich zum Ausdruck bringen kann, ist jetzt die Flexibilität der Mutter sehr gefordert. Aber da sie ja sehr gut auf ihr unflexibles Kind eingehen und es verstehen kann, resultiert letztlich auch hier eine übereinstimmende Kommunikation. Die notwendige Pflege von Seiten der Mutter ist gewährleistet. Vor allem kann sie die erwähnten basalen interaktiven Beziehungsrituale effektiv einsetzen. Trotz Anpassungsschwierigkeiten von Seiten des Kindes kann die flexible Mutter dieses Problem lösen und auch hier resultiert eine Erweiterung des kindlichen Selbstkonzeptes.

Nach Ainsworth (1969) und Hoffmann (2002) kann aus dieser Beziehung eine **unsicher-vermeidende Bindung** resultieren. Da hier das Kind von sich aus Schwierigkeiten hat, sich mitzuteilen und auf keinen Fall die Bezugsperson verlieren will, unterdrückt es eher seine negativen und äußert nur seine positiven Gefühle. In Perioden des Leids verhalten sich die Kinder aus Furcht vor Zurückweisung distanziert. Einen Sicherheitsgewinn erreicht das Kind auf Umwegen, z. B. durch Spiel oder Leistung. Physiologische Studien zeigen, dass die Herzfrequenz eines unflexiblen Kindes beim Weggang der Mutter steigt, obwohl es sich äußerlich »nichts anmerken« lässt.

Hier entstehen im Kind zunächst aufgrund seiner eigenen, eventuell konstitutionell bedingten Unsicherheiten (z. B. durch Hirnreife- oder Hirnleistungsstörungen) negative Episodenkontexte im neuronalen Anpassungssystem, die aber sehr schnell durch die überwiegend positiven Episodenkontexte (positive Beziehungserfahrungen mit der Mutter) so weit korrigiert, kompensiert und bereinigt werden, dass sie für die Übernahme ins Selbstsystem geeignet sein können. Durch identifikationsfähige Kontexte erlebt das Kind letztlich auch eine Zunahme seiner Selbstsicherheit durch ein gestärktes mentales Selbstkonzept.

4.2.3 Unsicher-ängstliche Bindung

Schwieriger wird es schon, wenn die **Mutter unflexibel** ist, sich also mit dem Kind schwer tut, ihre emotionale Verfügbarkeit gering ist und sie aufgrund zu geringer Empathie oft in hohe Not gerät. Da aber in diesem Fall das **Kind flexibel** ist, gelingt es ihm, sein Schreien, seine Gesten und Gebärden immer wieder aufs Neue zu verändern, bis die Mutter letztlich doch begreift, um was es geht und es zwischen ihr und dem Kind zu einer einigermaßen übereinstimmenden Kommunikation kommt. Die notwendige mütterliche Pflegeleistung kann einigermaßen ausreichend stattfinden.

Nach Ainsworth (1969) kann aus diesen Beziehungserfahrungen die **unsicher-ängstliche (ambivalente) Bindung** resultieren. Aus andauernder unkontrollierbarer Angst vor Trennung von der Bezugsperson überwiegt das Bindungsverhalten auf Kosten der Neugier. Das Kind zeigt einen übertriebenen Ausdruck von Angst, um die Bindungsperson auf sich aufmerksam zu machen und eine unbeherrschbare Mischung aus Angst und Ärger, weil das Kind die Zuwendung der Bezugsperson nicht steuern kann. Das Bindungssystem ist chronisch aktiviert.

Auch hier kann letztlich, wenn auch vielleicht etwas eingeschränkt, eine Entwicklung des kindlichen mentalen Selbstkonzeptes stattfinden, allerdings nur, wenn das Kind über eine gute Intelligenz und kräftige Vitalität verfügt.

4.2.4 Desorganisierte Bindung

Schaden nehmen kann das **unflexible Kind**, das auf eine **unflexible Mutter** trifft, wenn in deren Kommunikation hauptsächlich ein zufälliges Sich-Verstehen stattfindet und/oder wenn die Mutter es mit ihrem Kind nicht aushält, sich dem Kind verweigert, es zu oft im Stich lässt und/oder es körperlich misshandelt. Dies führt zu Traumatisierungen und sozialen Deprivationen beim Kind. Die Objektstützung und die damit einhergehenden basalen interaktiven Beziehungsrituale treten kaum effektiv in Kraft, dagegen speichern sich im Anpassungssystem Vernichtungserfahrungen, Lebensverbot, Verachtung, Unzuverlässigkeit, Unsicherheit, Bedeutungslosigkeit und Resonanzlosigkeit.

Viele Untersuchungen haben gezeigt, dass aus dieser Beziehungserfahrung die **desorganisierte Bindung** resultieren kann (Main 1986; Fries 1999). Diese Beziehungserfahrung wurde später als weitere Kategorie in das Bindungskonzept von Ainsworth aufgenommen. Als Ursache sind bis jetzt konstitutionelle Faktoren nicht völlig auszuschließen. In Stichproben mit misshandelten Kindern ist der Anteil der Kinder mit einem desorganisierten Bindungsmuster bis zu 80 % hoch. Dieser Befund legt nahe, dass der Zusammenbruch der Aufmerksamkeits- und Verhaltensstrategien durch die erlebte Form der Eltern-Kind-Interaktion beeinflusst wird. In den Studien mit misshandelten Kindern kann das desorganisierte Bindungsmuster als Folge von Traumata durch bedrohliche Bezugspersonen verstanden werden.

Diese negativen Erfahrungsqualitäten fügen sich im neuronalen Anpassungssystem des Kindes zu *keinen* positiven funktionalen Episodenkontexten, sondern es resultieren die beschriebenen negativen dysfunktionalen Episodenfragmente oder negativen dysfunktionalen »malignen« Selbst-Objekt-Komplexe. Werden diese strukturellen Defizite im weiteren Lebensverlauf nicht »repariert«, können sie zeitlebens dem menschlichen Gedächtnissystem zusetzen. Vergleichbar mit »Computerviren« können sie im Gedächtnissystem dysfunktional wirksam werden und funktionale Episodenkontexte aus dem Zusammenhang reißen. Diese Erinnerungsbruchstücke können dann mental plötzlich und unvermittelt im Anpassungskonzept auftauchen (bewusst werden) und unser gegenwärtiges Erleben irritieren, stören und durcheinander bringen, möglicherweise bis hin zu krankhaften Orientierungs- und Gedächtnisstörungen.

Können frühkindliche Belastungen z. B. Trennungs-, Vernachlässigungs- und Gewalterfahrungen (dysfunktionale Episodenkontexte, Selbst-Objekt-Komplexe) durch eine weitere gute emotionale Versorgung (funktionale Episodenkontexte) ausgeglichen werden, hat das Kind eine gute Chance, mit diesen Erfahrungen doch noch körpereigene **Stressbewältigungsprogramme** zu entwickeln. Diese können im weiteren Lebensverlauf ausgebaut werden und stehen dann dem erwachsenen Menschen, der plötzlich außerordentlichen Belastungen ausgesetzt ist, zur Verfügung.

Ist die **emotionale Versorgung** weiterhin sehr mangelhaft und können diese frühkindlichen Belastungen durch korrigierende emotionale Erfahrungen nicht ausreichend kompensiert werden, besteht die Gefahr, dass dieser Mensch zeitlebens unter Stressbewältigungsdefiziten leidet, die mit überschießendem hormonellen, neuroendokrinologischen und biopsychischen Reaktionen einhergehen.

4.3 Allgemeine Betrachtung der OPP

Die Objektgestützte Psychodynamische Psychotherapie orientiert sich an **primären** (**elterlichen**) **Funktionen**, die erwachsenengerecht modifiziert und entsprechend dem jeweiligen Krankheitsbild

4.3 Allgemeine Betrachtung der OPP

dosiert, auf **unterschiedlichen Therapieebenen** (verbale Einzel- und Gruppenpsychotherapie, Körperpsychotherapie, Gestaltungspsychotherapie und sozialpädagogische Psychotherapie) jeweils auf der Basis des **dialogischen Beziehungsmodus** gezielt eingesetzt werden.

Eigentlich ist die objektgestützte psychodynamische Behandlung angewandte Entwicklungspsychologie. Empirisch ist belegt, dass das Spüren, Empfinden und Wahrnehmen »objektgestützter Erfahrungen« eine Tiefenwirkung in unserer Persönlichkeit hat und dabei, wie sich heute durch neurobiologische Untersuchungen nachweisen lässt, neurophysiologische Vorgänge aktiviert werden, die für unsere Persönlichkeitsentwicklung wesentlich sind. Entwicklungspsychologisch sind es vor allem primäre (elterliche) Funktionen, durch die das Kind vielleicht schon pränatal, aber auf alle Fälle post partum, eine Existenzberechtigung als Mensch (**tragende Funktion**), eine Lebensberechtigung als Person (**haltende Funktion**) und eine Daseinsberechtigung als Partner (**entlastende Funktion**) erfährt. Dabei erlebt sich das Kind durch seine Eltern aufgenommen, angenommen und erlebt deren Gegenwart beruhigend; es fühlt sich von ihnen anerkannt und ernst genommen, beginnt sich auf sie einzulassen und sich mit ihnen emotional auszutauschen. Durch den Einsatz weiterer primärer Funktionen wird das Kind lebenstüchtig (**stützende Funktion**), findet zu sich selbst – wird sich seiner selbst bewusst – (**kreative Funktion**), spricht mit den anderen über sich selbst und kann den Menschen zuhören, wenn sie etwas über sich selbst erzählen (**narrative Funktion**).

Durch diese primären (elterlichen) Funktionen wird die Individuation des Menschen wesentlich unterstützt oder überhaupt erst möglich.

Dabei wird in der Objektgestützten Psychodynamischen Psychotherapie die Individuation des Menschen als ein **bio-psycho-sozialer Entwicklungsprozess** verstanden, dessen genetisch verankerte (endogene) Persönlichkeitsorganisatoren in einem postulierten Archaiksystem neuronal kodiert sind und mental dem Menschen teilweise über ein angenommenes Archaikkonzept bewusst werden. Zum anderen werden die genannten primären (elterlichen) Funktionen (exogene Persönlichkeitsorganisatoren) in einem ebenso postulierten Anpassungssystem des Kindes zunächst aufgenommen, ebenfalls neuronal kodiert und können im weiteren Entwicklungsverlauf und vor allem im späteren Leben über ein angenommenes Anpassungskonzept dem Menschen mental bewusst und auf unterschiedlichste Weise funktional oder dysfunktional wirksam werden.

In dieses Anpassungssystem gehen also einmal die im Laufe der Frühentwicklung erlebten archaischen Entwicklungsresultate ein, wie z. B. Vorstellungen über gespürtes, empfundenes und wahrgenommenes automatisches Atmen, automatisches Gehen, automatischer Stuhlgang, Wasserlassen usw. Das Baby hat diese Vorgänge, die bei ihm automatisch abgelaufen sind, alle mitbekommen und seine Vorstellungen darüber gebildet. Zum anderen speichern sich in seinem Anpassungssystem alle Erfahrungen, die es mit der »Umwelt«, aber auch mit seiner »Innenwelt« macht. Später können dann diese in seinen Gedächtnissystemen neuronal gespeicherten frühen Erinnerungen immer wieder in unterschiedlichen Assoziationskontexten bewusst werden.

Die Selbstentwicklung ist zunächst Ergebnis gelungener (**primärer**) **identifikatorischer Prozesse**, die hauptsächlich zwischen Anpassungssystem und Selbstsystem, also neuronal, für den Menschen unbewusst, stattfinden. Später kann der Mensch kraft eines personalen Ichs, aufgrund seiner freien Willensakte und freien Entscheidungen, einschneidende Veränderungen in seinem Anpassungssystem bewirken und dadurch zeitlebens eine (**sekundäre**) **intrapsychische Identifikation** immer wieder aufs Neue in Gang setzen. Ich gehe davon aus, dass dabei die schon sehr früh in der menschlichen Entwicklung einsetzende »optimale Frustration« eine wesentliche Rolle spielt. Optimale Frustration findet nach Kohut (1979) dann statt, wenn durch Frustrationsbewältigung psychische Struktur aufgebaut wird. Mental werden diese immer wiederkehrenden Anstöße in seiner Persönlichkeitsbildung als spürbarer Zuwachs an Selbstsicherheit bewusst. Es ist also davon auszugehen, dass sowohl die unbewusst stattfindende primäre intrapsychische Identifikation als auch die bewusst stattfindende sekundäre intrapsychische Identifikation lebenslange Prozesse sind, durch die sich das Selbstkonzept ständig erweitert. Die sich daraus ergebende selbstreflektive Resonanz wird spür- und vernehmbarer, sodass die Autonomie des personalen Ichs immer wieder aufs Neue, aber auch stabiler aufrechterhalten wird, ohne zum Stillstand zu kommen.

5 Eine Krankengeschichte

5.1 Die Patientin

Bei Frau S. stellte sich im Laufe der stationären Behandlung heraus, dass ihre selbstreflektive Resonanz schwach war und dass sie seit ihrer Kindheit unter eindringlichen, sehr gegen ihr Leben gerichteten Orientierungen (Selbstentwertungsmechanismen), Handlungsentwürfen aber auch unter Beweggründen mit evoziertem Selbsttötungsverhalten litt.

Krankengeschichte der Patientin: Die damals 35-Jährige wurde im Herbst 2000 auf Drängen ihres behandelnden Arztes in unser Krankenhaus eingewiesen, da der Kollege aufgrund der immer wieder auftretenden Suizidimpulse eine weitere ambulante Behandlung nicht mehr verantworten konnte. Bereits bei den ersten Gesprächen stellte sich heraus, dass Frau S. von einer stationären Behandlung überhaupt nichts hielt. Ihr war es allerdings auch nicht möglich, sich von den immer wiederkehrenden Suizidimpulsen zu distanzieren, die sie täglich mehrmals in gleichförmiger Weise erlebte.

Es ließ sich sehr bald herausarbeiten, dass die Patientin diese Selbstmordimpulse, die immer mit massiven Selbstentwertungsmechanismen einhergingen, nicht als etwas im eigentlichen Sinne »Krankes« erlebte, sondern als etwas »Normales«, wie sie selbst sagte: »Das bin ich doch selbst.« Frau S. ging auch sonst mit dieser Suizidalität so um, als sei es ein lebensnotwendiges, vielleicht von Geburt an etwas missgestaltetes Organ, das nun mal zu einem gehört, das man vielleicht sogar zu seinem Leben braucht und man deshalb auch nichts daran ändern kann.

Soweit sie sich zurückerinnern kann, waren diese Suizidimpulse auch schon als Kind aufgetreten. Mit 25 Jahren trat dann der erste Suizidversuch auf. Sie nahm Tabletten, konnte aber noch selbst diesen Suizidversuch abbrechen und sich Hilfe bei ihrer Mutter holen. Ein Jahr später folgte ein erneuter Suizidversuch mit Tabletten, Durchschneiden beider Unterarmarterien und Luftinjektion in die Vene. Die Mutter entdeckte die Patientin »zufällig« noch rechtzeitig, und es folgte ein sechsmonatiger Aufenthalt in der Psychiatrie. Anschließend arbeitete sie wieder sehr engagiert in der gleichen Firma wie zuvor als Personalreferentin. Ambulant wurde sie nun von dem Arzt behandelt, der in der Psychiatrie ihr Stationsarzt war, sich aber inzwischen niedergelassen hatte. Im August 1999 folgten ein weiterer Suizidversuch mit Doxezipin, Paracetamol und Aspirin und ein erneuter stationärer Aufenthalt in der Psychiatrie. Von dort aus wurde die Patientin in unsere Klinik verlegt.

Biographische Angaben der Patientin: Die Patientin berichtete im Rahmen der stationären Behandlung, sie sei ca. 1½ Jahre nach einer Fehlgeburt ihrer Mutter sehr untergewichtig zu früh zur Welt gekommen, und 1½ Jahre später folgte ihr Bruder. Nach der Geburt entwickelte sie – nach Angaben ihrer Mutter – einen »furchtbaren Hautausschlag« (vermutlich nach einer nicht genehmigten Impfung), der ungefähr ein Jahr anhielt. Die weitere körperliche und auch psychische Entwicklung verlief dann weitestgehend unauffällig.

Später in der Behandlung berichtete Frau S. dann nach langem Zögern und mit großer Angst, als könne man diese Geschichte missverstehen, dass ihre Mutter, die ebenfalls sehr untergewichtig war, ihre Schwangerschaft lange vertuschen wollte, deshalb auffällig wenig gegessen habe und anderen mitteilte, denen dieses Verhalten auffiel, dass sie eine Magenschleimhautentzündung habe und sie deshalb Schonkost essen müsse. Nach Schilderung der Patientin gelang es der Mutter tatsächlich, auch durch entsprechende Kleidung, dabei schnürte sie sich mit breiten Binden ihren schwangeren Bauch ganz eng, ihre Schwangerschaft »geheim zu halten«.

Die Mutter war kaufmännische Sachbearbeiterin und hatte Abitur. Der Vater der Patientin war Handelsfachwirt, Lagerleiter und Kunstschmied und hatte die Schule mit der Mittleren Reife abgeschlossen. Frau S. hatte einen 1½ Jahre jüngeren Bruder, den sie als gutmütig, sehr kontaktfreudig, leicht aufbrausend, stur und sich oft selbst schadend beschrieb. Ihr Bruder sei der einzige Mensch auf der Welt, den sie wirklich lieb habe. Den Vater beschrieb Frau S. einerseits als einen Mann mit starkem Willen und klaren Vorstellungen sowie einer guten Durchsetzungskraft. Er sei immer großzügig, hilfsbereit und humorvoll gewesen, andererseits jedoch auch, soweit sie sich erinnern konnte, immer unzuverlässig, machte aufgrund seines Alkoholismus oft leere Versprechungen, war jähzornig und streitlustig.

Ihre Mutter beschrieb sie als pflichtbewusst, ordnungs- und sauberkeitsliebend, verständnisvoll, gutmütig und selbstsicher. Von Anfang an habe der Alkoholkonsum des Vaters in der Familie eine große Rolle gespielt. Das Zusammenleben war meist schwierig, ihr selbst war es aber trotzdem möglich, nach der Grundschule das Gymnasium zu besuchen, das sie mit der Abiturnote 3 abschloss. Sie bildete sich dann in Abendkursen zur Personalfachfrau weiter und machte auch die Prüfung bei der Industrie- und Handelskammer. Anschließend arbeitete sie bis zuletzt in einer Firma, die Kameras herstellt.

Zu der nun 63 Jahre alten Mutter hatte sie nach wie vor einen sehr engen Kontakt. Die Beziehung zum Vater war weitestgehend aufgehoben, da er seit ca. zwei Jahren eine beginnende Korsakow-Symptomatik entwickelte und immer häufiger in stationärer Behandlung war.

5.2 Stationäre Behandlung im Centrum für psychsomatische Medizin/Bad Wiessee

Trotz der vorausgegangenen psychotherapeutischen Behandlungen war es sehr schwierig, ein Therapiebündnis herzustellen, da sich die Patientin entweder gegenüber den eingesetzten Therapiemaßnahmen verschloss, sie entwertete oder ihnen gegenüber mit einem massiven Ambitendenzkonflikt reagierte. Dabei nahm sich die Patientin fest vor, an den Behandlungsmaßnahmen teilzunehmen, verließ dann aber die Gruppen vorzeitig bzw. konnte letztlich die Therapieangebote nicht annehmen.

5.2.1 Erste stationäre Behandlung

Objektgestützte Psychodynamische Psychotherapie – hier: psychosomatische Akut-(Grund-)behandlung

An unserem Setting für Patienten mit Essstörungen wollte Frau S. von Anfang an nicht teilnehmen, aus Angst, die früher doch sehr ausgeprägte bulimische Symptomatik könnte sich dadurch wieder verschlimmern. Die chronische Suizidalität war Hauptthema in der Behandlung. Es wurde ein Antisuizidpakt geschlossen, den die Patientin vor allem gegen Ende der Behandlung sehr ernst nahm. Eingehend wurde mit ihr die Diagnosenstellung einer emotional instabilen Persönlichkeit vom Borderline-Typ thematisiert, wobei sich sehr schnell herausstellte, dass sie aufgrund ihrer Intelligenz auf der Objektstufe sehr gut psychodynamische Zusammenhänge nachvollziehen konnte. Auf der Subjektstufe war sie jedoch noch nicht in der Lage, die notwendigen korrigierenden Erfahrungen wirklich anzunehmen. So konnte sie z. B. immer besser über ihre enorme Sehnsucht nach Nähe, Angenommensein und Responsivität sprechen, war aber außerstande, sich auf die Körper- und Gestaltungspsychotherapie einzulassen. Den hier stattfindenden korrigierenden Erfahrungen misstraute sie zutiefst. Vor allem konnte sie sich überhaupt nicht vorstellen, jemand von den Behandlern könne in der Lage sein, ihre Destruktivität auszuhalten. Die Patientin wurde anschließend in ein Behandlungsnetz entlassen, in dem es ihr möglich war, im Notfall rund um die Uhr Hilfe zu holen.

5.2.2 Zweite stationäre Behandlung

Objektgestützte Psychodynamische Psychotherapie – hier: strukturgebende, ich-reparative Behandlung

Nach etwa einem Jahr wurde die Patientin nach einem erneuten Suizdversuch mit Tabletten, bei dem sie komatös in ihrer Wohnung lag und am vierten Tag *wieder von ihrer Mutter* gefunden wurde, ein zweites Mal zu uns eingewiesen. Durch die lange Unbeweglichkeit während des Komas zog sich Frau S. eine Zugläsion des Nervus peroneus mit Parese der Unterschenkelmuskulatur zu. Sie hatte jetzt also bei der erneuten stationären Aufnahme einen auffällig unsicheren, hinkenden Gang, sprach fast ohne Gestik und Mimik, war aber in den Gesprächen deutlich aggressiver und wütender als bei der stationären Behandlung zuvor. Auf die Frage, warum sie überhaupt wieder zu uns gekommen sei, meinte sie: »So recht weiß ich es auch nicht, aber da ist etwas, wo ich spüre, dass ihr es ehrlich mit mir meint, ganz offen und ehrlich über meine Krankheit mit mir sprecht, und ich denke, dass ich in der letzten Behandlung überhaupt erst einmal begriffen habe, dass ich krank bin, wenn das auch immer noch nicht so ganz einfach für mich ist.«

Gesprächspsychotherapeutische Einzel- und Gruppenbehandlung

Während der zweiten stationären Behandlung gelang es der Patientin immer besser, entwicklungsgeschichtlich bedeutsame Episoden aus ihrem Leben zu erzählen, wobei aber nach wie vor der Suizid eine wesentliche Rolle in ihrem Leben spielte. Nach wiederholtem Nachfragen teilte sie immer wieder mit, dass bei ihr bereits mit 5 bis 6 Jahren starke Suizidgedanken auftraten, sie aber mit keinem Menschen darüber reden konnte. Auch über ihre Essstörung, die etwa mit 15 Jahren mit einer anorektischen Symptomatik begann, später in eine bulimische Erkrankung umschlug und etwa bis zum 29. Lebensjahr manifest blieb, konnte sie immer mehr berichten. Zögerlich und sehr bewegt teilte sie dann auch mit, dass ihr jüngerer Bruder, den sie selten sehe, da er in Düsseldorf wohne, zu dem aber nach wie vor ein guter emotionaler Kontakt bestehe, erst vor kurzem wegen einer Alkoholentzugsbehandlung in einer Klinik war, jetzt aber schon wieder rückfällig geworden wäre.

Auch was die Beziehung zu ihren Eltern betrifft, erzählte die Patientin nun weit mehr als bei der ersten Behandlung. Zu ihrem Vater habe sie eine sehr schlechte Beziehung. Sie habe ihn lange nicht mehr getroffen und möchte ihn auch aufgrund seiner Erkrankung nicht mehr sehen. Ihr gegenüber habe sie ihn immer ablehnend erlebt. Sie sagte: »Bei seinen Saufkumpanen hat er mich immer als Vorzeigestück benutzt, dort musste ich dann Gedichte aufsagen oder ihn auch von einer Kneipe in die andere Kneipe begleiten.« Was die Beziehung zu ihrer Mutter anbetrifft, sagte sie: »Für meine Mutter fühle ich mich heute noch verantwortlich. Ich habe immer das Gefühl, ich muss sie stützen. Sie braucht mich für ihr Leben.«

Bei der ersten stationären Behandlung war die psychische Desorganisation so weit fortgeschritten, dass sie durch die unaufhörlich, einmal mehr oder einmal weniger eindringlichen, gegen ihr Leben gerichteten dysfunktionalen Orientierungen, Motive und Motivationen kaum mehr verunsichert oder existenziell erschüttert war. Sie reagierte ihnen gegenüber wie abgestumpft. Beim zweiten Aufenthalt hatte sich die Einstellung gegenüber dieser eintönigen, schmerzlichen »inneren Resonanz«, egal mit welchen Wirklichkeitserfahrungen sie es gerade zu tun hatte, geändert. Möglicherweise hatte sich in der Patientin durch den erneuten schweren Suizidversuch und der dadurch eingetretenen Behinderung weniger eine Resignation eingestellt, sondern enorme Selbsterhaltungskräfte. Die Erfahrungen der vorausgegangenen stationären und ambulanten Behandlungen hatten doch ihr Gutes.

Frau S. konnte sich jetzt öfter an all die responsiven und affirmativen Erfahrungen, die sie im Laufe der Behandlung verinnerlichte, erinnern. Die lebensverneinenden dysfunktionalen Programme, denen sie seit ihrer Kindheit ausgesetzt war, wurden ihr jetzt erst bewusst. Dabei ergab sich der Eindruck, dass sich Frau S. durch die korrigierende Behandlungserfahrung und die reale Konfrontation mit der Selbsttötung auf eine lebensbejahendere Position einstellen konnte.

Durch dieses inzwischen bessere Selbstverständnis ging sie nicht mehr in ihrer Krankheit auf, sondern konnte sich von den Zwangsgedanken deutlich besser distanzieren, und langsam stellte sich im Laufe der Behandlung auch ein eindeutiges Krankheitsbewusstsein ein. Immer öfter berichtete sie jetzt von Erinnerungen aus ihrer Kindheit. Dazu war sie früher nicht in der Lage.

Dabei kristallisierte sich deutlich heraus, wie psychisch instabil beide Eltern waren. Der Vater ertränkte seine Minderwertigkeitsgefühle im Alkohol, und die Mutter parentifizierte hauptsächlich die Patientin aber auch ihren Bruder, um dadurch ihr existenzbedrohendes Minderwertigkeitserleben (dysfunktionale Orientierungen, Motive und Motivationen) auszugleichen. Dabei profitierte zwar die Mutter von dieser »Rollenumkehr«, da sie innerlich ruhiger wurde, sie setzte aber dadurch ihre Tochter bewusst oder unbewusst emotional enorm unter Druck. Durch diese Bindungserfahrung geriet Frau S. schon sehr früh immer wieder in Unruhezustände, die oft in schwallartige Ängste, Schmerzen und Verzweiflungszustände übergingen.

Im Weiteren kam es dann immer öfter zu depressiven Reaktionen. Sehr bald stellte sich im Laufe der Behandlung heraus, dass Frau S. in einem **Doublebind-Klima** aufwuchs und sie durch die gegensätzlichen Botschaften in ihrer Selbstentwicklung massiv blockiert wurde. So berichtete Frau S., dass ihre Mutter ihr mitteilte: »Du bist zu viel für mich. Ich kann dich nicht aushalten. Ohne dich ginge es mir viel besser usw.« Ein anderes Mal sagte die Mutter: »Ich brauche dich für mich. Ohne dich kann ich nicht leben. Du musst für mich da sein usw.«

Durch diese widersprüchlichen Botschaften kam die Patientin nicht frei von ihrer Mutter, weil sie insgeheim auf die tragenden, haltenden, entlastenden, kreativen und narrativen elterlichen Funktionen wartete, die für die Selbstentwicklung notwendig sind. Aber die Mutter, die ihren Kindern diese elterlichen Funktionen selbstverständlich von Herzen gerne hätte geben wollen, war dazu aufgrund ihrer eigenen Persönlichkeitsstörung nicht in der Lage.

Frau S. konnte in dieser Behandlungsphase zumindest im Ansatz zum Ausdruck bringen, dass sie sich durch ihre Behandler in ihrem Selbstwert stabilisiert erlebte. Sie konnte aber genauso durch ein auslösendes Ereignis sehr schnell wieder die Kontrolle über ihr Krankheitsverhalten verlieren und war dann wieder ihrer depressiven Symptomatik, ihren Suizidimpulsen und teilweise auch ihrer Essstörung ausgeliefert.

In den Gruppensupervisionen zeigte sich, dass alle Therapeuten und Pflegekräfte, die mit ihr arbeiteten, inzwischen einen interpersonalen Kontakt herstellten, diesen aber keineswegs durchgängig aufrechterhalten konnten. In den einzelnen Therapien konnte sich innerhalb von Minuten die Beziehungsqualität zwischen ihr und dem jeweiligen Behandler ändern. Im Zuge einer immer wieder einsetzenden psychischen Desorganisation übernahm die Patientin das jeweilige Rollenverhalten ihrer Eltern und ging entsprechend destruktiv mit den Behandlern um. Oder sie setzte ihre Behandler in die Rolle ihrer Eltern und erlebte sich ihnen gegenüber entsprechend destruktiv behandelt und ausgeliefert. In der psychoanalytischen Krankheitslehre wird hier von einer »projektiven Identifikation« gesprochen.

In dieser Behandlungsphase kam die Patientin zunehmend unter Druck. Es wurde ihr immer bewusster, dass sie mit all diesen durch die Therapie wachgerufenen »Geistern«, denen sie sich aber inzwischen längst nicht mehr hingeben wollte, alleine nicht mehr zurechtkam. Aufgrund ihrer nun größeren Lebensbejahung konnte sie auch sich anbahnende Krisen besser erkennen und rechtzeitig auf die Behandler zugehen, um Krisenintervention in Anspruch zu nehmen, um nicht immer wieder der Zwangsläufigkeit ihrer Symptomatik ausgeliefert zu sein. Dabei zeigte sich jetzt aber, dass Frau S. einen »großen Hunger« nach bestimmten Formen von Zuwendung hatte und diesen auch mit einer enormen Anspruchshaltung zum Ausdruck brachte, z. B.: »Also wenn ihr schon immer sagt, dass mir Akzeptanzerfahrungen fehlen, dann bitte schön, jetzt her damit und zwar so lange bis ich satt bin.«

Die Patientin in diesem Anspruch »optimal zu frustrieren« war eine Aufgabe, die letztlich bis zur Entlassung immer wieder von den Behandlern geleistet werden musste. Es wurde nun ganz deutlich, dass Frau S. auf sämtlichen Therapieebenen (verbale Einzel- und Gruppenpsychotherapie, Körperpsychotherapie, Gestaltungspsychotherapie, Krisenintervention bei den Schwestern und Soziotherapie) genau in Erfahrung bringen wollte, ob die Behandler wirklich damit einverstanden waren und es auch für gut und rechtens befanden, dass sie als Patientin überhaupt in unserer Klinik war und behandelt wurde. So sagte die Patientin einmal: »Meine Mutter war doch gar nicht bereit zu einer Schwangerschaft, verschwieg auch aller Welt, dass sie mit mir schwanger war (…) ich war ihr ganz einfach zu viel, ich hätte nicht sein dürfen, das wäre für das Leben meiner Mutter am besten gewesen, das hätte ihr wirklich geholfen (…) warum soll ich plötzlich hier bei euch sein dürfen, das macht ihr doch nur, weil ihr als Ärzte das tun müsst, aber in Wirklichkeit bin ich euch doch scheißegal, wichtig für euch ist es doch, dass es Kohle gibt und ihr euer Geld mit mir verdient.«

Aufgrund der nun immer mehr überbordenden Destruktivität im Wechsel mit Unterwürfigkeit, Aussichtslosigkeit und Nihilismus stieß der verbale Psychotherapeut in dieser Behandlungsphase immer wieder an die Grenzen seiner Wirksamkeit. Dabei war es weniger die Ausdauer und Belastbarkeit, die sich beim Therapeuten erschöpften, sondern die Effektivität seiner intuitiven und diskursiven Kommunikation. Es hatte den Anschein, als setzten wir zwar die »richtigen Mittel« ein, aber nicht in der »notwendigen Dosis«.

Durch den von Anfang an gezielten Einsatz des **dialogischen Beziehungsmodus**, vor allem aber durch den sehr flexiblen Einsatz des dialogischen Beziehungsmodus durch den verbalen Psychotherapeuten konnte Frau S. inzwischen ein einigermaßen belastbares Therapiebündnis aufbauen. Zudem war sie jetzt auch in der Lage, in psychotherapeutischer Begleitung ihren Lebensweg zurückzugehen an jene Stellen ihrer Geschichte, wo sie in ihrer Entwicklung zu kurz gekommen war und ihr vor allem »Lebenswichtiges« vorenthalten wurde.

In der OPP wird diese Pflegeleistung der Eltern, die körperliche, aber vor allem emotionale Versorgung ihres Kindes in primären (elterlichen) Funktionen systematisiert. Entsprechend dem jeweiligem Defizit des Patienten, das durch psychodiagnostische Testuntersuchungen, Verlaufsbeobachtungen, Klärung der Gegenübertragungsphänomene und Auswertung dieser Ergebnisse in den Diagnosekonferenzen sehr genau eruiert wird, versuchen dann die Behandler auf ihren Therapieebenen (Gesprächs-, Körper-, Gestaltungs-, sozialpädagogische Psychotherapie) gezielt auf diese primären Defizite einzugehen und sie aufzufüllen. So setzt in der verbalen Psychotherapie der Therapeut in der Einzel- und Gruppenpsychotherapie

- sein psychotherapeutisches Fachwissen,
- seine Erfahrung,
- seine responsive, affirmative psychotherapeutische Haltung,
- die direktiven Techniken zur kognitiven Umorientierung und
- den dialogischen Beziehungsmodus ein.

Wir hatten den Eindruck, dass Frau S. hin- und hergerissen wurde von ihren ihr jetzt bewusst gewordenen »dysfunktionalen Programmen«. Einmal erlebte sie sich als Mensch auf dieser Welt völlig überflüssig, ein Mensch, der zu viel ist, der deshalb auch keinen Platz bekommen kann und sich am besten von hier wieder verabschiedet. Ein anderes Mal tat sich in ihr ein Zwang auf, der ihr abverlangte, voll und ganz für andere da zu sein, sie sei verantwortlich für das Leben anderer, die ohne sie nicht leben könnten. Die Patientin selbst sagte: »Ich glaube jetzt werde ich verrückt. Ich weiß überhaupt nicht mehr, was ich tun soll.« Gleichzeitig – weil sie diese Programme wesentlich ich-dystoner erlebte als früher – wollte sie sich nun mit unserer Hilfe, so gut sie konnte, als autonome Person gegen diese Obsessionen durchsetzen. In dieser Behandlungsphase stellte der Therapeut fest, dass die hauptsächlich in der Gesprächspsychotherapie eingesetzte emotionale Verfügbarkeit gegenüber der Patientin und auch die dabei verbal und per Haltung vermittelte Responsivität alleine nicht mehr ausreiche, um der Patientin in dieser kritischen Situation wirklich effektiv helfen zu können.

Körperpsychotherapeutische Behandlung

Da sich in der verbalen Psychotherapie deutlich herauskristallisierte, dass es bei der Patientin um Lebensverbot, Vernichtungsgefühle, Zerstörung, also vorrangig um Destruktivität ganz allgemein ging, ihr also die **tragende Funktion** (Vermittlung von Existenzberechtigung als Mensch) nur unzureichend vermittelt werden konnte, entschieden die Behandler, in der körperpsychotherapeutischen Behandlung zunächst das **Bonding** einzusetzen. Diese körperpsychotherapeutische Maßnahme orientiert sich an einer der frühesten Mutter-Kind-Interaktionen: das In-den-Arm-/Auf-den-Schoß-Nehmen oder ähnliche Beziehungsrituale.

Man geht hier davon aus, dass diese **primären (elterlichen) interaktiven Beziehungsrituale** nicht nur beim Säugling eine organisative, also wachstumsanstoßende Wirkung auf die Persönlichkeitsentwicklung haben und dadurch die elterliche Säuglingspflege wesentlich unterstützen, sondern dass diese primären interaktiven Beziehungsrituale auch in der Persönlichkeit eines erwachsenen Menschen organisativ wirksam werden können. Dies gilt vor allem, wenn sich in der Behandlung herausstellt, dass der Patient unter einer schweren Persönlichkeitsstörung leidet. Diese Patienten sind hin- und hergerissen zwischen einem tiefen Begehren nach Akzeptanz, Sicherheit und Geborgenheit und gleichzeitiger massiver Ablehnung dieser existenziell notwendigen Erfahrungen. Gerade weil sie es außerordentlich schwer haben, sich anderen mitzuteilen, was diesen existenzbedrohenden intrapsychischen Konflikt anbetrifft, macht bei diesen Patienten die Behandlung »ohne viel Worte« Sinn.

Obwohl die Patientin uns immer wieder mitteilte, dass sie massive Angst vor Nähe habe, konnte sie sich, selbstverständlich nach einer entsprechenden Vorbereitung, auf diese Behandlungstechnik ohne Schwierigkeiten einlassen und die körpertherapeutischen Behandlungen auch die regulären zwölf Mal mitmachen. Die ersten beiden Behandlungsstunden setzten ihr emotional sehr zu, es kam aber trotzdem zu einer erkennbaren psychovegetativen Entspannung (bessere Durchblutung der Haut, Physiologisierung der Atmung, leichte Relaxation des zuvor erhöhten Muskeltonus usw.). Sie registrierte diese psychovegetativen Veränderungen als »Warmwerden ihres Körpers«, brachte aber deutlich zum Ausdruck, dass sie »mit dieser Behandlung« überhaupt nichts anfangen konnte. Diese Äußerungen waren für uns ein Hinweis, dass die dysfunktionalen Motive und Motivationen der Patientin sich nach wie vor durchsetzten, aber längst nicht mehr so destruktiv und überbordend waren wie früher. Vor allem kam es nicht mehr zu den massiven Entwertungen, und ihre Verweigerung gegenüber den Behandlungsmaßnahmen hielt sich in Grenzen.

Nach den nächsten beiden Stunden wurde Frau S. antriebsloser, blieb morgens auch öfter im Bett liegen und zeigte ein depressives Verhalten. Gleichzeitig berichtete sie über unterschiedlichste körperliche Symptome, z. B. dass ihr das Atmen schwer falle, die Darmtätigkeit von Obstipation zur Diarrhöe sehr oft hin und her wechsle und dass sie vor allem nach den körperpsychotherapeutischen Behandlungen das Gefühl habe, dass etwas in ihr »platzen« müsse. Solche **körperlichen Beschwerden** wurden von ihr bisher noch nie geäußert, und es gelang ihr jetzt erstmals, sich an eine Schwester zu wenden und deren Hilfe anzunehmen, z. B. dass ihr eine Wärmflasche ans Bett gebracht oder ihr abends ein Beruhigungstee gemacht wurde. Dabei begann sie dann über sich zu reden.

Im weiteren Verlauf zeigte sich dann, dass die Patientin, ohne dass sie sich wie früher gedrängt fühlte, sondern aus eigenem Bedürfnis heraus, immer öfter **Krisenprävention** in Anspruch nahm. Sie wartete nicht mehr, bis sie in allergrößter Not war, sondern trat schon bei den ersten Anzeichen einer möglichen Krisenentwicklung mit den Therapeuten in Kontakt.

In der Körperpsychotherapie wurde nun sehr konsequent die **Körperwahrnehmung** eingesetzt und dadurch die Aufmerksamkeit der Patientin während des **Bondings** mehr auf ihren Körper mit all seinen muskulären Verspannungen und Ungelenkigkeiten gelenkt und weniger wie zuvor auf das geborgenheitsstiftende primäre Beziehungsritual, das der Patientin die tragende Funktion vermitteln sollte.

Durch diese Hinwendung zum eigenen Körper, also durch die Einbeziehung des Realitätsprinzips, fand die Patientin einen Zugang sowohl zu ihren immer wieder abgewehrten und unbewältigten Traumatisierungen (z. B. körperliche Misshandlungen, aber auch körperliche Vernachlässigung durch ihre Eltern) als auch zu ihrem Hunger nach lebensnotwendiger zwischenmenschlicher Zuwendung, die ihr im Moment durch das Bonding »handfest« zuteil wurde. Hier reagierte Frau S. mit massivsten Affekten. Weinanfälle wechselten mit destruktiven Impulsen, wobei sich immer wieder herauskristallisierte, dass sie die primäre Versorgung von ihren Eltern einforderte und zunächst überhaupt nicht in der Lage war, sich auf die ihr angebotene therapeutische Substitution einzulassen.

Erst als sie bereit war, die **prothetische Funktion** ihrer Psychotherapeuten anzunehmen und sich mit diesen »neuen Wirklichkeitserfahrungen« zu identifizieren und diese zumindest im Ansatz »rückhaltgebend« zu verinnerlichen, gelang es ihr auf diesem Behandlungsweg, ihre Behandler immer weniger zu funktionalisieren (z. B. als »Beruhigungstablette«). Zudem ließ sie sich, zumindest im Ansatz, auf den ihr seit Anfang der Behandlung angebotenen **dialogischen Beziehungsmodus** mit ihren Behandlern ein.

Sowohl der Patientin als auch den Behandlern war nun bewusst, dass nur ein geringer Teil der doch massiven Vernichtungserfahrungen korrigiert werden konnten. Es war aber ein Anfang gemacht und ein Weg eröffnet, durch den sich die Patientin durch eine wie auch immer geartete »innere responsive Präsenz« ihrer Behandler, in Zukunft in jedem Fall besser von ihren Vernichtungsimpulsen distanzieren konnte. Außerdem nahm sie diese dysfunktionalen Orientierungen, Motive und Motivationen nicht mehr wie früher als gegeben hin.

Frau S. konnte jetzt immer öfter über sich selbst berichten ohne wieder alles und jedes in Frage stellen zu müssen. Einmal teilte sie mit, sie habe das Gefühl, durch die Behandlung seien ihre »Lebensgeister« geweckt worden und sie könne sich überhaupt erstmals in ihrem Leben, allerdings immer nur ganz kurz, als Mensch *frei* fühlen. Hier begann sie dann auch Zugang zu ihrer Weiblichkeit zu finden, wobei sie sich nach wie vor schwer tat, sich damit zu identifizieren.

Es bestand also Grund zur Annahme, dass sich die für die Patientin korrigierenden Erfahrungen (positiven Episodenkontexte) nicht nur im Anpassungssystem verinnerlicht und dort eventuell wieder von anderen negativen Selbst-Objekt-Komplexen fragmentiert wurden, sondern dass doch ein Teil dieser durch die Behandlung entstandenen positiven Episodenkontexte ins Selbstsystem transferiert werden konnten. Dadurch wurde die **selbstreflektive Resonanz** gestärkt und das **personale Ich** von Frau S. autonomer. Sie konnte jetzt reifere Verarbeitungsmechanismen in ihrer Lebensgestaltung einsetzen, zwar noch nicht durchgängig, aber deutlich öfter als früher.

Gestaltungspsychotherapeutische Behandlung

Der Gesprächspsychotherapeut versuchte, in Orientierung an die psychodialogische Entwicklungsleitlinie, der Patientin die primären tragenden (elterlichen) Funktionen, also die Vermittlung von Existenzberechtigung als Mensch, zum Teil auch die primären haltenden (elterlichen) Funktionen, also die Vermittlung von Lebensberechtigung als Person, über die **instinktive Kommunikation** und über die **einfache Ammensprache** nahe zu bringen. Der Körperpsychotherapeut setzte in Orientierung an die psychomotorische Entwicklungsleitlinie das **Bonding** und **Holding** ein

Hand in Hand mit seinen therapeutischen Kollegen versuchte der Gestaltungstherapeut in Orientierung an die psychointentionale Entwicklungsleitlinie das **intuitive** und **intentionale Gestalten** bei dieser Patientin einzusetzen. Nach Herstellung einer einigermaßen »Geborgenheit stiftenden zwischenmenschlichen Atmosphäre« wurde der Patientin geeignetes Material zur Verfügung gestellt, mit dem sie ihre Destruktionen, ihre Leeregefühle und ihren Nihilismus zum Ausdruck bringen sollte. Während dieses Gestaltens sollte ihre Aufmerksamkeit sowohl auf ihre eintönigen und zwanghaften Verrichtungs-, Verachtungs-, und Entwertungsimpulse gelenkt werden als auch auf das in ihrer Existenz verborgene, verschüttete »Ja« zum Leben, das wie eine Wurzelknolle unter der Erde auf Regen wartet, der ihr Wachstumsbestreben unterstützt.

In der Gestaltungspsychotherapie kann der Patient sein Innenleben, oder zumindest Teilbereiche davon, in die Außenwelt »bringen«. Vieles, über das er bisher nicht sprechen konnte, was ihn bedrückt, er aber noch nicht in Worte fassen kann, kann über Farbe oder andere Materialien »nach außen« Gestalt annehmen. Dazu gehört auch Fremdes, von dem er bisher noch gar nichts wusste, dass es auch zu ihm gehört. Für den Gestaltungstherapeuten bestehen viele Möglichkeiten, sich bei diesem Externalisieren auf unterschiedliche Weise mit einzubringen, mitzuspielen, mitzuwirken und dabei den dialogischen Beziehungsmodus auf Gestaltungsebene ins Spiel bringen. Da jetzt sowohl das Zum-Ausdruck-Bringen als auch das Zum-Ausdruck-Gebrachte in jedem Fall etwas mit der Subjektivität des Patienten zu tun hat, kann der Patient jetzt das Gestalt-Angenommene, für ihn noch Unaussprechbare, Unsagbare, für sich betrachten und es als eine ganz ihm eigene Wirklichkeitserfahrung zur Kenntnis nehmen.

Bei dieser Betrachtung steht der Gestaltungstherapeut dem Patienten auf besondere Weise bei, wodurch etwas Wesentliches stattfindet. Einmal nimmt der Patient das wahr, was er gerade selbst gemacht hat, was er gezeichnet, getöpfert, gemalt hat oder in anderer Form hat Gestalt werden lassen. Zum anderen geht mit dieser besonderen Objektwahrnehmung gleichzeitig die Objektwahrnehmung einher, die er mit seinem Gestaltungspsychotherapeuten macht. Was er gestaltet hat, steht ihm jetzt gegenüber, ist also ein Gegenstand. Kurz zuvor waren es aber noch Gedanken, Gefühle, Phantasien und Erinnerungen, die sich in seinem Innenleben abspielten.

Da der Gestaltungstherapeut ebenfalls mit den primären Funktionen arbeitet, kann sich der Patient, egal wie oder was er jetzt produziert hat, grundsätzlich von ihm aufgenommen, angenommen, ernst genommen und anerkannt erleben. Durch diese positiven Episodenkontexte sollen jetzt im Anpassungskonzept des Patienten negative Episodenkontexte, vor allem aber negative Selbst-Objekt-Komplexe so weit neutralisiert werden, dass diese, dann identifikationsfähigen Kontexte vom Selbstsystem übernommen werden können. Der Patient erlebt diese Erweiterung seines neuronalen Selbstsystems dann in einer größeren Selbstsicherheit, die ihm aus einem erweiterten Selbstkonzept bewusst wird. Zu dieser Neutralisation im Anpassungskonzept des Patienten ein Auszug aus den Aufzeichnungen des Gestaltungstherapeuten, der mit Frau S. arbeitete:

Fallbeispiel: Gestaltungstherapie

Es war unsere achte gemeinsame Sitzung und die Patientin war an diesem Tag in einer gänzlich anderen, in einer fast psychotischen Verfassung. Sie betrat den Raum mit den Worten, dass sie nicht mehr richtig sehen könne und auch nicht mehr richtig denken könne und dass sie weder reden noch zuhören könne; sie habe sich bis zu diesem Zeitpunkt an unserem gemeinsamen Termin festgehalten und wolle jetzt eigentlich nur malen. Als Antwort auf diese Situation fiel mir sofort das »**gemeinsame Bild**« als Behandlungstechnik ein. Das Setting bei dieser Behandlungstechnik entspricht symbolisch dem gemeinsamen Raum, den etwa eine schwangere Mutter ihrem noch ungeborenen Kind zur Verfügung stellt. Dieser frühe gemeinsame Raum beinhaltet mehrere Widersprüchlichkeiten; einmal wächst unter der größten Abhängigkeit das Kind in der Gebärmutter und wird bis zur Geburt immer reifer und letztlich so unabhängig, dass es durch die Geburt den gemeinsamen Raum verlassen kann. Die Mutter kann ihre Schwangerschaft nur geschehen lassen, davon ausgehen, dass sich schon alles richtig entwickeln wird; auf der anderen Seite ist sie in ihrem Verhalten gefordert, sich möglichst schwangerschaftsgerecht zu verhalten. Das heißt vor allem, neben der Bereitschaft für das Kind körperlich zu sorgen, vor allem die Bereitschaft, dem Kind die geistig-seelische Nahrung zu geben, die es für seine Entwicklung braucht. So wusste ich, dass es in dieser Situation notwendig sein würde, mich selbst gut zu versorgen und mir selbst sicher zu sein. Gleichzeitig war es für mich wichtig, mich darauf einzustellen, dass jetzt in dieser Situation eine besondere Präsenz, Wachheit und Aufmerksamkeit für den Kontakt mit der Patientin von mir gefordert wird.

Es ging also darum, einen **gemeinsamen, tragenden Raum** herzustellen. Dies sah jetzt so aus, dass ich ein Blatt Papier und Ölkreide holte (an diesem Tag war Frau S. dazu selbst nicht mehr in der Lage) und ich mich zu ihr, über Eck, an den Tisch setzte. Schweigend, jedoch gleichzeitig jeder auf dem Stück Papier vor sich, aber eben auf dem gemeinsamen Blatt, fingen wir an zu malen. Frau S. begann mit dem Kern ihrer Blüte, ich mit einem gelben Kreis. Der Malprozess verlief eine ganze

5.2 Stationäre Behandlung im Centrum für psychsomatische Medizin/Bad Wiessee

Zeit ohne Worte, nur das rhythmische Geräusch der Kreiden auf dem Papier war zu hören. Dann fing Frau S. an, während des Malens zu sprechen. Sie erzählte von der Schwierigkeit, ihrem inneren »Selbstmörder« immer ein Stück voraus sein zu müssen und wie sie dies innerlich fast zerreiße. Frau S. sprach, ich hörte zu. Es entstanden immer wieder Pausen, in denen ich mich gut fühlte, während unsere Augen und Hände weiterhin mit den Bildern beschäftigt waren. Irgendwann meinte die Patientin dann, sie könne langsam wieder richtig sehen und ihre Gedanken würden nicht mehr Gottweiß-wohin entschwinden. Für mich war es sehr spürbar, dass sie langsam wieder präsenter wurde. Es kam dann der Moment, in dem sie zu meinem Bild hinüberschaute und so wieder auf einer bewussten Ebene Kontakt zu mir aufnahm. Eine Blüte, als Ausdruck der wiedereinsetzenden Sammlung der Patientin und ein Mandala (so benannte Frau S. mein Gebilde) waren entstanden. Wir fingen an, über unsere Bilder zu sprechen. Als Frau S. nach meinen seltsamen ›Spiralschnörkeln‹ fragte und ich ihr erklärte, dass es ein Ausdruck der Freude darüber war, dass sie wieder ganz »da« sei, mussten wir beide lachen. Es ist das erste gegenständliche Bild, das Frau S. bisher gemalt hatte. Es war eine Pflanze, die ihren gelb-roten Kern mit grünen und gelben Blättern beschützte, eine kräftige, kompakte, dreidimensionale Blüte.

Würde ich gefragt werden, wo mein Wahrnehmungsfokus bei dem ganzen Malprozess lag – ob bei der Patientin, oder bei mir – so müsste ich antworten, dass dies eine umfassendere, objektive und subjektive Wahrnehmung ist, oder besser: eine diskursive und intuitive Wahrnehmung gleichzeitig, die am ehesten dem etwas abgenützten Begriff der Liebe, der Liebesfähigkeit entspricht. Die Patientin hingegen war ihrerseits ganz eindeutig in dieser Episode an mich gebunden. Es ist anzunehmen, dass es Frau S. durch meine tragende, haltende und entlastende gestaltungspsychotherapeutische Einstellung gelungen ist, ihren Selbstwert zu finden und ihn so weit zu stabilisieren, dass sich auch wieder ihre Ich-Funktionen (Konzentration, Aufmerksamkeit, Realitätsbezug usw.) aktivierten. Wie sehr diese Selbstwertstabilisierung von meiner Person abhing und wie sehr diese Selbstwertstabilisierung sich im Bild der Patientin widerspiegelt, kann man an einem dritten Bild erkennen, einem Bild, welches ich vor mehreren Jahren einmal gemalt habe. Legt man nun dieses Bild neben das Bild von Frau S. kann man sehr gut sehen, wie weit die Symbiose der Patientin mit mir während des Malprozesses gegangen ist: die beiden Bilder nebeneinander wirken in ihrer unglaublichen Ähnlichkeit fast wie Mutter und Kind.

Frau S. konnte in dieser achten Stunde in Bezug auf ihr grundsätzliches Angenommensein eine neue, korrigierende Erfahrung machen. Im weiteren gestaltungspsychotherapeutischen Therapieverlauf war ein neuer, tragender und vertrauender Boden deutlich spürbar.

In der Gestaltungspsychotherapie werden – genauso wie in der Gesprächs-, Körper- und sozialpädagogischen Psychotherapie – gezielt die negativen Selbst-Objekt-Komplexe (ähnlich Viren) mit positiven Selbst-Objekt-Kontexten »bekämpft«. Frau S. kam in einer schweren depressiven Krise zum Gestaltungspsychotherapeuten und in dieser beschriebenen gestaltungstherapeutischen Interaktionssequenz erspürte der Therapeut zuerst die vernichtende Thematik (dysfunktionale Motivationen), der Frau S. gerade ausgeliefert war. In einem zweiten Schritt fand der Gestaltungspsychotherapeut ein gestaltungstherapeutisches Mittel, das er jetzt gegenüber der Patientin gestalterisch, in diesem Fall zeichnerisch, einsetzte.

Wie jetzt der Gestaltungspsychotherapeut zu diesem Mittel kam, ob **diskursiv** und hier auf **deduktive** oder **induktive** Art und Weise, das heißt, Schritt für Schritt schlussfolgernd oder durch seine Intuition, also auf spontaner und nicht auf diskursiver Reflexion beruhender Erkenntnis, soll hier nicht näher erörtert werden. Wichtig ist, dass er auf einem dieser Wege die existenzielle Bedürftigkeit, die bei der Patientin im Augenblick ausgebrochen war, diagnostizieren und professionell darauf eingehen konnte.

In unserem Fall konnte der Gestaltungspsychotherapeut vermitteln, dass er die Vernichtungszustände die sich im Inneren der Patientin gerade wieder abspielten und unter denen sie sehr litt, erfasst hat. Es waren Vernichtungsängste aus ganz früher Zeit und deshalb setzte der Gestaltungstherapeut das sprachlose Miteinander-Zeichnen ein und war in dem Moment auf der gleichen Spür-, Empfindungs- oder Wahrnehmungsebene wie seine Patientin. »Der Therapeut weiß, wo es mir weh tut, was mich so quält und krank macht.« »Er findet es gut, dass ich am Leben bin.« »Der Therapeut sagt mir, dass ich ein Recht auf mein Leben habe.« usw. Die komischen »Spiralschnörksel« waren nur die Bestätigung dafür. Gleichzeitig fand Frau S. zu einem lebensbejahenden Bild. Man kann annehmen, dass bei dieser gestaltungspsychotherapeutischen Behandlung einige der sehr destruktiven virulenten Selbst-Objekt-Komplexe im Anpassungssystem neutralisiert und gleichzeitig einige positive Episodenkontexte ins Selbstsystem transferiert werden konnten.

Konzertierte psychotherapeutische Aktion im Laufe der Behandlung

Im Rahmen der konzertierten Behandlung durch Einsatz der Gesprächs-, Körper-, Gestaltungs- und sozialpädagogischen Psychotherapie konnte man im letzten Drittel der Behandlung davon ausgehen, dass von der Patientin jetzt Erfahrungsqualitäten verinnerlicht wurden, durch die tatsächlich eine Reparation von basalen ich-strukturellen Defiziten in Gang gekommen waren. Frau S. berichtete selbst, zwar immer noch mit Skepsis, dass sie sich inzwischen in einigen Lebenssituationen, hier vor allem beim Waschen, Ankleiden, bei der Morgentoilette, aber auch beim Essen und abends beim Zubettgehen weniger durch ihre Selbstentwertungsmechanismen beeinträchtigt fühlte und besonders gegenüber ihren Suizidimpulsen eine größere Distanz aufgebaut habe, vor allem aber ihnen gegenüber steuerungsfähiger geworden sei.

Da diese psychotherapeutische Behandlung einherging mit der **Strukturplanarbeit** und dem **Aktualitätstraining** (s. Kap. 12), konnte die Patientin offener und ehrlicher und immer weniger schambesetzt über ihre »Vernichtungsmaschine«, wie sie sie nannte, sprechen und sich dadurch auch immer besser distanzieren. Im Aktualitätstraining arbeitete sie sehr intensiv daran, die Therapeuten, die ihr in dieser Behandlung näher gekommen sind, »in die Fußstapfen ihrer Eltern« treten zu lassen, damit jetzt neben dem existenzzerstörenden »Nein« auch immer öfter das lebenserhaltende und der Selbstachtung dienende »Ja« in Erscheinung trat. Auch diesen Weg zur Versöhnung mit ihren Eltern konnte die Patientin zumindest ins Auge fassen.

! Bei der konzertierten psychotherapeutischen Aktion ist der kleinste gemeinsame Behandlungsnenner ein größerer Wirkfaktor als unterschiedliche, durchaus effektive Einzelerfahrungen ohne Behandlungskontext. Wichtigste Aufgabe ist es, in der Supervision durch kontinuierliche Evaluation, Koordination und Integration die unterschiedlichen Gegenübertragungsfacetten und Behandlungseffekte auf einen einheitlichen Nenner zu bringen. Die Verantwortung für diese »konzertierte Aktion« liegt beim regieführenden Psychotherapeuten. Er ist wie bei einem Orchester der Dirigent, der die jeweiligen Ergebnisse der unterschiedlichen beim Patienten eingesetzten Behandlungsmaßnahmen (Therapieinstrumente) immer wieder auf einen überprüfbaren und möglichst stimmigen Behandlungsnenner (Einklang) bringt.

Bei dieser Behandlung war es sehr wichtig, dass die psychodynamisch wirksamen Prozesse und Konstellationen immer wieder auf den neuen Erkenntnisstand gebracht wurden. Dabei veränderten sich auch immer wieder die Einschätzung der strukturellen Merkmale der Patientin und die Einschätzung ihres emotionalen Entwicklungsniveaus. Wesentlich war bei dieser Behandlung auch, dass die Mitglieder des Behandlungsteams freizügig ihre Gegenübertragungsaffekte, Gedanken, Phantasien, eventuell auch ihre körperlichen Befindlichkeitsveränderungen untereinander darlegen konnten.

6 Objektstützungen – Primäre (elterliche) Funktionen und damit einhergehende basale interaktive Beziehungsrituale

Sie beschreiben die funktionalen Einstellungen der Eltern zu ihrem Kind

6.1 Allgemeine Betrachtung

In der OPP geht man davon aus, so wie auch schon Spitz angenommen hatte, dass für das menschliche bio-psycho-soziale Wachstum Organisatoren notwendig sind. Es gibt z. B. Wachstumshormone, die zusammen mit anderen Faktoren (über die wir derzeit noch wenig wissen) das körperliche Wachstum des Menschen organisieren. Genauso könnte es sein, dass ein bestimmtes Pflegeverhalten der Eltern organisierend auf unser neuronal-mentales Wachstum einwirkt. In der OPP sind es die schon öfter erwähnten elterlichen Funktionen (tragend, haltend, entlastend, stützend, kreativ, narrativ), die als früheste Wirklichkeitserfahrungen vom Säugling und später vom Kleinkind in seinem Anpassungssystem aufgenommen, vom Selbstsystem übernommen und im Selbstkonzept des Säuglings nicht nur in Erscheinung, sondern hier auch bereits motivational in Kraft treten können.

Bevor ich versuche, soweit das überhaupt möglich ist, die **Essenz** dieser primären Einstellungen, von denen man annimmt, dass sie beim Säugling/Kleinkind organisativ, also entwicklungsanstoßend wirken, in Worte zu fassen, möchte ich Marianne Krüll zitieren, die in ihrem Buch »Die Geburt ist nicht der Anfang« (1992, S. 125) schreibt:

»Mit ›Tiefenkommunikation‹ möchte ich jene Form des hauptsächlich nicht sprachlichen ›Schwingens‹ bezeichnen, die immer dann vorhanden ist, wenn zwei oder mehrere Menschen sich gut verstehen. Ihre Körperhaltung wird ähnlich, sie sprechen mit ähnlichem Stimmklang, sie atmen im gleichen Rhythmus, sie sagen dieselben Worte zugleich. Es ist eine wechselseitige Trance, die immer, wenn sie stattfindet, von den Beteiligten mit tiefer Beglückung erlebt wird. ›Tiefenkommunikation‹ ist besonders bedeutsam in der frühen Kindheit und auch schon in der vorgeburtlichen Zeit.«

Bei unseren klinischen Untersuchungen stellten wir fest, dass bei psychisch schwerer gestörten Menschen die wachstums- und individuationsanstoßenden Wirklichkeitserfahrungen, die in der Frühentwicklung des Menschen durch die Eltern stattfinden, im Vergleich zur Durchschnittsbevölkerung deutlich zu kurz gekommen sind. Psychisch schwerer gestörte Menschen leiden beispielsweise unter Persönlichkeitsstörungen, schweren posttraumatischen Belastungsstörungen, Psychosomatosen wie schweren Essstörungen und schwereren depressiven Störungen. Da sich bei dieser Patientengruppe kein stabiles Selbstsystem entwickeln konnte, verfügen diese Patienten auch nicht über ein Selbstkonzept, aus dem heraus sie körpereigene Stressbewältigungsprogramme und dadurch die notwendige Selbstsicherheit entwickeln können. Deshalb leiden sie unter einer hohen inneren Unruhe, einer quälenden inneren Leere oder einem ständigen Wechsel zwischen diesen beiden psychischen Verfassungen. Damit einhergehen oft schmerzliche und Verzweiflung stiftende Selbstentwertungsmechanismen oder andere, immer wiederkehrende Zwangsgedanken, die diese Patienten nicht mehr aus dem Kopf bekommen, so wie dies z. B. bei Essstörungen der Fall ist.

Als ich die Zwangsgedanken von essgestörten Patienten, die ja meist mit Zwangsritualen einhergehen, näher untersuchte und diese Patienten über ihre Zwangsgedanken und Zwangsrituale eingehend befragte, konnte ich immer wieder feststellen, dass das obsessive Denken an das Essen vordergründig ist und dass es dahinter um etwas ganz anderes geht. Bei genauer Analyse dieser orientierungsgebenden, aber auch sehr handlungsbestimmenden und vor allem die betreffende Person sehr beeinträchtigenden Impulse (evoziertes Verhalten aus dysfunktionalen Motivationen) hatte dieses obsessive Denken: »Du darfst nicht essen! Du hast zuviel Gewicht! Wenig essen! Nicht essen! Hör auf zu essen! usw.« wenig mit dem Essen an sich zu tun, das Essen bot sich aus mancherlei Gründen mehr oder weniger als »Gedankenträger« an. Die eigentliche Botschaft dieser Zwangsgedanken hieß bei vielen Patienten: »*Du darfst nicht sein! Du bist mir (uns) zuviel. Ich (wir) kann (können) dich nicht ertragen. Wir sind zu schwach für dich. Lass mich (uns) leben. Hör auf zu leben, hör auf zu sein!*«

Wie und warum solche Botschaften in unser Gehirn kommen und sich in unserem Anpassungssystem neuronal kodieren, bleibt bis heute weitgehend Gegenstand neurobiologischer und neuropsychologischer Untersuchungen. Völlig aufgegeben werden muss meines Erachtens die Einstellung gegenüber der immer wieder zitierten »kalten Mutter«. Diese »kalte Mutter« ist eine Metapher für Kindheitsbelastungsfaktoren, aber keinesfalls ein Indiz dafür, dass dem Kind durch die Eltern absichtlich, aus freier Überlegung heraus Schaden zugefügt wurde. So etwas gibt es selbstverständlich, aber grundsätzlich ist es in der psychosomatischen und psychotherapeutischen Behandlung von Nutzen, zunächst davon auszugehen, dass Eltern ihre Kinder nicht absichtlich aus einer freien Entscheidung heraus schädigen wollen. Eltern können z. B. gerade in der Zeit, die für die Persönlichkeitsentwicklung ihres Kindes besonders wichtig ist, krank sein, schwere eigene Probleme haben, in existenzieller Bedrohung leben usw. All dies kann sich negativ in den neuronalen Netzwerken des Kindes niederschlagen. In der Stressforschung hat man herausgefunden, dass diese frühkindlichen Stresserfahrungen in der Hippocampus-Region unseres Gehirns Schäden verursachen, die Hirnleistungsstörungen bewirken können und damit auf die Ausreifung unseres Gehirns Einfluss nehmen. Die gleichen Eltern können nach diesen Belastungssituationen, denen sie ausgesetzt waren, ihren Kindern gegenüber wieder die liebvollsten Eltern sein. Dabei kann man heute davon ausgehen, dass in jedem Fall durch diese liebevollen Eltern oder wenn das nicht mehr ausreicht, durch eine psychosomatische Behandlung eine Linderung, Besserung oder vielleicht sogar eine Heilung der eingetretenen Störungen im Bereich des Möglichen liegt.

Ganz allgemein werden dem Kind durch die primären (elterlichen) Funktionen Einstellungen und Haltungen der Eltern vermittelt, die es für seine gesunde Persönlichkeitsentwicklung braucht. Diese primären (elterlichen) Funktionen und die mit ihnen einhergehenden basalen interaktiven Beziehungsrituale lassen sich aufgrund ihrer oft suggestiven und vielschichtigen Wirkung, wie bereits erwähnt, nur schwer mit Worten mitteilen. Ich versuche zunächst, ihre Essenz zu beschreiben und wähle dafür die Systematik der Entwicklungsphasen (s. Tab. 6-1).

Pränatal bis 3. Monat: Entwickelt sich das Kind im Bauch der Mutter, ist es von dieser existenziell abhängig und wird über den Blutkreislauf der Mutter mit allem, was es braucht, versorgt. Diese versorgende Haltung der Mutter ihrem Kind gegenüber nenne ich die **tragende Funktion.** Kommt das Kind zur Welt, bleibt es zunächst weiter existenziell von seiner Mutter abhängig. Die Mutter bleibt also Lebensgrundlage für das Kind. Die existenzielle Beziehung setzt sich also nach der Geburt etwa bis zum 3. Lebensmonat fort, ebenso die tragende Funktion, durch die die Mutter jetzt noch direkter als vor der Geburt ihrem Kind auch über den Einsatz entsprechender basaler interaktiver Beziehungsrituale vermittelt: *»Es ist gut, dass du da bist, als Mensch.« »Fühl dich bei mir/uns aufgenommen, du hast einen angestammten Platz in unserer Familie.«*

2. bis 3. Monat: In der Zeit zwischen dem 2. und 3. Lebensmonat verändert sich diese existenzielle

6.1 Allgemeine Betrachtung

Tab. 6-1 Die primären (elterlichen) Funktionen in den Entwicklungsphasen des Kindes

Entwicklungsphase	Primäre (elterliche) Funktion	Beispiel
0. bis 2./3. Monat	tragend	»Es ist gut, dass du da bist, als Mensch.« »Fühl dich bei mir/uns aufgenommen, du hast einen angestammten Platz in unserer Familie.«
2./3. bis 7./9. Monat	haltend	»Es ist gut, dass du so bist *wie* du bist, als Person.« »Fühl dich von uns angenommen.«
7./9. bis 15./18. Monat	entlastend	»Es ist gut, dass du bei mir/uns bist, als Partner.« »Fühl dich von uns anerkannt, ernst genommen und geborgen.« »Du bist ein wertvoller Partner in unserer Familie.«
Ab 18. Monat (entwickelt sich ein Leben lang weiter)	stützend	»Es ist gut, dass du selbst bist.« »Fühl dich von uns verstanden.«
Ab 28. Monat (entwickelt sich ein Leben lang weiter)	kreativ	»Es ist gut, *wie* du selbst bist.« »Fühl mein Vertrauen in dich.«
Ab 42. Monat (entwickelt sich ein Leben lang weiter)	narrativ	»Es ist gut, dass du selbst bei uns bist.« »Fühl dich von uns geliebt.« »Fühl unsere Solidarität dir gegenüber.«

Beziehung und immer stärker rückt vor allem für die Mutter, aber auch für das Kind die Körperlichkeit des anderen ins Zentrum des Erlebens. Es ist die körperliche Pflege, aber vor allem der zunehmende Bewegungsdrang des Kindes, der jetzt die **haltende Funktion** der Mutter auf den Plan ruft. Auch hier wird dem Kind die primäre (elterliche) Funktion über entsprechende basale interaktive Beziehungsrituale vermittelt: »*Es ist gut, dass du so bist wie du bist, als Person.*« »*Fühl dich von uns angenommen.*«

7./9. bis 15./18. Monat: In der Zeit zwischen dem 7. bis 9. und 15. bis 18. Lebensmonat verändert sich die existenzielle Beziehung erneut und der Wahrnehmungsfokus verschiebt sich von der Körperlichkeit des anderen immer mehr zu der Person des anderen. Diese jetzt **persönliche Beziehung** entsteht von Seiten der Mutter zu ihrem Kind, die in dieser Zeit erstaunt feststellt, dass ihr Kind eine »eigene Person« entwickelt, die es ihr gegenüber deutlich zum Ausdruck bringen kann.

Auch das Kind kann jetzt von sich aus eine persönliche Beziehung zu seiner Mutter herstellen und auf die persönliche Beziehung, die ihm seine Mutter anbietet, eingehen. Es stellt in dieser Zeit oft befremdet fest, dass seine Mutter in vielen Situationen anders fühlt und anders denkt, als es selbst. Dabei kann dem Kind die Notwendigkeit der mütterlichen emotionalen Verfügbarkeit, auf die es sich ja schon seit seiner Geburt verlassen konnte, zunehmend bewusster werden. Durch diese mütterliche oder später elterliche emotionale Verfügbarkeit, wird das Kind sowohl beruhigt als auch in seiner Individuation angestoßen. Dabei verändert sich diese **entlastende Funktion** zunehmend im Sinne einer **emotionalen Kommunikation**. Die Mutter teilt ihrem Kind mit: »*Es ist gut, dass du bei mir/uns bist, als Partner.*« »*Fühl dich von uns anerkannt, ernst genommen und geborgen.*« »*Du bist ein wertvoller Partner in unserer Familie.*«

Stattgefunden hat in der bisherigen Entwicklung eine ganz entscheidende Veränderung. Durch die existenzielle, körperliche und jetzt persönliche Beziehung sind dem Kind wichtige vitale, also für uns Menschen, lebensnotwendige und lebenserhaltende Erfahrungen nahe gebracht worden. Wenn bei einem Menschen diese tief in seiner Biographie verankerten frühen Erfahrungen, diese **Objektstützungen** »gestört« sind und er in seinem weiteren Lebensverlauf keine positiven Korrekturerfahrungen diesbezüglich verinnerlichen konnte, gehen wir heute davon aus, dass dieser Mensch unter einer »Frühstörung« leidet, wie auch immer diese »Frühstörung« früher oder später in psychischen, somatischen oder psychosomatischen Krankheitsbildern zum Ausdruck kommt. Konnte sich bei einem Kind aufgrund dieser objektgestützten Erfahrungen ein **personales Ich** im status nascendi entwickeln, hat es das Stadium eines funktionalen Ichs, das weitestgehend abhängig ist von seinem Archaik- und Anpassungskonzept, überwunden. Jetzt braucht das Kind vor allem verständnisvolle, vertrauensvolle, und solidarische (liebevolle) Beziehungserfahrungen (Objektstützungen). Durch diese, das Persönlichkeitswachstum des Kindes anstoßenden Beziehungserfahrungen kann sich das kindliche Selbstsystem und das damit einhergehende Selbstkonzept einschließlich Motivationszentrum weiter entwickeln, die sich aus dem Selbstkonzept ergebende selbstreflektive Resonanz nimmt zu und das Kind beginnt immer öfter, vorwiegend autonom zu fühlen, zu denken, zu wollen und zu handeln.

Ab 15. bis 18. Monat: Ab dem 15. bis 18. Lebensmonat (1½ Jahren) wird aus der zunächst eher allgemeinen persönlichen Beziehung zwischen Mutter und Kind eine **verständnisvolle Beziehung**, die sich ein Leben lang weiterentwickeln wird. Bei dieser verständnisvollen Beziehung ist es der Mutter möglich, ihr Kind inzwischen als eigenständige Person anzuerkennen, die aber noch ihre Hilfe braucht, um all das zum Leben Notwendige lernen und sich aneignen zu können. Diese dazu notwendigen stützenden Objektstützungen, die dem Kind sowohl von der Mutter, als auch vom Vater vermittelt werden, haben den Inhalt: »*Es ist gut, dass du* **selbst** *bist.*« »*Fühl dich* **selbst** *von mir/uns verstanden.*«

Ab 28./30. Monat: Ab dem 28./30. Lebensmonat (2½ Jahren) wandelt sich die verständnisvolle Beziehung zunehmend mehr in eine vertrauensvolle Beziehung. Auch diese **vertrauensvolle Beziehung** entwickelt sich ein Leben lang weiter. Im Wahrnehmungsfokus steht jetzt für die Eltern die Selbstwirksamkeit ihres Kindes. Für das Kind werden die Eltern jetzt auch Rivalen, Konkurrenten, Menschen, die immer öfter das gleiche Begehren haben, wie es selbst. Dabei kommt es zwangsläufig zu Konflikten, die konstruktiv ausgetragen werden. Das Beharren, ohne auf das Wollen des anderen zu achten, tritt in den Hintergrund zugunsten einer **Auseinander-Setzung** mit dem Ziel, miteinander auf einen möglichst großen gemeinsamen Nenner zu kommen. Die Eltern fordern jetzt auch die Lebenstüchtigkeit, die Selbstwirksamkeit ihres Kindes heraus. Dabei respektieren sie zwar die noch labile Autonomie ihres Kindes, verweisen es aber in Situationen, in denen sie es früher noch unterstützten, immer öfter auf es selbst. Einfälle, eigene Ideen, spielerisches Handeln, auch wenn es zunächst nicht in die Lebensanschauung der von Kultur zu Kultur unterschiedlichen Erwachsenenwelt hineinpasst, werden nicht von vornherein abgelehnt, sondern dem Kind wird diesbezüglich ein Spielraum zugestanden. So ist das Kind in dieser Zeit gefordert, sich auf sich selbst zu verlassen, sich etwas einfallen zu lassen, sich selbst aber auch den Eltern zu vertrauen, das man es miteinander schon schaffen wird, wobei es früher oder später zum gemeinsamen Ergebnis kommen wird. In dieser Zeit ist es die **kreative Funktion**, die dem Kind durch die Eltern über unterschiedliche basale interaktive Beziehungsrituale vermittelt wird: »*Es ist gut,* **wie** *du selbst bist.*« »*Wir vertrauen dir.*«

Ab 42. bis 45. Monat: Ab dem 42. bis 45. Lebensmonat (3½ Jahren) rückt die vertrauensvolle Beziehung in das Stadium der **solidarischen, kooperativen (liebevollen) Beziehung.** Nun sind Eltern und Kinder in der Lage, nicht nur über sich selbst den anderen etwas zu erzählen oder Anteil zu nehmen an dem, was andere einem von sich mitteilen. Aufgrund dieser gewachsenen liebevollen Beziehung sind sie jetzt auch in der Lage, sich miteinander auf ganz lebendige Weise wohl zu fühlen oder miteinander Probleme zu lösen, die jeder für sich alleine so nicht imstande gewesen wäre zu bewältigen. Dieses solidarische, kreative, vertrauensvolle, verständnisvolle, haltende und tragende Miteinander wird dem Kind von den Eltern über die **narrativen Funktionen** ebenfalls über entsprechende basale interaktive Beziehungsrituale vermittelt: »*Es ist gut, dass du selbst bei mir/uns bist.*« »*Fühl dich von mir/uns geliebt.*«

Ich gehe jetzt davon aus, dass diese primären (elterlichen) Funktionen eine sehr effektive Tiefenwirkung haben, wenn sie über die definierten basalen interaktiven Beziehungsrituale beim Säugling, Baby und Kleinkind, aber vor allem auch bei Patienten mit so genannten »frühen Störungen« eingesetzt werden. Da wir uns bei den objektgestützten Erfahrungen in der Regel am besten an jene erinnern können, die in der **psychomotorischen Entwicklungsleitlinie** beschrieben werden (s. S. 130 ff.), möchte ich jetzt auf diese typischen basalen interaktiven Beziehungsrituale eingehen.

Sicher können wir uns auch an jene Erfahrungen erinnern, die in den psychointentionalen, -dialogischen oder -sozialen Entwicklungsleitlinien beschrieben werden. Hier sind die basalen interaktiven Beziehungsrituale aber meist vielfältiger, die kulturellen Einflüsse auf die Rituale sind stärker und sie sind auch nicht so einfach beschreibbar wie bei den objektgestützten Erfahrungen in der psychomotorischen Entwicklungsleitlinie. Jeder kann sich erinnern, dass er die körperlichen Beziehungsrituale schon einmal »am eigenen Leib«, z. B. beim Trösten eines betrübten Menschen, beim freudigen Umarmen oder, erwachsenengerecht abgewandelt, beim Liebesspiel erlebt hat. Diese »körperlichen« Beziehungsrituale haben einen wesentlichen Einfluss auf die psychomotorische Entwicklung des Säuglings, Babys, Kleinkinds, aber auch auf die Persönlichkeitsentwicklung ganz allgemein. Der Einfluss dieser basalen interaktiven Beziehungsrituale entscheidet, ob sich ein Mensch in und mit seinem Körper wohlfühlt und sich mit seinem Körper frei bewegen kann. Denn in seinem Hintergrundbewusstsein können sich resonant zu seinem jeweiligen Gegenwartserleben immer wieder diese basalen Erfahrungen, die er mit seiner früheren Umwelt gemacht hat, auf funktionale oder dysfunktionale Weise einstellen.

6.2 Tragende Objektstützung

»*Es ist gut, dass du da bist (auf dieser Welt), als Mensch.*« Dies ist die allgemeine Essenz aller **tragender** primärer (elterlicher) Funktionen, die dem Kind über die unterschiedlichsten basalen interaktiven Beziehungsrituale sowohl auf der psychomotorischen, der psychointentionalen, der psychodialogischen als auch auf der psychosozialen Entwicklungsleitlinie basierend vermittelt werden. Zur Unterstützung der psychomotorischen Entwicklung, setzen die Eltern vor allem das **Bonding** als basales Beziehungsritual ein. Die Essenz dieser tragenden Objektstützung, also das, was sich letztlich im neuronalen Anpassungssystem des Kindes auf frühester Ebene niederschlägt und ihm später über sein Anpassungskonzept immer wieder bewusst werden kann, ist in Worte so zu fassen: »*Es ist gut, dass du dich (in dieser Welt) bewegst, als Mensch.*« Dabei geht es um eine der frühesten Erfahrungen die Menschen machen. Hierbei wird in dem Neugeborenen, das überhaupt noch nicht dazu in der Lage ist, sich in irgendeiner Weise frei zu bewegen, bereits seine Willkürmotorik, sein freies »Bewegen-Können« wachgerufen. Neben der Erfahrung, dass es gut ist, dass es lebt, dass es existiert, dass es in seiner Familie einen angestammten Platz hat, zielt diese tragende Objektstützung darauf ab, dass bereits dem Neugeborenen ein Gespür für seine »Körperlichkeit« und für seine »Beweglichkeit« möglich wird. Dabei ist davon auszugehen, dass dieses zutiefst akzeptierende Verhalten, das über diese tragende Objektstützung sehr spontan, zum großen Teil instinktiv; in Kraft tritt, den Müttern zu einem gewissen Teil angeboren ist. Gleichzeitig kann aber auch die Sozialisation, die die Mutter ihrerseits durchlaufen hat, hierbei ausschlaggebend sein. Bei diesem Bonding nimmt die Mutter ihren Säugling in typischer Weise in den Arm oder legt ihn in ihren Schoß. Sie wiegt ihr Kind, drückt es liebevoll und geht sehr zärtlich mit diesem Geschöpf um. Serge Lebovici zitiert I. Lézine (1975) in seinem Buch »Der Säugling, die Mutter und der Psychoanalytiker« (1990, S. 129 f.), der beschreibt, wie die unterschiedlichen Mütter mit ihren Neugeborenen umgehen, wenn sie sich auf das Füttern einstellen:

»Einige Mütter, die zu einer ersten Gruppe zusammengefasst werden, sind in vielfacher Hinsicht unbeweglich: ›Sie sind verkrampft und nehmen eine sichtbar unbequeme Stellung ein, um das Baby zu halten. Die Mütter halten das Kind von ihrem Körper fern und vermeiden häufig direkten Hautkontakt. Sie sträuben sich größtenteils, dem Verhalten des Kindes eine Bedeutung beizumessen und erscheinen dadurch wenig empfänglich für die Anzeichen seines Wohlgefühles (Lächeln, körperliche Entspannung); ebenso lassen sie sich auch nicht von den Tränen des Babys rühren und erwarten, dass es sich von selbst wieder beruhigt. Sie nehmen es offenkundig mit den festen Zeiten für das Essen und der regelmäßigen Körperpflege genau und zögern nicht, ihr Kind zu wecken, wenn es ihrer Meinung nach an der Zeit ist; sie unterbrechen die Mahlzeit mehrmals zu einem ungünstigen Zeitpunkt; sie üben oft einen Druck auf die Lippen aus und pressen sogar gegen das Kind oder zwicken das Kind in der Nase, um zu verhindern, dass es die Gaumen zusammenbeisst; sie zeigen sich den eigenen Unterbrechungen des Kindes gegenüber wenig entgegenkommend, sondern rütteln mit der Flasche in seinem Mund, sobald es mit dem Saugen nachlässt.‹ Dann beschreibt I. Lézine eine weitere Gruppe von Müttern mit einem ›einfühlsamen, freimütigen Wesen‹: *›Diese Frauen nahmen bequeme Stellungen ein und hielten ihre Babys liebevoll und besänftigend, deutlich schmiegt sich das Kind an, und es besteht ein Hautkontakt, den es in dem Maße spürt, wie er sich herstellt. Sie sprechen viel mit dem Baby und schließen den Vater direkt in die Beziehung mit ein. Sie urteilen wohlmeinend über das Verhalten des Babys. Diese Mütter besitzen häufig ein Gespür, das auf die feinsten Signale des Kindes abgestimmt ist, aber auch bei Darmbeschwerden ergreifen sie wirksame, behutsame Maßnahmen. Nur selten haben sie Mühe, den Sauger in den Mund des Babys zu stecken. Die Unterbrechungen des Milchflusses sind vereinzelt und zweckmäßig. Die Mütter beirren das Baby nicht, seinen persönlichen Saugrhythmus zu finden.‹«*

Ich möchte hier noch einmal darauf hinweisen, dass die **tragenden** Objektstützungen tiefe Gedächtnisspuren (Engramme) im kindlichen Hirn hinterlassen und dadurch eine Art Fundament gelegt wird für das für uns Menschen so wichtige Selbstempfinden und »innere Erleben« von Existenzberechtigung. Ich gehe davon aus, dass ein Mangel an den hier beschriebenen tragenden Objektstützungen, aber genau so eine Mangel an den nachfolgend beschriebenen haltenden, entlastenden, stützenden, kreativen und auch narrativen Objektstützungen, die im Laufe der motorischen Entwicklungsleitlinie eingesetzt werden, dazu führen kann, dass ein Mensch zeitlebens mehr oder weniger große Schwierigkeiten mit seinem Körper hat. Er ist sich seines körperlichen Verhaltens unsicher, was dann auch in seinen Gesten und Gebärden zum Ausdruck kommt. Dabei kann es ihm durchaus gelingen, dass er in spezifischen Situationen, z. B. durch musikalische und rhythmische Signale oder im Zusammenhang mit einer hohen affektiven Krise, außerordentliche und auch effektive Bewegungsleistungen vollbringen kann, die aber wenig mit einem freien, selbstbewussten Bewegungsablauf zu tun haben und mit der Zeit sehr stereotyp anmuten.

6.3 Haltende Objektstützung

Die nächste *primäre Funktion* der Eltern, die bei ihrem Säugling nach meinen Untersuchungen organisativ auf die Persönlichkeitsentwicklung einwirkt, ist als Essenz in Worte gefasst: »*Es ist gut, dass du dich so bewegst, wie du dich bewegst, als (auftauchende) Person.*« Dabei wird das elterliche Pflegeverhalten um ein neues basales interaktives Beziehungsritual, das **Holding**, erweitert. Die Mutter hält dabei ihr Kind, das sich inzwischen auf ihrem Arm aufzurichten beginnt, fest im Arm und stützt mit der Handfläche der anderen Hand seinen Rücken. Etwas anders tritt das Holding in Kraft, wenn die Mutter ihrem Baby auf dem Wickeltisch mit zarten, aber sicheren streichelnden Handbewegungen die Haut eincremt, es dabei von der Rückenlage in die Bauchlage dreht und oftmals mit beiden Händen seitlich Brust, Bauch und Becken ihres Kindes umfasst. Durch diese körperlichen Berührungen, die bei der notwendigen Körperpflege meist einen

6.3 Haltende Objektstützung

Großteil der gesamten Hautoberfläche umfassen, bringt die Mutter ihrem Kind nicht nur seine Körpergrenzen nahe, sondern sie versucht dadurch auch sein **Kernselbstempfinden**, wie D. Stern diese Entwicklungsphase nennt, zu wecken. Auch hier ist davon auszugehen, dass die weitere Selbstentwicklung eines Menschen sehr davon abhängt, welche körperlichen Grenzerfahrungen er in dieser Zeit mit seiner Mutter (Eltern) macht.

Bei der Entwicklung des Kindes geht es ab dem 2./3. bis zum 7./9. Lebensmonat nicht mehr nur um die Konsolidierung der Existenzberechtigung, die ein Kind zum Leben braucht, also um sein **Dasein** auf dieser Welt. Hier geht es vor allem um sein **Sosein** als Person. Die Mutter teilt ihrem Kind mit, dass sie ganz und gar damit zufrieden und glücklich ist, dass ihr Kind ein Mädchen oder ein Junge ist, dass es rote, blonde, braune oder schwarze Haare hat, groß oder klein ist. Sie freut sich, wenn sie seine unverwechselbare Stimme hört, seine samtweiche Haut berührt, wenn sie bemerkt *wie* es an ihrer Brustwarze nuckelt, sie seine ganz eigene Ausstrahlung wahrnimmt usw. Dabei entstehen wichtige Tiefenerfahrungen für die Identitätsbildung des Kindes. Es wird nicht nur geliebt, wenn es den Rollenerwartungen seiner Umwelt entspricht, sondern auch wenn *es* so ist, wie *es* ist, mit seiner Einzigartigkeit und Eigenartigkeit.

Die Tiefenwirkung der haltenden Objektstützung (haltende elterliche Funktion und entsprechende basale interaktive Beziehungsrituale – hier das Holding) aktiviert also ab dem 3. Lebensmonat das Kernselbstempfinden des Kindes. Dabei beginnt das Kind einen Unterschied zwischen seinen unwillkürlichen und seinen langsam sich entwickelnden willkürlichen Bewegungen zu spüren und zu empfinden. Etwa im 3. Lebensmonat tritt beim Säugling die von Hellbrügge beschriebene »physiologische Asthasie« ein, das heißt, das reflexhafte Strecken der Beine bei jeglicher Berührung der Fußsohle wird in dieser Zeit bald von einer scheinbar völligen motorischen Passivität abgelöst. Das Baby sinkt in sich zusammen, versucht man, es auf einer festen Unterlage auf seine Füße zu stellen. Erst im 7./8. Lebensmonat beginnt dann das Baby, für einige Sekunden sein Körpergewicht auf seinen Beinen zu tragen. Umfasst man den Körper des Babys mit beiden Händen unter seinen Armen und stellt es kurz auf eine feste Unterlage, beginnt es jetzt zu »federn«: Es stemmt beide Beine gegen die Unterlage und fällt dann wieder in die Hocke zurück, dann wieder hoch und wieder runter. Diese Bewegungen sind jetzt nicht mehr nur der Reflexmotorik unterworfen, sie sind zwar noch automatisiert, aber das Kind erlebt diese Bewegungen zunächst als etwas von sich selbst und beginnt (nach Ausreifung der Pyramidenbahn) bei diesen Bewegungen »mitzumachen«, das heißt, es beginnt, seine Bewegungen selbst zu steuern. Die Zeit der Willkürmotorik hat begonnen. Dabei ist es die Aufgabe der Eltern, die psychomotorische Entwicklung ihres Kindes so zu unterstützen und zu fördern, dass sich die im Hirn ihres Babys abgespeicherten haltenden Objektstützungen auch in seinem Erleben als psychomotorisches Kernselbstempfinden niederschlagen.

Wie wir durch das Phänomen der »latenten Reifung« wissen, findet die psychomotorische Entwicklung beim Menschen nicht in erster Linie durch intensives »Bewegungstraining« statt, wie dies bei den meisten Tieren der Fall ist, sondern hauptsächlich durch die effektiven Objektstützungen, also durch den Einsatz der primären (elterlichen) Funktionen über die basalen interaktiven Beziehungsrituale des **Bondings**, **Holdings** und **Huggings**. So wurden z. B. albanische Säuglinge, der damaligen Landessitte gemäß, während ihres ersten Lebensjahres in ihren Wiegen festgebunden, dabei verdeckten die Mütter das Gesicht ihres Babys oft mit einem Tuch, sodass diese Babys sich kaum bewegen und kaum etwas sehen konnten. Diese Babys hatten aber einen sehr guten emotionalen Kontakt zu ihren Müttern, die mit ihren Babys sehr viel sprachen, sich immer wieder über sie beugten und sie zur Reinigung aus ihren Wiegen nahmen. Wurden diese albanischen Kinder am Ende ihres ersten Lebensjahres aus ihren Wiegen befreit, so holten sie die perzeptiven und motorischen Rückstände von Monaten oft innerhalb von Stunden auf. Ein Tier ist dazu nicht in der Lage. Es muss das angeborene Verhalten sofort einüben, sonst tut es sich damit später sehr schwer. Dies zeigt auf, dass es bei uns Menschen in erster Linie um eine ausreichende Erfahrung und Verinnerlichung an Objektstützungen geht, die uns dann in die Lage versetzen, mehr und mehr frei über unser motorisches Verhalten zu verfügen.

6.4 Entlastende Objektstützung

Einen nächsten Organisator für die psychomotorische Entwicklung, also die spezifische, wachstumsanstoßende primäre (elterliche) Funktion, könnte man mit: »*Es ist gut, dass du dich mit mir (uns) bewegst.*« in Worte fassen. Das dazu unterstützende basale interaktive Beziehungsritual ist das **Hugging**. Es umfasst alle Verhaltensweisen, die mit dem gegenseitigen Umarmen in irgendeiner Weise zu tun haben. Nach seiner Geburt erlebt sich das Kind zunächst von seiner Mutter, die ja seine erste Bezugsperson ist, als Mensch aufgenommen, etwas später erlebt es dieses Aufgenommenwerden auch von seinem Vater, und noch etwas später fühlt es sich dann von beiden als Person angenommen.

In dem jetzigen Entwicklungsschritt wird das Kind auch als Familienmitglied, als Partner ernst genommen und als solcher anerkannt. Nach D. Stern entsteht in dieser Zeit vom 8./9. Lebensmonat bis zum 15./18. Lebensmonat im Kind das **subjektive Selbstempfinden** und ein Bewusstsein für **Intersubjektivität**. Das Kind macht mit seinen Eltern immer öfter interpersonelle Erfahrungen. Dabei stellt es in seiner psychomotorischen Entwicklung fest, dass *sein* Sich-bewegen-Können und das Sich-bewegen-Können *seiner* Eltern noch sehr große Unterschiede aufweist, dass es aber im Bereich des Möglichen liegt, es ihnen immer öfter gleich zu tun. Das ist wichtig, da das Kind in dieser Zeit große psychomotorische Entwicklungsschritte durchmacht. Am Ende des 9./10. Lebensmonats kann es dann auf allen Vieren krabbeln. Bis zum 10. Lebensmonat kann es schon sicher mit gestreckten, leicht gespreizten Beinen, aufrechtem Rumpf und geradem Rücken frei sitzen und es kann um den 9. Lebensmonat herum, wenn man es an den Händen hält, aufrecht stehen, beginnt sich bald überall hochzuziehen und etwa am Anfang oder Mitte des zweiten Lebensjahres läuft das Kind alleine. Auch sein Greifen wird immer sicherer und etwa bis zum Ende seines ersten Lebensjahres beherrscht es den Zangengriff, bei dem es seinen Daumen der übrigen Hand gegenüberstellen kann und mit dem Daumen und dem Zeigefinger eine Zange bildet. Dieser Zangengriff ist die Grundvoraussetzung für die hohe Spezialisierung der menschlichen Hand. Da dieser erhebliche psychomotorische Entwicklungsschub immer wieder mit Frustrationen einhergeht, braucht das Kind Eltern, die es effektiv zu trösten vermögen. Gerade dieses Trösten geht beim Kind mit mehreren Erfahrungen einher: die bewusst erlebte Beruhigung, die Linderung des zuvor bestehenden Angst-, Schmerz- oder Verzweiflungsgefühls oder die Reduzierung eines zuvor bestandenen, bedrohlichen inneren Erregungs- und Spannungszustandes. Das ist für das Kind nicht ganz neu. Bereits nach der Geburt wurde es ja beim »Stillen« oder »Fläschchengeben« durch die Mutter erst beruhigt, also »still gemacht«, damit es dann saugen konnte. Neu ist aber, dass es dem Kind erst jetzt richtig bewusst wird, dass die bei sich selbst immer wieder erlebte Beruhigung durch seine Mutter und nicht durch es selbst stattfand. Das Kind merkt auch, dass sich die Mutter in es einfühlen kann und dabei seine Gefühlszustände mitbekommt. Es stellt aber auch fest, dass es sich in seine Mutter einfühlen kann und dabei deren Innenleben mitbekommt. Dabei wird das Kind mit der Tatsache konfrontiert, dass sich sein Innenleben und das seiner Mutter oft deutlich voneinander unterscheiden können. All diese Erfahrungen werden dem Kind durch die entlastende Objektstützung, also durch die entlastenden (elterlichen) Funktionen, die über unterschiedliche basale interaktive Beziehungsrituale des Huggings an das Kind herangetragen werden, bewusst. So kommt es sicher nicht von ungefähr, dass sich auch Erwachsene nach einer strapaziösen Bergtour, wenn sie miteinander den Gipfel erreicht haben, umarmen, oder dass Rennläufer, wenn sie erschöpft am Ziel angekommen sind, dem Trainer in die Arme fallen. Es kommt von Herzen, wenn sich die Menschen auf diese Weise mitteilen: »*Es ist gut, dass du dich mit mir (uns) bewegst.*«

Hier noch zwei Beispiele, die zeigen, wie wichtig es in dieser Zeit für das Kind ist, dass es Eltern hat, die auf sein Mitteilungsbedürfnis eingehen können. Die Sprache des Kindes (meist sind es noch Ein-Wort-Sätze) verliert in dieser Zeit zunehmend ihren Signalcharakter und wird immer symbolischer, das heißt, wird das Konkrete auf der Signalebene nur benannt, wird das Benannte auf der Symbolebene mit eigenem Leben »gefüllt«.

Fallbeispiel: Rasenmäher
Wenn das Kind »hasebo« sagt und auf den Rasenmäher zeigt, handelt es sich für das Kind zunächst nur um diesen Rasenmäher und sonst nichts. Später, wenn das Kind den Rasenmäher sieht, erinnert es sich sofort wieder an ihn, weil es inzwischen Erfahrungen mit dem Rasenmäher gemacht hat, die es jetzt mit ihm in Verbindung bringt und die es mitteilen will.

Fallbeispiel: Hund
Beim Zubettgehen liest die Mutter eine Geschichte vor, in der ein Hund vorkommt. Plötzlich sagt das Kind ganz aufgeregt: »wawada, wawada«. In der Art und Weise, wie jetzt das Kind diese Silben ausspricht und sich dabei an seine Mutter wendet, fällt der Mutter ein, dass sie mit ihrem Kind vormittags auf dem Spielplatz war und dort ein Hund auftauchte, der einige Kinder erschreckte. An diese gemeinsam erlebte Geschichte erinnert sich das Kind beim Anblick des Hundes im Bilderbuch. Jetzt will sich das Kind mit seiner Mutter nicht über den Bilderbuchhund unterhalten, sondern über diese gemeinsam am Vormittag erlebte Geschichte mit dem bellenden Hund, der andere Kinder erschreckt hat. Versteht die Mutter ihr Kind und kann sie auf das »Gesprächsthema«, das ihr Kind ihr jetzt anbietet, eingehen, erlebt sich das Kind in seinem Anliegen ernst genommen und als »Gesprächspartner« von seiner Mutter anerkannt. Da diese gemeinsam erlebte Hundegeschichte sowohl für das Kind als auch für die Mutter aufregend war, ändert sich jetzt durch die Erinnerungen an diese Hundegeschichte sehr schnell das innere Befinden der Mutter und das ihres Kindes. Wieder fühlt sich das Kind bei seiner Mutter gut aufgehoben, weil diese jetzt an seinem Bettchen, ebenso wie am Vormittag auf dem Spielplatz, weit weniger Angst hat vor dem Hund, als es selbst. Noch dazu ist die Mutter in der Lage, es zu trösten: »Mein Liebling, ich bin doch da bei dir.« Aber so ganz »einseitig« fühlt sich das Kind mit seiner Mutter auch nicht wohl, es streckt seine Händchen aus, versucht seine Mutter zu umarmen und will ihr damit sagen: »Ich hab schon mitbekommen, dass dir der Hund von heute Vormittag auch Angst gemacht hat. Ich bin froh, dass ich so eine Mama habe, die mir die Angst vor so einem großen Hund nehmen kann, aber noch mehr freue ich mich, dass du mich hast spüren lassen, wie es dir mit dem Hund ergangen ist und du mir jetzt zutraust, dass wir beide über diese Hundegeschichte miteinander reden können.«

Obwohl man annehmen könnte, dass diese Beispiele nichts mit der psychomotorischen Entwicklung zu tun haben, spielen diese entlastenden elterlichen Funktionen und die dazu entsprechenden basalen interaktiven Beziehungsrituale des Huggings selbstverständlich trotzdem für die psychomotorische Entwicklung des Kindes eine erhebliche Rolle. Das Kind kann später diese entlastenden Beziehungserfahrungen erinnern und sie effektiv mit seinen momentanen Entwicklungsschritten in Verbindung bringen. Gerade wenn es dabei ist, sich frei zu bewegen, macht das Kind immer wieder frustrane und auch schmerzliche Erfahrungen, z. B. beim Gehen, wenn es merkt, dass es noch nicht so schnell laufen kann, wie es möchte oder beim Greifen, wenn sich etwas noch nicht fassen lässt oder, wenn das Kind hinfällt und sich weh tut usw. Gerade bei diesem »Sich-bewegen-Lernen« ist das Kind besonders auf die entlastende Funktion seiner Eltern angewiesen. »Funktionieren« hier die Eltern, können diese objektgestützten Erfahrungen dem Kind später sehr zugute kommen, indem es seine Eltern erinnert und diese ihm dabei eine Sicherheit geben, so als würden sie ihm jetzt »persönlich unter die Arme greifen«.

6.5 Stützende Objektstützung

»*Es ist gut, dass du dich* **selbst** *bewegst.*« ist eine elterliche Grundeinstellung, die das Kind auf seinen »Entdeckungsreisen« und bei der Entwicklung seiner Bewegungskompetenzen voll und ganz unterstützt. Das Kind fühlt sich inzwischen als Mensch und Person auf- und angenommen und erlebt sich auch, trotz der selbstverständlich noch bestehenden Abhängigkeiten gegenüber seiner Umwelt, in seiner Familie als »vollwertiger Partner« ernst genommen und anerkannt. Da in dieser Entwicklungsphase das Kind damit beginnt, etwas zu tun, etwas zu machen und seine Eltern herausfordert, es dabei zu unterstützen und ihm zu zeigen, wie etwas geht, richtet sich seine Aufmerksamkeit immer öfter auf die Hände seiner Eltern. Es ist fasziniert, was seine Eltern damit alles machen können und freut sich, wenn sie ihm mit ihren Händen zeigen, wie man etwas macht, beispielsweise wie man zwischen seinen beiden Handflächen ein Plastilinstück zu einer Kugel rollt. Diese stützende Objektstützung (stützende elterliche Funktionen in Verbindung mit den korrespondierenden basalen interaktiven Beziehungsritualen – hier die **Handhabungen**) kommt am deutlichsten zum Ausdruck, wenn die Eltern mit »ihren Händen« ihr Kind unterstützen, ihm unter die Arme greifen, es fest halten und es sicher auf seinen Wegen leiten usw. Das sind wichtige interaktive Beziehungsrituale, die organisativ auf die Persönlichkeitsentwicklung des Kindes einwirken können. Um jetzt ihrem Kind effektiv *zur Hand* gehen zu können, braucht es Eltern, die in der Lage sind, sich in ihr Kind hineinzuversetzen und sich mit ihrem Kind zu identifizieren, um so nachvollziehen zu können, inwieweit ihr Kind überhaupt in der Lage ist, etwas Bestimmtes zu machen. Erst wenn sie in etwa mitbekommen, was sich im Inneren ihres Kindes momentan abspielt, können sie dessen Geschicklichkeit oder Ungeschicklichkeit wirklich verstehen und so eingreifen, dass dem Kind bei seinem Handeln wirklich geholfen ist. Dabei spielt auch das Lernen am »Modell Eltern« eine große Rolle, z. B. wenn die Mutter ihrem Kind mit ihren Händen zeigt, wie man einen Knopf durch das Knopfloch steckt und wie man es macht, wenn man etwas wieder aufknöpft. Dabei kann die Mutter mit ihrer Hand die Hand ihres Kindes führen. Ein schönes Beispiel ist auch das Plätzchenbacken zu Weihnachten, wenn die Mutter zeigt, wie man den Teig aussticht, sie also ihren Kindern zur *Hand geht*. Die Eltern nehmen ihr Kind an die Hand, wenn es z. B. beim Gehen Hilfe braucht und sie können ihr Kind *handfest* vor Unheil schützen. Erst durch diese Identifikation, die in der Regel von den Eltern nur geleistet werden kann, wenn sie zuvor ihr Kind wirklich in ihre Familie aufgenommen, es als Person ohne »Wenn und Aber« angenommen und es als Partner ernst genommen haben, können die Eltern wirklich nachvollziehen, dass ihr Kind gerade dabei ist, sich in dieser vielfältigen und oft widersprüchlichen Welt zurechtzufinden. Erst wenn das Kind spürt, dass seine Bezugspersonen die oft hilflose Lage, in der es steckt, wirklich nachvollziehen können, wird es bereit sein, seinen unbändigen Freiheitsdrang durch den Beistand seiner Bezugspersonen über Lernen und Einüben zu bändigen. Vergessen darf man dabei aber nicht, dass es Eltern gibt, die sich schwer tun, für ihr Kind spürbar da zu sein, wenig mit ihm körperbetont zärtlich umgehen und sich auch nicht so recht in ihr oft »schwieriges Kind« hineinversetzen können. Diese Eltern haben also Schwierigkeiten, sich mit ihrem Kind zu identifizieren. Sie können oft nur sehr schwer und manchmal auch gar nicht nachvollziehen, was im Innenleben ihres Kindes gerade alles los ist: wie schwer es sich tut, mit seinem Körper, mit seinen Handlungen, mit seinem Denken, Fühlen und Wollen, mit seinem Sprechen, mit seinem Rollenverständnis in der Gemeinschaft. Deshalb rutschen ihnen ihre *Hände aus*, maßregeln sie ihr Kind oft zu Unrecht und es kommt letztlich durch viele Missverständnisse zwischen Eltern und Kind zu Misshandlungen. Es ist ja noch nicht lange her, dass es nichts Außerordentliches war, wenn Kinder in der Schule *mit der Hand* oder dem Rohrstock gezüchtigt wurden.

Werden auf neuronaler Ebene die supportiven Objektstützungen vom Anpassungssystem ins Selbstsystem übernommen, hat das zur Folge, dass sich das Kind über eine effektivere **selbstreflektive Resonanz** selbstsicherer bewegen kann. Dabei entwickelt sich aus dem für uns Menschen so wichtigem Selbstempfinden ein Selbstbewusstsein als Person, die mithilfe der Eltern Schritt für Schritt lernt, sich ein möglichst großes Bewegungsrepertoire anzueignen. Dabei sind die basalen interaktiven Beziehungsrituale, also die elterlichen Handhabungen in diesem Entwicklungsstadium bereits sehr vielfältig.

6.6 Kreative Objektstützung

Der nächste Organisator für die menschliche Persönlichkeitsentwicklung ist der **Spielraum**, den die Eltern ihrem Kind zur Verfügung stellen, aber eben nicht nur der Spielraum, sondern vor allem das **Spielen mit dem Kind** in diesem Spielraum. Dabei geht es für das Kind darum, sich ein möglichst großes »eigenes«, »persönliches« Bewegungsrepertoire anzueignen. Hier sind ja der Phantasie keine Grenzen gesetzt. Versucht das Kind beim Modell-Lernen noch möglichst genau das nachzumachen, was ihm die Eltern/Erwachsenen vormachen, tritt jetzt diese Imitation oder auch Identifikation mit den Eltern mehr und mehr in den Hintergrund. Durch das spielerische Umgehen mit dem Erlernten kann das Kind das Erlernte jetzt in einen eigenen Erfahrungskontext bringen. Das bedeutet, dass das Kind sich das Angeeignete vertraut machen kann, indem es dieses einer Überprüfung unterzieht und dann nach eigenem Ermessen entscheidet, ob es jetzt das Erlernte unverändert für sich so beibehalten will oder ob es das Erlernte weiter verändern, verwandeln, modifizieren will, bis etwas Neues – in diesem Fall sein Verhalten – entststeht. Dabei muss das Neue nicht etwas grundsätzlich Neues sein, sondern es kann z. B. auch eine ganz eigene, eben individuelle Zugehensweise zu einer Sache oder einem Problem sein. So wird z. B. im Fach Mathematik ein Kind nicht sofort neue, eigene mathematische Gesetze aufstellen. Aber durch die kreative Haltung seines Lehrers, der das Kind zu eigenständigem Denken anspornt, eröffnet es sich einen eigenen Zugang zu dieser komplexen Welt der Zahlen. Da sich bei diesem Selbstständigwerden der Mensch nach und nach auf sich selbst »reduziert« und diese Trennungsbewegungen, also das Abschiednehmen von Vertrautem, Präsentem, gleichzeitig einhergeht mit dem Aufbau von entsprechenden Innenrepräsentanzen, ist die dafür notwendige **Trauerarbeit** auch eine Art **Organisator**. Dieser wird vor allem durch die Eltern, die hier eine wesentliche Modellfunktion haben, immer wieder aufs Neue in Gang gesetzt.

Die Essenz dieser elterlichen Einstellungen wäre hier: »*Es ist gut, wie du dich bewegst.*« »*Es ist gut, wenn du dich auch anders bewegst als wir.*« »*Es ist gut, wenn du versuchst, dich von unseren Bewegungen freizumachen.*«

Im Laufe der zurückliegenden 2½ Jahre konnte das Kind ein gutes Körpergefühl entwickeln. Mahler geht davon aus, dass das Kleinkind etwa mit 24 Lebensmonaten, wenn es die Phase der Wiederannäherungskrise überwunden hat, eine **Körperbildentwicklung** durchlaufen hat, durch die es bereits ein integriertes Bild von der eigenen individuellen Körperlichkeit einschließlich der umfassenden sexuellen Identität (»Ich bin ein Junge.«, »Ich bin ein Mädchen.«) entwickeln konnte. Vorausgesetzt, dass sich beim Kind in dieser Zeit auch sein angeborenes Körperschema, das nach F. Dolto im Prinzip für alle Individuen der Gattung Mensch das gleiche und physiologischer Natur ist, ebenfalls altersentsprechend entwickeln konnte, braucht das Kind jetzt ein gutes körperliches Training, um sein gesundes Körperbewusstsein zu festigen und es zu erweitern. Vor allem muss es sich mit seinen inzwischen erworbenen körperlichen **Fertigkeiten** so identifizieren können, dass es sie als seine eigenen körperlichen **Fähigkeiten** erleben kann. Das heißt, das Kind beginnt im 3. Lebensjahr sein Verhalten aus dem Diktat seines Anpassungsverhaltens: »Du musst, du sollst!« zu »befreien« und sein Tun und Lassen aus sich selbst heraus, also aus der für ihn spürbaren selbstreflexiven Resonanz: »Ich kann!« zu entwerfen. Dazu benötigt es seine Eltern, wobei der Vater zunehmend mehr ins Spiel kommt. Das Kind braucht seinen Zuspruch, seine Bejahung und seine hilfreiche Unterstützung, wenn es sich z. B. auf dem Kinderspielplatz auf dem Klettergerüst übt, riskante Manöver durchführt, davonläuft, um gefangen zu werden, mit den Eltern im Wasser planschen und überhaupt herumtollen möchte. Diese kreativen Objektstützungen werden wie alle Objektstützungen zunächst auf neuronaler Ebene im Anpassungssystem aufgenommen und sehr bald vom Selbstsystem übernommen und dem Kind mental als zunehmende Verhaltenssicherheit bewusst.

6.7 Narrative Objektstützung

Die letzten primären (elterlichen) Funktionen, die über basale interaktive Beziehungsrituale in der psychomotorischen Frühentwicklung des Kindes für seine Persönlichkeitsentwicklung notwendig sind und in seiner wachsenden Persönlichkeit wirksam werden – das Kind ist jetzt in seinem 4./5. Lebensjahr – könnte man etwa in folgende Worte fassen: »*Es ist gut, dass du dich selbst mit mir (uns) bewegst.*« Das dazu entsprechende basale interaktive Beziehungsritual ist z. B. das **Miteinanderspielen**, das sich auf unterschiedlichste Weise in Szene setzen kann. Hierbei geht es auch um die üblichen Spiel- und Sportaktivitäten. Im Vordergrund steht aber die vom Kind bewusst eingesetzte **Körpersprache** mit einer Fülle von unterschiedlichsten Gesten und Gebärden. Am deutlichsten kommt diese Körpersprache bei seinen tänzerischen Bewegungen zum Ausdruck; ebenso im bewusst vom Kind inszenierten Rollenspiel, bei dem es sehr körperbetont seine Gemütsbewegungen mitteilen kann.

Das Kind erzählt jetzt über seine Körpersprache mehr, als es mit Worten sagen könnte. Genauso ist es aber auch in der Lage, die Körpersprache seiner Eltern zu verstehen. Hier ist es den Eltern und umgekehrt dem Kind möglich, im Vertrauen auf die Zugewandtheit, das Einfühlungsvermögen, das Verständnis und die Liebe des Partners spielerisch gemeinsam *das* zum Ausdruck zu bringen, was einem bei dem anderen besonders beeindruckt hat. Über diese Körpersprache kann das Kind in seinem 5. Lebensjahr Zugang finden zu vielen Bewegungsfähigkeiten seiner Eltern und kann das Verhalten, das ihm entspricht, übernehmen. Das Wichtigste aber bei dieser Körpersprache ist, dass das Kind mit den innerpsychischen Hintergründen von Verhaltensweisen seiner Eltern in Kontakt kommt, die es als Betroffener dieses elterlichen Verhaltens oft nicht verstehen konnte. Durch die Körpersprache, die auf Verständnis, Vertrauen und Liebe aufgebaut ist und eine sehr intensive **Identifikation** und **De-Identifikation** mit dem jeweiligen Partner voraussetzt, können auch die Eltern vieles, was die Persönlichkeit ihres Kindes ausmacht, aus einem neuen und oft lebensnaheren Blickwinkel wahrnehmen.

Gelingt es einer Familie, dieses Anteilnehmen am Leben des anderen und Teilnehmen-Lassen anderer am eigenen Leben körpersprachlich mit all den Auseinandersetzungen und allem Übereinkommen zum Ausdruck zu bringen, werden es die Kinder, die dieses Narrative erlebt haben, in ihrem weiteren Leben immer wieder einsetzen, wenn es um Lebensbewältigung geht.

7 Entwicklungsleitlinien

7.1 Allgemeine Betrachtung

Ich stellte in den psychosomatischen Behandlungen von Patienten mit tiefergreifenden emotionalen Störungen immer wieder fest, dass diese Patienten zwar sehr bestrebt waren, meinen Worten zuzuhören und sie sich darunter auch etwas vorstellten, aber ein wirkliches Verständnis von dem, was ich ihnen mitteilen wollte, kam oft nur bruchstückhaft und manchmal auch gar nicht zustande. Andererseits stellte ich bei diesen psychosomatischen Patienten fest, dass sie sehr schnell spürten und mehr intuitiv erfassten, was ich sagen wollte.

Besser wurde die Verständigung, wenn ich die mundartliche Sprache, den Dialekt, einsetzte. Diese einfachen, oft sehr klangvollen Wortbilder schafften anscheinend eindeutigere Vorstellungen, mit denen diese Patienten mehr anfangen konnten. Weiter stellte ich bei meinen Untersuchungen fest, dass Patienten, die ihre labile Persönlichkeitsorganisation mit einer vordergründigen Selbstsicherheit maskieren konnten, bei auftretenden Verständigungsschwierigkeiten sofort gekonnt Gesten und Gebärden einsetzten oder in ihrem Minenspiel das zum Ausdruck brachten, was sie sagen wollten und wofür sie im Moment noch keine Worte finden konnten.

Untersucht man diese Unbeholfenheit im Sprechen und Reden genauer, so zeigt sich, dass diesen Menschen ein wirklich freies Reden kaum möglich ist, dass aber die Unbeholfenheit nicht nur im **sprachlichen Bereich** zum Ausdruck kommt, sondern auch in ihrem **Handeln**, in ihrem **Wollen**, in ihren **freien Entscheidungen**. Auch ihre **Körpersprache**, ob jetzt hyperkinetisch-lebendig oder hypokinetisch auf die notwendigsten Bewegungen reduziert, ist durchsetzt von unwillkürlichen, automatisierten, unkontrollierten Bewegungswiederholungen. Obwohl das Erscheinungsbild dieser Menschen vordergründig oft sehr gefasst, manchmal anmutig oder betont locker wirken kann, stellt sich bei genauerer Betrachtung sehr schnell heraus, dass ihre Bewegungen zum großen Teil unwillkürlich gesteuert werden und sie wenig Verfügungsgewalt über ihre körperlichen Bewegungen haben. Es ist also nicht so, dass sich diese Menschen bewusst gehen lassen können und sich dann sofort wieder im Griff haben, wenn es die Situation erfordert. Eine weitere Unsicherheit zeigen diese Menschen in ihrem **Rollenverhalten**. Sie sind sich im Grunde nie sicher, welche Rolle sie in der Gemeinschaft, in der sie gerade leben, spielen sollen oder können. Auffällig ist, dass sie sehr schnell resignieren, mit hypertropher Selbstdarstellung reagieren oder von einem Extrem ins andere fallen, wenn sie sich in einer Gemeinschaft befinden. Dies kann schon früh in ihrer Primärfamilie beginnen und sich später im Kindergarten, in der Schule oder in anderen Gemeinschaften fortsetzen.

Bei der Arbeit mit Patienten, die unter diesen beschriebenen Unbeholfenheiten leiden, fand ich einen besseren Zugang zu deren Krankheitsursachen, als ich ihre **psychische Entwicklung** in vier Entwicklungsprozesse aufteilte:

- Dies ist zunächst die **psychomotorische Entwicklung**, die dazu führt, dass der Mensch sich frei bewegen lernt, sich also hauptsächlich willkürlich bewegt, zusätzlich zu seinen unwillkürlichen Bewegungsmodalitäten. Hat der Mensch diese psychomotorische Entwicklung gut durchlaufen, kann er seinen Körper so bewegen, wie er will. Er kann frei atmen, frei sitzen, frei gehen usw.
- Neben dieser psychomotorischen Entwicklung lässt sich eine **psychointentionale Entwicklung** darstellen, bei der die psychomotorische Entwicklung zwar mit hineinspielt, es aber hauptsächlich darum geht, dass der Mensch letztlich frei handeln, gestalten, werken und gezielt konstruktiv arbeiten kann.
- Bei der sprachlichen Entwicklung geht es um das freie Reden, freie Sprechen und zwar so, dass die Bedeutung der Worte und Sätze für

den Gesprächspartner vorstellbar werden, für ihn nachvollziehbar sind und seine reflektierten Antworten wiederum empfangen, verstanden und reflektiert werden können. Selbstverständlich spielt bei dieser **psychodialogischen Entwicklung** auch die psychomotorische und die psychointentionale Entwicklung mit hinein. Schwerpunktmäßig geht es aber um das Narrative.

- Der vierte Entwicklungsprozess ist die **psychosoziale Entwicklung**. Hier stehen die sozialen Konstellationen, in die ein Mensch hineingeboren wird, im Betrachtungsfokus. Welche Wechselwirkungen in seinem Familiensystem, in seiner Umwelt löst der Mensch aus und welches Rollenverhalten entwickelt der Mensch letztlich unter diesen vorgegebenen sozialen Bedingungen und den an ihn gerichteten Rollenerwartungen?

Selbstverständlich sind diese einzelnen Entwicklungsprozesse kaum voneinander trennbar. Diese Trennung ist theoretischer Natur, macht aber in der Objektgestützten Psychodynamischen Psychotherapie medizinisch Sinn.

! Durch die Einteilung in diese vier Entwicklungsprozesse bzw. -leitlinien kann sich der Psychotherapeut ein genaueres Bild über durchgemachte Entwicklungsstörungen seines Patienten machen: Welche milieuspezifischen Erfahrungen, die von Kultur zu Kultur sehr unterschiedlich sein können, welche emotionale Versorgung und gegebenenfalls welche Traumatisierungen liegen den **Bewegungsauffälligkeiten** (z. B. Hyper-, Hypomotorik), den **Handlungsauffälligkeiten** (z. B. Hyperaktivität, Adynamie), den **Sprachauffälligkeiten** (z. B. »Sprachlosigkeit«, Logorrhoe) oder dem **auffälligen Sozialverhalten** (z. B. Rückzug in die Isolation, distanzlose Geselligkeit) des Patienten zugrunde?

Tabelle 7-1 gibt einen Überblick über die primären (elterlichen) Funktionen und – je nach Entwicklungsleitlinie – damit einhergehende basale interaktive Beziehungsrituale.

Tab. 7-1 Übersicht über die primären (elterlichen) Funktionen und – je nach Entwicklungsleitlinie – damit einhergehende basale interaktive Beziehungsrituale

Entwicklungsphase	Primäre (elterliche) Funktionen	Entwicklungsleitlinie			
		Psycho-motorische	Psycho-intentionale	Psycho-dialogische	Psychosoziale
0. bis 2./3. Monat	tragend	Bonding	Stimulation	instinktive Kommunikation	Säuglings-Rolle
2./3. bis 7./9. Monat	haltend	Holding	Attraktion	einfache Ammensprache (Signal-, Babysprache)	Baby-Rolle
7./9. bis 15./18. Monat	entlastend	Hugging	Reaktion	bildhafte Ammensprache (Symbolsprache)	Kleinkind-Rolle
Ab 18. Monat (1½ Jahre)	stützend	Supporting	Aktion	Kleinkindsprache	Mamakind-Rolle
Ab 28. Monat (2½ Jahre)	kreativ	Playing	Animation	Mutter-/Umgangssprache	Papakind-Rolle
Ab 42. Monat (3½ Jahre)	narrativ	Dancing	Kooperation	Erwachsenensprache	Kindergartenkind-Rolle

7.1 Allgemeine Betrachtung

Ob die psychomotorische Entwicklung die grundlegendste Entwicklung für die Persönlichkeitsentwicklung des Menschen ist, kann derzeit nicht beantwortet werden. Betrachtet man die motorischen, handlungsorientierten, sprachlichen und sozialen Fertigkeiten und Fähigkeiten, die der Mensch in seinen ersten fünf Lebensjahren entwickelt, könnte man annehmen, dass der Mensch sich zunächst durch eine Körpersprache über Gesten, Gebärden und Mimik mitteilt. Sehr bald darauf zeigt sich, dass der Säugling mit seinem Körper nach außen, nach seiner Umwelt zu greifen beginnt und dabei immer deutlicher zum Ausdruck bringt, was er tun möchte. Der Mensch erlebt etwas, das sein Innenleben bewegt und beginnt im Laufe seines 2. Lebensjahres sein Gegenwartserleben und das, was sich durch dieses Gegenwartserleben in ihm alles abspielt zu einem neuen, seinem eigenen Erleben zusammenzufügen. Dabei hat das Kind einen unbändigen Drang, dieses »innere Symbolisieren« von äußerem (objektivem) und innerem (subjektivem) Erleben aller Welt mitzuteilen und in die Tat umzusetzen. Handeln ist also auch immer die **Symbolsprache** des Menschen. Etwa ab dem 18./20. Lebensmonat beginnt das Kind mit Kritzelzeichnungen und versucht später auch mit anderen unterschiedlichen Materialien etwas zu gestalten. Dies hilft dem Kind für sein »Innenleben« die rechten Worte zu finden. Diese Worte werden schon sehr früh über Vokale und Konsonanten gebildet. Dabei braucht das Kind selbstverständlich seinen Körper, seine Stimmbänder, seinen Kehlkopf und macht Mundbewegungen. Bei dieser **psychodialogischen Entwicklung** beginnt das Kind neben der Wortbildung zwischen dem Wahrnehmungswissen und seinen Denkakten eine Beziehung herzustellen und möchte, dass es die Bedeutungen, die es von einer Sache im Kopf hat, immer besser seinen Eltern verständlich und begreiflich machen kann. Hier findet das Kind zunächst über eine »Silbensprache«, dann über Ein-, Zwei- und Mehrwortsätze zur Umgangssprache und zu seiner unverwechselbaren **Stimme**. Ebenso beginnt das Kind von klein an, sich in das System seiner Familie hineinzufinden und hier eine bestimmte Rolle zu spielen. Es ist einerseits die Summe der gesellschaftlichen Erwartungen, z. B. der Eltern, des Kindergartens, der Schule, später auch der Peergroups usw. und andererseits die jeweilige Antwort des Individuums auf diese Rollenzuweisungen, wodurch letztlich der Mensch zu der Rolle findet, die ihm als gesellschaftliche Position möglich wird. Diese mehr oder weniger freiwillige Rollenübernahme könnte man auch als eine Art **Rollensprache** jedes Einzelnen in einer Gesellschaft bezeichnen.

Auch diese psychosoziale Entwicklung ist nicht ohne Mitwirkung und Unterstützung der psychomotorischen, psychointentionalen und auch psychodialogischen Entwicklung möglich.

Jean Piaget arbeitete in Paris bei Alfred Binets, der schon sehr früh Intelligenztests mit Kindern durchführte. Die Beschäftigung mit Denkprozessen setzte er dann auch bei seinen eigenen drei Kindern fort und beschrieb ausführlich deren Verhalten und Entwicklung in den ersten Lebensjahren. Neben seinen Büchern über die kognitive Entwicklung verfasste er auch eine Theorie der **sensomotorischen Entwicklung**, die er aus den Untersuchungen seiner drei Kinder ableitete. Unter sensomotorisch verstand er das Zusammenwirken von Bewegung und Sinnesorganen beim Säugling und Kleinkind. Eine wichtige sensomotrische Erfahrung ist z. B. »das Begreifen durch Be-greifen«. So bildet das Kind Vorstellungen von Schaukeln, sich Aufrichten, Balancieren, Sitzen, Greifen, Gehen usw.

> **!** In der Objektgestützten Psychodynamischen Psychotherapie sollen diese Entwicklungsleitlinien für die Psychotherapeuten eine Art Raster sein, mit dessen Hilfe sie sehr schnell wesentliche Entwicklungsstörungen, also vorhandene Persönlichkeitsdefizite und unbewältigte frühe Entwicklungskonflikte des Patienten erfassen, daraus Behandlungsleitlinien ableiten und seine psychischen und/oder psychosomatischen Gesundheitsstörungen über den Einsatz des **dialogischen Beziehungsmodus** im Rahmen einer **konzertierten psychotherapeutischen Aktion** gezielt behandeln können.

7.2 Psychomotorische Entwicklungsleitlinie

7.2.1 Allgemeine Betrachtung

In ihrem Buch »Körperkontakte« (1988, S. 24) schreibt Ashley Montagu:
»*Mütterliche Zuneigung wird von diesen Wissenschaftlern* (hier meint sie Harry F. Harlow und seine Mitarbeiter) *als Auswirkung einer sehr vielfältigen Beschaffenheit betrachtet, die äußerliche Anregung, verschiedenste Erfahrungsstufen und endokrine Faktoren umschließt. Äußere Anregung ist alles, was mit dem Kind zusammenhängt. Dazu gehört das Umarmen und Festhalten, Wärme, Saugen und alles, was das Hören und Sehen vermittelt. Das mütterliche Verhalten, so weit es im Experiment erfasst werden kann, ist vermutlich die Quintessenz des ganzen Lebens der Mutter. Es steht zu vermuten, dass ihre eigenen frühkindlichen Erfahrungen eine große Rolle spielen sowie das Verhältnis zu jedem einzelnen Kind, dass sie zur Welt bringt und die Summe der Erfahrungen, die sie in der Erziehung ihrer Kinder machte.*«

James L. Halliday beschreibt die Notwendigkeit der positiven primären körperlichen Interaktion zwischen Kind und Mutter in seinem Buch »Psychosocial Medicine« (1948, S. 244):
»*Die ersten Monate nach der Geburt können als direkte Fortsetzung der intrauterinen Phase betrachtet werden. Durch Förderung der kinästhethischen und muskulären Entwicklung ist die Nähe der Mutter notwendig. Das Kind muss fest in den Armen gehalten, in bestimmten Abständen genährt, gewiegt, gestreichelt, liebevoll angeredet und beruhigt werden. Nachdem die ›Kinderfrau‹ nicht mehr existiert und der Kinderwagen an ihre Stelle tritt, vergisst man meist, wie notwendig der physische Kontakt für das Kind ist. Wie unmittelbar es auf einen Mangel an Nähe und Wärme reagiert, sieht man, wenn das Kind ohne Stütze auf eine ebene Fläche gelegt wird. Es schreckt sofort auf und schreit. Mütter, die (aus irgendeinem Grund) ängstlich sind, halten das Kind oft zaghaft und unsicher statt fest und vertrauensvoll. Das erklärt z. T. das Sprichwort ›Ängstliche Mütter machen ängstliche Kinder!‹* «

Schilder formulierte sehr gut:
»*Wir können daraus die wichtige Schlussfolgerung ziehen, dass es nicht selbstverständlich ist, seinen Körper als eine intakte Einheit zu empfinden. Es ist vielmehr eine Wirkung von Selbstliebe. Wenn sich destruktive Tendenzen auswirken, verliert der Körper seine Geschlossenheit.*«

Schilder beschrieb auch den Fall eines Patienten, der die Einheit seines Körperbildes verlor. Der Patient berichtete:
»*Wenn ich diese Angstzustände bekomme, kann ich nicht mehr laufen. Ich renne in mich selbst hinein. Es zerreißt mich in Stücke. Ich bin wie ein Sprühnebel. Ich verliere meinen Schwerpunkt, ich habe kein Gewicht. Ich habe das Gefühl, mechanisch zu funktionieren. Ich bin in Teile zerfallen. Ich bin wie eine Marionette. Es fehlt mir etwas, was mich zusammenhält.*« (Schilder 1935)

Wenn ich davon ausgehe, dass sowohl durch die **primäre intrapsychische Identifikation**, die unbewusst stattfindet, als auch durch die später vorwiegend über mentale Prozesse, also bewusst stattfindende **sekundäre intrapsychische Identifikation**, sich bei uns Menschen das Selbstsystem entwickelt, gehe ich ebenfalls davon aus, dass die Matrix, dieses Selbstsystems aus der Summe der (noch diffusen) positiven Empfindungen von der Körperoberfläche und positiven Empfindungen aus dem Körperinneren besteht. Es ist eine Summe von Empfindungen, die sich in der weiteren Entwicklung zu einem unbewussten und bewussten Bild des eigenen Körpers organisiert. Die Entwicklung eines übergreifenden Selbstsystems ist vom Körperselbst als einem »Subsystem« nicht zu trennen. Das übergreifende Selbstsystem baut sich aus folgenden Erfahrungen auf:

- funktionale (positive) Erfahrungen mit der Umwelt (Objektrepräsentanzen)
- funktionale (positive) Erfahrungen mit dem eigenen Körper (Selbstrepräsentanzen)
- funktionale (positive) mentale Erfahrungen, wie z. B. Gedanken, Gefühle, Phantasien, Absichten, Erinnerungen, Durchsetzungskraft usw. (Selbstrepräsentanzen)

Dabei gehe ich davon aus, dass in diesem Selbstsystem die funktionalen (positiven) Selbstrepräsentanzen immer auch mit funktionalen (positi-

7.2 Psychomotorische Entwicklungsleitlinie

ven) Objektrepräsentanzen einhergehen, egal ob es sich bei diesen Objektrepräsentanzen um »wirkliche« oder z. B. um »eingebildete« Objekterfahrungen handelt. Kommen also die primären elterlichen Funktionen und die damit einhergehenden basalen interaktiven Beziehungsrituale für das Neugeborene nicht ausreichend zum Einsatz, hat das Auswirkungen auf die:

- psychomotorische Entwicklung (Krabbel-, Sitz-, Lauf- und Greifentwicklung)
- Perzeptionsentwicklung
- Sprachentwicklung
- soziale Entwicklung

Hellbrügge hat die psychomotorische Entwicklung des Neugeborenen sehr genau beobachtet und dabei festgestellt, dass sich hier Entwicklungsstufen beschreiben lassen, die jedes gesunde Baby und Kleinkind durchläuft. Da viele Untersuchungsergebnisse aus der Säuglingsforschung und in neuester Zeit auch aus der Hirnforschung darauf hinweisen, dass es für die Persönlichkeitsentwicklung des Menschen von außerordentlicher Bedeutung ist, dass sich im Laufe seiner psychomotorischen Entwicklung vor allem ein stabiles und solides **Körperselbst** herausbildet, lege ich jetzt den Schwerpunkt meiner Betrachtung auf die **Umweltbedingungen**, in die ein Säugling hineingeboren wird.

Bei meinen Untersuchungen an psychisch schwerer gestörten Patienten stellte ich immer wieder fest, dass die emotionale Versorgung dieser Patienten im Säuglingsalter durch deren Mütter und später die emotionale Verfügbarkeit ihrer primären Bezugspersonen innerhalb ihrer Familie sehr mangelhaft war oder von diesen Patienten mangelhaft erlebt wurde. Für die Entstehung eines effektiven Körperselbst und der damit einhergehenden Herausbildung eines reifen Körperschemas sind also sehr viele objektstützende Erfahrungen für das Neugeborene, den Säugling, das Kleinkind notwendig. Vor allem sind es sehr früh stattfindende Kindheitsbelastungsfaktoren, die diese Körperselbstentwicklung sehr gefährden können.

Die psychomotorische Entwicklung, die sich schon in den letzten Monaten der Schwangerschaft beim noch ungeborenen Kind anbahnt und sich sofort nach der Geburt weiterentwickelt, ist hauptsächlich angeboren. Damit aber die Entwicklung nicht nur in Richtung eines hochdifferenzierten und gut an die jeweilige Umwelt angepassten, automatisierten »Sich-Bewegens« geht, das aus dem Archaik- und Anpassungssystem heraus gesteuert wird, sondern bereits hier durch primitivste Vorstellungen von diesem »Sich-Bewegen« eine Matrix von Selbsterleben, also ein neues neuronales Gedächtnis (das Selbstsystem) entstehen kann, braucht es die Mitwirkung einer spezifischen »Objekt-Erfahrung«. Diese funktionale objektgestützte »liebevolle« Zuwendung entspricht nicht nur einem Bedürfnis des Kindes, sondern ist eine biologische Notwendigkeit.

Klaus und Kennell (1970, 1974) untersuchten das Verhalten von Müttern in Guatemala sofort nachdem sie ihre Babys geboren hatten. Dabei erhielten 9 Mütter ihre Babys gleich nach der Geburt nackt überreicht, während die Kinder einer gleich großen Kontrollgruppe in der üblichen Art von der Mutter getrennt und versorgt wurden. Bei den späteren Stillperioden konnte man beobachten, dass die »Frühkontaktmütter« vertrauter und zärtlicher mit ihren Babys umgingen als die »Spätkontaktmütter«. Auch spätere Beobachtungen zeigten, dass diese »Frühkontaktmütter« sich mehr Zeit für ihre Kinder nahmen, zärtlicher, besorgter und dem Kind zugewandter waren. Noch nach zwei Jahren ließ sich feststellen, dass die »Frühkontaktmütter« in ihrem Umgangston mit den Kindern weniger autoritär waren und bereitwilliger auf deren Bedürfnisse eingehen konnten.

Dass der Ausfall oder die Unterbrechung einer stabilen emotionalen Beziehung fast ausnahmslos schwere Störungen der Persönlichkeitsentwicklung verursacht, ist sehr oft beschrieben worden. Wir wissen heute auch, dass sich eine länger dauernde Trennung des Kindes von der Mutter nach der Geburt nachteilig auswirken kann, z. B. bei Risikogeburten, die im Brutkasten gehalten werden müssen. Hierbei geht es vor allem um die **Entfremdung** der Mutter vom Kind. M. A. Lynch wies in einer Studie, die 1975 in »The Lancet« unter dem Titel »Health and child abuse« veröffentlicht wurde, darauf hin, dass Kinder, die nach der Geburt in der Klinik verbleiben mussten, und solche nach komplizierten Schwangerschaften häufiger misshandelt wurden als deren normal geborene Geschwister. Auch unter Berücksichtigung, dass ein Kind nach einer Risikogeburt, oft als Folge der dabei erlittenen Hirnschädigungen, schwieriger ist und dies für die Eltern einen zusätzlichen Stressfaktor darstellt, spielt der Entfremdungseffekt eine große Rolle, wenn es der Mutter kaum gelingt, mit den Verhaltensschwierigkeiten ihres Kindes zurechtzukommen. Nicht selten besteht ein Teufelskreis: Konflikte, unter denen die Mutter leidet, verursachen die Risikogeburt, das durch diese Art Geburt geschädigte Kind verstärkt die Familienkonflikte und ist nun seinerseits erhöhten Aggressionen ausgesetzt.

Der Verhaltensforscher Eibl-Eibelsfeld (1976) verglich gewisse, instinktiv vorgegebene Aktionen, die Tiermütter bei ihren Neugeborenen durchführen und die allem Anschein nach hauptsächlich der Säuberung ihrer Jungen dienen. Über solche Verhaltensmuster scheint auch die menschliche Mutter zu verfügen, sobald ihr das Neugeborene nackt übergeben wird. Es sind instinktiv vorprogrammierte Interaktionen von Mutter und Kind, durch die es der Mutter gelingt, ohne zu überlegen, fast automatisch, adäquate Maßnahmen einzusetzen, um die Unruhe, das Unbehagen oder den Schmerz ihres Babys zu beheben. Bei genauerer Betrachtung zeigt sich dann auch, dass diese **basalen interaktiven Beziehungsrituale** nicht ausschließlich auf die Lebenserhaltung gerichtet sind, sondern darin bestehen, dass die Mutter das Kind zu **sozialen Reaktionen** (Lächeln, Plaudern, Blickwechsel usw.) animiert, mit ihm spielt und auf dessen Kontaktanbahnungsversuche entsprechend antwortet. Die menschliche Mutter geht also sofort nachdem sie ihren Säugling geboren hat, mit diesem so um, als würde sie schon mit ihm *selbst* in Kontakt treten können. Dieses sehr frühe Bestreben der Mutter nach »interpersonalem Kontaktieren« mit ihrem Neugeborenen wird durch die basalen interaktiven Beziehungsrituale wie z. B. das **Bonding** vertieft. Wie bereits erwähnt, wird durch dieses Beziehungsritual das »Getragen-Werden« im Bauch der Mutter nachgeahmt – denken wir nur an die Körbchenstellung, mit der die Mutter ihr Kind gleich nach der Geburt auf dem Arm trägt und warm hält – und dadurch dem Neugeborenen eine tiefgreifende Existenzberechtigung vermittelt. Nicht nur im »biologischen Bauch« durfte das Kind sein, sondern jetzt auch in diesem »Familienbauch«, in den es gerade hineingeboren wurde. Erst wenn dieses »Sein-Dürfen« als Persönlichkeitsorganisator im Kind in Gang gekommen ist und sich diese uranfänglichen positiven Subjekterfahrungen mit den angeborenen reflexmotorischen Verhaltensmustern zu primitiven Selbst-Objekt-Episoden kontextieren, ist der Weg gebahnt, auf dem das Kind einmal selbstbewusst Krabbeln, Sitzen, Laufen, Greifen usw. lernen kann.

Hellbrügge hat in seiner »Funktionellen Entwicklungsdiagnostik« sehr genau die Entwicklung des Säuglings beschrieben und dabei aufgezeigt, wie sich beim Säugling z. B. das Krabbeln, Sitzen, Laufen, Gehen, seine Wahrnehmung, sein Auffassungsvermögen, sein Sprechen, sein Sprachverständnis und sein Sozialverhalten Schritt für Schritt aufbauen. Zur besseren Veranschaulichung beziehe ich mich jetzt auf diese von Hellbrügge beschriebenen psychomotorischen Entwicklungsphasen und werde dabei auf die unterschiedlichen basalen interaktiven Beziehungsrituale eingehen, die sich etwa bis zum 3./4. Lebensjahr immer wieder verändern.

7.2.2 Krabbeln

Hellbrügge (1973) beschreibt das **Krabbeln** als ein Vorwärtskommen auf Händen und Knien. Es ist eine dem Erwachsenen nicht mehr eigene Fortbewegungsart. Während beim Kriechen und Robben der Rumpf mit der Unterlage in Berührung bleibt, wird er beim Krabbeln vom Boden abgehoben. Betrachtet man die wichtigsten Stufen der Bewegungsentwicklung in Bauchlage, die sich später zum Krabbeln hin entwickelt, so dreht das Neugeborene zunächst den Kopf zur Seite und vermag ihn für einen Moment anzuheben. In den ersten Monaten übt der Säugling eifrig das Kopfheben. Dabei stärkt sich Nacken-, Rücken- und Armmuskulatur. Etwa ein Vierteljahr braucht der Säugling, bis er sich in Bauchlage mit aufrecht gehaltenem Kopf mehrere Minuten und sicher auf die Unterarme stützen kann.

7.2 Psychomotorische Entwicklungsleitlinie

In dieser Krabbelentwicklung macht der Säugling im nächsten Vierteljahr also bis zum 6./7. Lebensmonat weitere Entwicklungsschritte durch, die das Krabbeln nicht direkt betreffen, aber trotzdem indirekt diese psychomotorische Entwicklung positiv beeinflussen. Hier ist es z. B. die perzeptive Entwicklung, durch die der Säugling seinen Körper immer besser spüren, empfinden und auch wahrnehmen lernt. Das zeigt sich auch darin, dass der Säugling im Vergleich zum ersten Quartal jetzt seine Bewegungen sicherer und beständiger durchführt und wesentlich mehr als zuvor auf die Reaktionen seiner Umwelt achtet, die er durch seine Bewegungen auslösen kann. In der Krabbelentwicklung beginnt der Säugling jetzt all jene Muskulaturen auszuprobieren, die sich in diesem Alter kräftiger entwickeln: vor allem die Rückenmuskeln und die Beinstrecker. Das Kind gibt die Unterarmstütze häufig auf, und durch lebhafte ruckartige Bewegungen schaukelt der ganze Körper auf dem Bauch. Dabei gewinnt man den Eindruck als würde das Baby »schwimmen«. Etwa ab dem 5. Monat beginnt es dann, sich vom Bauch auf den Rücken zu rollen, wobei dies eher einem »Umkippen« entspricht und sich noch deutlich vom aktiven Körperdrehen des älteren Säuglings unterscheidet. Etwa ab dem 6./7. Monat kann sich der Säugling mit seinen beiden Händen abstützen, das Körpergewicht liegt auf den geöffneten Händen und auf dem Bauch. Kopf und Brustkorb sind von der Unterlage abgehoben. In dieser Haltung gelingt es dem Kind, von der Stelle zu kommen, sich z. B. um die eigene Achse zu drehen. Einige Wochen später lernt es, sich erstmals auch nach vorne tatsächlich »fort« zu bewegen, zu robben.

7.2.3 Sitzen

Gleichzeitig braucht das Neugeborene diese psychomotorischen Funktionen, die Hellbrügge beim Neugeborenen in den ersten 2 bis 4 Lebensmonaten als typisch für die beginnende Krabbelentwicklung beschreibt, auch zum großen Teil für seine **Sitzentwicklung**. Die Fähigkeit des freien Sitzens setzt drei Grundfunktionen voraus:

- aufrechte Kopfhaltung in jeder Körperlage
- freie Beugbarkeit der Hüfte
- aktives Drehen des Rumpfes

Es geht also zunächst um die aufrechte Kopfhaltung, die dem Säugling Schwierigkeiten bereitet. Zieht man den Säugling in den ersten drei Lebensmonaten an den Armen zum Sitzen hoch, sinkt sein Kopf noch zurück. Wird der Säugling jetzt aber von seiner Mutter im Sitzen festgehalten, gelingt es ihm immer besser, sein Köpfchen aufrecht zu halten, was ihm gegen Ende des ersten Vierteljahrs für etwa eine halbe Minute lang gelingt. Dabei passt die Mutter ihre interaktiven Beziehungsrituale der motorischen Entwicklung ihres Kindes an: Die den ganzen Körper umgreifenden Beziehungsrituale des **Bondings** wechseln immer mehr in die Beziehungsrituale des **Holdings**, bei denen die Mutter das Kind in seinem Bestreben, sich aufzurichten, fest hält.

Im 2. Quartal kann der Säugling im Laufe seiner Sitzentwicklung immer sicherer seinen Kopf halten. Immer besser gelingt es dem Säugling, im Sitzen die aufrechte Lage einzunehmen. Dazu verhelfen ihm die Gleichgewichtsorgane im Innenohr, die jegliche Stellung des Kopfes genauestens registrieren und dem Gehirn mitteilen. Eine weitere Voraussetzung zum Sitzen ist die Drehung des Rumpfes. Der Säugling beginnt sich etwa ab dem 7./8. Monat ohne Hilfe vom Rücken auf den Bauch zu drehen.

7.2.4 Laufen

Neben der Krabbel- und Sitzentwicklung hat Hellbrügge auch eine **Laufentwicklung** festgestellt und auch diesbezüglich Entwicklungsstufen beschrieben. Hellbrügge (1973, S. 170):
»Wie können wir eigentlich über die Entwicklung des Laufens vom Neugeborenenalter an sprechen, wenn der Säugling etwa bis zum zehnten Monat von selbst nicht einmal in die senkrechte Lage gelangt. Einfach aufgrund von Beobachtungen, die man machen kann, wenn man ein Kind im ersten Lebensjahr von Zeit zu Zeit ›auf die Beine stellt‹.«
Hellbrügge weist darauf hin, dass jedes Neugeborene gleich »gehen« kann und zwar aufgrund reflektorischer automatischer Schreitbewegungen,

wenn seine Beine abwechselnd eine Unterlage berühren. Dabei verhaken sich zwar die Füße häufig, aber es hebt das nicht belastete Bein jeweils tüchtig zum nächsten Schritt an. Dieses reflektorische Phänomen kann bei gesunden Säuglingen ein bis zwei Monate lang beobachtet werden und verschwindet dann für immer. Erst gegen Ende des dritten Monats tut das Kind das, was man eigentlich von Anfang an von ihm erwartet hätte: Es sinkt in sich zusammen, wenn man es auf eine feste Unterlage zu stellen versucht. Das Kind ist jetzt nicht mehr in der Lage, sein Körpergewicht zu übernehmen. Hellbrügge nennt diese Phase **physiologische Astasie**.

Bei der Laufentwicklung entdeckt das Kind etwa ab dem 7. Lebensmonat eine neue Form der Bewegung, an der es besonderen Spaß hat: Wenn es vom Erwachsenen unter den Achseln gehalten wird, geht das Kind in die Hocke und stößt sich durch Streckung der Hüfte, der Knie und der Sprunggelenke wieder ab. Dadurch entsteht ein Federn, das durch Aufeinanderfolge von Streckung und Beugung gekennzeichnet ist.

7.2.5 Zusammenfassung der psychomotorischen Entwicklung bis zum Ende des ersten Lebensjahres

Diese Entwicklungsschritte im Krabbeln, Sitzen und Laufen, die das Kind in seinem zweiten und teilweise erst in seinem dritten Quartal macht, gehen immer einher mit den beschriebenen Beziehungsritualen des **Bondings**, des **Holdings** und teilweise auch schon des **Huggings** (näher beschrieben wurden diese Beziehungsrituale im vorausgegangenen Kapitel 6). Der Säugling hat in dieser Zeit bis zu seinem 6./7. Lebensmonat bereits sehr wichtige Erfahrungen mit seiner Mutter und seinem Vater oder deren Stellvertretern gemacht, die sich zunächst als negative oder positive Episodenkontexte in seinem Anpassungssystem gespeichert haben. Im positiven Fall hat der Säugling bereits eine Ahnung von sich selbst (nach Stern ein »auftauchendes Selbstempfinden«) und bereits ein zwar bescheidenes, aber doch immerhin schon vorhandenes Wissen um sich selbst (nach Stern ein »Kernselbstempfinden«).

Wir wissen ja nicht wirklich, was sich in der wachsenden Persönlichkeit des Säuglings abspielt, aber was die Selbstentwicklung anbetrifft, gehe ich davon aus, dass es immer wiederkehrende, andeutungsweise orientierungsgebende, mehr oder weniger objektstrukturierte Subjektschemata sind, Erinnerungen von Vorstellungen, Einstellungen und Strebungen, die das Kind nicht mehr nur aus seiner Umgebung kommend, sondern aus sich *selbst* herauskommend erlebt. Diese sind immer auch an Menschen, die als objektstützend erlebt wurden, gebunden. Oder anders formuliert: Es sind die positiven **Selbst-Objekt-Kontexte**, aus denen sich das Selbst des Menschen aufbauen kann und durch deren »positive Stimmen und Stimmungen« (selbstreflektive Resonanz) sich das Kind zunehmend selbst erleben lernt, so wie es dies auch tut, wenn es später in einen Spiegel schaut und sich darin nicht nur selbst erkennt, sondern gleichzeitig sein Erscheinungsbild im Lichte dieser »positiven inneren Kommentare« erlebt.

Etwa bis zum 3. Quartal seines ersten Lebensjahres hat das Kind bei entsprechender emotionaler Versorgung die wesentlichsten psychomotorischen Entwicklungsschritte in Richtung Krabbeln, Sitzen, Laufen und Greifen getan. Über die noch ausstehenden psychomotorischen Entwicklungsschritte, die im Folgenden beschrieben werden, hat das Kind eine große Chance, dass es jetzt zu seinem freien Bewegen finden wird.

7.2.6 Weitere Entwicklungsschritte und entsprechende Beziehungsrituale

Nachdem ich mithilfe der funktionellen Entwicklungsdiagnostik von Hellbrügge sehr ausführlich das erste Jahr der psychomotorischen Entwicklung und die dabei notwendige Objektstützung durch die Eltern beschrieben habe, möchte ich die weitere psychomotorische Entwicklung nur noch skizzieren. Durch Einsatz des Bondings, Holdings, Huggings und Supportings hat das Kind die wesentlichsten psychomotori-

7.2 Psychomotorische Entwicklungsleitlinie

schen Entwicklungsschritte in Richtung selbstständiges Krabbeln, Sitzen, Sich-Aufrichten, Gehen, absichtliches Greifen und selbstständiges Atmen usw. getan. Nach wie vor bleibt aber von entscheidender Bedeutung für die weitere Persönlichkeitsentwicklung des Kindes, dass seine Eltern oder später die Kindergärtnerin, der Lehrer, der Trainer oder weitere wichtige Bezugspersonen, sich immer wieder so rückhaltgebend im Kind verinnerlichen, dass es ihm auch später möglich ist, seinen angeborenen Bewegungsreichtum selbstbewusst auszuschöpfen.

Das bereits erwähnte **Supporting** ist ein notwendiges basales interaktives Beziehungsritual, durch das das Kind am Modell seiner Eltern oder auch anderer Bezugspersonen zu **lernen** beginnt. Hier werden z. B. die ersten allgemeinen Verhaltensregeln eingeübt, die das Kind zunächst so, wie sie ihm beigebracht werden, zu übernehmen hat. Es geht also beim Supporting sowohl um das Einüben von Verhaltensfertigkeiten und dabei um die richtige Unterstützung des Kindes, wenn es seine neugewonnenen Fertigkeiten in die Tat umsetzen und dadurch seinen Aktionsradius erweitern will, es geht dabei aber auch um die notwendige Maßregelung des Kindes und um den Aufbau seiner Frustrationstoleranz.

Je effektiver sich dieses Supporting der Eltern im Kind verankert, um so schneller und besser gelingt es ihm, den nächsten Entwicklungsschritt zu tun, bei dem es durch das basale interaktive Beziehungsritual des **Playings** besonders in seiner Selbstständigkeitsentwicklung herausgefordert wird. Bei diesem Playing machen die Eltern mit ihrem Kind die unterschiedlichsten Körperspiele, z. B. »Engelchen, Engelchen flieeg«, sie balgen sich mit ihren Kindern, Kissenschlachten sind an der Tagesordnung. Dabei beginnt das Kind immer geschickter mit seinem Körper umzugehen, wenn es Purzelbäume schlägt, den Eltern davonläuft, Schwimmen lernt, Ball spielt, sich für Sportarten zu interessieren beginnt oder aus einem inneren Antrieb heraus sich tänzerisch bewegen will.

Hier kann das Kind mitgerissen werden von der Bewegungsfreude seiner Eltern und deren Begeisterung sich miteinander tänzerisch, in welcher Weise auch immer, zu bewegen. Elaine V. Siegel schreibt in ihrem Buch »Tanztherapie« (1988):

»... unter ›bewusstem Bewegungsausdruck‹ verstehe ich Motilität, die vom Ich beherrscht ist. Eigene Erfahrung, wie man den rohen Bewegungsdrang in bewussten Bewegungsausdruck umsetzt.«

Dancing greift zwar die elementare Lebensäußerung des Tanzes, die aus Lust an der Bewegung entsteht, auf, möchte aber den anderen mit in seine Bewegungsfreude einbeziehen. In diesem Sinne findet Dancing auch dann statt, wenn Menschen aus Lust an der Bewegung miteinander auf einen Berg gehen und sich gegenseitig anspornen. Dadurch werden dem Kind die narrativen elterlichen Funktionen vermittelt. Diese narrative Objektstützung hat sehr viel mit der Körpersprache zu tun, die das Kind bewusst gegenüber seinen Eltern einsetzt, um ihnen etwas von sich selbst mitzuteilen. Aber auch die Eltern können auf dieser körpersprachlichen Ebene mit ihrem Kind kommunizieren und hierbei sehr differenzierte Gesten, Gebärden und Mimiken einsetzen, die mehr aussagen als viele Worte. Von diesen bewusst durchgeführten körperlichen Rollenspielen kann das Kind sehr profitieren.

7.2.7 Bedeutung für die Krankheitsentwicklung

Diese sehr eingehende Betrachtung der psychomotorischen Entwicklung im ersten Lebensjahr eines Kindes, die ich weitgehend dem Buch »Die ersten 365 Tage im Leben des Kindes« (1973) von Hellbrügge entnommen habe, soll einmal aufzeigen, dass das menschliche Kind schon sehr früh seine angeborenen Bewegungsfertigkeiten in die Tat umsetzen kann. Mit diesem mehr »automatisierten Verhalten« geht aber noch nicht die *freie* Verfügbarkeit des Menschen über seine Psychomotorik einher. Voraussetzung dazu ist eine sehr gute emotionale Versorgung des Kindes durch seine Eltern, die ab der Geburt des Kindes seinen Anfang nimmt. Bei meinen Untersuchungen an Patienten, die an einer schweren Persönlichkeitsstörung litten, konnte ich in den Bewegungstherapien immer wieder feststellen, dass sie im Vergleich zur Durchschnittsbevölkerung deutliche Auffälligkeiten im Sitzen, Stehen, Gehen, Laufen oder auch in anderen Bewegungsabläufen zeigten. In der Körperpsychotherapie konnte dann sehr gut herausgearbeitet werden, dass das Anpassungskonzept dieser Patienten von vielen negativen, teils auch destruktiven Selbst(Körper)-Objekt(Eltern)-Komplexen durchsetzt war. Dabei verfügten die Patienten meist über gut funktionierende selbstprotektive Mechanismen (Überlebensstrategien). Bei weiteren Untersuchungen an diesen Patienten mit schweren Persönlichkeitsstörungen konnte ich feststellen, dass sie, erstaunlicherweise genaue und sehr konkrete Vorstellungen davon hatten, an welchen basalen Erfahrungen es ihnen mangelte. Es waren dann nicht allgemeine Feststellungen wie: »Ich wurde nicht geliebt.« oder »Man hat sich nicht um mich gekümmert.«, sondern viel öfter teilten einige Patienten mit: »Meine Mutter hat mich nie umarmt.«, »Ich kann mich nicht daran erinnern, dass ich mich einmal wohlgefühlt hätte, wenn mich mein Vater anfasste.«, »Zärtlichkeiten wie liebevolles Streicheln gab es in unserer Familie nie.« oder »Vor den Händen meiner Eltern hatte ich Angst.«

Mit der Zeit und auch unter Einbeziehung der Ergebnisse aus der Säuglingsforschung ließ sich dann eine Systematik dieser basalen interaktiven Beziehungsrituale herausarbeiten, die für mich in der Behandlung von Patienten mit schwereren psychischen Störungen eine immer zentralere Rolle spielte. Dabei stellte sich heraus, dass das Bonding, Holding, Hugging und das eben bei den ersten Gehversuchen des Kindes beschriebene Festhalten (Supporting) elterliche Einstellungen, innere Haltungen sind, ohne die das Kind zwar sehr differenzierte, unwillkürliche Verhaltensfertigkeiten, aber kaum willkürliche Bewegungsfähigkeiten entwickeln kann. Diese sind aber nötig, um sich nach eigenem Ermessen frei bewegen und sein Verhalten willentlich steuern zu können.

Für den behandelnden Psychotherapeuten ist dieses Wissen ausschlaggebend, da ihm sein psychisch schwer gestörter Patient während des Gesprächs körpersprachlich, allerdings oft sehr maskiert, mitteilt, wie schwer er sich in und mit seinem Körper tut. Versteht es der Psychotherapeut, auf diese körpersprachliche Ebene, die sein Patient ihm anbietet, einzugehen, kann sich der Patient von ihm sehr schnell verstanden fühlen.

Alexander Lowen beschreibt in seinem Buch »The betrayl of the body« (1967), welcher Zusammenhang zwischen dem Fehlen früher taktiler Beziehungen und dem späteren Auftreten von Schizophrenie bestehen kann. Lowen gründete seine Folgerung auf die klinische Untersuchung und Beobachtung vieler Schizophrener und er weist darauf hin, dass das Gefühl der Identität aus dem Gefühl des Kontakts mit dem Körper entsteht. Der Mensch muss, um zu wissen, wer er ist, sich auch gegenwärtig sein, was er empfindet. Das nun ist es, was dem Schizophrenen fehlt. Es liegt solch ein Mangel an Körpergefühl vor, dass er, generell gesprochen, überhaupt nicht weiß, wer er ist. Er hat keine Berührung mit der Wirklichkeit. Er weiß wohl, dass er einen Körper und deshalb auch seinen Ort in Raum und Zeit hat, *»aber da er sein Ich nicht mit seinem Körper identifiziert und den Zusammenhang nicht lebendig erfühlt, erlebt er keine Verbindung mit der Umwelt und seinen Mitmenschen. Auch sein Bewusstsein der Identität hat keine Beziehung zu dem, was er sich selbst gegenüber empfindet.«* (ebd. S. 159)

7.3 Psychointentionale Entwicklungsleitlinie

7.3.1 Allgemeine Betrachtung

Meist wird einem Erwachsenen erst dann die Wichtigkeit seiner Hände bewusst, wenn er eine Hand gebrochen hat und sie nicht mehr benutzen kann. Jetzt zeigt sich, dass man nicht nur in seiner beruflichen Arbeit »gehandicapt« ist, sondern dass sich diese kranke Hand auch auf die persönliche Selbstständigkeit auswirkt und diese behindern kann. Plötzlich kann man sich nicht mehr alleine waschen. Das sonst eigentlich mehr automatisch durchgeführte An- und Ausziehen geht nicht mehr und auch das Liebesspiel lässt sich längst nicht mehr so unbeschwert durchführen wie sonst. Die Hände erfüllen also auch Wahrnehmungs- und Kontaktfunktionen, die weit über das rein Manuelle hinausgehen. Das Wort **Handeln** hat auch eine etymologische Wurzel in dem Wort **Hand**. Die Hand ermög-

7.3 Psychointentionale Entwicklungsleitlinie

licht einem, so zu handeln, dass man sich selbst am Leben halten kann. Sicher hat sich heute in der Hinsicht sehr viel verändert, aber nach wie vor ist das zielgerichtete Handeln, ob jetzt durch Körpereinsatz oder nur durch Einsatz seines Intellektes ein wesentlicher Teil der menschlichen Fähigkeiten.

Das **Greifen**, das man sowohl der psychomotorischen Entwicklung als auch der psychointentionalen Entwicklung zuordnen kann, hat zwei Seiten:

- psychomotorisch: Mit seiner Hand kann der Mensch eine besondere Feinmotorik erreichen.
- psychointentional: Der Mensch greift selten ohne Absicht, das heißt, sein Greifen ist irgendwie doch auf die Gestaltung seiner Wirklichkeit gerichtet.

Wenn das Kind greifen lernt, beginnt es auch zu handeln. In seinem Lehrbuch der Traumanalyse schreibt Harald Schultz-Hencke:
»In gar nicht so grober Vereinfachung darf man da ruhig von einer antriebshaften, bedürfnishaften Zuwendung des Menschen zum Ganzen der Welt und des Lebens sprechen. Es handelt sich hier um einen weiten, in sich differenzierten Bereich menschlichen Erlebens. Die allgemeinste Kategorie bloßer Zugewandtheit, bloßer Intentionalität spielt in diesem Bereich zunächst eine Rolle.« Und an anderer Stelle heißt es: *»Zwar beginnt der Mensch mit einer bedürfnishaften, bloßen Zuwendung zur Welt mit intentionaler Zuwendung; aber andere, weitere Zuwendungsarten von Bedürfnischarakter melden sich sehr bald und erreichen in der Pubertät eine erste höchste Intensivierung.«* (Schultz-Hencke 1972, S. 19 f.)

7.3.2 Optimale Stimulation (empfindsam machen)

Es ist immer wieder wichtig, uns daran zu erinnern, dass mit unserer Geburt die Umwelt und hier die Menschen, die uns pflegten und mit allem versorgten, was wir brauchten, gleichzeitig unser Leben in bestimmten Bahnen lenkten. Alles, was wir spürten, ging mit Gefühlen des Wohlseins und Unwohlseins einher. Dieses gegensätzliche Erleben war immer verbunden mit Personen, die uns »be-handelten«. Ob wir uns wohl oder unwohl fühlten, geschah in Zusammenhang mit diesen Menschen, die uns versorgten. Gleichzeitig konnten wir aber bereits von Anbeginn unseres Lebens »dagegenhalten« oder uns auf das, was unsere Umwelt mit uns machte, »einlassen«. Diese zunächst spürbare, später wahrnehmbare Wechselseitigkeit im zwischenmenschlichen Bereich ist der Boden einer gesunden psychointentionalen Entwicklung. Aufgrund einer guten »seelischen« Bindung zu ihrem Kind kann die Mutter z. B. das Schreien ihres Kindes »dechiffrieren« und weiß, was das Kind ihr sagen will:

- ob es Hunger hat (Hungergeschrei)
- ob es Schmerzen hat (Wehgeschrei)
- ob es sich wohl fühlt (Lustgeschrei)
- ob es sich unwohl fühlt (Unlustgeschrei)
- ob es Angst hat (Angstgeschrei) usw.

Dieses Kindergeschrei ist aber nicht nur ein ungerichtetes »Plärren«, sondern auch eine an die Mutter gerichtete Aufforderung. Die Mutter versucht nun ihrerseits, so gut sie kann, übereinstimmend auf diese Aufforderung zu reagieren. Dieses rudimentäre Wollen, das an die Mutter gerichtet ist, kann man als erste Handlungsversuche interpretieren. Hellbrügge weist darauf hin, dass etwa um die Wende des 2./3. Lebensmonats diese zuvor noch unbewussten Kundgebungen des Säuglings immer zielgerichteter werden. Er kann jetzt bewusst sein Schreien einsetzen und dadurch eine regelmäßig erfolgende Reaktion der Mutter auslösen, die auf ihn eingeht und seine Bedürfnisse stillt. Ist diese anfängliche wechselseitige Verständigung in den ersten Wochen nach der Geburt zwischen Mutter und Kind weitestgehend intuitiv, tritt bald im 2./3. Lebensmonat in statu nascendi bereits die sensomotorische Entwicklung des Kindes in Aktion und man gewinnt dabei den Eindruck, als würde das Babygeschrei mit Bewegungen einhergehen, die wie eine Art Körpersprache die Absicht des Babys unterstreichen. Hellbrügge stellte fest, dass erst etwa im 6. Lebensmonat das Kind gezielt und sicher einen Gegenstand ergreifen und festhalten kann. Dies ist etwa auch die Zeit, in der das Kind seine Absicht, seinen Willen gegenüber seinen

Eltern »ohne Worte« deutlich zum Ausdruck bringen kann. Ebenso wie das Ergreifen und Festhalten muss auch das willkürliche Loslassen Schritt für Schritt gelernt werden. Wohl erst im 9. Lebensmonat kann das Kind einen Gegenstand absichtlich fallen lassen. Es dauert noch bis zum 12. Lebensmonat, bis es gezielt eine hingestreckte Hand geben kann (Hellbrügge 1973).

So wie sich das freie Bewegen bei der psychomotorischen Entwicklung nur dann entwickeln kann, wenn der Säugling ab Beginn seines Lebens in positive interaktive Beziehungsrituale eingebettet ist, die Ausdruck primärer (elterlicher) Funktionen sind, so ist das auch bei der psychointentionalen Entwicklung der Fall. Allerdings entsprechen hier den tragenden, haltenden, entlastenden, stützenden, kreativen und narrativen Funktionen andere Beziehungsrituale.

An dieser Stelle ist es wichtig, noch einmal genauer auf den Begriff der **Intentionalität** einzugehen.

> **Intentionalität** findet dann statt, wenn wir unsere geistigen Kräfte anspannen (können) und sie auf ein reales oder ideales Ziel ausrichten (können). Durch diese Intentionalität wird es uns möglich, etwas zu »be-greifen«, zu verstehen, zu wissen, zu erkennen, zu handeln, etwas mit unseren Händen oder nur mit unserem Kopf zu machen. Intentionalität ist auch die angeborene Neugier, Wissbegier, der Erkenntnisdrang; sie liegt dem Forschergeist zugrunde und hat ein literarisches Denkmal im »faustischen Streben«.

Bei der Beschreibung einer psychointentionalen Entwicklung, geht es zunächst vor allem um die Entstehung und Weiterentwicklung der Handlungsimpulse des Menschen, sein »Hinausgreifen in die Welt«, sein »In-Kontakt-Treten« mit der Umwelt, mit den Menschen, mit denen er zu tun haben wird und mit denen er später etwas machen will oder nicht. Selbstverständlich geht neben dem »Handeln« und »Machen« die Wahrnehmungs- und die Aufmerksamkeitsentwicklung (Perzeption) mit ein, ohne die Intentionalität gar nicht entstehen könnte.

Was machen jetzt die Mutter, die Eltern, die Bezugspersonen mit dem Säugling, Kleinkind, später mit dem Schulkind und jungen Erwachsenen, damit diese angeborene Neugierde, dieses Wissen-, Machen- und Gestaltenwollen sich entfalten kann?

Bei meinen Untersuchungen an Patienten mit schwereren psychischen Störungen konnte ich immer wieder feststellen, dass sie die sehr frühen **»emotionalen Berührungen«** oft traumatisierend erlebten. Dabei ist es wichtig und ich habe in anderem Zusammenhang schon öfter darauf hingewiesen, dass diese sehr frühen schmerzlichen, aber subjektiven »Berührungserinnerungen« höchstwahrscheinlich aus mehreren Quellen gespeist wurden und es sich dabei nicht nur um die tatsächliche Berührung durch die Mutter handelte. Möglicherweise liegt diesen »Berührungserinnerungen« eine Koinzidenz von endogenen Persönlichkeitsvariablen, Hirnleistungs- und Hirnreifefunktionen und frühen Kindheitsbelastungsfaktoren zugrunde. Das heißt, man sollte hier den Begriff der »Mutter« zunächst nicht allzu wörtlich nehmen, da das Kind in dieser Zeit beginnt, seine unsichtbaren sozialen Fühler überall hin auszustrecken. Die »richtige Stimulation« ist für das weitere Persönlichkeitswachstum des Kindes von entscheidender Bedeutung. Durch zu viel »emotionale Berührung« zieht sich der Säugling wieder in sich zurück, weil er alles um ihn herum schmerzhaft erlebt und ihm weh tut. Durch die richtige Stimulation wird das Hirn des Neugeborenen ausreichend »ernährt«, damit es gut arbeiten kann. M. S. Mahler schreibt in ihrem Buch »Psychische Geburt des Menschen«:

»Der Säugling (sie meint hier das Neugeborene) ist in einer Situation, die dem pränatalen Zustand ähnelt, vor extremen Stimulierungen geschützt, um das physiologische Wachstum zu erleichtern. Dabei gibt es Kinder, die vielleicht niemals auf von der mütterlichen Person ausgehende Stimuli reagieren oder sich auf sie einstellen können, das heißt, die ein ›mütterliches Prinzip‹ nicht zu nutzen vermögen«. (Mahler 1980, S. 17, 59)

Und Lebovici schreibt in »Der Säugling, die Mutter und der Psychoanalytiker« (1990):

»Klaus und Klaus berichten von einer gleichförmigen Abfolge von Verhaltensweisen, bei dem ersten Interaktionsgeschehen zwischen den Müttern und ihren Neugeborenen innerhalb von 5 Stunden nach der Geburt in einem Krankenhaus. Jede Mutter be-

rührt zunächst die Glieder der Babys mit ihren Fingerspitzen, streichelte dann im Verlauf der folgenden 4 bis 8 Minuten den Rumpf des Kindes und umschloss ihn dabei mit der Handfläche; oftmals zeigten sie für einige Minuten eine zunehmende wache Erregung. Dann nahm ihre Aktivität so stark ab, dass sie bisweilen einschliefen. Bei jeder Mutter war dieser Übergang vom Betasten mit den Fingerspitzen zur Berührung mit der Handfläche zu beobachten.«

Das menschliche Kind braucht, um überhaupt seine angeborene Neugierde entfalten zu können, eine Mutter, die ihren Säugling optimal, also bestmöglichst stimuliert. Durch eine selbstverständliche Nähe-Distanz-Regulation gelingt ihr das. Dabei fühlt sich der Säugling von seiner Mutter weder »erdrückt« (Objektdominanz – Beherrschung und Kontrolle) noch »verlassen« (Objektinkonstanz – Unbeständigkeit, Wechselhaftigkeit), sondern durch deren beständige Präsenz (Objektkonstanz) wohl und optimal versorgt. Die Mutter stimuliert ihren Säugling aber nicht nur, indem sie ihn behutsam belebenden Anregungen aussetzt, sie ihn selbst zu etwas ermuntert, oder seine Lust zu etwas erweckt. **Stimulation** heißt in diesem Fall der frühen Mutter-Kind-Beziehung vor allem auch Regulation und Spannungsreduktion des »inneren Milieus« ihres Säuglings, damit dieser so schnell als möglich überhaupt in die Lage kommt, zielgerichtet, absichtlich und vorsätzlich (intentional) zu reagieren.

Diese »**optimale Stimulation**«, durch die das Neugeborene **empfindsam gemacht** wird für seine neue Umwelt, in die es gerade hineingeboren wurde, ist ein typisches interaktives Beziehungsritual, durch das die Mutter in ihrem Säugling ein sicher für Erwachsene kaum mehr nachvollziehbares Erleben von »Aufgenommen-Sein« und »Existent-sein-Dürfen« herstellt. Dabei beginnt der Säugling schon, vorsichtig seine »Fühler auszustrecken«, um zu spüren, was um ihn herum alles da ist. So gesehen beginnt das Neugeborene schon bald nach seiner Geburt auch durch die optimale Stimulation Erfahrungen zu machen, durch die der Umgang mit sich selbst und der Umgang mit der Welt der Objekte geordnet, verarbeitet und organisiert wird. Wie etwa bis zum 2./3. Lebensmonat das **Bonding** dazu beiträgt, dass die psychomotorische Entwicklung des Säuglings in Gang gesetzt wird, so ist es auch durch die optimale Stimulation bei der psychointentionalen Entwicklung der Fall. Hier »will« der Säugling auf seine besondere Weise Kontakt aufnehmen. Ich gehe davon aus, dass dieses »auftauchende Selbstempfinden«, wie es von Stern genannt wird, auch eine Art individuative Kraft ist, die mitwirkt, das Persönlichkeitswachstum voranzutreiben.

7.3.3 Attraktion (bemerkbar machen)

Sehr bald nachdem das Kind durch die optimalen Stimulationen seiner Mutter empfindsam für seine Umwelt gemacht wurde, beginnt das Kind in den nächsten Monaten erste Absichterklärungen an die Mutter zu richten, z. B. über ein unterschiedliches Schreien, durch das es seine Zustimmung oder Ablehnung mitteilt. Ab dem 2. oder 3. Monat erwidert das Kind das Lächeln seiner Mutter und die sprachliche Zuwendung regt es zum »Plaudern« an. Der Säugling begegnet dem Blick der Mutter, er beruhigt sich, er schmiegt sich an, er beginnt auf einfache Spiele einzugehen, er wendet sich Angebotenem zu, er übernimmt die Mimik der Mutter und fängt an, auf vorgezeigte Gesten zu reagieren. Dies geschieht aber nur, wenn im Wechselspiel zwischen Mutter und Kind, es der Mutter immer wieder gelingt, eine **Anziehungskraft** (Attraktion) auf ihr Baby auszuüben. Dadurch **macht** sich die Mutter immer wieder auf unterschiedlichste Weise ihrem Baby gegenüber **bemerkbar**. Hierbei geht es noch nicht um Nachahmung, sondern die Mutter kann durch Signale (lachendes Gesicht, erstauntes Gesicht, betrübtes Gesicht usw.) eine gleichsinnige affektive Reaktion bei ihrem Säugling auslösen (Haviland).

Wurde früher in vielen psychoanalytischen Schriften die **Dyade** zwischen Mutter und Kind als mehr oder weniger »naturgegeben« beschrieben, so weiß man heute, dass es vielfältige, ständig sich verändernde Interaktionen zwischen Mutter und Kind sind, also von beiden Seiten ausgehende und je nach Alter des Kindes spezifische passive und aktive Wechselspiele, durch die sich Mutter und Kind auf besondere Weise miteinander verbunden fühlen. K. Neumann schreibt in »Der Beginn der Kommunikation zwischen Mutter und Kind, Strukturanalyse der Mutter-Kind-Interaktion« (1983, S. 212 ff.):

»*Ein in ihrem Charakter wechselseitig regulierte Interaktion im Rahmen alltäglicher Verrichtungen und Spielsituationen führt zu einer Befriedigung der kindlichen Bedürfnisse, die von Seiten der Bezugsperson prinzipiell nicht an irgendwelche Bedingungen gebunden ist. Die Wechselseitigkeit und Bedingungslosigkeit mütterlicher Fürsorge – tritt sie konsistent auf – gibt dem Kind ein Gefühl der Sicherheit in der Beziehung zur primären Bezugsperson, die Gewissheit nämlich, seine Bedürfnisse in den Dialog einbringen zu können und in der Bezugsperson ein Gegenüber zu haben, das auf diese positiv anerkennend reagiert.*

Das Gefühl der Sicherheit und Geborgenheit, das Vertrauen in die Welt beruht nicht nur auf dem ›Eingespieltsein von Aktion und Reaktion‹, sondern auch in der regelmäßigen Wiederkehr der Ereignisse, der erfüllten Erwartungen. Das Kind baut sein Verständnis von der Realität auf, indem in der Interaktion mit der Bezugsperson Wirklichkeit interpretierbar wird als Regelmäßigkeit und Regelhaftigkeit der Effekte bzw. der Antworten auf seine Aktionen. Tritt ein Antwortverhalten der Bezugsperson mit einer bestimmten Regelmäßigkeit auf, lernt das Kind, die Reaktionen der Bezugsperson mit der eigenen Aktion zu koordinieren: Auf wiederholte Verhaltensakte lässt sich die regelmäßige Reaktion der Bezugsperson antizipieren und zur Orientierung des eigenen intentionalen Handelns machen.«

Wenn die Mutter ab dem 2. bis 4./6. Lebensmonat immer öfter
- mit ihrem Kind zu sprechen beginnt,
- es auf ihren Arm nimmt,
- es zum Bäuerchen machen an ihre Schulter lehnt,
- es stillt,
- den Körper ihres Babys liebevoll pflegt,
- ihm Einschlafliedchen singt usw.,

so sind dies **basale interaktive Beziehungsrituale**, die im Rahmen der psychointentionalen Entwicklungsleitlinien den **haltenden** primären elterlichen Funktionen entsprechen. Durch diese unterschiedlichsten Attraktionen will in diesem Fall die Mutter die Neugierde ihres Babys, sein Greifen-Wollen und seinen Handlungseifer aktivieren. Hier wird deutlich, dass beim Einsatz der basalen interaktiven Beziehungsrituale vor allem die Haltung der Mutter, also deren Absicht, was sie bei ihrem Kind bewirken will, das Wichtigste ist. Wenn die Mutter ihre »Attraktionen« einsetzt, stellt sie fest, dass ihr Baby begierig darauf eingeht und mit Strampeln, Lachen, Quietschen oder Prusten darauf reagiert. Dabei sind diese »mütterlichen Attraktionen« nichts Besonderes, sondern gezielte Gesten, Gebärden, Laute, Veränderungen des Gesichtsausdrucks, Geräusche, Töne usw., mit denen die Mutter ihren Säugling behutsam in ihre »Erwachsenenwelt« hineinlockt. Dabei verhält sich ihr Baby alles andere als passiv und versucht seinerseits, die Mutter in seine »kindliche Handlungswelt« einzubeziehen, was der Mutter durch ihre Regressionsbereitschaft in dieser Zeit nicht schwer fällt.

Durch diese rudimentären Handlungsimpulse entwickeln sich im Säugling primordiale Vorstellungen von Raum und Zeit. Dabei ist es wichtig, dass durch die mütterliche Attraktivität, also durch das, was die Mutter in dieser Zeit ihrem Säugling vormacht, ihr Kind nicht erschrickt, Angst bekommt und dadurch seine ausgestreckten Fühler schnell wieder zurückzieht.

Ich möchte hier kurz auf das **Körperschema** zu sprechen kommen. Schilder bezeichnete das Körperschema als das Raumbild, das der Mensch von sich hat. Das Raumbild eines Säuglings ist noch sehr »raumfüllend«. Bis zum 6./7. Lebensmonat merkt er aber zunehmend deutlicher, dass es um ihn herum einen Raum gibt, der mit ihm gar nichts zu tun hat, in dem er sich zwar nach wie vor sehr gut hineinspüren kann und auf diesem Weg auch sehr vieles mitbekommt, er selbst aber mit diesem Raum immer weniger zu tun hat. S. S. Kaluna schreibt in seinem Buch »Emotional development in the first year of life«:

»*Das Gefühl dafür, dass sich der Körper im Raum befindet, dass Raum ihn umgibt, muss sich in tausendfältiger Weise entwickeln. Wenn das Kind strampelt und die Beinchen streckt, verstärkt sich der Druck der Windel, seine Füße berühren die Bettdecke, sein Händchen oder das Ende des Kinderbettes. Wenn es mit den Armen um sich schlägt, berührt es die Seiten des Bettes, oder nichts, oder* die Fläche auf der es liegt oder einen Körperteil. Hebt man es auf, fühlt es den Kontakt mit der festen Umwelt schwinden, außer an der Stelle, wo die Hand der Mutter es hält. Gleichzeitig ändern sich die kinästhetischen Empfindungen vollkommen. Die Konturen und der Umfang seines Gesichtskreises ändern sich merkwürdig, wenn es in die senkrechte Haltung gebracht wird. In dieser Periode, in der sich die visuelle Koordination und Konzentration des Blickes wandelt, beginnen sich auch zweckgerichtete Körperbewegungen abzuzeichnen.«

7.3.4 Reaktion (mitmachen)

Um diese zweckgerichteten Körperbewegungen geht es auch, wenn die Mutter bei der psychointentionalen Entwicklung ihre **entlastenden** Funktionen einsetzt. Das diesbezügliche interaktive basale Beziehungsritual ist hier die **Reaktion** und zwar in dem Sinne, dass die Eltern auf die Beziehungsangebote ihres Kindes, die sich jetzt gegenüber früher deutlich öfter und stärker einstellen, eingehen und **mitmachen**, mitwirken. Das Kind kann jetzt ab dem 6./7. Lebensmonat sicher einen Gegenstand ergreifen und festhalten und auch seine Koordination ist inzwischen so weit fortgeschritten, dass es ein Spielzeug zwischen den Händen austauschen oder mit beiden Händen gleichzeitig festhalten kann. Machte die Mutter zuvor noch dem Kind immer wieder etwas vor, um es in seiner Handlungsbereitschaft zu aktivieren, so beginnt sich jetzt, das Spiel umzudrehen. Das Kind kann jetzt vor allem durch seine Greifentwicklung seiner Mutter schon allerhand Attraktivitäten anbieten. Es zieht seine Mutter an den Haaren, findet eine Glasscherbe und zeigt diese erfreut seiner Mutter. Wenn dann das Kind etwa im 9. Monat auch das willkürliche Loslassen Schritt für Schritt gelernt hat, kann es dann auch einen Gegenstand absichtlich fallen lassen, was nicht immer zur Freude seiner Eltern stattfindet. Aber in dieser Entwicklungsphase lädt das Kind jetzt seine Mutter und auch seinen Vater ein, mitzumachen bei seinen Entdeckungsreisen in die Erwachsenenwelt. Gefragt ist jetzt also die Reaktion der Eltern auf die Attraktionen, die ihnen ihr Kind tagtäglich immer wieder aufs Neue bietet. Es liegt auf der Hand, dass diese elterlichen Reaktionen entscheidend die weitere psychointentionale Entwicklung ihres inzwischen 1½-jährigen Kindes beeinflussen. Gelingt es den Eltern, behutsam in das attraktive Handeln ihres Kindes einzugreifen und ihm auf diesem Wege, also im Mitmachen Grenzen aufzuzeigen, lernt ein Kind sehr schnell, was es im Elternhaus tun darf und was nicht.

7.3.5 Aktion (vormachen)

Da es mir hier nicht um eine ausführliche Darstellung von erzieherisch sinnvollen Maßnahmen geht, sondern um die sinnfällige Beschreibung der psychointentionalen Entwicklungsleitlinie, gehe ich jetzt auf den nächsten Entwicklungsschritt ein, der etwa ab dem 18. Lebensmonat (mit 1½ Jahren) beginnt. Hier steht jetzt stärker als zuvor die **Aktion** der Eltern im Vordergrund, durch die sie ihrem Kind mehr und mehr beibringen. Sie **machen** ihm also etwas **vor**, was es nachmachen kann; es lernt also am Modell seiner Eltern. Hierbei gibt es selbstverständlich die unterschiedlichsten **supportiven** interaktiven Beziehungsrituale, die eingesetzt werden können, z. B.:

- die Mutter zeigt ihrem Kind, wie sie einen Löffel in die Hand nimmt und ihn zu ihrem Mund führt
- der Vater zeigt seiner Tochter, wie er eine Kugel auf dem Boden zum Rollen bringt und wieder auffängt
- der Großvater zeigt seinen Enkeln, wie er sich auf seinen Stock stützt

Der Bewusstseinshorizont des Kindes erweitert sich von Monat zu Monat und es nimmt immer mehr davon wahr, was in seiner Umgebung alles vorhanden ist und sich hier abspielt. Ab dem 10. Lebensmonat richtet sich seine Aufmerksamkeit zunehmend auf das Aufspüren kleinerer Gegenstände oder Details. Hellbrügge (1973, S. 178) schreibt hierzu:

»Beobachtung und Konzentration sind zwei Grundfähigkeiten, die das Kind immer mehr entwickelt. Sie sind auch Voraussetzung für die Nachahmung, die wir jetzt beim Kind häufiger erleben können. Gerade durch sie lernt es sehr viel in seinem Leben, man denke in diesem Zusammenhang z. B. an das Erlernen der Sprache.«

Das **Vormachen** muss von den Eltern so objektstützend an das Kind herangetragen werden, dass sich dadurch in ihm positive Episodenkontexte internalisieren, durch die die Selbstentwicklung des Kindes (und hier nach Stern das »subjektive Selbstempfinden«) weiter vorangetrieben wird. Begonnen hatte dieses Vormachen z. B. als die Mutter mit einer behutsamen Handbewegung die hölzernen Märchenfiguren des Mobiles, das über dem Bettchen ihres Kindes hing in Schwung brachte und daraufhin das Kind diese Handbewegung der Mutter sofort mit Begeisterung nachmachen wollte, dabei aber anders als zuvor die Mutter, zunächst zu heftig auf diese hölzernen Figuren einschlug. Oder das Kind klatscht tolpatschig mit seinen beiden Händen, nachdem ihm dies sein Vater vormachte. Oder das Kind beginnt das Treppensteigen nachdem es immer wieder aufmerksam seinen Eltern dabei zusah. Eines Tages, festgehalten an einer Hand, versucht das etwas über 2 Jahre alte Kind, seine Beine von einer Treppenstufe auf die andere zu setzen.

7.3.6 Animation (Spaß machen)

Hat sich das Kind früher einen Stift geschnappt oder auf Papier herumgekritzelt, so beginnt es jetzt etwa mit 2½ Jahren zielgerichteter auf dem Papier zu kritzeln oder vorsätzlicher etwas zu machen. Hier sind jetzt neue interaktive basale Beziehungsrituale der Eltern gefragt, hauptsächlich Beziehungsrituale, die dem Kind **Spaß machen**. Man denke z. B. daran, dass Eltern ihren Kindern mit Fingerpuppen oder mit bemalten Fingern ganz einfache Geschichten vorführen und durch so ein Kasperltheater die Kreativität ihres Kindes beleben, seine Phantasie anregen und es zum Spielen ermuntern. Es ist die **Animation**, durch die über unterschiedliche basale interaktive Beziehungsrituale das Kind von seinen Eltern **Lebensfreude** erfährt. Durch diese Lebensfreude der Eltern angeregt und ermuntert, schöpft das Kind Mut, nicht nur auf bereits erlernte Fertigkeiten zurückzugreifen, sondern jetzt auch immer öfter nach eigenem Ermessen Gewohntes zu verändern und solange umzuwandeln, bis es für es stimmt, passt und ihm gut tut. In dieser Entwicklungsphase wird sich das Kind zunehmend seiner selbst, seiner Identitätsbildung wirklich bewusst und beginnt jetzt auch absichtlich darauf Einfluss zu nehmen. Diese **Selbsterfahrung** kann nur gelingen, wenn in dieser Phase der psychointentionalen Entwicklung die oft ungestümen und für die Erwachsenen oft auch unsinnigen Handlungsimpulse des Kindes von den Eltern spielerisch aufgefangen werden. Es sind hier die **kreativen** interaktiven Beziehungsrituale der Eltern gefragt, die dem Kind helfen, seinen Handlungseifer in solche Bahnen zu lenken, dass es sich trotz auftretender Konflikte weiterentwickeln kann.

7.3.7 Kooperation (gemeinsam machen)

Spätestens im Kindergarten, wenn das Kind aufgefordert wird, sich in eine Gemeinschaft zu integrieren, soll es sich nicht nur behaupten und seine Absichten durchsetzen können, sondern es soll sich inzwischen auch in seine Spielkameraden einfühlen, sich in sie hineinversetzen und auch deren Absicht verstehen und nachvollziehen können. Damit lernt es die eigenen Absichten und die der anderen Kinder auf einen befriedigenden, gemeinsamen Nenner zu bringen. Für diesen Entwicklungsschritt braucht es jetzt wieder die Eltern und/oder weitere Bezugspersonen (z. B. das Kindergartenpersonal), von denen das **Kindergartenkind** lernt, warum es notwendig werden kann, etwas **gemeinsam** zu **machen** und wie das geht, wenn man etwas miteinander machen will, etwas, was man alleine nicht kann. Von den Erwachsenen lernt das Kind zum Beispiel, dass sich eine große Kiste voller Spielsachen, die es alleine noch nicht hochheben geschweige denn wegtragen kann, mithilfe eines Erwachsenen oder mithilfe noch anderer Kinder, die mit anpacken, fast mühelos wegtragen lässt. Ein Kind, das mit seinen Fingern für sich alleine Kasperltheater spielt, erlebt plötzlich, wie viel lebendiger, aufregender, aber vor allem befriedigender so ein Fingerpuppenspiel sein kann, wenn man noch andere Spielkameraden mitmachen lässt und dann entscheiden kann, ob man die Rolle des Zuschauers oder die des Puppenspielers einnehmen will. Das Kind beginnt dann auch über das zu reden, was es selbst gemacht hat, was es noch machen will, und vielleicht spricht es dann auch darüber, was es später einmal werden will. Die Eltern und auch die Bezugspersonen im Kindergarten sind gute Zuhörer und lassen das Kind zunächst einmal über das reden, was es gemacht hat und was es noch machen will ohne dem Kind gleich gut gemeinte Kommentare entgegenzuhalten, wie man es besser machen könnte. Die Eltern sprechen dann von sich, über eigene Unternehmungen und welche Erfahrungen sie gemacht haben. Dabei sprechen die Erwachsenen so, dass das Kind ihre Erzählungen in Zusammenhang bringen kann mit dem, was es selbst gerade gemacht hat, tun wollte oder die Absicht hatte, es zu unternehmen. Das gemeinsame Gespräch mit dem Kind steht hier im Vordergrund, ebenso das gegenseitige Verständnis und das »Miteinander-etwas-machen-Wollen«.

Durch viele solcher **Kooperationen**, die das Kind schon sehr früh, ohne sich dessen bewusst zu sein, mit seinen Bezugspersonen als Säugling, später als Kleinkind gemacht hat, jetzt aber als Kindergartenkind bewusst macht, entwickelt sich jener Rückhalt, aus dem heraus das Kind sich traut, einen eigenen Willen zu haben und dementsprechend auch gezielt – nach dem Vorbild der Erwachsenen – so zu handeln, wie es dies für richtig hält. Wie eben bereits schon erwähnt, lernt das Kind dabei, den freien Willen der anderen Kinder, mit denen es spielt, zu respektieren und sich gegebenenfalls mit ihnen auf einen neuen gemeinsamen Handlungsnenner zu einigen.

Bei dieser Betrachtung der psychointentionalen Entwicklungsleitlinien setzen die Eltern oder auch andere Bezugpersonen bei dem 3½- bis 5-jährigen Kind ihre basalen interaktiven Beziehungsrituale der Kooperation ein. Diese **narrativen** primären (elterlichen) Funktionen ermöglichen es dem Kind, eine innere Haltung aufzubauen, sowohl sein Leben in die eigenen Hände zu nehmen als auch mit dieser Eigeninitiative auf den verschiedenen zwischenmenschlichen Ebenen zusammen etwas für das Gemeinwohl zu bewirken.

7.4 Psychodialogische Entwicklungsleitlinie

7.4.1 Allgemeine Betrachtung

H. Hörmann leitete sein Buch »Psychologie der Sprache« (1967) mit den Worten ein:
»*Der Besitz der Sprache unterscheidet den Menschen vom Tier. In der Sprache liegen alle Möglichkeiten des Menschseins beschlossen. Wahrheit gibt es nur in ihr oder jedenfalls nur auf dem Weg über sie. Nur in der Sprache kann man lügen.*«
Die uns überlieferten Experimente, die durchgeführt wurden, um herauszufinden, ob es eine universelle Menschheitssprache gäbe (Bericht v. Herodot [6. Jh. v. Chr.], Stauferkaiser Friedrich II. [1212–1250] und Jakob IV. von Schottland [1473–1513]) schlugen alle fehl. Die Kinder mit denen man diese schrecklichen Experimente durchführte, wurden zwar gebadet und gewaschen, aber es wurde mit ihnen weder gesprochen noch wurde eine emotionale Beziehung zu ihnen aufgebaut. Und so starben sie alle.

Eine universelle Menschheitssprache gibt es nicht, was es aber gibt, sind universelle Prinzipien, die die Formen grammatikalischer Regelmäßigkeiten in den einzelnen Sprachen bestimmen. Nach Chomsky (1969) sind es diese Prinzipien, die dem Kind als Spracherwerbsmechanismus angeboren sein sollen. Das heißt nicht, dass dem Kind die grammatikalische Kompetenz in ausgereifter Form angeboren ist. Aber was biologisch determiniert sein soll, ist ein aus universellen Strukturprinzipien bestehender Regelapparat, durch den der Grammatikerwerb im Sozialisationsprozess geleitet bzw. kanalisiert wird. Chomsky ging mit der Annahme eines angeborenen **spezifischen Spracherwerbsmechanismus** sehr weit. Als dann damit begonnen wurde, neben der kindlichen Sprache auch die Sprache der Umwelt zu analysieren, stellte sich heraus, dass die Diskrepanz zwischen der kindlichen Spracherfahrung und dem kindlichen Sprachwissen bei Weitem nicht so groß ist, wie sie von Chomsky unterstellt wurde. Hierbei verhält es sich so, dass die Lernumwelt, womit meist die Mutter gemeint ist, sich zu ihrer sprachlichen Verwendungsweise auf die Kenntnisse und Informationsbedürfnisse ihres Kindes einstellt (Grimm 1983). In jedem Fall gilt, dass die Sprache ein lokalisierbares biologisches Substrat hat und ein Baby, das nach seiner Geburt der Sprache seiner Eltern und der Umgebung ausgesetzt ist, deren Sprache erlernt. Dabei werden sein Sprachverständnis und sein Sprachverhalten in den Dienst der jeweiligen Muttersprache gestellt.

Untersuchungen der russischen Psychologin Ljublinskaja (1972, 1977) zeigten, dass die erste Begriffsbildung zwar in der Regel sprachfrei ist, eine gleichzeitig verlaufende sprachliche Information jedoch sowohl die motorische Begriffsbildung als auch das Sprachverständnis fördern kann. Diese Untersuchungen machen deutlich, wie wichtig es ist, dass die Eltern schon sehr früh mit ihrem Kind sprachlich umgehen. Nur die Sprache kann die Beziehungen zwischen den sensomotorischen Erfahrungen (dem Wahrnehmungswissen) und den eigentlichen Denkakten schon in einem Alter herstellen, in dem die Sprache vom Kind selbst noch nicht beherrscht wird.

Es ist also davon auszugehen, dass der Spracherwerb des Kindes durch eine adäquate Reizverarbeitung seines Gehirns stattfindet, dass seine Lernerfahrungen gespeichert werden und dass das Neugeborene sehr bald in der Lage ist, seine Sprechwerkzeuge zu koordinieren. Hörmann nennt als grundlegende Voraussetzung für Aufnahme und Verarbeitung von Sprache die Bedingungen, dass das Kind in der sinnlich erfahrenen Welt ebenso wie in der gehörten Sprache eine Strukturierung erkennt, beide miteinander in Beziehung setzt, mit seinem wachsenden Ich symbolisch agieren kann und in der Lage ist, Regeln zu bilden. Damit sich aus der erlernten **Anpassungssprache**, die das Kind aufgrund seines zwar noch nicht ganz ausgereiften, aber doch schon hochentwickelten und mit Spracherwerbsmechanismen ausgestatteten Gehirns sehr schnell übernommen hat, auch die für den Menschen typische personale Sprache entwickeln kann, ist der Einsatz spezifischer primärer (elterlicher) Funktionen notwendig und von entscheidender Bedeutung. Auch hier werden, wie zuvor in der psychomotorischen und psychointentionalen Entwicklung, definierte basale interaktive Beziehungsrituale durch die primären Bezugspersonen eingesetzt, damit das Kind im Zuge seiner Selbstentwicklung letztlich eine personale Sprache sprechen und das dazugehörige Sprachverständnis ausbilden kann.

7.4.2 Instinktive Kommunikation

Hellbrügge (1973, S. 180):
»*So komisch es klingen mag, die Sprachentwicklung des Menschen muss mit kräftigem Schreien beginnen. Das gesunde Neugeborene reagiert auf jede Unlustempfindung lauthals und vorerst undifferenziert.*«

W. S. Condon schreibt unter dem Titel »Speach makes babies move« (1975, S. 75–87):
»*Schon am ersten Tag nach der Geburt reagiert der Säugling auf die menschliche Stimme mit synchronen Bewegungen. Diese angeborene rhythmische Fähigkeit bildet eine Voraussetzung für den Spracherwerb.*«

Papoušek und Papoušek (1979) sind bekannt für ihre umfangreichen Säuglingsbeobachtungen und kommen zu dem Schluss, dass es heute keinen Zweifel mehr gibt an der kritischen Bedeutung der frühen sozialen Beziehungen des Kindes für seine spätere Entwicklung. Einigkeit besteht auch darin, dass die dyadische Mutter-Kind-Beziehung eine dynamisch, wechselseitige Interaktion darstellt und Mutter und Kind von Beginn an miteinander kommunizieren. Dabei schafft die Mutter über den Dialog, den sie zunächst alleine aufrechterhalten muss, eine gemeinsame Erfahrungswelt. Indem sie das Verhalten des Säuglings interpretiert und diesem Bedeutungen zuweist, bringt sie den Säugling allmählich dazu, selbst solche Konzepte und Regeln zu erlernen, die die Basis für den Spracherwerb bilden. Die Mutter erfüllt die wichtige vermittelnde Rolle eines »biologischen Spiegels«, indem sie dem Kind ihr eigenes Verhalten als Modell anschaulich macht.

Lebovici schreibt in seinem Buch »Der Säugling, die Mutter und der Psychoanalytiker« (1990, S. 136):
»*Die Interaktion zwischen der Mutter und ihrem Säugling ist ein ausgesprochen komplexes Gebilde, das folgendermaßen aufgegliedert werden kann:*

7.4 Psychodialogische Entwicklungsleitlinie

die Interaktion vollzieht sich über eine gewisse Anzahl von Kommunikationskanälen oder -modalitäten in der Wahrnehmung und in der Motorik (besonders durch den Blick, durch Hören, durch Kontakt und Empfindungen im körperlichen Bereich); sie ist auch durch bestimmte zeitliche Variablen, besonders durch ihre Dauer und ihren Rhythmus gekennzeichnet; sie beinhaltet wechselseitige Regulierungsvorgänge, mit denen jeder Partner die Äußerungen des jeweils anderen beeinflusst; schließlich ist sie Ausdruck der affektiven Schwankungen jedes Partners, denen sie unterworfen ist.«

Nach Hellbrügge (1973) äußert sich der Säugling in den ersten Wochen bereits mit Lauten, die dennoch nichts mit einem Sprechen zu tun haben. Diese Lautäußerungen sind aber wichtige und unentbehrliche Schritte, die zum Spracherwerb führen. Beobachtet man die kindlichen Lautäußerungen während des ersten Lebensjahres genauer, ist man erstaunt, was das Kind schon alles äußert und in welcher Weise es das tut. Darüber hinaus entdeckt man zusehends den »Sinn« der sich hinter diesen zunächst völlig unverständlichen Lauten verbirgt. Das heißt, man kann durchaus Verstehen lernen, was der Säugling mit seinen Lauten kundtun möchte.

Fields führte mit zwei bis drei Tage alten Säuglingen Untersuchungen durch, um herauszufinden, wie sie auf unterschiedliche Gesichtsausdrücke, die ihnen Schauspielerinnen vormachten, reagierten. Dabei stellte er fest, dass diese Neugeborenen den Gesichtsausdruck der Schauspielerinnen annahmen. Da ein Säugling in dieser Zeit noch keine Willkürhandlungen durchführen kann, weil sein Gehirn kurz nach der Geburt zu solchen reifen Leistungen noch nicht in der Lage ist, spricht sehr viel dafür, dass das Neugeborene den affektiven Zustand der Erwachsenen (hier der Schauspielerinnen) mit ihnen teilen kann und diese affektive Tönung beim Säugling einen gleichsinnigen motorischen Reflex, in diesem Fall das gleiche Minenspiel, auslöst. Es wird als **affect attunement** (frei übersetzt: Einstellung auf den Erregungszustand eines Anderen) bezeichnet. Heute spricht man in diesem Zusammenhang von »Spiegelneuronen«, durch die diese Teifenkommunikation zustande kommt. Man kann also, anders ausgedrückt, davon ausgehen, dass in den ersten Wochen nach der Geburt zwischen Mutter und Kind eine gleiche emotionale Wellenlänge besteht, über die jeder vom anderen über dessen innere Befindlichkeit, Gestimmtheit usw. weitestgehend Bescheid weiß. Wenn also das Baby in den beiden ersten Lebensmonaten kräftig schreit und auf diese Weise seine Umwelt auf sich aufmerksam macht, so bekommt die Mutter über diese gleiche emotionale Wellenlänge sofort, ohne zu überlegen mit, um was es bei ihrem Kind geht. Sie weiß dann, ob ihr Kind hungrig ist, ob es friert, ob es Schmerzen hat usw. Aufgrund ihrer Regressionsbereitschaft in dieser Zeit, ist sie auch in der Lage, das Schreien ihres Kindes ohne Schwierigkeiten in die Erwachsenensprache zu übersetzen. Dieses non-verbale Sprechen, diese **instinktive Kommunikation** der Mutter mit ihrem Neugeborenen, ist innerhalb der dialogischen Entwicklungsleitlinie das erste basale interaktive Beziehungsritual, durch dessen **tragende** primäre (elterliche) Funktion (*»Es ist gut, dass du sprichst.«*) die Mutter ihr Kind auffordert, sich stimmlich auszudrücken. Gleichzeitig vermittelt der Einsatz jeder tragenden primären (elterlichen) Funktionen, also auch in der psychomotorischen, psychointentionalen und psychosozialen Entwicklungsleitlinie, immer auch eine grundlegende Daseinsberechtigung gegenüber dem Menschsein des Neugeborenen.

Manche Autoren sprechen in dieser vorsprachlichen Phase von ersten Interaktionen auf Instinktbasis und zeigen in ihren Beobachtungen auf, dass der Säugling hauptsächlich aus Unlust heraus schreit und dass gerade dieses Schreien die Mutter aktivieren würde. Nach Meinung dieser Autoren sind Kundgebungen des Unbehagens Schlüsselreize, auf die zu antworten die Mutter von der Instinktbasis her programmiert sei. Dabei ist der Blickkontakt eines der wichtigsten Mittel non-verbaler Kommunikation und er bleibt es auch für das ganze Leben. Lebovici (1990, S. 139):

»Der Blick und das Lächeln beim Säugling haben insofern etwas gemein, als sie der Mutter das Gefühl vermitteln, dass ihre Bemühungen vom Baby anerkannt werden, so als wären diese Äußerungen das Urbild für Gefühle von Dankbarkeit oder werden doch zumindest von der Mutter so interpretiert.«

7.4.3 Einfache Ammensprache (Signalsprache)

Hellbrügge beschreibt sehr genau, dass im 3./4. Monat die Lautäußerungen des Säuglings immer häufiger auftreten, er beginnt gurgelnde Laute von sich zu geben und erste angedeutete aber noch unvollständige Silben. Ab dem 5. bis 7. Lebensmonat beginnt das Baby zu »plaudern«, das heißt, es beginnt Vokale und Konsonanten so aneinander zu reihen, dass sich deutlich gewisse Silben heraus hören lassen. Es kann jetzt auch schon die Tonhöhe wechseln, und die Lautstärke. Hinzu kommt, dass es hinsichtlich seiner Sozialentwicklung zu **fremdeln** beginnt und jetzt hauptsächlich zu Hause und weniger in fremder Umgebung, vor allem aber, wenn es von der Mutter angeregt wird, gerne plaudert. Nach wie vor ist aber davon auszugehen, dass die Lall-Laute, die der Säugling in dieser Zeit von sich gibt, und das Lautgemisch, mit dem der Säugling in dieser Zeit noch plaudert, zum großen Teil noch einem unwillkürlichen Verhalten entsprechen, wie sein Strampeln mit Händen und Füßen oder andere noch deutlich reflektorisch betonte Bewegungen. Das Baby **reagiert** auf die Sprache der Mutter mit »seiner Sprache«. Es plaudert, wenn es angesprochen wird und/oder während es in Blickkontakt mit der Mutter steht. Beim Lallen bewegen sich die beteiligten Körperteile wie Zunge, Mundmuskeln, Lippen, Kehlkopf zusammen mit dem Strom des Atmens, wobei meist zufällige Laute produziert werden, unabhängig davon, ob sie in der Umwelt auf Resonanz stoßen oder nicht. Lall-Laute können also noch nicht über Imitation zustande kommen. Erst später versucht das Kind, Worte der Erwachsenen nachzuahmen. Auch taube Kinder können in dieser Phase lallen, obwohl sie ihre eigene Stimme nicht hören können. Ihre Laute verlieren sich aber in der Zeit, wenn andere Kinder erste Worte zu sprechen beginnen.

Marianne Krüll schreibt in ihrem Buch »Die Geburt ist nicht der Anfang« (1992, S. 215):
»Sprachliche Signale werden dabei vom vorsprachlichen Kind oder vom sprachunfähigen Tier nicht in ihrer inhaltlichen Bedeutung erfasst, sondern sind lediglich Klangzeichen, rhythmische Zeichen oder Ähnliches.«

Signale haben in diesem Sinn keinen »Inhalt« wie die Symbole. Ein Signal ist ein Zeichen für kommende oder bereits stattfindende Ereignisse. So können Gesten, Worte, Geräusche als Zeichen dafür genommen werden, dass jetzt oder gleich etwas geschehen wird. Wenn z. B. die Mutter ihren Mantel vom Haken nimmt, kann dies für ihr Baby ein Zeichen sein, ein Signal, dass die Mutter nun mit ihm aus dem Haus gehen wird. Oft sind es auch eigene Körperempfindungen, die uns ein Signal für besondere Ereignisse geben. So kann ein bestimmtes Schreien des Babys ein Signal für die auftauchende Mutter sein, weil sie immer kommt, wenn der Säugling auf diese Weise brüllt. Gerüche und Geschmacksformen können einen hohen Signalwert haben, weil sie darauf hinwiesen, dass das Essen bevorsteht. Es ist also hauptsächlich eine **Signalsprache**, mit der die Mutter vom 2. bis etwa 8. Lebensmonat mit ihrem Kind kommuniziert. In dieser Zeit ist das Kind bereits ein **Dialogpartner** in statu nascendi, da es sprachliche Mitteilungen schon teilweise verstehen kann und auch selbst zum primitiven Ausdruck spezifischer Bedürfnisse in der Lage ist. Dabei »unterhält« sich die Mutter mit ihrem Baby in der so genannten **Ammensprache** oder auch **Babytalk** und passt sich damit ganz den Anforderungen ihres Kindes an. Lorenzer (1973) bezeichnete diese mütterliche Anpassungsfähigkeit an ihr Kind: »Regression im Dienste des Kindes.«

Betrachten wir noch einmal genauer aus dem Blickwinkel der psychodialogischen Entwicklungsleitlinie die Persönlichkeitsentwicklung des Säuglings in seinen ersten 6 bis 8 Lebensmonaten. Gleich nach seiner Geburt stellt sich zwischen der Mutter und ihrem Baby immer wieder eine affektive Übereinstimmung ein, durch die sich das Baby uneingeschränkt in seiner Existenz auf- und angenommen erleben kann. Voraussetzung ist, dass die basalen interaktiven Beziehungsrituale der Mutter, hier ihre non-verbale Sprache (oder instinktive Kommunikation) die notwendige Tiefenwirkung haben, dass sie sich auch als **tragende** primäre (elterliche) Funktion im Anpassungssystem des Säuglings verinnerlichen.

Bereits nach ca. 8 Wochen verändert sich sowohl der Charakter der non-verbalen Sprache als auch die damit einhergehende gleiche emotionale Wellenlänge zwischen Mutter und Kind. Die Mutter beginnt, sich jetzt immer öfter in der einfachen Ammensprache (Signalsprache) mit ihrem Baby zu »unterhalten«: »Mhmmm, Jaaa, sooo, guuut, dada, dudu usw.« Kohut geht davon aus, dass das Kind von Anfang an mittels gegenseitiger Empathie mit einer Umgebung verschmolzen ist, die auf das Kind so eingeht, als hätte es bereits ein Selbst – eine Umgebung, die nicht nur die spätere Selbstbewusstheit des Kindes vorwegnimmt, sondern auch, allein schon durch Form und Inhalt ihrer Erwartungen, das Kind in spezifische Richtungen zu lenken beginnt. Das heißt auch, dass sich jetzt das Kind durch das basale interaktive Beziehungsritual der einfachen Ammensprache immer öfter als Person in statu nascendi »angesprochen« fühlt. Ein Umstand allerdings, der dem Baby nur ansatzweise bewusst ist, genauso wie die sich verändernde Beziehungsqualität zwischen ihm und seiner Mutter. Diese spürt oder empfindet es jetzt nicht mehr als »objektstrukturiertes Subjektschemata«, sondern kann sie jetzt schon weitestgehend als Objekt diakritisch perzipieren. Das heißt, das Kind ist in der Lage, sowohl seine Umwelt als auch seine Mutter realer und von sich getrennt zu erleben, obwohl gegenüber seiner Mutter noch starke Verbundenheitsgefühle bestehen. Seine Sprache ist bis zum 7./8. Lebensmonat noch keine Nachahmung von gehörten Lauten, aber seine Lall-Laute umfassen inzwischen das gesamte Spektrum an Zisch- und Schnalzlauten, an komplizierten Vokalen, die auch in anderen Sprachen vorkommen. Da es der Mutter aufgrund der bereits erwähnten »Regression im Dienste des Kindes« nicht schwer fällt, sich auf diese **Ein-Silben-Sprache** ihres Säuglings einzustellen und über einfachste Sprachrituale mit ihrem Baby in Kontakt zu bleiben, erlebt sich das Kind von seiner Mutter zunehmend mehr als Person angenommen.

7.4.4 Bildhafte Ammensprache

Ab dem 9. bis 15. Lebensmonat beginnt das Kind eine **Zwei-Silben-Sprache** zu entwickeln und bildet jetzt die typischen **Ein-Wort-Sätze**, die an erste Worte erinnern, wie z. B. »Ma-ma«, »Papa«, »Wa-wa«. Auch diese Worte haben noch Signalcharakter, beziehen sich also auf Konkretes wie die Mama, den Papa oder den Hund, aber mit diesen Ein-Wort-Sätzen versucht der Säugling bereits durch Betonung stimmliche Veränderungen und durch Wiederholungen auch konkrete Handlungsabläufe zum Ausdruck zu bringen. »Pa-pa« heißt z. B., dass der Papa jetzt zur Tür herein kommt. Das Kind bemüht sich jetzt, das mehr eindimensionale Wortschema z. B. »Wa-wa«, das für Hund steht, mit Inhalten zu füllen. »Wa-wa« ist nicht mehr nur der Hund, den das Kind in seinem Bilderbuch sieht, sondern das Kind möchte seiner Mutter gleichzeitig mitteilen, dass es auch heute auf dem Spielplatz so einen Hund gesehen hat. Das Kind beginnt also, sich in das, was ihm gegenüber steht, in seine Mutter, in seinen Vater, auch in den Hund »hineinzuversetzen«. Diese Fähigkeit ist nur dem Menschen eigen und keinem anderen Lebewesen, das heißt, diese **Symbolisierung** ist etwas ganz spezifisch Menschliches.

Die Fähigkeit zur Symbolisierung beginnt etwa mit 1½ Jahren. In dieser Zeit wird es für Kinder möglich, sich ein Objekt trotz seiner Abwesenheit bildhaft vorzustellen. In der Zeit zwischen dem 9. und 15./16. Lebensmonat, also in einer Zeit, in der das Kind dabei ist, seine schematische eindimensionale Welt zu verlassen, eine Welt, in der man sich hauptsächlich über Signale verständigt, geht zwar die Mutter auf die Zwei-Silben-Sprache ihres Säuglings noch ein, beginnt jetzt aber immer öfter, mehr oder weniger unbewusst, ihr Kind als Partner, »der schon versteht, was sie meint«, anzusprechen. Das Kind beginnt, seinen Wahrnehmungsfokus immer mehr auf ganze, also reale Objekte und einfache, in sich abgeschlossene Sachverhalte einzustellen. Es fällt ihm aber sichtlich schwer, die Welt der Partialobjekte zu verlassen, in die es auch in seinem späteren Leben aus unterschiedlichsten Beweggründen immer wieder zurückkehren wird. Das Kind kann jetzt auch immer öfter im Spiel Stellvertreter akzeptieren, die die Objekte sinnbildlich darstellen. Die Repräsentation der Umwelt wird damit für das Kind bildhaft und anschaulich. Brunner et al. (1966) bezeichnen diese Repräsentation der Umwelt im kindlichen Bewusstsein als **ikonisch** (bildhaft, anschaulich). In der Zeit, in der das Kind noch sehr konkret seine Umwelt aufnimmt und signalhaft denkt, dann aber immer mehr sich über Innenrepräsentanzen an objektiv Erlebtes erinnern kann und symbolisch zu denken beginnt, verändert auch die Mutter gegenüber ihrem Kind ihr basales interaktives Beziehungsritual der Ammensprache, um dadurch die Persönlichkeitsentwicklung ihres Kindes zu unterstützen. Hat sie in ihrer Umgangssprache mit ihrem Kind früher immer wieder sehr akzentuiert Gegenständliches betont, damit sich ihr Kind in seiner Umgebung orientieren, sich auskennen und zurechtfinden lernt, so spricht die Mutter jetzt immer öfter mit ihrem Kind in einer anschaulichen, **bildhaften »ikonischen« Ammensprache**, so z. B. beim Essen: »ein Löffel für den Papa, ein Löffel für die Mama, ein Löffel für die Oma, den Opa usw.« Diese ikonische Sprache benennt zunächst Gegenständliches, also das, was im Augenblick gerade passiert. Sie ist sinnfällig, anschaulich, so wie in dem eben genannten Beispiel das Essen. Gleichzeitig zu diesem Konkreten werden aber Erinnerungen an sehr Vertrautes, sehr Bekanntes, wie in dem genannten Beispiel die Eltern und Großeltern wachgerufen, um mit dem Kind die Symbolsprache, bei der das Erinnerungsvermögen an Vergangenes eine wesentliche Rolle spielt, einzuüben. Diese bildhafte (ikonische) Ammensprache der Mutter ist also ein basales interaktives Beziehungsritual, das wie alle basalen interaktiven Beziehungsrituale neben der direkten Einflussnahme (hier ist es die Sprachentwicklung) gleichzeitig auch einen individuationsanstoßenden Einfluss auf die wachsende Persönlichkeitsorganisation des Kindes nimmt. Hatten in der psychodialogischen Entwicklungsleitlinie zuvor die Eltern durch ihre einfache Ammensprache ihrem Kind die **haltende** primäre (elterliche) Funktion vermittelt, im Sinne von: *»Es ist gut, wie du sprichst.«*, so wird jetzt durch den Einsatz des basalen interaktiven Beziehungsrituals der bildhaften (ikonischen) Ammensprache die **entlastende** primäre (elterliche) Funktion wirksam: *»Es ist gut, dass du mit (bei) mir sprichst.«* Dadurch erlebt sich das Kind von seiner Mutter nicht nur auf- und angenommen, sondern jetzt auch immer öfter als Partner, mit dem die Mutter sprechen und sich mit ihm unterhalten kann, ernst genommen. Das Kind stellt fest, dass seine Mutter nachvollziehen kann, was in seinem Inneren los ist und dass die Stimme seiner Mutter eine beruhigende Wirkung hat. Dabei eröffnet sich für das Kind auch die Psyche seiner Mutter und es erlebt deren innere Befindlichkeit anders als seine eigene. Nicht nur die Mutter vermag jetzt ihr Kind zu beruhigen, auch das Kind vermag, etwas von dem auf sich zu nehmen, mit dem sich seine Mutter momentan emotional auseinander setzt. Da dies dem Kind aber zuviel werden kann, will es diese seelische Last bald wieder loswerden und »entlastet« sich schnell bei seiner Mutter. Diese ist dafür bereit und hat inzwischen mitbekommen, was sich zwischen ihr und ihrem Kind für ein Austausch abspielt und gibt dies ihrem Kind freudig zu verstehen.

Vom 15. bis 18./22. Lebensmonat tritt das Kind in die zweidimensionale Welt der Symbole ein, was einen deutlichen qualitativen Sprung bedeutet. Denn jetzt ist das Kind in der Lage, mit anderen Menschen »gemeinsame Welten« zu erstellen und sich darüber zu unterhalten. Folgendes Beispiel soll den Unterschied verdeutlichen zwischen dem eindimensionalen Erleben über Signale und dem zweidimensionalen symbolischen Erleben:

> **Fallbeispiel: Spaziergang**
> **Eindimensionales Erleben**
> Eine Mutter hat ihr Kind angezogen und in den Sportwagen gesetzt. Das Kind weiß zwar, dass die Mutter etwas mit ihm unternimmt, hat aber keine Vorstellung von dem, was die Mutter mit ihm unternehmen will. Erst als diese wie immer den Mantel vom Kleiderständer nimmt und anzieht, weiß das Kind, dass die Mutter jetzt mit ihm spazieren fahren wird. Den »Mantel vom Kleiderhaken nehmen und anziehen« ist für das Kind das Signal: »Spazierengehen«. Jetzt läutet das Telefon, die Mutter entschließt sich mit dem Spazierengehen kurz zu warten, geht ans Telefon und ihr Mann meldet sich. Da ihr Kind jetzt zu quengeln beginnt, denkt die Mutter, »wenn ich jetzt immer laut das Wort ›Papa‹ sage, wird das Kind schon verstehen, dass der Papa am Telefon ist und es deshalb noch etwas mit dem Spazierengehen dauern wird«. Die Mutter geht also davon aus, dass sich ihr Kind

7.4 Psychodialogische Entwicklungsleitlinie

durch das Wort »Papa« bereits so gut an seinen geliebten Papa erinnern kann, dass es den Grund der eingetretenen Verzögerung nachvollziehen und die eingetretene Wartezeit tolerieren kann. Aber im Gegenteil, das Kind fängt an zu weinen und ist überhaupt nicht bereit, einzusehen, warum es jetzt nicht gleich und sofort spazieren gefahren wird. Schließlich waren doch die Signale klar gestellt. Mama hat wie immer ihren Mantel vom Haken genommen, sich angezogen und daraus folgt: jetzt wird »spazieren gegangen«. Mit dem »Paparufen« der Mutter kann das Kind überhaupt nichts anfangen, weil es zwar eine vage Ahnung von seinem Papa bekommt, damit aber nichts Konkretes verbinden kann. Ein Hund würde auf ein Signal ähnlich reagieren.

Zweidimensionales Erleben
Werden einige Monate später durch das Wort »Papa« viele Erinnerungen an den Papa aus dem Gedächtnis des Kindes wachgerufen und treten diese jetzt in seinem Hintergrundbewusstsein episodisch unverwechselbar in Erscheinung, kann das Kind jetzt damit etwas anfangen, wenn seine Mutter am Telefon immer wieder das Wort »Papa« ausspricht. Auf der einen Seite ist nun das »Spazierengehen-Wollen« mit der Mama, auf der anderen Seite ist die Mama, die mit dem Papa telefoniert. Erinnerungen an seinen Papa stellen sich im kindlichen Bewusstsein ein, und vielleicht beginnt das Kind über seinen Papa nachzudenken. Das wachsende **personale Ich** des Kindes erlebt sich plötzlich in einem Spannungsfeld zwischen seinem objektiven Gegenwartserleben und seinem deutlich in Erscheinung tretenden subjektiven Hintergrundbewusstsein. Versucht sich das wachsende personale Ich im »Entscheidungen-Treffen« zu üben, bleibt es einmal bei seiner Absicht, »spazieren zu gehen« und schreit »absichtlich« weiter, damit die Mutter endlich kommt. Ein anderes Mal stimmt es »absichtlich« mit seiner Mutter überein, die mit dem Papa telefonieren will, und bleibt »friedlich«. Im letzteren Fall kann das Kind die Zeit bis zur Beendigung des Telefonats überbrücken, weil es sich inzwischen in seine Mutter hineinversetzen kann und sowohl die Intensität, mit der die Mutter mit dem Papa spricht, spürt, als auch diese Absicht seiner Mutter tolerieren kann. Wenn dann die Mutter zu ihrem Kind zurückgeht, um endlich mit dem Spaziergang zu beginnen, ist es möglich, dass die Mutter in das freudige Gesicht ihres Kindes blickt, das zu ihr sagt: »Papa da!«

7.4.5 Kleinkindsprache

Mit 2½ Jahren kann ein Kind normalerweise ganze Sätze grammatikalisch richtig formulieren. Marianne Krüll (1992, S. 223) schreibt:
»Es ist erstaunlich, wie Kinder schon vor dem eigenen Sprechen grammatikalische Regeln erkennen können.« Und an anderer Stelle: *»... und man kann letztlich nur beschreiben, dass, und wie Kinder diese erstaunliche Fähigkeit zur Ableitung von Regeln der Sprache entwickeln. Worauf diese Fähigkeit basiert, bleibt offen.«*
Das heißt aber, dass sich ein Kind mit drei Jahren durchaus schon mit seinen Eltern »unterhalten kann«. Die Eltern ihrerseits gehen auf diese **Kindersprache** ein und beginnen ganz einfache Sätze zu formulieren, die das Kind verstehen und in sich aufnehmen kann. Dabei beginnen die Eltern spielerisch mit Wörtern umzugehen, erzählen ihrem Kind lustige Geschichten, die es auch versteht und darauf freudig reagiert.

Hannelore Grimm hat in dem Buch »Entwicklungspsychologie« (Oerterer u. Montada 1987, S. 607) in dem Kapitel über Sprachentwicklung geschrieben:
»Welche besonderen Merkmale auf der phonologischen, morphologischen, syntaktischen und semantischen Ebene das Register der Mutter gegenüber ihrem Kind aufweist, das noch nicht sprechen kann, bzw. sich am Beginn des Spracherwerbs befindet, hat insbesondere Fergusson (1964, 1967) untersucht. Demnach handelt es sich u. a. um die folgenden Merkmale:
- *Ersetzung schwieriger Laute durch einfachere,*
- *Hervorhebung neuer Information durch Betonung,*
- *Übertreibung der Intonationskontur von Äußerungen,*
- *Ersetzung von Pronomen der ersten und zweiten Person durch Eigennamen,*
- *Verwendung von Diminutiven,*
- *längere Pausen an Phrasen- und Satzgrenzen,*
- *kurze und grammatikalisch korrekte Sätze,*
- *Wiederholung von Wörtern und Satzteilen,*

- *begrenzter, kindgemäßer Wortschatz,*
- *Durchführung ritualisierter Sprachspiele.*

Hieran wird deutlich, dass der Sprache der Mutter eine Sprachlehrfunktion zukommt, womit aber nicht gleichzeitig behauptet ist, dass die Mutter die Rolle der Sprachlehrenden bewusst übernehmen muss.

Dem sehr kleinen Kind gegenüber scheint die Sprachlehrfunktion auch nicht die primäre zu sein; primär sind viel mehr die affektive, Intimität stiftende und kommunikative Funktion: durch ihre besondere Sprechweise stellt die Mutter eine positive affektive Beziehung zu ihrem Kind her und sichert die gegenseitige Verständigung.«

Es ist die Zeit zwischen dem 12. und 20./24. Lebensmonat, in der diese Sprachlehrfunktion der Mutter in Kraft tritt. Dabei wechselt die Mutter von der Ammensprache in die **Kleinkindsprache** und setzt diese in der oben beschriebenen Weise im Umgang mit ihrem Kind ein. Genauso setzt sich aber die Mutter ans Bettchen ihres Kindes und erzählt, allerdings in sehr langsamer und verständlicher Sprache ein Märchen oder eine Geschichte in der Erwachsenensprache, ohne diese Geschichte auf die Kleinkindsprache zu reduzieren. Im Rahmen dieser Sprachlehrfunktion beginnt die Mutter in dieser Zeit auch mit Reformulierungen, das heißt, die Mutter macht von der Möglichkeit Gebrauch, ein vorgegebenes Satzmuster in ein anderes Satzmuster zu transformieren. Beispiel: »Hatter putt tetangen!« und die Mutter erwidert: »Ja, das ist kaputtgegangen!«

Das Kind verinnerlicht also in dieser Zeit grundlegende Erfahrungen (funktionale und/oder dysfunktionale Episodenkontexte), wenn seine Mutter mit ihm in dieser Kleinkindsprache spricht. Durch diese Kleinkindsprache lernt das Kind sowohl Sprechen, als auch sein Sprachverständnis ständig zu erweitern. Die Kleinkindsprache ist also ein weiteres basales interaktives Beziehungsritual mit einer **stützenden** primären (elterlichen) Funktion. Ebenso nimmt diese Kleinkindsprache wachstumsanstoßenden oder wachstumshemmenden Einfluss auf die Persönlichkeitsentwicklung des Kindes. Ähnlich wie bei der psychomotorischen und psychointentionalen Entwicklung, wird auch bei der psychodialogischen Entwicklung durch die **Objektstützung** die **Selbstständigkeit** des Kindes gefördert oder durch **Objektdominanz** oder **Objektkonstanz** die Individuation des Kindes behindert, unterdrückt, gestört und **blockiert**.

Lotte Schenk-Danzinger beschreibt in ihrem Buch »Entwicklung, Sozialisation und Erziehung« (1988, S. 227), wie Kinder ihre Eltern bitten, bei ihnen die **stützenden** primären (elterlichen) Funktionen einzusetzen. Damit soll gewährleistet werden, dass ihr Lerneifer nicht ins Leere läuft, sondern so gelenkt wird, dass sich bei ihnen Erfolgserlebnisse einstellen und sie mit dieser Unterstützung ihrer Eltern sowohl ihren Wortschatz und ihren Verständnishorizont erweitern als auch ihre Aussprache verbessern können. Wie erfolglos das kindliche Bitten manchmal sein kann, beschreibt die Autorin in den folgenden Episoden. Hier sind es Kinder im Fragealter zwischen 3 und 4 Jahren:

> **Fallbeispiel: Kinderfragen**
>
> Ein Kleinkind sitzt auf dem Schoß der Mutter in der Eisenbahn. Der Zug nähert sich einem Tunnel und pfeift. Das Kind fragt: »Warum pfeift der Zug?« Keine Antwort. Die Frage wird mehrmals gestellt. Endlich löst sich die Mutter von ihrer Illustrierten und sagt gedankenverloren: »Warum soll er denn nicht pfeifen?«
>
> Ein Kind sitzt in der Straßenbahn. Die Straßenbahn hält vor einem roten Licht. Das Kind fragt: »Warum fahrn ma nicht?« Keine Antwort. »Mutti, warum fahrn ma nicht?« Da setzt sich die Straßenbahn in Bewegung und die Mutter sagt: »Siahgst as, jetzt fahrn ma.«
>
> Zwei Kinder werden vom Kindergarten abgeholt und warten nun mit der Mutter auf die Straßenbahn. Das ältere Kind hat ein offenbar den ganzen Tag lang aufgestautes Mitteilungsbedürfnis und erzählt seine Erlebnisse. Die Mutter antwortet nicht. Immer wieder wandert das Kind einige Schritte weg, kommt zurück, redet, fragt, zieht sie am Ärmel und möchte ein Zeichen ihrer Aufmerksamkeit. Aber als sie endlich reagiert, sagt sie nur: »Bitt' dich, halt den Mund!« (Lotte Schenk-Danzinger 1988)

Bei einer Entwicklung, die ohne größere Traumatisierungen verlaufen ist, hat das Kind inzwischen bis zum 24./36. Lebensmonat ein **Hintergrundbewusstsein** aufgebaut, in das sich auch

7.4 Psychodialogische Entwicklungsleitlinie

schon ein kleines **subjektives Lexikon** organisiert hat. Je nach Rigidität und Dysfunktionalität seines Anpassungskonzeptes und der inzwischen stattgefundenen Entwicklung seines Selbstkonzeptes ist das Kind jetzt in der Lage, seinen **Personifizierungsprozess** bewusst mitzuerleben und diesen in der Auseinandersetzung mit seiner Umwelt zum Ausdruck zu bringen. In dieser Entwicklung von einem mehr funktionalen Ich hin zu einem personalen Ich verändert sich auch die **Nähe-Distanz-Regulation** des Kindes gegenüber seiner Umwelt und damit die Qualität der bisherigen interpersonalen Beziehungen. Das eher passive Zugehörigkeitserleben und das aktive selbstregulative Miteinander-in-Beziehung-Treten erscheinen nicht mehr wie früher nebeneinander, sondern ergänzen sich immer öfter und bilden die Basis der **emotionalen Kommunikation**. Dadurch wird es dem Kind überhaupt erst möglich, eine gemeinsame emotionale Wellenlänge als etwas »subjektiv Erfahrbares« zu erleben, deren subjektive Intensität bei sich zu erfassen, Einfluss zu nehmen auf die Qualität dieser Erfahrung und den Verlauf dieser aufgenommenen Beziehung (Bindung) nach eigenem Ermessen zu steuern.

Etwa mit 2½ Jahren beginnt sich für das Kind die **dreidimensionale Welt** zu eröffnen, in der es sich zunehmend als **eigene Person** bewusst wird. Das Kind will jetzt selbst, aus eigenem Ermessen, sich frei bewegen, frei handeln und frei sprechen. Auch über die Rolle, die das Kind jetzt in seiner Familie einnimmt, beginnt es selbst zu bestimmen. Zwangsläufig kommt das Kind durch diesen Freiheitsdrang in dieser Zeit, etwa bis zu seinem 4. Lebensjahr, ständig in Konflikte mit seinen Eltern und seiner Umwelt. Dadurch wird es jetzt nicht nur in seiner sprachlichen, sondern auch in seiner emotionalen Kommunikationsentwicklung enorm herausgefordert. Sprach das Kind früher von »selbst machen«, so beginnt es jetzt immer öfter, kurze Ich-Sätze zu bilden, so z. B. »Ich will aber!«

7.4.6 Muttersprache

Mit 2½ bis 3 Jahren verfügt das menschliche Kind bereits über ein sehr gutes Sprachverständnis, seine Aufnahmefähigkeit hat zugenommen, und seine sprachlichen Fertigkeiten haben deutliche Fortschritte gemacht. Deshalb sprechen auch die Eltern mit ihrem Kind in dieser Zeit immer weniger in der Kleinkindsprache, sondern reden jetzt immer öfter mit ihm in der **Muttersprache**. Da bei der Muttersprache auch der **Dialekt** eine große Rolle spielt, beginnt das Kind, seine bisher gelernte Sprache zu modifizieren, sowohl was die bedeutungsmäßige Funktion seiner Laute und seines bisherigen kleinkindgemäßen Satzbaus anbetrifft, als auch was jetzt die Bedeutung seiner Worte und Sätze angeht. Gerade durch den Dialekt besteht für das Kind eine große Möglichkeit, z. B. mit einem Wort mehrere Aussagen zu machen. So kann z. B. auf Dialektebene ein »Nein« sehr unterschiedliche Bedeutungen haben. Da gibt es ein befehlendes, ein fragendes, ein mürrisches, eine heiteres, ein weinerliches und sogar ein bejahendes »nein«. Das Kind kann es sehr lustig finden, wenn die Eltern einem Wort mehrere Bedeutungen geben und diese auch ihrem Kind gegenüber zum Ausdruck bringen.

Mit diesem basalen interaktiven Beziehungsritual der **Muttersprache** können jetzt die Eltern ihre **kreativen** primären (elterlichen) Funktionen ihrem Kind gegenüber einsetzen, das in der Regel sehr begeistert auf diese »Wortspielereien« eingeht. Das Kind beginnt jetzt aus seiner zuvor mehr unpersönlichen Sprache herauszutreten und sagt nicht mehr »Papa spaziere gehen.«, sondern »Ich will mit Papa zu den Tieren gehen!« Im 3. Lebensjahr findet also ein dritter »Quantensprung« in der Persönlichkeitsentwicklung des Kindes statt. Bereits vorher war sich das Kind schon »irgendwie« seiner selbst bewusst und entwickelte

- gleich nach der Geburt ein »auftauchendes Selbstempfinden«,
- nach 3 Monaten ein Kernselbstempfinden und
- etwa ab dem 9. Monat ein subjektives Selbstempfinden.

Hier wird sich das Kind zwar langsam seiner selbst bewusst, spürt aber noch nicht die Kraft, die jetzt von diesem Selbstbewusstsein ausgeht. Es ist ein neuer innerer Beweggrund, durch den das Kind jetzt das denken kann, was es will, das tun kann, was es möchte, über einen freien Willen verfügt und jetzt auch immer öfter aus sich selbst heraus frei spricht. Möglicherweise hat sich das Kind schon lange im Stillen immer wieder mit dieser »Ich-Sprache« beschäftigt, die es ständig von seinen Eltern hörte. Dieser »innere Dialog«, der ja im Erwachsenenleben eine wesentliche Rolle spielt, kommt jetzt beim Kind zunehmend öfter zum Ausdruck. Durch dieses **verbale Selbstempfinden**, wie dieser »Quantensprung« von Stern (1992) genannt wird, also durch Einsatz der **kreativen** primären (elterlichen) Funktionen durch das basale interaktive Beziehungsritual der Muttersprache wird aber auch insgesamt die Persönlichkeitsentwicklung des Kindes gefördert.

7.4.7 Erwachsenensprache

Erst im 4. Lebensjahr sprechen die Eltern mit ihrem Kind hauptsächlich und wesentlich selbstverständlicher als vorher in der **Erwachsenensprache** und ermutigen dadurch das Kind, immer mehr sprachlich mit seiner Umwelt in Kontakt zu treten, nicht nur mit seinen Eltern, sondern auch mit unbekannten Personen. Dabei beginnt es zunächst über sich selbst »kleine Geschichten« zu erzählen und lernt langsam auch aufmerksam anderen zuzuhören, wenn diese etwas über sich selbst berichten. Durch dieses basale interaktive Beziehungsritual der Erwachsenensprache wird jetzt die **narrative** Entwicklung des Kindes gefördert, die letztlich zeitlebens bestehen bleibt.

O. S. Wygotski unterscheidet in seinem Buch »Denken und Sprechen – zwei Ebenen der Sprache« (1971) den **inneren Aspekt** (das, was gemeint ist) und den **äußeren Aspekt** (das, was gesagt wird). Obwohl beide Aspekte eine Einheit bilden, haben sie doch eigene, entgegenlaufende Bewegungsgesetze. Die **äußere Sprache** ist gekennzeichnet durch das Fortschreiten vom »Ein-Wort-Satz« zum »Mehr-Wort-Satz«, von der Einheit zur Vielfalt, vom Teil zum Ganzen. Die **innere Sprache** geht den umgekehrten Weg: Bereits ein Wort kann eine sehr vielschichtige Bedeutung haben. Das Kind geht hier vom Ganzen aus und gelangt erst später zu den unterschiedlichen Bedeutungen, die ein Wort haben kann. Vorausgesetzt, es gelingt ihm, den zuerst undifferenzierten Gedanken in mehreren Worten zum Ausdruck zu bringen. Im Verlauf der Sprachentwicklung kommt es zu einer Annäherung dieser beiden Ebenen. Je vollkommener die Sprache entwickelt ist, desto besser ist die »Deckung«, desto besser können wir sagen, was wir denken, weil schon der Gedanke die sprachliche Formulierung »hervorruft«. Bei vielen erwachsenen Menschen ist diese »Deckung« noch nicht gegeben und sie können sich *nicht* ausdrücken.

7.5 Psychosoziale Entwicklungsleitlinie

7.5.1 Allgemeine Betrachtung

Bei der Beschreibung der verschiedenen Entwicklungsleitlinien geht es mir vor allem darum, dem Psychotherapeuten ein psychodiagnostisches und psychotherapeutisches Werkzeug an die Hand zu geben, mit dem er sehr schnell wesentliche Entwicklungsstörungen seiner Patienten aufspüren und gezielt behandeln kann. Voraussetzung dabei ist, dass die in den Entwicklungsleitlinien beschriebenen **basalen interaktiven Beziehungsrituale** von einem Behandlungsteam eingesetzt werden, das sich in seiner Arbeit aufeinander abstimmt und im Sinne einer **konzertierten psychotherapeutischen Aktion** gezielt auf das zuvor gemeinsam diagnostizierte Entwicklungsdefizit (defizitäre primäre (elterliche) Funktionen) des Patienten eingeht.

Ab dem Zeitpunkt seiner Geburt lebt man in seiner Umwelt mit Menschen zusammen, was dazu führt, dass man sich dem Werte- und Normensystem der Gesellschaft, in der man lebt, anpassen muss oder diesem Werte- und Normensystem angepasst wird. Dabei ist die Erziehung, die von Kultur zu Kultur unterschiedlich ist, von ausschlaggebender Bedeutung. Die Erziehung ist aber nicht alles, was unsere **psychosoziale Entwicklung** beeinflusst. Genauso spielen auch die unbewussten und ungewollten Einwirkungen auf Menschen und deren subjektive Reaktionen

7.5 Psychosoziale Entwicklungsleitlinie

eine Rolle. So endet unsere Sozialisation nicht mit dem Eintritt in das Erwachsenenalter, sie ist vielmehr ein lebenslanger Prozess.

Aus einer bestimmten Sicht, z. B. aus der Sicht eines Kindes, das in eine Gesellschaft hineingeboren wird, könnte man die psychosoziale Entwicklung sehr vereinfacht auch als eine Aneinanderreihung von Rollenzuschreibungen erleben:
- als Säugling und Kleinkind in der Familie
- als Hortkind in der Kinderkrippe
- als Kindergartenkind im Kindergarten
- als Schulkind in der Schule
- als Student an der Universität
- als Gatte/Gattin in einer Ehegemeinschaft
- als Freund in einer Freundschaft
- als Arbeiter oder Angestellter in der Arbeitswelt
- als Politiker in politischen Organisationen
- als Gläubiger in Glaubensgemeinschaften usw.

Bei diesen Vorgängen der Rollenzuschreibungen ist aber davon auszugehen, dass der Sozialisant (hier das Kind) keineswegs nur duldend dieser Anpassung ausgesetzt ist und er sich passiv in sein Schicksal fügen muss. Es ist immer ein wechselseitiger Prozess z. B. zwischen dem Kind und seinen Bezugspersonen, wobei allerdings die Umwelt in der Regel die stärkere Wirkungsmacht innehat.

Hellbrügge (1973, S. 179):
»*Unter Sozialverhalten verstehen wir in erster Linie, wie ein Säugling auf seine Mitmenschen reagiert und wie er zu ihnen Kontakt aufnimmt.*«
Darüber hinaus beziehen wir in das Sozialverhalten noch einen anderen Bereich ein, nämlich die **Sozialisierung**, also die Verselbstständigung des Kindes und die Anpassung an seine soziale Umwelt. Die ersten Schritte dazu sind das selbstständige Essen und Trinken, das An- und Ausziehen und die Beherrschung der Ausscheidungsfunktionen.

Im ersten Lebensjahr müssen zunächst einmal die Voraussetzungen dafür geschaffen werden. Wahrnehmung und motorische Geschicklichkeit müssen einen gewissen Entwicklungsstand erreicht haben. Gegen Ende des ersten Lebensjahres ist das Kind teilweise in der Lage, die erworbenen Fertigkeiten für seine Selbstständigkeit auszunützen. Es beginnt Zwieback, Kekse u. Ä. aus der Hand zu essen. Beim Trinken aus dem Becher oder aus der Flasche fasst es eifrig mit an. Wenn die Mutter es gewähren lässt, übernimmt das Kind im 2. Lebensjahr dann diese Tätigkeiten mit Freude mehr und mehr alleine.

Wir haben uns bei der psychomotorischen Entwicklung das Bonding, die Stimulation, also das Empfindsam-Machen bei der psychointentionalen Entwicklung, die non-verbale Sprache oder die instinktive Kommunikation bei der psychodialogischen Entwicklung vor Augen geführt und stellten fest, dass trotz vieler Gemeinsamkeiten die Unterschiede in diesen Entwicklungsleitlinien überwiegen.

Die basalen interaktiven Beziehungsrituale, die die Eltern (nach der Geburt ist dies hauptsächlich die Mutter) im Laufe der psychosozialen Entwicklung bei ihrem Kind einsetzen, sind vereinfacht ausgedrückt **Rollenzuschreibungen**. Mehr oder weniger unausgesprochen wird dem Kind durch diese Beziehungsrituale ein bestimmter Platz in seiner Familie zugewiesen. Das Kind braucht einen sicheren Ort, an dem es sich geborgen fühlen kann, einen Ort, den es bereitwillig annehmen kann und an dem es sich gut aufgehoben fühlt. Man kann davon ausgehen, dass diese Rollen die menschliche und zwischenmenschliche Entwicklung immer wieder aufs Neue in Gang setzen und auf diesem Weg das menschliche Kind auch zu sich selbst finden kann.

Dabei wechselt der Mensch die unterschiedlichsten Rollen. Jede Rolle ist aber notwendig, um der nächsten Rolle gewachsen zu sein. Etwas überspitzt ausgedrückt, könnte, so gesehen, über unterschiedliche Rollen eine Art Metamorphose des Menschen stattfinden. Über sein *reaktives* **Bewusstsein** kann der Mensch zunächst die Orientierungen, Motive und Motivationen seines Archaik- und Anpassungssystems in die Tat umsetzen, ohne dabei *selbst*, also aus seiner Verantwortung heraus tatkräftig mitzuwirken. Sehr bald tritt dann aber der Mensch aus diesem angeborenen und angepassten Rollenverhalten heraus und entwickelt sein eigenes Motivationszentrum (neuronales Selbstsystem – mentales Selbstkonzept). Im Laufe der Zeit fühlt sich der Mensch dann hin- und hergerissen zwischen den Rollen, die ihm über sein Archaik- und Anpassungssystem abverlangt werden und den Rollen, die er von sich aus selbst einnehmen möchte. Lebt der Mensch hauptsächlich aus einem **reflektiven Bewusstsein** heraus, macht er sich in unterschiedlichen Rollen, z. B. Ehemann, Gläubiger, Vereinsmitglied, politisch Tätiger, Vater usw. viele Gedanken über Gott und die Welt, erlebt alle Höhen und Tiefen der Zwischenmenschlichkeit und ist hin- und hergerissen zwischen Selbstzweifel, Tatendrang, Resignation und Lebensfreude. Dieser »reflektierende Mensch« denkt zwar immer wieder nach, über das, was er tun will und reagiert nicht einfach ohne Nachzudenken, aber da er sich sehr schwer tut im Entscheidungen treffen, bleiben bei ihm die notwendigen Handlungen oft aus oder kommen zu spät, wenn bereits von anderer Seite Entscheidungen getroffen wurden. Durch die Lebensumstände, die sich im Laufe eines Lebens ändern können und der Mensch dabei z. B. durch Krankheit, Erfolg, Niederlagen, Siege usw. von einer »Rolle« in die andere fällt, kann es ihm auf diesem Weg gelingen, ein **realisierendes Bewusstsein** zu entwickeln. Hier greift er auf die Kraft des Reagierens zurück, ohne sich dabei von dem Zwangsverhalten beeinträchtigen zu lassen und nach reiflichem Überlegen (Reflektieren) kann er eine Entscheidung treffen, die er dann kraft seiner Selbstsicherheit auch in die Tat umsetzt.

7.5.2 Säuglings-Rolle

Wie bereits oben erwähnt, werden sich auch hier bei der Beschreibung der psychosozialen Entwicklungsleitlinie Überschneidungen mit allen drei anderen Entwicklungsleitlinien aufzeigen lassen. Beobachtet man, mit welcher Selbstverständlichkeit, Behutsamkeit und welchem Fingerspitzengefühl eine Mutter kurz nach der Entbindung mit ihrem Kind umgeht und es sorgfältig pflegt, so findet durch diesen Umgang der Mutter mit ihrem Säugling durch dieses Pflegeverhalten auch eine erste Rollenzuschreibung gegenüber ihrem Kind statt. Unausgesprochen vermittelt hier die Mutter ihrem Kind: »*Du bist (m)ein Säugling.*« Diese Haltung der Mutter ist das basale interaktive Beziehungsritual mit dem sie ihre **tragende** primäre (elterliche) Funktion ihrem Kind vermittelt. Weitestgehend unbewusst nimmt die Mutter ihrem Säugling gegenüber eine Erwartungshaltung ein bezüglich der Rolle, die ihr Säugling ihr gegenüber und in seiner Familie spielen soll. Ob er pflegeleicht sein soll oder ob sie sich freut, wenn er ein aufgewecktes Kind ist usw. Auf diese Weise und durch ihr spezifisches Pflegeverhalten wird das Kind an seine Rolle als Säugling gewöhnt. Verinnerlichen sich diese sehr frühen Rollenzuschreibungen als positive Episodenkontexte und tragen sie zu seiner Persönlichkeitsentwicklung bei, wird der Säugling aus seiner doch eher **passiven Säuglings-Rolle** sehr bald in die **aktivere Baby-Rolle** wechseln.

Vor allem durch die Ergebnisse der Hirnforschung weiß man heute, das vom ersten Augenblick des Lebens an, die Beziehung des Säuglings zu seinen nächsten Mitmenschen von ausschlaggebender Bedeutung ist. Am intensivsten erlebt das Neugeborene, wie bereits schon öfter dargelegt, diese Beziehung über die Haut. Der Säugling spürt die Wärme, die Weichheit und den Hautkontakt mit seiner Mutter, vor allem beim Stillen als erste Form einer positiven Begegnung mit einem Menschen. Balint bezeichnete diese Mutter-Kind-Beziehung, in der das Neugeborene eingebettet ist, in der es nur um seine Bedürfnisse geht, und in der die Mutter dem Säugling gegenüber emotional voll und ganz zur Verfügung steht, als »primäre Liebe«. Diese innere Einstellung, durch die die Mutter ihr Neugeborenes zum Säugling »macht«, ist die erste Rollenzuschreibung, die der Mensch in seiner psychosozialen Entwicklung erfährt. Selbstverständlich kann das Neugeborene noch nicht sagen: »Ich bin ein Säugling!«, aber diese **tragende** primäre (elterliche) Funktion kann bereits vom Neugeborenen verinnerlicht und in seinem Anpassungssystem neuronal kodiert werden. Eine gute emotionale Versorgung (frühe positive Episodenkontexte im Anpassungssystem des Säuglings) spielt bei der Entwicklung von körpereigenen Stressbewältigungsmechanismen, auf die der Mensch sein Leben lang zurückgreift, eine sehr wichtige Rolle.

Konrad Lorenz forschte u. a. nach angeborenen, auslösenden Mechanismen und entdeckte hierbei, dass **Kindchenschema**. Nach Lorenz lö-

7.5 Psychosoziale Entwicklungsleitlinie

sen die rundliche, mollige und hohe Stirn des Kleinkinds, seine großen Augen, seine Pausbacken und seine tapsige, kurzfingrige Patschhand beim Menschen ein angeborenes Pflegeverhalten aus, das vor allem bei Erwachsenen angeborene Verhaltensmuster wie Aufmerksamkeit, Fürsorglichkeit und Behutsamkeit aktiviert und ein Geborgenheit spendendes Kontaktverhalten einschließt (Lorenz 1963). Durch sein Kindchenschema aktiviert also das Neugeborene in seiner Mutter seine eigene Rollenzuschreibung, und man könnte genauso gut sagen, dass das Neugeborene auf psychosozialer Ebene bei seiner Mutter ein Rollenverhalten auslöst, etwa in dem Sinne: »*Es ist gut, dass du an meiner Brust saugst und als Säugling da bist.*« Durch das Wohlbefinden des Säuglings an der Mutterbrust, verstärkt sich die Wirkung des Kindchenschemas. Diese Anziehungskraft führt zur gesteigerten Aufmerksamkeit gegenüber dem Säugling, der sich dadurch weiter in seiner Säuglings-Rolle, in seinem »Säugling-Sein« bestätigt erlebt. Es ist sehr interessant, wenn man die Erwachsenen in ihrem Kontaktverhalten zu einem Säugling beobachtet. In ganz typischer Weise bieten sie dem Kind ihr Gesicht dar, führen bestimmte Kopfbewegungen durch, erhöhen ihre Stimmlage und heben dabei ihre Augenbrauen.

7.5.3 Baby-Rolle

Sehr bald zwischen dem 2. und 3. Lebensmonat, manchmal auch schon früher, richtet sich die Aufmerksamkeit der Mutter immer stärker auf den Gesamteindruck, den ihr das Baby vermittelt.

Leo Montada (Oerter u. Montada 1987, S. 41): »*Um den Umfang dessen zu ermessen, was wir Sozialisation nennen, stelle man sich vor, was ein Mensch aus einer fremden Kultur oder einer vergangenen Epoche lernen müsste, um unsere Kultur zu begreifen und sich in unserer Gesellschaft zurechtzufinden: Sprache und Regeln der Rede, Regeln des sozialen Umgangs, die Funktionen von materiellen Kulturgütern und der Umgang mit wenigstens einigen von diesen, die Differenzierung von sozialen Positionen und Berufe, die Rollenerwartungen und Pflichten der Positionsträger, die Institutionen und ihre Funktionen, die Wertesysteme und Ideologien, wenigstens einige Auszüge aus dem Rechtssystem, die Sitten und Bräuche, die Spiele, Noten und Kunstprodukte sowie Präferenzen für einige dieser usw. ...*«

Es ist also ein Lernen, das in unserem Leben nie zu Ende geht. Hinzu kommt, dass neue Forschungsergebnisse, neue berufliche Routinen, neue Moden und Trends, neue Ideologien eine ständige Anpassung von uns Menschen erfordern. Als erstes, wenn wir auf die Welt kommen, wird von uns Menschen erwartet, dass wir saugen können, was selbstverständlich kein willkürlicher Akt ist, sondern eine reflektorische Leistung aus unserem Archaiksystem. Weitere Erwartungen betreffen unsere motorischen Fertigkeiten und Fähigkeiten wie Sitzen, Krabbeln, Laufen, und selbstverständlich wird vorausgesetzt, wenn wir zur Welt kommen, dass unsere Atmung funktioniert und wir kräftig schreien können. Genauso selbstverständlich wird erwartet, dass sich dann aus dem Atmen und Schreien-Können jene Sprache entwickelt, mit der sich unsere Eltern mit uns verständigen und unterhalten können. Es wird erwartet, dass wir zwischen 1 und 2 Jahren sauber sind, das heißt die Motorik unseres Schließmuskels steuern können. Neben dieser Lauf-, Sprech- und Sauberkeitsentwicklung wird erwartet, dass wir auch dankbar dafür sind, dass man uns so an unsere Umwelt und Gesellschaft angepasst hat. Unter diesen Verhältnissen können wir jetzt zumindest überleben und wenn es gut geht, können wir uns durch diese Anpassungsleistung auch zu autonomen Menschen entwickeln und leben lernen.

»*Entwicklung ist eine Transformation von Ausgangsstrukturen in eine neue Struktur*«, sagt Piaget (1946), und er trifft damit die Überzeugung vieler Entwicklungspsychologen. »*Man muss die* **Kontinuität im Wandel** *erkennen, um von Entwicklung zu sprechen. ... Entwicklung geht aus von einer Struktur*«, sagt Piaget weiter, »*und mündet in einer neuen Struktur*«.

Das heißt, die Herausbildung einer bestimmten Struktur kann nicht von beliebigen Voraussetzungen aus erreicht werden. Verfolgen wir eine Entwicklung rückwärts, so ist es möglich, spezifische Voraussetzungen für eine stattgehabte Veränderung zu entdecken. Ebenso war Piagets Meinung, dass Eingriffe von außen in den Entwicklungsprozess nach einem mechanistischen Grundmodell nicht möglich sind. Die Umwelt kann die Entwicklung nicht steuern, sie kann lediglich Angebote machen, die aber – sollen sie wirksam werden – in einem Entdecken und Strukturieren der Aktivität des Subjekts konstruktiv genutzt werden müssen. Der Organismus wird als selbsttätig angenommen. Er sucht sich Probleme. Die Umwelt hat die Aufgabe, zum jeweils gegebenen Entwicklungsstand angemessene Anregung zu geben und dosierte Diskrepanzen zu schaffen. Dieses interaktionistische Denken haben auch andere Autoren wie Schmidt (1970), Riegel (1975), Reese (1977) und Sameroff (1975) beschrieben. Gemeinsame Kernannahme all dieser Modelle ist, dass der Mensch und seine Umwelt ein Gesamtsystem bilden, und dass Mensch und Umwelt aktiv und in Veränderung begriffen sind. Die Aktivitäten und die Veränderungen beider Systemteile sind verschränkt. Die Veränderungen eines Teils führen zu Veränderungen auch anderer Teile und/oder des Gesamtsystems.

Ausgehend von diesem interaktionistischen Denkansatz, wird der 2 bis 3 Monate alte Säugling inzwischen mehr als ein »Persönchen« erlebt, das sich schon bemerkbar machen kann und immer öfter in der Lage ist, mit seiner Mutter einen **lebendigen Kontakt** aufzunehmen. Ab dem 2. bis 3. Lebensmonat beginnt das Kind zu lächeln, was die Erwachsenen magnetisch anzieht. Ihr Kind ist jetzt weniger ihr »passiver Säugling«, sondern es ist jetzt ihr »Baby«, mit dem man schon einiges machen kann. Diese **Rollenzuschreibung** ist in der Systematik in der psychosozialen Entwicklungslinie ein weiteres interaktives basales Beziehungsritual, mit dem die Eltern, in diesem Fall ihre **haltende** primäre (elterliche) Funktion gegenüber ihrem Kind einsetzen. Was die Eltern durch diese haltende Funktion ihrem Kind vermitteln wollen, kann man etwa so ausdrücken: »*Es ist gut, dass du ein Baby bist und dass du so bist, wie du bist.*« »*Es ist gut, dass du so ein Baby bist.*« usw. In der psychodialogischen Entwicklungsleitlinie drückten die Eltern ihre haltende Funktion in etwa so aus: »*Es ist gut, dass du so sprichst, wie du sprichst.*« »*Es ist gut, dass du deine ganz eigene Sprache sprichst.*« Diese **Baby-Rolle** unterscheidet sich von der Säuglings-Rolle weniger darin, was das Saugen an der Mutterbrust anbetrifft, viele Mütter stillen ja bis 6, manche bis zu 12 Monate lang, sondern vor allem, was seine größere Beweglichkeit und Aufgeschlossenheit gegenüber seiner Umwelt anbetrifft. Ein Säugling der mit 6 Monaten gestillt wird, hat in diesem Sinne trotzdem eine Baby-Rolle eingenommen. Die Mutter beginnt mit ihrem Baby gemeinsame aufeinander abgestimmte affektive Zustände durch- und auszuleben. Wird das Kind als neugeborener Säugling eher geschlechtsneutral und noch als »Teil von mir« von seiner Mutter erlebt, so beginnt sich jetzt bereits nach 2 bis 3 Monaten, dieses Erleben ihrem Kind gegenüber zu verändern. Sie beginnt sich, auf die Geschlechtlichkeit ihres Buben oder ihres Mädchens mehr und mehr einzustellen, aber eben auch auf andere Merkmale wie Haarfarbe, Augenfarbe, Weichheit der Haut, Stimme usw. Hier beginnt die Entwicklungs- und Lebensgeschichte der Mutter eine Rolle zu spielen, die sich oft unbewusst in den Umgang mit ihrem Baby einmischt und dann auch das Verhalten zu ihrer Tochter oder zu ihrem Sohn mitbestimmen kann. Das Baby kann sich bereits in dieser Zeit als pflegeleichtes Kind, als kleiner Prinz, kleine Prinzessin, als kleiner Tyrann oder abweisend »aufführen«; je nachdem, wie sich das interaktive Wechselspiel zwischen Mutter und Baby abspielt, wobei hier vor allem die **unbewussten Motive** der Mutter die wesentlichste Rolle spielen.

Es kann sein, dass Mutter und Kind noch nicht ausreichend gut zusammengefunden haben, weil sich sowohl die Mutter, als auch ihr Kind schwer tun, ihre Beziehung (Bindung) zueinander herzustellen. Dies kann z. B. der Fall sein, wenn die Mutter unflexibel ist, was ihre Erwartungen und Vorstellung bezüglich ihres Säuglings anbetrifft. Genauso kann dem Kind das in der Regel angeborene Vermögen fehlen, sich auf seine Mutter, so wie sie ist, einstellen und sie annehmen zu können. Dabei ist daran zu denken, dass von Seiten des Kindes Hirnleistungs- und Hirnreifestörungen bestehen können, die die Mutter (Eltern) nicht so ohne weiteres ausgleichen kann. Genauso kann es sein, dass die Eltern in dieser Zeit aufgrund psychischer oder körperlicher Krankheit finanziellen oder beruflichen Belastungen, erheblichen Beziehungsschwierigkeiten oder anderen außergewöhnlichen Belastungssituationen ausgesetzt sind. Da sich unter diesen Umständen keine Sicherheit einstellen kann, was die Baby-Rolle anbetrifft, kann dies zu erheblichen Entwicklungsverzögerungen führen.

7.5.4 Kleinkind-Rolle

Ab dem 6. Lebensmonat kann man von einem Baby eine wichtige soziale Leistung erwarten, nämlich dass es Angehörige deutlich wieder erkennt und sie von Fremden zu unterscheiden vermag. Es lacht nicht mehr sofort mit jedem wie bisher und lässt sich nicht mehr ohne weiteres von Unbekannten auf den Arm nehmen.

Ab dem 7. bis 15./18. Lebensmonat tritt das Baby in die **Kleinkind-Rolle** ein. Dabei können seine Eltern von ihm erwarten, dass seine Zurückhaltung gegenüber Fremden immer ausgeprägtere Formen annimmt, die sich bis zur heftigen Angst vor Unbekannten steigern kann. Das Kind muss in dieser Zeit »fremdeln können«, denn erst durch diese Unterscheidung vertrauter und fremder Menschen lernt das Kind, den eigenen Angehörigen gegenüber tiefe Gefühle der Zugehörigkeit und der Liebe aufzubauen und Unbekannten oder nur flüchtigen Bekannten gegenüber gefühlsmäßig mit Zurückhaltung zu begegnen. Eine weitere Leistung, die jetzt die Eltern von ihrem Kleinkind erwarten können, ist, dass es von sich aus aktiv und selbstständig Kontakt mit seinen nächsten Bezugspersonen aufnimmt. Typisch ist hierbei, dass es sich beim Kuckuck-Spiel selbst das Tuch vom Kopf zieht, um das Spiel fortzusetzen. Es ist auch in der Lage, ein Ärmchen auszustrecken, um auf den Arm genommen zu werden. Diese psychosozialen Aktivitäten von Seiten des Kindes werden möglich, weil die Mutter ihrem Kind in dieser psychosozialen Entwicklungsphase dieses **Kleinkind-Rollenverhalten** nicht nur abverlangt, sondern diese Rolle gleichzeitig durch den Einsatz ihrer **entlastenden** primären (elterlichen) Funktion in ihrem Kind in Gang setzt. Dabei will sie ihm unausgesprochen durch ihre Haltung und ihre Einstellung ihm gegenüber vermitteln: »*Es ist gut, dass du als kleines Kind bei uns bist.*« »*Du hast inzwischen in unserer Familie als neuer Lebenspartner einen großen Wert – du bist jetzt Teilhaber in unserer Familie.*« »*Wenn du uns brauchst, sind wir für dich da und können dich beruhigen.*« Durch diese entlastende Funktion seiner Eltern fühlt sich das Kleinkind in seiner Familie geborgen und als »gleichberechtigter Partner« wertgeschätzt, der sich inzwischen immer öfter emotional mit seinen Eltern austauschen kann.

Sind Eltern, aus welchen Gründen auch immer, nicht in der Lage, ihre Kinder ausreichend emotional zu versorgen, so kann es in diesen Familien zu einer »**Rollenumkehr**« kommen, und das Kind leistet hier jetzt seinen Eltern gegenüber jene emotionale Spannungsreduktion, die eigentlich das Kind von seinen Eltern erwarten kann. Das heißt, die **entlastende** primäre (elterliche) Funktion, die ja so schnell wie möglich in eine **emotionale Kommunikation** münden soll, wird an das Kind delegiert, das mit dieser Rollenzuschreibung total überfordert ist. Da das Kleinkind kein angeborenes Wissen hat, wie zwischenmenschliche Beziehungen funktionieren, lässt es sich zunächst zwangsläufig auf die ihm zugemuteten affektiven Spannungen ein. Sehr bald versucht es aber die dadurch bei ihm auftretenden Krisen, Ängste, Schmerzen und Verzweiflungen so schnell wie möglich wieder loszuwerden. Hier beginnt sich das Kind oft in auffälliger Weise abzureagieren, oder es kommt bei ihm mangels notwendiger Kommunikationstechniken, die ihm ja gerade in dieser Zeit erst beigebracht werden sollen, und mangels körpereigener Stressbewältigungsmechanismen zu schwereren psychischen und/oder körperlichen Gesundheitsstörungen. Dies ist vor allem der Fall, wenn das Kind seinerseits gesundheitlich vorbelastet ist.

> Die »**Rollenumkehr**« kann beim Kind zu schweren Traumatisierungen führen, und sie ist einer der schwerwiegendsten Kindheitsbelastungsfaktoren. Die aus dieser Rollenumkehr resultierenden **negativen Episodenkontexte** im Anpassungssystem des Kindes können später als dysfunktionale Orientierungen, Motive und Motivationen sowohl das spätere Verhalten des Menschen als auch seine Autonomieentwicklung erheblich beeinträchtigen.

Um den 12. bis 18. Lebensmonat beginnt dann auch das Kleinkind die Steuerung seiner Blasen- und Darmmuskulatur zu erlernen und diese nach eigenem Willen zu entleeren. Diese Leistungen werden von den Eltern mehr oder weniger drangvoll erwartet, damit sie möglichst schnell ein »sauberes Kind« haben.

7.5.5 Mamakind-Rolle

Die nächste psychosoziale Entwicklungsphase erstreckt sich etwa vom 15. bis 24. Lebensmonat. Hier lernt das Kind hauptsächlich durch die Unterstützung seiner Mutter nicht nur Laufen, Sprechen, Essen, seine Blasen- und Darmmuskulatur zu kontrollieren, sondern es beginnt sich jetzt auch hier mehr als lernendes Individuum zu verstehen, was sein Rollenverhalten in der Familie anbetrifft. Die Rolle des »Teilhabers« in seiner Familie, also die Tatsache jetzt auch immer mehr als Partner in der Familie ernst genommen zu werden, wird dem Kind in dieser Zeit mehr und mehr bewusst, und es beginnt deshalb seinen Eltern auch eigene Vorstellungen bezüglich dieser Rolle zu »demonstrieren«. Dabei setzen jetzt erste »Auseinandersetzungen« ein, bei denen nicht nur ein »Beharren« des Kindes stattfindet wie bisher im Sinne »Ich will aber!!!«, sondern es beginnt, eigene Vorstellungen mitzuteilen, die es bezüglich seiner Familie hat und ist dabei auch für andere Meinungen zugänglich. Zum Beispiel sagt es bei einem Spaziergang, dass auch der Hund mitkommen soll, obwohl das die Eltern zunächst nicht eingeplant hatten, oder dass sein Teddybär beim Essen am Tisch mitsitzen soll usw. Bei diesen Auseinandersetzungen zeigt das Kind aber immer noch eine geringe Flexibilität seines Denkens und eine nicht allzu große Frustrationstoleranz, wenn es sich auch darin übt. Trotzdem, »weil es ja groß werden will«, bleiben in dieser Zeit Mutter und Vater, hier aber vor allem die Mutter, an die es noch sehr gebunden ist, seine Vorbilder. Die Mutter versucht deshalb in dieser Zeit, ihre **stützenden** primären (elterlichen) Funktionen einzusetzen mittels des basalen interaktiven Beziehungsrituals der **Mama-Kind-Beziehung**. Dies ist wichtig, damit sie das Kind im Laufe der nächsten Monate, aber vor allem in der Mitte seines 2. Lebensjahres mehr als zuvor aus der nach wie vor noch engen Mutterbindung lösen kann. Auch wenn sich mittlerweile zwischen dem Kind und seinem Vater ein gutes Gemeinsamkeitserleben entwickelt hat, ist doch die Beziehung zur Mutter, was ihre Intensität anbetrifft, in der Regel noch deutlich größer. Die **Loslösung** ist notwendig, damit die **Triangulierung** weiter in die Wege geleitet werden kann. Über den Aufbau von positiven, affirmativen Eltern-Imagines gelingt es dem Kind sowohl zu seiner Mutter als auch zu seinem Vater eigenständige Beziehungen herzustellen, die nicht durch Ängste vor Liebesentzug und/oder durch quälende Ängste vor einem Bestraftwerden durch einen Elternteil belastet sind. Über das Beziehungsritual der Mamakind-Rolle versucht also die Mutter, ihre stützende primäre (elterliche) Funktion an das Kind heranzutragen. Dabei vermittelt sie ihm vereinfacht ausgedrückt: »*Es ist gut, dass du selbst die Rolle des Mamakindes einnimmst.*« Dabei gibt sie ihrem Kind deutlich zu verstehen, dass sie jetzt gemeinsam daran arbeiten werden, dass es in dieser Mamakind-Rolle so viel lernen wird, dass es diese Rolle gestärkt verlassen kann. Dann kann es eine für ihn ebenso wichtige Beziehung zu seinem Vater eingehen und davon profitieren.

Selbstverständlich kann hierbei auch der Vater »einspringen«. Wie wir wissen, beginnt am Ende des 2. und Anfang des 3. Lebensjahres die **Wiederannäherungskrise** des Kindes. Das heißt, durch die Rolle des Mamakindes lernt es sowohl seine Abhängigkeit als auch seine Unabhängigkeit immer wieder aufs Neue in Frage zu stellen, aber auch anzunehmen. Dabei geht es nicht nur darum, dass ein Kind lernt, sich ordentlich von seinen Eltern zu trennen, sondern auch, dass es diese Mutter(Eltern)-Kind-Bindung wieder kurzzeitig aufnehmen kann, um so gestärkt wieder seine eigenen Wege gehen zu können.

Durch seine inzwischen stattgefundene psychomotorische, psychointentionale und psychodialogische Entwicklung ist das Kind jetzt durchaus in der Lage, sich den Erwachsenen anzunähern, aber sich auch von ihnen zu distanzieren. Gerd Rudolf (1993, S. 33 f.) schreibt:
»*Die Annäherung kann so erfolgen, dass es mit ihm herumtoben, raufen, schmusen, spielen, sich kör-*

perlich motorisch mit ihm auseinandersetzen möchte; sie kann sprachlich durch Worte, speziell durch Fragen gestaltet werden, meist ist sie von intensiven Affekten begleitet. Das Kind ist imstande, Nähe und Intimität herzustellen oder Distanzierung zu schaffen. Die weichen, zärtlich-freundlichen Regungen werden kontrapunktiert durch wütend-aggressive Angriffe, durch Abwendung, Rückzug auf sich selbst oder Zuwendung zu dem fremden Anderen. Überhaupt ist die Neugier auf das Fremde, die ängstlich getönte Erregung, welche die Begegnung mit dem Unvertauten bietet, jetzt zunehmend wichtig gegenüber der früher vorwiegend bestehenden Tendenz beim vertrauten Objekt Sicherheit und Geborgenheit zu suchen!«

Die Rollenzuweisung des Mamakindes schafft für diese sehr »aufwendige« Entwicklungsphase den notwendigen Boden. In ihrem Buch »Die psychische Geburt des Menschen« (1980, S. 103) beschreibt Mahler in der dritten Subphase »Wiederannäherung« sehr genau die Dynamiken, die im Kind in dieser Zeit ablaufen:

»Unvereinbarkeiten und Missverständnisse zwischen Mutter und Kind lassen sich selbst dann beobachten, wenn es sich um eine normale Mutter und ein normales Kind handelt; sie wurzeln zum großen Teil in gewissen Widersprüchen in dieser Subphase. Das Verlangen des Kindes, das die Mutter sich unausgesetzt mit ihm beschäftige, erscheint der Mutter widersprüchlich: Während das Kind nun nicht mehr so abhängig und hilflos wie noch vor einem halben Jahr und eifrig bemüht scheint, es immer weniger zu werden, beharrt es dennoch sogar stärker darauf, dass die Mutter an jedem Aspekt seines Daseins Anteil nehme.«

Dabei wird deutlich, wie wichtig es ist, dass es der Mutter trotz dieser widersprüchlichen Turbulenzen in dieser Zeit gelingt, über ihre Rollenzuweisung der Mama-Kind-Beziehung ihrem Kind auch immer wieder sehr deutlich zu vermitteln: »Es ist gut, das du diese Rolle von dir aus, also selbst einnimmst.«

7.5.6 Papakind-Rolle

Ab dem 3. Lebensjahr wendet sich das Kind mehr als zuvor dem Vater zu. Das Kind hat die Wiederannäherungskrise, die sich hauptsächlich mit der Mutter abspielte überwunden und zum großen Teil bewältigt. Jetzt, nachdem es sich von seinen Eltern verstanden fühlt, vertraut es ihnen auch, dass sie es nicht im Stich lassen, und es beginnt nach eigenen Wegen zu suchen, um ans Ziel zu kommen. In der Rolle des **Vaterkindes** fühlt sich das Kind **sicher**, wenn es etwas Erlerntes nach seinen Vorstellungen verändert und sich dabei spielerisch mit seinem Vater auseinandersetzen kann. Manche Autoren sprechen hier auch vom »Trotzalter«, was aber meiner Ansicht nach inzwischen überholt ist. Damals ging man davon aus, dass Trotzanfälle entwicklungsbedingt und für die Willensentwicklung notwendig und unerlässlich sind. Inzwischen hat sich aber herausgestellt, dass diese Trotzanfälle keineswegs entwicklungsbedingt sind, sondern als Reaktion auf bestimmte Erziehungspraktiken auftreten. Ist es den Eltern möglich, zu verstehen, dass ihr Kind jetzt im Zuge der weiteren Ich-Entwicklung seinen Willen »übt«, indem es oft völlig unsinnige Aktionen vorhat und diese auch durchführen will, tritt dieses so genannte Trotzalter kaum auf. Dabei sollte es allerdings für Eltern und Kind inzwischen eine Selbstverständlichkeit sein, sich, wenn es sein muss auch heftig, auf der Basis von Akzeptanz, gegenseitigem Respekt, Toleranz und Verständnis auseinanderzusetzen. Dabei gibt es Ordnungen, Regeln und lebenspraktische Fertigkeiten, die das Kind gemeinsam mit den Eltern lernen und einüben muss. Das Kind hat inzwischen sein **Selbstkonzept** so weit vergrößert, dass die davon ausgehende **selbstreflektive Resonanz** sein **autonomes Ich** so kräftig, dass es jetzt immer öfter in der Lage ist, eigene Pläne zu schmieden und seinen Willen dem der Umwelt entgegenzusetzen. Lotte Schenk-Danzinger (1988, S. 103) schreibt:

»Das Ich konstituiert sich aus der Konfrontation mit dem Du.« Und an anderer Stelle: »Der in großen Teilen der Bevölkerung weit verbreitete autoritäre Erziehungsstil ist gekennzeichnet durch geringes Verständnis für die Tatsache, dass das erste Wollen und Planen des Kindes, so absurd es dem Inhalt nach noch erscheinen mag, der erste und wichtigste Schritt in der Entwicklung der menschlichen Selbststeuerung ist.«

Bereits mit etwa 2½ Jahren beginnt das Kind, Ich-Sätze zu bilden, z. B. »Ich haben.« oder etwa später »Nein, ich mag nicht spielen, baden gehen!« Wie schon zuvor beschrieben, tritt das Kind jetzt in eine dritte Dimension des Erlebens ein; es ist der Übergang vom symbolischen Erleben zum **personalen Erleben**. Diese Entwicklung beginnt etwa ab Beginn des 3. Lebensjahres. Das heißt, das Kind kann jetzt zwischen Aktualwahrnehmung und seinem Hintergrundbewusstsein ganz deutlich unterscheiden, kann seine emotionale/affektive Situation einschätzen, weiß um seine Gestimmtheit (selbstreflektive Resonanz), ist sich seines eigenen Motivationszentrums bewusst und kommt immer öfter in die Lage, eigene Entscheidungen zu treffen.

Durch das basale interaktive Beziehungsritual der **Rollenbeimessung** hier der Rolle des **Papakindes,** setzen die Eltern in der psychosozialen Entwicklungsleitlinie ihre **kreativen** primären (elterlichen) Funktionen bei ihrem Kind ein. Dadurch vermitteln die Eltern ihrem Kind: *»Es ist gut, dass du diese Papakind-Rolle in unserer Familie einnimmst.«* und *»Es ist gut, wie du diese Papakind-Rolle in unserer Familie spielst.«* Das Kind ist den Rockschößen seiner Mutter entflohen und versucht sich jetzt immer öfter mit seinem Vater spielerisch auseinanderzusetzen: Fußballspielen oder andere sportliche Spiele sind jetzt angesagt. Das Kind fordert seinen Papa auf, ihm dabei zu helfen, die Rolle, die es in der Familie spielt, immer wieder aufs Neue zu verändern. Aus dieser Papakind-Rolle schöpft das Kind auch die Kraft, die es braucht, um seine Identität, seine Selbstsicherheit und seine Selbstbewusstheit, die sich gerade bei ihm eingestellt haben, zu festigen.

> So wie sich zuvor die Tochter oder der Sohn mit dem **mütterlichen Prinzip** des **Empfangens**, **Nährens** und **Bewahrens** identifiziert hat, so kann sich jetzt die Tochter oder der Sohn mit dem **väterlichen Prinzip** des **Zeugens**, **Schützens** und **Kämpfens** identifizieren.

In dieser Zeit, im 3. und auch gegen das 4. Lebensjahr hin, wird dem Kind zunehmend seine **Geschlechtszugehörigkeit** als etwas von sich selbst bewusst. Immer eindeutiger tritt jetzt das Kind als Person seinen Eltern gegenüber und erlebt sich ihnen gegenüber unabhängiger (Triangulierung). Erfahrungsgemäß ist in dieser Entwicklungsphase oft mehr der Vater als die Mutter gefragt, da sich die Kinder im Erproben ihres eigenen Willens vor allem mit dem Vater »auseinandersetzen« wollen. Erst wenn das Kind seine Selbstwirksamkeit bei seinem Papa entwickeln, erproben und diese ihm gegenüber auch ins Spiel bringen konnte, kann es sich auch aus dieser Rolle freimachen und die Rolle des für den Kindergarten »reifen« Kindes übernehmen. Über oft heftige Konkurrenz- und Rivalitätserfahrungen wird sich das Kind dabei gegenüber dem Vater sowohl immer wieder erfolgreich durchsetzen und behaupten können als auch Niederlagen verkraften und Frustrationen aushalten müssen.

7.5.7 Kindergartenkind-Rolle

In der nächsten Entwicklungsphase ab dem 4. bis 6. Lebensjahr tritt das Kind in die Rolle des **Kindergartenkindes**. Die Rollenerwartung dabei ist, dass es dem Kind möglich ist, sich zumindest für einige Stunden vom Elternhaus zu entfernen und sich in eine Gruppe von gleichaltrigen Kindern einzugliedern. Kommt das Kind dann nach Hause, beginnt es, mit den Eltern über seine Erfahrungen im Kindergarten zu sprechen, und es kann jetzt auch immer besser zuhören, wenn die Eltern aus ihrem Leben berichten. Das basale interaktive Beziehungsritual, das die Eltern ihrem Kind gegenüber einsetzen, ist die Rollenerwartung, dass sich ihr Kind wie ein typisches Kindergartenkind verhält, wie auch immer dieses Verhalten, je nach Land, Kultur und Vorstellung von Kindererziehung sein mag. Durch diese Rollendetermination werden dem Kind die **narrativen** primären (elterlichen) Funktionen vermittelt. Die Essenz dieser Objektstützung, also das, was sich letztlich im neuronalen Anpassungssystem des Kindes niederschlägt und ihm später über sein Anpassungskonzept immer wieder bewusst werden kann, ist in Worte so zu fassen: *»Es ist gut, dass du selbst mit den anderen Kindern diese Kindergartenkind-Rolle übernimmst.«* *»Es ist gut, dass du im Kindergarten eine Rolle spielst.«*

Wichtig bei dieser Rollendetermination von Seiten der Eltern ist die Wechselwirkung, die durch diese Rollenzuschreibung zwischen dem Kind und seinen Eltern möglich werden sollte.

7.5 Psychosoziale Entwicklungsleitlinie

Die Erfahrungen der Rollenzuschreibung, der Rollenerwartung von Seiten der Eltern und des Kindergartens, die Erfahrungen des Rollenverständnisses von Seiten der Eltern und des Kindes selbst, vor allem aber die Erfahrungen, die das Kind selbst macht, können für seine psychosoziale Entwicklung und seine Selbstentwicklung von größtem Nutzen sein. Letztlich sollte es dem Menschen möglich werden, sich mit der ihm zugewiesenen Rolle zu identifizieren, sie aber auch wieder in Frage zu stellen, sich mit ihr auseinanderzusetzen oder sich von ihr zu trennen, um in eine andere Rolle zu wechseln. Bei diesem Rollenspiel der Erwachsenen zeigt sich dann, welches verinnerlichte Wertesystem einen Menschen leitet und wie er von bestimmten Orientierungen, Beweggründen und Vorstellungen von Treue, Loyalität, Verpflichtung, Verantwortung, Sitten und Gebräuchen beherrscht wird oder ob er sich frei nach eigenem Ermessen entscheiden kann.

Wichtig bei der Rollendetermination, die in der Frühentwicklung von Seiten der Eltern gegenüber ihrem Kind stattfindet, ist es, dass dem Kind die Möglichkeit gegeben wird, diese für die jeweilige Entwicklungsphase wichtige Rolle so intensiv wie möglich zu durchleben, damit es den Anforderungen der entwicklungsgeschichtlich nächsten Rolle gewachsen ist. Treten hierbei Schwierigkeiten auf, hat der Mensch aller Wahrscheinlichkeit nach zeitlebens Schwierigkeiten mit dieser Rolle, egal unter welchen Umständen und auf welche Art und Weise sie ihm gegenüber abverlangt werden wird. Er kann dann immer wieder auf die »alte«, frühkindliche Rolle zurückfallen, hat dabei aber zeitlebens Chancen, das Repertoire, das diese Rolle ihm abverlangt, nachzulernen.

Ab dem 6. Lebensjahr tritt das Kind in das Schulkindalter, also in die Rolle des **Schulkindes**. In den folgenden Jahren übernimmt es dann die unterschiedlichsten Rollen vom Schüler, Teenager, Lehrling, Gesellen, Meister, Student, usw.

8 Dialogischer Beziehungsmodus

8.1 Entwicklung des dialogischen Beziehungsmodus in den ersten vier Lebensjahren

8.1.1 Allgemeine Betrachtung

Der Säugling beherrscht noch *keinen* **dialogischen Beziehungsmodus**, sondern erlernt ihn mithilfe seiner Eltern im Laufe seiner Entwicklung über einzelne Entwicklungsschritte in den bekannten Entwicklungsphasen. Dabei setzen die Eltern gegenüber ihrem sich in Entwicklung befindlichen Kind den dialogischen Beziehungsmodus ein, den sie als Erwachsene inzwischen beherrschen. In der Interaktion zwischen Eltern und Kind findet jetzt, ohne dass Eltern und Kind sich dessen immer bewusst sind, ein ständiges Sich-aufeinander-Einstellen und Sich-miteinander-Abstimmen statt. Dabei kann sich das Kind aus dem Pflegeverhalten seiner Eltern das herausholen, was es braucht und diese lebenswichtigen Erfahrungen in sich aufnehmen, vorausgesetzt, die Eltern verfügen über die beschriebenen **primären (elterlichen) Funktionen** und können ihre **primäre Liebe** über die ebenfalls beschriebenen **basalen interaktiven Beziehungsrituale** so an ihr Kind herantragen, dass dadurch die Persönlichkeitsentwicklung des Kindes immer wieder in Gang gesetzt und so lange wie notwendig aufrechterhalten wird. Es sind dies die hier schon immer wieder angesprochenen basalen primordialen Erfahrungen, die möglicherweise schon vor der Geburt, aber sicher sofort nach der Geburt des Kindes vom Anpassungssystem als funktionale oder dysfunktionale Episodenkontexte aufgenommen werden und entweder als funktionale primordiale Orientierungen und Motivationen die Matrix des Selbstsystems bilden oder sich als dysfunktionale Orientierungen und Motivationen im Anpassungssystem verankern (internalisieren, introjezieren). E. Husserl (1859–1938), der Begründer der phänomenologischen Philosophie, sprach in diesem Zusammenhang von einem »Ur-Ich«, was im Bewusstsein des Menschen als gültige Struktur aufweisbar ist.

Das Kind wird also ab Beginn seines Lebens ständig mit dem dialogischen Beziehungsmodus der Erwachsenen konfrontiert. Dies ist den Eltern zwar intuitiv bewusst und sie versuchen sich deshalb auch spontan, so gut sie es eben können, auf ihr Kind »einzustellen« und dabei den dialogischen Beziehungsmodus auf die Beziehungseinstellung zu beschränken, von der sie annehmen, dass ihr Säugling, ihr Baby, ihr Kleinkind gerade etwas damit anfangen kann.

Durch die Pflegeleistung seiner Mutter (Eltern) und hier vor allem durch deren emotionale Versorgung, befindet sich das Kind in seiner Frühentwicklung nicht nur in einer Abhängigkeit von seinen Eltern, sondern gerade durch diese elterliche Fürsorge wird im Kind ein ständiger Veränderungsprozess in Gang gesetzt, dem das Kind, so gut es kann, Rechnung trägt. Das heißt, dem Kind wird in dieser Zeit eine hohe physische und psychische Flexibilität abverlangt, kraft der es ihm gelingen kann, sich auf die beschriebenen basalen interaktiven Beziehungsrituale gemäß seinem Entwicklungsstand so einzustellen und sich so darauf einzulassen, dass die primären (elterlichen) Funktionen als Organisatoren in seiner wachsenden Persönlichkeit wirksam werden. Außerdem soll es dem wachsenden Kind möglich werden, die in seinem Entwicklungsprozess ständig stattfindenden psychischen und physischen Veränderungen so zu verarbeiten, dass es auf dem Boden des Erreichten den Übergang zur nächsten Entwicklungsstufe leisten kann. Es soll sich immer wieder aufs Neue auf die dafür notwendige Fürsorge und primäre Liebe seiner Bezugspersonen einstellen und sich diese auch von ihnen holen können.

Um diesen interaktiven Prozess besser verstehen zu können, bei dem sich sowohl das Kind in

8.1 Entwicklung des dialogischen Beziehungsmodus in den ersten vier Lebensjahren

seiner jeweiligen Bedürftigkeit auf seine Eltern als auch die Eltern mit ihrer primären Liebe auf ihr Kind Schritt für Schritt immer wieder aufs Neue einstellen, beziehe ich mich jetzt auf die einzelnen Entwicklungsphasen, in denen das Kind die Kompetenzen für den dialogischen Beziehungsmodus entwickelt:

- in den ersten 2 Lebensmonaten ist es das auftauchende Selbstempfinden
- vom 2./3. bis 7./9. Lebensmonat ist es das Kernselbstempfinden
- vom 7./9. bis 15./18. ist es das subjektive Selbstempfinden
- mit dem 15./18. Lebensmonat (1½ Jahre) ist es der Beginn des verbalen Selbstempfindens
- vom 28./30. Lebensmonat (2½ Jahre) an ist es der Beginn des personalen Selbstempfindens
- ab dem 42./45. Lebensmonat (3½ Jahre) beginnt das soziale Selbstempfinden

Das verbale, personale und soziale Selbstempfinden entwickelt sich ein Leben lang weiter. Diese Einteilung orientiert sich an der von Stern beschriebenen phasentypischen Selbstentwicklung beim Kind. Dabei lege ich großen Wert darauf, aufzuzeigen, dass sich das Kind immer nur mit *den* Kompetenzen auf seine Umwelt einstellen kann, die es zuvor auf seinem Entwicklungsniveau erworben hat. Bei diesem Sich-gegenseitig-aufeinander-Einstellen ist es immer auch eine Frage der **Präsenz**, also der bewusst wahrgenommenen Gegenwärtigkeit von einem selbst und seiner Umwelt. In unserem Fall heißt dies: Wie bewusst ist sich das Kind in seinen jeweiligen Entwicklungsphasen seiner selbst und wie bewusst kann es dabei seine Eltern wahrnehmen? Inwieweit sind sich die Eltern ihrer selbst bewusst und wie bewusst können sie ihr Kind in seinen jeweiligen Entwicklungsphasen wahrnehmen? Diese Präsenz spielt also auch bei der Entwicklung von funktionalen und positiven Episodenkontexten im Anpassungssystem des Kindes eine wesentliche Rolle.

In den zwischenmenschlichen Begegnungen, in denen kommuniziert wird, Begegnungen, in denen sich Menschen sowohl gedanklich als auch emotional austauschen, lassen sich nach meinen Untersuchungen einfache, episodische Kommunikationsstrukturen identifizieren. Das heißt, man könnte sagen, dass in jeder Beziehung, in der kommuniziert wird, im Großen und Ganzen immer die gleichen Kommunikationselemente verwendet werden. Diese Kommunikationselemente sind etwa in der gleichen Reihenfolge gegliedert, und es lässt sich immer ein Anfang und ein Ende in so einem Kommunikationssystem finden. Bei der Beschäftigung mit diesen Kommunikationselementen stellte sich dann für mich eine Logik heraus, die mir zuvor schon in der Entwicklungspsychologie begegnet war. Später fand ich dann im Stillvorgang eine weitere Entsprechung des von mir so genannten dialogischen Beziehungsmodus.

Die Mutter setzt in der Beziehung zu ihrem Kind alle Kommunikationselemente chronologisch gegliedert und ganzheitlich ein. Das Neugeborene, der Säugling, das Baby, das Kleinkind profitieren von diesem ganzheitlichen dialogischen Beziehungsmodus, mit dem die Mutter kommuniziert. Dabei kann das Kind aber immer nur das Kommunikationselement erfassen, das ihm aufgrund seines Entwicklungs- und Beziehungsniveaus bewusst wird. Das heißt, die Kommunikationsstruktur, die dem Beziehungserleben des Neugeborenen und auch noch des Säuglings zugrunde liegt, ist undifferenziert und eine Art Beziehungsmatrix. Indem die »erwachsene« Mutter im Kontakt mit ihrem Kind gleichzeitig einen reifen dialogischen Beziehungsmodus mit sich selbst führen kann, gelingt es ihr, bei ihrem Kind die für seine jeweiligen Entwicklungsstadien notwendigen Objektstützungen bei sich herzustellen, diese bei ihrem Kind einzusetzen und so bei der Bildung seiner **Kommunikationselemente** effektiv mitzuwirken. Von Seiten der Mutter wird also immer der »ganze« dialogische Beziehungsmodus eingesetzt. Auf diese Weise kommt das Kind im Laufe seiner Entwicklung immer wieder mit allen Kommunikationselementen und den dabei stattfindenden Beziehungserfahrungen in Kontakt, was auf seine Persönlichkeitsentwicklung einen maßgeblichen Einfluss nimmt.

Erst gegen Ende des 3. Lebensjahres kann das Kind den dialogischen Beziehungsmodus mehr und mehr erfassen und Schritt für Schritt so damit umgehen, dass es nicht nur mit seinen Eltern, sondern auch mit anderen Menschen dialogisch kommunizieren kann.

Beginnen wir mit der **existenziellen Beziehung**, die die Mutter und ihr Neugeborenes miteinander verbindet. Die Beziehungseinstellung, die hier für das Kind von Seiten der Mutter wirksam wird, aber auch vom Kind zur Mutter, nenne ich **Dyade**. Bei dieser Dyade werden von Seiten der Mutter die tragenden elterlichen Funktionen über die basalen interaktiven Beziehungsrituale für ihr Neugeborenes wirksam. Dabei gehe ich davon aus, dass diese tragende Objektstützung (wie später auch alle anderen Objektstützungen) ein für die Persönlichkeitsentwicklung notwendiger Organisator ist, der ein Leben lang wirksam ist. Inwieweit ein Kind in seiner Frühentwicklung von sich aus bereits eine Art Dyade herzustellen vermag und z. B. im übertragenen Sinn seiner Mutter (Vater) mitteilt: »Es ist gut, dass du mich aufnimmst in dein Leben« »Es ist gut, dass ich da sein kann bei dir.« usw. oder ob es alleine der angeborene Selbsterhaltungstrieb ist, der die menschliche Frühentwicklung vorantreibt, bleibt weiteren Untersuchungen vorbehalten.

Wenn man versucht, sich in das Kind hineinzuversetzen, wie es dieses »Gestillt-Werden« erleben mag, so ist höchste Vorsicht geboten, weil die Erwachsenen von dem, was in so einem Neugeborenen vorgeht, ihre eigenen, teils abenteuerlichsten Vorstellungen haben. Trotzdem wage ich diesen Schritt unter Hinzuziehung der Ergebnisse aus der Säuglingsforschung und hoffe, dass meine Vorstellung, wie das Neugeborene das Stillen erleben könnte, eine Annäherung zu dem ist, was tatsächlich in diesem Säugling passiert und ich dabei nicht zu sehr einer Illusion erliege. Stern schreibt zu diesem Thema in seinem Buch »Tagebuch eines Babys« (1991, S. 13), in dem er sich auch versucht, in unsere früheste Kindheit hineinzufühlen und hineinzudenken:

»*Ich muss jedoch hinzufügen, dass diese Autobiographie (hier bezieht sich der Autor auf die Autobiographie seines »fiktiven« Säuglings) keinesfalls einheitlich ist, sondern allenfalls eine Legierung aus Spekulationen, Phantasien und Fakten, welche unserem derzeitigen Wissen über die frühe Kindheit entstammen. In den vergangenen Jahrzehnten sind wir durch die systematische Beobachtung von Kindern zu bahnbrechenden Erkenntnissen gelangt!*

Über die beiden ersten Lebensjahre liegt uns heute sogar mehr Beobachtungsmaterial vor, als über jede andere Entwicklungsphase.«

Eingedenk dieser Zurückhaltung, die hier ausgesprochen wird, gehe ich davon aus, dass das Kind beim Stillen seine Mutter, aber auch das Stillen mit seiner Mutter als etwas »Ganzes« erlebt, dabei deutliche Grenzen zwischen sich und seiner Mutter empfindet und sich gleichzeitig über ein sehr subjektives Gemeinsamkeitserleben zutiefst mit ihr verbunden fühlt. Durch eine fortschreitende Objektstrukturierung seiner Subjektschemata (Objektivierungsprozess) findet dann das Kind immer mehr zu einer objektiveren Wahrnehmung (diakritische Wahrnehmung).

Versuchen wir uns nun schrittweise vorzustellen, was sich einerseits in der Mutter abspielt, die ihren Säugling stillt, und wie der Säugling, der gestillt wird, andererseits sein Gestillt-Werden erleben mag. Dabei möchte ich aufzeigen, wie die Mutter, den ganzen dialogischen Beziehungsmodus einsetzt, um auf diese Weise ihrem Säugling das Kommunikationselement **Empathie** (hier: beruhigen, »still« machen), als auch später das Kommunikationselement **Regulation** (saugen, sich Milch geben) beizubringen:

> **Fallbeispiel: Stillen**
>
> Die Mutter lässt sich von ihrem schreienden Baby so in Beschlag nehmen, dass sie voll und ganz in ihm aufgeht und zunächst nicht mehr zwischen ihrem und dem Eigenleben ihres Kindes zu unterscheiden vermag (**Dyade-Stadium I**).
>
> Sie erkennt dann sofort an seinem Schreien, dass es sich bei ihm um ein Hungergeschrei handelt, und sie kann sich trotz dieser Vereinnahmung auf ihr Kind affirmativ einstellen (**Dyade-Stadium II**).
>
> Sie kommt ihm dann in ganz typischer Weise körperlich nahe, nimmt es z. B. auf den Arm, und ihr wird in diesem Gemeinsamkeitserleben bewusst, dass sie und ihr Baby zwar existenziell aufeinander bezogen (**Setting-Stadium I**), letztlich aber zwei völlig unterschiedliche und jetzt getrennte »Körper« sind (**Setting-Stadium II**).
>
> Sie verspürt aus diesem Gefühl des »Aufeinander-bezogen-Seins« heraus eine große Bereitschaft, sich in ihr Baby einzufühlen, und bekommt dabei seine hohe innere Unruhe, die sich ständig steigert, mit (**Empathie-Stadium I**).

Dabei stellt sie aber fest, dass diese »innere Not« ihres Babys überhaupt nichts mit ihr selbst zu tun hat (**Empathie-Stadium II**).

Sie kann jetzt aber gut nachvollziehen und verstehen, dass ihr vor Aufregung zitterndes Baby ganz alleine nicht in der Lage ist, aus seiner überbordenden Unruhe herauszufinden (**Identifikation-Stadium I**).

Als Mutter fühlt sie sich deshalb aufgefordert, sich in ihr bedürftiges Kind hineinzuversetzen, um ihrem Kind zu helfen, es zu beruhigen, es »still zu machen« (**Identifikation-Stadium II**).

Sie besinnt sich nach dieser Identifikation auf sich selbst zurück, um sowohl auf die gerade erlebte und durchaus vorhandene emanzipative Kraft ihres Babys als auch auf sich selbst zu vertrauen, was diese Stillaufgabe anbetrifft (**De-Identifikation-Stadium I**).

Durch diese Vertrauensbeziehung eröffnet sich für beide Seiten eine Art »Beziehungskanal« (**De-Identifikation-Stadium II**).

Über diesen kann sie jetzt die überbordende Aufregung ihres Säuglings auf sich nehmen, damit sich bei ihm die Kraft einstellt, die er zum Saugen braucht (**Regulation-Stadium I**).

Sie öffnet, voll und ganz auf ihr Kind bezogen, ihre Bluse, macht ihre Brust frei, legt ihr Baby an oder macht ihm ein Milchfläschchen, damit ihr Säugling die Milch zu sich nehmen kann, die er braucht. Schließlich finden Mutter und Kind zu der notwendigen Ruhe und zu der notwendigen Kraft, damit das »Milchgeben« und »Milcheinverleiben« möglich wird (**Regulation-Stadium II**).

Hier wurde ein **dialogischer Beziehungsmodus** von der Mutter – so weit sie dies in dem Moment des Stillens konnte – ganzheitlich durchgeführt und in die Tat umgesetzt.

Ich gehe jetzt davon aus, dass sich der hier beim Stillvorgang beschriebene dialogische Beziehungsmodus mit seiner **Kommunikationsstruktur** (Ineinandergreifen der einzelnen spezifischen Kommunikationselemente) in jeder zwischenmenschlichen Beziehung wiederfinden lässt. Die Frage dabei ist, inwieweit es dem Menschen im Laufe seiner Entwicklung möglich wurde, diesen dialogischen Beziehungsmodus für die unterschiedlichen Lebenslagen effektiv, d. h. von der Dyade über das Setting, die Empathie, die Identifikation, die De-Identifikation bis hin zur Regulation einzusetzen.

! Für die Psychotherapie ist das Konzept des dialogischen Beziehungsmodus sehr hilfreich, weil es den Psychotherapeuten die Diagnostik, also die Erfassung der zugrunde liegenden Entwicklungsstörung einer psychischen Erkrankung, erleichtern kann.

8.1.2 Existenzielle Beziehungserfahrung im Kommunikationselement Dyade

Erfahrungsgemäß ist davon auszugehen, dass die Mutter ihre einzelnen Kommunikationselemente und die damit einhergehenden Beziehungserfahrungen sehr oft unbewusst einsetzt. So stellt sie z. B. am Schreien ihres Kindes fest, dass es sich in großer Not befindet. Ihr ist aber in diesem Moment nicht bewusst, dass es sich hierbei um die Tragweite einer existenziellen Beziehung handelt. Diese existenzielle Beziehung ist die erste Beziehungserfahrung im dialogischen Beziehungsmodus. Sie wird vom Kind lebensspendend und seine Existenz zutiefst bejahend erfahren, wenn es der Mutter gelingt, die beschriebenen tragenden (elterlichen) Funktionen (»*Es ist gut, dass du da bist als Mensch*«) über entsprechende basale interaktive Beziehungsritual (z. B. in typischer Weise das Baby auf den Arm nehmen usw.) bei ihrem Kind in Kraft treten zu lassen. Durch diese tragende Objektstützung stellt sich zwischen Mutter und Kind die jetzt schon oft beschriebene positive, also funktionale existenzielle Beziehung ein, die intrapsychisch einen organisativen Einfluss auf die Persönlichkeitsentwicklung nimmt.

Beim Stillen spürt und empfindet das Kind seine »Umweltmutter«, wie Winnicott (1990) in diesem Entwicklungsstadium die Mutter nannte, zutiefst als Lebensspenderin, die seine Existenz bejaht. Diese Erfahrungen schlagen sich als positive Episodenkettenkontexte im Anpassungssystem des Säuglings nieder und bilden über die primäre intrapsychische Identifikation die Matrix des Selbstsystems. Damit verinnerlicht das Kind (oder lernt) sein erstes Kommunikationselement des dialogischen Beziehungsmodus, die **Dyade**. Dieses **Sich-einstellen-Können** der Mutter auf ihr Kind und diese mütterliche **Präsenz** sind für die Persönlichkeitsentwicklung des Kindes unerlässlich und ein wichtiger Teil seines späteren »inneren Rückhaltes« (Objektkonstanz, Objektstützung). Hat sich diese primordiale Objektstützung im Selbstsystem des Kindes ausreichend niedergeschlagen und dort verankert, wobei, wie wir wissen, auch immer endogene Faktoren, die im Kind begründet sind, eine Rolle spielen, werden diese lebensbejahenden Orientierungen und Motivationen zeitlebens für diesen Menschen wirksam werden – sowohl in der Vermittlung von Menschenwürde und Respekt gegenüber seinem als auch dem Leben anderer.

8.1.3 Körperliche Beziehungserfahrung im Kommunikationselement Setting

Im Laufe der Individuation ist diese existenzielle Bezogenheit zwischen Mutter und Kind einem ständigen Veränderungsprozess unterzogen, und etwa ab dem 3./4. Lebensmonat wird in dieser dyadischen Beziehung sowohl für die Mutter, aber mehr noch für den Säugling die Körperlichkeit des anderen zunehmend existenter, spürbarer und erlebbarer. Dabei verändert sich das dyadische Miteinander. Die fünf Sinne, die beim Kind mehr und mehr ausreifen, treten zunehmend in Kraft, und die Mutter-Kind-Beziehung wird für beide »sinnlicher« erfahren. Das heißt, entsprechend seiner neurobiologischen Entwicklung macht das Kind mental einen Objektivierungsprozess durch, in dessen Verlauf es immer weniger über Subjektschemata aufnimmt (rezipiert), sondern verstärkt diakritisch wahrnimmt (perzipiert). Diese jetzt mehr **körperliche Beziehung** ist die zweite Beziehungserfahrung im dialogischen Beziehungsmodus. Im Zuge ihrer **haltenden Objektstützung** geht hier die Mutter sehr bewusst mit dem Körper ihres Kindes um, und durch dieses mütterliche Pflegeverhalten wird die Entwicklung eines sehr körperbetonten Kernselbstempfindens in Gang gesetzt. Dadurch stellt sich beim Kind auch eine zunehmend klarere Gefühlsqualität für sein entstehendes personales Ich ein. Das heißt, durch die sich entwickelnde **selbstreflektive Resonanz** wird dem Kind jetzt immer öfter gewahr, dass es etwas »kann«, z. B. Atmen, Hören, Sehen, Riechen, Schmecken, sich Bewegen usw. Unterstützt wird diese personale Entwicklung durch die Beziehungseinstellung der Mutter, die ihr Kind als eine zwar im Wachstum befindliche, aber doch in sich integere Person anspricht.

8.1.4 Persönliche Beziehungserfahrung im Kommunikationselement Empathie

Die Person des Kindes entwickelt gegen Ende seines ersten Lebensjahres nach Stern (1992) ein **subjektives Selbstempfinden**. Durch eine hauptsächlich **entlastende Objektstützung** entwickelt sich zwischen Eltern und Kind immer mehr eine **persönliche Beziehung**, in der sich das Kind als Partner ernst genommen und anerkannt fühlt. Dabei stellt sich für das Kind, aber auch für die Eltern immer mehr heraus, dass jeder von ihnen trotz vieler Gemeinsamkeiten, die sie immer noch miteinander verbinden, ganz unterschiedliche Gefühlswelten und Persönlichkeitsverfassungen hat, z. B. ihre unterschiedliche, aber auch einmalige Art und Weise des Sprechens. Jeder von ihnen hat ein typisches, für ihn spezifisches Ausdrucks-, Handlungs- und Rollenverhalten. Diese jetzt hauptsächlich persönliche Beziehung ist die dritte Beziehungserfahrung im dialogischen Beziehungsmodus. Dabei beginnt sich das Kind in dieser persönlichen Beziehung mit seinen Eltern immer öfter intersubjektiv, informell und emotional auszutauschen, anstatt sich wie früher hauptsächlich durch Vereinnahmung oder über körperliche Signale mitzuteilen.

Gegen Ende seines zweiten Lebensjahres kann das Kind laufen, beginnt seine Blasen- und Darmfunktionen immer effektiver zu kontrollieren und kann sich auch – zwar noch sehr einfach und auf das Wesentliche beschränkt – mit seinen Eltern »unterhalten«. Gleichzeitig tritt durch die entlastende Objektstützung, die bei dieser dritten Beziehungserfahrung vor allem dem Kind, aber auch der Mutter (den Eltern) wirklich bewusst wird, die einseitige emotionale Entlastung, also die Spannungsreduktion, die für das Neugeborene und den Säugling notwendig ist, deutlich in den Hintergrund. Mutter und Kind tauschen sich jetzt in dieser persönlichen Beziehung informell, aber auch hauptsächlich emotional aus. Das Kind fühlt sich, obwohl es aus Sicht der Eltern noch in vielen Bereichen unsicher und unbeholfen ist, immer mehr von seinen Eltern unabhängig und aufgrund seiner fortschreitenden körperlichen Entwicklung sehr oft in seinem Verhalten (z. B. wenn es geht, greift, sich rhythmisch bewegt oder auch spricht usw.) freier. Dieses Gefühl von »Freisein« ist für das Kind eine völlig neue Gefühlsqualität und findet statt im Schutz seiner ihm Sicherheit spendenden Eltern, die es weiter als Mensch in ihrer Familie aufnehmen, es als Person annehmen, anerkennen und es jetzt auch als Partner wertschätzen. Dieses neue Gefühl von Freisein und Ungebundenheit und dem zunehmenden Beherrschen-Können seines Körpers, eröffnet dem Kind Lebensfreude und unbändige Tatkraft. Hinzu kommt, dass in dieser persönlichen Beziehung die Verantwortung noch keine wesentliche Rolle spielt, das heißt, das Kind kann sich jetzt zwar in seine Mutter und seinen Vater einfühlen, weiß also jetzt Bescheid, wie es seinen Eltern geht, fühlt sich aber keineswegs für ihr Leben oder deren Schicksal verantwortlich.

8.1.5 Verständnisvolle Beziehungserfahrung im Kommunikationselement Identifikation

Wenn jetzt die Eltern bewusst Verantwortung für ihr Kind übernehmen und ihm in einer Angelegenheit helfen, mit der es momentan aufgrund seines Unwissens und seiner Unerfahrenheit nicht alleine zurecht kommt, **identifizieren** sich die Eltern mit ihrem Kind und, wenn es gut geht, kann es sich von ihnen **verstanden** fühlen. Dabei geht es grundsätzlich um **Hilfe zur Selbsthilfe**. Wie auch immer die Eltern ihre **stützen-** **den Funktion** einsetzen mögen, wesentlich dabei ist, dass sich zwischen Eltern und Kind eine **verständnisvolle Beziehung** einstellt. Aufgrund der vorausgegangenen persönlichen Beziehung hat das Kind mit seinen Eltern bereits sehr gute Erfahrungen gemacht, erlebt sich menschlich ihnen gegenüber mehr und mehr als ebenbürtiger Partner und ist deshalb in der Lage, die jetzt notwendige Autorität der Eltern für die Entwicklung seiner Lebenstüchtigkeit einzufordern und anzuerkennen.

Wie oft hört man Menschen kopfschüttelnd sagen »Ich kann das beim besten Willen nicht verstehen!« Es sind meist schreckliche Vorkommnisse, die das Vorstellungsvermögen eines Menschen übersteigen. Dabei kommt aber ganz deutlich zum Ausdruck, dass es auch in einer guten persönlichen Beziehung für die Partner manchmal nicht ganz einfach ist, das Verhalten des anderen *wirklich* zu verstehen, also die Beweggründe nachvollziehen zu können oder zu wollen, warum der andere so etwas für einen selbst Unverständliches getan hat. Eine verständnisvolle Beziehung, in der man nicht gleich wertet oder urteilt, setzt mehr voraus als ein gutes Einfühlungsvermögen oder das, was man unter Mitgefühl oder Mitleid versteht. Es setzt eine besondere Bereitschaft voraus, sich so in einen anderen Menschen hineinzuversetzen, sich so mit ihm zu identifizieren als wäre man an seiner Stelle. Erst durch so ein **Ich-Spaltung** kann man Schritt für Schritt die Beweggründe des anderen herausfinden und so nachvollziehen, wie es zu seiner »unverständlichen Tat« gekommen ist. Dabei darf man nicht übersehen, dass ein Eingehen auf den anderen erst in einer verständnisvollen Beziehung möglich werden kann. Diese verständnisvolle Beziehung ist die vierte Beziehungserfahrung in der frühkindlichen Entwicklung des dialogischen Beziehungsmodus. Hier beginnt das Kind, sich in seine Eltern hineinzuversetzen in der Absicht, ihnen zu »helfen«. Dabei spielt selbstverständlich das Modell der Eltern, was deren Hilfsbereitschaft, aber auch deren effektive Hilfeleistung anbetrifft, eine wesentliche Rolle. Erst durch die Beziehungserfahrung, die ein Kind mit seinen hilfsbereiten Eltern macht, lernt es, selbst Verantwortung für sich und für andere zu übernehmen. Dabei ist es genauso wichtig, dass ein Kind frühzeitig lernt, inwieweit es selbst in der Lage ist, effektive Hilfe leisten zu können, um nicht durch Selbstüberschätzung sich und andere in Gefahr zu bringen. Das heißt, bereits in seiner Frühentwicklung lernt das Kind durch verständnisvolle Eltern sowohl Verantwortung zu übernehmen, als auch rechtzeitig die Hilfe zu holen, die es selbst nicht imstande ist, zu leisten.

Bei diesem Kommunikationselement der **Identifikation** besteht aber auch die Möglichkeit, dass die Eltern ihr Kind zum »Erfüllungsgehilfen« ihrer eigenen dysfunktionalen Motivationen (**Ich-Ideale**) machen. Mangels des nötigen Einfühlungsvermögens (Empathie) in ihr Kind konnte sich schon vorher keine ausreichend gute personale Beziehung zwischen dem Kind und seinen Eltern entwickeln. Das heißt auch, dass die gegenseitige emotionale Verfügbarkeit und der emotionale Austausch nur spärlich, wenn überhaupt zustande kommen. Diese Eltern neigen dazu, ihr Kind entweder zu **überfordern** oder zu **unterfordern** und können dadurch in ihrem Kind eine Entwicklung in Gang setzen, die zu Verweigerungsverhalten, Selbstüberschätzung, Minderwertigkeitserleben, Größenwahn usw. führen kann.

Oft versteht eine Mutter ihr Kind nicht, wenn sich dieses beleidigt von ihr abwendet, und findet keine Erklärung für das Verhalten ihres Kindes. Möglicherweise ist sie gerade auf ihr Kind, das sich in einer misslichen Lage befand, zugegangen und hat ihm »geholfen«. Es ist ein Verhalten, das aus der Sicht der erwachsenen Mutter völlig selbstverständlich und notwendig war, das Kind aber fühlte sich dabei nicht verstanden. Hätte sich die Mutter langsam an das Kind herangetastet, anstatt in bester Absicht sofort in das Missgeschick ihres Kindes erfolgreich einzugreifen, hätte sie feststellen können, dass sich ihr Kind in keiner schlimmen existenziell bedrohlichen Lage befand (Dyade). Dann hätte sie am Verhalten ihres Kindes bemerkt, dass es jetzt *kein* »körperliches« Eingreifen durch seine Mutter wollte, sondern es wollte ihre haltgebende körperliche Nähe (Setting), ihre beruhigende Anwesenheit (Empathie) und ihr Verständnis für seine Situation (Identifikation). Ihr Kind wollte in seiner misslichen Situation von jemandem ernst genommen (Empathie) und verstanden (Identifikation) werden, der hätte nachvollziehen können, um was es ihm im Moment wirklich ging. Das Kind wollte einen Menschen, der ihm zunächst aufgezeigt hätte, warum es sich jetzt in so eine missliche Lage gebracht hatte, warum es also dazu gekommen ist. Dann wollte es eine Unterstützung, durch die es weitestgehend alleine aus der Situation wieder herausgekommen wäre oder durch die zumindest seine Bewältigungsversuche ernst genommen worden wären, auch wenn sie nicht gleich zum Ziel geführt hätten. Weiter wollte dieses Kind, dass man ihm beibringt, wie man so eine Situation bewerkstelligt und wie es in Zukunft selbst solchen misslichen Situationen am besten aus dem Weg geht. Es ging dem Kind also um einen **Lernprozess**, den es seiner Mutter abverlangte und nicht um die Erledigung dieser Angelegenheit durch seine Mutter.

8.1.6 Vertrauensvolle Beziehungserfahrung im Kommunikationselement De-Identifikation

Wenn sich jetzt beide Parteien in dieser verständnisvollen Beziehung zurückziehen (De-Identifikation), so tun sie dies in gegenseitigem Vertrauen. Das Kind vertraut jetzt darauf, dass ihm geholfen wird, auch wenn sich seine Mutter, sein Vater zunächst zurückziehen. Dabei entsteht jetzt eine besondere Verbindlichkeit unter diesen Parteien, die übereingekommen sind, sich keinesfalls im Stich zu lassen und miteinander etwas zu machen, zu dem der Einzelne alleine nicht imstande ist. Obwohl sich hier Eltern und Kind, oft auch die Kinder untereinander, vorübergehend trennen, sich also auf sich selbst besinnen, weil jeder oft auf unterschiedliche Weise zu seiner eigenen Selbstwirksamkeit, zu seinen Fertigkeiten und Fähigkeiten, zu seiner Kreativität finden möchte, so tun sie dies mit einem Zuversicht und Mut stiftenden Bild des anderen »im eigenen Herzen«. Dieser bereits seit der Geburt des Kindes langsam sich aufbauende und schon immer wirksame »innere Rückhalt« (selbstreflektive Resonanz) wir dem Kind erst in dieser **vertrauensvollen Beziehung** zu seinen Eltern wirklich bewusst. Setzen die Eltern in dieser Entwicklungsphase ihre **kreative Objektstützung** ein, stellen sie ihrem Kind einen möglichst großen Entwicklungsspielraum zur Verfügung und beziehen sich selbst darin, so oft es ihnen möglich ist, mit ein. Der schon seit der Geburt andauernde und inzwischen auf unterschiedliche Weise ausgetragene **Urkonflikt**, bei dem sich das Kind einerseits abhängig von seinen Eltern erlebt, andererseits aber nach größtmöglicher Autonomie strebt (De-Identifikation), wird dem Kind in dieser vertrauensvollen Eltern-Kind-Beziehung, also der fünften Beziehungserfahrung im dialogischen Beziehungsmodus, so schmerzlich wie noch nie bewusst. Folglich sind Auseinandersetzungen in dieser Zeit an der Tagesordnung. Dabei verlieren aber vor allem die Eltern ihre Vorbildfunktionen nicht aus dem Auge und steuern bei der Konfliktverarbeitung mit ihrem Kind auf die regulative oder liebevolle Beziehung zu.

8.1.7 Regulative (liebevolle) Beziehungserfahrung im Kommunikationselement Regulation

Geht es bei der vertrauensvollen Beziehung um die De-Identifikation, ist doch das Ziel aller produktiven Auseinandersetzungen, ein Ergebnis anzustreben und letztlich auch zu erreichen, was in der Regel einem Einzelnen alleine nicht gelingt. Dieses wohltuende, produktive, konstruktive, auf jeden Fall lebendige Miteinandersein ist eingebettet in eine **kooperative, solidarische (liebevolle) Beziehungserfahrung**, die dem sechsten und letzten Kommunikationselement der **Regulation** entspricht. Entwicklungsgeschichtlich setzen hier die Eltern die **narrative Objektstützung** ein und vermitteln ihrem Kind auf diesem Wege, dass es über den dialogischen Beziehungsmodus so oft wie möglich im Leben des Menschen möglich sein sollte, auch in schwierigen Zeiten, in schwierigen Situationen und in schwierigen Angelegenheiten eine für alle Beteiligten einigermaßen annehmbare Lösung zu finden, ohne Vernichtung, Verachtung und Entwertung des Individuums, ohne gewaltsame Direktiven (z. B. Erziehung zu blindem Gehor-

sam) und ohne Abschaffung der politischen und persönlichen Freiheit.

8.1.8 Zusammenfassung

Zusammenfassend ist zu sagen, dass das Kind in seinen ersten 4 bis 5 Lebensjahren schwerpunktmäßig zunächst existenzielle, dann körperliche, im Weiteren persönliche, verständnisvolle, vertrauensvolle und letztlich solidarische oder regulative Beziehungserfahrungen macht. Verfügt das Kind über diese Beziehungserfahrungen und konnte es die damit einhergehenden Erlebnisse vorwiegend als positive Episodenkontexte verinnerlichen, verfügt das Kind über einen **dialogischen Beziehungsmodus**. Dieser kann in jeder Beziehung als Instrument für eine effektive Nähe-Distanz-Regulation eingesetzt werden. Die frühkindlichen Beziehungserfahrungen entsprechen also im dialogischen Beziehungsmodus den Kommunikations- oder Beziehungselementen. Beim Inkrafttreten des jeweiligen Kommunikationselements im Laufe des dialogischen Beziehungsmodus können selbstverständlich die funktionellen oder dysfunktionalen Orientierungen, Motive und Motivationen der frühen Beziehungserfahrungen reaktualisiert werden. Im Laufe der kindlichen Frühentwicklung werden das/die Kommunikationselement(e) des dialogischen Beziehungsmodus über die das Kind bereits verfügt, schrittweise durch qualitativ neue Beziehungserfahrungen ergänzt. Durch diese Erweiterung beginnt sich das Kind auf das nächsthöhere Kommunikationselement und die dazu spezifische Beziehungserfahrung einzulassen und die entsprechenden Verhaltensweisen einzuüben, zu lernen und sich später damit zu identifizieren.

8.2 Dialogischer Beziehungsmodus im Alltag

8.2.1 Allgemeine Betrachtung

Im vorausgegangenen Kapitel wurde dargelegt, dass der Mensch im Laufe seiner frühkindlichen

Entwicklung in seinen ersten 4 bis 5 Lebensjahren unterschiedliche Entwicklungsphasen durchläuft und hier für das Persönlichkeitswachstum des Kindes ausschlaggebende Eltern-Kind-Interaktionen (Pflegeverhalten der Eltern) stattfinden.

Beobachtet man jetzt die Mutter im Umgang mit ihrem Säugling, Baby, Kleinkind, so zeigt sich, dass die Mutter in den ersten Monaten nach der Geburt sehr bewusst und gezielt und im weiteren Verlauf mehr und mehr selbstverständlich basale interaktive Beziehungsrituale auswählt und einsetzt, wenn sie ihrem Kind eine primäre (elterliche) Funktion vermitteln will. Viele Beobachtungen und Untersuchungen lassen den Schluss zu, dass die primären Bezugspersonen in den von Stern genannten Entwicklungsphasen ein für die jeweilige Entwicklungsphase typisches Pflegeverhalten an den Tag legen. Im Laufe dieser etwa 4 bis 5 Jahre andauernden Frühentwicklung verändern sich die primären (elterlichen) Funktionen und die damit einhergehenden basalen interaktiven Beziehungsrituale, also die Objektstützungen der Eltern, entsprechend dem jeweiligen Entwicklungsstand des Kindes.

Diese Veränderungen der basalen interaktiven Beziehungsrituale, durch die die primären (elterlichen) Funktionen in Kraft treten, habe ich in so genannten Entwicklungsleitlinien systematisiert (s. Kap. 7). Dadurch lassen sich jetzt z. B. in einer bestimmten Entwicklungsphase unterschiedliche interaktive Beziehungsrituale (psychomotorische, psychointentionale, psychodialogische und psychosoziale) beschreiben, mit deren Hilfe die Eltern ihrem Kind die für diese Entwicklungsphase spezifische, also phasentypische primäre (elterliche) Funktion vermitteln wollen.

> **Fallbeispiel: Wickeln**
> Beim Wickeln beginnt das Baby, aufgeregt mit seinen Beinchen zu strampeln und vor Freude zu quietschen. Diese Freude überträgt sich auf die Mutter, die jetzt ihr 5 Monate altes Baby mit beiden Händen hochnimmt und es dann fest in den Armen hält. In unterschiedlichen Tonlagen spricht sie dann mit ihrem Baby: »Dudududu, deine Mama hat dich lieeeb!«

Versucht man jetzt dieses mütterliche Verhalten anhand der beschriebenen Entwicklungsleitlinien zu analysieren, so zeigt sich, dass die Mutter hier ihre **haltende elterliche Funktion** einsetzt und zwar zunächst über ein **psychomotorisches** (**Holding**) und dann über ein **psychodialogisches** basales interaktives Beziehungsritual (**Ammensprache**). Die Mutter hätte aber ihre haltende (elterliche) Funktion auch dergestalt einsetzen können, indem sie vor den Augen ihres Kindes mit einer Puppe gespielt, dadurch seine Aufmerksamkeit auf diese Bewegung gelenkt und es auf diese Weise zum Mitmachen animiert hätte. Hier handelt es sich um das interaktive Beziehungsritual **Attraktion** innerhalb der **psychointentionalen Entwicklungsleitlinie**. Anstatt der bisher genannten haltenden Objektstützungen hätte die Mutter genauso, in Orientierung an die psychosoziale Entwicklungsleitlinie ihr Kind so anziehen, es so in den Kinderwagen betten und so mit ihrem Baby spazieren fahren können, dass sich das Kind durch dieses **psychosoziale** basale interaktive Beziehungsritual in der ihm hier von seiner Mutter zugewiesenen **Baby-Rolle** sehr wohl gefühlt hätte.

In allen vier Leitlinienbeispielen will die Mutter ihrem Kind sinngemäß grundsätzlich »ohne Worte« mitteilen: »*Es ist gut, dass du so bist, wie du bist, als Person.*« Wie gerade in dem Fallbeispiel dargelegt, vollziehen sich also diese haltenden Objektstützungen im Alltag über haltende (elterliche) Funktionen in Verbindung mit unterschiedlichen basalen interaktiven Beziehungsritualen. Über vielfältige Objektstützungen wird hier die Identitätsbildung des Kindes in Gang gesetzt. Betrachtet man nochmals genau, was die Mutter ihrem Kind vermittelt, wenn man diese Entwicklungsleitlinien zugrunde legt, so wäre dies:

- bei der psychomotorischen Entwicklungsleitlinie: »*Es ist gut, dass du dich so bewegst, wie du dich bewegst.*«
- bei der psychodialogischen Entwicklungsleitlinie: »*Es ist gut, dass du so sprichst, wie du sprichst.*«
- bei der psychointentionalen Entwicklungsleitlinie: »*Es ist gut, dass du es so machst, wie du es machst.*«
- bei der psychosozialen Entwicklungsleitlinie: »*Es ist gut, dass du so eine Rolle spielst, wie du sie spielst.*«

Man kann davon ausgehen, dass sich die Mutter auf ihr Kind weitestgehend spontan einstellt, sie sich aber dabei in ihrem Pflegeverhalten in erster Linie nach den Bedürfnissen ihres Kindes richtet. Hier wird deutlich, dass in einer gesunden Mutter-Kind-Interaktion das Kind seiner Mutter in der Regel deutlich signalisiert, was es braucht und die Mutter sehr flexibel auf diese Signale ihres Kindes antworten kann. Ohne sich dessen bewusst zu sein, verlässt sich die Mutter auf eine Abfolge von verinnerlichten Beziehungseinstellungen, die sie in verschiedenen Variationen mit ihrem Kind durchspielt. Dabei ist es für die Mutter oft nicht leicht, aus ihrem Alltagsgeschehen herauszutreten und z. B. die »Babysprache« ihres Kindes in ihre »Erwachsenensprache« zu übersetzen, um dann zu verstehen, was ihr Kind ihr gerade mitteilen will. Erwachsene kommunizieren untereinander völlig anders als ein Baby mit seiner Mutter. Die Mutter wird, wie dies weiter vorne schon dargelegt wurde, so weit sie dazu in der Lage ist, immer den »ganzen« dialogischen Beziehungsmodus einzusetzen, unabhängig von dem emotionalen Entwicklungsniveau, auf dem sie und das Kind sich gerade begegnen. Das mag mit ein Grund sein, warum diese Objektstützungen, auf denen ja der dialogische Beziehungsmodus aufbaut, nicht ihren grundsätzlichen Charakter verlieren, wenn sie im Laufe der Zeit erwachsenengerechter modifiziert werden und dann in zwischenmenschlichen Tugenden wie Menschenwürde, Respekt, Toleranz, Hilfsbereitschaft, Selbstachtung, Mut und Konfliktbereitschaft, Bündnisfähigkeit, Liebesfähigkeit und Demut zum Ausdruck kommen können.

8.2.2 Dialogischer Beziehungsmodus im Alltag von Schulkindern, Jugendlichen und jungen Erwachsenen

Normale Entwicklung

Betrachten wir Schulkinder, Jugendliche und junge Erwachsene, so stellt sich bei genauerer Betrachtung heraus, dass auch den Begegnungen und Beziehungen dieser Gruppen die Systematik des dialogischen Beziehungsmodus zugrunde liegt. Allerdings werden ihnen die einzelnen Kommunikationselemente sowie deren chronologische Abfolge oft kaum bewusst. So fragen sich z. B. Schulkinder gar nicht erst lange, ob man mit seinen Mitschülern zu Recht kommt oder ob die anderen einen mögen oder nicht, sondern sie kommen gleich »zur Sache«. In der Adoleszenz können sich Jugendliche oft schnell »sehr« nahe kommen, empfinden bald große Sympathie füreinander und planen miteinander anspruchsvolle Unternehmungen. Wird daraus nichts, kann ihre Frustrationstoleranz rasch überfordert sein, auf beiden Seiten setzt Enttäuschung, Mutlosigkeit und Langeweile ein, und aus anfänglicher Sympathie entsteht plötzlich Abneigung. Dabei spielt eine wichtige Rolle, dass ein Anders-Sein oder Anders-Denken ihres zuvor noch geliebten Kumpels von Adoleszenten plötzlich bedrohlich erlebt werden kann. Fällt ihnen dann keine friedliche Lösung ein, kann so eine Beziehung sehr schnell zerbrechen oder in Feindschaft oder Gewalttätigkeit ausarten.

Dies ist nur ein Beispiel von vielen, das deutlich macht, dass Kinder in der Adoleszenz sicher anders, aber noch genauso der Hilfe ihrer Eltern bedürfen, wie z. B. in ihrer Frühentwicklung. Bei dem zuvor genannten Beispiel können Erwachsene den Jugendlichen beibringen, dass man sich auch ohne Groll und Schuldgefühle trennen kann, wenn sich in einer Beziehung kein gegenseitiges Verständnis und kein Vertrauen einstellt. Weiter können Erwachsene den Jugendlichen Mut machen, sich trotz erlebter Enttäuschungen wieder auf Beziehungen einzulassen. Wenn möglich können sie ihnen die Beziehungserfahrungen aufzeigen, die dem dialogischen Beziehungsmodus zugrunde liegen, mit dem Hinweis, dass es Sinn macht, sich im Leben auf möglichst viele Beziehungserfahrungen einzulassen, um auf diesem Weg zur eigenen **Beziehungsfähigkeit** zu finden.

Erst allmählich, wenn die Eltern, Kindergärtner, Lehrer, Verwandten, Freunde oder andere Autoritäten den Kindern, Jugendlichen und Heranwachsenden immer wieder aufzeigen, wie sich die einzelnen Beziehungserfahrungen (im dialogischen Beziehungsmodus) nicht nur ergänzen, sondern auch lohnen, kann bei den Heranwachsenden eine echte Bereitschaft entstehen, sich auf Menschen und auf zwischenmenschliches Erleben einzulassen. Die Beziehungserfahrungen lohnen sich, weil sie einen Weg aufzeigen, auf dem sich das Streben nach Autonomie und nach produktiver Gemeinsamkeitserfahrung nicht ausschließen, sondern sich gegenseitig bedingen. Heranwachsende müssen immer wieder darin bestätigt werden, dass es ganz selbstverständlich ist, wenn man sich erst »beschnuppert«, sich also langsam aufeinander einstellt und dabei überprüft, ob man den anderen leiden kann und ob auch der andere einen mag. Es sollte möglich sein, seinen eigenen Willen in eine Beziehung einzubringen, dabei braucht es aber gleichzeitig die eigene Toleranz. Wenn man also übereingekommen ist, dass man sich mag, den anderen ohne große Erwartungen auch so nehmen kann, wie er ist, und die Partner feststellen, dass man froh ist, dass der andere da ist, weil man sich brauchen und schätzen gelernt hat, ist sich der Heranwachsende jetzt der Kommunikationselemente **Dyade, Setting** und **Empathie** sicher. Jetzt, nachdem er sich sicher ist, dass er seinen Partner schätzt, sich aber gleichzeitig ihm gegenüber in keinem Abhängigkeitsverhältnis befindet und ihm gegenüber bis jetzt noch keinerlei Verantwortung übernommen hat, bis auf die basalen zwischenmenschlichen Tugenden Menschenwürde, Respekt und Toleranz, kann er sich entscheiden, inwieweit er jetzt den anderen wirklich in seinen Anschauungen, in seinen Freuden und Leiden usw. verstehen lernen und ihm gegenüber seine Gesprächs-, Hilfs- und Unternehmungsbereitschaft anbieten möchte.

Gerade in diesem Fall werden die Erwachsenen, die dem Heranwachsenden beistehen, ihn darauf hinweisen, dass er sich seiner Verantwortung bewusst sein muss, wenn er Verantwortung übernimmt und dadurch seine Zuverlässigkeit gefordert ist. Der Erwachsene wird hier sein Vertrauen in den Heranwachsenden setzen und diesem wird das in ihn gesetzte Vertrauen, als zwar von früher her bekannte, aber jetzt als eine völlig neue Beziehungserfahrung bewusst. Dabei wird sich der Heranwachsende keinesfalls scheuen, über sich hinauszuwachsen, aber er wird sich doch fragen, ob er bezüglich seiner Risikofreude auf ein dafür notwendiges gesundes Selbstvertrauen zurückgreifen kann. Bei diesen Überlegungen wird der Heranwachsende jetzt nicht nur sich selbst, sondern auch dem anderen vertrauen können im Hinblick auf das, was man miteinander tun, klären, lösen oder bewältigen will.

Wenn der Heranwachsende jetzt auch das Kommunikationselement der **De-Identifikation** und der **Regulation** über unterschiedlichste Beziehungserfahrungen erlernt und eingeübt hat, ist er jetzt auch in der Lage, den dialogischen Beziehungsmodus im zwischenmenschlichen Bereich einzusetzen. Ich möchte noch einmal darauf hinweisen, dass es speziell in der Adoleszenz für die Heranwachsenden sehr wichtig ist, dass sie von ihren Eltern oder anderen Autoritäten nicht im Stich gelassen werden. Erst durch ihren Beistand werden die Erwachsenen für die Heranwachsenden glaubwürdig und sie können sie dann auch als Autoritäten akzeptieren, die sie für ihr Erwachsenwerden so notwendig brauchen. Ganz anders als in der Frühentwicklung, in der die Mutter mit ihrem Kind Schritt für Schritt den dialogischen Beziehungsmodus einübte, ist dieser **Lernprozess** in der Adoleszenz um ein Vielfaches schwieriger.

Kommunikationsdefizite und Auswirkungen

Wenn die Kommunikationselemente des dialogischen Beziehungsmodus im Laufe der Frühentwicklung, dann in der Zeit bis zur Pubertät und nochmals in der Adoleszenz nicht ausreichend erlernt und eingeübt werden konnten, wird dieses Defizit den Menschen ein Leben lang in seinem freien Bewegen, Handeln, Sprechen und Rollenverhalten beeinträchtigen. Nachfolgend versuche ich zu beschreiben, wie sich diese Kommunikationsdefizite im Alltag eines Heranwachsenden auswirken können.

Erlebt ein Heranwachsender immer wieder, dass er gegenüber Menschen massives Misstrauen hegt und sie meist von vornherein schon nicht leiden kann oder er spürt selbst oft, dass ihm sofort kalte Ablehnung entgegenschlägt, kann dieses Erleben mit seiner frühen Entwicklung zu tun

8.2 Dialogischer Beziehungsmodus im Alltag

haben. Vielleicht hat sich dieser Heranwachsende in seiner Familie nie richtig **aufgenommen** gefühlt, und ihm wurde oft genug mitgeteilt, dass er eigentlich ein Zufallsprodukt ist und man ihn nie wirklich gewollt hat. Sind die überlebensstrategischen Kräfte bei ihm schwach ausgebildet, kann eine aktuelle Stresssituation (Triggersituation wie Prüfung, Auseinandersetzungen mit Autoritäten, ein Verkehrsunfall usw.) diesen zutiefst selbstunsicheren Heranwachsenden so massiv beeinträchtigen, dass er sich entweder völlig unerreichbar in sich selbst zurückzieht, resigniert oder massive Gewalt gegen sich oder die anwendet, die vermeintlich seine Existenz bedrohen.

Da sich hier die früher erlebte Ablehnung, Misshandlung und Deprivation sofort in einer Begegnung reaktualisiert, ist in so einem Fall bereits das erste Element des dialogischen Beziehungsmodus, die **Dyade**, massiv gestört. Der Heranwachsende ist hier nicht mehr in der Lage, sich zumindest seiner Existenz sicher zu sein. Oft ist er dann auch gar nicht mehr in der Lage, festzustellen, dass seine Existenzängste völlig unbegründet sind, dass sein Gegenüber überhaupt nichts gegen ihn hat und diese Vernichtungsängste nur mit ihm selbst zu tun haben.

Wenn sich ein Heranwachsender nicht mit solchen Vernichtungsängsten auseinander setzen muss, fällt es ihm schon leichter, auf andere Jugendliche seines Alters zuzugehen und sich auch in den jeweiligen Peergroups auf positive Beziehungserfahrungen einzulassen. Diesem Heranwachsenden ist es zumindest möglich, dass er sich trotz seiner Angst vor Nähe auf Menschen seines Alters einlassen kann. Er wird unterschiedliche »Treffs« (Settings) herstellen, um dabei ausloten zu können, wie es ihm mit seinem Gegenüber geht. Dabei kann es sein, dass es ihm bei diesen Verabredungen vor allem körperlich nicht sehr gut geht, er immer nervöser wird und es ihm zunehmend schwer fällt, sich im Gespräch mit seinem Gegenüber auf das jeweilige Thema zu konzentrieren. Obwohl er sich schon längere Zeit nach einer Beziehung sehnt, entdeckt er immer mehr Unangenehmes an seinem Gegenüber, was ihm selbst zu schaffen macht. Bei diesem Heranwachsenden ist es möglich, dass die **haltende Objektstützung**, die er in seiner Frühentwicklung machte und die alles andere als liebevoll war, hier und jetzt in dieser Beziehung wieder zum Tragen kommt. Das kann damit zusammenhängen, dass dieser Heranwachsende in seiner Familie nie richtig, so, wie er war, als Mädchen, als Junge, groß, klein, dick, dünn usw. **angenommen** wurde und diese damals erfahrene Ablehnung gegenüber seiner Person ihn jetzt in dieser Beziehung so unsicher werden lässt. Beginnt dieser Heranwachsende zu ahnen, dass es an ihm selbst liegt, ist er meist in der Lage, sich Hilfe zu holen, sich über dieses Problem auszusprechen, und seine **Verachtungsängste** werden mit der Zeit erträglicher. Gelingt ihm dies nicht und fühlt er sich in seiner Identität schwerer beeinträchtigt, läuft er Gefahr, sich entweder in ein **Einsiedlertum** zurückzuziehen oder er beginnt seine Umwelt bedrohlich zu erleben und andere Menschen zu verachten, wobei dann körperliche, aber vor allem **verbale Gewalttätigkeiten** auftreten können.

Noch ein weiteres Beispiel dafür, wie man anhand des dialogischen Beziehungsmodus Beziehungsstörungen erkennen kann (hierbei handelt es sich um das Kommunikationselement Identifikation): Zwei junge Menschen haben eine Beziehung miteinander aufgenommen und sind sich auch im weiteren Verlauf ihrer Begegnungen immer näher gekommen. Sie fühlen sich miteinander wohl, wenn sie miteinander auf einer Bank sitzen oder in einem Café miteinander plaudern. Sehr bald werden sie über »Persönliches« miteinander sprechen wollen. Schwierig kann es jetzt in der weiteren Beziehungsgestaltung werden, wenn einer der beiden Partner, ohne dass es ihm bewusst wird, dem anderen seine Probleme überstülpt und sich der so bedrängte Partner, obwohl er dies eigentlich nicht will, letztlich doch für die Belange des anderen verantwortlich fühlt. Dieses hilfesuchende und oft fast »gewalttätige« Miteinbeziehen eines anderen in die eigenen Schwierigkeiten und die passive Verweigerungshaltung dessen, der nicht in der Lage ist, sich anderen gegenüber in seiner Hilfsbereitschaft deutlich abzugrenzen, kann zu schwerwiegenden Auseinandersetzungen führen, weil sich keiner von dem anderen verstanden fühlt.

Diese Jugendlichen konnten sich zwar bisher über vieles emotional austauschen und dabei große Freude empfinden, aber ein wirkliches **Verständnis** für den anderen war in dieser Beziehung noch nicht gefragt. Wenn jetzt einer der beiden diese bisher »unbelastete« Beziehung mit eigenen Problemen »belastet«, sollten beide Partner besser vorher klären, welche Beziehung sie miteinander wirklich haben wollen. Wollen sie nur aufgrund gemeinsamer Interessen zusammen sein, zum Beispiel Fußballspielen, Kartenspielen oder fachsimpeln oder wollen und können sie sich auch auf die Person des anderen mit all seinen Freuden und Leiden einlassen. Die Jugendlichen, von denen ich zuerst gesprochen habe, können sich zwar über vieles emotional austauschen und dabei auch große Freude empfinden, aber als es darum ging, dass einer mit seinen eigenen Problemen nicht mehr fertig wurde und hoffte, dass sein Partner ihn mit diesem Problem verstehen und ihm helfen würde, wurde er von diesem enttäuscht. Zunächst dachte er, da er keine klare Absage von ihm bekam, dieser Partner würde ihm helfen, dann aber stellte sich heraus, dass dies nicht der Fall war. Probleme spielten in dieser Beziehung zunächst von beiden Seiten keine Rolle. Möglicherweise hatten beide Jugendliche in ihrer Entwicklung wenige Erfahrungen mit verständnisvollen Eltern gemacht. Man musste mit seinen Problemen irgendwie alleine fertig werden, auch wenn einen massive Versagensängste quälten.

Die Erfahrung, dass man sich in großer seelischer Not selbstverständlich an jemanden wenden kann, wenn man selbst aus eigener Kraft nicht mehr zur Ruhe kommt, aber auch die Bereitschaft, selbst einem Menschen, der in seelischer Not ist, beizustehen, vorausgesetzt man ist nicht gerade selbst in einer Notlage, hat hier zu selten stattgefunden. Heranwachsende, die sich in einer Beziehung trotz durchaus vorhandenem Selbstbewusstsein sehr schnell als Versager erleben und sich mit dem Lernen sehr schwer tun, brauchen geduldige Erwachsene, die diesen meist sehr vitalen und hochsensiblen Jugendlichen immer wieder Mut machen, ihre eigenen Zielvorstellungen nicht aus den Augen zu verlieren.

Haben Heranwachsende, Jugendliche und junge Erwachsene durch eine gute Beziehung zu erwachsenen Autoritäten wieder die notwendigen tragenden, stützenden und entlastenden Objektstützungen erfahren, sind diese Adoleszenten in der Regel in der Lage, sehr schnell in ihrer Beziehungsgestaltung auch Verständnis, Vertrauen und Liebesfähigkeit einzusetzen. Voraussetzung dafür ist allerdings, dass der dialogische Beziehungsmodus zu erwachsenen Autoritäten nicht abreißt.

8.3 Monologer Beziehungsmodus

Vor ca. 30 Jahren schrieb Spitz (1974) in seinem Buch »Vom Säugling zum Kleinkind«:

»Wenn wir von einem Kommunikationssystem sprechen, setzen wir stillschweigend voraus, dass jede übermittelte Botschaft von dem empfangenen Partner wahrgenommen wird. Diese Annahme schafft jedoch eine logische Schwierigkeit. ich habe postuliert, dass im Neugeborenen eine Wahrnehmung in dem Sinne, wie wir den Begriff bei Erwachsenen anwenden, nicht existiert und dass sie erst allmählich im Laufe des ersten Lebensjahres erworben wird.«

Spitz spricht von einem **coenästhetischen System** innerhalb dessen sich Mutter und Säugling über »zirkuläre Resonanzmechanismen« verständigen:

»Das coenästhetische System reagiert auf nichtverbale, nichtgerichtete Ausdruckssignale; daraus ergibt sich ein Kommunikationsmodus der auf der Stufe der ›egozentrischen‹ Kommunikation der Tiere steht.«

Für Stern (1992) hat der Säugling, wenn er auf die Welt kommt, die »Kommunikation der Tiere« bereits überwunden. Nach Stern kommt der Mensch nicht autistisch auf die Welt, sondern aufgrund seines bereits auftauchenden Selbstempfindens legt der Mensch die egozentrische Sprache ab. Seine Äußerungen, gleich welcher Art, sind nicht nur »ungerichtete Vorgänge«, sondern der Säugling beginnt sofort sich mit seinen Äußerungen auf seine Mutter auszurichten und sich auf sie einzustellen. Die Untersuchungen und Beobachtungen der Säuglingsforschung zeigen übereinstimmend, dass diese Ausrichtung, diese Einstellung auf seine Umwelt, beim gesunden Säugling insbesondere auf seine Mit-

8.3 Monologer Beziehungsmodus

menschen in ein bio-psycho-soziales Entwicklungskontinuum eingebettet ist. Dabei ist jeder dieser Faktoren, also die genetische Ausstaffierung und die damit einhergehende Hirnreifung, das Ausmaß der Persönlichkeitsentfaltung und die Dimension des entwicklungsstimulierenden Milieus nicht nur von ausschlaggebender Bedeutung, sondern diese Faktoren können sich auch wechselseitig beeinflussen.

Wie, wo und wann man anthropogenetisch auch immer den Sprung vom Tier zum Menschen bei der menschlichen Entwicklung veranschlagen mag, verbunden mit dieser tiefgreifenden Veränderung, ist auch der Übergang von einem **monologen** zu einem **dialogen Beziehungsmodus** in all seinen unterschiedlichsten Zwischenformen. Wesentlich dabei ist, dass sich der Mensch im Großen und Ganzen aus dieser ungerichteten, egoistischen Kommunikation herausentwickelt hat und sie kaum mehr bewusst einsetzt. Bei einem Ameisen- oder Bienenvolk ist diese sehr primitive, aber hoch differenzierte Form der **ungerichteten Kommunikation** gut erforscht. Hier werden teils hochdifferenzierte Signale von den einzelnen Ameisen oder Bienen abgegeben, die aber im Sinne eines übergeordneten, das ganze Insektenvolk betreffenden Steuerungssystems zu Einsatz kommen. Die einzelne Ameise oder Biene hat überhaupt keine Möglichkeit sich diesem kollektiven Steuerungssystem zu entziehen. Die Menschen sind keinem genetisch verankerten kollektiven Steuerungssystem mehr unterworfen, sie können sich zueinander ausrichten, sich auseinandersetzen und ihre Individualität miteinander leben. Allerdings gibt es auch immer wieder, wie die Geschichte beweist, Rückfälle und es kommt zum Wiederauftreten von Merkmalen oder Verhaltensweisen aus einem früheren entwicklungsgeschichtlichen Stadium.

! Da bei den so genannten »frühgestörten Patienten« sehr oft der Eindruck entsteht, dass sie immer wieder auf die beschriebene **egoistische Kommunikation** zurückgreifen und sich diese Patienten weniger »gerichtet« mitteilen können, sondern eher auf unterschiedlichste Art und Weise auf sich »aufmerksam machen«, dabei aber von ihrer Umwelt zwangsläufig sehr oft missverstanden werden, ist der dialogische Beziehungsmodus zunächst ein wesentliches Diagnoseinstrument, das in der Behandlung von Patienten mit Persönlichkeitsstörungen eingesetzt wird.

Man könnte jetzt das Beziehungsfeld, innerhalb dem der Vereinnahmungssog eines Egoisten wirksam ist, als **Egosphäre** beschreiben, um sich besser vorstellen zu können, wie so eine egoistische Beziehung funktioniert. Im Mittelpunkt dieser Egosphäre könnte man dann ein **Egozentrum** des **Egozentrikers** annehmen, bei dem hauptsächlich das funktionale Ich und weniger das personale Ich in Aktion treten. Da das funktionale Ich versucht, jedes Objekt weitestgehend nach den Orientierungen, Motiven und Motivationen des Anpassungs- und Archaikkonzeptes, denen es unterworfen ist, zu funktionalisieren, braucht der Egozentriker, der hauptsächlich aus seinem funktionalen Ich heraus lebt, für seine Kommunikation weniger eine sehr differenzierte Sprache, sondern er muss sich seiner Anpassungs- und Kontrollgewalt gegenüber den anderen Artgenossen sicher sein. Die Sprache ist dann auch nicht auf eine übereinstimmende Kommunikation ausgerichtet, sondern sie ist Mittel zum Zweck, also hauptsächlich, wie Birens de Haan es beschreibt »um Druck abzulassen«, also eine Art Einbahnstraße ohne die Erwartung einer wirklichen Begegnung.

Ohne zu verallgemeinern, stellen wir bei unseren Untersuchungen immer wieder fest, dass in den Familien, in denen die so genannten »frühgestörten Patienten« aufgewachsen sind, alles reibungslos funktionieren musste, ohne dass allzu viele Worte verloren wurden und ohne dass man dem anderen von sich selbst etwas mitteilen konnte. Ausgesprochene Liebeswünsche störten in diesen »harmonischen Familien«, weil sie die Ordnung durcheinander bringen konnten. Da Kinder aber kein angeborenes Wissen um eine liebevolle zwischenmenschliche Beziehung haben, nehmen sie zunächst das als gegeben hin, was sich mit ihnen in ihren Familien abspielt. Dabei lernen Kinder sehr schnell, sich den Bedürfnissen ihrer Eltern anzupassen und fühlen sich bei ihnen nicht nur geborgen, sondern bekommen zwangsläufig auch die seelischen Nöte ihrer Eltern mit. Das ist an sich ganz normal und schadet dem Kind erst dann, wenn es sich die Ängste seiner Eltern zu Eigen macht und dann nicht mehr die Eltern ihr Kind beruhigen, sondern umgekehrt.

Da diese **Rollenumkehr** unausgesprochen stattfindet und zunächst den Beteiligten auch gar nicht so recht bewusst wird, steht das Kind zunehmend psychisch unter Druck. Und da es diesem emotionalem Stress noch nicht gewachsen ist, kann es unter diesem Druck zusammenbrechen und krank werden. Wenn man sich genau mit der Entwicklungsgeschichte dieser Patienten beschäftigt, stellt man fest, dass diese Patienten oft schon sehr früh, weitgehend von den anderen unbemerkt, versuchten, die dicke Luft in ihren Familien zu glätten, Spannungen im Familiensystem auszugleichen, dabei aber gleichzeitig ihre Familienangehörigen fest unter ihre Kontrolle nahmen. Dabei fühlten sich diese Patienten, die mit ganz unterschiedlichen Erkrankungen reagieren können, für ihre Familien fast unentbehrlich. Manchmal blickt einem auch hohe Verzweiflung entgegen, Verzweiflung darüber, dass gerade sie in diese verzehrende Krankheit geraten sind und aus dem grausamen Strudel von Pseudosouveränität und Steuerungsunfähigkeit nicht mehr herauskommen. Bei der Erhebung der Krankheitsgeschichte dieser Patienten stellte sich dann oft heraus, dass sie sich zeitlebens vergeblich bemühten, aus der zwischenmenschlichen Nähe, wo man in dem anderen aufgeht und sich selbst verliert, herauszufinden. Kinder suchen nach Entwicklungsräumen, wo sie sich im streitbaren Dialog mit ihren Eltern auseinandersetzen können und manchmal endet diese erfolglose Suche nach Entwicklungsräumen in einer Krankheit. Keiner der Betroffenen in so einem Familiensystem weiß wirklich über diese intersubjektiven Vorgänge Bescheid.

Heute weiß man aus der Säuglingsforschung, dass nicht jedes Kind gleich ausgestattet auf die Welt kommt und es eben nicht nur die äußeren Umstände sind, die letztlich darüber entscheiden, was aus diesem Kind wird. Jeder Mensch bringt auch **eigene Anlagen** mit, was uns die genetische Medizin heute immer deutlicher macht. Dies schließt auch unterschiedliche Temperamente ein, also eine Art angeborene Wesens- und Gemütsart. Da ist z. B. ein Kind, sehr anlehnungsbedürftig, weniger »individuationskräftig« als ein anderes, bei dem man von vornherein einen größeren Freiheitsdrang, eine stärkere »Emanzipationskraft« feststellt. Es gibt also grundsätzlich mehrere Möglichkeiten des Zusammentreffens von günstigen oder ungünstigen Umständen, die sich zwischen der Mutter und ihrem Säugling einstellen können. Diese Konstellationen entscheiden über die bio-psycho-soziale Entwicklung des Kindes mit.

Eine Möglichkeit, die wir kennen, beschreibt Mahler so:

»*Das Hauptmerkmal der Kindheitspsychose besteht darin, dass die Individuation, das heißt, ein Gefühl individueller Identität, nicht erreicht wird.*« (Mahler 1979, S 41)

Eine weitere Möglichkeit ist der Autismus. Bei dieser völligen oder weitgehenden Unfähigkeit, gefühlsmäßige Beziehungen zu anderen Menschen aufzubauen, spielen nach heutiger Erkenntnis hauptsächlich genetische Faktoren eine Rolle. Eine weitere Möglichkeit, wie ein Säugling auf das Ausbleiben dieser individuationsanstoßenden Erfahrungen reagieren kann, ist, dass seine Intelligenz zu früh zu Höchstleistungen angespornt wird.

Wie wir aus entsprechenden Experimenten wissen, zeigt sich, dass bereits in den ersten Tagen nach der Geburt Mutter und Kind ihre Affekte teilen können. Das heißt auch, dass beide einander vor allem emotional »erfassen« können und aufgrund dieser frühen Beziehungsebene in etwa wissen, was in dem anderen los ist, welches Bild sich dabei auch immer im Säugling einstellen mag. Weiter wissen wir, dass der Säugling seine Erregungsspannungen nicht ganz alleine zu regeln vermag, sondern dazu seine Mutter braucht.

Ist jetzt dieses Beziehungserleben gestört, weil z. B. die Mutter nicht in der Lage ist, bei ihrem Säugling eine Spannungsreduktion zu leisten, kann dieser in eine hohe affektive Krise geraten. Annahmen, dass diese Krisen auch zu vegetativen und somatischen »Abreaktionen« aller Art oder zu funktionellen Störungen oder Organerkrankungen über Mutter-Entbehrungs-Reaktionen wie Spitz und Bowlby (1985) sie beschrieben haben (z. B. anaklitische Depression, Marasmus bis hin zum plötzlichen Kindstod – statistisch

8.3 Monologer Beziehungsmodus

hauptsächlich um den 3. Lebensmonat) führen können, sind heute nicht mehr abwegig. Gerade die in der Neurobiologie durchgeführte Stressforschung hat zum Ergebnis, dass länger andauernde affektive Krisen z. B. zu Schäden im Hippocampus-Bereich des Gehirns führen können und dadurch die Bildung körpereigener Stressbewältigungsmechanismen stark behindert wird.

Gelingt es nun dem Kind, aus seinem hohen affektiven Druck heraus, Überlebensstrategien zu generieren, z. B. erstaunliche Leistungen in seiner Lauf-, Sauberkeits- und Sprachentwicklung, so wäre es auf die Entlastungsfunktion der Mutter weniger angewiesen. Gleichzeitig wäre es möglich, dass das Kind durch Bildung von Überlebensstrategien nicht nur sein inneres Milieu beruhigt, sondern die affektive Not, in der sich seine Mutter befindet, »aufspürt« und diese auf sich nimmt, damit die Bildung von überlebensstrategischem Verhalten erhalten bleibt. Dieses auf den Kopf gestellte Beziehungserleben ist **einseitig**, die dabei stattfindende Kommunikation, wenn man überhaupt davon sprechen kann, ist **monolog**, das heißt, sowohl emotional als auch kognitiv besteht auf beiden Seiten ein nur auf das eigene Leben zentriertes Interesse bei massiver Abhängigkeit gegenüber der jeweiligen Umwelt.

Da hier aber zwangsläufig das Kind mehr mit seiner Mutter beschäftigt ist, als mit sich selbst, wird es vieles von seiner überlasteten Mutter mitbekommen. Dieser **monologe Beziehungsmodus** entspricht nicht der von Stern genannten »intersubjektiven Kommunikation«, bei der ein wechselseitiger emotionaler Austausch vorherrscht. Die Intersubjektivität ist vielmehr eine Art »Einbahnstraße«, wo unbewusst aus dem »Spannungsfeld Familie« Erregungen auf das Kind übertragen werden, das seinerseits diese »Containerfunktion« zunächst zwangsläufig hinnimmt, weil es nach allem, was wir heute aus der modernen Säuglingsforschung erfahren haben, keine angeborene »Durchsetzungskraft für gesunde zwischenmenschliche Kommunikation« gibt. Das Kind wird sich gegen diese »Containerrolle«, wenn sie ihm zu oft abverlangt wird, zu wehren versuchen, denn diese »Rollenumkehr« ist eine maßlose Überforderung, die dem Kind Angst macht, ihm Schmerzen verursacht und durch die es auf unterschiedlichste Weise krank werden kann.

Der dialogische Beziehungsmodus, vor allem unter Erwachsenen ist ein beidseitiger, wechselseitiger Prozess, dessen Gelingen immer von allen, die an einer Kommunikation beteiligt sind, abhängt. Dagegen gibt es im monologen Beziehungsmodus nur »Täter« und »Opfer«, wobei sich die Beteiligten in solchen Beziehungen weder ihrer Täterschaft noch ihrer Opferrolle bewusst sind. Bei den »Tätern« hat sich ihr inneres Milieu vorübergehend beruhigt, die »Opfer« müssen alleine für eine affektive Spannungsregulation sorgen. Diese Täter-Opfer-Rollen können sich in einer Beziehung sehr verfestigen, aber sich auch wechselweise ändern. H. Stierlin (1989) bezeichnete solche Beziehungen als »sado-masochistische Kollusion« (unter Kollusion versteht man eine unerlaubte Verabredung oder Verschleierung einer Straftat, eine sittenwidrige Absprache, eine Verdunkelung). Mangels reiferen Kommunikationstechniken sind diesen an einem monologen Beziehungsmodus Beteiligten nur »Abreaktionen« möglich. Entweder man reagiert sich über seine Mitmenschen ab (Täter) und diese »belasteten Menschen« (Opfer) reagieren sich anderweitig ab, z. B. über exzessive vegetative Symptome, die letztlich in eine Krankheit münden können. Genauso ist es aber möglich, dass diese Täter-Opfer-Rolle in einer Beziehung ständig wechselt und dies meist nach dem so genannten »**Rabattmarkenmodell**«. Einmal leidet eine Zeit lang der eine Partner psychisch und physisch unter dem anderen und dann, wie der leidende Partner feststellt, dass er genug gelitten hat, schlägt er zurück und der andere Partner übernimmt die leidvolle Position. Je schneller diese Täter-Opfer-Rollen wechseln, umso pathologischer können diese Beziehungen entarten.

Wie die Säuglingsforschung ergeben hat, kann eine Mutter aus ihrer inneren Not heraus schon sehr früh, ohne dass ihr das bewusst wird, ihr Kind auf eine Rollenumkehr programmieren. Im Zuge seiner Individuation, übernimmt das Kind Funktionen, die eigentlich der Mutter zugedacht sind:

- »still machen«
- ruhig machen
- Erregungsspannungen auf sich nehmen

- trösten
- darauf achten, dass es dem anderen psychisch gut geht

Beim Stillvorgang – und auch das hat die Säuglingsforschung ergeben – geht die gesunde Mutter eben nicht nur »entlastend« vor, sondern sie setzt von Anbeginn den dialogischen Beziehungsmodus ein und weckt dadurch das Kind förmlich auf oder regt es dazu an, dass es sich auf sie einstellt, einlässt und zwar als eine Art »Gesprächspartner« und nicht nur als »Seelentröster«. Das was man von einander mitbekommt, wird auf unterschiedlichste Weise miteinander ausgetauscht: Lachen, Necken, Blickkontakte usw. So gesehen entbehren die Anfänge des dialogischen Beziehungsmodus zwar noch der reiferen Intersubjektivität, aber die Mutter kommt dem Individuationsbestreben ihres Kindes entgegen und lehrt ihm schon sehr früh Kommunikationstechniken, die für den Aufbau des dialogischen Beziehungsmodus notwendig sind.

Es ist also davon auszugehen, dass der monologe Beziehungsmodus auf **krank machende Faktoren** im zwischenmenschlichen Beziehungsgeschehen zurückzuführen ist. Untersucht man den monologen Beziehungsmodus näher, zeigt sich vor allem bei Erwachsenen, dass monologisierende Menschen unter einer **paradoxen Gleichzeitigkeit** von **Auflehnung** und **Anpassung** an ihrer Umwelt leiden. Sie sind in einem besonderen Maß abhängig von ihrer Umwelt und von ihrer Familie. Da sie aber gleichzeitig diese Abhängigkeit bedrohlich erleben und sich dadurch ständig innerlich unter Druck gesetzt fühlen, treten im Zuge meist labiler neuronal-mentaler Regulationsmechanismen auch archaische Selbsterhaltungsmechanismen auf den Plan. Dabei kann es zu einem sehr destruktiven Verhalten dieses Menschen kommen. Will man es einfacher formulieren, könnte man sagen: Einmal stellen sich diese Menschen bereitwillig, ja fast so, als könnten sie nicht anders, allen Menschen, die mühselig und beladen sind, zur Verfügung, reagieren sogar eifersüchtig, wenn andere »Seelsorger« ihnen diesen Platz wegnehmen; ein anderes Mal wird ihnen alles »zu viel«, sie könnten »aus der Haut fahren«, fühlen sich völlig überfordert und schlagen dann um sich oder beruhigen sich, indem sie sich selbst oder anderen Leid zufügen.

Nimmt man mit Menschen Kontakt auf, die sich hauptsächlich monolog mit einem in Beziehung setzen, gewinnt man sehr schnell den Eindruck, als würden sie einem gar nicht zuhören. Sie sind offen für alles, was man ihnen sagt, aber gleichzeitig auf eine bestimmte Art geistesabwesend. Trotz durchaus vorhandener oft sogar sehr großer Sympathie ihnen gegenüber, weiß man letztlich nie genau, wie man bei diesen Menschen dran ist und ob sie mit einem etwas zu tun haben wollen oder nicht. Dieser zwiespältige Eindruck entsteht deshalb, weil diese Menschen sich weniger auf die kognitive Gesprächsebene einstellen können, sondern voll mit ihrem intersubjektiven Erleben beschäftigt sind und sofort mitbekommen, was in dem Gegenüber intrapsychisch los ist. Dadurch geraten sie immer mehr unter Druck, obwohl sie merken, dass es ihnen schon längst zu viel geworden ist und sie sich wieder in dem schrecklichen Verhängnis von Hin- und Hergerissensein befinden, das ihnen die zwischenmenschlichen Beziehungen so schwer macht.

Dies alles kann in diesen Menschen stattfinden in dem Moment, wenn sie mit einem sprechen. Dabei ist es dann möglich, dass der Gesprächspartner plötzlich wie explosionsartig losredet, ohne Punkt und Komma, am gemeinsamen Thema vorbeiredet, dann wieder kurz darauf zurückkommt, Assoziationen zu ganz anderen Themen herstellt usw. Unterbricht man diesen Redefluss, kann dies den monologisierenden Menschen sehr wütend machen, weil er ja aus seiner Sicht dem Gesprächspartner »entgegengekommen« ist, »sich ihm voll und ganz geöffnet hat« und er jetzt Verständnis, möglicherweise sogar Vertrauen und liebevolle Zuwendung erwartet. Er sehnt sich nach zwischenmenschlicher Wärme, obwohl er sich gerade wieder in eine **existenzielle Beziehung** verstrickt hat und sein Gesprächspartner mit allen Mitteln versucht, die Beziehung zu ihm abzubrechen, weil er sich nicht länger von ihm in Beschlag nehmen lassen möchte. Für den monologisierenden Menschen ist die Sprache sehr oft ein Mittel zur Abreaktion innerer Spannungszustände. In extremen Fällen kann dieses Monologisieren und das Instrumentalisieren des anderen in eine Art **Selbstgespräch** ausarten, bei dem ein wirklicher Gesprächspartner gar nicht mehr nötig ist. Ein Gesprächspartner, dem ein solch monologer Beziehungsmodus aufgedrängt wird, fühlt sich in so einer Beziehung sehr schnell weder auf- noch an- noch ernst genommen und schon gar nicht verstanden.

8.4 Beispiel für das Ineinandergreifen der einzelnen Kommunikationselemente

> **Fallbeispiel: Nachbarschaftshilfe**
>
> Stellt die Mutter in einem kritischen Fall, z. B. wenn sie es mit einem Schreikind zu tun hat, fest, dass sie sich zu sehr von ihrem Kind in Beschlag nehmen lässt, weil sich in ihrem Kopf alles nur noch um ihr Kind dreht (**Dyade**), kann ihr »Kopf freier« werden, wenn sie es schafft, ihre Aufmerksamkeit mehr als bisher auf ihren und auf den Körper ihres Kindes zu lenken (**Setting**). Diese Hinwendung zur Realität verändert die bisherige, mehr »hilflose« Mutter-Kind-Beziehung, und die zuerst diffusen, verzweifelten, schmerzvollen Ängste werden »gegenständlicher«. Sie spürt, empfindet und erlebt jetzt mehr als zuvor die Wärme, den Geruch, das Zittern ihres Babys, und sie findet Zugang zu ihrem eigenen, meist unsicheren »körperlichen« Verhalten ihrem Kind gegenüber. Sie erkennt jetzt deutlicher als zuvor ihre eigene Not und die ihres Kindes, und es gelingt ihr schon besser als zuvor, zwischendurch immer wieder beide Erfahrungen voneinander zu trennen (**Empathie**). Als ihr Baby wieder schreit und sie es in ihrer Not wieder nicht beruhigen kann, entschließt sie sich doch, sich trotz des nach wie vor bestehenden inneren Widerstandes Hilfe zu holen. Vielleicht ist es eine Nachbarin, die sofort merkt, was mit dieser Mutter los ist, die sich auf sie einlassen und zunächst deren Vereinnahmung zulassen kann (**Dyade**). Dabei bekommt diese Nachbarin in vollem Umfang die ängstlichen, schmerzlichen und verzweifelten Zustände dieser hilflosen Mutter mit, und sie wird sich sehr schnell des Ausmaßes dieser trostlosen Situation bewusst. Da die Nachbarin zunächst gar nicht so recht weiß, wie ihr geschieht und in das Dilemma, in dem diese Mutter steckt, nicht allzu sehr involviert werden möchte, wird sie versuchen, so gut es geht, möglichst einen »kühlen Kopf« zu behalten. Sie wird deshalb diese hilflose Mutter in ihre Wohnung hereinbitten und ihr einen für sie beide und für diese besondere Situation geeigneten Platz anbieten (**Setting**). Im Laufe dieser Platzierung, bei der der körperliche Umgang in so einer Situation erfahrungsgemäß eine große Rolle spielt, kann sich die Nachbarin aus der anfänglichen, meist heftigen Vereinnahmung durch diese Mutter auf eine mehr körperlich betonte Beziehung zurückziehen. Die Nachbarin wird z. B. die Hand der verzweifelten Mutter halten, ihren Rücken sanft berühren, sie in die Arme nehmen, ihr vielleicht einen Tee machen oder ihr etwas zum Essen anbieten usw. Dabei findet sie jetzt Worte für ihre »notgedrungene« Anteilnahme und kann eventuell zu der Mutter sagen: »Die Schwierigkeiten mit Ihrem Kind tun mir wirklich leid.« »Was kann man nur tun, um Ihnen zu helfen?«
>
> Durch dieses »Mitfühlen«, »Mitleiden«, »Einfühlen« (**Empathie**) kann die Nachbarin aber jetzt auch gegenüber der hilflosen Mutter sehr deutlich zum Ausdruck bringen, dass sie diese Vereinnahmung zwar auf sich nimmt, sie selbst aber mit dieser trostlosen Stillgeschichte überhaupt nichts zu tun hat, auch wenn sie sich ihr momentan zur Verfügung stellt. Es bleibt das Stillproblem der Mutter. Durch diese Haltung der Nachbarin beginnt die Mutter zu begreifen, dass ihr die Nachbarin mehr Selbstsicherheit zutraut, als sie zu sich selbst hat und dass sie möglicherweise auf mehr Selbstvertrauen bei sich selbst bauen könnte, als ihr im Moment bewusst ist. Deutlich stellt die Mutter fest, dass sie zurzeit nicht in der Lage ist, auf ihr Kind so beruhigend und ihm Mut machend einzugehen, wie sie dies bei dieser Nachbarin ihr gegenüber erlebt. Findet jetzt die Mutter Zugang zu der paradoxen Situation, dass sie einerseits ihr Kind emotional nicht belasten will, sie aber andererseits aufgrund ihrer Übererregung zwangsläufig ihr Kind emotional massiv unter Druck setzt, wird sie möglicherweise bereit sein, sich auf den dialogischen Beziehungsmodus einzulassen, vorausgesetzt, die Nachbarin bietet ihn ihr an. In diesem Fall will die Mutter jetzt von der Nachbarin lernen, um aus ihrer Hilflosigkeit herauszukommen.

Will die Mutter aber nichts an ihrer Hilflosigkeit ändern und nicht lernen, wie sie ihre Kommunikationsschwierigkeiten überwinden kann, liegt eine schwerere psychische Störung bei der Mutter vor. Sie könnte jetzt versuchen, die fürsorgliche Nachbarin für ihre Belange »einzuspannen«, sie in ihrem Sinne zu funktionalisieren, indem sie der Nachbarin zu verstehen gibt, sie sei für ihr Stilldilemma verantwortlich und sie, die Nachbarin, müsse sich jetzt um ihr Kind kümmern. Das könnte die Mutter zum Beispiel über den Vorwand erreichen, die Nachbarin habe eine weitaus geräumigere und ruhigere Wohnung als sie, und nur aufgrund ihrer schlechten Wohnverhältnisse käme sie mit ihrem Kind nicht zurecht. Orientiert sich jetzt die Nachbarin ihrerseits am dialogischen Beziehungsmodus, gelingt es ihr leichter aus dieser »Instrumentalisierung« herauszukommen. Kraft der persönlichen Beziehung, die die Nachbarin ja immer noch zu dieser hilflosen Mutter aufrecht halten kann, weiß sie und kann dies auch erleben, dass sie selbst und diese hilflose Mutter zunächst zwei getrennte, voneinander unabhängige Personen sind, egal, welche äußeren Abhängigkeiten und Verstrickungen bestehen.

Die Nachbarin kann von dieser persönlichen Beziehung aus, die sie mit dieser Mutter verbindet, über die **Identifikation** eine verständnisvolle Beziehung zu ihr aufbauen und dabei feststellen, dass diese Mutter deshalb so hilflos ist, weil bei ihr dysfunktionale Orientierungen, Motive und Motivationen immer wieder die Oberhand gewinnen und sie entweder deren »Erfüllungsgehilfe« ist oder sie sich mit aller Gewalt, Kraft und Intelligenz, aber auch auf Kosten der eigenen körperlichen und vor allem psychischen Gesundheit weitestgehend erfolglos aus diesen Zwängen zu befreien versucht. Die Nachbarin versteht jetzt diese Mutter, und über die **De-Identifikation** kann sie sich gut auf sich selbst zurückbesinnen und stellt im Vertrauen auf ihre Kompetenzen und ihre Selbstwirksamkeit ganz eindeutig fest, dass sie keine Lösungswege und Antworten finden kann, die eine **Regulation**, also eine **gemeinsame** Bewältigung dieses Stillproblems mit dieser Mutter ermöglichen. Die Vereinnahmung dieser Mutter aufgrund ihrer Vernichtungs-, Verachtungs- und Entwertungsängste ist zu massiv. Die einzige Lösung (**Regulation**) für die Nachbarin ist die sofortige Beendigung dieser so gearteten »kranken Beziehung« mit dem Hinweis an die hilflose Mutter, dass die Zuständigkeit für ihre »Hilflosigkeit« bei den Medizinern liegt, die ihr vielleicht helfen können, und kaum bei Privatpersonen.

Der lernbereiten Mutter teilt die Nachbarin vielleicht mit, dass auch sie öfter solche Schwierigkeiten mit ihren Kindern hatte, aber damals feststellte, dass sie sich immer dann schwer tat, ihre Kinder zu beruhigen, wenn sie selbst »übernervös« war oder z. B. Schwierigkeiten mit ihren eigenen Beziehungen hatte. So stellte sie sich oft zwangsläufig ihrem Mann, aber auch anderen »seelisch Notleidenden« emotional zur Verfügung, ohne für sich selbst den lebensnotwendigen emotionalen Austausch einzufordern oder herzustellen. Lässt sich jetzt die Nachbarin, nachdem sie sich inzwischen in die zwar etwas ruhiger gewordene, aber immer noch hilflose Mutter »hineinversetzte« (**Identifikation**), so weit ein, dass sie ihr rät, über den bei ihr möglicherweise fehlenden emotionalen Austausch intensiver nachzudenken und etwas gegen ihre Übernervosität zu tun, hat die Nachbarin dieser Mutter gegenüber eine gewisse Verantwortung übernommen. Da sie sich dem Stillproblem dieser Mutter mehr oder weniger angenommen hat, geht diese jetzt davon aus, dass sie sich auch weiter bei dieser Nachbarin Hilfe holen kann, wenn sie wieder einmal Schwierigkeiten mit ihrem Kind hat. Die Nachbarin steht jetzt in der Pflicht, so gut sie es kann, dieser Mutter bei der Bewältigung ihres Stillproblems weiter behilflich zu sein.

Kommt es jetzt aber von Seiten der Nachbarin doch zu keiner wirklichen Hilfsbereitschaft, weil diese aufgrund eigener Persönlichkeitsdefizite viel Kluges von sich geben, eine verständnisvolle Beziehung aber letztlich nicht leisten, sondern der Mutter gegenüber nur vortäuschen konnte, wird sich die hilflose Mutter enttäuscht und noch misstrauischer von ihren Mitmenschen zurückziehen. Schlimmstenfalls wird sie von der »kranken« Nachbarin unter dem Vorwand der Dankbarkeitserwartung zu deren eigenen emotionalen Spannungsreduktion funktionalisiert.

Im positiven Fall vertraut die Nachbarin darauf, dass die Mutter sich helfen lässt, um so ihr Stillproblem in den Griff zu bekommen. Dieses Vertrauen bestärkt die Mutter. Aber auch die Nachbarin ver-

8.4 Beispiel für das Ineinandergreifen der einzelnen Kommunikationselemente

traut sich, dass sie dieser Mutter schon den rechten Beistand geben kann (**De-Identifikation**).

Gemeinsam mit der Nachbarin kann es jetzt für die Mutter möglich werden, **Regulationen** in die Tat umzusetzen, zu denen jeder einzelne von ihnen kaum imstande gewesen wäre. Die Nachbarin erklärt sich beispielsweise bereit, das Kind zeitweise zu sich zu nehmen, währenddessen sich die Mutter entspannt und erholt. Oder beide, die Mutter und die Nachbarin, treffen sich zu einem regelmäßigen gemeinsamen Austausch, bei dem das Kind dabei ist und spielt, oder die Mutter beginnt eine psychotherapeutische Behandlung, und die Nachbarin passt in dieser Zeit auf das Kind auf. In jedem Fall beginnt jetzt die Mutter, an sich zu arbeiten, damit es ihr wieder gelingt, funktionierende persönliche Beziehungen aufzubauen und eingehen zu können; dies vor allem mit ihrem Kind, das sie mehr als bisher als Partner ernst nehmen und anerkennen wird. Dabei versucht sie jetzt immer öfter über entsprechende basale interaktive Beziehungsrituale die **entlastenden (elterlichen) Funktionen** bei ihrem Kind einzusetzen. Kraft dieser Objektstützungen entsteht zwischen ihr und ihrem Kind eine für beide Seiten immer spür- und erlebbarere **persönliche Beziehung**, in der der ersehnte gemeinsame emotionale Austausch und damit das »Stillen« möglich wird.

In diesem Beispiel war in der Mutter-Kind-Beziehung offensichtlich das Kommunikationselement der **Empathie** gestört. Die Mutter konnte deshalb *keine* funktionierende **persönliche Beziehung** zu ihrem Säugling herstellen, und die für dieses Kommunikationselement spezifische und für das Kind wichtige Beziehungserfahrung des emotionalen Austausches (Kommunikation), des Einfühlungsvermögens und der **Frustrationstoleranz** blieb aus. Da in unserem Beispiel die Mutter nicht in der Lage ist, die für das Kommunikationselement Empathie (möglicherweise auch schon für die Kommunikationselemente Dyade und Setting) notwendigen objektgestützten Erfahrungen (primäre (elterliche) Funktionen) und damit einhergehende basale interaktive Beziehungsrituale) ausreichend bei ihrem Kind einzusetzen und/oder das Kind möglicherweise sich noch schwer tut, auf diese objektgestützten Erfahrungen seiner Mutter einzugehen, besteht durchaus die Möglichkeit, dass diese Störung, je nach Ausmaß, durch Einsatz des **dialogischen Beziehungsmodus** entweder im privaten Rahmen oder durch eine psychosomatisch-psychotherapeutische Behandlung reduziert oder behoben werden kann.

Die Mutter benutzte zum Schluss den gesamten dialogischen Beziehungsmodus, um dadurch die Störung etwa des Kommunikationselements Empathie effektiv zu beheben und (wieder) kommunizieren zu können. Genauso hätte sie bei einer Störung der Dyade wieder ihre Lebensbejahung herstellen können, bei einer Störung des Settings ihr Identitätserleben (Identitätsbewusstsein), bei der Störung der Identifikation ihr Verständnis und ihre Lernbereitschaft, bei der Störung der De-Identifikation ihr Selbstbewusstsein und ihre Selbstwirksamkeit und letztlich bei der Störung der Regulation ihr Gemeinsamkeitsbestreben und ihre Liebesfähigkeit.

! Im Laufe seiner psychotherapeutischen Behandlung kann der Psychotherapeut, der mit der Objektgestützten Psychodynamischen Psychotherapie arbeitet, sich immer wieder an diesen Kommunikationselementen und den dazugehörigen objektgestützten Beziehungserfahrungen orientieren.

D

Einsatz der unterschiedlichen Kommunikationselemente in der Objektgestützten Psychodynamischen Psychotherapie

9 Kommunikationselemente als Orientierungshilfen in der Gesprächspsychotherapie

Genauso wie in der Körperpsychotherapie, der Gestaltungspsychotherapie und der sozialpädagogischen Psychotherapie versucht der Psychotherapeut in der Gesprächspsychotherapie durch den Einsatz des dialogischen Beziehungsmodus zu seinem Patienten zumindest eine im Ansatz effektive Kommunikation herzustellen. Dabei ist der Patient »da abzuholen«, wo er steht, das heißt, der Gesprächspsychotherapeut versucht sich auf die sehr labile Persönlichkeitsverfassung seines Patienten einzustellen und den notwendigen interpersonellen Kontakt zu ihm immer wieder aufs Neue herzustellen, auch wenn dieser ständig abbricht. Bei diesem zunächst intermittierenden »Sich-aufeinander-Beziehen« entsteht im Bewusstsein des Psychotherapeuten ein approximatives Bild von der Person seines Patienten. Da sich die Einstellung des Psychotherapeuten sowohl auf die sensorisch fassbare Person des Patienten, als auch, wenn nicht sogar mehr, auf die sensorisch *nicht* fassbare Person des Patienten, also auf den »subjektiven« Patienten ausrichtet, entspricht das, was sich im Bewusstsein des Psychotherapeuten von seinem Patienten abbildet, eher einem Sinnbild, einem Symbol und ist keinesfalls eine objektive Wirklichkeitserfahrung.

9.1 Allgemeine Betrachtung

Wie schon öfter dargelegt, orientiert sich der Psychotherapeut in der OPP am **dialogischen Beziehungsmodus**. Dieser soll vor allem für den praktizierenden Gesprächspsychotherapeuten, der mit psychisch schwerer gestörten Patienten arbeitet, eine Art Leitlinie, eine Orientierungshilfe sein, durch die es ihm möglich werden kann, jederzeit die Effektivität seiner psychotherapeutischen Arbeit zu überprüfen.

Der Mensch kann, im Gegensatz zu den nichtmenschlichen Lebewesen, in seinen ersten vier Lebensjahren im Laufe seiner Selbstentwicklung einen dialogischen Beziehungsmodus entwickeln und ihn Zeit seines Lebens vervollständigen, ergänzen und verbessern. Ich gehe davon aus, dass in den einzelnen Lebensabschnitten, die der frühen Kindheit folgen, der dialogische Beziehungsmodus immer wieder neu durchlebt wird. Diese Lebensabschnitte sind:

- **Schulkind**: ca. 6 bis 16 Jahre
  - 6 bis 12 Jahre: Kindheit
  - 12 bis 16 Jahre: Jugendalter
- **junger Erwachsener**: 16 bis 25 Jahre
  - 16 bis 18 Jahre: Jugendlicher
  - 18 bis 25 Jahre: junger Erwachsener
- **Erwachsener**: 25 bis 65 Jahre
  - 25 bis 35/40 Jahre: frühes Erwachsenenalter
  - 40 bis 50 Jahre: mittleres Erwachsenenalter
  - 50 bis 65 Jahre: spätes Erwachsenenalter
- **älterer Erwachsener**: ab 65 Jahre

Dabei können in diesen Lebenszyklen, wie bei der Entwicklung des dialogischen Beziehungsmodus in der frühen Kindheit, auch immer einzelne Kommunikationselemente einer weiteren Bewältigung zugeführt werden. So gesehen wiederholt sich der frühe Entwicklungsprozess im Laufe eines Lebens auf unterschiedliche Weise immer wieder, und meist sind es auch die alten Ängste, mit denen der Mensch in unterschiedlichsten sozialen Konstellationen zeitlebens konfrontiert wird:

- Angst vor Vernichtung seiner Existenz
- Angst vor der Verachtung seiner Person, seiner Identität

- Angst vor Entwertung und Ablehnung als Partner
- Angst vor dem Versagen, obwohl man sich eigentlich sicher sein könnte
- Angst vor Konflikten und Konkurrenz
- Angst vor sozialer Kommunikation und Solidarität

Auf diese Ängste möchte ich jetzt näher eingehen und aufzeigen, dass der jeweilige Affektbetrag, der letztlich dem Patienten »angstvoll« bewusst wird oder sofort durch Inkrafttreten der neuronal-mentalen Regulationsmechanismen für den Patienten bewusstseinsfern bleibt, Resultat komplexer neuronal-mentaler Vorgänge ist. Bei dieser Affektverarbeitung spielen die objektgestützten Erfahrungen eine wesentliche Rolle und können eventuell eine Eskalation verhindern. In der OPP wird versucht, dem Patienten diese essenziellen Objektstützungen nachzureichen.

Durch das Wirksamwerden einer responsiven, affirmativen und positiven Einstellung des Therapeuten zu seinem Patienten, kann z. B. der monologe Kommunikationsmodus des Patienten unterbrochen werden und für kurze Zeit der dialogische Beziehungsmodus in Kraft treten. Da sich der Patient schon lange daran gewöhnt hat, sich mit seinen Worten, ohne Erwartung einer Antwort, »abzureagieren«, reagiert er zunächst auf diesen dialogischen Beziehungsmodus seines Therapeuten sehr irritiert. Eine zunächst empfundene gleiche Wellenlänge, eine Sympathie gegenüber seinem Therapeuten kann sehr schnell einer plötzlich einsetzenden Hilflosigkeit und Ärgerlichkeit weichen: »Was soll denn das jetzt?« Trotzdem erlebt der Patient durch die Resonanz, die der Psychotherapeut ihm gibt, dass in diesem Moment seine lange Zeit ungehörten »SOS-Signale«, plötzlich und unerwartet empfangen werden.

9.2 Einstellung des Psychotherapeuten auf den »subjektiven Patienten« (»Morsen auf hoher See«)

Der Psychotherapeut stellt zunächst seinen »Kommunikationskanal« auf die Person seines Patienten ein. Da dieser Kommunikationskanal ja keineswegs eine stabile Größe ist und auch die dysfunktionalen Orientierungen, Motive und Motivationen des Patienten nicht gerade das sind, was man über so einen »Kanal« gerne empfängt, braucht es eine eigene professionelle Bereitschaft sich auf diese Weise mit einem Menschen einzulassen. Um so eine psychotherapeutische Situation, eine psychotherapeutische »Mikrowelt« entstehen zu lassen und sie auch stabil zu halten, ist eine spezifische **Bindungsintensität** zwischen dem Psychotherapeuten und seinem Patienten – auf der Subjektstufe – notwendig und Voraussetzung. Diese Größe bezeichnen Moser und Ulrich (2001) als **emotionales Involvement**. Es ist eine intersubjektive, sehr labile Übereinstimmung zweier Personen, vergleichbar dem Morsen auf hoher, stürmischer See.

9.3 Mehr objektive Wahrnehmung – mehr subjektive Wahrnehmung

Will man genauer begreifen, was sich in den zwischenmenschlichen Begegnungen, Beziehungen, Verhältnissen abspielt und um welche Art von Kommunikation es sich dabei handelt, ist es hilfreich zwischen einer »mehr objektiven Wahrnehmung« und einer »mehr subjektiven Wahrnehmung« zu unterscheiden. Bei der mehr objektiven Wahrnehmung richten sich die fünf Sinne auf das »Gegenüber-Stehende« und man erfasst diese Objekte je nachdem, ob man sich in diesem Moment gerade konzentrieren kann, aufmerksam ist oder sich dafür interessiert. Die Neurobiologie lehrt uns heute, dass bei diesem »Erfassen«, so sehr man sich auch bemüht, möglichst sachlich an etwas heranzugehen, immer auch Emotionen im Spiel sind. Selbst wenn man, rein theoretisch, das Erinnerungsvermögen, das durch jedes Gegenwartserleben in unserem Gedächtnis in Gang gesetzt wird, außer Acht lassen würde, treten Emotionen in das Bewusstsein, zum Beispiel als Resultat weitgehend unbewusst

9.3 Mehr objektive Wahrnehmung – mehr subjektive Wahrnehmung

ablaufender vegetativer Bereitstellungsreaktionen, kraft derer es uns möglich ist, spontan unwillkürlich zu reagieren. Betrachtet man z. B. einen Rennläufer, der in den Startlöchern steht, kurz vor dem Startschuss, der nichts anderes im Kopf hat als die Sache: »Start-Rennstrecke-Ziel«, kann man folgendes beobachten: sein Puls jagt hoch, liegt zwischen 150 und 200 Schlägen pro Minute, sein Blutdruck steigt, seine Atemwege erweitern sich, seine Lunge nimmt mehr Sauerstoff auf, sein Darm wird ruhig gestellt, seine Muskulatur ist gespannt wie ein »Flitzebogen«, die Energiebereitstellung in seinem Körper läuft auf Hochtouren und seine Aufmerksamkeit ist voll und ganz auf das Ziel gerichtet. Der Startschuss fällt und mit aller Kraft, die er aus seinem Körper herausholen kann, rennt er los und rennt so lange weiter, bis er mit letzter Kraft das Ziel erreicht.

Bei dieser sehr spontan einsetzenden mehr objektiven Wahrnehmung, die sehr stark auf eine Sache oder Sachlage fokussiert ist, steht zwar für den Menschen vermeintlich nur diese Sache im Blickpunkt. In Wirklichkeit wird hier um der »Sache willen« die Introspektion auf das Notwendigste reduziert, gleichzeitig tritt aber eine **innere Resonanz** auf den Plan, die den Rennläufer in seiner Absicht, mit maximalem Einsatz das Ziel zu erreichen, Mut macht und ihn in seinem Leistungswillen bestärkt: »Du kannst laufen!«, »Du kannst schnell laufen!«, »Du kannst sehr schnell laufen!« Diese iterative Resonanz wird im neuronalen Selbstsystem aktiviert, erinnert sich im Bewusstsein und tritt hier als stimulierende Hintergrunderfahrung immer wieder in Kraft.

Einige Autoren, die sich mit der Hirnforschung beschäftigen, unterscheiden ein Aktualbewusstsein und ein Hintergrundbewusstsein.

> Bewusstseinszustände treten entweder als **Hintergrundbewusstsein** auf, das die Ich-Identität, »Meinigkeit« und willentliche Kontrolle des Körpers, Verortung des Ichs und des Körpers in Raum und Zeit und den Realitätscharakter des Erlebten betrifft. Oder sie treten als schnell wechselndes **Aktualbewusstsein** auf, das sich aus den jeweiligen Sinneserlebnissen, Emotionen, kognitiven (Denken, Vorstellen, Erinnern) und exekutiven Zuständen (Handlungsplanung und -kontrolle) zusammensetzt (Schiepeck 2003).

Wie zuvor beschrieben, nehmen jetzt diese zum jeweiligen Aktualbewusstsein resonanten Erinnerungsprozesse, mehr oder weniger Einfluss auf das Gesamtleben des Menschen. Der Mensch erlebt sich und seine Gegenwart auch immer unter dem Einfluss seiner erlebten Biographie.

Aus der neurobiologischen Forschung wissen wir weiter, dass es höchstwahrscheinlich so ist, dass das Hirn mit einer mehr subjektiven Wahrnehmung ähnlich umgeht, wie mit einer mehr objektiven Wahrnehmung. Das heißt, dass sich die Informationsverarbeitungen nicht wesentlich voneinander unterscheiden. Den Unterschied zwischen beiden Wahrnehmungsqualitäten kann letztlich nur der Mensch selbst treffen. Dies setzt heute aber eine Schulung voraus, denn bei unserer heutigen modernen Weltanschauung wird diese **mehr subjektive Wahrnehmung** und die sich daraus ergebende **Tiefenkommunikation** zugunsten einer **mehr objektiven Wahrnehmung** und der damit einhergehenden **Oberflächenkommunikation** nach wie vor diskriminiert.

Bei dieser Oberflächenkommunikation wird aber keineswegs nur »oberflächlich« kommuniziert, sondern man versucht sich hier hauptsächlich *nicht* von Gefühlen, Vorurteilen und Ideologien leiten zu lassen und sich auf das objektiv Faktische zu konzentrieren und dies zu thematisieren. Man könnte hier aus erkenntnistheoretischer Sicht noch ergänzen, dass wir ganz allgemein mehr der **diskursiven** Erkenntnis, bei der das methodisch und begrifflich ausgebaute Wissen überwiegt und überzeugt, den Vorrang geben gegenüber dem **intuitiven**, also unvermittelten Wissen.

! Für den Psychotherapeuten ist es hilfreich, wenn er sich dieser beiden Wahrnehmungsqualitäten immer wieder bewusst wird und sich dabei vor Augen führt, dass sich sowohl seine mehr subjektive als auch seine mehr objektive Wahrnehmung immer zu einem ganzheitlichen Gegenwartserleben fügen, und er es gleichzeitig mit einem Hintergrundbewusstsein (Archaik-, Anpassungs-, Selbstkonzept) zu tun hat, in dem sich resonant zu seinem Gegenwartserleben eine Fülle von Erinnerungen (Orientierungen, Motiven, Motivationen) einstellt.

Dies ist mit ein Grund, warum der Psychotherapeut schon von Berufs wegen mit seiner Selbsterfahrung nie aufhören sollte, um sich in dem Labyrinth seiner unterschiedlichen Erfahrungen nicht zu verirren. Im Laufe eines psychotherapeutischen Prozesses muss der Psychotherapeut z. B. die aggressiven Affekte seines Patienten, die durch die mehr subjektive Wahrnehmung in ihm aufkommen, als solche identifizieren und von seinen aus der eigenen Familien- und Lebensgeschichte stammenden aggressiven Affekten trennen können. Durch die Schulung beider Wahrnehmungsqualitäten, der mehr objektiven und der mehr subjektiven Wahrnehmung, lernt der Psychotherapeut mit der Zeit, zu trennen zwischen

- dem äußeren Erscheinungsbild seines Patienten, der **Phänomenologie**, und
- dem Innenleben seines Patienten, der **Wesensschau**.

Es ist davon auszugehen, dass das Hirn bei seiner Informationsverarbeitung sowohl das äußere Erscheinungsbild als auch die Wesensschau als »von außen kommend«, also als Stimulus, registriert und dem äußeren Erscheinungsbild des Patienten als auch der Wesensschau des Patienten unterschiedliche Gefühle zugeordnet werden, also gleichzeitig zwei unterschiedliche Erfahrungen resultieren. Einmal ist es die phänomenologische Erfahrung, ein anderes Mal die Erfahrung mit dem Wesen oder der Persönlichkeitsverfassung des Patienten. In die Gegenwartserfahrung gehen beide Erfahrungsqualitäten ein, wobei, wie bereits oben beschrieben, aus kulturellen Gegebenheiten der mit dem Verstand wenig fassbaren und auch durch logisches Denken kaum zugänglichen Wesensschau meist eine »unbedeutende Rolle« zukommt.

Schärft der Psychotherapeut in der Beziehung zu seinem Patienten seine mehr subjektive Wahrnehmung und gelingt es ihm, in das Innenleben seines Patienten, in dessen Wesen »zu schauen«, können diese Erfahrungen beim Psychotherapeuten abrupte Veränderungen seiner momentanen Stimmungslage und körperlichen Befindlichkeit sowie in seinem Denken, Fühlen und in seinen Phantasien auslösen. Diese Stimmungsveränderungen wiederum, kann der erfahrene Psychotherapeut als Indikator zur Einschätzung der Gemütsverfassung seines Patienten nutzen.

! Dem Psychotherapeuten muss es im Laufe seiner Ausbildung möglich werden, Zugang zu beiden Kommunikationsebenen zu finden, sie auch weitestgehend getrennt voneinander zu betrachten, um sie bei seinem Patienten gezielt einsetzen zu können. Dabei ist es für den Psychotherapeuten von zentraler Wichtigkeit, seine eigene Subjektivität und die durch seine Patienten in ihm aufkommende Subjektivität zu trennen. In der Behandlung kann es durchaus von Nutzen sein, auch seine eigene Subjektivität gegenüber dem Patienten hilfreich und heilsam einzusetzen.

9.4 Konzertierte psychotherapeutische Aktion

Da in der psychotherapeutischen Behandlung der Psychotherapeut in der Lage sein sollte, bis zu einem gewissen Maß die dysfunktionalen Bereiche im Innenleben des Patienten in seinem Bewusstsein abzubilden, um sich dadurch eine Vorstellung von dem machen zu können, was den Patienten wirklich kränkt, ist ein Behandlungsteam, das sich dabei effektiv behilflich sein kann, essenziell. Dabei orientieren sich die Behandler am dialogischen Beziehungsmodus und versuchen sich der einzelnen Kommunikationselemente, die gerade in der Behandlung mit dem Patienten im Vollzug sind, so oft wie möglich bewusst zu werden und darüber zu sprechen. Bei dieser **konzertierten psychotherapeutischen Aktion** wird dann ein besonderes Augenmerk darauf gelegt, welche »Beziehungseinstellungen« sich gleich zu Beginn einer jeden neuen Begegnung untereinander ergeben. Dieses anfängliche Aufeinandertreffen, dieser erste Eindruck, wenn man sich begegnet, dieses Auf-den-ersten-Blick-Spüren, wie sich die anderen befinden, dieses

9.4 Konzertierte psychotherapeutische Aktion

Mitbekommen der momentanen Gemütsverfassungen, aber auch das Wissen darum, dass man den anderen, die einen inzwischen ganz gut kennen, nichts vormachen kann und davon auszugehen ist, dass ihnen nicht verborgen bleibt, wie es einem gerade ergeht, dieses Erleben, das zu Beginn einer jeden Beziehung für einen selbst mehr oder weniger bewusst stattfindet, ist das Kommunikationselement **Dyade**:

- Fühle ich mich seelisch bei meinen Kollegen gut aufgehoben? Fühle ich mich von Ihnen angenommen?
- Stellt sich in der Beziehung zu meinen Kollegen ein für mich deutlich spürbares Gefühl von Unversehrtheit und entspanntem Wohlbefinden ein?
- Habe ich gegenüber meinen Kollegen das Gefühl von existenziellem Bejahtwerden, von Geborgenheit und Sicherheit?
- Spüre ich in den Begegnungen mit meinen Kollegen Angst vor seelischen Kränkungen und Verletzungen aufkommen?
- Will ich »von Herzen gern« mit meinen Kollegen etwas zu tun haben?
- Wie oft stellt sich in den Begegnungen mit meinen Kollegen Zuneigung, Abneigung oder Gleichgültigkeit ein?

Ich gehe davon aus, dass sich diese Fragen zu Beginn einer jeden zwischenmenschlichen Begegnung mal bewusst, mal unbewusst, in Sekundenschnelle oder ganz deutlich stellen. Oft ist es mehr ein Spüren von spannungsgeladener oder entspannter Atmosphäre (Stimmung), die unser Gegenwartserleben erheblich beeinflussen kann, ja nach dem, wie stark im Moment der Begegnung unsere funktionalen oder dysfunktionalen Orientierungen, Motive und Motivationen wachgerufen und reaktualisiert werden.

Man könnte jetzt sagen, was sollen diese Fragen, das Team ist ein Arbeitsteam, es trifft sich zur festgesetzten Zeit und hat jetzt auf vereinbarte Weise zu funktionieren. Die Teammitglieder bekommen Geld dafür, dass sie ordentliche Arbeit leisten, und sollen nicht so viele unnötige Fragen stellen, die ihre Arbeit nur behindern.

Dies mag für jedes andere Arbeitsteam, das sich nicht mit Psychotherapie beschäftigt, stimmen. Für die konzertierte psychotherapeutische Aktion sind diese Fragen aber eine wichtige Voraussetzung, um klären zu können, ob die einzelnen Teammitglieder momentan überhaupt in der Lage sind, die dysfunktionalen Orientierungen, Motive und Motivationen der Patienten, die sie behandeln wollen, auszuhalten. Um sich hier im Arbeitsteam seiner vollen Kompetenz gegenüber dem Patienten sicher sein zu können, macht es für jedes Teammitglied durchaus Sinn, sich erst einmal selbst »existenziell« näher zu kommen. Dabei kann man einmal seine Reaktionen überprüfen, die einsetzen, wenn man auf seine Teammitglieder trifft, zum anderen, ob es einem möglich ist, sich auf die momentane existenzielle Befindlichkeit seiner Kollegen einlassen zu können. Erst wenn ein eindeutiges Gefühl entsteht, dass es den anderen recht ist, dass man da ist bei ihnen, dass man seinen Platz in diesem Team hat und diese Existenzberechtigung von jedem Teammitglied auch erlebt wird, entsteht die notwendige Zugewandtheit und das notwendige Zugehörigkeitsgefühl untereinander. Das schafft die notwendige **medizinische Basis**, auf der man sich sowohl gegenseitig als auch dem Patienten gegenüber effektiv Menschenwürde vermitteln kann. Gerade diese Menschenwürde ist bei vielen Patienten durch schwere Traumatisierungen verletzt und beschädigt.

Diesem Behandlungsteam sollte es jetzt möglich sein, auf die z. B. sehr **destruktiven existenziellen Beziehungserfahrungen** eines Patienten einzugehen, der unter schweren Vernichtungsängsten leidet. Auch weitere Kommunikationselemente des Patienten sind sehr mangelhaft entwickelt, er hat bereits mehrere gescheiterte Suizidversuche hinter sich und seine früher gut funktionierende Überlebensstrategien (selbstprotektive Mechanismen) haben in letzter Zeit deutlich an Produktivität verloren. Bei diesem Patienten verbergen sich hinter einem vordergründigen, sehr entwertenden, aggressiven, arroganten Verhalten erneut wieder aufflackernde, selbstzerstörerische, selbstquälerische, möglicherweise auch todbringende Beweggründe.

Im Behandlungsteam gibt es selbstverständlich aufgrund unterschiedlicher Zugehensweisen der einzelnen Psychotherapeuten zum Patienten zunächst unterschiedliche Resultate, was ihre Erfahrungen mit der **dyadischen Kommunikation** bei diesem Patienten anbetrifft. Bei einigen Behandlern können z. B. in dieser konzertierten psychotherapeutischen Aktion wieder Vernichtungsängste aufkommen, mit denen sie auch während der Behandlung mit dem Patienten zu kämpfen hatten. Einige Mitarbeiter in diesem Team konnten diese Vernichtungsängste eventuell auch aushalten, das heißt, sie mussten sie nicht wieder sofort verdrängen oder sie z. B. über eine **Reaktionsbildung, Rationalisierung** oder **Affektisolation** abwehren. Wieder andere Mitarbeiter fanden diesen Patienten z. B. »auf den ersten Blick« besonders sympathisch. Andere können ihm gegenüber nichts »Besonderes« empfinden, und wieder andere Kollegen führen bereits explorative Gespräche mit diesem Patienten und wissen schon sehr viel über seine frühe Entwicklungsgeschichte. Sie wissen z. B., dass die dyadische Kommunikation des Patienten bereits in seiner frühesten Kindheit traumatisierend war und diesbezüglich auch in seinem weiteren Lebensverlauf keine Korrekturen stattgefunden haben.

Jetzt beginnt die Arbeit des Behandlungsteams. Im Zuge der konzertierten psychotherapeutischen Aktion versucht zunächst jedes Teammitglied, sich auf die Erfahrungen einzulassen, die mitgeteilt werden. Bereits hier können sehr starke Befindlichkeitsveränderungen bei den Teammitgliedern auftreten und es braucht bereits jetzt eine große Bereitschaft und professionelle Erfahrung, um über diese Veränderungen im eigenen Innenleben offen und ehrlich zu berichten. Gefordert ist hier ein sehr guter Zusammenhalt im Team – die **Teamkohäsion**. Es ist die bejahende Haltung der **tragenden Objektstützung**, durch die sich jeder von den anderen im Team aufgenommen erlebt und wodurch eventuell vorhandene und im Kontakt mit dem Patienten mobilisierte eigene Vernichtungsängste aushaltbar werden. Jeder in diesem Behandlungsteam geht davon aus, dass er sich im Schutz dieses Arbeitsteams einigermaßen von den Vernichtungsängsten des Patienten distanzieren kann.

Der nächste Schritt im Zuge des dialogischen Beziehungsmodus ist das **Setting**. Hier stellt sich heraus, dass der Patient erhebliche Schwierigkeiten mit seiner personalen Identität hat und meist überhaupt nicht nachvollziehen kann, dass es gut ist, so wie er ist. Dabei stellt sich meist heraus, dass er sich selbst als Person *nicht* achten und *nicht* respektieren kann. In der Anamnese dieses Patienten gibt es viele Hinweise, dass er in seiner Frühentwicklung und auch später immer wieder Traumatisierungen ausgesetzt war, in denen die Verachtung, also die Respektlosigkeit gegenüber seiner Person eine zentrale Rolle spielte. Nur selten hat er erlebt, dass er um seiner selbst willen geliebt wurde.

Da all diese Ängste (Vernichtungs-, Verachtungs-, Entwertungs-, Versagens-, Rivalitäts-, Solidaritätsängste) in unserem Gedächtnis im Zusammenhang mit traumatisierenden Episoden gespeichert werden und diese erlebten Geschichten immer wieder entsprechend dem Gegenwartserleben erinnert werden können, kann man auch von **Traumaprogrammen** sprechen. Die Protagonisten dieser Traumaprogramme (z. B. die misshandelnden primären Bezugspersonen) können jetzt durch aktuelle existenzielle Erschütterungen, wieder ins Leben gerufen (reaktualisiert) werden. Dabei können sich diese Protagonisten eines Traumas so obsessiv in die Wahrnehmung, aber auch in das Verhalten eines Menschen einmischen, dass z. B. unser Patient zum »Erfüllungsgehilfen« dieser dysfunktionalen Orientierungen und Beweggründe wird. Dabei kann der Protagonist, für den Patienten fast wahnhaft, plötzlich in seiner Umwelt in Erscheinung treten, und der Patient fühlt sich z. B. von jemand verachtet, obwohl es dafür keinen offensichtlichen Grund gibt. Dieser Protagonist kann aber auch das Motivationszentrum des Patienten außer Kraft setzen und sich über ein respektloses und verachtendes Verhalten gegenüber der Umwelt in Szene setzen, ohne dass sich der Patient dagegen wehren kann. Genauso kann sich dieser Mensch, der sich von anderen oft grundlos verachtet fühlt, zurückziehen oder sich mit seiner Umwelt auf frustrane Auseinandersetzungsmanöver einlassen.

Da sich die Teammitglieder inzwischen durch ihre gegenseitige Objektstützung nicht mehr emotional in Beschlag genommen fühlen, stellen sie fest, dass man miteinander all das, was der Patient einem an Ängsten und Schwierigkeiten (Entwertungs-, Versagens-, Rivalitätsängste, Mob-

9.4 Konzertierte psychotherapeutische Aktion

bing, Unverständnis, Misstrauen, Verlassenheit usw.) noch mitteilen wird, miteinander »aushalten« kann. Die Teammitglieder haben selbstverständlich die Gewissheit, dass sie auf eine regelmäßige Supervision zurückgreifen können. Das Behandlungsteam wird dann versuchen, herauszufinden, mit welchem gestörten, beschädigten Kommunikationselement man am besten die Behandlung des Patienten beginnen sollte. Einigt man sich, dass die Vernichtungsängste des Patienten weiter als erstes behandelt werden sollen, um der immer wieder drohenden Suizidalität entgegenzuwirken, wird das Team zunächst überprüfen, welche Teammitglieder sich bereits auf diese Vernichtungsängste des Patienten eingelassen haben. Es wird nachgefragt, wie es ihnen dabei geht und ob sie sich von den Ängsten des Patienten persönlich ausreichend distanzieren können. Dabei sollte das Ziel sein, dass letztlich alle im Team die Vernichtungsängste des Patienten »**mittragen**« können. Über den dialogischen Beziehungsmodus versucht das Behandlungsteam die geeignete Objektstützung herauszufinden, um diese Vernichtungsängste des Patienten so weit als möglich effektiv behandeln zu können.

In einem nächsten Schritt legt das Behandlungsteam seinen Wahrnehmungsfokus mehr auf die **körperlichen Beziehungen**, sowohl untereinander im Behandlungsteam, als auch gegenüber dem Patienten. Setzen sich im Behandlungsteam auf indirekte oder auch auf direkte Weise Vernichtungskonflikte in Szene, kann sich das Behandlungsteam so ein ungefähres Bild von den möglichen **Realkonflikten** im Familiensystem des Patienten machen. Werden diese Vernichtungsängste von den Teammitgliedern mehr »körperlich« erlebt, zeigt sich dies z. B. in passager auftretenden **Körperreaktionen**, wie Herzklopfen, Übelkeit, Kälte- oder Hitzemissempfindungen, Ekel usw. Dieses Körpererleben kann einem allerdings nur sehr fragmentarisch und angenähert einen Zugang zu den Zuständen schaffen, mit denen sich der Patient schon sehr früh, möglicherweise auch schon sein Leben lang bis heute auseinander setzt.

Die Mitglieder im Behandlungsteam wissen, dass sie nach wie vor dabei sind, die besten Behandlungsmaßnahmen herauszufinden, um die Selbstmordabsichten ihres Patienten so gut wie möglich zu entkräften. Alle im Behandlungsteam spüren, dass sich jeder in dieser konzertierten psychotherapeutischen Aktion mit dem Patienten zunächst existenziell, dann aber auch körperlich auseinandersetzt.

Dadurch können sich die Gruppenmitglieder auf das nächste Kommunikationselement im dialogischen Beziehungsmodus einlassen, die **Empathie**. Durch die vorausgegangenen Untersuchungen hat sich, wie ja bereits erwähnt, herausgestellt, dass der Patient in seiner Entwicklung schmerzlichste persönliche Beziehungserfahrungen machte, er sich in seiner Familie nie als Partner wertgeschätzt und ernst genommen erlebte und deshalb neben seinen Vernichtungs- und Verachtungsängsten auch unter schweren Minderwertigkeitsängsten leidet.

Ganz andere Erfahrungen machen die Gruppenmitglieder untereinander: Sie sind zunächst in der Lage, sich gegenseitig als Menschen in dieser Gruppe so aufzunehmen, dass eine für jeden spürbare **Gruppenkohäsion** entsteht. Dann können sie sich gegenseitig als Personen annehmen und jeden von ihnen in seiner Individualität anerkennen. Dadurch entsteht eine für jedes Gruppenmitglied erkennbare **Gruppenidentität**, ein Gruppencharakter, der sich von anderen Gruppen unterscheiden lässt. Jetzt, da das Kommunikationselement Empathie Thema geworden ist und neben der anfänglichen existenziellen Beziehungserfahrung und der daran anschließenden körperlichen Beziehungserfahrung eine persönliche Beziehungserfahrung untereinander stattfindet, erleben sich die Teammitglieder weitestgehend als gleichwertige Partner in diesem Behandlungsteam wertgeschätzt und anerkannt. In dieser hauptsächlich persönlichen Beziehung, die jetzt die Teammitglieder untereinander verbindet, stellt sich eine wohltuende **Unverbindlichkeit** ein, die für jedes Teammitglied spürbar ist. Ganz auf sich gestellt und sich seines Daseins auf dieser Welt, seiner Existenzberechtigung und Menschenwürde, seiner Körperlichkeit, seiner Identität und Personalität, seiner Partnerschaftlichkeit, Kommunikationsfähigkeit und Toleranz gegenüber anderen bewusst, ist jedes Teammitglied zunächst niemanden verpflichtet, außer es übernimmt aus einer freien Entscheidung heraus, eine Aufgabe. Egal unter welchen »äußeren« beruflichen oder privaten Zwängen sich ein Teammitglied gerade befindet, diese **persönliche Freiheit** sollte für jedes Teammitglied ein erfahrbarer »innerer Zufluchtsort« sein. In dieser Phase des Gruppenprozesses entstehen persönliche Beziehungen unter allen Mitgliedern des Behandlungsteams. Auf diese persönlichen Beziehungen, die selbstverständlich eine ganz unterschiedliche Qualität und Intensität haben, sollte jedes Teammitglied eingehen und sie auch von sich aus zu den anderen Teammitgliedern aufnehmen können.

Wie gesagt, in dieser Phase des Gruppenprozesses fühlt sich kein Gruppenmitglied einem anderen in diesem Behandlungsteam persönlich **verantwortlich**. Jeder weiß, dass der andere für sich alleine sorgen kann und dass jeder in diesem Behandlungsteam mit den Patienten, die man gemeinsam behandelt, zunächst alleine fertig wird. Ist dies nicht mehr der Fall, besteht jederzeit die Möglichkeit, dass man sich miteinander informell, aber vor allem emotional austauscht. Der objektstützende Umgang der Teammitglieder untereinander bewirkt ein Zugehörigkeitsgefühl aus dem heraus das **personale Ich** eines jeden Teammitglieds seine größte Effektivität, was die Behandlung des Patienten angeht, entfalten kann. Im Zuge dieser konzertierten psychotherapeutischen Aktion hat diese Arbeitsgruppe jetzt eine sehr gute **Gruppenkommunikation** entwickelt.

Ganz anders steht es um das personale Ich des Patienten. Hier stellen die einzelnen Behandler sehr schnell fest, dass sich jeder von ihnen mehr oder weniger sehr schwer tut, zu dem personalen Ich des Patienten eine durchgängige **interpersonelle intersubjektiv erlebbare Beziehung** aufzubauen und mit ihm eine im Ansatz übereinstimmende Kommunikation herzustellen. In der Regel fehlte dem Patienten in seiner Entwicklung der objektstützende Umgang, also die für uns Menschen notwendige fürsorgliche Pflege in seiner Primärfamilie. Dieser Patient wird manchmal längere Zeit ununterbrochen, manchmal aber auch stakkatoartig von seinen dysfunktionalen Orientierungen, Motiven und Motivationen aus seinem Anpassungskonzept heimgesucht, ohne dass er sich selbst dabei durchsetzen und sein Verhalten in seinem Sinne regulieren kann.

Sind sich alle Mitglieder im Behandlungsteam ihrer persönlichen Freiheit gewiss, werden sie sich in diesem Behandlungsteam ihrer psychotherapeutischen und psychosomatischen Aufgabe an sich und ihrer besonderen Aufgabe in diesem Behandlungsteam voll und ganz bewusst. Niemand zwingt die Teammitglieder, es ist jedermanns freie berufliche Entscheidung und anstelle eines »Gruppenzwangs« tritt jetzt die **Verantwortung**, die jeder einzelne von Berufs wegen für die konzertierte psychotherapeutische Aktion beim Patienten übernehmen will und dadurch auch zur Entwicklung eines **Gruppenverständnisses** beiträgt. Hier wird jetzt das Kommunikationselement **Identifikation** zum Thema. Dabei bemüht sich das Behandlungsteam um wirkungsvolle Therapieinstrumente um z. B. den sehr ausgeprägten und auf unterschiedliche Weise abgewehrten Vernichtungsängsten (Suizidalität, Somatisierung, Psychotisierung usw.) entgegenwirken zu können. Hier werden sich die Behandler ihrer eigenen fachlichen Grenzen bewusst, und neben der eigenen Berufserfahrung tritt die Bereitschaft, sich im Behandlungsteam fachlich auszutauschen, aber auch voneinander zu lernen, um miteinander ein möglichst gutes Behandlungsergebnis zu erzielen, in den Vordergrund. Deshalb bemühen sich manche Teammitglieder auch um Weiterbildung und darum, in fachlichen Austausch mit anderen Ärzten zu treten, die Erfahrung auf diesem Gebiet haben. Die Gruppenmitglieder stellen dabei immer eindeutiger fest, über welche persönlichen Möglichkeiten jeder einzelne von ihnen verfügt bezüglich dieses schwer psychisch gestörten Patienten. Dabei entstehen jetzt erste Skizzen und Vorstellungen von Behandlungsmöglichkeiten, die man jetzt, da man sich klar wird, was man miteinander leisten kann und was nicht, eventuell erfolgreich in die Tat umsetzen könnte.

Da dieser Patient, um den es hier geht, kaum eine **verständnisvolle Beziehungserfahrung** erlebt hat, erlebt er sich in seinem »verständnisvollen Behandlungsteam« hin- und hergerissen zwischen seiner Sehnsucht nach so einem »verständnisvollen Umgang«, den er sich in seiner Phantasie oft vorgestellt und gewünscht hatte,

9.4 Konzertierte psychotherapeutische Aktion

und der für ihn jetzt noch »harten Realität« seiner dysfunktionalen Orientierungen, Motive und Motivationen. Dem Patienten fällt es sichtlich schwer, sich auf dieses »Verständnisvolle« einzulassen. Obwohl er zeitlebens darunter gelitten hat, dass sich keiner wirklich für ihn interessierte, nicht ehrlich etwas mit ihm zu tun haben wollte, hat der Patient jetzt Angst, wenn sich seine Behandler in ihn hineinversetzen und sein Innen-, Gefühls- und Seelenleben kennen lernen wollen. Es sind wieder Menschen, die ihm in dieser Behandlung sehr nahe kommen, und nach seinen bisherigen Erfahrungen haben Menschen, auf die er sich wirklich eingelassen hat, ihm eher geschadet als genutzt.

Im Laufe der bisherigen Behandlung, in der er sich inzwischen auf-, an- und auch als Patient ernst genommen erlebte, konnte er inzwischen auch den in seiner Persönlichkeitsverfassung begründeten Eigenanteil, der zu seiner Krankheit führte – allerdings mit großen Schwierigkeiten – nachvollziehen. Der Patient spürt jetzt die Intensität, mit der sein Behandlungsteam die für ihn notwendigen psychotherapeutischen Mittel einsetzen will. Dabei wird das Team in seine Persönlichkeit eingreifen, um die Obsessionen und Kompulsionen, denen er immer wieder ausgesetzt ist, also um die Zwangsläufigkeit seiner Gesundheitsstörung, wirksam außer Kraft zu setzen. Je mehr es auch ihm gelingt, sich immer besser in seine Behandler hineinzuversetzen, beginnt er, deren Eingreifen in seine Persönlichkeit und die dafür geeigneten psychotherapeutischen Mittel zunehmend besser zu begreifen und die Notwendigkeit dieses Eingriffs zu verstehen. Erst jetzt, obwohl die psychosomatischen und psychotherapeutischen Eingriffe noch ausstehen, kann der Patient immer besser nachvollziehen, dass er selbst außerstande ist, seine dysfunktionalen Orientierungen, Motive und Motivationen in seinem Anpassungskonzept »selbst« außer Kraft zu setzen und sich »selbst« die für uns Menschen lebensnotwendige positive »innere Resonanz« zu verschaffen.

Durch das Verständnis, das die Teammitglieder inzwischen füreinander aufbringen können und sich auch untereinander darauf verlassen können, ist eine Art **Gruppenverständnis** entstanden. Je nach Qualität dieses Gruppenverständnisses ist das Behandlungsteam dann auch in der Lage, eine Art **Gruppenverantwortung** für die Behandlung des Patienten zu übernehmen. Dabei kann man davon ausgehen:

> Je größer die **Gruppenverantwortung**, desto effektiver ist die konzertierte psychotherapeutische Aktion im Behandlungsteam.

Was die Effektivität der Behandlung angeht, ziehen sich die einzelnen Behandler jetzt, da man sich inzwischen der Mitverantwortung seiner Teamkollegen sicher sein kann, mehr und mehr auf sich selbst zurück, im Vertrauen auf die bisher gemeinsam erarbeitete Gruppenkohäsion, -identität und -kommunikation. Im Wissen um die eigene und die jeweilige Kompetenz der anderen Teammitglieder, kann jedes Teammitglied seinen Kollegen und sich selbst vertrauen. Bei diesem Kommunikationselement der **De-Identifikation** geht also das **Selbstvertrauen** der einzelnen Gruppenmitglieder, was ihre **Selbstwirksamkeit** anbetrifft, einher mit einer ganz eindeutigen **Rollenzuweisung**, was jeder einzelne in diesem Team bei der geplanten Behandlung für eine Funktion hat, um z. B. die Suizidalität des Patienten so weit wie möglich außer Kraft zu setzen. Da gleichzeitig durch diese Rollenzuweisung ein Ineinandergreifen der einzelnen Therapiemaßnahmen stattfinden wird, fühlt sich jetzt jedes Gruppenmitglied mit seiner beruflichen Selbstwirksamkeit eingebunden in ein **Gruppenvertrauen**, kraft dessen der Eingriff, die Operation sehr gute Erfolgschancen hat.

Auch dieses Gruppenvertrauen spürt der Patient, der in seinem Leben bisher hauptsächlich auf Gewalttätigkeit gestoßen ist, wenn er sich anderen anvertraut hat oder sich anderen gegenüber durchsetzen wollte. Kann sich der Patient, der sich schon zuvor in seinem Behandlungsteam verstanden erlebte, auch auf dieses Gruppenvertrauen seines Behandlungsteams einlassen und lernt er an diesem Modell, langsam selbst zu vertrauen, dass seine Behandlung, erfolgreich sein wird, so kann jetzt dieses Vertrauen des Patienten mit dem Gruppenvertrauen des Behandlungsteams zusammenfallen, und es entsteht der für jede erfolgreiche Unternehmung notwendige **Synergieeffekt**.

Jetzt tritt das Kommunikationselement der **Regulation** in Kraft. Aufgrund der durchgemachten Erfahrungen mit dem Patienten und der erlebten Entwertung, Destruktivität, Arroganz, Verweigerungshaltung, Verständnislosigkeit, Misstrauen, Wiedergutmachungsansprüche usw., die er auf unterschiedliche Art und Weise in die Behandlung einbrachte, stellte sich heraus, dass es in erster Linie um die Vernichtungsangst geht, die den Patienten immer wieder besinnungslos werden lässt. Diese soll jetzt als erstes in der Behandlung so weit wie möglich außer Kraft gesetzt werden. Es hat sich also inzwischen bestätigt, dass bei diesem Patienten neben den anderen psychischen Gesundheitsstörungen, unter denen er leidet, vor allem seine Suizidalität die bedrohlichste Erkrankung ist und deshalb jetzt im Behandlungsfokus steht.

Im Laufe der bisherigen konzertierten psychotherapeutischen Aktion hat das Behandlungsteam über die Kommunikationselemente Dyade, Setting, Empathie, Identifikation und De-Identifikation eine Gruppenkohäsion, dann eine Gruppenidentität im Weiteren eine Gruppenkommunikation, ein Gruppenverständnis und letztlich ein Gruppenvertrauen entwickelt und sowohl untereinander, als auch zum Patienten eine existenzielle, körperliche, persönliche, verständnisvolle und vertrauensvolle Beziehung aufgebaut. Aufgrund dieser Voraussetzungen besteht jetzt eine gute Chance für den Patienten, dass durch Einsatz der **tragenden Objektstützungen**, die bisher eher sporadisch, jetzt aber gezielt auf allen Therapieebenen eingesetzt werden, seine Vernichtungsängste reduziert und dadurch die Suizidalität so weit entschärft werden kann, dass die Suizidprogramme weniger obsessiv auftreten und dass sich der Patient beim Auftreten von Suizidzwängen rechtzeitig von ihnen distanzieren und effektive Hilfe holen kann. Jedem Teammitglied wurde im Laufe dieses Gruppenprozesses bewusst, dass die Effektivität des Behandlungsprozesses mit der Intensität und Kontinuität des gemeinsam erlebten Gruppenprozesses einhergeht. Gelingt es den Teammitgliedern, ihre Arbeit in den Dienst der konzertierten psychotherapeutischen Aktion zu stellen, ergeben die aufeinander abgestimmten Behandlungen auf dem Boden einer Gruppensolidarität einen höheren psychotherapeutischen Wirkfaktor als sehr gute therapeutische Einzelleistungen. In Orientierung an die entsprechende Entwicklungsleitlinie werden schwerpunktmäßig folgende basale interaktive Beziehungsrituale eingesetzt:

- in der Körperpsychotherapie das **Bonding**
- in der Gestaltungspsychotherapie die **Stimulation**
- in der Gesprächspsychotherapie die **instinktive Kommunikation**
- in der sozialpädagogischen Psychotherapie die **Säuglings-Rolle**

Wie lange diese tragenden Objektstützungen auf allen Therapieebenen stattfinden sollen, muss über die konzertierte psychotherapeutische Aktion immer wieder aufs Neue entschieden werden.

Ich habe jetzt schon öfter darauf hingewiesen, dass es den Therapeuten bei dieser Teamarbeit, die unter Supervision stattfinden sollte, nützt, wenn sie all das, was sie gegenüber ihrem Patienten empfinden, so offen wie möglich aussprechen, auch, was ihre Phantasien über den Patienten anbetrifft und ihre körperlichen Befindlichkeitsveränderungen, die eventuell im Kontakt mit dem Patienten auftreten. Dieses »Aussprechen«, das sowohl der emotionalen Entlastung als auch dem besseren Verständnis der psychosomatischen Erkrankung des Patienten dient und oft auch kathartische Züge annehmen kann, sollte immer auf professionellem Boden stattfinden. Das heißt, wenn sich die Behandler des Patienten, auf welche Art und Weise auch immer, sehr emotional »aussprechen« und dadurch sowohl das zunächst für einen oft »Unerträgliche« in einer Behandlung für alle Beteiligten offen zum Ausdruck bringen, dadurch aber auch zu diesem »Unerträglichen« die notwendige Distanz schaffen, muss immer darauf geachtet und größter Wert darauf gelegt werden, das die **personale Integrität** des Patienten gewahrt bleibt. Es ist das »Kranke« des Patienten, das bei diesem »Aussprechen« Gestalt annimmt. Die beeinträchtigte Person des Patienten soll dabei in jedem Fall unbeschadet bleiben.

9.5 Darstellung einer Angsthierarchie

9.5.1 Angst vor Vernichtung der Existenz

Bei Vernichtungsängsten schaut der Mensch dem Tod, der ja viele Gesichter hat, ins Auge. Es überkommt ihn ein Gefühl der Bodenlosigkeit, und es gelingt ihm nicht, sich von den unterschiedlichen Beeinträchtigungen, denen er ausgeliefert ist, freizumachen. Voraussetzung dafür ist, dass ihm dieser Zustand überhaupt, auf welche Weise auch immer, bewusst wird.

Diese Vernichtungsangst kann aufbrechen, wenn einem Menschen in solchen kritischen Momenten auch das Identitätsgefühl abhanden gekommen ist und er sich plötzlich nicht mehr sicher ist, wer er ist. Er fühlt sich zusätzlich zutiefst minderwertig und kann sich deshalb auch von anderen nicht trösten oder helfen lassen. Er erlebt sich den anderen gegenüber als Zumutung, fühlt sich aber gleichzeitig auch von allem und jedem im Stich gelassen und unverstanden. Dabei hat er in diesem Ausnahmezustand die fixe Idee, dass ihm aus seiner Umwelt nur blankes Misstrauen und Feindseligkeit entgegenschlägt und er in seiner Lebensgemeinschaft keinen Platz mehr hat, weil er für seine Umwelt wertlos geworden ist.

9.5.2 Angst vor Verachtung der eigenen Person

Der Mensch ist sich seiner Existenzberechtigung sicher, die ihm von seinen Eltern gegeben wurde. Er verfügt zudem über kräftige Selbsterhaltungsmechanismen. Es ist ein starkes selbsterhaltendes Gefühl, das diesen Menschen trägt und ihm die notwendige innere Sicherheit für sein Leben gibt. Auf dieser Basis kann sich aber ein Mensch, durch welche krank machenden Umstände auch immer, trotzdem seines Identitätsgefühls nicht mehr sicher sein und sich deshalb selbst in Frage stellen, obwohl er weiß, dass er als Mensch eine Existenzberechtigung hat. Neben seinen massiven Ängsten vor dem Verachtetwerden durch andere, aber auch vor seiner eigenen Welt- und Menschenverachtung, leidet er auch unter Minderwertigkeitsgefühlen und Wertlosigkeitsängsten. Es fällt ihm sehr schwer, sich von anderen emotional »auffangen« und trösten zu lassen, er fühlt sich sehr schnell als Zumutung gegenüber anderen und fühlt sich wirklich »von Gott und der Welt« unverstanden. Auch er kann sich nur sehr schwer in andere einfühlen und deren Tun und Lassen verstehen. Er ist fest davon überzeugt, dass es letztlich keiner mit ihm gut meint, jeder ihm misstraut und auch er nicht in der Lage ist, jemandem zu vertrauen. Deshalb zieht er sich in sich selbst zurück und liefert sich einer oft lebenslangen Selbstverachtung aus, ohne dass die Umwelt etwas von diesem intrapsychischen Drama erfährt. Der Mensch, der nichts dagegen tun kann, dass sich die Verachtungsängste gegen ihn richten, zeigt sich gegenüber seiner Umwelt meist unterwürfig, er neigt zu blindem Gehorsam und Hörigkeit. Er ist der »geborene Diener«, der seine Sache perfekt macht und auf den man sich hundertprozentig verlassen kann. Allerdings verrichtet er seine Arbeit ohne emotionale oder besser persönliche Beteiligung. Nur durch dieses Verhalten wird für ihn die Angst vor Verachtung erträglicher und ihm oft kaum mehr bewusst. Dieser Mensch könnte sich aber genauso einer ihm gegenüber feindlich eingestellten Umwelt ausgeliefert fühlen und feststellen, dass sich alle Menschen gegen ihn verschworen haben und sich mit ihnen frustrane Auseinandersetzungsmanöver liefern. Schlimmstenfalls führt er einen Verachtungsfeldzug gegenüber Andersdenkende unter dem Banner einer menschenverachtenden Ideologie, die dann meist in einen Vernichtungsfeldzug übergeht.

Vernichtungsängste, die einem Menschen oft nur ganz kurz oder mehr ahnungsvoll bewusst werden, treten immer dann auf, wenn es wirklich um Tod geht; Tod des ganzen Menschen, wie beim Selbstmord und Mord oder Tod der Person eines Menschen, wie dies bei bestimmten psychotischen Erkrankungen der Fall ist. Inwieweit manchen schweren körperlichen Erkrankungen abgewehrte Verachtungsängste zugrunde liegen, muss von Fall zu Fall geklärt werden. Bei den Verachtungsängsten bleibt die Existenz, auch die

Existenz der Person eines Menschen vor totaler Vernichtung in der Regel unberührt. Dieser Mensch ist sich zutiefst seiner Existenzberechtigung sicher, aber zutiefst unsicher darin, »ob es gut ist, dass er so ist, wie er ist.« Diese Verachtungsängste, die bis zu einem weitestgehenden Identitätsverlust führen können, liegen, vor allem wenn es um die Verachtung der Geschlechtsidentität geht, einer **Transsexualität**, möglicherweise auch den **Perversionen** und dem **selbstverletzenden Verhalten** zugrunde.

9.5.3 Angst vor der Ablehnung als Partner, Angst vor Entwertung, Minderwertigkeitserleben

Tauchen Minderwertigkeitsgefühle bei einem Menschen auf, der sich seiner Existenzberechtigung als Mensch und auch seiner Lebensberechtigung als Person sicher ist, ist die Wahrscheinlichkeit groß, dass er vorrangig unter einer **Kommunikationsstörung** leidet. Besonders, wenn er in Not ist, erlebt sich dieser Mensch als eine Zumutung für andere und ist außerstande, sich bei seinen Mitmenschen Hilfe zu holen. Dieses Gefühl von Wertlosigkeit entsteht in so einem Fall hauptsächlich in zwischenmenschlichen Beziehungen, in denen der Mensch eine definierte Funktion zu erfüllen hat, also in der Partnerschaft oder im Berufsleben. Diese Ängste, als Partner abgelehnt zu werden, haben also zunächst wenig mit Potenzängsten oder Unfruchtbarkeitsängsten zu tun. Diese Ängste treten auf, wenn die Person eines Menschen verachtet wird. Ein Mensch, der unter Entwertungsängsten und Minderwertigkeitsgefühlen leidet, steht unter einer Obsession, dass er z. B. seine Familie nicht ernähren kann oder dass er in seinem Beruf nichts taugt. Die anderen haben zwar nichts gegen seine Person haben und er ist möglicherweise auch in einer Gesellschaft beliebt, aber dennoch fühlt er sich in seinem sozialen Umfeld wertlos und als ein Mensch, den man letztlich doch nicht braucht. Oft sind es Menschen, bei denen andere ihr Herz ausschütten, sich aber dann in der Öffentlichkeit von ihnen abwenden. Auch sie können ihre Umwelt feindlich gegen sich gerichtet

erleben, beginnen dabei aber keine frustranen Auseinandersetzungsmanöver mit ihrer Umwelt. Sie ziehen sich zurück, weil ihnen alles zu viel wird. Meist wird ihnen gar nicht bewusst, dass sie sich anderen Menschen gegenüber zu oft emotional zur Verfügung stellen, sich aber selbst, auch wenn sie sehr stark emotional unter Druck geraten sind, mit anderen Menschen weder aussprechen noch emotional entlasten können. Diese Menschen leiden nicht unter quälenden Selbstmordimpulsen oder dissoziativen Störungen, diese Menschen leiden am meisten unter sich selbst. Bei Menschen, die unter Entwertungsängsten leiden, hat zwar eine Selbstentwicklung stattgefunden, ihr **personales Ich** verfügt aber noch *nicht* über eine so starke selbstreflektive Resonanz, dass sie sich durchgängig gegenüber den Zwängen ihres Anpassungskonzeptes durchsetzen können. Sie werden hin- und hergerissen zwischen ihrem Autonomiebestreben einerseits und ihrem Abhängigkeitsbedürfnis andererseits. Diese Menschen können unter massiven **Angststörungen** leiden, aber genauso unter einem sehr **obsessiven Suchtverhalten**, da der notwendige emotionale Austausch für sie kaum vorstellbar ist. Eine Möglichkeit, dem Minderwertigkeitserleben aus dem Weg zu gehen, sind die hier schon oft beschriebenen Überlebensstrategien, die meist von den Menschen generiert werden, die über eine gute Intelligenz und eine große Vitalität verfügen.

9.5.4 Angst vor dem Versagen

Der Patient mit Versagensängsten hat keine Selbstmordimpulse. Er weiß um seine eigene Menschenwürde und kann diese auch seinen Mitmenschen zuteil werden lassen. Er ist sich ausreichend seiner selbst sicher und traut sich auch, sich als Person seinen Mitmenschen »zuzumuten«. Das heißt, er ist in der Lage, wenn er alleine nicht mehr weiter kommt, auf andere zuzugehen, um sich bei ihnen Hilfe zu holen, wenn er auch diesbezüglich in seiner Entwicklungsgeschichte nicht die allerbesten Erfahrungen gemacht hat. Er weiß aber, dass es wichtig für seine Lebenstüchtigkeit ist, dass man von anderen lernt und sich dann auch bemüht, diese Fertigkeiten so lange einzuüben, bis man wirklich zu etwas fähig ist. Trotzdem können bei ihm in kritischen Momenten, hier sind es vor allem **Prüfungssituationen**, auch Auseinandersetzungen mit seinen Mitmenschen, in denen er sich als Versager erlebt, oft massive Versagensängste auftreten. Dies muss aber de facto gar nicht der Fall sein, sondern er erlebt es nur so, weil er einem inneren Anspruch, z. B. nach Perfektion, nicht gerecht werden kann. Dieser Mensch tut sich generell schwer, sich von seinen Mitmenschen verstanden zu fühlen, weil er zu selten erlebt hat, dass sich seine Bezugspersonen wirklich in seine jeweilige Lage hineinversetzen konnten und nur Ansprüche an ihn gestellt haben, die er teils nicht und teils nur mit übergroßem Aufwand erfüllen konnte. Deshalb misstraut er seinen Mitmenschen, was dazu führt, dass er darunter leidet, dass auch ihm zu wenig Vertrauen geschenkt wird. Er tut sich schwer, sich in seinen jeweiligen Lebensgemeinschaften (Ehe, Familie, Arbeitsgemeinschaften im Beruf, Vereinstätigkeit usw.) wirklich sicher zu fühlen, und immer wieder überkommen ihn dort Versagensängste, die dazu führen könnten, dass man ihn aufgrund seiner zu geringen Leistungsfähigkeit ausgrenzen könnte. Diese Menschen leiden unter teils **schweren neurotischen Konflikten**, bei denen die dysfunktionalen Orientierungen, Motive und Motivationen im Anpassungskonzept dieses Menschen nicht gegen sein Leben, gegen seine Person und gegen sein Partnersein gerichtet sind. Vielmehr ist es eine krankhafte Anspruchshaltung, was Leistung, Gesinnung, eventuell auch moralische Vorstellung anbetrifft, die dem Menschen hier schwer zu schaffen macht. Er leidet weniger unter sich selbst, als **bewusst** unter dem, was Freud das **Über-Ich** nannte.

9.5.5 Angst vor Rivalität, Konkurrenz und Konflikten

Um Missverständnissen vorzubeugen: Vernichtungs-, Verachtungs-, Entwertungs- und Versagensängste entstehen meist aus bestimmten Konfliktsituationen heraus, und selbstverständlich macht jeder Mensch im Laufe seines Lebens bestimmte Grundkonflikte mit den dazugehörigen Ängsten durch. Die Frage dabei ist nur, inwieweit dem Menschen seine Entwicklungskonflikte mit den damit einhergehenden Ängsten auch bewusst werden.

Entwicklungspsychologisch geht man davon aus, dass dem Kind ein Konflikt als solcher erst in seinem 3. Lebensjahr so weit bewusst wird, dass man dann auch von einer gewissen Konfliktfähigkeit sprechen kann. Das gesunde Kind hat bis zu seinem 3./4. Lebensjahr ausreichend tragende, haltende, entlastende und stützende Funktionen erfahren, sodass es jetzt mit den kreativen Funktionen seiner Eltern etwas anfangen kann, dadurch seine Selbstwirksamkeit, also auch seine eigene Kreativität ins Spiel bringen und so weit wie möglich entfalten kann. Da das Kind in dieser Zeit seine Eltern mit seinem eigenen Willen, seinen eigenwilligen Handlungen, mit oft sehr eigenwilligen Veränderungswünschen konfrontiert, gerät es, zwangsläufig, in ständige Konflikte mit seinen Eltern. Gehen die Eltern jetzt positiv auf diese Konfliktbereitschaft ihres Kindes ein und setzen sich mit ihm kreativ auseinander, ist die Rivalität, die das Kind gegenüber seinen Eltern erlebt, für das Kind verkraftbar. Wird dem Kind dieser notwendige Entwicklungsspielraum und hier vor allem das notwendige Vertrauen, zu dem was es macht, zu seinen »verrückten Ideen« und oft seltsamen Verhaltensanwandlungen *nicht* entgegengebracht, wird dem Kind zwar immer wieder seine Selbstwirksamkeit bewusst, es kann ja für sich alleine durchaus sehr kreativ sein, es bekommt aber sofort Angst, wenn es seine Einfälle und Ideen wirklich in die Tat umsetzen und sich dabei mit anderen messen soll.

Genauso geht es dem erwachsenen Menschen, der sich durchaus voll und ganz eines Konflikts bewusst ist. Er unternimmt immer wieder Anstalten, diesen anstehenden Konflikt endlich auszutragen, aber aus Angst, dass dieses »Eigene, aus ihm selbst Hervorgegangene« möglicherweise der Lächerlichkeit preisgegeben wird, schreitet er nicht zur Tat. Diese **Rivalitätsangst** hat also überhaupt nichts mit Vernichtungsangst zu tun, sondern vereinfacht ausgedrückt, hat dieser Mensch Angst vor einem sportlichen Wettkampf, vor einem sich gegenseitigen Kräftemessen, weil er nicht als Verlierer, als Erfolgloser daraus hervorgehen möchte. Die Lebensweisheiten, dass Misserfolge, auch wenn sie nicht so häufig stattfinden, ganz einfach zum Leben gehören, oder dass der Weg zum Ziel oft wichtiger ist als die erfolgreiche Ankunft, sind für diesen Menschen nur schwer nachvollziehbar. Auch diese Ängste können bei einem Menschen zu **neurotischen Störungen** führen, wobei es in der Behandlung dann hauptsächlich darum geht, die **Kreativität** dieses Menschen zu wecken und ihm einen Zugang aufzuzeigen, wie er über einen Einsatz seiner Kreativität imstande ist, Konflikte zu lösen.

9.5.6 Angst vor sozialer Desintegration, sozialer Kommunikation und Solidarität

Die Angst, dass man in der jeweiligen Lebensgemeinschaft, in der man lebt, keinen Platz hat, da man für die anderen wertlos geworden ist, kann sich plötzlich auftun. Beispiele sind, wenn jemand berentet wird, oder wenn ein totalitäres politisches Regime die Macht übernimmt und anders Denkende diskriminiert. Hat dieser Mensch kaum unter Vernichtungsängsten zu leiden, spielen bei ihm auch Verachtungs-, Entwertungs- und Versagensängste nur eine untergeordnete Rolle, traut er sich auch kreativ zu sein und gehören konflikthafte Auseinandersetzungen für ihn zur Tagesordnung, so wird er im Zuge seines **dialogischen Beziehungsmodus**, den er sehr gut beherrscht, sicher eine zufrieden stellende Lösung finden. Ist dies nicht der Fall und werden die genannten Ängste, die der Mensch lange Zeit immer wieder gut verdrängen konnte, plötzlich aktualisiert, kann dieser Mensch in eine große Lebensnot kommen und auf unterschiedliche Weise krank werden.

9.5.7 Zusammenfassung

Es sind die Haltungen, Einstellungen, Orientierungen, Beweggründe, Initiativen, aber auch die affektive und psychosomatische Verfassung eines Patienten, die Material liefern für die Spurensuche nach schwerwiegenden Entwicklungskonflikten, die den Patienten in die psychotherapeutische Behandlung geführt haben. Gleichzeitig ist es aber für den Psychotherapeuten möglich, sich anhand des dialogischen Beziehungsmodus sehr schnell mehr Klarheit zu verschaffen über seine eigenen funktionalen oder dysfunktionalen Orientierungen, Motive und Motivationen, die der Patient bei ihm ins Leben ruft.

Da der psychisch schwerer gestörte Patient gegenüber seinem Psychotherapeuten immer wieder mit erheblichen Verhaltensstörungen reagiert und der Psychotherapeut auf dieses krankhafte Verhalten kompetent reagieren soll, kann es für ihn sehr hilfreich sein, wenn er sich vor allem in kritischen Situationen an den Kommunikationselementen des dialogischen Beziehungsmodus orientieren kann. Dadurch hat er eine Systematik im Kopf, durch die es ihm möglich wird, auf die jeweiligen dysfunktionalen Orientierungen, Motive und Motivationen, die seinen Patienten gerade beeinträchtigen, professionell einzugehen. Durch diese Systematik soll es ihm erleichtert werden, diesen im Moment möglicherweise nur schwer auszuhaltenden Patienten besser auf-, an- und ernst nehmen zu können, vor allem aber einen verständnisvollen Zugang zu ihm zu finden. Dies ist auch dann der Fall, wenn der Patient noch längere Zeit braucht, um sich auf seine korrigierenden Erfahrungen einlassen zu können.

9.6 Die Arbeit mit den Kommunikationselementen

9.6.1 Dyade

Da bei der dyadischen Kommunikation die Parteien, die sich begegnen, sehr schnell feststellen, ob sie sich grundsätzlich »ausstehen« können oder nicht, ist es zunächst für alle Beteiligte eine große Herausforderung, wenn dieses Sich-nicht-ausstehen-Können sofort zu Beginn der Behandlung zum Thema wird und sich auf unterschiedliche Weise in Szene setzt. Der Unterschied zu »normalen« Begegnungen ist allerdings, dass der geschulte Psychotherapeut diese Szenen diagnos-

9.6 Die Arbeit mit den Kommunikationselementen

tisch auswerten, das Ausmaß der dysfunktionalen und oft destruktiven Orientierungen, Motive und Motivationen, unter denen der Patient leidet, beurteilen und die Möglichkeiten einer Behandlung einschätzen kann. Gelingt es den Behandlern auch nach mehreren Anläufen nur unzureichend, gegenüber ihrem Patienten innerlich zumindest die Einstellung zu entwickeln: »Ja, es ist in Ordnung, dass du als Mensch bei uns in der Praxis oder bei uns im Krankenhaus da bist.«, besteht große Gefahr, dass diese psychotherapeutische Beziehung zum Scheitern verurteilt ist. In jedem Fall müssen die Behandler in der Supervision klären, ob es sich nur um sehr destruktive Orientierungen, Motive und Motivationen des Patienten handelt, mit denen sie es hier zu tun haben, oder ob durch dieses Destruktive im Patienten ihre eigenen Vernichtungserfahrungen allzu sehr ins Leben gerufen werden.

Anhand eines Beispiels, bei dem sich der Psychotherapeut im Laufe seiner Behandlung an der Systematik des dialogischen Beziehungsmodus orientiert, möchte ich die Effektivität dieses Therapieinstruments aufzeigen. Das Beispiel, bei dem das Kommunikationselement der Dyade im Mittelpunkt steht, habe ich deshalb ausgewählt, weil nach meinen Erfahrungen dieses erste Beziehungsstadium, wenn auch nur für kurze Zeit, die Lebensgrundlagen sowohl dieses Patienten als auch des Psychotherapeuten berührt:
- Wie sicher bin ich mir meiner selbst?
- Was kann ich, was kann ich nicht?
- Wie steht es derzeit um meine körperliche und geistig-seelische Gesundheit? usw.

! Dabei wird deutlich, dass das Verständnis für diese **dyadische Kommunikation** und das Wissen um die darin enthaltene Zwangsläufigkeit, sich auf eine **existenzielle Beziehung** mit seinem Gegenüber einzulassen, bei jedem Psychosomatiker vorhanden sein sollte.

Fallbeispiel: Dyade (I)

Ein Patient klopft unüberhörbar an die Tür des Behandlungszimmers. Der Psychotherapeut öffnet, und vor ihm steht sein Patient, der auf ihn einen etwas verstörten, aber hoch aggressiven Eindruck macht. Der Patient gibt ihm gerade noch die Hand und berichtet bereits im Stehen völlig außer sich über einen ärgerlichen Zwischenfall beim gerade stattgefundenen Einparken seines Autos. Jemand hat ihm vor der Nase, obwohl er bereits schon in Einparkposition war, den Parkplatz weggenommen. Der Psychotherapeut hört diese Geschichte und merkt, wie seine zuvor noch ausgeglichene Stimmungslage umschlägt und er von den aggressiven Affekten seines Patienten in Beschlag genommen wird. Gerade fällt ihm noch ein, dass sein Patient aufgrund einer seit langem bestehenden Persönlichkeitsstörung zu ihm in Behandlung gekommen ist, dass dieser immer wieder mit Suizidimpulsen konfrontiert wird und vor einigen Jahren aufgrund eines Suizidversuchs stationär behandelt wurde. Dem Psychotherapeuten ist bewusst, dass er dabei ist, mit seinem Patienten in eine existenzielle Beziehung zu geraten und versucht jetzt so schnell wie möglich wieder in den dialogischen Beziehungsmodus zurückzufinden.

Aufgrund der vorausgegangenen Behandlung fällt dem Psychotherapeuten ein, dass der Patient in der Kindheit schwer körperlich misshandelt wurde und man ihn immer wieder deutlich spüren ließ, dass er in seiner Familie ungewollt ist. Es ist jetzt also sehr wahrscheinlich, dass durch die vorausgegangene Einparkgeschichte, bei der dem Patienten sein Parkplatz weggenommen wurde, diese alten seelischen Wunden, »dass er auf dieser Welt keinen Platz hat«, wieder aufgerissen wurden. Dem Psychotherapeuten ist in seiner Lage bewusst, dass er sich im Moment mit seinem Patienten in einer existenziellen Beziehung befindet. Und es ist ihm weiter bewusst, dass sich diese immer wieder verdrängten Vernichtungsängste des Patienten im Laufe dieser dyadischen Kommunikation auch sehr schnell bei ihm einstellen können. Um aus dieser schwierigen Lage herauszukommen, macht es Sinn, jetzt in der psychotherapeutischen Behandlung die **tragenden (elterlichen) Funktionen**, die der Patient in diesem Fall außerordentlich dysfunktional in seiner Frühentwicklung erlebte, in Orientierung an die Entwicklungsleitlinien, funktional einzusetzen. Durch so eine korrigierende emotionale Erfahrung könnte es möglich werden, den Patienten über eine körperbetonte Kommunikation (**Setting**), auf eine mehr interpersonale Beziehungserfahrung (**Empathie**) hinzuführen. Dabei versucht der Psychotherapeut, der ja seinen Patienten schon längere Zeit kennt und zu dem sein

Patient bereits eine einigermaßen gut funktionierende Selbstwerthomöostase herstellen kann, **basale interaktive Beziehungsrituale** einzusetzen, von denen er sich einigermaßen sicher ist, dass sie der Patient annehmen kann. Deshalb fordert der Psychotherapeut seinen Patienten auf, sich zu setzen, nachdem er ihm zu verstehen gegeben hat, dass er sehr gut seinen Unmut bezüglich dieser Parkgeschichte nachvollziehen kann. Wenn der Patient noch nicht in der Lage ist, Platz zu nehmen und er im Zimmer noch hin- und hergehen will, um sich abzureagieren, lässt der Psychotherapeut ihn gewähren. Dabei nimmt aber der Psychotherapeut seinen Platz ein und wartet so lange, bis auch sein Patient bereit ist, sich hinzusetzen. Es ist sehr wahrscheinlich, dass dem Psychotherapeuten die Nervosität, aber auch die dabei spürbare Unberechenbarkeit seines aufgewühlten Patienten, nicht nur auf die Nerven gehen, sondern ihn auch beunruhigen. Es gelingt ihm aber, weil er weiß, was sich in seinem Patienten innerlich abspielt, sich auf ihn affirmativ und responsiv einzustellen.

Hat jetzt der Patient Platz genommen, vergewissert sich der Psychotherapeut, inwieweit er immer noch mit seinem Patienten dyadisch kommuniziert. Dabei spürt der Psychotherapeut, wie sein Patient mit alten (vernichtenden) existenziellen Beziehungserfahrungen, die sich bei ihm durch diese Parkgeschichte reaktualisiert haben, kämpft. Um seinen Patienten aus dieser alten Geschichte herauszuführen, orientiert er sich jetzt an der psychomotorischen Entwicklungsleitlinie und beginnt vorsichtig, die Face-to-face-Position gegenüber seinem Patienten zu verlassen und sich langsam seitlich neben seinen Patienten zu platzieren. Dann fragt er seinen Patienten, ob es ihm recht ist, wenn er ihm seine Hand beruhigend auf den Rücken legt (**Bonding**).

Ist der Patient damit einverstanden, orientiert sich der Psychotherapeut an der psychodialogischen Entwicklungsleitlinie, stellt sich auf die Atemfrequenz seines Patienten ein und gibt jetzt beruhigende Laute von sich, ohne den Körperkontakt zu seinem Patienten zu verlieren (**instinktive Kommunikation**).

In einem nächsten Schritt lässt der Psychotherapeut, ohne das Side-to-side-Setting zu verlassen, seinen Patienten spüren, dass es völlig in Ordnung ist, wenn sich der Patient im Laufe der psychotherapeutischen Behandlung wie ein Kind benimmt. In Orientierung an die psychosoziale Entwicklungsleitlinie begleitet der Psychotherapeut seinen Patienten in dieser Regression. Er gestattet ihm, in diesem Fall als Schutzbefohlener) die **Säuglings-Rolle**.

Beginnt der Patient sich zu beruhigen, versucht der Psychotherapeut auf die psychointentionale Entwicklungsleitlinie zu wechseln, die Aufmerksamkeit seines Patienten wieder auf das Hier und Jetzt hinzulenken (**Stimulation**), um ihn langsam aus dieser Regression herauszuführen. Dabei wird er seinen Patienten sehr deutlich auffordern, sich im Sinne des Aktualitätstrainings auf die Gegenwart einzulassen; vor allem auf die im Moment stattfindenden objektgestützten Erfahrungen mit ihm, seinem Therapeuten. Jetzt stellt sich die Frage, inwieweit der Patient aber auch der Psychotherapeut in der Lage sind, sich weiter auf den notwendigen objektgestützten Auseinandersetzungsprozess einzulassen, durch den sich korrigierende Beziehungserfahrungen beim Patienten einstellen. Selbstverständlich ist der Psychotherapeut hierbei aufgefordert, sein ganzes Fingerspitzengefühl und auch seinen Einfallsreichtum einzusetzen und die basalen interaktiven Beziehungsrituale so auszuwählen, dass es dem Patienten ohne große Schwierigkeiten möglich wird, diese anzunehmen.

Bei all den zuvor beschriebenen basalen interaktiven Beziehungsritualen besteht die gleiche Intention: Die negativen, destruktiven Episodenkomplexe im Gedächtnissystem dieses Menschen sollen durch die Erfahrung von tragenden Objektstützungen: »Es ist gut, dass du da bist, als Mensch!« »Du hast auf dieser Welt einen angestammten Platz!« so weit wie möglich neutralisiert und eventuell außer Kraft gesetzt werden. Bei dieser Behandlung setzt der Psychotherapeut immer wieder seinen »ganzen« dialogischen Beziehungsmodus mit all seinen Kommunikationselementen ein.

Als Negativbeispiel möchte ich folgende Variante dieses Fallbeispiels anführen:

Fallbeispiel: Dyade (II)

Der Psychotherapeut lässt sich von der Aufregung seines Patienten mitreißen und achtet in diesem Moment nicht auf die notwendige Nähe-Distanz-Regulation. Ungeachtet der Tatsache, dass sein Pa-

9.6 Die Arbeit mit den Kommunikationselementen

tient ja aufgrund einer Persönlichkeitsstörung in seiner Behandlung ist, lässt sich der Psychotherapeut unbewusst von ihm in Beschlag nehmen, teilt mit ihm dessen Affekte und versäumt, rechtzeitig aus dieser Betroffenheit wieder herauszufinden. Für beide mag es zunächst den Anschein haben, als würde der Psychotherapeut hier seinen Patienten verstehen und ihm auch im Weiteren effektiv behilflich sein können. Der hochsensible Patient spürt aber, dass sein Psychotherapeut mehr in dieser Parkgeschichte aufgeht, als ihm lieb ist, und jetzt mehr mit sich selbst beschäftigt ist, als mit der Behandlung.

Der Psychotherapeut teilt zwar mit ihm seine durch die Parkgeschichte ins Leben gerufenen Vernichtungsängste – und geteiltes Leid ist halbes Leid – der Patient hat aber den Eindruck, dass diese Ängste seinen Psychotherapeuten überfordern. Der Patient spürt, wie sein Psychotherapeut in eine affektive Krise schlittert, und zwar zu einer Zeit, in der dem Psychotherapeuten selbst, diese Verstrickung mit seinem Patienten noch gar nicht so recht bewusst geworden ist. Man kann davon ausgehen, dass die kritischen Affekte, die z. B. im Zuge seiner sofort einsetzenden Verdrängung dem Psychotherapeuten kaum bewusst werden, dem Patienten nicht verborgen bleiben. Durch eine **Pseudosolidarisierung** oder Kumpanei (Schaffen eines Zusammengehörigkeitsgefühls im Sinne: »Wir armen Parker, denen man immer den Platz wegnimmt.«) kommt der Psychotherapeut zwar dem Kontroll- und Übereinstimmungsbedürfnis seines Patienten entgegen, gleichzeitig erlebt dieser aber auch die Kompetenz seines Psychotherapeuten schwinden. Anstatt dass der Psychotherapeut wie im ersten Beispiel, seine tragende Objektstützung bei seinem Patienten einsetzt, ist er selbst zum Leidtragenden geworden, der einer tragenden Objektstützung bedarf.

Setzt der Psychotherapeut diese Solidarisierung bewusst provokativ gegenüber seinem Patienten ein, um ihm aus seiner paranoiden Position: »Die anderen sind schuld an meinem Leid!« herauszuhelfen, ist dies eine Behandlungstechnik, die sehr wirksam sein kann. Möglicherweise lässt sich durch so eine Technik sogar das destruktive Agieren des Patienten in konstruktive aggressive Bahnen lenken. Ganz anders, wenn der Psychotherapeut seine Ängste über Pseudosolidarisierung mit dem Patienten abwehrt. Der Patient spürt die affektive Unsicherheit seines Psychotherapeuten und stellt sich jetzt sehr bald die Frage, ob sein Psychotherapeut überhaupt seiner psychischen Gesundheitsstörung gewachsen ist. Der Patient kann jetzt seinem Psychotherapeuten gegenüber mit Wut reagieren, weil er sich von ihm mehr Kompetenz erwartet hätte und sich jetzt von ihm im Stich gelassen erlebt. Er kann aber auch mit **Schuldgefühlen** reagieren, dass er überhaupt eine Zumutung für seine Mitmenschen ist und jetzt auch noch seinen Psychotherapeuten überfordert. Dieser Patient könnte sich jetzt auch seinem Psychotherapeuten emotional zur Verfügung stellen und so auf die neurotische Solidarisierung seines Psychotherapeuten reagieren. Hier beruhigt jetzt nicht der Psychotherapeut seinen Patienten, sondern der Patient verhält sich so, wie ihm das auch schon sehr früh in seiner Familie abverlangt wurde. Da die Wiederholung so einer **pathologischen Psychodynamik** in einer Psychotherapie zunächst für Patient und Psychotherapeut völlig unbewusst abläuft, ist die Wahrscheinlichkeit sehr groß, dass der Patient symptomatisch reagieren wird. Durchschaut jetzt der Psychotherapeut nicht die pathologische Psychodynamik, die sich zwischen ihm und seinem Patienten konstelliert hat, kann er trotz der eingetretenen Kommunikationsstörung der Meinung sein, dass sich der psychotherapeutische Prozess zugunsten seines Patienten entwickelt. Wenn dann sein Patient plötzlich wieder mit Beschwerden reagiert oder die anfänglichen Beschwerden sich nicht bessern, sondern sich deutlich verschlechtern oder der Patient überhaupt nicht mehr zu den Behandlungsstunden kommt, wird sich dieser Psychotherapeut schwer tun, die Hintergründe dieser Behandlungsentwicklung zu verstehen, denn er hatte ja, was die Behandlung seines Patienten anbetrifft, »ein gutes Gefühl.«

Orientiert sich der Psychotherapeut jetzt am dialogischen Beziehungsmodus, kann er z. B. in der Supervision sehr schnell nachvollziehen, dass er die Parkgeschichte, mit der sein Patient über ihn hergefallen ist, viel zu sehr zu seiner Geschichte gemacht hat. Dabei hat er nicht mehr rechtzeitig aus der dyadischen Kommunikation herausgefunden, da ihn die Distanzlosigkeit seines Patienten in eigene seelische Abgründe gestürzt hat. Will der Psychotherapeut jetzt die existenzielle Beziehung zu seinem Patienten für sich beenden, kann er unter Zuhilfenahme des dialogischen Beziehungsmodus zunächst für sich eine körperliche Beziehung und von hier aus schrittweise eine persönliche Beziehung zu seinem Patienten herstellen.

In der Praxis heißt das, dass der Psychotherapeut seine ganze Aufmerksamkeit zunächst auf das **körperliche** und dann auf das **persönliche Erscheinungsbild** seines Patienten richtet – ohne dies mit dem Patienten zu thematisieren. Der Psychotherapeut wird also in so einem Fall zunächst seine ganze Aufmerksamkeit auf die Größe, die Konstitution, die Haarfarbe, das Aussehen usw. seines Patienten richten. Je intensiver er dies macht oder besser je intensiver er sich dazu durchringt, dies zu tun, um sich von dem bedrohlichen Innenleben seines Patienten freizumachen und auch die mit Neugierde und Schuldgefühlen durchsetzte Anziehungskraft, die dieses Innenleben seines Patienten auf ihn ausübt, zu überwinden, um so besser findet der Psychotherapeut zu seinen Kompetenzen zurück. Das Gleiche gilt für die Sprache, die Mimik, die Gesten und Gebärden des Patienten, bei denen sehr deutlich zum Ausdruck kommt, ob dies ein persönliches Verhalten des Patienten ist oder ob es sich um ein evoziertes Verhalten aus dysfunktionalen Motivationen handelt. Gelingt es dem Psychotherapeuten so eine im Ansatz persönliche Beziehung zu seinem Patienten herzustellen, stellt er fest, dass er wirklich nicht das Geringste mit seinem Patienten zu tun hat und dass es an ihm liegt, ob und wie er sich auf seinen Patienten einlässt. Gelingt dem Psychotherapeuten diese **Nähe-Distanz-Regulation**, übernimmt er wieder die Regie in seiner psychotherapeutischen Behandlung.

Hinweisen möchte ich bei der dyadischen Kommunikation noch auf das **Ausdrucksverhalten** des Patienten, seine Gesten und Gebärden, seine Sprechweise usw., was einem ja oft mehr mitteilen kann als das, was einem der Patient mündlich mitteilt. Wird dieses Ausdrucksverhalten des Patienten vom Psychotherapeuten aufmerksam registriert, wozu übrigens auch die Stimme, der Tonfall, das Lachen usw. gehören, wird er bald feststellen, dass der Patient ihm mit diesem Ausdrucksverhalten etwas mitteilt. Das Mitgeteilte muss dabei durchaus nicht nur mit dem übereinstimmen, was der Patient einem gerade sagt. Hier kann der Psychotherapeut, so wie die Mutter beim Säugling, dieses Ausdrucksverhalten verstehen lernen und es »übersetzen«. Er erhält dadurch wichtige Informationen von seinem Patienten. Spitz (1974) schreibt:

»Ein Symbol ist ein Zeichen, das für einen Gegenstand, eine Handlung, eine Situation, eine Idee steht. Es hat eine Bedeutung, die über seine formalen Aspekte hinausgeht, Gesten und Wörter sind die elementarsten Symbole.«

Da in der psychotherapeutischen Behandlung die ersten Begegnungen zwischen Patient und Psychotherapeut z. B. bei Therapiebeginn oder nach einer längeren Krankheits- oder Urlaubspause oft ausschlaggebend sein können für das Gelingen oder Scheitern einer Psychotherapie, möchte ich diese dyadische Kommunikation, also das erste Kommunikationselement im dialogischen Beziehungsmodus nochmals vertiefen.

Man darf hier nicht außer Acht lassen, dass es zu Beginn einer jeden zwischenmenschlichen Begegnung oder Beziehung neben allem anderen zunächst darum geht, ob mein Gegenüber mein Leben bejaht und auch billigen kann, dass ich als Person so bin, wie ich bin. In der Regel sind wir uns dieser existenziellen Grunderfahrung, also dem Recht auf Menschenwürde (gewalttätige diktatorische politische Systeme außer Acht gelassen) sicher. Aber für Menschen, die aufgrund durchgemachter frühkindlicher Deprivationen unter tiefergreifenden emotionalen Störungen leiden, stellt jede zwischenmenschliche Begegnung ein riskantes Unternehmen dar. Sie verfügen nicht über das notwendige Urvertrauen. Deshalb ist für sie jede neue Begegnung wie eine Art Geburt, und sie haben von vornherein in diesen Begegnungen große Ängste, was ihre existenzielle körperliche und persönliche Sicherheit anbetrifft.

Erlebt der Psychotherapeut die Beziehung zu seinem Patienten weitestgehend neutral oder findet er seinen Patienten spontan sympathisch, so kann dies durchaus für beide Seiten der Fall sein. Es wäre aber auch möglich, dass der Psychotherapeut hohe Affektbeträge mit seinem Patienten teilt, ohne dass ihm dies im Moment bewusst wird. Dieses ***affect attunement***, also dieses plötzliche In-Beschlag-genommen-Werden von meist

9.6 Die Arbeit mit den Kommunikationselementen

hohen Affektbeträgen, findet erfahrungsgemäß sehr oft bei Patienten statt, die unter einer Persönlichkeitsstörung leiden.

! Für den Psychotherapeuten ist es jetzt wichtig, dass er einmal über diese **Affektaffizierung** (afficere [lat.] = antun, ergriffen werden, befallen) Bescheid weiß, zum anderen soll er sie bei sich wahrnehmen können, um diese Erfahrung zunächst diagnostisch und dann später auch therapeutisch nutzen zu können.

Da aber bei sehr schwer auszuhaltenden Affektaffizierungen die neuronal-mentalen Regulationsmechanismen des Psychotherapeuten sehr schnell auf den Plan treten, kann es für ihn oft sehr schwierig werden, die Affektqualitäten, um die es wirklich geht, zu erfassen. Es handelt sich hier ja um fast unerträgliche, schmerzliche und Verzweiflung stiftende Ängste, die im Alltagsleben kaum bewusst werden und deshalb z. B. über **primitive Reaktionsbildungen** wie neurotische Sympathie, neurotisches Verständnis usw. oft sehr schnell in ihr Gegenteil verändert und dadurch erträglicher werden. Damit es dem Psychotherapeuten möglich wird, die Affektaffizierung weitestgehend originalgetreu zu erfassen, damit ihm von vornherein wichtige Informationen über seinen Patienten nicht abhanden kommen, hilft es ihm, wie wir inzwischen wissen, wenn er sich am dialogischen Beziehungsmodus orientiert. Dadurch weiß er, dass sich gleich zu Beginn einer Behandlung, zu Beginn jeder Begegnung, vielleicht nur für wenige Sekunden über das Kommunikationselement Dyade eine existenzielle Beziehung zu seinem Gegenüber einstellt, die in der Regel sofort über eine körperliche Beziehung wieder verlassen werden kann. Dabei helfen die bekannten und altbewährten Rituale wie z. B. Händeschütteln, höfliches Umarmen, Küsschen geben, aus dem Mantel helfen usw. Dieser »erste Eindruck« entsteht meist durch stereotype, also weitestgehend gleich bleibende und sich wiederholende Gesten und Gebärden, die man als »charakteristisch« für jemanden bezeichnet. Redewendungen wie z. B. »Ich habe auf den ›ersten Blick‹ erkannt, mit wem ich es zu tun habe.«, »Hätte ich nur auf ›meine innere Stimme gehört‹, als ich diesem Menschen das erste Mal begegnet bin.« usw. weisen darauf hin, dass man sich im ersten Moment einer jeden Begegnung sehr nahe kommen kann, ohne dass einem dies in diesem Augenblick wirklich bewusst wird. Es ist die momentane **Persönlichkeitsverfassung** jedes einzelnen, die man sich im Kommunikationselement der Dyade mitteilt.

Gelingt es dem Psychotherapeuten, sich bei seinem Patienten auf das Kommunikationselement Dyade einzulassen und sich hier bewusst auf die existenzielle Beziehung einzustellen, kann es für ihn möglich werden, diese existenzielle Beziehungserfahrung mit seinem Patienten auch zu teilen. Dabei werden ihm bei psychisch schwer kranken Patienten deren Vernichtungs-, Verachtungs- und Entwertungsängste zugänglich, erfahrbar und auch aushaltbar, ohne dass zuvor seine neuronal-mentalen Regulationsmechanismen diese schwer erträglichen psychischen Zustände seines Patienten bis zur »Unkenntlichkeit« verarbeitet haben. Der Psychotherapeut ist sich hier sicher, dass er in Orientierung an den dialogischen Beziehungsmodus jederzeit über eine körperliche, dann persönliche und letztlich verständnisvolle Beziehungserfahrung diese existenzielle dyadische Beziehung zu seinem Patienten wieder verlassen kann.

9.6.2 Setting

Konnten die Behandler mit ihrem Patienten das Kommunikationselement der Dyade ohne große Schwierigkeiten durchleben, ist zunächst noch nicht davon auszugehen, dass Vernichtungsängste bei diesem Patienten keine Rolle spielen. Sie können sich in diesem Moment noch im Verborgenen halten, das heißt, über die neuronalmentalen Regulationsmechanismen wurden diese Ängste dem Bewusstsein des Patienten so weit entzogen, dass sie im Moment weder für den Patienten selbst noch für die Psychotherapeuten zugänglich sind. Oft stellen sich diese **Vernichtungsängste** erst im Laufe der Therapie heraus. So z. B. nach einer Therapiepause (z. B. Urlaub), aber auch während einer jeden psychotherapeutischen Behandlung, wenn sich zwischen Patient und Psychotherapeut unvermittelt eine sehr intensive seelische Nähe, also eine existenzielle Beziehung einstellt. Wenn Vernichtungsängste in der psychotherapeutischen Behandlung zum Thema werden, müssen sie im Rahmen der konzertierten psychotherapeutischen Aktion vom Behandlungsteam sehr ausführlich durchgearbeitet werden, da Vernichtungsängste dem Patienten oft kaum bewusst und sie durch Einsatz desintegrierter Abwehrmechanismen (neuronale Regulationsmechanismen) z. B. über schwere (maligne) Essstörungen und Psychosomatosen mit läsionalen Organerkrankungen konvertiert werden.

Der Psychotherapeut konnte also mit seinem Patienten das Kommunikationselement der Dyade ohne große Schwierigkeiten durchleben, sein Patient fühlte sich im Verlauf dieser existenziellen Beziehung, die er mit ihm einging, so kurz, intensiv und bewusst sie auch immer von beiden erlebt wurde, als Mensch voll und ganz akzeptiert und letztlich von ihm in den psychotherapeutischen Mikrokosmos aufgenommen. Der Patient erlebte, dass der Psychotherapeut ihm in diesem psychotherapeutischen Mikrokosmos einen Platz zur Verfügung stellte, einen Platz, der ihm gebührt.

! Diese Existenzberechtigung als Mensch, die der Psychotherapeut seinem Patienten zuteil werden lässt, ist die Basis jeder psychotherapeutischen Behandlung.

Der nächste Schritt ist das **Einnehmen** dieses Platzes. Im Zuge dieses Platzierens können beim Patienten große Unsicherheiten auftreten, ungeachtet dessen, ob sich der Patient darüber bewusst ist oder nicht:
- Wo darf ich Platz nehmen?
- Wie soll ich mich hinsetzen?
- Wie ist mein körperlicher Eindruck?
- Bin ich richtig gekleidet?
- Ist mein Körpergeruch erträglich?
- Bin ich eine Zumutung für diesen Psychotherapeuten? usw.

Diese Verachtungsängste, unter denen sein Patient leidet, können für den Psychotherapeuten vor allem im Laufe des Kommunikationselement **Setting** spürbar werden. Erfahrungsgemäß benötigt der Psychotherapeut auch Zeit, bis er sein inneres Milieu durch Supervision, Intervision oder eigene Arbeit mit sich selbst so weit geklärt hat, dass auch er sich gegenüber seinem Patienten körperlich wohl fühlen kann.

! Deshalb sollte meines Erachtens von Seiten des Psychotherapeuten darauf geachtet werden, dass sein »äußeres Erscheinungsbild« im Rahmen bleibt, da allzu modische Extravaganzen den Patienten verunsichern können. Dies soll aber nicht heißen, dass der Psychotherapeut seine Authentizität aufgeben muss. Das »neutralere« Erscheinungsbild des Psychotherapeuten kann aber dazu beitragen, dass beim Patienten Verachtungsängste nicht provoziert werden. So könnten z. B. durch eine Kleidung des Psychotherapeuten, die der Patient als anstößig und unzumutbar empfindet, destruktive Orientierungen und Motivationen im Patienten geweckt werden.

Zu Beginn einer Behandlung macht es wenig Sinn, diese frühen Ängste (Vernichtungs-, Verachtungs- und Entwertungsängste) zu provozieren, sondern das Setting soll zunächst so gestaltet werden, dass der Patient dabei möglichst angstfrei bleibt und nicht sofort unter Verachtungsängsten leiden muss, sondern sich als Person respektvoll behandelt und sich von seinem Psychotherapeuten angenommen erlebt. Dabei spielt zunächst die **formale Beziehungsgestaltung** eine Rolle, also die Art und Weise wie der Patient und der Psychotherapeut miteinander umgehen oder sich aufeinander beziehen:
- ob man sich gegenüber oder nebeneinander setzt
- ob der Patient auf der Couch liegt und der Psychotherapeut dahinter sitzt
- ob, so lange man will, geschwiegen werden kann oder ob das Gespräch bevorzugt wird
- ob alles, was einem momentan so durch den Kopf geht, ausgesprochen werden soll oder ob weniger assoziativ und mehr themenzentriert vorgegangen werden soll

! Dieses **Setting** wird in der Regel dem Patienten vom Psychotherapeuten zu Beginn vorgegeben und mit ihm abgesprochen. Der Patient soll auch wissen, ob er im Laufe der Psychotherapie vorgegebene Rahmenbedingungen ändern darf oder nicht, ob er z. B. aufstehen darf oder ob es die Regel

9.6 Die Arbeit mit den Kommunikationselementen

ist, im Laufe der Therapie grundsätzlich sitzen zu bleiben. Auch was die Zeit angeht, müssen klare Absprachen mit dem Patienten getroffen werden.

Für einen psychisch schwerer gestörten Patienten ist es wichtig, zu wissen, ob er aufstehen kann oder ob er grundsätzlich sitzen bleiben soll, ob während der Behandlung das typische **Face-to-face-Setting** obligatorisch ist, oder ob der Patient dieses Setting verändern darf. Wichtig bei diesen Absprachen ist auch, dass der Patient weiß, ob sein Therapeut körperliche Berührungen in seine Behandlung mit einbezieht oder nicht. Bezüglich des Face-to-face-Settings sollte sich der Psychotherapeut im Klaren sein, dass es sich hier um die reifste Form einer zwischenmenschlichen Begegnung handelt, die zwar allgemein üblich ist, möglicherweise seinen Patienten aber überfordern kann. Für Patienten, denen es sehr schwer fällt, sich gegenüber ihren Mitmenschen zu behaupten, sich durchzusetzen, sich mit ihnen auseinanderzusetzen, und die sich in der emotionalen Kommunikation sehr schwer tun, ist dieses Face-to-face-Setting oft eine Überforderung.

 Der Psychotherapeut sollte daher in der Gestaltung des **Settings** flexibel sein.

Stehen in der stationären psychosomatischen Behandlung zu Beginn hauptsächlich die tragenden Objektstützungen des Kommunikationselements Dyade im Vordergrund, um durch die korrigierenden Erfahrungen der Existenzberechtigung und Lebensbejahung die oft sehr tief sitzenden Vernichtungsängste des Patienten Schritt für Schritt außer Kraft zu setzen, steht jetzt beim Kommunikationselement Setting der Einsatz der **haltenden Objektstützungen** im Vordergrund. Die Aufmerksamkeit des Patienten wird hier auf seinen Körper gelenkt. Dies hilft ihm, sich in einem ersten Schritt aus der Verhaftung mit den dysfunktionalen Orientierungen und Motivationen zu lösen und seinen Kopf »freier« zu bekommen. Im stationären Rahmen ist hierbei die **fokale** (auf einzelne Körperbereiche eingehende) und **integrative** (ganzheitlich auf alle Körperbereiche eingehende) **Bewegungstherapie** eine sehr gute unterstützende Maßnahme. Diese **körperliche Beziehung**, die beim Kommunikationselement Setting in der psychotherapeutischen Behandlung zum Tragen kommt, ist weniger eine aktive körperliche Beziehung mit vielen Körperkontakten und differenzierten körperlichen Berührungen, so wie dies hauptsächlich zwischen Mutter und Säugling praktiziert wird, sondern hier geht es vorrangig um eine **passive körperliche Beziehung**. Hier spielen folgende Körperfunktionen eine zentrale Rolle:

- die Gesten- und Gebärdensprache
- das körperliche Verhalten im Allgemeinen
- der körperliche Ausdruck im Besonderen

Gleichzeitig geht es bei dieser körperlichen Beziehung um die dabei stattfindenden Resonanzen auf Seiten des Patienten und des Psychotherapeuten, was das Annehmen des anderen, das Respektieren des anderen in seinem »So-Sein« betrifft. Über diese psychotherapeutische körperliche Beziehung soll der Patient auf seine **personale Identität** hingeführt werden und erleben, »dass es gut ist, dass er so ist, wie er ist.«

Im Laufe der Behandlung kann es sein, dass der Patient einmal eine sehr große Distanz gegenüber seinen Psychotherapeuten einnehmen möchte und ein anderes Mal seine Psychotherapeuten auffordert, ihm körperlich sehr nahe zu kommen, z. B. indem er sie bittet, seine Hand zu nehmen. Beide Male sind die Behandler bereit, auf diese vom Patienten ausgehende Nähe-Distanz-Regulation einzugehen, versuchen dabei aber durchaus auch sich selbst mit ins Spiel zu bringen. Das heißt, auch der Psychotherapeut teilt seinem Patienten mit, wie er ihm gegenüber seine körperliche Präsenz einsetzen möchte. Nach meiner Erfahrung ist dabei zu beachten, dass es wenig Sinn macht, sich über das Kommunikationselement Settings zu schnell »körperlich« näher zu kommen, ohne zuvor den Patienten auf diese **körperliche Präsenz** vorzubereiten. Das heißt, der psychisch schwerer gestörte Patient braucht Gewissheit darüber, ob seine Behandler wirklich in der Lage sind, sein dysfunktionales Verhalten »auszuhalten«. Die Behandler sollen also professionell, ohne ins Agieren zu geraten, mit seinem kranken Verhalten umgehen und auf die spärlichen und oft hilflosen Signale seines durchaus vorhandenen, aber sehr beeinträchtigten **personalen Ichs** effektiv eingehen können.

9.6.3 Empathie

Hat sich im Laufe der Behandlung zwischen Behandlern und Patient sowohl eine für beide Seiten spürbar gute existenzielle als auch körperliche Beziehung eingestellt, und wurden zumindest im Ansatz die vorausgegangenen korrigierenden Beziehungserfahrungen im Anpassungskonzept des Patienten wirksam, so zeigt sich dies zunächst in einer etwas lebensbejahenderen und selbstbewussteren Einstellung des Patienten. Dabei kann er mehr und mehr die Position des **Reagierens** verlassen, in der er, ohne viel nachzudenken, seine Beschwerden wieder und wieder, oft in vorwurfsvollem Ton, so vorbrachte, als wären die, die ihm helfen wollen, Schuld an seinem Leid. Durch die objektgestützten existenziellen und körperlichen Beziehungserfahrungen beginnt der Patient wieder oder erstmals in seinem Leben »wirklich« nachzudenken (zu **reflektieren**).

Durch diese beginnende oder wiedereinsetzende **Introspektionsfähigkeit** wird ihm zwar sein Leid bewusster als zuvor, es verliert aber den Ausschließlichkeitscharakter, und der Patient kann die Position: »Da kann man nichts machen, das ist halt so.« verlassen. Sein Wahrnehmungsfokus zentriert sich nicht mehr wie vorher nur auf das, was er leidvoll erlebt, sondern mehr und mehr auf seine dysfunktionalen Orientierungen, Motive und Motivationen, die ihm so deutlich zuvor kaum bewusst geworden sind. Erst jetzt ist der Patient in der Lage, ein **Krankheitsbewusstsein** oder eine Krankheitseinsicht zu entwickeln, also Zugang zu finden zu seinem Hintergrundbewusstsein, zu seiner »subjektiven inneren Welt«. Der Patient kann jetzt mehr und mehr feststellen, wie dieses Hintergrundbewusstsein sein Denken, Fühlen und Handeln beeinflussen, beeinträchtigen kann. Wie gesagt, durch diese Erkenntnis geht es dem Patienten zunächst nicht besser, im Gegenteil, aber er kann jetzt in seinem Selbstverständnis die Krankheit als solche identifizieren und nachvollziehen, dass sie gegen sein Leben gerichtet ist. Da der Patient in dieser reflektierenden Position jetzt erst recht Angst hat vor schmerzlichen und auch Verzweiflung stiftenden Gefühlen, braucht er eine engmaschige psychosomatische Versorgung, die es ihm möglich macht, diese neue Position des Reflektierens auszuhalten, ohne dass die alten Verdrängungs- und Verleugnungsmechanismen wieder einsetzen. So ist es z. B. für einen Patienten, der unter einer schwereren Depression leidet, sehr hilfreich, wenn seine Behandler die notwendige antidepressive Medikation so überzeugend einsetzen, dass er sich davon eine effektive Hilfe erwarten kann.

Erfahrungsgemäß lässt sich der psychisch schwerer gestörte Patient auf die Position des Reflektierens erst dann wirklich ein, wenn er im Zuge der objektgestützten Erfahrungen immer deutlicher mit dem hohen Beeinträchtigungsgrad seiner dysfunktionalen Orientierungen, Motive und Motivationen konfrontiert wird und er von deren Mitverursachung überzeugt ist. Das heißt aber noch lange nicht, dass dieser Patient sich jetzt auch wirklich helfen lassen wird. Er weiß jetzt um seine Beeinträchtigungen, erkennt sie auch immer besser, ist aber zunächst fest davon überzeugt, dass er sich alleine am wirksamsten helfen kann. Die Einsicht, dass er dabei die Hilfe von Fachleuten braucht, entwickelt sich in einem nächsten Behandlungsschritt, bei dem es schwerpunktmäßig um den Aufbau einer persönlichen Beziehung zwischen dem Psychotherapeuten und seinem Patienten geht.

Durch die vorausgegangene Behandlung weiß der Patient inzwischen, dass sein Psychotherapeut in der Lage ist, sich ihm emotional zur Verfügung zu stellen. Er kann aber mit dieser für ihn noch »neuen« **persönlichen Beziehung** seines Psychotherapeuten zu ihm noch nichts Rechtes anfangen. Noch ist in seinem Anpassungskonzept kein ausreichendes Verhaltensrepertoire für **emotionale Kommunikation** vorhanden. Dies ist jetzt Aufgabe der weiteren psychotherapeutischen Behandlung, bei der jetzt vorrangig in der Orientierung an die psychomotorischen, psychointentionalen, psychodialogischen und psychosozialen Entwicklungsleitlinien **entlastende Objektstützungen** eingesetzt werden. Hier zeigt sich dann sehr schnell, welche Kommunikationsstörungen beim Patienten vorliegen. So kann z. B. der Patient durch eine ihm schon sehr früh in seinem Familiensystem abverlangte und von ihm angenommene »Rollenumkehr«, sehr stark dazu tendieren, im Gespräch hauptsächlich einen **monologen Beziehungsmodus** einzusetzen.

9.6 Die Arbeit mit den Kommunikationselementen

Je nach vorhandener Intelligenz können sich diese Patienten oft erstaunlich gut gedanklich mitteilen und auch informell austauschen, sind sogar sehr eloquent. Plötzlich tritt aber bei genauer Betrachtung weder eine informelle noch eine emotionale Übereinstimmung ein. Beim Psychotherapeuten, letztlich aber auch beim Patienten, bleibt die emotionale Spannung bestehen und lässt sich zunächst nicht auflösen. Diese Patienten sind im Laufe einer stationären Behandlung sehr schwer zu bewegen, rechtzeitig, also bereits dann, wenn sich bei ihnen eine Krise anbahnt, auf ihre Behandler zuzugehen und bei ihnen Krisenintervention in Anspruch zu nehmen. Es sind Patienten, die sich unbewusst, aufgrund der Rollenumkehr ihrer Umwelt oder bestimmten Menschen »programmatisch« emotional zur Verfügung stellen.

Sind sich der Patient und die Behandler einander durch das Setting näher gekommen, reagiert der frühgestörte Patient äußerst irritiert auf die empathische Präsenz seiner Behandler, da in seiner Frühentwicklung an Stelle entlastender (elterlicher) Funktionen und entsprechender basaler interaktiver Beziehungsrituale hauptsächlich Deprivationen stattfanden. Dieses Kommunikationselement **Empathie** ist ihnen zutiefst unheimlich und für sie mit großen Ängsten besetzt.

! Der Psychotherapeut muss sich darüber bewusst sein, dass vor allem der **frühgestörte** Patient aufgrund seiner hohen Sensitivität sehr schnell über die Stimmungen, inneren Befindlichkeiten, aber auch über die momentan intakten Ich-Funktionen (Konzentration, Interesse, Aufmerksamkeit usw.) seines Therapeuten Bescheid weiß.

Um dieses »egozentrische« Erfassen (was nichts mit dem empathischen Einfühlungsvermögen zu tun hat) muss der Psychotherapeut wissen, weil der frühgestörte Patient sehr »aufrichtig« mitteilt, was er schon alles über seinen Psychotherapeuten mitbekommen hat: »Heute geht es Ihnen aber gar nicht gut.« »Sie sollten selbst mal einen Arzt aufsuchen.«, »Ich merke doch, dass ich Ihnen schon lange auf den Wecker gehe und Sie mit mir nicht zurecht kommen.« Das sagt der Patient zu seinem Psychotherapeuten oft gerade dann, wenn dieser im Moment dabei ist, nach vorausgegangener Nähe-Distanz-Regulation und Einsatz von entlastenden Objektstützungen, den Patienten auf eine funktionale persönliche Beziehungserfahrung einzustimmen, um auf diesem Weg die destruktiven Orientierungen, Motive und Motivationen seines Patienten in Frage zu stellen.

Um die persönliche Beziehung zu seinem kommunikationsgestörten Patienten zu vertiefen und ihm aus dem monologen Beziehungsmodus herauszuhelfen, geht der Behandler jetzt öfter betont partnerschaftlich mit ihm um. Das heißt, er zeigt seinem Patienten, dass er gerne mit ihm arbeitet, dass er es gut findet, dass er bei ihm ist und dass diese psychotherapeutische Beziehung auch für ihn wertvoll und eine Bereicherung geworden ist. Durch die entlastenden Objektstützungen, die die Behandler auf allen Therapieebenen (Gesprächs-, Körper-, Gestaltungs-, sozialpädagogische Psychotherapie) einsetzen, macht der hauptsächlich unter seiner Kommunikationsstörung leidende Patient die Erfahrung, dass ihn seine Behandler nicht als Zumutung empfinden, auch wenn er sich emotional nicht mehr wie bisher zurückhält, sondern sich offen und ehrlich bei ihnen ausspricht.

Durch dieses Öffnen des Patienten seinen Behandlern gegenüber, beginnt der Patient jetzt über das zuvor bereits entwickelte Körperbewusstsein auch immer mehr ein **Realitätsbewusstsein** aufzubauen. Der Patient weiß jetzt, dass er körperlichen und psychischen Störungen und Beeinträchtigungen ausgesetzt ist und dies alleine nicht in den Griff bekommt. Der Patient kann jetzt auch annehmen, dass seine Behandler weitestgehend über ihn Bescheid wissen und erlebt sie nicht mehr als Bedrohung. Er hat weniger Angst vor ihnen und sieht sie keinesfalls mehr als Verursacher seiner Krankheit. Er wird sich jetzt bewusst, dass die Beschwerden, unter denen er leidet, mit seiner ganz eigenen Krankheitsgeschichte zu tun haben. In dieser Behandlungsphase tauchen im Bewusstsein des Patienten immer öfter, wesentlich deutlicher als früher, unterschiedliche Gefühle wie Freude, Wut, Hoffnung, Enttäuschung, Sympathie, Antipathie usw. auf. Durch die entlastenden Objektstützungen, die die Behandler schwerpunktmäßig in ihrer persönlichen Beziehung zum Patienten einsetzen, »gerinnen« auch die Gefühle nicht mehr wie früher zu einem diffusen Konglomerat, sondern dem Patienten gelingt es zunehmend besser, differenzierter emotional zu empfinden. Hierbei spürt der Patient einen für ihn neuen Drang, dieses Gefühlsleben nicht nur für sich zu behalten, sondern es zur Sprache zu bringen. Dabei ist er sich inzwischen sicher, dass ihn seine Behandler mit diesen unterschiedlichen »inneren Zuständen« weiter **ernst nehmen** können. Auch gelingt es ihm jetzt zunehmend öfter mithilfe seiner Behandler Enttäuschungen auszuhalten, ohne wie früher symptomatisch zu reagieren. Diese langsam sich entwickelnde **Frustrationstoleranz** ist ein wesentliches Ergebnis bei der Durcharbeitung des Kommunikationselements Empathie.

Im Laufe der bisherigen Behandlung hat der Patient durch eine Objektgestützte Psychodynamische Psychotherapie einen Teil seiner destruktiven, frühen Beziehungserfahrungen in seinem Anpassungskonzept korrigieren können. Dabei traten im Bewusstsein des Patienten vorhandene Vernichtungsängste und Verachtungsängste (Objektverlustängste), aber auch Entwertungs-, Minderwertigkeits- und Versagensängste (Ängste vor dem Verlust der Liebe des Objekts) mehr in den Hintergrund und eine lebensbejahende Einstellung, ein stärkeres Identitätsgefühl und die Bereitschaft zur emotionalen Kommunikation mehr in den Vordergrund. Er beginnt jetzt zu registrieren, dass in den für ihn noch neuen zwischenmenschlichen Beziehungen mehr die emotionale Kommunikation und weniger die vollkommene emotionale Übereinstimmung und/oder die emotionale Abhängigkeit (Kontrolle) stattfindet und gelebt wird.

Da diese psychotherapeutisch in Gang gesetzte Bewusstseinsveränderung zunächst vorwiegend im Anpassungskonzept stattfindet und sich viele Patienten sehr schwer tun, sich mit diesen korrigierenden Erfahrungen zu identifizieren, möchte ich dieses Thema an dieser Stelle noch weiter vertiefen.

Der egozentrische Patient

Bei der **egozentrischen** »**Sprache**« »äußert« sich das Tier und reguliert dabei den Spannungszustand seines inneren Milieus ohne Erwartung einer Antwort. Kommt eine Reaktion auf seine Äußerung ist sie für das Tier keine Antwort sondern ein Reiz wie jeder andere Reiz auch, auf den es wiederum reagieren kann. Da innerhalb einer Spezies spezifische Äußerungen Signalcharakter haben können (wie z. B. bestimmtes Vogelgezwitscher) und diese Signale bei den Artgenossen ein ständig wiederkehrendes Verhalten auslösen, kann dieser reflektorische Actio-reactio-Vorgang den Eindruck eines sich gegenseitigen Verstehens erwecken, was er aber in Wirklichkeit nicht ist.

Die **allozentrische Sprache** entwickelt sich im Laufe der Individuation eines Menschen aus der phylogenetisch angelegten allozentrischen, primitiven Kommunikationsform, die wir alle bei der Geburt in Form einer Anlage besitzen. Die allozentrische Sprache ist eine **gerichtete Spannungsreduktion**, die vermittels semantischer Zeichen und Signale vor sich geht. Ihre höchste Leistung besteht in der Entwicklung der Symbolfunktion.

Spitz beschreibt Menschen, bei denen sich diese egozentrische Kommunikation stärker als bei den meisten Menschen immer wieder durchsetzt:

»Die Erwachsenen haben in ihrer Kommunikation den Gebrauch von Signalen, durch diakritisch wahrnehmbare semantische Symbole ersetzt. Diejenigen Erwachsenen, die die Fähigkeit behalten haben, sich einer oder mehrer dieser gewöhnlich verschwundenen Wahrnehmungs- und Kommunikationskategorien zu bedienen, gehören zu den besonders Begabten. Sie sind Komponisten, Musiker, Tänzer, Akrobaten, Flieger, Maler oder dichter und vieles andere. Wir halten sie oft für ›übersensible‹ oder ›labile‹ Persönlichkeiten.

Unsere tiefen Empfindungen erreichen unsere Wahrnehmung nicht, sie werden nicht bedeutsam für uns, wir lassen ihre Botschaften außer acht und verdrängen sie. Ja, wir fürchten sie sogar und geben diese Furcht auf mancherlei Art zu erkennen. Sie kann direkt zum Ausdruck kommen: Wir finden Vorahnungen widerwärtig; wenn sie sich gar bewahrheiten, finden wir sie unheimlich. Wir versuchen sie zu leugnen oder wenigstens sie zu rationalisieren.«

Bereits bei der Anamneseerhebung, wenn der Psychotherapeut seinen Patienten fragt: »Wer

9.6 Die Arbeit mit den Kommunikationselementen

bist du?«, tritt ein Sprachproblem offen zutage. Der Psychotherapeut wird feststellen, dass sein Patient nicht wirklich mit ihm spricht, sondern mehr »von sich weg redet«. Dabei erwartet sein Patient keine verständnisvolle Antwort und reagiert darauf auch eher irritiert. Auf was dieser Patient aber achtet, sind Gesten, Gebärden und auch die Mimik seines Psychotherapeuten. Dieses Signalverhalten löst in ihm ein spontanes Resonanzverhalten aus, durch das er sich mit seinem Gegenüber zumindest kurzzeitig in Übereinstimmung erlebt, auch wenn dem Psychotherapeuten seine Gesten, Gebärden und sein Mienenspiel gar nicht so sehr bewusst sind oder damit ganz etwas anderes zum Ausdruck bringen wollte. Spürt jetzt dieser hochgradig sensible Patient, dass sich sein Psychotherapeut auf sein Übereinstimmungsbestreben nicht einlässt, kann es sein, dass er sich durch diese Verunsicherung zutiefst existenziell bedroht fühlt. Diese Bedrohung kann bei ihm, wie dies auch bei Primaten beobachtet wurde, entweder ein Unterwerfungs- oder ein sehr destruktives Dominanzverhalten auslösen.

Da sich diese Menschen aufgrund exogener oder endogener Belastungsfaktoren in einer Art entwicklungsgeschichtlichem »Zwischenstadium« befinden, wird ihnen ihre hohe **Selbstunsicherheit** (ein stabiles personales Ich hat sich bei ihnen noch nicht herausbilden können) und deshalb auch ihre massive **Dependenz** (die hauptsächlich gegenüber ihrer natürlichen Umwelt und nur gegenüber ganz bestimmten Menschen besteht) nur im Ansatz bewusst. Trotzdem stellen sie immer wieder schmerzlich fest, dass sie aufgrund ihres unreifen Kommunikationsmodus immer wieder in Schwierigkeiten mit ihren Mitmenschen geraten, da diese weniger über Signale, sondern hauptsächlich symbolisch kommunizieren. Genauso leiden sie unter ihrer Beziehungs- und Liebesunfähigkeit, weil sie über ihre hohe Sensitivität und Intuition sehr viel aus ihrer Umwelt und von ihren Mitmenschen mitbekommen, sie aber sehr oft feststellen, dass sie ihre Erfahrungen ihren Mitmenschen nicht verständlich machen können und ihre Kommunikationsbemühungen oft zum Scheitern verurteilt sind. Der Grund liegt hauptsächlich darin, dass es einem Egoisten außerordentlich schwer fällt, einen Menschen in sein Leben aufzunehmen, ihn so, wie er ist, anzunehmen, ihn dann auch in seinen Belangen, in seinem Anderssein ernst zu nehmen und ihn so anzuerkennen, dass sich dieser als gleichwertiger Partner neben ihm erleben kann. Verständnisvoll zu sein, wenn ihn jemand um Hilfe bittet, oder selbst um Unterstützung zu bitten, ist für ihn genauso unmöglich wie jemandem zu vertrauen oder sich auf das Vertrauen, das ihm jemand entgegenbringt, einzulassen. Wenn er hilft, was durchaus möglich ist, dann ganz und gar nach seinen Vorstellungen und nur unter seiner Regie. Der zwischenmenschliche und emotionale Austausch spielt dabei kaum eine Rolle. Letztlich geht es dabei immer um eine Abreaktion auf niedrigem emotionalem Entwicklungsniveau.

Bei der Behandlung eines Egoisten kann sich dieser nur auf eine **existenzielle Beziehungserfahrung** einlassen und wird sofort versuchen, mit seinem Psychotherapeuten **egozentrisch** oder **dyadisch** zu kommunizieren. Das heißt aber zunächst, dass der Patient von vornherein versuchen wird, seinen Psychotherapeuten in seinem Sinne gleichzuschalten und ihn für seine Belange zu funktionalisieren oder instrumentalisieren. Dabei ist die Wahrscheinlichkeit sehr groß, dass der Psychotherapeut gegenüber diesem Patienten sehr schnell in hohe Erregungen gerät. Er findet diesen Patienten in der Regel oft unausstehlich, widerwärtig und möchte am liebsten nichts mit ihm zu tun haben. Genauso ist es möglich, dass der Psychotherapeut diesen Patienten von vornherein sehr sympathisch erlebt, trotz aller bestehenden Schwierigkeiten. Obwohl objektiv gesehen zunächst alles in Ordnung zu sein scheint, sollte sich der Psychotherapeut in so einem Fall möglichst bald auf dieses oft sehr schwer auszuhaltende oder »hinreißende« **Gegenübertragungserleben** mit der gebotenen »inneren Distanz« einlassen können.

Sehr bald wird sich dann herausstellen, dass sich die wesentlichen primären (elterlichen) Funktionen, die für die Persönlichkeitsentwicklung eines Menschen lebensnotwendig sind, sich im Anpassungskonzept dieses Patienten außerordentlich mangelhaft niedergeschlagen haben. Deshalb sind seine Selbstentwicklung und die damit einhergehende Entwicklung eines personalen Ichs zu kurz gekommen. Gelingt es dem Behandler, sich in Orientierung an den dialogischen Beziehungsmodus auf das Kommunikationselement **Dyade** einzulassen, das der Patient im anbietet, und durchschaut er dabei die sehr lebensverneinende existenzielle Beziehung des Patienten, wird er vorsichtig damit beginnen, bei diesem Patienten tragende Objektstützungen, also tragende elterliche Funktionen und damit einhergehende basalen interaktiven Beziehungsrituale, einzusetzen und ihm gezielt Schritt für Schritt eine lebensbejahende Eigeninitiative abzuverlangen.

Zum Beispiel vermittelt der Psychotherapeut dem Patienten durch Einsatz des Bondings, der Stimulation, der instinktiven Kommunikation und der Rollenzuweisung Säugling eine sehr **affirmative** Haltung, was ganz allgemein die Aufnahme des Patienten in diese Behandlung anbetrifft. Gleichzeitig verlangt er vom Patienten, dass er sich im Rahmen der kognitiven und emotionalen Umorientierung von seiner **Ich-Syntonität** (Verhaftung seines funktionalen Ichs an dysfunktionale Motivationen in seinem Anpassungskonzept) zu lösen lernt. Durch die jetzt sehr in seine Persönlichkeit eingreifenden korrigierenden emotionalen, aber auch kognitiven Erfahrungen soll sukzessive die Ich-Stärkung erreicht werden, durch die dieser Patient in die Lage kommt, sich an die Hilfs-Ich-Funktionen seiner Behandler zu halten, und dabei die Notwendigkeit der Strukturplanarbeit begreifen lernt. Gerade bei der kognitiven und emotionalen Umorientierung zeigt sich, ob der Patient inzwischen in der Lage ist, sich überhaupt auf die existenzielle Präsenz seiner Behandler einzulassen. Kann sich der Patient zumindest im Ansatz als leidende Person zum Ausdruck bringen und überwiegen nicht wieder die Verhaltensstereotypien der dysfunktionalen Orientierungen, Motive und Motivationen, kann eine effektive psychotherapeutische Behandlung möglich werden. Allerdings müssen sich Psychotherapeut und Patient von vornherein darüber im Klaren sein, dass so eine Behandlung stationär und ambulant mit Unterbrechungen oft über mehrere Jahre dauern kann.

Im Laufe so einer Psychotherapie stellt sich für den Psychotherapeuten sehr bald heraus, dass sein Patient auf unterschiedliche Weise seine fehlende Existenzberechtigung als Mensch, seine fehlende Daseinsberechtigung als Person und auch seine fehlende Lebensberechtigung als Partner zwar zum Thema macht, sich dessen aber nie bewusst ist. Deshalb kann er auch seine Lebensverneinung, seinen Identitätsmangel und sein Minderwertigkeitserleben nie wirklich zur Sprache bringen. Hierbei wird sich dann im Gespräch immer deutlicher herauskristallisieren, dass diesem Patienten der lebensnotwendige Spielraum für seine Persönlichkeitsentwicklung nicht zur Verfügung stand und er seit frühester Kindheit schweren Kindheitsbelastungsfaktoren ausgesetzt war. Aufgrund dieser Entwicklungsbedingungen war es für den Patienten lebensrettend, dass er aufgrund seiner überdurchschnittlichen Intelligenz und ausgeprägten Vitalität in der Lage war, aus dieser Not eine Tugend zu machen, das heißt, er begann schon sehr früh in seinem Leben affektive Krisen durch Überlebensstrategien zu überbrücken.

Zu Beginn der Behandlung eines egozentrischen Patienten wird der Psychotherapeut dem Patienten mitteilen, dass es in seinem speziellen Fall eine sehr große Leistung ist, effektive Überlebensstrategien zu generieren und dass es in Anbetracht seines tief sitzenden Minderwertigkeitserlebens völlig in Ordnung ist, dass er sich bezüglich dieser Überlebensstrategien »großartig« fühlt. Es ist ja auch eine großartige Leistung, wenn ein Mensch in seiner Entwicklung die notwendigen elterlichen Funktionen, die man zum Leben braucht, entbehrte und er trotz dieses tiefgreifenden Mangels sein Leben bisher bewältigen konnte. Bei dieser **dyadischen Kommunikation** soll der Psychotherapeut nicht aus den Augen verlieren, sich immer wieder aufs Neue auf die egozentrische Sprache seines Patienten einzustimmen. Dies ist, wie bereits dargelegt, eine echte Herausforderung an den Psychotherapeuten, weil es ja zunächst, egal um welches Thema es geht, zu keiner *echten* informellen oder emotionalen Übereinstimmung zwischen Patient und Psychotherapeut kommen kann. Hier ist es jetzt sehr hilfreich, wenn sich der Psychotherapeut im Rahmen der **konzertierten therapeutischen Aktion** in seinem Behandlungsteam immer wieder den nötigen Rückhalt holen kann und dadurch nicht an seiner psychotherapeutischen Kompe-

9.6 Die Arbeit mit den Kommunikationselementen

tenz zweifeln muss. Genauso wichtig ist es aber, dass der Psychotherapeut in der Supervision nachvollziehen kann, dass z. B. die destruktiven Affekte seines Patienten seine eigenen Vernichtungs- und Verachtungsängste mobilisieren können. Wird er sich dessen nicht rechtzeitig bewusst, können bei ihm neurotische Fehlentwicklungen in Gang gesetzt werden, die ihn außerstande setzen, auf die offensichtliche Not seines Patienten angemessen einzugehen. Kann sich der Psychotherapeut in seinem Behandlungsteam über diese Ängste aussprechen und fühlt sich dabei weder von den Kollegen bloßgestellt noch ausgeschlossen, noch entwertet, sondern aufgenommen, angenommen, ernst genommen und verstanden, hilft ihm dies, die mit seinen Teamkollegen gemachten essenziellen Erfahrungen jetzt auch gegenüber seinem Patienten einzusetzen. Spürt der Patient in der nächsten Behandlungsstunde die gute Persönlichkeitsverfassung seines Psychotherapeuten und dessen emotionale Offenheit und Belastbarkeit, gelingt es dem Patienten möglicherweise, ein Thema zur Sprache zu bringen, für das er bisher noch keine Worte gefunden hat, z. B. den sehr schambesetzten sexuellen Missbrauch.

! Bei der Behandlung eines egozentrischen Patienten macht es also Sinn, zunächst auf seine egozentrische »Signalsprache« einzugehen und seine oft großartigen Überlebensstrategien zu bestätigen. Dadurch wird es zunächst überhaupt erst möglich, die Egosphäre eines Egozentrikers zu durchdringen und als »Eindringling« anerkannt zu werden. Dabei ist es aber genauso wichtig, dass der Psychotherapeut seine Kompetenz ohne Überheblichkeit klar und deutlich zum Ausdruck bringt.

Da der egozentrische Patient aufgrund durchgemachter Deprivationen in seiner frühen Entwicklung auch heute noch grundsätzlich jedem Menschen misstraut, auch wenn dieser ihm Gutes will, geht er lieber zu anerkannten Autoritäten, um sicher zu gehen. Dabei hat er aber gleichzeitig große Angst, dass er wieder von ihnen enttäuscht wird, so wie das in seiner Entwicklungsgeschichte immer wieder der Fall war.

Gelingt es dem Psychotherapeuten in der OPP eine Beziehung herzustellen, in der sich sein egozentrischer Patient traut, über seine Scham zu reden, ist eine der wichtigsten Hürden in dieser Behandlung genommen. Durch die objektgestützten Erfahrungen, die der egozentrische Patient im Laufe der vorausgegangenen Behandlung machte, verändert sich seine Egosphäre, und plötzlich spürt er, dass sein Psychotherapeut nicht nur seine Gefühle mit ihm teilt, sondern dass dieser bei einigen Dingen ganz andere Gefühle hat als er. Der Patient erlebt aber dieses Anderssein seines Psychotherapeuten überhaupt nicht mehr bedrohlich. Obwohl sich bei ihm in dieser psychotherapeutischen Beziehung immer öfter Fremdheitsgefühle einstellen, die ihn verunsichern, lösen diese neuen Erfahrungen nicht mehr die schmerzlichen Verlassenheitsängste aus wie früher. Vielmehr erlebt der Patient zu seiner Verwunderung mehr und mehr ein zwar verändertes aber nach wie vor stabiles Gemeinsamkeitserleben mit seinem Psychotherapeuten. Er fühlt sich dabei genauso gut aufgehoben wie zuvor. Trotz seines nach wie vor bestehenden Misstrauens fühlt sich der Patient in dieser therapeutischen Beziehung sicher, beschützt und kommt, was seine Gesundheitsstörung anbetrifft, immer mehr ins Nachdenken.

Durch das »Morsen auf hoher See« ist ein erster Kontakt entstanden. Der Sender und der Empfänger haben sich bekannt gemacht. Der »Not leidende Sender« kann sich sowohl als SOS-Sender zu erkennen geben, als auch die Hilfe des Empfängers annehmen.

Da in dieser Behandlungsphase der Patient immer noch hin- und hergerissen ist, ob er jetzt seine pathogenen Orientierungen, Motive und Motivationen aufgibt und sich seinen Behandlern anvertraut oder nicht, ist die primäre Versorgung von Seiten der Behandler zu diesem Zeitpunkt von ausschlaggebender Bedeutung. Die »krank machenden Gewohnheiten« haben dem Patienten längere Zeit eine Art Sicherheit in seiner Lebensbewältigung gegeben. Ein weiteres Hindernis in dieser Behandlungsphase ist die Tatsache, dass der Patient zwar eine große Sehnsucht nach den primären Erfahrungen hat, er aber schon einmal im Zuge dieser primären Erfahrungen traumatisiert wurde. Deshalb kann bei ihm sehr schnell Misstrauen und Angst aufkommen, wenn in der Behandlung die zunächst eingesetzten tragenden, haltenden, entlastenden und später stützenden, kreativen und narrativen Funktionen für ihn immer spürbarer werden. Eine weitere Schwierigkeit ergibt sich beim Einsatz dieser primären (elterlichen) Funktionen dadurch, dass der Patient diese für unser menschliches Leben grundlegenden Erfahrungen nicht von »Psychotherapeuten« erhalten möchte, sondern dass die kindliche Sehnsucht, die in dem Patienten in dieser Behandlung geweckt wurde, sich an seine leiblichen Eltern richtet, egal ob diese erreichbar sind oder nicht.

Findet der Patient im Laufe dieser Behandlung tatsächlich zu dieser »kindlichen Sehnsucht« nach Akzeptanz, Anerkennung, Geborgenheit, Unterstützung und Liebe, werden meist auch die dysfunktionalen elterlichen Funktionen wieder erinnert, die den Patienten in hohe affektive Krisen stürzen können. Vorsichtig muss dem Patienten jetzt beigebracht werden, dass die Erfüllung dieser primären Funktionen durch die Eltern bis jetzt vergeblich war und aller Wahrscheinlichkeit nach auch weiterhin vergeblich sein wird. Denn seine leiblichen Eltern haben diese primären Erfahrungen nicht absichtlich vorenthalten, sondern weil sie selbst aufgrund eigener psychischer Defizite nicht in der Lage waren, sie zu praktizieren. Es hilft dem Patienten, wenn er darauf hingewiesen wird, dass er im Laufe dieser Behandlung bereits in der Lage war, seine große Sehnsucht nach primären (elterlichen) Funktionen anzuerkennen, sie offen zu legen und sie immer weniger mit dysfunktionalen Orientierungen, Motiven und Motivationen, also mit seinen Krankheiten auszugleichen. Weiter ist es ihm gelungen, sich auf die »prothetische« elterliche Funktion seiner Psychotherapeuten einzulassen.

Konnte sich der Patient im Laufe der bisherigen Behandlung sowohl auf die eingesetzten Objektstützungen, als auch auf die Therapieinstrumente der kognitiven und emotionalen Umorientierung effektiv einlassen, ist davon auszugehen, dass bei ihm nicht nur funktionale Änderungen in seinem Anpassungskonzept erreicht wurden, sondern dass auch intrapsychische identifikatorische Prozesse in Gang gesetzt werden konnten. Die Erweiterung des Selbstkonzeptes, die damit einhergehende Stärkung der selbst-

reflektiven Resonanz und die dadurch stattgefundene Autonomieentwicklung des personalen Ichs zeigt sich z. B. darin, dass das Monologisieren des Patienten abnimmt, seine Wahrnehmung realer und weniger durch Beeinträchtigungen verzerrt ist und er darüber zu sprechen beginnt, dass er mit seinen Behandlern positive existenzielle, körperliche und persönliche Beziehungserfahrungen macht. Trotzdem muss der Psychotherapeut wissen, dass der egoistische Patient diesen Erfahrungen nach wie vor misstrauisch gegenübersteht und sich meist sehr schwer tut, sich von seinen oft großartigen Überlebensstrategien zu distanzieren, obwohl er durch diese in ein schweres Überforderungssyndrom geraten ist.

Es stellt sich die Frage: Wie lange ist es einem Psychotherapeuten möglich, sich bei einem egozentrischen Patienten auf dessen sehr fremd- und selbstzerstörerische existenzielle Beziehungserfahrung einzulassen und sich in dieser dyadischen Kommunikation nicht von seinem destruktiven Verhalten Schachmatt setzen zu lassen, sondern immer wieder die tragenden, haltenden und entlastenden Objektstützungen einzusetzen, die dieser Patient so notwendig braucht?

Ich meine, der Psychotherapeut kann so lange mit diesem Patienten arbeiten, so lange es ihm gelingt, das krankhafte Verhalten seines Patienten anhand einer Krankheitslehre zu diagnostizieren, die lebensverneinenden, oft sehr destruktiven Motivationen rechtzeitig zu durchschauen und sich auf dieser Basis von den zerstörerischen Beweggründen seines Patienten so wenig wie möglich irritieren zu lassen. Sollte es dem Patienten bei dieser Behandlung nicht möglich werden, eine lebensbejahende Eigeninitiative zu entwickeln, macht es Sinn, an eine **Therapiepause** zu denken, ohne aber diese Behandlung insgesamt für gescheitert zu betrachten. Als Beispiel sei eine schwerst essgestörte Patientin genannt, die trotz Einsatz vorwiegend tragender, aber auch haltender und entlastender Objektstützungen und direktiver Strukturplanarbeit mit gezielter körper-, gestaltungs- und soziotherapeutischen Maßnahmen, keinen Schritt in eine Ich-dystone Entwicklung nehmen konnte. Interessanterweise

9.6 Die Arbeit mit den Kommunikationselementen

wirkte sich die durchgeführte Behandlung aber doch aus – nicht gleich während der stationären Behandlung, sondern im Laufe der Therapiepause. Diese Patientin nahm dann deutlich motivierter ihre Behandlung wieder auf.

! Wichtig dabei ist, dass die Behandler die Therapiepause nicht als ein Scheitern ihrer Behandlung erleben und dies dann auch so den Patienten mitteilen, sondern dass ein Therapieabbruch ein mögliches Behandlungsziel sein kann im Sinne einer fraktionierten Gesamtbehandlung.

Ich möchte hier nochmals darauf hinweisen, dass es in der Praxis erfahrungsgemäß sehr schwer ist, sich dieser Lebensverneinung des Patienten emotional zu stellen und in der Orientierung an den dialogischen Beziehungsmodus diese destruktiven Affekte über einen inneren Verarbeitungsprozess so zu regulieren, dass dem Patienten eine echte, zuverlässige Lebensbejahung zuteil werden kann.

Dadurch konnte es z. B. der essgestörten Patientin möglich werden, ihre Krankheit nicht mehr nur als eine Art Heimat schicksalsergeben hinzunehmen, sondern sie auch immer öfter als etwas Fremdes zu erleben. Sie weiß jetzt, dass sie ein Recht auf Lebenserwartung hat und ihre Todeserwartung eine tief sitzende Krankheit ist. Sie weiß inzwischen auch, dass sich die innere Vereinnahmung, also das Diktat ihrer dysfunktionalen Orientierungen, Motive und Motivationen, die sie am deutlichsten durch ihre Zwangsgedanken an das Essen »in ihrem Kopf« erlebt, und die äußere Vereinnahmung, die in den zwischenmenschlichen Beziehungen vor allem in ihrer Familie ihr gegenüber stattfinden, sich gegenseitig bedingen. So gerüstet konnte die Patientin gut entlassen werden, auch wenn sich ihre Symptomatik noch nicht wesentlich gebessert hat (außer ihrem lebensbedrohlichen körperlichen Zustand).

In der Regel verlaufen die Behandlungen nicht geradlinig und so hat es z. B. die essgestörte Patientin sehr schwer, im Laufe ihrer Behandlung ihre »selbstzerstörerische innere Heimat« aufzugeben, zu emigrieren, um auf dem Boden einer positiven, lebensbejahenden inneren Resonanz das Leben in die eigenen Hände zu nehmen. Deshalb ist es wichtig, dass der Psychotherapeut anhand seines dialogischen Beziehungsmodus immer wieder überprüft, ob er die nötige Arbeit geleistet hat. Dazu sind folgende Fragen hilfreich:

- Werden in Orientierung an die Entwicklungsleitlinien die notwendigen Objektstützungen eingesetzt?
- Wird es dem Patienten dadurch möglich, zunächst in der dyadischen Kommunikation mit den Behandlern seine Lebensängste nicht nur immer wieder in Szene zu setzen, sondern diese Lebensängste auch durch die im Moment erfahrenen Objektstützungen Schritt für Schritt zu neutralisieren?
- Kommt der Patient im Laufe der Behandlung aus seiner dyadischen Kommunikation heraus?
- Setzen bei ihm langsam die körperliche und später auch die empathische oder besser emotionale Kommunikation ein?
- Kann der Patient durch die stattgefundene Behandlung seinen egoistischen Kommunikationsmodus in Frage stellen und das Monologisieren zugunsten eines dialogischen Beziehungsmodus langsam aufgeben?
- Wird es im Laufe der Behandlung möglich, dass der Patient den selbstzerstörerischen Schauplatz aufgeben kann?
- Kann der Patient die eingesetzten Objektstützungen überhaupt nutzen oder treten dadurch seine dysfunktionalen Orientierungen, Motive und Motivationen verstärkt in Kraft? Wenn ja, ist das Entwicklungsniveau des Patienten zu niedrig. Es muss geprüft werden, ob dieser Patient für eine psychotherapeutische Behandlung geeignet ist.
- Zeigt sich, dass der Patient durch die allgemein oder speziell eingesetzten Objektstützungen auf allen vier Therapieebenen die Therapieinstrumente immer besser zur emotionalen und kognitiven Umorientierung einsetzen kann?
- Hat der Patient mit Hilfe seiner Behandler das notwendige Krankheits- und Realitätsbewusstsein entwickeln können?
- Hat sich beim Patienten im Kontakt mit seinen Behandlern eine erkennbare Selbstwertstabilisierung entwickeln können?
- Hat sich beim Patienten im Kontakt mit seinen Behandlern eine erkennbare Selbstwerthomöostase entwickeln können?

- Kann sich der Patient auf die Hilfs-Ich-Funktion seiner Behandler effektiv einlassen?

Außerdem sollte kontrolliert werden, ob die folgenden Aufgaben und Ziele erreicht werden konnten:
- Lernen und Einüben von objektgestütztem Konfliktverhalten (wichtiges Therapieinstrument in der OPP)
- Strukturplanarbeit (in Verbindung mit Milieu-, Körper-, Gestaltungspsychotherapie und Aktualitätstraining)
- Aktualitätstraining (in Verbindung mit Milieu-, Körper-, Gestaltungspsychotherapie und Strukturplanarbeit)
- Milieutherapie (Krisenprävention und -intervention, Stationsfürsorge)
- objektgestützte Intervention (oft in Verbindung mit Körper- und Gestaltungspsychotherapie)
- Selbstsicherheitstraining
- Bewegungs- und Entspannungstherapie
- sozialpädagogische Trainingsverfahren
- Wochenend- und Feiertagsstrukturplanung

! Zeigt sich im Laufe einer Behandlung, dass der egozentrische Patient trotz der beschriebenen Behandlungsmaßnahmen nicht gesunden kann, sollte die psychotherapeutische Behandlung vorerst beendet werden, da sonst die Gefahr besteht, dass eine **negative Therapiereaktion** eintritt. Das bedeutet, der Patient sieht immer mehr in seinen Behandlern die Verursacher seiner Erkrankung. Dieses Erleben, wenn es nicht sehr schnell auflösbar ist, ist im Laufe einer Behandlung kaum korrigierbar.

9.6.4 Identifikation

Konnte der Patient durch den Einsatz der bisherigen Kommunikationselemente Dyade, Setting und Empathie erleben, dass ihm im therapeutischen Mikrokosmos die notwendige Existenzberechtigung als Mensch, Lebensberechtigung als Person und Daseinsberechtigung als Partner zuteil geworden ist, und fühlt sich jetzt der Patient von seinem Psychotherapeuten mehr als zuvor von ihm auf-, an- und ernst genommen, dann kann man davon ausgehen, dass im Laufe dieser Behandlung der Patient ausreichend viele positiven existenzielle, körperliche und persönliche Beziehungserfahrungen (Objektstützungen) mit seinen Behandlern gemacht hat. Der Patient kann sich im Laufe der weiteren Behandlung auf die Hilfs-Ich-Funktion seiner Behandler und auf deren existenzielle, körperliche und partnerschaftliche Anwesenheit bzw. Präsenz einlassen. Der Patient erinnert sich jetzt zunehmend öfter an seine Behandler und erlebt sie dabei als »inneren Rückhalt«. Durch diese neu gewonnene Selbstsicherheit will sich der Patient nicht mehr wie früher nur auf seine Überlebensstrategien verlassen, sondern er will jetzt mehr und mehr lebenspraktische Fertigkeiten erlernen. Hier sind jetzt sowohl die Hilfs-Ich-Funktionen seiner Behandler gefragt als auch deren **Ich-Funktionen**, z. B. der Sachverstand seiner Behandler, deren lebenspraktische Fertigkeiten, deren Frustrationstoleranz, deren Konfliktfähigkeit usw., also die elterlichen Kompetenzen, die im dialogischen Beziehungsmodus im Kommunikationselement der **Identifikation** gefordert werden.

Gehen wir jetzt davon aus, dass sich beim Patienten ein **Krankheitsbewusstsein** eingestellt hat und dass er über ein **Realitätsbewusstsein** verfügt, durch das er sich jetzt wirklich im Klaren ist, dass er sich selbst nicht helfen kann, sondern professionelle Hilfe braucht. In diesem fortgeschrittenen Behandlungsstadium, in dem der Patient dabei ist, sich auf die verständnisvolle Beziehungserfahrung mit seinen Behandlern einzulassen, lässt den Patienten der Gedanke nicht los, ob seine Therapeuten wirklich dazu in der Lage sind, seine psychosomatischen Gesundheitsstörungen, die ihm jetzt mehr denn je bewusst werden, wirklich zu lindern, zu bessern oder möglicherweise gar zu heilen. Sein Psychotherapeut teilt ihm mit, dass dies im Bereich des Möglichen liegt, wenn er sich weiter auf die **Strukturplanarbeit** (s. Abschnitt 12.1) einlassen kann, aber nicht nur zwecks Förderung des Realitätsbewusstseins wie bisher. Vielmehr soll der Patient lernen, sich jetzt konflikthaft mit der Behandlungsrealität auseinanderzusetzen, die inzwischen erlernten emotionalen Kommunikationstechniken vor allem beim Auftreten von affektiven Krisen weiter auszubauen und einzuüben und das inzwischen eingesetzte Aktualitäts-

9.6 Die Arbeit mit den Kommunikationselementen

training so oft wie möglich zu praktizieren. Was die emotionalen Kommunikationstechniken anbetrifft, so hat der Patient beim vorausgegangenen Kommunikationselement der Empathie die für ihn durchschlagende Erfahrung gemacht, dass er sich einem Menschen emotional zumuten darf. Jetzt soll er trotz geringerer, aber doch noch vorhandener Entwertungs- und Minderwertigkeitsängste weiter versuchen, diese emotionalen Kommunikationstechniken effektiv einzusetzen.

Zum Aktualitätstraining ist anzumerken, dass dem Patienten in einem ersten Schritt durch die Vergegenwärtigung seiner effektivsten an bestimmte Behandler gebundene Behandlungserfahrungen die Kraft zuteil werden soll, die er braucht, damit er in einem zweiten Schritt voll und ganz bei der Sache in seinem Gegenwartserleben bleiben kann. Das ist notwendig für den Patienten, um in einem dritten Schritt das für ihn Attraktivste in diesem Gegenwartserleben wahrzunehmen, ins Auge zu fassen, etwas, das ihm gut tut, was für ihn stimmt und passt. Durch diese vitalisierenden inneren und äußeren Einstellungen zur Wirklichkeit kann der Patient in einem vierten Schritt die Regie für seine Lebensbewältigung übernehmen.

Die Tatsache, dass sich sein Therapeut mit ihm identifiziert und dadurch mitbekommt, was der Patient wirklich kann und was er nur vorgibt zu können, um nach außen großartig und souverän zu wirken, erfüllt den Patienten oft mit Schrecken. Hier werden wieder alle Erinnerungen wachgerufen, die mit der **stützenden (elterlichen) Funktion** zu tun haben. Dieser Patient fühlt sich zutiefst im Stich gelassen, wenn er sich an die lebensnotwendigen Objektstützungen erinnert, durch die Eltern ihren Kindern die Fertigkeiten beibringen, die man zum Leben braucht. In Orientierung an die Entwicklungsleitlinien werden dem Kind die stützenden (elterlichen) Funktionen durch folgende basale interaktive Beziehungsrituale vermittelt:

- In der psychomotorischen Entwicklungsleitlinie sind es die unterschiedlichen Beziehungsrituale des Supportings, durch die das Kind immer wieder unterstützt und gefordert wird, frei zu sitzen, frei zu gehen, sich überhaupt frei zu bewegen.
- In der psychointentionalen Entwicklungsleitlinie sind es die Beziehungsrituale, durch die das freie Handeln des Kindes in die Wege geleitet wird.
- In der psychodialogischen Entwicklungsleitlinie ist es das Beziehungsritual der Muttersprache und hier vor allem die Sprachlehrfunktion der Mutter, durch die das freie Sprechen und das Sprachverständnis des Kindes möglich werden.
- In der psychosozialen Entwicklungsleitlinie ist es die Rollenzuschreibung des Mama-Kindes, durch die das Kind lernt, aus freier Entscheidung heraus eine Rolle in seiner Gesellschaft einzunehmen.

Diesem Patienten mangelt es an solchen Erinnerungen und er stellt fest, dass seine Eltern ihm nur wenig Ordentliches beigebracht haben und ihn nur selten »handfest« unterstützten, wenn es um das Erlernen dieser beschriebenen Fertigkeiten ging. Er fühlte sich oft der Lächerlichkeit preisgegeben, als er versuchte, seine Eltern nachzuahmen und auf diesem Weg sein Verhaltensrepertoire zu erweitern. Es tut ihm sehr weh, wenn er sich daran erinnert, wie alleine er war, als er seinem Bewegungsdrang, seinem Handlungsdrang, seinem Sprechenwollen Ausdruck verliehen hatte oder wie er sich meist vergebens bemühte, im Kindergarten, in der Schule oder auch in seinem späteren Leben als Mensch eine ordentliche Rolle zu spielen. Es ist deshalb verständlich, dass sich dieser Patient auf das Kommunikationselement Identifikation nur langsam und schrittweise einlassen kann. Vor allem spielen auch hier die **Versagensängste** des Patienten, die er lange Zeit erfolgreich verdrängt hat, eine wesentliche Rolle. Dies macht es dem Patienten auch sehr schwer, sich auf die **responsive auxiliare Präsenz** des Psychotherapeuten einzulassen und dessen supportive Objektstützungen anzunehmen.

Wird im Behandlungsteam sichtbar, dass das »Eis des Patienten« langsam zu brechen beginnt, das heißt, dass der Patient durch die vielen korrigierenden emotionalen, aber auch kognitiven Beziehungserfahrungen, die er im Laufe der bisherigen Behandlung mit seinen Behandlern machte, sich immer besser auf die psychotherapeutische Beziehung einstellen kann, können die Psychotherapeuten beginnen, das Kommunikationselement der Identifikation, also ihre verständnisvolle, responsive und auxiliäre Präsenz zunehmend mehr ins Spiel zu bringen. Wichtig dabei ist, immer wieder zu überprüfen, inwieweit sich der Patient inzwischen im Selbstwerterleben durch seine Behandler stabilisiert fühlt, also eine **Selbstwerthomöostase** zu seinen Behandlern entstanden ist.

Bei der Arbeit mit dem Kommunikationselement der Identifikation muss der Psychotherapeut entscheidende Weichen stellen, was den weiteren Behandlungsverlauf des Patienten anbetrifft. Der Psychotherapeut hat sich jetzt mit seiner Empathie über das Innenleben seines Patienten »informiert« und weiß in etwa, was auf ihn zukommen kann, wenn er sich weiter psychotherapeutisch auf die Behandlung dieses »Innenlebens« seines Patienten einlässt. Dabei war es im Laufe der bisherigen Behandlung sehr sinnvoll, dass sich der Psychotherapeut immer wieder überprüfte, welche Präsenz (existenzielle, körperliche, emotionale) er bisher seinem Patienten gegenüber ins Spiel brachte und ob er bisher in der Lage war, die diesbezüglichen Objektstützungen kompetent einzusetzen.

- Konnte er die Affekte, die der Patient während der Behandlung zwangsläufig mit ihm teilen wollte, »aushalten«?
- Konnte er die oft sehr dysfunktionalen Orientierungen, Motive und Motivationen, die in ihm selbst durch die Affekte seines Patienten wachgerufen wurden, bewältigen?
- War er mithilfe der Supervisionen in der Lage, Szenen, die sich in der Therapie zwischen ihm und seinem Patienten abspielten, nicht persönlich zu nehmen?

Wenn der Psychotherapeut diese Fragen für sich zufrieden stellend beantworten kann, ist davon auszugehen, dass er mit seinem Patienten auf einem guten psychotherapeutischen Weg ist, dass er das personale Ich seines Patienten zumindest im Ansatz erreicht hat und mit ihm dabei ist, den dialogischen Beziehungsmodus aufzubauen. Durch die Interventionen seines Psychotherapeuten fühlt sich der Patient persönlich angesprochen und fühlt sich inzwischen für diese, seine Behandlung mitverantwortlich. In diesem Behandlungsstadium geht es jetzt um die **Zielvorstellungen**, was in dieser Behandlung erreicht werden kann und auf welchem Behandlungsweg dies stattfinden soll.

In einem ersten Behandlungsschritt wird versucht, dass es dem Patienten möglich wird, von den Ich-Funktionen seiner Behandler zu profitieren, damit es ihm gelingt, von seinen derzeit wenig produktiven und ihn krank machenden Überlebensstrategien Abstand zu nehmen (ohne sie generell ins Minus zu setzen). Außerdem soll er versuchen, sich auf das Erlernen von sozialresonanten Anpassungstechniken einzulassen, die er im Moment für seine aktuelle Lebensbewältigung braucht. Bereits in diesem Stadium der Behandlung wird der Patient weniger z. B. durch zuvor quälende Selbstentwertungsmechanismen beeinträchtigt, da in seinem Anpassungskonzept inzwischen aufgrund der bisher stattgefundenen Behandlung doch schon wesentliche dysfunktionale Orientierungen, Motive und Motivationen korrigiert werden konnten, was sich positiv auf sein Krankheits- und Realitätsbewusstsein auswirkt. Er kann jetzt, ganz anders als früher, einsehen, dass er die responsive, aber vor allem auxiliäre Präsenz seiner Psychotherapeuten braucht, auch wenn dadurch zunächst seine grandiosen Vorstellungen über sich selbst ins Wanken geraten.

Das Kommunikationselement Identifikation ist in der Entwicklungsgeschichte des Menschen eine wichtige Schwelle. Hier werden wesentliche Weichen gestellt, ob sich das wachsende **personale Ich** aus seinem Anpassungs- und Archaikkonzept als später weitgehend davon »unabhängige Größe« freimachen und später autonom sein kann. Dabei spielt eine große Rolle, ob man von seinen Eltern gerade in diesen Schritten zur Unabhängigkeit verstanden wurde und ob einem beigebracht wurde, mit diesen neuen Freiheiten umzugehen. Das Kind beginnt in diesem Entwicklungsprozess symbolisch zu denken, kann Erlebtes erinnern und es in einen Gegenwartsbezug bringen. Es tritt aus dem noch vorwiegend reflexbetonten Reagieren heraus und beginnt mit dem Nachdenken (**Reflektieren**). Dabei stellt es sehr schnell fest, dass es Hilfe braucht, um zu lernen selbstständig zu werden. Wie schon erwähnt,

9.6 Die Arbeit mit den Kommunikationselementen

spielen diese frühkindlichen Erfahrungen in der psychotherapeutischen Behandlung jetzt eine wesentliche Rolle, da die unbewussten motivationalen Systeme des Patienten eine Wiederholung dysfunktionaler frühkindlicher Erfahrungen im Gegenwartserleben sehr schnell in Szene setzen können. Dies kann jetzt im Laufe der Psychotherapie der Fall sein, wenn dem Patienten in seiner Frühentwicklung durch Milieuschädigungen und/oder Hirnleistungsstörungen die notwendige Hilfe, die er damals zum Erlernen des Selbstständigwerdens gebraucht hätte, nicht zuteil werden konnte und er jetzt gegenüber seinem Psychotherapeuten von massiven Versagensängsten heimgesucht wird. »Herr Doktor das hat alles keinen Sinn mit mir. Ich schaffe es nicht. Bei mir ist jede Mühe vergebens. Ich bin einfach ein Versager.« oder »Ich habe jetzt schon lange das Gefühl, dass wir in der Behandlung auf der Stelle treten – ich glaube Sie kommen mit mir nicht mehr zurecht. Vielleicht sollten wir die Therapie jetzt beenden.«

Hierbei ist es jetzt wichtig, dass der Behandler das Kommunikationselement Identifikation, das momentan Thema ist, nicht mit dem Kommunikationselement Dyade verwechselt. Tritt dies ein, entsteht meist auf beiden Seiten eine große Konfusion. Der Patient, der unter Versagensängsten leidet, will seinen Psychotherapeuten nicht »vernichten«, wie dies durchaus beim Kommunikationselement der Dyade der Fall sein kann, wenn in der Psychotherapie frühkindliche schwere Traumatisierungen reaktualisiert werden. In unserem Fall will der Patient seinen Psychotherapeuten nicht verlieren, sondern seine Versagensängste setzen sich in Szene, und mit seinem Verhalten ruft er »indirekt« um Hilfe. Er bittet um Hilfe, dass jemand, der ihn versteht, ihm beibringt selbstständig zu werden. Möglicherweise verkörpert gerade der Psychotherapeut eine biographische Figur, die Ursache weisend sein kann, und damit lässt sich weiterarbeiten.

Mit dem Kommunikationselement Identifikation wird auch die intrapsychische Identifikation des Patienten verstärkt in Gang gesetzt. Bei dieser **sekundären intrapsychischen Identifikation** beginnen im Entwicklungsprozess des Kindes das **absichtliche** Verhalten und die Modifikation des gespeicherten Verhaltens. Das Kind beginnt immer öfter in seine neuronal-mentalen Regulationsmechanismen einzugreifen, wenn es z. B. durch den Lärm, den ein heruntergefallener Löffel verursacht, nicht mehr wie früher erschreckt und davonläuft, sondern diesen Löffel jetzt aufhebt, weil es ihn zum Füttern seines Teddybären braucht. Das heißt, aufgrund guter vorausgegangener existenzieller, körperlicher, persönlicher und jetzt auch verständnisvoller Beziehungserfahrungen hat das Kind gelernt, zunächst angstvolle Situationen bezüglich ihrer Gefahrlosigkeit zu durchschauen und dann ein so genanntes **sozialresonantes Verhalten** zu lernen und dann auch in die Tat umzusetzen.

Ganz ähnlich wird das Kommunikationselement Identifikation auch in der Objektgestützten Psychodynamischen Psychotherapie eingesetzt. Hat der Patient im Laufe der vorausgegangenen Behandlung durch eine effektive Arbeit mit den Kommunikationselementen Dyade, Setting und Empathie die notwendigen korrigierenden Beziehungserfahrungen gemacht, hat er jetzt eine große Chance, dass es ihm gelingt, über die ihm angebotenen verständnisvollen und auxiliären Beziehungserfahrungen seiner Behandler, sich auf die Lernprozesse einzulassen, durch die er später mit reiferen Verarbeitungsmechanismen reagieren kann. Falls bei dieser Behandlung auch immer öfter nicht nur objektstützend vorgegangen wird, sondern aufbauend auf dieser strukturgebenden Behandlung sich immer häufiger unbewusste Entwicklungskonflikte des Patienten in der psychotherapeutischen Arbeit in Szene setzen, muss diese psychodynamische Behandlung mit dem Patienten ausführlich besprochen werden.

Dabei möchte ich darauf hinweisen, dass der Psychotherapeut sich vor allem in der Supervision am dialogischen Beziehungsmodus orientieren kann, damit er sich über die **De-Identifikation** immer wieder auf sich selbst zurückziehen und sich dabei innerlich von seinem Patienten trennen kann. Im Vertrauen auf sich selbst kann er sehr schnell feststellen, ob er mit seinem Patienten in eine »Mesalliance« geraten ist oder nicht. Durch eine gute De-Identifikation verlässt er seinen Patienten nicht, sondern im Gegenteil, durch die notwendige Nähe-Distanz-Regulation zwischen ihm und seinem Patienten findet der

Psychotherapeut wieder zu seiner Professionalität zurück, aus der heraus er dann seinen Patienten wieder effektiv behandeln kann.

9.6.5 De-Identifikation

Die wesentliche Erfahrung, die der Patient mit seinen Behandlern, oder besser mit ganz bestimmten Psychotherapeuten aus dem Behandlungsteam macht, wenn diese das Kommunikationselement der **De-Identifikation** einsetzen und damit arbeiten, ist eine bisher so nicht erlebte **mentale Präsenzerfahrung** mit diesen Behandlern. Der Patient kann sich jetzt immer öfter an diese »bestimmten Behandler« erinnern, wenn er in Unruhe gerät oder eine Bestätigung für sein autonomes Verhalten braucht. Dieses In-Erinnerung-Rufen ist ein Ergebnis des bisher eingeübten Aktualitätstrainings, bei dem der Patient lernt, für ihn sehr effektive und an bestimmte Behandler gebundene Behandlungsprozesse zu identifizieren und sich das Wesentliche dieser meist korrigierenden Erfahrungen wiederholend zu vergegenwärtigen.

> Der Aufbau eines »sich selbst verstärkenden« rückhalt-, selbstsicherheit-, selbstvertrauen- und selbstwertgebenden Gedächtnisses (**Selbstsystem**) ist von Anfang an eines der wesentlichen Zielprojektionen in der Objektgestützten Psychodynamischen Psychotherapie.

Dabei darf nicht außer Acht gelassen werden, dass dieses Selbstsystem und das dazu identische Selbstkonzept erst dann Behandlungsgegenstand werden können, wenn bei der Arbeit mit den Kommunikationselementen Dyade, Setting und Empathie die bestehenden strukturellen Defizite so weit repariert werden konnten, dass durch diese funktionalen Veränderungen im Anpassungssystem und im dazu identischen Anpassungskonzept eine effektive Arbeit mit den Kommunikationselementen Identifikation, De-Identifikation und Regulation möglich wird. Das heißt, die Veränderung im Anpassungssystem sind zwar für den Patienten in seinem Anpassungskonzept erinnerlich und haben auch für ihn einen Orientierungseffekt, es geht aber davon noch nicht die rückhaltgebende Wirkung aus, wie dies später beim Selbstsystem, dem dazugehörigen Selbstkonzept und vor allem durch die selbstreflektive Resonanz der Fall sein wird.

Bei der Arbeit mit dem Kommunikationselement De-Identifikation geht es also vorrangig darum, dass das während der Arbeit mit dem Kommunikationselement Identifikation in Gang gesetzte Selbstsystem und das dazu identische Selbstkonzept weiterentwickelt werden, damit sich dieses neuronale Gedächtnis und das dazu identische mentale Konzept vergrößern, an Substanz zunehmen und hierbei vor allem die **selbstreflektive Resonanz** und dadurch das personale Ich profitieren. Es ist vor allem die selbstreflektive Resonanz, die einen positiven Einfluss auf die Stimmung eines Menschen, auf seine »innere Gestimmtheit« auf seine Gemüts- und Persönlichkeitsverfassung nimmt. In kritischen Situationen kann sich diese selbstreflektive Resonanz auch zu einer kräftigen »inneren Stimme« verdichten und als Quelle von steuernden Funktionen bewusst werden.

Es ist ein wesentlicher Schritt in der Behandlung erreicht, wenn sich jetzt beim Patienten zunächst hin und wieder auch als Ergebnis der **Strukturplanarbeit** und des **Aktualitätstrainings** diese responsive und affirmative »innere Stimmung« oder »innere Stimme« einstellt, aus der heraus sich formelhaft jene essenziellen Erfahrungen immer wiederholen, die der Patient durch die unterschiedlichsten und teilweise auch verinnerlichten Objektstützungen machte: *»Es ist gut, dass du da bist, es ist gut, dass du da bist ...« »Es ist gut, wie du selbst bist, es ist gut, wie du selbst bist ...« »Es ist gut, dass du bei mir, bei uns bist, es ist gut, dass du bei mir, bei uns bist ...« »Es ist gut, dass du selbst bist, es ist gut, dass du selbst bist ...«, »Es ist gut, wie du selbst bist, es ist gut, wie du selbst bist ...« »Es ist gut, dass du selbst bei uns bist, es ist gut, dass du selbst bei uns bist ...«* Selbstverständlich handelt es sich hier um Abstraktionen, durch die das Wesentliche dieser selbstreflektiven Resonanz aufgezeigt werden soll. Beim Patienten beginnt dadurch eine Selbstsicherheit in Kraft zu treten, die für ihn hin und wieder erlebbar ist, sich dann aber im Laufe der Behandlung immer öfter einstellen soll. Vor allem in kritischen Situationen gelingt es dem Patienten wesentlich öfter als früher, durch diese nicht nur in seinem Anpassungskonzept aufgenommen (rezipierten), sondern inzwischen auch in seinem Selbstsystem verinnerlichten (internalisierten) Wahrnehmungen, Erlebnisse, Vorgänge und Bedeutungen aus seiner psychotherapeutischen Behandlung, sich selbst zu beruhigen und alleine eine Lösung für anstehende Probleme zu finden.

Es ist die **kreative Präsenz**, die der Psychotherapeut im Zuge seines dialogischen Beziehungsmodus beim Kommunikationselement der De-Identifikation gegenüber seinem Patienten immer mehr wirksam werden lässt. »Schau, dass du mit deinen Problemen selbst fertig wirst.«, »Du hast jetzt durch diese Behandlung den notwendigen ›inneren Rückhalt‹, den man zum Leben braucht.«, »Vertrau jetzt auf dich selbst, du wirst die notwendigen Lösungen finden.«, »Not macht erfinderisch.«, »In der Ruhe liegt die Kraft.« Diese Kreativität, die der Psychotherapeut bei seinem Patienten anspricht und sie auch in ihm in Gang setzen will, hat wenig mit den Überlebensstrategien zu tun. Diese werden von manchen Menschen in lebensbedrohlichen Situationen meist schon sehr früh in ihrer Kindheit generiert. Die Kreativität ist eine Fähigkeit, die dem Kind etwa ab seinem 3. Lebensjahr bewusst wird. Sie hat nichts mit Lebensbedrohung zu tun hat, sondern mit einer Schöpferkraft, die dem personalen Ich mit seiner Entwicklung zuwächst. Ist der Mensch kreativ, kann er gezielt Einfälle zu einem Ganzen zusammensetzen, zu einem Werk zusammenfügen, das seiner Absicht entspricht. Er kann sich aber auch von seinen Einfällen, Ideen, Eingebungen, Intuitionen, Inspirationen und Geistesblitzen leiten lassen, bleibt aber dabei immer der Regisseur seiner ursprünglichen Absicht und Vorstellungen. Da er bei diesen kreativen Tätigkeiten immer wieder zu sich selbst zurückfindet, bleibt er Schöpfer und erkennt sehr schnell, wenn er »Erfüllungsgehilfe« seiner dysfunktionalen Orientierungen, Motive und Motivationen wird.

Oft greifen Künstler kraft ihrer Intuition, also dem ihnen eigenen sensitiven Vermögen, kollektive dysfunktionale, destruktive Orientierungen, Motive und Motivationen schon in einer Zeit auf und erfassen diese Strömungen, in der den meisten Menschen z. B. ihre latente Gewaltbereitschaft überhaupt noch nicht bewusst ist. Ein gutes Beispiel dafür ist die so genannte »Blut-und-Boden-Kunst« in der Zeit des Nationalismus. Es waren dysfunktionale, destruktive Orientierungen, Motive und Motivationen, mit denen damals viele Menschen konfrontiert waren. Sie litten unter existenziellen Unsicherheiten, unter Vernichtungs-, Verachtungs- und Entwertungsängsten, die aber kollektiv verdrängt und in der damaligen Zeit ins Gegenteil verkehrt wurden. In der Maske z. B. kraftvoller, gesunder und friedlicher Bauern, die in friedlichen Landmotiven dargestellt wurden, kamen diese Ängste völlig »entartet« wieder zum Ausdruck. Wenn man so will, sind diese Kunstwerke, aber auch die gesamte nationalsozialistische Bewegung in der damaligen Zeit, kollektiv in die Tat umgesetzte grandiose und von Vernichtungs-, Verachtungs- und Entwertungsängsten gespeiste Überlebensstrategien, die dann sehr bald ihr wahres Gesicht der Menschenvernichtung, der Menschenverachtung und der Menschenentwertung zeigten. Es war die in der Zeit des Nationalsozialismus als »entartet« gebrandmarkte Kunst, bei der diese zur damaligen Zeit noch unterschwellige Gewalttätigkeiten und Destruktivität bereits ganz deutlich zum Ausdruck gekommen sind. Diese Kunst wurde aber nur von wenigen Zeitgenossen toleriert und verstanden.

Wenn der Mensch also wirklich kreativ tätig ist, arbeitet er aus sich selbst heraus, ist dabei mit sich selbst in Kontakt und kann dabei durchaus »Zeitströmungen« aufnehmen und sie auf welche Weise auch immer zum Ausdruck bringen.

In der Behandlungsphase, in der diese De-Identifikation im Vordergrund steht, sollte es dem Patienten möglich werden, eine immer größere Ich-Dystonität gegenüber seinen dysfunktionalen Orientierungen, Motiven und Motivationen herzustellen. Ebenso sollte der Patient die bisher durch die Behandlung verinnerlichten objektstützenden Erfahrungen, die inzwischen auch über das Selbstkonzept wirksam werden können, in den Bewusstseinsvordergrund treten lassen. Wenn der Patient wieder einmal in seinen monologen Gesprächsfluss zurückfällt, wird es nun möglich, hier einzugreifen und den Patienten einfühlsam, aber doch bestimmt darauf hinzuweisen, dass er damit aufhören soll. In diesem

Monologisieren geht es meist darum, »dass er nicht in der Lage ist, das und das zu machen«, »dass überhaupt alles keinen Sinn hat«, »dass schon wieder jemand schlecht über ihn redet« usw. Dieses Verhalten kann der Therapeut dem Patienten inzwischen sehr gut aufzeigen und ihn eindringlich, in manchen Situationen auch direktiv, darauf hinweisen, dass er jetzt im Moment wieder Sprachrohr seiner dysfunktionalen Orientierungen, Motive und Motivationen ist und er sich wieder auf sich selbst, also auf das besinnen soll, was »er kann.« Der Patient erkennt seine »Rückfälle« in krankes Verhalten oft schon sehr schnell selbst an seinem typischen, immer wiederkehrenden stereotypen Ausdrucksverhalten.

Immer häufiger kommt es jetzt zwischen dem Patienten und seinen Behandlern zu heftigen Auseinandersetzungen, die aber keineswegs wie früher vernichtend, verachtend oder entwertend ausgetragen werden. Der Patient hat über seine Meinung, seine Vorstellungen ausgiebig reflektiert, ist also in der Lage, gute Gründe für seine Ansicht ins Feld zu führen. Er möchte jetzt mit seinen Behandlern streiten, um auf diesem für ihn noch neuen »Feld« seine inzwischen gestärkten geistigen Kräfte (seine Selbstwirksamkeit) mit ihnen zu messen. Diese Auseinandersetzungen sind für den Patienten nach wie vor schwierig, vor allem, wenn seine Behandler ihm einen völlig anderen Lösungsweg vorschlagen oder Behandlungsvorstellungen haben, als die, von denen er inzwischen selbst überzeugt ist. Kommt es jetzt, was wie gesagt, in dieser Behandlungsphase sehr wichtig ist, zum **Konflikt**, sollte das Konfliktthema so oft wie möglich thematisiert werden, damit der Konflikt immer wieder ausgetragen und auf diese Weise letztlich durchgearbeitet werden kann. Diese Auseinandersetzungen können von Seiten des Patienten übermäßig heftig, aber auch übermäßig zurückhaltend angeboten werden. Erfahrungsgemäß ist der Patient erst jetzt dazu in der Lage, eine andere Meinung, eine andere Sichtweise, ein zu seinem eigenen Leben konträres Erleben zu tolerieren und ein Verständnis für Auseinandersetzungen zu erarbeiten. Erst in dieser Behandlungsphase lernt er, das notwendige Vertrauen aufzubringen zu sich, aber auch in ein anders denkendes, fühlendes und sich verhaltendes Gegenüber. Dabei ist dem Patienten die Zeit noch sehr gut in Erinnerung, als er so eine Konfrontation sofort als ihn vernichtend, verachtend und/oder entwertend erlebte oder er sich sofort in der Rolle des Versagers wiederfand, egal wie er sich anschließend verhalten hat.

Durch die vorausgegangene Behandlung bleibt dem Patienten das unauslöschliche Grundgefühl, dass ihn seine Behandler trotz seiner anderen Meinung mögen, akzeptieren, schätzen, ernst nehmen und verstehen können. Ein gutes Beispiel dafür ist, wenn die Behandler den meist jungen Patienten vorschlagen, sie sollten im Anschluss an diese stationäre Behandlung nahtlos in eine therapeutische Wohngemeinschaft entlassen werden. Hier reagieren die Patienten zunächst oft mit einem heftigen Widerstand, sind dann aber in der Lage, über diese konträr zu ihrer Vorstellung stehende Meinung der Behandler nachzudenken und sich damit auseinanderzusetzen. Dieses **Reflektieren** führt dann dazu, dass die Patienten erstaunlich gute Gegenvorschläge unterbreiten oder sich nach reiflichem Überlegen für die angebotene therapeutische Wohngemeinschaft entschließen können. In beiden Fällen haben die Patienten das für ihre Frühstörung so typische Reagieren überwunden und kommen über das Reflektieren letztlich zu einer für beide Seiten annehmbaren **Realisierung**.

9.6.6 Regulation

Im Laufe seiner bisherigen Psychotherapie sollte der Patient ein einigermaßen stabiles Selbst aufgebaut und seine Kommunikationsfähigkeit brauchbar entwickelt haben, ebenso seine Handlungsfähigkeit. Seine sprachlichen Fähigkeiten sollten sich verbessert haben, vor allem sein Sprachverständnis. Seine soziale Kompetenz sollte er inzwischen so weit entwickeln können, dass er jetzt beruflich und/oder schulisch bessere Chancen hat. Seine sehr destruktiven Orientierungen, Motive und Motivationen sollten so weit neutralisiert worden sein, dass die zuvor bestandenen Beeinträchtigungen und die damit im Zusammenhang stehenden psychischen und körperlichen Beschwerden eine rückläufige Tendenz zeigen.

In dieser letzten Behandlungsphase geht es jetzt darum, dass es dem Patienten möglich wird, die entwickelten Fähigkeiten auch so einzusetzen, dass Problemlösungen wirklich gelingen. Deshalb muss er sich jetzt vor jeder Problemlösung auf die inzwischen für ihn sehr gut vernehmbare selbstreflektive Resonanz einstellen können (hier spielt das inzwischen vom Patienten erlernte Aktualitätstraining eine sehr wichtige Rolle). Kraft dieser ihn bejahenden, mutmachenden, rückhaltgebenden, anregenden, aber auch beruhigenden selbstreflektiven Resonanz und der dadurch mobilisierten Ich-Funktionen wie Konzentration, Aufmerksamkeit, Interesse, Realitätsprüfung, Introspektionsfähigkeit, Denken, Erinnern, Antizipation, alle steuernden Funktionen usw. kann sich der Patient rechtzeitig und auch ausreichend von seinen dysfunktionalen Orientierungen, Motive und Motivationen distanzieren.

Damit diese **selbstbewusste Realisierung** gelingt, setzen die Behandler im Zuge ihres dialogischen Beziehungsmodus beim Kommunikationselement Regulation vorrangig ihre **narrative Präsenz** gegenüber ihrem Patienten ein. Die Beziehungserfahrung, die bei diesem Kommunikationselement zum Tragen kommt, ist die **soziale emotionale Kommunikation**, die **soziale Integration** und das Bemühen um **Solidarität**. Dabei soll es dem Patienten möglich werden, seine oft über viele Auseinandersetzungen gefundenen Lösungswege, gemeinsam mit seinen Behandlern effektiv in die Tat umzusetzen. Wesentlich dabei ist, dass der Patient spürt, dass seine Behandler Anteil nehmen und ihn innerlich nicht verlassen. Der Patient und seine Behandler gehen gemeinsam an die Arbeit, die aber letztlich der Patient ausführt und zu Ende bringt. Es geht jetzt um den Mut und die Kraft, die aus dem Reflektieren gewonnenen Lösungen zu realisieren, die richtigen Antworten zu geben und Schwierigkeiten zu bewältigen. Die Tragweite der Regulation kann vom Patienten erfahrungsgemäß erst bei Beendigung seiner Behandlung wirklich nachvollzogen werden. Ähnlich wie in unserer Entwicklung auch erst der erwachsene Mensch rückblickend nachvollziehen kann, welche notwenigen Funktionen seine Eltern bei ihm leisteten, so ist es in abgewandelter Form auch in der psychotherapeutischen Behandlung. Bei dem Kommunikationselement **Regulation** schließt sich ein Kreis:

So wie der Psychotherapeut im Laufe der Behandlung über unterschiedliche Beziehungserfahrungen beim Patienten rückhaltgebend wirksam wurde, so sollte jetzt der Patient durch diese Behandlung sowohl sich selbst als auch anderen gegenüber Akzeptanz, Respekt, Toleranz, Verständnis und Vertrauen (so gut es ihm möglich ist), einsetzen können. Ohne diese zwischenmenschlichen Vorleistungen bleibt die Liebesfähigkeit erfahrungsgemäß »auf der Strecke«.

9.7 Orientierungshilfen

Im Laufe einer Psychotherapie treten die eigentlichen entwicklungsgeschichtlichen Ursachen, die einer psychischen Gesundheitsstörung zugrunde liegen, erfahrungsgemäß völlig unsystematisch auf.

So wie der Chirurg die Anatomie seines eingestellten Situs im Auge hat, und so wie er ohne sein anatomisches Wissen nichts Heilsames an den krankhaften Organveränderungen ausrichten kann, so sollte es auch dem objektstützend psychodynamisch arbeitenden Psychotherapeuten möglich sein, sich immer an einer »entwicklungsgeschichtlichen Anatomie« zu orientieren.

- Wie wurde der Patient bei seiner Geburt von seinen Eltern in deren Beziehung/Familie als neuer Erdenbürger **aufgenommen**, und wie konnte sich der Patient in seine Familie einbringen, von seinen Eltern aufnehmen lassen? Hier spielen folgende Faktoren eine wichtige Rolle:
  – Frühgeburt, angeborene Missbildungen, Hirnleistungsstörungen und Hirnreifestörungen des Kindes, Geburtsfehler und Geburtsschäden
  – soziale Verhältnisse, in denen die Eltern des Patienten lebten
  – Krankheiten der Eltern
  – physische und psychische Verfassung der Mutter bei der Geburt des Kindes sowie während und nach ihrer Schwangerschaft
  – Zugewandtheit und Partnerschaftlichkeit des Vaters gegenüber seiner Frau in dieser Zeit

- Bereitschaft des Vaters, die Vaterrolle zu übernehmen
- Wie wurde der Patient von seinen Eltern **angenommen**, als neuer Erdenbürger, als Person, so wie er war? Spürte er, dass seine Eltern zufrieden mit ihm waren? Oder wollten sie lieber ein anderes Kind mit anderen Eigenschaften, z. B. lieber ein Mädchen? Konnte er sich von seinen Eltern annehmen lassen? Konnte er seiner Freude Ausdruck geben, dass seine Eltern ihn um seinetwillen liebten, so wie er war?
- Fühlte sich der Patient von seinen Bezugspersonen **anerkannt, ernst genommen** und als Partner **wertgeschätzt**? Fand er bei seinen Eltern Ruhe und Geborgenheit? Konnte er seine Eltern als Partner anerkennen, auf sie eingehen und sich in seine Eltern einfühlen, wie diese in ihn?
- Haben die Eltern dem Patienten das beigebracht, was man als Mensch im Leben braucht? Konnten die Eltern sich in ihr Kind hineinversetzen, und konnten sie so seine Ängste, Nöte, Schwächen, Stärken und Begabungen **verstehen**? Konnten sie ihrem Kind Mut machen beim Lernen und Helfen? Konnte sich der Patient auf den Lernprozess mit seinen Eltern einlassen, und war er in der Lage, ihnen dafür zu danken? Kann er andere verstehen und ihnen helfen? Wie schwer bzw. leicht fiel ihm das Lernen und Üben, und über welchen Ehrgeiz und welche Ausdauer verfügt er?
- Wie haben die Eltern des Patienten sein Streben nach Individualität, Selbstständigkeit und Autonomie unterstützt, und inwieweit konnte er sich auf den Entwicklungsspielraum, den ihm seine Eltern zur Verfügung gestellt haben, einlassen? Inwieweit konnte er sich mit seinen Eltern auseinandersetzen und mit ihnen einen für alle befriedigenden Konsens finden?
- Konnten die Eltern des Patienten ihm als Mitglied einer von ihm frei gewählten Gemeinschaft alles Gute wünschen, und konnte er sich im Guten von seinen Eltern trennen? Kann der Patient Anteil nehmen am Leben anderer und an deren Lebensgeschichten? Ist er bereit dazu, dass andere an seinem Leben teilnehmen und seinen Lebensgeschichten zuhören? Ist der Patient in der Lage, miteinander etwas

Tab. 9-1 Allgemeine Orientierungshilfen zu dysfunktionalen und korrigierenden Erfahrungen in der psychotherapeutischen Behandlung

Dysfunktionale Erfahrungen	Korrigierende Erfahrungen
Lebensverbot, Vernichtung, Abtreibung und Existenzbedrohung, seelische Misshandlungen	Aufgenommenwerden, Existenzberechtigung, Sicherheit, seelische Unversehrtheit und Bejahung als Mensch
Verachtung, Respektlosigkeit, Sprachlosigkeit und Ablehnung als Person, körperliche Misshandlungen	Angenommenwerden, Achtung, Respekt, Schutz, körperliche Unversehrtheit, Bejahung als Person und Beginn des dialogischen Beziehungsmodus
Entwertung als Partner, Bedeutungslosigkeit, Minderwertigkeit	Trost, Geborgenheit, Anerkennung, ernstgenommen werden und Beruhigung, Bejahung und Wertschätzung als Partner
Erfahrung, ein Versager zu sein, Unsicherheit in seinen Fertigkeiten, Verlassenheit, Grenzenlosigkeit, Ausgeliefertsein, Verweigerung von Hilfe und Undankbarkeit	Leistungsfähigkeit, Sicherheit, Zuverlässigkeit, Vorbildlichkeit, Ordnung, liebvolle Strenge und Dankbarkeit
Unterdrückung, Unfreiheit, Mutlosigkeit, Scham, Spiel- und Gestaltungsverbot und Unfähigkeit zu trauern	persönliche Freiheit, Unabhängigkeit, Selbstwirksamkeit, Mut, Tapferkeit, Spiel- und Gestaltungsfreude und Trauerarbeit
trostlose Einsamkeit, Unfähigkeit solidarisch zu leben, Ungeselligkeit	Liebesfähigkeit, Bündnisfähigkeit, Geselligkeit, Dialogfähigkeit und Solidarität

9.7 Orientierungshilfen

zu unternehmen im Wissen, dass man gemeinsam etwas erreicht, zudem einer alleine nicht imstande wäre?
- Wie stabil konnten die Eltern des Patienten bei ihm die tragenden, haltenden, entlastenden, stützenden, kreativen und narrativen Objektstützungen einsetzen? Hier sind es Kindheitsbelastungsfaktoren wie Krankheiten der Eltern, Scheidung, sozialer Abstieg, Gewalt in der Familie, Misshandlungen, Suchtprobleme der Eltern, Tod usw., die sich als Orientierungen, Motive und Motivationen im Anpassungssystem des Patienten speichern und zeitlebens in seinem Anpassungskonzept nicht nur bewusst, sondern auch motivational in Kraft treten können.
- War der Patient in der Lage, auf die Objektstützungen seiner Eltern einzugehen? Hier sind es vor allem Krankheiten, die er durchmacht, aber auch außerordentliche Belastungen wie Unfälle, Naturkatastrophen, Krieg usw., die den Patienten traumatisieren und es ihm schwer machen sich auf seine Umwelt und hier auch auf seine Eltern einzulassen.
- Welche exogenen und endogenen Kindheitsbelastungsfaktoren stellen sich beim Patienten als Determinanten für eine psychoneurotische Fehlentwicklung heraus?
- Wie reagiert der Patient, wenn wir bei ihm heute im Laufe der Behandlung die primären (elterlichen) Funktionen über die entsprechenden basalen interaktiven Beziehungsrituale, also Objektstützungen, einsetzen?
- Kann der Patient diese positiven Episodenkontexte im Sinne korrigierender Erfahrungen nutzen?

Neben diesen entwicklungsspezifischen Fragestellungen gibt es auch **allgemeine Orientierungshilfen**, die in Tabelle 9-1 dargestellt sind.

10 Kommunikationselemente als Orientierungshilfen in der Körperpsychotherapie

10.1 Allgemeine Betrachtung

Bereits im Abschnitt 7.2 (psychomotorische Entwicklungsleitlinie) bin ich auf die basalen interaktiven Beziehungsrituale eingegangen, die meines Erachtens eine sehr große Rolle bei der Vermittlung lebensnotwendiger primärer (elterlicher) Funktionen spielen. Weiter gehe ich davon aus, dass die Fähigkeit eines Menschen, sich frei nach seinem Ermessen mit seinem Körper bewegen zu können, auch davon abhängt, wie effektiv die für die psychomotorische Entwicklung notwendigen Objektstützungen beim Kind in seiner Frühentwicklung und auch noch später eingesetzt wurden.

Durch die Objektstützungen, die der **Körperpsychotherapeut** in Anlehnung an die psychomotorische Entwicklungsleitlinie einsetzt, findet auch eine gezielte Aktivierung der Willkürmotorik des Patienten statt. Durch gezielte Körperwahrnehmungsübungen werden im Gedächtnis des Patienten frühe Körpererfahrungen wachgerufen, die viel mit dem Spüren, Empfinden und Wahrnehmen eines eigenen körperlichen (Selbst-)Seins (Körperbilder) und dem Wissen um ein eigenes körperliches Dasein, das sich hauptsächlich über neurophysiologische Prozesse abspielt (Körperschema), zu tun hat. Diese Körperwahrnehmungsübungen werden in folgenden Bereichen durchgeführt:

- Liegen in Bauch- und Rückenlage
- Aufrichten
- Sitzen und Stehen
- Gehen
- Greifen
- Atmung
- einzelne Körperbereiche (z. B. Wirbelsäule)
- An- und Entspannen usw.

Dem Patienten wird dabei zwangsläufig bewusst, wie sicher oder unsicher er sich mit seinem Körper erlebt, was er sich körperlich zutraut, oder wie schnell er Angst bekommt, wenn er sich körperlich einer Aufgabe nicht gewachsen fühlt. Er wird also – mehr oder weniger schmerzlich – damit konfrontiert, ob er bewusst und zielgerichtet, also willkürlich, aus eigener Absicht heraus, mit seinem Körper etwas »anfangen« kann oder nicht. In dieser Behandlung versucht der Körperpsychotherapeut zunächst ein **funktionales primäres Milieu** zwischen sich und seinem Patienten herzustellen. Im laufenden therapeutischen Prozess wird dann vorrangig darauf geachtet, die »wenig identifikationsfähigen **Körperrepräsentanzen** durch korrigierende emotionale Erfahrungen, aber vor allem durch verhaltensunterstützendes Verhalten wieder »identifikationsfähig« zu machen.

In einer vorausgehenden **Bewegungsanalyse** wird das motorische Verhalten des Patienten auf Handlungs-(Aktions-)Schemata überprüft, bei denen es dem Patienten schwer fällt, sie bewusst, also absichtlich, zu steuern. Ich erläutere dies am Beispiel des **Atmens**:

> **Fallbeispiel: Atemtherapie**
> Über unser Atemzentrum »atmet es sich von selbst«, das heißt, unsere Atmung wird über unser Atemzentrum automatisch dem jeweiligen Sauerstoffbedarf angepasst, ohne dass uns das in der Regel bewusst wird. Wird ein Patient in der Atemtherapie aufgefordert, »bewusst frei« zu atmen, also die Regie über sein Atmen zu übernehmen, kann sich herausstellen, dass dies dem Patienten sehr schwer fällt und er anfängt, nach Luft zu schnappen. Möglicherweise wurde dieser Patient in seiner Frühentwicklung bezüglich der notwendigen tragenden, haltenden und entlasten-

Objektstützungen depriviert. Ist dies der Fall, sind in seinem Gedächtnis zu wenige Erfahrungen gespeichert, bei denen z. B. sein **absichtliches Atmen**, das beim Menschen mit dem Schreien ab dem 3. Lebensmonat beginnen kann, an positive, also **funktionale zirkuläre Resonanzprozesse** zwischen ihm und seinen primären Bezugspersonen gekoppelt wurde. Demzufolge sind in seinem Selbstsystem zu wenige Kompetenzen gespeichert, die mit Atmen-Können zu tun haben. Die selbstreflektive Resonanz, die sich aus seinem Selbstkonzept ergibt, ist zu schwach, und so fällt dem Patienten das freie, absichtliche, von ihm gesteuerte Atmen schwer. Da bei diesem Patienten zu wenige objektgestützte Erfahrungen mit seinem Atmen und dem sehr oft damit einhergehenden Schreien stattfanden und sich deshalb zu wenige identifikationsfähige Atemerfahrungen im Anpassungssystem speicherten, sollen jetzt über den Einsatz der objektgestützten Körperpsychotherapie in Kombination mit der Atemtherapie diese Erfahrungen nachgereicht werden.

Das durch zu große emotionale Kälte in der Kindheit des Patienten »eingefrorene«, willkürliche, »freie« Verhalten soll in einem ersten Schritt durch die notwendige »emotionale Wärme« wieder »aufgetaut« werden. In einem zweiten Schritt soll dieses aus der Übung geratene willkürliche Verhalten gezielt unterstützt und gefördert werden. Es ist eine in das Anpassungssystem (Über-Ich-Struktur) eingreifende Behandlungsmaßnahme, durch die mangelhaft entwickelte Verhaltensstrukturen repariert oder korrigiert werden sollen. Die »emotionale Kälte«, die sich beim Patienten durch diese Behandlung wieder einstellen kann, wird auch vom Körperpsychotherapeuten mit empfunden. Durch den Einsatz der jeweiligen Objektstützungen wird der Körperpsychotherapeut versuchen, dieses Deprivationserleben seines Patienten zu korrigieren und, so gut es geht, in dem Moment außer Kraft zu setzen. Eine Thematisierung der durchgemachten Deprivationen des Patienten findet hier nicht statt.

Es geht bei dieser Körperpsychotherapie vorrangig um **Strukturgebung**, also um Wiederherstellung von identifikationsfähigen Körpererfahrungen (Körperbildern) und In-Gang-Setzen des elementaren **Selbstaufbaus** z. B. durch Bildung von körperlichen Fähigkeiten (körperliche Kompetenzen) wie das bewusste »freie« Atmen.

Ich gehe jetzt auf die basalen interaktiven Beziehungsrituale, über die die Eltern ihre primären (elterlichen) Funktionen realisieren, noch einmal ausführlicher ein.

10.2 Bonding

Bei unserer stationären Behandlung von psychisch schwerer gestörten Patienten hat sich der Einsatz der Körperpsychotherapie sehr bewährt. Dabei orientiert sich der Körperpsychotherapeut, wie auch alle anderen Behandler, in einer konzertierten psychotherapeutischen Aktion an der Systematik des dialogischen Beziehungsmodus. Stellen die Behandler weitgehend übereinstimmend fest, dass sie im Verlauf ihres dialogischen Beziehungsmodus bei einem Patienten vor allem mit dem Kommunikationselement der **Dyade** große Schwierigkeiten haben, wird darüber diskutiert, ob der Einsatz des **Bondings** in der Behandlung dieses Patienten medizinisch gerechtfertigt ist oder nicht (s. auch ausführliche Beschreibung des Kommunikationselements Dyade in Abschnitt 9.6.1).

Über die Klärung der unterschiedlichen Gegenübertragungserfahrungen in der konzertierten psychotherapeutischen Aktion wurde herausgefunden, dass bei diesem Patienten das Kommunikationselement der Dyade am meisten gestört ist. Demzufolge hat der Patient sehr traumatisierende existenzielle Beziehungserfahrungen gemacht, die jetzt über unterschiedlichste Symptome wieder in Erscheinung treten. In Orientierung am dialogischen Beziehungsmodus wird jetzt auf **allen Therapieebenen** diese tragende Objektstützung eingesetzt. Es sind tiefgreifende positive Erfahrungsqualitäten, wenn der Patient von seinem Körperpsychotherapeuten in typisch mütterlicher Weise wie ein Kind in den Arm genommen wird, in seinem Schoß liegt oder andere verwandte Beziehungsrituale eingesetzt werden. In der Objektgestützten Psychodynamischen Psychotherapie geht man jetzt davon aus, dass durch dieses Bonding dem Patienten jene positiven Episodenkontexte vermittelt werden, die sich in seinem Anpassungssystem nicht ausreichend neuronal kodieren konnten und ihm deshalb zeitlebens auch mental kaum zur Verfügung standen. Die Erfahrung zeigt, dass durch den Einsatz dieser tragenden Objektstützungen **Synergieeffekte** auf allen anderen Psychotherapieebenen stattfinden und dadurch die Effektivität der einzelnen Psychotherapiemaßnahmen verstärkt werden kann.

> Ich gehe davon aus, dass durch den Einsatz des **Bondings** sehr früh in der Entwicklung des Menschen entstandene ich-strukturelle Defizite repariert oder eingegrenzt werden können. Dabei ist die Annahme, dass die positiven Episodenkontexte, die sich durch das Behandlungsverfahren des Bondings im neuronalen Anpassungssystem des Patienten niederschlagen, auf negative Episodenkontexte treffen und sich mit ihnen neu kontextieren. Dadurch, so die Überlegung, könnten bei dieser Neukontextierung (oder Neukodierung) die alten destruktiven (aus frühen Traumatisierungen stammenden) Kontexte, die ja auch motivational wirksam werden können, so weit neutralisiert werden, dass sie als »Bausteine« für das Selbstsystem tauglich werden.

10.3 Holding

Ein weiteres interaktives Beziehungsritual, das bei schwerer psychisch gestörten Patienten eingesetzt wird, ist das **Holding**. Auch dieses Beziehungsritual ist, so wie das Bonding dem Pflegeverhalten der Mutter entnommen. Die Mutter hält ihr Kind, das sich jetzt schon alleine auf ihrem Arm aufrichten will, fest in ihrem Arm. Hierbei spielt die Berührung der gesamten Hautoberfläche durch die mütterlichen Hände eine zentrale Rolle. Geht man beim Bonding davon aus, dass die Selbstentwicklung beim Menschen oder besser die Entwicklung seiner Persönlichkeitsorganisation möglicherweise schon durch die schaukelnden Bewegungen im Mutterleib, also bereits vor der Geburt unterstützt wird, tritt die Wirkung des Holdings später ein und unterstützt nach der Geburt die beginnende **Zentrierung** des Säuglings auf sich selbst.

Der New Yorker Psychoanalytiker und Entwicklungspsychologe Daniel Stern spricht hier von der Phase des »auftauchenden Selbstempfindens und Kernselbstempfindens«. Bei den psychisch schwerer gestörten Patienten, die in dieser frühen Phase der Selbstentwicklung ungünstigen Sozialisationsbedingungen ausgesetzt waren, also keine ausreichende Zentrierung auf sich selbst entwickeln konnten, resultiert erfahrungsgemäß:
- ein hohes Maß an Abhängigkeit an ihre Umwelt
- Selbstunsicherheit
- tiefe Resignationen
- hypertrophe Selbstüberschätzung
- ein Wechsel von einem Extrem ins andere

Dieses Verhalten kann diese Menschen zeitlebens beeinträchtigen.

Durch den Einsatz des Holdings, bei dem der Psychotherapeut mit seiner gesamten Handfläche dem Patienten den Rücken stützt, seine Handfläche auf die Brust des Patienten legt oder durch feste streichende Bewegung die gesamte Körperoberfläche miteinbezieht, wird die Aufmerksamkeit des Patienten auf seinen Körper und vor allem auf seine Körpergrenzen gelenkt. Bei einem nächsten Schritt werden dann Teilbereiche des Körpers und anschließend auch einzelne Körperfunktionen ins Auge gefasst, wobei der Patient von seinem Therapeuten durch entsprechende Beziehungsrituale des Holdings unterstützt wird.

Oft ist es hilfreich, wenn der Körperpsychotherapeut im gleichen Rhythmus wie der Patient atmet und ihn mit einem leisen, aber vernehmlich sonorem »Jaaaaa« beim Ausatmen begleitet. Beginnt der Patient dabei, in Gefühle auszubrechen, z. B. in heftiges Weinen oder Lachen, oder beides im Wechsel, hat das oft kathartischen Charakter. Dabei handelt es sich um Abreaktionen verdrängter Affekte. Der Körperpsychotherapeut steht hier seinem Patienten bei, ist präsent und wird deshalb diesen Gefühlsausbruch erst später thematisieren. Im laufenden körpertherapeutischen Prozess, wird vorrangig darauf geachtet, die dysfunktionalen Körpererfahrungen durch korrigierende Körpererfahrungen wieder identifikationsfähig zu machen. Es geht hier also vorrangig um Strukturgebung, d. h. Wiederherstellung von identifikationsfähigen Körperbildern und dadurch In-Gang-Setzen des elementaren Selbstaufbaus.

Ging es beim Bonding um das Thema, »*als Mensch auf dieser Welt sein zu dürfen*« und »*als Mensch aufgenommen zu werden*«, so ist das entwicklungsgeschichtliche Thema, das beim Holding eine wichtige Rolle spielt, das **Person-Sein**. Das Kind möchte von seinen Eltern nicht nur als Mensch aufgenommen, sondern auch als Person angenommen werden, eine Person sein dürfen oder besser: in der Familie seiner Eltern eine Person werden dürfen. In dieser Zeit entwickelt es ein Selbstverständnis für das, was letztlich seine Person ausmacht, seine Haare, seine Haut, seine Augenfarbe, seine Körpergröße, die Form seiner Hände und Füße, sein Atmen, Schmecken, Riechen, Hören, Tasten, Sehen, Essen usw. Die Grundorientierung, die durch diese körperpsychotherapeutische Behandlung vermittelt wird heißt: »*Es ist gut, dass du so bist wie du bist, als Person.*«

In der Entwicklungsphase in der das Baby von seiner Mutter dieses Holding braucht, ist eine Zeit, in der es für das Baby bereits auch um Trennungserfahrungen geht: Trennungserfahrungen gegenüber seiner Umwelt und auch seiner Mutter. In seinem Buch »Der kompetente Säugling« fasst Dornes (1993, S. 80) zusammen wie Stern diese Phase der Selbstentwicklung beim Säugling beschreibt:
»*Säuglinge dieses Alters erfahren, dass sie und der andere psychisch getrennte Wesenseinheiten sind. Trotz vieler Gemeinsamkeitserlebnisse in dieser Zeit gehen beim Säugling im Normalfall die gefühlten Grenzen zwischen Selbst und Objekt nicht verloren, sondern bleiben intakt.*«
Bei diesen Grenzerfahrungen zwischen sich selbst (Kernselbstempfinden) und seiner Umwelt spielen für den Säugling immer stärker auch die Erfahrungen mit seinen realen Körpergrenzen, also die Erfahrungen mit seiner Hautoberfläche eine sehr wesentliche Rolle. Nicht umsonst ist in der Säuglingspflege die Pflege der Haut des Säuglings so wichtig. Diese Hautberührungen, das Gehaltenwerden sowie die Berührungen durch das Getragenwerden sind für die Entwicklung des Kindes von Bedeutung. Es sind Wirklichkeitserfahrungen (positive Episodenkontexte) die wichtig sind für die Herausbildung eines »Kernselbst«. Dabei ist es aber ebenso wichtig, dass sich in diesem »Kernselbst« auch ein **Körperselbst** entwickelt, damit der Mensch später über ein physiologisches Körperschema, also über ein reales Raumbild seines Körpers verfügt. Vielleicht ist dies mit ein Grund, warum die **Massage**, in welcher Form auch immer, in sehr vielen Kulturen einen festen Platz hat.

10.4 Hugging

Weisen die biographischen Daten des Patienten, die Ergebnisse der bei ihm durchgeführten explorativen Gespräche und die Auswertung der testpsychologischen Untersuchungen darauf hin, dass der psychischen Störung erhebliche kommunikative Defizite zugrunde liegen, sollte man in jedem Fall auf jene Entwicklungsphase näher eingehen, in der das Kind sich zwar als Mensch und Person anerkannt erlebt, sich aber als Partner seiner Eltern nicht ernst genommen fühlte und sich in der Familie weitestgehend wertlos erlebte.

In der Zeit zwischen seinem 7./8. und 15./18. Lebensmonat beginnt sich das Kind zunehmend seelisch unabhängiger zu erleben, das heißt, die früher ständig notwendige permanente Präsenzerfahrung durch die es sich bei seinen Eltern gut aufgehoben fühlte, braucht es nicht mehr. Hat dann das Kind mit dem Laufen-, Greifen- und Sprechenlernen begonnen, fühlt es sich zwar sicher durch die nach wie vor bestehende latente Präsenzerfahrung. Durch Blickkontakt und Rufen ist es sich seiner Eltern immer noch sicher. Dieses nach wie vor noch sehr enge Zusammengehörigkeitserleben gibt das Kind im Laufe der nächsten Zeit mehr und mehr zugunsten einer **symbolischen Präsenzerfahrung** auf. Obwohl es in seinem Gedächtnis noch kein stabiles und rückhaltgebendes »inneres Bild« konstant erinnern kann, ist das Kind jetzt doch in der Lage durch olfaktorische, optische, auditive, traktile und auch gustatorische Erinnerungen, die mit seinen Eltern zusammenhängen, sich zumindest zeitweise gut aufgehoben zu fühlen. Selbstverständlich braucht das Kind auch immer wieder die permanente und latente Präsenzerfahrung seiner Eltern, aber gerade diese Erfahrung, dass es zwischendurch auch »alleine sein kann«, vermittelt dem Kind in dieser Zeit ein erstes durchgängiges Gefühl von **Unabhängigkeit** und eine Art **Partnerschaft** gegenüber seinen Eltern. Das Kind braucht seine Eltern für seine Existenzbedürfnisse wie Essen, Kleidung, Wohnung usw., es beginnt jedoch, seinen »Gefühlshaushalt« selbst zu regulieren, was ihm in dieser Zeit das Gefühl von Unabhängigkeit vermittelt.

Die Zeit, in der das Kind zu seiner Beruhigung auf den Kontakt zu seinen Bezugspersonen auf Gedeih und Verderb angewiesen war und in der es zu einer emotionalen Kommunikation nicht in der Lage war, ist vorbei. Dieses partnerschaftliche Erleben bringt das Kind dadurch zum Ausdruck, dass es z. B. etwas nur deshalb tut, weil sich seine Eltern darüber freuen. Es gibt jetzt empirisch sehr viele Hinweise, dass das interaktive oder besser intersubjektive Beziehungsritual des **Umarmens** in dieser Entwicklungsphase einen sehr hohen Stellenwert hat. Vielleicht sollte man besser von umarmungsähnlichen Beziehungsritualen sprechen, da das Kind in dieser Zeit ein großes Repertoire zeigt von Umarmen über Anklammern bis hin zu Herumturnen.

Beobachtet man das Kind jetzt genauer bei seinem spielerischen Umarmen, wird ganz deutlich, dass dieses Umarmen immer einhergeht mit Bewegungsformen durch die sich das Kind wieder körperlich von der Mutter distanziert und sich von ihr abstößt. Auch hier zeigt sich das Wesen der Kommunikation im Geben und Nehmen, im sich Drücken und wieder Loslassen. Weil das Kind jetzt immer öfter ein Gefühl für sich selbst bekommt, kann es sich auch von der Mutter trennen und dann bei sich sein. Wenn also die Mutter von sich aus ihr Kind umarmt, bestärkt es ihr Kind in seinem gesunden Trennungs- und Autonomiebestreben, aber vor allem in seinem Kommunikationsbedürfnis.

Etwa ab dem 8./9. Lebensmonat beginnt das Kind, immer bewusster zu erleben, dass sich zwischen ihm und seiner Mutter eine neue Beziehungsqualität einstellt und diese Beziehungsqualität ihm dabei hilft, sich noch unabhängiger von seiner Mutter (seinen Eltern) zu erleben. Gleichzeitig merkt das Kind, dass die eigene »innere Verfassung« sich oft deutlich von der seiner Mutter unterscheidet. Hier setzt jetzt wieder der emotionale Austausch ein, bei dem es nicht nur um Beruhigung geht, sondern um »Mitteilung«. Mutter und Kind teilen sich ihre inneren Befindlichkeiten mit und stellen zunehmend häufiger fest, dass sie trotz nach wie vor bestehendem Gemeinsamkeitserleben unterschiedliche Wesen sind.

Dornes (1993, S. 193) schreibt:

»Das Kind erlebt sich von seiner Mutter (Eltern) inzwischen sowohl als Mensch als auch als eigene Person immer mehr anerkannt und da Mutter und Säugling miteinander kommunizieren, einander anlächeln, mit- oder nacheinander vokalisieren, so befinden sie sich in einem kommunikativen Austausch, den wir als dialogische Spielinteraktion ohne Spielzeug bezeichnen können.«

Patienten, die unter einer **Kommunikationsstörung** leiden, deren Ursache in dieser Entwicklungsphase liegt, haben große Schwierigkeiten im zwischenmenschlichen Kontakt, meiden Begegnungen und haben die Umgangsformen und Techniken des emotionalen Austausches nur unzureichend gelernt. Diese Menschen meiden in ihrem Alltag die basalen interaktiven Beziehungsrituale des Umarmens, machen sich oft über sie lustig oder setzen sie einseitig, zu ihren Ungunsten ein. Das heißt, beim Umarmen anderer stellen sie sich, ohne dass ihnen ihre Beziehungseinstellung bewusst wird, anderen emotional zur Verfügung und nehmen dann die beim Umarmen entstehende innere Anspannung auf sich, weil sie nicht in der Lage sind, die bei diesem Umarmen bei sich aufkommenden Gefühle für beide Seiten befriedigend und lebendig auszutauschen. Oft sind es Patienten, denen schon sehr früh in ihrer Entwicklung eine »Rollenumkehr« abverlangt wurde. Deshalb konnten sie die für diese Entwicklungsphase wichtige Grundorientierung: »Es ist gut, dass du – als Partner – bei uns bist.« nicht ausreichend verinnerlichen. In Orientierung an die psychomotorische Entwicklungsleitlinie hat der Patient möglicherweise zu oft folgende Situationen erleben müssen: *»Du bist für uns ein Partner, wenn du dich so verhältst, wie wir das von dir erwarten.« »Wir mögen dich nur dann, wenn du dich so bewegst, wie wir das wollen, andernfalls brauchen wir dich nicht, andernfalls gehörst du nicht zu uns.«*

Durch den Einsatz des **Huggings** oder entsprechender Beziehungsrituale, soll es dem Patienten wieder möglich werden, seine frühen Kommunikationsdefizite auszugleichen und seine tiefsitzende Kommunikationsstörung zu überwinden. In der stationären psychotherapeutischen Behandlung zeigt sich dies sehr deutlich, wenn es dem Patienten im Laufe seiner Psychotherapie gelingt, bereits bei sich anbahnenden affektiven Krisen trotz seines großen inneren Widerstandes aufgrund seiner Zwangsgedanken: »Du bist eine Zumutung für andere!« »Bleib mir vom Leib!« rechtzeitig auf seine Behandler zuzugehen. Er nimmt bei ihnen Krisenintervention in Anspruch, anstatt immer wieder der Zwangsläufigkeit seiner Symptomatik ausgeliefert zu sein. Ein weiterer Fortschritt in der Behandlung des Patienten ist es, wenn er sich nach anfänglichem großem Zögern doch auf die einzelnen Bewegungstherapien einlässt und langsam wieder zu seinem angeborenen Bewegungsreichtum findet.

10.5 Supporting

In dieser Entwicklungsphase steht die Erweiterung der Handlungskompetenzen des Kleinkindes im Vordergrund. Das heißt, nachdem die Eltern zuvor gegenüber ihrem immer aktiver werdenden Kind, das inzwischen schon Laufen gelernt hat, so reagierten, dass es sich in seinem zunehmenden motorischen Tatendrang nicht allzu sehr eingeschränkt erlebte, versuchen sie jetzt immer öfter als Modell für seine motorischen Verhaltensentwicklung aktiv zu werden. Das Kleinkind wird sich jetzt zunehmend sicherer in seinen angeborenen Bewegungsabläufen (Bewegungsfertigkeiten). Gleichzeitig lernt es über Imitation und Einüben des Erlernten sein Bewegungsverhalten Schritt für Schritt zu erweitern.

Stern (1992, S. 231) bezeichnet diese Phase als Phase des »verbalen Selbstempfindens«:
»Kinder entdecken, dass sie persönliches Wissen und Erfahrungen haben, die sie mithilfe von Symbolen kommunizieren können. Es geht jetzt nicht mehr nur um Gefühle und gemeinsame subjektive Zustände, sondern gemeinsam symbolisch kommuniziertes Wissen um dieselben.«

In dieser Phase spielt das »Mit-den-Händen-Machen« eine zentrale Rolle, dazu gehört z. B. Beifall klatschen, mit den Händen den anderen abtasten oder erkunden, was alles erlaubt und verboten ist. Aus diesem Grund wird die **Hand** ganz allgemein in dieser Phase der Körperpsychotherapie sehr zentral eingesetzt. Dabei nimmt man Bezug auf die Entwicklungsphase, in der sich das Kind im Alter von 1½ bis 2½ Jahren befindet. Hier zeigt sich dann auch sehr deutlich, dass nach der vorausgegangenen, sehr expansiven, vor allem motorischen Entwicklungsphase, die etwa vom 8./9. bis zum 15. Lebensmonat stattfindet, sich das Kleinkind mehr und mehr auf seine wirklichen motorischen Fertigkeiten reduziert. Seine Hand spielt eine zunehmend größere Rolle. Stand zunächst ein unbändiger motorischer Expansionsdrang, die Neugierde des Kindes und sein unermüdlicher Forschergeist im Vordergrund, so sucht das Kind jetzt nach Modellen, die ihm zeigen, *wie* man etwas machen kann.

In der Körperpsychotherapie werden hier ganz allgemein viele Beziehungsrituale, die mit dem **Festhalten** assoziiert sind, eingesetzt. Dieses Festhalten hat sehr viel mit Sicherheit, Schutz und Beständigkeit zu tun. Es darf keineswegs mit dem Festhalten im Sinne von nicht mehr loslassen verwechselt werden. Kann im ersten Fall das Kind durch die Erfahrung des Fest-gehalten-worden-Seins sich jetzt auch selbst an etwas halten, ist dies bei der Erfahrung des Festhaltens kaum der Fall. Wird das Kind festgehalten, kann es z. B. die Notwendigkeit von Umgangsregeln nachvollziehen, sie verstehen und sich auch daran halten oder sie in Frage stellen und über ihren Wert oder ihre Notwendigkeit diskutieren. Durch die Erfahrung des Festhaltens im Sinne von nicht mehr loslassen ist es sehr wahrscheinlich, dass das Kind auch in seinem späteren Leben die ihm abverlangten Umgangsregeln widerspruchslos sich selbst und anderen abverlangt. Es kann auch sein, dass dieser Mensch versucht, sich ein Leben lang von dem »Du *musst* das tun!« zu befreien Er tut sich auch mit dem Lernen schwer, weil er sich durch diese frühkindliche Erfahrung des Festgehaltenwerdens auch später sehr schnell in seinem gesunden Entwicklungsstreben behindert und beeinträchtigt erlebt.

Der gesunde »innere Halt« organisiert sich, wie schon zuvor dargelegt, in den ersten 4 bis 5 Lebensjahren im Zusammenleben mit den Eltern und anderen frühen Bezugspersonen. Für den wiss- und lernbegierigen Menschen ist es möglich, sich vor allem im späteren Leben auch selbst nach diesem gesunden »inneren Halt« zu streben und ihn zu vergrößern. Dies geschieht, indem er Menschen, die über eine große Lebenserfahrung, ein umfangreiches Wissen und Leistungsrepertoire und bewährte Lebensstrategien verfügen, bittet, ihm ihre Fertigkeiten beizubringen. Dabei wird er sich bemühen, sich die Fertigkeiten so anzueignen, dass diese Autoritäten in den Identifikationsprozess miteingehen. Da diese funktionalen objektgestützten Erfahrungen in der Regel sehr schnell vom Anpassungssystem ins Selbstsystem transferiert werden, ist es für uns Menschen zeitlebens möglich, unser neuronales Selbstsystem zu erweitern und über das dazu identische mentale Selbstkonzept unser Selbstsicherheitserleben zu erweitern und zu stabilisieren.

In der Körperpsychotherapie können viele »handfeste« Beziehungsrituale eingesetzt werden, die sich auch im zwischenmenschlichen Bereich finden lassen (u. a. Aufmuntern, indem man jemand auf die Schulter klopft, jemanden bekräftigend die Hand schütteln, Handschlag als Bekräftigung des sich gegenseitigen Verstehens usw.). In der psychomotorischen Entwicklung versuchen die Eltern mit diesen Beziehungsritualen ihrem Kind zu vermitteln: »*Es ist gut, dass du selbst bist. Es ist gut, dass du dich selbst bewegst. Es ist gut, dass du etwas selbst machst. Es ist gut, dass du selbst sprichst. Es ist gut, dass du deinen Platz (Rolle) in deiner Familie findest usw.*« Ein kleines Beispiel ist das Balancieren:

> **Fallbeispiel: Balancieren**
> Das Kind balanciert auf einem Balken oder Geländer und wird dabei von einem Elternteil fest an der Hand gehalten. Das Kind lernt und übt in so einem Fall, sein Gleichgewicht zu halten, streckt den Oberkörper, konzentriert sich auf seine Beinarbeit und setzt sehr bewusst einen Fuß vor den anderen, um nicht das Gleichgewicht zu verlieren und herunterzufallen. Vielleicht macht es sich sogar kurz von der elterlichen Hand frei, um jetzt ganz alleine zu balancieren. Es braucht aber dabei immer noch den Elternteil, der es dabei begleitet und ihm so weiterhin die notwendige Sicherheit gibt. Dieses Balancieren, z. B. auf einem Seil, kann jetzt auch in der Körperpsychotherapie eingesetzt werden. Hier steht der Patient auf einem Trageseil, das ca. 50 cm über dem Boden gespannt ist, und hält sich an einem etwa 180 cm höheren Halteseil fest. Jetzt fasst der Körperpsychotherapeut den Patienten an beiden Hüften und unterstützt den Patienten beim Einstellen seines Gleichgewichts auf dem Trageseil. Durch diese **stützende** Objektstützung findet der Patient einmal zu seinem Gleichgewicht, sie gibt ihm aber auch die notwendige Sicherheit, wenn es darum geht, dass er auf diesem Trageseil gehen soll.

Mahler entwickelte aus ihren Direktbeobachtungen mit Säuglingen eine psychoanalytisch orientierte Entwicklungspsychologie, die heute etwas in den Hintergrund gerückt ist. Die zentralen Begriffe von Autismus und Symbiose, die bei ihr den kindlichen Entwicklungsprozess im ersten halben Lebensjahr beschreiben sollen, stehen nicht mit den empirischen Befunden der neueren Säuglingsforschung in Einklang und haben selbst keine empirische Grundlage. Unbestritten sind aber ihre Beobachtungen, die sie bei Kleinkindern im Alter von 12 bis 17 Monaten machte, eine Phase, die Mahler als »Subphase des Übens« beschreibt: »*Es* (das Kleinkind) *ist begeistert von seinen Fähigkeiten, ist ständig entzückt über die Entdeckungen, die es in seiner sich erweiternden Welt macht, und gewissermaßen verliebt in die Welt und in seine eigene Größe und Allmacht. Wir könnten die Möglichkeit in Betracht ziehen, dass die gehobene Stimmung dieser Subphase nicht nur mit der Erprobung der Ich-Apparate zusammenhängt, sondern auch mit der übermütigen Flucht aus der Verschmelzung mit der Mutter, der Verschlingung durch sie.*« (Mahler 1980, S. 94)

Lässt man die psychoanalytische Sichtweise »vom Verschlungenwerden durch die Mutter« in den Hintergrund treten, so stellt Mahler etwas ganz Entscheidendes im Entwicklungskontinuum des menschlichen Kindes fest: das Auftauchen der **Intentionalität** des Kindes, seine Neugierde, die angeborene Kraft des Kindes auf seine Umwelt zuzugehen. Das zuvor wenig eindeutige Gefühlsleben des Kleinkindes bekommt in dieser Zeit deutlich aggressive, aber auch zielgerichtete Züge im Sinne von »etwas machen wollen«, »sich

10.5 Supporting

an etwas heranmachen«. Das Kind ist jetzt nicht mehr den Motiven und Motivationen seines Archaik- und vor allem seines Anpassungskonzeptes ausgeliefert, sondern sein wachsendes personales Ich beginnt sich zu emanzipieren, das heißt, das Kleinkind verfügt in dieser Zeit bereits über ein passables Selbstkonzept, auf das es zurückgreifen kann (selbstreflektive Resonanz). Dadurch stellt sich bei ihm ein erstes Empfinden von Selbstsicherheit (**Identität**) ein.

Hierbei spielen die vorwiegend noch neuronal, aber jetzt auch mental stattfindenden identifikatorischen Prozesse eine wesentliche Rolle. Durch sie tritt das zunächst noch funktionale Ich zugunsten eines personalen Ichs mehr und mehr in den Hintergrund.

»Aus dem Zusammenwirken solcher Identifizierungen, autochtonen Reifungsprozessen und genetischen Vorgaben bildet sich dann im Laufe der Entwicklung jene psychische Instanz, die wir das Selbst des Menschen nennen, das, was er selbst als seine Identität erlebt und das, was ihn für die Umwelt von anderen unterscheidbar macht.« (Hoffmann u. Hochapfel 1987)

Bei dieser Identitätsentwicklung kommt es dann zu einer Schwellensituation, bei der sich das Kind einerseits aufgrund wachsender Identität immer öfter in Abhängigkeits-Autonomie-Konflikte stürzt und sich dabei überfordert. Andererseits gerät das Kind in diesem Alter auch sehr oft in Überforderungssituationen, wo es aufgrund seines noch unzureichenden Selbstwerterlebens Gefahr läuft, wieder in die Rolle des funktionalen Ichs zurückzufallen. Mahler bezeichnete diese Entwicklungsphase als **Wiederannäherungskrise**, die nach ihren Angaben hauptsächlich bei Kindern zwischen dem 17. und 24. Monat auftritt. Die Kinder durchlaufen in dieser Zeit sicher eine kritische Entwicklungsphase, zu überprüfen wäre aber, ob die Eltern dieser Kinder, bei denen Mahler die Wiederannäherungskrise feststellte, ihnen auch den notwendigen Entwicklungsspielraum zur Verfügung stellen konnten.

Da in dieser Entwicklungsphase das Kind auch einen zunehmenden Verlust seiner zuvor noch empfundenen »großartigen« Körperlichkeit »erleidet«, ist das Kind einem täglichen **Entwicklungsstress** ausgesetzt. Hinzu kommt, dass sich auch die seelischen Bindungen zu seinen Eltern zugunsten eines stabileren »inneren Rückhalts« mehr und mehr auflösen.

Hat der menschliche Säugling die bisher beschriebenen Phasen seiner seelisch-geistigen Entwicklung ohne größere exogene oder endogene Störungen durchlaufen, haben sich in seinen neuronalen Systemen ausreichend affirmative, responsive, positive Wirklichkeitserfahrungen kodiert, die für seine Lebensgestaltung notwendig sind. Werden jetzt dem 18 bis 30 Monate alten Kleinkind diese Gedächtnissysteme auch als eigene Erinnerungskonzepte bewusst, kann man davon ausgehen, dass in seiner wachsenden Persönlichkeit bereits ein Selbstkonzept mit einer selbstreflexiven Resonanz wirksam ist. Diese selbstreflektive Resonanz beschreibt man am besten mit einem wiederkehrenden »Ja«. Da dieses »Ja« nur eine Umschreibung dessen sein kann, was sich wirklich im Bewusstsein des Kleinkindes und selbstverständlich auch später eines gesunden Erwachsenen abspielt, ist es vielleicht besser von einer allgemeinen und nicht näher fassbaren, aber doch sehr erlebbaren inneren Grundstimmung zu sprechen; eine Kraft, die wir zum Leben brauchen.

Die Patienten, bei denen diese Entwicklungsphase gestört wurde, haben sehr oft gute Ideen, können andere mit ihren Einfällen begeistern, sind aber letztlich nicht bereit, diese Ideen *selbst* in die Tat umzusetzen. Da in dieser Entwicklungsphase auch die gesunde Aggression des Kindes gefordert ist, also die Aggression, die notwendig ist, um etwas Brauchbares herzustellen oder um etwas zu gestalten, ist das Modell-Lernen in dieser Entwicklungsphase von entscheidender Bedeutung. Sehr oft kranken Patienten an den schmerzlichen und kränkenden Erfahrungen, die sie mit ihren ungeduldigen und wenig vorbildhaften Eltern gemacht haben. In der Körperpsychotherapie geht es jetzt darum, dem Begehren des Patienten nachzukommen, ihm »handgreiflich« etwas Ordentliches beizubringen. Hier ist Klarheit, Eindeutigkeit, aber auch Strenge und der notwendige Nachdruck gefordert. Gleichzeitig soll sich der Patient bei diesen »Handlungen« aufgenommen, angenommen, ernst genommen, aber jetzt vor allem voll und ganz von seinen Therapeuten »verstanden« fühlen, wenn er als Erwachsener eine lebenspraktische Fertigkeit nicht kann und dieses Unvermögen bisher maskieren konnte.

10.6 Playing

Ausgehend von den psychomotorischen Entwicklungsleitlinien, an denen sich die Körperpsychotherapie orientiert, wurde durch den Einsatz des Bondings, Holdings, Huggings und Supportings und den damit einhergehenden primären (elterlichen) Funktionen, sowohl die psychomotorische Entwicklung des Kindes als auch seine Persönlichkeitsentwicklung vorangetrieben und organisiert, also systematisch aufgebaut und einheitlich gestaltet. Das Kleinkind im 24. bis 30. Lebensmonat verfügt jetzt also über eine erkennbare Selbstsicherheit. In seiner personalen Entwicklung ist das Kleinkind dabei, immer mehr eine reflektierende subjektive Position herauszubilden, um dadurch seine Ich-Umwelt-Differenzierung weiter fortzusetzen. In den nächsten Monaten wird dann das Kind beginnen, eigene Intentionen durchzusetzen: »Selbst machen!« – eine Redewendung, die das Kind jetzt immer öfter gegenüber seiner Umwelt zum Ausdruck bringt. In der Zeit zwischen 2½ und 3½ Jahren steht die Identitätsentwicklung im Zentrum des Entwicklungsgeschehens und hat die von Mahler beschriebene Wiederannäherungskrise weitestgehend überwunden. Trotzdem stürzt das Kind in dieser Schwellensituation (das funktionale Ich tritt zugunsten des personalen Ichs immer mehr in den Hintergrund) immer öfter in Autonomie-Abhängigkeits-Konflikte und kann sich dabei überfordern. Wichtig bei dieser Identitätsentwicklung ist, dass es den Eltern möglich ist, ihrem Kind den notwendigen Entwicklungsspielraum einzuräumen und zur Verfügung zu stellen. Das Kind braucht jetzt einen ausreichenden Entwicklungsspielraum, in dem es sich ohne große Einschränkungen nach Lust und Laune bewegen und sich dabei in seinem Körper geborgen fühlen kann. Hier kann es singen, schreien und tanzen und dabei tänzerische Bewegungen schöpfen, die nur ihm ganz alleine eigen sind. In dieser Entwicklungsphase soll es für das Kind möglich sein, vieles, was es bisher über Anpassung an seine soziale Umwelt und an Fertigkeiten aufbaute, wieder in Frage stellen zu dürfen. Über Versuch und Irrtum kann das Kind die bisher erlernten Fertigkeiten, das durch Imitation übernommene Verhalten, die nach Kultur und Land unterschiedlichen Sitten und Gebräuche, Regeln und Ordnungssysteme usw. so lange verändern, um- und abwandeln, sie in einen neuen Sinnzusammenhang bringen, oder letztlich auch vieles beim Alten belassen, bis das für es neu Geschaffene oder das für es Altbewährte etwas von ihm selbst geworden ist. Für diese Entwicklungsphase, bei der die **intrapsychische Identifikation** vom Kind selbst in die Hand genommen wird, braucht das Kind Zeit, in der Regel bis zu seinem 4. Lebensjahr.

Stand also bisher der Aufbau des neuronalen Anpassungssystems und des dazugehörigen mentalen Anpassungskonzeptes im Vordergrund der Persönlichkeitsentwicklung, so geht es jetzt, etwa ab dem 3. Lebensjahr des Kindes, vermehrt um die Organisation seines neuronalen Selbstsystems und des damit einhergehenden mentalen Selbstkonzeptes.

Patienten, bei denen diese Entwicklungsphase gestört ist, scheuen Veränderungen, bleiben lieber in der Anpassung und haben große Schwierigkeiten zu spielen oder kreativ zu sein. Es fällt ihnen sehr schwer, etwas nach ihren eigenen Vorstellungen oder Einfällen immer wieder neu zu verändern, zu gestalten und so lange daran zu arbeiten, bis das neu Entstandene etwas von ihnen selbst geworden ist.

Patienten, die im Laufe einer Objektgestützten Psychodynamischen Psychotherapie einen erfolgreichen »Reparenting-Prozess« durchlaufen haben, konnten wichtige Ich-strukturelle Defizite ausgleichen und wiederherstellen. Diese Defizite schließen ein unzureichend mit funktionalen Orientierungen, Motiven und Motivationen ausgestattetes Anpassungskonzept, ein sehr schwaches Selbstkonzept, eine unzureichende selbstreflektive Resonanz, eine geringe Ich-Autonomie mit insuffizienten Ich-Funktionen, ein niederes emotionales Entwicklungsniveau mit für den Patienten quälender affektiver Instabilität usw. ein. Auch in der Körperpsychotherapie konnten über Bond-

10.6 Playing

ing, Holding, Hugging und auch Supporting eine zumindest ansatzweise Wiederherstellung eines positiven Mutter- bzw. Vaterbildes in Gang gesetzt werden. Jetzt in der Therapiephase des **Playings** kommen die Patienten mit Konkurrenz- und Rivalitätsängsten in Kontakt, und sie stellen überrascht fest, dass diese Gefühle nichts mit den von früher bekannten Entwertungs-, Verachtungs- und Vernichtungsängsten zu tun haben, aber doch verunsichern können. Inzwischen können sich diese Patienten an sozialresonante Ordnungen halten, die sie mit ihren Behandlern erlernt und eingeübt haben. Dies machte sie selbstsicherer und auch zunehmend angstfreier. Jetzt sollen sie in der Therapiephase Playing lernen, grundlegende Ordnungen oder besser Werte wie Menschenwürde, Respekt, Toleranz, Verständnis usw. weiter anzuerkennen und weniger verbindliche Ordnungen wie z. B. Anstandsregeln, politische, religiöse und moralische Einstellungen, Moden usw. nach ihren individuellen Bedürfnissen so zu verändern, dass sie letztlich für sie stimmen, passen und ihnen auch gut tun. In dieser Therapiephase müssen die Patienten feststellen, dass viele Ordnungen, die ihnen Sicherheit geben, relativ sind. Die erlernten Ordnungen können mit etwas anderem in Bezug gesetzt werden, und dadurch wird ihre Gültigkeit eingeschränkt oder geht verloren. Es sind Trennungen (z. B. aus der kranken Bindung mit den Eltern) auf die sich die Patienten schrittweise einlassen sollen, um zumindest im Ansatz die für den Alltag notwendige psychische Flexibilität zu entwickeln. Aber gerade bei dieser Verunsicherung, die bei den Patienten erneut Angst stiften, zeigt sich, ob sie bereits »rückhaltgebend« auf die Wiederherstellung von positiven Elternbildern zurückgreifen können.

Im Zuge der bisher stattgefundenen Körperpsychotherapie, die sich nicht nur auf ein erweitertes Körperbewusstsein, sondern auf die gesamte Persönlichkeitsorganisation entwicklungsanstoßend ausgewirkt hat, hat der Patient über intrapsychisch stattfindende identifikatorische Prozesse auch die Person des Körperpsychotherapeuten in sein erweitertes Körperselbst **rückhaltgebend** »eingebaut«. Gerade diese »**prothetische elterliche Funktion**« auch des Körperpsychotherapeuten, versetzt den Patienten in die Lage, dass er sich aufgrund der für ihn mehr denn je spür- und erlebbaren Selbstsicherheit im Sinne »*Es ist gut, wie ich etwas mache, wie ich spreche, wie ich mich bewege, wie ich eine Rolle spiele usw.!*«, auch gegen seinen Behandler stellen kann.

Kraft einer deutlich stärkeren selbstreflektiven Resonanz und eines deshalb autonomeren personalen Ichs beginnt der im Laufe der Behandlung zunehmend selbstbewusstere Patient jetzt eine andere Meinung zu vertreten als sein Behandler und diese auch wesentlich überzeugender als früher argumentativ vertreten. In der Körperpsychotherapie gelingt es jetzt dem Patienten weit mehr als zuvor, sich durch die ihn in seinem motorischen »Können« bestätigende selbstreflektive Resonanz »frei« zu bewegen. Dabei wird sich der Patient zunächst mit seinem Körperpsychotherapeuten spielerisch »auseinandersetzen« im Vertrauen darauf, dass dieser die inzwischen entstandene tragfähige Beziehung nicht abbricht, auch wenn er in seinem »freien Bewegen« übermütig wird und seinen Körperpsychotherapeuten damit überfordert.

In dieser Behandlungsphase kann der Körperpsychotherapeut wie in der konzentrativen Bewegungstherapie Gegenstände einsetzen, die er seinem Patienten zum Spielen gibt. Hier zeigt sich dann, wie schwer es dem Patienten nach wie vor fallen kann, trotz inzwischen verbesserter Psychomotorik, sich bewusst körperlich auf einen spielerischen Umgang mit diesen Gegenständen einzulassen. Auf jeden Fall soll der Patient durch das Einführen des »Spielerischen« in die Körperpsychotherapie seinen Körper als einen »Gegenstand« entdecken, mit dem er zwar existenziell untrennbar verbunden ist, mit dem er aber auch spielerisch umgehen kann. Dabei kann über die Bewegungsfreude auch die Lebensfreude des Patienten geweckt werden. Selbstverständlich kann dieses spielerische Umgehen mit dem Körper in der Körperpsychotherapie auf unterschiedlichste Weise stattfinden. In dieser Phase vermittelt der Körperpsychotherapeut seinem Patienten nicht mehr nur: »*Es ist gut, dass du dich selbst bewegst!*« sondern er versucht ihn immer mehr davon zu überzeugen: »*Es ist gut, wie du dich selbst bewegst!*«

Entwicklungsgeschichtlich tritt der Mensch in seinem 4. Lebensjahr heraus aus seiner existenziellen Abhängigkeit gegenüber seinem Anpassungskonzept. Immer stärker tritt sein Selbstkonzept in Kraft, und das Kind spürt aufgrund einer zunehmenden selbstreflektiven Resonanz eine persönliche Freiheit. Es traut sich, das zu machen, was es will, fühlt sich dadurch »innerlich« bestärkt, auch wenn es nicht gleich durch eine positive Resonanz aus seiner Umwelt in seinem Tun unterstützt wird. Dieses überschwängliche, motorische Selbsterleben, aber auch die damit einhergehende Lebensfreude kommt sehr offensichtlich zum Ausdruck, wenn sich z. B. ein Kind einen Stock hinter die Hosenträger klemmt und sich dann einbildet, dies sei ein Motorradlenker und sein Körper das dazugehörige Motorrad, mit dem es »brummm« die Gegend unsicher macht.

10.7   Dancing

In dieser Therapiephase geht es darum, dass der Patient, der jetzt bereits ein für ihn spürbares Maß an Selbstsicherheit gewonnen hat, mit seinen motorischen Fähigkeiten nicht mehr nur spielerisch umgeht, sondern überlegt und auch austestet, was er alles machen kann. Dem Patienten wird mehr und mehr bewusst, wie er seine motorischen Fähigkeiten gezielt einsetzen kann.

Von Anfang an ist der Körperpsychotherapeut bei diesem **Dancing** dabei, macht entweder die Tanzbewegungen des Patienten »bestätigend« nach oder er greift eine bestimmte Choreographie (einen bestimmten Bewegungsablauf, den der Patient beim Tanzen immer wieder macht) auf und macht ihn entweder nach (spiegelt ihn) oder modifiziert diesen Bewegungsablauf, um dann wieder mit dem tanzenden Patienten zusammen zu kommen. Grundsätzlich – und so wird es mit dem Patienten besprochen – geht es hier um einen **Ausdruckstanz**, bei dem der Patient im averbalen Dialog mit seinem Therapeuten etwas von »sich selbst«, sprachlos, zum Ausdruck bringen kann. Selbstverständlich sind hier viele Variationen in einer bestimmten Grundchoreographie, die vorgegeben wird, möglich.

! Wichtig dabei ist, dass der Patient in seinem Tanzen seinem Therapeuten gegenüber zum Ausdruck bringt, dass er sich ihm gegenüber als eigene Person erlebt und gerade deswegen bereit ist, mit ihm zu tanzen. Ebenso wichtig ist, vor allem wenn es um das freie Tanzen geht, dass der Körperpsychotherapeut bemerkt, wenn der Patient plötzlich auf dysfunktionale Positionen regrediert. Hier darf der Patient keinesfalls im Stich gelassen werden, sondern der Psychotherapeut muss jetzt seinen Patienten, wenn nötig »handfest«, wieder zu sich selbst zurückfinden lassen. Die Orientierung, die der Körperpsychotherapeut seinem Patienten mit auf den Weg gibt, lautet: *»Es ist gut, wie Du dich selbst mit mir (oder mit uns) bewegst!«*

Ich möchte an dieser Stelle noch auf ein weiteres basales interaktives Beziehungsritual hinweisen, das dann eingesetzt wird, wenn es den Menschen im Laufe ihrer Entwicklung möglich geworden ist, sich gegenseitig zu akzeptieren, sich wertzuschätzen, respektvoll miteinander umzugehen, sich anzuerkennen, sich zu verstehen, sich zu vertrauen und sich zu solidarisieren. Am deutlichsten kommt dieses Beziehungsritual zum Ausdruck, wenn sich zwei Staatsmänner küssen. Dieses Beziehungsritual des **Kusses** und alle entsprechenden Varianten leiten eine Begegnung ein, bei der die Beteiligten sich selbst sicher sind, aber auch um die Erschütterbarkeit ihrer eigenen Existenz wissen. Sie wissen, dass es keinerlei Gewähr gibt, dass eine stabile, reife Entwicklung nicht auch wieder in sich zusammenbrechen könnte. Deshalb sollen diese Kuss-, Umarmungs- oder anderen körperlichen Beziehungsrituale nicht zu leeren Gesten und Gebärden verkommen. Vielmehr sollen die Staatsmänner durch diese körperlichen Beziehungsrituale ihre ehrliche Bereitschaft zum Ausdruck bringen, dass sie sich im Konfliktfall miteinander austauschen, um eine einvernehmliche Lösung zu finden. Dabei können sie sich durchaus energisch auseinandersetzen, damit sie ihre unterschiedlichen Positionen verstehen lernen und auf diesem Weg mit vereinten Kräften eine Vertrauensbasis schaffen können.

In der Körperpsychotherapie hat das **Kissing** weniger mit dem Kuss zu tun, der im Liebesspiel eine große Rolle spielt. Hier ist Kissing vielmehr Ausdruck von hoher Autonomie, aber gleichzeitig auch die Offenlegung der eigenen Verletzbarkeit und Kränkbarkeit.

11 Kommunikationselemente als Orientierungshilfen in der Gestaltungspsychotherapie

11.1 Allgemeine Betrachtung

Wie bereits dargelegt, wird in der konzertierten psychotherapeutischen Aktion nach eingehender Beratung (diagnostische Konferenzen und Supervisionen des Behandlungsteams) zunächst das Krankheitsbild des Patienten diagnostiziert und dann ein Behandlungsfokus festgelegt, auf den sich alle behandelnden Therapeuten einigen können. Es ist von ausschlaggebender Bedeutung, dass jeder Behandler aufgrund seiner psychotherapeutischen Ausbildung und Schulung in der Lage ist, über seine Erfahrungen zu berichten, die er mit seinem Patienten und durch seinen Patienten mit sich selbst macht. Dabei orientiert sich jeder Behandler am dialogischen Beziehungsmodus und berichtet über das Kommunikationselement, das sich im Laufe seiner psychotherapeutischen Beziehung zu dem Patienten für ihn öfter wiederholte, ohne dass er es bewusst thematisierte. Es kann auch sein, dass gerade dieses Kommunikationselement den Psychotherapeuten am stärksten berührte und es ihn auch noch nach der Behandlung immer wieder beschäftigte. Oder der Patient kam von selbst immer wieder auf dieses Kommunikationselement zurück usw. Für den Gesprächspsychotherapeuten, den Körperpsychotherapeuten, den Gestaltungspsychotherapeuten und den sozialpädagogischen Psychotherapeuten (Sozialarbeiter und Pflegekräfte) stellt sich sehr bald heraus, welche Kommunikationselemente sich in ihrer psychotherapeutischen Arbeit mit dem Patienten »zwangsläufig« immer wieder in den Vordergrund drängen. Dabei kann es sich, vor allem in der Behandlung von Patienten mit Persönlichkeitsstörungen, um heftige Ängste handeln, die sich plötzlich bei den Behandlern einstellen, z. B.:

- Existenzängste
- Identitätsängste
- Kommunikationsängste
- Versagensängste
- Rivalitätsängste
- Ängste vor sozialer Desintegration, Solidaritätsängste

In Orientierung an den dialogischen Beziehungsmodus, weisen Schwierigkeiten in der Behandlung bei den jeweiligen Kommunikationselementen auf spezifische Störungen hin (Tab. 11-1).

Wenn ein Psychotherapeut in seiner Behandlung plötzlich zu sehr z. B. mit Existenzängsten konfrontiert wird, weil er aller Wahrscheinlichkeit nach beim Erinnern, Wiederholen und Durcharbeiten sehr frühe Traumatisierungen seines Patienten (z. B. Misshandlungen oder schwere Vernachlässigungen) entweder Schwie-

Tab. 11-1 Wahrscheinliche Störungen eines Patienten, wenn Behandlungsschwierigkeiten bei den Kommunikationselementen auftreten

Kommunikationselement	Störung
Dyade	Existenzstörung
Setting	Identitätsstörung
Empathie	Kommunikationsstörung
Identifikation	Lernstörungen
De-Identifikation	Kompetenzstörungen
Regulation	Dialogstörungen (Ängste vor sozialer Desintegration, sozialer emotionaler Kommunikation und Solidarität)

rigkeiten hat, sich innerlich ausreichend vom Erleben seines Patienten zu distanzieren und/oder durch diese Kindheitsbelastungsfaktoren seines Patienten eine Reaktualisierung eigener Vernichtungsängste stattfindet, muss in der Objektgestützten Psychodynamischen Psychotherapie die konzertierte psychotherapeutische Aktion einsetzen. Das Behandlungsteam gibt diesem Teamkollegen in so einem Fall jene Objektstützungen, die sonst in der psychotherapeutischen Behandlung dem Patienten vermittelt werden. Wenn es sich also, wie in unserem Beispiel, um Vernichtungsängste handelt, mit denen der Psychotherapeut gerade versucht, fertig zu werden, sollte dass Behandlungsteam bei der Supervision in der Lage sein, diesem Kollegen effektiv mitzuteilen, dass er in diesem Behandlungsteam von jedem einzelnen hier aufgenommen ist. Die Kollegen sollen ihm zeigen, dass sie es wirklich gut finden, vorausgesetzt, es ist auch wirklich der Fall, dass er da ist. Das Behandlungsteam sollte ihm vermitteln können, dass sein persönlicher Behandlungsbeitrag für jeden einzelnen wichtig ist und dass ohne ihn der Behandlungserfolg in vielen Fällen erschwert oder sogar in Frage gestellt wird. Seine Teamkollegen unterstützen ihn, indem sie ihm mitteilen, dass sein Verständnis gegenüber den einzelnen Teammitgliedern und sein Vertrauen in die Teamarbeit bei jedem einzelnen im Team **Kompetenzen** freisetzen kann, durch die letztlich Lösungen gefunden und erfolgreiche **Regulationen** möglich werden. Diesem Anspruch kann nur Rechnung getragen werden, durch eine gut funktionierende konzertierte psychotherapeutische Aktion.

! Das bedeutet, es müssen mindestens einmal wöchentlich in Orientierung an den dialogischen Beziehungsmodus die einzelnen Kommunikationselemente im Behandlungsteam geklärt werden. Dies erfordert eine hohe Konfliktbereitschaft, Frustrationstoleranz und soziale Kompetenz.

In diesen Tugenden muss sich das Behandlungsteam immer wieder üben. Selbstverständlich handelt es sich hier um eine Arbeitsgruppe und deshalb sollte die Selbsterfahrung keineswegs vertieft werden. Die Selbsterfahrung sollte aber in jedem Fall klinikextern stattfinden.

In der konzertierten psychotherapeutischen Aktion hat neben der Gesprächspsychotherapie, die Gestaltungspsychotherapie, die Körperpsychotherapie und die sozialpädagogische Psychotherapie einen festen Platz. Es arbeitet also auch der Gestaltungspsychotherapeut mit dem dialogischen Beziehungsmodus und orientiert sich an den bereits beschriebenen Kommunikationselementen. Anders als der Gesprächspsychotherapeut, der ja nur beschränkte Möglichkeiten hat, sein Setting zu variieren, hat der Körperpsychotherapeut und vor allem der Gestaltungspsychotherapeut hier wesentlich mehr Möglichkeiten. Bezüglich dieser Interaktionen, die hier dem Gestaltungspsychotherapeuten zur Verfügung stehen, möchte ich T. B. Brazelton (1991, S. 110) zitieren:

»Ein typisches Beispiel ist das Konzept des ›Auftankens‹. Psychoanalytiker haben den Begriff Beziehung den der Interaktion immer vorgezogen, ihr Untersuchungsobjekt jedoch war der intrapsychische Aspekt von Beziehung.«

Spitz (1974, S. 114) schrieb, dass der Prozess der *»Formung aus einer Serie von Wechselwirkungen zwischen zwei Partnern, der Mutter und dem Kind bestehe, die einander wie in einem Kreislauf wechselseitig beeinflussen.«*

Einige Autoren bezeichneten diese Wechselwirkungen als »Transaktionen«, heute sprechen wir von »Interaktionen«.

In der Gestaltungspsychotherapie geht es jetzt um eine Fülle von Interaktionen, bei der der Gestaltungspsychotherapeut darauf achtet, welche besonderen Äußerungen, Signale und Botschaften des Patienten sich mit Kommunikationselementen des dialogischen Beziehungsmodus in Zusammenhang bringen lassen.

So wie die Mutter nicht gleich auf ihr Kind eingeht, sondern zunächst erst einmal versucht, die Äußerung ihres Kindes, z. B. seine Babysprache und seine Körpersprache, zu verstehen, so ist es auch für den Gestaltungstherapeuten wichtig, das, was der Patient tut oder nicht tut, nicht gleich zu beurteilen oder zu deuten, sondern diesem »Ausdruck« zunächst eine Resonanz zu geben. Das heißt, der Patient kann feststellen, dass der Gestaltungspsychotherapeut auf besondere Weise »bei ihm« oder »für ihn« da ist. Auf diese **objektstützende Präsenz** muss sich der Patient

11.1 Allgemeine Betrachtung

allerdings einlassen können, ebenso braucht es eine zumindest im Ansatz vorhandene Bereitschaft des Patienten, sich auf das »Gestalten« überhaupt einzulassen. Bereits hier, zu Beginn der Behandlung kann der Patient von seinen dysfunktionalen Orientierungen, Motiven und Motivationen so beeinträchtigt werden, dass seine oft nicht leicht auszuhaltenden Abwehrreaktionen im Vordergrund stehen, wie z. B.: »Ich habe auch in der Schule noch nie malen können!« »Wenn ich nur den Zeichenstift in die Hand nehme, lachen mich alle aus!« oder »Was soll denn das, ich bin doch zur Behandlung meines Asthmas hierher gekommen und nicht, um Männchen zu malen!« Durch die Zuhilfenahme des dialogischen Beziehungsmodus kann der Gestaltungspsychotherapeut, wie auch alle seine anderen Kollegen, sehr schnell feststellen, wie massiv er z. B. von Vernichtungsängsten seines Patienten in Beschlag genommen wird, und auch wie schwer er sich selbst tut, aus dieser **existenziellen Beziehung** herauszufinden, auf die er sich offensichtlich mit seinem Patienten eingelassen hat. In so einem Fall stellt der Gestaltungspsychotherapeut in der Supervision fest, auch weil es seinen Mitbehandlern ähnlich geht, dass sein Patient schon seit langem unter Vernichtungs-, Verachtungs- und Versagensängsten leidet. Diese vernichtenden und kaum aushaltbaren Zustände wurden sein Leben lang über unterschiedliche Symptome weitestgehend unbewusst über neuronale Regulationsmechanismen ausgeglichen. Solche Symptome sind z. B. krankhafte Störungen in

- seiner Wahrnehmung,
- seinen sozialen Beziehungen,
- seiner Erlebnisverarbeitung,
- seinem Verhalten und
- seinen Körperfunktionen.

In dieser Behandlung spürt der Patient, dass irgendetwas mit ihm »nicht stimmt«, und hat berechtigt Angst vor der Gestaltungspsychotherapie. Aufgrund seiner frühkindlichen Entwicklungserfahrung ist es ihm auch heute noch völlig unverständlich, anzunehmen, dass ein Mensch in der Lage sein könnte, seine Ängste mit ihm zu teilen und gemeinsam einen Weg zu finden, der aus diesen lebensbedrohlichen Zuständen her-

ausführen könnte. Lieber überlässt er sich seinen dysfunktionalen Orientierungen, Motiven und Motivationen, die sich auf ihre Weise in Szene setzen und die angebotene Gestaltungspsychotherapie »vernichten«. Dieser psychisch schwer kranke Patient, dem man seine psychosomatische Störung oft »äußerlich« gar nicht ansieht, steckt besonders in der Gestaltungspsychotherapie in einer ausweglosen Lage. Er soll hier ja etwas von sich, das ihn bedrückt, das er aber noch nicht mit Worten beschreiben kann, nach außen Gestalt werden lassen. Dieser Patient ahnt, wenn er es auch noch nicht wahr haben will, dass seinen oft vielfältigen Beschwerden (Schlaflosigkeit, Antriebsstörung, quälendes Gedankendrängen, zunehmendes Suchtverhalten, öfter auftretende körperliche Erkrankungen) schmerzliche, panische, destruktive und deletäre Ängste zugrunde liegen. Ängste, die in dieser Gestaltungspsychotherapie auftauschen könnten, was der Patient auf gar keinen Fall will. Er hat entsetzliche Angst vor diesen weitestgehend unbewussten Ängsten. Andererseits will er auch nicht mehr länger unter den Beschwerden leiden.

»Psychische Beschwerden beruhen aus heutiger Sicht auf dysfunktionalen Veränderungen von Neuronennetzwerken, insbesondere im limbischen System. Egal ob diese Veränderungen auf genetische Defekte, Erkrankungen oder auf vorgeburtliche, frühkindliche oder später im Lebensalter erlittene Schädigungen zurückgehen können.« (Schiepeck 2003, S. 38)

Überspitzt könnte man sagen, dass durch seine ihn krank machenden Ängste die psychosomatischen Beschwerden des Patienten aufrechterhalten werden. Da diese Ängste an Symptome gebunden sind, sind sie dem Patienten sehr bewusstseinsfern. Auf diese Weise wird er vor ihnen »geschützt«. Einerseits will dieser Patient diesen zweifelhaften, ihm aber vertraut gewordenen Schutz, den ihm seine Krankheit gibt, nicht verlieren. Andererseits wird die Qual durch seine Krankheit immer größer. Hinzu kommt, dass er sich noch nicht in der Lage fühlt, sich mit Hilfe seiner Behandler seinen krank machenden Ängsten zu stellen. Dies ist die Situation des psychosomatisch schwer kranken Patienten zu Beginn der Gestaltungspsychotherapie. Durch diesen fragwürdigen Schutz vor Veränderung bleibt der schwer kranke Patient in seiner Krankheit gefangen. Die Krankheit bestimmt weiter sein Schicksal und setzt sich so, als sei sie die Person des Patienten, mit den Behandlern ins Benehmen.

In einem anderen Fall konnte der Patient in seiner Frühentwicklung die notwendigen responsiven Akzeptanzerfahrungen verinnerlichen, es wurde ihm aber kaum eine verständnis- und vertrauensvolle Beziehung zuteil. Dieser Patient hofft insgeheim, obwohl er sich zunächst so gibt, als könne er mit der Gestaltungspsychotherapie nichts anfangen, dass ihm der Gestaltungspsychotherapeut den dazu nötigen Anstoß geben wird. Daraufhin wird es ihm möglich, das Unsagbare, das ihn ständig bedrückt, nach außen Gestalt werden zu lassen.

So wie der Gesprächspsychotherapeut, arbeitet auch der Gestaltungspsychotherapeut mit dem dialogischen Beziehungsmodus und versucht dabei, das personale Ich des Patienten immer wieder anzusprechen. Dabei können Patienten, die ihre hohe Selbstunsicherheit über selbstprotektive Strategien (Überlebenstechniken) ausgleichen, sich auf besondere Weise mit der Gestaltungspsychotherapie »beschäftigen« oder diese in den Dienst ihres oft erstaunlichen »Pseudokönnens« stellen. Der Gestaltungspsychotherapeut wird diese oft großartigen Produktionen seiner narzisstischen Patienten zwar durchschauen, sie aber keinesfalls abwerten. Durch die Zuordnung der primären Bedürftigkeit dieser Patienten zu dem entsprechenden Kommunikationselement tastet sich der Gestaltungspsychotherapeut zu jenen Objektstützungen vor, die diesen Patienten in ihrer Frühentwicklung, aber auch später nur sehr mangelhaft vermittelt werden konnten. Durch seine Ausbildung ist der Gestaltungspsychotherapeut in der Lage, das für seine Patienten geeignete Material herauszufinden. Er leitet entsprechend dem Störungsbild der Patienten den dafür notwendigen gestaltungstherapeutischen Prozess ein.

Patienten, die zu Beginn der Behandlung Schwierigkeiten haben, sich auf die Gestaltungspsychotherapie einzulassen, sollte man darauf hinweisen, dass es in dieser Behandlung nicht darum geht, etwas zu zeichnen, zu malen oder etwas Künstlerisches zu produzieren. Die Gestaltungspsychotherapie ist eine Behandlungsform wie jede andere auch, nur dass hier nicht das Sprechen im Vordergrund steht, sondern das **Handeln**. Es geht darum, etwas in die Tat umzusetzen, ohne dass das entstandene Werk bewertet wird. Gerade im Laufe einer psychotherapeutischen Behandlung können längst vergessene Erfahrungen wieder bewusst werden, über die man weder sprechen will noch die geeigneten Worte dafür findet, weil man sich für diese Erfahrungen schämt. Aber gerade deswegen, weil diese alten Erinnerungen einem die eigene Unzulänglichkeit wieder vor Augen führen, will man sich nicht mit ihnen auseinandersetzen. Man will nicht diese Beeinträchtigungen, denen man damals erlegen ist, zur Sprache bringen, sondern will sie lieber wieder verdrängen, auch wenn diese alten Geschichten einem immer öfter das Leben schwer oder einen sogar krank machen. In der Gestaltungspsychotherapie hat der Patient durch die Mitwirkung des Gestaltungspsychotherapeuten, nun die Möglichkeit, ohne Worte und ohne über das Beschämende sprechen zu müssen, das, was ihn »innerlich« bedrückt, nach außen Gestalt werden zu lassen.

11.2 Intuitives Gestalten

Stellt sich aufgrund der anamnestischen Angaben des Patienten, der Ergebnisse aus seinen psychodiagnostischen Testuntersuchungen, der Ergebnisse aus den Stationsbesprechungen und Supervisionen in den Diagnosekonferenzen heraus, dass bei ihm **Lebensverbot, Vernichtung** und **Existenzbedrohung** die Hauptthemen in seinem Anpassungskonzept sind, so wird der Gestaltungspsychotherapeut jetzt versuchen, den Patienten zu einem gemeinsamen Gestalten »ohne Worte« einzuladen.

> **Fallbeispiel: Intuitives Gestalten**
>
> Der Gestaltungspsychotherapeut bietet dem Patienten z. B. einen großen Bogen Papier an und fordert ihn mit aufmunternden Worten auf, jetzt darauf mit ihm zu malen. Zeigt sich, dass der Patient sich auf dieses Angebot einlassen kann, beginnt der Gestaltungspsychotherapeut von sich aus, auf dem gemeinsamen Bogen Papier Motive

11.2 Intuitives Gestalten

zu entwerfen, die sich mit dem destruktiven Innenleben seines Patienten beschäftigen. Dabei erfasst der Gestaltungspsychotherapeut sehr schnell, dass bei seinem Patienten immer wieder zerstörerische Impulse aufflackern. Er beginnt deshalb, auf diesem gemeinsamen Blatt Papier ein »Resonanzbild« zu entwerfen, das mit dem zerstörerischen Innenleben seines Patienten, aber vor allem mit seiner und der ebenfalls noch vorhandenen Lebensbejahung seines Patienten zu tun hat. In der Regel antwortet der Patient sehr spontan auf der anderen Seite dieses gemeinsamen Papierbogens und bezieht dabei das bisherige Werk seines Therapeuten auf unterschiedliche Weise mit in seinen Gestaltungsprozess ein.
Letztlich ist es eine lebensbejahende Antwort, die der Gestaltungspsychotherapeut bei diesem intuitiven Malen seinem unter Vernichtungsängsten leidenden Patienten auf unterschiedliche Weise gibt. Dieser Gegenentwurf des Gestaltungspsychotherapeuten kann durchaus aus dem Zerstörerischen, dem der Patient gerade ausgeliefert ist, hervorgehen. Wesentlich ist bei diesem intuitiven Malen, dass der Patient spürt, dass sein Gegenüber das Schmerzliche in ihm erfasst hat und darauf effektiv eingehen kann. Dabei ist es Aufgabe des Gestaltungspsychotherapeuten, diese **averbale, sensitive** und **intuitive Kommunikation** zwischen ihm und seinem Patienten so zu steuern, dass seine Bejahungen gegenüber dem Menschsein seines Patienten auch in dessen Gestaltungsprozess eingehen können.

Voraussetzung bei dieser gestaltungstherapeutischen Arbeit ist, dass sich der Gestaltungspsychotherapeut in der konzertierten psychotherapeutischen Aktion immer wieder ein Bild von den destruktiven Orientierungen, Motiven und Motivationen seines Patienten machen kann. Außerdem sollte sowohl das Behandlungsteam als auch er selbst zu diesen oft destruktiven Beeinträchtigungen seines Patienten die notwendige Nähe-Distanz-Regulation herstellen können. Im Behandlungsteam fühlen sich die Therapeuten gemeinsam in der Lage, beruflich kompetent, entsprechend den Entwicklungsleitlinien auf den verschiedenen Therapieebenen, die tragenden Objektstützungen effektiv einzusetzen. Dadurch können die vorrangig ich-strukturellen Defizite des Patienten repariert und so weit wie möglich eingegrenzt werden können. Kommen diese tragenden Objektstützungen im gemeinsamen Gestaltungsprozess mit dem Patienten zum Zug, besteht eine Chance, dass die anfänglich obsessiven Beeinträchtigungen des Patienten in ihrer Schwere nachlassen.

Bei so einem Gestaltungsprozess gehe ich davon aus, dass die positiven Episodenkontexte, die durch die Behandlung im Patienten wirksam werden, zwar eine ganz allgemeine Neutralisierung dysfunktionaler, destruktiver Orientierungen, Motive und Motivationen einleiten können, diese Veränderungen im Anpassungskonzept des Patienten aber noch nicht ausreichen, um eine Selbstentwicklung und dadurch eine wirkliche Veränderung im Selbsterleben des Patienten in Gang zu setzen. Erreicht werden kann aber, dass sich der Patient jetzt z. B. an die positiv erfahrene Hilfs-Ich-Funktionen seines Gestaltungstherapeuten immer wieder erinnert und sich in Notsituationen an ihn hält. Durch den Einsatz eines frühen mentalen Regulationsmechanismus beginnt jetzt der Patient seine Behandler zu idealisieren, das heißt, er macht sie zu seinen Vorbildern. Über immer wieder stattfindende »optimale Frustrationen« wird es der Patient erst nach vielen gescheiterten Versuchen seinem Therapeuten gleichtun können, erst dann wird sein psychisches Wachstum vorangetrieben.

Diese **Idealisierung** kann grundsätzlich mit jedem Psychotherapeuten, der in der konzertierten psychotherapeutischen Aktion mit dem Patienten arbeitet, stattfinden. Findet diese Idealisierung mit dem Gestaltungstherapeuten statt, muss sich dieser sicher sein, dass das gesamte Behandlungsteam diesen Behandlungserfolg für gut heißen kann und geschlossen hinter ihm steht. Die eingetretene Idealisierung muss in jedem Fall im Behandlungsteam durchgearbeitet werden, um möglicherweise eingetretene Kränkungen von nicht idealisierten Psychotherapeuten sofort zu bearbeiten, um dadurch Spaltungsprozesse, die die Effektivität der konzertierten psychotherapeutischen Aktion in Frage stellen könnten, von vornherein zu vermeiden.

11.3 Intentionales Gestalten

Da ich vieles Grundsätzliche über die Gestaltungspsychotherapie im vorausgegangenen Abschnitt »Intuitives Gestalten« dargelegt habe, möchte ich mich hier mehr auf die praktische Durchführung der gestaltungspsychotherapeutischen Maßnahmen konzentrieren. Selbstverständlich orientiert sich der Gestaltungspsychotherapeut weiter an den Kommunikationselementen des dialogischen Beziehungsmodus. Hat sich in der konzertierten psychotherapeutischen Aktion herauskristallisiert, dass der Patient vorrangig unter einer **Identitätsstörung** leidet, sich also, was seine Person anbetrifft, nicht akzeptiert erlebt, kommt diese Selbstunsicherheit sehr deutlich im Kommunikationselement des **Settings** zum Ausdruck. Dieser Mensch ist sich z. B. seines »Mann-Seins« oder »Frau-Seins« zutiefst unsicher. Immer wieder überkommt ihn das Gefühl, dass er aufgrund seiner unterschiedlichsten Charaktermerkmale von seiner Umwelt verachtet wird. Durchschaut man die Abwehrmanöver dieses Patienten, stellt sich sehr schnell heraus, dass es diesem Patienten sehr schwer fällt, im Raum des Psychotherapeuten »seinen Platz zu finden« und sich so zu positionieren, dass er sich mit seinem Gegenüber wohl fühlen kann. Seine Sprache ist meist entweder so leise, dass man ihn kaum verstehen kann oder so laut, dass man es kaum lange mit ihm aushält. Ein anderes Beispiel ist der Händedruck: Entweder er ist zu lasch und der Patient gibt einem nur die Finger und nicht die ganze Hand, oder man hat das Gefühl, man ist beim Händedruck mit dem Patienten in einen Schraubstock geraten. Im Auftreten hat dieser Patient in der Regel große Schwierigkeiten und zeigt sich entweder sehr zurückhaltend und ängstlich, oder er reagiert mit hypotropher Selbstdarstellung (»Hoppla, jetzt bin ich da!«) um seine Unsicherheit zu überspielen.

In der psychotherapeutischen Beziehung kann beim Psychotherapeuten sehr schnell Angst aufkommen, Angst vor dem eigenen In-Erscheinung-Treten oder Angst, dass man in seiner Berufsausübung als Psychotherapeut so, wie man ist, vor diesem Patienten nicht bestehen kann und von ihm nicht akzeptiert wird. Da der Therapeut jetzt aber weiß, dass sich die **Verachtungsängste** seines Patienten oft sehr schnell auf ihn übertragen können und im Kommunikationselement Setting eine Art Affektaffizierung stattfinden kann, geben ihm diese zugegebenermaßen unangenehmen und schwer auszuhaltenden Affekte doch auch Einblick in das Innenleben seines Patienten. Dabei ist es selbstverständlich wichtig, dass der Psychotherapeut mithilfe der konzertierten psychotherapeutischen Aktion so schnell wie möglich wieder zu sich selbst zurückfindet und sich in seiner psychotherapeutischen Kompetenz nicht irritieren lässt. Da sich aber auch die anderen Behandler gegenüber so einem Patienten sehr schnell als unbedeutend, unfähig oder inkompetent erleben können, kann sich die Behandlung eines Patienten mit einer tiefergreifenden Identitätsstörung *ohne* Supervision sehr schwierig gestalten.

Nachdem das Behandlungsteam im Kommunikationselement Setting Zugang zu den dysfunktionalen Orientierungen, Motiven und Motivationen des Patienten bekommen hat, wird sich der Gestaltungspsychotherapeut, der sich an der psychointentionalen Entwicklungsleitlinie orientiert, zunächst die vorhandenen entwicklungsgeschichtlichen Daten seines Patienten in Erinnerung rufen. Dann wird er an die Ergebnisse der vorausgegangenen Diagnosekonferenzen denken und langsam wird sich in ihm ein »inneres Bild« seines Patienten abzeichnen, das sehr viel mit dessen Entwicklungsgeschichte zu tun hat. Vielleicht kommen jetzt noch Informationen aus der Säuglingsforschung hinzu, möglicherweise tauchen auch noch eigene Erfahrungen mit Kindern und eigene Kindheitserinnerungen auf. Durch die zunehmende Fülle von Erinnerungen, die alle mit der frühen Entwicklungsgeschichte und vor allem mit dem Kommunikationselement Setting zu tun haben, entsteht eine Art Film, der vor dem geistigen Auge des Gestaltungspsychotherapeuten abläuft. Dabei verdichten sich Szenen, in denen Verachtung gegenüber Menschen eine wesentliche Rolle spielt. Da bei dieser Introspektion der Gestaltungspsychotherapeut ja nicht nur Zuschauer ist, sondern selbst regieführend eingreifen kann, fallen ihm

11.3 Intentionales Gestalten

mit der Zeit auch Bewältigungsstrategien ein, die ihm in der Behandlung als Wegweiser dienen, um den Patienten aus seinem Verachtungsdilemma herausführen zu können. Dabei orientiert sich der Gestaltungspsychotherapeut wieder an der psychointentionalen Entwicklungsleitlinie und hier an den **haltenden Objektstützungen**, die entwicklungsgeschichtlich neben anderen Objektstützungen zur Identitätsfindung des Kindes in seiner Frühentwicklung eingesetzt werden. Das entwicklungsgeschichtliche Thema in der psychointentionalen Entwicklung ist hier die **Attraktion**. Das bedeutet, die Mutter (die Eltern) macht sich auf unterschiedlichste Weise responsiv und affirmativ bemerkbar, um ihrem Kind dadurch ihr Wohlwollen ihm gegenüber zu spiegeln. Durch dieses Wohlwollen von Seiten seiner Mutter erfährt das Kind, dass es »*so, wie es ist, sein darf und sein kann.*«

Gelingt es dem Gestaltungspsychotherapeuten, diese haltende Objektstützung gegenüber seinem Patienten einzusetzen, hat er für seinen Patienten ein geeignetes Material gefunden. Der Patient beginnt, sich langsam auf dieses Material einzulassen und zunehmendes Interesse zu entwickeln. Nun wird der Gestaltungspsychotherapeut seinen Patienten auffordern und ihn dazu ermuntern, irgendetwas zu tun, auch, wenn es ihm im Moment schwer fallen mag. Eventuell macht der Gestaltungspsychotherapeut seinem Patienten etwas vor, damit dieser sich auf diesem vorgegebenen Weg besser auf die Gestaltungspsychotherapie einlassen kann.

> **Fallbeispiel: Intentionales Gestalten**
> Der Gestaltungspsychotherapeut gibt seinem Patienten z. B. ein Blatt Papier und einen Bleistift mit der Bitte, jetzt auf diesem Blatt Papier wie ein Kind zu kritzeln. Dabei kann der Gestaltungspsychotherapeut mit seinen Händen diese spontanen Bewegungen vormachen. Kommen dann Kritzelzeichnungen zustande, zeigt sich, dass sich die Linienführung dieser Kritzelzeichnungen bei genauer Betrachtung von Mensch zu Mensch deutlich unterscheidet. Diese für jeden Menschen charakteristische **Linienführung** (Duktus) ist eine Art Urschrift, die sehr viel mit der Person eines Menschen zu tun hat. Mit dieser charakteristischen Linienführung kann der Gestaltungspsychotherapeut mit dem Patienten arbeiten. Es ist eine ganz dem Patienten eigene Art, wie er mit einem Material umgeht und diese Handhabungen auf seine ganz typische Weise immer wiederholt, ohne dass dies dem Menschen selbst oder dem Zuschauer bei oberflächlicher Betrachtung gleich bewusst werden muss.

Setzt der Gestaltungspsychotherapeut dieses intentionale Gestalten beim Patienten ein, sind zuvor im Laufe der vorausgegangenen konzertierten psychotherapeutischen Aktion alle Behandler im Behandlungsteam übereingekommen, dass es bei diesem Patienten medizinisch notwendig ist, sich auf dessen Identitätsstörung, die oft mit massiven **Verlustängsten** einhergeht, einzulassen. Selbstverständlich kann dieses meist schreckliche Erleben, dass man als Person so, wie man ist, nicht angenommen nicht respektiert, sondern verachtet wird, eine ganz unterschiedliche Betroffenheit bei den Behandlern auslösen. Es gibt hier zwei Formen der Gegenübertragung:

- **konkordante Gegenübertragung**: Identifikation des Therapeuten mit den Selbstrepräsentanzen seines Patienten; der Therapeut bekommt einen vagen Einblick, wie es für den Patienten gewesen sein mag, als er als Person abgelehnt wurde
- **komplementäre Gegenübertragung**: Identifikation des Therapeuten mit den Objektrepräsentanzen seines Patienten; der Therapeut bekommt einen vagen Einblick von dem Charakter der Bezugspersonen, die den Patienten damals als Person ablehnten und ihm eine Rolle abverlangten, die mit ihm selbst nichts zu tun hatte

Unabhängig von der Form der Gegenübertragung wird es dem Gestaltungspsychotherapeuten dadurch besser möglich, so auf seinen Patienten einzugehen, dass sich dieser im weiteren Behandlungsverlauf von ihm »angenommen« erleben kann. Wichtig ist dabei, dass der Gestaltungspsychotherapeut jetzt nicht nur seine haltenden Objektstützungen gegenüber seinem Patienten einsetzt, sondern ihm gleichzeitig immer wieder vermittelt, dass er ihn durch diese haltenden Objektstützungen in die Lage versetzen will, etwas zu leisten, was er zuvor aufgrund seiner noch floriden Identitätsstörung noch nicht leisten konnte.

11.4 Kommunikatives Gestalten

Wenn der Gestaltungspsychotherapeut mit den Techniken arbeitet, die dem **kommunikativen Gestalten** entsprechen, hat sich das Behandlungsteam im Zuge der konzertierten psychotherapeutischen Aktion auf Beschwerden des Patienten eingestellt, die hauptsächlich mit seinen **Entwertungsängsten** und seinem **Minderwertigkeitserleben** zu tun haben. Der Patient fühlt sich zwar, als Mensch und Person in Ordnung, ist aber anderen gegenüber nicht in der Lage, seinen »Mann« oder seine »Frau zu stehen«. Er fühlt sich deshalb als Partner sehr schnell wertlos. Diese Entwertungsängste, die meist mit einem Minderwertigkeitserleben einhergehen, können sich auch auf die Behandler übertragen, die dann, wenn sie sich innerlich ausreichend distanzieren und diese Erfahrung nicht persönlich nehmen, dieses Erleben diagnostisch nützen können. Im Rückgriff auf die psychointentionale Entwicklungsleitlinie kann man bei diesem Patienten davon ausgehen, dass die Eltern in der existenziellen Beziehung, die sie gleich nach der Geburt zu ihrem Kind herstellen, also im Verlauf der dyadischen Kommunikation, auf die intentionalen Strebungen ihres Kindes sehr genau geachtet und auch fördernd auf diese eingegangen sind (positive Stimulation). Das Kind konnte hier die Akzeptanz seines Daseins spüren und fühlte sich von seinen Eltern in dieser Familie voll und ganz aufgenommen. Auch was das nächste Kommunikationselement, das Setting, anbetrifft, erlebte sich dieses Kind vor allem in der körperlichen Beziehung zu seinen Eltern, aber auch in seiner keimenden Selbstentwicklung angenommen, vor allem durch deren Art und Weise, wie sie immer wieder seine fünf Sinne weckten und dadurch seinem Aufmerksamkeitsbestreben entgegenkamen (positive Attraktion). Als das Kind in seinem zweiten Lebensjahr begann, aus seiner vorwiegend noch körperlichen Beziehung zu seinen Eltern herauszuwachsen

und mehr und mehr eine persönliche Beziehung zu ihnen anstrebte, stieß es mit seiner **empathischen Kommunikation**, die es mit ihnen eingehen wollte, auf heftige Widerstände. Vielleicht war gerade in dieser Entwicklungsphase des Kindes ein Elternteil schwer krank, die Eltern waren sehr konflikthaft mit sich selbst beschäftigt oder die Eltern begannen, ihr Kind körperlich und/oder seelisch zu misshandeln. Die notwendigen Objektstützungen, die in der psychointentionalen Entwicklung eingesetzt werden, fielen weitestgehend aus. Dadurch fehlt dem Kind die Sicherheit, also die bestätigenden positiven elterlichen Reaktionen, dass es in die Welt der Erwachsenen »eindringen« und »eingreifen« darf. Es fehlt ihm also deren Anerkennung und deren Bereitschaft, ihm mehr wie bisher **partnerschaftlich** zu begegnen und mit ihm in dieser Entwicklungsphase den so wichtigen gegenseitigen, vor allem emotionalen Austausch in Gang zu setzen und zu praktizieren. Durch das fehlende Gefühl der Teilhaberschaft des Kindes in seiner Familie, beginnt es, sich wertlos und minderwertig zu erleben.

Für die komplementäre emotionale Verfügbarkeit, die Menschen untereinander herstellen und sich darauf einlassen können, ebenso die dabei stattfindende emotionale Kommunikation hat dieses Kind jetzt keine Modellerfahrung. Das Modell, das ihm abverlangt wird und auf das es aufgrund eigener Persönlichkeitsvariablen eingeht, ist hier die einseitige monologe emotionale Verfügbarkeit gegenüber seinen Eltern. Ohne recht zu wissen, wie ihm geschieht, lernt das Kind kumulative emotionale Traumatisierungen auf sich zu nehmen, die letztlich zu einer tiefgreifenden emotionalen Störung bei ihm führen können. Man spricht ja oft von »Rollenumkehr« oder »Parentifizierung«, weil hier das Kind beginnt, seine Eltern zu beruhigen und ihnen gegenüber eine »emotionale Containerfunktion« einnimmt.

Diese monologe emotionale Verfügbarkeit, wird meist ein Leben lang praktiziert, wenn sie nicht durch korrigierende Beziehungserfahrungen dialogisch modifiziert wird. Das kann sowohl zu **überlebensstrategischem Verhalten** führen; diese chronische Stresssituation kann aber auch früher oder später eine **Krankheits-**

11.4 Kommunikatives Gestalten

entwicklung auslösen oder bestehende Erkrankungen aufrechterhalten.

Das Schicksal der paradoxen Gleichzeitigkeit von einerseits Verantwortung für und auch Kontrolle über das eigene Familiensystem und andererseits emotionalem Missbrauch (Ausbeutung) und Kontrolle durch das eigene Familiensystem wird sehr anschaulich in dem Märchen Aschenputtel beschrieben, dort aber durch das Auftauchen eines Prinzen »wunderbar« aufgelöst.

Dieser Patient, der hauptsächlich unter einer **Kommunikationsstörung** leidet, sich also, wie eben dargelegt, im Laufe seiner Frühentwicklung von seiner Familie zwar ausreichend auf- und angenommen erlebte, sich dann aber nicht von seinen Eltern ernst genommen, anerkannt und geachtet fühlte, tut sich jetzt auch in der Gestaltungspsychotherapie schwer, sich auf Menschen und hier vor allem auf den Gestaltungspsychotherapeut einzulassen. Der Patient gibt z. B. an, dass er von sich selbst den Eindruck habe, dass er zu nichts nütze sei, dass er ein aussichtsloser Fall wäre und dass es besser wäre, man würde sich mit anderen Patienten beschäftigen als mit ihm, die dann mehr von dieser Behandlung profitieren würden als er. Manchmal teilen diese Patienten, bei denen das Kommunikationselement Empathie gestört ist, den Therapeuten mit, dass

- sie zu viel mitbekommen,
- es ihnen sehr schwer fällt, sich um sich selbst zu kümmern, weil sie sich gezwungenermaßen ständig um die Belange anderer kümmern müssen,
- sie eine innere Sperre haben, sich von anderen Menschen wirklich helfen zu lassen,
- sie immer das Gefühl haben, durch ihre Gegenwart die anderen unnötig zu belasten.

Teilen sie sich dann wirklich einmal mit und tauschen sich über ihre Nöte mit anderen aus, kann dies bei ihnen massive Schuldgefühle auslösen.

Orientiert sich der Gestaltungspsychotherapeut an der psychointentionalen Entwicklungsleitlinie, sind jetzt seine **Reaktionen** gefragt, durch die sich sein Patient im Bemühen als Partner zur Geltung zu kommen, bestätigt erlebt. Patienten, bei denen schwerpunktmäßig eine Kommunikationsstörung vorliegt, wurden in ihrer Frühentwicklung emotional entweder **massiv überfordert** oder **massiv unterfordert**. Ersteres führt zu der schon erwähnten Rollenumkehr, im zweiten Fall wird einer parasitären Entwicklung Vorschub geleistet. Wie bereits dargelegt, wird dem Kind zwischen dem 7./8. und 15./18. Lebensmonat zunehmend die **entlastende Funktion** seiner Eltern bewusst. Dabei will es immer weniger nur passiv emotional versorgt werden. Das Kind will es jetzt immer öfter seinen Eltern gleichtun. Wenn es jetzt den Eltern gelingt, ihr Kind nicht nur als Mensch und Person, sondern als Partner anzuerkennen, der auch etwas »aushalten kann«, finden sie mit ihrem Kind gemeinsam zu einem »Gefühlsaustausch«, zur emotionalen Kommunikation. Dies setzt voraus, dass die Eltern auf den Entwicklungsschub ihres Kindes mit der nötigen Sorgfalt reagieren und kraft ihres Einfühlungsvermögens herausfinden, was sie ihrem jetzt sehr »empfänglichen Kind« emotional zumuten können und was nicht. Eltern, denen es schwer fällt, sich ihrem Kind neben ihrer Entlastungsfunktion auch emotional »zuzumuten« und ihrem Kind diese »stimulierende Reaktion«, diese **optimale Frustration** vorenthalten, können dadurch das Abhängigkeitsverhalten ihres Kindes fördern und seine lebensnotwendigen emanzipativen Strebungen erheblich behindern. In solchen Familien tut sich das Kind enorm schwer, sich als Familienmitglied, als eigenständiger, gleichwertiger Partner zu fühlen und sich als Teilhaber in dieser Familie anerkannt und ernst genommen zu erleben. Im Gegensatz zum Schicksal des »Aschenputtels« wird hier das Kind zur »Prinzessin auf der Erbse«, dem *nichts* zugetraut wird und der sich deshalb mehr und mehr außerstande fühlt, sich etwas zuzutrauen. Dies kann sich in Familien ereignen, in denen die Eltern im Laufe ihrer Frühentwicklung emotional schwer missbraucht wurden, jetzt aber ihrem Kind nicht das Gleiche antun wollen. Da ihnen aber meist keine anderen Kommunikationsmodelle als »emotional oder körperlich missbraucht zu werden« zur Verfügung stehen, lassen sie sich lieber selbst von ihrem Kind auf unterschiedliche Weise »unter Druck setzen«. Dadurch kann dem Kind der für seine gesunde psychische Entwicklung notwendige Autonomie-Abhängigkeits-Konflikt nicht so lustvoll beigebracht werden, dass es ihn auf unterschiedliche Weise immer wieder in die Tat umsetzt. Es resultiert eine schwere Kommunikationsstörung, die dann dazu führen kann, dass sich das Kind kaum mehr etwas zutraut, weil es viel zu schnell Angst bekommt, oder es beginnt sich über andere abzureagieren. Dabei kann es sich z. B. in besinnungslose Schreikrämpfe stürzen und/oder unkontrolliert mit Worten oder Taten gegenüber anderen gewalttätig werden. Auch später kann ein Mensch, der unter so einer Kommunikationsstörung leidet auf Kosten anderer sein emotionales »inneres Gleichgewicht« herstellen, notfalls mit Tücke und/oder Gewalt.

Weisen die Ergebnisse der durchgeführten psychologischen Testuntersuchungen, die klinische Verlaufsbeobachtung, aber vor allem die biographischen Daten eines Patienten darauf hin, dass seiner Erkrankung schwerpunktmäßig eine der oben beschriebenen Kommunikationsstörungen zugrunde liegt, wird der Gestaltungspsychotherapeut in seiner Behandlung versuchen, den Patienten auf Gestaltungsebene Schritt für Schritt Kommunikationstechniken beizubringen, mit denen er zunächst »averbal« kommunizieren kann.

> **Fallbeispiel: Kommunikatives Gestalten**
>
> Hier können z. B. zwei Patienten auf einem größeren Blatt Papier gleichzeitig zeichnen oder malen. Da sich beide gegenübersitzen, haben sie zunächst jeder eine freie Blattfläche für sich und können nach Belieben das zum Ausdruck bringen, wonach ihnen momentan gerade zumute ist. Wie vertieft sie auch immer in ihr eigenes Arbeiten sein mögen, werden sie doch vom Gestaltungspsychotherapeuten angehalten, dass jeder von ihnen dieses Blatt nicht alleine zur Verfügung hat. Beide sind auf ein und demselben Blatt Papier tätig. Vor allem dann, wenn sie die Grenzen für ihr eigenes Bild finden müssen, wird es für die beiden Patienten notwendig, über das Ausmaß, das jeder für sein Bild beansprucht, miteinander zu diskutieren.
> In einem zweiten Schritt wird der Gestaltungspsychotherapeut beide Parteien auffordern, sich das Bild und die darauf vorkommenden Farben und Figuren im Hinblick auf Gemeinsamkeiten anzuschauen, die unbewusst in beide Bilder eingegangen sind.
> In einem nächsten Schritt versuchen beide Patienten, von ihrem eigenen Bild ausgehend, aufeinander zuzuarbeiten, wodurch ein drittes, gemeinsames Bild entstehen kann.
> Im Weiteren sind viele Spielarten möglich. So kann z. B. ein Patient ein Thema (oder eine bestimmte Farbe), das im Bild seines Mitpatienten vorkommt, aufnehmen, es in sein eigenes Bild mit einbeziehen und es darin so lange verändern, bis es für ihn in seinem Bildkontext stimmt. Dieses veränderte Thema, kann der andere Patient wieder aufgreifen und damit eine ähnliche Prozedur in seinem Bild durchführen. Letztlich könnte dann daraus wirklich ein neues »gemeinsames« Bild entstehen oder eben nicht.

Ist ein Gestaltungsprozess beendet, wird der Gestaltungspsychotherapeut mit beiden Patienten diesen Gestaltungsprozess reflektieren. Dabei wird er immer wieder auf die Frage eingehen, inwieweit sich beide dem jeweils anderen gegenüber als gleichwertigen Partner erleben konnten oder welche dysfunktionalen Orientierungen, Motive und Motivationen immer wieder eine wesentliche Rolle spielten und den gemeinsamen, kommunikativen Gestaltungsprozess behinderten.

11.5 Handwerkliches Gestalten

Zu oft hat ein Patient vor allem in seiner Frühentwicklung die Erfahrung gemacht, dass er sich letztlich überhaupt nicht auf das verlassen konnte, was ihm beigebracht wurde. Darüber hinaus wurde er auch häufig von seinen Bezugspersonen, denen er vertraute, so in die Irre geführt, dass er körperlichen und geistigen Schaden erlitt. Jetzt soll es dem Patienten aufgrund der vorausgegangenen korrigierenden Erfahrungen, die er mit seinen Behandlern gemacht hat, möglich werden, die Behandlungsordnung, die Zurechtweisungen seiner Therapeuten, ihre Anordnungen, ihre Vorschriften usw. als **Halt** zu verstehen, als heilsamen Eingriff in seine Persönlichkeit. Deutlich wird dies, wenn der Patient eine sehr direktive Intervention seiner Behandler nicht mehr

11.5 Handwerkliches Gestalten

als gegen sich persönlich gerichtet erlebt, sondern sie als Unterstützung für seine personale Entwicklung nutzen kann. Gelingt ihm dies, macht in der Gestaltungspsychotherapie der Einsatz des **handwerklichen Gestaltens** Sinn. Hier tritt das **Modelllernen** für den Patienten immer mehr in den Vordergrund. Der Gestaltungspsychotherapeut, der sich an den psychointentionalen Entwicklungsleitlinien orientiert, tritt jetzt dem Patienten gegenüber **in Aktion**, das heißt, er versucht seinem Patienten das beizubringen, was für dessen jeweilige Tätigkeit und Lernerfahrung notwendig ist. Der Patient kann z. B. zum Töpfern, zum perspektivischen Zeichnen, zu bestimmten Holzarbeiten usw. angeleitet werden. Der Gestaltungspsychotherapeut kann im Sinne des Modelllernens in das Gestalten des Patienten eingreifen und ihm genau zeigen, wie z. B. beim Töpfern die Aufbautechnik gehandhabt wird.

Fallbeispiel: Handwerkliches Gestalten

Vielfältige Gestaltungsmöglichkeit bietet die »keramische Plattentechnik«. Auf einem Arbeitsbrett wird der Ton mit den Fingern oder mit dem Handballen in eine Richtung aufgestrichen. Damit kann ein Patient bereits erste Schwierigkeiten haben, da der Ungelernte diesen Vorgang sehr leicht unterschätzt und erst bei der praktischen Ausführung erkennt, wie viel Zeit und Geduld es erfordert bis das Material so ordentlich verarbeitet ist, dass der nächste Arbeitsschritt erfolgen kann. Oft ist der Patient überfordert und braucht den Beistand des Gestaltungspsychotherapeuten. Der nimmt nun zwei Holzleisten, legt sie seitlich an den ausgestrichenen Ton an und zeigt dem Patienten, dass man so die Plattenstärke bestimmt, die je nach Art und Größe des zu erstellenden Tongefäßes unterschiedlich ist. Hat der Patient diesen Arbeitsschritt erfolgreich beendet, geht es jetzt darum, eine glatte Oberfläche dieser Tonplatte herzustellen. Dazu benutzt der Patient, unter der Anleitung des Gestaltungstherapeuten, einen Tonschneider (eine zwischen zwei Haltern eingespannte dünne Kunststoffschnur) den er vorsichtig durch die aufgestrichene Tonmasse zieht und dann den oberen Teil dieser Tonplatte abnimmt. Dadurch entsteht eine glatte Oberfläche der unteren Tonplatte, die er, sobald ein lederharter Zustand erreicht ist, z. B. zu einer Zylinder- oder Kastenform zuschneiden kann.

Die abgenommene obere Tonplatte wird mit den Rückständen der unteren Tonplatte wieder zusammengedrückt und kann weiter verarbeitet werden.
Diese handwerkliche Tätigkeit verlangt Aufmerksamkeit, große Geduld und Frustrationstoleranz, da die beschriebenen Arbeitsschritte vom Patienten nicht auf Anhieb erfolgreich durchgeführt werden können. Auch wenn er sich noch so sehr anstrengt, stellt der Patient sehr bald fest, dass er ohne fachmännische Anleitung, also die **stützende Objektstützung** des Gestaltungspsychotherapeuten nicht weiterkommt. Schritt für Schritt begleitet der Gestaltungspsychotherapeut seinen Patienten bei dessen Arbeit und vermittelt ihm immer wieder, dass er gut verstehen kann, dass dem Patienten diese Arbeit schwerfällt. Er vermittelt dem Patienten aber auch, dass er ihn auch deswegen nicht im Stich lässt, damit er in jedem Fall sein Werkstück zu Ende bringt.
Am Ende der Behandlungsstunde wird dem Patienten gezeigt, wie er seine erstellte Tonplatte in einer Plastikfolie feucht hält, damit er beim nächsten Mal weitermachen kann. In den weiteren Stunden wird die Tonplatte an den Kanten aufgeraut, mit Schlicker versehen und auf diese Tonplatte die neu erstellten Tonplatten angesetzt, die letztlich das gewünschte Tongefäß ergeben.

Die Grunderfahrung, die das Kind macht, wenn seine Eltern ihm gegenüber auf positive Weise in Aktion treten, heißt: »*Es ist gut, das du etwas selbst machst.*« Auf der Basis dieser Grundakzeptanz gegenüber dem Handlungsvermögen eines Menschen kann dann jederzeit die notwendige Strenge, Korrektur und Maßregelung stattfinden, die bei der Lernentwicklung des Kindes oder jetzt im Laufe der Behandlung für das Erlernen von Fertigkeiten notwendig ist. Dieser Lernprozess soll dazu beitragen, dass die bisher eingeleitete Selbstentwicklung des Patienten weiter vorangetrieben wird und es für ihn möglich wird, sich mit diesen erlernten Fähigkeiten so zu identifizieren, dass sie in seinem Leben als **Kompetenzen** wirksam werden können.

Im dialogischen Beziehungsmodus geht es hier um das Kommunikationselement der **Identifikation**. Das bedeutet, die Eltern fühlen sich nicht nur in ihr Kind ein, sondern können sich auch in ihr Kind »hineinversetzen« und erleben dabei, dass das Kind alleine nicht mit den Anforderungen, die das Leben an es stellt, zurecht kommen kann. Diese Erkenntnis oder Einsicht ist für Eltern, die ja erwachsen sind, oft gar nicht einfach, weil sie ja in der Lage sind, ihr Leben zu meistern und sich gar nicht mehr vorstellen können, wie das damals war, im Laufe der ersten vier Lebensjahre. An diesen Zeitraum kann man sich ja nur sehr lückenhaft erinnern. Haben die Eltern über die Identifikation wirklich erfahren, wie notwendig es für das Kind ist, dass man ihm etwas beibringt, werden sie dies auch mit allem Verständnis, mit Behutsamkeit und der notwendigen Liebe tun. Dabei zeigt sich, dass nur das Kind, dass sich von seinen Eltern als Mensch in der Familie aufgenommen, als Person von seinen Eltern angenommen und sich auch von ihnen als Partner wertgeschätzt, ernst genommen und anerkannt erlebte, sich auch von seinen Eltern verstanden fühlt, jetzt, wenn es ums Lernen und Üben geht. Trotz immer wieder aufflackernder entwicklungsbedingter Schwierigkeiten kann dieses Kind, das von seinen Eltern verstanden wird, deren oft notwendige liebevolle Strenge als wachstumsanstoßend für seine Person nutzen und nicht gegen sich gerichtet erleben.

Der Gestaltungspsychotherapeut, der sich an der psychointentionalen Entwicklungsleitlinie orientiert, weiß um diese Entwicklungsprozesse, die jeder Mensch in seiner Frühentwicklung durchläuft und die sich im weiteren Lebensverlauf in den verschiedenen Lebensabschnitten (Kleinkind, Schüler, Jugendlicher, junger Erwachsener, Erwachsener, Senior) wiederholen. Der Gestaltungspsychotherapeut wird in dieser Therapiephase die **unterstützende** Objektstützung bei seinem Patienten einsetzen. Dabei verfügt er über ein großes Repertoire an Material und auch Techniken, mit denen es ihm möglich wird, seinen Patienten entwicklungspsychologisch dort »abzuholen«, wo dieser steht. Dem Gestaltungspsychotherapeuten sollte es gelingen, sich so weit mit seinem Patienten zu identifizieren, dass er dessen Handlungs- und Ausdruckshemmungen »wirklich versteht«, er also nachvollziehen kann, welche dysfunktionalen Orientierungen, Motive und Motivationen seinem Patienten zu schaffen machen.

11.6 Freies Gestalten

Lässt sich rückblickend ein Behandlungsverlauf zusammenfassen, bei dem, trotz aller immer wieder aufgetretenen progressiven und regressiven Schwankungen, der Patient in der jetzigen Behandlungsphase erstmals in seinem Leben beginnt, zu Menschen (jetzt zu seinen Behandlern) und dadurch auch zu sich selbst wirklich Vertrauen zu fassen, kann man von einer erkennbaren **Selbstentwicklung** sprechen, die durch die Objektgestützte Psychodynamische Psychotherapie erreicht wurde.

Dabei fiel es dem Patienten zu Beginn seiner Behandlung sehr schwer, in einem ersten Schritt die existenzbedrohenden Gedanken, destrukiven Beweggründe, Selbstentwertungsmechanismen »in seinem Kopf« als Fremdkörper zu erkennen, die mit seinen eigenen Gedankengängen und persönlichen Handlungsabsichten wenig, oft überhaupt nichts zu tun hatten.

Wird also die wachsende Selbstständigkeit des Patienten im Behandlungsteam zum Thema, wird es Zeit, die **Entlassung** des Patienten, die ja schon früher immer wieder angesprochen wurde, definitiv ins Auge zu fassen. In diesem Fall hat der Patient im Laufe der vorausgegangenen Behandlung durch seine Psychotherapeuten viele korrigierende emotionale, aber auch kognitive Erfahrungen effektiv in sein Anpassungskonzept aufnehmen können. Man kann davon ausgehen, dass dadurch die **intrapsychische Identifikation** immer öfter in Gang gesetzt wurde. Das heißt, die negativen, destruktiven Episodenkontexte, die den Patienten immer wieder massiv in seiner Selbststeuerung beeinträchtigen, treten in ihrer »durchschlagenden Wirkung« mehr und mehr in den Hintergrund. Inwieweit diese krank machenden Introjektionen im Laufe einer Behandlung wirklich neutralisiert werden können, bleibt Gegenstand weiterer Untersuchungen.

In jedem Fall wird sich der Patient nun von seinen Behandlern trennen, um aus dem psychotherapeutischen Mikrokosmos heraus- und wieder in das alltägliche Leben eintreten zu können. Durch die damit einhergehende **Trauerarbeit**, beginnt der Patient **Lebensstrategien** zu erarbeiten und greift seltener als früher auf seine Überlebensstrategien und symptomatischen Verar-

11.6 Freies Gestalten

beitungsmechanismen zurück. Gelingt es dem Patienten, diese Trennungsängste zu verkraften, bekommen die Trennungsängste sehr schnell die Qualität von lebensnotwendigen, emanzipativen Strebungen, die der Mensch braucht, um sich selbst am Leben zu erhalten ohne sich selbst oder anderen Schaden zuzufügen.

Orientiert sich der Gestaltungspsychotherapeut an der psychointentionalen Entwicklungsleitlinie, wird er feststellen, dass die Eltern bei ihrem Kind in dieser Entwicklungsphase die **Animation** einsetzen. Animation als basales interaktives Beziehungsritual wird hier nicht in dem Sinne verstanden, dass die Eltern ihr Kind auf unterschiedliche Weise »unterhalten«, am wenigsten durch Fernsehen oder Videospiele. Das Ziel bei dieser Animation ist, dass die Eltern ihr Kind »vorbildhaft« eigene Wege gehen lassen. Dass dies nicht so einfach ist, zeigt uns der Begriff »Trotzalter«. Ein anderes Wort für Trotz ist »Eigensinn«. Dieses Wort wird sehr schnell gleichgesetzt mit Unnachgiebigkeit, Starrsinn, Dickschädeligkeit, Aufsässigkeit, Ungehorsam usw. Sicher ist hier viel Wahres dran, aber Eigensinn könnte ja auch heißen, dass jemand versucht, gegenüber Herkömmlichem anders zu denken, anders zu fühlen, anders zu wollen, anders zu handeln usw. Um dieses »Anders-sein-Wollen« beim Kind, um die Bereitschaft der Eltern, ihr Kind auch »Anders-sein-zu-Lassen«, geht es im so genannten **Trotzalter**. Ob es überhaupt so etwas wie ein Trotzalter gibt und ob dies möglicherweise ein Begriff dafür ist, dass es Eltern oft nur schwer gelingt, ihrem Kind in einem dialogischen Beziehungsmodus Vorbild zu sein, möchte ich hier nicht vertiefen. In jedem Fall braucht das Kind in seinem 4. Lebensjahr einen großen Spielraum, den ihm nur seine Eltern oder entsprechende Bezugspersonen geben können.

Wichtig ist, dass durch das basale interaktive Beziehungsritual der Animation die Eltern bei ihrem 3 Jahre alten Kind die **kreativen Objektstützungen** einsetzen und ihm den für uns Menschen so wichtigen Entwicklungsspielraum in ihrer Familie einräumen können. Eltern, die sich mit ihrem Kind »verständnisvoll« identifizieren konnten und ihm auf diesem Weg sehr viel Lebensnotwendiges beigebracht haben, sollten jetzt erkennen, dass der Zeitpunkt gekommen ist, sich immer öfter aus der zuvor stattgefundenen **Identifikation** mit ihrem Kind wieder auf sich selbst zurückzuziehen. Jetzt ist ihr Vertrauen gefragt. Die Eltern sollten jetzt ihrem Kind vertrauen können, dass es mit dem Rüstzeug, das sie ihm bisher gegeben haben und ihm ja auch noch weiter geben werden, sich auch alleine im Leben zurechtfinden wird. Durch diesen »inneren Rückhalt« verändert sich zwangsläufig auch die bisherige Bindung zwischen Mutter (Eltern) und Kind. Die Beziehung bekommt eine andere Qualität. Mahler bezeichnet diesen wichtigen Schritt in der Individuation des Kindes als »Loslösung«. Die basalen interaktiven Beziehungsrituale der Animation zielen alle auf diese seelische Trennung ab, gleichzeitig aber auch auf die Lebensfreude, die sich beim Erleben dieser »persönlichen Freiheit« einstellen kann. Dabei ist es sehr wichtig, dass die Eltern die Freude, die in dem Kind aufkommt, wenn es etwas aus freien Stücken um seiner selbst willen gemacht hat, bestätigen können. Diese Freude am **Gestalten** ist an sich nichts Neues. Neu ist in dieser Entwicklungsphase, dass das Kind jetzt »frei« gestalten kann, also aus sich selbst heraus, und dabei dem, was es gestaltet hat, seinen eigenen Wert beimessen kann, unabhängig davon wie positiv oder negativ andere sich dazu äußern. Animation beinhaltet auch, dass die Eltern einen »seelischen Trennungsprozess« gegenüber ihrem Kind in Gang setzen können, aber auch in der Lage sind, auf den von ihrem Kind ihnen gegenüber in Gang gesetzten »seelischen Trennungsprozess« einzugehen. Letztlich sollte sich jeder durch die Bejahung des anderen in seinem eigenen »seelischen Seinszustand« gut aufgehoben fühlen, aber sich auch wieder auf ein lebendiges Gemeinsamkeitserleben einlassen können.

Es ist wichtig, dass der Gestaltungspsychotherapeut darum weiß, dass es in dieser Phase der psychointentionalen Entwicklung, in der es für das Kind um die Freude an seinem eigenen Gestalten und Handeln geht, manche Eltern sich schwer tun mit dem Einfallsreichtum und der Experimentierfreudigkeit ihrer Kinder. Ein Kind kann z. B. ganz aufgehen in seinem Eisenbahnspiel und wendet sich dann plötzlich nach einiger Zeit genauso intensiv dem Fußballspielen zu. Dann entdeckt es mit seinen Spielkameraden das Murmelspiel, dann spielen sie mit Kasperlepuppen und auf einmal fällt ihnen ein, dass sie die nächste Umgebung erforschen wollen usw. Mit diesem Einfallsreichtum ihrer Kinder, der im 4. Lebensjahr immer stärker in den Vordergrund tritt und für eine gesunde Persönlichkeitsentwicklung spricht, kommen viele Eltern nicht zurecht. Vor allem werten sie sehr schnell die oft überbordende Phantasie ab, geben sie der Lächerlichkeit preis und teilen ihrem Kind auf diesem Weg mit, dass diese schöpferischen Seiten, die es jetzt entwickelt, in ihrem alltäglichen Leben keinen Platz haben. Dabei wäre es sehr wichtig, dass das Kind für diese auftauchende **Kreativität** einen möglichst großen Spielraum in seiner Familie vorfindet. Ist es den Eltern möglich, die Phantasie ihres Kindes aufzugreifen und sie behutsam in Bahnen zu lenken, wird es möglich, dass sich die kindliche Phantasie entfalten kann. In diesem Entwicklungsklima wird es dem Kind dann auch möglich, etwas von seinem Innenleben so »produktiv« nach außen zu gestalten, dass für dieses »Produkt« eine bestätigende Resonanz nicht ausbleibt. Wie auch immer diese Resonanz ausfallen mag, auf jeden Fall wurde das Produkt zur Kenntnis genommen, hat Aufmerksamkeit, Interesse und Kritik erweckt oder positiven Anklang gefunden. Das Kind möchte mit dem, was es gemacht hat, zum Ausdruck bringen, dass es auch »anders« ist als seine Eltern. Dieses »Anderssein« macht dem Kind nicht nur Angst, sondern dieses »Anderssein« setzt immer öfter eine tiefe Lebensfreude und Lebenslust in ihm frei. Hier braucht das Kind das Vertrauen seiner Eltern, dass es sich in seinem »Anderssein« schon zurechtfinden wird und dass die Experimente, die bei diesem »Anderssein« stattfinden, gelingen mögen und zu der Selbstsicherheit führen, die der Mensch für sein Leben braucht.

Martin Buber kommt in seinem Buch »Der Mensch und sein Gebild« (1955, S. 52) zu dem Schluss:

»Es ist freilich weder das Geheimnis der Dinge noch das des Geistes, das sich in der Kunst darstellt, sondern das Verhältnis zwischen beiden. Ich darf mich selbst zitieren: ›Kunst ist Werk und Zeugnis der Beziehung zwischen der substantia human und der substantia rerum, das Gestalt gewordene Zwischen.‹ Deshalb ist es auch uns noch erlaubt, zu sagen, dass es einer absonderlichen Sonderart des Menschen gegeben ist, die Kunst aus der Natur zu reißen, in der sie steckt. Der Künstler tut es, nicht indem er hinter die Sinnenwelt einzudringen versucht, sondern indem er deren Gestalthaftigkeit zum vollkommenen Gebild vollendet. In der Vollendung aber finden wir den Ursprung.«

In der Gestaltungspsychotherapie geht es in dieser Behandlungsphase darum, den Patienten über die vorausgegangenen Entwicklungsschritte zu einem »**freien Gestalten**« zu ermuntern. Dabei macht es Sinn, dem Patienten ein Thema vorzugeben, das er dann nach seinem Dafürhalten zum Ausdruck bringen kann. Dabei sollen allerdings die Materialien mit dem Gestaltungspsychotherapeuten abgesprochen werden. Sehr gut geeignet in dieser Behandlungsphase ist das **Modellieren**, aber auch das **Skulpturieren**. Dabei können die unterschiedlichsten Materialien verwendet werden. Da der Patient in dieser Behandlungsphase mehr als zuvor seine Phantasie mit ins Spiel bringen kann, und da er auch durch die vorausgegangene Behandlung einen immer besseren Zugang zu seiner Introspektionsfähigkeit gefunden hat, kann es sein, dass er bei dem Angebot zum freien Gestalten mit überbordenden Einfällen, Ideen und Phantasien reagiert. Dies darf vom Gestaltungspsychotherapeut zunächst keinesfalls abgewertet werden, sondern der Patient braucht in dieser Behandlungsphase zunächst eine eindeutige Bestätigung für seine »verrückten Einfälle«. Ihm muss mitgeteilt werden, dass Gefühle, Gedanken, Phantasien zunächst völlig wertfrei sind, weil man ja auch gar nichts dagegen tun kann. Sie stellen sich »in unserem Kopf« ganz einfach ein. Wesentlich bei diesem Gestaltungsprozess ist es dann, in einem nächsten Schritt den Patienten auf den Grad der Beeinträchtigung hinzuführen, den diese Ideen, Phantasien, Handlungen usw. bei ihm haben. Der Gestaltungspsychotherapeut übernimmt hier eine Art »Meisterfunktion«. Durch seine professionelle Autorität, die der Patient inzwischen über die Vorbildfunktion seiner Behandler zu schätzen weiß, beginnt der Patient die Fülle seiner Ideen und seines Phantasiereichtums in eine Form zu bringen. Dabei wird letztlich ein Werk entstehen, das »seinen Meister lobt«. Dadurch kann sich der Patient auch mehr und mehr unabhängig von seinem Gestaltungspsychotherapeuten erleben. Selbstverständlich treten bei diesem Gestaltungsprozess oft wieder die dysfunktionalen Orientierungen, Motive und Motivationen auf, die den Patienten letztlich krank werden ließen und ihn in die Behandlung führten. Der Gestaltungspsychotherapeut beobachtet sehr genau, ob sein Patient beim freien Gestalten einfach »darauf los gestaltet« oder ob er sich immer wieder an der Kompetenz seines Gestaltungspsychotherapeuten und/oder an seinem inzwischen vorhandenen »eigenen Können« orientiert. Dabei ist es manchmal notwendig, dass bei diesem freien Gestalten der Gestaltungspsychotherapeut selbst im Beisein seines Patienten kreativ tätig wird und neben ihm »frei gestaltet«.

Ähnlich, wie es in der Körperpsychotherapie beim »freien Bewegen« (Playing) nicht darum geht, dass der Patient in archaische Bewegungsrituale zurückfällt, sondern eigene, für ihn stimmige Bewegungsabläufe kreiert, so soll der Patient auch beim freien Gestalten über Farben, Formen und die für ihn geeigneten Materialien Bescheid wissen, um daraus etwas Zusammenhängendes zeichnen, malen, plastizieren oder skulpturieren zu können. Der Gestaltungspsychotherapeut legt mit ihm das Thema fest, räumt ihm den möglichen Spielraum ein und ermuntert ihn, auch dysfunktionale Motive aufzugreifen und sie in seinen Gestaltungsprozess einzubringen, wenn sie sich momentan dem Patienten anbieten.

Für die Gestaltungspsychotherapie ist wesentlich, dass das Produkt, das der Patient realisiert hat, besprochen wird. Dabei soll herausgearbeitet werden, inwieweit der Patient bewusst oder unbewusst von seinen dysfunktionalen Orientierungen, Motiven und Motivationen geleitet wurde, sich durch eine innere Nähe-Distanz-Regulation von seinen Beeinträchtigungen distanzieren konnte oder ob der Patient sich in der Auseinandersetzung mit diesen Obsessionen als freie Person durchsetzen konnte.

11.7 Dialogisches Gestalten

Bei der Entwicklung des Menschen geht es darum, dass er gegenüber seinem Menschsein und gegenüber seiner Person die nötige Akzeptanz erfährt und er deshalb zu seinem Lebenswillen findet. Seine Neugierde sollte sich so entfalten können, dass man ihn als Partner, der kommunizieren kann, anerkennt. Er sollte auch in der Lage sein, kraft seiner ihm beigebrachten Fertigkeiten sich gut am Leben zu halten und aufgrund der ihm ermöglichten Selbstfindung und Selbstständigkeit schöpferische Fähigkeiten zu entwickeln. Darüber hinaus sollte es einem Menschen auch möglich werden, **Anteil** am Leben anderer zu nehmen und andere an seinem Leben Anteil nehmen lassen.

Hierbei ist nicht nur die Sprache notwendig, sondern auch die Fähigkeiten des Erzählens und Zuhörens. Im dialogischen Beziehungsmodus geht es hier um das Kommunikationselement der Regulation. Es beinhaltet die existenziellen, körperlichen, persönlichen, verständnisvollen, vertrauensvollen und jetzt auch regulativen oder liebevollen Beziehungserfahrungen.

Hat der Patient zu seiner Selbstwirksamkeit, zu sich selbst als autonomes personales Ich gefunden, will er auch im gegenseitigen Vertrauen etwas zustande bringen, miteinander nicht nur an einer Lösung arbeiten, er möchte jetzt auch gemeinsam mit anderen ein Projekt realisieren. Nachdem der Patient also über die lebensnotwendigen Kommunikationselemente verfügt, kann er sich jetzt den anderen zuwenden, um gemeinsam etwas zu realisieren, um miteinander einen Dialog führen zu können. In diesem **Dialog** findet nicht nur ein sich wechselweise informelles und emotionales Sich-Austauchen statt, wie dies in jedem, vor allem auch belanglosen Gespräch der Fall sein kann. Dieser Dialog geht weit darüber hinaus. Im Erzählen über sich selbst oder im Zuhören, bei dem was der andere ihm mitteilt, geht es auch darum, dass sich der Patient in das Leben des anderen aufgenommen fühlt oder den anderen in sein Leben aufnehmen kann. Es geht darum, dass er sich so annehmen kann, wie er ist, ohne wenn und aber. Der Patient fühlt sich von den anderen, die mit ihm sind, aufgenommen, angenommen, ernst genommen und verstanden. Er spürt, dass sie ihm vertrauen und dass sie ihn brauchen, um gemeinsam etwas zu erreichen, was jeder alleine nicht zustande bringt.

Alle diese Kommunikationselemente, mit denen bisher gearbeitet wurde und durch die der anfänglich hoch selbstunsichere Patient wieder zu seiner Menschenwürde gefunden hat, werden vom Patienten hier auf unterschiedliche Weise in Szene gesetzt. Der Patient hat erlebt, dass man mit ihm respektvoll umgeht, dass er mit seinen Nöten nicht alleine fertig werden muss. Er kann mit der Toleranz anderer Menschen rechnen. Er hat erlebt, dass diese Menschen ihm gegenüber auch hilfsbereit sind, ihm Kompetenzen zutrauen und jetzt auf seine Kooperation und bauen.

Beim dialogischen Gestalten soll es dem Patienten möglich werden, sich bei einer Gemeinschaftsarbeit so einzugliedern und mit den anderen so lange an einem gemeinsamen Nenner zu arbeiten, bis ein gelungenes Projekt entsteht. Dies kann jetzt eine **Gruppenbildarbeit**, eine **Gruppenskulpturarbeit** oder auch eine anderweitige Gruppenarbeit sein.

11.8 Zusammenfassung

1. Behandlungsschritt: Im Kommunikationselement **Dyade** wurden durch »positive« **tragende Objektstützungen** im Rückgriff auf die psychomotorischen, psychointentionalen, psychodialogischen und psychosozialen Entwicklungsleitlinien negative existenzielle Beziehungserfahrungen korrigiert.

2. Behandlungsschritt: Der Patient konnte sich so weit von diesen dysfunktionalen Orientierungen, Motiven und Motivationen »in seinem Kopf« lösen, dass es ihm, oft erst über schmerzliche Körpererfahrungen (z. B. Selbstverletzungen, krankhafte Störungen in den Körperfunktionen) möglich wurde, seinen Körper, die funktionale Beschaffenheit und die Gesundheit seines Körpers zum Mittelpunkt seines Lebens zu machen.

Im Kommunikationselement **Setting** wurden durch »positive« **haltende Objektstützungen** im Rückgriff auf die psychomotorischen, psychointentionalen, psychodialogischen und psychosozialen Entwicklungsleitlinien weiter negative existenzielle, jetzt aber vor allem negative körperliche Beziehungserfahrungen korrigiert.

3. Behandlungsschritt: Dem Patienten wurde es auf der Basis seines jetzt besseren Körpererlebens möglich, oft nach vielen vergeblichen, erfolglosen und enttäuschenden Kommunikationsversuchen eine persönliche Beziehung zu seinen Behandler aufzubauen, sich mit ihnen nicht nur informell, sondern vor allem, zumindest im Ansatz emotional auszutauschen und dabei zu erleben, dass er von ihnen als Person und jetzt auch als Partner, als Teilhaber seiner Behandlung anerkannt und ernst genommen wird.

Im Kommunikationselement **Empathie** wurden durch »positive« **entlastende Objektstützungen** im Rückgriff auf die psychomotorischen, psychointentionalen, psychodialogischen und psychosozialen Entwicklungsleitlinien weiter negative existenzielle, körperliche, jetzt aber vor allem negative persönliche Beziehungserfahrungen korrigiert.

4. Behandlungsschritt: Der Patient arbeitet weiter an seinen persönlichen Beziehungen, die er inzwischen zu einigen Behandler aufgebaut hat, kann sich auch immer besser auf deren emotionale Verfügbarkeit, aber auch auf deren emotionale Herausforderung einlassen und eine für ihn befriedigende emotionale, aber auch informelle Kommunikation mit ihnen herstellen. Er fühlt sich jetzt von seinen Behandlern mehr und mehr verstanden und stellt fest, dass diese Behandler oft mehr über seine gestörte körperliche und seelische Befindlichkeit wissen, als er selbst und sie ihn trotzdem wertschätzen und ihm helfen wollen und können. Auf dieser Basis kann er seine Behandler als Modelle, von denen er lernen kann, annehmen und sich von ihnen sozialresonantes Anpassungsverhalten (vor allem lebenspraktische Fertigkeiten) beibringen lassen. Weil er von seinen Behandlern profitieren will, kann er sich immer besser an deren Behandlungsforderungen halten.

Im Kommunikationselement **Identifikation** wurden durch »positive« **stützende responsive Objektstützungen** im Rückgriff auf die psychomotorischen, psycho-intentionalen, psychodialogischen und psychosozialen Entwicklungsleit-

11.8 Zusammenfassung

linien weiter negative existenzielle, körperliche und persönliche, jetzt aber vor allem negative verständnislose Beziehungserfahrungen korrigiert.

5. Behandlungsschritt: Der Patient beginnt, Vertrauen zu fassen zu seinen Behandlern und deshalb auch zu sich selbst. Dabei wird der notwendige **Trennungsprozess** zwischen dem Patienten und seinen Behandlern eingeleitet, der mit einer effektiven **Trauerarbeit** von beiden Seiten einhergehen muss. Immer öfter stellt der Patient bei sich fest, dass er sich in einigen Bereichen seines Lebens durch den »inneren Rückhalt«, den ihm seine Behandler geben, sicherer und in seinem gesamten Verhalten freier geworden ist, trotz seines nach wie vor, allerdings nicht mehr so zerstörerischen Misstrauens. Mehr und mehr wird es für ihn zur Gewissheit, dass er durch seine »inneren Behandler« über ein gesundes Selbstvertrauen (Selbstwirksamkeit) verfügt, aus dem heraus er sich jetzt durchaus zutrauen kann, einige an ihn gestellte Aufgaben eigenständig zu lösen und sich auf die Bewältigung bestimmter an ihn gerichteter Forderungen einlassen kann.

Im Kommunikationselement **De-Identifikation** werden durch »positive« **kreative Objektstützungen** im Rückgriff auf die Entwicklungsleitlinien weiter negative existenzielle, körperliche, persönliche und verständnislose, jetzt aber vor allem negative, sein Vertrauen betreffende Beziehungserfahrungen korrigiert.

6. Behandlungsschritt: Im letzten Behandlungsschritt fühlt sich der Patient nicht nur »potenziell« selbstsicherer, er beginnt jetzt auch in seinem realen Umfeld seine durch die Behandlung gewonnene Selbstwirksamkeit in die Tat umzusetzen. Dabei handelt es sich ganz allgemein um seine Lebensgestaltung, aber auch um die Menschen, mit denen er es in seinem Leben zu tun hat (seiner Familie, seinem Beruf). Diese Selbstwirksamkeit kommt jetzt teilweise noch gemeinsam mit den Behandlern, aber vor allem gemeinsam mit den Menschen, mit denen er zu tun hat, zum Einsatz. Hier greift er zurück auf die durch die Behandlung erlernten Lösungs-, Konfliktlösungs- und Selbstregulationstechniken. In jedem Fall bemüht sich der Patient um erfolgreiche Selbststeuerung und um reifere Verarbeitungsmechanismen und weiß, wann es Not tut, sich rechtzeitig Hilfe zu holen.

Im Kommunikationselement **Regulation** werden durch »positive« **narrative Objektstützungen** im Rückgriff auf die Entwicklungsleitlinien weiter negative existenzielle, körperliche, persönliche, verständnislose und das Vertrauen betreffende (betrügerische), jetzt aber vor allem negative regulative (lieblose) Beziehungserfahrungen korrigiert.

Behandlungsmanual

12 Therapieinstrumente

12.1 Strukturplan

Im Laufe der Objektgestützten Psychodynamischen Psychotherapie werden die Patienten damit konfrontiert, dass Lebensgewohnheiten, die sie über viele Jahre hinweg praktizierten und die ihnen auch eine Art Sicherheit gaben, sich mehr und mehr als Krankheitsursachen herauskristallisieren. Um diesen für den Patienten oft sehr schmerzlichen, aber auch zielführenden Behandlungsprozess zu unterstützen, wird die Strukturplanarbeit und in diesem Zusammenhang auch das Aktualitätstraining eingesetzt.

Der Begriff »Struktur« beschreibt allgemein den inneren Aufbau, eine mehr oder weniger systematische An- oder Zuordnung von Bestandteilen eines Ganzen. Die Bestandteile selbst können in dem Ganzen eine jeweils eigene Aufgabe erfüllen.

In unserem Fall bezieht sich der Begriff »Struktur« auf die systematische Zuordnung von Tätigkeiten nach den Tageszeiten (von 6 Uhr morgens bis 24 Uhr nachts). Die einzelnen Tagesabschnitte aus denen sich der Strukturplan zusammensetzt, sind Bestandteile eines »ganzen Tages« im Leben des Patienten. Jeder dieser Tagesabschnitte erfüllt im Leben des Patienten eine ganz eigene Aufgabe. Es stellt sich die Frage, ob der Patient die jeweiligen Tagesabschnitte bewusst erlebt und gestaltet oder ob er »Erfüllungsgehilfe« von Beweggründen ist, die wenig mit ihm selbst zu tun haben. Hat der Patient seinen ganzen Tag (sein ganzes bisheriges Leben) bewusst selbst gestaltet? Haben die einzelnen Tagesabschnitte/Stunden des Tages eine erkennbare Zuordnung? Hat der Patient beispielsweise, wenn er um 10 Uhr eine Atemtherapie durchführt, um 19 Uhr Kopfschmerzen usw.?

12.1.1 Allgemeine Ausführungen zur Strukturplanarbeit

Zu Beginn der Strukturplanarbeit sollte mit dem Patienten besprochen werden – dies hat sich bewährt –, dass gegen Ende der stationären Behandlung die nächsten Angehörigen, die mit ihm in Verbindung stehen (Eltern, Geschwister, Ehegatte usw.) zu einem gemeinsamen Gespräch einbestellt werden. In diesem Gespräch wird mit ihnen besprochen, wie es nach Entlassung des Patienten aus medizinischer Sicht weitergehen soll. Dabei sollte man diese Angehörigen bitten, für die Strukturplanarbeit, die der Patient zu Hause fortsetzen soll, Verständnis zu haben. Unter Umständen werden einige Lebens- und Beziehungsgewohnheiten, über die man sich früher verständigte und an die man sich auch halten konnte, massiv in Frage gestellt oder außer Kraft gesetzt. Durch dieses Gespräch weiß der Patient schon zu Beginn der Strukturplanarbeit, dass es nicht nur darum geht, dieses Therapieinstrument in der Klinik einzusetzen, sondern, dass es vor allem darum geht, die Strukturplanarbeit beherrschen zu lernen, um sie zu Hause ein- und fortzusetzen.

Der **Strukturplan** wird jeden Abend vor dem Zubettgehen neu erstellt (Dauer ca. eine Stunde). Eine Vorlage für den Strukturplan ist in Tabelle 12-1 dargestellt. Der Patient soll eindringlich darauf hingewiesen werden, dass der Strukturplan nur zu dieser Zeit geschrieben werden soll und keinesfalls zu einer anderen Tageszeit. Das Argument, dass man sich abends nicht mehr so genau an den Tagesablauf erinnern kann, wird durch den Hinweis entkräftet, dass für die Strukturplanarbeit nur das wichtig ist, was von dem jeweils heutigen Tag in Erinnerung geblieben ist. Wichtig ist auch, den Patienten darauf hinzuweisen, dass er vor Beginn der Strukturplanarbeit seinen Arbeitsplatz so gestalten soll, dass er sich wohlfühlt.

Tab. 12-1 Vorlage für die Erstellung eines Strukturplans. In dieser Form wird der Strukturplan im Centrum für Psychosomatische Medizin/Bad Wiessee eingesetzt. Die Patienten werden gebeten den Strukturplan regelmäßig eine Stunde vor dem Zubettgehen auszufüllen.

Strukturplan Uhrzeit	Name: regelmäßige Tätigkeiten	außerordentliche Tätigkeiten	Datum: unvorhergesehene Ereignisse
6 bis 7 Uhr			
7 bis 8 Uhr			
8 bis 9 Uhr			
. . .			
1 bis 2 Uhr			

Der Patient (evtl. mit geschlossenen Augen) lässt den Tag vor seinem geistigen Auge Revue passieren. Dann beginnt er sich an das Aufwachen, das Aufstehen, die Morgentoilette, das Ankleiden, das Frühstücken usw. zu erinnern. Bei der Vorbesprechung wurde der Patient darauf hingewiesen, dass er bei diesen Erinnerungen darauf achten soll, was er wirklich in allen einzelnen Episoden erlebt hat. Es genügt also nicht, wenn der Patient in die letzte Spalte (unvorhergesehene Ereignisse) z. B. von 7 bis 8 Uhr Aufwachen einträgt, vielmehr sollte er hier mitteilen:

- wie er aufgewacht ist,
- wie schwierig es für ihn war, überhaupt seine Augen aufzumachen,
- welche Lust oder welche Unlust er dabei hatte,
- welcher Tatendrang oder welche Kraftlosigkeit plötzlich über ihn kam usw.

Ein Tag in stationärer Behandlung ist in die folgenden Abschnitte gegliedert:
- Morgenrituale (Aufwachen, Aufstehen, Morgentoilette, Ankleiden, Frühstücken)
- strukturierter Vormittag (Teilnahme an unterschiedlichen therapeutischen Verfahren)

12.1 Strukturplan

- Mittagsritual
- strukturierter Nachmittag (Teilnahme an unterschiedlichen therapeutischen Verfahren)
- Abendessenritual
- Abendgestaltung
- Zubettgehen

Die **Strukturplanarbeit** bedeutet, dass der Patient mit der Unterstützung seines behandelnden Arztes diese »täglichen Rituale« nach deren Sinn und Zweck hinterfragt. Der Patient soll herausfinden, ob diese Rituale so ablaufen, dass sie für ihn »stimmen«, für ihn »passen«, und ob sie ihm wirklich »gut tun«. Hinterfragt werden diese Rituale zunächst, was den Tagesablauf im Krankenhaus anbetrifft, später soll das Heimatmilieu miteinbezogen werden.

Ziel dieser Strukturplanarbeit ist, dass der Patient vor allem durch die einsetzende und fortschreitende **Selbstwertstabilisierung** durch seine Behandler seine so genannten »leeren Rituale«, also Gewohnheiten, zunächst identifiziert und dann in Frage stellt, um sie anschließend Schritt für Schritt außer Kraft setzen zu können. Diese »leeren Rituale« machen für den Patienten bei genauerer Betrachtung schon längst keinen Sinn mehr oder erfüllen bereits eine krank machende Funktion. Selbstverständlich kann der Arzt mit dem Patienten nur einige Tagesepisoden durchgehen und ihm die Technik beibringen, mit der der Patient später selbst die »leeren Rituale« in seinem Tagesablauf herausfindet und sie dann durch für ihn »stimmige Rituale« ersetzt. Vor allem in den Zeiten, in denen keine Behandlungen stattfinden, also samstags und sonntags, sollte sich der Patient auf die erlernte Weise mit der Strukturplanarbeit auseinandersetzen.

12.1.2 Beispiel für eine Therapeuten-Patienten-Interaktion bei der Strukturplanarbeit

Th.: Sie essen also gerne Spaghetti?
P.: Ja, sehr gerne.
Th.: Wie oft essen Sie Spaghetti?
P.: So oft es geht – beim Italiener immer.
Th.: Und andere Gerichte?
P.: Schon, aber Spaghetti gibt es ja in allen möglichen Variationen.
Th.: (Pause) Aber immer Spaghetti?
P.: Ja, möglichst.
Th.: Ist ein wenig einseitig, oder?
P.: Nein, wieso?
Th.: Immer Spaghetti?
P.: (gereizt) Ich kann doch essen, was ich will?!
Th.: Wollen Sie die Spaghetti oder können sie gar nicht anders als Spaghetti essen?
P.: Was soll denn jetzt diese Scheiße hier?
Th.: (etwas provokativ) Spaghetti – in allen Variationen?
P.: Wollen Sie mir jetzt die Spaghetti ausreden, oder was?
Th.: (bestimmt) Ich will wissen, wer die Spaghetti wirklich will! – Wir sitzen hier zusammen, weil es um ganz banale Alltagsgewohnheiten geht, die uns möglicherweise krank machen können – und das, ohne dass wir es im geringsten merken – das habe ich Ihnen zu Beginn unserer Arbeit genau erklärt. – Ob das was mit den Spaghetti zu tun hat, wird sich noch herausstellen.
P.: Ja, schon – aber ich verstehe nicht, was das sein soll. – Nur weil ich gerne Spaghetti esse, werde ich krank, oder? – Das ist doch ein Blödsinn.
Th.: Das weiß ich nicht – aber diese geilen Spaghetti könnten ein Weg sein, der uns dahin führt, wo ihre Krankheit begonnen hat. Wie lange geht das schon mit den Spaghetti?
P.: (ruhiger) Immer schon, so lange ich – da fällt mir ein – dass ich als Kind – meine Mutter musste arbeiten und ich – wir wohnten in einem Hochhaus im 7. Stock und nach der Schule freute ich mich (zögert) – es war ja sonst niemand da – meine Mutter war allein erziehend, einen Vater gab es nicht – meine Mutter hatte mir das Essen immer hergerichtet, damit ich es mir warm machen konnte – ja und das waren meist, weil das halt auch ganz einfach geht – das waren wirklich meist immer Spaghetti. (wirkt plötzlich sehr betroffen) – (leise) Scheiße – ich war immer allein.
Th.: Bis auf die Spaghetti – die waren immer da – und sie wussten, dass ihre Mutter ...

P.: Die kam meist erst viel später. – Sie meinen, dass das jetzt zusammenhängt, meine Vorliebe für Spaghetti und wenn ich mich so absolut minderwertig fühle.
Th.: Wenn Ihnen die Spaghetti gut tun, dann ist es doch in Ordnung.
P.: Ja schon, aber schauen sie mich doch an (weist auf seinen übergewichtigen Körper). Stimmt schon, ich ziehe mich lieber zurück und mampfe in mich hinein – nicht bloß Spaghetti – wie damals. Ich hockte stundenlang vor dem Fernseher und wartete bis meine Mutter kam und dabei stopfte ich alles Mögliche in mich hinein.
Th.: Merken Sie, dass ich jetzt da bin – bei Ihnen?
P.: (bejahend) mhh.
Th.: Und?
P.: Ja was, und? Es ist gut, aber ich kenn das nicht. Es ist schwierig für mich, wenn mich jemand so beachtet, wie Sie.
Th.: Tut es trotzdem gut?
P.: Ja schon, aber ...
Th.: (sehr bestimmt) Dann lassen Sie uns jetzt überlegen, was wir tun können, um Alternativen für diese Esserei zu finden – die ja immer dann über Sie kommt, wenn Sie sich allein und überflüssig fühlen.

Auf der Basis der tragenden, haltenden, entlastenden, stützenden, kreativen und narrativen Objektstützungen ist es ein repetatives, iteratives, teilweise auch direktives und manchmal etwas provokatives Vorgehen, bei dem der Psychotherapeut immer wieder auf unterschiedliche Weise und aus verschiedenen Blickwinkeln heraus, die jeweilige Gewohnheitsbildung des Patienten auf deren Sinn und vor allem auf deren Nützlichkeit hinterfragt.

Beginnt dann der Patient, seine »leeren Rituale« in Frage zu stellen, um sie dann auch außer Kraft zu setzen, reagiert er erfahrungsgemäß zunächst mit Angst. Was soll er denn jetzt tun, wenn sich das, was ihm über Jahre hinweg eine Art Sicherheit gegeben hat, plötzlich als Krankheitsursache herausstellt? Wie soll er in den Momenten der Not mit seiner Angst, mit seinem Schmerz, mit seiner Verzweiflung umgehen? Keinesfalls sollte er einfach »darüber hinweg gehen« oder, wie er das schon früher immer getan hat, einfach weiter seine »leeren Rituale«, also seine krank machenden Lebensgewohnheiten, ausleben. Der Patient wird von seinem Gesprächspsychotherapeuten in dieser Behandlungsphase sehr eindringlich aufgefordert, rechtzeitig – also bereits wenn er merkt, dass sich eine Krise anbahnt – auf seine Behandler zuzugehen, um sich bei ihnen über die Krisenintervention (s. unten) zu beruhigen.

12.1.3 Einsatz der Milieutherapie im Rahmen der Strukturplanarbeit

Milieutherapie allgemein

Aufgrund seiner Lebenstüchtigkeit ist der Mensch in der Lage, sein bio-psycho-soziales Gleichgewicht immer wieder aufs Neue herzustellen. Dadurch stehen im Normalfall bei einem gesunden Menschen seine Umweltkompetenz und die an ihn gerichteten Umweltanforderungen in einem Gleichgewicht. Anders ist es bei Menschen, die durch die schicksalhafte Entwicklung ihrer Krankheit z. B. in einem psychosomatischen Krankenhaus zusammengeführt werden, da sie ihren Umweltanforderungen nicht mehr gerecht werden können. Zwangsläufig entsteht hier eine vorübergehende Lebensgemeinschaft, bei der alle Beteiligten auf ärztliche, psychotherapeutische und pflegerische Hilfe so lange angewiesen sind, bis sie wieder ihr bio-psycho-soziales Gleichgewicht herstellen können. Diese zwangsläufige Lebensgemeinschaft der unterschiedlichen Patienten braucht ein therapeutisches Milieu, einen Lebensraum, der von Wärme, Geborgenheit, Freundlichkeit und mitfühlender Anteilnahme geprägt ist. Gleichzeitig brauchen die Patienten in dieser Lebensgemeinschaft aber auch eine Tages- und Wochenstruktur, die es ihnen ermöglicht, am vielfältigen Therapieangebot teilzunehmen. Auf der Basis von Akzeptanz, Respekt und Partnerschaftlichkeit werden die Patienten vor allem durch die Pflegekräfte, aber auch durch die anderen Therapeuten immer wieder aufgefordert an sämtlichen angeordneten Therapieverfahren teilzunehmen. Dabei sollen sie die Strukturplanarbeit, das Aktualitätstraining die sozialen Techniken aus dem Selbstsicherheitstraining, die sozialpädagogischen Trainingsmaßnahmen, die Entspannungs- und Bewegungsverfahren nicht nur lernen, sondern sie solange (vor allem samstags und sonntags) einüben, bis sie die geeigneten Therapieinstrumente vor allem nach der Entlassung auch zu Hause erfolgreich praktizieren können. Häufig fehlen bei den Patienten Einsicht und Bereitschaft, an der Gesunderhaltung aktiv mitzuarbeiten, da Medien und Konsum zur Passivität verführen. Es hat sich gezeigt, dass die reine Beratung und Verordnung oder Anweisung das Bewusstsein der eigenen Verantwortung wenig fördert. Die Angebote müssen konkret sein, sie müssen Freude und Spaß machen, um Eigeninitiative zu motivieren. Die Behandler müssen aber auch bereit sein, sich mit dem Patienten immer wieder im Sinne eines objektgestützten Konfliktverhaltens, in Orientierung an den dialogischen Beziehungsmodus, solange mit ihren Patienten auseinanderzusetzen, bis diese zumindest im Ansatz den Sinn ihrer Anweisungen nachvollziehen und sich dann auch daran halten können. Diese Hilfe zur Selbsthilfe, diese Ordnungstherapie, die auch das Verhalten der Patienten auf ihren Zimmern miteinbezieht, ist ein wesentlicher Teil der Milieutherapie und spielt bei der Strukturplanarbeit ebenfalls eine wesentliche Rolle.

Weitere Therapieinstrumente im Rahmen der Milieutherapie, die ebenfalls in der Strukturplanarbeit aufgegriffen werden, sind Krisenprävention, Krisenintervention und die objektgestützte Intervention.

Krisenintervention

Die Krisenintervention hat den Sinn, den Patienten auf den »Beziehungskorridor« hinzuführen, den dieser Patient in der Regel meidet, weil er in seiner bisherigen Geschichte im Kontakt mit Menschen nicht allzu gute Erfahrungen gemacht hat. Für diese Menschen ist es sehr schwer vorstellbar, dass durch ein Gespräch bei ihnen wirklich eine effektive Beruhigung eintreten kann. Der Grund dafür liegt meist in den vorausgegangenen und vor allem sehr frühen Beziehungserfahrungen, bei denen sich, aus welchen Gründen auch immer, kein guter zwischenmenschlicher Kontakt einstellte und deshalb auch kein für den Patienten spürbarer emotionaler Austausch stattfand. Ein Erfolg ist es, wenn es dem Patienten gelingt, die Krisenintervention trotz seines großen Widerstandes in Anspruch zu nehmen und er dabei feststellt, dass er dadurch immer weniger der Zwangsläufigkeit seiner Symptombildungen ausgeliefert ist. Da sich dieser effektive zwischenmenschliche Kontakt nicht von heute auf morgen entwickelt, wird der Patient zunächst immer wieder Schwierigkeiten mit der Krisenintervention haben.

Objektgestützte Intervention

Neben der Krisenintervention sollte der Patient auch zur objektgestützten Intervention aufgefordert werden. Auch sie findet im Rahmen der Milieutherapie statt. Die objektgestütze Intervention greift erst, wenn der Patient im Laufe der Behandlung bereits eine für ihn spürbare Selbstwertstabilisierung durch seine Behandler erlebt hat. Dabei soll es dem Patienten möglich werden, nicht nur in sich anbahnenden Krisen auf seine Behandler zuzugehen, um hier ohne Medikamente ruhiger zu werden. Er sollte seine Behandler vor allem deshalb aufsuchen, weil es ihm inzwischen ein Bedürfnis ist, seinen Behandlern das mitzuteilen, was er gerade im Moment aus sich selbst heraus in der Lage ist zu leisten.

Weil es sich dabei um ein Mitteilungsbedürfnis handelt, das in erster Linie Kindern zu eigen ist, die ihren Eltern mitteilen wollen, was sie gerade »alleine« und »selbst« machen können, ist diese objektgestützte Intervention für die »erwachsenen« Patienten zunächst äußerst schwierig durchzuführen. Viele Patienten schämen sich für ihr plötzlich auftauchendes, spontanes, kindliches Mitteilungsbedürfnis. Diese für die Persönlichkeitsentwicklung so wichtigen affirmativen Erfahrungen kamen bei vielen Patienten in ihrer Frühentwicklung und auch später zu kurz oder fanden gar nicht statt. Deshalb gilt es, den Patienten immer wieder neu zu motivieren, dass er vor allem dann mit seinen Behandlern in Kontakt tritt, wenn er feststellt, dass z. B. sein Beeinträchtigungsgrad für ihn spürbar nachlässt, er sich im Moment »freier«, »unabhängiger« fühlt und er mehr als sonst imstande ist, etwas zu machen, was er bisher mit dieser »persönlichen Hingabe« noch nie konnte. Auf jeden Fall sollte der Patient mit dieser für ihn noch neuen und ungewohnten Fertigkeit zu seinen Behandlern gehen und sich diese »neue Erfahrung« von ihnen bestätigen lassen. Meist handelt es sich um ein schönes, kurzes Erleben, durch das beim Patienten echte Lebensfreude aufgekommen ist, oder es ist ihm z. B. in der Körperpsychotherapie oder Gestaltungspsychotherapie etwas gelungen, was er vorher nicht für möglich gehalten hätte.

Es ist eine Grundannahme in der Objektgestützten Psychodynamischen Psychotherapie, dass sich der Patient durch dieses objektgestützte Vorgehen besser rückhaltgebend mit den »guten Erfahrungen« und den oft damit einhergehenden »neuen Fertigkeiten« identifizieren kann. Auf diesem Behandlungsweg kann der Patient fähig werden, das so Erlernte auch immer wieder ohne Schwierigkeiten zu reproduzieren. Dies erfordert aber oft einen längeren »Behandlungsweg«.

Hier greift wieder die Strukturplanarbeit an: Durch die vorausgegangenen korrigierenden Erfahrungen beginnt sich zwar das Selbstwerterleben des Patienten zu stabilisieren, dabei stellt er aber immer öfter fest, dass er mehr und mehr von seinen Behandlern abhängig geworden ist und er sich in der Umsetzung seines sozialresonanten Anpassungsverhalten ausgesprochen unsicher ist. Trotz seines stabilisierten Selbstwertelebens braucht er Zeit, dieses **sozialresonante Verhalten** stabil einzuüben, damit er es auch erfolgreich in die Tat umsetzen kann. Diese therapieinduzierte Verhaltensunsicherheit kann auch dazu führen, vor allem dann, wenn sich der Patient kaum auf die milieutherapeutischen Verfahren einlassen konnte, dass es zu einer negativen Therapiereaktion kommt. Er macht die Behandler für seine krankhaften Störungen verantwortlich und lässt sich von dieser ich-syntonen Betrachtungsweise nicht mehr abbringen. Sollte sich so eine Behandlungsentwicklung nicht auflösen lassen, ist die baldige Beendigung der Behandlung einzuleiten. Meist tritt aber der Fall ein, dass die therapieinduzierte Verhaltensun-

sicherheit zu einer zusätzlichen Motivierung des Patienten führt, sich noch effektiver auf die Behandlung einzulassen.

Gemeinsam mit dem Psychotherapeuten werden jetzt im Laufe der Strukturplanarbeit anstelle der »leeren Rituale« neue Verhaltensmöglichkeiten miteinander entwickelt und auch »ausprobiert«, bis sich der Patient selbst zutraut, dieses »Probehandeln« auch im Klinikalltag in die Tat umzusetzen. Tauchen in dieser Behandlungsphase beim Patienten Erinnerungen aus seiner Kindheit auf (was erfahrungsgemäß häufig der Fall ist), soll der Patient in seinem Behandler einen aufmerksamen, einfühlsamen Zuhörer finden. Der Behandler sollte jemand sein, der ihn wirklich ernst nimmt, der zuhört, um seinen Patienten emotional zu entlasten, aber im Moment nicht näher auf diese Erinnerungen eingeht, diese Erinnerungen also nicht thematisiert. Thema ist, inwieweit sich die lebensnotwendigen objektgestützten Erfahrungen, die der Patient in seiner Frühentwicklung entbehrte, im Laufe der psychosomatischen Grundbehandlung in seinem neuronalen Anpassungssystem speicherten und inwieweit diese korrigierenden Erfahrungen über sein mentales Anpassungskonzept für ihn jetzt spürbar (rückhaltgebend) in Kraft treten und sich dadurch die krankhaften Störungen bessern lassen. Da im letzten Drittel der Behandlung, unterstützt durch das Aktualitätstraining, die Trauerarbeit des Patienten forciert wird, können nun vermehrt identifikatorische Prozesse stattfinden. Es sind objektgestützte, an seine Behandler gebundene positive Episodenkontexte, die sich in seinem Selbstsystem speichern und ihm über sein Selbstkonzept nicht nur als größere Selbstsicherheit und als deutlich physiologischeres Selbstbild bewusst werden, sondern er verfügt jetzt auch über eine deutlich spürbare Selbstwirksamkeit.

12.1.4 Technik der Strukturplanarbeit

Einführungsgespräch

Vor Beginn der Strukturplanarbeit sollte ein Gespräch mit dem Patienten stattfinden, in dem der

12.1 Strukturplan

Sinn und Zweck der Strukturplanarbeit erläutert wird. Dem Patienten sollen vor der Durchführung der Strukturplanarbeit auf einfachste Weise die wissenschaftlichen Grundlagen, auf denen die Strukturplanarbeit aufgebaut ist, aufgezeigt werden (s. auch Aktualitätstraining, S. 270).

- Der Gesprächspsychotherapeut weist den Patienten auf zwangsläufige, sinnlose und oft krank machende Gewohnheiten (**Rituale**) hin, die wenig mit ihm selbst zu tun haben. Der Gesprächspsychotherapeut kann hier einfache Beispiele aufzeigen, die deutlich machen, dass einige Gewohnheitsbildungen schon sehr früh in der Kindheit entstanden sind oder später aus der Not geboren wurden. Genau genommen haben diese Gewohnheitsbildungen schon lange keinen Sinn mehr, aber der Patient wiederholt sie täglich, weil ihm der Zwangscharakter dieser Gewohnheitsbildungen kaum mehr bewusst wird.
- Der Behandler weist den Patienten auf den »**Regiesessel**« hin, in dem jeder Mensch sitzen soll, um sein Leben so in Szene zu setzen, wie er es für sich gut findet, wie es für ihn passt und für ihn stimmt. Es ist möglich, dass man jeden Tag aufs Neue versucht mit dem Einsatz, der einem gerade zur Verfügung steht, bestimmte Gewohnheitsbildungen zunächst einmal in Frage zu stellen. In einem nächsten Schritt kann der Patient entscheiden, ob ihm die »Statistenrolle«, die er gerade in seinem Leben einnimmt, zusagt, oder ob er bereit ist, aus dieser Zwangslage mithilfe der Behandlung herauszufinden.
- Die Strukturplanarbeit orientiert sich am **Realitätsprinzip**. Dabei geht es zunächst nicht darum, alles Altgewohnte außer Kraft zu setzen, nur weil einem plötzlich etwas Besseres in den Sinn gekommen ist. Wesentlich ist, zuallererst »Platz zu nehmen« in dem »Regiesessel«, also Verantwortung für sein Leben zu übernehmen (»*Ich bin verantwortlich, dass es mir derzeit so gut geht, wie es mir geht.*«) Erst aus dieser inneren Einstellung heraus werden Veränderungen möglich.
- Ein weiteres Bild, mit dem man gut arbeiten kann und das einleuchtet, ist das »**Schattenbild**«. Bei der Arbeit mit dieser Metapher nimmt der »Schatten« eine Gestalt an, der Einfluss nehmen kann auf das Denken, Fühlen, Befinden, die Stimmung, sogar auf das Handeln. Es ist ein vereinfachtes Bild, das aufzeigen soll, wie seine Lebensgeschichte in das alltägliche Leben des Patienten hineinwirken kann und ihm entweder immer wieder neuen Mut und Sicherheit geben kann oder er sich, »weil er nicht gut beschattet wird«, mutlos und selbstunsicher erlebt. Durch die psychotherapeutische Behandlung, die sich ja auch, wie seine Lebensgeschichte, im Gedächtnis niederschlägt und einprägt, allerdings mit unterschiedlicher Betroffenheit, kann der Patient kraft der psychotherapeutischen **Hilfs-Ich-Funktion** Einfluss nehmen auf seine »Schattenseiten«. Durch die psychotherapeutische Behandlung besteht eine Chance, die krank machenden Gewohnheitsbildungen, die aus der Lebensgeschichte des Patienten heraus immer wieder wirksam werden und ihn sprichwörtlich »überschatten«, Zug um Zug außer Kraft zu setzen.

Grundregeln

- Der Strukturplan soll jeden Tag eine Stunde vor dem Schlafengehen geschrieben werden. Dabei ist es wichtig, den Patienten darauf hinzuweisen, dass diese Strukturplanarbeit, wenn sie ordentlich durchgeführt wird, tatsächlich ca. eine Stunde in Anspruch nehmen wird. Deshalb macht es Sinn, sich innerlich positiv darauf einzustimmen, damit es nicht zum »notwendigen Übel« wird. Man kann dem Patienten mitteilen, dass es sich beim Ausfüllen des Strukturplans ähnlich verhält wie beim Schreiben eines Tagebuchs. Damit sich der Patient bei dieser Arbeit wohl fühlen kann, ist es wichtig, dass er sich diese Zeit wirklich frei hält und sich am besten etwas zum Trinken oder eine Kleinigkeit zum Essen zubereitet und zwischendurch eine Pause macht. Letztlich soll dieses Strukturplanschreiben als neues Ritual in seinen Tagesablauf eingehen.
- Der Strukturplan soll das lebendige Leben des Patienten widerspiegeln und auf keinen Fall auf stereotype Floskeln reduziert werden (wie z. B. bin aufgestanden, habe mich gewaschen,

habe zu Mittag gegessen, bin spazieren gegangen oder habe Zeitung gelesen usw.).
- Um diesem Anspruch gerecht zu werden, soll der Patient vor dem Erstellen des Strukturplans seinen Tag Revue passieren lassen. Erst danach werden die Ergebnisse dieser Rückschau in die 3. Spalte (unvorhergesehene Ereignisse) des Strukturplans eingetragen (s. Tab. 12-1). Die beiden vorderen Spalten bleiben zunächst frei.
- Der Arzt greift eine oder zwei Stunden dieses Strukturplans heraus und fordert seinen Patienten auf, diese Episoden noch einmal genauer zu erzählen, damit auch er sich ein Bild machen kann, was in dieser Zeit beim Patienten abgelaufen ist. Beschreibt der Patient, was er in diesen Stunden erlebt hat, konzentriert sich der Gesprächspsychotherapeut auf diese Erzählungen seines Patienten, um eine möglichst klare Vorstellung von dem zu bekommen, was sich in diesen Stunden beim Patienten abgespielt hat. Deshalb wird er auch öfter nachfragen und den Patienten immer wieder auffordern, noch mehr Details zu berichten. Erst wenn der Gesprächspsychotherapeut in etwa nachvollziehen kann, was der Patient in diesen Episoden wirklich erlebt hat, wird er näher auf diese Geschichte eingehen und seinen Patienten fragen, ob der Verlauf dieser Episode für ihn so in Ordnung war, für ihn stimmte, ihm passte und sie ihm auch gut getan habe. Erfahrungsgemäß wird sich der Therapeut nicht mit einer Antwort des Patienten zufrieden geben und so lange nachfragen, bis sich sowohl bei ihm als auch beim Patienten ein stimmiges Gefühl eingestellt hat. Da es sich hierbei um konstruierte Konflikte handelt, die der Therapeut seinem Patienten abverlangt, kann es durchaus zu vehementen Reaktionen des Patienten kommen, mit denen der Therapeut rechnen muss und auf die er in jedem Fall vorbereitet sein sollte. Der Gesprächspsychotherapeut soll sich in jedem Fall immer wieder daran erinnern, dass es sich zwar um krank machende Gewohnheitsbildungen handelt, der Patient aber schon seit Jahrzehnten mit diesen Gewohnheitsbildungen lebt und sie ihm auch lange Zeit eine Art Sicherheit gegeben haben. Das heißt, die Strukturplanarbeit in ihrer ganzen Schärfe sollte erst dann eingesetzt werden, wenn sich mit der Zeit über eine anfängliche Selbstwertstabilisierung eine für den Patienten spürbare **Selbstwerthomöostase** zu seinem Psychotherapeuten entwickelt hat und er jetzt in der Lage ist, sich an dessen Hilfs-Ich-Funktion effektiv zu halten. Beginnt der Patient seine krank machenden Gewohnheiten in Frage zu stellen, geht es in einem zweiten Schritt um das »Probehandeln«. Das angestrebte sozialresonante Verhalten kann sich der Patient eventuell über **Modelllernen**, gegebenenfalls auch über **Imitation** aneignen.
- Die Ergebnisse dieser Verhaltensexperimente werden in die mittlere Spalte (außerordentliche Tätigkeiten) eingetragen.
- Hat der Patient mit seinem Gesprächspsychotherapeuten ein für sich stimmiges Verhalten entwickelt, ein Verhalten, das er zunächst auch zu Hause weiterführen möchte, soll es in die erste Spalte (regelmäßige Tätigkeiten) eingetragen werden. Dabei spielen die Tagesabschnitte: Aufwachen, Aufstehen, Morgentoilette, Frühstück, Mittagessen, Abendessen und Abendgestaltung eine zentrale Rolle. Diese Tagesabschnitte werden meist nicht nur von jedem Einzelnen individuell gestaltet, sondern haben oft auch starke kollektive und moralische Prägung. Einige Beispiele für die moralische Prägung sind: »Morgenstund hat Gold im Mund.«, »Ein Gebet am Morgen nimmt Kummer und Sorgen.«, »Der frühe Vogel fängt den Wurm.«, »Wer langsam ist, der arbeitet auch langsam.« usw. Beim Hinterfragen dieser Tagesabschnitte können Verhaltensstrukturen und Gewohnheiten (Rituale) zum Vorschein kommen, die sehr viel über die Frühentwicklung des Patienten aussagen können.
- Ist nach Wochen oder Monaten der Strukturplanarbeit der Patient bei der ersten Spalte (regelmäßige Tätigkeiten) angekommen, kann er, wenn er mit seinem Strukturplanschreiben des abgelaufenen Tages fertig ist, den leeren Strukturplan für den kommenden Tag rechts daneben legen und dort die inzwischen erarbeiteten, für ihn stimmigen Rituale auch hier in die Spalte »regelmäßige Tätigkeiten« über-

12.1 Strukturplan

tragen. Dabei sollte sich der Patient immer wieder die Frage stellen, ob diese »Rituale«, um die sich in Zukunft sein Leben drehen soll, inzwischen also eine Art Achsenfunktion haben, nach wie vor für ihn stimmen, passen und ihm gut tun. Eine Veränderung ist jederzeit möglich.

- Die mit dem Patienten erarbeitete Strukturplanarbeit für die Zeit nach der Entlassung muss in jedem Fall mit den Eltern bzw. Angehörigen des Patienten in seinem Beisein besprochen werden. Dabei geht es um folgende grundlegende Verhaltensmaßnahmen:
  - Absprachen, in welchen Zeitabständen ein Treffen mit den Eltern bzw. Angehörigen des Patienten stattfinden soll. Dabei ist wichtig, dass sich alle Parteien zuverlässig auf diese Zeitfestlegung einigen.
  - Absprache, an welchem Tag, zu welcher Uhrzeit und wie lange dieses gemeinsame Treffen stattfinden soll.
  - Absprache, dass im Zeitintervall keine Begegnungen, gleich welcher Art (z. B. Telefonate, Briefe, kurze, zufällige Besuche usw.) stattfinden sollen; außer es handelt sich um außerordentliche Ereignisse wie Krankheit, polizeiliche Aufforderung usw.
  - Gelegentliche Übertretungen sollen – von beiden Seiten – sehr freundlich zurückgewiesen werden, z. B. mit dem Argument, dass man ja zu dem abgesprochenen Termin alles besprechen kann.
  - Absprachen für das gemeinsame Treffen:
    - keine Gespräche über die Erkrankungen des Patienten, vor allem keine Streitgespräche über diese Erkrankung
    - keine Gespräche über Persönliches – vor allem keine Streitgespräche über Persönliches
    - über alles Alltägliche und Allgemeine kann gesprochen und diskutiert werden
  - Beiden Parteien ist klar, dass dies ein sehr »künstliches«, aber »medizinisch notwendiges« Vorgehen ist.
  - Beide Parteien können sich darauf einigen, dass diese Verfahrensweise eine Möglichkeit ist, die notwendige Loslösung aus einer derzeit für alle zu festen »pathologischen« Bindung in die Tat umzusetzen.

Therapeuten-Patienten-Interaktion

Im Folgenden werden Beispiele und Anregungen für die Therapeuten-Patienten-Interaktion bei der Strukturplanarbeit gegeben.

Aufwachen

- Wie wachen Sie auf?
- Öffnen Sie gleich Ihre Augen oder liegen Sie zunächst nur mit geschlossenen Augen da und fühlen die Wärme Ihres Bettes um sich?
- Empfinden Sie diese Wärme als wohlig, unangenehm oder gar nicht?
- Erleben Sie sich von Ihrer Bettdecke getrennt oder gehen Sie in ihr auf?
- Wie fühlen Sie sich in Ihrem Körper?
- Fühlen Sie sich in Ihrem Körper wohl? – welche Gefühle kommen in Ihnen auf, wenn Sie beim Aufwachen an Ihren Körper denken?
- Welche Stimmung kommt in Ihnen auf, wenn Sie im Bett ans Aufstehen denken?
- Strecken Sie sich? – Wollten Sie sich im Bett strecken und können sich dazu aufraffen? (Viele Tiere strecken sich beim Aufwachen z. B. Katzen oder Hunde?)
- Welche Weckrituale haben Sie?
- Brauchen Sie einen Wecker?
- Ist das Weckgeräusch für Sie angenehm?
- Haben sie sich schon einmal Gedanken gemacht, ob das Bett, in dem Sie liegen, so in Ordnung ist?
- Ist die Matratze richtig?
- Liegen die Kissen richtig?
- Wie ist das mit der Bettdecke?
- Merken Sie, dass Ihr Bett der körpernächste Bereich ist oder kommt Ihnen das gar nicht in den Sinn?
- Wie ist das mit dem weiterliegenden Bereich: das Zimmer mit seinen Wänden?
- Steht das Bett in Ihrem Zimmer so, wie Sie das gerne haben wollen?
- Wie ist das mit dem Schrank und der sonstigen Einrichtung im Schlafzimmer?
- Wie erleben Sie das Fenster, wenn Sie aufwachen?
- Haben Sie Vorhänge vor Ihrem Fenster oder nicht?
- Finden Sie Ihre Vorhänge angenehm?

- Inwieweit ist alles um das Bett herum für Sie stimmig und in Ordnung?
- Zu welcher Tageszeit wollen Sie eigentlich wirklich aufstehen?
- Steht für Sie die Aufwachzeit fest, ändern Sie sie von Mal zu Mal oder haben Sie sich darüber noch gar keine Gedanken gemacht?

Aufstehen

- Wie stehen Sie auf? Schnell oder langsam?
- Gehen Sie nach dem Aufstehen erst ein wenig im Zimmer herum oder nicht?
- Würden Sie gerne ein wenig im Zimmer herumgehen oder ist das abwegig für Sie?
- Würden sie eventuell nach dem Aufstehen gerne herumgehen, zunächst aus dem Fenster schauen, eventuell Übungen machen oder nicht?
- Manche Menschen wollen sofort, wenn sie aufwachen, einen Kaffee trinken. Sie schalten ihre Kaffeemaschine ein oder sie wollen sofort Radio hören. Wie ist das bei Ihnen?
- Wollen sie vielleicht rausgehen zum Joggen oder etwas anderes machen?
- Wollen Sie mit Ihrem Partner, der neben Ihnen schläft, Kontakt aufnehmen oder nicht? usw.

Morgentoilette

- In welchem Ablauf und Rhythmus findet Ihre Morgentoilette statt?
- Duschen oder Baden, dann Zähneputzen, dann Haare richten usw. oder ist der Ablauf bei Ihnen ganz anders?
- Achten Sie auf Ihre Zahnbürste, ob das noch die Richtige ist? Passt die Zahnbürste zu Ihnen? Tut sie Ihnen gut? Stimmt sie für Sie?
- Wie ist das mit der Zahnpasta? Schmeckt sie Ihnen oder achten Sie gar nicht darauf?
- Duschen Sie? Achten Sie dabei darauf, ob das Wasser genau die richtige Temperatur für sie hat? Oder sind Sie beim Duschen mit Ihren Gedanken ganz woanders?
- Wenn Sie Ihre Haare föhnen, halten Sie dann ihren Föhn zu nah am Kopf und es wird heiß? Oder zu weit weg, dass es kalt wird? Oder achten Sie darauf, dass der Föhn genau den richtigen Abstand zu Ihrem Kopf hat und die Wärme entsteht, die sie als angenehm empfinden?
- Wie duschen Sie sich? Nehmen sie dabei Kontakt zu Ihrem Körper auf? (Die einzelnen Tätigkeiten beim Duschen sollen möglichst genau hinterfragt werden, immer mit der Zielrichtung, ob das, wie es der Patient handhabt, für ihn wirklich stimmt, passt oder ihm gut tut.)

Ankleiden

- In welcher Reihenfolge kleiden Sie sich an? In welcher Geschwindigkeit?
- Suchen Sie sich Ihre Kleidungsstücke bewusst aus oder nehmen Sie das Nächstbeste?
- Überlegen Sie sich, welchen Eindruck Sie auf Ihre Mitmenschen machen mit der Kleidung, die Sie anziehen?
- Haben Sie ein Bild von Ihrem Aussehen?
- Achten Sie auf Ihre Unterwäsche? Ob sie sich an Ihrem Körper angenehm anfühlt?
- Wie oft wechseln Sie Ihre Kleidungsstücke?
- Welche Wünsche haben sie bezüglich Ihrer Kleidung?
- Welche Kleiderwünsche haben Sie schon in die Tat umgesetzt und warum?
- Welche Farbe tragen Sie gerne oder würden Sie gerne tragen?
- Wie stehen Sie zu modischer Kleidung?
- Haben Sie Ihren Kleidungsstil schon einmal radikal geändert?

Frühstück

- Wie frühstücken Sie?
- Lassen Sie sich Zeit oder läuft das Frühstücken wie automatisch ab, ohne dass Sie genauer darauf achten, was Sie essen?
- Was trinken Sie am liebsten? – Kaffee, Kakao, Tee, Saft usw.?
- Ist Ihnen schon einmal in den Sinn gekommen, zu hinterfragen, warum Sie dieses oder jenes beim Frühstück zu sich nehmen?
- Können Sie sich auf Ihr Frühstück konzentrieren oder denken Sie beim Frühstücken schon immer an das Nächste, z. B. dass Sie gleich von zu Hause fortgehen, in den Bus einsteigen usw.?
- Sind Sie beim Frühstücken mit dem Kopf schon bei Ihrer Arbeitsstelle?
- Welche Bedeutung hat für Sie das Frühstück?

12.1 Strukturplan

- Frühstücken Sie überhaupt oder essen Sie erst viel später etwas?
- Machen Sie sich am Morgen ein Pausenbrot für die Arbeit?
- Haben Sie sich dabei überlegt, was sie wirklich gerne essen und was Ihnen schmeckt?

Mittagessen

Genauso hinterfragen, wie bei »Frühstück« aufgeführt.

Abendessen

Genauso hinterfragen, wie bei »Frühstück« aufgeführt.

Abendgestaltung

- Überlegen Sie sich überhaupt, wie Sie Ihren Abend gestalten wollen oder lassen Sie alles wie immer auf sich zukommen?
- Welche Rolle spielt das Fernsehen?
- Suchen Sie ein Fernsehprogramm heraus oder zappen Sie einfach durch alle Fernsehsender?
- Haben Sie sich Gedanken gemacht, wie Sie die Zeit nach dem Abendessen bis zum Zubettgehen gestalten oder finden Sie so eine Gestaltung einengend und zwanghaft?
- Telefonieren Sie oft mit Freunden?
- Wollen Sie in dieser Zeit mit anderen Menschen zusammen sein oder nicht?
- Gehen Sie gerne ins Kino?

Der Vormittag und der Nachmittag werden in der Klinik meist durch die jeweiligen Therapieverfahren strukturiert.

12.1.5 Verbatim-Protokoll einer Sitzung aus der Strukturplanarbeit

Th.: Wann sind Sie heute aufgewacht?
P.: Ich bin um 7:00 Uhr aufgewacht. Da machte dann Silke auch schon immer so rum, und ich warte bis die weg ist.
Th.: Wie lange dauert das?
P.: Ach so eine Viertelstunde.
Th.: Dann sind Sie also früher aufgewacht als 7:00 Uhr, so um 6:45 Uhr, und Sie sind nicht von sich aufgewacht, sondern die Silke hat sie aufgeweckt.
P.: Ja, ja, da hatte ich dann innerlich schon wieder so eine Unruhe. Ich habe ja mitbekommen, wie die da so rumläuft im Zimmer, wie ein Roboter. Ich weiß, sie kann nichts dafür, aber es macht mich wahnsinnig.
Th.: Sie liegen also im Bett und ärgern sich, sind unruhig, könnten aus der Haut fahren?
P.: Ja genau.
Th.: Und was können Sie da machen?
P.: Ja, ja – ich weiß schon, Aktualitätstraining (vgl. S. 270) – ich hab's ja auch versucht, versucht Sie festzuhalten, ich wusste ja, dass Sie an diesem Tag kommen, aber da war nichts Bestimmtes.
Th.: Also Sie standen vor 7:00 Uhr schon ganz schön unter Strom. Und wenn ich mich da so einfühle, hat das etwas mit Angst, Verzweiflung zu tun, was Sie da erlebt haben im Bett.
P.: Ach ja, ich ging dann zum Fiebermessen.
Th.: Warten Sie – wann haben Sie denn begonnen mit dem Aktualitätstraining?
P.: Ach, ich weiß nicht, ich weiß überhaupt nicht, wie ich das machen soll. Ach ja, ich hab dann begonnen ... und dann war das eben so, wie ich Ihnen gesagt habe – alles so, so unbestimmt, so vage.
Th.: Sie wissen, wie das Aktualitätstraining funktionieren kann.
P.: Ja, ich weiß schon, mit Vergegenwärtigung und so.
Th.: Ja und, hat es funktioniert?
P.: Nein. Es war halt so wie ich gesagt habe.
Th.: Meinen Sie, wenn Sie jetzt so nachdenken und diese ganze Geschichte mit dem Aufwachen und der Silke, die da rumläuft, noch mal so anschauen, meinen Sie, dass Sie das Aktualitätstraining rechtzeitig eingesetzt haben?
P.: (bestimmt und ärgerlich) Nein, sicher nicht, da war ich ja schon auf 100, als mir eingefallen ist, dass Sie heute in die Klinik kommen.

Th.: Also schauen wir uns das nochmals in Zeitlupe an. Sie wachen um viertel vor sieben auf, vielleicht waren es Geräusche, vielleicht war es irgendetwas anderes. Und dann, wenn Sie aufwachen, merken Sie, wie die Silke im Zimmer rumläuft.

P.: Genau so wie ein Roboter.

Th.: Und da sind Sie doch schon dabei, sich ganz schön aufzuregen.

P.: Und wie (Pause). Ja genau, da hätte ich bereits das Aktualitätstraining einsetzen müssen. Vielleicht hätte es dann gerade noch geklappt.

Th.: Und was hätten Sie da tun müssen?

P.: Na ja, Sie halt herholen.

Th.: Wen herholen?

P.: Na ja, Sie und den Rogers.

Th.: Ja und dann?

P.: Ja dann wäre ich zumindest nicht mehr so dem Herumwuseln von der Silke ausgeliefert gewesen. Dann wären Sie bei mir gewesen.

Th.: Und möglicherweise hätte sich die Aufregung in Grenzen gehalten.

P.: Ja, das kann ganz gut möglich sein. Dann hätte ich ja auch an etwas anderes gedacht als an diese Roboterin.

Th.: Und jetzt wären wir aufgetaucht in Ihrer Erinnerung, Sie hätten es mit uns zu tun gehabt. Wir hätten Ihnen Mut machen können.

P.: Ach ja, aber so weit kommt's bei mir ja gar nicht. Bei mir geht's ja sofort tü-tü-tü (und dabei macht sie spiralenförmige Bewegungen nach oben).

Th.: Stopp. Fest steht, wenn Sie sich rechtzeitig ein Bild von uns beiden machen – also Sie wachen auf, merken, dass Sie unruhig sind und in dem Moment holen Sie uns her –, spüren Sie, dass wir Ihnen beistehen. Wenn das rechtzeitig gelingt, sind Sie nicht mehr der Panik ausgeliefert – macht es nicht mehr tü-tü-tü.

P.: (denkt nach) Ja ja – ich muss es einfach rechtzeitig machen.

Th.: Genau – wie ginge es denn weiter, vorausgesetzt Sie hätten es rechtzeitig gemacht, das Aktualitätstraining.

P.: Na ja, dann hätte ich schon mal so eine Art Sicherheit gehabt, aber das kann ich eben nicht. Ich komm' immer zu spät drauf. Wissen Sie eigentlich, was dann in so einem Moment in mir los ist. Haben Sie da eine Ahnung, wie es da in mir zugeht? Pah!

Th.: Ja, selbstverständlich habe ich eine Ahnung davon. Ich weiß, was in dem Moment in Ihnen los ist, das ist Panik. Aber, Frau C. – das passiert dann, wenn es schon zu spät ist, wenn Sie das Aktualitätstraining eben zu spät einsetzen.

P.: Ja, ja, ja.

Th.: Das ist so. Bitte schauen Sie mich an, Frau C. Bitte, hier bin ich. Das ist so, wie wenn ein Zug anfährt, und Sie merken das sofort. Und in dem Moment steigen Sie auf das Trittbrett und gehen in den Zug rein. Kein Problem. Je länger Sie warten und je länger Sie mitlaufen mit dem Zug, umso schwieriger wird es aufzusteigen und in den Zug reinzukommen. Das sofortige Einsteigen ist das Aktualitätstraining.

P.: Ja, ich hab's jetzt begriffen, ich muss es rechtzeitig machen.

Th.: Ja! Wie geht's dann weiter.

P.: Was geht weiter?

Th.: Das Aktualitätstraining. Was kommt nach dem Vergegenwärtigen, also dem Erleben, dass jetzt einem jemand beisteht.

P.: Ja, ja, dann soll ich mich ganz auf das einstellen, wo ich momentan bin.

Th.: Ja, ganz genau. Und weiter?

P.: Ach ja, und dann?

Th.: (ruhig) Was dann?

P.: Das weiß ich jetzt auch nicht. Ich kann das ja überhaupt noch nicht und überhaupt wollte ich heut' über ganz was anderes sprechen. Kann ich am Samstag nach Hause fahren?

Th.: Frau C., was kommt nach dem Vergegenwärtigen?

P.: Ahhhh (Patient fällt in sich zusammen, legt ihren Kopf auf beide Knien, hält die Hände darunter und schüttelt sich immer hin und her).

Th.: Frau C., bitte richten Sie sich jetzt wieder auf und schauen Sie mich an. (Patientin wackelt immer noch hin und her, beginnt sich aber langsam aufzurichten).

12.1 Strukturplan

Th.: Frau C., bitte richten Sie sich auf und schauen Sie mich an. Ich sitz' hier.
P.: (richtet sich langsam wieder auf und nimmt Blickkontakt zum Therapeuten auf). Ja, ich weiß schon.
Th.: Es geht immer noch um das Aufwachen. Und es geht darum, dass Sie eben nicht in Panik, nicht in tü-tü-tü (der Therapeut macht die Spirale nach oben) kommen.
P.: Ja, ich weiß.
Th.: Also, Sie wachen auf, holen uns her.
P.: Ja.
Th.: Und dann nehmen Sie sich vor: Bleib bei der Sache. Und das ist immer das, was momentan der Fall ist. Was wäre das denn gewesen, heute früh?
P.: Ich habe diese blöde Gans die ganze Zeit im Zimmer auf- und ablaufen hören.
Th.: Das ist eines von vielen Sachen.
P.: Ja, was gibt's da noch.
Th.: Da gibt es also nichts außer dem ewigen Hin- und Herlaufen von Silke? Hin und her und her und hin und hin und her – sonst nichts (provokativ)?
P.: Ja, genau (beginnt langsam etwas zu lächeln).
Th.: Also es gibt nichts sonst.
P.: Ja, schon.
Th.: Was?
P.: Ah, mein Bett.
Th.: Ja, ganz genau. Und was ist mit dem Bett.
P.: Ja und da liege ich eben drin.
Th.: Und da könnte man sich z. B. so richtig strecken. Man könnte aufwachen und in seinen Körper hineingehen und sich strecken. Wie wär' das.
P.: Ja, schon. Wäre schon was.
Th.: Und dann spüre ich meine Beine, die sich strecken, meine Arme, meinen ganzen Körper, wie es weh tut, wie es gut tut, und es dreht sich in dem Moment alles um meinen Körper.
P.: Mhhh, aber den mag ich ja gar nicht so.
Th.: Aber in dem Moment dreht sich eben alles um diesen Körper. Auch wenn man ihn nicht mag. Da ist ein Bild, ein klares Bild vor den Augen. Und wo ist die Silke.
P.: Ach, die ist mir dann scheißegal.
Th.: Ja, weil Ihre ganze Aufmerksamkeit bei Ihrem Körper ist. Was gibt es noch für ein Bild beim Aufwachen?
P.: Ja das Bett, die Bettdecke, die mag ich ganz gern, wenn ich sie mir über den Kopf zieh'.
Th.: Ja, wieder ein Bild. Die Bettdecke, die warm macht, einen schützt.
P.: Und dann hör' ich manchmal draußen die Vögel zwitschern.
Th.: Ja, wieder ein neues Bild.
P.: Also ich bin dann aufgestanden, ich weiß nicht mehr wie, die Silke war dann auch weg, bei der Schwester hab ich dann Fieber gemessen und da gab's keinen großen Unterschied zwischen Mundmessen und im Hintern. Ich glaub' dass meine Bauchschmerzen nichts mit einem Blinddarm zu tun haben. Aber es tut ganz schön weh, jetzt auch immer noch.
Th.: Und was kam nach dem Fiebermessen?
P.: Duschen.
Th.: Wie lange?
P.: Oh, nicht lange. Ich hab' dann noch ein bisschen im Zimmer gewartet, und dann ist um halb acht Uhr Blut abgenommen worden.
Th.: Und wie war das?
P.: Ohne Probleme.
Th.: Und dann?
P.: Dann habe ich mir die Haare geföhnt.
Th.: Wann war das ungefähr?
P.: Ja so kurz vor 8 Uhr.
Th.: Wie geföhnt?
P.: Ja halt irgendwie geföhnt.
Th.: War der Abstand der Richtige? Hatte der Luftstrom genau die Wärme, wo Sie spürten: Ja, das ist es, nicht zu kalt und nicht zu warm, genau richtig.
P.: Ich hab' keine Ahnung mehr von diesem Scheiß-Föhnen. Ich war schon wieder so richtig tü-tü-tü (Patientin macht wieder diese Spiralbewegung nach oben).
Th.: Es ist Ihnen schon klar, dass Sie in einer hohen inneren Unruhe aufgewacht sind, das Aktualitätstraining nicht eingesetzt haben, dadurch immer unruhiger und immer erregter wurden und dann so in Panik gerieten, dass sie es nicht mehr aushalten konnten.

P.: Ja, ja, das merke ich schon – jetzt im Nachhinein wird mir das auch immer klarer – aber das kann doch nicht so einfach sein – ich mach' das Training früher und dann keine Panik?
Th.: So einfach ist es. Wie ging's weiter?
P.: Ich möchte nach Hause.
Th.: Klar, ich auch.
P.: Das sagen Sie jetzt einfach so, als wäre es Ihnen scheißegal. Ich möchte wirklich nach Hause.
Th.: Ja, ich hab's gehört, ich nehme Sie ernst, ich kann das sehr gut verstehen, dass Sie nach Hause wollen. Aber jetzt möchte ich wissen, wie es weitergegangen ist nach dem Haareföhnen – über das Nachhausefahren reden wir später (streng).
P.: Ja, ja, ist schon gut. Ja, ja, ja. Dann bin ich zum Frühstück. Und da hatte ich plötzlich eine solche Aggression. Ich weiß gar nicht, was da in mir los ist. Das ist nur eine blinde Wut. Einen Riesenhass auf diesen Rogers, auf Sie und auf alles. Ich konnte nur noch zuschlagen.
Th.: So wie hinten im Therapieraum, wenn Sie in Boxhandschuhen gegen die Wand schlagen.
P.: Ja genau.
Th.: Mit dieser Wut sind Sie zum Frühstück.
P.: Ja. Ich hab' mich dann hingesetzt an den Tisch, stocksteif, hab' mir einen schwarzen Kaffee reingezogen und dann musste ich einfach weg. Weg, weg, weg, weg. Ich nahm mein Essen mit hoch auf mein Zimmer, sonst, glaube ich, hätte ich sie alle zusammengeschlagen. Und die schauten mich alle so blöd an.
Th.: Jetzt sind Sie im Zimmer. Wie ging's weiter?
P.: Im Zimmer bin ich dann erst richtig hochgefahren. Ich bekam einen furchtbaren Suchtdruck. Ich hätt' mich wieder kratzen können, ich hätt' alles mit mir machen können.
Th.: Was haben Sie gemacht?
P.: Ich bin in meinem Zimmer ziellos hin und her und dachte, jetzt ist es aus, ich sterbe jetzt.
Th.: Waren Sie allein im Zimmer?
P.: (schreiend) Nein, die Silke putzte ihre Zähne. Sie putzte und putzte und putzte. Ich konnte nicht mehr sitzen.
Th.: Was haben Sie gemacht?
P.: Ich weiß nicht mehr, aber ich denke – ich hab' euch hergeholt. Das war vielleicht so eine Art Aktualitätstraining. Ich wusste plötzlich, so geht's nicht weiter. Und da waren Sie und der Rogers da. Und das hat mir dann auch so irgendwie ... ich weiß auch nicht so recht. Auf alle Fälle wusste ich, jetzt kann ich nicht mehr. Früher glaube ich, wäre ich weg und hätt' mir einen reingepfiffen oder hätte sonst etwas mit mir angestellt (Pause) – ja, ich hab' halt die Schwester Heidemarie angerufen.
Th.: Prima, sehr gut. Und wann ist die gekommen?
P.: Ziemlich bald. Ich bin am Bett gesessen und hab' gezittert am ganzen Körper. Sie hat dann mit mir gesprochen, aber ich glaub', sie ist mit mir nicht ganz klargekommen. Sie hat dann den Dr. S. geholt und dann kam auch noch die Frau Dr. D.
Th.: Und?
P.: Ja, die Frau D. hat dann meine Hände genommen und hat mir gesagt, dass sie mich mag. Und ich denke, das hat wirklich gestimmt. Das war richtig gut. Und sie war da. Sie war also wirklich richtig da.
Th.: Das war Krisenintervention. Und Sie konnten sie in Anspruch nehmen. Das war für Sie eine große Leistung. Wirklich.
P.: Ja, es ging mir dann auch wieder ein wenig besser. Es war nicht mehr so wabbrig und so gläsern. Ich glaub' ich konnte reden mit der Frau D.
Th.: Wie lange ist das jetzt her?
P.: Ach, jetzt vor kurzem.
Th.: Was jetzt? Ich wusste gar nichts von diesem Vorfall.
P.: Ja, aber jetzt ist es ja schon wieder ganz anders.
Th.: Frau C., es gibt drei Mittel, die man einsetzen kann in so einer Situation: Medikamente, die wollen Sie ja nicht. Dann die Krisenintervention, die Sie in Anspruch genommen haben und die funktioniert hat. Und – das Aktualitätstraining. Aber

12.1 Strukturplan

genauso wie die Frau D. rechtzeitig kommen muss, damit sie Ihnen helfen kann, müssen Sie rechtzeitig das Aktualitätstraining einsetzen. Denken Sie an den fahrenden Zug.
P.: Wenn das nur nicht so schwierig wär'. Ich glaub' ich merk' gar nicht, wenn der Zug fährt.
Th.: Ja, dann müssen Sie Ihre Aufmerksamkeit schärfen. Dann müssen Sie üben – so lange bis es geht – und Sie werden sehen, es geht.

Diese Patientengeschichte zeigt die drei Stufen auf, die in der OPP zur Bewältigung einer **affektiven Krise** sowohl vom Behandler als auch von Seiten des Patienten eingesetzt werden können:
1. Wenn der Patient vor allem zu Beginn der Behandlung mit Reaktualisierungen früherer Traumatisierungen reagiert, ist der **Einsatz von Medikamenten** angezeigt. Es werden kurzfristig Tranquilizer und geeignete Neuroleptika eingesetzt. Bereits hier wird der Patient über Psychoedukation und die verschiedenen Therapieebenen immer wieder auf die Krisenintervention vorbereitet.
2. Die Medikamente werden abgesetzt, und die **Krisenintervention** wird effektiv eingesetzt. Im Voraus wird dem Patienten auch die **Krisenprävention** ausführlich erklärt. Er wird mit seinen Körpersignalen vertraut gemacht. Diese können bereits bei einem auslösenden Ereignis (Trigger), das eine Krisenentwicklung in Gang setzt, auftreten. Während der Krisenentwicklung werden die Körpersignale zunehmend deutlicher vernehmbar. In diesem Stadium kann der Patient eine Kriseneskalation noch verhindern. Ab einem gewissen Zeitpunkt gibt es einen *Point of no return*, ab dem es unweigerlich zur Kriseneskalation kommt. Hier kann nur noch die Krisenintervention helfen.
3. Das **Aktualitätstraining** ersetzt im Laufe der Behandlung mehr und mehr die Krisenintervention.

Darüber hinaus wird anhand des Protokolls sehr gut die Vorgehensweise des Psychotherapeuten deutlich. Diese umfasst einmal den nicht ganz einfachen Prozess, den Patienten über das Aktualitätstraining und die Strukturplanarbeit auf seine Eigenverantwortlichkeit hinzuführen. Zum anderen wird hier noch einmal auf die Technik der psychotherapeutischen Krisenintervention eingegangen.

Die emotionale Übereinstimmung zwischen Patient und Therapeut ist hier eine Grundvoraussetzung, da eine effektive Krisenintervention meines Erachtens nur dann stattfinden kann, wenn der Psychotherapeut in dieser kritischen Situation die notwendige professionelle Haltung aufbringen kann.

In Orientierung an den dialogischen Beziehungsmodus wird sich der Psychotherapeut auf das im Moment am meisten gestörte Kommunikationselement einlassen. Bei der oben beschriebenen Patientin waren es sehr destruktive Entwertungs- aber vor allem Verachtungsängste, wobei Vernichtungsängste nicht ausgeschlossen werden konnten. Also stellte sich der Therapeut mit der Patientin auf das Kommunikationselement **Setting** ein. Dabei gelang es ihm, sich mit Hilfe der Schwester auf die für die Patientin notwendige körperliche Präsenz einzulassen und über das basale interaktive Beziehungsritual des Holdings die notwendige haltende (elterliche) Funktion *»Es ist gut, dass du so bist, wie du bist, als Person.«* zu vermitteln.

Die schmerzlichen Gefühle und Befindlichkeiten der Patientin haben sich dabei auf den Therapeuten übertragen. Er erlebte sie mit, hat sich davon aber nicht ergreifen lassen. Der Therapeut orientierte sich stattdessen wieder am dialogischen Beziehungsmodus und wechselte für sich in das Kommunikationselement **Empathie**. Dabei stellte er fest, dass sich die Patientin mit diesem Kommunikationselement noch sehr schwer tut. Das heißt, die Patientin war zu diesem Zeitpunkt zu einer emotionalen Spannungsreduktion, geschweige denn zu einer effektiven emotionalen Kommunikation noch nicht in der Lage.

Aufgrund zunehmender Objektivität – dem Therapeuten war nun klar, dass er bei der nach wie vor bestehenden Beziehung zu dieser Patientin mit der schrecklichen Befindlichkeit der Patientin nichts zu tun hatte – erlebte er sich selbst deutlich unabhängiger von seiner Patientin als zuvor. In einem nächsten Schritt der Nähe-Distanz-Regulation konnte sich der Psychotherapeut »absichtlich« und ohne von der Patientin in Beschlag genommen zu werden, in die Patientin hinein versetzen, sich also mit ihr **identifizieren**. Der Therapeut stellte fest, dass die Patientin zwar über wenige, aber doch vorhandene funktionale Fertigkeiten und Fähigkeiten in den Kommunikationselementen Empathie, Identifikation, De-Identifikation und Regulation verfügte. Indem er sich auf diese Kommunikationselemente der Patientin einstellte, konnte er vor allem im Kommunikationselement De-Identifikation Vertrauen zu sich selbst und in seine therapeutischen Kompetenzen fassen, aber auch Vertrauen in seine Patientin.

Als er beim Kommunikationselement Regulation angekommen war, wusste er, was er bei seiner Patientin zu tun hatte, und verspürte nun auch den so wichtigen therapeutischen Optimismus, was das Gelingen seiner Krisenintervention anbetraf. Er orientierte sich an den Entwicklungsleitlinien und nahm wieder Kontakt zu dem gestörten Kommunikationselement Setting der Patientin auf. Er setzte das Holding ein, um sie zunächst psychomotorisch zu stärken. Gleichzeitig schaute er der Patientin in die Augen und teilte ihr averbal mit: »*Hallo, jetzt bin ich bei dir, du bist nicht mehr alleine, spürst du mich?*« Neben dieser psychointentionalen Objektstützung der Attraktion begann der Therapeut beruhigend mit der Patientin in der Ammensprache zu sprechen: »*Hm ... ja ... ja ... hm ... schauen Sie mich an ... ich bin jetzt für Sie da ...*« Diese psychodialogische Intervention begleitete er mit der deutlichen Aufforderung an die Patientin, ihm gegenüber in die Baby-Rolle zu schlüpfen und den Kopf auf seine Schulter zu legen (psychosoziale Objektstützung). Durch diese Stärkungen (korrigierende Erfahrungen) konnte der Psychotherapeut die Patientin auf das Kommunikationselement Empathie hinführen. Mit erneutem Einsatz der entsprechenden Objektstützungen kann er nun eine effektive emotionale Kommunikation in Gang setzen und die Patientin beruhigen.

12.2 Aktualitätstraining

12.2.1 Durchführung des Aktualitätstrainings

Vor der eigentlichen Durchführung des Aktualitätstrainings werden mit dem Patienten auf einfachste Weise die wissenschaftlichen Grundlagen besprochen, auf denen das Aktualitätstraining aufbaut. Es wird aufgezeigt, wie unser Hirn funktioniert und wie in dem Moment, wo wir etwas spüren, empfinden und wahrnehmen, gleichzeitig in unserem Hinterkopf »ein Film abläuft«, durch den wir uns im Hier und Jetzt voll orientieren können. Dadurch wird gewährleistet, dass wir uns im Moment der Wahrnehmung in dieser unserer Welt zurechtfinden und auskennen. Es ist ein mehrdimensionaler Film, der das, was wir eben erlebt haben (unser Kurzzeitgedächtnis) und Schlüsselereignisse aus unserer Biographie, Vorkommnisse in unserer Vergangenheit, Gedanken für die mögliche Zukunft, Zustände des Körpers, Gefühlszustände usw. zu einem erstaunlich klaren Ganzen zusammenfasst. Es wird dem Patienten aufgezeigt, dass dieses ständige in unserem Hinterkopf ablaufende Orientierungsvermögen einmal etwas ist, ohne das wir Menschen nicht leben können; zum anderen sind darin aber auch Wertesysteme enthalten, die uns in unserem Leben ganz schön zusetzen können (dysfunktionale Orientierungen), z. B. wenn alles was man tut penetrant in Frage gestellt wird und es gar nicht so leicht ist, diese »Orientierungsgebung« abzuschütteln. Hinzu kommt, dass diese »inneren Stimmen« oft druck- und drangvoll sein können, sogar zwanghaft unser Denken und Lenken in Beschlag nehmen können, sodass Gefahr besteht, dass wir unsere »persönliche Anwesenheit« verlieren und wir uns wie »fremdbestimmt« aufführen.

Durch das Aktualitätstraining kann der Patient die im Laufe der Behandlung »verinnerlichten Psychotherapeuten« in seinem Selbstkonzept wirksam werden lassen. Dadurch kommt er Schritt für Schritt in die Lage, die erarbeiteten und eingeübten funktionalen Orientierungen in die Tat umzusetzen, wodurch er mehr und mehr von seinen dysfunktionalen Orientierungen Ab-

12.2 Aktualitätstraining

stand nimmt und dadurch immer weniger ihrer »schlagartigen Wirkung« ausgeliefert ist.

»Die neuronale Grundlage des Selbst beruht auf der ständigen Reaktivierung mindestens zweier Kategorien von Repräsentationen: Die eine Kategorie umfasst die Repräsentationen von Schlüsselereignissen in der Autobiographie des Individuums, mit deren Hilfe sich durch partielle Aktivierung topographisch organisierter sensorischer Karten immer wieder ein Identitätsbegriff rekonstruieren lässt. Die Gruppe der dispositionellen Repräsentationen, die unsere Autobiographie beschreiben, umfasst eine große Anzahl von kategorisierten Fakten, die unsere Person definieren: was wir tun, wen und was wir mögen, welche Objekte wir verwenden, welche Orte wir gewöhnlich aufsuchen und welche Handlungen wir in der Regel ausführen. Sie können sich diese Repräsentationen vorstellen wie Akten, die minutiös zusammengestellt sind, nur dass sie in den Assoziationsfeldern vieler Gehirnregionen untergebracht sind und nicht in Aktenschränken. Ferner gibt es neben solchen Kategorisierungen auch besondere Vorkommnisse in unserer Vergangenheit, die ständig als kartierte Repräsentationen aktiviert werden: wo wir leben und arbeiten, was genau wir an unserem Arbeitsplatz tun, wie wir und wie unsere Freunde und Angehörigen heißen, welche Namen die Stadt trägt, in der wir leben, das Land, in der sie liegt usw. Schließlich haben wir in unserem dispositionellen Kurzzeitgedächtnis eine Anzahl rezenter (lebendig, gegenwärtig) Ereignisse nebst ihrer ungefähren zeitlichen Kontinuität. Außerdem bewahren wir dort eine Anzahl von Plänen auf: eine Reihe von imaginären Ereignissen, zu deren Realisierung wir beitragen wollen oder von denen wir erwarten, dass sie geschehen. Die Pläne und imaginären Ereignisse bilden das, was ich das ›Gedächtnis für die mögliche Zukunft‹ nenne. Wie jedes andere Gedächtnis ist es in dispositionelle Repräsentationen niedergelegt. Mit einem Wort: die endlose Reaktivierung der aktualisierten Vorstellungen über unsere Identität (eine Kombination aus Erinnerungen an die Vergangenheit und die geplante Zukunft) bildet einen erheblichen Teil des Selbstzustandes, wie ich ihn verstehe.

Die zweite Kategorie von Repräsentationen, die dem neuralen Selbst zugrunde liegen, besteht aus den Urrepräsentationen des Körpers, von denen oben die Rede war: nicht nur des Körpers, wie er im Allgemeinen war, sondern des Zustandes, in dem sich der Körper gerade befunden hat, kurz vor dem Prozeß der Wahrnehmung eines x-beliebigen Gegenstandes. Natürlich gehören dazu auch Hintergrundszustände des Körpers und Gefühlszustände. Die kollektive Repräsentation des Körpers bildet die Grundlage für einen ›Begriff des Selbst‹, genauso wie eine Anzahl von Repräsentationen von Form, Farbe, Beschaffenheit und Geschmack, die Grundlage für den Begriff z. B. der Orange bilden können.« (Damasio 1996, S. 317 f.)

Dem Patient wird mitgeteilt, dass sich das Aktualitätstraining an der gesunden menschlichen Entwicklung orientiert und deshalb eigentlich nichts besonders Neues ist und erfahrungsgemäß bei jedem einigermaßen gesunden Menschen wie »von selbst« stattfindet. Die meisten Menschen sind sich ihrer rückhaltgebenden Erfahrungen nicht bewusst, sie finden einfach statt, so wie bei einem Auto automatisch das Dach zugeht, wenn die ersten Regentropfen fallen.

Nach der mehr wissenschaftlichen Einführung in das Aktualitätstraining wird dem Patienten ein Beispiel erzählt, das das bisher Theoretische praktisch veranschaulichen soll.

> **Fallbeispiel: Aktualitätstraining**
>
> Die Geschichte handelt von einem 7- bis 8-jährigen Kind, dem die Eltern erklären, dass sie heute Abend ausgehen wollen. Das Kind ist nach einigem Hin und Her auch damit einverstanden und schläft nach dem gemeinsamen Ins-Bett-Bringen bald ein. Ein Wecker wurde ans Bett des Kindes gestellt und dort genau mit einem Filzstift aufgezeichnet, zu welchem Zeitpunkt die Eltern wieder zurückkommen, z. B. 24.00 Uhr. Die Eltern sind jetzt weggegangen, das Kind schläft, aber gegen 22.00 Uhr wird es durch ein eigenartiges Klopfgeräusch aus seinem tiefen Schlaf gerissen. Versucht man jetzt – in Zeitlupe – das nachzuvollziehen, was sich im Innenleben des Kindes abspielen kann, könnte das wie folgt aussehen:
> - Dieses Klopfgeräusch kann in dem tief schlafenden Kind Angst und Panik erzeugen, sodass es wie aus einem Alptraum aufwacht, sich zunächst überhaupt nicht mehr auskennt, wo es sich befindet, die Umwelt verzerrt erlebt und sich so vorkommt, als wäre es in einen grenzen-

losen Raum hinausgeschleudert worden, vorbei an oder inmitten furchterregender Geister und/oder Fabelwesen.
- Bereits in dieser beginnenden Panikentwicklung tauchen beim »gesunden« Kind aufgrund vieler guter geborgenheits-, schutz-, halt- und sicherheitgebender Erfahrungen Elternbilder (Imagines) in der Innenwelt des Kindes auf (funktionale Grundorientierungen), die immer stärker in Kraft treten und eine außerordentlich beruhigende Wirkung auf das Kind ausüben. (Dieses Bild soll die erste Sequenz des Aktualitätstrainings veranschaulichen: die Vergegenwärtigung der Geborgenheit stiftenden frühen Bezugspersonen.)
- Durch das Auftauchen (Vergegenwärtigen) der Eltern in der Innenwelt des Kindes verblassen die Angstgestalten und Angstphantasien sofort und verlieren ihre entsetzliche Macht. Das Kind, das durch die Klopfgeräusche zunächst »außer sich« geraten war, findet langsam wieder »zu sich selbst« zurück. Seine zuvor noch schlaftrunkenen fünf Sinne werden jetzt hellwach. Aus der Schreckenswelt zurückgekehrt, beginnt sich das Kind jetzt wieder in seinem Kinderzimmer zurechtzufinden, erkennt die Konturen der Wände seines Zimmers, merkt, dass es in seinem Bett liegt, erkennt die Türe, und der Blick fällt auf sein Lieblingsposter. Spätestens jetzt hat das Kind wieder einigermaßen aus seinem Alptraum herausgefunden, ist zwar immer noch in großer Unruhe, da es in dem ihm vertrauten Zimmer dunkel ist und es noch immer nicht weiß, was eigentlich los ist und vor allem wo dieses Geräusch herkommt. (Dieses Bild soll die zweite Sequenz des Aktualitätstrainings veranschaulichen: »Bleib' bei der Sache!« – Konzentration auf das, was gerade der Fall ist.)
- Hat sich das Kind durch seine immer vertrauter werdende Umgebung einigermaßen beruhigt, ist es auch wieder »wirklich« in seinem Kinderzimmer »gelandet«. Das Kind nimmt all seinen Mut zusammen (hier erlebt das Kind seine rückhalt- und ihm mutgebenden primären Bezugspersonen) und möchte jetzt genau wissen, was es tun könnte, um diesem unangenehmen Geräusch ein Ende zu bereiten. Die Eltern, die es jetzt um Hilfe rufen würde, sind nicht da, es muss also alleine mit dieser Situation klarkommen. In diesem Moment fällt dem Kind der Lichtschalter seiner Nachttischlampe ein, es greift danach, macht Licht, und ein Stein fällt dem Kind vom Herzen. In seinem erhellten Kinderzimmer ist niemand, es ist alles beim Alten. (Dieses Bild soll die dritte Sequenz des Aktualitätstrainings veranschaulichen: »Nimm wahr!« – »Das ist immer das, was dir gut tut, für dich passt, für dich stimmt.«)
- Aber wo kommt dieses schreckliche Geräusch her? Das Kind steht aus seinem Bett auf, geht dem Geräusch nach, und – es ist der Wasserhahn, der tropft. Das Wasser tropft auf einen Löffel, der dahin gerutscht ist und dieses klirrende Geräusch verursacht. »Das war es also, was mir so Angst gemacht hat«, denkt das Kind. Inzwischen ist die Panik einer durchaus erträglichen Unruhe gewichen. Damit die Störung ein Ende hat, dreht das Kind den Wasserhahn ab und nimmt den Löffel aus dem Waschbecken. Danach versichert es sich mit einem Blick auf die Uhr, dass die Eltern bald kommen werden und geht wieder – in der Regel bei Licht – ins Bett und schläft wieder ein. (Dieses Bild soll die vierte Sequenz des Aktualitätstrainings verdeutlichen: »Lebe dein Leben – setze dich in deinen ›Regiesessel‹ und übernimm Verantwortung für dich und, wenn es später geht, auch für andere.«)

Man kann sich jetzt gut vorstellen, wie das Kind reagieren könnte, wenn die Vergegenwärtigung der Eltern im Kind ausbleibt, die Panik einsetzt und das Kind diese Verzweiflung nicht los wird. Manchmal muss dann in der Nacht die Feuerwehr ausrücken und so ein schreiendes Kind vom Balkon holen.

Anhand dieses Beispiels wird nun jeder Schritt mit dem Patienten ausführlich besprochen, wobei der Psychotherapeut mit dem Patienten – soweit möglich – immer im dialogischen Beziehungsmodus bleiben soll.

Das Aktualitätstraining umfasst vier Sequenzen bzw. Techniken, die im Folgenden dargestellt werden.

1. Sequenz: Vergegenwärtigungstechnik

Die bei der Objektstützung ausführlich dargelegten tragenden, haltenden, entlastenden und stützenden Beziehungserfahrungen nehmen bei der Technik der **Vergegenwärtigung** – im Kontext der Gesamtbehandlung – eine vorrangige Stellung ein. Durch die meist tiefergreifenden Beziehungserfahrungen in der OPP erlebt der Patient, dass ihm die unterschiedlichen Therapeuten aus seinem Behandlungsteam oft »wie ganz von selbst« näher kommen. Dabei bestehen selbstverständlich Unterschiede, da Sympathie, Zuneigung oder gleiche Interessen mit in die Beziehung hineinspielen. Der Gesprächspsychotherapeut kann bei diesem Aktualitätstraining eine wichtige Rolle spielen. Dies darf aber nicht ausschlaggebend sein. Wichtig ist, dass der Gesprächspsychotherapeut in der Lage ist, die Kollegen, die der Patient für die Vergegenwärtigungstechnik ausgewählt hat, anzunehmen. Er sollte die Auswahl seines Patienten respektieren, was nur möglich ist, wenn er sich in dieser Behandlungstechnik wirklich auskennt. Hier ist es Aufgabe des Gesprächspsychotherapeuten, aufkommende Neid-, Hass- und Trauergefühle usw. für sich und in der Supervision so lange durchzuarbeiten, bis es ihm gelingt – sollte er bei dieser Vergegenwärtigung beim Patienten keine Rolle spielen – die vom Patienten auserwählten Behandler wohlwollend anzuerkennen. Schließlich geht es ja um ein gemeinsames Behandlungsziel: die Gesundung des Patienten. Etwas poetisch ausgedrückt: Es sollte dem »regieführenden« Psychotherapeuten immer wieder möglich werden, seine Teamkollegen »in seinem Herzen« zu tragen und diese innere Einstellung seinen Kollegen gegenüber vor dem Patienten zum Ausdruck zu bringen.

Es ist für den Patienten durchaus nicht selbstverständlich, dass er im Laufe der Behandlung so eine »besondere Beziehung« zu seinen Behandlern entwickeln darf und kann. Noch weniger selbstverständlich ist es für den Patienten, dass er über diese »besonderen Beziehungen« mit seinen Behandlern sprechen soll. Hier wird Fingerspitzengefühl benötigt, aber auch eine professionelle Haltung, durch die dem Patienten vor Augen geführt wird, dass diese Behandlungstechnik für seine Behandlung notwendig ist. Letztlich soll ja durch diese Behandlung in der Persönlichkeit des Patienten etwas »eingerichtet« werden, was vorher nur mangelhaft funktionierte: der »innere Rückhalt«. Als bildhaftes Beispiel sei angeführt: So wie bei einem steifen Knie eine Schlittenprothese »eingepflanzt« wird und dann nach langem Üben der Patient das Kniegelenk wieder abbiegen und mit seinem Bein fast normal gehen kann, so werden hier in die Persönlichkeit des Patienten rückhaltgebende Erfahrungen implantiert, durch die der Patient wieder selbstsicherer und dadurch lebenstüchtiger werden kann.

Wird es dem Patienten möglich, über seine Behandler, die ihm »näher gekommen« sind, zu reden, sollte der Gesprächspsychotherapeut nochmals mit dem Patienten die Behandlungstechnik des Aktualitätstraining durchsprechen und ihn immer wieder darauf hinweisen, dass dieses Aktualitätstraining eines der wesentlichen Therapieinstrumente seiner Behandlung ist. Es muss deshalb mit allen zur Verfügung stehenden Kräften gelernt und regelmäßig geübt werden, damit der Patient diese Behandlungstechnik vor allem nach seiner Entlassung weiter regelmäßig fortsetzen kann. Ob das Aktualitätstraining letztlich wirklich greift, stellt sich erst heraus, wenn der Patient diese Technik längere Zeit nach seinem stationären Aufenthalt weiter erfolgreich einsetzen kann.

An dieser Stelle wird es Zeit, dem Patienten auch die medizinische Tragweite des **Trennungsprozesses** verständlich darzulegen. Es ist wichtig, dass der Patient begreifen lernt und nachvollziehen kann, dass Trennung nicht heißt: »aus den Augen, aus dem Sinn«. Gerade durch das Weggehen des Menschen, der einen tiefen Eindruck in einem hinterlassen hat und den man eben durch die Trennung nicht mehr mit seinen Sinnen erfahren, erleben und erfassen kann, entsteht ein inneres Bild in uns, eine Erinnerung, die jederzeit abrufbar ist und einen Sinn macht. Es gibt z. B. Erinnerungen an Menschen, die deshalb immer wieder gegenwärtig werden, weil diese Menschen für uns »lebenswichtig« waren und das heute in unserer Erinnerung immer noch sind. Durch diese Menschen, die an uns nicht spurlos vorbeigegangen sind, erlebten wir so etwas wie Daseinsberechtigung als Mensch (Menschenwürde) und Lebensberechtigung als Person (Respekt). In der OPP werden diese basalen Beziehungserfahrungen, bei denen in irgendeiner Form auch interaktive basale Beziehungsrituale beteiligt sind, als »tragende« und »haltende« Funktionen bezeichnet. Wir bekamen von diesen Menschen Anerkennung um unserer selbst willen und erfuhren, wie Menschen sich gegenseitig beruhigen und helfen können (entlastende Funktion). Sie machten uns lebenstüchtig (stützende Funktion), halfen uns zu uns selbst zu finden (kreative Funktion) und entließen uns nicht in die Welt, ohne uns zuvor für die Kraft und die Macht zu begeistern, die im Dialog, im gemeinsamen Gespräch, im zwischenmenschlichen Austausch steckt. Sie haben uns Mut gemacht für unsere Liebesfähigkeit und uns ihren Segen gegeben: *»Was auch immer du machst, auch wenn wir es oft nicht verstehen werden, es wird in Ordnung sein.«* (narrative Funktion).

Es handelt sich hier also um so genannten Autoritäten (Eltern, Großeltern, evtl. Verwandte, Kindergärtner, Lehrer, Meister, Professoren, Trainer usw.), die im Selbstkonzept des Patienten diese rückhaltgebende Funktion einnehmen und die dem Patienten eine Art Kompass in die Hand geben, durch den er sich zurechtfindet und sich etwas zutraut. Die vom Patienten ausgewählten Behandler sind Personen, die ihm in dieser Behandlung persönlich näher gekommen sind und denen gegenüber der Patient auch das Gefühl entwickelt hat, dass sie ihm »beistehen« können. Diese Behandler nehmen in der Vergegenwärtigungstechnik des Aktualitätstrainings einen Platz in der Reihe von rückhaltgebenden Autoritäten ein, die zuvor genannt wurden.

Zur praktischen Umsetzung benutzt man jetzt eine Vorgehensweise, die aus der Autosuggestion bekannt ist. Zu Beginn soll sich der Patient möglichst mit geschlossenen Augen zwei Behandler (soweit möglich ein Mann und eine Frau) hinter seinem Rücken vorstellen, die zu ihm sagen: *»Es ist gut, dass du da bist.«* *»Es ist gut, dass du so bist wie du bist.«* *»Es ist gut, dass es dich gibt«* oder ein ganz einfaches und kräftiges *»Ja!«* Hierbei müssen die Behandler mit dem Patienten immer wieder aufs Neue klären und herausfinden, welche formelhaften Sätze bei ihm den besten autosuggestiven Effekt bewirken. Der theoretische Hintergrund dabei ist, dass die vom Patienten ausgewählten Therapeuten sozusagen in die Fußstapfen seiner Eltern treten und ihm so das nachreichen, was sich in seiner kindlichen Entwicklung nicht verinnerlichen konnte. Deshalb sollen es möglichst zwei Therapeuten sein, die bei der Sequenz der Vergegenwärtigung in Kraft treten.

2. Sequenz: Hier-und-Jetzt-Technik

Da die Vergegenwärtigungstechnik nur der erste Schritt im Aktualitätstraining ist, sollte der Patient schon sehr bald auf den nächsten Schritt – Konzentration auf das aktuelle Geschehen – hingeführt werden. Hier tritt die »Innenschau« in den Hintergrund und der jetzt durch diesen Rückhalt gestärkte Patient soll mit seinen »fünf Sinnen« kraftvoll seine Konzentration, seine Aufmerksamkeit und sein Interesse auf das richten, was sich wirklich um ihn herum abspielt. Diese Hinwendung auf die »Umgebungserfahrung« wird in Gang gesetzt durch eine Autosuggestion der zuvor vergegenwärtigen Psychotherapeuten, die der Patient in seiner Einbildung jetzt formelhaft sagen lässt: *»Bleib bei der Sache!«* – *»Das ist immer das, was gerade der Fall ist.«* Auch dieser Behandlungsschritt, diese autosuggestive »innere Stimme« muss jetzt mit dem Patienten immer wieder eingeübt werden.

Beim Aktualitätstraining ist darauf zu achten, immer wieder den Patienten darauf hinzuweisen, dass es völlig in Ordnung ist, wenn er durch den installierten »inneren Rückhalt« wieder mehr Vertrauen zu sich selbst gewinnt und dies zunächst auch angenehm erlebt. Der Sinn dieses Aktualitätstrainings ist aber, dass sich der Patient nicht nur diesem wachsenden Selbstwertgefühl hingibt, sondern dass er es so oft wie möglich auch praktisch anwendet. Es macht wenig Sinn, wenn sich der Patient durch diesen »inneren Rückhalt« zwar mehr unterstützt fühlt als früher, sich dabei aber in eine Art »Hängematte« legt und sich in diesem Angenommensein nur wiegt. Der Sinn dieses Aktualitätstrainings ist, diesen Rückhalt zu nutzen. Und hierbei muss man praktische Erfahrungen sammeln.

3. Sequenz: Apperzeptionstechnik

Der nächste Schritt im Aktualitätstraining, mit dem durchaus auch schon früher begonnen werden kann, ist die formelhafte Autosuggestion: »*Nimm wahr!*« Dieser Ansporn geht, wie auch die anderen formelhaften Aufforderungen, von den »vergegenwärtigten« und »eingebildeten« Behandlern aus. Zielsetzung hierbei ist, dass es dem Patienten möglich wird, im Laufe der Zeit herauszufinden, was für ihn von dem, was er in seiner Umwelt wahrnimmt, im Besonderen stimmt, ihm gut tut und für ihn passt. Hierbei ist zu beachten, dass der Patient in seiner Vorgehensweise zwischen einem Teil seiner Umwelt unterscheidet, dem er mehr Beachtung schenkt und einem anderen Teil der Umwelt, den er mehr beiseite schiebt. Das ist zunächst ganz selbstverständlich. Wichtig dabei ist aber, den Patienten immer wieder darauf aufmerksam zu machen, dass er für alles in seiner Umwelt ein waches Auge bekommen soll und experimentieren lernt, um dabei letztlich überraschend festzustellen, dass ihm etwas gut tut, was er früher gar nicht beachtet hat. Der Patient soll in seiner Vorgehensweise diesen Teil seiner Umwelt, dem er jetzt zunächst weniger Beachtung schenkt, nicht in irgendeiner Weise abwerten, außer es gibt eindeutige Gründe dafür. Ansonsten ist diesbezüglich – soweit möglich – eine gewisse Neutralität anzustreben.

Am besten gelingt dies, wenn man dem Patienten Sammelbegriffe vorgibt wie Farbe, Form, Temperatur, Tiere, Pflanzen, Filme usw. (s. auch Tab. 12-2, S. 276) und er sich im Laufe der Behandlung eine Art Repertoire an angenehmen Dingen, Tätigkeiten usw. herstellt, die ihm entsprechen, die er immer mehr an sich herankommen lässt und sich damit umgibt. Dies ist selbstverständlich ein längerer Prozess, wobei vor allem die Gestaltungstherapie sehr hilfreich sein kann. Beispielsweise wäre es möglich, dass der Patient sehr gerne mit Holz arbeitet, inzwischen auch weiß, dass ein gewisser Blauton ihm sehr gut tut, und dass ihn vor allem runde Formen ansprechen. In der Gestaltungstherapie könnte er jetzt ein Armband mit blauen Holzkugeln fertigen, das er tragen kann, das für ihn immer gegenwärtig ist. So kann dieses Armband für ihn ein »Talisman« werden. Da sich dieser Talisman, der dem Patienten ein tiefes Gefühl von Sicherheit und Unversehrtheit geben kann, auch anfassen lässt und gedrückt werden kann, dient er auch zur Beruhigung in Krisensituationen.

4. Sequenz: Technik des Regieführens

Im Aktualitätstraining ist die letzte Autosuggestion: »*Lebe dein Leben!*« – »*Übernehme Verantwortung für dich und andere!*« Auch diese Autosuggestion lässt der Patient von den »vergegenwärtigten« und »eingebildeten« Psychotherapeuten aussprechen. Wenn der Patient durch die Vergegenwärtigungstechnik tatsächlich mehr Vertrauen zu sich selbst gewonnen hat, stabilisieren sich seine Ich-Funktionen und er wird realitätsbewusster und lebenstüchtiger. Vor diesem Hintergrund soll es ihm auch möglich werden, Verantwortung für sich – und wenn notwendig für andere – zu übernehmen. In der TZI (Gruppentherapie der themenzentrierten Interaktion) gibt es ein Bild des »Chairmans«, das der Behandler auch hier einsetzen kann. Der Mensch soll irgendwann in seinem Leben seinen »Regiesessel« finden, auf dem er Verantwortung übernehmen kann für das, was in seinem Leben »abläuft«. Fragen darüber, in welchem »falschen Film« man sich gerade befindet, sind verständlich, sollen aber weniger aus der Statistenrolle heraus beantwortet werden, weil man »da ja eh nichts machen kann« und »die anderen Schuld haben an der eigenen Unzufriedenheit«. Diese Fragen sollen aus dem Regiesessel heraus beantwortet werden, weil man hier in der Regel die Möglichkeit hat, wirklich etwas zu tun. Bei diesem Bild, das man im Aktualitätstraining durchaus benutzen kann, muss dem Patienten deutlich gemacht werden, dass es sich bei dem »Regieführen« in erster Linie nicht um das Streben nach Glückseligkeit handelt, sondern dass es in erster Linie darum geht, mit sich und mit den anderen besser auszukommen.

Technische Vorgaben und Krisenmanagement

Im Zuge des Lernens und Einübens dieses Aktualitätstrainings muss der Psychotherapeut den

Patienten immer wieder darauf hinweisen, wie und vor allem wann diese Technik eingesetzt wird. Grundsätzlich soll der Patient diese Technik, vor allem zu Beginn, zunächst dreimal vormittags und dreimal nachmittags einsetzen. Je nach Entwicklung soll sich diese Vorgabe ständig steigern, sodass der Patient diese Technik letztlich immer wieder einsetzt und sie für ihn zur Selbstverständlichkeit wird. Im Besonderen soll der Patient das Aktualitätstraining vor allem im Rahmen des Krisen- oder Stressmanagements einsetzen, wenn er merkt, dass sich bei ihm eine Krise anbahnt. Mit dem Patienten muss erarbeitet werden, wann dieser Zustand eintritt. Hier kann die Körperpsychotherapie eine sehr hilfreiche Rolle spielen. Der Körperpsychotherapeut zeigt dem Patienten, welche Befindlichkeitsveränderungen auf der körperlichen Ebene Signale für eine sich anbahnende Krise sein können. Bereits zum Zeitpunkt der Krisenentstehung sollte dann in jedem Fall das Aktualitätstraining eingesetzt werden. Also dann, wenn der Patient noch nicht akut in einer Krise steckt. Er erkennt aber inzwischen die typischen Signale, die immer dann auftreten, wenn es bei ihm zur Krise kommt.

Wichtig ist, dass diese Krisenentwicklung vor allem mit Angstpatienten, die oftmals der Meinung sind, die Angst würde plötzlich »wie aus heiterem Himmel« über sie kommen, geduldig erarbeitet wird. Hierbei macht es Sinn, dass der Psychotherapeut den Patienten wie ein Fährtensucher auf die Spur führt, auf der sich – meist schon viele Stunden vor dem Ausbruch des Anfalls – über deutliche Signale eine Krisenentwicklung bei ihm ankündigt. Diese von Mensch zu Mensch ganz unterschiedlichen Signale müssen mit dem Patienten erarbeitet werden.

12.2.2 Überblick über die einzelnen Autosuggestionen

Vergegenwärtigungstechnik

Imagination und Aktualisierung wesentlicher und bleibender affirmativer und responsiver Erfahrungen, die an Behandlungssequenzen mit den Behandlern gebunden sind. Eine mögliche Auswahl von Attraktivitäten (möglichst Gegenständliches), auf die der Patient gerne seine Aufmerksamkeit lenken will und dadurch sein Erleben in der Aktualität besser verankern kann, ist in Tabelle 12-2 dargestellt.

Tab. 12-2 Auswahl von Attraktivitäten im Rahmen der Vergegenwärtigungstechnik

Farbe (blau, orange, rot, grün usw.)
Farbmaterialien (Ölfarben, Wasserfarben, Handmalfarben, Tusche, Bleistift, Kreide usw.)
Stoff (Metall, Holz, Leder, Glas, Wolle, Stein usw.)
Formen (Kugel, Quader, Würfel, Tetraeder usw.)
Tiere (Hund, Katze, Pferd, Fisch usw.)
Pflanzen
Blumen
Elemente (Wasser, Erde, Feuer, Luft)
Temperatur (heiß, warm, kalt)
Lautstärke
Sportarten
Essen
Sprachen
Lebewesen
Kleider
Musik
Filme
Theater
Kunst
Bilder
Landschaften
Fahrzeuge
Länder
Geschichten
Romane
Erzählungen

Hier-und-Jetzt-Technik

Verankerung im Hier und Jetzt – »Bleib bei der Sache!« – ist immer das, was gerade der Fall ist. –

Forcierung der Aufmerksamkeit auf das Aktuelle und hier auf das Allgemeine (z. B. Hinwendung der Aufmerksamkeit auf die vor einem ausgebreitete Landschaft).

Apperzeptionstechnik

Verankerung im Hier und Jetzt – »*Nimm wahr!*« – Forcierung der Aufmerksamkeit auf das Aktuelle und hier auf das Besondere (Z. B. in der vor einem ausgebreiteten Landschaft konzentriere man seine Aufmerksamkeit auf einen Fliederbaum und hier auf die dunkelroten Blüten.).

Technik des Regieführens

Übernahme von Eigenverantwortung – »Lebe dein Leben!« – Aufgabe der »Statistenrolle« im eigenen Leben und Übernahme der Regie über das eigene Leben – »Regiesessel«.

12.3 Objektgestützte Bewegungstherapie

12.3.1 Rahmenbedingungen

Dem Patienten wird mitgeteilt, dass dieses Verfahren den Stellenwert eines Medikaments hat und deshalb zu Hause genauso sorgfältig und regelmäßig und möglichst zur gleichen Zeit »eingenommen«, also durchgeführt werden muss, wie er dies auch bei einem verordneten Medikament machen würde.

Man fragt den Patienten, in welcher Gegend oder Landschaft er sich zu Hause besonders wohlfühlt. Hierbei genügt nicht nur eine einmalige Frage, sondern der Behandler muss immer wieder hinterfragen, bis er wirklich auch selbst den Eindruck hat, dass das, was ihm der Patient jetzt mitteilt, stimmt. Ist diese Gegend, die möglichst nahe am Wohnort des Patienten liegen soll, gefunden, erarbeitet der Psychotherapeut mit dem Patienten einen Weg durch diese Gegend.

Wie bei der Strukturplanarbeit gilt es auch hier, dass der Psychotherapeut sich nicht nur durch die Beschreibungen des Patienten diese Landschaft »irgendwie« vorstellen kann, sondern es soll dem Psychotherapeuten möglich werden, sich in diese vom Patienten beschriebene Landschaft »hineinzuversetzen«, so als würde er selbst darin das Bewegungstraining durchführen. Dieses Eingehen des Psychotherapeuten auf die Beschreibung des Patienten darf den Patienten nicht bedrängen, sondern er soll sich dort unterstützt fühlen, wo er selbst weiß, dass es ihm schwer fallen wird, dieses Bewegungstraining regelmäßig und so wie er es hier erlernt und eingeübt hat durchzuführen. Das Bewegungstraining soll zu Hause nicht länger als 15 Minuten stattfinden.

Stehen die äußeren Rahmenbedingungen für diese Behandlungstechnik einigermaßen fest, muss der Psychotherapeut den Patienten nochmals darauf hinweisen, dass er dieses Bewegungstraining möglichst zur gleichen Zeit – die er natürlich zu Hause erst herausfinden muss – und regelmäßig, auch samstags und sonntags, durchführen soll.

12.3.2 Durchführung

Der Patient hat im Laufe seiner Behandlung in der Atemtherapie sowohl das richtige Atmen erlernt, als auch erfahren, dass sich durch dieses Atmen eine bessere Körperwahrnehmung bei ihm eingestellt hat. Der Patient kann den Unterschied zwischen der für uns weitestgehend unbewussten reflektorischen Atmung und der willkürlichen, bewussten Atmung feststellen. Darüber hinaus werden bei ihm durch diese Atemtherapie erfahrungsgemäß sehr frühe Erinnerungen wachgerufen, die mit unterschiedlichsten Befindlichkeiten einhergehen. Es kann sich z. B. um angenehme, angstvolle, schmerzliche und Verzweiflung stiftende Affekte, Gefühle und Emotionen handeln. Die jeweiligen Therapeuten, die bei der stationären Behandlung diese **psychomotorischen Basisverfahren** durchführen, achten besonders darauf, dass diese, jetzt beispielhaft am Atemtraining dargestellte »fokale Körperwahrnehmung« nicht in erster Linie spor-

tiv, also im Sinne einer Körperertüchtigung zum Erwerb einer besseren Fitness durchgeführt werden, sondern als **Körperwahrnehmungsübungen**. Neben dem Atemtraining werden folgende Techniken angewandt:
- Wirbelsäulengymnastik: Hier soll sich der Patient im Bewusstsein seiner gesamten Wirbelsäule langsam aufrichten und dabei gleichzeitig sein körperliches Gleichgewicht herstellen.
- Frühsport: Hier geht es um die Wahrnehmung der einzelnen Körperbereiche.
- Progressive Muskelrelaxation: Hier wird die Aufmerksamkeit des Patienten auf die An- und Entspannung gerichtet.
- Kreislauftraining: Durch das Kreislauftraining soll der Patient über die fokalen Körperwahrnehmungsübungen zu einer ganzheitlichen integrativen Körperwahrnehmung seines in Bewegung befindlichen Körpers hingeführt werden.

Diese **integrative Bewegungstherapie** soll der Patient zu Hause fortsetzen. Damit dies auch gelingt, wird dem Patienten bei Beginn der psychomotorischen Basisverfahren dieses Behandlungsziel sehr eindringlich mitgeteilt. Dies ist notwendig, da der Patient erfahrungsgemäß zu Hause sehr bald diese integrative Bewegungstherapie zum Joggen umfunktioniert, da dies für ihn gewohnter und vor allem einfacher ist. Damit der Patient die integrative Bewegungstherapie zu Hause genauso erfolgreich durchführen kann wie im Laufe der stationären Behandlung, soll er auch hier bei der objektgestützten Bewegungstherapie das Aktualitätstraining einsetzen. Im Konzept der Objektgestützten Psychodynamischen Psychotherapie spielen die rückhaltgebenden Objektstützungen, die an die Behandler gebunden sind, eine wesentliche Rolle. So sagt z. B. ein Patient beim Einüben des Aktualitätstrainings kurz vor Entlassung zu seinem Psychotherapeuten mehr im Spaß: »Wenn ich Sie nur im Kleinformat mit nach Hause nehmen könnte, damit Sie mir immer zur rechten Zeit einfallen, wenn ich Ihren Rückhalt brauche.« Dies klingt zwar zunächst etwas kindlich, wird aber verständlich, wenn man sich die soziale Situation in Erinnerung ruft, aus der heraus mancher Patient in das Krankenhaus gekommen ist und jetzt dorthin wieder zurückkehren muss. Den Wunsch des Patienten kann der Psychotherapeut aufgreifen und ihm mitteilen, dass diese für ihn »notwendige Unterstützung« ihm durch das Aktualitätstraining zuteil wird, vorausgesetzt er setzt dieses Therapieinstrument so ein, wie er es erlernt und eingeübt hat. Es ist also völlig in Ordnung, wenn der Patient »seinen Psychotherapeuten« in Erinnerung ruft, um sich dadurch die nötige Unterstützung zu holen für die erlernte und eingeübte objektgestützte Bewegungstherapie.

Nach Durchführung der objektgestützten Bewegungstherapie sollte sich der Patient – soweit möglich – nicht gleich seinem Alltagsgeschehen widmen. Besser wäre es in jedem Fall, wenn er nach der Bewegungstherapie eine kleine Pause macht, z. B. duscht, und erst dann wieder seine Alltagspflichten aufnimmt. Insgesamt nimmt die objektgestützte Bewegungstherapie mit Hinweg, Durchführung, Rückkehr und Einstimmung auf das Alltagsgeschehen ca. eine Stunde in Anspruch.

12.4 Familientherapeutisches Gespräch

Zu Beginn der meisten Behandlungen sollten – soweit möglich – ein bis zwei familientherapeutische Gespräche mit den Eltern und/oder den Angehörigen des Patienten stattfinden.

Die Vorgehensweise bei diesen Paargesprächen (Orientierung am dialogischen Beziehungsmodus) wird im Folgenden dargestellt:
- Begrüßung der Eltern und/oder Angehörigen des Patienten. Die behandelnden Therapeuten stellen sich vor und danken den Eltern und/oder Angehörigen des Patienten, dass sie gekommen sind und sich Zeit genommen haben.
- Setting: Die Eltern sitzen nebeneinander, die anwesenden Angehörigen sitzen rechts oder links neben den Eltern, gegenüber den Eltern sitzt der Patient und rechts und links von ihm sitzt einmal der regieführende und auf der anderen Seite die Co-Psychotherapeut.
- Den Eltern und/oder Angehörigen wird mitgeteilt, dass es hier in keinem Fall um Schuld-

12.4 Familientherapeutisches Gespräch

zuweisungen geht. Es soll über das Krankheitsbild des Patienten aufgeklärt werden, um dadurch die Notwendigkeit der stationären Behandlung und den Einsatz der therapeutischen Maßnahmen verständlicher zu machen.
- Den Eltern und/oder Angehörigen wird daraufhin die Möglichkeit gegeben, bezüglich der Erkrankung des Patienten und der hier stattfindenden Behandlung Fragen zu stellen.
- Hierbei sollte man sich auf Fragen, die erfahrungsgemäß immer gestellt werden, vorbereiten. Dazu gehören z. B. die Fragen »Welche Krankheit hat unser/e Tochter/Sohn?« oder »Was können wir von unserer Seite tun, um mitzuhelfen?«, aber auch Aussagen wie »Ich denke, das ist eine Willenssache, mein/e Frau/Mann will halt nicht gesund werden«.
- Hier macht es Sinn, die Krankheit ganz klar beim Namen zu nennen, auch darauf hinzuweisen, dass es sich um eine schwerere Erkrankung handelt, deren Behandlung längere Zeit in Anspruch nimmt. Zur Erklärung des Krankheitsgeschehens ist folgendes Vorgehen sinnvoll:
  – Zunächst ganz allgemein auf die besondere Entwicklungsgeschichte beim Menschen hinweisen. Hier kann sich der Psychotherapeut an der phasentypischen Entwicklung und den essenziellen Objektstützungen orientieren.
  – Aufzeigen, wie eine Entwicklungsstörung bereits in frühester Kindheit zustande kommen kann.
  – Übergang auf den vom Behandler vermuteten schweren Entwicklungskonflikt, der möglicherweise beim Patienten eine Entwicklungsstörung verursacht hat. Da dies erfahrungsgemäß der heikelste Punkt bei diesem Familiengespräch ist, muss hier großes Fingerspitzengefühl von Seiten der behandelnden Therapeuten eingesetzt werden. Es ist vor allem darauf zu achten, dass das entwicklungsgeschichtlich begründete Krankheitsgeschehen des Patienten so dargelegt wird, dass die Determinanten für die psychoneurotische Fehlentwicklung auf beiden Seiten zu finden sind, also auf Seiten der Bezugspersonen (z. B. Eltern) wie auch auf Seiten des Patienten als Säugling/Kleinkind. Hier können die Ergebnisse der Säuglingsforschung behilflich sein.
  – Hinweis auf die für uns Menschen lebensnotwendigen Früherfahrungen/Prägungen/Bindungen, die uns letztlich ein Leben lang beim Zurechtfinden in dieser Welt behilflich sind oder eben nicht.
  – Hinweis auf den Wiederholungszwang krank machender Prägungen/Bindungen in unserem alltäglichen Leben. Verständliche Darlegung, dass wir bei der Objektgestützten Psychodynamischen Psychotherapie versuchen, diese krank machenden Prägungen, diese »dysfunktionalen Lebensprogramme« auf allen Therapieebenen soweit wie möglich außer Kraft zu setzen, damit an deren Stelle »steuernde Funktionen« treten können. Das bedeutet, die Therapeuten versuchen durch korrigierende Erfahrungen auf das »kranke Lebensprogramm« des Patienten so weit Einfluss zu nehmen, dass er letztlich im beruflichen und privaten Bereich wieder weitestgehend lebenstüchtig werden kann.
- Darlegung, dass wir mit dieser Behandlung den Patienten dort »abholen«, wo unseres Erachtens in seiner frühen Entwicklungsgeschichte tiefergreifende Störungen in seiner geistig-seelischen Entwicklung stattfanden. Die Therapeuten versuchen deshalb auf allen Therapieebenen (Gesprächstherapie, Körper- und Gestaltungstherapie, Soziotherapie) auf professionellem Wege, bildlich gesprochen in die »Fußstapfen« von Eltern zu treten. Durch gezieltes Einwirken von funktionalen Beziehungserfahrungen sollen in einem ersten Schritt die persönlichkeitsformenden Kräfte des Patienten wieder aktiviert werden, damit auf der Basis der erreichten Selbstwertstabilisierung die notwendige Hilfs-Ich-Funktion der Psychotherapeuten in Kraft treten kann und dann die sozial wenig resonanten Anpassungsmechanismen beim Patienten durch lebenstüchtiges Verhalten ersetzt werden können. Dieser doch sehr tiefe Eingriff in die Persönlichkeit des Patienten muss mit den leiblichen Eltern und/oder Angehörigen des Patienten besprochen werden, damit diese über das behandlungstechnische Vorgehen

informiert sind, damit einverstanden sind und die Behandler dabei unterstützen. Auf die Frage »Was haben wir denn falsch gemacht?« muss sehr eindeutig darauf hingewiesen werden, dass es hier nicht um »falsch« oder »richtig« geht, sondern dass es lebensgeschichtliche Umstände gibt, z. B. eine schwere Krankheit, der ein Elternteil plötzlich ausgesetzt ist, schwerere Beziehungsprobleme, finanzielle Schwierigkeiten, außergewöhnliche Belastungen die auf jeden Einzelnen in einem Familiensystem mehr oder weniger stark einwirken und auch krank machen können.
- Vereinbarung der notwendigen Kontaktabstinenz. Hierbei soll den Eltern und/oder Angehörigen des Patienten verständlich gemacht werden, dass es notwendig ist, dass der Patient zunächst für längere Zeit keinen Kontakt mit seinem »alten Milieu« herstellt, da er jetzt in dieser Behandlung all seine zur Verfügung stehende – vor allem psychische – Kraft benötigt, um die notwendige Selbstwerthomöostase zu seinen Behandlern aufzubauen. Nur wenn dem Patienten dies – zumindest im Ansatz – gelingt, wenn er sich also mit seiner vollen Kraft auf diese stationäre Behandlung einlassen kann, ist eine Einflussnahme von therapeutischer Seite auf die vorliegende Gesundheitsstörung möglich.
- Sollte diese Kontaktabstinenz auch bei weiteren Elterngesprächen vom Patienten und/oder von den Eltern nicht akzeptiert werden können, muss an einen Abbruch der Behandlung gedacht werden.
- In jedem Fall ist es günstig, vor allem für den Patienten zu seiner Entlastung, wenn die Eltern bereit sind, sich auch psychotherapeutisch helfen zu lassen. Diesbezüglich sollte von Behandlerseite aus Hilfestellung gegeben werden.
- In weiteren Gesprächen sollte darauf hingewiesen werden, dass der Patient in jedem Fall ambulant weiterbehandelt werden soll, in der Regel in einer soziotherapeutischen Folgeeinrichtung (Wohngemeinschaft, betreutes Wohnen usw.). Auch hierzu sollte das Einverständnis der Eltern und/oder Angehörigen vorliegen.
- Gegebenenfalls Klärung der Finanzen: Über welchen Betrag kann der Patient monatlich im Krankenhaus verfügen?

12.5 Bewährte testpsychologische Untersuchungen während der stationären Behandlung

Bei Aufnahme des Patienten:
- von ärztlichen und psychologischen Psychotherapeuten durchgeführt:
  - SKID II (zur Diagnostik der Persönlichkeitsstörung)
  - DSM4 (Erfassung des Schweregrades der Erkrankung von 1 bis 5)
  - FAST (Familiensystemtest)
  - THI (Vorbehandlungsanamnese)
  - PHI (Anamnese des suizidalen Verhaltens)
  - FBV (bei Vorliegen von Essstörungen)
  - FDS (bei Vorliegen von dissoziativen Störungen)
  - KFA (bei Vorliegen einer Suchtproblematik)
- vom Sozialtherapeuten durchgeführt:
  - SAS-L

Bei Aufnahme und Entlassung:
- vom Patienten durchgeführt:
  - IPO (Inventar der Persönlichkeitsorganisation)
  - IIP – D (Inventar der interpersonellen Probleme)
  - SOMS (Fragebogen zur Somatisierung)

Bei Aufnahme wöchentlich oder vierwöchentlich und bei Entlassung:
- von ärztlichen und psychologischen Psychotherapeuten durchgeführt:
  - BSS (Beschwerdescore)
- vom Pflegepersonal durchgeführt:
  - SEB (Stationsfragebogen)
- vom Patienten durchgeführt:
  - SCL-90 R (Symptomfragebogen)
  - HAQ (Fragebogen zur therapeutischen Beziehung)

13 Behandlungsmanagement: Strukturgebende Behandlung

Vorbemerkung zur Verwendung des Behandlungsmanuals:
In der Objektgestützten Psychodynamischen Psychotherapie wird davon ausgegangen, dass der zwischenmenschlichen Nähe-Distanz-Regulation eine Systematik zugrunde liegt, dass diese Systematik hauptsächlich durch frühkindliche Beziehungserfahrungen strukturiert wird und dass sich diese Beziehungsstruktur mit den darin enthaltenen Kommunikationselementen (Beziehungsstadien) über einen dialogischen Beziehungsmodus erfassen und diagnostizieren lässt. Dabei spielt die

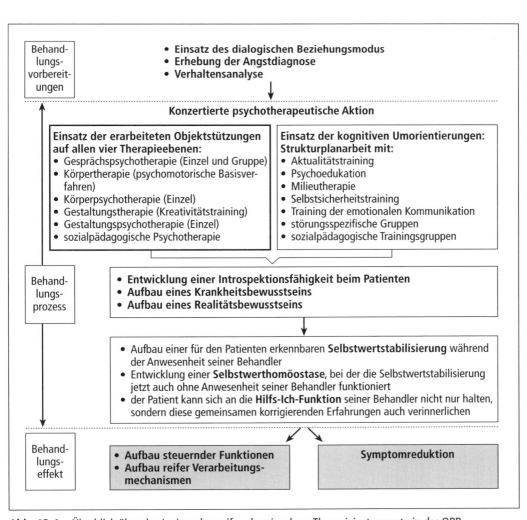

Abb. 13-1 Überblick über das Ineinandergreifen der einzelnen Therapieinstrumente in der OPP

Tab. 13-1 Übersicht über die unterschiedlichen elterlichen Objektstützungen und deren Umsetzung in die psychotherapeutische Praxis

Entwicklungsphasen	Primäre (elterliche) Funktionen	Psychomotorische Entwicklungsleitlinie	Körperpsychotherapie	Psychointentionale Entwicklungsleitlinie	Gestaltungspsychotherapie	Psychodialogische Entwicklungsleitlinie	Gesprächspsychotherapie	Psychosoziale Entwicklungsleitlinie	Sozialpädagogische Psychotherapie
0. bis 2./3. Monat	tragend	Bonding	Bonding	Stimulation empfindsam machen	intuitives Gestalten	instinktive Kommunikation	beredtes Schweigen, beruhigende Laute, überbrückendes Plaudern	Neugeborenen-Rolle Säuglings-Rolle	Im Mikrokosmos der Klinik wird dem Patienten seine Rolle als Mensch, der in der Gesellschaft eine Existenzberechtigung hat, über unterschiedliche interaktive Verfahren* bewusst gemacht.
	S. 293–315		S. 307–309		S. 309–313		S. 293–307		S. 313–315
2./3. bis 7./9. Monat	haltend	Holding	Holding	Attraktion bemerkbar machen	intentionales Gestalten	einfache Ammensprache	ganz einfache Worte, die körpersprachlich verdeutlicht werden	Baby-Rolle	Im Mikrokosmos der Klinik wird dem Patienten seine Rolle als Person, die in der Gesellschaft eine Lebensberechtigung hat, über unterschiedliche interaktive Verfahren* bewusst gemacht.
	S. 315–330		S. 323–325		S. 325–327		S. 318–323		S. 327–330
7./9. bis 15./18. Monat	entlastend	Hugging	Hugging	Reaktion mitmachen	kommunikatives Gestalten	bildhafte Ammensprache	bildhafte Sprache, die mit einer Lautmalerei einhergeht	Kleinkind-Rolle	Im Mikrokosmos der Klinik wird dem Patienten seine Rolle als Partner, der in der Gesellschaft eine Daseinsberechtigung hat, über unterschiedliche interaktive Verfahren* bewusst gemacht.
	S. 330–347		S. 339–342		S. 342–345		S. 330–339		S. 345–347

13 Behandlungsmanagement: Strukturgebende Behandlung

Tab. 13-1 Fortsetzung

Entwicklungsphasen	Primäre (elterliche) Funktionen	Psychomotorische Entwicklungsleitlinie	Körperpsychotherapie	Psychointentionale Entwicklungsleitlinie	Gestaltungspsychotherapie	Psychodialogische Entwicklungsleitlinie	Gesprächspsychotherapie	Psychosoziale Entwicklungsleitlinie	Sozialpädagogische Psychotherapie
Ab 18. Monat (1½ Jahre)	stützend	Supporting	Supporting	Aktion vormachen	handwerkliches Gestalten	Kleinkindsprache	einfachste, verständliche Wortfügungen	Mamakind-Rolle	Im Mikrokosmos der Klinik wird dem Patienten seine Rolle als selbstbewusster Mensch, der Verständnis für seine Mitmenschen aufbringen kann, über unterschiedliche interaktive Verfahren* bewusst gemacht.
	S. 347–361				S. 355–357				S. 359–361
Ab 28. Monat (2½ Jahre)	kreativ	Playing	Playing	Animation Spaß machen	freies Gestalten	Mutter-, Umgangssprache	einfache Ich-Sätze	Papakind-Rolle	Im Mikrokosmos der Klinik wird dem Patienten seine Rolle als selbstbewusste Person, die Vertrauen zu ihren Mitmenschen fassen kann, über unterschiedliche interaktive Verfahren* bewusst gemacht.
	S. 361–376				S. 369–371		S. 347–355		S. 374–376
Ab 42. Monat (3½ Jahre)	narrativ	Dancing	Dancing	Kooperation gemeinsam etwas machen	kollektives Gestalten	Erwachsenensprache	anspruchsvolle, dialogische Ich-Sätze	Kindergartenkind-Rolle	Im Mikrokosmos der Klinik wird dem Patienten seine Rolle als selbstbewusster Partner, der Solidarität gegenüber seinen Mitmenschen üben kann, über unterschiedliche interaktive Verfahren* bewusst gemacht.
	S. 376–393		S. 385–388		S. 388–391		S. 361–369 S. 380–385		S. 391–393

* psychopädagogische Übungen, Rollenspiel, Modelllernen usw.

Wechselbeziehung zwischen reaktualisierten Kindheitsbelastungsfaktoren und internalisierten Kindheitsschutzfaktoren (lebensnotwendige Objektstützungen) eine zentrale Rolle.

In der stationären Psychotherapie sollen jetzt über die dominante Objektbeziehung, die sich zwischen den behandelnden Psychotherapeuten und dem Patienten einstellt, die Ängste und Angstäquivalente, die dem Krankheitsgeschehen des Patienten zugrunde liegen, erfasst und in der konzertierten psychotherapeutischen Aktion die vorläufige Angstdiagnose erstellt werden.

Damit Sie als Psychotherapeuten über diese Angstdiagnose so schnell wie möglich die notwendigen Objektstützungen herausfinden und auch beim Patienten so einsetzen können, dass sie bei ihm wirksam werden, wurde dieses Behandlungsmanual erstellt.

Es gliedert sich in die sechs Objektstützungen (tragend, haltend, entlastend, stützend, kreativ, narrativ) und hier wiederum in die vier Therapieebenen (Gesprächs-, Körper-, Gestaltungs- und sozialpädagogische Psychotherapie). Um Ihnen das Nachschlagen und Lesen möglichst angenehm zu gestalten und häufiges Umblättern durch Verweise zu vermeiden, wurden Wiederholungen in Kauf genommen. Nur allgemeine Hinweise, die innerhalb einer Objektstützung auf alle Therapieebenen zutreffen, sind durch Verweise gekennzeichnet. Abbildung 13-1 (S. 281) gibt einen Überblick über das Ineinandergreifen der einzelnen Therapieinstrumente in der OPP. Tabelle 13-1 (S. 282 f.) präsentiert die unterschiedlichen elterlichen Objektstützungen und deren Umsetzung in die psychotherapeutische Praxis. Gleichzeitig bietet diese Tabelle eine praktische Seitenzuordnung, sodass Sie sich blitzschnell orientieren können.

Indikation:

Die strukturgebende Behandlung im Behandlungsregime der OPP wird eingesetzt bei Patienten, deren instabile Persönlichkeitsorganisation aufgrund eines meist niedrigen emotionalen Entwicklungsniveaus schon über eine längere Zeit durch eine mäßige, geringe bis desintegrierte psychische Abwehr (mit mehr oder weniger deutlicher Symptombildung) kompensiert wird und deren selbstprotektive Mechanismen (Überlebensstrategien) und weitere psychische Ressourcen erschöpft sind. Das Selbstsystem/Selbstkonzept dieser Patienten ist labil und die sich daraus ergebende selbstreflexive Resonanz zu schwach, um das personale Ich in seinem Bestreben nach Ich-Dystonität und Autonomie zu unterstützen.

Aufgrund ungünstiger Sozialisationsbedingungen durch exogene oder endogene Kindheitsbelastungsfaktoren, die bei diesen Patienten meist bereits in ihrer frühkindlichen Entwicklung ihren Anfang genommen haben, speicherten sich viele dysfunktionale Orientierungen, Motive und Motivationen in ihrem neuronalen Anpassungssystem, die über das mentale Anpassungskonzept einen hohen Beeinträchtigungsgrad auf den Patienten ausüben. Deshalb kommt es oft kaum zu einer intrapsychischen Konfliktbildung und der Patient wird sofort als »Erfüllungsgehilfe« dieser dysfunktionalen Orientierungen, Motive und Motivationen instrumentalisiert, oder der Patient reagiert mit Abwehrmanövern wie suizidales-selbstverletzendes Verhalten, projektive Verarbeitungsweisen, Sucht, Zwangsverhalten usw. Die emotionale Kommunikation dieser Patienten ist aufgrund ihrer sofort in zwischenmenschlichen Kontakten einsetzenden, massiven Ängste vor erneuten Kränkungen und Verletzungen sehr störungsanfällig. Deshalb gestalten sich auch ihre zwischenmenschlichen Beziehungen ausgesprochen schwierig.

Bevor nun das ausführliche Manual für die Gesprächs-, Körper-, Gestaltungs- und sozialpädagogische Psychotherapie folgt, wird in der folgenden Übersicht eine Zusammenfassung der Behandlungsphasen der strukturgebenden Behandlung gegeben. Diese Zusammenfassung der Arbeitsschritte dient sowohl der Anleitung des Patienten als auch der Selbstkontrolle des Psychotherapeuten.

13 Behandlungsmanagement: Strukturgebende Behandlung

Behandlungsphasen der strukturgebenden Behandlung

Erste Behandlungsphase

Initialphase: Testphase, Vorbereitung der Psychotherapeuten für den Einsatz der jeweiligen Objektstützungen
Behandlungszeit: ca. 2–4 Wochen

Arbeitsschritte für den Psychotherapeuten

1. Diagnostische Einschätzung über operationalisierte subjektive und empirische Daten

- Einsatz des dialogischen Beziehungsmodus von Anfang an
- Aufbau der psychotherapeutischen Ich-Spaltung:
  - zunächst Bewusstwerden der spontanen mehr subjektiven Wahrnehmung und intuitiven Tiefenkommunikation
  - Im Weiteren findet eine bewusste Aufrechterhaltung der Ich-Spaltung statt, wobei der Psychotherapeut mit seiner Tiefenkommunikation ohne seine Oberflächenkommunikation zu verlassen, auf das im Moment gestörte Kommunikationselement seines Patienten eingeht und ihm zu verstehen gibt, dass er um dessen innere Befindlichkeit (z. B. Ängste) weiß, ohne sich davon in Beschlag nehmen zu lassen. Gleichzeitig bietet der Psychotherapeut seinem Patienten unmissverständlich seinen dialogischen Beziehungsmodus an, durch den er in der Lage ist, ihn zu behandeln.
- Dadurch kann das derzeit gestörte Kommunikationselement des Patienten festgestellt und die »Angstdiagnose« erhoben werden.
- dadurch Einschätzung der dysfunktionalen Beziehungserfahrungen (Kindheitsbelastungsfaktoren) des Patienten unter Einbeziehung der biographischen Daten
- dadurch Einschätzung der dysfunktionale Orientierungen, Motive und Motivationen im Anpassungskonzept des Patienten
- dadurch Einschätzung des emotionalen evtl. auch kognitiven Entwicklungsniveaus des Patienten
- Erhebung der »Verhaltensanalyse«: Einschätzung des autonomen Verhaltens der Überlebensstrategien und der psychischen Abwehr des Patienten entsprechend der OPD (Operationalisierte Psychodynamische Diagnostik)

2. Diagnostische Einschätzung über operationalisierte empirische und objektive Daten

- Auswertung des initialen Behandlungsverlaufs
- Auswertung der anamnestischen Angaben
- Auswertung der psychodiagnostischen Testuntersuchungen
- Auswertung der körperlichen Untersuchung einschließlich aller medizinisch-technischen Untersuchungen wie Labor, Röntgen, EKG usw.

3. Aufbau der notwendigen psychotherapeutischen Haltung mit Hilfe der konzertierten psychotherapeutischen Aktion

- Erinnern, Durcharbeiten und Bewältigen der konkordanten und komplementären Gegenübertragungserfahrungen
- dadurch weitere Nähe-Distanz-Regulation mit Hilfe des dialogischen Beziehungsmodus
- dadurch Entwicklung des notwendigen psychotherapeutischen Optimismus
- dadurch Einstellung auf die gestörte Beziehungserfahrung im Kommunikationselement des Patienten
- dadurch beginnender Einsatz der Objektstützungen, vor allem in der Gesprächspsychotherapie und sozialpädagogischen Psychotherapie und
- Erarbeitung einer Hilfs-Ich-Funktion, die für den Patienten geeignet ist

Übersicht

4. **Beginn der objektgestützten Behandlung des Patienten**
- wöchentliche Evaluation über die konzertierte psychotherapeutische Aktion
- Thematisierung der Weiterbehandlung des Patienten nach seiner Entlassung (s. Abschnitte 13.1 bis 13.6)

5. **Super- und Intervisionen**
- regelmäßige Teamsupervisionen bei jeder strukturgebenden Behandlung
- Teilnahme an den Gruppen- und Einzelsupervisionen
- Teilnahme an den Intervisionen
- schriftliche Dokumentation der Behandlungen
- regelmäßige Evaluation des Behandlungsverlaufes mittels eines epikritischen Berichts

Arbeitsschritte für den Patienten

1. **Thematisierung der ersten Erfahrungen, die der Patient bei Aufnahme in der Klinik mit der Verwaltung, dem Aufnahmearzt, den Pflegekräften, den Mitpatienten usw. gemacht hat**
2. **Motivation des Patienten für die bewegungs- und entspannungstherapeutischen Verfahren**
- Hinführung des Patienten zur Körperwahrnehmung und zum bewussten Bewegen und Entspannen. Über eine Bewegungsanalyse findet eine Einschätzung statt, wie weit der Patient seinen Bewegungsablauf willkürlich steuern kann, hierher gehören auch seine automatisierten Bewegungen, die er auf Verlangen jederzeit bewusst durchführen kann. Genauso wird beurteilt, wie groß der Anteil seines unwillkürlichen, also reflektorischen Bewegungsablaufes ist. Weiter kann durch die Bewegungsanalyse auch ein guter Eindruck bezüglich der momentanen Intentionalität (z. B. Antriebskraft) des Patienten gewonnen werden: Ist sein Bewegungsablauf adynam, evtl. hypomotorisch oder bringt er seine Psychomotorik gezielt und kraftvoll zum Ausdruck?
- Fokale Bewegungstherapien
  - Atemtherapie: Hinführung zum bewussten »freien« Atmen
  - Wirbelsäulentherapie: Hinführung zum bewussten Aufrichten des Körpers über die Wirbelsäulen- und Gleichgewichtsfunktionen
  - Körpererfahrung über gezielte, bewusst durchgeführte Einzelbewegungen: Hinführung zum bewussten »freien« Bewegen ohne Einbeziehen in einen dynamischen Bewegungsablauf
  - Progressive Muskelrelaxation nach Jacobson: Hinführung zur gezielten muskulären An- und Entspannung einzelner Körperbereiche, wobei sich letztlich die muskulären Verspannungen lösen und eine bleibende muskuläre Entspannung angestrebt wird.
- Integrative Bewegungstherapie
  - Lauftherapie: Hinführung zum bewussten „freien" Bewegen über einen dynamischen Bewegungsablauf

3. **Motivation des Patienten zum Kreativitätstraining**
- Hinführung des Patienten zur bewussten Wahrnehmung des eigenen Gestaltens. Auf Ausdrucks- und Gestaltungshemmungen wird unterstützend eingegangen.

4. **Motivation des Patienten zur Milieutherapie**
- **Motivation des Patienten** zur emotionalen Kommunikation, Krisenintervention, Krisenprävention, objektgestützten Intervention und zum sozialresonanten Verhalten
- **Erlernen und Einüben der emotionalen Kommunikation**: Ab Beginn seiner Behandlung wird mit dem Patienten über ausführliche und verständnisvolle Erklärungen darauf hingearbeitet, dass er sich, vor allem wenn er emotional unter Druck steht, auf die von seinen Behandlern angebotene emotionale Spannungsreduktion einlassen kann. Besteht beim Patienten eine schwere emotionale Kommunikationsstörung, ist es angebracht, dass mit ihm über die Strukturplanarbeit feste Termine bei den Pflegekräften vereinbart werden, um diesen Patienten auf den ersten Schritt in der emotionalen Kommunikation hinzuführen. In einem weiteren Behandlungsschritt wird dann weniger die emotionale Spannungsreduktion

(Beruhigung), sondern viel mehr der lebendige emotionale Austausch mit dem Patienten angestrebt.
- **Erlernen und Einüben der Krisenintervention**: Mit dem Patienten werden zunächst auslösende Ereignisse erarbeitet (Trigger), die bei ihm zur Krisenentwicklung führen können. In einem nächsten Schritt wird mit ihm, am Beispiel einer für ihn erinnerbaren durchgemachten Krise, der typische Krisenverlauf mit »point of no return« und Kriseneskalation thematisiert. Im letzten Schritt wird der rechtzeitige Einsatz des Aktualitätstrainings erlernt und eingeübt, um eine Kriseneskalation und die damit einhergehende Symptombildung zu verhindern.
- **Einweisung des Patienten in die Krisenprävention**: Durch ein zunehmend intensiveres Körperbewusstsein, das sich im Laufe der Behandlung durch die bewegungstherapeutischen Verfahren bei ihm einstellt, wird es ihm immer öfter möglich, bereits über Körpersignale sich anbahnende Krisen rechtzeitig zu erkennen und ihnen aus dem Weg zu gehen.
- **Einführung in die objektgestützten Interventionen**: Hier wird der Patient darauf hingewiesen, nicht nur in Krisensituationen auf seine Behandler zuzugehen, sondern auch bei Erfolgserlebnissen, die sich im Laufe seiner Behandlung einstellen werden und die sich durch eine Bestätigung effektiver verinnerlichen.
- **Schrittweises Erarbeiten von sozialresonantem Verhalten** z. B. Erlernen und Einüben eines konstruktiven Konfliktverhaltens: Der Patient soll lernen, dass eine Auseinandersetzung nicht zwangsläufig, so wie er das früher immer wieder erlebte, in Entwertung, Verachtung und Vernichtung entarten muss. Es ist genauso möglich, dass über heftige Auseinandersetzungen ein gegenseitiges Verstehenlernen stattfindet, das eine Vertrauensbasis schafft, auf der nicht nur gemeinsame Klärungen und Lösungen möglich werden, sondern es kann auch in einem weiteren Schritt untereinander eine Solidarität entstehen, durch die sich gemeinsam die zuvor erarbeiteten Lösungen besser in die Tat umsetzen lassen als das einem alleine möglich gewesen wäre.

5. **Teilnahme an der Psychoedukation**
Stellt sich heraus, dass sich der Patient aufgrund einer zu schwachen selbstreflexiven Resonanz aus seinem Selbstsystem/-konzept vorwiegend über neuronale und weniger über mentale Regulationsmechanismen und über selbstprotektive Mechanismen (Überlebensstrategien) am Leben hält, wird dem Patienten sofort der bei ihm notwendige Einsatz von Objektstützungen und damit einhergehende Hilfs-Ich-Funktionen durch seine Behandler sehr verständlich mitgeteilt. Dabei wird er darauf hingewiesen, sich trotz seines anfänglichen Misstrauens an die Anweisungen (Hilfs-Ich-Funktionen) seiner Behandler zu halten. Die dabei stattfindenden Auseinandersetzungen sind oft der notwendige Einstieg, um die beabsichtigte Umorientierung des Patienten bezüglich seiner dysfunktionalen Orientierungen Motive und Motivationen in die Wege leiten zu können. Dabei soll der Patient insgesamt diese intensiven Behandlungsprozesse nicht als Wiederholung frühkindlicher Traumatisierungen, sondern letztlich als rückhaltgebende »innere Stärkung« erleben können.

6. **Ausführliche Einführung und Beginn der Strukturplanarbeit (evtl. zunächst als Tagesstrukturplan) und des Aktualitätstrainings**
- probeweiser Einsatz der Objektstützungen auf den vier Therapieebenen (Gesprächs-, Körper-, Gestaltungs- und sozialpädagogische Psychotherapie) in Einzeltherapie

7. **Eltern- und Paargespräche nach Vorbereitung des Patienten**

8. **Einführung in die sozialpädagogischen Trainingsverfahren**
- gemeinsamer Esstisch für essgestörte Patienten
- Kochgruppe für essgestörte Patienten
- Gruppe für das Erlernen und Einüben von lebenspraktischen Fertigkeiten
- Gartengruppe
- Chorgruppe

Übersicht

9. Thematisierung von aktuellen Problemen, evtl. Konflikten (zunächst nur Probleme und Konflikte, die sich auf den Klinikalltag beziehen)
10. Gespräche über die Autobiographie des Patienten
11. Teilnahme an störungsspezifischen Gruppen
- ggf. Teilnahme am Selbstsicherheitstraining
- ggf. Teilnahme an der Schmerzgruppe
- ggf. Teilnahme an der Gruppe für stoffgebundene Suchterkrankungen

Behandlungsziele
- Entwicklung einer zumindest im Ansatz erkennbaren Bereitschaft des Patienten zur Reflexion und Introspektion
- Aufbau einer Ich-Dystonität zwischen der »Person« des Patienten, die für seine Behandler grundsätzlich intakt ist und seinen Beeinträchtigungen (dysfunktionale Orientierungen, Motive und Motivationen) unter denen der Patient oft schon sein Leben lang leidet
- Aufbau eines Krankheitsbewusstseins: »Ich habe am eigenen Leib erlebt, wie sich bei mir durch ein auslösendes Ereignis eine Krisenentwicklung anbahnte und ich dann die Kontrolle über z. B. mein Essverhalten verloren habe.«
- Aufbau einer für die Behandler und den Patienten erkennbaren Ich-Stabilisierung über das Anpassungssystem/-konzept des Patienten (z. B. Idealisierung)

Zweite Behandlungsphase

Arbeitsphasen I und II: Reduktion der Symptomatik des Patienten, Einsatz der jeweiligen Objektstützungen
Behandlungszeit: ca. 4–6 Wochen

Arbeitsschritte für den Psychotherapeuten
1. Fortsetzung des dialogischen Beziehungsmodus und stabiler Einsatz der psychotherapeutischen Ich-Spaltung
2. Stabilisierung der notwendigen psychotherapeutischen Haltung
- Erinnern, Durcharbeiten, Bewältigen der konkordanten und komplementären Gegenübertragungserfahrungen) mit Unterstützung der konzertierten psychotherapeutischen Aktion
3. Fortsetzung der objektgestützten Behandlung auf den vier Therapieebenen (Gesprächs-, Körper-, Gestaltungs- und sozialpädagogische Psychotherapie)

Über die objektgestützte Beziehungserfahrung wird Schritt für Schritt das gestörte Kommunikationselement physiologisiert.
- wöchentliche Evaluation über die konzertierte psychotherapeutische Aktion
- Thematisierung der Weiterbehandlung des Patienten nach seiner Entlassung

4. **Super- und Intervisionen**
- regelmäßige Teamsupervisionen für jede strukturgebende Behandlung (s. Abschnitt 13.1 bis 13.6)
- Teilnahme an den Gruppen- und Einzelsupervisionen
- Teilnahme an den Intervisionen
- schriftliche Dokumentation der Behandlungen
- regelmäßige Evaluation des Behandlungsverlaufs mittels eines epikritischen Berichtes

Arbeitsschritte für den Patienten
1. **Fortsetzung der bewegungs- und entspannungstherapeutischen Verfahren:**
- Hinführung des Patienten zur Körperwahrnehmung und zum bewussten Bewegen und Entspannen (s. erste Behandlungsphase).
2. **Fortsetzung des Kreativitätstrainings**
- über die Strukturplanarbeit und das Aktualitätstraining Erarbeitung und Planung eines Talismanns, Beginn der Herstellung

Zweite Behandlungsphase

3. **Fortsetzung der Milieutherapie**
- **Weiteres Erlernen und Einüben der Krisenintervention**: Fortsetzung der angebotenen emotionalen Spannungsreduktion. Dem Patienten soll es jetzt mehr und mehr möglich werden, sich vor Ausbruch seiner Symptombildung auf diese emotionale Spannungsreduktion einzulassen.
- **Mit dem Patienten werden weiter auslösende Ereignisse erarbeitet**, die bei ihm zur Krisenentwicklung führen können. Weiter erlernt wird der rechtzeitige Einsatz des Aktualitätstrainings vor der ihm bekannten Kriseneskalation, die meist mit Symptombildungen einhergeht.
- **So weit möglich, Einsatz der objektgestützten Intervention**: Der Patient wird aufgefordert, die objektstützende Intervention so oft wie möglich im Rahmen der Milieutherapie durchzuführen.
- So weit bereits möglich, Einsatz der **Krisenprävention**
- **Das Erlernen und Einüben von grundlegendem sozialresonantem Verhalten** wird fortgesetzt und intensiviert.
4. **Fortsetzung der Psychoedukation**
Da Patienten mit einer sehr labilen Persönlichkeitsstruktur ihre Komorbiditäten (z. B. selbstverletzendes und/oder Suchtverhalten, krankhafte Störungen in ihren Körperfunktionen usw.) oft pathologischerweise als »inneren Halt« erleben, muss dieser Kompensationsmechanismus mit dem Patienten ausführlich durchgearbeitet werden. Dabei soll der Patient mehr und mehr unterscheiden lernen zwischen der »Krankheitsgewalt«, der er momentan obsessiv ausgeliefert ist, und der Behandlungsintensität, die notwendig ist, um seine Symptomatik zu lindern, zu bessern oder evtl. zu heilen. Dadurch soll der Patient zumindest auf kognitiver Ebene nachvollziehen können, dass durch die notwendigen medizinischen Eingriffe in seine Persönlichkeitsorganisation physiologische, rückhaltgebende Veränderungen bewirkt werden, auch wenn sie oft schmerzlicher Natur sind.

5. **Weiterführung der Strukturplanarbeit und des Aktualitätstrainings**
- Vertiefen des Aktualitätstrainings, vor allem als objektstützende Maßnahme
- Das Erlernen und Einüben des Aktualitätstrainings im Rahmen des Krisenmanagements wird vertieft.
6. **Einbeziehung des/der Ergebnisse(s) aus dem/n Eltern- oder Partnergespräch(en) in die Gesprächspsychotherapie**
7. **Fortsetzung sozialpädagogischer Trainingsverfahren**
- gemeinsamer Esstisch für essgestörte Patienten
- Kochgruppe für essgestörte Patienten
- Gruppe für das Erlernen und Einüben von lebenspraktischen Fertigkeiten
- Gartengruppe
- Chorgruppe
8. **Teilnahme an störungsspezifischen Gruppen**
- ggf. Fortsetzung des Selbstsicherheitstrainings
- ggf. Fortsetzung der Schmerzgruppe
- ggf. Fortsetzung der Gruppe für Patienten, die an einer stoffgebundenen Suchterkrankung leiden

Behandlungsziele

Durch die bisherigen Eingriffe in die Persönlichkeitsstruktur des Patienten sind zu erwarten:
- eine für den Patienten und die Behandler spürbare Selbstwertstabilisierung
- Kann sich der Patient auf die objektstützenden Erfahrungen und die damit einhergehenden Hilfs-Ich-Funktionen seiner Behandler einlassen, wird bei ihm zunächst nur in Anwesenheit seiner Behandler ein für ihn eher irritierendes neues Lebensgefühl aufkommen. Diese Selbstwertstabilisierung kann sich bei ihm z. B. in den Bewegungs- oder den Entspannungsverfahren als »Bewegungsfreude« einstellen, in der Gestaltungspsychotherapie bekommt er Freude am Gestalten oder er erlebt plötzlich eine zuvor nie da gewesene Freude an gemeinsamen Unternehmungen.

- Der Patient nimmt an allen angeordneten Behandlungsmaßnahmen regelmäßig und zum großen Teil auch erfolgreich teil.
- Der Patient bemüht sich, die im Rahmen der Milieutherapie eingesetzten Verfahren (Krisenmanagement, Krisenprävention, objektgestützte Intervention, sozialresonantes Verhalten) zu erlernen und sie einzuüben.
- Dadurch reduziert sich seine anfängliche psychische Vulnerabilität und hohe »innere Unruhe«.
- Aufbau eines Realitätsbewusstseins: »Bitte helfen Sie mir, auch wenn ich nicht weiß, ob ich Ihre Hilfe annehmen kann.«
- langsam einsetzende Symptomreduktion

Dritte Behandlungsphase

Arbeitsphase III: Trennungsphase, Reduzierung der objektgestützten Behandlung und Auflösung der Übertragungsbeziehungen zu den Behandlern
Behandlungszeit: ca. 4 Wochen

Arbeitsschritte für den Psychotherapeuten

1. **Fortsetzung des dialogischen Beziehungsmodus**
2. **Einsatz der notwendigen psychotherapeutischen Haltung mit Unterstützung der konzertierten psychotherapeutischen Aktion**
3. **Auflösung der entstandenen Bindungen von Seiten der Behandler zu ihrem Patienten mit Unterstützung der konzertierten psychotherapeutischen Aktion (s. Abschnitt 13.1 bis 13.6)**
4. **Teilnahme an den Gruppen-/Einzelsupervisionen und Intervisionen**
- regelmäßige Teamsupervisionen für jede strukturgebende Behandlung
- wöchentliche Evaluation über die konzertierte psychotherapeutische Aktion
- Thematisierung der Weiterbehandlung des Patienten nach seiner Entlassung
5. **Dokumentation und Evaluation**
- schriftliche Dokumentation der Behandlungen
- regelmäßige Evaluation des Behandlungsverlaufs mittels eines epikritischen Berichtes

Arbeitsschritte für den Patienten

1. **Fortsetzung und Beendigung der bewegungs- und entspannungstherapeutischen Verfahren**
- Hinführung des Patienten zur Körperwahrnehmung und zum bewussten Bewegen und Entspannen. Mit dem Patienten wird im Laufe der Behandlung darauf hingearbeitet, dass er das Verfahren, mit dem er am besten zurecht gekommen ist, mit Hilfe des Strukturplans regelmäßig zu Hause fortsetzen wird (s. erste Behandlungsphase).
2. **Fortsetzung und Beendigung des Kreativitätstrainings**
- Fertigstellung des Talismans
- Auch hier kann der Patient regelmäßig, unterstützt durch seinen Strukturplan, z. B. an Kursen, die von Volkshochschulen am Heimatort angeboten werden, weiter kreativ tätig bleiben.
3. **Modifizierung der Milieutherapie**
- Die emotionale Kommunikation tritt mehr und mehr in den Vordergrund.
- Der Patient wird angehalten, an Stelle der Krisenintervention das Aktualitätstraining einzusetzen.
- Der Rückgriff auf die Krisenintervention bei den Pflegekräften sollte jetzt nur mehr in außerordentlich schweren Krisen stattfinden.
- Der Patient wird angehalten, vermehrt die Krisenprävention einzusetzen.
- Der Aufbau von sozialresonantem Verhalten wird intensiviert.

Dritte Behandlungsphase

4. **Weiterführung der Strukturplanarbeit und des Aktualitätstrainings**
- Weiterführung und Intensivierung der Strukturplanarbeit. Der Patient wir motiviert, die Strukturplanarbeit regelmäßig und erfolgreich zu Hause fortzusetzen.
- Weiterführung und Intensivierung des Aktualitätstrainings. Der Patient wird motiviert, das Aktualitätstraining regelmäßig und erfolgreich zu Hause fortzusetzen.

5. **Auflösung der Übertragungsbeziehung**
- Einsetzen der Trauerarbeit hinsichtlich der Auflösung der Übertragungsbeziehungen zu den Behandlern. Mit dem Patienten werden rückblickend »gute Erfahrungen« (Bilder), die er im Laufe der Behandlung gemacht hat, gesammelt und nochmals positiv verstärkt.
- Arbeit mit den bisher im Laufe der Behandlung erfahrenen Objektstützungen und Hilfs-Ich-Funktionen durch die Behandler. Dabei sollen identifikatorische Prozesse eingeleitet und gefördert werden.
- vermehrter Einsatz von Realitätsprüfungen, die mit dem Patienten erarbeitet wurden (Hier ist das Wochenende ein zentraler Therapiebereich.)
- gemeinsam erarbeitete Problem-/Konfliktlösungen und Problem-/Konfliktbewältigung, bei der die Hilfs-Ich-Funktionen der anwesenden Behandler erfolgreich vom Patienten in Anspruch genommen werden
- alleinige Problem-/Konfliktlösungen und Problem-/Konfliktbewältigung, die dem Patienten durch seine »verinnerlichten« Behandler möglich wird, so z. B.:
  - Der Patient ist damit einverstanden, dass er nach Beendigung seiner stationären Behandlung in eine noch notwendige soziotherapeutische oder sozialpädagogische Folgeeinrichtung entlassen wird.
  - Er ist in der Lage, die erarbeitete Entlassungsstruktur mit seinen Eltern oder seinem Partner konsequent durchzuführen.
  - Er ist in der Lage, ein aktuelles Problem (Konflikt), das er am Heimatort hat, aufzugreifen und durch Einsatz der Hilfs-Ich-Funktion seiner Behandler zu lösen und zu einem befriedigenden Ergebnis zu bringen.

6. **Fortsetzung und Beendigung der sozialpädagogischen Trainingsverfahren**
- gemeinsamer Esstisch für essgestörte Patienten
- Kochgruppe für essgestörte Patienten
- Gruppe für das Erlernen und Einüben von lebenspraktischen Fertigkeiten
- Gartengruppe
- Chorgruppe

7. **Im Laufe einer guten Rekompensation seiner akuten psychischen Störung kann der Patient auch auf eine psychodynamische Ursachenklärung seiner Gesundheitsstörung hingeführt werden.**

8. **Teilnahme an störungsspezifischen Gruppen**
- ggf. Fortsetzung und Beendigung des Selbstsicherheitstrainings
- ggf. Fortsetzung und Beendigung der Schmerzgruppe
- ggf. Fortsetzung und Beendigung der Gruppe für Patienten, die an einer stoffgebundenen Suchterkrankung leiden

9. **Entlassung – Weiterbehandlung**
- sozialpädagogische oder psychosoziale Folgeeinrichtung
- Evtl. soll gleichzeitig eine ambulante psychotherapeutische Behandlung eingeleitet werden.
- psychiatrische Behandlung und ressourcenorientierte Psychotherapie
- ggf. Krisenintervention
- ggf. fraktionierte stationäre Behandlung (Wiederaufnahme nicht früher als 6 und nicht später als 9 Monate nach Entlassung)

Behandlungsziele
- Über eine entstandene Selbstwertstabilisierung (die sich nur bei persönlicher Anwesenheit der Behandler beim Patienten einstellt) entwickelt der Patient im Laufe der weiteren Behandlung eine Selbstwerthomöostase, durch die sein Selbstwerterleben auch ohne die persönliche Anwesenheit seiner Behandler stabil bleibt.

- Dadurch kann sich der Patient weiter auf die Hilfs-Ich-Funktionen seiner Behandler wirksam einlassen und Schritt für Schritt sozialresonantes Anpassungsverhalten (z.B. im Bereich der Problem- und Konfliktbewältigung, der emotionalen Kommunikation, der Krisenbewältigung und beim weiteren Aufbau von reiferen Verarbeitungsmechanismen) in seinem Anpassungssystem speichern.
- weitestgehende Reduzierung der Krisenintervention zu Gunsten eines forcierten Einsatzes des Aktualitätstrainings und der Strukturplanarbeit.
- forcierte Trauerarbeit (Auflösung der doch oft sehr intensiven Bindungen an die Behandler)
- Identifikatorische Prozesse werden in Gang gesetzt, und die im Anpassungssystem gespeicherten objektgestützten korrigierenden Erfahrungen und Verhaltensfertigkeiten werden zumindest teilweise in das Selbstsystem des Patienten transferiert und dem Patienten über sein Selbstkonzept als steuernde Funktionen bewusst.
- einsetzende und fortschreitende Reorganisation der zuvor gestörten Persönlichkeitsstruktur des Patienten
- Symptomreduktion bleibt stabil

13.1 Tragende Objektstützung

In der Zeit zwischen Geburt und 2./3. Monat ist für den Säugling die tragende Objektstützung lebensnotwendig.

13.1.1 Gesprächspsychotherapie

13.1.1.1 Erste Behandlungsphase

13.1.1.1.1 Einsatz des dialogischen Beziehungsmodus von Anfang an

Nach reichlicher und erfolgreicher Introspektionsarbeit in der konzertierten psychotherapeutischen Aktion versucht sich der Gesprächspsychotherapeut bei seiner Nähe-Distanz-Regulation auf die intuitive (Tiefen-)Kommunikation mit seinem Patienten einzulassen, ohne dabei die diskursive (Oberflächen-)Kommunikation, auf der er sich gerade mit seinem Patienten unterhält, zu verlassen. Diese psychotherapeutische Ich-Spaltung ist notwendig, damit sich der Gesprächspsychotherapeut in Orientierung am dialogischen Beziehungsmodus auf das pathologische, dyadische Beziehungselement seines Patienten einstellen kann, um ihm die notwendigen tragenden (elterlichen) Funktionen zu vermitteln.

Bei dieser **existenziellen (instinktiven) Beziehungserfahrung** versucht dieser Patient erfahrungsgemäß immer wieder eine weitestgehende Übereinstimmung mit seiner Umwelt herzustellen. Wird der Patient in seinem »Übereinstimmungs-Erleben« verunsichert, fühlt er sich sehr schnell existenziell bedroht. Oft generiert er aus seinen **Vernichtungsängsten** »großartige« Überlebensstrategien (selbstprotektive Mechanismen), durch die er aber Gefahr läuft, mit der Zeit ein schweres Überforderungssyndrom zu entwickeln. Er kann aber auch über seine *neuronal*-mentalen Regulationsmechanismen mit körperlichen und/oder psychischen Erkrankungen (z. B. Herz-Kreislauf-Erkrankungen, Asthma und/oder schwere depressive Störung, Suizid usw.) reagieren.

In Orientierung an den dialogischen Beziehungsmodus, wird sich jetzt der geschulte Psychotherapeut auf das im Moment am meisten gestörte Kommunikationselement einlassen. Ist aufgrund krankhaft gestörter dyadischer Beziehungserfahrungen der Mangel an tragenden Objektstützungen beim Patienten sehr groß und konnten diesbezüglich in seinem weiteren Lebensverlauf keine wesentlichen Korrekturen stattfinden, hat es der Gesprächstherapeut hier meistens mit destruktiven, malignen Vernichtungsängsten zu tun. Sehr oft steckt der Patient in latenten, unterschwelligen Krisen, die ihm selbst im Moment nicht bewusst sind, die aber für den Gesprächspsychotherapeuten anhand eines schwer auszuhaltenden Spannungszustandes spürbar sind. Mit Hilfe des dialogischen Beziehungsmodus kann der Gesprächspsychotherapeut die Kommunikationsebene, auf der er sich im Moment mit dem Patienten befindet, sehr schnell diagnostizieren. Um dem Patienten aus diesem schwer auszuhaltenden »**seelischen**« **Spannungszustand** so schnell wie möglich wieder herauszuhelfen, wird der Therapeut sich unter Beibehaltung eines freundlichen Kontaktes, sowohl auf das **körperliche Erscheinungsbild** des Patienten, als auch auf seine **eigene körperliche Befindlichkeit** einstellen. Durch diese Nähe-Distanz-Regulation wechselt der Gesprächspsychotherapeut auf die Kommunikationsebene **Setting** und verlässt die sehr angespannte dyadische Kommunikationsebene. In einem nächsten Schritt nimmt er weiter innerlich Abstand, bleibt aber mit seiner Tiefenkommunikation weiter im Kontakt mit seinem Patienten. Dadurch geht das Gemeinsamkeitserleben, obwohl sich die Beziehungsqualität deutlich verändert, nicht verloren. Allerdings können jetzt z. B. semantische Schwierigkeiten auftreten, da feststehende Auffassungen und Meinungen des Patienten von seinem Gesprächspsychotherapeuten auch völlig anders aufgefasst werden können. Allein diese Tatsache, dass man unterschiedlicher Meinung sein kann, ist für diesen Patienten oft unerträglich. Seine mangelnde personale Entwicklung macht es ihm sehr schwer, eine beständige interpersonale Beziehung zu seinem Gesprächspsychotherapeuten aufrecht zu erhalten und ein »Anderssein« eines Menschen zu ertragen. Obwohl bei

Tab. 13-2 Orientierung an den Entwicklungsleitlinien

Tragende Objektstützung

	Psychomotorische Entwicklungsleitlinie (freies Bewegen)	Psychointentionale Entwicklungsleitlinie (freies Wollen, Handeln, Gestalten)	Psychodialogische Entwicklungsleitlinie (freies Sprechen, freie Meinungsäußerung)	Psychosoziale Entwicklungsleitlinie (freie Wahl der sozialen Rolle)
Objektstützungen primäre (elterliche) Funktionen und damit einhergehende basale interaktive Beziehungsrituale				
Essenz der tragenden (elterlichen) Funktionen (Einstellungen, Haltungen gegenüber dem Kind)	Es ist gut, dass du dich bewegst.	Es ist gut, dass du etwas machst.	Es ist gut, dass du instinktiv zu »sprechen« beginnst.	Es ist gut, dass du ein Säugling bist.
	Ich kann mich auf deine ursprüngliche Beweglichkeit sehr gut einstellen.	Ich kann mich auf dein spontanes Tun sehr gut einstellen.	Ich kann mich auf dein unwillkürliches Sprechen sehr gut einstellen.	Ich kann mich sehr gut auf dich als Säugling einstellen.
	Ich kann dich als Mensch sehr gut bei mir aufnehmen. Jeder von uns spürt die existenzielle Bejahung des anderen.			
Basale interaktive Beziehungsrituale	Bonding	Optimale Stimulation (empfindsam machen)	Instinktive Kommunikation	Bestätigung und Eingehen auf die Säuglings-Rolle (z. B. Wickeln, Stillen usw.)

13.1.1 Gesprächspsychotherapie

Tab. 13-3 Orientierung an der Organisation der Persönlichkeitsstruktur des Kindes

Zentrales Entwicklungsthema	Menschenwürde Aus der Grunderfahrung heraus, dass man sich als Kind seiner Existenz sicher ist, entwickelt man die Kompetenz, Menschenwürde gegenüber anderen zu leben und in die Tat umzusetzen.	**Tragende Objektstützung**
Kommunikationselement (auf das sich die Mutter bei ihrer tragenden Objektstützung einstellt)	Dyade (primärer Narzissmus)	
Die Beziehungserfahrung in der Mutter-Kind-Beziehung	existenziell-instinktiv • sehr große Sympathie und Existenzbejahung, Zweieinheit kontra • sehr große Antipathie, Existenzverneinung, »autistische« Einsamkeit, Vernichtungsängste	
Archaiksystem und Anpassungssystem (Gedächtnissysteme)	• Die Beziehungserfahrungen der tragenden Objektstützungen (präobjektale/objektale Erfahrungen) werden zunächst im neuronalen Anpassungssystem gespeichert (kodiert). • Vegetative (z. B. Körperempfindungen aller Art) und reflexmotorische Reaktionen werden in einem neuronalen Archaiksystem gespeichert (kodiert). • Die funktionalen Erfahrungen aus dem neuronalen Archaiksystem und die funktionalen Erfahrungen aus dem neuronalen Anpassungssystem (erste Umwelterfahrungen) bilden sehr bald die Matrix des späteren Selbstsystems.	
Anpassungskonzept	Entsprechend der jeweiligen Gegenwartserfahrung (sich entwickelndes Aktualbewusstsein) beginnen im Hintergrundbewusstsein (Anpassungskonzept) sporadisch Erinnerungen an vegetative und reflexmotorische Erfahrungen sowie Erinnerungen an präobjektale und objektale Erfahrungen aufzutauchen. Diese Erinnerungen können sowohl funktional als auch dysfunktional sein.	
Selbstsystem (Gedächtnissystem)	Tragende Objektstützungen, so weit im Anpassungssystem verinnerlicht, werden in ein neues Gedächtnissystem, das Selbstsystem, transferiert (primäre [neuronale] intrapsychische Identifikation). Die Bildung der Matrix des Selbstsystems findet in statu nascendi statt.	
Selbstkonzept	Diese in das Selbstsystem transferierten Erfahrungen beginnen dem Säugling über ein auftauchendes Selbstempfinden allmählich bewusst zu werden. Mahler (1978, S. 59 ff.): »*Ein quasi pränataler Zustand schützt den Säugling und sichert sein physiologisches Wachstum. Reaktionen auf Reize, die dennoch die hohe Reizschwelle überschreiten, sind global, diffus und synkretistisch. Daneben finden sich bereits Zustände wachsamer Untätigkeit. Das energetische Potenzial, die sog. Libido ist überwiegend auf das Körperinnere, proprio-, enterozeptiv konzentriert.*« Stern (1992, S. 61–103): »*Es ist die Phase des auftauchenden Selbstempfindens. Der Säugling erlebt ein erstes Gefühl von Regelmäßigkeit und Geordnetheit.*«	
Selbstreflektive Resonanz	Die selbstreflektive Resonanz wird im neuronalen Selbstsystem generiert und beginnt für den Säugling spürbar über sein mentale Selbstkonzept allmählich in Kraft zu treten. Früheste Erfahrungen von (selbst) sein, (selbst) wollen, (selbst) können, sich (selbst) bewegen, (selbst) eine Rolle einnehmen usw. gehen in dieses Konzept ein.	

Tab. 13-3 Fortsetzung

Tragende Objektstützung		
	Funktionales Ich/ personales Ich	• Das funktionale Ich »funktioniert« in diesem Entwicklungsstadium weitestgehend noch im Sinne des Archaiksystems, d.h. das Verhalten des Säuglings entspricht hauptsächlich angeborenen Aktionsschemata niederer und höherer Ordnung (Reflexbogenpriorität). • Gleichzeitig beginnt das funktionale Ich auch im Sinne des sich entwickelnden Anpassungssystems/-konzeptes zu »funktionieren«. • Zunächst überwiegen die unbewussten, meist körperlichen automatischen Reaktionen auf Stimulation (Affekte).
	Neuronal-mentale Regulationsmechanismen	vorwiegend neuronale Regulationsmechanismen
	Mögliche Symptombildungen	• schwere Persönlichkeitsstörungen (n. Kernberg): atypische Psychosen, schizotypische und antisoziale Persönlichkeitsstörung • Suizidalität • Psychotizismus • krankhafte Störungen in den Körperfunktionen – Beteiligung an Organerkrankungen • schwere depressive Episode mit psychotischen Symptomen; rezidivierende depressive Störung gegenwärtig schwere Episode mit psychotischen Symptomen

solchen Separationserfahrungen vor allem die neuronalen Regulationsmechanismen, ebenso die selbstprotektiven Mechanismen des Patienten in Kraft treten, kommt der Patient kaum dazu, sich, so wie sein Gesprächspsychotherapeut, in seinem Denken, Fühlen und Handeln unabhängig voneinander zu erleben. In solchen Situationen können bei diesen Patienten oft abrupt lebensbedrohliche Ängste auftreten, die über neuronal-mentale Regulationsmechanismen so verarbeitet werden, dass er sich mehr und mehr einer ihm gegenüber feindlich und bedrohlich eingestellten Umwelt ausgeliefert fühlt, dadurch aber von seinen qualvollen »inneren Ängsten« befreit wurde. Im Zuge dieser unreifen bis psychotischen Abwehr sind für den Patienten auch seine ihm zugewandten Behandler lebensbedrohlich geworden. Aus dieser krankhaften Einstellung heraus kann es dazu kommen, dass sich dieser Patient mit seinem Gesprächspsychotherapeuten in frustrane Auseinandersetzungsmanöver verstrickt und sich dabei dem Therapeuten gegenüber entwertend, verachtend und vernichtend verhält oder ihn, ohne ersichtlichen Grund, der Missachtung und Misshandlung bezichtigt. Dies alles kann der Patient mit oft erstaunlicher Eloquenz vortragen und oft gelingt es ihm, indem er den Gesprächspsychotherapeuten für seine krankhaften Störungen verantwortlich macht, ein Abhängigkeitsverhältnis zu konstellieren. Hier ist es jetzt sehr wichtig, dass der Gesprächspsychotherapeut rechtzeitig diese schwer auszuhaltenden Abwehrmanöver des Patienten durchschaut und mit Hilfe der konzertierten psychotherapeutischen Aktion Verständnis aufbringen kann. Es sind vernichtende, verachtende, entwertende, kränkende und verletzende Erfahrungen, die dieser Patient in seiner kindlichen Entwicklung erlebte und die er jetzt im psychotherapeutischen Mikrokosmos in Szene setzt. Dabei soll der Therapeut sich keinesfalls durch das pathologische Verhalten des Patienten oder durch dessen Unterstellungen von seiner weiteren Nähe-Distanz-Regulation abbringen lassen, noch soll er durch einen abrupten Beziehungsabbruch die aufgebrochenen Traumatisierungen des Patienten weiter aktualisieren. Der Gesprächstherapeut setzt jetzt die Technik der Ich-Spaltung verstärkt ein. Dadurch bleibt er weiter über die intuitive Tiefenkommunikation mit seinem Patienten in Kontakt und lässt ihn emotional nicht im Stich.

Da sich der Gesprächspsychotherapeut gleichzeitig stärker auf eine diskursive Oberflächenkommunikation einstellt, kann er jetzt sehr deutlich zwischen dem »kranken Verhalten« (z. B.

13.1.1 Gesprächspsychotherapie

Drohverhalten, Demutsgebärde, Imponiergehabe, Gesichtsausdruck, Mienenspiel usw.) des Patienten, das sich stereotyp wiederholt, und der »Person« des Patienten, die oft gar nicht mehr fassbar in Erscheinung tritt, unterscheiden. In diesem Kommunikationsstadium der **Empathie** gelingt es den Behandlern, ihre Betroffenheit gegenüber dem Patienten in eine »einfühlende Verantwortungslosigkeit« umzuwandeln. Erst im nächsten Schritt der Nähe-Distanz-Regulation ist für den Gesprächspsychotherapeuten der Weg frei für das Kommunikationselement der **Identifikation**. Jetzt kann er sich »freiwillig« in seinen Patienten »hineinversetzen«, sich also mit ihm identifizieren und professionelle Verantwortung übernehmen, ohne von den zwischen ihm und dem Patienten in Gang gesetzten subjektiven zirkulären Resonanzmechanismen in seiner professionellen Kompetenz gelähmt oder außer Kraft gesetzt zu werden. Es ist die mehr objektive Wahrnehmung (hierher gehören auch biographische Daten, anamnestische Angaben, Ergebnisse der testpsychologischen Untersuchungen usw.) und die (diskursive) Oberflächenkommunikation, die der Gesprächspsychotherapeut in diesem Moment zusätzlich zu seiner mehr subjektiven Wahrnehmung und (intuitiven) Tiefenkommunikation einsetzt. Dadurch kann er aus einer objektiven (professionellen) Distanz die pathologischen Machenschaften seines Patienten besser verstehen, ohne dabei seine objektstützende Haltung dem Patienten gegenüber zu verlieren. Bei der Identifikation wird der Gesprächspsychotherapeut feststellen, dass die Ich-Syntonität bezüglich der dysfunktionalen Orientierungen, der Motive und der Motivationen bei seinem Patienten sehr hoch ist. Somit hat der Patient ohne einen strukturgebenden Eingriff in seine Persönlichkeitsorganisation kaum eine Chance, sich ausreichend von dem hohen Beeinträchtigungsgrad seiner Vernichtungs-, Verachtungs- und Entwertungsmechanismen zu distanzieren. Gleichzeitig kann der Psychotherapeut bei dieser Identifikation mit seinem Patienten herausfinden, ob der sehr selbstunsichere Patient noch über funktionale Fertigkeiten und Fähigkeiten der Kommunikationselemente **Empathie**, **Identifikation**, **De-Identifikation** und **Regulation** verfügt oder ob er hauptsächlich selbstprotektive Mechanismen (Überlebensstrategien) einsetzt. Vor allem, wenn es um Lernen und Helfen, Dankbarkeit leisten und Dankbarkeit annehmen, Konfliktbereitschaft und Konsensfindung oder Solidarität und Kooperation in zwischenmenschlichen Beziehungen seines Patienten geht. Bei seiner Identifikation mit dem Patienten stellt sich für den Gesprächspsychotherapeut heraus, wie weit der Patient in der Lage ist, sich auf die stattfindende psychotherapeutische Behandlung einzulassen und ob er sich mit korrigierenden Erfahrungen identifizieren kann.

Bei der praktischen Umsetzung des dialogischen Beziehungsmodus überprüft sich auch der Gesprächspsychotherapeut selbst immer wieder, inwieweit er in der Lage ist, die einzelnen Kommunikationselemente gegenüber seinem Patienten effektiv einzusetzen. z. B., um nach der **Identifikation** mit seinem Patienten für sich selbst zum **Kommunikationselement De-Identifikation** zu wechseln, auch wenn sein Patient überhaupt noch nicht dazu in der Lage ist.

Durch das Vertrauen in seine psychotherapeutischen Fähigkeiten kann der Gesprächspsychotherapeut sowohl über Supervision und Intervision seine Psychotherapien immer wieder kritisch hinterfragen, als auch immer wieder aufs Neue den »notwendigen psychotherapeutischen Optimismus« für seine Psychotherapien entwickeln. Da sich der Gesprächspsychotherapeut jetzt sicher ist, dass er in seiner Arbeit am Patienten immer wieder den dialogischen Beziehungsmodus nicht nur als Ganzes, sondern auch, was die einzelnen Kommunikationselemente anbetrifft, erfolgreich in die Praxis umsetzen kann, ist er jetzt beim Kommunikationselement **Regulation** angelangt. Ganz anders als zu Beginn seines Kontakts mit dem Patienten kann er sich jetzt auf dessen gestörtes Kommunikationselement Dyade einlassen und dort regulativ tätig werden. Er ist jetzt dem Spannungszustand gewachsen, ganz gleich, ob es in der momentanen Beziehungsqualität um eine erotisch hinreißende oder zerstörerische Vereinnahmung geht. Da sich der Gesprächspsychotherapeut im dialogischen Beziehungsmodus gut aufgehoben fühlt, kann er jederzeit, wenn er emotional mit seinem Patienten unter Druck kommt, die momentane Beziehungsebene verlassen, ohne dass dies dem Pati-

Tragende Objektstützung

Tragende Objektstützung

enten bewusst werden muss. Über die einzelnen Kommunikationselemente bis hin zum Kommunikationselement **Regulation** holt er sich dann die für ihn notwendige Sicherheit und Kraft, um so gestärkt wieder auf die kritische, in diesem Fall dyadische Beziehungsebene zurückzukehren und dort objektstützend tätig zu werden. Zum Beispiel: »Ich fühle mich seelisch gesund und bin mir sicher, dass ich auf dieser Welt einen angestammten Platz habe« (Dyade). »Ich fühle mich körperlich gesund und erlebe mich so, wie ich bin in Ordnung« (Setting). »Ich bin ein wertvoller Partner. Ich kann mich in Menschen einfühlen und mich mit ihnen austauschen, ohne mich von deren Nöten in Beschlag nehmen zu lassen« (Empathie). »Da ich mich in Menschen hineinversetzen kann und dadurch ihre Beweggründe verstehen lerne, kann ich ihnen etwas beibringen und ihnen helfen. Bei verständnisvollem Entgegenkommen bin ich genauso gut in der Lage, von jemand anderem zu lernen und mir von ihm helfen zu lassen« (Identifikation). »Ich kann mich mit meinem Patienten auseinandersetzen im Vertrauen darauf, dass durch meine Kompetenz und die Mitarbeit des Patienten auf beiden Seiten eine gute Entwicklung stattfindet und wir Lösungswege finden werden« (De-Identifikation). »Gemeinsam mit mir wird der Patient die erarbeitete Lösung erfolgreich und vor allem für ihn rückhaltgebend in die Tat umsetzen« (Regulation). Der Gesprächspsychotherapeut wird daran arbeiten, dass der Patient über möglichst viele objektstützende Beziehungserfahrungen und damit einhergehende Hilfs-Ich-Funktionen seine Kommunikationselemente so weit wie möglich auffüllen kann, damit er sich letztlich auf den dialogischen Beziehungsmodus einlassen und ihn auch im Kontakt mit seinen Mitmenschen effektiv praktizieren kann. Mit dem Patienten werden klare Regeln abgesprochen, nach deren Einhaltung eine weitere Behandlung stattfinden kann. Siehe auch Kapitel 8.1.2, S. 165.

13.1.1.1.2 Diagnostische Einschätzung

Mit seiner Aufnahme in ein psychosomatisches Krankenhaus steht der Patient mit seinem Gesprächspsychotherapeuten in einer definierten Therapeut-Patient-Beziehung. Der Gesprächspsychotherapeut erhebt eine Fülle von empirischen, aber vor allem subjektiven Daten, die operationalisiert werden. Außerdem werden auch Daten über die mehr objektive Wahrnehmung des Patienten und über eine diskursive Oberflächenkommunikation zwischen Gesprächstherapeut und Patient erhoben. Dazu gehören die Auswertung der psychodiagnostischen Testuntersuchungen, die Auswertung der anamnestischen Angaben und die Auswertung der körperlichen Untersuchung einschließlich aller medizinisch-technischen Untersuchungen.

Lässt sich bei dem Patienten aufgrund exogener und/oder endogener Ursachen (Kindheitsbelastungsfaktoren und/oder Hirnreife- und Hirnleistungsstörungen) ein hoher Mangel an frühen tragenden Objektstützungen erkennen, leidet dieser Patient erfahrungsgemäß unbewusst unter massiven **Objektverlustängsten**. Diese werden im psychotherapeutischen Prozess als **Vernichtungsängste** erlebt. Der Patient kann auch sehr starken Zwängen (Kompulsionen und Obsessionen) ausgeliefert sein, die sich durch frühe Deprivations- und Traumatisierungserfahrungen in seinem Gedächtnis (Anpassungssystem) programmierten. Der Patient steht meist unter einem sehr hohen Beeinträchtigungsgrad und zeigt eine sehr große Ich-Syntonität gegenüber diesen dysfunktionalen Orientierungen, Motiven und Motivationen.

(Derzeit kann die Frage noch nicht befriedigend beantwortet werden, inwieweit eine gewisse Sättigung an objektgestützten Erfahrungen in den einzelnen Entwicklungsphasen für das Fortschreiten des Entwicklungsprozesses notwendig ist. Ob dieser Prozess z. B. im Laufe der dyadischen Beziehung stagnieren kann oder ob trotz durchgemachter Deprivationen und Traumatisierungen das Kind seine phasentypische Entwicklung zumindest teilweise persönlichkeitsbildend durchlaufen kann, vor allem dann, wenn zu einem späteren Zeitpunkt in der Entwicklung die Sozialisationsbedingungen wieder günstiger sind. Im Konzept der »Objektgestützten Psychodynamischen Psychotherapie« geht man von Letzterem aus.)

Erfahrungsgemäß reagiert der Patient sehr schnell, indem er ein kompromissloses Werte-

13.1.1 Gesprächspsychotherapie

system aufbaut. Er zeigt eine geringe Bereitschaft zum **Nachdenken** und **Reflektieren** und ihm fällt es außerordentlich schwer, etwas nach reiflicher Überlegung eigenverantwortlich in die Tat umzusetzen (**Realisierung**).

13.1.1.1.3 Aufbau der notwendigen psychotherapeutischen Haltung

Für den Gesprächspsychotherapeuten ist es wichtig, im Kontakt mit diesem Patienten bei sich selbst auftauchende **Vernichtungsängste** zu identifizieren, sie im Rahmen der konzertierten psychotherapeutischen Aktion als eine Folge früher Traumatisierungen (Deprivationen) des Patienten zu verstehen und sie »aushalten« zu lernen. So gewinnt der Therapeut mehr und mehr Sicherheit be-züglich der tragenden Objektstützungen, die er in diesem Fall bei seinem Patienten einsetzen wird. Erst wenn diese Grundvoraussetzung geschaffen ist, kann der Therapeut ein »primäres Milieu« herstellen, so dass er die tragenden Objektstützungen so wirksam einsetzen kann, dass das Zerstörerische, das Maligne, das von den frühen Traumaerfahrungen des Patienten ausgeht, reduziert oder neutralisiert werden kann. Diese korrigierenden emotionalen und kognitiven Erfahrungen greifen zunächst in das Anpassungssystem/-konzept des Patienten ein und können dann die Erweiterung seines Selbstkonzeptes bewirken. Dies ermöglicht dem Patienten »aus sich selbst heraus«, also freier als bisher, zu sprechen und langsam den monologen Beziehungsmodus zu verlassen. In dieser Phase werden die Traumatisierungen keinesfalls »gedeutet«, sondern sie sollen dem Patienten gegenüber als programmatische Krankheitsursache »benannt« werden (wie z. B. bei der Psychoedukation). Gleichzeitig gilt es, dem Patienten zu verstehen zu geben, dass seine vorhandenen Überlebensstrategien für ihn lebensnotwendige Ressourcen sind. Sie sollen einerseits bekräftigt, andererseits aber dort in Frage gestellt werden, wo bereits deutliche Hinweise auf ein Überforderungssyndrom bestehen. Was die emotionale Kälte (Vernichtungsängste) anbetrifft, der der Patient in seiner Frühentwicklung ausgesetzt war, findet der Patient in seinem Gesprächspsychotherapeuten einen sehr einfühlsamen und Geborgenheit stiftenden Menschen, der gut zuhören kann, der aber diese ungünstigen Sozialisationsbedingungen zunächst nicht thematisiert. Es wird davon ausgegangen, dass durch die tragenden Objektstützungen auf Gesprächsebene, zumindest im Ansatz eine »Neutralisierung« der im Gedächtnis des Patienten gespeicherten dysfunktionalen destruktiven Episodenkontexte angestoßen werden kann.

Die konzertierte psychotherapeutische Aktion beim Einsatz der tragenden Objektstützungen

Bei Patienten, die in ihrer Frühentwicklung bezüglich der tragenden Objektstützung schwer depriviert wurden, liegt sehr oft ein Mangel an Stressbewältigungsmechanismen vor. Deshalb leiden sie unter einer ausgeprägten affektiven Instabilität. Oft werden ihnen die blitzartig ins Bewusstsein tretenden **Vernichtungsängste** nicht bewusst. Sie neigen zu Psychotizismus, Organerkrankungen und Suizidalität, was über neuronal-mentale Regulationsmechanismen gesteuert wird. Sie können ihre sehr labile Persönlichkeitsverfassung durch »großartige Überlebensstrategien« maskieren.

Damit bei diesen Patienten im Laufe ihrer psychotherapeutischen Behandlung die tragenden (elterlichen) Funktionen, die ihnen von allen Behandlern vermittelt werden, und die dazugehörigen basalen interaktiven Beziehungsrituale »greifen« können, ist es Voraussetzung, dass die Vernichtungsängste, die sich bei der stationären Behandlung auf die Behandler übertragen können, von den Behandlern im Rahmen einer konzertierten psychotherapeutischen Aktion immer wieder identifiziert, gemeinsam ausgehalten und vor allem verkraftet werden.

Alle Therapeuten im Behandlungsteam arbeiten mit dem dialogischen Beziehungsmodus. Die Teammitglieder setzen ihn zunächst bei sich selbst und dann im Kontakt mit den anderen Kollegen bewusst ein. Ist z. B. ein Kollege von den destruktiven Orientierungen, Motiven und Motivationen seines Patienten so sehr in Beschlag genommen, dass er sich nicht mehr der auf ihn übertragenen Vernichtungsängste erwehren kann, möglicherweise werden bei ihm im Kontakt mit dem Patienten eigene Ängste mobilisiert, setzen die Teamkollegen diesem Therapeuten gegenüber sofort tragende Objektstützungen ein. Durch diese konzertierte psychotherapeutische Aktion erfährt der Kollege eine intensive Existenzberechtigung durch das Behandlungsteam, vorausgesetzt die Objektstützungen sind glaubwürdig und Ausdruck einer ständig stattfindenden dialogischen Kommunikation im Team. Gelingt es dem Kollegen, sich auf diesen »rückhaltgebenden« Gruppenprozess einzulassen und wieder zu seinem dialogischen Beziehungsmodus zurückzufinden – sowohl gegenüber den Teamkollegen als auch gegenüber seinem Patienten – wird in der Supervision versucht, die Ursachen herauszuarbeiten, warum der Kollege in diesem Fall nicht in der Lage ist, die notwendige Nähe-Distanz-Regulation dem Patienten gegenüber einzusetzen. Dabei stellt sich sehr oft heraus, dass die dysfunktionalen Orientierungen, Motive und Motivationen des Patienten durch Überlebensstrategien (selbstprotektive Mechanismen) nahezu perfekt maskiert sind. Der Psychotherapeut durchschaut dieses vordergründige Verhalten (z. B. Pseudosouveränität) zunächst nicht und geht deshalb davon aus, dass er sich mit seinem Patienten in einem dialogischen Beziehungsmodus befindet, ohne dass ihm die dysfunktionalen Seiten des Patienten bewusst werden, von denen er bereits in Beschlag genommen wurde. Das heißt, dass der Psychotherapeut jetzt nicht mehr in der Lage ist, den dialogischen Beziehungsmodus, durch den er sich sonst in jeder Beziehung Unabhängigkeit verschaffen konnte, psychotherapeutisch effektiv einzusetzen. Da die **dyadische Beziehungsebene** des Patienten gestört ist, kann der Psychotherapeut so sehr von der oft destruktiven »Innenwelt« seines Patienten involviert werden, dass er nicht mehr zu seinem dialogischen Beziehungsmodus zurückfindet und sich die Probleme des Patienten zu eigen macht. Er kann zum »Erfüllungsgehilfen« der destruktiven Motive seines Patienten werden und die professionelle Beziehung geht verloren. Hinzu kommt möglicherweise, dass seine eigene »Innenwelt« dabei so durcheinander gerät, dass er nicht mehr in der Lage ist, seinen Beruf als Psychotherapeut lege artis auszuüben.

Um einer solchen Entwicklung entgegenzuwirken, ist die konzertierte psychotherapeutische Aktion notwendig. Nur wenn die Mitglieder in einem Behandlungsteam sich immer wieder darin üben, den dialogischen Beziehungsmodus untereinander zu praktizieren, können auch die einzelnen Teammitglieder gegenüber den Patienten diesen dialogischen Beziehungsmodus erfolgreich einsetzen. Der Psychotherapeut muss auf die psychotherapeutische Ich-Spaltung, die erlernt werden kann, hingewiesen werden. Sie ermöglicht ihm im Verlauf des dialogischen Beziehungsmodus den kurzzeitigen Kontakt mit der dyadischen Beziehungsebene, und hier auch mit den destruktiven Seiten des Patienten, ohne davon zu sehr involviert zu werden.

! Insgesamt gilt der Grundsatz, dass der kleinste gemeinsame Behandlungsnenner ein größerer Wirkfaktor ist als eine optimale psychotherapeutische Einzelleistung.

13.1.1.2 Zweite Behandlungsphase

13.1.1.2.1 Arbeitsphase I – Testphase

Nach reichlicher und erfolgreicher Introspektionsarbeit in der konzertierten psychotherapeutischen Aktion versucht sich der Gesprächspsychotherapeut bei seiner Nähe-Distanz-Regulation auf die Beziehungsrituale der intuitiven (instinktiven) Kommunikation einzulassen, um so dem Patienten die tragende (elterliche) Funktion zu vermitteln. Aufgrund seines niedrigen emotionalen Entwicklungsniveaus erlebt der Patient oft schon ein geringes Abweichen von seiner Meinung und Vorstellung als Bedrohung seines sehr instabilen Identitätsempfindens. Aus diesem Grund ist eine außerordentlich hohe psychotherapeutische Flexibilität gefordert.

Beim Einsatz von tragenden Objektstützungen ist sich der Gesprächspsychotherapeut bewusst, dass die objektstützende Behandlung nur dann Sinn macht und seinem Patienten hilft, wenn er ihm von Anfang an auch ein **sozialresonantes Verhalten** abverlangt. Dieses sozialresonante Verhalten wird mit dem Patienten z. B. in der Strukturplanarbeit erarbeitet und soll, so oft wie möglich, während der laufenden Behandlung vom Patienten in die Tat umgesetzt werden.

13.1.1 Gesprächspsychotherapie

Unterstützt wird er dabei durch die milieutherapeutischen Verfahren, die bewegungstherapeutischen Maßnahmen, das Kreativitätstraining, das Selbstsicherheitstraining und durch die sozialpädagogischen Trainingsverfahren.

Dadurch werden dem Patienten seine »Gewohnheiten«, die er schon lange praktiziert, und die ihm in gewisser Weise auch Sicherheit geben, als »krank machend« überhaupt erst einmal bewusst. Mit Hilfe der **Strukturplanarbeit** wird anschließend versucht, diese »krank machenden Gewohnheiten« des Patienten in Frage zu stellen. Letztlich sollten sie Schritt für Schritt weitestgehend außer Kraft gesetzt werden, sodass an deren Stelle steuernde Funktionen aufgebaut werden können. Dies ist erfahrungsgemäß ein langer und beschwerlicher Behandlungsweg, auf dem viele Rückschläge, Rezidiv- und Remissionsphasen zu erwarten sind.

Da es dem Patienten außerordentlich schwer fällt, seine Erkrankung auch als Resultat eines »inneren Konflikts« zu begreifen, ist es zielorientierter, ihm zunächst seine dysfunktionalen Orientierungen, Motive und Motivationen als einen Teil seiner Autobiographie verständlich zu machen und ihn mit seinem Beeinträchtigungsgrad zu konfrontieren. Gleichzeitig werden diesem Patienten die neuronal-mentalen Regulationsmechanismen erklärt. Ihm wird gezeigt, dass es über die Hilfs-Ich-Funktion seiner Behandler und über sein personalen Ich möglich ist, auf die mentalen Regulationsmechanismen effektiv Einfluss zu nehmen. So können z. B. immer wiederkehrende Selbstentwertungsmechanismen wie:

- Du wirst das nie schaffen.
- Du kannst das nicht.
- Was willst du überhaupt, mit dir ist doch überhaupt nichts los.
- Du bist ein Herr Niemand.
- Du bist doch nur eine Belastung für alle anderen.
- Du wirst nie etwas Richtiges zustande bringen usw.

zunächst vom Patienten selbst dadurch in Frage gestellt werden, dass er sich auf die tragenden, aber auch auf die haltenden und entlastenden Objektstützungen seiner Behandler einlässt. Im Laufe der Gesprächspsychotherapie wird der Gesprächspsychotherapeut hier hauptsächlich seine **instinktive emotionale Kommunikation** (Tiefenkommunikation) einsetzen und versuchen, dass die für seinen Patienten so notwendigen tragenden (elterlichen) Funktionen wirksam werden. Ist dies der Fall können diese positiven objektgestützten Erfahrungen in die dysfunktionalen Episodenkontexte des Anpassungssystems eingehen und dort eine wirksame Neutralisierung in Gang setzen. Ist das Dysfunktionale weitestgehend außer Kraft gesetzt, wird eine Identifikation mit diesen neuen Erfahrungen möglich und die Kapazität des Selbstsystems nimmt dadurch zu. Der Patient erlebt diesen Eingriff in sein Anpassungssystem zunächst als Ich-Stabilisierung, da er sich jetzt besser als zuvor auf seine Realität beziehen kann und sich seine innere Unruhe und Antriebslosigkeit reduzieren. Aber erst wenn sich über die intrapsychische Identifikation diese neuen positiven Selbst- und Objektrepräsentanzen als Kompetenzen im Selbstsystem verankern können, ist die Ich-Stabilisierung von Dauer. Der Patient erlebt eine spürbar deutlichere Selbstsicherheit, Selbstbewusstheit und Selbstwirksamkeit.

Ein wichtiges Therapieinstrument, das diese Entwicklung unterstützen soll, ist das **Aktualitätstraining** (s. S. 270). Bereits in der ersten Behandlungsphase wurde dem Patienten der Sinn dieser Therapiemaßnahme verständlich mitgeteilt und die praktische Durchführung erklärt. Im weiteren Behandlungsverlauf (Arbeitsphase I bis Arbeitsphase III) soll der Patient das Aktualitätstraining stabil einüben, damit er es auch nach seiner Entlassung effektiv einsetzen kann. Da der Patient im gesamten Behandlungsverlauf dazu angehalten wird, sich auf die Hilfs-Ich-Funktion seiner Behandler einzulassen, stellt sich für ihn sehr bald heraus, bei welcher Person aus dem Behandlungsteam er sich in seinem Selbstwert am deutlichsten stabilisiert erlebt und dadurch dessen Hilfs-Ich-Funktion gut annehmen kann. Dieser oder diese Behandler (es sollen nicht mehr als 2 Personen sein), die übrigens auch im Behandlungsverlauf wechseln können, werden zunächst im Anpassungssystem des Patienten als Gegenwartserfahrungen gespeichert. Da es sich hier vorwiegend um objektstützende Erfahrungen, also positive Episodenkontexte handelt, können diese über die intrapsychische Identifi-

Tragende Objektstützung

Tragende Objektstützung

kation sehr schnell in das Selbstsystem transferiert werden.

Da sich der Patient einerseits seines erlernten und eingeübten sozialresonanten Verhaltens noch keineswegs sicher ist, andererseits auf sein »ihn krank machendes Verhalten« nicht mehr zurückgreifen soll, gerät er im Laufe der Behandlung immer wieder in **affektive Krisen** oder/und widerständiges Verhalten. Diese durch die Behandlung induzierte psychische Vulnerabilität und emotionale Instabilität erfordert von allen Behandlern eine hohe Aufmerksamkeit bezüglich des egozentrischen (monologen) Beziehungsmodus des Patienten. Ebenso wichtig ist eine hohe Bereitschaft, sich dem Patienten immer wieder effektiv emotional zur Verfügung zu stellen, vor allem, weil es dem Patienten sehr schwer fällt, sich auf den ihm angebotenen emotionalen Austausch einzulassen. Dieses **Training der emotionalen Kommunikation** findet nicht in einer spezifischen Gruppentherapie statt, sondern wird in jeder Behandlung von dem jeweiligen Therapeuten eingesetzt. Die Behandler sind gefordert, mit großer Achtsamkeit zu praktizieren, um in Orientierung an den dialogischen Beziehungsmodus immer wieder gegensteuern zu können, wenn der Patient trotz großem Kontaktbemühens affektiv so unter Druck gerät, dass er sich auf unterschiedliche Weise abreagiert, kontrolliert, verfügt, willenlos ausliefert oder dass er einfach »abwesend« ist, weil er sich noch nicht auf die Krisenintervention einlassen kann.

Für alle Behandler ist es wichtig, dass sie immer wieder auf die gestörte dyadische Kommunikation ihres Patienten eingehen, um hier effektiv objektstützend tätig zu werden. Genauso wichtig ist es aber für den Gesprächspsychotherapeuten, dass es ihm gelingt, nach seinem regulativen Einsatz bei seinem Patienten so schnell wie möglich wieder zum dialogischen Beziehungsmodus zurückzufinden, um auf diesem Weg über die notwendige Nähe-Distanz-Regulation immer wieder die notwendige Kraft für seine Behandlung zu tanken.

Dabei sollen sich die Behandler immer wieder darüber klar werden, dass Patienten, die unter Vernichtungsängsten leiden, aufgrund einer Rollenumkehr während ihrer Frühentwicklung in eine Parentifizierung hineingerieten. Sie verfügen deshalb über keine brauchbare Nähe-Distanz-Regulation. Ein zwischenmenschlicher Kontakt kann für diese Patienten sehr schnell einen Retraumatisierungscharakter annehmen. Für diese Patienten ist eine zwischenmenschliche Beziehung zunächst grundsätzlich emotional belastend, meist Angst erzeugend, schmerzlich und Verzweiflung stiftend. Diese Patienten reagieren deshalb fast automatisch destruktiv gegen sich und/oder andere. Dabei lassen sich anamnestisch traumatypische, dysfunktionale Verhaltensstrukturen erkennen, durch die diese Patienten fast umgekommen wären. Diese Strukturen determinieren weitestgehend das Verhalten der Patienten. Eine wichtige Rolle spielt in der Arbeitsphase I die rechtzeitige Krisenintervention und das damit einhergehende emotionale Kommunikationstraining. Der Patient soll mit Hilfe des Gesprächspsychotherapeuten herausfinden, welche auslösenden Ereignisse (Trigger) bei ihm am ehesten eine Krisenentwicklung in Gang setzen. Anhand eigener Erfahrungen wird dem Patienten aufgezeigt, wie es über auslösende Ereignisse (Trigger) zur Krisenentwicklung kommen kann, die dann ab einem gewissen Punkt (point of no return) letztlich zur Krisenskalation führt. Es ist also wichtig, dass der Patient rechtzeitig die Krisenintervention in Anspruch nimmt, um dadurch nicht immer wieder der Zwangsläufigkeit seiner Symptomatik ausgeliefert zu werden.

13.1.1.2.2 Arbeitsphase II – Symptomreduktion

Der Patient kann inzwischen zu seinem Gesprächspsychotherapeuten (auch zu seinen anderen Behandlern) eine Beziehung aufbauen, in der er sich mehr als zuvor geschützt, sicher, auf-, angenommen und geborgen fühlt. Da diese Erfahrungen hauptsächlich in Anwesenheit der Behandler **selbstwertstabilisierend** in Kraft treten, aber noch nicht wirklich durchgängig sind, beispielsweise bei Abwesenheit der Behandler (**Selbstwerthomöostase**), ist jetzt ein noch intensiveres Eingehen auf den Patienten notwendig. Dies ist möglich, da der Patient inzwischen sein Misstrauen gegenüber der Behandlung reduzieren kann. Der Gesprächspsychotherapeut kommt jetzt bei seiner intuitiven Kommunika-

13.1.1 Gesprächspsychotherapie

tion (basales interaktives Beziehungsritual beim Einsatz der tragenden (elterlichen) Funktionen) sehr schnell mit der »Innenwelt« seines Patienten in Berührung. Da er auf diese schwer auszuhaltenden Ängste meist sehr betroffen reagiert, wird er zunächst versuchen, sich weiter mit seinem Patienten auf der »Objektstufe« zu unterhalten. Diese »Betroffenheit« (konkordante oder/und komplementäre Gegenübertragung) muss jetzt der Gesprächspsychotherapeut in der konzertierten psychotherapeutischen Aktion durcharbeiten. Erst dadurch ist der Gesprächspsychotherapeut in der Lage, seinem Patienten die notwendigen tragenden Objektstützungen zu vermitteln und ihm dabei ein sozialresonantes Verhalten abzuverlangen. Der Gesprächspsychotherapeut wird bei seiner intuitiven Kommunikation zum Beispiel mit einem Kopfnicken, einem bestätigendem »Ja« oder einem »mhh« reagieren. Wenn der Patient keine Worte findet, kann er sich mit ihm, »überbrückend« unterhalten. So wird für den Patienten die existenzielle Bejahung, die ihm sein Gesprächspsychotherapeut in dieser »psychotherapeutischen Unterhaltung« gibt, zunehmend spürbarer und bewusst. Kann sich der Patient, der z. B. unter Suizidgedanken leidet, auf diese affirmative Haltung seines Gesprächspsychotherapeuten und dessen psychodialogische Objektstützung einlassen, besteht eine große Chance, dass über zirkuläre Resonanzmechanismen zwischen Patient und Gesprächspsychotherapeut ein sich selbst verstärkender Prozess in Gang gesetzt wird, bei dem die destruktiven Imagines im Anpassungssystem/-konzept des Patienten konstruktiv reorganisiert werden können. Wesentlich ist, dass der Psychotherapeut durch seine Präsenz, sein »beredtes« Schweigen oder sein überbrückendes »Reden«, durch Gesten und Gebärden dem Patienten Lebensbejahung und eine Existenzberechtigung vermittelt. Diesen Gegenentwurf (»Respons«) stellt der Psychotherapeut mit Hilfe der konzertierten psychotherapeutischen Aktion in sich selbst gegenüber den dysfunktionalen Orientierungen, Motiven und Motivationen des Patienten her. Das oberste Gebot ist dabei, dass der Psychotherapeut im Schutz der Supervision und Intervision immer wieder darauf achtet, ob und inwieweit er in eine Verstrickung von Täter- und Opferrollen im »Szenarium des wiederholten Entwicklungstraumas« geraten ist und ob bzw. inwieweit er durch die dysfunktionalen Orientierungen, Motive und Motivationen des Patienten »funktionalisiert« und/oder »instrumentalisiert« wird.

Eine zentrale Rolle spielt in dieser Arbeitsphase II das **Aktualitätstraining**. Von Anfang der Behandlung an wurde dem Patienten dieses Therapieverfahren näher- und beigebracht. Nachdem der Patient die einzelnen Schritte des Aktualitätstrainings weitestgehend erlernt hat, sollten sie immer wieder in unterschiedlichen Situationen eingeübt werden. Der Patient hat bisher beim Erlernen des Aktualitätstrainings vor allem seine Einbildungskraft, also sein bildhaft-anschauliches Denken (Imagination) intensiv aufgebaut und geschult und kann sich jetzt schnell die Behandlung in Erinnerung rufen, die eine rückhaltgebende und selbstwertstabilisierende Wirkung auf ihn hat. Durch diese **erste Stufe der Vergegenwärtigung** soll sich der Patient, gestärkt durch die affirmative Resonanz seiner Innenbilder, von seinen dysfunktionale Gedanken lösen und sich auf die momentane Realität einlassen. In dieser **zweiten Stufe des Aktualitätstrainings** ist er von seinem Denken nicht mehr so stark beeinträchtigt, wie noch in Stufe eins, aber je nach Anziehungskraft, die seine Umwelt gerade auf ihn ausübt, ist sein Realitätsbezug noch labil. Da der Patient dies inzwischen schon öfters erfahren hat und er dadurch frustriert wurde, muss mit ihm darüber gesprochen werden. Ohne weiteren intensiven Einsatz ist das Aktualitätstraining zum Scheitern verurteilt. Damit sich der Patient in der dritten Stufe des Aktualitätstrainings in seiner Umwelt stabil »verankern« kann, muss mit ihm verstärkt darauf hingearbeitet werden, dass sich seine Ich-Funktionen wie Aufmerksamkeit, Interesse und Konzentration öfter aktivieren lassen, wie dies z. B. durch eine gerade stattfindende Sensation, die eine große Anziehungskraft auf ihn ausübt, der Fall wäre. Da solche Attraktionen aber zufällig sind, muss der Patient darauf hingewiesen werden, dass er nicht auf solche Zufälle von außen warten soll. Unter dem nach wie vor rückhaltgebenden Einfluss seiner Behandler ist der Patient inzwischen in der Lage, sich selbst eine klare Vor-

Tragende Objektstützung

stellung davon zu erarbeiten, was auf ihn eine stark anziehende Wirkung hat. Dazu ist es notwendig, dass der Gesprächspsychotherapeut seinen Patienten dazu anhält, sich in seiner Umwelt intensiv umzuschauen, damit er herausfinden kann, was im Moment die größte Anziehungskraft auf ihn ausübt. Da dies in manchen Situationen schwer ist, ist es sinnvoll den Patienten aufzufordern darüber nachzudenken, was für ihn schon immer stimmig war und was ihm nach wie vor gut tut, ohne dass er sich dessen zur Zeit bewusst ist. Etwas, das ihn auch früher schon immer wieder aufgebaut hat. Das kann ein Stoff sein, den er gerne mochte, wie Holz, Eisen, Glas, Stein, usw., eine besondere Farbe, die er allen anderen vorzog, eine Form, die er liebte, eventuell Blumen, Musik usw. Es ist auf jeden Fall gut, ständig etwas bei sich zu haben, das einen jederzeit magisch in seinen Bann ziehen kann. Das kann auch ein Talisman sein, auf den der Gesprächspsychotherapeut mit dem Patienten in dieser Therapiephase immer wieder hinarbeitet und der mit einem Gestaltungspsychotherapeuten entworfen und bis zum Ende der Behandlung ausgearbeitet wird. In jedem Fall sollte der Patient jetzt beginnen, aufkommende Krisensituationen vorrangig durch den Einsatz des Aktualitätstrainings zu bewältigen und immer weniger die Krisenintervention in Anspruch zu nehmen.

Unterstützend für diese sehr wichtige dritte Phase des Aktualitätstrainings ist die **objektstützende Intervention**. Hat der Patient etwas für ihn Anziehendes gefunden wie beispielsweise einen besonderen Stein oder einen für ihn faszinierenden Anblick einer Landschaft, soll er dies seinem Gesprächspsychotherapeuten mitteilen und sich von ihm sein Erleben bestätigen lassen, bevor seine dysfunktionalen Orientierungen diese Erfahrung wieder in Frage stellen und sie für das Aktualitätstraining unbrauchbar machen.

Auch die **Strukturplanarbeit** sollte inzwischen für den Patienten mehr und mehr zur »Gewohnheit« werden. Durch weiteres intensives Einüben, besonders in der Arbeitphase III, muss diese Strukturplanarbeit zu einem wichtigen Bestandteil im Leben des Patienten werden. Nur so ist gewährleistet, dass die Strukturplanarbeit auch vom Patienten nach seiner Entlassung zu Hause wirksam fortgesetzt wird.

Im Übergang zur Arbeitsphase III sollte der Patient beginnen, in Krisensituationen weniger die Krisenintervention in Anspruch zu nehmen, sondern an deren Stelle das Aktualitätstraining einzusetzen. In Zusammenarbeit mit seinem Gestaltungspsychotherapeuten beginnt der Patient an seinem »Talisman« zu arbeiten, der bei Entlassung fertig sein soll und der ihm beim Einsatz seines Aktualitätstrainings auch nach Entlassung, vor allem in Krisensituationen hilfreich sein soll.

Auch die objektgestützte Intervention sollte in dieser Arbeitsphase II für den Patienten eine wesentliche Rolle spielen.

Es ist wichtig, dass es den Behandlern und so auch dem Gesprächspsychotherapeuten so oft wie möglich gelingt, für sich selbst zu dem notwendigen »psychotherapeutischen Optimismus« zu finden.

13.1.1.2.3 Rückgriff auf Therapiemaßnahmen aus den anderen Therapieebenen

Der Gesprächspsychotherapeut kann sich an der psychodialogischen, psychomotorischen, psychointentionalen und psychosozialen Entwicklungsleitlinie orientieren und sich dort konkrete Hilfe holen.

Beispielhaft kann der Gesprächspsychotherapeut wie folgt vorgehen:

Nachdem er sich seiner **regulativen Kompetenz** sicher ist, fällt es dem Gesprächspsychotherapeuten leichter, sich an den Entwicklungsleitlinien zu orientieren und gezielt Kontakt zu dem gestörten **Kommunikationselement Dyade** seines Patienten aufzunehmen. In Absprache und mit der Einwilligung des Patienten setzt der Gesprächspsychotherapeut zunächst das **Bonding** ein und legt mit der gebotenen Zurückhaltung dem Patienten behutsam seinen Arm um die Schultern, um ihn psychomotorisch zu stärken. Durch dieses Entgegenkommen des Gesprächspsychotherapeuten findet der Patient nach anfänglicher Zurückhaltung aus seiner »körperlichen Starre« heraus, bewegt sich auf seinen Gesprächspsychotherapeuten zu und legt z. B. seinen Kopf auf dessen Schulter. Der Gesprächs-

13.1.1 Gesprächspsychotherapie

psychotherapeut lässt seinen Patienten gewähren und versucht, sich auf den Atemrhythmus des Patienten einzustellen, um diesen zu physiologisieren, z. B. wenn die Verzweiflung des Patienten von starken psychovegetativen Reaktionen begleitet wird. Durch Einsatz der **instinktiven Kommunikation** wird der Gesprächspsychotherapeut auch stimmlich versuchen, seinem Patienten Sicherheit, Geborgenheit und eine Existenzberechtigung zu vermitteln. Nach diesen psychomotorischen und psychodialogischen Objektstützungen versucht der Gesprächspsychotherapeut langsam den Körperkontakt zu seinem Patienten wieder zu lösen. Er stellt einen freundlichen Augenkontakt zu ihm her und geht mit aufmunternden Worten auf ihn ein, wie z. B. »Ja ... ja..., können Sie mich anschauen? ... ja ... ja ..., so ist es gut. Ich lasse sie nicht im Stich.« Nach dieser psychointentionalen Objektstützung, der **Stimulation,** kann der Gesprächspsychotherapeut seinen Patienten auch kurzzeitig in die **Säuglings-Rolle** schlüpfen lassen (psychosoziale Objektstützung) und vermittelt ihm auch hier eine Existenzberechtigung indem er ihm sagt, dass es gut ist, dass er bei seinen Behandlern »da« ist und dass er sich jetzt seines Problems annehmen wird. Dieses Problem sollte jedoch keinesfalls ein grundlegender Konflikt sein, sondern es kann z. B. ein Problem sein, das der Patient aktuell mit einem Mitpatienten hat.

Durch diese Stärkungen kann der Gesprächspsychotherapeut dem Patienten existenziell notwendige, lebenswichtige Grunderfahrungen vermitteln. Dadurch wird es möglich, dass der Patient zumindest kurzzeitig seine gestörte dyadische Kommunikationsebene verlassen kann. Über weitere entsprechende objektgestützte Beziehungserfahrungen in den nächsten Kommunikationselementen Setting und Empathie findet letztlich die notwendige Spannungsreduktion statt. Selbstverständlich hat das noch nichts mit einer emotionalen Kommunikation zu tun, aber der Patient kann kurzzeitig eine funktionale zwischenmenschliche Beziehungsqualität erfahren.

Durch den weiteren Einsatz entsprechender Objektstützungen im Rahmen der konzertierten psychotherapeutischen Aktion wird dann der Gesprächspsychotherapeut in Zusammenarbeit mit den Körper-, Gestaltungs- und sozialpäda-

gogischen Psychotherapeuten den Patienten auf das Kommunikationselement Setting und von hier auf das Kommunikationselement Empathie hinführen. Durch die Hilfs-Ich-Funktionen seiner Behandler findet der Patient langsam Zugang zur emotionalen Kommunikation und lernt Schritt für Schritt, wie er sich effektiv zwischenmenschlich beruhigen und sich emotional mit seinen Mitmenschen austauschen kann.

13.1.1.3 Dritte Behandlungsphase

13.1.1.3.1 Arbeitsphase III – Trennungsphase

Kann sich der Patient inzwischen sowohl auf die für ihn notwendigen tragenden Objektstützungen einlassen als auch Schritt für Schritt ein sozialresonantes Verhalten (z. B. lebenspraktische Fertigkeiten) aufbauen, hat er eine große Chance, dass er im Laufe dieser Behandlung mit einer bisher noch nie gekannten Intentionalität (Neugierde, Wissbegier, Interesse, Antriebskraft usw.) in Kontakt kommt. Dabei spielt selbstverständlich das emotionale Entwicklungsniveau des Patienten eine wesentliche Rolle.

Durch das Ineinandergreifen der bisher erfahrenen Existenzberechtigung (tragende Objektstützungen) mit dem abverlangten sozialresonanten Verhalten, das der Patient inzwischen imstande ist zu leisten, verstärkt sich die Ich-Dystonität, der Beeinträchtigungsgrad durch die dysfunktionale Orientierungen, Motive und Motivationen nimmt ab und der Patient kann sich deutlich besser auf seine Realität einlassen und mit ihr auch in Kontakt treten. Trotzdem wird sich der Gesprächspsychotherapeut in den Behandlungen nach wie vor immer wieder regulativ auf das gestörte Beziehungselement **Dyade** des Patienten einlassen und versuchen, gemeinsam mit ihm herauszufinden, wie sich in seinem Fall die tragenden Objektstützungen am besten in seinem Anpassungssystem/Anpassungskonzept verinnerlichen lassen. Hier spielt die Zusammenarbeit mit der Körper-, Gestaltungs- und sozialpädagogischen Psychotherapie eine sehr wichtige Rolle.

Erst wenn sich der Patient durch seinen Gesprächspsychotherapeuten in seinem Selbstwert

Tragende Objektstützung

auch ohne dessen persönliche Anwesenheit stabilisiert erlebt, ist über viele selbstwertstabilisierende Erfahrungen die notwendige **Selbstwerthomöostase** entstanden. Diese Selbstwerthomöostase stellt sich aber beim Patienten gegenüber seinem Gesprächspsychotherapeuten nur dann ein, wenn er von Anfang an die Hilfs-Ich-Funktion seiner Behandler für sich nutzen konnte, diese Hilfs-Ich-Funktion in letzter Zeit so etwas wie der »Retter in der Not« war und er jetzt immer öfter ein befreiendes Gefühl erlebt, wenn er die Hilfs-Ich-Funktion seiner Behandler nicht mehr benötigt. D.h. auch, die Hilfs-Ich-Funktionen seiner Behandler kann der Patient inzwischen intrapsychisch objektstützend erleben und sich dadurch mehr und mehr mit dem erlernten und eingeübten sozialresonanten Anpassungsverhalten identifizieren. Dadurch kann der Patient z. B. seine Schulden selbstständig regulieren, ein Bewerbungsschreiben selbst verfassen, seine Wohnung so einrichten, dass er sich darin wohl fühlt usw. Diese lebenspraktischen Fertigkeiten und Fähigkeiten hatte er zuvor in dieser Selbstverständlichkeit und Reproduzierbarkeit nie leisten können. Dieser Zugewinn an Selbstsicherheit versetzt den Patienten in die Lage, die bisher für ihn notwendigen psychotherapeutischen Hilfs-Ich-Funktionen einzutauschen gegen den an seine Behandler gebundenen »sicheren inneren Ort« in seiner Persönlichkeitsorganisation. Auf der Kommunikationsebene der **De-Identifikation** fasst jetzt der Patient Vertrauen zu seinen Behandlern, aber dadurch vor allem zu sich selbst. Diese inzwischen in Gang gesetzte Trennung von seinen Behandlern ist für den Patienten ein oft sehr schmerzlicher und schwieriger Prozess. Nach wie vor besteht beim Patienten eine Unsicherheit darüber, ob und wie stark seine jetzt »verinnerlichten Behandler« auch nach seiner Entlassung in »seinem Inneren« rückhaltgebend in Kraft treten werden, so in etwa wie das auch bei gesunden Elternbeziehungen der Fall ist, wenn Kinder ihr Elternhaus verlassen und sich des »inneren Rückhalts« ihrer Eltern sicher sein können. Voraussetzung für diese »innere Präsenz« ist selbstverständlich, dass der Patient das erlernte und eingeübte Aktualitätstraining und die Strukturplanarbeit regelmäßig zu Hause fortsetzt.

13.1.1.3.2 Entlassung und Weiterbehandlung

Nach Entlassung aus der stationären Behandlung soll der Patient die Strukturplanarbeit und das Aktualitätstraining fortsetzen. Im letzten Drittel der Behandlung werden die Strukturplanarbeit und das Aktualitätstraining bereits unter Einbeziehung der realen Bedingungen im Heimatmilieu eingeübt. Dabei wird der Patient, sehr oft unter Einbeziehung der Eltern oder des Partners, nochmals aufgefordert, die gemeinsam erarbeiteten strukturellen Veränderungen auch zu Hause konsequent durchzuführen.

Obwohl alle Patienten innerhalb von ca. 12 Wochen diese drei Behandlungsphasen durchlaufen, kann sich bei der zusammenfassenden Beurteilung, was die Effizienz dieser stationären Behandlung bei manchen Patienten anbetrifft, herausstellen, dass sie von allen Behandlungsphasen sehr profitierten, sie jedoch nicht in der Lage waren, ihre dysfunktionale Orientierungen, Motive und Motivationen ausreichend außer Kraft zu setzen. Meist sind es Patienten, die dieser stationären Behandlung schon von vornherein skeptisch gegenüber standen. Sie konnten zwar die korrigierenden emotionalen und kognitiven Erfahrungen aufnehmen, die durchaus erkennbare physiologische Veränderungen in ihrem Anpassungskonzept bewirkt haben, es sind aber zu wenig steuernde Funktionen entstanden. D.h., die intrapsychische Identifikation konnte kaum in Gang gebracht werden. Dadurch ist eine erneute Rezidivierung sehr wahrscheinlich. In diesem Fall wäre es angebracht, um einer weiteren Chronifizierung keinen Vorschub zu leisten, dass der Patient zu einer nochmaligen stationären Behandlung motiviert wird. Es wird ihm deshalb empfohlen, nach seiner Entlassung die Strukturplanarbeit, das Krisenmanagement, hier vor allem das Aktualitätstraining und eine Maßnahme aus der Bewegungstherapie oder aus dem Kreativitätstraining, fortzusetzen und sie auf ihre Wirksamkeit bezüglich weiterer Symptomreduktionen bei ihm zu überprüfen. Gelingt dies dem Patienten, evtl. mit Unterstützung seines Hausarztes, werden ihm erfahrungsgemäß der Zwangscharakter seiner Störung und damit die Grenzen seiner Steuerungsfähigkeit immer bewusster vor Augen treten. Vor allem, wenn sich für ihn herausstellt, dass z. B. das Krisenmanagement deshalb so unzureichend funktioniert, weil er es bei seinem stationären Aufenthalt nur halbherzig erlernt und es viel zu selten eingeübt hat. Der jetzt durch diese Realitätsprüfung wesentlich bewusster und mit der psychischen Verursachung seines Krankheitsgeschehens, aber auch mit der Wirksamkeit der eingesetzten Therapieinstrumente in Kontakt gekommene Patient ist bei einer erneuten stationären Behandlung deutlich motivierter und krankheitseinsichtiger, aber auch realistischer, was die notwendige Behandlung und die Behandlungszeit angeht.

Aufbauend auf dem Behandlungsergebnis, das im Laufe der ersten stationären Behandlung erreicht wurde, sollen in der zweiten stationären Behandlung die notwendigen identifikatorischen Prozesse in Gang gebracht und die notwendigen stabilen steuernden Funktionen aufgebaut werden. In so einem Fall soll eine erneute stationäre Aufnahme nicht vor 6, aber auch nicht später als 9 Monate nach der Entlassung stattfinden.

Nach der Entlassung aus der ersten stationären Behandlung sollen diese Patienten eine **psychiatrische Behandlung** beginnen oder fortsetzen. Im Fraktionsintervall soll keine ambulante Psychotherapie begonnen werden, sondern die im Laufe der stationären Behandlung erlernten und eingeübten Techniken sollen regelmäßig fortgesetzt werden. Bei auftretenden Krisen im Fraktionsintervall kann dieser Patient jederzeit kurzfristig zur stationären Krisenintervention über ca. 8–14 Tage aufgenommen werden.

13.1.2 Körperpsychotherapie

13.1.2.1 Erste Behandlungsphase

13.1.2.1.1 Einsatz des dialogischen Beziehungsmodus von Anfang an

Siehe 13.1.1.1.1 und Kapitel 8.1.2, S. 165.

13.1.2.1.2 Diagnostische Einschätzung

Siehe 13.1.1.1.2.

13.1.2.1.3 Aufbau der notwendigen psychotherapeutischen Haltung

Für den Körperpsychotherapeuten ist es wichtig, im Kontakt mit diesem Patienten bei sich auftauchende **Vernichtungsängste** zu identifizieren, sie im Rahmen der konzertierten psychotherapeutischen Aktion als Folge früher Traumatisierungen (Deprivationen) des Patienten zu verstehen und sie »aushalten« zu lernen. Dadurch gewinnt der Therapeut mehr und mehr Sicherheit bezüglich der tragenden Objektstützungen, die er in diesem Fall auf der Körperebene bei seinem Patienten einsetzen wird. Erst wenn diese Grundvoraussetzung geschaffen ist, besteht für den Körperpsychotherapeuten eine Chance, dass er ein »primäres Milieu« herstellen und die tragenden Objektstützungen so wirksam einsetzen kann, dass das Zerstörerische, das Maligne, das von den früheren Traumaerfahrungen ausgeht, reduziert oder neutralisiert werden kann.

Die korrigierenden kognitiven und emotionalen Erfahrungen greifen zunächst in das Anpassungssystem/-konzept ein und können dann die Erweiterung des Selbstkonzeptes bewirken. Dies ermöglicht dem Patienten, sich mehr »aus sich selbst heraus«, also freier als bisher, zu **bewegen**. Er gibt langsam die hyperaktiven, exaltierten, hauptsächlich der Reflexbogenpriorität unterworfenen oder die schwerfälligen adynamen Bewegungen auf. Hier werden die Traumatisierungen keinesfalls »gedeutet«, sondern sie sollen dem Patienten gegenüber als programmatische Krankheitsursache »benannt« werden (wie z. B. bei der Psychoedukation). Gleichzeitig hilft es, dem Patienten zu verstehen zu geben, dass seine vorhandenen Überlebensstrategien (Bewältigungsmechanismen) für ihn lebensnotwendige Ressourcen sind. Sie sollen bekräftigt, aber dort in Frage gestellt werden, wo bereits deutliche Hinweise auf ein Überforderungssyndrom bestehen. Was die emotionale Kälte (**Vernichtungsängste**) anbetrifft, der der Patient in seiner Frühentwicklung ausgesetzt war, findet der Patient in seinem Körperpsychotherapeuten einen sehr einfühlsamen und Geborgenheit stiftenden Menschen, der gut zuhören und heilsam berühren kann, der aber die bei dieser körperpsychotherapeutischen Behandlung auftauchenden, oft sehr schmerzlichen

Empfindungen und Ängste nicht thematisiert. Der Körperpsychotherapeut wird beim Einsatz seiner Objektstützungen von seiner Seite aus die emotionale Kommunikation in erster Linie als Spannungsreduktion gegenüber seinem Patienten einsetzen. Dabei wird davon ausgegangen, dass durch diese tragenden Objektstützungen auf Körperebene auf sehr direkte Weise für den Menschen lebensnotwendige Erfahrungen vermittelt werden, die sich zunächst im Anpassungskonzept des Patienten niederschlagen. Wie weit dadurch eine »Neutralisierung« der im Gedächtnis des Patienten gespeicherten dysfunktionalen, destruktiven Episodenkontexte stattfindet, muss abgewartet werden.

Siehe auch 13.1.1.1.3.

13.1.2.2 Zweite Behandlungsphase

13.1.2.2.1 Arbeitsphase I – Testphase

Nach reichlicher und erfolgreicher Introspektionsarbeit in der konzertierten therapeutischen Aktion versucht sich der Körperpsychotherapeut bei seiner Nähe-Distanz-Regulation auf die Beziehungsrituale des **Bondings** einzulassen (psychotherapeutische Regression), um so dem Patienten die tragende (elterliche) Funktion zu vermitteln.

Bei dieser **existenziellen (instinktiven) Beziehungserfahrung** versucht der Patient immer wieder, eine weitestgehende Übereinstimmung mit seiner Umwelt herzustellen (monologer Beziehungsmodus). Entsprechend seiner Persönlichkeitsverfassung erlebt er oft bereits schon ein geringes Abweichen dieser im Moment von ihm empfundenen »Seelenverwandtschaft« als existenziell bedrohlich. Aus diesem Grund ist hier eine außerordentlich hohe psychotherapeutische Flexibilität und der Einsatz der tragenden Objektstützungen gefordert.

Siehe auch 13.1.1.2.1.

13.1.2.2.2 Arbeitsphase II – Symptomreduktion

Nach genauer Aufklärung kann der Körperpsychotherapeut den Patienten beim Einsatz des **Bondings** (prothetische Elternfunktion) im Sitzen oder im Liegen in den Schoß nehmen, ihn sehr nahe vom Rücken her in den Arm nehmen oder ihn beim Nebeneinandersitzen an sich anlehnen lassen usw. Wesentlich ist, dass der Körperpsychotherapeut hier durch seine professionelle Präsenz sich sowohl auf die **Regressionsbereitschaft** des Patienten einlassen als auch bei sich selbst bleiben kann, ohne von den Vernichtungsängsten des Patienten überschwemmt zu werden. Dem Körperpsychotherapeuten soll es gelingen, gegenüber diesen Vernichtungsängsten weder in **Reaktionsbildungen** (überschwängliche Sympathie oder Gleichgültigkeit) zu verfallen noch soll er dem krankhaften Begehren des Patienten entsprechen, wenn sich dieser ihm gegenüber »suchtartig« emotional zur Verfügung stellt. Kann sich der Patient, der z. B. unter Suizidgedanken leidet, auf diese affirmative Haltung seines Körperpsychotherapeuten und dessen psychomotorische Objektstützung einlassen, besteht eine große Chance, dass über viele **zirkuläre Resonanzmechanismen** zwischen Patient und Körperpsychotherapeut ein sich selbst verstärkender Prozess in Gang gesetzt wird, bei dem die destruktiven Imagines im Anpassungssystem/-konzept des Patienten konstruktiv reorganisiert werden können.

13.1.2.2.3 Rückgriff auf Therapiemaßnahmen aus den anderen Therapieebenen

Der Körperpsychotherapeut kann sich an der psychodialogischen, psychomotorischen, psychointentionalen und psychosozialen Entwicklungsleitlinie orientieren und sich konkrete Hilfe holen. So kann der Körperpsychotherapeut z. B. während seiner Arbeit das gesunde Mitteilungsbedürfnis seines Patienten bestätigen, ihm zuhören, ohne von seiner Seite ein Thema mit ins Gespräch zu bringen. Hier lässt sich der Körperpsychotherapeut auf die **instinktive Kommunikation** mit seinem Patienten ein. Ist der Patient sehr introvertiert und ganz in seinem inneren Dialog verhaftet, kann der Körperpsychotherapeut z. B. auch Massagen einsetzen oder seinem Patienten bestimmte Gegenstände, z. B. einen Stein,

13.1.2.3 Dritte Behandlungsphase

13.1.2.3.1 Arbeitsphase III – Trennungsphase

Kann der Patient nach anfänglichen Irritationen und Widerständen sich letztlich doch auf die tragenden Objektstützungen einlassen, die der Körperpsychotherapeut ihm auf seine Weise vermittelt, sind dies für den Patienten meist sehr tiefgreifende Erfahrungen. Dieser Patient ist von Anfang an sehr misstrauisch was körperliche Nähe anbetrifft und erst, nachdem er sich versichern konnte, dass sein Körperpsychotherapeut ihn weder seelisch noch körperlich kränken oder verletzten wird, so wie er dies selber in seiner Frühentwicklung erlebte, kann er diese Erfahrung in seinem Anpassungssystem/Anpassungskonzept aufnehmen. Diese tiefgreifenden Erfahrungen auf Körperebene, wie Bonding oder dem Bonding entsprechende, erwachsenengerecht modifizierte Berührungen, werden so vermittelt, dass »seelische Wunden« offen gelegt, dabei aber gleichzeitig heilsam behandelt werden. Jede Körperpsychotherapie-Behandlung beginnt meist sehr schmerzlich, weil sie doch ein Eingriff in die Persönlichkeitsstruktur des Patienten ist. Sie endet aber i. d. R. immer in einem Wohlbefinden des Patienten, weil durch den körperpsychotherapeutischen Eingriff auch eine Entlastung und eine tiefgreifende Entspannung eingeleitet wird. Dabei besteht die Möglichkeit, dass diese nonverbalen Erfahrungen, die noch sehr viel mit dem gesunden mütterlichen Pflegeverhalten zu tun haben, relativ schnell auf neuronaler Ebene vom Selbstsystem übernommen werden. Die objektgestützten Erfahrungen, die der Patient im Laufe seiner Körperpsychotherapie macht, werden sowohl als »eigene Körpererfahrungen« als auch als »mit dem Körperpsychotherapeuten gemachte Erfahrungen« in seinen Gedächtnissystemen abgespeichert. Diese in der Körperpsychotherapie gewonnenen **funktionalen Erfahrungen** können jetzt im Anpassungssystem des Patienten in dysfunktionale Episodenkomplexe des Patienten eingehen und dort dysfunktionale Objekt- und Selbstrepräsentanzen neutralisieren. Diese funktionalen Erfahrungen können sich aber auch kontextieren und eine Art Abschirmfunktion gegenüber den dysfunktionalen Episodenkontexten übernehmen. In jedem Fall wird aber der objektstützende Körperpsychotherapeut dem Patienten nachhaltig affirmativ und später evtl. auch rückhaltgebend in Erinnerung bleiben. Durch das Zusammenwirken von Gesprächs-, Körper-, Gestaltungs- und sozialpädagogischer Psychotherapie besteht jetzt für den Patienten eine gute Chance, dass sein dekompensiertes **dyadisches Kommunikationselement** kompensiert werden kann.

Keinesfalls ist davon auszugehen, dass durch die Dekompensation eines Kommunikationselementes auch alle nachfolgenden Kommunikationselemente dekompensiert werden. Das ist schlimmstenfalls möglich aber eher selten, da die neuronal-mentalen Regulationsmechanismen in der Persönlichkeitsorganisation ständig effektiv reorganisativ tätig sind.

Siehe auch 13.1.1.3.1.

13.1.2.3.2 Entlassung und Weiterbehandlung

Siehe 13.1.1.3.2.

13.1.3 Gestaltungspsychotherapie

13.1.3.1 Erste Behandlungsphase

13.1.3.1.1 Einsatz des dialogischen Beziehungsmodus von Anfang an

Siehe 13.1.1.1.1 und Kapitel 8.1.2, S. 165.

13.1.3.1.2 Diagnostische Einschätzung

Siehe 13.1.1.1.2.

Tragende Objektstützung

13.1.3.1.3 Aufbau der notwendigen psychotherapeutischen Haltung

Für den Gestaltungspsychotherapeuten ist es wichtig, im Kontakt mit diesem Patienten bei sich »auftauchende« **Vernichtungsängste** zu identifizieren, sie im Rahmen der konzertierten psychotherapeutischen Aktion als Folge früher Traumatisierungen (Deprivationen) des Patienten zu verstehen und sie »aushalten« zu lernen. So kann das »primäre Milieu« für den laufenden psychotherapeutischen Prozess hergestellt werden. Erst wenn diese Grundvoraussetzung geschaffen ist, besteht für den Gestaltungspsychotherapeuten eine Chance, dass er die tragenden Objektstützungen auf Handlungs-/Gestaltungsebene so wirksam einsetzen kann, dass das Zerstörerische, das Maligne, das von diesen Traumaerfahrungen ausgeht, reduziert, eventuell neutralisiert werden kann. Diese korrigierenden emotionalen und kognitiven Erfahrungen greifen zunächst in das Anpassungssystem/-konzept ein und können dann die Erweiterung des Selbstkonzeptes bewirken. Dies ermöglicht dem Patienten »aus sich selbst heraus«, also freier als bisher, zu **wollen**, zu **handeln** und zu **gestalten** – trotz der mangelhaften Lernerfahrungen auf diesem Gebiet. Gleichzeitig können sich seine Handlungs- und Ausdruckshemmungen reduzieren. Bei der Gestaltungspsychotherapie werden die Traumatisierungen keinesfalls »gedeutet«, sondern sie sollen dem Patienten gegenüber als programmatische Krankheitsursache »benannt« werden (wie z. B. bei der Psychoedukation). Gleichzeitig gilt es, dem Patienten zu verstehen zu geben, dass seine vorhandenen Überlebensstrategien für ihn lebensnotwendige Ressourcen sind. Sie sollen bekräftigt, aber dort in Frage gestellt werden, wo bereits deutliche Hinweise auf ein Überforderungssyndrom bestehen. Die emotionale Kälte (**Vernichtungsängste**), der der Patient in seiner Frühentwicklung ausgesetzt war, wird hier durch diese tragenden Objektstützungen auf Handlungs-/Gestaltungsebene so weit wie möglich »neutralisiert«, ohne zu sehr thematisch auf die zu Grunde liegenden ungünstigen Sozialisationsbedingungen einzugehen.

13.1.3.2 Zweite Behandlungsphase

13.1.3.2.1 Arbeitsphase I – Testphase

Nach reichlicher und erfolgreicher Introspektionsarbeit in der konzertierten psychotherapeutischen Aktion versucht sich der Gestaltungspsychotherapeut bei seiner Nähe-Distanz-Regulation auf das **intuitive Gestalten** mit seinem Patienten einzulassen. Der Gestaltungspsychotherapeut orientiert sich bei der Arbeit mit seinem Patienten an der psychointentionalen Entwicklungsleitlinie und versucht, über eine **optimale Stimulation** (empfindsam machen) seinem Patienten primäre tragende (elterliche) Funktionen zu vermitteln.
Siehe 13.1.1.2.1.

13.1.3.2.2 Arbeitsphase II – Symptomreduktion

Der Einsatz des **intuitiven Gestaltens** findet im Schutz eines definierten Behandlungssettings statt. Nach Herstellung eines für beide Seiten spürbaren **emotionalen Involvements** (stabile Bindungserfahrung zwischen Gestaltungspsychotherapeut und Patient) wird der Patient imaginativ mit seinem Krankheitsgeschehen konfrontiert. Dabei sitzen sich Patient und Gestaltungspsychotherapeut gegenüber und haben ein großes Blatt Papier zwischen sich. Durch die Arbeit in der konzertierten psychotherapeutischen Aktion versucht sich der Gestaltungspsychotherapeut jetzt intuitiv auf seinen Patienten einzustellen. Da sich die Erwachsenen in ihrer Kommunikation hauptsächlich diakritisch wahrnehmbarer semantischer Symbole bedienen und ihre Unterhaltungen in der Regel immer einen methodischen Aufbau erkennen lassen (Objektstufe), ist das vorwiegend über Signale stattfindende intuitive, nicht auf Reflexion beruhende Erkennen und Erfassen eines Sachverhalts oder Vorgangs (Subjektstufe) für den Gestaltungspsychotherapeuten zunächst schwierig. Spitz sprach in diesem Zusammenhang von einer coenästhetischen Kommunikation, die aus **zirkulären Resonanzprozessen** besteht, innerhalb der Dyade zwischen der Mutter und ihrem Säugling stattfindet und sich beträchtlich von der Kommuni-

13.1.3 Gestaltungspsychotherapie

kation unterscheidet, die zwischen Erwachsenen üblich ist.

Bei der Behandlung seines Patienten, der z. B. unter einer Persönlichkeitsstörung leidet, können sich z. B. Vernichtungsängste, die aus sehr dysfunktionalen dyadischen Beziehungserfahrungen resultieren, sehr schnell über unterschiedliche Signale auf den Gestaltungspsychotherapeuten übertragen. Das heißt, bei der Psychotherapie dieses »frühgestörten« Patienten kann der Behandler oft zwangsläufig mit der »Innenwelt« seines Patienten in Berührung kommen und reagiert dann auf dieser Subjektstufe zunächst betroffen. Vorraussetzung dafür ist, dass die Psychotherapeuten, die in der Objektgestützten Psychodynamischen Psychotherapie ausgebildet sind, sich der bei ihnen stattfindenden Regression zumindest zum Teil bewusst sind, dass sie diese Ich-Spaltung leisten können und sich mit dem Patienten auch weiter auf der Objektstufe »unterhalten« können. In unserem Fall greift der Gestaltungspsychotherapeut intuitiv die Vernichtungsängste seines Patienten auf und versucht, sowohl diese Ängste nach seinem Empfinden auf dem Blatt Papier zum Ausdruck zu bringen, als auch seinen bejahenden Gegenentwurf (tragende Funktion) so in dieses Bild einfließen zu lassen, dass sich der Patient zum Mitmachen eingeladen fühlt. Tut er dies, obwohl oder gerade weil er z. B. unter Suizidgedanken leidet, entsteht unter seinen Augen ein sich ständig veränderndes Bild, in dem die affirmative Haltung des Gestaltungspsychotherapeuten immer wieder den Ton angibt. Kann sich der Patient in diesem bildnerischen Gestaltungsprozess auf die tragende Objektstützung einlassen, besteht jetzt eine große Chance, dass bei ihm über viele zirkuläre Resonanzmechanismen ein sich selbst verstärkender Prozess in Gang gesetzt wird, bei dem die destruktiven Imagines konstruktiv reorganisiert werden können. Wesentlich ist, dass der Gestaltungspsychotherapeut hier durch seine Präsenz und durch sein selbstverständliches Miteinbeziehen in den gemeinsamen Gestaltungsprozess seinem Patienten gegenüber Lebensbejahung und Existenzberechtigung vermittelt. Es ist der Gegenentwurf, der Respons, den der Gestaltungspsychotherapeut mit Hilfe der konzertierten psychotherapeutischen Aktion in sich selbst gegenüber den dysfunktionalen Orientierungen, Motiven und Motivationen des Patienten herstellt.

Kann sich der Patient auf die **tragenden Objektstützungen** im Laufe der Gestaltungspsychotherapie einlassen, wird es ihm mit Hilfe seines Gestaltungspsychotherapeuten möglich, sich vom Sog seines sehr destruktiven »inneren Dialogs« zumindest im Ansatz zu lösen, zu befreien und sich für die Betrachtung seiner »äußeren Welt« aufschließen zu lassen. Durch diese kontinuierliche Ermunterung (**Stimulation**) kann der Patient genauso wie bei seinen Behandlungen auf den anderen Therapieebenen sowohl responsive, affirmative also auch korrigierende Erfahrungen bezüglich seiner deprivierenden oder/und traumatisierenden frühkindlichen Erfahrungen verinnerlichen und sich evtl. sogar zumindest in einigen Bereichen mit diesen Erfahrungen identifizieren. Dadurch resultiert eine deutliche Beruhigung des Patienten, was seine zuvor immer wieder auftretenden Vernichtungsängste aber auch was seine quälenden Selbstentwertungsmechanismen anbetrifft. Da bei diesem Patienten vorhandene Symptome wie Essstörungen, Organerkrankungen, isoliertes Wahnerleben usw. zum großen Teil ebenfalls Kompensationsfunktion haben, braucht es hier längere Zeit, bis hier eine erkennbare Symptomreduktion eintritt. Eine wesentliche Rolle spielt dabei die Intelligenz des Patienten. Mit Hilfe z. B. seines Gestaltungspsychotherapeuten kann er lernen, sein Symptom auch als Simulation elterlicher Funktionen zu begreifen. So kommt es z. B. bei einem Patienten auch deshalb zum selbstschädigenden Verhalten, weil er, wie jeder andere auch, in seiner Not automatisch auf steuernde Funktionen zurückgreift, die sich aber bei ihm als dysfunktionale Orientierungen, Motive und Motivationen, die sich im Laufe seiner Frühentwicklung in seinem Anpassungssystem speicherten, herausstellen und in Kraft treten. Ob jetzt diese massiven Beeinträchtigungen direkt, also durch Beschlagnahme seines personalen Ichs, durch dysfunktionale Motivationen oder indirekt über einen gescheiterten intrapsychischen Konflikt zustande kommt, ist jetzt zunächst in der Behandlung zweitrangig. Wichtig ist, dass der Patient in einem ersten Behandlungsschritt auch im Laufe

Tragende Objektstützung

der Gestaltungspsychotherapie sowohl die Dynamik seiner Beeinträchtigungen als auch die sehr differenzierten Mechanismen der unbewusst stattfindenden intrapsychischen Konfliktlösungen zu durchschauen lernt. Über die Identifikation mit den tragenden Objektstützen kann sich der Patient Schritt für Schritt an die responsiven, affirmativen und mehr und mehr »rückhaltgebenden Innenbilder« seiner Behandler halten und durch diesen »Rückhalt« (Zunahme der selbstreflexiven Resonanz) den Beeinträchtigungsgrad seiner dysfunktionalen Motivationen reduzieren.

13.1.3.2.3 Rückgriff auf Therapiemaßnahmen aus den anderen Therapieebenen

Der Gestaltungspsychotherapeut kann sich an der psychodialogischen, psychomotorischen, psychointentionalen und psychosozialen Entwicklungsleitlinie orientieren und sich konkrete Hilfe holen.
Siehe 13.1.1.2.3.

13.1.3.3 Dritte Behandlungsphase

13.1.3.3.1 Arbeitsphase III – Trennungsphase

Ein zentrales Therapieinstrument, das der Patient im Laufe seiner Behandlung erlernt und einübt, damit er es auch nach Entlassung zu Hause in seinem Alltag erfolgreich anwenden kann, ist das **Aktualitätstraining**. Mit diesem autosuggestiven Verfahren soll es für den Patienten möglich werden, dass er sich in auftauchenden Krisensituationen selbst nicht nur wirksam beruhigen kann, sondern er soll durch das Aktualitätstraining auch wieder handlungsfähig werden. Das Aktualitätstraining hat 4 Stufen (s. Aktualitätstraining). Fasst der Patient nach der ersten Stufe der Vergegenwärtigung in der zweiten Stufe seine Umwelt ins Auge und löst sich von seinem inneren Dialog (Kopffernsehen), so verankert er sich in der dritten Stufe in der Umwelt, die im Moment vor ihm liegt. Im Hier und Jetzt konzentriert er sich dann auf etwas, das eine besonders anziehende Wirkung auf ihn ausübt. Durch diese konzentrierte Aufmerksamkeit rückt der Patient jetzt vollends von seiner Introversion ab. Erst jetzt können sich die motivationalen Selbstsysteme im Gedächtnis des Patienten durchsetzen, die selbstreflexive Resonanz kommt in Gang und der Patient übernimmt die Regie über seine weitere Lebensgestaltung. Diese Verankerung im Hier und Jetzt ist im Ablauf des Aktualitätstrainings ein sehr wichtiger Schritt, damit diese stabile Hinwendung zur äußeren Realität dem Patienten auch in schwierigeren Situationen möglich wird, braucht er jetzt die Hilfe des Gestaltungspsychotherapeuten. Es ist ja eher selten, dass affektive Krisen, also z. B. ein Panikanfall, gerade dann den Patienten heimsuchen, wenn er sich in reizvoller Umgebung befindet. Der Gestaltungspsychotherapeut erarbeitet deshalb mit seinem Patienten einen **Talisman**. Dabei gibt es eine Fülle von Stoffen, die der Patient hier für sich aussuchen kann. Dann kann er eine Form wählen, die ihn anspricht, z. B. rund oder kugelförmig. Dann sucht er nach einer ihm gefälligen Farbe, z. B. blau. Der Patient kann jetzt im Laufe der Gestaltungspsychotherapie ein Armband mit runden blauen Holzkugeln fertigen, die mit einem Gummiband verbunden sind. Bahnt sich jetzt eine Krise an, kann er sich jederzeit auf die beruhigende Wirkung dieses Armbands, seinen Talisman verlassen. Tritt diese Wirkung nicht ein, kann er notfalls an dem Armband ziehen und die Kugeln auf seinen Arm schnippen lassen, sodass er dadurch (im Extremfall kann dies bis an die Schmerzgrenze gehen) aus seiner inneren Bedrängnis herausfindet und wieder mit der Realität Kontakt aufnehmen kann. Ursprünglich ist der Talisman, das Wort kommt aus dem arabischen und romanischen Kulturraum, ein Gegenstand, dem Glück bringende Kraft zugeschrieben wird, der gegen Schäden schützen soll, ein Maskottchen, ein Amulett, ein Fetisch, der magische, helfende und schützende Zauberkraft haben soll. Der Talisman eignet sich also gut, um autosuggestive Kräfte bei Patienten zu mobilisieren, die unter frühkindlichen Traumatisierungen leiden. Der Patient soll den Talisman rechtzeitig einsetzen, damit er in dieser dritten Stufe des Aktualitätstrainings die bereits in Gang gekommene Be-

13.1.4 Sozialpädagogische Psychotherapie

ruhigung stabil vertiefen kann. Manchmal ist es gerade das bis ins Schmerzhafte gehende Spüren, Fühlen und Wahrnehmen des Talismans, das dem Patienten die Hinwendung zur Realität wieder ermöglicht. Er ist aber nicht irgendein persönliches, sachliches Mittel, sondern eine im Laufe der Gestaltungspsychotherapie entworfener, erarbeiteter und vom Patienten vollendeter Gegenstand. Er erinnert an viele persönliche Erfahrungen, die der Patient bis zur gelungenen Fertigstellung seines Talismans machte. Greift der Patient nach ihm, erinnert er sich auch sehr schnell an die tragenden Objektstützungen, die er mit seinem Gestaltungspsychotherapeuten aber auch mit seinen anderen Behandler erlebte. Mit diesem Talisman wird der Patient entlassen.

13.1.3.3.2 Entlassung und Weiterbehandlung

Siehe 13.1.1.3.2.

13.1.4 Sozialpädagogische Psychotherapie

13.1.4.1 Erste Behandlungsphase

13.1.4.1.1 Einsatz des dialogischen Beziehungsmodus von Anfang an

Siehe 13.1.1.1.1 und Kapitel 8.1.2, S. 165.

13.1.4.1.2 Diagnostische Einschätzung

Siehe 13.1.1.1.2.

13.1.4.1.3 Aufbau der notwendigen psychotherapeutischen Haltung

Für den sozialpädagogischen Psychotherapeuten ist es wichtig, im Kontakt mit diesem Patienten bei sich »auftauchende« **Vernichtungsängste** zu identifizieren, sie im Rahmen der konzertierten psychotherapeutischen Aktion als Folge früher Traumatisierungen des Patienten zu verstehen und sie »aushalten« zu lernen. So kann das für den laufenden sozialpädagogisch-psychotherapeutischen Prozess notwendige »primäre Milieu« hergestellt werden. Erst wenn diese Grundvoraussetzung geschaffen ist, besteht für den Therapeuten eine Chance, dass er die tragenden Objektstützungen auf sozialer Ebene so wirksam einsetzen kann, dass das Zerstörerische, das Maligne, das von diesen Traumaerfahrungen ausgeht, reduziert, eventuell neutralisiert werden kann. Diese korrigierenden emotionalen und kognitiven Erfahrungen greifen zunächst in das Anpassungssystem/-konzept ein und können dann die Erweiterung des Selbstkonzeptes bewirken. Dies ermöglicht dem Patienten »aus sich selbst heraus«, also freier in seinem jeweiligen sozialen Gefüge ein **Rollenverständnis** zu entwickeln und hier eine ihm entsprechende Rolle einzunehmen – trotz der mangelhaften Lernerfahrungen auf diesem Gebiet. Gleichzeitig können sich seine sozialen Defizite (Inkompetenzen) reduzieren. Bei dieser sozialpädagogischen Psychotherapie werden die Traumatisierungen keinesfalls »gedeutet«, sondern sie sollen dem Patienten gegenüber als programmatische Krankheitsursache »benannt« werden (wie z. B. bei der Psychoedukation). Gleichzeitig gilt es, dem Patienten zu verstehen zu geben, dass seine vorhandenen Überlebensstrategien für ihn lebensnotwendige Ressourcen sind. Sie sollen bekräftigt, aber dort in Frage gestellt werden, wo bereits deutliche Hinweise auf ein Überforderungssyndrom bestehen. Die emotionale Kälte (Vernichtungsängste), der der Patient in seiner Frühentwicklung ausgesetzt war, wird hier durch diese tragenden Objektstützungen auf sozialer Ebene so weit wie möglich »neutralisiert«, ohne zu sehr thematisch auf die zu Grunde liegenden ungünstigen Sozialisationsbedingungen einzugehen.

Siehe 13.1.1.1.3.

13.1.4.2 Zweite Behandlungsphase

13.1.4.2.1 Arbeitsphase I – Testphase

Nach reichlicher und erfolgreicher Introspektionsarbeit in der konzertierten psychotherapeutischen Aktion versucht sich der sozialpädagogische Psychotherapeut bei seiner Nähe-Distanz-Regulation auf die **primären sozialen Erfahrun-**

Tragende Objektstützung

gen mit seinem Patienten einzulassen (psychotherapeutische Regression). Der sozialpädagogische Psychotherapeut orientiert sich bei der Arbeit mit seinem Patienten an der psychosozialen Entwicklungsleitlinie und versucht, durch das Eingehen auf die **Säuglings-Rolle** des Patienten (basale interaktive Beziehungsrituale), seinem Patienten primäre tragende (elterliche) Funktionen zu vermitteln. Durch diese Objektstützungen soll der Patient vorbereitet werden, sich auf das Erlernen und Einüben im sozialresonanten Anpassungsverhalten, das ihm fehlt, einzulassen.

Siehe 13.1.1.2.1.

13.1.4.2.2 Arbeitsphase II – Symptomreduktion

Ist das vor allem soziale Verhalten des Patienten in vielen Bereichen erheblich gestört, müssen diese Verhaltensstörungen zunächst nicht sofort offensichtlich werden. Dies ist vor allem dann der Fall, wenn der Patient selbstprotektive Mechanismen als Überlebensstrategien einsetzen kann. Natürlich ist er in der Lage, seine hohen sozialen Defizite, z. B. Schwierigkeiten mit Zuverlässigkeit, Ehrlichkeit, Frustrationstoleranz anderen gegenüber, oft auch Assozialität usw., durch übergroße Freundlichkeit, oft bis zur Aufdringlichkeit gehendem Einsatz, Hilfsbereitschaft und nicht ganz nachvollziehbare Großzügigkeit zu maskieren. Da sich dieser Patient mit seinen Überlebensstrategien über kurz oder lang überfordert, kann sich dieser Patient plötzlich mit fadenscheinigen Gründen zurückziehen und mehr und mehr treten jetzt seine sozialen Probleme und Schwierigkeiten mit Behörden, Polizei, Arbeitgeber, Ehegatten, Kindern usw. zutage.

Im stationären Rahmen kann dies zu einer Regression auf seine Säuglings-Rolle führen. Dabei erleben seine Psychotherapeuten die bereits zu Beginn der Behandlung bei ihnen aufgekommenen **Vernichtungsängste** in einem anderen Licht. Durch den stattgefundenen Zusammenbruch des Patienten, durch die immer eindeutigeren anamnestischen, vor allem fremdanamnestischen, Daten und auch durch die Ergebnisse der psychodiagnostischen Untersuchungen zeigt sich, dass der Patient massiven Kindheitsbelastungsfaktoren ausgesetzt war, sich dadurch bei ihm kaum stabile körpereigene Stressbewältigungsmechanismen entwickeln konnten und sich aufgrund dieser Determinanten für eine psychoneurotische Fehlentwicklung schon sehr früh bei ihm unterschiedlichste Gesundheitsstörungen einstellten, die entweder bagatellisiert wurden oder die er später über die oben erwähnten Überlebensstrategien maskieren konnte.

Im Rahmen dieser stationären Behandlung soll es jetzt möglich werden, dass dieser Patient die sozialen Erfahrungen machen kann, die für seine grundlegende Persönlichkeitsentwicklung notwendig sind. Durch das Ineinandergreifen von primärer Versorgung (Objektstützungen) und Erlernen und Einüben von sozialresonantem Verhalten kann der Patient soziale Kompetenzen aufbauen, zu denen er zu Beginn der Behandlung noch nicht imstande war.

Der Einsatz der primären sozialen Milieuerfahrungen (**Milieutherapie I**) findet auf sehr direkte Weise im Rahmen der stationären Klinikbehandlung statt. Hier wird dem Patienten z. B. bewusst gemacht, dass er im Krankenhaus regelmäßig und zuverlässig früh, mittags und abends nahrhaftes, gesundes Essen bekommt, es wird für seinen sicheren Schlaf gesorgt und es ist immer jemand da, wenn er in Not ist und Hilfe braucht. Auf diese existenziellen Grundbedürfnisse, die möglicherweise in der Säuglingszeit des Patienten, der unter Vernichtungsängsten leidet, erheblich zu kurz gekommen sind und die jetzt durch das Pflegepersonal, die Ärzte und Spezialtherapeuten sehr augenscheinlich und zuverlässig praktiziert werden, muss die Aufmerksamkeit des Patienten immer wieder gelenkt werden. Die Behandler gehen auf diese Existenzbedürfnisse ein und ermöglichen dem Patienten auch die Regression auf seine Säuglings-Rolle, vorausgesetzt, er ist in der Lage, sich regelmäßig und aktiv an das ihm abverlangte sozialresonante Verhalten zu halten. Dazu gehört z. B. die Teilnahme an der Gesprächs-, Körper- und Gestaltungspsychotherapie, an den sozialpädagogischen Trainingsverfahren (z. B. Kochgruppe, Gruppe für das Einüben von lebenspraktischen Fertigkeiten), am Selbstsicherheitstraining, an der Milieutherapie (Krisenprävention, Krisenintervention, objektgestützte Intervention), am Kreativitätstraining,

13.1.4 Sozialpädagogische Psychotherapie

an der Gruppentherapie auf der Station und ggf. an der Schmerzgruppe und an der Suchtgruppe.

Wesentlich ist, dass der sozialpädagogische Psychotherapeut durch seine Präsenz und durch sein Eingehen auf die **Säuglings-Rolle** seinem Patienten Lebensbejahung und Existenzberechtigung vermittelt. Es ist der Gegenentwurf, der Respons, den der sozialpädagogische Psychotherapeut mit Hilfe der konzertierten psychotherapeutischen Aktion in sich selbst gegenüber den dysfunktionalen Orientierungen, Motiven und Motivationen des Patienten herstellt. Dabei ist es oberstes Gebot, dass der Psychotherapeut im Schutz der **Supervision** und **Intervision** immer wieder darauf achtet, ob und inwieweit er in eine Verstrickung von Täter- und Opferrollen im »Szenarium des wiederholten Entwicklungstraumas« geraten ist und von den dysfunktionalen Orientierungen, Motiven und Motivationen des Patienten »funktionalisiert« und/oder »instrumentalisiert« wird.

13.1.4.2.3 Rückgriff auf Therapiemaßnahmen aus den anderen Therapieebenen

Der sozialpädagogische Psychotherapeut kann sich an der psychodialogischen, psychomotorischen, psychointentionalen und psychosozialen Entwicklungsleitlinie orientieren und sich konkrete Hilfe holen (s. auch Gesprächs- und Körperpsychotherapie).

13.1.4.3 Dritte Behandlungsphase

13.1.4.3.1 Arbeitsphase III – Trennungsphase

Es ist davon auszugehen, dass im Laufe der stationären Behandlung und hier mit Hilfe der sozialpädagogischen Psychotherapie durch den Einsatz tragenden (elterliche) Funktionen (»Es ist gut, dass Du in unserem Krankenhaus als Mensch, jetzt als Patient eine Rolle spielst«) und durch den Einsatz der damit einhergehenden basalen interaktiven Beziehungsrituale (dem Patienten wird durch die Betreuung seines sozialpädagogischen Psychotherapeuten und in den Therapieverfahren bestätigt, dass es in Ordnung ist, dass er die Rolle eines Patienten einnimmt.) die Vernichtungsängste des Patienten zumindest teilweise reduziert werden können. Da es sich hier vor allem um soziale Ängste handelt, also Ängste, dass man als Teil, Mitglied der Gesellschaft vollkommen abgelehnt wird, die Gesellschaft einen »loshaben« will, ist es jetzt sehr wichtig, dass mit dem Patienten sowohl die Entlassung selbst, als auch der Tagesablauf nach der Entlassung, die darin stattfindenden Aktivitäten und die Kontakte mit seinen wichtigsten Bezugspersonen, geplant wird. Diese **Strukturierung der Zeit nach der Entlassung** soll möglichst frühzeitig, evtl. während des letzten Drittels der stationären Behandlung, mit den wichtigsten Bezugspersonen des Patienten abgesprochen werden. Hier geht es einmal um die Festlegung, was die finanziellen Angelegenheiten des Patienten betrifft, z. B. Unterhalt, Unterstützung usw. Dann geht es darum, in welchem Abstand man sich treffen will und dass in den Intervallen keinerlei Kontakt stattfinden soll. Die Begegnungen sollen ebenfalls zeitlich geregelt werden. Man sollte sich darauf einigen können, dass bei diesen gemeinsamen Treffen über alles gesprochen werden kann, aber nicht über Krankheiten und nicht über private Dinge.

Siehe 13.1.1.3.1.

13.1.4.3.2 Entlassung und Fortsetzung der Behandlung

Siehe 13.1.1.3.2.

13.2 Haltende Objektstützung

In der Zeit zwischen dem 2./3. und 7./8. Monat kommt für das Kind zur tragenden Objektstützung die lebensnotwendige haltende Objektstützung hinzu.

Haltende Objektstützung

Tab. 13-4 Orientierung an den Entwicklungsleitlinien

Objektstützungen primäre (elterliche) Funktionen und damit einhergehende basale interaktive Beziehungsrituale	Psychomotorische Entwicklungsleitlinie (freies Bewegen)	Psychointentionale Entwicklungsleitlinie (freies Wollen, Handeln, Gestalten)	Psychodialogische Entwicklungsleitlinie (freies Sprechen, freie Meinungsäußerung)	Psychosoziale Entwicklungsleitlinie (freie Wahl der sozialen Rolle)
Essenz der haltenden (elterlichen) Funktionen (Einstellungen, Haltungen gegenüber dem Kind)	Es ist gut, dass du dich so bewegst, *wie du dich bewegst*.	Es ist gut, dass du etwas so machst, *wie du es machst*.	Es ist gut, dass du so »sprichst«, *wie du sprichst*.	Es ist gut, dass du ein Baby bist.
	Ich kann mich auf deine Bewegungen (Gesten und Gebärden) sehr gut einstellen.	Ich kann mich auf dein Tun (deine spontanen Handlungen) sehr gut einstellen.	Ich kann mich auf dein »Sprechen« (dein Brabbeln) sehr gut einstellen.	Ich kann mich auf deine Baby-Rolle sehr gut einstellen.
	Ich kann dich als werdende Person sehr gut annehmen. Jeder von uns empfindet die Bejahung des anderen als Person.			
Basale interaktive Beziehungsrituale	Holding	Attraktion (bemerkbar machen)	Einfache Ammensprache (Signalsprache)	Eingehen auf die Baby-Rolle

13.1.4 Sozialpädagogische Psychotherapie

Tab. 13-5 Orientierung an der Organisation der Persönlichkeitsstruktur des Kindes

Zentrales Entwicklungsthema	Achtung (Respekt) Aus der Grunderfahrung heraus, dass das Kind (vor allem körperlich) sehr gut versorgt, gepflegt und gesund gehalten wird, entwickelt es die Kompetenz, mit seinen Mitmenschen und seiner Umwelt genauso achtsam und respektvoll umzugehen.	**Haltende Objektstützung**
Kommunikationselement (auf das sich die Mutter bei ihrer haltenden Objektstützung einstellt)	Setting	
Die Beziehungserfahrung in der Mutter-Kind-Beziehung	körperlich • Zuneigung, Wohlgefallen, Attraktivität kontra • Abneigung, Abscheu, Ekel, Aversion, Verachtungsängste	
Archaiksystem und Anpassungssystem (Gedächtnissysteme)	• Die Beziehungserfahrungen der tragenden und jetzt der haltenden Objektstützungen (objektale/präobjektale Empfindungen) werden zunächst im neuronalen Anpassungssystem gespeichert (kodiert). • Vegetative (z. B. Körperempfindungen aller Art) und reflexmotorische Reaktionen werden in einem neuronalen Archaiksystem gespeichert (kodiert). • Vorwiegend funktionale Erfahrungen aus dem neuronalen Anpassungssystem (erste Umwelterfahrungen) und funktionale Erfahrungen aus dem neuronalen Archaiksystem bilden weiter die Matrix des späteren Selbstsystems.	
Anpassungskonzept	Entsprechend der jeweiligen Gegenwartserfahrung (sich entwickelndes Aktualbewusstsein) treten jetzt mehr objektale und weniger präobjektale Erfahrungen ins Bewusstsein. Hinzu kommen die Erinnerungen an vegetative und reflexmotorische Erfahrungen. Diese Erinnerungen können sowohl funktional, als auch dysfunktional sein.	
Selbstsystem (Gedächtnissystem)	Tragende und jetzt haltende Objektstützungen, so weit im Anpassungssystem verinnerlicht, werden vermehrt in ein neues Gedächtnissystem, das Selbstsystem, transferiert (primäre [neuronale] intrapsychische Identifikation). Aus der zuvor entstandenen Matrix beginnt sich jetzt das Selbstsystem zu entwickeln.	
Selbstkonzept	Diese in das Selbstsystem transferierten Erfahrungen beginnen dem Säugling über ein **Kernselbstempfinden** mehr und mehr bewusst zu werden. Mahler (1978, S. 63): »*Der Säugling befindet sich in einem Zustand der Undifferenziertheit und Fusion mit der Mutter, in dem er zwischen Ich und Nicht-Ich ebenso wenig unterscheiden kann, wie zwischen innen und außen. In dieser Phase beginnt die Entwicklung des Körperschemas und des Selbstkerns (Differenzierung in ein Innenorgan, Schalenorgan und präobjektales Organ).*« Stern (1992, S. 104–178): »*Phase des Kernselbstempfindens, Säuglinge dieses Alters erfahren, dass sie und der andere physisch getrennte Wesenheiten sind. Trennung von Selbst und Objekt, die als solche auch empfunden werden. Trotz vieler Gemeinsamkeitserlebnisse in dieser Zeit gehen dem Säugling im Normalfall die gefühlten Grenzen zwischen Selbst und Objekt nicht verloren, sondern bleiben intakt.*«	
Selbstreflektive Resonanz	Die selbstreflektive Resonanz wird im neuronalen Selbstsystem generiert und beginnt, über das mentale Selbstkonzept langsam in Kraft zu treten. Die Erfahrungen des Kindes von (selbst) sein, (selbst) wollen, (selbst) können, sich (selbst) bewegen, (selbst) eine Rolle einnehmen usw. werden für das Kind spürbarer.	

Tab. 13-5 Fortsetzung

Funktionales Ich/ personales Ich	• Das funktionale Ich »funktioniert« in diesem Entwicklungsstadium weniger im Sinne des Archaiksystems, sondern zunehmend mehr im Sinne des Anpassungssystems. Das heißt, das Verhalten des Babys wird willkürlicher und die Reflexbogenpriorität nimmt sukzessive ab. • Gleichzeitig beginnt das funktionale Ich mehr im Sinne des sich entwickelnden Anpassungssystems/-konzeptes zu »funktionieren«; es beginnt aber auch ein Selbstbild zu entwickeln. • Die unbewussten, meist körperlichen automatischen Reaktionen auf Stimulation (Affekte) werden zunehmend als einzelne Affektqualitäten (Gefühle) bewusst. • Die Einbildungskraft beginnt sich zu entwickeln; frühe Phantasietätigkeit.
Neuronal-mentale Regulationsmechanismen	vorwiegend neuronale Regulationsmechanismen, beginnender Einsatz primitiver Bewältigungsmechanismen (neuronal-mentale Regulationsmechanismen)
Mögliche Symptombildungen	• Persönlichkeitsstörungen (n. Kernberg): schizotypische, hypochondrische, paranoide, hypomanische, maligne narzisstische Persönlichkeitsstörung; Borderline-Persönlichkeitsstörung • Sucht- und Zwangserkrankungen • krankhafte Störungen in den Körperfunktionen – schwere funktionelle Störungen • Perversionen • therapieresistente somatoforme Störungen (z. B. somatoforme Schmerzstörung) • schwere depressive Episode ohne psychotische Symptome; rezidivierende depressive Störung gegenwärtig schwere Episode ohne psychotische Symptome

13.2.1 Gesprächspsychotherapie

13.2.1.1 Erste Behandlungsphase

13.2.1.1.1 Einsatz des dialogischen Beziehungsmodus von Anfang an

Nach reichlicher und erfolgreicher Introspektionsarbeit in der konzertierten psychotherapeutischen Aktion versucht sich der Gesprächspsychotherapeut bei seiner Nähe-Distanz-Regulation subjektiv auf die **einfache Ammensprache** (Signalsprache) mit seinem Patienten einzulassen, ohne dabei die momentane, objektive Sprachebene, auf der er sich gerade mit seinem Patienten unterhält, zu verlassen. Diese psychotherapeutische Ich-Spaltung und **Regression** ist notwendig, damit sich der Gesprächspsychotherapeut in Orientierung am dialogischen Beziehungsmodus, in diesem Fall auf das patholo-gische, **settingspezifische Beziehungselement** des Patienten einstellen kann, um ihm die notwendigen haltenden (elterlichen) Funktionen zu vermitteln.

Bei dieser **körperlichen Beziehungserfahrung** versucht der Patient immer wieder, eine große körperliche Nähe (Anhänglichkeit) oder eine große körperliche Distanz (Unnahbarkeit) herzustellen. Dabei erlebt er eine zu große Distanz oder eine zu große Nähe bedrohlich und gegen sich gerichtet. Es ist möglich, dass der Patient in der Lage ist, aus seinen **Verachtungsängsten** großartige Überlebensstrategien (selbstprotektive Mechanismen) zu generieren und dadurch mit der Zeit ein schweres Überforderungssyndrom entwickelt. Er kann aber auch über seine neuronalmentalen Regulationsmechanismen sehr schnell mit körperlichen und/oder psychischen Erkrankungen (z. B. körperliche Funktionsstörungen, somatoforme Störungen, Schmerzstörungen usw.)

13.2.1 Gesprächspsychotherapie

und/oder depressive Störungen, selbstverletzendes Verhalten, Süchte, Zwänge usw.) reagieren. In jedem Fall ist eine hohe Flexibilität des Therapeuten und der Einsatz der haltenden Objektstützungen gefordert.
Siehe 13.1.1.1.1 und Kapitel 8.1.3, S. 166.

13.2.1.1.2 Diagnostische Einschätzung

Lässt sich bei dem Patienten aufgrund exogener und/oder endogener Ursachen, also Kindheitsbelastungsfaktoren und/oder Hirnreife- und Hirnleistungsstörungen, ein hoher Mangel an frühen haltenden Objektstützungen herleiten, leidet dieser Patient erfahrungsgemäß unbewusst unter **Objektverlustängsten**, die als **Verachtungsängste** im therapeutischen Prozess erlebt werden. Der Patient kann auch Zwängen (Kompulsionen, Obsessionen) ausgeliefert sein, die sich durch frühe Deprivations- und Traumatisierungserfahrungen in seinem Gedächtnis (Anpassungssystem) programmierten. Dieser Patient steht meist unter einem hohen Beeinträchtigungsgrad und zeigt eine große Ich-Syntonität gegenüber seinen dysfunktionalen Orientierungen, Motiven und Motivationen.

(Derzeit kann die Frage noch nicht befriedigend beantwortet werden, inwieweit eine gewisse Sättigung an objektgestützten Erfahrungen in den einzelnen Entwicklungsphasen für das Fortschreiten des Entwicklungsprozesses notwendig ist. Ob dieser z. B. im Laufe der dyadischen Beziehung stagnieren kann oder ob trotz durchgemachter Deprivationen und Traumatisierungen das Kind seine phasentypische Entwicklung zumindest teilweise persönlichkeitsbildend durchlaufen kann, vor allem, wenn zu einem späteren Zeitpunkt die Sozialisationsbedingungen wieder günstiger sind. Im Konzept der »Objektgestützten Psychodynamischen Psychotherapie« geht man von Letzterem aus.)

Erfahrungsgemäß reagiert dieser Patient sehr schnell im Sinne eines verinnerlichten, kompromisslosen Wertesystems. Er zeigt eine geringe Bereitschaft zum **Nachdenken** und **Reflektieren** und ihm fällt es außerordentlich schwer, etwas nach reiflicher Überlegung eigenverantwortlich in die Tat umzusetzen (**Realisierung**).
Siehe 13.1.1.1.2.

13.2.1.1.3 Aufbau der notwendigen psychotherapeutischen Haltung

Für den Gesprächspsychotherapeuten ist es wichtig, im Kontakt mit diesem Patienten bei sich »auftauchende« **Verachtungsängste** zu identifizieren, sie im Rahmen der konzertierten psychotherapeutischen Aktion als Folge früher Traumatisierungen (Deprivationen) des Patienten zu verstehen und sie »auszuhalten« zu lernen. So kann das für den laufenden psychotherapeutischen Prozess notwendige »primäre Milieu« hergestellt werden (s. Arbeitsphase). Erst wenn diese Grundvoraussetzung geschaffen ist, besteht für den Therapeuten eine Chance, dass er die haltenden Objektstützungen so wirksam einsetzen kann, dass das Destruktive, dass von diesen Traumaerfahrungen ausgeht, reduziert, eventuell neutralisiert werden kann. Diese korrigierenden emotionalen und kognitiven Erfahrungen greifen zunächst in das Anpassungssystem/-konzept ein und können dann die Erweiterung des Selbstkonzeptes bewirken. Dies ermöglicht dem Patienten »aus sich selbst heraus«, also freier als bisher, zu **sprechen** und weniger auf den monologen Beziehungsmodus zurückzugreifen. Bei der Gesprächspsychotherapie werden die Traumatisierungen keinesfalls »gedeutet«, sondern sie sollen dem Patienten gegenüber als programmatische Krankheitsursache »benannt« werden (wie z. B. bei der Psychoedukation). Gleichzeitig gilt es, dem Patienten zu verstehen zu geben, dass seine vorhandenen Überlebensstrategien für ihn lebensnotwendige Ressourcen sind. Sie sollen bekräftigt, aber dort in Frage gestellt werden, wo bereits deutliche Hinweise auf ein Überforderungssyndrom bestehen. Die emotionale Kälte (**Verachtungsängste**), der der Patient in seiner Frühentwicklung ausgesetzt war, wird hier durch die haltenden Objektstützungen auf Gesprächsebene so weit wir möglich »neutralisiert«, ohne jedoch diese ungünstigen Sozialisationsbedingungen verbal zu thematisieren.

Konzertierte psychotherapeutische Aktion beim Einsatz der haltenden Objektstützungen

Bei Patienten, die in ihrer Frühentwicklung bezüglich der **haltenden Objektstützung** schwer

Haltende Objektstützung

depriviert wurden, liegt sehr oft ein Mangel an körpereigenen Stressbewältigungsmechanismen vor. Deshalb leiden diese Patienten unter einer sehr ausgeprägten affektiven Instabilität. Oft werden ihnen die blitzartig ins Bewusstsein tretenden **Verachtungsängste** gar nicht bewusst und sie neigen über sofort einsetzende neuronal/mentale Regulationsmechanismen zu Depressionen, selbstverletzendem Verhalten, Sucht- und Zwangserkrankungen oder ihre labile Persönlichkeitsverfassung wird durch »großartige Überlebensstrategien« maskiert. Damit bei diesen Patienten im Laufe ihrer psychotherapeutischen Behandlung die haltenden (elterlichen) Funktionen, die ihnen von allen Behandlern vermittelt werden und die dazugehörigen basalen interaktiven Beziehungsrituale, die auf unterschiedlichen Therapieebenen beim Patienten eingesetzt werden, also die prothetischen haltenden Objektstützungen, »greifen« können, ist es Voraussetzung, dass die Verachtungsängste, die sich bei dieser stationären Behandlung auf die Behandler übertragen können, zunächst von den Behandlern im Rahmen einer konzertierten psychotherapeutischen Aktion immer wieder identifiziert, gemeinsam ausgehalten und vor allem verkraftet werden.

Hier ist es der dialogische Beziehungsmodus, mit dem alle Therapeuten im Behandlungsteam arbeiten und den die Teammitglieder zunächst bei sich selbst und im Kontakt mit den anderen Kollegen im Team bewusst einsetzen. Ist z. B. ein Kollege von den destruktiven Orientierungen, Motiven und Motivationen dieses Patienten so sehr in Beschlag genommen, dass er sich dieser auf ihn übertragenen Verachtungsängste nicht mehr erwehren kann, möglicherweise auch deshalb, weil bei ihm im Kontakt mit dem Patienten eigene Ängste mobilisiert werden, setzen die Teamkollegen diesem Therapeuten gegenüber sofort haltende Objektstützungen ein. Durch diese konzertierte psychotherapeutische Aktion erfährt dieser Kollege eine intensive Lebensberechtigung als Person durch das Behandlungsteam, vorausgesetzt diese Objektstützungen sind glaubwürdig und Ausdruck einer ständig stattfindenden dialogischen Kommunikation im Team. Gelingt es dem Kollegen, sich auf diesen »rückhaltgebenden« Gruppenprozess einzulassen und wieder zu seinem dialogischen Beziehungsmodus – sowohl gegenüber seinen Teamkollegen als auch gegenüber seinen Patienten – zurückzufinden, wird in der Supervision versucht, die Ursachen herauszuarbeiten, warum der Kollege in diesem Fall nicht mehr in der Lage war, die notwendige Nähe-Distanz-Regulation gegenüber seinem Patienten einzusetzen. Dabei stellt sich oft heraus, dass die dysfunktionalen Orientierungen, Motive und Motivationen des Patienten durch Überlebensstrategien (selbstprotektive Mechanismen) perfekt maskiert sind. Der Psychotherapeut durchschaute dieses vordergründige Verhalten (z. B. Pseudosouveränität) zunächst nicht und ging davon aus, er würde sich mit seinem Patienten in einer dialogischen Beziehung befinden, ohne dass ihm die dysfunktionalen Seiten des Patienten bewusst wurden, von denen er schon längst in Beschlag genommen wurde. Das heißt aber, dass der Psychotherapeut jetzt nicht mehr in der Lage ist, den dialogischen Beziehungsmodus, durch den er sich sonst in jeder Beziehung Unabhängigkeit verschaffen konnte, psychotherapeutisch effektiv einzusetzen. Vor allem auf der **körperlichen Beziehungsebene**, die ja in diesem Fall bei dem Patienten gestört ist, kann der Psychotherapeut von der oft sehr destruktiven »Innenwelt« seines Patienten so sehr involviert werden, dass er nicht mehr zu seinem dialogischen Beziehungsmodus zurückfindet, sich die Probleme des Patienten zu eigen macht, zum »Erfüllungsgehilfen« der destruktiven Motive seines Patienten wird und die professionelle Beziehung verloren geht. Hinzu kommt, dass seine eigene »Innenwelt« dabei so durcheinander geraten kann, dass er nicht mehr in der Lage ist, seinen Beruf als Psychotherapeut lege artis auszuüben.

Um so einer Entwicklung keinen Vorschub zu leisten, ist die konzertierte psychotherapeutische Aktion notwendig. Erst wenn die Teammitglieder in einem Behandlungsteam in der Lage sind, sich immer wieder darin zu üben, den dialogischen Beziehungsmodus untereinander zu praktizieren, können die einzelnen Teammitglieder auch gegenüber dem Patienten den dialogischen Beziehungsmodus erfolgreich einsetzen. Dabei soll der Psychotherapeut auf die psychotherapeutische Ich-Spaltung hingewiesen werden, die erlernt

13.2.1 Gesprächspsychotherapie

werden kann, und durch die es ihm möglich wird, im Verlauf des dialogischen Beziehungsmodus, kurzzeitig mit der **settingspezifischen Beziehungsebene**, hier auch mit den destruktiven Seiten des Patienten, in Kontakt zu kommen, ohne davon zu sehr involviert zu werden.

> ❗ Insgesamt gilt der Grundsatz, dass der kleinste gemeinsame Behandlungsnenner ein größerer Wirkfaktor ist als eine optimale psychotherapeutische Einzelleistung.

13.2.1.2 Zweite Behandlungsphase

13.2.1.2.1 Arbeitsphase I – Testphase

Nach reichlicher und erfolgreicher Introspektionsarbeit in der konzertierten therapeutischen Aktion versucht sich der Gesprächspsychotherapeut bei seiner Nähe-Distanz-Regulation auf die Beziehungsrituale der **einfachen Ammensprache** einzulassen (psychotherapeutische Regression), um so dem Patienten haltende (elterliche) Funktionen zu vermitteln.

Bei dieser Beziehungserfahrung, bei der das **Setting** eine zentrale Rolle spielt, versucht der Patient immer wieder, eine weitestgehende Übereinstimmung mit seinem Gesprächspsychotherapeuten herzustellen (monologer Beziehungsmodus). Aufgrund seines niedrigen emotionalen Entwicklungsniveaus erlebt er oft bereits schon ein geringes Abweichen seiner Meinungen und Vorstellungen als Bedrohung seines sehr instabilen Identitätsempfindens. Aus diesem Grund ist hier eine außerordentlich hohe psychotherapeutische Flexibilität und der Einsatz der haltenden Objektstützungen gefordert.

13.2.1.2.2 Arbeitsphase II – Symptomreduktion

Der Einsatz der **Ammensprache** (Signalsprache) kann in einem Kopfnicken, einem bestätigendem »Ja« oder einem »mhh« zum Ausdruck kommen, aber genauso in einer hauptsächlich vom Psychotherapeuten ausgehenden »Unterhaltung«, wenn der Patient keine Worte findet. Der Psychotherapeut sollte in einfachen kurzen Sätzen sprechen, deren Inhalt bildlich gut vorstellbar ist. Dabei ist darauf zu achten, dass sich das Gesagte mit größter Übereinstimmung sowohl vor dem geistigen Auge des Patienten als auch vor dem geistigen Auge des Psychotherapeuten abbildet. Da bei dieser Ammensprache der Gesprächspsychotherapeut oft sehr schnell mit der »Innenwelt« seines Patienten in Berührung kommen kann und auf dieser Subjektstufe erfahrungsgemäß sehr betroffen reagiert, wird er zunächst versuchen, sich mit seinem Patienten weiter auf der Objektstufe zu unterhalten. Er wird den Patienten über seine Anamnese befragen, sich die Beschwerdesymptomatik beschreiben lassen und mit ihm das auslösende Ereignis für die Erkrankung eruieren. Erst wenn der Gesprächspsychotherapeut in der konzertierten psychotherapeutischen Aktion seine »Betroffenheit« (konkordante und komplementäre Gegenübertragung nach Racker) durcharbeiten und dadurch seinem Patienten die notwendigen haltenden Objektstützungen nicht nur vermitteln, sondern ihm dabei auch ein sozialresonantes Anpassungsverhalten abverlangen kann, wird für den Patienten die **Lebensberechtigung** seiner Person, die ihm sein Gesprächspsychotherapeut in diesen Gesprächen gibt, zunehmend spürbarer und bewusst. Kann sich der Patient, der z. B. unter Depressionen oder einem Suchtdruck leidet, auf diese affirmative Haltung seines Gesprächspsychotherapeuten und dessen psychodialogische Objektstützung einlassen, besteht eine große Chance, dass über viele **zirkuläre Regulationsmechanismen** zwischen Patient und Gesprächspsychotherapeut ein sich selbst verstärkender Prozess in Gang gesetzt wird, bei dem die dysfunktionalen Imagines im Anpassungssystem/-konzept des Patienten konstruktiv reorganisiert werden können. Wesentlich ist, dass der Gesprächspsychotherapeut hier durch seine **körperliche Präsenz** und durch seine ganz einfache Sprache seinem Patienten gegenüber **Lebensbejahung** und **Existenzberechtigung** vermittelt. Es ist der Gegenentwurf, der Respons, den der Gesprächspsychotherapeut mit Hilfe der konzertierten psychotherapeutischen Aktion in sich selbst gegenüber den dysfunktionalen Orientierungen, Motiven und Motivationen des Patienten herstellt. Dabei ist es oberstes Gebot, dass der

Psychotherapeut im Schutz der **Supervision** und **Intervision** immer wieder darauf achtet, ob und inwieweit er in eine Verstrickung von Täter- und Opferrollen im »Szenarium des wiederholten Entwicklungstraumas« geraten ist und von den dysfunktionalen Orientierungen, Motiven und Motivationen des Patienten »funktionalisiert« und/oder »instrumentalisiert« wird.

13.2.1.2.3 Rückgriff auf Therapiemaßnahmen aus den anderen Therapieebenen

Der Gesprächspsychotherapeut kann sich an der psychodialogischen, psychomotorischen, psychointentionalen und psychosozialen Entwicklungsleitlinie orientieren und sich konkrete Hilfe holen.
Siehe 13.1.1.2.3.

13.2.1.3 Dritte Behandlungsphase

13.2.1.3.1 Arbeitsphase III – Trennungsphase

Der Einsatz aller Objektstützungen (hier der haltenden Objektstützung) muss immer einhergehen mit einem sozialresonanten Verhalten, das der Psychotherapeut seinem Patienten abverlangt. Dabei spielt selbstverständlich das emotionale Entwicklungsniveau des Patienten eine wesentliche Rolle. Dieses sozialresonante Verhalten muss mit dem Behandler erarbeitet werden.

Durch das Ineinandergreifen der erfahrenen Lebensberechtigung (haltende Objektstützungen) mit dem abverlangten sozialresonanten Verhalten, das der Patient gerade imstande ist zu leisten, stellt sich der Gesprächspsychotherapeut auf das gestörte Beziehungselement seines Patienten ein, ohne selbst den dialogischen Beziehungsmodus mit all seinen Beziehungselementen zu verlassen. Dabei wird sich der Gesprächspsychotherapeut in den Behandlungen von sich aus immer wieder regulativ auf das gestörte Beziehungselement seines Patienten einlassen und versuchen, gemeinsam mit ihm herauszufinden, wie sich in seinem Fall die haltenden Objektstützungen am schnellsten und effektivsten in seinem Anpassungssystem/-konzept und/oder Selbstsystem/-konzept implementieren lassen. Dadurch entsteht zwischen Patient und Gesprächspsychotherapeut die notwendige **Selbstwerthomöostase**.

Erst wenn sich der Patient durch seine Behandler in seinem Selbstwert stabilisiert erlebt, kann der Gesprächspsychotherapeut für den Patienten eine **Hilfs-Ich-Funktion** übernehmen. Über diese Hilfs-Ich-Funktionen kann sich der Patient kraft der haltenden Objektstützungen seiner Behandler mit dem jeweils erlernten sozialresonanten Verhalten identifizieren. Dadurch kann dieser Patient jetzt etwas leisten, was er zuvor in dieser Selbstverständlichkeit und Reproduzierbarkeit noch nie konnte. Dieser Zugewinn an Selbstsicherheit versetzt den Patienten in die Lage, die bisher für ihn notwendigen psychotherapeutischen Hilfs-Ich-Funktionen einzutauschen gegen den an seine Behandler gebundenen »sicheren inneren Ort« in seiner Persönlichkeitsorganisation. Das Behandlungsergebnis ist ein Zugewinn an Autonomie.

Grundsätzlich dient die Arbeitsphase III der Vertiefung der in der Arbeitsphase II stattgefundenen Therapieprozesse. Dabei stellt sich dann deutlich heraus, welcher Patient über eine anfänglich einsetzende Selbstwertstabilisierung im Laufe seiner weiteren Behandlung eine Selbstwerthomöostase zu seinen Behandlern aufbauen, sich dadurch auf deren Hilfs-Ich-Funktion einlassen und über die Teilnahme an sämtlichen Therapiemaßnahmen ein gutes sozialresonantes Anpassungsverhalten aufbauen konnte. Ist im Laufe dieser psychotherapeutischen Prozesse vor allem eine erkennbare Symptomreduktion beim Patienten eingetreten, soll in der Arbeitsphase III diese Besserung stabilisiert werden, um eine erneute Rezidivierung und damit die weitere Chronifizierung dieser tiefergreifenden emotionalen Störung des Patienten so gut wie möglich zu vermeiden. Um dies zu erreichen, müssen in der Arbeitsphase III, über die Auflösung der inzwischen doch sehr intensiven Bindungen zwischen den einzelnen Behandlern und dem Patienten, identifikatorische Prozesse weiter vorangetrieben werden. Gerade durch die hier in Gang gesetzte Trauerarbeit kann sich der Patient mit den reiferen Verarbeitungsmechanismen identifizieren. Sie hat er im Laufe der Behandlung in seinem Anpassungssystem/Anpassungskonzept aufgenommen und sie sollen jetzt von seinem Selbstsystem/Selbstkonzept übernommen und hier als Kompetenzen (steuernden Funktionen) verankert werden. Sollte der Patient reifere Verarbeitungsmechanismen entwickelt haben, aber noch nicht in der Lage sein, sich damit zu identifizieren, sollte man in jedem Fall die fraktionierte stationäre Behandlung (s. 13.1.1.1.1) in Erwägung ziehen.

13.2.1.3.2 Entlassung und Weiterbehandlung

Nach Entlassung aus der stationären Behandlung soll der Patient die Strukturplanarbeit und das Aktualitätstraining fortsetzen. Im letzten Drittel der Behandlung wurden bereits die Strukturplanarbeit und das Aktualitätstraining unter Einbeziehung der realen Bedingungen im Heimatmilieu eingeübt.

Siehe 13.1.1.3.2.

13.2.2 Körperpsychotherapie

13.2.2.1 Erste Behandlungsphase

13.2.2.1.1 Einsatz des dialogischen Beziehungsmodus von Anfang an

Siehe 13.1.1.1.1 und Kapitel 8.1.3, S. 166.

13.2.2.1.2 Diagnostische Einschätzung

Siehe 13.1.1.1.2.

13.2.2.1.3 Aufbau der notwendigen psychotherapeutischen Haltung

Die korrigierenden kognitiven und emotionalen Erfahrungen greifen zunächst in das Anpassungssystem/-konzept ein und können dann die Erweiterung des Selbstkonzeptes bewirken. Dies ermöglicht dem Patienten mehr »aus sich selbst heraus«, sich also freier als bisher, zu **bewegen** und langsam die stereotypen, oft noch der Reflexbogenpriorität unterworfenen Bewegungen aufzugeben. Hier werden die Traumatisierungen keinesfalls »gedeutet«, sondern sie sollen dem Patienten gegenüber als programmatische Krankheitsursache »benannt« werden (wie z. B. bei der Psychoedukation). Gleichzeitig hilft es, dem Patienten zu verstehen zu geben, dass seine vorhandenen Überlebensstrategien (Bewältigungsmechanismen) für ihn lebensnotwendige Ressourcen sind. Sie sollen bekräftigt, aber dort in Frage gestellt werden, wo bereits deutliche Hinweise auf ein Überforderungssyndrom bestehen. Die emotionale Kälte (**Verachtungsängste**), der der Patient immer dann ausgesetzt war, wenn er in seiner Frühentwicklung den Erwartungen seiner Bezugspersonen nicht entsprach, wird nun durch die haltenden Objektstützungen auf Körperebene so weit wie möglich »neutralisiert«, ohne jedoch die ungünstigen Sozialisationsbedingungen verbal zu thematisieren und näher auf sie einzugehen.

13.2.2.2 Zweite Behandlungsphase

13.2.2.2.1 Arbeitsphase I – Testphase

Nach reichlicher und erfolgreicher Introspektionsarbeit in der konzertierten therapeutischen Aktion versucht sich der Körperpsychotherapeut bei seiner Nähe-Distanz-Regulation auf die Beziehungsrituale des **Holdings** einzulassen (psychotherapeutische Regression), um so dem Patienten die haltende (elterliche) Funktion zu vermitteln.

Siehe 13.1.1.3.1.

13.2.2.2.2 Arbeitsphase II – Symptomreduktion

Beim Einsatz des **Holdings** (prothetische Elternfunktion) kann der Körperpsychotherapeut, nachdem er den Patienten genauestens über diese Behandlungsmaßnahme aufgeklärt hat, den Rücken des Patienten mit der ganzen Handfläche berühren, großflächige Berührungen am ganzen Körper durchführen, und er kann seine Hände z. B. auf dem Rücken des Patienten (aber auch an

Haltende Objektstützung

anderen Körperteilen) »auflegen«. Hierher gehören auch Massagetechniken und rekonstruierende Handtechniken wie Rolfing und Feldenkrais usw. Wesentlich ist, dass der Körperpsychotherapeut sich hier durch seine professionelle Präsenz sowohl auf die Regressionsbereitschaft des Patienten einlassen, als auch bei sich selbst bleiben kann, ohne von den **Verachtungsängsten** des Patienten überschwemmt zu werden. Dem Körperpsychotherapeuten soll es gelingen, gegenüber diesen Verachtungsängsten weder in **Reaktionsbildungen** (überschwängliche Zuneigung oder Gleichgültigkeit) zu verfallen noch soll er dem krankhaften Begehren des Patienten entsprechen, wenn sich dieser ihm gegenüber »suchtartig« emotional zur Verfügung stellt. Kann sich der Patient, der z. B. unter Depressionen oder einer Suchtkrankheit leidet, auf diese affirmative Haltung seines Körperpsychotherapeuten und dessen psychomotorische Objektstützung einlassen, besteht eine große Chance, dass jetzt über viele **zirkuläre Resonanzmechanismen** zwischen Patient und Körperpsychotherapeut ein sich selbst verstärkender Prozess in Gang gesetzt wird, bei dem die dysfunktionalen Imagines im Anpassungssystem/-konzept des Patienten konstruktiv reorganisiert werden können.

Wichtig ist, dass der Körperpsychotherapeut durch seine Präsenz seinem Patienten **Lebensbejahung** und **Existenzberechtigung** vermittelt. Es ist der Gegenentwurf, der Respons, den der Körperpsychotherapeut mit Hilfe der konzertierten psychotherapeutischen Aktion in sich selbst gegenüber den dysfunktionalen Orientierungen, Motiven und Motivationen des Patienten herstellt. Dabei ist es oberstes Gebot, dass der Psychotherapeut durch die **Supervision** und **Intervision** immer wieder darauf achtet, ob und inwieweit er in eine Verstrickung von Täter- und Opferrollen im »Szenarium des wiederholten Entwicklungstraumas« geraten ist und dabei bereits »funktionalisiert« und/oder »instrumentalisiert« wird.

Man kann davon ausgehen, dass durch den Einsatz der körperpsychotherapeutischen Maßnahmen nicht nur die psychomotorische Entwicklung des Menschen vorangetrieben wird, sondern dass sich die Körperpsychotherapie auch auf andere Persönlichkeitsbereiche wachstumsanstoßend auswirkt.

13.2.2.2.3 Rückgriff auf Therapiemaßnahmen aus den anderen Therapieebenen

Der Körperpsychotherapeut kann sich an der psychodialogischen, psychomotorischen, psychointentionalen und psychosozialen Entwicklungsleitlinie orientieren und sich konkrete Hilfe holen. So kann der Körperpsychotherapeut z. B. auf das gesunde Mitteilungsbedürfnis seines Patienten eingehen, sich dabei auf die **einfache Ammensprache** mit ihm einlassen und dabei darauf achten, dass es über ganz einfache Sätze möglichst zu einer semantischen Übereinstimmung zwischen ihm und seinem Patienten kommt. Das heißt, die Wortbedeutungen, die sich vor dem geistigen Auge des Körperpsychotherapeuten und des Patienten meist bildlich einstellen, sollen nicht weit auseinander liegen.

13.2.2.3 Dritte Behandlungsphase

13.2.2.3.1 Arbeitsphase III – Trennungsphase

Erfahrungsgemäß hat auch der Patient, der unter einer Identitätsstörung leidet, zunächst große Schwierigkeiten, sich auf die Körperpsychotherapie in Einzelbehandlung einzulassen. Obwohl er sehr darunter leidet, dass er seinen Körper, so wie er ist, nicht mag und sich auch oft gegenüber anderen Menschen als körperlich unattraktiv erlebt und deshalb eine sehr große Sehnsucht nach körperlichen Berührungen hat, ist die Angst vor erneuter Ablehnung sehr groß. Erst, wenn es dem Körperpsychotherapeuten aufgrund einer guten Nähe-Distanz-Regulation gelungen ist, das Misstrauen des Patienten vor erneuten seelischen und körperlichen Verletzungen zu reduzieren und sein Begehren nach akzeptierenden körperlichen Erfahrungen zu fördern, wird der Einsatz der **haltenden Objektstützungen** auf Körperebene möglich. Diese tiefgreifenden Erfahrungen auf Körperebene, wie Holding oder dem Holding

13.2.3 Gestaltungspsychotherapie

entsprechende, erwachsenengerecht modifizierte Erfahrungen, werden so vermittelt, dass die »seelischen Wunden« des Patienten offen gelegt und gleichzeitig heilsam behandelt werden. Erfahrungsgemäß beginnen Körperpsychotherapie-Behandlungen für den Patienten meist unter einer großen emotionalen Anspannung, weil sie doch einen Eingriff in die Persönlichkeit des Patienten sind. Ziel einer jeden Körperpsychotherapie ist es aber, dass sie in einem Wohlbefinden des Patienten enden. Da durch den körperpsychotherapeutischen Eingriff auch immer eine Entlastung und eine tiefgreifende Entspannung eingeleitet wird.

Erstes Ziel ist, dass es dem Patienten im Laufe dieser Körperpsychotherapie möglich wird, die Dynamik seiner Beeinträchtigungen (z. B. Selbstverletzungen, Suchtverhalten, Impulsdurchbrüche usw.) sowie die sehr differenzierten Mechanismen der unbewusst stattfindenden intrapsychischen Konfliktlösungen, die immer wieder bei ihm in Symptomen enden, zu durchschauen. In einem nächsten Schritt kann er dann mehr und mehr die haltenden Objektstützungen, die der Patient auf Körperebene sehr tiefgreifend erlebt, in seinem Anpassungssystem verinnerlichen. Erfahrungsgemäß übertragen sich diese, für den Patienten so lange entbehrten körperlichen »Erfahrungen« sehr schnell auf sein neuronales Selbstsystem, was in einer erkennbaren Stärkung seiner Selbstsicherheit zum Ausdruck kommen kann.

Wichtig in dieser dritten Arbeitsphase ist jetzt, dass sich Patient und Körperpsychotherapeut im Zuge einer sehr gut und ausführlich miteinander besprochenen Trauerarbeit voneinander trennen können. Die im Laufe dieser Körperpsychotherapie evtl. unbewusst stattfindenden neuronalen Prozesse zur Erweiterung des Selbstsystems/Selbstkonzeptes des Patienten können durch diese physiologische Trauerarbeit mental unterstützt werden, da mit einer kontraproduktiven Einflussnahme von dysfunktionalen Orientierungen, Motiven und Motivationen immer zu rechnen ist. Nur so gelingt es jetzt diesem Patienten, auch mit Hilfe der inzwischen erlernten und eingeübten Maßnahmen aus der Milieutherapie (Krisenintervention, objektgestützte Intervention, Krisenprävention), dass die Auflösung dieser psychotherapeutischen Bindung, zumindest teilweise, in einen effektiven Identifikationsprozess mündet.

Siehe 13.2.1.3.1.

13.2.2.3.2 Entlassung und Weiterbehandlung

Siehe 13.1.1.3.2.

13.2.3 Gestaltungspsychotherapie

13.2.3.1 Erste Behandlungsphase

13.2.3.1.1 Einsatz des dialogischen Beziehungsmodus von Anfang an

Siehe 13.1.1.1.1, 13.2.1.1.1 und Kapitel 8.1.3, S. 166.

13.2.3.1.2 Diagnostische Einschätzung

Siehe 13.2.1.1.2.

13.2.3.1.3 Aufbau der notwendigen psychotherapeutischen Haltung

Nach reichlicher und erfolgreicher Introspektionsarbeit in der konzertierten psychotherapeutischen Aktion versucht sich der Gestaltungspsychotherapeut bei seiner Nähe-Distanz-Regulation auf das **intentionale Gestalten** mit seinem Patienten einzulassen (psychotherapeutische Regression). Der Gestaltungspsychotherapeut orientiert sich bei der Arbeit mit seinem Patienten an der psychointentionalen Entwicklungsleitlinie und versucht, sich über unterschiedliche **Attraktionen** seinem Patienten bemerkbar zu machen (basale interaktive Beziehungsrituale) und seinem Patienten primäre haltende (elterliche) Funktionen zu vermitteln.

Für den Therapeuten ist es wichtig, im Kontakt mit diesem Patienten bei sich »auftauchende« **Verachtungsängste** zu identifizieren, sie im Rahmen der konzertierten psychotherapeutischen Aktion als Folge früher Traumatisierungen

Haltende Objektstützung

Haltende Objektstützung

(Deprivationen) des Patienten zu verstehen und sie »aushalten« zu lernen. So kann das für den laufenden psychotherapeutischen Prozess »primäre Milieu« hergestellt werden. Erst wenn diese Grundvoraussetzung geschaffen ist, besteht für den Therapeuten eine Chance, dass er die haltenden Objektstützungen auf Handlungs-/Gestaltungsebene so wirksam einsetzen kann, dass das Zerstörerische, das Maligne, das von diesen Traumaerfahrungen ausgeht, reduziert, eventuell neutralisiert werden kann. Diese korrigierenden emotionalen und kognitiven Erfahrungen greifen zunächst in das Anpassungssystem/-konzept ein und können dann die Erweiterung des Selbstkonzeptes bewirken. Dies ermöglicht dem Patienten »aus sich selbst heraus«, also freier als bisher, zu **wollen**, zu **handeln** und zu **gestalten** – trotz der mangelhaften Lernerfahrungen auf diesem Gebiet. Gleichzeitig können sich seine Handlungs- und Ausdruckshemmungen reduzieren. Bei der Gestaltungspsychotherapie werden die Traumatisierungen keinesfalls »gedeutet«, sondern sie sollen dem Patienten gegenüber als programmatische Krankheitsursache »benannt« werden (wie z. B. bei der Psychoedukation). Gleichzeitig gilt es, dem Patienten zu verstehen zu geben, dass seine vorhandenen Überlebensstrategien für ihn lebensnotwendige Ressourcen sind. Sie sollen bekräftigt, aber dort in Frage gestellt werden, wo bereits deutliche Hinweise auf ein Überforderungssyndrom bestehen. Die emotionale Kälte (**Verachtungsängste**), der der Patient in seiner Frühentwicklung ausgesetzt war, wird hier durch diese haltenden Objektstützungen auf Handlungs-/Gestaltungsebene so weit wie möglich »neutralisiert«, ohne zu sehr thematisch auf die zu Grunde liegenden ungünstigen Sozialisationsbedingungen einzugehen.

13.2.3.2 Zweite Behandlungsphase

13.2.3.2.1 Arbeitsphase I – Testphase

Siehe 13.2.1.2.1.

13.2.3.2.2 Arbeitsphase II – Symptomreduktion

Der Einsatz des **intentionalen Gestaltens** findet im Schutz eines definierten Behandlungssettings statt, mit der Zielvorstellung, die Antriebskräfte des Patienten, also seine Intentionalität, zu fördern. Der Gestaltungspsychotherapeut zeigt hier dem Patienten Wege zum **spontanen Gestalten** auf. Durch sein besonderes **Bemerkbarmachen** versucht der Gestaltungspsychotherapeut den Patienten »aus seiner Reserve zu locken«. So wie das Kind spürt, dass durch das besondere Bemerkbarmachen der Eltern seine angeborene Neugierde angestachelt wird und es dann mit seinen Eltern, die es voll und ganz in ihre Familie auf- und annehmen, in Kontakt kommt, soll es in ähnlicher Weise auch dem Patienten in diesem Gestaltungsprozess ergehen.

Dabei kann der Gestaltungspsychotherapeut z. B. den Patienten auffordern, mit einem Bleistift völlig spontane Bewegungen durchzuführen. Diese Kritzelzeichnungen haben von Patient zu Patient eine ganz bestimmte Linienführung. Mit diesem Duktus kann man jetzt weiter gestalten. Eine andere Vorgehensweise ist es, den Patienten aufzufordern, das Gesicht eines Mitpatienten blind abzumalen. Vorrangig geht es bei der haltenden Objektstützung auf der Gestaltungsebene darum, dass der Patient einen Zugang zu seiner Individualität und zu seiner ganz ihm eigenen »persönlichen Note« findet. Diese »persönliche Note« wird nun vom Gestaltungspsychotherapeuten sehr wirksam bestätigt. Der Gestaltungspsychotherapeut bringt hier seine **Bejahung** gegenüber dem **Individuellen** des Patienten, dem nur ihm Eigenen, zum Ausdruck. Kann sich der Patient bei seinem Gestaltungsprozess auf die haltende Objektstützung einlassen, besteht jetzt eine große Chance, dass über viele **zirkuläre Resonanzmechanismen** zwischen Patient und Gestaltungspsychotherapeut ein sich selbst verstärkender Prozess in Gang gesetzt wird, bei dem die destruktiven Imagines im Anpassungssystem/-konzept des Patienten konstruktiv reorganisiert werden können. Wesentlich ist, dass der Gestaltungspsychotherapeut hier durch seine Präsenz und durch sein selbstverständliches Miteinbeziehen in den gemeinsa-

13.2.4 Sozialpädagogische Psychotherapie

men Gestaltungsprozess seinem Patienten gegenüber die Lebensberechtigung, was sein Personensein anbetrifft, vermittelt. Es ist der Gegenentwurf, der Respons, den der Gestaltungspsychotherapeut mit Hilfe der konzertierten psychotherapeutischen Aktion in sich selbst gegenüber den dysfunktionalen Orientierungen, Motiven und Motivationen des Patienten herstellt.

13.2.3.2.3 Rückgriff auf Therapiemaßnahmen aus den anderen Therapieebenen

Der Gestaltungspsychotherapeut kann sich an der psychodialogischen, psychomotorischen, psychointentionalen und psychosozialen Entwicklungsleitlinie orientieren und sich konkrete Hilfe holen (s. auch Gesprächs- und Körperpsychotherapie).

13.2.3.3 Dritte Behandlungsphase

13.2.3.3.1 Arbeitsphase III – Trennungsphase

Im Zuge der vorausgegangenen Gestaltungspsychotherapie kann der Patient nach anfänglich meist großen Schwierigkeiten ein inneres Befinden, dass er zunächst noch gar nicht in Worten ausdrücken kann, langsam »nach außen Gestalt werden« lassen. Vielleicht wird es dann auch im Weiteren möglich, dass er zum Ende dieses Gestaltungsprozesses auch Worte finden kann für das, was für ihn so lange »unsäglich« war. Während dieses Gestaltungsprozesses gibt es sehr viele Hürden, die der Patient mit Hilfe seines Gestaltungspsychotherapeuten nehmen muss. Vor allem kann er immer wieder feststellen, dass das, was er macht, was er gestaltet, ohne »wenn und aber« für seinen Gestaltungspsychotherapeuten in Ordnung ist. Dadurch verringert sich auch die anfänglich sehr große Scham, die den Patienten daran hindert, etwas von sich preiszugeben.

Wichtig in dieser Arbeitsphase ist jetzt, dass sich Patient und Gestaltungspsychotherapeut im Zuge einer sehr gut und ausführlich miteinander besprochenen Trauerarbeit trennen können. Die im Laufe dieser Gestaltungspsychotherapie evtl. unbewusst stattfindenden neuronalen Prozesse zur Erweiterung des Selbstsystems/Selbstkonzeptes des Patienten können durch diese physiologische Trauerarbeit mental unterstützt werden, da mit einer kontraproduktiven Einflussnahme von dysfunktionalen Orientierungen, Motiven und Motivationen immer zu rechnen ist. Nur so gelingt es jetzt diesem Patienten auch mit Hilfe der inzwischen erlernten und eingeübten Maßnahmen aus der Milieutherapie (Krisenintervention, objektgestützte Intervention, Krisenprävention), dass die Auflösung dieser psychotherapeutischen Bindung, zumindest teilweise, in einen effektiven Identifikationsprozess mündet.
Siehe 13.2.1.3.1.

13.2.3.3.2 Entlassung und Weiterbehandlung

Siehe 13.1.1.3.2.

13.2.4 Sozialpädagogische Psychotherapie

13.2.4.1 Erste Behandlungsphase

13.2.4.1.1 Einsatz des dialogischen Beziehungsmodus von Anfang an

Siehe 13.1.1.1.1 und Kapitel 8.1.3, S. 166.

13.2.4.1.2 Diagnostische Einschätzung

Siehe 13.2.1.1.2.

13.2.4.1.3 Aufbau der notwendigen psychotherapeutischen Haltung

Für den Therapeuten ist es wichtig, im Kontakt mit diesem Patienten bei sich »auftauchende« **Verachtungsängste** zu identifizieren, sie im Rahmen der konzertierten psychotherapeutischen Aktion als Folge früher Traumatisierungen des Patienten zu verstehen und sie »aushalten« zu lernen. So kann das für den laufenden sozialpädagogisch-psychotherapeutischen Prozess notwendi-

Haltende Objektstützung

ge »primäre Milieu« hergestellt werden. Erst wenn diese Grundvoraussetzung geschaffen ist, besteht für den sozialpädagogischen Psychotherapeuten eine Chance, dass er die haltenden Objektstützungen auf sozialer Ebene so wirksam einsetzen kann, dass das Dysfunktionale, das von diesen Traumaerfahrungen ausgeht, reduziert, eventuell neutralisiert werden kann. Diese korrigierenden emotionalen und kognitiven Erfahrungen greifen zunächst in das Anpassungssystem/-konzept ein und können dann die Erweiterung des Selbstkonzeptes bewirken. Dies ermöglicht dem Patienten »aus sich selbst heraus«, also freier als bisher, in seinem jeweiligen sozialen Gefüge ein **Rollenverständnis** zu entwickeln und hier auch eine ihm entsprechende Rolle einzunehmen – trotz der mangelhaften Lernerfahrungen auf diesem Gebiet. Gleichzeitig können sich seine sozialen Defizite (Inkompetenzen) reduzieren. Bei dieser sozialpädagogischen Psychotherapie werden die Traumatisierungen keinesfalls »gedeutet«, sondern sie sollen dem Patienten gegenüber als programmatische Krankheitsursache »benannt« werden (wie z. B. bei der Psychoedukation). Gleichzeitig gilt es, dem Patienten zu verstehen zu geben, dass seine vorhandenen Überlebensstrategien für ihn lebensnotwendige Ressourcen sind. Sie sollen bekräftigt, aber dort in Frage gestellt werden, wo bereits deutliche Hinweise auf ein Überforderungssyndrom bestehen. Die emotionale Kälte (**Verachtungsängste**), der der Patient in seiner Frühentwicklung ausgesetzt war, wird hier durch diese haltenden Objektstützungen auf sozialer Ebene so weit wie möglich »neutralisiert«, ohne zu sehr thematisch auf die zu Grunde liegenden ungünstigen Sozialisationsbedingungen einzugehen.
Siehe 13.2.1.1.3.

13.2.4.2 Zweite Behandlungsphase

13.2.4.2.1 Arbeitsphase I – Testphase

Nach reichlicher und erfolgreicher Introspektionsarbeit in der konzertierten psychotherapeutischen Aktion versucht sich der sozialpädagogische Psychotherapeut bei seiner Nähe-Distanz-Regulation auf die **primären sozialen Milieu-erfahrungen** mit seinem Patienten einzulassen (psychotherapeutische Regression). Der sozialpädagogische Psychotherapeut orientiert sich bei der Arbeit mit seinem Patienten an der psychosozialen Entwicklungsleitlinie und versucht durch das Eingehen auf die **Baby-Rolle** des Patienten (basale interaktive Beziehungsrituale), seinem Patienten primäre haltende (elterliche) Funktionen zu vermitteln.

13.2.4.2.2 Arbeitsphase II – Symptomreduktion

Der Einsatz der funktionalen **primären sozialen Milieuerfahrungen** ist bei diesen Patienten oft sehr schnell gefordert, da die Tragweite ihrer Schwierigkeiten, die sie aufgrund ihrer **hohen sozialen Defizite** schon lange vor sich her schoben, oft erst im Laufe der Behandlung offenkundig wird. Durch die Konfrontation mit den offenkundigen Problemen und Schwierigkeiten mit Behörden, Polizei, Arbeitgebern, Ehegatten, Kindern usw. kann bei diesen Patienten im stationären Rahmen sehr schnell eine Regression auf ihre mangelhaft durchlebte **Baby-Rolle** angestoßen werden. Jetzt soll der Patient in dieser ihm gestatteten Baby-Rolle die sozialen Erfahrungen machen, die für seine grundlegende Persönlichkeitsentwicklung notwendig sind, z. B. durch Einsatz der haltenden Objektstützungen, wenn es um seine ganz ihm eigenen individuellen Schwierigkeiten geht. Durch das Ineinandergreifen von primärer Versorgung (Objektstützungen) und Erlernen und Einüben von sozialresonantem Verhalten kann der Patient soziale Kompetenzen aufbauen, zu denen er zu Beginn der Behandlung nicht imstande ist.

Der Einsatz der primären sozialen Milieuerfahrungen (**Milieutherapie I und II**) findet im Rahmen der stationären Klinikbehandlung auf sehr direkte Weise statt. Hier wird dem Patienten z. B. bewusst gemacht, dass er im Krankenhaus regelmäßig und zuverlässig früh, mittags und abends nahrhaftes, gesundes Essen bekommt, es wird für seinen sicheren Schlaf gesorgt und es ist immer jemand da, wenn er in Not ist und Hilfe braucht. Bei diesem Patienten wird also weiter auf seine basalen Existenzbedürfnisse eingegangen und ihm, so weit für ihn notwendig, auch die

13.2.4 Sozialpädagogische Psychotherapie

Regression auf seine **Baby-Rolle** weiter ermöglicht, vorausgesetzt, er kann sich jetzt regelmäßig und aktiv an das ihm abverlangte sozialresonante Verhalten, also an die Teilnahme an der Gesprächs-, Körper- und Gestaltungspsychotherapie, an der sozialpädagogischen Psychotherapie (z. B. Ess-, Gartengruppe, Gruppe für lebenspraktische Fertigkeiten), an der Milieutherapie (Krisenprävention, Krisenintervention, objektgestützte Intervention) und an allen weiteren Gruppentherapien halten.

In dieser Behandlungsphase wird zunächst nochmals auf die existenziellen sozialen Grundbedürfnisse des Patienten eingegangen, um durch die Vertiefung der bereits verinnerlichten tragenden Objektstützungen die notwendigen identifikatorischen Prozesse zur Selbstentwicklung auch auf sozialpädagogisch-psychotherapeutischer Ebene anzustoßen. Schwerpunktmäßig geht es in dieser Behandlung hauptsächlich darum, auf die individuellen (persönlichen) sozialen Grundbedürfnisse des Patienten einzugehen, die in seiner Frühentwicklung zu kurz kamen und aufgrund derer der Patient depriviert und eventuell traumatisiert wurde. Das heißt, der Patient hat die Erfahrung verinnerlicht, dass er zwar als Mensch in seiner Familie eine Rolle spielen darf, aber nicht als die Person, die er wirklich ist. Sehr früh hat sich in ihm eingeprägt, dass er nur dann in seiner Familie bestehen kann, wenn er sich weitestgehend, oft bis zur Aufgabe der eigenen Individualität, an die an ihn gerichteten Rollenerwartungen anpasst. Dadurch leidet dieser Patient unter massiven **Verachtungsängsten**, da ihm die Identitätserfahrung, also, »*dass es gut ist, wie er ist*«, weitestgehend fehlt.

Im **Selbstsicherheitstraining** (Milieutherapie II) kann der Patient – so wie es für ihn möglich ist – zunächst auf der Objektstufe mit Einbeziehung der Psychoedukation Zugang zur Psychodynamik seiner Erkrankung finden. Dabei kann er durch die Maßnahmen, die im Selbstsicherheitstraining eingesetzt werden, sehr bald nachvollziehen, dass er beim Auftreten von Verachtungsängsten und den dazugehörigen Affekten und Gefühlen sehr schnell mit seinen Überlebensstrategien gegensteuert. Dadurch geht er sowohl den schmerzlichen narzisstischen Kränkungen als auch einer wie auch immer gearteten Eskalation oft sehr effektiv aus dem Weg. Hinzu kommt, dass seine oft großartigen Überlebensstrategien, bei denen es ihm meistens gelingt, aus seiner Not eine Tugend zu machen, bei den Menschen gut ankommen und sie ihn diesbezüglich sogar bewundern. Es bleibt jetzt dem Patienten im Selbstsicherheitstraining überlassen, inwieweit er seine Einsichten auf der Objektstufe in einem weiteren psychotherapeutischen Prozess vertiefen will und auf der Subjektstufe Zug um Zug seine überlebensstrategischen (meist auch neurotischen) Kompensationen gegen eine stabile Selbstsicherheit eintauschen will oder nicht.

In jedem Fall können die Überlebensstrategien des Patienten im Selbstsicherheitstraining zunächst als ein mögliches **individuelles Krisenmanagement** bestätigt werden, um durch diese Interventionen die Verachtungsängste des Patienten zu mildern. Durch diese vertrauensbildenden Maßnahmen kann aber auch eine psychotherapeutische Beziehung aufgebaut werden. Allerdings ist abzuwarten, ob der Patient überhaupt in der Lage ist, eine Selbstwerthomöostase aufzubauen.

Wesentlich ist, dass der sozialpädagogische Psychotherapeut durch seine Präsenz und durch sein Eingehen auf die **Baby-Rolle** seinem Patienten **Lebensbejahung** und **Existenzberechtigung** vermittelt. Es ist der Gegenentwurf, der Respons, den der sozialpädagogische Psychotherapeut mit Hilfe der konzertierten psychotherapeutischen Aktion in sich selbst gegenüber den dysfunktionalen Orientierungen, Motiven und Motivationen des Patienten herstellt. Dabei ist es oberstes Gebot, dass der Psychotherapeut im Schutz der **Supervision** und **Intervision** immer wieder darauf achtet, ob und inwieweit er in eine Verstrickung von Täter- und Opferrollen im »Szenario des wiederholten Entwicklungstraumas« geraten ist und von den dysfunktionalen Orientierungen, Motiven und Motivationen des Patienten »funktionalisiert« und/oder »instrumentalisiert« wird.

13.2.4.2.3 Rückgriff auf Therapiemaßnahmen aus den anderen Therapieebenen

Siehe 13.2.1.2.3.

13.2.4.3 Dritte Behandlungsphase

13.2.4.3.1 Arbeitsphase III – Trennungsphase

Es ist davon auszugehen, dass im Laufe der stationären Behandlung und hier mittels der sozialpädagogischen Psychotherapie durch den Einsatz **haltender (elterlicher) Funktionen** die Verachtungsängste des Patienten zumindest teilweise reduziert werden können. Da es sich vor allem um soziale Ängste handelt, also Ängste davor, dass man als Teil, Mitglied der Gesellschaft, so wie man ist, in seiner Identität abgelehnt wird, die Gesellschaft »mit so Einem« nichts zu tun haben will, ist es jetzt wichtig, dass mit dem Patienten sowohl die Entlassung selbst, als auch der Tagesablauf nach Entlassung und die darin stattfindenden Aktivitäten und die Kontakte zu seinen wichtigsten Bezugspersonen geplant wird. Diese Strukturierung der Zeit nach der Entlassung soll möglichst frühzeitig, aber spätestens im letzten Drittel der Behandlung mit den wichtigsten Bezugspersonen des Patienten abgesprochen werden.

Weiter muss jetzt in dieser dritten Arbeitsphase zwischen Patient und sozialpädagogischen Psychotherapeuten sehr gut und ausführlich die Trauerarbeit besprochen werden. Die im Laufe dieser sozialpädagogischen Psychotherapie evtl. unbewusst stattgefundenen neuronalen Prozesse zur Erweiterung des Selbstsystems/Selbstkonzeptes des Patienten können durch diese physiologische Trauerarbeit mental unterstützt werden. Mit einer kontraproduktiven Einflussnahme von dysfunktionalen Orientierungen, Motiven und Motivationen ist immer zu rechnen. Nur so gelingt es jetzt diesem Patienten auch mit Hilfe der inzwischen erlernten und eingeübten Maßnahmen aus der Milieutherapie (Krisenintervention, objektgestützte Intervention, Krisenprävention), dass die Auflösung dieser psychotherapeutischen Bindung, zumindest teilweise, in einen effektiven Identifikationsprozess mündet.

Siehe 13.2.1.3.1.

13.2.4.3.2 Entlassung und Weiterbehandlung

Siehe 13.1.1.3.2.

13.3 Entlastende Objektstützung

In der Zeit zwischen dem 7./9. und 15./18. Monat kommt für das Kind zur tragenden und haltenden Objektstützung die lebensnotwendige entlastende Objektstützung hinzu.

13.3.1 Gesprächspsychotherapie

13.3.1.1 Erste Behandlungsphase

13.3.1.1.1 Einsatz des dialogischen Beziehungsmodus von Anfang an

Siehe 13.1.1.1.1 und Kapitel 8.1.4, S. 166.

13.3.1.1.2 Diagnostische Einschätzung

Lässt sich bei dem Patienten aufgrund erheblicher Kindheitsbelastungsfaktoren, aber ausreichender Sättigung an tragenden und haltenden Objektstützungen, ein großer Mangel an frühen **entlastenden** Objektstützungen herleiten, leidet dieser Patient erfahrungsgemäß unbewusst unter **Ängsten vor Verlust der Liebe des Objekts**, die im therapeutischen Prozess als **Entwertungsängste** und **Minderwertigkeitsgefühle** erlebt werden. Meist ist er auch Selbstentwertungsmechanismen (Zwangsdenken) und unterschiedlichen Zwängen ausgeliefert, die sich aus diesen ungünstigen Sozialisationsbedingungen, eventuell auch aus Deprivations- und Traumatisierungserfahrungen herleiten lassen und sich in seinem Gedächtnis (Anpassungssystem) programmierten. Dieser Patient leidet meist unter einem mittleren Beeinträchtigungsgrad und zeigt eine beginnende Ich-Dystonität gegenüber seinen dysfunktionalen Orientierungen, Motiven und Motivationen.

Erfahrungsgemäß reagiert dieser Patient nicht nur sondern er beginnt **nachzudenken** und zu **reflektieren**; er kann sich auch in einem oft endlosen Nachdenken verlieren und tut sich schwer, etwas eigenverantwortlich in die Tat umzusetzen (**Realisierung**).

13.3.1 Gesprächspsychotherapie

Tab. 13-6 Orientierung an den Entwicklungsleitlinien

Entlastende Objektstützung

Objektstützungen primäre (elterliche) Funktionen und damit einhergehende basale interaktive Beziehungsrituale	Psychomotorische Entwicklungsleitlinie (freies Bewegen)	Psychointentionale Entwicklungsleitlinie (freies Wollen, Handeln, Gestalten)	Psychodialogische Entwicklungsleitlinie (freies Sprechen, freie Meinungsäußerung)	Psychosoziale Entwicklungsleitlinie (freie Wahl der sozialen Rolle)
Essenz der entlastenden (elterlichen) Funktionen (Einstellungen, Haltungen gegenüber dem Kind)	Es ist gut, dass du dich mit mir bewegst.	Es ist gut, dass du etwas mit mir machst, tust.	Es ist gut, dass du mit mir sprichst.	Es ist gut, dass du ein Kleinkind bist.
	Ich kann mich auf deinen Bewegungsdrang und auf deine Bewegungsfreude sehr gut einstellen.	Ich kann mich auf deinen Handlungswillen, auf deine Freude am Gestalten sehr gut einstellen.	Ich kann mich auf (dich) dein »Sprechenwollen«, auf deine Freude am Sprechen sehr gut einstellen.	Ich kann mich auf deinen Geltungsdrang, auf deine Freude, im Mittelpunkt stehen zu wollen, sehr gut einstellen.
	Ich kann dich als Partner sehr gut ernst nehmen, anerkennen, wertschätzen und mich mit dir emotional austauschen. Jeder von uns beiden nimmt die Bejahung des anderen als Partner wahr.			
Basale interaktive Beziehungsrituale	**Hugging**	**Reaktion** (mitmachen)	**Bildhafte Ammensprache** (Baby-/Symbolsprache)	Eingehen auf die Kleinkind-Rolle (z. B. Sauberkeitserziehung)

Tab. 13-7 Orientierung an der Organisation der Persönlichkeitsstruktur des Kindes

Entlastende Objektstützung

Zentrales Entwicklungsthema	Toleranz Aus der Grunderfahrung heraus, dass sich das Kind als Partner ernst genommen, anerkannt und wertgeschätzt erlebt, entwickelt es die Kompetenz, Toleranz gegenüber anderen zu leben, das Anderssein eines Menschen zu dulden, obwohl es nicht den eigenen Vorstellungen entspricht. Das Kind entwickelt aus dieser Grunderfahrung heraus auch die emotionale Kommunikation, ein gesundes Empfinden für Separation und Frustrationstoleranz.
Kommunikationselement (auf das sich die Mutter bei ihrer entlastenden Objektstützung einstellt)	Empathie
Die Beziehungserfahrung in der Mutter-Kind-Beziehung	persönlich • Beruhigung, Trost, Wertschätzung kontra • Entwertung, Missachtung, Minderwertigkeitserleben, Entwertungsängste
Archaiksystem und Anpassungssystem (Gedächtnissysteme)	• Die Beziehungserfahrungen der tragenden, haltenden und jetzt der entlastenden Objektstützungen (Gegenwartserfahrungen) werden zunächst im neuronalen Anpassungssystem gespeichert (kodiert). • Vegetative (Körperempfindungen aller Art) und reflexmotorische Reaktionen werden weiterhin im Archaiksystem gespeichert, wobei die Reflexpriorität weitestgehend abnimmt. • Vorwiegend funktionale Erfahrungen aus dem Anpassungssystem (inzwischen werden auch die vegetativen und reflexmotorischen Erfahrungen im Anpassungssystem gespeichert) werden jetzt auf das inzwischen entwickelte Selbstsystem transferiert.
Anpassungskonzept	Entsprechend zur jeweiligen Gegenwartserfahrung (Aktualbewusstsein) assoziieren sich inzwischen im Hintergrundbewusstsein ähnliche Erinnerungen aus der Vergangenheit. Sie werden als funktionale und dysfunktionale Episodenkontexte bewusst und nehmen mit unterschiedlicher Intensität Einfluss auf das momentane Empfinden, Wahrnehmen und die Steuerungsfähigkeit des Kindes (Aufbau der Orientierungen).
Selbstsystem (Gedächtnissystem)	Tragende, haltende und jetzt auch entlastende Objektstützungen, so weit im Anpassungssystem verinnerlicht, werden in das Selbstsystem transferiert. Weiterentwicklung des Selbstsystems.
Selbstkonzept	Diese in das Selbstsystem transferierten Erfahrungen beginnen dem Kleinkind über ein **subjektives Selbstempfinden** mehr und mehr bewusst zu werden. Mahler (1978, S. 87–100): »Differenzierung und Entwicklung des Körperschemas: Hinweis dafür sind ein gewisser neuer Blick des Kindes, Ausdauer, Wachsamkeit und Zielgerichtetheit des Kindes. Es kommt zur Übernahme der von der Mutter bevorzugten Besänftigungs- und Stimulierungsmuster, Fremdenangst versus Neugier.« Stern (Dornes 1993, S. 152–163): »Phase des subjektiven Selbstempfindens: Kinder dieses Alters merken, dass es andere ›minds‹ gibt, als ihre eigenen. Im Säugling entsteht die Vermutung, dass er ein Wesen mit einer Psyche ist und weiter, dass psychische Zustände des Subjekts und solche des Objekts teilbar sind, d. h. mitgeteilt und ausgetauscht werden.«

13.3.1 Gesprächspsychotherapie

Tab. 13-7 Fortsetzung

Selbstreflektive Resonanz	Die selbstreflektive Resonanz wird im neuronalen Selbstsystem generiert und beginnt über das mentale Selbstkonzept zunehmend stärker in Kraft zu treten. Die Erfahrung des Kindes von (selbst) sein, (selbst) wollen, (selbst) können, sich (selbst) bewegen, (selbst) eine Rolle einnehmen usw. werden dem Kind jetzt bewusster.	Entlastende Objektstützung
Funktionales Ich/ personales Ich	• Neben dem funktionalen Ich beginnt jetzt auch ein personales Ich in Kraft zu treten. Hier ist es vor allem die Intentionalität des Kindes, also seine Neugier, sein Tatendrang und seine Bewegungs- und Lebensfreude, die hier besonders in Erscheinung treten. Das Gefühl für sich selbst nimmt zu, das Selbstbild bekommt Konturen und das Selbstbewusstsein tritt stabiler in Kraft. • fortschreitende sekundäre (mentale) intrapsychische Identifikation • Das erlebte Körperschema beginnt sich auf die realen Körperdimensionen zu reduzieren. • beginnende Symbolisierungsfähigkeit, wobei das Kind zunehmend besser zwischen einer »äußeren« und »inneren« Welt unterscheiden kann • bewusste Übernahme motorischer Funktionen • fortschreitende Denk- und Phantasietätigkeit • Die unbewussten, meist körperlichen, automatischen Reaktionen auf Stimulation (Affekte) werden sowohl vermehrt als einzelne Affektqualitäten (Gefühle) als auch vereinzelt als Affektqualitäten in Episodenkontexten (Emotionen) bewusst.	
Neuronal-mentale Regulationsmechanismen	noch primitive, aber hauptsächlich narzisstische Bewältigungsmechanismen (neuronal-mentale Regulationsmechanismen)	
Mögliche Symptombildungen	• Persönlichkeitsstörung (n. Kernberg): histrionische, narzisstische, zyklotyme, sadomasochistische, abhängige Persönlichkeitsstörung • generalisierte Angststörung; schwere Phobien • mittelgradige depressive Episode; rezidivierende depressive Störung gegenwärtig mittelgradige Episode	

13.3.1.1.3 Aufbau der notwendigen psychotherapeutischen Haltung

Für den Therapeuten ist es wichtig, im Kontakt mit diesem Patienten bei sich »auftauchende« **Entwertungsängste** und **Minderwertigkeitsgefühle** zu identifizieren, sie im Rahmen der konzertierten psychotherapeutischen Aktion als Folge früher ungünstiger Sozialisationsbedingungen, eventuell auch Traumatisierungen (Deprivationen) des Patienten zu verstehen und sie »aushalten« zu lernen. So kann das für den laufenden psychotherapeutischen Prozess notwendige »primäre Milieu« hergestellt werden (s. Arbeitsphase). Erst wenn diese Grundvoraussetzung geschaffen ist, besteht für den Psychotherapeuten eine Chance, dass er die **entlastenden Objektstützungen** so wirksam einsetzen kann, dass das Dysfunktionale, das von diesen Traumaerfahrungen ausgeht, reduziert, eventuell neutralisiert werden kann. Diese korrigierenden emotionalen und kognitiven Erfahrungen greifen zunächst ins Anpassungssystem/-konzept ein und können dann die Erweiterung des Selbstkonzeptes bewirken. Dies ermöglicht dem Patienten »aus sich selbst heraus«, also freier als bisher, zu **sprechen** und weitestgehend seinen monologen Beziehungsmodus zu verlassen. Bei dieser Gesprächspsychotherapie werden die Traumatisierungen keinesfalls »gedeutet«, sondern sie sollen dem Patienten gegenüber als programmatische Krankheitsursache »benannt« werden (wie

z. B. bei der Psychoedukation). Gleichzeitig gilt es, dem Patienten zu verstehen zu geben, dass seine vorhandenen Überlebensstrategien für ihn lebensnotwendige Ressourcen sind. Sie sollen bekräftigt, aber dort in Frage gestellt werden, wo bereits deutliche Hinweise auf ein Überforderungssyndrom bestehen. Die emotionale Kälte (**Double-bind-Kommunikation, Entwertungsängste, Minderwertigkeitsgefühle**), der der Patient in seiner Frühentwicklung ausgesetzt war, wird hier durch diese entlastenden Objektstützungen auf Gesprächsebene so weit wie möglich »neutralisiert«, ohne zu sehr verbal auf die zu Grunde liegenden ungünstigen Sozialisationsbedingungen einzugehen.

Konzertierte psychotherapeutische Aktion beim Einsatz der entlastenden Objektstützungen

Bei Patienten, die in ihrer Frühentwicklung bezüglich dieser entlastenden Objektstützung schwer depriviert wurden, liegt sehr oft ein Mangel an körpereigenen Stressbewältigungsmechanismen vor. Deshalb leiden sie unter einer sehr ausgeprägten affektiven Instabilität. Oft werden ihnen die blitzartig ins Bewusstsein tretenden **Entwertungsängste** und **Minderwertigkeitsgefühle** gar nicht bewusst. Über sofort einsetzende neuronal-mentale Regulationsmechanismen neigen sie zu massiven, frei flottierenden Ängsten (paroxismales Paniksyndrom), posttraumatischen Belastungsstörungen, ausgeprägteren somatoformen Funktionsstörungen und depressiven Störungen. Ihre labile Persönlichkeitsverfassung wird durch »großartige Überlebensstrategien« maskiert. Damit bei diesen Patienten im Laufe ihrer psychotherapeutischen Behandlung die entlastenden (elterlichen) Funktionen, die ihnen von allen Behandlern vermittelt werden, und die dazugehörigen basalen interaktiven Beziehungsrituale, die auf unterschiedlichen Therapieebenen beim Patienten eingesetzt werden, also die prothetischen entlastenden Objektstützungen, »greifen« können, ist es Voraussetzung, dass die Entwertungsängste und Minderwertigkeitsgefühle, die sich bei dieser stationären Behandlung auf die Behandler übertragen können, zunächst von den Behandlern im Rahmen einer konzertierten psychotherapeutischen Aktion immer wieder identifiziert, gemeinsam ausgehalten und vor allem verkraftet werden.

Hier ist es der dialogische Beziehungsmodus mit dem alle Therapeuten im Behandlungsteam arbeiten und den die Teammitglieder zunächst bei sich selbst und im Kontakt mit den anderen Kollegen im Team bewusst einsetzen. Ist z. B. ein Kollege von den destruktiven Orientierungen, Motiven und Motivationen eines Patienten so sehr in Beschlag genommen, dass er sich dieser auf ihn übertragenen Entwertungsängsten und Minderwertigkeitsgefühlen nicht mehr erwehren kann, möglicherweise auch deshalb, weil bei ihm im Kontakt mit dem Patienten eigene Ängste mobilisiert werden, setzen die Teamkollegen diesem Therapeuten gegenüber in diesem Fall sofort entlastende Objektstützungen ein. Durch diese konzertierte psychotherapeutische Aktion erfährt dieser Kollege eine intensive Wertschätzung als Partner durch das Behandlungsteam, vorausgesetzt diese Objektstützungen sind glaubwürdig und Ausdruck einer ständig stattfindenden dialogischen Kommunikation im Team. Gelingt es dem Kollegen, sich auf diesen »rückhaltgebenden« Gruppenprozess einzulassen und wieder zu seinem dialogischen Beziehungsmodus – sowohl gegenüber seinen Teamkollegen als auch gegenüber seinem Patienten – zurückzufinden, wird in der Supervision versucht, die Ursachen herauszuarbeiten, warum der Kollege in diesem Fall nicht mehr in der Lage war, die notwendige Nähe-Distanz-Regulation gegenüber seinem Patienten einzusetzen. Dabei stellt sich oft heraus, dass die dysfunktionalen Orientierungen, Motive und Motivationen des Patienten durch Überlebensstrategien (selbstprotektive Mechanismen) perfekt maskiert sind. Der Psychotherapeut durchschaute dieses vordergründige Verhalten (z. B. Pseudosouveränität) zunächst nicht und ging davon aus, er würde sich mit seinem Patienten in einer dialogischen Beziehung befinden, ohne dass ihm die dysfunktionalen Seiten des Patienten bewusst wurden, von denen er schon längst in Beschlag genommen wurde. Das heißt aber, dass der Psychotherapeut jetzt nicht mehr in der Lage ist, den dialogischen Beziehungsmodus, durch den er sich sonst in jeder Beziehung Unabhängigkeit verschaffen konnte, psychotherapeutisch effektiv

13.3.1 Gesprächspsychotherapie

einzusetzen. Vor allem auf der **empathischen Beziehungsebene**, die ja in diesem Fall bei dem Patienten gestört ist, kann der Psychotherapeut von der oft sehr destruktiven »Innenwelt« seines Patienten so sehr involviert werden, dass er nicht mehr zu seinem dialogischen Beziehungsmodus zurückfindet, sich die Probleme des Patienten zu eigen macht, zum »Erfüllungsgehilfen« der destruktiven Motive seines Patienten wird und die professionelle Beziehung verloren geht. Hinzu kommt, dass seine eigene »Innenwelt« dabei so durcheinander geraten kann, dass er nicht mehr in der Lage ist, seinen Beruf als Psychotherapeut lege artis auszuüben.

Um so einer Entwicklung keinen Vorschub zu leisten, ist die konzertierte psychotherapeutische Aktion notwendig. Erst wenn die Teammitglieder in einem Behandlungsteam in der Lage sind, sich immer wieder darin zu üben, den dialogischen Beziehungsmodus untereinander zu praktizieren, können die einzelnen Teammitglieder auch gegenüber dem Patienten diesen dialogischen Beziehungsmodus erfolgreich einsetzen. Hier muss der Psychotherapeut auf die psychotherapeutische Ich-Spaltung hingewiesen werden, die erlernt werden kann, und durch die es ihm möglich wird, im Laufe des dialogischen Beziehungsmodus kurzzeitig mit der empathische Beziehungsebene, hier auch mit den destruktiven Seiten des Patienten, in Kontakt zu kommen, ohne davon zu sehr involviert zu werden.

! Dabei gilt der Grundsatz, dass der kleinste gemeinsame Behandlungsnenner ein größerer Wirkfaktor ist als eine optimale psychotherapeutische Einzelleistung.

13.3.1.2 Zweite Behandlungsphase

13.3.1.2.1 Arbeitsphase I – Testphase

Nach reichlicher und erfolgreicher Introspektionsarbeit in der konzertierten psychotherapeutischen Aktion versucht sich der Gesprächspsychotherapeut bei seiner Nähe-Distanz-Regulation subjektiv auf die **bildhafte Ammensprache** mit seinem Patienten einzulassen, ohne dabei die momentane, objektive Sprachebene, auf der er sich gerade mit seinem Patienten unterhält, zu verlassen. Diese psychotherapeutische Ich-Spaltung und **Regression** ist notwendig, damit sich der Gesprächspsychotherapeut in Orientierung am dialogischen Beziehungsmodus, in diesem Fall auf das pathologische, **empathische Beziehungselement** des Patienten einstellen kann, um ihm die notwendigen entlastenden (elterlichen) Funktionen zu vermitteln.

Bei dieser **persönlichen Beziehungserfahrung** erwartet der Patient nicht mehr diese völlige sprachlose Übereinstimmung entsprechend seiner momentanen Gemütsverfassung (s. dyadische Kommunikation), der Patient fühlt sich auch in körperliche Hinsicht nicht mehr so unsicher gegenüber seiner Umwelt (s. settingspezifische Kommunikation). Er leidet aber unter einer paradoxen Gleichzeitigkeit von emotionalem »Kommunizieren-Wollen« und sehr großen Ängsten vor emotionaler Kommunikation. Die Ursachen können z. B. in einer **anaklitischen** (anlehnenden) **Veranlagung** liegen. Das heißt, aufgrund genetischer Ursachen können die Abhängigkeitsstrebungen des Patienten gegenüber seinen lebensnotwendigen emanzipativen Strebungen stärker ausgeprägt sein. Neben diesen temperamentbedingten Persönlichkeitsvariablen kann die Ursache aber auch in einer **Double-bind-Kommunikation** liegen. Hier wurde der Patient in seiner Entwicklung einer paradoxen Gleichzeitigkeit von Bejahung und Verneinung, von Zuneigung und Abneigung seiner Person gegenüber und Wertschätzung und Entwertung als Partner ausgesetzt. In vielen Fällen ist es auch das Zusammenfallen von anaklitischer Veranlagung und Double-bind-Kommunikation. Bei diesem pathologischen, empathischen Beziehungselement kann es vermehrt zu einer **emotionalen Misshandlung** bis zur **Rollenumkehr** (Parentifizierung der Kinder durch ihre emotional instabilen Eltern) kommen. Patienten, deren empathisches Beziehungselement in dieser beschriebenen Weise krankhaft verändert ist, erleben sich aufgrund ihrer hohen Kommunikationsstörung in einer Beziehung sehr schnell als unzumutbar oder sie provozieren so lange, bis ihr Gegenüber ihnen »ihre Unzumutbarkeit« bestätigt. Da sich diese Patienten aufgrund ihrer negativen Beziehungserfahrungen lieber selbst beruhigen und

Entlastende Objektstützung

kaum dazu in der Lage sind, sich emotional effektiv mit ihren Mitmenschen auszutauschen, haben sie oft viele Möglichkeiten entwickelt, wie sie sich emotional abreagieren können (z. B. Sport, extremer körperlicher Einsatz usw.). Es ist die Angst vor erneuter emotionaler Traumatisierung, weshalb sich diese Patienten zunächst kaum oder nur bedingt emotional auf ihre Behandler einlassen können.

Es ist möglich, dass der Patient in der Lage ist, aus seinen **Entwertungsängsten** und **Minderwertigkeitsgefühlen** »großartige« Überlebensstrategien (selbstprotektive Mechanismen) zu generieren und dadurch mit der Zeit ein schweres Überforderungssyndrom entwickelt. Er kann aber auch über seine neuronal-mentalen Regulationsmechanismen sehr schnell mit massiven Ängsten (Paniksyndrom), teils begleitet von somatoformen Störungen reagieren. In jedem Fall sind eine hohe Flexibilität des Psychotherapeuten und der Einsatz der entlastenden Objektstützungen gefordert.

13.3.1.2.2 Arbeitsphase II – Symptomreduktion

Beim Einsatz der **bildhaften Ammensprache** setzt der Gesprächspsychotherapeut sehr viele Metaphern ein, um dem Patienten etwas verständlich zu machen, so z. B. die Ursachen seiner Erkrankung. Auch der Humor spielt bei dieser bildhaften Ammensprache eine große Rolle. Oft sind es paradoxe Bilder, durch die dem Patienten plötzlich seine ihm bis dahin unbewussten Beeinträchtigungen blitzartig bewusst werden können. Die Behandler sollten sehr darauf achten, dass sie mit dem Patienten keine Double-bind-Kommunikation eingehen (»Ja, aber ... nicht.«) oder dass sie die Double-bind-Kommunikation des Patienten rechtzeitig erkennen und ihn auffordern, eindeutige Botschaften zu geben. Obwohl sich der Patient mit dem emotionalen Austausch enorm schwer tut und sich sehr schnell als unzumutbar erlebt, möchte er doch, dass ihn sein Psychotherapeut »aushalten« kann und dass durch ihn endlich die erhoffte emotionale Entlastung oder der lange Zeit erwartete emotionale Austausch stattfindet. Sollte der Patient hier schweigen, macht es wenig Sinn, wenn der Gesprächspsychotherapeut mit einem »beredtem Schweigen« reagiert; das gleiche gilt, wenn der Psychotherapeut von seinem Patienten mit Worten überschwemmt wird. Vor allem kann ein effektiver intersubjektiver Kontakt am ehesten dadurch zustande kommen, dass sich der Gesprächspsychotherapeut auf das Kommunikationselement Empathie besinnt. Da bei dieser Kleinkindsprache (bildliche Ammensprache) der Gesprächspsychotherapeut sehr schnell mit der »Innenwelt« seines Patienten in Berührung kommen kann und auf dieser Subjektstufe erfahrungsgemäß sehr betroffen reagiert, wird er versuchen, in der konzertierten psychotherapeutischen Aktion seine »Betroffenheit« (konkordante und komplementäre Gegenübertragung nach Racker) durchzuarbeiten. Erst wenn es ihm möglich wird, seinem Patienten die notwendigen entlastenden Objektstützungen nicht nur zu vermitteln, sondern ihm dabei auch ein sozialresonantes Anpassungsverhalten abzuverlangen, wird für den Patienten die **Daseinsberechtigung als Partner**, die ihm sein Gesprächspsychotherapeut gibt, zunehmend spürbarer und bewusst. Dabei orientiert sich der Gesprächspsychotherapeut an folgenden Leitfragen: »Wer bist Du?«, »Was kannst Du?«, »Wie geht es Dir?«. Dabei ist die Reihenfolge wichtig, weil der Patient dadurch zunächst auf sich selbst (ohne seine Beschwerden) gelenkt wird und dann seine Aufmerksamkeit auf das gerichtet wird, was er im Moment trotz seiner Beschwernisse in der Lage ist zu »können«. So kann er z. B. atmen, mit seinen fünf Sinnen spüren, empfinden und wahrnehmen, er kann gehen, reden, essen usw. Erst zuletzt, im Bewusstsein seines »Könnens«, soll der Patient über seine Beschwerden berichten, die er jetzt meist weniger »unerträglich« für sich selbst und seinen Gesprächspsychotherapeuten empfindet. Kann sich der Patient, der z. B. unter einer Panikstörung, einer posttraumatischen Belastungsstörung oder einer schweren Anpassungsstörung leidet, auf diese eindeutige, affirmative Haltung seines Gesprächspsychotherapeuten und auf dessen psychodialogische Objektstützungen einlassen, besteht eine große Chance, dass jetzt über viele zirkuläre Regulationsmechanismen zwischen Patient und Gesprächspsychotherapeut ein sich selbst verstärkender Prozess in

13.3.1 Gesprächspsychotherapie

Gang gesetzt wird, bei dem die destruktiven Imagines im Anpassungssystem/-konzept des Patienten konstruktiv reorganisiert werden können. Wesentlich ist, dass der Gesprächspsychotherapeut hier durch seine Präsenz, sein emotionales Sich-zur-Verfügung-Stellen und seine offenkundige Bereitschaft zur emotionalen Kommunikation seinem Patienten **Lebensbejahung** und **Daseinsberechtigung** vermittelt. Es ist der Gegenentwurf, der Respons, den der Gesprächspsychotherapeut mit Hilfe der konzertierten psychotherapeutischen Aktion in sich selbst gegenüber den dysfunktionalen Orientierungen, Motiven und Motivationen des Patienten herstellt. Dabei ist es oberstes Gebot, dass der Psychotherapeut im Schutz der **Supervision** und **Intervision** immer wieder darauf achtet, ob und inwieweit er in eine Verstrickung von Täter- und Opferrollen im »Szenarium des wiederholten Entwicklungstraumas« geraten ist und von den dysfunktionalen Orientierungen, Motiven und Motivationen des Patienten »funktionalisiert« und/oder »instrumentalisiert« wird.

Mit Hilfe der Strukturplanarbeit, die einen immer größeren Stellenwert in der Psychotherapie einnimmt, werden die »krankhaften Gewohnheiten« des Patienten, die er lange Zeit praktizierte und die ihm in gewisser Weise aber auch Sicherheit gaben, mehr und mehr in Frage gestellt und sollten letztlich auch weitestgehend außer Kraft gesetzt werden. Da sich der Patient dabei einerseits seines jeweils erlernten und eingeübten sozialresonanten Verhaltens noch keineswegs sicher ist, andererseits auf sein »ihn krank machendes Verhalten« nicht mehr zurückgreifen soll, gerät er im Laufe der Behandlung immer wieder in heftige **affektive Krisen**. Diese durch die Behandlung induzierte psychische Vulnerabilität und emotionale Instabilität erfordern von allen Behandlern eine hohe Aufmerksamkeit, damit sich der Patient langsam auf den angebotenen dialogischen Beziehungsmodus einlassen kann. Da gerade ein Patient, der unter Entwertungsängsten und Minderwertigkeitsgefühlen leidet, es besonders schwer hat, sich auf die ihm angebotene emotionale Kommunikation einzulassen, ist die hohe Bereitschaft der Behandler, sich dem Patienten immer wieder effektiv emotional zur Verfügung zu stellen, für den weiteren Behandlungsablauf ausschlaggebend.

Die Behandler sind gefordert, eine große Achtsamkeit einzusetzen, um in Orientierung an den dialogischen Beziehungsmodus immer wieder gegensteuern zu können, wenn der Patient trotz großen Kontaktbemühens zwangsläufig affektiv so unter Druck gerät, dass er sich auf unterschiedliche Weise abreagiert. Schritt für Schritt versuchen die Behandler, den Patienten, der sich sowohl seelisch als auch körperlich weitestgehend unabhängig von ihnen fühlt, auf seine Eigenverantwortung als Patient hinzuführen. Dabei soll er als Patient eine **Partner-Rolle einnehmen**, in der ihm aufgrund seiner Mitarbeit so viel Wertschätzung zuteil wird, dass sich sein Minderwertigkeitserleben zu reduzieren beginnt. Kann sich der Patient auf diese Veränderung einlassen, wird es ihm möglich, dass er durch Einsatz der notwendigen Objektstützungen auf allen Therapieebenen in dieser schwierigen Therapiephase zumindest teilweise für ein Leben in Unabhängigkeit begeistert werden kann, vorausgesetzt er ist persönlich, also in seiner geistigen Entwicklung, bereits dazu imstande. Diese Entwicklung des Patienten gilt es zu fördern, damit er lernt, sich sprachlich nicht nur informell, sondern auch mehr und mehr emotional auszutauschen. Damit der Patient dies lernen und dann auch leisten kann, muss er sich von seinen Behandlern verstanden fühlen. Erst über ein langsames **gegenseitiges Verstehen** kann dann die notwendige **Vertrauensbasis** wachsen, auf der »freiwillig« Gemeinsamkeit erlebt und gegebenenfalls wie z. B. mit der **emotionalen Kommunikation** in die Tat umgesetzt werden kann.

13.3.1.2.3 Rückgriff auf Therapiemaßnahmen aus den anderen Therapieebenen

Der Gesprächspsychotherapeut kann sich an der psychodialogischen, psychomotorischen, psychointentionalen und psychosozialen Entwicklungsleitlinie orientieren und sich konkrete Hilfe holen. So kann der Therapeut z. B.
- auf den gesunden Bewegungsdrang seines Patienten eingehen,

- im Sinne eines **Huggings** den Patienten berühren, um ihm z. B. durch eine Umarmung auf körperlicher Ebene die emotionale Kommunikation anzubieten,
- den gesunden Tatendrang seines Patienten wecken und durch eine bestätigende Reaktion den Unternehmungsgeist seines Patienten in Gang setzen, damit dieser unter seiner Anleitung z. B. endlich eine Belastungserprobung zu Hause durchführt,
- auf den gesunden Geltungsdrang seines Patienten eingehen und ihm die Regression auf die **Kleinkind-Rolle** gestatten, damit er damit konfrontiert wird, wie er als Patient bei seinen Behandlern an Wert gewinnt, wenn er von sich aus regelmäßig an den Behandlungsmaßnahmen teilnimmt und sich an die Absprachen mit ihnen hält.

13.3.1.3 Dritte Behandlungsphase

13.3.1.3.1 Arbeitsphase III – Trennungsphase

Der Einsatz aller Objektstützungen (hier der entlastenden Objektstützung) ist im Laufe der gesamten Behandlung immer einhergegangen mit unterschiedlichem sozialresonantem Verhalten, das die Behandler ihrem Patienten abverlangten. Selbstverständlich wurde dabei immer das emotionale Entwicklungsniveau des Patienten berücksichtigt. Diesem Patienten wurde es aber nach anfänglichen Schwierigkeiten letztlich doch möglich, regelmäßig und auch mit Erfolg an den bewegungs- und entspannungstherapeutischen Verfahren teilzunehmen. Jetzt in der Trennungsphase wird mit ihm darauf hingearbeitet, dass er eines dieser Verfahren zu Hause fortsetzt, wobei sich die objektgestützte Bewegungstherapie hier am besten anbietet. Auch das Kreativitätstraining ist ein Verfahren das er, evtl. durch Unterstützung von Kursen der Volkshochschule, am Heimatort fortsetzen kann. Diese Maßnahmen sollen dem Patienten helfen, auch nach seiner Entlassung vor allem das Aktualitätstraining und die Strukturplanarbeit weiter erfolgreich einzusetzen. Sinnvoll ist in jedem Fall diesbezüglich den Hausarzt des Patienten zu informieren, damit dieser die notwendige Motivationsarbeit mit dem Patienten fortsetzen kann. Erfahrungsgemäß ist dieser Aufwand notwendig, damit sich der Patient mit den reiferen Verarbeitungsmechanismen, die er während der stationären Behandlung in seinem Anpassungssystem verinnerlichen konnte, auch zu Hause identifiziert und dadurch auch weiterhin auf stabile steuernde Funktionen aus seinem Selbstsystem zurückgreifen kann. Dieses oben erwähnte sozialresonante Verhalten musste mit den Behandler während der stationären Behandlung sehr intensiv erarbeitet werden. Durch das Ineinandergreifen der **entlastenden Objektstützungen** (dem Patienten wurde hier vermittelt, dass er als Partner einen Wert hat) mit dem jeweils abverlangten sozialresonanten Verhalten konnte der Patient diese selbstwertstabilisierende Erfahrung auch mehr und mehr im Klinikalltag in die Tat umsetzen. Dieses für den Patienten oft nicht ganz einfache Probehandeln ging einher mit den für den Patienten korrigierenden entlastenden Beziehungserfahrungen seines Gesprächspsychotherapeuten. Dadurch entstand zwischen Patient und Gesprächspsychotherapeut die notwendige Selbstwerthomöostase, und der Patient erlebte sich jetzt auch ohne Anwesenheit seines Gesprächspsychotherapeuten in seinem Selbstwert einigermaßen gefestigt. Der Patient konnte sich jetzt immer besser auf die Hilfs-Ich-Funktion seines Gesprächspsychotherapeuten, aber auch seiner übrigen Behandler, einlassen und baute auf diesem Weg reifere Verarbeitungsmechanismen auf. In der jetzigen dritten Arbeitsphase, bei der ja vor allem die Trennung der doch sehr intensiven zwischenmenschlichen Bindungen, die zwischen Patient und seinen Behandlern entstanden sind, im Vordergrund steht, werden identifikatorische Prozesse in Gang gesetzt. Dadurch kann dieser Patient etwas leisten, was er zuvor in dieser Selbstverständlichkeit und Reproduzierbarkeit noch nicht konnte. Dieser Zugewinn an Selbstsicherheit versetzt den Patienten in die Lage, die bisher für ihn notwendigen psychotherapeutischen Hilfs-Ich-Funktionen noch weiter zu verlassen und einzutauschen gegen den an seine Behandler gebundenen »sicheren inneren Ort« in seiner Persönlichkeitsstruktur. Das Behandlungsergebnis ist ein schrittweiser Zugewinn an Autonomie.

13.3.1.3.2 Entlassung und Weiterbehandlung

Nach Entlassung aus der stationären Behandlung soll der Patient die Strukturplanarbeit und das Aktualitätstraining fortsetzen. Im letzten Drittel der Behandlung wurden bereits die Strukturplanarbeit und das Aktualitätstraining unter Einbeziehung der realen Bedingungen im Heimatmilieu eingeübt.

Da jeder Patient im Laufe dieser Objektgestützten Psychodynamischen Psychotherapie mehr oder weniger mit seinen dysfunktionalen Orientierungen, Motiven und Motivationen bewusst in Kontakt kommt, entwickelt sich bei manchen dieser Patienten ein echtes Bedürfnis nach Ursachenklärung, was ihre Erkrankung anbetrifft. Konnte sich der Patient im Laufe der Behandlung auf seine mentalen Regulationsmechanismen einlassen und fand dadurch eine erkennbare Verbesserung seiner Selbstsicherheit statt, kann in der dritten Arbeitsphase auch, allerdings vorsichtig, auf entwicklungsgeschichtlich relevante Ereignisse eingegangen werden, die im Kontext mit seiner Erkrankung stehen. Zeigt sich jetzt im Laufe seiner Behandlung, dass der Patient bei auftretenden Übertragungsreaktionen sehr gut in der Lage ist, seinen ihn traumatisierenden Entwicklungskonflikt und die aktuelle psychotherapeutische Situation auseinander zu halten, sollte er für eine entsprechende psychodynamische Behandlung nach Entlassung motiviert werden. In so einem Fall entscheidet dann der ambulante Psychotherapeut, wie weit eine fraktionierte Behandlung bei diesem Patienten medizinisch einen Sinn macht.

Siehe 13.1.1.3.2.

13.3.2 Körperpsychotherapie

13.3.2.1 Erste Behandlungsphase

13.3.2.1.1 Einsatz des dialogischen Beziehungsmodus von Anfang an

Siehe 13.1.1.1.1 und Kapitel 8.1.4, S. 166.

13.3.2.1.2 Diagnostische Einschätzung

Siehe 13.3.1.1.2.

13.3.2.1.3 Aufbau der notwendigen psychotherapeutischen Haltung

Für den Körperpsychotherapeuten ist es wichtig, im Kontakt mit diesem Patienten bei sich »auftauchende« Entwertungsängste und Minderwertigkeitsgefühle zu identifizieren und sie im Rahmen der konzertierten psychotherapeutischen Aktion als Folge früher ungünstiger Sozialisationsbedingungen, evtl. auch Traumatisierungen (Deprivationen) des Patienten zu verstehen und sie »aushalten« zu lernen. So kann das für den laufenden psychotherapeutischen Prozess notwendige »primäre Milieu« hergestellt werden. Erst wenn diese Grundvoraussetzung geschaffen ist, besteht für den Körperpsychotherapeuten eine Chance, dass er die **entlastenden Objektstützungen** auf Körperebene so wirksam einsetzen kann, dass das Dysfunktionale, das von diesen Traumaerfahrungen ausgeht, reduziert, evtl. neutralisiert werden kann. Diese korrigierenden emotionalen und kognitiven Erfahrungen greifen zunächst in das Anpassungssystem/Anpassungskonzept ein und können dann die Erweiterung des Selbstkonzeptes bewirken. Dies ermöglicht dem Patienten »aus sich selbst heraus«, also freier als bisher, sich zu **bewegen** und weitestgehend seine stereotypen Bewegungsabläufe zu verlassen. Bei dieser Körperpsychotherapie werden die Traumatisierungen keinesfalls »gedeutet«, sondern sie sollen dem Patienten gegenüber als programmatische Krankheitsursache »benannt« werden (wie z. B. bei der Psychoedukation). Gleichzeitig gilt es dem Patienten zu verstehen zu geben, dass seine vorhandenen Überlebensstrategien für ihn lebensnotwendige Ressourcen sind. Sie sollten bekräftigt, aber dort in Frage gestellt werden, wo bereits deutliche Hinweise auf ein Überforderungssyndrom bestehen. Die emotionale Kälte (Double-bind-Kommunikation, Entwertungsängste, Minderwertigkeitsgefühle), der der Patient in seiner Frühentwicklung ausgesetzt war, wird hier durch diese entlastenden Objektstützungen auf Körperebene so weit wie möglich »neutralisiert«, ohne zu sehr verbal auf die zu Grunde liegenden ungünstigen Sozialisationsbedingungen einzugehen.

13.3.2.2 Zweite Behandlungsphase

13.3.2.2.1 Arbeitsphase I – Testphase

Nach reichlicher und erfolgreicher Introspektionsarbeit in der konzertierten therapeutischen Aktion versucht sich der Körperpsychotherapeut bei seiner Nähe-Distanz-Regulation auf die Beziehungsrituale des **Huggings** einzulassen (psychotherapeutische Regression). Der Körperpsychotherapeut orientiert sich bei der Arbeit mit seinem Patienten an der psychomotorischen Entwicklungsleitlinie und versucht über unterschiedliche, gezielte **entlastende Körperberührungen** (basale interaktive Beziehungsrituale) seinem Patienten primäre entlastende (elterliche) Funktionen zu vermitteln.

Siehe 13.3.1.2.1.

13.3.2.2.2 Arbeitsphase II – Symptomreduktion

Die korrigierenden kognitiven und emotionalen Erfahrungen greifen zunächst in das Anpassungssystem/-konzept ein und können dann die Erweiterung des Selbstkonzeptes bewirken. Dies ermöglicht dem Patienten, sich mehr »aus sich selbst heraus«, also freier als bisher, zu **bewegen** und langsam seine pseudosouveränen oder seine ausgesprochen unsicheren Körperbewegungen aufzugeben. Hier werden die Traumatisierungen keinesfalls »gedeutet«, sondern sie sollen dem Patienten gegenüber als programmatische Krankheitsursache »benannt« werden (wie z. B. bei der Psychoedukation). Gleichzeitig hilft es dem Patienten zu verstehen zu geben, dass seine vorhandenen Überlebensstrategien (Bewältigungsmechanismen) für ihn lebensnotwendige Ressourcen sind. Sie sollen bekräftigt, aber dort in Frage gestellt werden, wo bereits deutliche Hinweise auf ein Überforderungssyndrom bestehen. Die widersprüchlichen emotionalen Kontakterfahrungen (z. B. durch Double-bind-Kommunikation) und die daraus resultierenden Entwertungsängste und Minderwertigkeitsgefühle, denen der Patient in seiner Frühentwicklung ausgesetzt war, sollen im Zuge der entlastenden Objektstützungen auf Körperebene so weit wie möglich »neutralisiert« werden, ohne jedoch diese ungünstigen Sozialisationsbedingungen thematisch zu vertiefen.

Beim Einsatz des **Huggings** wird der Patient so berührt, dass dieser sofort erkennen kann, dass sich der Körperpsychotherapeut ihm emotional zur Verfügung stellt. So steht z. B. der Körperpsychotherapeut etwas seitlich zum Patienten und fordert diesen auf, indem er den Unterarm des Patienten in beide Hände nimmt, alle Anspannung in diesem Arm aufzugeben, ihn völlig zu entspannen, so als würde er kraftlos herunterfallen. Das ganze Gewicht dieses Patientenarmes, seine ganze Schwere, übernimmt jetzt der Körperpsychotherapeut. Obwohl diese Prozedur für die meisten Patienten sehr schwer ist, weil sie automatisch immer wieder anspannen, kann der Körperpsychotherapeut langsame, sanfte Bewegungen mit diesem Patientenarm, den er nach wie vor in beiden Händen hält, durchführen. Dabei fordert der Körperpsychotherapeut seinen Patienten immer wieder sehr behutsam auf, den Arm »loszulassen« und darauf zu vertrauen, dass sein Körperpsychotherapeut in der Lage ist, die ganze Schwere seines Armes auszuhalten. Es kann jetzt sein, dass dem Patienten durch seine immer wieder einsetzenden und »leibhaftig« erlebten muskulären Anspannungsmechanismen, die er überhaupt nicht beeinflussen kann, bewusst wird, dass er nicht nur hier bei dieser Körperpsychotherapie, sondern überhaupt unfähig ist, sich einem Menschen hinzugeben und sich so auf ihn einzulassen, dass sich bei ihm wirklich »Trost« und Beruhigung einstellt. Die bei diesen körperpsychotherapeutischen Behandlungen einsetzenden kathartischen Reaktio-

13.3.2 Körperpsychotherapie

nen des Patienten sollen dann in der Gesprächspsychotherapie durchgearbeitet werden. Eine weitere Berührung im Sinne des Huggings, bei dem sich der Körperpsychotherapeut dem Patienten emotional zur Verfügung stellt, ist das **Umarmen** mit all seinen Variationen. Hier gilt es für den Körperpsychotherapeuten sehr darauf zu achten, »wer sich wem emotional zur Verfügung stellt«. Da sich viele Patienten mit einer ausgeprägten Kommunikationsstörung unbewusst sehr schnell einem anderen Menschen gegenüber zur Verfügung stellen und deshalb emotional auch oft sehr unter Druck geraten können, reagieren sie sehr schnell mit großer Irritation, wenn sich der Körperpsychotherapeut mit ihnen emotional austauschen will und sich mit ihnen auf keine einseitige emotionale Kommunikation einlässt. Wesentlich ist, dass sich der Körperpsychotherapeut hier durch seine professionelle Präsenz sowohl auf die Regressionsbereitschaft des Patienten einlassen, als auch bei sich selbst bleiben kann, ohne von den **Entwertungsängsten** und **Minderwertigkeitsgefühlen** des Patienten überschwemmt zu werden. Dem Körperpsychotherapeut soll es gelingen, gegenüber diesen Entwertungsängsten und Minderwertigkeitsgefühlen weder in Reaktionsbildungen (z. B. überwertige Toleranz, unverhältnismäßig hohe Wertschätzung, sich ständig zur Verfügung stellen usw.) oder Gleichgültigkeit zu verfallen, noch soll er dem krankhaften Begehren des Patienten entsprechen, wenn sich dieser ihm gegenüber »suchtartig« emotional zur Verfügung stellt.

Kann sich der Patient, der z. B. unter einer ausgeprägten Panikstörung, gegebenenfalls unter somatoformen Störungen oder Depressionen leidet, auf diese affirmative Haltung seines Körperpsychotherapeuten und dessen psychomotorische Objektstützung einlassen, besteht eine große Chance, dass jetzt über viele **zirkuläre Resonanzmechanismen** zwischen Patient und Körperpsychotherapeut ein sich selbst verstärkender Prozess in Gang gesetzt wird, bei dem die dysfunktionalen Imagines im Anpassungssystem/-konzept des Patienten konstruktiv reorganisiert werden können. Wesentlich ist, dass der Körperpsychotherapeut hier durch seine Präsenz seinem Patienten **Lebensbejahung** und **Daseinsberechtigung** vermittelt. Es ist der Gegenentwurf, der Respons, den der Körperpsychotherapeut mit Hilfe der konzertierten psychotherapeutischen Aktion in sich selbst gegenüber den dysfunktionalen Orientierungen, Motiven und Motivationen des Patienten herstellt. Dabei ist es oberstes Gebot, dass der Psychotherapeut durch die **Supervision** und **Intervision** immer wieder darauf achtet, ob und inwieweit er in eine Verstrickung von Täter- und Opferrollen im »Szenarium des wiederholten Entwicklungstraumas« geraten ist und dabei bereits »funktionalisiert« und/oder »instrumentalisiert« wird.

Man kann davon ausgehen, dass durch den Einsatz der körperpsychotherapeutischen Maßnahmen nicht nur die psychomotorische Entwicklung des Menschen vorangetrieben wird, sondern dass sich die Körperpsychotherapie auch auf andere Persönlichkeitsbereiche wachstumsanstoßend auswirkt.

13.3.2.2.3 Rückgriff auf Therapiemaßnahmen aus den anderen Therapieebenen

Der Körperpsychotherapeut kann sich an der psychodialogischen, psychomotorischen, psychointentionalen und psychosozialen Entwicklungsleitlinie orientieren und sich konkrete Hilfe holen. So kann der Körperpsychotherapeut z. B. auf das gesunde Mitteilungsbedürfnis seines Patienten eingehen, sich dabei auf die **bildhafte Ammensprache** mit ihm einlassen und versuchen, den Patienten in seiner Freude am Sprechen zu unterstützen.

Da dieser Patient in seiner Frühentwicklung sehr oft einer Double-bind-Kommunikation ausgesetzt war, dürfen die Unterstützungen, die der Körperpsychotherapeut hier seinen Patienten gibt, keine Zweideutigkeiten enthalten.

13.3.2.3 Dritte Behandlungsphase

13.3.2.3.1 Arbeitsphase III – Trennungsphase

Durch den Einsatz der **entlastenden Objektstützungen** auf Körperebene konnte der Patient nach anfänglich sehr großen Schwierigkeiten Zugang finden zur **emotionalen Kommunikation**. Da dieser Patient anfänglich überhaupt nichts gegen die ihm angebotene Körperpsychotherapie einzuwenden hatte, sich aber unbewusst massiv gegen einen emotionalen Austausch sperrte, war es zunächst sehr schwierig, dies dem Patienten bewusst zu machen. Oft bekam dieser Patient erst recht Angst, die sich bis zur Panik steigern konnte. Es gelang ihm aber nicht, über die Milieutherapie, also z. B. über die Krisenintervention, sich emotional zu entspannen. Sehr oft litten diese Patienten unter der frühkindlichen traumatisierenden Erfahrung einer Rollenumkehr und konnten sich deshalb auf die in der Körperpsychotherapie angebotene emotionale Spannungsreduktion nur Schritt für Schritt einlassen. Dabei sind heftige affektive, katharische Entladungen keine Seltenheit. Mit Hilfe seines Körperpsychotherapeuten wird sich jetzt der Patient immer öfters auf die ihm angebotene emotionale Spannungsreduktion einlassen können. Dabei geht es ihm nur anfänglich um die stattfindende Beruhigung. Immer mehr will er jetzt mit seinem Körperpsychotherapeuten in einen emotionalen Austausch treten, da hier echte Lebensfreude aufkommt.

Wichtig ist jetzt in dieser dritten Arbeitsphase, dass sich Patient und Körperpsychotherapeut im Zuge einer sehr gut und ausführlich miteinander besprochenen Trauerarbeit trennen können. Neben den unbewusst stattfindenden neuronalen Prozessen sind es hier auch mentale Prozesse, die zur Erweiterung des Selbstsystems/Selbstkonzeptes durch diese physiologische Trauerarbeit beitragen. Nur so gelingt es jetzt diesem Patienten auch mit Hilfe der inzwischen erlernten und eingeübten Maßnahmen aus der Milieutherapie (Krisenintervention, objektgestützte Intervention, Krisenprävention), dass die Auflösung dieser psychotherapeutischen Bindung zumindest auch in einen effektiven Identifikationsprozess mündet.

Siehe 13.3.1.3.1 und 13.2.1.3.1.

13.3.2.3.2 Entlassung und Weiterbehandlung

Siehe 13.3.1.3.2.

13.3.3 Gestaltungspsychotherapie

13.3.3.1 Erste Behandlungsphase

13.3.3.1.1 Einsatz des dialogischen Beziehungsmodus von Anfang an

Siehe 13.1.1.1.1 und Kapitel 8.1.4, S. 166.

13.3.3.1.2 Diagnostische Einschätzung

Siehe 13.3.1.1.2.

13.3.3.1.3 Aufbau der notwendigen psychotherapeutischen Haltung

Für den Therapeuten ist es wichtig, im Kontakt mit diesem Patienten bei sich »auftauchende« **Entwertungsängste** und **Minderwertigkeitsgefühle** zu identifizieren, sie im Rahmen der konzertierten psychotherapeutischen Aktion als Folge ungünstiger Sozialisationsbedingungen, eventuell auch früherer Traumatisierungen (Deprivationen) des Patienten zu verstehen und sie »aushalten« zu lernen. So kann das für den laufenden psychotherapeutischen Prozess notwendige »primäre Milieu« hergestellt werden. Erst wenn diese Grundvoraussetzung geschaffen ist, besteht für den Therapeuten eine Chance, dass er die entlastenden Objektstützungen auf Handlungs-/Gestaltungsebene so wirksam einsetzen kann, dass das Dysfunktionale, das von diesen Traumaerfahrungen ausgeht, reduziert, eventuell neutralisiert werden kann. Diese korrigierenden emotionalen und kognitiven Erfahrungen greifen zunächst in das Anpassungssystem/-konzept ein und können dann die Er-weiterung des Selbstkonzeptes bewirken. Dies ermöglicht dem Patienten »aus sich selbst heraus«, also »freier« als bisher, zu **wollen**, zu **handeln** und zu **gestalten** – trotz der mangelhaften Lernerfahrungen auf diesem Gebiet. Gleichzeitig können sich seine Handlungs- und Ausdruckshemmungen weiter reduzieren. Bei dieser Gestaltungspsychotherapie werden die Traumatisierungen keinesfalls »gedeutet«, sondern sie sollen dem Patienten gegenüber als programmatische Krankheitsursache

13.3.3 Gestaltungspsychotherapie

»benannt« werden (wie z. B. bei der Psychoedukation). Gleichzeitig gilt es, dem Patienten zu verstehen zu geben, dass seine vorhandenen Überlebensstrategien für ihn lebensnotwendige Ressourcen sind. Sie sollen bekräftigt, aber dort in Frage gestellt werden, wo bereits deutliche Hinweise auf ein Überforderungssyndrom bestehen. Die emotionale Kälte (**Entwertungsängste, Minderwertigkeitsgefühle**), der der Patient in seiner Frühentwicklung ausgesetzt war, wird durch diese entlastenden Objektstützungen auf Handlungs-/Gestaltungsebene so weit wie möglich »neutralisiert«, ohne zu sehr thematisch auf die zu Grunde liegenden ungünstigen Sozialisationsbedingungen einzugehen.

13.3.3.2 Zweite Behandlungsphase

13.3.3.2.1 Arbeitsphase I – Testphase

Nach reichlicher und erfolgreicher Introspektionsarbeit in der konzertierten psychotherapeutischen Aktion versucht sich der Gestaltungspsychotherapeut bei seiner Nähe-Distanz-Regulation auf das **kommunikative Gestalten** mit seinem Patienten einzulassen (psychotherapeutische Regression). Der Gestaltungspsychotherapeut orientiert sich bei der Arbeit mit seinem Patienten an der psychointentionalen Entwicklungsleitlinie und versucht über unterschiedliche **Reaktionen** den Patienten zum Mitmachen aufzufordern (basale interaktive Beziehungsrituale) und dadurch seinem Patienten primäre entlastende (elterliche) Funktionen zu vermitteln.

13.3.3.2.2 Arbeitsphase II – Symptomreduktion

Der Einsatz des **kommunikativen Gestaltens** findet im Schutz eines definierten Behandlungssettings statt, mit der Zielvorstellung, den Patienten fürs **Mitmachen** in unterschiedlichen gestaltungstherapeutischen Prozessen zu begeistern. Wurde der Patient in der (gestaltungspsychotherapeutischen) Behandlung bezüglich seiner gestörten körperlichen Beziehungserfahrungen und seines gestörten Identitätsempfindens hauptsächlich in seiner Neugierde angestachelt, um sich trotz massiver Selbstunsicherheit wieder seiner Umwelt und seinen Mitmenschen zuzuwenden, sind jetzt die **kommunikativen Defizite** Behandlungsgegenstand.

Dem Patienten soll es jetzt in der Behandlung möglich werden, zunächst Zugang zu seinem »einseitigen« monologen Beziehungsmodus zu finden. In einem weiteren Schritt kann er dann feststellen, dass er sich anderen gegenüber unbewusst, fast »automatisch«, emotional zur Verfügung stellt. Im weiteren Behandlungsverlauf sollte der Patient auf allen Therapieebenen mehr und mehr nachvollziehen können, dass er durch seinen monologen Beziehungsmodus so unter Druck gerät, dass eine Krankheitsentwicklung in Gang gesetzt wird, durch die er sich, ohne dass ihm dies bewusst wird, entweder impulsiv, depressiv, zwanghaft oder konversionstypisch auf unterschiedliche Weise abreagiert. Bei dieser Gestaltungspsychotherapie soll der Patient auf die **emotionale Kommunikation** hingeführt werden und dabei lernen, dass gegenseitiges Mitteilen mehr ist als nur ein Informationsaustausch.

Dabei setzen sich zwei Patienten gegenüber, zwischen ihnen befindet sich ein großes Blatt Papier. Jeder beginnt von seiner Seite entsprechend dem Thema, das der Gestaltungspsychotherapeut vorgegeben hat, zu zeichnen oder zu malen. Da beide Patienten bei der Erstellung ihres Bildes an Berührungsgrenzen geraten, ist es notwendig, zunächst miteinander über die Grenzziehungen, die der Patient sich vorstellt, zu reden. Durch diese Gestaltungstechnik kommen die beiden Patienten zwangsläufig miteinander ins Gespräch und versuchen sich verbal, aber im Weiteren vor allem emotional, auszutauschen. Jeder der beiden Patienten will dem anderen mitteilen, warum er dies oder jenes so machen möchte, wie er es sich vorstellt. Viele Begegnungsebenen zwischen den beiden Patienten sind jetzt möglich. So können beide Patienten die völlige Unabhängigkeit voneinander erleben (keiner kommt dem anderen zu nahe). Über eine behutsame Annäherung können beide Patienten durch das Betrachten ihrer Bilder aber auch feststellen, dass sie trotz völliger Unterschiedlichkeit auch Gemeinsamkeiten im jeweiligen Bild des anderen entdecken. Vorrangig geht es also bei der entlastenden Objektstützung auf der Gestaltungsebene darum, dass der Patient ge-

Entlastende Objektstützung

fühlsmäßig und emotional einen Zugang zu seiner, aber auch zur **personalen Unabhängigkeit** des anderen bekommt und dabei gleichzeitig erlebt, dass man sich bei diesem emotionalen Austausch nicht gegenseitig unter Druck setzen muss, sondern sich gegenseitig beruhigen kann. Dabei findet eine Loslösung statt, durch die jede Person zunächst auf sich selbst gestellt ist und auch nur Verantwortung für sich selbst übernehmen kann. Erst später, wenn der Patient dazu in der Lage ist, kann er auch Verantwortung für andere übernehmen. Dies soll aber in seiner freien Entscheidung liegen.

Durch das Hinführen des Patienten zu dieser emotionalen Kommunikation bekommt der Patient Zugang zu einem neuen, unabhängigen Beziehungserleben. Der Gestaltungspsychotherapeut bringt hier seine Bejahung gegenüber der emotionalen Kommunikation des Patienten zum Ausdruck. Kann sich der Patient bei seinem Gestaltungsprozess auf die entlastende Objektstützung auf Gestaltungsebene einlassen, besteht jetzt eine große Chance, dass über viele **zirkuläre Resonanzmechanismen** zwischen Patient und Gestaltungspsychotherapeut ein sich selbst verstärkender Prozess in Gang gesetzt wird, bei dem die destruktiven Imagines im Anpassungssystem/-konzept des Patienten konstruktiv reorganisiert werden können.

Wesentlich ist, dass der Gestaltungspsychotherapeut hier durch seine Präsenz und durch sein selbstverständliches Miteinbeziehen in den gemeinsamen Gestaltungsprozess seinem Patienten gegenüber die **Daseinsberechtigung als Partner** vermittelt. Es ist der Gegenentwurf, der Respons, den der Gestaltungspsychotherapeut mit Hilfe der konzertierten psychotherapeutischen Aktion in sich selbst gegenüber den dysfunktionalen Orientierungen, Motiven und Motivationen des Patienten herstellt.

13.3.3.2.3 Rückgriff auf Therapiemaßnahmen aus den anderen Therapieebenen

Der Gestaltungspsychotherapeut kann sich an der psychodialogischen, psychomotorischen, psychointentionalen und psychosozialen Entwicklungsleitlinie orientieren und sich konkrete Hilfe holen.

Siehe 13.3.1.2.3.

13.3.3.3 Dritte Behandlungsphase

13.3.3.3.1 Arbeitsphase III – Trennungsphase

Das Gestalten im Sinne eines echten authentischen Gestaltungsprozesses macht dem Patienten sehr große Schwierigkeiten. Damit dies aber nicht offensichtlich wird, bemüht sich dieser Patient, der in seiner Entwicklung zu selten erlebt hat, dass er in seiner Familie, aber auch später in der Schule und im Beruf für Andere einen Wert hat, in diesem gestaltungspsychotherapeutischen Prozess Aufmerksamkeit zu erregen. Dadurch kann es sehr oft, vor allem im gruppenpsychotherapeutischen Prozess zu Reaktionen von anderen Gruppenteilnehmern kommen, die diesen Patienten in seinem »Wertlosigkeitsempfinden« wieder bestätigen. Deshalb wird der Gestaltungspsychotherapeut diesen Patienten dort Anerkennung und Bestätigung geben, wo er offen und ehrlich seinem Minderwertigkeitserleben gestalterisch Ausdruck gibt. Dies kann für den Patienten oft ein schwieriger Prozess sein, wobei heftige affektive, kathartische Entladungen keine Seltenheit sind. Im Laufe der Gestaltungspsychotherapie fühlt sich dieser Patient mehr und mehr »als wertvoller Partner« seines Gestaltungspsychotherapeuten. Dieser Patient wird jetzt auch immer seltener etwas vortäuschen, um »ernst genommen« zu werden. Durch die **entlastenden Objektstützungen**, die dieser Patient mit seinem Gestaltungspsychotherapeuten, aber auch mit seinen anderen Behandlern erfahren hat, sind intensive zwischenmenschliche Beziehungen entstanden.

Wichtig ist jetzt in dieser dritten Arbeitsphase, dass sich Patient und Gestaltungspsychotherapeut im Zuge einer sehr gut und ausführlich miteinander besprochenen Trauerarbeit trennen können. Neben den unbewusst stattfindenden neuronalen Prozessen sind es hier auch mentale Prozesse, die zur Erweiterung des Selbstsystems/Selbstkonzeptes durch diese physiologische

13.3.4 Sozialpädagogische Psychotherapie

Trauerarbeit beitragen. Mit Hilfe der inzwischen erlernten und eingeübten Maßnahmen aus der Milieutherapie (Krisenintervention, objektgestützte Intervention, Krisenprävention) und den erlernten Techniken in der Gestaltungspsychotherapie soll es möglich werden, dass die Auflösung dieser psychotherapeutischen Bindung zumindest teilweise in einen effektiven Identifikationsprozess mündet. Hier wird dem Patienten auch empfohlen, gestaltungspsychotherapeutisch, evtl. durch Unterstützung von Volkshochschulen am Heimatort, weiter tätig zu bleiben.

Siehe 13.2.1.3.1.

13.3.3.3.2 Entlassung und Weiterbehandlung

Siehe 13.3.1.3.2.

13.3.4 Sozialpädagogische Psychotherapie

13.3.4.1 Erste Behandlungsphase

13.3.4.1.1 Einsatz des dialogischen Beziehungsmodus von Anfang an

Siehe 13.1.1.1.1 und Kapitel 8.1.4, S. 166.

13.3.4.1.2 Diagnostische Einschätzung

Siehe 13.3.1.1.2.

13.3.4.1.3 Aufbau der notwendigen psychotherapeutischen Haltung

Für den sozialpädagogischen Psychotherapeuten ist es wichtig, im Kontakt mit dem Patienten bei sich »auftauchende« **Entwertungsängste, Minderwertigkeitsgefühle** zu identifizieren, sie im Rahmen der konzertierten psychotherapeutischen Aktion als Folge früherer Traumatisierungen des Patienten zu verstehen und sie »aushalten« zu lernen. So kann das für den laufenden sozialpädagogisch-psychotherapeutischen Prozess notwendige »primäre Milieu« hergestellt werden. Erst wenn diese Grundvoraussetzung geschaffen ist, besteht für den sozialpädagogischen Psychotherapeuten eine Chance, dass er die entlastenden Objektstützungen auf sozialer Ebene so wirksam einsetzen kann, dass das Dysfunktionale, das von diesen Traumaerfahrungen ausgeht, reduziert, eventuell neutralisiert werden kann. Diese korrigierenden emotionalen und kognitiven Erfahrungen greifen zunächst in das Anpassungssystem/-konzept ein und können dann die Erweiterung des Selbstkonzeptes bewirken. Dies ermöglicht dem Patienten »aus sich selbst heraus«, also freier als bisher, in seinem jeweiligen sozialen Gefüge ein **Rollenverständnis** zu entwickeln und hier auch eine ihm entsprechende Rolle einzunehmen – trotz der mangelhaften Lernerfahrungen auf diesem Gebiet. Gleichzeitig können sich seine sozialen Defizite (Inkompetenzen) reduzieren. Bei dieser sozialpädagogischen Psychotherapie werden die Traumatisierungen keinesfalls »gedeutet«, sondern sie sollen dem Patienten gegenüber als programmatische Krankheitsursache »benannt« werden (wie z. B. bei der Psychoedukation). Gleichzeitig gilt es, dem Patienten zu verstehen zu geben, dass seine vorhandenen Über-lebensstrategien für ihn lebensnotwendige Ressourcen sind. Sie sollen bekräftigt, aber dort in Frage gestellt werden, wo bereits deutliche Hinweise auf ein Überforderungssyndrom bestehen. Die emotionale Kälte (**Entwertungsängste, Minderwertigkeitsgefühle**), der der Patient in seiner Frühentwicklung ausgesetzt war, wird hier durch diese entlastenden Objektstützungen auf sozialer Ebene so weit wie möglich »neutralisiert«, ohne zu sehr thematisch auf die zu Grunde liegenden ungünstigen Sozialisationsbedingungen einzugehen.

Siehe 13.3.1.1.3.

13.3.4.2 Zweite Behandlungsphase

13.3.4.2.1 Arbeitsphase I – Testphase

Nach reichlicher und erfolgreicher Introspektionsarbeit in der konzertierten psychotherapeutischen Aktion versucht sich der sozialpädagogische Psychotherapeut bei seiner Nähe-Distanz-Regulation auf die **primären sozialen Milieu-**

erfahrungen mit seinem Patienten einzulassen (psychotherapeutische Regression). Der sozialpädagogische Psychotherapeut orientiert sich bei der Arbeit mit seinem Patienten an der psychosozialen Entwicklungsleitlinie und versucht durch das Eingehen auf die **Kleinkind-Rolle** des Patienten (basale interaktive Beziehungsrituale) seinem Patienten primäre entlastende (elterliche) Funktionen zu vermitteln.

13.3.4.2.2 Arbeitsphase II – Symptomreduktion

Der Einsatz der **primären sozialen Milieuerfahrungen** erfolgt durch Behandlungsformen, bei denen der Patient zunächst mit den **sozialen Defiziten** konfrontiert wird, denen seine Entwertungsängste und sein Minderwertigkeitserleben zu Grunde liegen. Dadurch kann beim Patienten eine Regression auf seine mangelhaft durchlebte **Kleinkind-Rolle** angestoßen werden. Jetzt soll der Patient in dieser ihm gestatteten Kleinkind-Rolle die sozialen Erfahrungen machen, die für seine grundlegende Persönlichkeitsentwicklung notwendig sind. Die entlastenden Objektstützungen können beispielsweise eingesetzt werden, wenn der Patient in eine affektive Krise geraten ist. Hier soll es dem Patienten möglich werden, im Laufe des **Kommunikationstrainings** die Krisenentwicklung verstehen zu lernen und rechtzeitig zur Schwester zu gehen und dort Krisenintervention in Anspruch zu nehmen, anstatt immer wieder zwangsläufig seiner Symptomatik ausgeliefert zu sein. Durch das Ineinandergreifen von primärer Versorgung (Objektstützung) und Erlernen und Einüben von sozialresonantem Verhalten (hier Krisenintervention und Krisenprävention) kann der Patient soziale Kompetenzen aufbauen, zu denen er zu Beginn der Behandlung noch nicht imstande war.

Der Einsatz der **primären sozialen Milieuerfahrungen** (Milieutherapie I, Milieutherapie II und jetzt Krisenintervention/Krisenprävention) findet im Rahmen der stationären Klinikbehandlung auf sehr direkte Weise statt. Hier wird dem Patienten nach wie vor bewusst gemacht, dass er im Krankenhaus regelmäßig und zuverlässig früh, mittags und abends nahrhaftes, gesundes Essen bekommt, es wird für seinen sicheren Schlaf gesorgt und es ist immer jemand da, wenn er in Not ist und Hilfe braucht. Bei dieser sozialpädagogisch-psychotherapeutischen Behandlung wird der Patient immer wieder auf die Milieutherapien I und II hingewiesen, damit ihm die existenzielle und auch individuelle Grundbehandlung, die jetzt allerdings mehr im Hintergrund stattfindet, immer wieder bewusst wird, vor allem, wenn er inzwischen durch diese Grundbehandlung weniger unter seinen Vernichtungs- und Verachtungsängsten leidet und er das Selbstsicherheitstraining immer öfter auch für sich alleine effektiv anwendet.

Schwerpunktmäßig wird jetzt auf die kommunikativen Bedürfnisse des Patienten eingegangen und ihm die Regression auf seine Kleinkind-Rolle ermöglicht, vorausgesetzt, er kann sich auf die Krisenintervention und später auf die Krisenprävention gut einlassen (s. auch Gesprächspsychotherapie).

Wesentlich ist, dass der sozialpädagogische Psychotherapeut durch seine Präsenz und durch sein Eingehen auf die Kleinkind-Rolle seinem Patienten **Lebensbejahung** und **Daseinsberechtigung als Partner** vermittelt. Es ist der Gegenentwurf, der Respons, den der sozialpädagogische Psychotherapeut mit Hilfe der konzertierten psychotherapeutischen Aktion in sich selbst gegenüber den dysfunktionalen Orientierungen, Motiven und Motivationen des Patienten herstellt. Dabei ist es oberstes Gebot, dass der Psychotherapeut im Schutz der **Supervision** und **Intervision** immer wieder darauf achtet, ob und inwieweit er in eine Verstrickung von Täter- und Opferrollen im »Szenarium des wiederholten Entwicklungstraumas« geraten ist und von den dysfunktionalen Orientierungen, Motiven und Motivationen des Patienten »funktionalisiert« und/oder »instrumentalisiert« wird.

13.3.4.2.3 Rückgriff auf Therapiemaßnahmen aus den anderen Therapieebenen

Siehe 13.3.1.2.3.

13.3.4.3 Dritte Behandlungsphase

13.3.4.3.1 Arbeitsphase III – Trennungsphase

Über den Einsatz der sozialpädagogischen Psychotherapie, durch die der Patient innerhalb des klinischen Mikrokosmos durch Teilnahme an den sozialpädagogischen Trainingsgruppen, durch die Unterstützung der Sozialpädagogen bei seinen bestehenden beruflichen Problemen, aber vor allem durch die Unterstützung, dass er nach Entlassung in seiner Familie, in seinem Beruf und überhaupt in der Gesellschaft wieder eine Rolle einnehmen kann, die ihn ausfüllt und die auch von anderen wertgeschätzt wird, sind sehr intensive zwischenmenschliche Bindungen zu seinem sozialpädagogischen Psychotherapeuten entstanden.

Es ist jetzt wichtig in dieser dritten Arbeitsphase, dass sich Patient und der sozialpädagogische Psychotherapeut gut und ausführlich miteinander besprechen, um die notwendige Trauerarbeit effektiv leisten zu können. Nur so gelingt es dem Patienten, dass die stationär angestoßenen identifikatorischen Prozesse sich auch nach Entlassung fortsetzen und die erarbeiteten reiferen Verarbeitungsmechanismen in seinem Anpassungssystem/Anpassungskonzept sich auch stabil als steuernde Funktionen in seinem Selbstsystem/Selbstkonzept verankern.

Siehe 13.2.1.3.1.

13.3.4.3.2 Entlassung und Weiterbehandlung

Siehe 13.1.1.3.2.

13.4 Stützende Objektstützung

Ab dem 15./18. Monat bis zum 2./3. Lebensjahr kommt zur tragenden, haltenden und entlastenden Objektstützung die stützende (auxiliare, responsive) Objektstützung hinzu.

13.4.1 Gesprächspsychotherapie

13.4.1.1 Erste Behandlungsphase

13.4.1.1.1 Einsatz des dialogischen Beziehungsmodus von Anfang an

Siehe 13.1.1.1.1 und Kapitel 8.1.5, S. 167.

13.4.1.1.2 Diagnostische Einschätzung

Lässt sich bei dem Patienten aufgrund von Kindheitsbelastungsfaktoren ein Mangel an stützenden Objektstützungen herleiten, leidet dieser Patient unbewusst unter **Ängsten vor Verlust der Liebe des Objekts**, die im therapeutischen Prozess als **Versagensängste** erlebt werden. Der Patient ist sich »seiner selbst« nicht sicher, wird aber dabei nicht in seinen existenziellen Grundfesten erschüttert. Das, was er machen möchte oder das, was er gemacht hat, wird durch ein Zwangsdenken immer wieder in Frage gestellt, wobei er diesbezüglich auslenkbar ist. Dieser Patient leidet meist unter einem mittleren Beeinträchtigungsgrad und ist in der Lage, mit der Zeit eine Ich-Dystonität gegenüber seinen dysfunktionalen Orientierungen, Motiven und Motivationen herzustellen.

Erfahrungsgemäß **reagiert** dieser Patient weitaus weniger. Er kann sich zwar in seinem **Nachdenken** und **Grübeln** verlieren, versucht aber immer etwas zu **realisieren**, auch wenn dies öfter nicht gelingt. Dabei kann er sich für andere besser einsetzen als für sich selbst.

Tab. 13-8 Orientierung an den Entwicklungsleitlinien

Stützende Objektstützung

Objektstützungen primäre (elterliche) Funktionen und damit einhergehende basale interaktive Beziehungsrituale	Psychomotorische Entwicklungsleitlinie (freies Bewegen)	Psychointentionale Entwicklungsleitlinie (freies Wollen, Handeln, Gestalten)	Psychodialogische Entwicklungsleitlinie (freies Sprechen, freie Meinungsäußerung)	Psychosoziale Entwicklungsleitlinie (freie Wahl der sozialen Rolle)
Essenz der stützenden (elterlichen) Funktionen (Einstellungen, Haltungen gegenüber dem Kind)	Es ist gut, dass du dich selbst bewegen willst.	Es ist gut, dass du selbst etwas machen, tun willst.	Es ist gut, dass du selbst sprechen willst.	Es ist gut, dass du selbst die Mamakind-Rolle einnehmen willst.
	Ich kann mich auf deine fortgeschrittenen Bewegungsfertigkeiten sehr gut einstellen.	Ich kann mich auf deine fortgeschrittenen Handlungs- und Gestaltungsfähigkeiten sehr gut einstellen.	Ich kann mich auf deine fortgeschrittenen Sprech- und Redefertigkeiten sehr gut einstellen.	Ich kann mich auf dein fortgeschrittenes Rollenverständnis sehr gut einstellen.
	Ich kann deinen Lerneifer auf diesen Gebieten sehr gut verstehen und unterstütze dich dabei, so gut ich kann. Jeder von uns beiden erfährt ein gegenseitiges Verständnis.			
Basale interaktive Beziehungsrituale	Supporting	Aktion (vormachen)	Kleinkindsprache	Eingehen auf die Mamakind-Rolle (Erziehung zur Ordnung, Anpassung)

13.4.1 Gesprächspsychotherapie

Tab. 13-9 Orientierung an der Organisation der Persönlichkeitsstruktur des Kindes

Zentrales Entwicklungsthema	Lernen Aus der Grunderfahrung heraus, dass sich das Kind identifizieren (sich in einen anderen Menschen hineinversetzen) kann, entwickelt es die Kompetenz zu lernen, andere zu verstehen und deren Verständnis bei sich zuzulassen, anderen gegenüber Hilfe zu leisten und von anderen dankbar Hilfe anzunehmen.	Stützende Objektstützung
Kommunikationselement (auf das sich die Mutter bei ihrer stützenden Objektstützung einstellt)	Identifikation	
Die Beziehungserfahrung in der Mutter-Kind-Beziehung	verständnisvoll • Verständnis, Bestätigung, Ermutigung, Hilfe, Unterstützung, Dankbarkeit kontra • Unverständnis, fehlende Bestätigung, Entmutigung, fehlende Unterstützung, Hilflosigkeit, Undankbarkeit, Versagensängste	
Archaiksystem und Anpassungssystem (Gedächtnissysteme)	• Die Beziehungserfahrungen der tragenden, haltenden, entlastenden und jetzt der stützenden Objektstützungen (Gegenwartserfahrungen) werden zunächst im neuronalen Anpassungssystem gespeichert (kodiert). • Körperbefindlichkeiten aller Art werden inzwischen im Anpassungssystem gespeichert. • Vorwiegend funktionale Erfahrungen aus dem Anpassungssystem werden weiter auf das Selbstsystem transferiert.	
Anpassungskonzept	Entsprechend zur jeweiligen Gegenwartserfahrung (Aktualbewusstsein) assoziieren sich im Hintergrundbewusstsein mehr und mehr ähnliche Erinnerungen aus der Vergangenheit. Sie werden jetzt als länger anhaltende funktionale oder dysfunktionale Episodenkontexte bewusst und nehmen mit unterschiedlicher Intensität Einfluss auf das momentane Empfinden, Wahrnehmen und die Steuerungsfähigkeit des Kindes.	
Selbstsystem (Gedächtnissystem)	Tragende, haltende, entlastende und jetzt auch stützende Objektstützungen, bilden, so weit im Anpassungssystem verinnerlicht, weiter das Selbstsystem.	
Selbstkonzept	Diese vom Anpassungssystem in das Selbstsystem transferierten objektgestützten Erfahrungen werden dem Kleinkind mental über ein zunehmendes **verbales Selbstempfinden** bewusst. Mahler (1978, S. 132–141): »*Drei miteinander verknüpfte, doch unterscheidbare Entwicklungen tragen dazu bei, dass das Kind die ersten Schritte zum Gewahrwerden seines Getrenntseins und zur Individuation tut. Diese Schritte sind die schnelle Differenzierung vom Körper der Mutter, die Schaffung einer spezifischen Bindung an sie sowie Wachstum und Funktionieren der autonomen Ich-Apparate in enger Verbundenheit mit der Mutter.*« Stern (1992, S. 231–241): »*Die Phase des verbalen Selbstempfindens: Kinder entdecken, dass sie persönliches Wissen und Erfahrungen haben, die sie mithilfe von Symbolen kommunizieren können. Es gibt jetzt nicht mehr nur Gefühle und gemeinsame subjektive Zustände, sondern gemeinsames und symbolisch kommuniziertes Wissen um dieselben. (Die Phase des verbalen Selbstempfindens wird nie abgeschlossen).*«	

Stützende Objektstützung

Tab. 13-9 Fortsetzung

Selbstreflektive Resonanz	Die selbstreflektive Resonanz wird im neuronalen Selbstsystem generiert und tritt für das Kind jetzt spürbar über sein mentales Selbstkonzept in Kraft. Die Erfahrung des Kindes von (selbst) sein, (selbst) wollen, (selbst) können, sich (selbst) bewegen, (selbst) eine Rolle einnehmen usw. beginnen für das Kind selbstverständlicher zu werden.
Funktionales Ich/ personales Ich	• Das personale Ich beginnt jetzt neben dem funktionalen Ich mehr und mehr in Kraft zu treten. Das Kind lernt in dieser Entwicklungsphase mehr als zuvor (z. B. sprechen, sich selbstständig bewegen, etwas Eigenes machen, auf andere Kinder zugehen) und beginnt, das Erlernte mit Hilfe seiner Eltern spielerisch einzuüben. • fortschreitende intrapsychische Identifikation • Das erlebte Körperschema beginnt sich weiter auf die realen Körperdimensionen zu reduzieren. • Inzwischen ist die Symbolisierungsfähigkeit ein fester Bestandteil der Ich-Funktionen. • Das Kind verfügt inzwischen über eine reife Psychomotorik. • fortschreitende Denk- und Phantasietätigkeit • Die unbewussten, meist körperlichen, automatischen Reaktionen auf Stimulation, auf Affekte werden jetzt hauptsächlich als einzelne Affektqualitäten (Gefühle), aber auch immer öfter als Affektqualitäten in Episodenkontexten (Emotionen) bewusst erlebt.
Neuronal-mentale Regulationsmechanismen	primitive und narzisstische Bewältigungsmechanismen, aber hauptsächlich mentale Regulationsmechanismen (Selbstregulationstechniken)
Mögliche Symptombildungen	• leichte depressive Episode; rezidivierende depressive Störung gegenwärtig leichte Episode • leichte und mittelgradige somatoforme Störung • spezifische Phobien • schwerere Formen der Anpassungsstörung

13.4.1.1.3 Aufbau der notwendigen psychotherapeutischen Haltung

Für den Gesprächspsychotherapeuten gilt hier, im Kontakt mit diesem Patienten bei sich »auftauchende« **Versagensängste** zu identifizieren, sie im Rahmen der konzertierten psychotherapeutischen Aktion als Folge von dysfunktionalen Orientierungen, Motiven und Motivationen zu verstehen und sie »aushalten« zu lernen. So kann das für den laufenden psychotherapeutischen Prozess notwendige »primäre Milieu« hergestellt werden (s. Arbeitsphase). Erst wenn diese Grundvoraussetzung geschaffen ist, besteht für den Gesprächspsychotherapeuten eine Chance, dass er die stützenden Objektstützungen beim Patienten so wirksam einsetzen kann, dass die dysfunktionalen Orientierungen, Motive und Motivationen im Anpassungssystem/-konzept des Patienten reduziert, eventuell neutralisiert werden können.

Diese korrigierenden emotionalen und kognitiven Erfahrungen greifen zunächst in das Anpassungssystem/-konzept ein und können dann die Erweiterung des Selbstkonzeptes bewirken. Dies ermöglicht dem Patienten »aus sich selbst heraus«, also freier als bisher, zu **sprechen** und sich auf den **dialogischen Beziehungsmodus** mehr und mehr einzulassen. Bei dieser Gesprächspsychotherapie werden sowohl die **Entwicklungskonflikte** als programmatische Krankheitsursache »benannt«, als auch damit begonnen, sie zu »deuten«. Dies ist dann der Fall, wenn sich unbewusste Entwicklungskonflikte des Patienten im psychotherapeutischen Mikrokosmos zwischen Gesprächspsychotherapeut und Pati-

13.4.1 Gesprächspsychotherapie

ent in Szene setzen und es dem Patienten möglich wird, gegenüber seinem Psychotherapeuten Übertragungsreaktionen (evtl. sogar eine Übertragungsneurose) zu bilden. Vorhandene Überlebensstrategien werden dem Patienten als lebensnotwendige Ressourcen bestätigt, sie sollen aber dort in Frage gestellt werden, wo bereits deutliche Hinweise auf ein Überforderungssyndrom vorliegen.

Konzertierte psychotherapeutische Aktion beim Einsatz der stützenden Objektstützungen

Patienten, die in ihrer phasentypischen Entwicklung bezüglich dieser stützenden Objektstützung unterversorgt, zum Teil auch depriviert wurden, leiden unter einer sehr affektiven Instabilität, aber auch unter Selbstunsicherheit. Aufgrund neuronal-mentaler Regulationsmechanismen verarbeiten sie ihre **Versagensängste** auf unterschiedliche Weise neurotisch. Teilweise wird ihre labile Persönlichkeitsverfassung auch durch »Überlebensstrategien« maskiert. Damit bei diesen Patienten im Laufe ihrer psychotherapeutischen Behandlung die stützenden (elterlichen) Funktionen, die ihnen von allen Behandlern vermittelt werden, und die dazugehörigen basalen interaktiven Beziehungsrituale, die auf unterschiedlichen Therapieebenen beim Patienten eingesetzt werden, also die prothetischen stützenden Objektstützungen, »greifen« können, ist es Voraussetzung, dass die Versagensängste, die sich bei dieser stationären Behandlung auch auf die Behandler übertragen können, zunächst von den Behandlern im Rahmen einer konzertierten psychotherapeutischen Aktion immer wieder identifiziert, gemeinsam ausgehalten und vor allem verkraftet werden.

Hier ist es der dialogische Beziehungsmodus, mit dem alle Therapeuten im Behandlungsteam arbeiten und den die Teammitglieder zunächst bei sich selbst und im Kontakt mit den anderen Kollegen im Team bewusst einsetzen. Ist z. B. ein Kollege von den destruktiven Orientierungen, Motiven und Motivationen eines Patienten so sehr in Beschlag genommen, dass er sich dieser auf ihn übertragenen Versagensängste nicht mehr erwehren kann, möglicherweise auch deshalb, weil bei ihm im Kontakt mit dem Patienten eigene Ängste mobilisiert werden, setzen die Teamkollegen diesem Therapeuten gegenüber in diesem Fall sofort stützende Objektstützungen ein. Durch diese konzertierte psychotherapeutische Aktion erfährt dieser Kollege ein sehr tiefes Verständnis durch das Behandlungsteam, vorausgesetzt diese Objektstützungen sind glaubwürdig und Ausdruck einer ständig stattfindenden dialogischen Kommunikation im Team. Gelingt es dem Kollegen, sich auf diesen »rückhaltgebenden« Gruppenprozess einzulassen und wieder zu seinem dialogischen Beziehungsmodus – sowohl gegenüber seinen Teamkollegen als auch gegenüber seinen Patienten – zurückzufinden, wird in der Supervision versucht, die Ursachen herauszuarbeiten, warum der Kollege in diesem Fall nicht mehr in der Lage war, die notwendige Nähe-Distanz-Regulation gegenüber seinem Patienten einzusetzen. Dabei stellt sich oft heraus, dass die dysfunktionalen Orientierungen, Motive und Motivationen des Patienten durch unreife und neurotische Abwehrmechanismen perfekt maskiert sind. Der Psychotherapeut durchschaute dieses vordergründige Verhalten (z. B. Pseudosouveränität) zunächst nicht und ging davon aus, er würde sich mit seinem Patienten in einer dialogischen Beziehung befinden, ohne dass ihm die dysfunktionalen Seiten des Patienten bewusst wurden, von denen er schon längst in Beschlag genommen wurde. Das heißt aber, dass der Psychotherapeut jetzt nicht mehr in der Lage ist, den dialogischen Beziehungsmodus, durch den er sich sonst in jeder Beziehung Unabhängigkeit verschaffen konnte, psychotherapeutisch effektiv einzusetzen. Bei dem Patienten, der zu wenig Verständnis in seiner phasentypischen Entwicklung erfuhr, hat sich der Psychotherapeut zu sehr auf dessen Versagensängsten eingelassen und findet deshalb nicht mehr zu seinem dialogischen Beziehungsmodus zurück. Er hat sich die Probleme des Patienten zu eigen gemacht, sich mit seinem Patienten identifiziert, was zunächst vollkommen in Ordnung ist, sich dann aber nicht in einem nächsten Schritt auf das Beziehungselement der De-Identifikation eingelassen, um im gegenseitigen Vertrauen eine Klärung und Lösung für die Versagensängste zu finden – Lösungen, die dann in einem weiteren Beziehungsschritt im Beziehungselement der Regulation miteinander in die Tat umgesetzt werden können. Da der Therapeut die letztgenannten Beziehungsschritte mit seinem Patienten nicht durchführte, läuft er Gefahr, zum »Erfüllungsgehilfen« der destruktiven Motive seines Patienten zu werden. Gleichzeitig kann seine professionelle Beziehung zu seinem Patienten verloren gehen.

Um so einer Entwicklung keinen Vorschub zu leisten, ist die konzertierte psychotherapeutische Aktion notwendig. Erst wenn die Teammitglieder in einem Behandlungsteam in der Lage sind, sich immer wieder darin zu üben, den dialogischen Beziehungsmodus untereinander zu praktizieren, können die einzelnen Teammitglieder auch gegenüber dem Patienten diesen dialogischen Beziehungsmodus erfolgreich einsetzen. Hier muss der Psychotherapeut auf die psychotherapeutische Ich-Spaltung hingewiesen werden, die erlernt werden kann, und durch die es ihm möglich wird, im Laufe des dialogischen Beziehungsmodus kurzzeitig mit der **identifikatorischen Beziehungsebene**, hier auch mit den destruktiven Seiten des Patienten, in Kontakt zu kommen, ohne davon zu sehr involviert zu werden.

! Dabei gilt der Grundsatz, dass der kleinste gemeinsame Behandlungsnenner ein größerer Wirkfaktor ist als eine optimale psychotherapeutische Einzelleistung.

13.4.1.2 Zweite Behandlungsphase

13.4.1.2.1 Arbeitsphase I – Testphase

Nach reichlicher und erfolgreicher Introspektionsarbeit in der konzertierten psychotherapeutischen Aktion versucht sich der Gesprächspsychotherapeut bei seiner Nähe-Distanz-Regulation subjektiv auf die **Kleinkindsprache** mit seinem Patienten einzulassen, ohne dabei die momentane, objektive Sprachebene, auf der er sich gerade mit seinem Patienten unterhält, zu verlassen. Diese psychotherapeutische Ich-Spaltung und **Regression** ist notwendig, damit sich der Gesprächspsychotherapeut in Orientierung an dem dialogischen Beziehungsmodus, in diesem Fall auf das pathologische Beziehungselement **Identifikation** einstellen kann, um dem Patienten die notwendigen stützenden (elterlichen) Funktionen zu vermitteln.

Bei dieser **verständnisvollen Beziehungserfahrung** erwartet der Patient weder eine sprachlose Übereinstimmung noch eine besondere körperliche Nähe, die ihm gegenüber seiner Umwelt Sicherheit gibt und auch seine Ängste vor emotionaler Kommunikation halten sich in Grenzen. Hier will der Patient in erster Linie Bestätigung und Lob, was seine Leistungen und seine Hilfsbereitschaft angeht. Wird dieser Patient in seinem Leistungsstreben verunsichert, stellt er sehr schnell weniger sich selbst, aber das, was er gemacht hat, in Frage. Es ist möglich, dass der Patient aus seinen **Versagensängsten** Überlebensstrategien (selbstprotektive Mechanismen) generiert oder dass er über seine neuronal-mentalen Regulationsmechanismen auf unterschiedliche Weise neurotisch (z. B. mit unterschiedlichen Phobien, Vermeidung, Verschiebung usw.) reagiert. In jedem Fall sind die Flexibilität des Psychotherapeuten und der Einsatz der **stützenden Objektstützungen** gefordert.

13.4.1.2.2 Arbeitsphase II – Symptomreduktion

Der Einsatz der **Kleinkindsprache** (prothetische Elternfunktion) findet z. B. statt, wenn der Gesprächspsychotherapeut, wie die Mutter bei ihrem Kind, die Versagensprobleme seines Patienten und die dabei zum Vorschein kommenden **Versagensängste** nicht nur anhört, sondern ihm in ganz einfachen Worten zu verstehen gibt, dass er im Moment gut nachvollziehen kann, was sich in ihm abspielt. Dabei darf der Psychotherapeut seinem Patienten nicht im Geringsten das Gefühl geben, wegen eines Versagens die für jeden Menschen notwendige Achtung, Anerkennung und Wertschätzung entbehren zu müssen. Der Gesprächspsychotherapeut soll nur dann in Aktion treten, wenn ihn der Patient direkt oder indirekt um Hilfe bei der Bewältigung seiner Versagensängste bittet. Überträgt der Patient im Laufe der Behandlung z. B. die Erfahrungen mit seiner weitgehend verständnis- und meist hilflosen Mutter (Eltern) auf seinen Gesprächspsychotherapeuten, kann sich herausstellen, dass der Patient kaum unter Existenz-, Identitäts- oder Kommunikationsängsten leidet, sondern ihm die Erfahrung mehr zu schaffen macht, dass sich seine Eltern nicht in ihn »hineinversetzen«, sich nicht mit ihm identifizieren konnten. Deshalb wussten die Eltern auch nie richtig über seine Stärken und Schwächen Bescheid. Mangels einer ausreichend stützenden Objektstützung wurde dieser Patient in seinen Persönlichkeitsmerkmalen und Ich-Funktionen (z. B. Intelligenz, Ausdauer, Konzentration, Charme, Temperament usw.) von seine Eltern entweder überfordert oder unterfordert. Dabei wurden ihm die notwendigen Objektstützungen von seinen Eltern nicht absichtlich entzogen oder vorenthalten. Die Eltern hatten in ihrer Entwicklung selbst kaum effektive Objektstützungen erfahren und sind jetzt, nachdem ihnen die emotionale Grundversorgung mit ihrem Kind einigermaßen gelungen ist, hilflos, was die weitere phasentypische Entwicklung ihres Kindes anbelangt.

Aufgrund der bei diesem Patienten vorhandenen Introspektionsfähigkeit versucht der Gesprächspsychotherapeut zunächst das überwertige **Harmoniebedürfnis** seines Patienten in Frage zu stellen ebenso seine krankhafte **Unzufriedenheit**, was sein Leistungsprofil anbetrifft. Bei der Beschäftigung mit diesen neurotischen Abwehrmechanismen (neuronal-mentale Regulationsmechanismen) kann sich dann herausstellen, dass der Patient gegenüber seinem wirklich vorhandenen Leistungsvermögen die für jedes Kind notwendige Hilfestellung und die notwendige Objektstützung kaum oder nicht erhalten hat. Dieser Patient leidet nach wie vor darunter, dass er den Erwartungen und Vorstellungen, »was er hätte lernen und leisten können«, nicht entsprochen hat. Er wartet bis heute auf den notwendigen Anstoß, den er braucht, um seine ihm eigenen Begabungen, seine ihm eigenen Talente in die Tat umzusetzen. Kann sich dieser Patient, der auf unterschiedlichste Weise unter Versagensängsten leidet, auf die eindeutige, affirmative Haltung seines Gesprächspsychotherapeuten und dessen stützende Objektstützung einlassen, besteht eine große Chance, dass über viele **zirkuläre Resonanzmechanismen** zwischen Patient und Gesprächspsychotherapeut ein sich selbst verstärkender Prozess in Gang gesetzt wird, bei dem die dysfunktionalen Imagines im Anpassungssystem/-konzept des Patienten, hier die dysfunktionalen Erfahrungen mit den verständnislosen und deshalb krankhaft über- oder unterfordernden Eltern, konstruktiv reorganisiert werden können.

Wesentlich ist, dass der Gesprächspsychotherapeut hier durch seine Präsenz, seine Hilfestellungen, seine »handfesten Unterstützungen«, sein Verständnis für den Patienten und seine Bestätigungen gegenüber den Leistungen des Patienten, dem Patienten zu einer spürbaren Selbstsicherheit verhilft. Es ist der Gegenentwurf, der Respons, den der Gesprächspsychotherapeut mit Hilfe der konzertierten psychotherapeutischen Aktion in sich selbst gegenüber den dysfunktionalen Orientierungen, Motiven und Motivationen des Patienten herstellt. Dabei ist es oberstes Gebot, dass der Psychotherapeut im Schutz der **Supervision** und **Intervision** immer wieder darauf achtet, ob und inwieweit er in eine Verstrickung mit den dysfunktionalen Orientierungen, Motiven und Motivationen des Patienten geraten ist.

13.4.1.2.3 Rückgriff auf Therapiemaßnahmen aus den anderen Therapieebenen

Der Gesprächspsychotherapeut kann sich an der psychodialogischen, psychomotorischen, psychointentionalen und psychosozialen Entwicklungsleitlinie orientieren und sich konkrete Hilfe holen. So kann der Gesprächspsychotherapeut z. B.
- auf den gesunden Bewegungsdrang seines Patienten eingehen,
- im Sinne eines **Supportings** seinen Patienten berühren, um ihm z. B. auf handgreifliche Weise (durch Händeschütteln, durch ein bestätigendes Schulterklopfen oder durch Beifallklatschen) eine erfolgreiche Leistung zu bestätigen,
- über ein **Rollenspiel** den gesunden Tatendrang des Patienten bestätigen und dadurch unterstützen,
- auf den gesunden Geltungsdrang seines Patienten eingehen und ihm die Regression auf die **Mamakind-Rolle** gestatten, damit der Patient

im Behandlungsteam damit konfrontiert wird, dass sich seine Behandler in ihn »hineinversetzen« können und er von ihnen wirklich verstanden wird.

13.4.1.3 Dritte Behandlungsphase

13.4.1.3.1 Arbeitsphase III – Trennungsphase

Der Einsatz aller Objektstützungen (hier der stützenden Objektstützung) muss immer einhergehen mit einem sozialresonanten Verhalten, das der Psychotherapeut seinem Patienten abverlangt. Dabei spielt selbstverständlich das emotionale Entwicklungsniveau des Patienten eine wesentliche Rolle. Dieses sozialresonante Verhalten muss mit den Behandlern erarbeitet werden.

Durch das Ineinandergreifen der vorausgegangenen Akzeptanzerfahrungen (Existenzberechtigung als Mensch, Lebensberechtigung als Person, Daseinsberechtigung als Partner) und der jetzt stattfindenden Akzeptanz gegenüber den Ich-Funktionen (Fertigkeiten) des Patienten mit dem abverlangten sozialresonanten Verhalten (s. Einsatz des dialogischen Beziehungsmodus, das der Patient gerade imstande ist zu leisten, stellt sich der Gesprächspsychotherapeut auf das gestörte Beziehungselement seines Patienten ein, ohne selbst den dialogischen Beziehungsmodus mit all seinen Beziehungselementen zu verlassen. Dabei wird sich der Gesprächspsychotherapeut in den Behandlungen von sich aus immer wieder regulativ auf das gestörte Beziehungselement seines Patienten einlassen und versuchen, gemeinsam mit ihm herauszufinden, wie sich in seinem Fall die stützenden Objektstützungen am schnellsten und effektivsten in seinem Anpassungssystem/-konzept und/oder Selbstsystem/-konzept implementieren lassen. Dadurch entsteht zwischen Patient und Gesprächspsychotherapeut die Selbstwerthomöostase, also eine intersubjektive, interpersonelle Selbstwertregulation, die dieser Patient noch braucht, da er für ein gutes Behandlungsergebnis, zumindest teilweise, noch auf die Hilfs-Ich-Funktionen seiner Behandler angewiesen ist.

Über diese **Hilfs-Ich-Funktionen** kann sich der Patient kraft der stützenden Objektstützungen seiner Behandler mit dem jeweils erlernten sozialresonanten Verhalten identifizieren. Dadurch kann dieser Patient jetzt etwas leisten, was er zuvor in dieser Selbstverständlichkeit und Reproduzierbarkeit noch nicht in diesem Ausmaß konnte. Dieser Zugewinn an Selbstsicherheit versetzt den Patienten in die Lage, die bisher für ihn notwendigen psychotherapeutischen Hilfs-Ich-Funktionen immer öfter einzutauschen gegen den an seine Behandler gebundenen »sicheren inneren Ort« in seiner Persönlichkeitsorganisation. Das Behandlungsergebnis ist ein weiterer Zugewinn an Autonomie.

Siehe 13.2.1.3.1.

13.4.1.3.2 Entlassung und Weiterbehandlung

Nach Entlassung aus der stationären Behandlung soll der Patient die Strukturplanarbeit und das Aktualitätstraining fortsetzen. Im letzten Drittel der Behandlung wurde bereits die Strukturplanarbeit und das Aktualitätstraining unter Einbeziehung der realen Bedingungen im Heimatmilieu eingeübt.

Da die Gesundheitsstörung dieser Patienten weniger aus frühkindlichen Traumatisierungen resultiert, sondern mehr aus frühen Entwicklungskonflikten, bei denen der Patient bereits über ein subjektives und teilweise auch schon über ein erlebbares Selbstempfinden verfügte, stellt sich im Laufe seiner Behandlung sehr deutlich heraus, dass er bei auftretenden Übertragungsreaktionen sehr gut in der Lage ist, seine frühen Entwicklungskonflikte und die aktuelle psychotherapeutische Situation auseinanderzuhalten. Weiter stellt sich im Laufe dieser objektgestützten psychodynamischen Behandlung heraus, dass dieser Patient ein echtes Bedürfnis nach Ursachenklärung entwickelte, was den Ausbruch seiner Erkrankung anbetrifft. Dieser Patient wird, soweit er damit einverstanden ist, motiviert, nach Entlassung eine tiefenpsychologisch fundierte Psychotherapie zu beginnen. In diesem Fall entscheidet der niedergelassene Psychosomatiker, inwieweit gegebenenfalls eine fraktionierte Psychotherapie bei dem Patienten sinnvoll ist.

Siehe 13.1.1.3.2.

13.4.2 Körperpsychotherapie

13.4.2.1 Erste Behandlungsphase

13.4.2.1.1 Einsatz des dialogischen Beziehungsmodus von Anfang an

Siehe 13.4.1.1.1 und Kapitel 8.1.5, S. 167.

13.4.2.1.2 Diagnostische Einschätzung

Siehe 13.4.1.1.2.

13.4.2.1.3 Aufbau der notwendigen psychotherapeutischen Haltung

Für den Therapeuten gilt es hier, im Kontakt mit diesem Patienten bei sich »auftauchende« **Versagensängste** zu identifizieren, sie im Rahmen der konzertierten psychotherapeutischen Aktion als Folge ungünstiger Sozialisationsbedingungen des Patienten zu verstehen, sie »aushalten« zu lernen und das für den laufenden psychotherapeutischen Prozess notwendige »primäre Milieu« herstellen zu können. Erst wenn diese Grundvoraussetzung geschaffen ist, besteht für den Körperpsychotherapeuten eine Chance, dass er die **stützenden Objektstützungen** auf Körperebene so wirksam einsetzen kann, dass das Dysfunktionale dieser frühen Erfahrungen reduziert, evtl. neutralisiert werden kann. Diese **korrigierenden emotionalen und kognitiven Erfahrungen** greifen zunächst in das Anpassungssystem/-konzept ein und können die Erweiterung des Selbstkonzeptes bewirken.
Siehe 13.4.1.1.3.

13.4.2.2 Zweite Behandlungsphase

13.4.2.2.1 Arbeitsphase I – Testphase

Nach reichlicher und erfolgreicher Introspektionsarbeit in der konzertierten psychotherapeutischen Aktion versucht der Körperpsychotherapeut bei seiner Nähe-Distanz-Regulation, dass sich der Patient auf die Beziehungsrituale des **Supportings** einlässt (psychotherapeutische Re-gression). Der Körperpsychotherapeut orientiert sich bei der Arbeit mit seinem Patienten an der psychomotorischen Entwicklungsleitlinie und versucht über unterschiedliche, gezielte unterstützende Körperberührungen (basale interaktive Beziehungsrituale) seinem Patienten primäre unterstützende (elterliche) Funktionen zu vermitteln.

13.4.2.2.2 Arbeitsphase II – Symptomreduktion

Beim Einsatz des **Supportings** steht in der kindlichen Entwicklung und jetzt in der Körperpsychotherapie die Erweiterung der **Handlungskompetenzen** im Vordergrund. Dabei wir die **Hand** in den einzelnen Behandlungstechniken sehr zentral eingesetzt, ebenso das Vormachen. Hier werden bestimmte körperpsychotherapeutische Übungen zunächst vom Körperpsychotherapeuten vorgemacht, dann versucht der Patient diese Übungen nachzumachen, wobei aber der Körperpsychotherapeut diese Übung immer mitmacht (Synchrontechnik). In einem zweiten Schritt wird der Patient darauf hingewiesen, dass er jetzt aus dieser übernommenen Körperübung einen ihm eigenen Bewegungsablauf herausfinden soll, z. B. rhythmische, sehr dynamische oder betont langsame Bewegungen, die immer mehr seinem ureigenen Bewegungsdrang entsprechen. Durch dieses oft in der **Tanztherapie** eingesetzte Vorgehen bekommt der Patient zunächst wieder Zugang zu seinem angeborenen Bewegungsreichtum und zu seinen spontanen Bewegungsmustern. Entscheidend bei dieser Körperpsychotherapie ist aber, dass durch das objektgestützte Eingehen des Körperpsychotherapeuten auf seinen Patienten, dieser die notwendige affirmative Resonanz erfährt, durch die es ihm möglich wird, sich mit seinen angeborenen und auch erworbenen Bewegungsfertigkeiten zu identifizieren. Es ist ein zentraler Wirkfaktor bei dieser Körperpsychotherapie, dass sich der Patient von seinem Körperpsychotherapeuten verstanden fühlt und ihm, aus diesem Verständnis heraus, einen psychomotorischen Lernprozess abverlangt. Dadurch ist es dem Patienten möglich, seine bisherigen Bewegungsfähigkeiten zu erweitern und sein bewusstes körperliches Verhalten

Stützende Objektstützung

wesentlich besser als bisher zu steuern. Da dieser psychomotorische Lernprozess anspruchsvoll ist und eine gewisse Selbstsicherheit des Patienten voraussetzt, soll diese körperpsychotherapeutische Behandlungstechnik nur bei Patienten eingesetzt werden, deren Vernichtungs-, Verachtungs- und Entwertungsängste bei der Behandlung kaum eine Rolle spielen. Bei diesem **Supporting** können auch Übungen aus bekannten Beziehungsritualen eingesetzt werden, z. B. das **fest Halten** im Gegensatz zum **Festhalten.** Im ersten Fall fühlt sich der Patient, wenn er sich nach hinten fallen lässt, sofort von den ihn haltenden Händen seines Mitpatienten aufgefangen und **fest** gehalten. Im anderen Fall fühlt sich der Patient von den Händen nicht sicher gehalten, sondern wie in einem Schraubstock umklammert und **festgehalten.** Wird jetzt dieses Festhalten durchgearbeitet, stellt sich heraus, dass dieser Patient nicht in der Lage ist, sich auf seinen Mitpatienten einzustellen, dass er große Angst hat, in seiner ihm zugeteilten Funktion zu versagen und deshalb überreagiert. Es kann dann gut aufgezeigt werden, dass sich die Versagensängste, unter denen die Eltern litten, sich auf die Kinder übertragen können. Gerade Eltern, die sich nicht in ihr Kind hineinversetzen können, reagieren ihm gegenüber oft mit Unter- oder Überforderung und der für das effektive Lernen so notwendige objektgestützte Beistand bleibt aus. Dabei zeigt sich auch, dass man gegen seinen Willen festgehalten werden kann, weil der, der einen festhält ganz und gar von der Notwendigkeit seines »guten Tuns« überzeugt ist und auf keinen Fall versagen möchte.

Für Patienten, die hauptsächlich unter der neurotischen Verarbeitung von **Versagensängsten** leiden, können diese Körpererfahrungen für das **Bewusstwerden** und **Durcharbeiten** ihres Abhängigkeits-Autonomie-Konfliktes sehr hilfreich sein. Wesentlich ist, dass sich der Körperpsychotherapeut hier durch seine professionelle Präsenz sowohl auf die **Regressionsbereitschaft** des Patienten einlassen kann als auch bei sich selbst bleiben kann, ohne von den Versagensängsten des Patienten überfordert zu werden. Dem Körperpsychotherapeuten soll es gelingen, gegenüber diesen Versagensängsten seines Patienten weder in Reaktionsbildungen (z. B. zu kumpelhaftes Verhalten zum Patienten) noch in Gleichgültigkeit ihm gegenüber zu verfallen. Er soll auch nicht dem krankhaften Begehren seines Patienten entsprechen, wenn dieser ihm auf penetrante Weise seine Hilfe anbieten möchte.

13.4.2.2.3 Rückgriff auf Therapiemaßnahmen aus den anderen Therapieebenen

Hier kann sich der Körperpsychotherapeut an den psychodialogischen, psychomotorischen, psychointentionalen und psychosozialen Entwicklungsleitlinien orientieren und sich konkrete Hilfe holen.

13.4.2.3 Dritte Behandlungsphase

13.4.2.3.1 Arbeitsphase III – Trennungsphase

Lässt sich ein Patient, der sich mit unterschiedlichen neurotischen Verarbeitungen seiner Versagensängste herumschlägt, auf die affirmative Haltung seines Körperpsychotherapeuten und dessen psychomotorische Objektstützungen ein, besteht eine große Chance, das jetzt über viele zirkuläre Resonanzmechanismen zwischen Patient und Psychotherapeut ein sich selbst verstärkender Prozess in Gang gesetzt wird, bei dem die dysfunktionalen Imagines im Anpassungssystem/-konzept des Patienten konstruktiv reorganisiert werden können. Wesentlich ist, dass der Körperpsychotherapeut hier durch seine **Präsenz** seinem Patienten volles Verständnis vermittelt und ihm gleichzeitig einen für beide Seiten akzeptablen Lernprozess abverlangt. Es ist der Gegenentwurf, der Respons, den der Körperpsychotherapeut mit Hilfe der konzertierten psychotherapeutischen Aktion **in sich selbst** gegenüber den dysfunktionalen Orientierungen, Motiven und Motivationen der Psychotherapie herstellt. Dabei ist es oberstes Gebot, dass der Psychotherapeut durch die Supervision und Intervision immer wieder darauf achtet, wie weit er sich in die dysfunktionalen Orientierungen, Motive und Motivationen seines Patienten verstrickt hat. Man kann davon ausgehen, dass durch den Einsatz der körperpsychotherapeutischen Maßnahmen nicht nur die psychomotorische Entwicklung des Menschen vorangetrieben wird, sondern dass sich die Körperpsychotherapie auch auf andere Persönlichkeitsbereiche wachstumsanstoßend auswirkt.

13.4.2.3.2 Entlassung und Weiterbehandlung

Siehe 13.3.1.3.2.

13.4.3 Gestaltungspsychotherapie

13.4.3.1 Erste Behandlungsphase

13.4.3.1.1 Einsatz des dialogischen Beziehungsmodus von Anfang an

Siehe 13.1.1.1.1 und Kapitel 8.1.5, S. 167.

13.4.3.1.2 Diagnostische Einschätzung

Siehe 13.4.1.1.2.

13.4.3.1.3 Aufbau der notwendigen psychotherapeutischen Haltung

Für den Therapeuten ist es wichtig, im Kontakt mit diesem Patienten bei sich »auftauchende« **Versagensängste** zu identifizieren, sie im Rahmen der konzertierten psychotherapeutischen Aktion als Folge ungünstiger Sozialisationsbedingungen, denen der Patient ausgesetzt war, zu verstehen und sie »aushalten« zu lernen. So kann das für den laufenden psychotherapeutischen Prozess notwendige »primäre Milieu« hergestellt werden. Erst wenn diese Grundvoraussetzung geschaffen ist, besteht für den Gestaltungspsychotherapeuten eine Chance, dass er die stützenden Objektstützungen auf Handlungs-/Gestaltungsebene so wirksam einsetzen kann, dass die dysfunktionalen Orientierungen, Motive und Motivationen, denen der Patient ausgesetzt ist, reduziert, eventuell neutralisiert werden können.

Diese korrigierenden emotionalen und kognitiven Erfahrungen greifen zunächst in das Anpassungssystem/-konzept ein und können dann die Erweiterung des Selbstkonzeptes bewirken. Dies ermöglicht dem Patienten »aus sich selbst heraus«, also freier als bisher, zu **wollen**, zu **handeln** und zu **gestalten** – trotz der mangelhaften Lernerfahrungen auf diesem Gebiet. Gleichzeitig können sich seine Handlungs- und Ausdruckshemmungen weiter reduzieren. Bei der Gestaltungspsychotherapie können die dysfunktionalen Orientierungen, Motive und Motivationen als programmatische Krankheitsursache »benannt« werden. Gleichzeitig soll aber der Gestaltungspsychotherapeut prüfen, inwieweit der Patient in der Lage ist, seine neurotischen Verarbeitungsweisen nicht nur faktisch nachzuvollziehen, sondern sie auch durch Deutungen auf sich selbst beziehen zu können. Gleichzeitig werden die vorhandenen Überlebensstrategien des Patienten sowohl als für ihn lebenswichtige Ressourcen bestätigt, als auch dort in Frage gestellt, wo bereits deutliche Hinweise auf ein Überforderungssyndrom bestehen.

Siehe 13.4.1.1.3.

13.4.3.2 Zweite Behandlungsphase

13.4.3.2.1 Arbeitsphase I – Testphase

Siehe 13.4.1.2.1.

13.4.3.2.2 Arbeitsphase II – Symptomreduktion

Aufgrund der vorausgegangenen korrigierenden Erfahrungen soll es dem Patienten beim Einsatz des **handwerklichen Gestaltens** möglich werden, sich auf die Behandlungsordnung, die im Laufe dieser gestaltungspsychotherapeutischen Behandlung notwendig ist, einzulassen. Er sollte die Zurechtweisungen, Anordnungen und Vorschriften als Halt und notwendigen Eingriff in seine Persönlichkeit verstehen. Erst wenn deutlich wird, dass der Patient dazu in der Lage ist, direkte Interventionen seiner Behandler nicht mehr gegen sich persönlich gerichtet zu erleben, sondern sie als Unterstützung für seine Persönlichkeitsentwicklung anzunehmen, macht in der Gestaltungspsychotherapie der Einsatz des handwerklichen Gestaltens (das Modelllernen) Sinn. Dabei versucht der Gestaltungspsychotherapeut sich in Absprache mit seinem Patienten in dessen innere Befindlichkeit hineinzuversetzen, sich also mit ihm zu identifizieren, um die Versagensängste seines Patienten verstehen zu können. Dabei tritt der Gestaltungspsychotherapeut seinem Patienten gegenüber in **Aktion** und versucht, den Patienten vorsichtig an seine Begabungen und Talente, die in der Kindheitsentwicklung entweder übermäßig oder nicht bestätigt wurden, heranzuführen. Obwohl der Patient zeitlebens unter der Verständnislosigkeit litt, stiftet ihm diese plötzliche Mitwisserschaft über sein Innenleben Unbehagen. Vorsichtig muss der Gestaltungspsychotherapeut im Laufe des gestaltungspsychotherapeutischen Prozesses dem Patienten in Erinnerung rufen, dass ihm die notwendigen Instruktionen, Weisungen, Anleitungen, Unterrichtungen und Belehrungen nicht zuteil wurden. Deshalb verlor er den Mut, sich auf seine vorhandenen Fertigkeiten einzulassen, verweigerte das Lernen oder stürzte sich in übergroße Hilfsbereitschaft, um damit seine Versagensängste zu maskieren. Wäre es ihm gelungen, aus seinen Fertigkeiten über einen längeren Lern- und Übungsprozess mannigfaltige Fähigkeiten zu entwickeln, müsste er jetzt nicht unter diesen Versagensängsten leiden. Der Gestaltungspsychotherapeut kann jetzt, nachdem der Patient Zugang zu den Hintergründen seiner Versagensängste gefunden hat, durch den Einsatz seiner stützenden Objektstützung auf Gestaltungsebene, z. B. über das Töpfern, das perspektivische Zeichnen oder durch einfachste Schreiner-, Maler- oder Gärtnerarbeiten usw. den Patienten in seinen Fertigkeiten bestätigen und ihm Mut machen, um die notwendigen Lernerfahrungen jetzt nachzuholen. Vorrangig geht es hier also darum, dass der Patient wieder Zugang zu seinen Fertigkeiten bekommt. Er soll erleben, dass er mit all seinen Persönlichkeitsmerkmalen und Ich-Funktionen verstanden werden kann und durch die notwendigen Bestätigungen auch wieder zu dem **fähig werden kann** und das auch leisten kann, zu dem er von seiner Veranlagung her in der Lage ist. Kann sich der Patient beim Gestaltungsprozess auf die stützende Objektstützung auf Gestaltungsebene einlassen, besteht jetzt eine große Chance, dass über viele **zirkuläre Resonanzmechanismen** zwischen ihm und seinem Gestaltungspsychotherapeuten ein sich selbst verstärkender Prozess in Gang gesetzt wird, bei dem die dysfunktionalen Imagines im Anpassungssystem/Anpassungskonzept des Patienten (hier die fehlende Bestätigung und/oder Über- oder Unterforderung) konstruktiv reorganisiert werden können.

Wesentlich ist, dass der Gestaltungspsychotherapeut hier durch seine verständnisvolle Präsenz, seine rechte Unterstützung und sein selbstverständliches Miteinbeziehen des Patienten in den gemeinsamen Gestaltungsprozess ihm die notwendigen Lernerfahrungen ermöglicht. Es ist der Gegenentwurf, der Respons, den der Gestaltungspsychotherapeut mit Hilfe der konzertierten psychotherapeutischen Aktion in sich selbst gegenüber den dysfunktionalen Orientierungen, Motiven und Motivationen des Patienten herstellt.

13.4.3.2.3 Rückgriff auf Therapiemaßnahmen aus den anderen Therapieebenen

Siehe 13.4.1.2.3.

13.4.3.3 Dritte Behandlungsphase

13.4.3.3.1 Arbeitsphase III – Trennungsphase

Auch hier ist die Arbeitsphase III eine Vertiefung der Arbeitsphase II, d.h., das handwerkliche Gestalten, das der Patient in den Arbeitsphasen I und II beginnt, wird hier so weit vertieft, dass sich der Patient mehr und mehr wieder zutraut, etwas aufzugreifen, dem er schon lange Gestalt geben wollte, es aber aufgrund seiner Versagensängste nicht konnte. Dies kann ein Hobby sein, das er jetzt endlich aufgreift, es kann aber genauso gut etwas sein, was mit seinem Beruf zu tun hat. Wichtig ist, dass durch dieses Zutrauen, das dieser Patient zu seinem Gestaltungspsychothe-

13.4.4 Sozialpädagogische Psychotherapie

rapeuten gewonnen hat und auch durch dessen Verständnis, er wieder die notwendig Kraft gefunden hat, das in die Tat umzusetzen, wovon er anfangs überzeugt war, es nicht zu können.

Wichtig ist jetzt in dieser dritten Arbeitsphase, dass sich Patient und Gestaltungspsychotherapeut im Zuge einer sehr gut und ausführlich miteinander besprochenen Trauerarbeit trennen können. Es sind ja weniger die unbewusst stattfindenden neuronalen Prozesse, die hier zur Erweiterung des Selbstsystems/Selbstkonzeptes beitragen, sondern hauptsächlich mentale Prozesse, die in einen effektiven Identifikationsprozess münden können. Zur Unterstützung macht es sicher Sinn, dass der Patient nach Entlassung weiter gestalterisch tätig bleibt, um auf diese Weise mit dem gestaltungspsychotherapeutischen Prozess während der Behandlung immer weiter in Kontakt zu bleiben.
Siehe 13.2.1.3.1.

13.4.3.3.2 Entlassung und Weiterbehandlung

Siehe 13.4.1.3.2.

13.4.4 Sozialpädagogische Psychotherapie

13.4.4.1 Erste Behandlungsphase

13.4.4.1.1 Einsatz des dialogischen Beziehungsmodus von Anfang an

Siehe 13.1.1.1.1 und Kapitel 8.1.5, S. 167.

13.4.4.1.2 Diagnostische Einschätzung

Siehe 13.4.1.1.2.

13.4.4.1.3 Aufbau der notwendigen psychotherapeutischen Haltung

Für den Therapeuten ist es wichtig, im Kontakt mit diesem Patienten bei sich »auftauchende« **Versagensängste** zu identifizieren, sie im Rahmen der konzertierten psychotherapeutischen Aktion als Folge früher Traumatisierungen des Patienten zu verstehen und sie »aushalten« zu lernen. So kann das für den laufenden sozialpädagogisch-psychotherapeutischen Prozess notwendige »primäre Milieu« hergestellt werden. Erst wenn diese Grundvoraussetzung geschaffen ist, besteht für den sozialpädagogischen Psychotherapeuten eine Chance, dass er die stützenden Objektstützungen auf sozialer Ebene so wirksam einsetzen kann, dass die dysfunktionalen Orientierungen, Motive und Motivationen des Patienten reduziert, eventuell neutralisiert werden können. Diese korrigierenden emotionalen und kognitiven Erfahrungen greifen zunächst in das Anpassungssystem/-konzept ein und können dann die Erweiterung des Selbstkonzeptes bewirken. Dies ermöglicht dem Patienten »aus sich selbst heraus«, also freier als bisher, in seiner jeweiligen Sozialstruktur ein **Rollenverständnis** zu entwickeln und hier auch eine ihm entsprechende Rolle einzunehmen – trotz der mangelhaften Lernerfahrungen auf diesem Gebiet. Dabei sollen sich seine sozialen Defizite (Inkompetenzen) reduzieren. Bei der sozialpädagogischen Psychotherapie werden die dysfunktionalen Orientierungen, Motive und Motivationen zunächst als programmatische Krankheitsursache »benannt«. Gleichzeitig wird aber auch versucht, dem Patienten die **neurotische Konfliktverarbeitung** dieser **Versagensängste** zu »deuten«. Vorhandene Überlebensstrategien werden dem Patienten als lebensnotwendige Ressourcen bestätigt, sollen aber dort in Frage gestellt werden, wo bereits deutliche Hinweise auf ein Überforderungssyndrom bestehen.

13.4.4.2 Zweite Behandlungsphase

13.4.4.2.1 Arbeitsphase I – Testphase

Siehe 13.4.1.2.1.

13.4.4.2.2 Arbeitsphase II – Symptomreduktion

Der Einsatz der **primären sozialen Milieuerfahrungen** – hier die Aufforderung an den Patienten, eine **Mamakind-Rolle** zu übernehmen – erfolgt durch Behandlungsformen, bei denen der Patient zunächst mit seinen **sozialen Defiziten** (z. B. große Schwierigkeiten bei der Berufsfindung, Ängste im Beruf, aber auch die Angst, privat immer wieder zu versagen, obwohl selten ein echter Grund dafür besteht usw.) konfrontiert wird. Dadurch kann beim Patienten eine Regression auf seine mangelhaft durchlebte Mamakind-Rolle angestoßen werden. Jetzt soll der Patient in dieser Mamakind-Rolle die sozialen Erfahrungen machen, die für seine grundlegende Persönlichkeitsentwicklung notwendig sind. Dabei setzt der sozialpädagogische Psychotherapeut beim Patienten **beratende Gespräche** ein, um die derzeitige berufliche, eventuell auch private Situation des Patienten gründlich zu durchleuchten. Am konkreten Beispiel wird er dem Patienten Mut machen und ihm neue, realistischere Blickwinkel eröffnen, durch die der Patient seine berufliche wie auch private Lebenssituation erheblich stabiler als bisher beurteilen kann und es de facto, abgesehen von völlig überzogenen Wunschvorstellungen, keinen wirklichen Grund gibt, dass er seine bisherigen Leistungen in Frage stellt.

Der sozialpädagogische Psychotherapeut wird seinem Patienten aufzeigen, welche Möglichkeiten, z. B. in der beruflichen Förderung, für ihn bestehen, welche Vorkehrungen er treffen soll für die Zeit nach seiner Berufstätigkeit, welche wirtschaftlichen Schwerpunkte es in seinem Fall zu berücksichtigen gilt und welche Fehlinvestitionen, egal auf welchem Gebiet, er so schnell wie möglich aufgeben soll usw. Durch den Einsatz der stützenden Objektstützungen auf sozialer Ebene soll sich der Patient in seinen sozialen Verunsicherungen, in seinen **Ängsten vor sozialer Verantwortung**, die aufgrund seiner durchaus vorhandenen sozialen Kompetenz eigentlich gegenstandslos wären, verstanden fühlen. Da die Eltern dieses Patienten ihm gegenüber sehr oft verständnislos reagierten, was seine Wissbegierde, seinen Lerneifer und seine Vorstellungen anbetraf, konnte er sich weder mit diesem Wissen identifizieren noch hatte er den Mut, den von ihm gewollten Beruf zu ergreifen. Der sozialpädagogische Psychotherapeut, der eine sehr realitätsbezogene Einstellung vertritt, versucht nun dem Patienten die stützenden Objektstützungen, die er in seiner Kindheit so sehr vermisste, zu vermitteln. Gelingt es dem Patienten, diese Objektstützungen in sich aufzunehmen und sich mit ihnen zu identifizieren, könnte es sein, dass er den Mut findet, in einigen Lebensbereichen das nachzuholen, wozu er sich damals nicht imstande fühlte. Durch das Ineinandergreifen von primärer Versorgung (Objektstützung) und Erlernen und Einüben von sozialresonantem Verhalten kann der Patient **soziale Kompetenzen** aufbauen, zu denen er zu Beginn der Behandlung noch nicht imstande war.

13.4.4.2.3 Rückgriff auf Therapiemaßnahmen aus den anderen Therapieebenen

Siehe 13.4.1.2.3.

13.4.4.3 Dritte Behandlungsphase

13.4.4.3.1 Arbeitsphase III – Trennungsphase

Im Laufe der sozialpädagogischen Psychotherapie konnten durch den Einsatz beratender Gespräche, vor allem, was die berufliche Tätigkeit des Patienten anbetrifft, aber auch bezüglich seiner finanziellen Verhältnisse, lange Zeit bestehende Versagensängste relativiert und teilweise außer Kraft gesetzt werden. So können z. B. durch Eröffnen von möglichen Umschulungsmaßnahmen, den Patienten neue berufliche Perspektiven aufgezeigt werden, die für ihn durch die Unterstützung dieser Behandlung jetzt machbar geworden sind. Da hier die Hilfs-Ich-Funktion des sozialpädagogischen Psychotherapeuten eine sehr »handfeste« Rolle spielt, kann zwischen ihm und seinem Patienten eine sehr intensive Bindung entstehen.

Wichtig ist jetzt in dieser dritten Arbeitsphase, dass sich der Patient und der sozialpädagogische Psychotherapeut im Zuge einer gut und ausführlich miteinander besprochenen Trauerarbeit trennen können. Es ist wichtig, dass dieser Patient auch nach seiner stationären Behandlung auf seine Behandler und hier auf seinen sozialpädagogischen Psychotherapeuten »innerlich« zurückgreifen kann, wenn er sich z. B. am Anfang einer begonnenen Umschulung unsicher wird, ob dies die richtige Entscheidung war. Dieser »innerliche Rückhalt« funktioniert aber nur dann, wenn durch eine physiologische Trauerarbeit diese psychotherapeutischen Bindungen zumindest teilweise in einen effektiven Identifikationsprozess münden.

Siehe 13.2.1.3.1.

13.4.4.3.2 Entlassung und Weiterbehandlung

Siehe 13.4.1.3.2.

13.5 Kreative Objektstützung

Ab dem 28./30. Monat bis zum 3./4. Lebensjahr kommt zur tragenden, haltenden, entlastenden und stützenden Objektstützung die kreative Objektstützung hinzu.

13.5.1 Gesprächspsychotherapie

13.5.1.1 Erste Behandlungsphase

13.5.1.1.1 Einsatz des dialogischen Beziehungsmodus von Anfang an

Siehe 13.1.1.1.1 und Kapitel 8.1.6, S. 168.

13.5.1.1.2 Diagnostische Einschätzung

Lässt sich bei dem Patienten aufgrund ungünstiger Sozialisationsbedingungen ein Mangel an kreativen Objektstützungen herleiten, leidet dieser Patient erfahrungsgemäß unbewusst unter **Kastrationsängsten**, die im therapeutischen Prozess als **Konfliktängste** erlebt werden. Dieser Patient leidet meist unter einem mittleren bis geringen Beeinträchtigungsgrad und zeigt eine erkennbare Ich-Dystonität gegenüber seinen dysfunktionalen Orientierungen, Motiven und Motivationen.

Erfahrungsgemäß reagiert dieser Patient nicht mehr. Er beginnt, seine spontanen Einfälle in seine gründlichen **Reflexionen** einzubeziehen. Es fällt ihm aber sehr schwer beim Auftreten von Konflikten etwas in die Tat umzusetzen, auch wenn ihm diese **Realisierung** meist gelingt.

13.5.1.1.3 Aufbau der notwendigen psychotherapeutischen Haltung

Für den Gesprächspsychotherapeuten ist es wichtig, im Kontakt mit dem Patienten bei sich »auftauchende« **Konfliktängste** zu identifizieren, sie im Rahmen der konzertierten psychotherapeutischen Aktion als Folge früherer ungünstiger Sozialisationsbedingungen zu verstehen und sie »aushalten« zu lernen. So kann das für den laufenden psychotherapeutischen Prozess wichtige »primäre Milieu« hergestellt werden. Erst wenn diese Grundvoraussetzung geschaffen ist, besteht für den Gesprächspsychotherapeuten eine Chance, dass er die kreativen Objektstützungen so wirksam einsetzen kann, dass die dysfunktionalen Orientierungen, Motive und Motivationen des Patienten reduziert, eventuell neutralisiert werden können.

Diese korrigierenden emotionalen und kognitiven Erfahrungen greifen zunächst in das Anpassungssystem/Anpassungskonzept ein und können dann die Erweiterung des Selbstkonzeptes bewirken. Dies ermöglicht dem Patienten »aus sich selbst heraus«, also freier als bisher, zu **sprechen** und sich weitestgehend auf den dialogischen Beziehungsmodus einzulassen.

In dieser tiefenpsychologisch fundierten Gesprächspsychotherapie beschreibt der Patient zunächst Probleme und Schwierigkeiten, mit denen er aktuell konfrontiert wird. Durch das regressionsfördernde »primäre Milieu« besteht dann für den Patienten die Möglichkeit, die Entwicklungskonflikte, die mit seinen **Konfliktängsten** zu tun haben, zu »erinnern«, diese »zur Sprache zu bringen« und sie gegenüber seinem Gesprächspsychotherapeuten »in Szene zu setzen«. Durch diese Übertragungsreaktionen (Übertragungsneurose) wird es dem Gesprächspsychotherapeuten möglich, eine Beziehung her-

Kreative Objektstützung

Tab. 13-10 Orientierung an den Entwicklungsleitlinien

Objektstützungen primäre (elterliche) Funktionen und damit einhergehende basale interaktive Beziehungsrituale	Psychomotorische Entwicklungsleitlinie (freies Bewegen)	Psychointentionale Entwicklungsleitlinie (freies Wollen, Handeln, Gestalten)	Psychodialogische Entwicklungsleitlinie (freies Sprechen, freie Meinungsäußerung)	Psychosoziale Entwicklungsleitlinie (freie Wahl der sozialen Rolle)
Essenz der kreativen (elterlichen) Funktionen (Einstellungen, Haltungen gegenüber dem Kind)	Es ist gut, *wie* du dich selbst bewegen kannst.	Es ist gut, *wie* du selbst etwas machen kannst.	Es ist gut, *wie* du selbst sprechen und dich mitteilen kannst.	Es ist gut, *wie* du selbst die Papakind-Rolle einnehmen kannst.
	Ich kann mich auf deine körperlichen Fähigkeiten sehr gut einstellen und verlassen.	Ich kann mich auf deine handlungsbezogenen und gestalterischen Fähigkeiten sehr gut einstellen und verlassen.	Ich kann mich auf deine sprachlichen Fähigkeiten sehr gut einstellen und verlassen.	Ich kann mich auf dein Rollenverständnis sehr gut einstellen und verlassen.
	Ich vertraue darauf, dass du dich bei deinen »Bewegungsexperimenten« an unsere Abmachungen hältst.	Ich vertraue darauf, dass du dich bei deinen »Gestaltungs- und Handlungsexperimenten« an unsere Abmachungen hältst.	Ich vertraue darauf, dass du dich bei deinen »Sprechexperimenten« an unsere Abmachungen hältst.	Ich vertraue darauf, dass du dich bei deinen »Rollenexperimenten« an unsere Abmachungen hältst.
	Jeder von uns beiden erlebt ein gegenseitiges Vertrauen.			
Basale interaktive Beziehungsrituale	**Playing** (Im weitesten Sinn einen Entwicklungsspielraum zur Verfügung stellen)	**Animation** ([Lebens-]Freude machen)	**Muttersprache** (Umgangssprache/Mundart)	**Eingehen auf die Papakind-Rolle** (Selbstständigkeitserziehung, Einübung der Konfliktfähigkeit)

13.5.1 Gesprächspsychotherapie

Tab. 13-11 Orientierung an der Organisation der Persönlichkeitsstruktur des Kindes

Zentrales Entwicklungsthema	Selbstbehauptung Aus der Grunderfahrung heraus, dass sich das Kind mit seinen Eltern auseinandersetzen und sich auf sich selbst zurückziehen darf, im Weiteren auch bei den anschließenden Klärungen und Lösungen sowohl die Position der Eltern als auch seine Position berücksichtigt wird, entsteht eine lebendige, kreative Beziehung, in der das Kind die Kompetenz zur konstruktiven Konfliktbereitschaft und Konsensusbildung entwickelt.
Kommunikationselement (auf das sich die Mutter bei ihrer kreativen Objektstützung einstellt)	De-Identifikation
Die Beziehungserfahrung in der Mutter-Kind-Beziehung	vertrauensvoll • Mut, Selbstwirksamkeitserleben, Selbstbewusstheit, Selbstvertrauen kontra • Mutlosigkeit, Selbstunsicherheit, Zaghaftigkeit, Hochmut, Konfliktängste, Rivalitäts- und Konkurrenzängste
Archaiksystem und Anpassungssystem (Gedächtnissysteme)	• Die Beziehungserfahrungen der tragenden, haltenden, entlastenden, stützenden und jetzt auch der kreativen Objektstützungen (Gegenwartserfahrungen) werden zunächst im neuronalen Anpassungssystem gespeichert (kodiert). • Die funktionalen Erfahrungen aus dem Anpassungssystem werden auf das Selbstsystem transferiert (intrapsychische Identifikation).
Anpassungskonzept	Entsprechend zur jeweiligen Gegenwartserfahrung (Aktualbewusstsein) assoziieren sich im Hintergrundbewusstsein mehr und mehr ähnliche Erinnerungen aus der Vergangenheit. Sie werden jetzt als länger anhaltende funktionale oder dysfunktionale Episodenkontexte bewusst und nehmen mit unterschiedlicher Intensität Einfluss auf das momentane Empfinden, das Wahrnehmen und die Steuerungsfähigkeit des Kindes.
Selbstsystem (Gedächtnissystem)	Tragende, haltende, entlastende, stützende und jetzt auch kreative Objektstützungen, so weit im Anpassungssystem verinnerlicht, bilden weiter das Selbstsystem.
Selbstkonzept	Diese in das Selbstsystem transferierten objektgestützten, hier kreativen Erfahrungen werden dem Kind jetzt über sein sich weiterentwickelndes **verbales Selbstempfinden** durchgängig bewusst. Mahler (1978, S. 280–286): »Es ist die Zeit der Wiederannäherung (Rapprochement). Die Strukturierung des Ich ist fortgeschrittener, ebenso die Entwicklung eines geschlossenen Selbst.« Stern (1992, S. 317–322): »Das Bewusstsein der Kinder, dass sie ein persönliches Wissen und Erfahrungen haben, konsolidiert sich. Das Bewusstsein, selbst etwas machen zu können, wird stabiler, dabei werden Konflikte in Kauf genommen.«
Selbstreflektive Resonanz	Die selbstreflektive Resonanz wird im neuronalen Selbstsystem generiert und beginnt über das mentale Selbstkonzept zunehmend stärker in Kraft zu treten. Die Erfahrung des Kindes von selbst sein, selbst wollen, selbst können, sich selbst bewegen, selbst eine Rolle einnehmen usw. werden dem Kind jetzt bewusster.

Kreative Objektstützung

Tab. 13-11 Fortsetzung

Funktionales Ich/ personales Ich	• Das funktionale Ich tritt gegenüber dem personalen Ich deutlich mehr in den Hintergrund. Das personale Ich tritt eigenständiger, selbstbewusster und autonomer in Kraft als bisher. Das Kind stellt jetzt vieles in Frage, was es sich zuvor angeeignet hat und will es für sich neu »entdecken«. Dabei versucht es jetzt immer öfter, so zu sprechen, sich so zu bewegen, so zu handeln und so eine Rolle in seiner Familie einzunehmen, wie es meint, dass es ihm gut tut, dass es für es stimmt und dass es für es passt. Dieser ständige Veränderungs-, Erneuerungs- und vor allem Auseinsandersetzungsprozess führt für das Kind am ehesten zum Ziel, wenn es sich sowohl der väterlichen Autorität, die es ständig herausfordert, als auch der verständnis- und vertrauensvollen Beziehung zu seinen Eltern sicher ist. Das Selbstbild des Kindes wird stabiler, ebenso sein Selbstbewusstsein und das Gefühl für seine Selbstwirksamkeit. • Stabilisierung der intrapsychischen Identifikation • Das erlebte Körperschema hat sich auf die realen Körperdimensionen reduziert. • Weitere Entwicklung der Denk- und Phantasietätigkeit. • Die unbewussten, meist körperlichen, automatischen Reaktionen auf Stimulationen (Affekte) begleiten nur noch flankierend das psychomotorische Verhalten des Kindes. Die bewussten Affektqualitäten (Gefühle) und die in Episodenkontexten eingebetteten Emotionen bestimmen die Gefühlswelt des Kindes.
Neuronal-mentale Regulationsmechanismen	vorwiegend mentale Regulationsmechanismen (Selbstregulationstechniken)
Mögliche Symptombildungen	mittelgradige Formen der Anpassungsstörung

zustellen zwischen einem Konflikt, der sich gerade zwischen ihm und seinem Patienten abspielt und dem Konfliktthema, unter dem der Patient in seiner kindlichen Entwicklung gelitten hat. Die dabei erkennbaren Übereinstimmungen und Ähnlichkeiten zwischen den Konflikterfahrungen, die der Gesprächspsychotherapeut gerade mit seinem Patienten erlebt und den vermuteten Konflikterfahrungen, denen der Patient im Verlauf seines infantilen Entwicklungskonflikts ausgesetzt war, versucht der Gesprächspsychotherapeut seinem Patienten mitzuteilen (zu deuten). Durch Wiederholen und Durcharbeiten des jetzt in der Behandlung immer deutlicher zum Vorschein kommenden Gesamtkonfliktes (aktueller Konflikt und Reaktualisierung gleichartiger verwandter infantiler Konflikte) können zunächst die Kompromissbildungen mit dem Patienten hinterfragt und als suboptimale Bewältigungen thematisiert werden. Auf diesem Behandlungsweg kann der Patient zu seinen immer wieder verdrängten Affekten, Gefühlen und Emotionen finden, die seinen **Konfliktängsten** zu Grunde liegen. Mit Hilfe seiner Behandler kann dieser Patient Schritt für Schritt seine oft schambesetzten schmerzlichen Erinnerungen freilegen, um sie in einem immer wiederkehrenden Klärungs- und Lösungsprozess nicht nur in ihrer ganzen Tragweite bewusst werden zu lassen, sondern sie jetzt vor allem auch einer optimaleren Realisierung zuzuführen. Durch die Körper- und Gestaltungspsychotherapie kann dieser Behandlungsprozess sehr erfolgreich unterstützt werden.

So kann z. B. jemand, der in seiner Kindheit schon immer Klavier spielen wollte, seine Musikalität zu Hause aber eher verlacht wurde, er dann diese Ablehnung übernahm, um besser in dieser Gesellschaft zurecht zu kommen, plötzlich Kopfschmerzen bekommen, wenn er während der Messe den Kirchenchor singen hört. Diese Kopfschmerzen können für die suboptimale Bewältigung von »Musik machen wollen« und »bei uns hat noch niemand Musik gemacht!« stehen. In seiner Kindheit scheute er den Konflikt, sich

13.5.1 Gesprächspsychotherapie

gegen eine althergebrachte Meinung, die seine Eltern vertraten, durchzusetzen. Vor allem fehlte ihm jemand, der ihn dabei unterstützte und ihm modellhaft zeigte, wie man sich letztlich als einzelner doch erfolgreich gegenüber Althergebrachtem, das oft noch durch Sitten und Gebräuche verfestigt wird, durchsetzen kann. Jetzt lebt dieser Wunsch mit aller Macht wieder auf, bleibt aber für den Betroffenen völlig unbewusst. Erst im Laufe einer psychotherapeutischen Behandlung kann dieser Patient die unbewussten dysfunktionalen Orientierungen, Motive und Motivationen, die seinen Kopfschmerzen in unserem Beispiel zu Grunde liegen, »aufdecken« und dabei den infantilen Konflikt, den er mit seinen konservativen Eltern hatte, jetzt auf den Gesprächspsychotherapeuten übertragen. Durch die korrigierenden Erfahrungen, die er jetzt in vielen Auseinandersetzungen mit ihm macht, erlebt er sich letztlich in seinem »Musizieren-Wollen« bestätigt und wagt es, auch wenn er jetzt schon älter ist, diesen Wunsch in die Tat umzusetzen. Dies wäre eine optimale Realisierung.

Konzertierte psychotherapeutische Aktion beim Einsatz der kreativen Objektstützungen

Patienten, die in ihrer phasentypischen Entwicklung bezüglich der kreativen Objektstützungen unterversorgt wurden und sie deshalb wenig Bestätigung für eigenständiges, schöpferisches Denken und Handeln erfahren haben, leiden unter **Konflikt-, Rivalitäts- und Konkurrenzängsten**, die hauptsächlich über mentale Regulationsmechanismen auf unterschiedliche Weise neurotisch verarbeitet werden. Damit bei diesen Patienten im Laufe ihrer psychotherapeutischen Behandlung die kreativen (elterlichen) Funktionen, die ihnen von allen Behandlern vermittelt werden und die dazugehörigen basalen interaktiven Beziehungsrituale, die auf unterschiedlichen Therapieebenen beim Patienten eingesetzt werden, also die prothetischen kreativen Objektstützungen, »greifen« können, ist es Voraussetzung, dass die Konflikt-, Rivalitäts- und Konkurrenzängste, die sich bei dieser stationären Behandlung auch auf die Behandler übertragen können, zunächst von den Behandlern im Rahmen einer konzertierten psychotherapeutischen Aktion immer wieder identifiziert, gemeinsam ausgehalten, und vor allem verkraftet werden.

Hier ist es der dialogische Beziehungsmodus, mit dem alle Therapeuten im Behandlungsteam arbeiten und den die Teammitglieder zunächst bei sich selbst und im Kontakt mit den anderen Kollegen im Team bewusst einsetzen. Ist z. B. ein Kollege von den dysfunktionalen Orientierungen, Motiven und Motivationen eines Patienten so sehr in Beschlag genommen, dass er sich dieser auf ihn übertragenen Konflikt-, Rivalitäts- und Konkurrenzängste nicht mehr erwehren kann, möglicherweise auch deshalb, weil bei ihm im Kontakt mit dem Patienten eigene Ängste mobilisiert werden, setzen die Teamkollegen diesem Therapeuten gegenüber in diesem Fall sofort kreative Objektstützungen ein. Durch diese konzertierte psychotherapeutische Aktion erfährt dieser Kollege ein sehr tiefes Vertrauen durch sein Behandlungsteam, vorausgesetzt diese Objektstützungen sind glaubwürdig und Ausdruck einer ständig stattfindenden dialogischen Kommunikation im Team. Gelingt es dem Kollegen, sich auf diesen »rückhaltgebenden« Gruppenprozess einzulassen und wieder zu seinem dialogischen Beziehungsmodus – sowohl gegenüber seinen Teamkollegen als auch gegenüber seinem Patienten – zurückzufinden, wird in der Supervision versucht, die Ursachen herauszuarbeiten, warum der Kollege in diesem Fall nicht mehr in der Lage war, die notwendige Nähe-Distanz-Regulation gegenüber seinem Patienten einzusetzen. Dabei stellt sich oft heraus, dass die dysfunktionalen Orientierungen, Motive und Motivationen des Patienten durch unreife und neurotische Abwehrmechanismen perfekt maskiert sind. Der Psychotherapeut durchschaute dieses vordergründige Verhalten (z. B. Pseudosouveränität) zunächst nicht und ging davon aus, er würde sich mit seinem Patienten in einer dialogischen Beziehung befinden, ohne dass ihm die dysfunktionalen Seiten des Patienten bewusst wurden, von denen er schon längst in Beschlag genommen wurde. Das heißt, der Psychotherapeut tut sich jetzt schwer, seinen dialogischen Beziehungsmodus, durch den er sich sonst in jeder Beziehung Unabhängigkeit verschaffen konnte, psychotherapeutisch effektiv einzusetzen. Bei dem Patienten, der zu wenig Vertrauen in seiner phasentypischen Entwicklung erfuhr, hat er sich zu sehr auf dessen Konflikt-, Rivalitäts- und Konkurrenzängste eingelassen und findet deshalb nicht mehr zu seinem dialogischen Beziehungsmodus zurück. Er hat sich die Probleme des Patienten zu eigen gemacht, sich mit seinem Patienten identifiziert, was zunächst vollkommen in Ordnung ist, sich auch in einem nächsten Schritt auf das Beziehungselement der De-Identifikation mit seinem Patienten eingelassen, um im gegenseitigen Vertrauen eine Klärung und Lösung für die Konflikt-, Rivalitäts- und Konkurrenzängste zu finden. Hier kommt der Psychotherapeut aber nicht weiter, weil er mit ihm nicht den nächsten Schritt in Richtung **Regulation** macht. Hier geht es darum, die Bedenken gegenüber Veränderungen nicht nur immer wieder aufs Neue zu begründen, sondern sich darauf einzulassen, die kreativen Pläne auch wirklich in die Tat umzusetzen. Da der Psychotherapeut den letztgenannten Erziehungsschritt mit seinem Patienten nicht durchführt, läuft er Gefahr, zum »Erfüllungsgehilfen« dysfunktionaler Motive seines Patienten zu werden. Gleichzeitig kann seine professionelle Beziehung zu diesem Patienten leiden.

Um so einer Entwicklung keinen Vorschub zu leisten, ist die konzertierte psychotherapeutische Aktion notwendig. Erst wenn die Teammitglieder in einem Behandlungsteam in der Lage sind, sich immer wieder darin zu üben, den dialogischen Beziehungsmodus untereinander zu praktizieren, können die einzelnen Teammitglieder auch gegenüber dem Patienten diesen dialogischen Beziehungsmodus erfolgreich einsetzen. Hier muss der Psychotherapeut auf die psychotherapeutische Ich-Spaltung hingewiesen werden, die erlernt werden kann, und durch die es ihm möglich wird, im Laufe des dialogischen Beziehungsmodus, kurzzeitig mit der **de-identifikatorischen Beziehungsebene**, hier auch mit den dysfunktionalen Seiten des Patienten in Kontakt zu kommen, ohne davon zu sehr involviert zu werden.

! Dabei gilt der Grundsatz, dass der kleinste gemeinsame Behandlungsnenner ein größerer Wirkfaktor ist als eine optimale psychotherapeutische Einzelleistung.

13.5.1.2 Zweite Behandlungsphase

13.5.1.2.1 Arbeitsphase I – Testphase

Nach reichlicher und erfolgreicher Introspektionsarbeit in der konzertierten psychotherapeutischen Aktion versucht sich der Gesprächspsychotherapeut bei seiner Nähe-Distanz-Regulation subjektiv auf die **Muttersprache** (evtl. auch Umgangssprache) mit seinem Patienten einzulassen, ohne dabei die momentane, objektive Sprachebene, auf der er sich gerade mit seinem Patienten unterhält, zu verlassen. Diese psychotherapeutische Ich-Spaltung und **Regression** ist notwendig, damit sich der Gesprächspsychotherapeut in Orientierung am dialogischen Beziehungsmodus in diesem Fall auf das patholo-gische Beziehungselement **De-Identifikation** einstellen kann, um dem Patienten die notwendigen kreativen (elterlichen) Funktionen zu vermitteln.

Bei dieser **vertrauensvollen Beziehungserfahrung** erwartet der Patient aufgrund seiner fortgeschrittenen Selbstentwicklung zwischen sich und seinen Behandlern keine sprachlose Übereinstimmung mehr, weil er sich sehr gut in sich selbst zurückziehen kann und in der Lage ist, das Anderssein eines Menschen zu respektieren, ohne deshalb gleich seine Existenz in Frage zu stellen. Er kann auch die körperliche Nähe seiner Mitmenschen gut aushalten, ohne auf sie unbedingt angewiesen zu sein. Er kann **verbal**, aber vor allem **emotional kommunizieren** und ist also in der Lage, Menschenwürde, Respekt und Toleranz gegenüber seinen Mitmenschen in die Tat umzusetzen. Es ist ihm möglich, sich in andere Menschen hineinzuversetzen und er lässt dies auch bei sich zu, wenn er auf einen verständnisvollen Menschen trifft. Dabei konnte er viele seiner Fertigkeiten zu umfangreichen Fähigkeiten ausbauen, lernt heute noch dazu und hilft anderen. Sein Problem ist, dass er sich nur sehr schwer auf Ungewohntes und Unvertrautes einlassen kann. Vor allem Konflikte, durch die seine für ihn bewährten Gewohnheiten in Frage gestellt werden, machen ihm Angst. Er hat viel von einem typisch Konservativen und leidet aufgrund seiner mangelnden Kreativität in Auseinandersetzungen unter seiner **Konfliktschwäche**. Entwicklungspsychologisch kann die Ursache seiner Konfliktangst

13.5.1 Gesprächspsychotherapie

in der Entwicklungsphase liegen, in der im Kräftespiel zwischen Eltern und Kind das kindliche Selbstbewusstsein weiter ausreift. Erfahrungsgemäß ist bei diesen Eltern-Kind-Konflikten nicht nur ein hohes Maß an elterlicher Durchsetzungskraft und flexibler Autorität gefordert, sondern genauso ein hohes Maß an elterlicher Kreativität. Durch dieses Vorbild kann sowohl die kindliche Kreativität als auch in diesem Kontext die Auseinandersetzungsbereitschaft des Kindes im produktiven Sinne geweckt und gefördert werden. Dazu braucht es eine **verständnis**-, aber vor allem **vertrauensvolle Beziehung** zu seinen Eltern, wobei in dieser Entwicklungsphase hauptsächlich der Vater gefordert wird. In den ersten fünf Lebensjahren macht das Kind mehrere wichtige Entwicklungskonflikte durch, um letztendlich zu einer autonomen Persönlichkeit heranzureifen. Dabei wird es sich dieser Auseinandersetzungsprozesse und seiner ihm dabei ganz eigenen Selbstwirksamkeit erst zwischen seinem 3. und 4. Lebensjahr wirklich voll bewusst und will dieses neue Selbstgefühl intensiver als bisher ausleben. Das Kind wird also erst dann wirklich konfliktfähig, wenn sich bei ihm ein dazu ausreichendes Selbstkonzept gebildet hat. Man kann also davon ausgehen, dass den Patienten, die unter Konfliktängsten leiden, wenn ihr vorhandenes Selbstwirksamkeitserleben herausgefordert wird, in ihrer kindlichen Entwicklung viel zu kleine und möglicherweise für sie auch ungeeignete Entwicklungsspielräume zur Verfügung gestellt wurden. Es ist möglich, dass der Patient in der Lage ist, aus seinen **Konflikt-, Konkurrenz-** und **Rivalitätsängsten** Überlebensstrategien (selbstprotektive Mechanismen) zu generieren. Er kann aber auch über seine hauptsächlich mentalen Regulationsmechanismen mit unterschiedlichem neurotischem Verhalten (z. B. Verleugnung, Rationalisierung, Vermeiden usw.) reagieren. In jedem Fall ist auch hier eine hohe Flexibilität des Psychotherapeuten und der Einsatz der **kreativen Objektstützungen** gefordert.

13.5.1.2.2 Arbeitsphase II – Symptomreduktion

Beim Einsatz der **Muttersprache** (Umgangssprache) setzt der Gesprächspsychotherapeut die tiefenpsychologischen Techniken des **Erinnerns, Wiederholens** und **Durcharbeitens** ein. Aufgrund des fortgeschrittenen emotionalen Entwicklungsniveaus dieses Patienten, seines sehr differenzierten Anpassungsverhaltens und seines vorhandenen Selbstkonzeptes, versucht der Gesprächspsychotherapeut das **Vertrauen** dieses eher kritischen und skeptischen Patienten zu gewinnen. Dabei zieht er sich in sich selbst zurück, verlässt mehr und mehr die Gesprächsebene, um sich mehr als zuvor auf die intersubjektive Beziehung mit seinem Patienten einzulassen. Kann sich der Patient auf diese neue, erweiterte Gemeinsamkeitserfahrung einlassen, wird er feststellen, dass er jetzt ohne Zensur über alles reden kann, was ihn bedrückt. Es ist diese Vertrauensbasis, auf der im weiteren Behandlungsverlauf durch die Mithilfe des Gestaltungspsychotherapeuten, aber vor allem durch die Initiative des Patienten, gemeinsam konkrete Veränderungsstrategien bezüglich seiner Konfliktängste entworfen werden können. Dabei kann das Selbstsicherheitstraining als »Trainingsfeld« gute Dienste leisten.

Es ist der Rückzug in sich selbst, den dieser Patient im Laufe seiner Behandlung erlernt und immer öfter in Beziehungen einübt. Dabei eröffnen sich für den Patienten neue Perspektiven: Einmal stellt er fest, dass durch den Rückzug in sich selbst eine Beziehung nicht nur beendet werden kann, sondern durch den Rückzug beider Bezugspartner in sich selbst eine neue Qualität des Gemeinsamkeitserlebens entstehen kann. Im dialogischen Beziehungsmodus ist es das Beziehungselement der De-Identifikation. Weiter kann der Patient feststellen, dass diese vertrauensvollen Beziehungserfahrungen in seiner kindlichen Entwicklung zu kurz kamen. Deshalb war es ihm bisher auch kaum möglich, sein differenziertes Anpassungsverhalten auf sich selbst abzustimmen. Kann sich dieser Patient auf die psychodialogische Objektstützung einlassen und so reden, »wie ihm der Schnabel gewachsen ist«, oder »sich alles von der Seele reden« und kann er im Laufe dieser Behandlung immer öfter den Entwicklungsspielraum nutzen, den ihm der Gesprächspsychotherapeut eröffnet, werden jetzt die Auseinandersetzungen stattfinden, die der Patient so lange entbehrte. Jetzt können die identifikatorischen Prozesse stattfinden, durch die der Patient fähig wird, mehr und mehr seine Kreativität sowohl im beruflichen als auch im privaten Bereich in die Tat umzusetzen. Dabei besteht für den Patienten eine Chance, dass über viele **zirkuläre Resonanzmechanismen** zwischen Patient und Gesprächspsychotherapeut ein sich selbst verstärkender Prozess in Gang gesetzt wird, durch den die dysfunktionalen Imagines im Anpassungssystem/-konzept des Patienten konstruktiv reorganisiert werden können. Es ist der Gegenentwurf, der Respons, den der Gesprächspsychotherapeut mit Hilfe der konzertierten psychotherapeutischen Aktion in sich selbst gegenüber den dysfunktionalen Orientierungen, Motiven und Motivationen des Patienten herstellt. Dabei ist es oberstes Gebot, dass der Psychotherapeut im Schutz der **Supervision** und **Intervision** immer wieder darauf achtet, dass er nicht zum »Erfüllungsgehilfen« dieser dysfunktionalen Orientierungen, Motive und Motivationen des Patienten wird.

13.5.1.2.3 Rückgriff auf Therapiemaßnahmen aus den anderen Therapieebenen

Der Gesprächspsychotherapeut kann sich an der psychodialogischen, psychomotorischen, psychointentionalen und psychosozialen Entwicklungsleitlinie orientieren und sich konkrete Hilfe holen.

13.5.1.3 Dritte Behandlungsphase

13.5.1.3.1 Arbeitsphase III – Trennungsphase

Der Einsatz aller Objektstützungen (hier der kreativen Objektstützung) muss immer einhergehen mit einem sozialresonanten Verhalten, das der Psychotherapeut seinem Patienten abverlangt. Da in diesem Fall die strukturelle Entwicklung, was die Persönlichkeit des Patienten anbetrifft, fortgeschritten und demzufolge auch das emotionale Entwicklungsniveau höher ist, kann man davon ausgehen, dass dieser Patient kraft seines personalen Ichs vielen alltäglichen Belastungen gewachsen ist. Ist seine Intelligenz gut entwickelt, durchschaut er auf der Objektstufe oft selbst sein neurotisches Verhalten wenn es um Auseinandersetzungen geht, bei denen seine Lebensgewohnheiten, die oft durch Sitten und Gebräuche auch kulturell verankert sind, in Frage gestellt werden. (»Ich bin halt so ...«, »Ein Fisch braucht halt sein gewohntes Wasser.«) Obwohl er in der Lage wäre, in seine mentalen Regulationsmechanismen korrigierend einzugreifen, fehlt ihm dafür der »innere Rückhalt«. Die oft sehr rigiden Orientierungen, Motive und Motivationen in seinem Anpassungskonzept sind gegen Neuerungen und Kreativität eingestellt. Deshalb fällt es diesem Patienten auch schwer, unvorhergesehene schmerzliche Lebensereignisse in einem übergeordneten neuen Sinnzusammenhang zu sehen, um auf diese Weise besser mit diesen Situationen fertig zu werden. Diesem Patienten wird es deshalb nicht leicht fallen, sich auf das sozialresonante Verhalten, das ihm in der Klinik abverlangt wird, einzulassen.

Durch das Ineinandergreifen der vorausgegangenen Akzeptanzerfahrungen und jetzt durch die im Laufe der Behandlung erfahrenen Akzeptanz gegenüber seiner personalen Flexibilität (Fähigkeit des Menschen, sich nicht nur wechselnden Situationen anzupassen, sondern bei diesen Veränderungen auch kreativ mitzuwirken) mit dem abverlangten kreativen sozialresonanten Verhalten, stellt sich der Gesprächspsychotherapeut auf das gestörte Beziehungselement seines Patienten ein, ohne selbst den dialogischen Beziehungsmodus mit all seinen Beziehungselementen zu verlassen. Dabei wird sich der Gesprächspsychotherapeut in den Behandlungen von sich aus immer wieder regulativ auf das gestörte Beziehungselement seines Patienten einlassen und versuchen, gemeinsam mit ihm herauszufinden, wie sich in seinem Fall die kreativen Objektstützungen am schnellsten und effektivsten in seinem Anpassungssystem/-konzept und/oder Selbstsystem/-konzept implementieren lassen. Da dieser Patient über eine ausreichende Selbstwertregulation verfügt, finden bei dieser Behandlung sehr schnell **identifikatorische Prozesse** statt. Dadurch entwickelt dieser Patient eine **personale Flexibilität**, über die er in

13.5.2 Körperpsychotherapie

dieser Selbstverständlichkeit und Reproduzierbarkeit noch nicht verfügte. Durch die vielen objektgestützten kreativen Erfahrungen mit seinen Behandlern hat sich der »sichere innere Ort« im Selbstkonzept des Patienten deutlich erweitert. Das Behandlungsergebnis ist ein weiterer Zugewinn an Autonomie.

13.5.1.3.2 Entlassung und Weiterbehandlung

Nach Entlassung aus der stationären Behandlung soll der Patient in jedem Fall die begonnene tiefenpsychologisch fundierte Behandlung ambulant fortsetzen. Soweit sie dem Patienten behilflich ist, kann die Strukturplanarbeit von ihm fortgesetzt werden. Da die Gesundheitsstörungen dieses Patienten weniger aus frühkindlichen Traumatisierungen resultieren, sondern mehr aus frühen Entwicklungskonflikten, bei denen der Patient bereits über ein subjektives, verbales und teilweise auch schon über ein narratives Selbstempfinden verfügte, stellt es sich im Laufe seiner Behandlung sehr deutlich heraus, dass er in der Lage ist, neurotische Übertragungsreaktionen zu bilden, mit denen auch psychodynamisch gearbeitet werden kann. Dieser Patient wir deshalb in jedem Fall dazu motiviert, nach Entlassung eine tiefenpsychologisch fundierte Psychotherapie zu beginnen.
Siehe 13.5.1.3.2.

13.5.2 Körperpsychotherapie

13.5.2.1 Erste Behandlungsphase

13.5.2.1.1 Einsatz des dialogischen Beziehungsmodus von Anfang an

Siehe 13.1.1.1.1 und Kapitel 8.1.6, S. 168.

13.5.2.1.2 Diagnostische Einschätzung

Siehe 13.5.1.1.2.

13.5.2.1.3 Aufbau der notwendigen psychotherapeutischen Haltung

Diese korrigierenden emotionalen und kognitiven Erfahrungen greifen zunächst ins Anpassungssystem/-konzept ein und können dann die Erweiterung des Selbstkonzeptes bewirken. Dies ermöglicht dem Patienten sich »aus sich selbst heraus«, sich also freier als bisher, zu **bewegen** und langsam seine unsicheren Körperbewegungen aufzugeben. Hier werden die Traumatisierungen keinesfalls »gedeutet«, sondern sie sollen dem Patienten gegenüber als programmatische Krankheitsursache »benannt« werden (wie z. B. bei der Psychoedukation). Gleichzeitig hilft es, dem Patienten zu verstehen zu geben, dass seine vorhandenen Überlebensstrategien (Bewältigungsmechanismen) für ihn lebensnotwendige Ressourcen sind. Sie sollen bekräftigt, aber dort in Frage gestellt werden, wo bereits deutliche Hinweise auf ein Überforderungssyndrom bestehen. Die emotionale Wärme, die der Patient plötzlich nach guter vorausgegangener Pflege in seiner Frühentwicklung entbehrte, als er »eigene Wege gehen« wollte und sich plötzlich gegen die Lebensgewohnheit seiner Eltern auflehnte, wird hier durch die kreativen Objektstützungen auf Körperebene so weit wie möglich »neutralisiert«, wobei diese ungünstigen Sozialisationsbedingungen auch thematisiert werden.

13.5.2.2 Zweite Behandlungsphase

13.5.2.2.1 Arbeitsphase I – Testphase

Nach reichlicher und erfolgreicher Introspektionsarbeit in der konzertierten therapeutischen Aktion versucht sich der Körperpsychotherapeut bei seiner Nähe-Distanz-Regulation auf die Beziehungsrituale des **Playings** einzulassen (psychotherapeutische Regression). Der Körperpsychotherapeut orientiert sich bei der Arbeit mit seinem Patienten an der psychomotorischen Entwicklungsleitlinie und versucht über unterschiedliche, gezielte **kreative Körpertechniken** (basale interaktive Beziehungsrituale) seinem Patienten primäre kreative (elterliche) Funktionen zu vermitteln. Diese korrigierenden emotionalen und kognitiven Erfahrungen greifen zunächst ins Anpassungssystem/-konzept ein und können dann die Erweiterung des Selbstkonzeptes bewirken. Dies ermöglicht dem Patienten sich »aus sich selbst heraus«, also freier als bisher, zu **bewegen** und langsam seine unsicheren Körperbewegungen aufzugeben. Hier werden die Traumatisierungen keinesfalls »gedeutet«, sondern sie sollen dem Patienten gegenüber als programmatische Krankheitsursache »benannt« werden (wie z. B. bei der Psychoedukation). Gleichzeitig hilft es, dem Patienten zu verstehen zu geben, dass seine vorhandenen Überlebensstrategien (Bewältigungsmechanismen) für ihn lebensnotwendige Ressourcen sind. Sie sollen bekräftigt, aber dort in Frage gestellt werden, wo bereits deutliche Hinweise auf ein Überforderungssyndrom bestehen. Die emotionale Wärme, die der Patient plötzlich nach guter vorausgegangener Pflege in seiner Frühentwicklung entbehrte, als er »eigene Wege gehen« wollte und sich plötzlich gegen die Lebensgewohnheit seiner Eltern auflehnte, wird hier durch die kreativen Objektstützungen auf Körperebene so weit wie möglich »neutralisiert«, wobei diese ungünstigen Sozialisationsbedingungen auch thematisiert werden.

13.5.2.2.2 Arbeitsphase II – Symptomreduktion

Beim Einsatz des **Playings** stellt der Psychotherapeut seinem Patienten im wahrsten Sinne des Wortes einen »Spielraum«, z. B. eine Turnhalle oder einen geeigneten Sportplatz, zur Verfügung. Der Patient verlässt sich inzwischen nicht mehr nur auf die rückhaltgebende Funktion seines Körperpsychotherapeuten, sondern er kann sich auch mit dessen kreativen Objektstützungen identifizieren. Dadurch verstärkt sich auch die **selbstreflektive Resonanz** (»innere Stimme«) und der Patient spürt in sich einen zuvor in dieser Qualität noch nicht erlebten inneren Antrieb: *»Es ist gut, dass du dich bewegst.«*, *»Es ist gut, dass du dich so bewegst, wie du dich bewegst.«*, *»Es ist gut, wie du dich bei uns bewegst.«*, *»Es ist gut, dass du dich selbst bewegst.«* und jetzt den völlig neuen Ansporn: *»Es ist gut, wie du dich selbst bewegen kannst.«* Da sich diese »innere Stimme« wie eine Litanei immer wiederholt, verdichtet sich die selbstreflektive Resonanz zu einer Stimmung, zu einem kraftvollen Lebensgefühl, das dem Patienten zu neuen Taten Mut macht. Durch Einsatz der kreativen Objektstützungen auf Körperebene kann der Patient jetzt Zugang zu seiner lange Zeit unterdrückten **Bewegungsfreude** und **Lebensfreude** finden, die er zuletzt empfunden hatte, als er sich als Kind z. B. einen Stock hinter die Hosenträger klemmte und in seiner Phantasie auf einem Motorrad sitzend durch die Gegend brauste. Möglicherweise wurde ihm dieser Spieltrieb mit sehr überzeugenden Argumenten verboten, z. B. dass er eine sehr anfällige Gesundheit habe usw. Im Rückgriff auf die **konzentrative Bewegungstherapie** und/oder **Tanztherapie** kann der Körperpsychotherapeut diesen lange Zeit verdrängten Spieltrieb im Patienten wieder freilegen. Dabei wird er seinen Patienten zunächst auf den spielerischen Umgang mit Gegenständen, dann aber auch mit seinem Körper und letztlich mit seinen Mitpatienten hinführen. Die dabei entstehenden Konflikte gehören in dieses Therapieprogramm und sollen auf jeden Fall mit Unterstützung des Körperpsychotherapeuten an Ort und Stelle unter den Patienten ausgetragen werden, z. B. wenn sich zwei Patienten den gleichen Gegenstand zum Spielen aussuchen. Bei diesem Playing ist alles erlaubt, wobei selbstverständlich Unfallgefahren und Gewalttätigkeiten im Einverständnis aller Beteiligten ausgeschlossen werden. Beim Einsatz des Playings zeigen sich fließende Übergänge zum **Dancing**. Wesentlich ist, dass sich der Körperpsychotherapeut hier durch seine professionelle Präsenz sowohl auf die Regressionsbereitschaft des Patienten einlassen kann als auch bei sich selbst bleiben kann, ohne von den **Konflikt-, Rivalitäts- und Konkurrenzängsten** des Patienten überschwemmt zu werden. Dem Körperpsychotherapeuten soll es gelingen, gegenüber diesen Konfliktängsten des Patienten weder in Reaktionsbildungen (z. B. Harmonisierung, neurotischer Pazifismus, neurotische Friedfertigkeit) noch in Gleichgültigkeit zu verfallen. Kann sich der Patient, der sich mit Konfliktängsten und/oder daraus resultierenden neurotischen Verarbeitungen auf diese affirmative Haltung seines Körperpsychotherapeuten und dessen kreative Objektstützung einlassen, besteht eine große

Chance, dass jetzt über viele **zirkuläre Resonanzmechanismen** zwischen Patient und Körperpsychotherapeut ein sich selbst verstärkender Prozess in Gang gesetzt wird, durch den die dysfunktionalen Imagines im Anpassungssystem/-konzept des Patienten konstruktiv reorganisiert werden können. Es ist der Gegenentwurf, der Respons, den der Körperpsychotherapeut mit Hilfe der konzertierten psychotherapeutischen Aktion in sich selbst gegenüber den dysfunktionalen Orientierungen, Motiven und Motivationen des Patienten herstellt. Dabei ist es oberstes Gebot, dass der Psychotherapeut durch die **Supervision** und **Intervision** immer wieder darauf achtet, dass er nicht zum »Erfüllungsgehilfen« der krankhaften Strebungen des Patienten wird.

Man kann davon ausgehen, dass durch den Einsatz der körperpsychotherapeutischen Maßnahmen nicht nur die psychomotorische Entwicklung des Menschen vorangetrieben wird, sondern dass sich die Körperpsychotherapie auch auf andere Persönlichkeitsbereiche wachstumsanstoßend auswirkt.

13.5.2.2.3 Rückgriff auf Therapiemaßnahmen aus den anderen Therapieebenen

Der Körperpsychotherapeut kann sich an der psychodialogischen, psychomotorischen, psychointentionalen und psychosozialen Entwicklungsleitlinie orientieren und sich konkrete Hilfe holen. So kann der Körperpsychotherapeut z. B. auf das gesunde Mitteilungsbedürfnis seines Patienten eingehen und sich dabei auf dessen **Umgangssprache** (Muttersprache) mit ihm einlassen, um ihm Mut zu machen, über seine geheimen Wünsche und Zukunftsträume mit ihm zu sprechen.

13.5.2.3 Dritte Behandlungsphase

13.5.2.3.1 Arbeitsphase III – Trennungsphase

Grundsätzlich ist die Arbeitsphase III eine Vertiefung der in Arbeitsphase II stattgefundenen korrigierenden Erfahrungen. Findet dieser Patient in der Körperpsychotherapie wieder Zugang zu seiner unterdrückten Bewegungs- und Lebensfreude, verändert sich zwangsläufig damit auch sein Selbstgefühl. Durch die jetzt freien Bewegungen, die er körperlich wieder durchführen kann, stärkt sich sowohl sein körperliches Selbstbewusstsein als auch sein Selbstbewusstsein gegenüber seiner Umwelt. So wie er sich aufgrund eines schon seit langer Zeit bestehenden massiven Trainingsmangels, etwas überspitzt ausgedrückt in seinem Körper »eingezwängt«, erlebte, fühlt er sich auch seiner Umwelt gegenüber »eingezwängt« und mehr und mehr unfrei. Jetzt im Laufe der Körperpsychotherapie hat sich sein Körperselbstbild und damit einhergehend auch sein Selbstbild weitestgehend physiologisiert. Dadurch wird es ihm jetzt möglich, sich Konkurrenz- und Rivalitätsängsten auszusetzen und diese Konfliktbereitschaft und Konsensusbildung zu bewältigen. Dies war aber nur möglich, weil er sehr intensive Beziehungen zu seiner Behandlung und hier auch zu seinem Körperpsychotherapeuten eingegangen ist.

Wichtig ist jetzt in dieser dritten Arbeitsphase, dass sich der Patient und der Körperpsychotherapeut im Zuge einer sehr gut und ausführlich miteinander besprochenen Trauerarbeit trennen können. Nur so wird es diesem Patienten möglich, dass die Auflösung dieser psychotherapeutischen Bindung in einen effektiven Identifikationsprozess mündet.
Siehe 13.2.1.3.1.

13.5.2.3.2 Entlassung und Weiterbehandlung

Siehe 13.5.1.3.2 .

13.5.3 Gestaltungspsychotherapie

13.5.3.1 Erste Behandlungsphase

13.5.3.1.1 Einsatz des dialogischen Beziehungsmodus von Anfang an

Siehe 13.1.1.1.1.

Kreative Objektstützung

13.5.3.1.2 Diagnostische Einschätzung

Siehe 13.5.1.1.2.

13.5.3.1.3 Aufbau der notwendigen psychotherapeutischen Haltung

Für den Gestaltungspsychotherapeuten ist es wichtig, bei sich »auftauchende« **Konflikt-, Rivalitäts- und Konkurrenzängste** zu identifizieren, sie im Rahmen der konzertierten psychotherapeutischen Aktion als Folge ungünstiger Sozialisationsbedingungen des Patienten zu verstehen und sie »aushalten« zu lernen. So kann das für den laufenden psychotherapeutischen Prozess notwendige »primäre Milieu« hergestellt werden. Erst wenn diese Grundvoraussetzung geschaffen ist, besteht für den Gestaltungspsychotherapeuten eine Chance, dass er die kreativen Objektstützungen auf Handlungs-/Gestaltungsebene so wirksam einsetzen kann, dass die dysfunktionalen Orientierungen, Motive und Motivationen, unter denen der Patient leidet, reduziert, eventuell neutralisiert werden können. Diese korrigierenden emotionalen und kognitiven Erfahrungen greifen zunächst in das Anpassungssystem/-konzept ein und können dann die Erweiterung des Selbstkonzeptes bewirken. Dies ermöglicht dem Patienten »aus sich selbst heraus«, also freier als bisher, zu **wollen**, zu **handeln** und zu **gestalten** Um die Handlungs- und Ausdruckshemmungen zu reduzieren, setzt der Gestaltungspsychotherapeut bei diesem Patienten auch die Technik des **Erinnerns, Wiederholens** und **Durcharbeitens** ein. Diese tiefenpsychologisch fundierte Behandlungstechnik wurde bereits bei der Gesprächspsychotherapie beschrieben und wird hier entsprechend den gestaltungspsychotherapeutischen Möglichkeiten modifiziert.

Siehe 13.5.1.1.3.

13.5.3.2 Zweite Behandlungsphase

13.5.3.2.1 Arbeitsphase I – Testphase

Nach reichlicher und erfolgreicher Introspektionsarbeit in der konzertierten therapeutischen Aktion versucht sich der Gestaltungspsychotherapeut bei seiner Nähe-Distanz-Regulation auf das **kreative Gestalten** mit seinem Patienten einzulassen (psychotherapeutische Regression). Der Gestaltungspsychotherapeut orientiert sich bei der Arbeit mit seinem Patienten an der psychointentionalen Entwicklungsleitlinie und versucht über unterschiedliche **Animationen** die Handlungs-, Ausdrucks- und Gestaltungsfreude (basale interaktive Beziehungsrituale) des Patienten zu wecken, um dadurch seinem Patienten primäre **kreative (elterliche) Funktionen** zu vermitteln.

13.5.3.2.2 Arbeitsphase II – Symptomreduktion

Beim Einsatz des **kreativen »freien« Gestaltens** ist es wichtig, dass der Gestaltungspsychotherapeut sich in Orientierung an die psychointentionale Entwicklungsleitlinie daran erinnert, dass sich das Kind im 3.–4. Lebensjahr von seinen Eltern »loslöst« und »seelisch abnabelt«. Dabei erlebt sich das Kind durch die inzwischen verstärkte »verinnerlichte Präsenz« seiner Eltern (Objektkonstanz, Objektpermanenz) weniger auf die »äußere Präsenz« seiner Eltern angewiesen. Es ist sehr wahrscheinlich, dass dieses »Selbstständigwerden« bei dem Patienten, der hauptsächlich unter **Konflikt-, Rivalitäts-** und **Konkurrenzängsten** leidet, kritisch verlaufen ist. Das heißt, aufgrund des gut funktionierenden und auch sehr differenzierten Anpassungsverhaltens aber der zu wenig entwickelten Selbstsicherheit reagiert er oft ängstlich gegenüber Auseinandersetzungen, die seine Lebensqualität in Frage stellen könnten. Anderseits ist er aber durchaus bereit seinen Standpunkt darzulegen, aber nicht um sich auseinanderzusetzen oder sich auf einen neuen gemeinsamen Nenner mit seinen Konfliktpartnern einigen zu wollen. Da diesem Patienten möglicherweise schon sehr früh sein kindliches Revoltieren gegen die Erwachsenenwelt »abgewöhnt« wurde und deshalb seine Entwicklung im **Trotzalter** stecken geblieben ist, braucht der Gestaltungspsychotherapeut bei diesem eher konservativen Menschen sehr viel Geduld. Oft reagiert dieser Patient anfänglich sehr schnell mit Ablehnung gegenüber dem

13.5.3 Gestaltungspsychotherapie

angebotenen Material und ist der Überzeugung, dass ihm nichts einfallen wird, wenn er frei gestalten soll. Lieber würde er sich nach Vorlagen richten oder, wie bei dem handwerklichen Gestalten, den Anweisungen des Gestaltungspsychotherapeuten Folge leisten. Darauf kann der Gestaltungspsychotherapeut zunächst auch eingehen, aber mit dem ganz eindeutigen Ziel, diesen Patienten zum **freien Gestalten** hinzuführen. Sehr gut geeignet ist hierzu das Modellieren, aber auch das Skulpturieren. Vorrangig geht es bei der kreativen Objektstützung auf Gestaltungsebene darum, dass der Patient, der sich z. B. in seinem Beruf über eine für ihn spürbare Selbstwirksamkeit bewusst ist, jetzt Zugang findet zu seiner **Gestaltungsfreude.** Durch diese jetzt neu gewonnene Gestaltungsfreude und Gestaltungsfreiheit zusammen mit der neugewonnenen Bewegungsfreude, dem Mitteilungsbedürfnis und der Freude, in einer Sozialstruktur eine Funktion (Rolle) übernehmen zu können, reduzieren sich die Konflikt-, Rivalitäts- und Konkurrenzängste des Patienten.

Wesentlich bei dieser Gestaltungspsychotherapie ist die Konfliktbereitschaft des Gestaltungspsychotherapeuten, da dieser Patient, dessen kreative Kräfte durch die Behandlung freigelegt wurden, oft mit großer Vehemenz die kreative Kompetenz seines Gestaltungspsychotherapeuten herausfordert. Dabei ist das angestrebte Ziel, dass es dem Patienten möglich wird, das Althergebrachte, das wenig mit ihm selbst zu tun hat, das er übernehmen musste und das ihn inzwischen massiv belastet, in Frage zu stellen und sich auf neue, gemeinsame Projekte einzulassen. Kann sich der Patient bei seinem Gestaltungsprozess auf die kreative Objektstützung auf Gestaltungsebene einlassen, besteht eine große Chance, dass über viele **zirkuläre Resonanzmechanismen** zwischen ihm und seinem Gestaltungspsychotherapeuten ein sich selbst verstärkender Prozess in Gang gesetzt wird, bei dem die dysfunktionalen Imagines im Anpassungssystem/-konzept des Patienten konstruktiv reorganisiert werden können.

Wesentlich ist, dass der Gestaltungspsychotherapeut hier durch seine Präsenz und durch sein selbstverständliches Miteinbeziehen in den gemeinsamen Gestaltungsprozess seinem Patienten gegenüber seine eigene **kreative Selbstwirksamkeit** vermittelt. Es ist der Gegenentwurf, der Respons, den der Gestaltungspsychotherapeut mit Hilfe der konzertierten psychotherapeutischen Aktion in sich selbst gegenüber den dysfunktionalen Orientierungen, Motiven und Motivationen des Patienten herstellt.

13.5.3.2.3 Rückgriff auf Therapiemaßnahmen aus den anderen Therapieebenen

Siehe 13.5.1.2.3.

13.5.3.3 Dritte Behandlungsphase

13.5.3.3.1 Arbeitsphase III – Trennungsphase

Ähnlich wie in der Körperpsychotherapie zeigt sich auch hier, dass dieser Patient, der durchaus über ein belastbares Selbstbewusstsein verfügt, doch sehr schnell Angst bekommt, wenn seine Wertevorstellungen in Frage gestellt werden. Dieser Patient ist in der Gestaltungspsychotherapie durchaus in der Lage so, wie er es gelernt hat und zeitlebens auch so praktizierte, etwas zu gestalten. Wird er jetzt aber aufgefordert, sich auf ein freies Gestalten einzulassen, kann er sehr schnell mit Angst reagieren. Gelingt es ihm jetzt, mit Hilfe der kreativen Objektstützungen seines Gestaltungspsychotherapeuten, seiner Phantasie freien Lauf zu lassen, kann sich bei ihm sehr schnell eine für ihn bis dahin nicht erfahrene Gestaltungsfreude einstellen. Auf diesem Behandlungsweg wird es ihm auch mehr und mehr möglich, andere Meinungen, Vorstellungen und Werte nicht sofort beängstigend zu erleben, sondern er beginnt sich darauf einzulassen und sich mit ihnen konstruktiv auseinanderzusetzen. Da diese Erfahrungen sehr an seine Behandler und hier an den Gestaltungspsychotherapeuten gebunden sind, ist es jetzt wichtig, dass sich in dieser dritten Arbeitsphase Patient und Gestaltungspsychotherapeut im Zuge einer sehr gut und ausführlich miteinander besprochenen Trauerarbeit trennen können. Nur so gelingt es diesem Patienten, dass die Auflösung dieser psychotherapeutischen Bindung zumindest teilweise in einen effektiven Identifikationsprozess mündet. Dadurch wird es möglich, dass der Patient sich später auch nach Entlassung in Krisensituationen mit Hilfe des Aktualitätstrainings, gegebenenfalls auch mit Hilfe seiner Strukturplanarbeit, seiner rückhaltgebenden Behandler erinnert und er dadurch weiterhin in seiner Konfliktbereitschaft und Konsensusbildung bestärkt wird.

Siehe 13.2.1.3.1.

13.5.3.3.2 Entlassung und Fortsetzung der Behandlung

Siehe 13.5.1.3.2.

13.5.4 Sozialpädagogische Psychotherapie

13.5.4.1 Erste Behandlungsphase

13.5.4.1.1 Einsatz des dialogischen Beziehungsmodus von Anfang an

Siehe 13.1.1.1.1 und Kapitel 8.1.6, S. 168.

13.5.4.1.2 Diagnostische Einschätzung

Siehe 13.5.1.1.2.

13.5.4.1.3 Aufbau der notwendigen psychotherapeutischen Haltung

Für den sozialpädagogischen Psychotherapeuten ist es wichtig, bei sich »auftauchende« **Konflikt-, Rivalitäts-** und **Konkurrenzängste** zu identifizieren, sie im Rahmen der konzertierten psychotherapeutischen Aktion als Folge ungünstiger Sozialisationsbedingungen, die der Patient in seiner Frühentwicklung erlebte, zu verstehen und sie »aushalten« zu lernen. So kann das für den laufenden sozialpädagogisch-psychotherapeutischen Prozess notwendige »primäre Milieu« hergestellt werden. Erst wenn diese Grundvoraussetzung geschaffen ist, besteht für den sozialpädagogischen Psychotherapeuten eine Chance, dass er die kreativen Objektstützungen auf sozialer Ebene so wirksam einsetzen kann, dass die dysfunktionalen Orientierungen, Motive und Motivationen des Patienten reduziert, eventuell neutralisiert werden können. Diese korrigierenden emotionalen und kognitiven Erfahrungen greifen zunächst in das Anpassungssystem/-konzept ein und können dann die Erweiterung des Selbstkonzeptes bewirken. Dies ermöglicht dem Patienten »aus sich selbst heraus«, also freier, selbstbewusster und autonomer in seinem jeweiligen sozialen Gefüge ein Rollenverständnis zu entwickeln. Er ist dann in der Lage, die Rolle einzunehmen, die für sein Selbstverständnis stimmt. Aufgrund seines fortgeschrittenen emotionalen Entwicklungsniveaus, seines differenzierten Anpassungsverhaltens, aber seines nur teilstabilen Selbstkonzeptes versucht der sozialpädagogische Psychotherapeut zunächst das Vertrauen dieses eher kritischen und skeptischen Patienten zu gewinnen. Dabei wird er sehr direkt vor allem berufliche Konfliktängste des Patienten ansprechen und hier auf für den Patienten kritische personelle Konstellationen eingehen. Zum Beispiel kann er seinem Patienten neue berufliche Perspektiven aufzeigen und ihm Mut machen für einen längst notwendigen Stellenwechsel, den der Patient bisher, trotz seiner durchaus vorhandenen beruflichen Kompetenz, nicht wagte.

Siehe 13.5.1.1.3.

13.5.4.2 Zweite Behandlungsphase

13.5.4.2.1 Arbeitsphase I – Testphase

Nach reichlicher und erfolgreicher Introspektionsarbeit in der konzertierten therapeutischen Aktion versucht sich der sozialpädagogische Psychotherapeut bei seiner Nähe-Distanz-Regulation auf die **primären sozialen Milieuerfahrungen** seines Patienten einzulassen (psychotherapeutische Regression). Der sozialpädagogische Psychotherapeut orientiert sich bei der Arbeit mit seinem Patienten an der psychosozialen Entwicklungsleitlinie und versucht durch das Eingehen auf die **Papakind-Rolle** (basale interaktive

13.5.4.2.2 Arbeitsphase II – Symptomreduktion

Der Einsatz der **primären sozialen Milieuerfahrungen** erfolgt durch Behandlungsformen, bei denen der Patient zunächst mit seinen **sozialen Defiziten** im beruflichen und gesellschaftlichen Bereich konfrontiert wird. Dabei spielt für diesen Patienten z. B. die Konfliktverweigerung, wenn es um persönlich wichtige Angelegenheiten geht, z. B. gerechtfertigte Gehaltsforderungen, Zurückweisung von unberechtigten Vorwürfen usw., aber auch der Rückzug aus notwendigen Konkurrenz- und Rivalitätskonflikten eine wesentliche Rolle.

Durch diese Konfrontation mit seinen **realen Konfliktängsten** kann beim Patienten eine Regression auf seine mangelhaft durchlebte **Papakind-Rolle** angestoßen werden. Jetzt soll der Patient in dieser ihm gestatteten Papakind-Rolle die sozialen Erfahrungen machen, die für seine grundlegende Persönlichkeitsentwicklung notwendig sind. Diese Erfahrungen können z. B. in den Auseinandersetzungen mit seinem sozialpädagogischen Psychotherapeuten stattfinden, wenn dieser immer wieder auf seine Begabungen, Talente und vielfältigen Fertigkeiten zu sprechen kommt. Bisher schob er diese immer beiseite, weil dadurch seine derzeit durchaus stabilen und geregelten beruflichen und auch privaten Verhältnisse und Gewohnheiten ins Wanken geraten könnten. Durch den Einsatz seiner kreativen Objektstützungen auf sozialer Ebene kann der sozialpädagogische Psychotherapeut so viel Vertrauen in diesen Patienten setzen, dass dieser nach anfänglichem Weigern immer öfter beginnt, seine Sozialstruktur nach neuen beruflichen und gesellschaftlichen Möglichkeiten zu überprüfen. Diese Entwicklung kann durch das **Selbstsicherheitstraining II**, in dem weder Verachtungsängste noch Überlebensstrategien thematisiert werden, in Rollenspielen weiter unterstützt werden. Dieser Patient kann Zugang finden zu seinen Entwicklungskonflikten und stellt dabei fest, dass seine **soziale Selbstwirksamkeit** schon früh, z. B. durch den Tod seines Vaters, im Keim erstickt wurde und damals niemand diesen Vater zumindest teilweise ersetzen konnte. Im Selbstsicherheitstraining II stellt er dann weiter fest, dass er deshalb viele seiner Gewohnheitsbildungen nicht in Frage stellt und hier auch keinerlei Kreativität zulässt, nur um der Angst vor durchaus notwendigen Veränderungen aus dem Weg zu gehen. Dabei wäre dieser Patient aufgrund seiner vorhandenen Kompetenzen und Selbstsicherheit durchaus dazu in der Lage. Durch den Einsatz der kreativen Objektstützungen auf sozialer Ebene kann der Patient plötzlich wieder seine Spielfreude neu entdecken und beginnt jetzt, über Neuerungen, z. B. in seinem beruflichen Alltag, nachzudenken.

Durch das Ineinandergreifen von primärer Versorgung (kreativer Objektstützung) und dem Erlernen und Einüben von sozialresonantem Verhalten (Krisenintervention, Krisenprävention, objektgestützte Intervention, Rollenspiel und Selbstsicherheitstraining II) kann der Patient die sozialen Kompetenzen aufbauen, die er für die Bewältigung seiner Konfliktängste benötigt.

Zielvorstellung ist, dass sich der Patient in seiner Sozialstruktur nicht wie bisher ängstlich zurückzieht, sondern eine wie auch immer geartete soziale Rolle, z. B. im Elternbeirat, als Vereinsmitglied, als Parteimitglied usw. übernimmt, da er durchaus über eine erkennbare Selbstwirksamkeit, über Wissen und Erfahrungen auf vielen Gebieten verfügt. Dieser Patient sollte im Laufe dieser sozialpädagogischen Psychotherapie zunächst zu den entwicklungsgeschichtlichen Hintergründen seiner Konflikt-, Rivalitäts- und Konkurrenzängste finden. Dabei wird er immer wieder feststellen, dass in seiner kindlichen Entwicklung das übliche und auch notwendige Kräftemessen mit seinen Eltern, aber auch mit seinen Spielkameraden kaum stattfand. Er verstand es jedes Mal sehr gut, diesen Situationen, bei denen ein »Schlagabtausch« zu befürchten war, aus dem Weg zu gehen. Dadurch ging ihm aber ein wichtiger Teil des Modell-Lernens verloren, was ihm heute vor allem in Konfliktsituationen zu schaffen macht. Durch die Identifikation mit den kreativen Objektstützungen auf sozialer Ebene sollte der Patient jetzt zu der sozialen Selbstwirksamkeit finden, die es ihm ermöglicht, in seiner Sozialstruktur die Funktionen (Rollen) zu übernehmen, die er schon immer zu leisten imstande war.

Wesentlich ist, dass der sozialpädagogische Psychotherapeut hier durch seine Präsenz seinem Patienten gegenüber vollstes **Vertrauen** einsetzt und ihm Mut macht, mehr als bisher auf sich selbst zu hören. Es ist der Gegenentwurf, der Respons, den der sozialpädagogische Psychotherapeut mit Hilfe der konzertierten psychotherapeutischen Aktion in sich selbst gegenüber den dysfunktionalen Orientierungen, Motiven und Motivationen des Patienten herstellt. Dabei ist es oberstes Gebot, dass der Psychotherapeut im Schutz der **Supervision** und **Intervision** immer wieder darauf achtet, dass er nicht zum »Erfüllungsgehilfen« der dysfunktionalen Orientierungen und Beweggründe des Patienten funktionalisiert wird.

13.5.4.2.3 Rückgriff auf Therapiemaßnahmen aus den anderen Therapieebenen

Siehe 13.5.1.2.3.

13.5.4.3 Dritte Behandlungsphase

13.5.4.3.1 Arbeitsphase III – Trennungsphase

Obwohl dieser Patient über ein belastbares neuronales Selbstsystem und ein dazu identisches mentales Selbstkonzept verfügt, hält er sehr an Althergebrachtem fest und will wenig soziale Verantwortung übernehmen. Hier versucht jetzt der sozialpädagogische Psychotherapeut, wie auch seine anderen Behandler, die entwicklungsgeschichtlichen Hintergründe seiner Konkurrenz- und Rivalitätsängste aufzuzeigen und ihm Mut zu machen, seine durchaus vorhandene soziale Kompetenz im privaten, beruflichen oder politischen Bereich einzusetzen und hier eine bestimmte Rolle einzunehmen. Evtl. bietet sich ihm die Rolle als Hausmann an, die er sich nie zugetraut hat, evtl. auch gering geschätzt hat oder er übernimmt einen Posten in seinem Beruf, auf den er immer schon gewartet hat, zu dem er sich aber jetzt, da er ihm angeboten wird, nicht für fähig hält. Er kann auch in eine politische Partei eintreten und versuchen etwas konkret zu ändern, anstatt immer nur an den Entscheidungen der Politiker herumzukritisieren. Durch diese Hilfe seines sozialpädagogischen Psychotherapeuten beginnt er mehr und mehr seine alten Rollenzuschreibungen in Frage zu stellen und entwickelt zunehmend einen bisher so nie empfundenen neuen Lebensmut. Da diese Entwicklung an seine Behandler und hier vor allem an den sozialpädagogischen Psychotherapeuten gebunden ist, ist es jetzt in dieser dritten Arbeitsphase wichtig, dass sich Patient und sozialpädagogischer Psychotherapeut im Zuge einer sehr gut und ausführlich miteinander besprochenen Trauerarbeit trennen können. So gelingt es, dass die Auflösung der psychotherapeutischen Bindung für diesen Patienten zumindest teilweise in einen effektiven Identifikationsprozess mündet. Dies ist notwendig, damit auch später, nach der Entlassung, seine Behandler innerlich rückhaltgebend für ihn in Kraft treten können, z. B., wenn er mit einer neuen Rolle, die er angenommen hat, in Schwierigkeiten gerät.

Siehe 13.2.1.3.1.

13.5.4.3.2 Entlassung und Weiterbehandlung

Siehe 13.5.1.3.2.

13.6 Narrative Objektstützung

Ab dem 42./45. Monat bis zum 4./5. Lebensjahr kommt zur tragenden, haltenden, entlastenden, stützenden und kreativen Objektstützung die narrative Objektstützung hinzu.

13.5.4 Sozialpädagogische Psychotherapie

Tab. 13-12 Orientierung an den Entwicklungsleitlinien

Objektstützungen primäre (elterliche) Funktionen und damit einhergehende basale interaktive Beziehungsrituale	Psychomotorische Entwicklungsleitlinie (freies Bewegen)	Psychointentionale Entwicklungsleitlinie (freies Wollen, Handeln, Gestalten)	Psychodialogische Entwicklungsleitlinie (freies Sprechen, freie Meinungsäußerung)	Psychosoziale Entwicklungsleitlinie (freie Wahl der sozialen Rolle)
Essenz der narrativen (elterlichen) Funktionen (Einstellungen, Haltungen gegenüber dem Kind)	Es ist gut, wie du dich selbst gemeinsam mit mir/uns bewegen kannst	Es ist gut, wie du selbst gemeinsam mit mir/uns etwas machen, gestalten, handeln kannst.	Es ist gut, wie du selbst gemeinsam mit mir/uns sprechen kannst.	Es ist gut, wie du selbst gemeinsam mit mir/uns deine Schulkind-Rolle einnehmen kannst.
	Mit deinen Leistungsfähigkeiten im körperlichen Bewegen können wir gemeinsam etwas »leisten« (z. B. im Sport), wozu einer alleine nicht in der Lage ist.	Mit deinen Leistungsfähigkeiten im Handeln, Tun und Gestalten, können wir gemeinsam etwas gestalten, »schaffen«, wozu einer alleine nicht in der Lage ist.	Mit deinen Leistungsfähigkeiten im Sprechen können wir gemeinsam etwas mitteilen, wozu einer alleine nicht in der Lage ist.	Mit deinen Leistungsfähigkeiten, in der Gemeinschaft eine Rolle zu übernehmen, können wir gemeinsam Veränderungen bewirken, wozu einer alleine nicht in der Lage ist.
	Jeder von uns beiden erlebt sich gegenüber dem anderen solidarisch.			
Basale interaktive Beziehungsrituale	Dancing	Kooperation – Produktion (gemeinsam etwas machen)	rwachsenensprache	Eingehen auf die Schulkind-Rolle (Erziehung zur Gemeinschaft)

Narrative Objektstützung

Tab. 13-13 Orientierung an der Organisation der Persönlichkeitsstruktur des Kindes

Narrative Objektstützung

Zentrales Entwicklungsthema	Gemeinsinn Aus der Grunderfahrung heraus, dass in einer Familie jeder am Leben des anderen Anteil nimmt und alle diese Anteilnahme zulassen, weil keiner über den anderen verfügt, auch alle gemeinsam etwas in die Tat umsetzen können, wozu einer alleine nicht imstande ist, entwickelt sich im Kind die Kompetenz der Solidarität.
Kommunikationselement (auf das sich die Mutter bei ihrer narrativen Objektstützung einstellt)	Regulation
Die Beziehungserfahrung in der Mutter-Kind-Beziehung	solidarisch, liebevoll, sozial kommunikativ • soziale Integration (Eingebundensein in eine Sozialstruktur), Gemeinwohl, Zusammengehörigkeitsgefühl kontra • soziale Desintegration (in einer Sozialstruktur gibt es keinen Platz für diesen Menschen), Ausgeschlossenheitsgefühl, kollektive Gewalt, Angst vor sozialer Kälte
Archaiksystem und Anpassungssystem (Gedächtnissysteme)	• Die Beziehungserfahrung der tragenden, haltenden, entlastenden, stützenden, kreativen und jetzt narrativen Objektstützungen (Gegenwartserfahrungen) werden zunächst im neuronalen Anpassungssystem gespeichert (kodiert). • Die funktionalen Erfahrungen aus dem Anpassungssystem werden in das Selbstsystem transferiert.
Anpassungskonzept	Entsprechend zur jeweiligen Gegenwartserfahrung (Aktualbewusstsein) assoziieren sich synchron oder verzögert im Hintergrundbewusstsein ähnliche Erinnerungen aus der Vergangenheit. Sie formen sich zu einem Netzwerk aus funktionalen und dysfunktionalen Episodenkontexten, die je nach Entwicklung des Selbstkonzeptes mehr oder weniger Einfluss nehmen auf das momentane Empfinden, Wahrnehmen und die Steuerungsfähigkeit des Kindes.
Selbstsystem (Gedächtnissystem)	Tragende, haltende, entlastende, stützende, kreative und jetzt narrative Objektstützungen bilden, so weit im Anpassungssystem verinnerlicht, weiter das Selbstsystem.
Selbstkonzept	Diese vom Anpassungssystem in das Selbstsystem transferierten objektgestützten Erfahrungen werden dem Kind mental über ein zunehmendes narratives Selbstempfinden bewusst. Kraft dieses narrativen Selbstempfindens können Kinder gegenseitig Anteil nehmen an ihren Bewegungs-, Handlungs-, Sprech- und sozialen Fähigkeiten und üben sich in gemeinsamen Unternehmungen. Dabei planen sie nicht nur gemeinsame Unternehmungen in den einzelnen Bereichen (z.B. im Sport, auf dem Abenteuerspielplatz, beim Musizieren, beim Kasperltheater, im Fasching usw.), sondern sie setzen diese Unternehmungen – immer in gemeinsamer Absprache – auch in die Tat um. Mahler (1978, S. 142): »*Konsolidierung der Individualität und die Anfänge der emotionalen Objektkonstanz. Die Errichtung der affektiven (emotionalen) Objektkonstanz hängt von der allmählichen Verinnerlichung einer beständigen, positiv besetzten innerlichen Mutterimago ab. Dies erlaubt es dem Kind (in vertrauter Umgebung) getrennt zu funktionieren, obwohl es eine gewisse Spannung und Unbehagen empfindet.*

13.5.4 Sozialpädagogische Psychotherapie

Tab. 13-13 Fortsetzung

Selbstkonzept	*Doch die Objektkonstanz beinhaltet mehr als die Bewahrung der Repräsentanz des abwesenden Liebesobjektes; sie beinhaltet zugleich die Vereinigung von ›gutem‹ und ›bösem‹ Objekt zu einer Gesamtrepräsentanz.«* Stern (1992, S. 317–322): *»Phase des narrativen Selbstempfindens. Hier kann das Kind persönliche Erlebnisse und Motive in einer erzählenden kohärenten Geschichte organisieren, was über eine bloße sprachliche Beschreibung von Gegenständen oder die Mitteilung von Zuständen weit hinausgeht.«*	Narrative Objektstützung
Selbstreflektive Resonanz	Die im neuronalen Selbstsystem generierte selbstreflektive Resonanz wird jetzt für das Kind als ständig wirksamer »innere Rückhalt« (Objektpermanenz [Piaget 1975], Objektkonstanz [Hartmann 1972; Mahler 1978]) über sein mentales Selbstkonzept bewusst. Dieses »geistige Bild«, das es sich auch »einbildet«, wenn die Mutter weg ist, kann man auch mit affirmativer (bejahender) »innerer Stimmung« beschreiben. Die Erfahrung des Kindes von selbst sein, selbst wollen, selbst können, sich selbst bewegen, selbst eine Rolle einnehmen usw. sind dem Kind jetzt – mit allen Schwankungen – durchgängig bewusst.	
Funktionales Ich/ personales Ich	• Das personale Ich hat jetzt gegenüber dem funktionalen Ich weitestgehend die Steuerung übernommen (Ich-Autonomie). • Das Kind kann jetzt nicht nur frei sprechen, sich selbstständig bewegen, etwas Eigenes machen oder in seiner Gemeinschaft eine für es geeignete Rolle übernehmen, es kann jetzt auch diese Fähigkeiten zielführend einsetzen. Das Kind ist auch bereit, Frustrationen zugunsten eines übergeordneten Gemeinwohls auf sich zu nehmen. • Die unbewussten, meist körperlichen, automatischen Reaktionen auf Stimuli (Affekte) treten weiter zugunsten bewussterer Affektqualitäten (Gefühle) und vor allem zugunsten bewussterer Emotionen (in Episodenkontexte eingebettete Gefühlsbewegungen) in den Hintergrund. • stabile Angsttoleranz im alltäglichen Leben (Angst wird jetzt nicht nur als kritische, sondern auch als lebensnotwendige Gefühlsqualität bewusst erlebt, z. B. als Signalangst) • Die Nähe-Distanz-Regulation kann praktiziert werden (s. dialogischer Beziehungsmodus). • stabile intrapsychische Identifikation • stabile Konzentrationsfähigkeit, gute Aufmerksamkeit bei geringer Ablenkbarkeit, eindeutige Interessenslagen • Das Körperschema stimmt mit den realen Körperdimensionen, dem Raumbild des Kindes weitestgehend überein.	
Neuronal-mentale Regulationsmechanismen	vorwiegend mentale Regulationsmechanismen (Selbstregulationstechniken)	
Mögliche Symptombildungen	leichtere Formen der Anpassungsstörung	

13.6.1 Gesprächspsychotherapie

13.6.1.1 Erste Behandlungsphase

13.6.1.1.1 Einsatz des dialogischen Beziehungsmodus von Anfang an

Siehe 13.1.1.1.1 und Kapitel 8.1.7, S. 169.

13.6.1.1.2 Diagnostische Einschätzung

Konnte ein Mensch (Patient) in ausreichendem Maße tragende, haltende, entlastende, stützende und kreative, aber nicht narrative Objektstützungen verinnerlichen, leidet er unbewusst öfter unter Ängsten vor seiner Triebstärke, die im therapeutischen Prozess als Ängste vor sozialer Desintegration erlebt werden. Es ist möglich, dass die narrative Objektstützung in der kindlichen Entwicklung aufgrund äußerer, z. B. politischer, religiöser oder auch aufgrund besonderer familiärer Verhältnisse zu kurz gekommen ist. Es ist z. B. möglich, dass das Erlernen und Einüben von Gemeinschaftlichkeit (Kollektivität) durch die Eltern, aus welchen Gründen auch immer, nur mangelhaft stattfinden konnte. Bei Ängsten vor sozialer Desintegration wird der Patient nicht in seinen existenziellen Grundfesten erschüttert. Meist gelingt es ihm auch, kraft seiner verinnerlichten Objektstützungen und der daraus resultierenden Selbstsicherheit, sich gegen die ihn bedrängenden (oft auch bedrohenden) Widersacher (z. B. Parteien, fanatische Glaubensanhänger, Banden usw.) ausreichend (je nach deren Gewaltpotenzial) zu distanzieren, notfalls um den Preis eines »Einzelgängers«. Da es sich ja hauptsächlich um reale Ängste vor sozialer Desintegration handelt, ist der Beeinträchtigungsgrad des Patienten trotz hoher Erschütterung seiner Persönlichkeitsverfassung gering. Dennoch fühlt er sich diesen sozialen Auseinandersetzungen nicht gewachsen und ihnen gegenüber hilflos.

Dieser Patient kann seine Spontaneität (**Reagieren**) als Ressource für seine bewussten Entscheidungen nutzen und denkt dann sehr gründlich nach (**Reflexion**), ob er seine Entscheidung effektiver alleine oder gemeinschaftlich in die Tat umsetzt (**Realisierung**).

13.6.1.1.3 Aufbau der notwendigen psychotherapeutischen Haltung

Für den Gesprächspsychotherapeuten ist es wichtig, bei sich »auftauchende« **Ängste vor sozialer Desintegration** zu identifizieren, sie im Rahmen der konzertierten psychotherapeutischen Aktion als Folge von unzureichend erfahrenen narrativen Objektstützungen zu verstehen und sie »aushalten« zu lernen So kann er im laufenden psychotherapeutischen Prozess die notwendigen korrigierenden Erfahrungen vermitteln. Diese korrigierenden emotionalen und kognitiven Erfahrungen greifen zunächst in das Anpassungssystem/-konzept des Patienten ein, können aber durch die sekundäre (mentale) intrapsychische Identifikation sehr schnell die Erweiterung des Selbstkonzeptes bewirken. Dies ermöglicht dem Patienten dann »aus sich selbst heraus«, also freier als bisher, auf der Basis des dialogischen Beziehungsmodus auch mehreren Menschen gegenüber freier zu **sprechen**. Bei dieser Gesprächspsychotherapie geht es weniger um familiäre Entwicklungskonflikte als um das **Erinnern**, **Wiederholen** und **Durcharbeiten** von Konflikten, denen die Familie des Patienten und dadurch auch er selbst ausgesetzt war. Er erlebte sich und seine Familie gegenüber diesen Konflikten mit politisch, religiös oder anders soziokulturell motivierten Kollektiven hilflos ausgeliefert.

Konzertierte psychotherapeutische Aktion beim Einsatz der narrativen Objektstützungen

Patienten, die in ihrer phasentypischen Entwicklung bezüglich der narrativen Objektstützungen unterversorgt wurden, konnten trotzdem eine gute Selbstentwicklung durchmachen und sind auch im Einzelkontakt in der Lage, sich sowohl zu behaupten als auch Konflikte so zu bewältigen, dass ein möglichst großer gemeinsamer Nenner resultiert. Bei ihnen treten hauptsächlich dann Ängste auf, wenn sie mit autoritären Kollektiven konfrontiert werden und sich entweder von ihnen bedroht oder ausgeschlossen erleben. Das heißt, diese Patienten haben nicht gelernt, sich

13.6.1 Gesprächspsychotherapie

außerhalb ihrer Familie auf Kollektive einzulassen oder sich mit ihnen auseinanderzusetzen. Dadurch leiden sie sehr schnell unter **Desintegrationsängsten**. Damit bei diesen Patienten im Laufe ihrer psychotherapeutischen Behandlung die narrativen (elterlichen) Funktionen, die ihnen von allen Behandlern vermittelt werden und die dazugehörigen basalen interaktiven Beziehungsrituale, die auf unterschiedlichen Therapieebenen beim Patienten eingesetzt werden, also die prothetischen narrativen Objektstützungen, »greifen« können, ist es Voraussetzung, dass die Desintegrationsängste, die sich bei dieser stationären Behandlung auch auf die Behandler übertragen können, zunächst von den Behandlern im Rahmen einer konzertierten psychotherapeutischen Aktion immer wieder identifiziert, gemeinsam ausgehalten und vor allem verkraftet werden.

Hier ist es der dialogische Beziehungsmodus, mit dem alle Therapeuten im Behandlungsteam arbeiten und den die Teammitglieder zunächst bei sich selbst und im Kontakt mit den anderen Kollegen im Team bewusst einsetzen. Ist z. B. ein Kollege von den dysfunktionalen Orientierungen, Motiven und Motivationen eines Patienten so sehr in Beschlag genommen, dass er sich dieser auf ihn übertragenen Desintegrationsängste nicht mehr erwehren kann, möglicherweise auch deshalb, weil bei ihm im Kontakt mit dem Patienten eigene Ängste mobilisiert werden, setzen die Teamkollegen diesem Therapeuten gegenüber in diesem Fall sofort narrative Objektstützungen ein. Durch diese konzertierte psychotherapeutische Aktion erfährt dieser Kollege eine sehr große Solidarität durch sein Behandlungsteam, vorausgesetzt diese Objektstützungen sind glaubwürdig und Ausdruck einer ständig stattfindenden dialogischen Kommunikation im Team. Gelingt es dem Kollegen, sich auf diesen »rückhaltgebenden« Gruppenprozess einzulassen und wieder zu seinem dialogischen Beziehungsmodus – sowohl gegenüber seinen Teamkollegen als auch gegenüber seinem Patienten – zurückzufinden, kann in der Supervision versucht werden, die Ursachen herauszuarbeiten, warum bei diesem Kollegen diese Ausgrenzungsbefürchtungen plötzlich aufgetreten sind. Der Patient, der in seiner phasentypischen Entwicklung, aus welchen Gründen auch immer, kaum Kontakt mit Kollektiven hatte (z. B. fehlende Kindergarten- oder Schulerfahrungen), braucht jetzt große Hilfe, um sich z. B. in der stationären Behandlung nicht wieder nur auf den Einzelkontakt mit seinem zuständigen Psychotherapeuten zurückzuziehen. Lässt sich der Psychotherapeut zu sehr auf diesen Patienten ein und nimmt Anteil an den persönlichen Geschichten, die ihm sein Patient erzählt, und hat auch er selbst große Freude, wenn er seinem Patienten aus seinem Leben erzählt, weil dieser ein sehr guter Zuhörer ist, wird der Psychotherapeut diesem Patienten keine große Hilfe sein. Da er sich zu sehr von den Desintegrationsängsten seines Patienten involvieren lässt, läuft er Gefahr, zum »Erfüllungsgehilfen« der dysfunktionalen Motive seines Patienten zu werden. Gleichzeitig kann seine professionelle Beziehung zu diesem Patienten leiden.

Um so einer Entwicklung keinen Vorschub zu leisten, ist die konzertierte psychotherapeutische Aktion notwendig. Erst wenn die Teammitglieder in einem Behandlungsteam in der Lage sind, sich immer wieder darin zu üben, den dialogischen Beziehungsmodus untereinander zu praktizieren, können die einzelnen Teammitglieder auch gegenüber dem Patienten diesen dialogischen Beziehungsmodus erfolgreich einsetzen. Hier muss der Psychotherapeut auf die psychotherapeutische Ich-Spaltung hingewiesen werden, die erlernt werden kann, und durch die es ihm möglich wird, im Laufe des dialogischen Beziehungsmodus, kurzzeitig mit der **regulativen Beziehungsebene**, auch wenn sie gestört ist, in Kontakt zu kommen, ohne davon zu sehr involviert zu werden.

! Dabei gilt der Grundsatz, dass der kleinste gemeinsame Behandlungsnenner ein größerer Wirkfaktor ist als eine optimale psychotherapeutische Einzelleistung.

13.6.1.2 Zweite Behandlungsphase

13.6.1.2.1 Arbeitsphase I – Testphase

Nach reichlicher und erfolgreicher Introspektionsarbeit in der konzertierten psychotherapeutischen Aktion versucht sich der Gesprächspsychotherapeut bei seiner Nähe-Distanz-Regulation subjektiv auf die **frühe Erwachsenensprache** mit seinem Patienten einzulassen. Dies ist die Sprache, mit der sich der Patient erstmals bewusst als Einzelperson gegenüber einem Kollektiv erlebte und sich mit diesem auseinandersetzen musste, z. B. im Kindergarten oder als ihm erstmalig die kritischen gesellschaftlichen Verhältnisse, in denen er und seine Familie lebten, bewusst wurden. Während sich der Gesprächspsychotherapeut subjektiv auf diese frühe Erwachsenensprache einlässt, unterhält er sich weiter auf der objektiven Sprachebene mit seinem Patienten. Diese psychotherapeutische Ich-Spaltung und **Regression** ist notwendig, damit sich der Gesprächspsychotherapeut in Orientierung am dialogischen Beziehungsmodus, in diesem Fall auf das pathologische Beziehungselement **Regulation** einstellen kann, um dem Patienten die notwendigen **narrativen (elterlichen) Funktionen** zu vermitteln.

Bei dieser **regulativen Beziehungserfahrung** weiß der Patient sehr gut Bescheid, sowohl über seinen sprachlosen Übereinstimmungszwang (Sehnsucht nach »Zweieinheit«) als auch über seine Bedürftigkeit nach Geborgenheit stiftenden Körperkontakten. Er ist aber genauso gut in der Lage, diese **Vereinnahmung anderer** und die **körperliche Abhängigkeit** gegenüber anderen aufzugeben und stattdessen den Menschen und die Person des Menschen seelisch und körperlich getrennt von sich zu erleben. Diesem Patienten ist es möglich, auf seinen monologen Beziehungsmodus zu regredieren, er kann aber auch durch sein Einfühlungsvermögen mit seinen Mitmenschen emotional kommunizieren und sich durch den dialogischen Beziehungsmodus »losgelöst« und unabhängiger ihnen gegenüber fühlen. Er kann Verständnislosigkeit und Hilflosigkeit »verstehen«, aber auch Verständnis und Hilfsbereitschaft gegenüber anderen aufbringen. Genauso gut weiß er um das Misstrauen Bescheid, ist aber in der Lage, Vertrauen in jemanden zu setzen, sich aber auch des Vertrauens, das man in ihn setzt, würdig zu erweisen. Das heißt, der Patient ist in der Lage, Vernichtungs-, Verachtungs-, Entwertungs-, Versagens- und Konfliktängste zu bewältigen. Große Schwierigkeiten bekommt er, wenn er mit einem Kollektiv konfrontiert wird, das ihm unbekannt ist. Ihm wäre geholfen, wenn er z. B. in der Visite oder in der Gruppenpsychotherapie erfahren könnte, dass nicht nur eine Einzelperson, sondern auch ein Kollektiv Anteil an seinem Leben nehmen könnte und er auch an dem Leben der Einzelpersonen in diesem Kollektiv Anteil nehmen darf. Dabei geht dieses »sich gegenseitig etwas erzählen« weit über das »sich etwas mitteilen« hinaus. Aufgrund traumatisierender Ereignisse, die dieser Patient in seiner Kindheit mit Kollektiven erfahren hat, erlebt er Gruppen zunächst sehr schnell gegen sich eingestellt. Dabei erlebt er ein Kollektiv zunächst nicht grundsätzlich als »lebensbedrohlich«, sondern er fühlt sich ihm gegenüber sehr schnell »ausgegrenzt«. Dieser Patient möchte also zunächst ein Zugehörigkeitsgefühl gegenüber Kollektiven entwickeln können. Erst dann ist es für ihn möglich, sich weiter für diese Gruppe zu entscheiden oder sich von ihr endgültig zu trennen. Durch den Einsatz der narrativen Beziehungserfahrungen soll es dem Patienten möglich werden, ohne Aufgabe seiner Individualität dieses Zugehörigkeitsgefühl gegenüber einer für ihn geeigneten Gruppe entwickeln und leben zu können.

13.6.1.2.2 Arbeitsphase II – Symptomreduktion

Durch den Einsatz der **frühen Erwachsenensprache** (prothetische Elternfunktion) soll dem Patienten mehr als bisher die Kraft des Wortes, überhaupt die Kraft seiner Sprache bewusst werden. Vor allem soll er durch die eigene, aber auch durch die Betroffenheit der anderen mehr als bisher nachvollziehen können, wie sehr ein Mensch mit Worten gekränkt und verletzt, wie er aber genauso gut durch Worte aufgebaut und ihm geholfen werden kann. Erst durch dieses gegenseitige Betroffensein ist es Menschen möglich, wirklich Anteil am Leben des Anderen zu nehmen. Es sind **Narrative** (persönliche Erzählungen, die eine Anteilnahme auslösen können und in einem Kollektiv sich selbst verstärkende Prozesse, z. B. im Sinne eines Gemeinsamkeitsgefühls, in Gang setzen können), durch die sich unter den Beteiligten eines Kollektivs im Laufe

13.6.1 Gesprächspsychotherapie

ihrer gemeinsamen Unternehmung sowohl ein **Zusammengehörigkeitsgefühl** (Solidarität) als auch eine Freude bei jedem einzelnen über das gemeinsam erzielte Ergebnis einstellen kann. Es sind aber genauso Narrative, durch die die Individualität jedes einzelnen in diesem Kollektiv erhalten bleibt. Diese Narrative können nur in Zeiten politischer und persönlicher Freiheit (z. B. in einer Demokratie) gedeihen und finden in der freien Meinungsäußerung ihren deutlichsten Ausdruck.

Durch diese freien Meinungsäußerungen werden Gegenmeinungen ins Leben gerufen. Dies setzt jetzt einen regulativen, produktiven, **dialektischen Beziehungsprozess** in Gang (wie dies z. B. in diplomatischen Verhandlungen der Fall ist), in dessen Verlauf sich die Beteiligten so lange »auseinandersetzen«, bis sie wieder so weit »zusammenkommen«, dass sie sich auf einen kleinsten gemeinsamen Nenner einigen können, den die Beteiligten dann auch kollektiv in die Tat umsetzen können. Durch dieses konstruktive Vorgehen bleibt trotz anfänglich extremer Polarisierung die körperliche aber auch persönliche Unversehrtheit des Menschen erhalten. Anderenfalls besteht die Gefahr, dass es ohne Einsatz von Narrativen zu Gewalt kommt und auf diesem Weg körperliche und seelisch-geistige Kränkungen, Verletzungen und Zerstörungen stattfinden.

Der Gesprächspsychotherapeut wird diese Narrative mit seinem Patienten in gruppenpsychotherapeutischen **Rollenspielen** erarbeiten und einüben. Dabei kann der Patient auf seine bereits vorhandenen **Beziehungskompetenzen** zurückgreifen, wenn sich in diesen gruppenpsychotherapeutischen Rollenspielen seine und die Standpunkte der übrigen Gruppenteilnehmer unvereinbar verhärten. Da dieser Patient trotz der **Polarisierung** die *Menschenwürde* niemals außer Acht lässt, signalisiert er durch seine Haltung, egal was er sagt oder tut, dass er trotz seiner Gegnerschaft grundsätzlich Menschen achtet und sie nicht vernichten will. Dadurch eröffnet sich für ihn eine Chance, aus der bestehenden Polarisierung eine möglicherweise massive Auseinandersetzung (**konflikthafte Konfrontation**) in Gang zu setzen. Mittels seiner Beziehungsfähigkeiten wird er jetzt darauf achten, dass trotz des Leides, das man sich unvermeidlich in diesen **Konfrontationen** gegenseitig zufügt, die *Achtung* vor der Person eines Menschen, seiner Individualität nicht allzu sehr verletzt wird. Da dieser Patient in der Lage ist, im Einzelkontakt unter vier Augen zufrieden stellende Klärungen in Konfliktsituationen herzustellen, versucht der Gesprächspsychotherapeut durch den Einsatz seiner narrativen Objektstützungen, dass der Patient seine bereits vorhandenen narrativen Fähigkeiten so zu modifizieren und zu erweitern lernt, dass er sie auch gegenüber Gruppen effektiv einsetzen kann. Hierbei findet der Patient zu Narrativen wie z. B. ernst gemeinte öffentliche Entschuldigungen und/oder Wiedergutmachungen. Durch dieses couragierte Verhalten kann es möglich werden, dass die Konfliktpartner ihre anfänglich verhärteten Fronten verlassen und Positionen beziehen, über die sich immer öfter und besser diskutieren lässt, vor allem wenn inzwischen auf beiden Seiten die notwendige *Toleranz* aufgebracht werden kann. Führen die beim **Positionieren** ins Feld geführten Argumentationen zu keinem Ergebnis, können sich die Konfliktpartner trennen, ohne sich zu vernichten, zu verachten und zu entwerten, um sich eventuell zu einem späteren Zeitpunkt zu neuen Begegnungen oder Verhandlungen zu treffen.

Gelingt es dem Patienten mit Hilfe seines Gesprächspsychotherapeuten gegenüber der Kontrahentengruppe zumindest teilweise *Verständnis* für deren Argumentation aufzubringen und folgt seinem Beispiel auch die Gruppe, treten alle Beteiligten in ein neues Beziehungsstadium ein. Das Polarisieren, Konfrontieren und Positionieren hat ein Ende und es beginnt das **Kontaktieren**. Unter den Konfliktpartnern hat sich jetzt eine Bereitschaft entwickelt, eine wie auch immer geartete, gemeinsame Klärung, Regelung und auf diesem Weg eventuell auch eine gemeinsame produktive Klärung und Lösung zumindest ins Auge zu fassen. Auch hier setzt der Gesprächspsychotherapeut beim Rollenspiel seine narrative Objektstützung ein, damit der Patient lernt, seine Leistungsfähigkeit auf beruflichen oder anderen Gebieten rhetorisch überzeugend ins rechte Licht zu rücken. Bei diesem **Debattieren** soll es dem Patienten möglich werden, kraft seiner ja vorhandenen Konfliktfähigkeit und Selbstwirksamkeit gegenüber einzelnen, seine Angst gegenüber Kollektiven, also hier gegenüber einer Gruppenmehrheit, Schritt für Schritt zu reduzieren. Aufgrund seiner Kindheitserfahrung (kritische Erlebnisse mit übermächtigen politischen oder religiös motivierten oder anderen autoritären Kollektiven) fällt ihm der nächste Schritt, die Bereitschaft, sich auf die Gruppe zu verlassen, ihr zu vertrauen, sich mit ihr zu **solidarisieren**, sehr schwer. Erneut ist hier die narrative Objektstützung des Gesprächspsychotherapeuten gefordert, damit es dem Patienten möglich wird, sich als eigenständige Person dieser Gruppe gegenüber gewachsen zu fühlen und sie als ebenbürtigen dialogischen Beziehungspartner in allen Beziehungsprozessen zu erleben.

Der Patient soll im Laufe dieses gruppenpsychotherapeutischen Rollenspiels feststellen, dass durch gemeinsame Anstrengungen die anfängliche Polarisierung durch das Konfliktthema überwunden werden konnte – trotz, oder gerade wegen der stattgefundenen Konfrontationen. Gerade durch diese Auseinandersetzungen wurde das Darlegen von gegensätzlichen Positionen möglich. Im weiteren Verlauf wird der Patient bei diesem Rollenspiel feststellen, dass durch das »Aufeinander-Zugehen« (Kontaktieren), das sowohl von ihm als auch von den Gruppenmitgliedern ausgeht, ein zunehmendes besseres Verständnis der Gruppenmitglieder untereinander entsteht. Über ein aufkommendes Debattieren bezüglich eines Konfliktthemas kann nun zwischen dem Patient und den übrigen Gruppenmitgliedern eine Vertrauensbasis entstehen. Diese Vertrauensbasis ist notwendig für die Konsensarbeit, durch die das anfängliche Konfliktthema geklärt und die gemeinsamen Kooperationen zwischen dem Patienten und der Gruppe zur Konfliktlösung stattfinden können. Erst wenn sich der Patient auf die narrative Objektstützung einlassen konnte und er sich jetzt sicher ist, dass er gegenüber Kollektiven nicht nur bestehen kann, sondern auch mit und in ihnen viel leisten kann, zu dem er alleine nicht imstande ist, besteht eine große Chance, dass über viele **zirkuläre Resonanzmechanismen** zwischen Patient und Gesprächspsychotherapeut ein sich selbst verstärkender Prozess in Gang gesetzt wird, bei dem die dysfunktionalen Imagines im Anpassungssystem/-konzept des Patienten konstruktiv reorganisiert werden können.

Dieser Patient verfügt über eine gute Selbstsicherheit. Seine Ängste werden durch Gruppen (Kollektive) ausgelöst, bei denen die Persönlichkeit des einzelnen von untergeordneter Bedeutung ist und mit denen er selbst, vor allem in seiner kindlichen Entwicklung, schlechte Erfahrungen gemacht hat. Deshalb greift er, wenn bei ihm kollektivbezogene Ängste (Ängste vor sozialer Desintegration) auftreten, sehr schnell auf reifere neurotische Verarbeitungsmechanismen zurück, wie z. B. Verdrängung, Verleugnung, Verharmlosung, Altruismus, Rationalisierung usw. Wenn die Behandler diese Neurotizismen aufdecken, sollen sie sich in jedem Fall dem Patienten emotional zur Verfügung stellen, auch wenn dieser zunächst vorgibt, alleine mit frei werdenden Ängsten vor sozialer Desintegration fertig zu werden. Aufgrund seiner vorhandenen Selbstsicherheit kann dieser Patient die gegebenen Deutungen sehr schnell annehmen und ist auch bereit, die ihm angebotene emotionale Kommunikation aufzugreifen und die dabei stattfindenden korrigierenden emotionalen und kognitiven Erfahrungen dankbar anzunehmen. Im Kontext mit der Körper-, Gestaltungs- und psychosozialen Psychotherapie gelingt es ihm kraft seiner bereits vorhandenen Kompetenzen die dysfunktionalen Orientierungen, Motive und Motivationen, die er durch die Erfahrungen mit autoritären Kollektiven in seinem Anpassungssystem/-konzept aufgenommen hat, Schritt für Schritt zu entkräften und an deren Stelle in seinem Selbstsystem/-konzept steuernde Funktionen treten zu lassen. Mit dieser jetzt auch gegenüber Kollektiven neu gewonnenen Selbstsicherheit gelingt es dem Patienten besser als zuvor ein Zugehörigkeitsgefühl gegenüber für ihn geeigneten Kollektiven zu entwickeln und dieses auch in die Tat umzusetzen.

Die wichtigen korrigierenden Erfahrungen bezüglich der **emotionalen Kommunikation** finden für diesen Patienten hauptsächlich in den Gruppentherapien statt oder im Behandlungsteam gegenüber seinen Behandlern, z. B. in der Visite. Dieser Patient kann sich bereits mit Einzelpersonen emotional gut austauschen. Es sind nur Kollektive gegenüber denen er große emotionale Schwierigkeiten hat. Deshalb sind hier die einzelnen Behandler besonders angehalten sehr darauf zu achten, dass die Beziehungsqualität, die in der individuellen Beziehung zu diesem Patienten vorherrscht, in den Gruppentherapien, in denen die Behandler ebenfalls anwesend sind, nicht verloren geht. Der Patient soll in diesem Kollektiv weder »aufgehen« und sich dabei großartig fühlen noch in der Gruppe »untergehen« und sich isoliert erleben. Durch die Anwesenheit seines Behandlers soll dem Patienten die Heterogenität dieser Gruppe und dadurch die Individualität der vielen Einzelpersonen, aus denen sich ein Kollektiv zusammensetzt, bewusst werden. Durch diese Erkenntnis kann sich für den Patienten das zunächst diffuse, angststiftende Gefühl gegenüber dem »Anonymen« einer Gruppe auflösen. Der Patient stellt jetzt immer häufiger fest, dass alle in diesem Kollektiv aus dem gleichen Grund, dem gleichen Vorhaben, dem gleichen Ziel zusammengekommen sind und ein sehr großes Bestreben haben, sich miteinander, vor allem emotional, auszutauschen, auch wenn dies für viele zunächst kaum möglich ist.

13.6.1.2.3 Rückgriff auf Therapiemaßnahmen aus den anderen Therapieebenen

Der Gesprächspsychotherapeut kann sich an der psychodialogischen, psychomotorischen, psychointentionalen und psychosozialen Entwicklungsleitlinie orientieren und sich konkrete Hilfe holen.

13.6.1.3 Dritte Behandlungsphase

13.6.1.3.1 Arbeitsphase III – Trennungsphase

Der Einsatz aller Objektstützungen (hier der narrativen Objektstützung) muss immer einhergehen mit einem sozialresonanten Verhalten, das der Gesprächspsychotherapeut (und alle Behandler, die mit dem Patienten zu tun haben) dem Patienten abverlangt. In diesem Fall sollte es dem Patienten möglich sein, an all jenen Gruppenpsychotherapien teilzunehmen, in denen soziale Desintegrationsängste thematisiert werden und an deren Reduktion gemeinsam gearbeitet wird.

Durch das Ineinandergreifen von vorausgegangenen Akzeptanzerfahrungen und der jetzt erfahrenen Akzeptanz gegenüber seiner Zivilcourage mit dem abverlangten sozialresonanten Verhalten (eine Rede vor Publikum halten, Kooperationen mit unterschiedlichen Kollektiven usw.), das der Patient leisten kann, stellt sich der Gesprächspsychotherapeut auf das gestörte regulative Beziehungselement seines Patienten ein. Gemeinsam wird der Gesprächspsychotherapeut mit seinem Patienten hier herausfinden, wie sich bei ihm die narrativen Objektstützungen am schnellsten und effektivsten in seinem Selbstsystem/-konzept aufnehmen lassen. Erfahrungsgemäß sind es die **identifikatorischen Prozesse**, durch die der Patient seine krankhaften Ängste vor autoritären Kollektiven reduzieren und kollektive Kompetenzen entwickeln kann.
Siehe 13.2.1.3.1.

13.6.1.3.2 Entlassung und Weiterbehandlung

Der Patient wird angehalten, nach der stationären Behandlung in jedem Fall die tiefenpsychologisch fundierte Psychotherapie auch ambulant fortzusetzen.

13.6.2 Körperpsychotherapie

13.6.2.1 Erste Behandlungsphase

13.6.2.1.1 Einsatz des dialogischen Beziehungsmodus von Anfang an

Siehe 13.1.1.1.1 und Kapitel 8.1.7, S. 169.

13.6.2.1.2 Diagnostische Einschätzung

Siehe 13.6.1.1.2.

13.6.2.1.3 Aufbau der notwendigen psychotherapeutischen Haltung

Diese korrigierenden emotionalen und kognitiven Erfahrungen greifen zunächst ins Anpassungssystem/-konzept ein und können dann die

Erweiterung des Selbstkonzeptes bewirken. Dies findet statt, indem der Körperpsychotherapeut seinem Patienten einen großen »Bewegungsraum« zur Verfügung stellt, den der Patient dann im Laufe der körperpsychotherapeutischen Behandlung durch seine bewussten freien Bewegungen nutzen lernen soll – egal auf welche Art und Weise. Der Körperpsychotherapeut setzt hier die narrativen Objektstützungen auf Körperebene ein, durch die die **Desintegrationsängste** des Patienten so weit wie möglich »neutralisiert« werden sollen.

13.6.2.2 Zweite Behandlungsphase

13.6.2.2.1 Arbeitsphase I – Testphase

Nach reichlicher und erfolgreicher Introspektionsarbeit in der konzertierten therapeutischen Aktion versucht sich der Körperpsychotherapeut bei seiner Nähe-Distanz-Regulation auf die Beziehungsrituale des **Playings** einzulassen (psychotherapeutische Regression), um so dem Patienten die narrativen (elterlichen) Funktionen zu vermitteln. Bei der regulativen Beziehungserfahrung weiß der Patient sehr gut über seine Schwächen und seine Kompetenzen in allen Beziehungselementen (Dyade, Setting, Empathie, Identifikation, De-Identifikation) Bescheid. Es geht diesem Patienten deshalb nicht mehr um die Bewältigung von Vernichtungs-, Verachtungs-, Entwertungs-, Versagens- und Konfliktängsten, sondern er leidet unter den Ängsten vor **sozialer Desintegration**. Dies erfordert eine psychotherapeutische Flexibilität seiner Behandler und den Einsatz der **narrativen Objektstützungen**.

13.6.2.2.2 Arbeitsphase II – Symptomreduktion

Beim Einsatz seiner **narrativen Objektstützungen** ist sich der Körperpsychotherapeut bewusst, dass die objektstützende Behandlung nur dann Sinn macht und seinem Patienten hilft, wenn er ihm von Anfang an auch ein sozialresonantes Verhalten abverlangt. Dieses sozialresonante Verhalten wird mit dem Patienten z. B. in der Strukturplanarbeit erarbeitet und soll während der laufenden Behandlung so oft wie möglich vom Patienten in die Tat umgesetzt werden. Unterstützt wird er dabei durch die milieutherapeutischen Verfahren, die bewegungstherapeutischen Maßnahmen, das Kreativitätstraining, das Selbstsicherheitstraining und durch die sozialpädagogischen Trainingsverfahren. Dadurch werden dem Patienten seine »Gewohnheiten«, die er schon lange praktiziert und die ihm in gewisser Weise auch Sicherheit geben, als »krank machend« überhaupt erst einmal bewusst. Mit Hilfe der **Strukturplanarbeit** wird dann versucht, diese »krank machenden Gewohnheiten« des Patienten in Frage zu stellen. Letztlich sollen sie Schritt für Schritt auch weitestgehend außer Kraft gesetzt werden, um an deren Stelle steuernde Funktionen aufzubauen. Dies ist erfahrungsgemäß ein langer, beschwerlicher Behandlungsweg, auf dem viele Rückschläge, Rezidiv- und Remissionsphasen zu erwarten sind.

Beim Einsatz des **Dancings**, das zunächst als Einzeltherapie, bald aber gruppenpsychotherapeutisch stattfindet, tanzt der Körperpsychotherapeut von Anfang an mit dem Patienten. Dabei macht er entweder die Tanzbewegungen des Patienten »bestätigend« nach oder er greift eine bestimmte »Choreographie«, einen bestimmten Bewegungsablauf, den der Patient immer wiederholt, auf und spiegelt oder modifiziert diesen Bewegungsablauf des Patienten. Grundsätzlich, so wird es mit dem Patienten besprochen, geht es hier um einen Ausdruckstanz, bei dem der Patient in averbalem Dialog – via Körpersprache – seine **sozialen Ängste** gegenüber autoritären Kollektiven zum Ausdruck bringen kann. Diese spezifischen sozialen Ängste des Patienten kann der Körperpsychotherapeut jetzt aufgreifen und sie in Absprache mit dem Patienten in einer gruppenpsychotherapeutischen Choreographie in Szene setzen. Wie im Rollenspiel kann der Körperpsychotherapeut bei dieser **Tanztherapie** seinem Patienten beistehen, wenn es im Verlauf der Behandlung zu Konfrontationen zwischen dem Patientenkollektiv und dem Patienten kommt. Dabei kann der im Einzelkontakt selbstsichere und auch konfliktfähige Patient mit dieser Gruppe wichtige Erfahrungen machen, z. B. dass selbstunsichere Patienten ihre schwache

13.6.2 Körperpsychotherapie

Identität aufgeben, um sich so stark wie alle Gruppenmitglieder zusammen zu fühlen. Aber genauso kann er feststellen, dass sich die Gruppe wohlwollend auf ihn zu bewegt, ohne Polarisierungs- oder Konfrontationsabsichten.

In jedem Fall braucht es in dieser Tanztherapie eine Choreographie, die der Körperpsychotherapeut mit seinem Patienten erarbeitet und durch die es dem Patienten zunächst möglich wird, sich ohne Selbstaufgabe mit dem Patientenkollektiv zu arrangieren oder ohne Selbstwertverlust einer destruktiv agierenden Gruppe so schnell wie möglich aus dem Weg zu gehen. Bei einer weiteren Choreographie soll es dem Patienten dann möglich werden, das Wohlwollen des Patientenkollektivs anzunehmen und sein Misstrauen gegenüber Kollektiven abzubauen. Der Patient beginnt, Anteil zu nehmen am Leben der Gruppenmitglieder, und er reagiert bereitwillig, wenn Gruppenmitglieder an seinem Leben Anteil nehmen wollen. Dabei soll es möglich werden, dass die Gruppenmitglieder immer wieder zu einem produktiven Gemeinsamkeitserleben finden. Der Körperpsychotherapeut kann bei der Körperpsychotherapie auf Bekanntes, z. B. aus der Literatur, Mythologie oder anderen Geschichten, zurückgreifen, bei dem es um das Thema »Macht und Ohnmacht« geht, oder »wie kann sich ein Einzelner gegenüber einer Mehrheit behaupten, ohne dass er von dieser Mehrheit ausgeschlossen wird?« Bei dieser Körperpsychotherapie bleibt der Körperpsychotherapeut als unumstrittener Regisseur im Hintergrund. Dabei ist der Einsatz der narrativen Objektstützungen auf Körperebene zielführend. In einem körperpsychotherapeutischen, dialektischen Prozess sollen die sozialen Kompetenzen des Patienten gegenüber sozialen Machtstrukturen gestärkt und seine Angst vor sozialer Desintegration so weit wie möglich reduziert werden.

Kann sich der Patient auf diese psychomotorische Objektstützung einlassen, besteht eine große Chance, dass jetzt über viele **zirkuläre Resonanzmechanismen** zwischen Patient und Körperpsychotherapeut ein sich selbst verstärkender Prozess in Gang gesetzt wird, bei dem die spezifischen sozialen Ängste des Patienten im Anpassungssystem/-konzept konstruktiv reorganisiert werden können und es dem Patienten dann auch relativ schnell möglich ist, kraft der sekundären (mentalen) intrapsychischen Identifikation diese Erfahrungen auch in seinem Selbstsystem/-konzept zu verankern. Es ist der Gegenentwurf, der Respons, den der Körperpsychotherapeut mit Hilfe der konzertierten psychotherapeutischen Aktion in sich selbst gegenüber den spezifischen sozialen Ängsten des Patienten herstellt.

Man kann davon ausgehen, dass durch den Einsatz der körperpsychotherapeutischen Maßnahmen nicht nur die psychomotorische Entwicklung des Menschen vorangetrieben wird, sondern, dass sich die Körperpsychotherapie auch auf andere Persönlichkeitsbereiche wachstumsanstoßend auswirkt.

13.6.2.2.3 Rückgriff auf Therapiemaßnahmen aus den anderen Therapieebenen

Der Körperpsychotherapeut kann sich an der psychodialogischen, psychomotorischen, psychointentionalen und psychosozialen Entwicklungsleitlinie orientieren und sich konkrete Hilfe holen.

13.6.2.3 Dritte Behandlungsphase

13.6.2.3.1 Arbeitsphase III – Trennungsphase

Hier ist die Arbeitsphase III eine Vertiefung der Arbeitsphase II. Wichtig ist auch hier, dass sich Patient und Körperpsychotherapeut im Zuge einer sehr gut und ausführlich miteinander besprochenen Trauerarbeit trennen können. Im Laufe dieser Körperpsychotherapie haben sich viele reife Verarbeitungsmechanismen im Anpassungssystem/Anpassungskonzept des Patienten verinnerlichen können. Durch diese jetzt stattfindende physiologische Trauerarbeit werden identifikatorische Prozesse unterstützt, die zu einer Erweiterung seines Selbstsystems/Selbstkonzeptes führen.

Siehe 13.2.1.3.1.

13.6.2.3.2 Entlassung und Weiterbehandlung

Siehe 13.6.1.3.2.

13.6.3 Gestaltungspsychotherapie

13.6.3.1 Erste Behandlungsphase

13.6.3.1.1 Einsatz des dialogischen Beziehungsmodus von Anfang an

Siehe 13.1.1.1.1.

13.6.3.1.2 Diagnostische Einschätzung

Siehe 13.6.1.1.2.

13.6.3.1.3 Aufbau der notwendigen psychotherapeutischen Haltung

Für den Gestaltungspsychotherapeuten ist es wichtig, bei sich »auftauchende« **Ängste vor sozialer Desintegration** zu identifizieren, sie im Rahmen der konzertierten psychotherapeutischen Aktion z. B. als Folge ungünstiger politischer oder religiöser Sozialisationsbedingungen des Patienten zu verstehen und sie »aushalten« zu lernen. Auf diese Weise kann er die narrativen Objektstützungen auf Handlungs-/Gestaltungsebene so wirksam einsetzen, dass die dysfunktionalen sozialen Erfahrungen, die der Patient in seiner Kindheit mit Kollektiven machte, reduziert, eventuell neutralisiert werden können. Diese korrigierenden emotionalen und kognitiven Erfahrungen greifen zunächst in das Anpassungssystem/-konzept ein und können dann die Erweiterung des Selbstkonzeptes bewirken. Dies ermöglicht dem Patienten »aus sich selbst heraus«, also freier als bisher, gegenüber »mächtigen« Sozialstrukturen zu **wollen**, zu **handeln** und zu **gestalten** – trotz der schwierigen Lernerfahrungen auf diesem Gebiet.

Siehe 13.6.1.1.3.

13.6.3.2 Zweite Behandlungsphase

13.6.3.2.1 Arbeitsphase I – Testphase

Nach der Introspektionsarbeit in der konzertierten psychotherapeutischen Aktion versucht sich der Gestaltungspsychotherapeut in seiner Nähe-Distanz-Regulation auf das **dialogische Gestalten** mit seinem Patienten einzulassen. Der Gestaltungspsychotherapeut orientiert sich bei der Arbeit mit seinem Patienten an der psychointentionalen Entwicklungsleitlinie und versucht, über unterschiedliche Projekte in der Gestaltungspsychotherapie, den Patienten zu motivieren und sich mit eigenen Vorschlägen auf das **Patientenkollektiv** einzulassen, um gemeinsam etwas zu machen. Dabei vermittelt er diesem Patienten narrative (elterliche) Funktionen.

13.6.3.2.2 Arbeitsphase II – Symptomreduktion

Beim Einsatz des **gemeinsamen (dialogischen) Gestaltens**, das zunächst als Einzeltherapie, bald aber gruppentherapeutisch stattfindet, geht der Gestaltungspsychotherapeut zunächst auf jeden einzelnen Patienten sehr intensiv ein. Im Laufe der Behandlung überlässt er dann jeden Patienten mehr sich selbst, ohne dabei die Führung der Gruppe zu verlieren. Da der Gestaltungspsychotherapeut bei dieser Gruppe davon ausgehen kann, dass die meisten seiner Patienten in ihren beruflichen und privaten Bereichen gegenüber Einzelpersonen über eine gute Selbstwirksamkeit verfügen, fordert er zu Beginn dieses **dialogischen Gestaltens** jeden einzeln auf, über seine Ängste vor und seine Erfahrungen mit Kollektiven zu berichten. In einem zweiten Schritt soll in diesem gruppentherapeutischen **Rollenspiel** jeder Patient abwechselnd als Einzelner gegenüber den anderen Mitpatienten (Patientenkollektiv) einen Vorschlag für ein gemeinsames Projekt einbringen. Im Weiteren geht es darum, dass es jedem Patienten mit Hilfe des Gestaltungspsychotherapeuten möglich wird herauszufinden, mit welchem Material und auf welche Weise (z. B. Modellieren, Skulpturieren, Malen, Zeichnen usw.) er sowohl etwas von sich selbst zum Ausdruck bringen als sich damit auch in ein

13.6.3 Gestaltungspsychotherapie

Gruppenprojekt einbringen kann. Die dabei entstehenden Ängste, z. B. als Einzelner gegenüber einem Patientenkollektiv nicht bestehen zu können, sollen jetzt in einem gestaltungstherapeutischen Prozess dargestellt werden. Der Gestaltungspsychotherapeut bestärkt jetzt den Einzelnen, damit dieser lernt, das »Übermächtige«, das er gegenüber einer Gruppe erlebt, zu durchschauen.

Damit sich jetzt aber der Patient wirklich auf diesen konflikthaften Behandlungsprozess einlassen kann und nicht sofort die auftauchenden Vernichtungs-, Verachtungs-, Entwertungs-, Versagens- und Konfliktängste gegenüber einem Kollektiv neurotisch verarbeitet, versucht der Gestaltungspsychotherapeut in Orientierung an den dialogischen Beziehungsmodus seine narrativen Objektstützungen einzusetzen. Dabei macht er dem einzelnen Patienten zunächst Mut und zeigt ihm dessen vorhandene narrative Kompetenzen gegenüber Einzelpersonen auf. Im Bewusstsein dieser Fähigkeit (vertiefte gemeinsame Anteilnahme zur Klärung, Lösung und Realisierung) soll der Patient auf Mitpatienten, die gerade an einem Projekt arbeiten, zugehen und versuchen, seine Vorschläge so einzubringen, dass sich die Gruppe mit seinen Vorstellungen und Plänen zumindest auseinandersetzt. In dieser Behandlungsphase macht der Patient mit Unterstützung seines Gestaltungspsychotherapeuten unterschiedliche Erfahrungen: Einmal stellt er fest, dass durch seinen Vorschlag sofort eine **Polarisierung** zwischen ihm und seiner Gruppe entstehen kann. Dadurch können jetzt zwischen ihm und der Gruppe in einem sich selbst verstärkenden Prozess Resonanzmechanismen in Gang gesetzt werden, durch die sich seine und die dysfunktionalen Orientierungen, Motive und Motivationen der Gruppe zu gewaltigen (gewalttätigen) Reaktionen hochschaukeln können. Es ist aber genauso gut möglich, dass der Patient der Polarisierung standhalten kann und sich dadurch die zur Gewalttätigkeit und Vernichtung führende Polarisierung abwenden lässt. Weder der Patient noch das Patientenkollektiv scheuen die jetzt folgenden notwendigen Konfrontationen, um einen gemeinsamen Nenner zu finden, auf dem es trotz der bestehenden Meinungsverschiedenheit möglich wird, dass jeder seine Position zumindest zur Sprache bringen kann (Positionierung). Dadurch besteht jetzt eine große Chance, eine gemeinsame Basis zu erreichen, auf der zwischen Einzelpatient und den Patienten in der Gruppe Kontakte aufgenommen werden und dabei eine Toleranz zum Tragen kommt, durch die einzelne Positionen sowohl kritisch hinterfragt als auch akzeptiert werden können. Durch diese Kontakte, aber vor allem durch die jetzt einsetzenden Gespräche und Debatten, verliert das Patientenkollektiv für die Einzelperson immer mehr die für ihn anfänglich bestandene bedrohliche Anonymität. Die Gruppe ist zwar mehr als die Summe der Einzelpersonen, aber wenn viele Gruppenmitglieder ähnliche Persönlichkeitsmerkmale haben, kann sich durchaus eine Art **Gruppencharakter** ergeben. Trotzdem lässt sich durch den Einsatz der narrativen Objektstützungen gegenüber einem Kollektiv in den meisten Fällen eine dialogische Beziehung zu den Gruppenmitgliedern herstellen. Dadurch tritt der Gruppenzwang in den Hintergrund und die Kooperation mit oder in der Gruppe wird möglich. Schwierig wird es, wenn Patienten in einem Kollektiv die eigene Selbstunsicherheit durch einen definierten Gruppenzwang kompensieren. Hier wird es für den Patienten kaum möglich, dass er Anteil nehmen kann am Leben der Gruppenmitglieder und auch ihm fällt es schwer, Gruppenmitglieder an seinem Leben Anteil nehmen zu lassen. Durch den Einsatz der narrativen Objektstützung des Gestaltungspsychotherapeuten soll es für den Patienten möglich werden, sich rechtzeitig von diesen autoritären Kollektiven zu trennen, ohne dabei seinen Selbstwert in Frage zu stellen.

Vorrangig geht es also bei der **narrativen Objektstützung** auch auf Gestaltungsebene darum, dass sich der Patient als Einzelner einem Kollektiv gegenüber gewachsen fühlt. Durch die im Laufe der Behandlung auch auf anderen Therapieebenen (Gesprächs-, Körper- und sozialpädagogische Psychotherapie) erlernten **Selbstregulationstechniken** (Polarisierung, Konfrontation, Positionierung, Kontaktierung, Debattierung, Solidarisierung) soll er sowohl seine sozialen Desintegrationsängste rechtzeitig reduzieren als auch ein entstandenes Zugehörigkeitsgefühl gegenüber einem Kollektiv, trotz auftretender

Schwierigkeiten, weitestgehend stabil aufrecht erhalten können. Was die genannten Selbstregulationstechniken anbetrifft, ist folgende Episode vorstellbar:

Bei einer eingetretenen Polarisierung im Betrieb zwischen dem Chef (Patient nach erfolgreicher Behandlung) und dem Betriebsrat gelingt es dem Chef durch ehrlichen Einsatz der **tragenden Objektstützungen** (»*Es ist gut, dass du da bist, als Mensch*«), die Betriebsräte in Richtung Konfrontation umzulenken, damit sie zunächst durch die erlebte Menschenwürde von der drohenden zerstörerischen Eskalation Abstand nehmen.

Durch den ernst gemeinten Einsatz der **haltenden Objektstützungen** (»*Es ist gut, dass du so bist, wie du bist, als Person.*«) gibt man dem anderen das Recht – und fordert dies auch heraus – seine eigene Individualität (Einzigartigkeit) und Identität (die als Selbst erlebte innere Einheit seiner Person) zum Ausdruck zu bringen. Durch diese Besinnung auf sich selbst und hier auf die Kompetenzen aller Beteiligten kann eine Entspannung eintreten. Dadurch wird es für die Kontrahenten erst möglich, immer wieder darauf zu achten, dass im Laufe der jetzt einsetzenden oft sehr heftigen, manchmal auch beleidigenden Auseinandersetzungen die Menschenwürde und die gegenseitige Achtung (Respekt) nicht verloren gehen.

Durch den oft sehr schwierigen Einsatz der **entlastenden Objektstützungen** auf beiden Seiten (»*Es ist gut, dass du bei mir/uns bist, als Partner.*«) kann sich im Laufe der Auseinandersetzungen sowohl auf Seiten des Chefs (früherer Patient) als auch beim Betriebsrat eine objektivere, neutralere Sichtweise gegenüber den gegensätzlichen Vorstellungen, Erwartungen, Meinungen und Positionen einstellen. Durch eine mit der Zeit für alle spürbar tolerantere Gesprächsführung liegt jetzt eine von beiden Seiten angestrebte Verständigung über die nach wie vor gegensätzlichen Positionen im Bereich des Möglichen. Dies kann aber nur gelingen, wenn von beiden Seiten eine Bereitschaft besteht, sich in die Lage des anderen hineinzuversetzen (sich also mit ihm kurz zu identifizieren), um die Beweggründe seines »Gegners« besser verstehen zu lernen.

Hier ist es der Einsatz der **stützenden Objektstützungen** und die möglichst bei allen Beteiligten, aber in erster Linie beim Chef zu erwartende innere Einstellung: »*Es ist gut, dass du selbst bist.*« Durch diese Einstellung wird nun vom Chef und den Betriebsräten sowohl deren Lernwilligkeit und Unterweisungsfreude als auch ihre Hilfsbereitschaft und Dankbarkeit herausgefordert.

Diese Annäherung kann dazu führen, dass vermehrt Gespräche geführt werden und darüber debattiert wird, wie man im Vertrauen auf die Kreativität aller Beteiligten in der strittigen Angelegenheit doch noch einen gemeinsamen Nenner finden kann. Sind der Chef und die Betriebsräte in der Lage sich gegenseitig die **kreativen Objektstützungen**, also die innere Einstellung: »*Es ist gut, wie du selbst bist.*«, zu vermitteln, und sind beide Parteien auch bereit, sich in der damit einhergehenden Konfliktbereitschaft und Konsensusfindung zu üben, beseht eine große Chance, dass ein für beide Seiten annehmbarer gemeinsamer Nenner für das anfänglich »unlösbar« erscheinende Problem gefunden werden kann.

In einem weiteren Schritt soll diese gemeinsam über viele Klärungsprozesse erarbeitete Lösung auch in die Tat umgesetzt werden können: Hier sind die **narrativen Objektstützungen** gefragt. Sowohl der Chef als auch die Betriebsräte sind aufgefordert sich gegenseitig in einer inneren Haltung zu begegnen: »*Es ist gut, dass du selbst bei uns bist.*« Dadurch gelingt es ihnen, sich zu solidarisieren und gemeinsam Verantwortung zu übernehmen für die Realisierung des geplanten Projekts, ohne Aufgabe der eigenen Identität und Lebensführung.

Kann sich der Patient auf die narrative Objektstützung auf Gestaltungsebene einlassen, besteht jetzt eine große Chance, dass über viele **zirkuläre Resonanzmechanismen** zwischen ihm und seinem Gestaltungspsychotherapeuten und dadurch zwischen ihm und Kollektiven ein sich selbst verstärkender Prozess in Gang gesetzt wird, durch den die dysfunktionalen Erfahrungen aus seiner Kindheit im Anpassungssystem/-konzept konstruktiv reorganisiert werden können.

Wesentlich ist, dass der Gestaltungspsychotherapeut hier durch seine Präsenz und durch sein selbstverständliches Miteinbeziehen in den Gestaltungsprozess jederzeit für seinen Patienten da ist. Es ist der Gegenentwurf, der Respons, den der Gestaltungspsychotherapeut mit Hilfe der konzertierten psychotherapeutischen Aktion in sich selbst gegenüber den dysfunktionalen Orientierungen, Motiven und Motivationen des Patienten herstellt.

13.6.3.2.3 Rückgriff auf Therapiemaßnahmen aus den anderen Therapieebenen

Der Gestaltungspsychotherapeut kann sich an der psychodialogischen, psychomotorischen, psychointentionalen und psychosozialen Entwicklungsleitlinie orientieren und sich konkrete Hilfe holen.

13.6.3.3 Dritte Behandlungsphase

13.6.3.3.1 Arbeitsphase III – Trennungsphase

Auch hier ist die Arbeitsphase III eine Vertiefung der Arbeitsphase II. Hier geht es vor allem um die Auflösung der im Laufe der Gestaltungspsychotherapie entstandenen Bindungen. Wichtig ist hier, dass sich Patient und Gestaltungspsychotherapeut im Zuge einer sehr gut und ausführlich miteinander besprochenen Trauerarbeit trennen können. Nur durch eine physiologische Trauerarbeit werden die notwendigen identifikatorischen Prozesse unterstützt, die zu einer Erweiterung des Selbstsystems/Selbstkonzeptes des Patienten führen.
Siehe 13.2.1.3.1.

13.6.3.3.2 Entlassung und Weiterbehandlung

Siehe 13.6.1.3.2.

13.6.4 Sozialpädagogische Psychotherapie

13.6.4.1 Erste Behandlungsphase

13.6.4.1.1 Einsatz des dialogischen Beziehungsmodus von Anfang an

Siehe 13.1.1.1.1.

13.6.4.1.2 Diagnostische Einschätzung

Siehe 13.6.1.1.2.

13.6.4.1.3 Aufbau der notwendigen psychotherapeutischen Haltung

Für den sozialpädagogischen Psychotherapeuten ist es wichtig, bei sich »auftauchende« **Ängste vor sozialer Desintegration** zu identifizieren, sie im Rahmen der konzertierten psychotherapeutischen Aktion als Folge früher dysfunktionaler Erfahrungen des Patienten zu verstehen und sie »aushalten« zu lernen. So kann er im laufenden sozialpädagogisch-psychotherapeutischen Prozess so viel wie möglich an korrigierenden emotionalen und kognitiven Erfahrungen auf diesem Gebiet vermitteln. Diese Erfahrungen greifen dann in das Anpassungssystem/-konzept des Patienten ein und können dann die Erweiterung des Selbstkonzeptes bewirken. Dies ermöglicht dem Patienten »aus sich selbst heraus«, also freier als bisher, in der Sozialstruktur, in der er lebt, ein **Rollenverständnis** zu entwickeln und hier auch gegenüber Kollektiven eine selbstbewusste Rolle einzunehmen.
Siehe 13.6.1.1.3.

13.6.4.2 Zweite Behandlungsphase

13.6.4.2.1 Arbeitsphase I – Testphase

Nach erfolgreicher Introspektionsarbeit in der konzertierten psychotherapeutischen Aktion versucht sich der sozialpädagogische Psychotherapeut bei seiner Nähe-Distanz-Regulation auf die ungünstigen **politischen, religiösen oder** sonstigen kulturellen Milieuerfahrungen einzulassen, die der Patient in seiner Kindheit erlebt hat und weshalb er heute noch unter sozialen Desintegrationsängsten leidet. Der sozialpädagogische Psychotherapeut orientiert sich bei der Arbeit mit diesen Patienten an der psychosozialen Entwicklungsleitlinie und versucht über das Eingehen auf die **Schulkind-Rolle** dem Patienten narrative (elterliche) Funktionen zu vermitteln.

13.6.4.2.2 Arbeitsphase II – Symptomreduktion

Der Einsatz der narrativen Objektstützungen auf sozialer Ebene kann z. B. in **Rollenspielen** erfolgen, bei denen ein Patient einer Gruppe von Patienten ausgesetzt ist, die kollektiv eine völlig andere Meinung auf einem bestimmten Gebiet vertritt als er. Eine weitere gute Möglichkeit ist die **therapeutische Theatergruppe**. Hier lässt sich z. B. im Rückgriff auf entsprechende Theaterstücke, die »Macht und Ohnmacht« als zentrales Thema haben, die Problematik mit autoritären Systemen in Szene setzen. Die Arbeit in der therapeutischen Theatergruppe und auch die Arbeit im Rollenspiel können beim Patienten Erinnerungsprozesse einleiten, die sofort vom sozialpädagogischen Psychotherapeuten aufgegriffen werden. Hier kann sich der Patient z. B. erinnern, dass seine Eltern ihm durchaus narrative Objektstützungen vermittelt haben. Er kann sich auch an Familienabende erinnern, bei denen jeder Anteil an den persönlichen Erzählungen, am persönlichen Leben des anderen nahm und sie alle dadurch viele schöne Gemeinsamkeitserfahrungen erlebten, ohne dabei weitere Verpflichtungen gegenüber dieser Familie zu übernehmen. Dadurch entstand in ihm ein sehr spürbares Zugehörigkeitsgefühl seiner Familie gegenüber. Dieser Patient erlebte also **produktive, regulative** und **liebevolle Gemeinsamkeitserfahrungen**, die er auch jetzt noch herstellen kann, aber nur im Kontakt mit Einzelpersonen.

Es waren u.U. ungünstige politische Machtverhältnisse, gegenüber denen er in seiner Kindheit auch **Narrative** einsetzen wollte aber damit massiv von autoritären Kollektiven traumatisiert wurde. Seine Eltern konnten ihm nicht helfen, da auch sie gegenüber diesen politischen Machtverhältnissen hilflos waren. Sie konnten ihm kein narratives Modell beibringen, mit dem er sich auf diese autoritären Kollektive einlassen konnte, ohne sich der Lebensgefahr auszusetzen. Freie Meinungsäußerung führte gegenüber diesen autoritären Kollektiven sehr schnell zu Polarisierung und Gewalttätigkeit gegenüber anderen. Dies wäre ein möglicher Entwicklungshintergrund warum sich ein Patient auch noch heute sehr schnell machtlos gegenüber organisierten Gruppen erlebt und sich von ihnen ausgeschlossen oder bedroht fühlen kann, obwohl seine Selbstentwicklung durchaus fortgeschritten ist.

Zielführend bei dieser sozialpädagogischen Psychotherapie ist, dass der Patient durch Einsatz der genannten Therapieinstrumente seine sozialen Desintegrationsängste so weit wie möglich zu reduzieren lernt und dadurch im öffentlichen Leben die für ihn geeignete Rolle im politischen, religiösen, wirtschaftlichen oder sonstigen kulturellen Leben einnehmen kann.

13.6.4.2.3 Rückgriff auf Therapiemaßnahmen aus den anderen Therapieebenen

Der sozialpädagogische Psychotherapeut kann sich an der psychodialogischen, psychomotorischen, psychointentionalen und psychosozialen Entwicklungsleitlinie orientieren und sich konkrete Hilfe holen.

13.6.4.3 Dritte Behandlungsphase

13.6.4.3.1 Arbeitsphase III – Trennungsphase

Auch hier ist die Arbeitsphase III eine Vertiefung der Arbeitsphase II. Gelingt es dem Patienten mit Hilfe seines sozialpädagogischen Psychotherapeuten und selbstverständlich auch mit Hilfe seiner anderen Behandler, seine sozialen Ängste gegenüber Kollektiven zu reduzieren, geschieht dies oft durch eine sehr intensive Unterstützung seines sozialpädagogischen Psychotherapeuten. Durch ihn fasst er wieder Mut, sich gegenüber

13.6.4 Sozialpädagogische Psychotherapie

Gruppen zu behaupten und kommt dadurch wieder in die Lage, z. B. in seinen Beruf, die leitende Funktion, die er früher nicht mehr einnehmen konnte, wieder zu übernehmen. Es ist in dieser dritten Arbeitsphase jetzt wichtig, dass der Patient und der sozialpädagogische Psychotherapeut sich im Zuge einer sehr gut und ausführlich miteinander besprochenen Trauerarbeit trennen können. Im Laufe dieser sozialpädagogischen Psychotherapie haben sich viele reife Verarbeitungsmechanismen im Anpassungssystem/Anpassungskonzept des Patienten verinnerlichen können. Durch diese physiologische Trauerarbeit werden jetzt die identifikatorischen Prozesse unterstützt, die zu einer Erweiterung des Selbstsystems/Selbstkonzeptes des Patienten führen. Dadurch wird der Patient auch nach Entlassung auf diese steuernden Funktionen zurückgreifen können und Auseinandersetzungen mit Kollektiven, gleich welcher Art, nicht scheuen.

Siehe 13.2.1.3.1.

13.6.4.3.2 Entlassung und Fortsetzung der Behandlung

Siehe 13.6.1.3.2.

14 Behandlungsmanagement: Psychosomatische Akut-(Grund-)behandlung

Die psychosomatische Akut-(Grund-)behandlung ist eine modifizierte Objektgestützte Psychodynamische Psychotherapie, bei der hauptsächlich über eine gezielte psychotherapeutische Haltung der Behandler (Objektstützungen) und deren Hilfs-Ich-Funktionen dem Patienten lebensnotwendige korrigierende Erfahrungen vermittelt und in seinem Anpassungssystem verankert werden, ohne schwerpunktmäßig auf die entwicklungsgeschichtliche Verursachung dieser Erkrankung einzugehen.

Indikation: bei reaktiven Störungen

Vorbemerkung: Da eine außerordentliche Belastungssituation (wie z. B. körperliche, seelische oder sexuelle Misshandlung, plötzlicher Verlust eines nahe stehenden Angehörigen, Katastrophenerleben, Konfrontation mit einer schweren Krankheit usw.) ein traumatisches Ereignis ist, für dessen Verarbeitung es intrapsychisch kein Vorbild, keine Repräsentanzen gibt, kommt es als unmittelbare Traumafolge zum Zusammenbruch der Ich-Regulation zwischen innen und außen. Hierdurch kann ein passagerer Gedächtnisverlust auftreten, ebenso Desorientiertheit. Die Ich-Funktionen wie Aufmerksamkeit, Konzentration, Gedächtnis, Selbsteinschätzung, Frustrationstoleranz usw. können zusammenbrechen. Das aktuelle Erleben ist durch das ständige gedankliche Wiederholen des traumatischen Ereignisses erheblich gestört und der Patient reagiert mit innerlichem Rückzug, Kraftlosigkeit, Wut, Impulsdurchbrüchen und Angstzuständen. Es kann auch sein, dass er sich einer ihm gegenüber feindlich eingestellten Umwelt ausgeliefert erlebt und sich in frustrane Auseinandersetzungsmanöver mit ihr verstrickt.

Psychische Dekompensation:
1. Bei Patienten, deren Persönlichkeitsorganisation vor dem außerordentlich belastenden Ereignis stabil war.
   Bei guter psychischer Konstitution und reifem emotionalem Entwicklungsniveau des betroffenen Menschen (stabil entwickeltes, gut in die Persönlichkeit des Patienten integriertes Selbstkonzept) besteht eine große Chance, dass durch die psychosomatische Grundbehandlung eine vollständige Rekompensation der in diesem Fall funktionellen psychischen Dekompensation erreicht werden kann. Hier sind es gezielte Objektstützungen und damit einhergehende Hilfs-Ich-Funktionen, die kurzfristig eingesetzt werden, damit in einem nächsten Behandlungsschritt die beim Patienten vorhandenen Selbstregulationsmechanismen wieder aktiviert werden können. Hinzu kommt:
   - Erlernen und Einüben von Entspannungsverfahren
   - Teilnahme am Kreativitätstraining
   - Milieutherapie und hier neben der Krisenintervention vor allem die Krisenprävention
   - gegebenenfalls Selbstsicherheitstraining
   - eine vereinfachte Form der Strukturplanarbeit und des Aktualitätstrainings

   Behandlungsdauer: 4–6, max. 8 Wochen.
2. Bei Patienten, deren Persönlichkeitsorganisation vor dem außerordentlich belastenden Ereignis weitgehend stabil war. Es bestanden aber kompensierte (fokale) Reflexions- und Realisierungshemmungen.
   Werden durch dieses außerordentliche Ereignis »alte seelische Wunden« aufgerissen, können diese »frei werdenden Affekte« die Symptomatik des Patienten verschärfen. Gelingt es dem Patienten im Laufe der psychosomatischen Grundbehandlung, sich auf die bei ihm

eingesetzten Objektstützungen einzulassen, sie auch anzunehmen und die damit einhergehenden Hilfs-Ich-Funktionen seiner Behandler für sich zu nutzen, kann das anfänglich gestörte Selbstkonzept des Patienten mehr und mehr wieder in Kraft treten. Voraussetzung ist, dass der Patient sich auf die Therapieformen einlassen kann:
- Milieutherapie
- Erlernen und Einüben von Entspannungsverfahren
- Kreativitätstraining
- Selbstsicherheitstraining
- bestimmte sozialpädagogische Maßnahmen
- Strukturplanarbeit und Aktualitätstraining

Im Laufe dieser psychosomatischen Grundbehandlung kommt der Patient mehr oder weniger mit seinen dysfunktionalen Orientierungen, Motiven und Motivationen aus seinem Anpassungskonzept in Kontakt. Beginnt er über diese »negativen Gedanken« nachzudenken, kann sich bei ihm ein echtes Bedürfnis nach Ursachenerklärung entwickeln, was den doch heftigen Ausbruch seiner Erkrankung anbetrifft. Hat sich im Laufe der vorausgegangenen psychosomatischen Grundbehandlung das Selbstkonzept des Patienten regeneriert, kann im Einverständnis mit dem Patienten jetzt vorsichtig auf entwicklungsgeschichtlich relevante Ereignisse eingegangen werden, die ihm durch die Erschütterungen des traumatischen Ereignisses in Erinnerung gerufen wurden. Stellt sich jetzt heraus, dass diese Erinnerungen auf eine bisher unbehandelte psychoneurotische Fehlentwicklung hinweisen, wird der Patient motiviert, diese psychodynamische Betrachtungsweise sofort nach seiner Entlassung in einer tiefenpsychologischen Behandlung zu vertiefen.

Behandlungsdauer: Je nachdem wie lange bei der erfolgten psychischen Rekompensation auch auf pathologische Kindheitsbelastungsfaktoren eingegangen werden musste, bis zu 12 Wochen.

3. Bei Patienten, deren instabile Persönlichkeitsorganisation schon längere Zeit über eine mäßige, geringe bis desintegrierte psychische Abwehr und über selbstprotektive Mechanismen kompensiert wird.

Da für diesen Patienten seine gestörte Persönlichkeitsorganisation vor dem außerordentlich belastenden Ereignis »zufriedenstellend« kompensiert war, fällt es ihm jetzt sehr schwer, ein Krankheitsbewusstsein zu entwickeln. Erfahrungsgemäß bagatellisiert er z. B. eine seit langem bestehende latente und jetzt eskalierte Sucht oder Zwangskrankheit, ebenso aufgetretene Störungen in seinen Körperfunktionen und/oder eine verstärkte depressive Symptomatik. Hinzu kommt, dass dieser Mensch zwischenmenschliche Beziehungen zu oft entwertend, kränkend, verletzend, verachtend und vernichtend erlebte und deshalb am liebsten selbst über den Einsatz seiner selbstprotektiven Mechanismen (Überlebensstrategien) mit seiner Krankheit zurecht kommen möchte. Da dieser Patient mit einer strukturgebenden Behandlung, die doch erheblich in seine Persönlichkeitsorganisation eingreift, um dort pathogene Gewohnheitsbildungen außer Kraft zu setzen, kaum motiviert werden kann, ist die psychosomatische Grundbehandlung eine gute Alternative zur strukturgebenden OPP.

Durch den Einsatz der Objektstützungen sollen bei dem Patienten zunächst noch vorhandene Bewältigungsmechanismen gefördert und so weit möglich neurotische Verarbeitungsweisen in Gang gesetzt werden. Im Laufe dieser psychischen Abwehrtätigkeit (neuronal-mentale Regulationsmechanismen) können zunächst die dysfunktionalen Orientierungen, Motive und Motivationen, die durch das außerordentlich belastende Ereignis in das Bewusstsein des Patienten getreten sind, in ihrer pathogenen Wirkung auf ein erträgliches Maß reduziert werden. Dabei kann es über eine neurotische Reaktionsbildung zu idealisierenden Reaktionen gegenüber den Behandlern kommen. Dies erleichtert dem Patienten die Bereitschaft zu entwickeln, sich auf die Hilfs-Ich-Funktion seiner Behandler einzulassen. Diese Hilfs-Ich-Funktion kann dieser Patient aber wirklich nur für sich nutzen, wenn sich bei ihm in den idealisierenden Beziehungen auch eine für ihn spürbare Selbstwertstabilisierung einstellt und er diese für ihn *neue* Selbstsicherheit, die ja an seine Behandler ge-

bunden ist, auch ohne allzu große narzisstische Kränkungen annehmen kann; so z. B. durch:
- Erlernen und Einüben von Entspannungsverfahren
- Teilnahme am Kreativitätstraining
- Selbstsicherheitstraining
- bestimmte sozialpädagogischen Trainingsverfahren
- evtl. auch durch gezielten Einsatz von Medikamenten

Durch diese Maßnahmen einschließlich der Strukturplanarbeit, dem Aktualitätstraining und der Milieutherapie kann sich die anfänglich hohe psychische Vulnerabilität des Patienten reduzieren. Seine innere Unruhe, aber auch der Beeinträchtigungsgrad seiner dysfunktionalen Gedanken können erkennbar abnehmen.

Da bei diesem persönlichkeitsgestörten Patienten nicht davon auszugehen ist, dass er in der Lage ist, alle eingesetzten Therapiemaßnahmen erfolgreich für sich zu nutzen, stellt sich zwar im Laufe seiner psychosomatischen Grundbehandlung heraus, dass er durch diese Behandlung sehr profitierte, er aber noch nicht seine dysfunktionalen Orientierungen, Motive und Motivationen in ihrer Tragweite wirklich durchschauen kann. Trotzdem besteht für diesen Patienten durch die psychosomatische Grundbehandlung eine sehr große Chance, dass er die stationär erlernten und eingeübten Maßnahmen für eine gesündere Lebensweise auch zu Hause fortsetzt und sich diesbezüglich ärztlich überwachen lässt. Da sich aber dieser Patient noch sehr schwer tut, sich mit den neuen Erfahrungen, die er in dieser psychosomatischen Grundbehandlung gemacht hat, zu identifizieren, haben diese korrigierenden Erfahrungen noch nicht den »selbstverständlichen Stellenwert« von steuernden Funktionen. Es ist deshalb schwierig für ihn, sich nach anfänglich hoher Bereitschaft, auch längerfristig zu Hause zuverlässig und regelmäßig an die mit seinen Behandlern getroffenen Abmachungen und Vereinbarungen zu halten. Erfahrungsgemäß besteht deshalb bei diesem Patienten die große Gefahr, dass über kurz oder lang wieder die alten krank machenden Gewohnheiten in Kraft treten werden.

Behandlungsdauer: 12 Wochen.

Um der Chronifizierung dieser doch gravierenden psychischen Gesundheitsstörung entgegenzuwirken, empfiehlt sich die **fraktionierte stationäre Behandlung**. Hier wird dem Patienten eine Wiederaufnahme nicht früher als 6, aber auch nicht später als 9 Monate nach Entlassung vorgeschlagen. Das Fraktionsintervall dient der Realitätsprüfung, in deren Verlauf dem Patienten durch die vorausgegangene stationäre Behandlung in seinem Heimatmilieu das wirkliche Ausmaß seiner oft lebensbedrohlichen Störung deutlicher als bisher bewusst wird. Diese Konfrontation mit seiner Krankheit kann beim Patienten die notwendige Motivation in Gang setzen, die für seine stationäre Behandlung Voraussetzung ist. In dem Fraktionsintervall soll keine oder gegebenenfalls eine **ambulante, ressourcenorientierte Psychotherapie** stattfinden. Bei auftretenden Krisen im Fraktionsintervall ist jederzeit eine stationäre Krisenintervention von 1–2 Wochen möglich.

Nach Entlassung aus der zweiten stationären Behandlung, die ebenfalls ca. 12 Wochen in Anspruch nimmt und in deren Verlauf der Patient steuernde Funktionen aufbauen kann, soll dann neben der **psychiatrischen Behandlung** auch eine **psychodynamische Psychotherapie** eingeleitet werden.

Die folgende Übersicht gibt einen umfassenden Überblick über die Behandlungsphasen der psychosomatischen Grundbehandlung. Diese Zusammenfassung der Arbeitsschritte dient sowohl der Anleitung des Patienten als auch der Selbstkontrolle des Psychotherapeuten.

Behandlungsphasen der psychosomatischen Akut-(Grund-)behandlung

Erste Behandlungsphase

Behandlungszeit: ca. 2–4 Wochen

Arbeitsschritte für den Psychotherapeuten

1. **Diagnostische Einschätzung über operationalisierte subjektive und empirische Daten**
- Einsatz des dialogischen Beziehungsmodus von Anfang an
- Aufbau der psychotherapeutischen Ich-Spaltung:
  - zunächst Bewusstwerden der spontanen mehr subjektiven Wahrnehmung und intuitiven Tiefenkommunikation
  - Im Weiteren findet eine bewusste Aufrechterhaltung der Ich-Spaltung statt, wobei der Psychotherapeut mit seiner Tiefenkommunikation ohne seine Oberflächenkommunikation zu verlassen, auf das im Moment gestörte Kommunikationselement seines Patienten eingeht und ihm zu verstehen gibt, dass er um dessen innere Befindlichkeit (z. B. Ängste) weiß, ohne sich davon in Beschlag nehmen zu lassen. Gleichzeitig bietet der Psychotherapeut seinem Patienten unmissverständlich seinen dialogischen Beziehungsmodus an, durch den er in der Lage ist, ihn zu behandeln.
- Dadurch kann das derzeit gestörte Kommunikationselement des Patienten festgestellt und die »Angstdiagnose« erhoben werden.
- dadurch Einschätzung der dysfunktionalen Beziehungserfahrungen (Kindheitsbelastungsfaktoren) des Patienten unter Einbeziehung der biographischen Daten
- dadurch Einschätzung der dysfunktionalen Orientierungen, Motive und Motivationen im Anpassungskonzept des Patienten
- dadurch Einschätzung des emotionalen evtl. auch kognitiven Entwicklungsniveaus des Patienten
- Erhebung der »Verhaltensanalyse«: Einschätzung des autonomen Verhaltens, Einschätzung der Überlebensstrategien und der psychischen Abwehr des Patienten entsprechend der OPD (Operationalisierte Psychodynamische Diagnostik)

2. **Diagnostische Einschätzung über operationalisierte empirische und objektive Daten**
- Auswertung des initialen Behandlungsverlaufs
- Auswertung der anamnestischen Angaben
- Auswertung der psychodiagnostischen Testuntersuchungen
- Auswertung der körperlichen Untersuchung einschließlich aller medizinisch-technischen Untersuchungen wie Labor, Röntgen, EKG usw.

3. **Aufbau der notwendigen psychotherapeutischen Haltung mit Hilfe der konzertierten psychotherapeutischen Aktion**
(Erinnern, Durcharbeiten und Bewältigen der konkordanten und komplementären Gegenübertragungserfahrungen)
- weitere Nähe-Distanz-Regulation mit Hilfe des dialogischen Beziehungsmodus
- dadurch Entwicklung des notwendigen psychotherapeutischen Optimismus
- dadurch Einstellung auf die gestörte Beziehungserfahrung im Kommunikationselement des Patienten
- dadurch beginnender Einsatz der Objektstützungen, vor allem in der Gesprächspsychotherapie und sozialpädagogischen Psychotherapie und
- Erarbeitung einer Hilfs-Ich-Funktion, die für den Patienten geeignet ist

4. **Beginn der objektgestützten Behandlung des Patienten**
- wöchentliche Evaluation über die konzertierte psychotherapeutische Aktion
- Thematisierung der Weiterbehandlung des Patienten nach seiner Entlassung (s. Abschnitte 13.1 bis 13.6)

5. Super- und Intervisionen
- regelmäßige Teamsupervisionen bei jeder strukturgebenden Behandlung
- Teilnahme an den Gruppen- und Einzelsupervisionen
- Teilnahme an den Intervisionen
- schriftliche Dokumentation der Behandlungen
- regelmäßige Evaluation des Behandlungsverlaufs mittels eines epikritischen Berichts

Arbeitsschritte für den Patienten

1. **Thematisierung der ersten Erfahrungen, die der Patient bei Aufnahme in der Klinik mit der Verwaltung, dem Aufnahmearzt, den Pflegekräften, den Mitpatienten usw. gemacht hat**
2. **Motivation des Patienten für die bewegungs- und entspannungstherapeutischen Verfahren**
- Hinführung des Patienten zur Körperwahrnehmung und zum bewussten Bewegen und Entspannen. Über eine Bewegungsanalyse findet eine Einschätzung statt, wie weit der Patient seinen Bewegungsablauf willkürlich steuern kann, hierher gehören auch seine automatisierten Bewegungen, die er auf Verlangen jederzeit bewusst durchführen kann. Genauso wird beurteilt, wie groß der Anteil seines unwillkürlichen, also reflektorischen Bewegungsablaufes ist. Weiter kann durch die Bewegungsanalyse auch ein guter Eindruck bezüglich der momentanen Intentionalität (z. B. Antriebskraft) des Patienten gewonnen werden: Ist sein Bewegungsablauf adynam, evtl. hypomotorisch oder bringt er seine Psychomotorik gezielt und kraftvoll zum Ausdruck?
- Fokale Bewegungstherapien
  - Atemtherapie: Hinführung zum bewussten »freien« Atmen
  - Wirbelsäulentherapie: Hinführung zum bewussten Aufrichten des Körpers über die Wirbelsäulen- und Gleichgewichtsfunktionen
  - Körpererfahrung über gezielte, bewusst durchgeführte Einzelbewegungen: Hinführung zum bewussten »freien« Bewegen ohne Einbeziehen in einen dynamischen Bewegungsablauf
  - Progressive Muskelrelaxation nach Jacobson: Hinführung zur gezielten muskulären An- und Entspannung einzelner Körperbereiche, wobei sich letztlich die muskulären Verspannungen lösen und eine bleibende muskuläre Entspannung angestrebt wird.
- Integrative Bewegungstherapie
  - Lauftherapie: Hinführung zum bewussten »freien« Bewegen über einen dynamischen Bewegungsablauf
3. **Motivation des Patienten zum Kreativitätstraining**
- Hinführung des Patienten zur bewussten Wahrnehmung des eigenen Gestaltens. Auf Ausdrucks- und Gestaltungshemmungen wird unterstützend eingegangen.
4. **Motivation des Patienten zur Milieutherapie**
- Motivation des Patienten zur emotionalen Kommunikation, Krisenintervention, Krisenprävention, objektgestützten Intervention und zum sozialresonanten Verhalten
- Erlernen und Einüben der emotionalen Kommunikation: Ab Beginn seiner Behandlung wird mit dem Patienten über ausführliche und verständnisvolle Erklärungen darauf hingearbeitet, dass er sich, vor allem wenn er emotional unter Druck steht, auf die angebotene emotionale Spannungsreduktion einlassen kann. Besteht beim Patienten eine schwere emotionale Kommunikationsstörung, ist es angebracht, dass mit ihm über die Strukturplanarbeit feste Termine bei den Pflegekräften vereinbart werden, um diesen Patienten auf den ersten Schritt in der emotionalen Kommunikation hinzuführen. In einem weiteren Behandlungsschritt wird dann weniger die emotionale Spannungsreduktion (Beruhigung), sondern viel mehr der lebendige emotionale Austausch mit dem Patienten angestrebt.
- Erlernen und Einüben der Krisenintervention: Mit dem Patienten werden zunächst auslösende Ereignisse erarbeitet (Trigger), die bei ihm zur Krisenentwicklung führen können. In einem nächsten Schritt wird mit

ihm, am Beispiel einer für ihn erinnerbaren durchgemachten Krise, der typische Krisenverlauf mit »point of no return« und Kriseneskalation thematisiert. Im letzten Schritt wird der rechtzeitige Einsatz des Aktualitätstrainings erlernt und eingeübt, um eine Kriseneskalation und die damit einhergehende Symptombildung zu verhindern.
- Einweisung des Patienten in die Krisenprävention: Durch ein zunehmend intensiveres Körperbewusstsein, das sich im Laufe der Behandlung durch die bewegungstherapeutischen Verfahren bei ihm einstellt, wird es ihm immer öfter möglich, bereits über Körpersignale sich anbahnende Krisen rechtzeitig zu erkennen und ihnen aus dem Weg zu gehen.
- Einführung in die objektgestützten Interventionen: Hier wird der Patient darauf hingewiesen, nicht nur in Krisensituationen auf seine Behandler zuzugehen, sondern auch bei Erfolgserlebnissen, die sich im Laufe seiner Behandlung einstellen werden und die sich durch eine Bestätigung effektiver verinnerlichen.
- schrittweises Erarbeiten von sozialresonantem Verhalten z. B. Erlernen und Einüben eines konstruktiven Konfliktverhaltens: Der Patient soll lernen, dass eine Auseinandersetzung nicht zwangsläufig, so wie er das früher immer wieder erlebte, in Entwertung, Verachtung und Vernichtung entarten muss. Es ist genauso möglich, dass über heftige Auseinandersetzungen ein gegenseitiges Verstehenlernen stattfindet, das eine Vertrauensbasis schafft, auf der nicht nur gemeinsame Klärungen und Lösungen möglich werden, sondern es kann auch in einem weiteren Schritt untereinander eine Solidarität entstehen, durch die sich gemeinsam die zuvor erarbeiteten Lösungen besser in die Tat umsetzen lassen als das einem alleine möglich gewesen wäre.

5. **Teilnahme an der Psychoedukation**
Stellt sich heraus, dass sich der Patient aufgrund einer zu schwachen selbstreflexiven Resonanz aus seinem Selbstsystem/-konzept vorwiegend über neuronale und weniger über mentale Regulationsmechanismen und über selbstprotektive Mechanismen (Überlebensstrategien) am Leben hält, wird dem Patienten sofort der bei ihm notwendige Einsatz von Objektstützungen und damit einhergehende Hilfs-Ich-Funktionen durch seine Behandler sehr verständlich mitgeteilt. Dabei wird er darauf hingewiesen, sich trotz seines anfänglichen Misstrauens an die Anweisungen (Hilfs-Ich-Funktionen) seiner Behandler zu halten.

6. **Dialogische Gesprächspsychotherapie**
- Thematisierung von aktuellen Problemen, evtl. Konflikten (zunächst nur Probleme und Konflikte, die sich auf den Klinikalltag beziehen)
- Gespräche über die Autobiographie des Patienten
- ausführliche Einführung und Beginn der Strukturplanarbeit (evtl. zunächst als Tagesstrukturplan)
- ausführliche Einführung und Beginn des Aktualitätstrainings
- Eltern- und Paargespräche nach Vorbereitung des Patienten

7. **Einführung in die sozialpädagogischen Trainingsverfahren**
- gemeinsamer Esstisch für essgestörte Patienten
- Kochgruppe für essgestörte Patienten
- Gruppe für das Erlernen und Einüben von lebenspraktischen Fertigkeiten
- Gartengruppe
- Chorgruppe

8. **Eltern- und Paargespräche nach Vorbereitung des Patienten**

9. **Störungsspezifische Gruppentherapien**
- ggf. Teilnahme am Selbstsicherheitstraining
- ggf. Teilnahme an der Schmerzgruppe
- ggf. Teilnahme an der Gruppe für stoffgebundene Suchterkrankungen

Behandlungsziel
- durch Förderung seiner vorhandenen Bewältigungs- und reiferen Abwehrmechanismen beginnende Ich-Stabilisierung des Patienten

Zweite Behandlungsphase

Behandlungszeit: ca. 2 Wochen

Arbeitsschritte für den Psychotherapeuten
1. Weiterer Einsatz des dialogischen Beziehungsmodus unter Berücksichtigung der psychotherapeutischen Ich-Spaltung
2. Stabilisierung der notwendigen psychotherapeutischen Haltung (s. erste Behandlungsphase) mit Unterstützung der konzertierten psychotherapeutischen Aktion
3. Super- und Intervisionen
- Teilnahme an den Gruppen- und Einzelsupervisionen
- Teilnahme an den Intervisionen
- schriftliche Dokumentation der Behandlungen
- regelmäßige Evaluation des Behandlungsverlaufs mittels eines epikritischen Berichtes

Arbeitsschritte für den Patienten
1. Fortsetzung der bewegungs- und entspannungstherapeutischen Verfahren zur Verbesserung des Körper-/Selbstbildes (s. erste Behandlungsphase)
2. Fortsetzung des Kreativitätstrainings
- Fortsetzung der Erarbeitung von effektiven Lösungsstrategien und Einsatz der Hilfs-Ich-Funktion bei der Problembewältigung
3. Fortsetzung der Milieutherapie

- weitere Einübung der emotionalen Kommunikation, Krisenintervention, Krisenprävention und des sozialresonanten Verhaltens mit dem Patienten
4. Fortsetzung der Psychoedukation
5. Dialogische Gesprächspsychotherapie
- weitere Thematisierung, Klärung und Erarbeitung von Lösungsstrategien von aktuellen Problemen, evtl. Konflikten
- Fortsetzung der Gespräche über die Autobiographie des Patienten
- Weiterführung und Intensivierung der Strukturplanarbeit und des Aktualitätstrainings
6. Fortsetzung der sozialpädagogischen Trainingsverfahren (s. erste Behandlungsphase)
7. Fortsetzung der Eltern- und Paargespräche
8. Störungsspezifische Gruppenpsychotherapien
- ggf. Teilnahme am Selbstsicherheitstrainings
- ggf. Fortsetzung der Schmerzgruppe
- ggf. Fortsetzung der Gruppe für stoffgebundene Suchterkrankungen

Behandlungsziel
- durch Förderung seiner vorhandenen Bewältigungs- und reiferen Abwehrmechanismen beginnende Ich-Stabilisierung des Patienten

Dritte Behandlungsphase

Behandlungszeit: ca. 2 Wochen

Arbeitsschritte für den Psychotherapeuten
1. Fortsetzung des dialogischen Beziehungsmodus
2. Weitere Stabilisierung der notwendigen psychotherapeutischen Haltung mit Unterstützung der konzertierten psychotherapeutischen Aktion

3. **Auflösung der Gegenübertragungsbeziehungen der Behandler zu ihrem Patienten mit der dafür notwendigen Trauerarbeit in der konzertierten psychotherapeutischen Aktion**
4. **Super- und Intervisionen**
- Teilnahme an den Gruppen- und Einzelsupervisionen
- Teilnahme an den Intervisionen
- schriftliche Dokumentation der Behandlungen
- regelmäßige Evaluation des Behandlungsverlaufs mittels eines epikritischen Berichtes

Arbeitsschritte für den Patienten

1. **Fortsetzung der bewegungs- und entspannungstherapeutischen Maßnahmen zur Verbesserung des Körper-/Selbstbildes (s. erste Behandlungsphase)**
- Mit dem Patienten wird darauf hingearbeitet, dass er ein bewegungs- oder entspannungstherapeutisches Verfahren zu Hause fortführt.
2. **Fortsetzung des Kreativitätstrainings**
- Der Patient wird motiviert, auch am Heimatort, unterstützt durch Kurse, die an Volkshochschulen abgehalten werden, das hier begonnene Kreativitätstraining fortzusetzen.
3. **Fortsetzung der Milieutherapie**
- Der Patient wird angehalten, an Stelle der Krisenintervention das Aktualitätstraining einzusetzen.
- Der Patient wird angehalten, vermehrt die Krisenprävention einzusetzen.
- Der Aufbau von sozialresonantem Verhalten wird intensiviert.
4. **Dialogische Gesprächspsychotherapie**
- Weiterführung und Intensivierung der Strukturplanarbeit
- Weiterführung und Intensivierung des Aktualitätstrainings mit Einbeziehung der Trauerarbeit, um die im Laufe der Behandlung entstandenen Übertragungsbeziehungen zu den Behandlern wirksam aufzulösen
- Umsetzung der erarbeiteten Problem- und Konfliktlösungsstrategien
5. **Beendigung der sozialpädagogischen Trainingsverfahren**
6. **Beendigung der Eltern- und Paargespräche**
7. **Störungsspezifische Gruppenpsychotherapien**
- Beendigung des Selbstsicherheitstrainings
- Beendigung der Schmerzgruppe
- Beendigung der Gruppe für Patienten, die an einer stoffgebundene Suchterkrankung leiden
8. **Entlassung – Weiterbehandlung**
- regelmäßige Vorstellung beim Hausarzt (z. B. regelmäßige Medikamenten-Überwachung, Unterstützung der eingeübten Therapiemaßnahmen (Strukturplanarbeit, Aktualitätstraining)
- psychiatrische Behandlung
- evtl. ressourcenorientierte Psychotherapie
- notfalls stationäre Krisenintervention
- fraktionierte stationäre Behandlung (Wiederaufnahme nicht früher als 6 und nicht später als 9 Monate nach Entlassung)

Behandlungsziele

Durch die erreichte Ich-Stabilisierung sollte der Patient in der Lage sein,
- die angeordnete Medikation und die eingeübten Verfahren zu Hause regelmäßig fortzusetzen, um die erreichte Symptombesserung stabil aufrechtzuerhalten;
- sich in Krisensituationen rechtzeitig Hilfe zu holen;
- seine privaten und beruflichen Alltagsbelastungen wieder zu bewältigen und
- eine ressourcenorientierte oder gegebenenfalls auch tiefenpsychologisch fundierte Psychotherapie zu beginnen oder fortzusetzen.

Literatur

Adler A. Der Aggressionstrieb im Leben und in der Neurose. Fortschritte der Medizin 26. Leipzig 1908.

Ainsworth MDS, Wittig EA. Attachment and exploratory behavior of one-year-olds in a strange situation. In: Foss BM (ed.). Determinants of infant behavior. New York: Basic Books 1969; 113–36.

Ayres AJ. Bausteine der kindlichen Entwicklung. Berlin, Heidelberg, New York, Tokio: Springer 1984.

Balint M. Frühe Entwicklungsstadien des Ichs. Primäre Objektliebe. Bern, Stuttgart: Huber Klett 1937; 93–115.

Balint M. Primärer Narzissmus und primäre Liebe. Jahrb Psychoanal 1960; 1: 3–34.

Balint M. Therapeutische Aspekte der Regression. Reinbek bei Hamburg: Rowohlt 1973.

Bauer J. Das Gedächtnis des Körpers. Frankfurt am Main: Eichborn 2002.

Beres J. Symbol und Objekt. Psyche 1970; 24: 921–41.

Bergman A, Pollens D. Comments from the perspective of separation-individuation theory. Psychoanal Inq 1985; 5: 543–52.

Blanck G, Blanck R. Ich-Psychologie II2. Psychoanalytische Entwicklungspsychologie. Stuttgart: Klett-Cotta 1980.

Boadella D. Wilhelm Reich – Leben und Werk. Bern: Scherz 1981.

Bowlby J. Mutterliebe und kindliche Entwicklung. Beiträge zur Kinderpsychotherapie. Bd 13. München, Basel: Ernst Reinhardt Verlag 1985.

Brazelton BT, Cramer BG. Die frühe Bindung. Die erste Beziehung zwischen dem Baby und seinen Eltern. Stuttgart: Klett-Cotta 1991.

Brunner JS. Wie das Kind lernt, sich sprachlich zu verständigen. Z f Päd 1977; 23: 829–45.

Brunner JS, Oliver RR, Greenfield PM (ed.). Studies in cognitive growth. New York: Wiley 1966.

Buber M. Der Mensch und sein Gebild. Heidelberg: Lambert Schneider 1955.

Buchheim P, Cierpka M, Seifert T. Lindauer Texte II: Liebe und Psychotherapie. Der Körper in der Psychotherapie, Berlin: Springer 1992.

Bunge M. Das Leib-Seele-Problem. Ein psychobiologischer Versuch. Tübingen: J.C. Mohr (Paul Siebeck) 1984.

Chomsky N. Aspekte der Syntaxtheorie. Frankfurt a. M.: Suhrkamp 1969.

Condon W. Speech makes babies move. In: Lewin R (ed.). Child alive. New York: Anchor 1975; 75–85.

Damasio AR. Descartes' Irrtum. Fühlen, Denken und das menschliche Gehirn. München, Leipzig: List 1990.

Damasio AR. Ich fühle, also bin ich – die Entschlüsselung des Bewusstseins. Berlin, München, Leipzig: List 2000.

Deneke FW. Psychische Struktur und Gehirn. Die Gestaltung subjektiver Wirklichkeiten. Stuttgart, New York: Schattauer 1999.

Dolto F. Das unbewusste Bild des Körpers. Weinheim, Berlin: Quadriga 1987.

Dornes M. Der kompetente Säugling. Frankfurt a. M.: Fischer Taschenbuch 1993.

Dornes M. Zur Genese der Intersubjektivität beim Säugling. In: Wiesse J, Joraschky P (Hrsg.). Psychoanalyse und Körper. Göttingen: Vandenhoeck & Ruprecht 1998.

Eibl-Eibesfeldt I. Menschenforschung auf neuen Wegen. Wien, München, Zürich: Molden 1976.

Erikson EH. Jugend und Krise. Die Psychodynamik im sozialen Wandel. Stuttgart: Ernst Klett Verlag 1970.

Erikson EH. Kindheit und Gesellschaft. Stuttgart: Klett Verlag 1950.

French TM, Moser U., von Zeppelin, Schneider A. Theoretischer Exkurs 1: »Bindung«, »emotionales Involvement«, Gefühl der Beziehung (»Beziehungsgefühl«) in Moser U. »What is a Bongaloo, Daddy?«. PSYCHE 2001; Stuttgart: Klett-Cotta 55. Jahrgang, Heft 2.

Freud A. Kinderentwicklung in direkter Beobachtung. In: Die Schriften der Anna Freud Bd 4. München: Kindler 1951; 1141–59.

Freud A. Das Ich und die Abwehrmechanismen. Frankfurt am Main: Fischer Taschenbuch Verlag GmbH 1984.

Freud S. Vorlesungen zur Einführung in die Psychoanalyse und neue Folge. Studienausgabe. Frankfurt a. M.: Fischer 1969.

Freud S. Das Unbewusste. Studienausgabe Bd. III. Frankfurt a. M.: Fischer 1975.

Freud S. Diskussionsbemerkung zum Vortrag von Fridjung: Was kann die Kinderheilkunde von der psychoanalytischen Forschung erwarten? Protokolle der Wiener psychoanalytischen Vereinigung. Bd. 2. Frankfurt a. M.: Fischer 1977.

Fries M. Bindungsentwicklung und Bindungsstörung im Kleinkindalter. In: Ettrich KU, Hoffmann R (Hrsg.). Zeitschrift für praxisorientierte Jugendhilfeforschung. Schwarzenberg: MOVE 1999; 11–6.

Fujiwara E, Markowitsch HJ. Das mnestische Blockadesyndrom – hirnphysiologische Korrelate von Angst und Stress, in: Schiepek G (Hrsg.). Neruobiologie der Psychotherapie. Stuttgart: Schattauer 2003: 186–204.

Ganong WF. Lehrbuch der medizinischen Physiologie. Hier Kapitel 12: Kontrolle von Körperstellung und -bewegung. Berlin, Heidelberg, New York: Springer 1974; 160.

Gedo J, Goldberg A. Models of the mind. A psychoanalytic theory. Chicago, London: University Press 1973.

Grimm H. Psycholinguistische Aspekte der frühen Sprachanbahnung bei Säuglingen. Sozialpädiatrie in Praxis und Klinik 5 1983; 12: 589–93.

Groddeck G. Die Frau. Die Zukunft XVII 1909; 41: 55–69.

Groddeck G. Das Buch vom Es. Frankfurt a. M.: Fischer Taschenbuch Verlag 1979.

Halliday JLA. Study of the sick society. New York: Norton 1948; 44 f.

Hartmann H. Psychoanalyse und Entwicklungspsychologie. In: Hartmann H. Ich-Psychologie. Studien zur psychoanalytischen Theorie. Stuttgart: Klett 1972; 106–18.

Hartmann H. Ich-Psychologie und Anpassungsproblem. 3. Auflage. Stuttgart: Klett 1975.

Hartmann H, Loewenstein RM. Notes on the superego. Psychoanalytic Study of the Child 1962; 17: 42–81.

Hellbrügge T, Wimpffen HJ. Die ersten 365 Tage im Leben eines Kindes. Die Entwicklung des Säuglings. München: Knaur 1973.

Hillsdale NJ. The analytic Pr. 1983: 49 – 84.

Hoffmann R. Bindungsgestörte Kinder und Jugendliche mit einer Borderline-Störung. Stuttgart: Klett-Cotta 2002.

Hoffmann SO, Hochapfel G. Einführung in die Neurosenlehre und Psychosomatische Medizin. Stuttgart, New York: Schattauer 1987.

Hörmann H. Psychologie der Sprache. Berlin, Heidelberg, New York: Springer 1967.

Hörmann H. Meinen und Verstehen. Frankfurt a. M.: Suhrkamp 1978. Horner T. The psychic life of the young infant: review and critic of the psychoanalytic concepts of symbiosis and infantile omnipotence. Am J Orthopsychiatry 1985; 55: 324–44.

Husserl E, Schumann E (Hrsg.). Einführung in die Phänomenologie der Erkenntnis. Vorlesung 1909. Berlin, Heidelberg: Springer 2005.

Hüther G. Bedienungsanleitung für ein menschliches Gehirn. Göttingen: Vandenhoeck & Rupprecht 2001.

ICD-10-SGB V Internationale statistische Klassifikation der Krankheiten (ICD) – Dissoziative Störungen (Konversionsstörungen). Stuttgart: Kohlhammer 2000.

Jacobson E. The self and the object world. Psychoanal Study Child 1954; 9: 75–127.

Jacobson E. Das Selbst und die Welt der Objekte. Frankfurt a. M.: Suhrkamp 1973.

Kandel E. Auf der Suche nach dem Gedächtnis. München: Siedler Verlag 2006.

Keleman S. Dein Körper formt dein Selbst. München: Kösel-Verlag 1980.

Keleman S. Verkörperte Gefühle. Der anatomische Ursprung unserer Erfahrungen und Einstellungen. München: Kösel-Verlag 1985.

Kernberg O. Early ego integration and object relations. Ann N Y Acad Sci 1972; 193: 233–47.

Kernberg O. Objektbeziehungen und Praxis der Psychoanalyse. Stuttgart: Klett-Cotta 1981.

Kestenberg JS. On the development of maternal feelings in early childhood. Observations and reflections. Psychoanal Study Child 1956; 11: 257–91.

Kestenberg JS. Outside and inside, male and female. J Am Psychoanallogical Assoc 1968; 16: 457–520.

Klaus MH, Kennell JH. Human maternal behaviour at the first contact with her young. Pediatrics 1970; 46: 187–92.

Klaus MH, Kennell JH. Auswirkungen früher Kontakte zwischen Mutter und Neugeborenen auf die spätere Mutter-Kind-Beziehung. In: Biermann G (Hrsg.). Jahrbuch der Psychohygiene 1974; 83–110.

Klein M. Die Bedeutung der Symbolbildung bei der Ich-Entwicklung (1930). Psyche 1960; 14: 242–55.

Klein M. Das Seelenleben des Kleinkindes und andere Beiträge zur Psychoanalyse. Reinbek bei Hamburg: Rowohlt 1972.

Klein M. Frühstadien des Ödipuskomplexes. Frühe Schriften 1928–1945. Frankfurt a. M.: Fischer 1991.

Kohut H. Narzissmus. Eine Theorie der psychoanalytischen Behandlung narzisstischer Persönlichkeitsstörungen. Frankfurt a. M.: Suhrkamp 1973.

Kohut H. Bemerkungen zur Bildung des Selbst. Die Zukunft der Psychoanalyse. Frankfurt a. M.: Suhrkamp 1975; 252–85.

Kohut H. The Restoration of the self. Madison, USA: International Universities Press 1976.

Kohut H. Die Heilung des Selbst. Frankfurt a. M.: Suhrkamp 1979.

Krüll M. Die Geburt ist nicht der Anfang. Die ersten Kapitel unseres Lebens – neu erzählt. Stuttgart: Klett-Cottasche Buchhandlung – Greif-Buch 1992.

Lebovici S. Der Säugling, die Mutter und der Psychoanalytiker. Die frühen Formen der Kommunikation. Stuttgart: Klett-Cotta 1990.

Lézine I. Observations sur le couple mère enfants aucours des premières expériences alimentaires. Psychiatrie de l'enfant 1975; 18: 75–146.

Lichtenberg JD. Psychoanalyse und Säuglingsforschung. Berlin, Heidelberg, New York: Springer 1991.

Ljublinskaja AA. Die Entwicklung des Sprechens und Denkens beim Kinde. In: Bonn H. und Rohsmanith K (Hrsg.). Studien zur Entwicklung des Denkens im Kindesalter. Darmstadt: Wissenschaftliche Buchgesellschaft 1972.

Ljublinskaja AA. Kinderpsychologie. 2. Aufl. Berlin: Volk und Wissen 1977.

Lorenz K. Das sogenannte Böse. Wien: Schöler 1963.

Lorenzer A. Über den Gegenstand der Psychoanalyse oder Sprache und Interaktion. Frankfurt a. M.: Suhrkamp 1973.

Lowen A. The betrayal of the body. New York: MacMillan Publishers 1967.

Lowen A. Körperausdruck und Persönlichkeit. München: Kösel 1981.

Lowen A. Bioenergetik. Reinbek bei Hamburg: Rowohlt 1983.

Lynch MA. Health and child abuse. Lancet 1975; 2: 317–9.

Maaser R, Besuden F, Bleichner F, Schütz R. Theorie und Methoden der körperbezogenen Psychotherapie. Stuttgart: Kohlhammer 1993.

Mahler M. Symbiose und Individuation. Die psychische Geburt des Menschenkindes. Psyche 1975; 29: 609–25.

Mahler M. Symbiose und Individuation. Band 1: Psychosen im frühen Kindesalter. Stuttgart: Klett-Cotta 1979.

Mahler M, Pine F, Bergman A. Die psychische Geburt des Menschen: Symbiose und Individuation. Frankfurt a. M.: Fischer-Taschenbuch-Verlag 1980.

Mahler M. Studien über die drei ersten Lebensjahre. Stuttgart: Klett-Cotta 1985.

Mahler M, Pine F, Bergmann A. Die psychische Geburt des Menschen: Symbiose und Individuation. Frankfurt a. M.: S. Fischer 1978.

Main M, Solomon J. Discovery of an insecure disorganized, disoriented attachment pattern. Procedures findings and implications for the classification of behaviour. In: Brazelton TB, Yogman N (eds.). Affective development in infancy. Norwood NJ: Ablex 1986; 95–124.

Marty P, de M'Uzan M, David C. L'investigation psychosomatique. Paris: Presses Universitaires de France 1963; 262–3.

Marty P, Fain M. L'importance du rôle de la motricité dans la relation d'objet. Rev Fr Psychanal 1955; 19: 205–84.

Marty P, Pine F, Bergmann A. Die psychische Geburt des Menschen – Symbiose und Individuation. Frankfurt a. M.: Fischer 1975.

Masterson JF. Die Sehnsucht nach dem wahren Selbst. Stuttgart: Klett-Cotta 1993.

Mentzos S. Neurotische Konfliktverarbeitung. Frankfurt a. M.: Fischer 1987.

Montagu A. Körperkontakt. Die Bedeutung der Haut für die Entwicklung des Menschen. Stuttgart: Klett-Cotta 1988.

Müller R. Wandlung zur Ganzheit. Freiburg: Herder 1981.

Neumann K. Der Beginn der Kommunikation zwischen Mutter und Kind. Strukturanalyse der Mutter-Kind-Interaktion. Bad Heilbrunn: Klinkhardt 1983.

Oerterer R, Montada L. Entwicklungspsychologie. Ein Lehrbuch. Weinheim: Psychologie Verlags Union 1987.

Papoušek H, Papoušek M. Lernen im 1. Lebensjahr. In: Montada L (Hrsg.). Brennpunkte der Entwicklungspsychologie. Stuttgart: Kohlhammer 1979; 194–212.

Pearls FS. Das Ich, der Hunger und die Aggression. Die Anfänge der Gestalttherapie. Stuttgart: Klett-Cotta 2000.

Pearls FS, Petzold H (Hrsg.). Gestalt, Wachstum, Integration. Aufsätze, Vorträge, Therapiesitzungen. Paderborn: Junfermann 1980.

Piaget J. Das Erwachen der Intelligenz beim Kinde. Stuttgart: Klett 1975 (Studienausgabe Gesammelte Werke Bd. 2).

Piaget J. Die Entwicklung des inneren Bildes beim Kind. Frankfurt a. M.: Suhrkamp 1978.

Pine F. The »symbiotic phase« in the light of current infancy research. Buoll. Menninger. Clin. Bulletin 1955; 52: 429–52.

Pollence D. Comments from the perspective of separation – individuation theory. Psychoanal Inq 1985; 5: 543–52.

Rauchfleisch U. Allmacht und Ohnmacht. Bern, Stuttgart, Toronto: Hans Huber 1987.

Literatur

Reese HW. Discriminative learning and transfer: dialectical perspectives. On experimental research. New York: Academic Press 1977; 205–57.

Reich W. Charakteranalyse. Köln: Kiepenheuer & Witsch 1970 (Orig. 1932).

Riegel KF. Adult life crisis. A dialectic interpretation of development. In: Datan M, Ginsbeurg LH (ed.). Life-span developmental psychology. Normative life crisis. New York: Academic Press 1975; 99–128.

Robert JM. Nervenkitzel. Den grauen Zellen auf der Spur. Heidelberg, Berlin, Oxford: Spectrum Akademischer Verlag 1995.

Roth G. Das Gehirn und seine Wirklichkeit. Kognitive Neurobiologie und ihre philosophischen Konsequenzen. Frankfurt a. M.: Suhrkamp 1994.

Roth G, Prinz W (Hrsg.). Kopfarbeit. Gehirnfunktionen und kognitive Leistungen. Heidelberg, Berlin, Oxford: Spektrum Akademischer Verlag 1996.

Rudolf G. Psychotherapeutische Medizin. Ein einführendes Lehrbuch auf psychodynamischer Grundlage. Stuttgart: Ehnke 1993.

Rüegg CJ. Psychosomatik, Psychotherapie und Gehirn. Neuronale Plastizität als Grundlage einer bio-psycho-sozialen Medizin. Stuttgart: Schattauer 2001.

Sameroff AJ. Transactional models in early social relations. Hum Dev 1975; 18: 65–79.

Schenk-Danzinger L. Entwicklung, Sozialisation, Erziehung. Von der Geburt bis zur Schuldfähigkeit. Stuttgart, Wien: Klett-Cotta 1988.

Schiepek G. Neurobiologie der Psychotherapie. Stuttgart: Schattauer 2003.

Schilder PF. Selbstbewusstsein und Persönlichkeitsbewusstsein: eine psychopathologische Studie. In: Alzheimer A, Lewandowsky M (Hrsg.). Monographien aus dem Gesamtgebiete der Neurologie und Psychiatrie. Berlin: Springer 1914.

Schilder PF. Das Körperschema. Berlin: Springer 1923.

Schilder PF. The Image and appearance of the human body. New York: International Universities Press 1950.

Schmidt HD. Allgemeine Entwicklungspsychologie. Berlin: Deutscher Verlag der Wissenschaften 1970.

Schultz-Hencke H. Lehrbuch der Traumanalyse. Stuttgart: Thieme 1972.

Siegel EV. Tanztherapie. Stuttgart: Klett-Cotta 1988.

Simon FE, Clement U, Stierlin H. Die Sprache der Familientherapie. Ein Vokabular. Stuttgart: Klett-Cotta 2004.

Solomon A. Saturns Schatten: die dunklen Welten der Depression. Frankfurt a. M.: Fischer 2002.

Spitz R. Vom Säugling zum Kleinkind. Naturgeschichte der Mutter-Kind-Beziehung im 1. Lebensjahr. 4. Aufl. Stuttgart: Klett 1974.

Spitz R. Das Leben und der Dialog. In: Spitz R. Vom Dialog. Stuttgart: Klett 1996a; 9–26.

Spitz R. Die Evolution des Dialogs. In: Spitz R. Vom Dialog. Stuttgart: Klett 1996b; 66–89.

Stephanos S. Das Konzept der »Pensée operatoire« und das »psychosomatische Phänomen«. In: v. Uexküll T (Hrsg.). Lehrbuch der Psychosomatischen Medizin. 1. Aufl. München: Urban und Schwarzenberg 1979: 217–39.

Stern D. Mutter und Kind – Die erste Beziehung. Stuttgart: Klett-Cotta 1979.

Stern D. The early development of schemas of self, other and »self with other«. In: Lichtenberg J, Kaplan S (eds.). Reflections on self psychology. Hillsdale, NJ: The Analytic Press 1983; 49–84.

Stern D. Tagebuch eines Babys. Was ein Kind sieht, spürt, fühlt und denkt. München, Zürich: Piper 1991.

Stern D. Die Lebenserfahrung des Säuglings. Stuttgart: Klett-Cotta 1992.

Stern D. Die Mutterschaftskonstellation. Stuttgart: Klett-Cotta 1998.

Stierlin H. Individuation und Familie. Studien zur Theorie und therapeutischen Praxis. Frankfurt a. M.: Suhrkamp Verlag 1989.

Stolorow R, Atwood G. Contexts of Being: The Intersubjective Foundations of Psychological Life. Analytic Press 1992.

Styron W. Darkness Visible: A Memoir of Madness. New York: Random House 1992.

Terman LM. et. al. Mental and physical trades of a thousand gifted children. Genetic studies of genius Vol. I. Stanford, CA: Stanford University Press 1925.

Terman LM, Oden MH. The gifted child grows up. Twenty-five years follow-up of a superior group. Genetic studies of genius Vol. IV. Stanford, CA: Stanford University Press 1947.

Tolpin PA. Change in the self. The development and transformation of an idealizing transference. Int J Psychoanal 1983; 64: 461–83.

v. Uexküll T, Fuchs M, Müller-Braunschweig H, Jonen R. Subjektive Anatomie. Stuttgart, New York: Schattauer 1954.

v. Uexküll T (Hrsg.). Lehrbuch der Psychosomatischen Medizin. 2. Aufl., Stephanos S. Theorie und Praxis der analytisch-psychosomatischen Therapie (Ergebnisse eines experimentellen Behandlungsmodells). München: Urban und Schwarzenberg 1981: 368–88.

Wiesenhütter E. Freud und seine Kritiker. Darmstadt: Wissenschaftliche Buchgesellschaft 1974.

Wiesse J, Joraschky P (Hrsg.). Psychoanalyse und Körper. Göttingen : Vandenhoeck und Ruprecht 1998.

Winnicott DW. Reifungsprozesse und fördernde Umwelt. München: Kindler 1974.

Winnicott DW. Übergangsobjekte und Übergangsphänomene von der Kinderheilkunde zur Psychoanalyse. München: Kindler 1976; 960: 293–312.

Winnicott DW. Vom Spiel zur Kreativität. Stuttgart: Klett-Cotta 1989.

Winnicott DW. Der Anfang ist unsere Heimat. Zur gesellschaftlichen Entwicklung des Individuums. Stuttgart: Klett-Cotta 1990.

Wolf E. Transference and countertransference in analysis of disorders of the self. Contemp Psychoanal 1979; 15: 577–94.

Wolff HG. Stress and disease. Springfield, IL: Thomas 1953.

Wygotski LIS. Denken und Sprechen. Stuttgart: Fischer 1971.

Sachverzeichnis

A

Abhängigkeitsbedürfnis 196
Ablehnung (kalte) 172 f.
Abreaktion(en) 177, 226
– körperliche 9
– somatische 176
– sprachliche 178
Abwehr, psychische 285
Abwehrmechanismen 46, 237
Adoleszenz 171 f.
Affect attunement 145, 202 f.
Affektisolation 190
Affektverarbeitung 186
Aggression, gesunde 231
Aktion 141 f., 245, 348, 358
Aktualitätstraining 270 ff., 301, 303
– Apperzeptionstechnik 275, 277
– Hier-und-Jetzt-Technik 274, 276 f.
– Regieführen 275, 277
– Sequenzen 273 ff.
– Vergegenwärtigungstechnik 273 f., 276
Akut-(Grund-)Behandlung, psychosomatische 18, 106, 394 ff.
– Behandlungsphasen 397 ff.
– Behandlungsziele 400 f.
– Indikation 394
Akzeptanz 221
Akzeptanzerfahrungen 108, 354, 385
Alexithymie 5
Ammensprache 170
– bildhafte 147 ff., 331, 335 f., 341
– einfache 111, 146 f., 316, 318, 321, 324
Anamnestische Angaben 298
Anerkennung 79, 93, 274, 352
– von der Mutter 39
Angenommensein, -werden 113, 173, 222
Angst(zustände), Ängste 45 f., 49, 54, 61, 70, 185 f., 195 ff., 213, 235
– im Beruf 360
– kollektivbezogene 384
– krankmachende 237
– vor Kränkungen 284

– vor Nähe 110, 173
– als Partner abgelehnt zu werden 196
– vor Rivalität, Konkurrenz und Konflikten 197 f., 365 ff., 370 ff., 374
– soziale 315, 386
– vor sozialer Desintegration 380, 384, 388, 391 f.
– vor sozialer Verantwortung 360
– Trauer 64, 67 f.
– vor Triebstärke 380
– vor dem Verlust der Liebe des Objekts, - des liebenden Objekts 20, 330, 347
Angstdiagnose 18
Angsthierarchie 195 ff.
Angststörung 49, 196
Anhänglichkeit, Anklammern 228, 318
Animation 142, 247, 362
Anpassung 178
Anpassungsautomatismen 32, 73
Anpassungsdruck 32
Anpassungskonzept (mentales) 29 f., 38 f., 95 f., 295, 317, 332, 349, 363, 378
– Definition 29
– flexibles 33
Anpassungsstörung 336, 364, 379
Anpassungssystem 28 ff., 32 ff., 295, 317, 332, 349, 363, 378
– Definition 29
– Hirnreifungsstörungen 53
– kindliches 39
– neuronales 28 ff., 95 f.
– – Definition 94
Anpassungstechniken, sozialresonante 216
Anpassungsverhalten, sozialresonantes 30, 292, 306, 322
Anspruchshaltung, krankhafte 197
Anteilnahme 65
Apperzeptionstechnik 275, 277
Archaikkonzept (mentales) 28 f., 38, 42
– Definition 94
– Trauerarbeit 66
Archaiksystem 28 ff., 295, 317, 332, 349, 363, 378

Archaiksystem
- neuronales 28 f., 32
- - Definition 93 f.
- Schädel-Hirn-Trauma 53
- Trauerarbeit 66
Arterhaltung 28
Arzt-Patient-Beziehung 6
Atemtherapie, -training 224 f., 277, 286
Attraktion(en) 139 f., 170, 241 f., 270, 316, 325
Auflehnung 178
Ausdauer 222
Ausdruckstanz 234, 386
Ausdrucksverhalten 202
Auseinander-Setzung 118
Aussichtslosigkeit 109
Austausch, emotionaler 60, 63, 228, 259
- Trauerarbeit 65, 67
Autismus 176, 230
Autonomie 284
Autonomie-Abhängigkeits-Konflikte 231 f., 243, 356
Autonomiebestreben 196
Autonomieerleben 82
Autoritäten 174
- rückhaltgebende 274
Autosuggestion 274 ff.

B

Baby-Rolle 155 ff., 170, 270, 316, 328 f.
Babysprache, -talk 146, 236, 336
Begehren, krankhaftes 324
Behandlungsfokus 235
Behandlungsmanual 281 ff.
Behandlungsnenner, (kleinster) gemeinsamer 114, 300, 335, 352, 366, 381
Behandlungsphasen
- Objektgestützte Psychodynamische Psychotherapie 285 ff.
- psychosomatische Grundbehandlung 397 ff.
Behandlungsteam 21, 188
- Zugehörigkeitsgefühl 189
Behandlungsziele
- Objektgestützte Psychodynamische Psychotherapie 289 f., 291 f.
- psychosomatische Grundbehandlung 400 f.
Bejahung
- direktive 71
- gegenüber dem Individuellen 326

- mütterliche 95 f.
- unterstützend 71
Belastungen, Belastungssituation(en)
- außerordentliche 223, 394
- chronische 45, 47
- der Mutter 157
Belastungsstörungen, posttraumatische 31, 336
Bemerkbarmachen 326
Beruhigung 64
Berührungen, emotionale 138
Bestätigung 93, 352
Bestrafung 97, 99
Bewältigungsmechanismen
- narzisstische 77 ff., 85
- primitive 76 f.
- reife 87
Bewegung, freiere 307, 323, 339 f., 369 f.
Bewegungs- und Entspannungsverfahren 214, 259, 288, 290, 400 f.
- Motivation des Patienten 286, 398
Bewegungsablauf, -abläufe
- freier, selbstbewusster 120
- stereotype 339
Bewegungsanalyse 286
Bewegungsauffälligkeiten 128
Bewegungsfähigkeit, -fertigkeiten 229, 355
Bewegungsfreude 98, 233, 370
Bewegungstherapie 306
- fokale und integrative 205, 286
- konzentrative 370
- objektgestützte 277 ff.
Bewusstseinshintergrund 41 f.
Beziehung(en)
- emotionale 131
- existenzielle 87, 164 f., 178, 199, 203, 206, 237
- interpersonelle intersubjektiv erlebbare 192
- zu Kollegen 189
- körperliche 87, 166, 191, 203, 205 f., 320
- - passive 205
- liebevolle zwischenmenschliche 176
- persönliche 87, 117, 166, 181, 206 f.
- produktive 87
- psychotherapeutische 199
- solidarische, kooperative (liebevolle) 118 f.
- verständnisvolle 87, 118, 167, 367
- vertrauensvolle 87, 118, 168, 367
- zwischenmenschliche 178
Beziehungsebene (s. auch Kommunikationsebenen)

Sachverzeichnis

– de-identifikatorische 366
– dyadische 300
– empathische 335
– identifikatorische 351
– regulative 381
– settingspezifische 321
Beziehungselement
– De-Identifikation 366
– Dyade 305
– empathisches (Empathie) 335
– Identifikation 352
– Regulation 382
– settingspezifisches (Setting) 318
Beziehungserfahrung(en) 169, 172
– destruktive existenzielle 189
– dysfunktionale 285
– existenzielle (instinktive) 165 f., 203, 209, 212, 214, 293, 295, 308
– interpersonelle 199
– kooperative, solidarische (liebevolle) 169
– körperliche 166, 203, 212, 214, 317 f.
– korrigierende 200
– narrative 382
– objektgestützte 181
– persönliche 166 f., 203, 212, 214, 332, 335
– positive 101
– regulative (liebevolle) 169, 382
– solidarische, sozial kommunikative (liebevolle) 378
– verständnisvolle 167 f., 203, 217, 349, 352
– – Behandlungsteam 192
– vertrauensvolle 168 f., 363, 366
Beziehungsfähigkeit 171
Beziehungsgestaltung, formale 204
Beziehungsgewohnheiten 255
Beziehungskompetenzen 383
Beziehungsmodus
– dialogischer 162 ff.
– – Beginn in der Entwicklung 163
– – Entwicklung in den ersten vier Lebensjahren 162 ff.
– – Entwicklungsleitlinien 129
– – Gestaltungspsychotherapie 236
– – Gesprächspsychotherapie 185
– – Körperpsychotherapie 225
– – Psychotherapie 109, 201 f.
– – Schulkinder, Jugendliche, junge Erwachsene 171 ff.
– monologer 174 ff.

Beziehungsprozess, dialektischer 383
Beziehungsritual(e)
– basale (primäre) interaktive 115 ff., 128
– – haltende Objektstützung 316
– – Körperpsychotherapie 110
– – kreative 142
– – Persönlichkeitsentwicklung 116 ff.
– – psychodialogisches, psychomotorisches, psychosoziales 170
– – soziale Reaktionen 132
– – supportive 142
– – tragende Objektstützung 294
– handfeste 230
– körperliche 119
Bild, gemeinsames 112, 244
Bindung
– desorganisierte 102
– sichere 100 f.
– unsicher-ängstliche 101 f.
– unsicher-vermeidende 101 f.
Bindungsintensität, Psychotherapeut und Patient 186
Bindungserfahrung(en) 64
– primäre (elterliche) 72
Blickkontakt 145 f., 227
Bonding 110 f., 119, 128, 225 f., 282, 304, 308 f.
Borderline-Patienten 18 f.

C

Chronifizierung 306, 396
Coenästhetische(s) System, - Funktionsweise 79 f., 174
Containerfunktion, emotionale 242

D

Dancing 135, 234, 370, 377, 386
Dankbarkeit 91, 297, 349, 390
Daseinsberechtigung (als Mensch, Partner) 91, 103, 282, 336 f.
Dauerstress 51 f.
Debattieren 383 f., 389
Defäkation 29
Defizite
– kommunikative 343
– neuronale 57
– soziale 328, 345 f., 360, 375
De-Idealisierung 84 f.

De-Identifikation 126, 169, 217
Dekompensation, psychische 394 ff.
Delinquenz 77
Dependenz 209
Depression, depressive Störungen 46, 48 f., 75, 86, 341, 395
– neurotische (leichte) 51
– schwere 51, 63
Depressive Reaktion, - Verarbeitung 64, 65 f.
Deprivation, soziale 30, 102, 173
Desintegration, soziale 380, 386
Desintegrationsängste 380, 386, 391 f.
Desorganisation
– neuronale, neuronal-mentale 72, 86
– psychische 107
Destruktivität 109
Diagnostische Einschätzung 285, 298, 319, 330 ff., 380, 397
Dilemma, neuronal-mentales 86
Dissoziative Störungen 76
Dominanzverhalten 209
Doublebind-Klima, -Kommunikation 108, 334 ff., 340
Durcharbeiten 356, 367, 372, 380
Dyade (zwischen Mutter und Kind) 139, 164
– gestörte 173

E

Egosphäre, Egozentriker, Egozentrum 175
Ehrgeiz 222
Eigeninitiative (Patient) 259
Einfühlungsvermögen (empathisches) 79, 87, 167 f., 207, 382
Eingreifen, mentales 72
Einnehmen eines Platzes 204
Einsiedlertum 173
Ein-Silben-Sprache 147
Ein-Wort-Sätze 147
Elterliche Funktionen s. Funktionen (elterliche)
Eltern- und Paargespräche 287, 399 f.
Elternfunktion, prothetische 18, 212, 233, 323, 382
Elternimago, idealisiertes 16
Eltern-Kind-Interaktionen 170
Empathie (s. auch Kommunikationselement Empathie) 16, 191
– narzisstische Persönlichkeit 78
Engramme 95

Entfremdung, Mutter von Kind 131 f.
Entlassung (Patient) 246, 291, 306 f., 323, 339, 354, 369, 385, 401
Entscheidungen, freie 127
Entspannungsverfahren (s. auch Bewegungs- und Entspannungsverfahren) 394 ff.
Entwertungsängste 196, 242, 330 ff.
Entwicklung
– narrative 152
– psychodialogische 128 f.
– psychointentionale 127
– psychomotorische 28 f., 127, 129
– – Bedeutung für Krankheitsentwicklung 135 f.
– psychosoziale 128, 152 f.
– sprachliche 127 f.
Entwicklungskonflikt(e)
– infantiler 364
– ungelöste 58, 350
Entwicklungsleitlinie(n) 127 ff.
– psychodialogische 143 ff., 170, 215
– psychointentionale 136 f., 170, 215, 240, 246 f.
– psychomotorische 119, 127 ff., 130ff., 170, 215
– psychosoziale 152 ff., 170, 215
Entwicklungsniveau
– emotionales und kognitives 285
– neuronal-mentales 60 ff.
Entwicklungsphasen 163
Entwicklungsprozess, bio-psycho-sozialer 103
Entwicklungsstörungen 279
Entwicklungsstress 231
Enzephalisation 93
Episode(n)
– Definition 30
– identifikationsfähige 70
– Strukturplan 256, 262
Episodenfragmente
– dysfunktionale 36, 102
– frei flottierende 70
Episodenkontexte 19, 35 f., 98 f.
– dysfunktionale (negative) 35 ff., 94, 98, 157
– frühe positive 154
– instabile, destruktive 85
– positive 37, 65 f., 70 f., 94, 96, 98, 101
– responsive, affirmative (positive) 94
Erbanlagen s. genetischer Faktor
Erfahrung(en)
– dysfunktionale 222
– funktionale 309

- korrigierende (emotionale und kognitive) 222, 355, 370
- primäre soziale 313 f.
- rückhaltgebende 271
- schmerzliche 99

Erinnern 367, 372, 380
Erinnerungen 72
- dysfunktionale 96
- responsive, affirmative, positive 95

Erkenntnis, diskursive und intuitive 187
Erleben
- eindimensionales 148 f.
- evoziertes 76
- ganzheitliches 62
- personales 160
- zweidimensionales 149

Ermutigung 349
Erregungen, kritische 45
Erregungsqualitäten 43
Erscheinungsbild, äußeres
- körperliches (Patient) 188, 202, 204, 293
- Psychotherapeut 204

Erwachsenensprache (frühe) 152, 377, 382
Evolution 32 f., 40, 45
Existenzängste 81 f., 173, 235
Existenzbedrohung 238
Existenzberechtigung (als Mensch) 91, 103, 195, 204 f., 222, 282, 305

F

Face-to-face-Setting 205
Faktoren, krank machende 178
Familiensystem, kommunikationsgestörtes 60
Fertigkeiten
- körperliche 125
- lebenspraktische 305 f.

Festhalten 229, 356
Flexibilität
- Mutter und Säugling 100
- personale 368

Freiheit, persönliche 192, 234
Freiheitsdrang 176
Frühgeburt 221
Frustration(en) 82 f.
- optimale 103, 243

Frustrationstoleranz 61, 135, 181, 208, 314
Funktionen (elterliche) 12, 102 f., 115 ff., 119, 162, 170

- entlastende 103, 117, 141, 148, 157, 181, 243, 274
- haltende 103, 117, 140, 148, 156, 170, 320, 330
- kreative 103, 117 f., 151 f., 160, 274, 362, 369
- narrative 103, 117, 119, 143, 160, 274, 377, 381 f.
- stützende 103, 117, 150, 158, 167, 274, 348
- tragende 103, 116, 119, 145 f., 154, 165, 199

G

Gebärden 8, 202, 205
Geborgenheit, -sein 101, 140, 222
- Behandlungsteam 189

Gedächtnisbildung 26 f.
Gedächtnissystem, neuronales 28
Gefühlsausbruch 226
Gefühlslage, stabile 47 f.
Gegenübertragungen 4
- komplementäre und konkordante 241

Gegenübertragungsbeziehung, Auflösung 401
Gegenübertragungserleben 285
- egozentrischer Patient 209

Geltungsdrang 338, 353
Gemeinsamkeitserfahrungen, produktive, regulative, liebevolle 392
Gemeinschaftlichkeit 380
Gemeinschaftsarbeit 250
Gemeinsinn 378
Gemüt(szustand, -sverfassung) 47, 62
Genetischer Faktor (Disposition) 3
- Somatisierung 74

Geschlechtszugehörigkeit 160
Gespräch(e)
- beratende 360
- familientherapeutisches 278 ff.

Gesprächspsychotherapie
- dialogischer Beziehungsmodus 185
- entlastende Objektstützung 330 ff.
- haltende Objektstützung 318 ff.
- kreative Objektstützung 361 ff.
- narrative Objektstützung 376 ff.
- stützende Objektstützung 347 ff.
- tragende Objektstützung 293 ff.

Gestalten
- dialogisches (gemeinsames) 249 f., 388
- freieres (Ziel) 310, 326, 342, 357, 372, 388
- freies, kreatives (Verfahren) 246 ff., 372 f.
- handwerkliches 244 ff., 357 f.

Gestalten
- intentionales 111, 240 f., 325 f.
- intuitives 111, 238 f., 310
- kommunikatives 242 ff., 343
- spontanes 326
Gestaltungsfreiheit 373
Gestaltungsfreude 247, 373
Gestaltungsprozess 21, 248 f., 311
Gestaltungspsychotherapie 21, 111 ff.
- entlastende Objektstützung 342 ff.
- haltende Objektstützung 325 ff.
- Kommunikationselemente 235 ff.
- kreative Objektstützung 371 ff.
- narrative Objektstützung 388 ff.
- stützende Objektstützung 357 ff.
- tragende Objektstützung 309 ff.
Gesten 8, 202, 205
Gestimmtheit, innere 15
Gesundheitsstörungen, funktionale oder läsionale 66
Gewalt in der Familie 223
Gewalttätigkeiten, verbale 173
Gewohnheiten, krank machende 211, 255, 257 f., 261 f., 301, 337, 386
Gewohnheitsbildung 258
- pathogene 395
Greifen 137
Größenwahn 168
- isolierter 80
Grübeln 347
Grundakzeptanz 245
Grundresonanz 42
Gruppen(therapie), störungsspezifische 288 f., 291, 399 f.
Gruppenbild- und -skulpturarbeit 250
Gruppencharakter 389
Gruppenidentität 191, 194
Gruppenkohäsion 191
Gruppenkommunikation 192
Gruppenverantwortung 193
Gruppenverständnis 192 ff.
Gruppenvertrauen 193 f.

H

Halten 356
Haltung, therapeutische 13
Hand 136, 229, 355
Händedruck 240

Handeln 127, 136, 238
- eigenständiges, schöpferisches 365
- freieres 310, 326, 342, 357, 372, 388
Handhabungen 124, 241
Handlungsauffälligkeiten 128
Handlungskompetenzen 355
Harmoniebedürfnis 353
Harmonisierung 370
Hautberührungen 227
Hier-und-Jetzt-Technik 274, 276 f.
Hilfe zur Selbsthilfe 85, 167, 259
Hilflosigkeit 71, 179 f.
- Psychotherapeut 186
Hilfsbereitschaft 173, 382, 390
Hilfs-Ich-Funktion
- Eltern 84
- Therapeut 214, 261 f., 281
Hintergrundbewusstsein 69, 96 f., 150 f., 187 f.
Hirnfunktionsstörung(en), -leistungsstörung(en) 11, 50, 52, 101, 156, 217, 221, 319
Hirnreifungsstörungen 53, 101, 156, 221, 319
Hirnschaden, struktureller 52
Hobby 358
Holding 111, 120 f., 133 f., 170, 226 f., 316, 323, 325
Homöostase, intrapsychische 61
Hugging 121 f., 134, 227 ff., 331, 338, 340
Humor 336

I

Ich
- autonomes 159
- funktionales 32 ff., 41 f., 296, 318, 333, 350, 364, 379
- instabiles 53
- intelligentes 42
- lebendiges 16, 44, 97
- personales 38, 42 ff., 296, 318, 333, 350, 364, 379
- – Autonomie 104
- – Entwertungsängste 196
- – in statu nascendi 118
- – Teammitglieder 192
- selbstreflexives (personales) 50
Ich-Dystonität 35, 284, 288, 305, 347, 361 f.
Ich-Funktionen 61, 214
Ich-Ideale 168

Ich-Konzept 41 f.
– emanzipatives 56
Ich-Psychologie 14 f.
Ich-Spaltung, psychotherapeutische 167, 300, 318, 335, 352, 366, 381 f., 400
Ich-Stabilisierung 301, 401
Ich-Stärke 27, 94
Ich-Syntonität 210, 297 f.
Ich-System, schwaches 57
Idealisierung
– Eltern, Vater 83 f.
– Psychotherapeut 239
Identifikation, Identifizierung 15, 126, 168, 247
– intrapsychische 38, 232, 246
– mit Patient 270
– primäre neuronale 94
– sekundäre intrapsychische 94, 217
Identifikationsprozess
– primärer intrapsychischer 26, 34, 37, 103, 130
– sekundärer intrapsychischer 26, 34 f., 37, 103, 130
Identität 231
– personale 205
Identitätsentwicklung 231 f.
Identitätsstörung 240
Identitätsverlust 53
Imagines 272
Imitation 262
Indikation
– Objektgestützte Psychodynamische Psychotherapie 284
– psychodynamische Grundbehandlung 394
Individuation, lebenslange 93
Inkompetenzen, soziale 328, 345 f., 360, 375
Innenwelt, destruktive 300, 320
Instabilität, emotionale 302, 337
Integration, soziale 221
Integrität, personale (Patient) 194
Intellekt 27
Intelligenz 32 f., 94
Intentionalität 138, 230, 286
Interaktion(en) 39, 236
Intervention
– objektgestützte 214, 259 f., 287, 304
– psychodialogische 270
Introspektionsfähigkeit 206, 281
– Kind 84 f.
Involvement, emotionales 186, 310

K

Kastrationsängste 20, 361
Kernselbst(empfinden) 37, 42, 121, 134, 151, 163, 226 f., 317
Kind, flexibles und unflexibles 100 ff.
Kindergartenkind, -Rolle 142, 160 f.
Kindheitsbelastungsfaktoren 284 f.
Kindheitsschutzfaktoren 284
Kissing, Kuss 234
Kleinkind-Rolle 157 f., 331, 338, 346
Kleinkindsprache 149 ff., 348, 352
Kollektiv, autoritäres 386
Kommunikation 5
– averbale, sensitive und intuitive 239
– dyadische 190, 198 f., 202, 209 f., 242
– egoistische, egozentrische 175, 209, 213
– emotionale 157, 206, 208, 301, 332
– empathische 213, 242
– instinktive (emotionale) 111, 144 f., 194, 200, 294, 301, 305, 308
– körperbetonte 199
– monologe 177
– narzisstische Persönlichkeit 80
– partnerschaftliche 242
– soziale emotionale 221
– Stellenwert im Leben des Menschen 62 ff.
– Stillen 64
– ungerichtete (egoistische) 175
– verbale 366
Kommunikationsdefizite 172 ff.
Kommunikationselement(e) 163, 169, 186
– Arbeit damit 198 ff.
– Bearbeitung gestörter 288
– Beispiel für das Ineinandergreifen 179 ff.
– De-Identifikation 168 f., 180 f., 218 ff.
– – Behandlungsteam 193
– Dyade 165 f., 179, 198 ff.
– – Behandlungsteam 189 f.
– – egozentrischer Patient 210
– – Körperpsychotherapie 225, 309
– Empathie 166, 179, 206 ff.
– Gestaltungspsychotherapie 235 ff.
– gestörtes, beschädigtes 191
– Hinweis auf spezifische Störungen 235
– Identifikation 167 f., 180, 214 ff.
– – Behandlungsteam 192
– – Körperpsychotherapie 224 ff.

Kommunikationselement(e)
- Regulation 169, 180 f., 220 f.
- - Behandlungsteam 194
- Setting 166, 179, 203 ff., 240
Kommunikationsqualitäten 100 ff.
Kommunikationsstörung 196, 228, 243 f., 341
Kommunikationsstruktur 165
Kommunikationstraining 346
Kompetenz(en) 16, 19, 42, 98, 245, 250
- Behandlungsteam 236
- lebenswichtige 19
- regulative 304
- soziale 360, 375
Kompetenzerleben 39
Konflikt(e) 220
- schwerer neurotischer 197
- therapeutische Bearbeitung 288
Konfliktängste 361, 364 ff., 367, 370, 372, 374 f.
Konfliktbereitschaft, -fähigkeit 91, 197, 297, 371, 374, 390
- Gestaltungstherapeut 373
Konfliktbewältigung 291
Konfliktbildungen, intrapsychische 284
Konfliktlösung 384
Konfliktlösungstechniken 251
Konfliktschwäche 366
Konfliktverarbeitung, neurotische 359
Konfliktverweigerung 375
Konfrontation(en) 383, 389
Konkurrenzängste 197 f., 233, 365 ff., 370 ff., 374
Konstitution, körperliche 3
Kontakt, lebendiger 156
Kontaktabstinenz 280
Kontaktieren 383 f., 389
Konzentrationsfähigkeit 61
Konzertierte psychotherapeutische Aktion 114, 188 ff., 299, 319, 334, 351, 365, 380
- egozentrischer Patient 210 f.
Kooperation 91, 142 f., 250, 377
Körperberührungen
- entlastende 340
- stützende 355
Körperbild(er) 224
- Entwicklung 125
- identifikationsfähige 226 f.
Körpererfahrungen
- frühe 224
- korrigierende 226
- schmerzliche 75

Körpergedächtnis 20 f.
Körpergrenzen, reale 227
Körperliche Phänomene 7 f.
Körperliche Untersuchung 298
Körperpsychotherapie 17, 109 ff.
- entlastende Objektstützung 339 ff.
- funktionale Erfahrungen 309
- haltende Objektstützung 323 ff.
- Kommunikationselemente 224 ff.
- kreative Objektstützung 369 ff.
- narrative Objektstützung 385 ff.
- Strukturgebung 225
- stützende Objektstützung 355 ff.
- tragende Objektstützung 307 ff.
Körperrepräsentanzen 224
Körperschema 8, 140 f., 224
- reifes 131
Körperselbst 130 f., 227
Körpersprache 9, 21, 126, 129, 135 f., 236
- unbeholfene 127
Körpertechniken, kreative 369
Körperwahrnehmung 110
Körperwahrnehmungsübungen 224, 278
Krabbelentwicklung 132 f.
Krankheiten der Eltern 221, 223
Krankheitsbewusstsein, -einsicht 206, 213 f., 281, 288
Krankheitsentwicklung 135 f., 243
Krankheitsgewinn, primärer und sekundärer 75
Krankheitsursache(n) (programmatische) 127, 299
Kränkung(en) 64
- narzisstische 329
Kreativität 198, 219, 248, 367
Kreativitätstraining 288, 290, 306, 314, 338, 394 ff., 400 f.
- Motivation des Patienten 286, 398
Krise, affektive 269, 302, 337
Krisenbewältigung 292
Krisenentwicklung, -eskalation 302
- Körpersignale 269, 276
Krisenintervention 259, 269 f., 302
- Erlernen 287, 289
- Motivation des Patienten 286
- stationäre 401
Krisenmanagement 275 f., 306, 329
Krisenprävention 110, 214, 259, 269, 290, 394
- Motivation des Patienten 286
- Orientierung des Patienten 287

L

Laufentwicklung 133 f.
Lebensabschnitte 185, 246
Lebensberechtigung (als Person) 91, 196, 320 ff.
Lebensbewältigung 71, 126, 216
Lebensfreude, -lust 81 f., 91 f., 142, 370 f.
Lebensgewohnheiten, krank machende
    s. Gewohnheiten, krank machende
Lebensprogramme, dysfunktionale 279
Lebenstüchtigkeit 62, 71, 85, 118, 196
Lebensverbot, -verneinung 210, 238
Leidtragende Person 31
Lernen 349
– am Modell Eltern 124 f.
Lernerfahrung, notwendige 358
Lernprozess
– Adoleszenz 172
– der Mutter 168
Liebe, primäre 154, 162
Liebesfähigkeit 113, 174, 274
Lob 352

M

Mama-Kind-Beziehung 158
Mamakind-Rolle 158 f., 348, 353, 359 f.
Massage 227, 308, 324
Medikamente 269
Menschenwürde 189, 202, 250, 295, 383, 390
Milieu, funktionales primäres 224
Milieuerfahrungen
– politische, religiöse oder sonstige kulturelle 391 f.
– primäre soziale 328, 345, 359, 374 f.
Milieuschädigung 217
Milieutherapie 214, 258 ff., 286 ff, 289 f., 394 f., 398 ff.
– Motivation des Patienten 286, 398 f.
– psychische Dekompensation 394
– Strukturplanarbeit 258 ff.
Minderwertigkeitsängste 191, 208
Minderwertigkeitsgefühl 195 f., 330 ff.
– egozentrischer Patient 210
– existenzbedrohendes 108
– paranoides oder depressives 83
Mindesterregungsniveau 44
Misshandlung(en) 173, 223
– emotionale 335

Misstrauen, massives 172
Miteinanderspielen 126
Mitgefühl, Mitempfinden 79 f., 179
Modellieren und Skulpturieren 248
Modelllernen 245, 262, 358, 375
Monologisieren (Patient) 212, 220
Motivation(en) 30
– dysfunktionale 27, 116, 168
– des Patienten 286, 398
Motivationszentrum 95, 153
Motive 30
Muskelrelaxation, Progressive 278, 286
Mutter
– flexible und unflexible 100 ff.
– psychisch kranke 59
Muttersprache 151, 362, 366 f., 371

N

Nähe-Distanz-Regulation 26, 86, 139, 205, 207, 217, 285
– narzisstische Persönlichkeit 78, 80
– Psychotherapeut 200 f., 293 ff.
– Systematik 281
– Trauerarbeit 68
Narrative 382, 392
Narzissmus 19
Neugier 138 f.
Neuroplastizität 53

O

Oberflächenkommunikation 187, 285, 296
Objekt, tragendes 6 f.
Objektbeziehungen 6
– Ich-Organisator 14
Objektdominanz 139, 150
Objektinkonstanz 139, 150
Objektkonstanz 139
– emotionale (affektive) 37
Objektlibido 19
Objektrepräsentanz(en)
– destruktive 77
– funktionale (positive) 130 f.
Objektstützung 12, 284
– Adoleszenten 174
– Definition 26, 91
– dialogische 86 f.
– effektive (intrapsychische) 71, 121

Objektstützung
– elterliche 71, 282 f.
– entlastende 122 f., 166, 173, 206 f., 250, 330 ff., 390
– – Gesprächspsychotherapie 330 ff.
– – Gestaltungspsychotherapie 342 ff.
– – Körperpsychotherapie 339 ff.
– – sozialpädagogische Psychotherapie 345 ff.
– essenzielle 186
– geeignete 191
– haltende 120 ff., 166, 205, 241, 250, 315 ff., 390
– – Gesprächspsychotherapie 318 ff.
– – Gestaltungspsychotherapie 325 ff.
– – Körperpsychotherapie 323 ff.
– – sozialpädagogische Psychotherapie 327 ff.
– idealisierende 82 ff.
– kreative 125, 169, 247, 251, 390
– – Gesprächspsychotherapie 361 ff.
– – Gestaltungspsychotherapie 371 ff.
– – Körperpsychotherapie 369 ff.
– – sozialpädagogische Psychotherapie 374 ff.
– narrative 126, 135, 169, 251, 376 ff., 390
– – Gesprächspsychotherapie 380 ff.
– – Gestaltungspsychotherapie 388 ff.
– – Körperpsychotherapie 385 ff.
– – sozialpädagogische Psychotherapie 391 ff.
– pathologische 74 f.
– primitive 77
– primordiale 166
– psychodialogische 367
– psychointentionale 270
– psychomotorische 324
– religiöse 87 f.
– Strukturplanarbeit 258
– stützende (responsive) 118, 123 f., 230, 245, 250
– – Gesprächspsychotherapie 347 ff.
– – Gestaltungspsychotherapie 357 ff.
– – Körperpsychotherapie 355 ff.
– – sozialpädagogische Psychotherapie 359 ff.
– Therapieebenen 12
– tragende 119 f., 164 f., 200 f., 293 ff., 390
– – Behandlungsteam 190, 194, 300
– – egozentrischer Patient 210
– – Gesprächspsychotherapie 293 ff.
– – Gestaltungspsychotherapie 309 ff.
– – Körperpsychotherapie 216, 307 ff.
– – sozialpädagogische Psychotherapie 313 ff.

– unterstützende 24
Objektverlust, drohender 82
Objektverlustängste 298, 319
Omnipotenzerleben 80
Opfer(rolle) 31, 177, 337
Optimismus, therapeutischer 270, 285
Organisation, diakritische 79
Organisatoren, bio-psycho-soziale 46
Orientierungen, Motive und Motivationen 42, 96
– dysfunktionale 30 ff., 53 ff., 71 f., 157
– – Begegnung mit Kollegen 189
– – Neutralisierung 239
– – Psychotisierung 76
– – Qualität und Quantität 69
– funktionale 32, 44, 94 f., 101
– – Begegnung mit Kollegen 189
Orientierungslosigkeit 71

P

Panik, panischer Zustand 45 f., 48, 50, 312
– Trauer 64
Panikstörungen, -syndrom 49 ff., 336, 341
Papakind-Rolle 159 f., 362, 374 f.
Parentifizierung 242, 302, 335
Partner-Rolle 337
Partnerschaft 228
Patient(in), Patienten
– egozentrischer 208 ff.
– emotionale Störungen 127
– essgestörte 213
– – sozialtherapeutisches Training 287
– frühgestörte 175, 207
– psychisch schwer gestörte 205
Person (eigene) 45, 151
Personifizierungsprozess 151
Persönlichkeit
– emotional instabile 106
– mentale (Organisation) 42 ff.
Persönlichkeitsentwicklung
– Bedeutung des Körperselbst 131
– elterliche Funktionen 116
Persönlichkeitsmodell 25, 39
– Objektgestützte Psychodynamische Psychotherapie 69 f.
Persönlichkeitsorganisation
– instabile, labile 127, 284, 395
– narzisstische 10

Persönlichkeitsstruktur des Kindes
– entlastende Objektstützung 332 f.
– haltende Objektstützung 317 f.
– kreative Objektstützung 363 f.
– narrative Objektstützung 380 ff.
– stützende Objektstützung 349 f.
– tragende Objektstützung 295 f.
Persönlichkeitsverfassung 3, 188, 203
– Kommunikation 80
– labile 320, 334
– narzisstische 78 f.
– Psychotherapeut 211
Person-Sein 227
Perversionen 196
Pflegeleistung (-verhalten) der Eltern 162, 170
– Objektgestützte Psychodynamische Psychotherapie 109, 115
Phänomenologie 188
Phantasie(tätigkeit) (Kind) 248, 318
Playing 135, 232 ff., 362, 369 f.
Polarisierung 384, 389 f., 392
Position
– egoistische 80
– imperative, autoritäre 77
– magische 80
– pejorative, infantile 77
– des Reflektierens 206
Prägungen, krank machende 20, 279
Präsenz 163
– empathische 207
– innere der primären Bezugsperson 37, 93
– körperliche 205, 321
– Körperpsychotherapeut 356
– kreative 219
– mütterliche 166
– narrative 221
– objektstützende 236
– responsive auxiliäre (verständnisvolle) 215 f.
Präsenzerfahrung 227
– mentale 218
– symbolische 227
Problembewältigung 291
Programme
– destruktive 60
– dysfunktionale (lebensverneinende) 31, 107
Prüfungssituation 197
Psychiatrische Behandlung 307, 396, 401
Psychoedukation 269, 287, 289, 299, 399
Psychomotorik 28 f., 61

Psychosomatische Grundbehandlung (s. auch Akut-[Grund-]Behandlung, psychosomatische) 18, 106, 394 ff.
Psychosomatischer Faktor 3, 12, 74
Psychosomatose 74
Psychotherapeut
– Hilfe zur Selbsthilfe 85, 167, 259
– Hilfs-Ich-Funktion 85, 261 f., 281, 285 ff.
– innere Festigkeit 17
– prothetische Funktion 111
– Reaktionen auf den Patienten 4
– Selbstobjekt für den Patienten 85
Psychotherapeutische Haltung 285, 307 f.
Psychotherapie
– ambulante, ressourcenorientierte 396
– psychodynamische 396
– sozialpädagogische
– – entlastende Objektstützung 345 ff.
– – haltende Objektstützung 327 ff.
– – kreative Objektstützung 374 ff.
– – narrative Objektstützung 391 ff.
– – stützende Objektstützung 359 ff.
– – tragende Objektstützung 313 ff.
Psychotisierung 75 f.

R

Rationalisierung 190, 367
Raum, gemeinsamer, tragender 112
Reaktion(en) 141, 243, 331
– soziale 132
Reaktionsbildung 190, 308, 324, 356, 370
– neurotische 395
– primitive 203
Reaktionsmuster, protektive 20
Realisierung 220 f., 299, 319, 330, 347, 361, 380
Realitätsbewusstsein 207, 213 f., 281, 290
Realitätsprinzip 261
Realitätsprüfungen 291
Realkonflikte 191
Reflektieren, Reflexionen 206, 216, 220 f., 299, 319, 330, 361, 390
Regieführen, -sessel 261, 272, 275, 277
Regression
– Patient 200, 360
– psychotherapeutische 311, 318, 321, 323, 335, 346, 352, 366, 382
Regressionsbereitschaft 140, 146, 341
– Patient 308, 324, 356

Regulation 65, 220 f., 366
– konzertierte psychotherapeutische Aktion 236
Regulationsmechanismen 61
– mentale 60, 63, 68, 81 ff., 367
– neuronale 60, 66, 68, 73 ff., 83, 86
– neuronal-mentale 8 ff., 27, 45 ff., 52, 56, 72
– – Affektregulation 43, 186
– – Krisensituationen 54
– – Psychotisierung 76
– – Systematik 73 ff.
– – Trauerarbeit 64
Rekompensation, psychische 395
Reorganisation, neuronale 82
Resonanz(erfahrung)
– assoziative 99
– äußere responsive 62
– bestätigende 248
– innere 41, 91, 187, 213
– positive 93
– selbstreflexive 35, 38 ff., 76 f., 82, 93, 97, 105 ff., 295
– – Funktion 93
– – Hirnreifungsstörungen 53
– – schwache 284
– – schwere Depression 52
– – Vaterkind 159
– soziale 75
Resonanzlosigkeit 102
Resonanzprozesse, -mechanismen
– äußere zirkuläre 39
– funktionale zirkuläre 225
– mentale innere 39
– zirkuläre 26, 42, 174, 308
– zwischenmenschliche zirkuläre 39
Respekt 221, 317, 390
Responsivität 40
Ressourcen 73
– erschöpfte 284
– lebensnotwendige 299
Rezidivierung 306
Risikofaktoren, Somatisierung 74
Rituale (leere) 260 f.
Rivalitätsangst 197 f., 233, 365 ff., 370 ff., 374
Rolle, soziale 375
Rollenerwartungen 128
Rollenspiel(e) 126, 353, 383, 392
Rollenumkehr 157, 176 f., 242 f., 335
Rollenverhalten 127
Rollenverständnis 313, 328, 345, 359, 391

Rollenzuschreibungen 153, 161, 215
– Baby 156
– Behandlungsteam 193
– Papakind 160
Rückfälle in krankes Verhalten 220
Rückhalt, innerer 40, 44, 166, 214, 219, 231, 247, 312, 361

S

Säugling 37, 40
– psychomotorische Entwicklung 28 f.
– Stillen 64
– Trennung von Selbst und Objekt 37
Säuglingsforschung 11 f.
Säuglings-Rolle 154 f., 194, 200, 294, 305, 314 f.
Schädel-Hirn-Trauma 53
Schizophrene Krankheitsbilder 76
Schlüsselereignisse, autobiographische 271
Schmerz(en) 45 f.
– seelische 67
Schreien des Kindes 137
Schuldgefühle 201, 243
Schulkind-Rolle 161, 377, 392
Schutz durch Krankheit 237
Sehnsucht nach Nähe 106
Selbstachtung 39, 44, 51
Selbstaufgabe 50
Selbstbehauptung 363
Selbstbewusstsein 39, 44, 51, 55
– Entwicklung 91 ff.
– körperliches 371
– mentales 43
– als Person 124
– gegenüber Umwelt 371
– Vaterkind 160
Selbstbild 33
Selbstdarstellung, hypertrophe 127, 240
Selbstempfinden (subjektives) 37, 42, 122, 124, 166, 332
– auftauchendes 42, 151, 163, 174, 226
– narratives 38, 378 f.
– personales 163
– soziales 163
– verbales 38, 152, 163, 229, 349, 363
Selbstentwertungsmechanismen 10, 51, 86, 105, 115, 246, 301, 311
Selbstentwicklung 246
Selbsterhaltung 28, 74

Selbsterhaltungskräfte 60, 107
Selbsterhaltungsmechanismen, archaische 178
Selbstgespräch 179
Selbstheilungskräfte 47
– Trauerarbeit 68
Selbstkonzept 26, 32 ff., 38 f., 93 ff.
– Aufbau durch Psychotherapie 218
– Kind 159
– stabiles 45
– Trauerarbeit 66 f.
Selbstmord (s. auch Suizidalität) 49
Selbstobjekte (spiegelnde) 16
Selbst-Objekt-Erfahrungen, funktionale 99
Selbst-Objekt-Komplexe 35 ff.
– negative (destruktive) 56, 70, 77, 94, 99 f., 102
Selbst-Objekt-Kontexte (-Repräsentanzen), funktionale (positive) 56, 67, 70, 94, 98, 101, 134
Selbstpsychologie 15 f.
Selbstregulation 3
Selbstregulationstechniken 81 ff., 251, 389
Selbstrepräsentanzen, funktionale (positive) 130
Selbstsicherheit 27, 39, 44, 51, 84, 115, 160, 260, 322
Selbstsicherheitstraining 329, 375, 394 ff.
Selbstständigkeitsentwicklung 97, 150
Selbstsystem 26, 32 ff., 42
– Aufbau durch Psychotherapie 218
– Hirnreifungsstörungen 53
– kindliches 39
– neuronales 29, 37 f., 93 ff.
– Schädel-Hirn-Trauma 53
– Trauerarbeit 66 f.
– übergreifendes 130
Selbstunsicherheit 17, 54, 70, 351
– egozentrischer Patient 209
Selbstverachtung 195
Selbstvertrauen, Mitglieder des Behandlungsteams 193
Selbstvorstellungen 16
Selbstwert, -erleben 39, 51, 71
– pathologisches 75
Selbstwerthomöostase 262, 280 f., 291, 302, 306, 322, 338, 354
Selbstwertstabilisierung 85, 113, 257 ff., 281, 289 ff.
– Strukturplanarbeit 257
Selbstwirksamkeit 118, 251
– Erfahrung 91, 260
– kreative 373

– soziale 375
Selbstzweifel 154
Sich-einstellen-Können (Mutter) 166
Sicherheit (innere) 41, 93, 140
– Behandlungsteam 189
Signalsprache 146 f., 321
– egozentrische 211
Solidarisieren 201, 384
Solidarität 91, 221
Somatisierung 74 f.
Somatoforme (funktionelle) Störung 74, 341
Sozialisation, Sozialisierung 153, 155
Sozialverhalten 153
– auffälliges 128
Spannungsreduktion 176, 208, 308
Spannungszustand, seelischer 293
Spielen mit dem Kind 125
Spielfreude 375
Spielraum 125, 248 f.
Spieltrieb 370
Sprachauffälligkeiten 128
Sprache
– allozentrische 208
– äußere und innere 152
– egozentrische 208
– personale 144
Spracherwerb 143 ff.
Sprachverhalten 144
Sprachverständnis 144, 151
Sprechen, freieres 319, 333, 350, 361
Sprechweise 202
Stationäre Behandlung, fraktionierte 323, 396, 401
Steuerungsfähigkeit 62
Stillen 64, 154, 164 f., 178
Stimme 129, 202
– innere 15, 39
Stimmung 61
– bejahende 93
Stimulation 139, 194, 200, 305, 309, 311
– optimale 137 ff., 294, 310
Störfall, kortikaler 49 ff.
Stress(situation), emotionale(r) 50, 176
Stressbewältigungsmechanismen, körpereigene 12, 154, 177, 320, 334
Stressbewältigungsprogramme, -strategien 9, 102, 115
Stressoren 51
– destruktive 60

Stressreaktionen, dysfunktionale 52
Struktur, Definition 255
Strukturierung der Zeit nach der Entlassung 315
Strukturplan 255, 261 ff.
– Vorlage zur Erstellung 256
Strukturplanarbeit 214, 255 ff., 259, 281 ff.
– Beispiele für Therapeuten-Patienten-Interaktion 257 f., 263 ff., 265 ff.
– Einführungsgespräch, Grundregeln 260 ff.
– entlastende Objektbeziehung 334, 336 ff., 339, 346
– haltende Objektstützung 319 ff., 323, 327
– kreative Objektstützung 361, 365 f., 369, 371, 374, 376
– Milieutherapie 258 ff.
– narrative Objektstützung 380 f., 386
– stützender Objektstützung 351, 353 f., 357 f.
– Technik 260 ff.
– tragende Objektstützung 299 ff., 303 f., 306
Sucht(verhalten) 196, 284, 395
Suchtprobleme (Eltern) 223
Suizidalität 77, 105 f., 191, 194, 199
Supervision und Intervision 286, 288, 290, 398 ff.
Supporting 135, 215, 229 ff., 348, 353, 355 f.
Symbiose 230
Symbolsprache 129, 148
Sympathie
– neurotische 203
– Psychotherapeut für Patient 186
Symptombildung(en) 259, 296, 318, 333, 350, 364
Symptomreduktion, -besserung 281, 290, 292, 302 ff., 306, 308
Synergieeffekte 226
– Behandlungsteam 193

T

Tagesgliederung 256 f.
Talisman 275, 289, 304, 312 f.
Tanztherapie 355, 370, 386 f.
Täter(rolle) 31, 177, 337
Teamkohäsion 190, 194
Techniken, soziale 259
Testpsychologische Untersuchungen 280, 285, 298
Theatergruppe, therapeutische 392
Therapieabbruch 213

Therapieebenen, Objektgestützte Psychodynamische Psychotherapie 103, 281, 284
Therapieinstrumente, Objektgestützte Psychodynamische Psychotherapie 18, 255 ff., 281
Therapiepause 212 f.
Therapiereaktionen, negative 214
Tiefenkommunikation 187, 285, 296, 301
Toleranz 172, 221, 332, 383, 389
Tonfall 202
Training der emotionalen Kommunikation 302
Trainingsverfahren, sozialtherapeutische (sozialpädagogische) 214, 259, 287, 291, 314, 396, 399 f.
– Trainingsgruppen 347
Transsexualität 196
Trauer 68
Trauerarbeit 48, 64, 68
– Phasen 67 f.
– Selbstständigwerden des Kindes 125
– Trennung von Therapeuten 251, 273, 290 ff., 305 f.
Traumaprogramm 190
Traumapsychotherapie, objektgestützte 18
Traumatisierung(en)
– aktive und passive 59 f.
– emotionale 242
– frühe, frühkindliche 9 ff., 12, 17 f., 20, 30, 53, 76 f., 102, 299, 326
– kumulative 60
– neuronale 50
Trennung von Selbst und Objekt 37
Trennungsängste 247
Trennungsphase (von Psychotherapie) 305 f., 309, 312 f., 315
Trennungsprozess (Patient und Therapeut) 251, 273
Trigger, -erfahrungen, -ereignis, -situation 31, 50, 74, 173, 302
Trost 64 f., 341
Trotzalter, -anfälle 159, 247, 372
Tugenden, zwischenmenschliche 171 f.

U

Überaktivierung der Stressachse 11
Übereinstimmung, emotionale (affektive) 78, 92, 146, 207 f., 210
Übererregung, neuronale 45

Sachverzeichnis

Überforderung
– Kind 168, 243
– körperliche und psychische 73
Überforderungssyndrom 74, 212, 293
Überheblichkeit 80
Über-Ich 29, 197
Überlebensstrategien, -techniken 32 f., 73 f., 211
– bewusstseinsfern 73
– egozentrischer Patient 210 f.
– grandiose, großartige 57, 211 f., 293, 299, 320, 334, 336
Übertragungsbeziehung, Auflösung 291
Übertragungsreaktionen 21, 339, 351
– neurotische 369
Umarmen 228, 341
Umgangssprache 371
Umorientierung, kognitive und emotionale 212 f., 287
Umstrukturierung, neuronale 35
Unabhängigkeit 228, 344
Unbeholfenheit im Sprechen, Handeln, Wollen 127
Unnahbarkeit 318
Unruhe, innere 58
Unsicherheit 102, 240
Unterforderung (Kind) 168, 243
Unterwürfigkeit 109, 209
Unverbindlichkeit 191
Unzufriedenheit 353
Urkonflikt 169
Ursachenklärung, psychodynamische 291
Urvertrauen 202

V

Verachtung 102
Verachtungsängste 80, 173, 195 f., 204, 240, 269, 318 ff.
Verantwortung 172, 259, 272, 275
– konzertierte psychotherapeutische Aktion 192
Verbundenheitsgefühl 81
Vereinnahmung anderer 382
Verfassung (s. auch Persönlichkeitsverfassung)
– mentale und neuronale 61
– psychische und physische (Mutter) 221
Verfügbarkeit (emotionale) der primären Bezugsperson 131, 168

Vergegenwärtigung(stechnik) 272 ff., 276, 303
Verhalten
– absichtliches (gesteuertes) 34, 217
– depressives 110
– destruktiv-leidendes 77
– destruktiv-verfügendes 77
– dissoziatives 78
– evoziertes 31, 76 f., 116, 202
– gewalttätiges 77
– neurotisches 367
– persönliches (Patient) 202
– problemlösendes 34
– respektloses und verachtendes 190
– selbstverletzendes 196
– sozialresonantes 217, 260, 286 ff., 300
– suizidales-selbstverletzendes 284
– überlebensstrategisches 242
– willkürliches 39
– Zwanghaftigkeit 35
Verhaltensanalyse 285
Verhaltenssicherheit, instinktive 40
Verhältnisse, soziale 221
Verletzungen des Kortex 52
Verleugnung 367
Verlust 64 f.
Verlustängste 241
Vermeiden 367
Vernichtung 238
Vernichtungsängste 113, 189 ff., 195, 293 ff.
– Identifikation des Therapeuten 299, 307, 310, 313
– konzertierte psychotherapeutische Aktion 190
Versagensängste 174, 196 f., 208, 215, 347, 351 f., 356 ff., 359 f.
– Psychotherapeut 359
Versorgung, emotionale 102, 154
Verständnis 91, 174, 178, 221, 337, 349
– der Eltern 222
– neurotisches 203
Verständnislosigkeit 358
Vertrauen, Vertrauensbasis 91, 174, 178, 221, 247, 249, 337, 367, 376
Verzweiflung 45 f., 48, 176
– Trauer 64, 67
Vorbildfunktion
– Eltern 84
– Therapeut 239, 248
Vormachen 142

W

Wahrnehmung, mehr objektive und mehr subjektive 186 ff.
Weiterbehandlung 291, 306 f., 323, 339, 354, 369, 385, 401
Wertlosigkeitsängste 195
Wertschätzung 222
Wickeln 170
Wiederannäherung(skrise) 158 f., 231 f.
Wiederholen 367, 372, 380
Willen, eigener 34
Wirklichkeitserfahrung 25
– dysfunktionale und funktionale 30
– innere 45
– »medizinisch-wirksame« 69
– positive (tragende, haltende, entlastende, stützende, kreative, narrative) 99
– durch Psychotherapie (spezifische) 69
– Säugling und Kleinkind 115
Wirklichkeitswahrnehmung 26 f.
Wollen, freieres 127, 310, 326, 342, 357, 372, 388

Z

Zerstörungswut 82
Zielvorstellungen 216
Zukunftsträume 371
Zumutung 229
Zusammenbruch der Ich-Regulation 394
Zuverlässigkeit 172, 314
Zuwendung
– funktionale, objektgestützte, liebevolle 131, 178
– professionelle 75
– zur Welt 137
Zwangshandlungen, -verhalten 35, 284
Zwangsideen, -gedanken, -vorstellungen 35, 115 f.

Psychotherapie

Clarkin/Yeomans/Kernberg
Unter Mitarbeit von Peter Buchheim
und Gerhard Dammann
Psychotherapie der Borderline-Persönlichkeit
Manual zur psychodynamischen Therapie

2. Nachdruck 2005 der 1. Auflage 2001.
360 Seiten, 11 Abb., 17 Tab., geb.
€ 49,95 (D)/€ 51,40 (A)/CHF 80,–
ISBN 978-3-7945-1956-9

„… Referenzwerk für alle, die mit schwer gestörten Patienten arbeiten."
dar; Konturen

„Dieses Buch … ist ein Muss für jeden, der mit Borderline-Patienten arbeitet."
Robert Michels, MD,
The New York Hospital – Cornell Medical Center

„,Psychotherapie der Borderline-Persönlichkeit' ist ein exzellenter Leitfaden für die Behandlung dieser schwierigen und häufig nicht lenkbaren Patienten … Die Autoren haben ein praxisnahes, klares, anschauliches und gleichermaßen anspruchsvolles Handbuch präsentiert."
Hans H. Strupp,
Department of Psychology, Vanderbilt University

Lammers
Emotionsbezogene Psychotherapie
Grundlagen, Strategien und Techniken

Unter Mitarbeit von Maren Lammers

2007. 373 Seiten, 19 Abb., 9 Tab., geb.
€ 44,95 (D)/€ 46,30 (A)/CHF 72,–
ISBN 978-3-7945-2499-0

Wann und wie stimuliert man Emotionen in der Therapie? Was macht man, wenn der Patient unter intensiven selbst- oder fremdgefährdenden Emotionen leidet? Was tun mit Gefühlen von Angst, Scham, Minderwertigkeit oder Traurigkeit?

In diesem Buch werden erstmals die neuesten psychotherapeutischen Konzepte für die Arbeit an und mit Emotionen schulenübergreifend dargestellt. Anschaulich und nachvollziehbar beschreibt Claas-Hinrich Lammers die praktischen Techniken der emotionsbezogenen Therapie, gibt einen Einblick in die Bedeutung von Emotionen und beschreibt deren psychologische und neurobiologische Grundlagen. Ihm gelingt es, dem Therapeuten klare und hilfreiche Antworten auf die wesentlichen Fragen im Umgang mit emotionalen Störungen zu geben.

Ein Buch, das in keiner psychotherapeutischen Praxis fehlen sollte.

Peichl
Die inneren Trauma-Landschaften
Borderline – Ego-State –
Täter-Introjekt

Mit einem Geleitwort von Ulrich Sachsse

2007. 312 Seiten, 18 Abb., 21 Tab., geb.
€ 49,95 (D)/€ 51,40 (A)/CHF 80,–
ISBN 978-3-7945-2521-8

Dieses Buch ist ein Wegweiser durch die Trauma-Landschaften der Forschung, der Methoden, der Theorien, der Therapien und der Sichtweisen, der den Leser zu verschiedenen „Denk"-Würdigkeiten und Landstrichen im Trauma-Land führt: Trauma und Neurobiologie, die Ursachen der Borderline-Störung, die Ego-State-Therapie von John und Helen Watkins, die Arbeit mit Täter-Opfer-Introjekten, die Polyvagaltheorie von Steven Porges und die fantastische Welt der Spiegelneurone.

Eine komplexe Momentaufnahme in einer sich rasant ändernden Wissenswelt zu den wichtigen Menschheitsthemen: Liebe und Bindung, aber auch Trauma und Hass.

Schattauer   *www.schattauer.de*

Psychotherapie

Kernberg/Dulz/Sachsse (Hrsg.)
Handbuch der Borderline-Störungen

Übersetzungen von Hans-Otto Thomashoff

2000. 974 Seiten, 16 Abb., 52 Tab., geb.
nur € 99,–/€ 101,80 (A)/CHF 158,–
statt € 159,– (D)/€ 163,50 (A)/CHF 254,–
ISBN 978-3-7945-1850-0

Unter der Federführung von **Otto F. Kernberg**, Pionier im Bereich Persönlichkeitsstörungen, sowie **Birger Dulz** und **Ulrich Sachsse**, beide Autoren erfolgreicher psychiatrischer Fachbücher, befasst sich eine Elite prominenter internationaler Autoren mit den brennenden Fragen zur Borderline-Thematik und trägt damit der zunehmenden Aktualität und Brisanz dieses biopsychosozialen Phänomens Rechnung.

Das Standard- und Referenzwerk für alle Psychiater und Psychotherapeuten, Nervenärzte, klinischen Psychologen, psychologischen Psychotherapeuten.

Mit **DSM-IV-Merkmalskatalog** der Borderline-Persönlichkeitsstörung (301.83) und **ICD-10-Kriterien** der Borderline- Persönlichkeitsstörung (F60.31)

Kernberg/Hartmann (Hrsg.)
Narzissmus
Grundlagen – Störungsbilder – Therapie

Übersetzungen der englischen Beiträge von Petra Holler

2006. 790 Seiten, 13 Abb., 19 Tab., geb.
€ 79,– (D)/€ 81,30 (A)/CHF 126,–
ISBN 978-3-7945-2241-5

Ein neuer Meilenstein zum Thema Persönlichkeitsstörungen

Nach dem exzellenten „Borderline-Handbuch" von Kernberg, Dulz und Sachsse erschien jetzt bei Schattauer dieses neue große Werk als ein weiterer Meilenstein zum Thema Persönlichkeitsstörungen. Dabei ist es erstmals gelungen, zwei Vertreter der bisher eher konkurrierenden theoretischen und therapeutischen Schulen Objektbeziehungstheorie und Psychoanalytische Selbstpsychologie als Herausgeber zu vereinen – mit dem Ergebnis einer ebenso ausgewogenen wie patientengerechten und fundiert praxisrelevanten Synthese.

Lohmer
Borderline-Therapie
Psychodynamik, Behandlungstechnik und therapeutische Settings

Mit einem Geleitwort von Otto F. Kernberg

2., überarbeitete und erweiterte Auflage
2005. 207 Seiten, kart.
€ 32,95 (D)/€ 33,90 (A)/CHF 53,–
ISBN 978-3-7945-2382-5

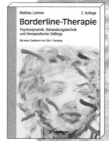

Anschaulich, praxisnah und mit vielen Fallbeispielen beschreibt dieses Buch die spezifischen Erlebnisweisen von Borderline-Patienten, analysiert typische Interaktionsmuster zwischen Patient und Therapeut und stellt hilfreiche Strategien für den Umgang mit schwierigen Behandlungssituationen vor.

Nach nur zwei Jahren ist das Buch in der zweiten Auflage erschienen. Es wurde aktualisiert und u.a. um das Kapitel „TFP und DBT im Dialog" ergänzt.

„Dieses Buch bietet einen erfrischenden, grundlegenden, klaren und umfassenden Überblick über den gegenwärtigen Stand von Psychopathologie und psychodynamischem Verstehen sowie psychotherapeutischen Behandlungsansätzen bei schweren Persönlichkeitsstörungen ... Ich empfehle dieses Buch wärmstens allen Therapeuten, die Patienten mit schweren Persönlichkeitsstörungen behandeln."
Otto F. Kernberg

Schattauer   www.schattauer.de   Irrtum und Preisänderungen vorbehalten